新时代小学教育专业与小学教师教育研究丛书

丛书主编：刘慧

RESEARCH ON FRONTIERS IN ELEMENTARY EDUCATION

小学教育前沿问题研究

（上）

李敏 编著

天津出版传媒集团

天津人民出版社

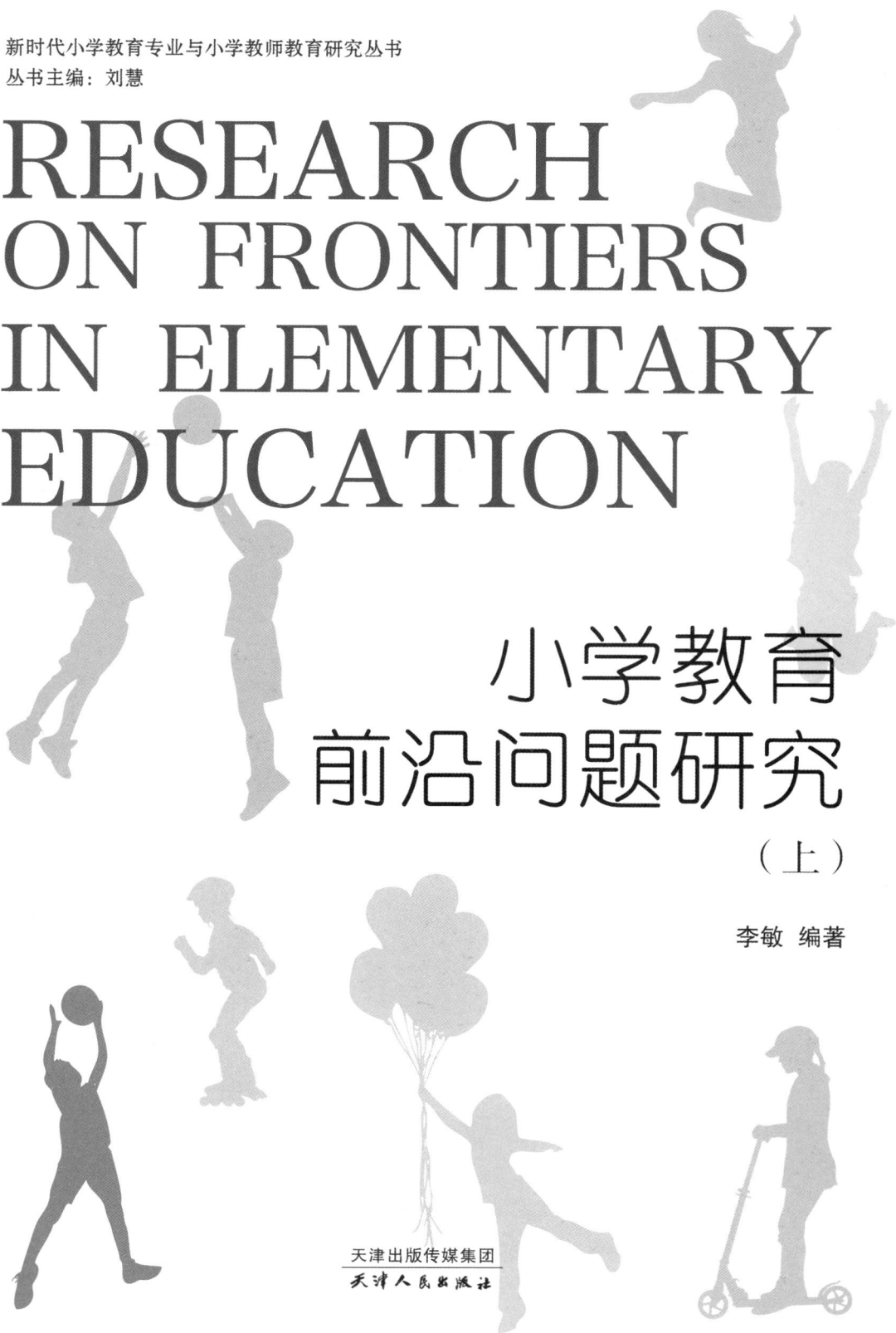

图书在版编目(ＣＩＰ)数据

小学教育前沿问题研究：上下 / 李敏编著. -- 天
津：天津人民出版社, 2023.12
（新时代小学教育专业建设与小学教师教育研究丛书 /
刘慧主编）
ISBN 978-7-201-19822-4

Ⅰ. ①小… Ⅱ. ①李… Ⅲ. ①小学教育—教育研究
Ⅳ. ①G622.0

中国国家版本馆 CIP 数据核字(2023)第 181118 号

小学教育前沿问题研究（上下）
XIAOXUE JIAOYU QIANYAN WENTI YANJIU (SHANG XIA)

出　　版	天津人民出版社	
出 版 人	刘　庆	
地　　址	天津市和平区西康路35号康岳大厦	
邮政编码	300051	
邮购电话	（022）23332469	
电子信箱	reader@tjrmcbs.com	

责任编辑　武建臣
装帧设计　汤　磊

印　　刷	天津新华印务有限公司	
经　　销	新华书店	
开　　本	710毫米×1000毫米　1/16	
印　　张	64.25	
插　　页	4	
字　　数	950千字	
版次印次	2023年12月第1版　2023年12月第1次印刷	
定　　价	198.00元	

新时代小学教育专业建设与小学教师教育研究丛书

序

　　新时代中国小学教育专业如何建设？面向未来的小学教师如何培养？这是当代小学教师教育者必须要回应的时代之问。本套丛书是我们——首都师范大学初等教育学院迎接新挑战、抓住新机遇、乘势而上的实践探索与理论研究答卷。

　　我国小学教师中师培养的历史已有百年，而本科层次培养的历史却很短。首都师范大学初等教育学院，作为我国小学教师本科培养的首批单位之一，其建设发展的历程，也是当代中国小学教育专业建设与小学教师本科层次培养历程的"缩影"。在"十四五"开局之年，面向未来的教师教育改革与创新，我们认为，有必要将我们在小学教师教育理论研究与实践探索过程中的一些重要事件、主要成果整理出版，通过回顾历史来把握当下、创造未来，也为推动具有中国特色的小学教师教育体系、世界先进水平的小学专业建设贡献我们的微薄之力。

　　首都师范大学初等教育学院，1999 年由两所中师——具有百年历史的通州师范学校和颇具影响力的北京第三师范学校合并升格成立，至今走过了22 年的发展历程。在此期间，经历了学院文化的大学化、小学教育专业性质的定位、小学教育专业人才培养模式的形成与发展、初等教育学学科建设的确立与起步等至关重要的发展阶段与事件；并在国家一系列教师教育政策的指引下得以迅速发展，取得了显著成绩，被誉为全国小学教育专业的"领头雁""带头羊"。在此过程中的关键事件，可以分为三类。

一、关于小学教育专业建设的政策、项目与成效

在 20 年时间里，对小学教育专业建设产生重要而深远影响的国家政策与项目主要有以下几个：

2007 年，教育部评选国家级特色专业，我校和上海师范大学小学教育专业首批入选。这是建立不足 10 年的高师小学教育专业得到国家认可与重视的"信号"，是对全国小学教育界（简称"小教界"）的莫大鼓舞。一些省市也相继开展特色专业评选活动，小教界有多家单位入选，由此开启了我国小学教育专业特色建设的探索之旅。小教界围绕着小学教育专业特色"特"在何处、小学教育专业的核心品质到底是什么等问题进行了深入探索。这是推动我国小学教育专业关注自身性质、特色建设，注重内涵发展的重要力量。

2011 年，根据《教育部 财政部关于"十二五"期间实施"高等学校本科教学质量与教学改革工程"的意见》和《关于启动实施"本科教学工程""专业综合改革试点"项目工作的通知》，我校于 2012 年组织申报"高等学校专业综合改革试点"项目，我院小学教育专业的申报得到了学校的支持并获得立项。经过 3 年的建设，完成了"以人才培养质量为核心，进一步改革人才培养模式，凝练人才培养特色，为小学输送优秀教育工作者，在全国小学教师教育院系中起到引领和示范作用"的建设目标，实现了人才培养模式、教学团队建设、新课程体系建设等具体目标，开启了我院小学教育专业综合改革之路。

2017 年，我校接受北京市教委对高校本科专业审核评估。我们通过撰写"本科教学工作审核评估汇报报告"，从学院发展概况、办学特色、人才培养目标的实现、质量保障体系建设、存在的问题与努力方向、建设规划等六个方面认真梳理了建院以来的教学工作，为日后申报一流专业建设点和撰写

师范专业认证自评报告打下了坚实基础。

　　同年,北京市属高校一流专业建设工作启动,我院小学教育专业入选首批一流专业建设单位。2018年5月,我们组织骨干教师团队,研究并依据一流专业建设的具体要求,对我院小学教育专业建设现状、专业建设存在的问题、专业建设目标、专业建设的主要举措等方面做了进一步的梳理与研究。在此过程中,参与撰写的教师思想观念、思维方式不断发生转变,对一流专业建设的理解不断加强。

　　2018年9月4日,我院接到通知,被指定为全国小学教育专业认证"打样"单位。依据教育部颁布的《普通高等学校师范类专业认证实施办法(暂行)》,经过两个月的高效工作,我院小学教育、美术学(小学教育)、音乐学(小学教育)接受了教育部师范类专业"联合认证",开启了中国小学教育专业认证的历史,也正如教育部教师工作司任友群司长在认证反馈会上所指出的:"为我国的师范教育发展史留下了浓墨重彩的一笔。"这一过程,不仅仅是完成了专业认证这项工作本身,更是梳理与反思了我院小学教育专业的建设历程,研究与憧憬了小学教育专业的未来发展。

　　2019年,教育部颁布了《关于实施一流本科专业建设"双万计划"的通知》,我院小学教育专业经过层层选拔,入选了首批"国家级一流本科专业"建设点。这一成绩的取得,得益于前期大量的基础性工作,它不仅是扎实的实践探索,更是针对小学教育专业与小学教师教育的学术研究。可以说,我院小学教育专业能入选首批"国家级一流本科专业"建设点,一路走来,每一步都很坚实,每一步都展现了学院追求卓越、敢为人先的探索与创新精神。2020年,根据学校要求,对照《一流本科专业建设点推荐工作指导标准》科学编制一流本科专业3年建设规划方案,提出了深化专业综合改革的六大主要举措,3年后的成效将使我院小学教育专业建设再上新台阶。

二、关于小学教师教育的政策、项目与成效

2010 年，教育部启动教师专业标准研制工作，我院有幸在顾明远先生的指导下开展"小学教师专业标准"研制工作。在一年多的研制过程中，我们认真梳理了各国教师专业标准及其相关标准的有关内容，反思了我院小学教育专业建设经验，整理了我们对小学教育和小学教师教育的研究成果，尤其是对小学教师与中学教师的异同的探析，逐步厘清了小学教师专业标准的理念、维度、领域、基本要求等框架与内容，并完成了《小学教师专业标准解读》的撰写。由此不但进一步推动了小学教师教育研究，而且整体提升了我院教师团队的小学教师教育专业水平，尤其是带动了大学学科教师向小学教育专业教师的转型，为我院的发展提供了强有力的专业教师团队。

2014 年，教育部出台《关于实施卓越教师培养计划意见》(称为 1.0 版)，全国小教界共有 20 家入选，我院小学教育专业是其中一员。如何理解"卓越""卓越教师"的内涵，成为影响卓越教师培养计划实施的关键。对此，我们突破"学科教学"本位的思想与思维"禁锢"，提出卓越小学教师的核心是以"儿童教育"为本，并积极探索培养模式，"一体两翼一基"培养机制，解答了"卓越小学教师应如何培养"的问题。

2019 年，正值我院成立 20 周年，我们积极筹备承办了以"走近·对话·共享——多元取向小学教师教育伦理与实践"为主题的首届"小学教师教育国际会议"，来自中国、芬兰、法国、匈牙利、冰岛、日本、韩国、瑞士、澳大利亚、美国等 10 个国家 102 个不同单位(其中包括 78 所大学)300 余位专家学者参加，分享了各国小学教师教育的理念、模式及质量保障机制等，为推进国际多元取向小学教师教育模式的彼此交流，共享过去、现在与未来，做出时代贡献，开启了国际小学教师教育模式跨文化、跨领域、跨时空对话的新篇章。

三、关于课程建设的政策、项目与成效

小学教育专业课程建设，既是小学教育专业建设的重心，也是小学教师培养的主渠道，因此如何构建小学教育专业课程体系成为小学教育专业建设与小学教师教育的关键问题。

2012年，教育部教师工作司开展"教师教育国家级精品资源共享课"建设项目，我们申报的《小学生品德发展与道德教育》课程入选，经过3年的建设，在"爱课网"上线，并于2015年出版同名教材，之后又在"中国大学慕课"上线。此课程及教材自上线与出版以来，持续受到小教界同人的关注与使用，尤其是师范类专业认证以来，落实立德树人的根本任务，小学德育课成为小学教育专业的必修课，2020年，《小学生品德发展与道德教育》课程荣获线上线下混合教学"国家级一流本科课程"。

2013年，在教育部"专业综合改革试点"项目下，开展小学教育专业课程地图研制工作。依据所提出的小学教师核心素养及其指标体系，创制了小学教育专业课程地图。这是基于小学教师理念、理论的对小学教育专业课程体系的设置，突破了之前课程设置的经验性与随意性过重的现象，首创"333"式课程结构，使专业课程内在逻辑清晰、层次清楚，体现科学性、规范性、系统性；确立了"儿童＆教育"专业核心课程体系，解决了长期以来该专业核心课程不明的理论难题，实现了课程设置"精致化"，在小教界兼具开创性和示范性。

2016年，教育部颁布《关于组织实施中小学幼儿园教师培训课程标准研制工作通知》，我院承担了"教师培训标准——小学品德与生活（社会）学科教学"研制项目，借此全面深入地研究了小学德育理论与实践及小学德育课程与教学，这一标准研制工作的完成，不仅有利于我院2019年在小学教育专业中增设小学德育方向，也为组织开展小学德育学科骨干教师培训打下坚实基础。

　　总之,高校小学教育专业建设,在我国还是"新事物",本科层次小学教师培养历史仅有 22 年。在这段历程中,上述所列政策、事件起到了关键作用。本书选取了小学教师教育国际会议、小学教育专业认证、小学教师培养模式、道德与法治课程建设等内容整理出版。未来,我们还将陆续选择影响我国小学教育专业建设与小学教师教育发展的关键事件,进行整理出版。这既是我国小学教育专业建设与小学教师教育研究的现实历程, 也是未来的史料;既是鲜活的个案,也是典型的代表;既是实践的呈现,也是理论的贡献。我们愿为此努力付出。

2021 年 9 月 25 日于西钓鱼台嘉园

21世纪初的小学学术史

——代序

　　首都师范大学初等教育学院李敏教授领衔编著的学术著作《小学教育前沿问题研究》，对我国自 21 世纪初以来 20 余年里的小学教育基本理论研究的历史进展，以及小学教育发展的前沿议题进行了关注、梳理和呈现，围绕小学教育基本理论中具有普遍性的核心问题，以及小学教育发展的某些新议题进行了系统的梳理与呈现。该著作涉及了小学教育的各个领域，包括小学生、教师、课程、教学、五育、管理、小学教育评价、减负、城乡一体化、教育公平与质量、家校合作，以及农村小学教育与教育信息化，等等。每一个部分都非常详尽地对相关主题的关键概念进行了必要的基础性陈述，对有关文献进行了梳理与呈现，并且通过思维导图和词云图两种图示化形式勾勒出各个主题或领域涉及的关键问题和关键概念，推介了高度相关的代表性文献，等等。如此系统的梳理、清晰的逻辑、全面的介绍与综合的分析，在我看来，无论从方法论还是从话语的形态，这本书都可以称得上是一本 21 世纪初的小学学术史。

　　也许有人会说，20 余年怎么能称得上是学术史呢？这个时间也未免太短了吧！我觉得这样的提问恰恰从一个侧面反证了自 21 世纪初以来 20 余年里小学教育的发展及其学术研究所包含的巨大的学术容量与内在价值，当然，由此也折射了整个中国教育在这 20 余年中所发生的巨大变化，以及整个中国社会经济文化发展的进步。所有经历了这段历史的人都会有这样的感受：时间过得太快了，环境变化太大了，世界显得更陌生了……而对于教育界的人来说，则会发现现在的课程已是今非昔比，眼前的校园更要刮目相看，陈旧的教室早已面目一新，熟悉的师生仿佛判若新人，传统的教材成为旧日的回忆，等等。这20余年是一段非凡的历史，其发展变化的内涵已经足以写就一本历史书了。

在这20余年里，人们必定会非常清晰地感觉到近年来中等教育的变化，特别是课程改革产生的影响，教育评价的改革，以及曾经在教育学术界发生的关于高中定位的讨论，等等；人们肯定会深切地体会到高等教育的发展，尤其是自从20世纪末开始的高等教育扩招，以及由此带来的高等教育大众化与迅雷不及掩耳的普及化，以至于不知不觉地成为高等教育的利益相关者，等等；人们一定会认识到职业教育改革的浪潮与压力，接二连三的政策，把职业教育进一步推向了教育改革的前沿，而产教融合的要求给职业教育的体制机制与整个教育教学模式带来了前所未有的更新，等等。然而不无遗憾的是，人们却往往很少注意到小学教育的改革及其发生的变化。当大家都津津乐道于高中教育的普及发展，中考、高考的改革，职业教育的改革，以及高等教育从精英教育到大众化，进而跨入普及化阶段的成就时，当人们如数家珍般地数说着教育对社会经济、科技文化的发展所培养的各类人才时，不无骄傲地谈论着教育优先发展时，却很少有人看到在所有这些变化与成就的背后，作为国民教育基础的小学教育所承受的各种有形无形的担当，以及做出的诸多默默无闻的贡献。正如人们在赞叹坚持到最后一分钟的努力对于成功的价值时，常常忘却了最初的第一步所具有的开创性意义。

实际上，教育领域中的所有改革发展，不同阶段教育的进步与提升，都是从小学教育开始的。它们不约而同地对小学教育提出了更高的要求；各种各样的改革政策与教育改革项目，诸多的教育评价与研究课题，都暗地里给小学教育施加着越来越大的压力；各种各样需要从"娃娃"开始做起的项目，几乎都是小学教育想当然的责任；尤其是所谓不能输在起跑线上的说法，也使得小学日益成为家庭与儿童的竞技场。而在过去，各种各样培训机构的教室里看到的，可能大多数的孩子都是小学生……如果说整个教育的专业性门槛比较低，非常容易受到社会的批评与指责，那么小学教育则往往成为其中最容易受伤害的阶段。殊不知，其实小学教育往往是教育体系中十分关键的阶段，我甚至认为它很可能是比较难懂的阶段。陶行知先生在谈到教育体系时，曾经把人才培养比喻为盖房子，有的是盖屋顶，有的是做中间的部分，有的是打地基。虽然他表示各个部分同样重要，但其言下之意则显然是强调了小学作为地基的重要性。2015 年，我在《人民教育》发表了一篇小文章，题目是"小学的价值"。在文章的结尾部分，我写了这样一段话："一个人的教育和成长过程中的优点和缺点，一个国家和社会教育发展中的特色与风格，都能够在这个人或国家的小学教育中找到它们的胚胎和萌芽。"实际上，小学教育的这种作用与地位，早已成为中国传统文化与老百姓的常识，"三岁看大、七岁看老"的谚语已经十分精练地表达了小学教育的重要性。毋庸置疑的是，中国教育改革所有的成就与进步，都是从小学教育起步的，是建立在小学教育改革发展的基础上的。如果要对各级教育的发展成就与进步进行系统归因的话，小学教育应该是居功至伟的重要阶段之一。

自 21 世纪初以来的 20 余年里，中国小学教育在支撑中国教育如此翻天覆地的改革发展与历史性变化中所发挥的作用，的确是一个非常值得研究的课题，而且这也是建设高质量教育体系与教育强国必须认真研究的一个基础性的课题。不难想象，如果连小学教育的事情都搞不清楚的话，恐怕也很难说清楚中等教育与高等教育的发展。如果说高等教育与职业教育等领域的改革发展，更多地需要从社会经济、政治与科技文化的角度进行说明与解释，那么小学教育的进展则可能需要更多地回到教育基本理论的层面上进行阐释与分析；如果说高等教育与职业教育等领域的成就与进步是它们对社会经济发展的贡献，那么小学教育的发展与提高则是它越来越适应了教育发展的要求，尤其是越来越适应了儿童身心发展的规律。而《小学教育前沿问题研究》一书恰恰就是通过对小学教育各个方面的发展变化的研究告诉人们，中国的小学教育在不断变化的环境中越来越清晰地认识了自己，在持续增大的压力中越来越回归着小学教育的本位，在各种各样的诱惑中越来越坚定了小学教育的初心。这正是 21 世纪初小学教育发展的轨迹与变化。他们就是这样以一种科学的态度与教育的努力,成为整个教育的基础。

以这种学术史的方式描述与反映中国21世纪初小学教育的发展是合理的,著名教育家赞可夫先生在《论小学教学》一书的序言中曾经有一段十分经典的表述,他认为"造就新人的基础正是在小学里奠定的,进一步掌握知识和技巧的基础,也是在小学里建立的"。在赞可夫先生看来,小学教育的责任与使命就是要"全面地发展个性,培育新人,使其和谐地兼备完美的精神、纯正的道德和健全的体魄"。这不仅仅是一个实践的问题,而且是一个非常严肃的学术任务,同时也是中国在实现第二个百年奋斗目标与中华民族伟大复兴中国梦新征程里小学教育的新使命。实事求是地说,奠定这种造就新人的基础正是中国小学教育在21世纪初20余年来所做的各种努力与奋斗。

在认识、研究与思考中国小学教育的过程中,特别是在与诸多小学校长、老师们的交谈与观察中,以及在参与他们的各种研究与实践中,我强烈地感受到了他们内心的这种追求,清晰地看到了他们在现实中的这种努力,由衷地理解了他们在压力与困难中的痛苦与焦虑,也感同身受地分享着他们的快乐与欣喜。他们的实践并不是一种单纯的经验,而已经是一种理论的自觉探索,并且达到了一定的学术水平。我认识很多的小学校长,他们对小学教育规律的认识已经达到了很高的高度,并且在小学教育的实践中逐渐形成了自己的办学思想与教育理念,进而在学校里提出了符合小学教育与儿童成长规律的思路与办法;我认识许多小学教师,他们不仅是多学科的教育教学专家,而且已经超越了学科领域本身,正在成为熟悉与理解儿童的教育专家。他们不仅在认识和思考自己面前的学生与教材,而且对小学教育的某些元问题进行了思考,甚至提出了"小学的本质是什么"这样的教育哲学问题;我参与了很多小学教育的研究课题,这些成果中所包含的学术含量已经达到了相当高的水平,其中对小学教育实践的许多概括与提炼都成为我研究与撰写《小学教育原理》一书不可或缺的重要资源。他们对小学教育中若干基本概念的思考,如儿童的"成长"与"发展"等等,已经成为教育基本理论中的话题;而类似于"化错教育"等方面的探讨,则已经从小学教育的现实上升到了一种方法论的层面,进而对中国传统文化中的"观过知仁"进行了新时代的创造性转化与创新性发展等。我想说的是:没有他们的努力,就没有中国教育的进步与发展。他们的实践、情感与思想绘就了 21 世纪初以来中国小学教育的精彩画卷。

《小学教育前沿问题研究》一书,正是依托这样一个伟大的时代编写出来的,浓缩与凝练了数以千万计小学教育工作者的实践与智慧,反映了小学教育研究者对中国小学教育的参与实践、深入观察与悉心思考。作为一本 21 世纪初小学教育的学术史,它反映了小学教育的规律,体现了中国小学教育在建设高质量教育体系方面的不懈探索与成就。

谢维和(清华大学文科资深教授)

2022 壬寅年腊月于清华园荷清苑

前　言

　　编著这本《小学教育前沿问题研究》源自三个重要契机和缘由。第一，早在 2005—2008 年读博期间，我、蔡辰梅、班建武，一届仨学友，在博导檀传宝教授的启示下，以项目小组的方式思考了"发展教育学"的命题，并协助导师推进、出版了《发展教育学研究》（北京师范大学出版社，2008 年）。这本书主要是凝聚我国当代发展教育学的主要议题，如社会发展与教育改革、高等教育与发展问题、城市发展与教育、可持续发展与教育、全球化与中国教育、社会变迁与青少年发展等当代中国教育学研究中的热点问题域，并搜集和呈现其中富有代表性的教育科学研究成果。檀传宝教授在"序"中指出："我个人对发展教育学的最初关注是多年以前与博士研究生们在'教育学原理'课程中一起讨论中国教育现代化问题开始的。此后我们慢慢通过阅读发现了发展经济学、发展伦理学、发展社会学、发展政治学等组成的'发展研究'（Development Studies）学科群。当时我个人的心情比较复杂。因为一方面，我觉得教育学作为一个实践性学科并不缺乏对于社会发展与相关教育问题的实践关怀和理论研究，中国教育学者已经有许多人做了许多与发展相关的教育研究；而另外一方面，在国内外各学科'发展研究'如火如荼地迅猛发展的情况下，中国教育学界居然几乎没有对发展问题的自觉的学科关注，我又感到教育学又一次比时代发展和相关学科进步的节奏'慢了半拍'。于是我和我的博士研究生们开始比较自觉地关心'发展教育学'的'学科建设'。"我也在当时撰写发表了一篇相关论文。①这项《发展教育学研究》的编写工作在我的研究视野里播撒了关注学科发展的前沿意识。

第二,进入首都师范大学工作后,我自 2014 年起开始承担"小学教育研究前沿问题"硕士生课程,截至目前的九轮课程指导与共建,为本书的系统梳理与撰写奠定了扎实的前期基础。每一轮课程的开展均由几个重要部分组成:前沿问题梳理与形成共识、文献梳理与主题汇报、研究分析与问题研讨。在准备不同学年的该门课程时,我尝试过从多种视角引导和组织学生思考小学教育前沿问题研究的主题域,如依据不同教育哲学流派、编码热点问题、分析重要教育政策等。这些不同课程实施阶段的积累和思考直接推动了《小学教育前沿问题研究》这一编著工作。

第三个契机应当说是最直接的推动力。2016 年以来,我有幸协助谢维和教授一同研究和写作《小学教育原理》(高等教育出版社,2021 年),谢维和教授提出了"小学教育是一门科学"的重要论点。四年多的系统推进过程,让我逐渐明晰小学阶段特有的问题域和体系化的关键概念、基础理论,从思考小学教育的地位、观念等根本属性,到探讨小学的学与教、小学的课程、小学的教师、小学的管理、小学教育评价、小学的五育等基础领域,再到研究小学的福利、小学教育的风险等发展性问题。这本专著出版后,我又借助两轮研究生课程教学对其中的大量议题进行了深入思考和探究,以及同期参与完成了《小学教育百科全书》(天津人民出版社,2021 年)的翻译和出版工作。这几项重要工作的同步开展,让梳理和呈现小学教育研究的前沿发展脉络成为顺势而生的另一项重要工作。

正是建立在以上三个重要契机,以及一系列课程建设和研究工作基础之上,这套分为上、下册的《小学教育前沿问题研究》经过 3 年多的密集整理工作,得以正式出版,全书结构严密、内容庞大,总计 90 余万字,这是举团队合力,持续接力、协作共举的研究成果。本书对我国近 20 年以来(2000 年后)小学教育基本理论研究新进展,以及小学教育发展新议题进行了关注、梳理和呈现。全书分为 13 章,其中第 1~7 章围绕小学教育基本理论研究新进展,进行了问题梳理与呈现,第 8~13 章围绕小学教育发展新议题进行了问题梳理与呈现。每一章的第一节,会对本章主题的关键概念做必要性、基础性陈述,之后若干节平行展开,分别围绕不同的前沿议题进行文献梳理与呈现。在每章起始部分,通过思维导图和词云图两种图示化形式勾勒出每章涉及的关键问题和关键概念;在每章末尾,推介了高度相关的代表性文献,因此本书不再列参考文献。

这项工作由我做整体架构、写作推进和把关,首都师范大学初等教育学院最近四届的多位优秀硕士研究生直接参与了这项艰巨、庞杂的文献整理工作。樊园主要参与第一章小学生研究;刘曼主要参与第二章小学教师研究;李佳蕾主要参与第三章小学课程研究;唐璇、王帆主要参与第四章小学教与学研究;武玉雪、张亚琪主要参与第五章小学管理研究;付柳、王迁主要参与第六章小学教育评价研究;唐璇主要参与第七章小学五育研究;王珊、李佳蕾主要参与第八章小学减负研究;郭钰影、唐梦月主要参与第九章小学一体化研究;倪平、李媛主要参与第十章小学教育公平与教育质量研究;梁晨、付柳主要参与第十一章小学家校合作研究;张倩主要参与第十二章农村小学教育研究和第十三章小学教育信息化研究。各章作者之间同时又是大组内相互协作的关系,研究过程中不断碰撞文稿、不断发现问题和解决问题。尤其是刘曼和唐璇出色地发挥着协同管理的作用,李佳蕾绘制了所有章节的词云图。此外,丁功林、李楚楚、李曼、王丹、赵春晓几位同学以课程学习的方式通读全文本,提出了很多见解与建议。在通稿阶段,广州大学教育学院蔡辰梅教授、北京师范大学教育学部班建武教授通读了全稿,并给出富有建设性的修改意见。在此对大家的参与和帮助表示诚挚的感谢!

需要特别感谢的是,首都师范大学初等教育学院给予这项工作以研讨空间支持、立项支持、出版支持等多种形式的重要科研助力。

同时还要感谢天津人民出版社非常用心地提供帮助,为更好地方便读者翻阅,分为上下册进行书籍出版,尤其是武建臣编辑非常细致地审读了全部文稿。

在这 3 年多的时间里，我们都面临前所未有的压力和挑战，一方面，无论是教与学，我们的课程从线下转向线上，又从线上转向线下……循环往复，而我们的此项工作，又同周期性的教学节奏紧密相连。另一方面，随着小学教育研究前沿问题的深入梳理与再研究，我们越发感受到这项工作的复杂和艰巨——各类资料的繁复冗杂、概念使用的情境性、研究论点的差异性等多次让文献研究陷入瓶颈。必须强调说明，能让我们坚持下来的不竭动力，是我们一直都能敏锐地感受到这项工作对小学教育研究和学科发展所具有的巨大价值。

9 年课程建设、3 年文献研究，我们更愿意将这项工作视作一种阶段性的努力，它记录了首都师范大学师生在小学教育方向基于课程发展、学科建设工作的足迹……我们相信，这部书中或深或浅的研究足迹会面向未来发出"发展教育学"的迷人光芒，不断照见小学教育研究的田野和远方。

期待得到小学教育研究和实践领域众多学术同人的宝贵指正。

李　敏

于首都师范大学东校区 A1013

目　录

Contents

上　册

下　册

第一章　小学生研究

本章思维导图

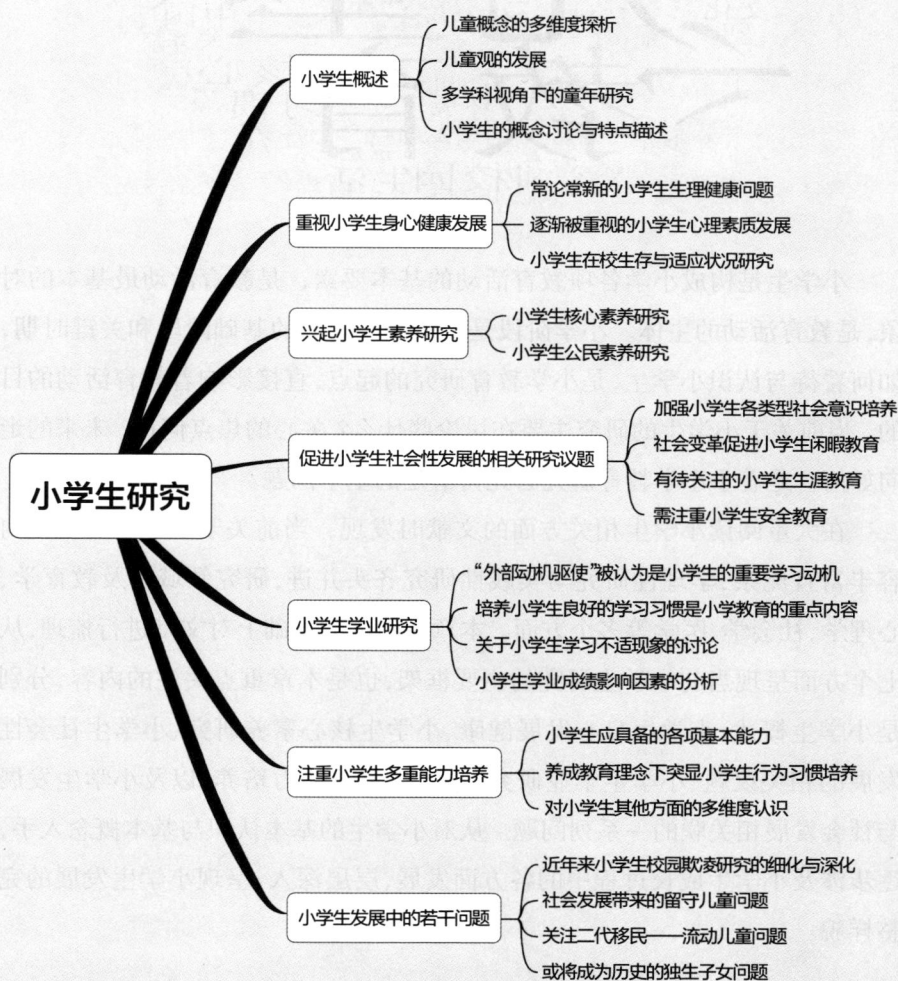

小学生研究

- 小学生概述
  - 儿童概念的多维度探析
  - 儿童观的发展
  - 多学科视角下的童年研究
  - 小学生的概念讨论与特点描述

- 重视小学生身心健康发展
  - 常论常新的小学生生理健康问题
  - 逐渐被重视的小学生心理素质发展
  - 小学生在校生存与适应状况研究

- 兴起小学生素养研究
  - 小学生核心素养研究
  - 小学生公民素养研究

- 促进小学生社会性发展的相关研究议题
  - 加强小学生各类型社会意识培养
  - 社会变革促进小学生闲暇教育
  - 有待关注的小学生涯教育
  - 需注重小学生安全教育

- 小学生学业研究
  - "外部动机驱使"被认为是小学生的重要学习动机
  - 培养小学生良好的学习习惯是小学教育的重点内容
  - 关于小学生学习不适现象的讨论
  - 小学生学业成绩影响因素的分析

- 注重小学生多重能力培养
  - 小学生应具备的各项基本能力
  - 养成教育理念下突显小学生行为习惯培养
  - 对小学生其他方面的多维度认识

- 小学生发展中的若干问题
  - 近年来小学生校园欺凌研究的细化与深化
  - 社会发展带来的留守儿童问题
  - 关注二代移民——流动儿童问题
  - 或将成为历史的独生子女问题

本章词云图

　　小学生是构成小学各项教育活动的基本要素，是教育活动最基本的对象，是教育活动的主体。小学阶段是个体身心发展的基础阶段和关键时期，如何看待与认识小学生，是小学教育研究的起点，直接影响着教育活动的目的。当前关于小学生的研究主要在讨论些什么？关心的焦点何在？未来的走向如何？是着手小学教育研究必先捋清楚的基本问题。

　　在大量阅读小学生相关方面的文献时发现，当前关于小学生的研究内容丰富且庞杂，学理性研究与实践性研究齐头并进，研究领域涉及教育学、心理学、社会学、医学等多个方面。本章在阅读的基础上对文献进行梳理，从七个方面呈现当前小学生研究的主要框架，也是本章重点关注的内容，分别是小学生概述、小学生身心发展健康、小学生核心素养研究、小学生社会性发展的相关议题、小学生学业研究、小学生多重能力培养，以及小学生发展与社会发展相关联的一系列问题。从对小学生的基本认识与基本概念入手，逐步涉及小学生成长过程中的各方面发展，层层深入，呈现小学生发展的完整样貌。

第一节　小学生概述

儿童研究始终是学界关注的热点,进入现代社会以来,社会各界逐步出台了关于儿童的法律与政策。以下表格列出了与儿童发展紧密相关,也是本章主要涉及的文件。

表1-1　小学生、儿童相关法律与政策

颁布/出版时间	政策/法律
1959年11月	《儿童权利宣言》
1986年4月	《中华人民共和国义务教育法》
1989年11月	《儿童权利公约》
1991年9月	《中华人民共和国未成年人保护法》
2000年1月	《新发现——当代中国少年儿童报告》
2011年7月	《中国儿童发展纲要(2011—2020年)》
2021年9月	《中国儿童发展纲要(2021—2030年)》

一、儿童概念的多维度探析

儿童是小学生的初始概念,儿童与小学生有着密切联系,但两者又不完全相同,因此谈到小学生,需要先对儿童进行概念辨析。

(一)对儿童概念的理解

儿童的概念并不陌生。然而在历史发展的不同时代、不同文化、不同学科背景下,儿童具有不同的内涵。

1.儿童概念的一般理解

国际《儿童权利公约》界定儿童是指 18 岁以下的任何人。联合国 1989 年正式批准、1990 年开始实施的《儿童权利公约》第一款这样写道:为本公约之目的,儿童系指每一个 18 岁以下的人。适用于儿童的法律中,法定年龄规定得更早一些。[1]为便于世界各国根据本国的文化、宗教、制度、政策等实施

---

① United Nations Children's Fund.Implementation Handbook for the Convention on the Rights of the Child[M].Geneva:UNICEF,2007:1.

《儿童权利公约》,其对儿童的起点持开放态度。然而综观全部条款,其基本精神则是鼓励对"未出生儿童"的权利尽最大可能予以保护。①而且联合国1959年颁布的《儿童权利宣言》的"前言"部分明确写道:"由于儿童身体与心智的未成熟性,他们需要特殊的保护和关心,包括恰当的法律保护。这既包括儿童出生前,又包括儿童出生后。"②并且《儿童权利公约》的前言,也对这一观点重新做了引用与强调。

2.制度中的儿童概念

从制度意义上理解儿童,是指现代社会中根据年龄顺序确定的法律或近似法律的概念,但是在有些地方也会依赖于其他一些因素,例如个体是否参加了特定的仪式。制度意义上的儿童年龄划分通常称为某些权利得以确认的分界点,主要依赖于制度对儿童在特定年龄阶段拥有哪些能力的基本假设,最为典型的做法是规定某种年龄以上(或以下)可以去做(或者不可以去做)某件事情,本身会影响到人们对一个人的资格或者利益的判断。③

3.不同国家的儿童概念

古罗马时代的拉丁语和希腊语中有丰富的词汇来描述和形容儿童。拉丁语和希腊语均采用不同的词汇来描述身处不同年龄段的儿童,在拉丁语中有 infans,puer,puella,impubes,adulescens 等,在希腊语中有 brephos,nepios,pais,paidion,paidarion,antipais,meirakion 等。④在不同国家,对儿童年龄的界定具有很大的差异。英国将14~18岁间应负刑事责任的人称作未成年人;德国《民法典》规定,自1975年1月1日起划分未成年人和成年人的年龄界限为18周岁,而之前一直将21周岁作为成年界限。《民法典》对自然人的权利能力、行为能力及责任能力等基本概念进行了规定,认为自然人的权利能力自出生时开始,与年龄大小毫不相关。但自然人的行为能力和责任能力与自然人年龄密切相关:8周岁以下的人完全不具备行为能力和责任能力,8~18周

① 张华.走向儿童存在论[J].中国教育学刊,2020(10):64-70+96.
② United Nations Children's Fund.Implementation Handbook for the Convention on the Rights of the Child[M].Geneva:UNICEF,2007:2.
③ 孙艳艳.儿童与权利:理论建构与反思[D].山东大学,2014.
④ 陆建平.古罗马儿童研究[D].上海师范大学,2020.

岁的人为限制行为能力和限制责任能力。按照法律的界定,德国将 14 周岁以下的人定义为儿童,将已满 14 周岁但未满 18 周岁的人界定为少年,将已满 18 周岁未满 21 周岁的人划分为青年;[①]韩国法律规定未成年人是指年龄不满 19 岁的人;日本《禁止未成年人饮酒法》等规定,未成年人是指年龄不满 20 岁的人。中国的未成年人保护法将 18 岁以下的人界定为未成年人。[②]

4.不同时期的儿童概念[③]

"儿童"概念的历史性和文化性决定了不同的社会对儿童有不同的认识,也就是说社会的意识形态决定着人们的儿童观。

古代社会。在中国古代,孩子在不同的年龄阶段又冠以不同的称呼,这种区别不仅反映在孩子的生理年龄上, 也可以从他们的穿着打扮上区分出来。《孟子·尽心上》中有"孩提之童"一词,这里的"孩提"指的就是二三岁之间的幼儿,他们这时期是常被裹在襁褓里的。到了三四岁至八九岁,孩子就被称为"垂髫",而总角则是指八九岁至十三四岁的少年。豆蔻、舞勺之年是指十三四岁到十五六岁的孩子。15 岁是从未成年走向成年的一个分界年龄,在古代要进行隆重的"冠礼"仪式。[④]在西方古代社会,对于儿童的一种普遍的看法是:儿童就是小大人,与成人是完全一样,没有本质的区别。儿童这个概念没有被分化出来,儿童只是作为成人的影子存在。[⑤]

近代社会。许多历史学家认为中世纪晚期西欧的儿童生活在一场噩梦之中,"儿童还处于被忽视的阶段"[⑥]。从中世纪晚期遗留下来的西欧绘画或是雕塑中,儿童通常被描绘成为一个"小大人"的形象。作为成人世界一员的艺术家们,极少去观察被忽略的儿童群体,造成这一时期儿童形象的缺失。在西方,文艺复兴之后,儿童开始被发现以致逐渐被成人世界重视,儿童形象也随之发生翻天覆地的变化,从中世纪晚期"小大人"的形象转变为具有

---

① 孙云晓等.当代未成年人法律译丛(德国卷)[M].北京:中国检察出版社,2005:1-2.
② 孙艳艳.儿童与权利:理论建构与反思[D].山东大学,2014.
③ 本部分与下文中"儿童观"的内容较为重合,可结合下文参考阅读.
④ 侯莉敏.儿童生活与儿童教育[D].南京师范大学,2006.
⑤ 王昕雄.从西方儿童观的演变看当代教育问题[J].外国中小学教育,2008(4):5-8.
⑥ 李喜蕊.英国家庭法历史研究[M].北京:知识产权出版社,2009:91.

世俗儿童天真活泼的形象。近代早期,儿童被认为是一个特别的产物,有区别于成人的不同本质、感受与需求,需要和成人世界分离开来并受到保护。①

现代社会。"现代童年"概念将儿童定义为有别于成人的特殊群体,是"属于自然的、单纯的、非道德的、非社会的成长中的个体",而将童年视为区别于成人复杂生活的纯真阶段。②

5.不同学科中的儿童概念

生物学。从生物学上来说,儿童是处于"幼态持续"状态的人,是生理和心理未发育成熟的人。③著名的儿童发育专家克罗格曼(W.M.Krogman)曾写道:"在所有生物中,人类的幼年期、童年期和少年期绝对是最延迟的。也就是说,人类是幼态持续的或生长期长的动物。他的整个生命周期的几乎30%都用于生长。"④作为生物个体,一方面,儿童具有独立性,有其自身生理发展的规律,不再是成人个体的客观附属物;另一方面,儿童又具有对外部世界和周围事物的依赖性,要从周围环境中获得食物、照料、安慰等生存要素。⑤

人类学。人类学家米德发现了不同国家和民族对待儿童的共性,例如,许多国家都有把儿童比喻为植物的说法,父母或老师的职责就像园丁照料种子或植物。并且,不同的国家和民族对儿童也有着不同的认识和期待,其看护与教养方式也大相径庭。今天,儿童人类学家承认儿童既是"脆弱的",也是"主动的行动者"⑥。

社会学。法国社会学家涂尔干视儿童"不是完全成熟的人",是"一个无政府分子,对所有的规范、约束和后果都不理不睬",⑦是不充分的社会行动者,认为他们带有一种原始的本能——这是对社会的一种潜在的破坏力量,

①　李霄卫.中世纪晚期到近代早期西欧儿童形象的变化[D].湘潭大学,2020.
②　林兰.论"童年研究"的视角转向[J].全球教育展望,2014(11):83-91.
③　蒋雅俊,刘晓东.儿童观简论[J].学前教育研究,2014(11):3-8+16.
④　[美]古尔德.自达尔文以来[M].田洺,译.北京:生活·读书·新知三联书店,1997:60-61.
⑤　虞永平.论儿童观[J].学前教育研究,1995(3):5-6.
⑥　钱雨.儿童人类学的发展及其教育启示[J].全球教育展望,2011(9):75-79.
⑦　[法]爱弥儿·涂尔干.道德教育[M].陈光金,等译.上海:上海人民出版社,2002:406-409.

这种原始的本能需要被约束并通过社会化的途径疏导出来。①

教育学。西方现代教育学始于对儿童的发现。儿童不是"小大人",这种观念是卢梭在其著作《爱弥儿》中发表的关于儿童的基本观念,史称对"儿童的发现"或"发现儿童"。在卢梭以前,西方人类社会尚未系统地发现儿童与成人有什么根本的不同,因而儿童实质上只被看作"微型成人",即小大人。②洛克认为儿童与成人不同,儿童还是不完全理性的个体;针对儿童的教育,应该致力于培养这种理性能力;正因为这种理性能力的状况,所以父母对儿童有监管的权力;同时,正因为儿童的这种理性能力状况,父母的权力不是无限制合法的,不可以被滥用,需要谨慎对待。③

(二)"儿童期"的界定

人类的儿童期比任何其他动物的童年期都要长。婴儿出生时并不具备他所需要的一切行为方式,必须在儿童期内逐步去掌握,这就使儿童较之动物的幼仔具有极大的优越性。漫长的儿童期是人类发展的最重要条件。④

1.关于"儿童期"的一般界定

《儿童权利公约》所规定的"儿童期"涵盖了发展心理学和教育学根据儿童的心理发展特征所区分的婴幼儿期(学前教育阶段)、童年期(小学阶段)、少年期(初中阶段)和青年初期(高中阶段)。⑤"儿童期"从严格的词源学意义上是指当人还不会说话时的年龄段,这大致指 3 岁以前。该词源于拉丁文"infans",意指"不会说话"。后来,这个年龄段延长到 7 岁之前。到 20 世纪初,"儿童期"又延长到 13~14 岁。这个年龄段大致指儿童受基础教育的阶段。⑥儿童期的起点开始于出生前抑或出生后,"终点"结束于 18 岁或更早些,这本

① 郑素华."童年的社会学再发现":国外童年社会学的当代进展 [J]. 学术论坛,2013(10):60-65.

② 刘晓东.儿童是什么——儿童"所是"之多维描述[J].湖南师范大学教育科学学报,2020(4):20-34.

③ 丁道勇.儿童观与教育[J].教育发展研究,2015(Z2):26-32.

④ 侯莉敏.儿童生活与儿童教育[D].南京师范大学,2006.

⑤ 张华.走向儿童存在论[J].中国教育学刊,2020(10):64-70+96.

⑥ Durkheim E.Childhood[G]∥PICKERING,W.Durkheim:Essays on Morals and Education.Sutcliffe.HL.Trans.London:Routledge & Kegan Paul,1979:149.

身具有情境性和策略性。①民国时期的教材中也有关于"儿童期"的阐释。②

2.不同学科中的"儿童期"

生物学中的"儿童期"。儿童期从什么时候开始,在生理学界大致有四种看法:一是始于出生时;二是始于概念(怀孕的母亲关于儿童的概念);三是始于胎动初觉;四是始于婴儿期结束后。③而关于儿童期的下限,大致有两种分法:一种是广义的界定,泛指法定成人年龄以下的人,另一种是根据心理学界对儿童的阶段划分,即分为婴儿期、幼儿期、儿童期、少年期、青年初期(或青春期),当人们在使用这种分法时,较多地把儿童期的下限界定在儿童期或少年期。④

心理学中的"儿童期"。通过对脑电波的测量与分析,有的学者指出个体的大脑发展有两个显著加速的时期,第一个加速时期就是在学前末期,即 6 岁左右,而第二个加速时期就是在由小学步入初中的时期,即 13 岁左右,可是"脑结构机能活动的确定类型的形成要到 16~17 岁时"⑤,因此在这里,我们可以认为从个体的生理尤其是脑和神经系统发展的角度出发,儿童期是

①　张华.走向儿童存在论[J].中国教育学刊,2020(10):64-70+96.

②　中华民国时期教材中的"儿童期"。中华民国时期的教材中,概括起来有以下几种认识:

"6 岁至 12 岁"说。孙振编的《教育学讲义》中认为,儿童期自 6 岁至 12 岁,这个时期是以他律训练,养成善良习惯的时期,学龄儿童尚无以自己之意志判断律己行为之能力及自信,唯依赖父母师长之指挥,尊信之,以服从其教训与命令,遂渐次造成其高尚的日常行为之习惯。舒新城在《教育通论》一书中引用心理学者对人类生活的分期,认为自 6 岁至 12 岁为儿童期。

"入世至 12 岁左右"说。庄泽宣认为儿童时代即是自入世至 12 周岁左右,即最初 12 年。也有人认为,在西欧的常识中,儿童期为发情期以前,年龄大约在 12 岁以前。

"初生至十八九岁"说。罗廷光认为"儿童发育的情状,可约分为四个阶段,或四个时期:婴儿期(即未入学校的时期;约自初生以至 3 岁时)、幼儿期(幼稚园与小学初年的时期;儿童自 4 岁至 7 岁或 8 岁)、童年期(小学时期;年龄约自 8 岁至 12 岁)、青年期(中学时期;儿童自 12 岁或 13 岁至 17 岁或 18 岁)"。胡忠智在其《教育概论》一书中认为《论语》中的儿童是未成年人,19 岁以下都是。

"未成家"说。有研究者认为中国古代对"童"的认识即是"童,独也,未有家室也"。

"可陶冶"说。有研究者认为在科学的意义上,凡人在可陶冶期内,即可称曰儿童,年龄约在二十四五岁。

中华民国时期的教育学教材中对儿童的内涵和外延的认识有较大的差异,尚未达成较为一致的理解。由于对儿童的内涵和外延尚未达成共识,因而关于儿童期的分期亦不同。

③　Geoffrey Scarre,ed.,Children,Parents and Politics[M].Cambridge University Press,1989:25.

④　侯莉敏.儿童生活与儿童教育[D].南京师范大学,2006.

⑤　刘世熠.我国儿童的脑发展的年龄特征问题[J].心理学报,1962(2):89-98.

到 16 岁左右结束的。①

教育学中的"儿童期"。夸美纽斯是教育史上率先从"人的发现"走向"儿童的发现"的第一人,他第一个将儿童期从人生整个阶段中划分出来,将之确定为 0～6 岁、7～12 岁、13～18 岁和 19～24 岁。②杜威第一次明确提出"教育中的儿童期理论",从儿童发展、社会进步和教育目的的角度系统确立"儿童期"概念,并在 1912 年孟禄(Paul Monroe)主编的《教育百科全书》的《教育中的儿童期理论》一文中将"儿童期"界定如下:"儿童期由这段年龄构成:儿童免受经济条件影响,以使其时间和精力贡献于恰当成长。质言之,它是以教育为主要兴趣的年龄阶段。"③即是说教育上的"儿童期"是指儿童以教育为主要任务,以成长和发展为主要目的的年龄阶段。

二、儿童观的发展

儿童观是指人们对儿童的看法和态度,④即我们怎么看待儿童,如何认识儿童。所谓的儿童观,就是不同时代的人们对儿童的基本看法与态度。它更为内核的东西是我们对"儿童是谁"的历史追问与时代反思。⑤

(一)"儿童不祥"的古代儿童观

在遥远的古代社会,由于人类还处于蒙昧状态,对儿童的认识也几乎等于零,人们的头脑中完全没有儿童的概念。⑥

1.中国古代儿童观

预成论。预成论常作为一种比喻,用来表述这样一种观点,即儿童是作为一个已经制造好了的小型成年人降临到这个世上的。仿佛一卷已经画好的画,人生的发展不过是这卷画的逐渐展示而已。预成论认为儿童期表现出

① 秦俊俊.教育学视野下的儿童的无意识[D].南京师范大学,2017.
② 卜玉华.解读"儿童中心观"——一种历史的眼光[J].学前教育研究,2002(4):7-10.
③ Dewey J. John Dewey The Middle Works,1899-1929.Vol.7 [M].Carbondale:Southern Illinois University Press,1979:245-246.
④ 虞永平.论儿童观[J].学前教育研究,1995(3):5-6.
⑤ 刘晓东.儿童文化与儿童教育[M].北京:教育科学出版社,2006:1.
⑥ 王志明.关于儿童观的研究[J].学前教育研究,1994(1):7-11.

来的异常特点或某些偶然的举动往往直接暗示着这些人将来的旨趣与作为（如：抓周、拿周等习俗），儿童就"只是比较小、比较弱、比较笨的成人"，具有成人所有的特点。这也是预成论的一种反映。

儿童邪异论。西方古代对儿童生死不在乎的原因之一是儿童是"未成形的东西"，之二是儿童天生有罪，有时甚至是邪恶的化身。古代中国人也有大致相当的观念。不过他们并不相信儿童有什么"原罪"，而是认为儿童多少有些怪异或邪异。邪异的表现有很多形式，比如儿童的眼睛。古人认为儿童能看见成人看不见的东西，说"童子之目稍净，或见鬼神"。"儿童邪异论"还有一个重要的表现是认为儿童是某种神秘力量的代言人。①

中国传统文化中儿童观的另一条支流就是，在传统儿童观主流稳固地占据许多人心灵的情况下，有人对这种儿童观提出了批判。例如，针对"父父子子"，北齐的颜之推就曾指出"……父不慈则子不孝，兄不友则弟不恭……"（《颜氏家训·家治》）很显然，他认为"子子"不是无条件的，而应当是有条件的，在古代中国，对传统儿童观主流持批判态度的人物绝不止颜之推一位。②

2.西方古代儿童观

在古希腊和古罗马社会中，儿童被认为是未来的公民，因此就训练他们承担成人的任务。③诸多学者从不同角度都证明了这样一个论点：西方从古希腊迄至文艺复兴，"儿童"在某个程度上一直被遮蔽于历史之中。比如，古希腊斯巴达人的男性儿童，5~6岁就经常被有意带进成年男子集体活动场所；7岁起就进入国家公共机关"教育场"接受教育。④

（二）从"儿童附属"走向"儿童为主体"的近现代儿童观

近现代儿童观的演变呈现从"儿童附属"走向以儿童为主体的倾向，这无疑是儿童认识过程中的一大进步，既有利于儿童群体的健康成长，又推动

---

① 季元.中国古代儿童观举隅[J].心理科学,1992(4):43-44+64.
② 刘晓东.中国传统文化中的儿童观及其现代化[J].学前教育研究,1994(4):8-11.
③ 季元.中国古代儿童观举隅[J].心理科学,1992(4):43-44+64.
④ 杜传坤.建构的"儿童"——试论教育对儿童年龄特征的建构[J].学前教育研究,2009(3):21-25.

了儿童教育的科学化进程。

1.我国近现代对儿童的认识

在中国儿童观的研究上，研究者们较多地受到了西方文化和西方儿童观研究的影响，用西方儿童观的研究进展对照中国社会发展各阶段儿童观的现状，这是一种"引入"与"输入"意义上的儿童观，并不是从中国的文化土壤中生长出来，总不可避免地带有西方标准的影子。

20世纪初期的中国，人们还普遍地把儿童看成是家庭的附属、个体的财产、小大人，还没有在全社会形成一个尊重儿童、爱护儿童、研究儿童、教育儿童的有益氛围。①晚清以来，尤其是在五四新文化运动期间舆论革命的助推下，中国儿童开始被"发现"。中国儿童逐渐走出成人与家庭的荫蔽，被视为是"具有独立的意义与价值"的"完全的个人"。

在20世纪儿童观的演变历程中，还曾数度出现对儿童认识和看法的钟摆现象，有时甚至出现严重的倒退。科学的儿童观在很长时间内难以成为人们的共识。因此，中国的儿童观就在这种复杂的历史背景中曲折地变迁着。②

2.西方国家近现代儿童观的发展

"儿童"是一个晚近的概念，"儿童"的概念一直要到17世纪，随着新教以及中产阶级兴起才逐步被建构起来。③

欧洲中世纪的社会由教会占据统治地位，鼓吹"君权神授说"，并向人们灌输"原罪"的观念，以此来禁锢人们的思想，实现自己的统治。④原罪说认为人生而有罪，从儿童时期起就具有原罪，就要不断赎罪，不断接受惩戒。⑤其后，借助文艺复兴对人的价值地位的肯定、自我意识及个性观念的张扬，儿童的生命价值才开始受到尊重。至此，近现代儿童观才初露端倪。西方中世

① 王海英.20世纪中国儿童观研究的反思［J］.华东师范大学学报（教育科学版），2008(2)：16-24.
② 王海英.20世纪中国儿童观研究的反思［J］.华东师范大学学报（教育科学版），2008(2)：16-24.
③ ［法］菲力浦·阿利埃斯.儿童的世纪——旧制度下的儿童和家庭生活[M].沈坚，朱晓罕，译.北京：北京大学出版社，2013：1-4.
④ 段镇.儿童观的演变——从奴才观到主人观[J].当代青年研究，1990(6)：5-9+50.
⑤ 王昕雄.从西方儿童观的演变看当代教育问题[J].外国中小学教育，2008(4)：5-8.

纪的儿童几乎没有任何社会地位，儿童概念只是近代教育制度确立以来才形成的一个概念。①

西方现代儿童观的产生以 18 世纪法国教育家卢梭的思想为标志，卢梭认为，在万物中，人类有人类的地位，在人生中，儿童有儿童的地位。19 世纪是欧洲儿童观发生重要变革的历史时期。正是"在 19 世纪发展过程中，儿童的地位发生了改变。'儿童的时代'趋于形成，其概念逐渐成熟"②。20 世纪美国的教育家杜威所系统阐述的儿童观为现代儿童观的发展奠定了理论基础，而意大利幼儿教育家蒙台梭利又将其对儿童的看法和观点应用到了"儿童之家"的教育实践中，推动了现代儿童观理论在实践中的应用。③

（三）以儿童为中心的现代儿童观

西方在没有儿童概念的时代，儿童一旦脱离母亲、保姆的怀抱，就马上进入了成人社会。④在现代儿童观的指导下，童年在婴儿期、幼儿期以后继续延伸了很久。今天，人们普遍相信儿童不同于成人，因而应该被以特殊的方式来对待。这种观念把儿童从社会生活中独立出去给予差别对待。这在教育、法律等领域都有体现。⑤

现代儿童概念出现以后，童年被认为是有别于成年的一个时期。一些共同的教养儿童的主张和专为儿童开设的教育机关出现了。其中，最重要的变化是：儿童由工作场所进入教育场作为工作者的角色让位于学习者的角色，以及儿童不是父母的生产助手而是父母的责任。这些新观念逐渐成为现代人的共识。与此相适应的，童年生活得到人们的普遍关心，儿童教育成为家庭生活的一大主题。⑥

---

① 杜传坤.建构的"儿童"——试论教育对儿童年龄特征的建构[J].学前教育研究,2009(3):21-25.

② ［意］艾格勒·贝奇,［法］多米尼克·朱利亚.卞晓平,西方儿童史(下卷:自 18 世纪迄今)[M].申华明,译.北京:商务印书馆,2016:360.

③ 单中惠.西方现代儿童观发展初探[J].清华大学教育研究,2003(4):17-21.

④ Ariès,P.Centuries of Childhood:A Social History of Family Life[M].London:Jonathan Cape Ltd.,1962.

⑤ 丁道勇.儿童观与教育[J].教育发展研究,2015(Z2):26-32.

⑥ 丁道勇.儿童观与教育[J].教育发展研究,2015(Z2):26-32.

现代儿童观的具体内涵表现为：儿童是一个充满生命活力的人，是一个成长中的未成年人，是一个有着独特精神世界的人，是一个有着特定责权关系的人。①事实上，现代童年概念的产生即与社会结构变化密切相关。声称"中世纪并不存在童年概念"的菲利普·阿利埃斯认为，大约从 17 世纪开始，整个西方社会教育结构发生了巨大的变化，学校代替学徒制成为主要的教育方式，这就意味着儿童不再与成年人混杂在一起，儿童不必再通过与成年人的接触来学会生活。②儿童便有了一个更长的童年期。最终由此确立了现代童年的概念。③

随着现代儿童观的产生，学界逐渐形成对科学儿童观的认识。科学的儿童观是以儿童身心发展的基本规律为出发点的，是以社会发展的需要和社会对未来一代的期待为引导的。科学的儿童观是科学地开展儿童工作的前提，至少包括以下几个主要观点：

①儿童是稚嫩的个体，身心各方面尚不完善，需要科学的、合理的照顾和保护；

②儿童是独立的个体，应有主动活动、自由活动和充分活动的机会和权利；

③儿童是完整的个体，必须高度重视其在身体、认知、品德、情感、个体等方面的全面发展；

④儿童是正在发展中的个体，除了有充分的发展潜能，还存在发展的个体差异，应遵循其身心发展规律，尊重个体差异，充分发掘其潜能；

⑤儿童是成长在一定的自然、社会、文化环境中的个体，应注重给他们提供指向环境的体验、交往、操作、思考的机会。④

①　阮成武.小学教育概论[M].上海：华东师范大学出版社，2011：177，180.

②　郑素华."童年的社会学再发现"：国外童年社会学的当代进展 [J]. 学术论坛，2013（10）：60-65.

③　Philippe Ari è s.Century of Childhood：A Social History of Family Life [M].New York：Jonathan Cape Ltd，1962.

④　编者注：前文中提到的儿童观未使用"科学"这一概念，并非指前文中对儿童观的认识不科学，而是指进入现代社会以来，人们开始注重对"科学"一词的使用，之后学界也可能提出更替当前的"科学儿童观"认识的新观点。

三、多学科视角下的童年研究

20 世纪中期以后,西方史学界对儿童和童年的研究忽然成为一门显学。20 世纪 60 年代的童年研究更多是一种透视西方家庭生活的工具。随着人们生活方式和观念的变化,研究开始出现了"儿童本位"的趋向,即对儿童和童年的深挚注视和关怀。不论是研究社会,还是研究儿童个体,到后来都发现,一张简略的路线图是不存在的,童年这个现象,几乎就是社会生活和历史文化的缩影,有着复杂图景和万千气象。①

(一)童年研究的不同范式

从人类学、心理学、社会学及教育学范式出发的童年研究基于不同的研究理论呈现出了不同的研究成果。

1.童年人类学

儿童人类学(Anthropology of Children)也称为"童年人类学"(Anthropology of Childhoods),是人类学的一门新兴分支,最初起源于心理人类学与文化人类学等交叉学科。儿童人类学研究的是特定的儿童群体的生活方式,探究儿童群体的思想、观念与行为的共性。儿童人类学者关注世界各国的儿童与不同民族的童年时期,他们试图在倾听儿童的日常生活与经验的基础上,对社会、政治、教育、文化等众多领域进行理论建构。②

2001 年 7 月,国际人类学与民族学联合会(ICAES)建立了"儿童、青少年与童年人类学委员会"。这个团体的目的在于鼓励一种"将儿童视为积极的参与者"的儿童研究。③

2.心理学取向的童年研究

"自 1930 年代,对孩子的研究主要是心理学取向的。"④这一研究取向是传统"童年研究"的代表。

---

①　黄进.童年研究:一场观念和方法上的革命[J].教育研究与实验,2009(5):7-12.

②　钱雨.儿童人类学的发展及其教育启示[J].全球教育展望,2011(9):75-79.

③　Geertz Cliffor.Works and Lives:The Anthropologist as Author[M].Cambridge:Polity Press,1988.

④　王友缘.新童年社会学研究兴起的背景及其进展[J].学前教育研究,2011(5):34-39.

在 1960 年法国社会史学家菲利普·阿利埃斯发表专著《儿童的世纪》之前的很长一段时间内,儿童和童年研究一直是心理学家的专利。心理学研究与社会史研究都是想概括出关于童年的一幅简略的线型轨迹,只不过心理学关注的是个体儿童,而社会史关注的是童年这段社会生活的历程。心理学研究认为儿童发展经历了一个由低级到高级的过程,社会史研究则认为人类以前没有儿童概念,到后来诞生了儿童概念。①

3.童年社会学

20 世纪 60 年代阿利埃斯开创了从社会历史建构视角进行童年研究。②社会建构范式从社会文化视角研究童年,认为不能将童年视为一种存在于个体身上的固有特点,而是历史的、文化的产物,是一种社会建构,在不同的时空中有不同的童年。③

《儿童的世纪》代表了现代童年观念发展的某种分野。此前,人们普遍将童年观念视作由若干特定的生理、心理、认知、语言发展等方面属性构成的固有概念。阿利埃斯的"童年发现说"则第一次将童年界定为一个从无到有的过程,通过"将儿童置于社会背景中进行分析,而不是简单地作为自然生物进行分析"④。从时间维度来看,童年概念有较为明确的起点。《儿童的世纪》(*Centuries of Childhood*)(1962)一书最重要的判断就是认为童年概念并不是从来就有,而是一个社会性的建构,是有时间节点的。

尼尔·波兹曼在 1982 年出版的《童年的消逝》中指出 15 世纪活字印刷术的发明创造了一个全新的符号世界,这个崭新的符号世界要求确立一个全新的成年概念。就定义而言,新的成年概念不包括儿童在内。于是儿童被从成人世界里驱逐出来,被安置在一个成人专门为儿童打造的新世界里,这个新世界就是"童年"。他的一个核心观点是中世纪是"一个没有儿童的时

---

① 黄进.童年研究:一场观念和方法上的革命[J].教育研究与实验,2009(5):7-12.

② 王友缘.新童年社会学研究兴起的背景及其进展[J].学前教育研究,2011(5):34-39.

③ 苗雪红.童年的本质:基于两种童年研究范式的思考[J].安徽师范大学学报(人文社会科学版),2016(3):390-396.

④ 赵霞.阿利埃斯儿童史研究的遗产:现代童年观内在悖论深思[J].学前教育研究,2020(8):20-23.

代"，"童年"不过是随着印刷术的发展被成人建构出来的。①

4.新童年社会学

"新童年社会学"的研究在 20 世纪 80 年代兴起,更加丰富了童年的研究视角。②

新童年社会学是在批判传统社会化理论与传统童年研究的基础上发展起来的,"它否认童年仅仅是一种生物学事实,否认儿童的消极地位,提倡把童年作为一种积极建构的社会现象加以研究"。"在批判传统社会化理论的基础上,新童年社会学否认童年仅仅是一种生物学事实,主张把童年作为一种积极建构的社会现象加以研究"。③

在新童年社会学中, 儿童被看作是能动地建构自己的童年与社会生活的社会行动者。新童年社会学主张对童年重新概念化,其不仅挑战了成人与儿童关系的偏见, 也导致对成人研究者和儿童被研究者之间关系的重新评估,其中一个显著的转变是强调从"研究儿童"到"与儿童一起研究"或"为儿童的研究"。④"儿童"不是代表了研究认知形式或社会化发展是否"正常"的一种实验物种。这就反映出一种与以往截然不同的关注:去直接聆听儿童的声音、倾听他们的观点、关注他们的独特兴趣和作为现代公民的基本权利。这种研究转向,亦引发了一种新的对儿童和童年的知识论兴趣:关于儿童、童年的知识及理论话语,并不仅仅是成人的建构,而是与儿童一起建构的共同产物。⑤

埃里森·詹姆士等人指出对于童年的研究兴趣并不是新的,新的是把童年本身看作研究的中心,而不是把它归入诸如家庭与教育等主题之下。⑥新范式所尝试的即是给儿童以声音,正如哈德曼(Hardman)所说,应当从儿童

①　[美]尼尔·波兹曼.童年的消逝[M].吴燕莛,译.广西:广西师范大学出版社,2004.
②　林兰.论"童年研究"的视角转向[J].全球教育展望,2014(11):83—91.
③　王友缘.新童年社会学研究兴起的背景及其进展[J].学前教育研究,2011(5):34—39.
④　William A,Corsaro.The Sociology of Childhood[M].London:Pine Forge Press,2005:45.
⑤　郑素华.新童年社会学:英国的发展及启示[J].比较教育研究,2012(10):87—90.
⑥　王友缘.新童年社会学研究兴起的背景及其进展.学前教育研究[J].2011(5):34—39.

自身的角度进行研究,不是把他看作成人教育的容器。①

新童年社会学的关键特征,也是新童年社会学的"新"之所在。其中,以下五个方面最为核心：童年被理解为社会的建构；童年被看作社会结构形式；童年是社会分析的基本单位；从儿童自身的角度来研究儿童；儿童是能动的创造性的社会行动者。②

5.教育学取向的童年研究

传统教育学转型为现代教育学,就是以成人本位向儿童本位的转变,就是从成人创造儿童到儿童创造自身、创造那个未来的自己——成人——的转变。儿童本位的教育学,主张尊重儿童成长的自然规律、自然速率和自然过程,顺应儿童的天性,反对违背儿童发展的自然规律而胡乱作为,通过"无为"而达到"无不为"。③

中世纪以来的西方社会,由于受到基督教原罪观的影响,人们倾向于把童年看作是人类堕落的初始期,并将儿童与邪恶、易受魔鬼诱惑等天性联系在一起。④作为一次彻底的反拨,卢梭关于童年的理解为"抛开了一切与原罪有关的说法,并转而提出,儿童非但不是由我们引领着穿过苦行走向美德,相反,我们倒要为了他们带给这个世界的内在价值而崇敬和膜拜他们"⑤。

除以上范式之外,精神发生学认为,个体的童年类似人类的童年,童年是人类精神发生和大脑进化历程的复演。⑥

(二)童年概念的产生

童年是人类特有的生命现象。从童年的发生过程来看,童年的出现是人类在进化过程中采取的一种必需的适应战略,既与生物适应有关,又与文化

---

① Allison James,Chris Jenks,Alan Prout,eds.Theorizing Childhood[M].Cambridge:Polity Press & Oxford:Blackwell Publishers Ltd.,1998.

② 王友缘.童年研究的新范式——新童年社会学的理论特征、研究取向及其问题[J].全球教育展望,2014(1):70-77.

③ 刘晓东.论童年在人生中的位置[J].南京师大学报(社会科学版),2013(6):67-74.

④ 赵霞.卢梭:作为一种乌托邦的童年[J].山东社会科学,2014(2):149-154.

⑤ Allison James,Chris Jenks,Alan Prout,eds.,Theorizing Childhood[M].Cambridge:Polity Press & Oxford:Blackwell Publishers Ltd,1998.

⑥ 满忠坤.论"童年的秘密"的教育学意蕴及其早期教育启示[J].中国教育学刊,2018(5):24-30.

适应有关,兼有双重价值。①

　　童年作为一种生物现象,意味着用年龄来界定的生命中的某个阶段,是不可更改的生物学事实。"所谓童年,是鉴于儿童的未成熟状态,需要专门隔离出一段时间,使他们免于生活的危险与负累"②,是一段专门用于学习与想象的时光,也是我们之所以为人的关键。③这种有关童年概念的描述性定义将重点放在儿童的未成熟性上,而这种未成熟性,一方面以生理的未成熟为基础,另一方面理所当然在生理未成熟的基础上推论出儿童心理、能力的未成熟状态,与成人的成熟形成对照。而对于童年作为一种生物现象的理解,最充分的当属传统的发展心理学理论。④

　　通过研究可以发现童年有四种所指:一是从个体生理成长角度,童年指人类个体早期的成长阶段,也称儿童期,这是关于童年最通常的理解。二是从个体生活事实的角度,指每个个体实际经历的童年生活。在这个意义上,童年是复数的,是流动变换的,这是历史和社会研究关注的主要内容。三是指儿童社会身份所赖以获得的社会空间,是一种社会结构,也是新童年社会学结构理论的主要概念。四是作为人类精神现象的童年,指儿童的精神世界及人类对儿童期生活体验的回溯想象和反思所建构的精神空间和精神意涵,属于哲学、文学、美学、心理学研究的范畴。这四种"童年"的所指分别从生物现象、社会现象、精神(心理)现象三个维度思考人生的早期阶段,这三个维度的综合也是当代多学科童年研究的总体趋势。⑤

　　(三)童年的独特意义与价值

　　"童年的价值是什么?"以往有这样一些不同的视角:一是实践的视角,把童年看作是成年的准备,或者相反,认为童年有其独立存在的价值,多为

---

　　①　石丽娟,王喜海.童年怎样产生?为何存在?——从人类学视野探讨童年的起源与价值[J].内蒙古师范大学学报(教育科学版),2013(4):22-25.
　　②　陈赛.守护童年[J].三联生活周刊,2012-06-04.
　　③　陈赛.守护童年[J].三联生活周刊,2012-06-04.
　　④　王友缘.走出迷思——童年概念的几种视角及其分析[J].教育学术月刊,2014(1):68-72.
　　⑤　苗雪红.童年的本质:基于两种童年研究范式的思考[J].安徽师范大学学报(人文社会科学版),2016(3):390-396.

教育者所争辩;二是观照的视角,采用审美的态度来对待童年,这在 20 世纪以后的文学艺术领域甚为广泛。后者关注的是童年价值的应然问题。①

从童年的发生过程来看,童年的出现是人类在进化过程中采取的一种必需的适应战略,既与生物适应有关,又与文化适应有关,有双重价值。"古猿"进化到"现代人"是一个已经完成的过程,但在漫长的人类进化之旅中形成的人类特性被现代人继承了下来。童年作为人类特有的生命现象,也将在现代人的发展过程中继续发挥其生物适应和文化适应价值。②卢梭认为童年在人生中具有它自己的地位。"在万物的秩序中,人类有它的地位;在人生的秩序中,童年有它的地位:应当把成人看作成人,把孩子看作孩子。"③

（四）童年研究的伦理问题

传统上常常是将儿童看作是一个研究的客体,而现在童年研究者则形成了一些共同的设定:儿童是人,他们的生活是有价值的,他们有自己的权利和尊严,是社会文化的行动者,也是研究的参与者。④

四、小学生的概念讨论与特点描述

当前,小学生相关研究中对于其概念讨论主要依据小学生所在场所及所处年龄段进行,并在研究过程中表明小学生具有发展的主动性、教育的可塑性,以及人格的独特性等普适性的特点。

（一）小学生基本概念的探讨

小学生基本概念探讨除了概念的界定之外,还有针对小学生与儿童的概念明晰。

1.小学生的定义

小学儿童是指处于小学阶段的儿童,他们是构成教育活动的基本要素,

---

① 黄进.童年研究:一场观念和方法上的革命[J].教育研究与实验,2009(05):7-12.

② 石丽娟,王喜海.童年怎样产生?为何存在? ——从人类学视野探讨童年的起源与价值[J].内蒙古师范大学学报(教育科学版),2013(4):22-25.

③ [法]卢梭.爱弥儿[M].李平沤,译.北京:商务印书馆,1978:5-9,74,2.

④ Pia Christensen,Allison James.Research with Children:Perspectives and Practices[M].Routledge,London,2000:30.

是教育活动最基本的对象。①

一般来说,小学里的学生简称"小学生",是小学教育领域或机构里的一种身份或角色。1986 年颁布、2006 年修订的《中华人民共和国义务教育法》规定:凡年满六周岁的儿童,应当入学接受并完成义务教育;一些条件不具备的地区,儿童可以推迟到七周岁入学。总体而言,我国小学生的年龄阶段通常在六七岁到十二三岁之间。根据不同的维度,小学生可以划分为不同的亚群体。②

根据《教育大辞典》的解释,"学生"一词有两种含义。第一,在各级各类学校或其他教育机构学习的人。按受教育阶段分,有小学生、中学生、大学生和研究生等。第二,中国古代称弟子,后又有太学生、监生、贡生、廪生、生员或从学者等称呼。明清科甲出身的官员对主考官亦称学生。③

当前,小学生专指用专门时间在小学校里从事专门学习活动的人。这一制度化的用语明确了小学生的主要任务是"学习"④。

2.小学生与儿童的区分

与小学生紧密相关的一个称谓是"儿童"。儿童是指身心处于未成熟阶段的个体。⑤

"小学生"与"儿童"这两个概念,在逻辑上有不同的归属。小学生是围绕"学习"这种活动而形成的概念,由此产生了"小学教师"与"小学学生"这组概念。儿童是围绕"身心发展水平"这种人的发展阶段而形成的概念,由此产生了"儿童""少年"和"青年"等一系列概念。尽管"小学生"和"儿童"在逻辑归属上有所不同,但两者事实上存在交集,有着密切的内在联系。小学生是主动发展的儿童,是具有可塑性的教育对象。从心理学的角度来看,小学生指学龄初期儿童,年龄大约在五六岁至十一二岁之间。⑥在一定意义上,小学

①　阮成武.小学教育概论[M].上海:华东师范大学出版社,2011:177,180.
②　黄甫全,曾文婕.小学教育学(第 2 版)[M].北京:高等教育出版社,2011:56-60.
③　顾明远.教育大辞典(增订合编本)(下卷)[M].上海:上海教育出版社,1998:1806.
④　黄甫全,曾文婕.小学教育学(第 2 版)[M].北京:高等教育出版社,2011:56-60.
⑤　顾明远.教育大辞典(增订合编本)(上卷)[M].上海:上海教育出版社,1998:316.
⑥　胡寅生.小学教育学教程[M].北京:人民教育出版社,2000:110-111.

生首先是处于一定年龄阶段的儿童。出于对儿童天性的尊重及文化习惯等多种原因，人们通常称小学生为儿童。

此外，很多时候人们还称小学生为"小孩""孩子"或"小孩子"，这是一种充满情意的称呼，其中关爱的意味溢于言表。[1]

（二）小学生发展的普适性特点

从自然儿童的概念来看，小学生与儿童所处的时间段重合。小学生除包括生理儿童的发展特点外，在社会儿童的概念中也包括身份儿童、符号儿童、体制化儿童的特点。因此，以下关于小学生的发展特点中也包括了儿童的发展特点。

1.小学生具有发展的主动性

随着进入学龄初期阶段，小学生的独立自主意识、主动性、积极性比过去都有很大的提高和发展。小学生处于新的学习环境和新的人际关系，促使小学生产生新的认知和情感的需要，产生新的兴趣和动机，这一切构成小学生主动发展的动力。[2]其中，小学阶段儿童的自我意识有如下特点：自我认识的独立性不断增强；自我评价的原则性逐渐形成；自我评价的批评性有所发展。[3]

2.小学生具有教育的可塑性

据心理学界研究确认，年轻一代身心发育过程的完成亦即"成熟"，同他们个性的形成是一致的。从出生时起，他们经历了婴儿期、学龄前期、学龄初期、学龄中期直到学龄晚期（约十七八岁）。整个阶段是接受外界教育影响的良好时期，也就是具有很大可塑性的时期。而学龄初期阶段的儿童，又正是处在认知、情感、动作技能（如听、读、写、算）发展的关键时期，处在高层次的社会意识初始建立的时期，抓住这个关键的最佳期，及时向儿童施加影响，能够使教育比在此以前或以后时期取得更大的成功。这进一步说明了小学生具有良好的教育可塑性。[4]

① 黄甫全,曾文婕.小学教育学(第2版)[M].北京:高等教育出版社,2011:56-60.
② 顾明远.教育大辞典(增订合编本)(上卷)[M].上海:上海教育出版社,1998:316.
③ 顾明远.教育大辞典(增订合编本)(上卷)[M].上海:上海教育出版社,1998:316.
④ 顾明远.教育大辞典(增订合编本)(上卷)[M].上海:上海教育出版社,1998:316.

3.小学生具有人格发展的独特性

每个人的生命都有自己不同的"样子",每个儿童的生命都与成人不同。每个孩子都有自己的独立人格和精神世界,每个孩子都有自己独特的看法、想法和感情,每个孩子都是这个世界的"唯一"。教师要尊重生命的独特性,善待每一个学生,特别要善待那些生命处于弱势的学生,让他们在教育过程中享有获得成功的机会,体验生命成长的快乐。①

(三)小学生的地位

探讨小学生的地位主要从小学生在社会中的地位及在教育中的地位两个方面展开。

1.小学生在社会中的地位

社会地位是指社会成员在社会系统中所处的位置,一般由社会规范、法律和习俗限定, 通常指社会成员基于社会属性的差别而在社会关系中的相对位置及其围绕这一位置所形成的权利和义务关系。学生的社会地位属于学生权利问题。社会地位是学生在教育过程中的地位的基础,学生在教育过程中的地位是学生社会地位的具体化。

由于学生是尚未成熟的青少年儿童, 是未进入正式成人社会的"边际人",因此他们的独立人格和独立地位常常被忽视。在人类社会的早期,社会把未成年的子女当作社会或父母的隶属物, 随着人类社会的进步和生活质量的提高,儿童的生存条件不断得到改善,尤其是文艺复兴时期产生的新的儿童观,开始承认儿童的自由和兴趣。

今天,儿童的社会地位已有很大的提高,但仍然存在忽视儿童的兴趣和需要,侵害儿童身心健康的现象,要改变这种情况,关键是要确立并保障青少年学生在社会生活中的主体地位和合法权益。②

2.小学生在教育中的地位

杜威曾一针见血地归纳了旧教育的主要特点:"消极地对待儿童, 机械

---

① 　郑晓生.小学教育学[M].福建:福建教育出版社,2016:101-102.

② 　郑晓生.小学教育学[M].福建:福建教育出版社,2016:101-102.

地使儿童集合在一起,课程和教法的划一。概括地说,学校的重心是在儿童之外,在教师,在教科书及在其他你所高兴的任何地方,唯独不在儿童自己即时的本能和活动之中。"①因此,他振聋发聩地提出:"现在,我们教育中将引起的改变是重心的转移。这是一种变革,这是一种革命,这是和哥白尼把天文学的中心从地球转到太阳一样的那种革命。这里,儿童变成了太阳,而教育的一切措施则围绕着他们转动,儿童是中心,教育的措施便围绕他们而组织起来。"②杜威的这段话,是儿童中心论铿锵有力的宣言,开启了现代教育尊重儿童、以儿童为本的新局面。

在小学教育系统中,与教师、教育内容、教育环境、教育活动、教育评价等诸多要素相比,小学生是小学教育的主体和中心,小学生的学习活动是小学教育存在与发展的基本依据。

(四)小学生的构成

就小学生的构成,可以从不同的维度予以不同的划分。一般来说,人们普遍从"学习阶段"和"学习水平"两个维度来划分小学生的构成。③

1.按学习阶段划分

按学习阶段划分,小学生可分为低年级段(一、二年级)学生、中年级段(三、四年级)学生和高年级段(五、六年级)学生。

在具有小学生共性的基础上,各年段小学生具有各自特殊的身心特点,同时,国家对不同年段小学生学习活动的最低结果和标准,提出了明确的要求,做出了具体的规定。比如,《全日制义务教育语文课程标准(实验稿)》就分别列出了各年段小学生在"识字与写字""阅读""写话／习作""口语交际"和"综合性学习"等方面要达到的基本阶段目标。对这些目标,教师应当烂熟于胸。

———————

①　[美]杜威.杜威教育论著选[M].赵祥麟,王承绪,编译.上海:华东师范大学出版社,1981:31-32.

②　[美]杜威.杜威教育论著选[M].赵祥麟,王承绪,编译.上海:华东师范大学出版社,1981:31-32.

③　黄甫全,曾文婕.小学教育学(第2版)[M].北京:高等教育出版社,2011:56-60.

2.按学习水平划分

按学习水平划分,小学生可分为学习困难生①(简称"学困生")、学习中等生(简称"学中生"或"中等生")和学习优秀生(简称"学优生")。在现代民主化社会,人们很关心学习活动及其结果公平,因而特别重视其中的学困生和学优生。但是,中等生同样值得关注。

学习困难生,指遭遇了学习困难的学生。这类学生曾因被歧视而贴上"差生"或"后进生"的标签,承受了巨大的心理和社会压力。正确的看待他们并有效的指导他们,既是教师的基本职责,也是教师的智慧体现。

学习困难(learning difficulties),又称学习障碍与困难(learning disabilities and difficulties)。心理学家最早开展的是学习障碍(learning disabilities)研究,重点关注脑损伤、身心障碍引起的学习障碍。大量研究使人们认识到,不仅身心损伤会导致学习障碍,对更多的孩子来说,他们的认知、情感和行为偏失乃至所遭遇的课程内容与教学方法失当,也会导致学习困难。

根据引发学习困难原因的不同,可分出"身心原因型学习困难"与"环境导致型学习困难"两种类型。学习困难,特别是环境导致型学习困难,总是表现为具体科目的学习困难。所以,学习困难研究就必然是具体科目的学习困难(specific learning difficulties)研究。这就要求任课教师成为科目学习困难的研究者。②

学习中等生,指学习处于中等水平的学生。长期以来,在许多小学都存在着"学困生备受关怀,学优生备受重视,而中等生无人理会"的现象。中等生"前不得高分,后不拉后腿",普遍处于被遗忘的边缘,这是学习机会不公的表现,对学生的发展极为不利。

学习优秀生,又叫尖子生、绩优生或资优生,一般指学习中表现优秀的

---

①　20世纪八九十年代,正值我国教育体制改革初期,学校对学生的成绩异常关注。历史上对"学困生"概念的表述曾使用"后进生""学业不良学生""差生""某一方面不满足学校要求的学生"等相似的称谓,但随着教育理念与教育改革的不断深化,对此类学生的表述也逐渐转变,体现出了教育的人性化。

②　Brkanac,Z.,et al.,Specific Learning Disabilities and Difficulties in Children and Adolescents:Psychological Assessment and Evaluation[J].Journal of the American Academy of Child & Adolescent Psychiatry,2003(1):107–114.

学生。国外较为重视学优生研究，一直在努力探讨和建立学优生教育学。2010年还报告了一个"天才儿童的个性化教育模式"的形成性策略，其主要内容为"课程丰富化"与"教学辅导的差异化"。[①]我国，也需要明确地认识到学优生研究的重要性和紧迫性。

对学优生的研究，既需要从生理遗传、心理特征和心智潜能、认知、人格、社会交往与生涯发展需要等基础研究开展，更要从环境与教育以满足学优生潜能与发展需要等角度切入，深入而系统地研究并解决学优生学习不足（learning dissatisfaction）的问题，以激发和发展学优生的潜能，为社会培养大量优秀的人才。

第二节　重视小学生身心健康发展

关于儿童的生理与心理健康问题，医学界、心理学界、体育学界及教育学界都对其较为关注，其中医学和心理学对其最为关注，相应刊发的论文也最为集中。

自2000年之后，国家开始重视学生的体育发展与体质健康。近些年来，学生的心理健康也备受关注。在促进小学生身心健康发展方面，国家主要出台了以下相关文件与政策，见表1-2。

表1-2　小学生身心发展相关文件政策

时间	颁布部门/文件名	内容
2002年8月	教育部《中小学心理健康教育指导纲要》	提高全体学生的心理素质，培养学生乐观、向上的心理品质，促进学生人格的健全发展
2007年2月	教育部《中小学公共安全教育指导纲要》	帮助和引导学生了解基本的保护个体生命安全和维护社会公共安全的知识和法律法规，树立和强化安全意识，正确处理个体生命与自我、他人、社会和自然之间的关系，了解保障安全的方法并掌握一定的技能

---

①　Kelemen,G.A. Personalized Model Design For Gifted Children's Education[J].Procedia Social and Behavioral Sciences,2010(2):3891-3897.

续表

时间	颁布部门/文件名	内容
2007 年 5 月	中共中央、国务院《关于加强青少年体育增强青少年体质的意见》	"高度重视青少年体育工作""认真落实加强青少年体育、增强青少年体质的各项措施""加强领导,齐抓共管,形成全社会支持青少年体育工作的合力"
2008 年 4 月	教育部 国家体育总局《国家学生体质健康标准》	详细规定了各年龄段学生身体评价指标与分值,对体质的测试指标做出概括
2010 年 7 月	教育部《国家中长期教育改革和发展规划纲要》	"加强体育,牢固树立健康第一的思想,确保学生体育课程和课余活动时间""加强心理健康教育,促进学生身心健康、体魄强健、意志坚强""大力开展'阳光体育'运动,保证学生每天锻炼 1 小时"
2011 年 7 月	教育部《切实保证中小学生每天一小时校园体育活动的规定》	"保证中小学生每天一小时校园体育活动""促进学生健康成长""提高学生体质健康水平"
2015 年 7 月	教育部等六部门《关于加快发展青少年校园足球的实施意见》	"提高校园足球普及水平""深化足球教学改革""加强足球课外锻炼训练""完善校园足球竞赛体系""畅通优秀足球苗子的成长通道"
2016 年 4 月	国务院《关于强化学校体育促进学生身心健康全面发展的意见》	"强化体育课和课外锻炼""完善训练和竞赛体系""提升学校体育保障水平""促进学校体育健康发展"
2016 年 6 月	国务院《全民健身计划(2016—2020 年)的通知》	将青少年作为实施全民健身计划的重点人群,大力普及青少年体育活动,提高青少年身体素质
2020 年 8 月	教育部等七部门《全国青少年校园足球八大体系建设行动计划》	巩固和完善校园足球工作制度体系,推进校园足球工作治理体系和治理能力现代化
2020 年 10 月	国家卫生健康委会同教育部等六部门《儿童青少年肥胖防控实施方案》	提高儿童青少年健康水平和素养,"以提高儿童青少年健康水平和素养为核心,以促进儿童青少年吃动平衡为重点",普及营养健康和身体活动知识,促进儿童青少年健康成长
2021 年 5 月	教育部《学前、小学、中学等不同学段近视防控指引》	明确不同学段儿童青少年近视防控要点,着力提高儿童青少年用眼行为改进率和近视防控知识知晓率

续表

时间	颁布部门/文件名	内容
2021 年 9 月	国务院《中国儿童发展纲要(2021—2030 年)》	提出了儿童与健康、安全、教育、福利、家庭、环境、法律保护多个方面的主要目标与策略措施，以及相关的组织实施与监测评估依据,为儿童的生存与发展提供了重要保障

一、常论常新的小学生生理健康问题

健康的身体是小学生日后茁壮成长的重要保证，小学生正处于身体发育的关键阶段,小学生体质健康、睡眠时间、营养问题等都是常论常新的话题,近 20 年,性教育研究主题也逐渐步入学术视野。

（一）小学生体质健康是其各方面发展的基础与保障

自 2000 年之后，国家开始重视学生的体育发展与体质健康,国家部委与相关政府部门陆续颁布了一系列政策文件，学界也逐步对学生的身体发展更加关注。

1.运动干预对小学生的生理影响

目前,脑执行能力是小学生生理影响因素研究中比较突出的议题。殷恒婵等人认为,运动干预对小学生脑执行功能的影响主要表现为:不同运动干预方案对小学生执行功能的改善均有积极的促进作用。[1]有研究也进一步表明体育活动影响新陈代谢和所有主要的身体系统，对大脑和脊髓产生强大的积极影响,从而影响情绪稳定、身体健康、学习动机和能力。[2]

运动有利于改善正常小学生的执行功能这一结论已为唤醒水平假说、脑可塑性假设、神经营养因子假说等理论提供解释,[3]并且运动作为一种促

---

① 殷恒婵,李鑫楠,陈爱国,宋湘勤,杜吟,潘家礼,王畅.5 种运动干预方案对小学生脑执行功能影响的试验研究[J].天津体育学院学报,2015(1):7-10.

② Basch,C.E.,Healthier Students Are Better Learners:A Missing Link in School Reforms to Close the Achievement Gap[J].Journal of School Health,2011(10):593-598.

③ 陈爱国,殷恒婵.运动、儿童执行功能与脑的可塑性[M].北京:北京体育大学出版社,2011:120-124.

进儿童执行功能健康发展的手段,由于成本低、效果好也逐渐被大家认可。[①]

2.小学生睡眠仍较为缺乏

关于小学生睡眠问题的研究集中于睡眠时间、睡眠质量、睡眠影响因素等方面,且聚焦于医学领域的研究。

中国青少年研究中心公布,我国 8~13 岁学龄儿童中 2/3 睡眠不达标,超过 10% 的儿童每天睡眠不足 8 小时,1/4 左右睡眠质量欠佳,已成为当今危害儿童身心健康和学业成绩的社会问题。[②]有研究结果显示,睡眠质量下降可降低学生上课注意力,影响学习成绩。[③]国外研究表明,睡眠质量的好坏可直接影响儿童的注意力、学习理解力、记忆力及创造力等。[④]吴优等人的研究显示,持续睡眠时间不足将会对儿童的学业成绩、情绪和行为问题、肥胖、脑功能及结构、内分泌及代谢功能产生影响。[⑤]

2005 年,中国学生体质与健康研究组对学生睡眠做出了明确规定:小学生每日睡眠时间(包括午睡)不宜少于 9 小时,是学龄儿童健康成长和顺利完成学业的重要保障。《中华人民共和国国家标准》对于儿童青少年每日睡眠时间也作出了相关要求:小学生不应少于 10 小时,初中生不应少于 9 小时,高中生不应少于 8 小时的标准。[⑥]美国国家睡眠基金会根据专家研究成果给出了不同年龄段人群睡眠时间的建议,其中建议 6~13 岁儿童每天睡眠

① 潘家礼,殷恒婵,陈爱国,崔蕾,王源,崔映斌.运动干预对学习困难、正常小学生执行功能影响的实验研究[J].体育科学,2016(06):84–91+97.

② 梁朝晖,杨仕云,李静.青少年睡眠不足与睡眠健康问题探析[J].国际医药卫生导报,2006(1):91–94.

③ 王香云,钱燕飞,龚省城,谭沫,谭鑫,杨艳,李玲弟,黄超全.儿童睡眠质量对上课注意力和学习成绩影响的量化研究[J].中国当代儿科杂志,2011(12):973–976.

④ Dahl R.E.,Sleep,Learning,and the Developing Brain:early–to–bed as a Healthy and Wise Choice for School Aged Children [J].Sleep,2005（12）:1498–1499;Diekelmann S,Born J.The Memory Function of Sleep[J].Nat Rev Neurosci,2010(2):114–126.

⑤ 吴优,乔晓红.持续睡眠时间不足对儿童健康影响的研究进展[J].中国学校卫生,2018(10):1596–1600.

⑥ 中华人民共和国卫生和计划生育委员会.GB / T 17223–2012 中小学生一日学习时间卫生要求[S].北京:中国标准出版社,2013:2.

9~11 小时,14~17 岁青少年每天睡眠 8~10 小时。[1]

提高儿童的睡眠质量有必要了解影响其睡眠质量的因素。据相关研究,儿童睡眠时间受到多种因素的影响,诸如过量光暴露、噪声污染、喝功能饮料、卧室环境、做作业、参加课外活动、父母的管教、父母情绪及冲突、上学时间等。[2]也有研究显示儿童睡眠时长、好坏与其是否参加中高强度的锻炼、静坐时间、视屏时间、膳食模式等有关。[3]

3.小学生呈现营养不均衡与不良的双重挑战

近些年来,关于小学生营养问题,小学生的身高、体重、视力、龋齿、肥胖等问题受到广泛关注。此外,营养教育的不足、生活方式与生活习惯问题、学生营养知识的缺乏等也逐渐进入学者的研究视野。

儿童营养改善工作是中国公共卫生工作的重点,近 20 年来,中国学龄儿童肥胖检出率不断上升,[4]营养不良检出率虽然不断下降,但以消瘦为主的营养不良问题依然存在。[5]近些年来,我国儿童营养健康状况得到明显改善,表现在平均身高和体重的增加、贫血率逐年下降。但我国中小学生仍面临营养不良和超重肥胖的双重挑战,出现身体素质下降,龋齿、近视等常见病高发的现象。另外,我国中小学生普遍存在膳食结构不合理、饮食行为不健康、身体活动不足等不健康的生活方式,以及营养支持环境不足,均影响

———————————————

①　Max H.,Kaitlynwhiton,Kaitlynwhiton,et al.National Sleep Foundation's Sleep Time Duration Recommendations:Methodology And Results Summary[J].Sleep Health,2015(1):40-43.

②　Chaput J.P.,Dutil C.,Lack of Sleep as a Contributor to Obesity in Adolescents:Impacts on Eating and Activity Behaviors [J].Int J Behav Nutr Phys Act,2016 (1):103;Smaldone A.,Honig J.C.,Byrne M.W.,Sleepless in America:Inadequate Sleep and Relationships to Health and Well-being of Our Nation's Children [J].Pediatrics,2007,119(1):29-37.

③　Chaput J.P.,Katzmarzyk P.T.,Leblanc A.G.,et al. Associations Between Sleep Patterns and Lifestyle Behaviors in Children:an international Comparison [J].Int J Obes Suppl,2015,5:S59-S65;Halel,Guans.,Screen Time and Sleep Among School-aged Children and Adolescents:a Systematic Literature Review[J].Sleep Med Rev,2015,21:50-58.

④　2010 年全国学生体质与健康调研结果[J].中国学校卫生,2011(9):1026;郭冰冰,陈东.我国中小学生的肥胖现状与体育干预对策[J].学校体育,2011(8):68-69.

⑤　季成业.我国城市中小学生营养不良现状和 20 年动态变化[J].中国儿童保健杂志,2008(6):622- 625.

着其营养健康状况。①

2014 年的第 2 届国际营养大会通过了《营养问题罗马宣言》和《行动框架》,宣布 2016—2025 年为"营养行动 10 年",要求各国将儿童期消瘦比例减少并维持在 5%以下,并控制青少年超重肥胖率的增长。②

(二)小学生性教育研究开始起步

我国性学专家吴阶平认为:"性教育是对受教育者进行有关性科学、性道德和性文明教育的社会化过程。"随着现代物质生活水平的不断提高,我国儿童性成熟年龄不断提前,加之信息化时代的不断发展,以及社会恶性事件的发生,越来越多的学者提出对小学生进行性教育已成为当务之急的观点。

1.小学进行性教育的必要性

国内一些专家研究发现,6、7 岁是接受性健康教育的最佳起始时期,建议在孩子的性观念未被社会一些不良影响扭曲之前,从小学就应该开始普及性知识,及早普及正确的性观念和科学的生理知识,并学会保护自己。③对于小学生自身的健康发展而言,俞凤英认为小学性教育的缺失和小学生性知识的匮乏,是导致幼童性侵害事件发生的帮凶,加强小学性教育,可以有效防止这一类事件的发生。④

2.小学性教育的边界探讨

小学性教育的内容为更多研究者所关注。⑤周月红提出由学校开展的性教育应使儿童得到身体生长发育、男女性别差异、月经、遗精、情感发展、家庭组成等知识,从而能科学地认识自身变化,对性持有正确的态度。⑥对于儿童性教育的内容展开, 张玫玫指出儿童性教育的内容包括三大方面——身

---

① 张倩,胡小琪,赵文华,丁钢强.我国中小学生营养现状及改善建议[J].中国学校卫生,2016(5):641-643.

② 联合国粮食及农业组织.营养问题罗马宣言[EB/OL].(2014-11-17).http://www.fao.org/resources/infographics/infographics-details/zh/c/266122/.

③ 刘明军.小学生性教育初探[J].改革与战略,2005(1):66-68.

④ 俞凤英.小学也应开展性教育[N].文汇报,2002(4):48-51.

⑤ 涂中.小学中高年段性教育的调查研究[D].华中师范大学,2014.

⑥ 周月红.小学生性健康教育现状及学校性教育对策的研究[J].长春师范学院学报:自然科学版,2012(6):157-160.

体(生理)、人格(心理)和社会(性别角色和人际关系)。[1]在内容的重要程度方面,杨咏梅认为性教育应该先谈自我保护,再谈性,希望能增加性心理、性行为,以及性道德的教育内容。[2]

3.小学性教育面临的问题

小学性教育存在的主要问题是:性教育的课时难以充分保证;性教育的内容比较片面陈旧;性教育的方式不够丰富灵活。[3]王羽从宏观上对小学性教育目前主要遇到的四个方面的问题进行了简单阐述:小学生相当缺乏性知识,小学性教育的效果不够明显;教学内容不全面,教学方法单一;教师的专业水平有待进一步提高等。[4]杨培禾认为我国在小学开展性健康教育尚处于研究和探索阶段,仍存在许多问题。教育部没有关于性健康教育的教学大纲,各省市也缺乏区域性通用教材,基层小学性健康教育的尺度和方向往往很难把握,在小学存在诸多制约健康教育有效实施的因素。[5]

二、逐渐被重视的小学生心理素质发展

2002年,教育部印发的《中小学心理健康教育指导纲要》中指出:根据中小学生生理、心理发展特点和规律,培养中小学生良好的心理素质,促进他们身心全面和谐发展。[6]小学生心理健康发展领域在近些年来备受社会各界的关注。

(一)全国小学生心理素质发展概况研究

小学生心理素质整体上良好,表现出积极向上的发展态势,但是各维度的发展并不均衡,表现为认知品质得分 > 适应性得分 > 个性品质得分。小学

---

① 张玫玫.性健康教育:未雨绸缪胜于亡羊补牢——解析我国当代所需的儿童性教育[J].中国教师,2012(21):23-27.

② 杨咏梅.让孩子有准备地成长[N].中国教育报,2004(4):14-17.

③ 刁缘圆.小学性教育实施的现状、问题与对策研究[D].西华师范大学,2019.

④ 王羽.浅谈小学青春期性教育[J].湖北广播电视大学学报,2009(11):157-158.

⑤ 杨培禾,张亚楠,高亚凤.小学生性自我保护教育探析[J].中国学校卫生,2010(6):734-735.

⑥ 中华人民共和国教育部政府门户网站[EB/OL](2002-08-01).http://www.moe.gov.cn/jYb_xxgk/gk_gbgg/moe_o/moe_8/moe_27/tnull_450.html.

生心理素质发展表现出明显地区差异。[①]有研究表明,小学生心理素质的发展,无论是在性别、年级、是否独生子女和学生干部上,均表现出了显著差异。[②]影响小学生心理健康的儿童基本特征因素有性别、年级、户籍、班级成绩水平。[③]

学习焦虑是小学生心理健康的首要问题;自责倾向在小学生心理困扰中处于第二位;过敏倾向也是小学生中存在的较为严重的心理问题。[④]

(二)小学生心理发展的一般性特点

关于影响儿童身心发展的因素,代表性的观点有单因素说、三因素说和二层次三因素说。全面了解影响小学生身心发展因素的各种理论观点,可以将影响学生身心发展的因素简单地概括为四种:遗传因素、环境、教育和活动。[⑤]

皮亚杰将儿童心理发展分为四个阶段,即感知运动阶段、前运算阶段、具体运算阶段和形式运算阶段。阮成武认为小学儿童心理发展的特点具有连续性、顺序性、阶段性和个别差异性。[⑥]而孙式武则提出了不同的观点,认为儿童发展表现出五种普遍规律,即顺序性、不平衡性、阶段性、个体差异性和互补性。[⑦]同样,黄济等人也认为,儿童发展表现出顺序性、不平衡性、阶段性、个别差异性、分化与互补的协调性五种普遍特点。[⑧]

(三)小学生常见的心理问题讨论

现代社会变迁使得小学生的生活和学习环境产生了较大变化。现代小学生比他们的父辈承担更多的心理压力。[⑨]这无疑在小学生身心全面健康发

---

① 梁英豪.张大均,梁迎丽.3～6年级小学生心理素质发展的现状与特点[J].心理学探新,2017(4):345-351.
② 梁英豪.张大均,胡天强,梁迎丽,苏志强.家庭功能对中高年级小学生心理素质的影响:友谊质量的中介作用[J].西南大学学报(社会科学版),2018(5):98-104.
③ 任夏夏.隔代教养经历对小学生心理健康的影响[D].山西大学,2020.
④ 刘晖.杨会芹.山区农村小学生心理健康状况及其影响因素研究[J].河北师范大学学报(教育科学版),2011(1):101-104.
⑤ 孙式武,于淑君.小学教育概论[M].济南:山东人民出版社,2014:89.
⑥ 阮成武.小学教育概论[M].上海:华东师范大学出版社,2011:183-184.
⑦ 孙式武,于淑君.小学教育概论[M].济南:山东人民出版社:97-100.
⑧ 黄济,劳凯声,檀传宝.小学教育学[M].北京:人民教育出版社,1999:52-54.
⑨ 汪莹.小学生心理健康教育探索[J].心理科学,2001(1):87-89.

展过程中埋下了隐患。现有的横断面研究①也证实小学生心理健康问题不容乐观。②

近20年来,小学生中比较突出的心理问题有小学生孤独感、小学生抑郁情绪、小学生焦虑障碍及小学生学习逆反心理等问题。针对这些问题的研究集中于医学、心理学领域,主要采用量化研究的方法进行论证。

就小学生孤独感发展来看,有学者认为儿童的孤独感具有较高的稳定性,年龄差异不显著,③但有学者指出儿童的孤独感是不断变化的。④周宗奎等人在对小学儿童社交焦虑及孤独感进行研究时发现小学生的孤独感有显著的性别差异,男生的孤独感显著地高于女生。⑤此外,不同社交地位的儿童孤独感也不同。⑥俞国良等的研究发现儿童的同伴接受性与孤独感呈负相关。⑦而教师作为与学生处于不同社交地位的一大群体,其与学生的关系更是对其孤独感的发展产生着深刻的影响。有研究表明,师生关系的亲密性、支持性、冲突性与小学生的孤独感显著相关。⑧与此同时也有不少学者关注了孤独感与家庭的关系。

---

① 发展心理学的一种研究方法,指在同一时间内对不同年龄组被试样本进行观测,据以推断儿童心理或行为随年龄增长而出现的变化,它与纵向研究相对应。与纵向研究的区别在于:纵向研究的被试样本不变,观测时间变化;而横断面研究则是时间不变,被试样本由不同年龄的人构成。横断面研究的优点是在不长的时间里能得出某种结果,较为简便易行,而且可省人力,也可消除或控制那些可能损害纵向研究的环境与文化背景的变化。缺点是难以保证所取不同年龄的被试组在所要研究的问题上是等值的。特别是在社会迅速变革时期,年龄不同的人受到的影响不同,从而引入不可比较的因素。实验研究一般是横断面研究,个案研究一般是纵向研究。将这两种方法结合起来的研究可称为短期纵向法研究。(来源:中国知网−百科:中国小学教学百科全书·教育卷)

② 忻仁娥,唐慧琴,张志雄.全国22个省市26个单位24013名城市在校少年儿童行为问题调查:独生子女精神卫生问题的调查、防治和Achenbach's儿童行为量表中国标准化[J].上海精神医学,1992(1):47−55.

③ Marcoen A.,Brumagne M.,Loneliness Among Children and Young Adolescents [J].Dev Psychol,1985(6):1025−1031;Junttila N.,Vauras M.,Loneliness Among School−aged Children and Their Parents[J].Scand J Psychol,2009(3):211−219.

④ Quaylc.Personal and Family Effects on Loneliness[J].J Appl Dev Psychol,1992(1):97−110.

⑤ 周宗奎,范翠英.小学儿童社交焦虑与孤独感研究[J].心理科学,2001(4):442−444+510−511.

⑥ 周宗奎,范翠英.小学儿童社交焦虑与孤独感研究[J].心理科学,2001(4):442−444+510−511.

⑦ 俞国良,辛自强,罗晓璐.学习不良儿童孤独感、同伴接受性的特点及其与家庭功能的关系[J].心理学报,2000(1):59−64.

⑧ 杨雪梅.小学生的师生关系状况及其与孤独感的关系研究[J].西南民族学院学报(哲学社会科学版),2002(S1):152−154.

　　关于小学生抑郁的研究集中于对小学生抑郁症状及影响因素的分析，主要为各省市对小学生焦虑、抑郁情况的调查。近年来，抑郁在儿童中的发病率前所未有的高。[1]抑郁症状在我国儿童中较为普遍，并且将会对儿童的自我意识、[2]睡眠等造成影响。虽然抑郁症状在小学生群体中呈现上升趋势，但并不是不治之症。斯上雯等人的研究就指出积极心理学干预能预防小学生抑郁症状。[3]

　　小学生焦虑障碍也是现今影响小学生心理健康发展的一大阻碍。在1995—2011 年小学生心理健康变化的分析中，学习焦虑一直是各个孤立研究中检出率较高的因子。[4]而城乡小学生的心理焦虑主要表现在：冲动倾向、人际焦虑、自责倾向、恐怖倾向、过敏倾向、学习焦虑等六个方面。[5]

　　在小学生逆反心理的研究中，林文瑞指出引发小学生逆反心理的原因，主要有以下几种：取消感兴趣的活动、过度要求、自主性剥夺和厌倦情绪等。[6]

（四）关于家庭对小学生心理产生影响的探讨

　　小学生的心理发展会受到各方面环境的影响，其中家庭对小学生心理产生的影响是近些年来讨论的热点，故在此对其进行着重介绍。

　　根据心理素质与心理健康关系模型的观点，父母教育卷入有助于儿童心理素质的提升，并且会对儿童内在心理品质的形成产生重要影响。[7]家庭功能与小学生心理素质显著相关。早在 1966 年，基于全美范围的调查数据

---

　　[1]　Abela,J.R.,& Hankin,B.L.,Handbook of Depression in Children and Adolescents [M].Guilford Press.2008(1).

　　[2]　苏林雁,高雪屏,金宇,刘军,罗学荣,文慧.小学生焦虑抑郁共存的现状调查[J].中国心理卫生杂志,2006(1):1-4.

　　[3]　斯上雯,林潇骁,刘娟,杨燕,崔丽霞.积极心理学团体辅导对小学生抑郁症状的干预效果[J].心理科学,2015(4):1012-1018.

　　[4]　张愫.父母学历对小学生心理健康状况的影响[J].校园心理,2009(6):379-380;殷绪群.父母教养方式与小学生心理健康及自我概念发展的相关研究[D].河北师范大学,2012;梁剑玲.中山市中小学生心理健康状况的调查与研究[J].教育测量与评价:理论版,2010(6):41-44;徐惠萍,余秋梅,王荔.昆明城区中小学生心理健康状况调查研究[J].昆明学院学报,2012(5):129-132.

　　[5]　李玲.城乡小学生心理健康状况调查研究[J].教育学术月刊,2010(1):25-27.

　　[6]　林文瑞.引发小学生学习中逆反心理原因的实验研究[J].心理科学,2006(5):1230-1233.

　　[7]　程刚,张文,肖兴学,熊树林,郭成.小学生心理素质在父母教育卷入与问题行为间的中介作用——家庭社会经济地位的调节效应[J].中国特殊教育,2019(10):82-89.

分析,《科尔曼报告》就指出,家庭对个体学业成就与心理发展的影响远大于学校教育。[1]其中,离异家庭小学生总体心理压力水平显著高于完整家庭小学生的总体心理压力水平。[2]

三、小学生在校生存与适应状况研究

依据目前研究,小学生在校成长状态可以概括为小学生的时间分配情况及小学生对于学校生活的适应情况。

(一)小学生的时间都去哪了

调查结果显示,北京市小学生每天(除特殊说明外,均指工作日)平均在校时间为9小时,最少的为6.5小时,最长达到11.65小时。学生在校外的时长平均为5.57小时,其中最小值为3.09小时,最大值为8.25小时。在校外时间中,学生每天用于路上的交通时间平均为0.75小时,即45分钟。学生做作业的时间大部分为30分钟至90分钟,超过90分钟所占的比例接近30%。[3]

有研究发现小学低年级学生的时间分配存在诸多问题。例如,小学低年级学生的早上起床时间早,到校上课时间早;在校学习时间长,课间休息时间被挤占;校外学习时间长,校外活动时间短;睡眠时间不充足,自主支配时间少,周末、节假日、寒暑假娱乐休息时间少等。[4]

由此可以看出,小学生的时间十分宝贵,时间安排十分紧凑,可以自由支配的时间稀少,而这一切与小学生学业负担密切相关。

(二)小学生学校适应状态的呈现

小学生入学适应主要表现在集体生活、人际交往、情绪情感、学习制度四个方面。小学生入学适应集体生活和学习制度适应较好,处于中等偏上水平,人际交往和情绪情感适应较差,处于中等偏下水平。不同性别、年龄和班

---

① Lerner,Jacquelinev.Current Directions in Developmental Psychology [M].Beijing normal university press,2007.

② 余欣欣,郑雪.离异家庭小学生心理压力状况调查[J].中国特殊教育,2007(6):75-79+84.

③ 郭华,杨钊.北京市小学生时间安排与生存状态研究[J].教育科学研究,2008(11):31-32.

④ 杨雪.小学低年级学生的时间分配[D].内蒙古师范大学,2014.

干部与否的小学生入学适应存在差异。①

　　小学生的学习适应性也会随着年龄的增长而有所变化，其适应性会随年级的升高逐步提高，一年级、三年级、五年级之间在学习适应性上存在显著性差异，其中五年级学生学习适应性最好，其次是三年级，最后是一年级。性别、生源地和是否为独生子女的因素对学生学习适应性的影响不显著，而家长学历水平的高低对学生的学习适应性有着显著的影响。②

　　另外，城乡不同环境下小学生表现出的学习适应情况也不尽相同。有研究表明，农村寄宿制小学生表现出不适应学习环境；情感适应不良，倍感孤独，缺乏安全感；饮食起居不适应，营养不良，健康不佳等情况。③

第三节　兴起小学生素养研究

　　小学生在先天自身成长及后期受教育的过程当中会形成多种素养。小学生素养是推动其可持续发展的强大动力。当前，有关小学生素养的研究着眼于其核心素养及公民素养等方面。

一、小学生核心素养研究的系统性论述

　　学生发展核心素养是继 2001 年我国高中课程改革（俗称"新课改"）后又一次对基础教育课程体系的重大变革。④自 2016 年北京师范大学课题研究组发布《中国学生发展核心素养》之后，"学生发展核心素养"成为我国基础教育领域的关键词和教育界研究的热点。

（一）核心素养研究溯源——重点聚集《中国学生发展核心素养》

　　核心素养是人的素质的主体部分，是衡量人才培养质量的重要指标，也是未来课程改革的重点方向。⑤

①　白波燕.小学生入学适应及干预研究[D].河南大学,2010.
②　刘怡倩.小学生入学准备情况与学习适应性的相关研究[D].华东师范大学,2016.
③　储小庆.农村寄宿小学生学校适应问题及对策研究[D].西南大学,2009.
④　教育部关于印发《基础教育课程改革纲要(试行)》的通知(教基[2001]17)[Z].2001.
⑤　黄宝权.中小学生核心素养培养路径探析[J].教育探索,2016(11):14—16.

1.核心素养的产生背景

为将党的十八大和十八届三中全会提出的关于立德树人的要求落到实处,2014年教育部研制印发《关于全面深化课程改革落实立德树人根本任务的意见》,提出"教育部将组织研究提出各学段学生发展核心素养体系,明确学生应具备的适应终身发展和社会发展需要的必备品格和关键能力"①。研制中国学生发展核心素养,根本出发点是将党的教育方针具体化、细化,落实立德树人根本任务,培养全面发展的人,提升21世纪国家人才核心竞争力。②

从价值定位而言,学生发展核心素养是对教育方针中所确定的教育培养目标的具体化和细化,是连接宏观教育理念、培养目标与具体教育教学实践的中间环节。③

2.《中国学生发展核心素养》框架建构

在凝练中国学生发展核心素养的过程中,课题组始终以马克思主义培养全面发展的人为目标指向,构建核心素养总体框架。

培养"全面发展的人",首先必须承认和确立人作为独立生命个体的存在性,即人的自主性。从社会性是人的本质属性出发,提出了学生发展核心素养的社会参与领域。马克思从对人的本质和实践活动的理解出发,强调文化所具有的自觉性和创造性,并将其作为人区别于动物的特征,这揭示了"全面发展的人"的又一内涵,即人的文化性。④

核心素养以培养"全面发展的人"为核心(见图1-1),分为文化基础、自主发展、社会参与3个方面,综合表现为人文底蕴、科学精神、学会学习、健康生活、责任担当、实践创新6大素养,具体细化为国家认同等18个基本要

———————

①　中华人民共和国教育部政府门户网站[EB/OL](2014-04-08),http://www.moe.gov.cn/src-site/A26/jcj_kcjcgh/201404/t20140408_167226.html?eqid=997326390000210f000000046486db64.

②　核心素养研究课题组.中国学生发展核心素养[J].中国教育学刊,2016(10):1-3.

③　林崇德.中国学生发展核心素养:深入回答"立什么德、树什么人"[J].人民教育,2016(19):14-16.

④　林崇德.构建中国化的学生发展核心素养[J].北京师范大学学报(社会科学版),2017(1):66-73.

点。该成果是教育部委托北京师范大学,联合国内高校近百位专家成立课题组,历时 3 年完成的。[①]根据这一总体框架,可针对学生年龄特点进一步提出各学段学生的具体表现要求(详见下表 1-3)。[②]

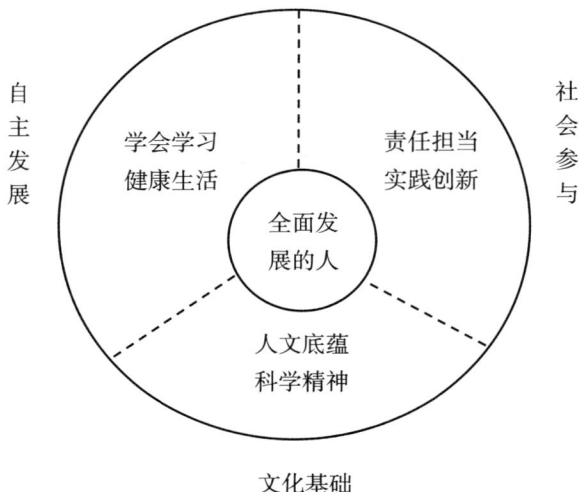

图1-1　核心素养示意图(框架来自:核心素养研究课题组)

表1-3　中国学生发展核心素养基本要点和主要表现

核心素养		基本要点	主要内容
文化基础	人文底蕴	人文积淀	具有古今中外人文领域基本知识和成果的积累;能理解和掌握人文思想中所蕴含的认识方法和实践方法等
		人文情怀	具有以人为本的意识,尊重、维护人的尊严和价值;能关切人的生存、发展和幸福等
		审美情趣	具有艺术知识、技能与方法的积累;能理解和尊重文化艺术的多样性,具有发现、感知、欣赏、评价美的意识和基本能力;具有健康的审美价值取向;具有艺术表达和创意表现的兴趣和意识,能在生活中拓展和升华美等
	科学精神	理性思维	崇尚真知,能理解和掌握基本的科学原理和方法;尊重事实和证据,有实证意识和严谨的求知态度;逻辑清晰,能运用科学的思维方式认识事物、解决问题、指导行为等

①　《中国学生发展核心素养》发布[J].上海教育科研,2016(10):85.
②　核心素养研究课题组.中国学生发展核心素养[J].中国教育学刊,2016(10):1-3.

续表

	核心素养	基本要点	主要内容
自主发展		批判质疑	具有问题意识;能独立思考、独立判断;思维缜密,能多角度、辩证地分析问题,做出选择和决定等
		勇于探究	具有好奇心和想象力;能不畏困难,有坚持不懈的探索精神;能大胆尝试,积极寻求有效的问题解决方法等
	学会学习	乐学善学	能正确认识和理解学习的价值,具有积极的学习态度和浓厚的学习兴趣;能养成良好的学习习惯,掌握适合自身的学习方法;能自主学习,具有终身学习的意识和能力等
		勤于反思	具有对自己的学习状态进行审视的意识和习惯,善于总结经验;能够根据不同情境和自身实际,选择或调整学习策略和方法等
		信息意识	能自觉、有效地获取、评估、鉴别、使用信息;具有数字化生存能力,主动适应"互联网+"等社会信息化发展趋势;具有网络伦理道德与信息安全意识等
	健康生活	珍爱生命	理解生命意义和人生价值;具有安全意识与自我保护能力;掌握适合自身的运动方法和技能,养成健康文明的行为习惯和生活方式等
		健全人格	具有积极善良的心理品质,自信自爱,坚韧乐观;有自制力,能调节和管理自己的情绪,具有抗挫折能力等
		自我管理	能正确认识与评估自我;依据自身个性和潜质选择适合的发展方向;合理分配和使用时间与精力;具有达成目标的持续行动力等
社会参与	责任担当	社会责任	自尊自律,文明礼貌,诚信友善,宽和待人;孝亲敬长,有感恩之心;热心公益和志愿服务,敬业奉献,具有团队意识和互助精神;能主动作为,履职尽责,对自我和他人负责;能明辨是非,具有规则与法治意识,积极履行公民义务,理性行使公民权利;崇尚自由平等,能维护社会公平正义;热爱并尊重自然,具有绿色生活方式和可持续发展理念及行动等
		国家认同	具有国家意识,了解国情历史,认同国民身份,能自觉捍卫国家主权、尊严和利益;具有文化自信,尊重中华民族的优秀文明成果,能传播弘扬中华优秀传统文化和社会主义先进文化;了解中国共产党的历史和光荣传统,具有热爱党、拥护党的意识和行动;理解、接受并自觉践行社会主义核心价值观,具有中国特色社会主义共同理想,有为实现中华民族伟大复兴中国梦而不懈奋斗的信念和行动等

续表

核心素养	基本要点	主要内容
实践创新	国际理解	具有全球意识和开放的心态，了解人类文明进程和世界发展动态；能尊重世界多元文化的多样性和差异性，积极参与跨文化交流；关注人类面临的全球性挑战，理解人类命运共同体的内涵与价值等
	劳动意识	尊重劳动，具有积极的劳动态度和良好的劳动习惯；具有动手操作能力，掌握一定的劳动技能；在主动参加的家务劳动、生产劳动、公益活动和社会实践中，具有改进和创新劳动方式、提高劳动效率的意识；具有通过诚实合法劳动创造成功生活的意识和行动等
	问题解决	善于发现和提出问题，有解决问题的兴趣和热情；能依据特定情境和具体条件，选择制订合理的解决方案；具有在复杂环境中行动的能力等
	技术应用	理解技术与人类文明的有机联系，具有学习掌握技术的兴趣和意愿；具有工程思维，能将创意和方案转化为有形物品或对已有物品进行改进与优化等

（二）围绕《中国学生发展核心素养》引发的讨论

《中国学生发展核心素养》总体框架的发布，引发了教育界内外的广泛关注，基础教育的各个领域、各个学科，都开始讨论如何按照《中国学生发展核心素养》总体框架的要求来开展工作，也引发了一些学术上的讨论。这些讨论主要集中在以下几个方面：对素养与核心素养概念的理解；对3个领域6大核心素养18项具体指标的认识；对核心素养是高级素养还是基础素养的认识；对核心素养中国化的认识以及核心素养落地过程中可能会出现的问题的认识等等。[①]

1.基于教育哲学的探讨

《中国学生发展核心素养》总体框架的提出及围绕总体框架如何实施所展开的讨论，都迫切要求教育哲学的参与。石中英关于《总体框架》及其讨论产生了几点哲学思考，并在文中一一作了解答且对有关问题存疑。

---

① 石中英.关于中国学生发展核心素养的哲学思考[J].课程·教材·教法,2018(9):36-41.

从本体论的角度来看,教育哲学可以提出的问题主要集中在:是否存在学生发展的核心素养? 或者说,在学生发展(不管是职前发展还是职后发展)的过程中,是否真实存在一些居于核心地位、发挥核心作用的素养? 这对于有关的研究和讨论来说是一个前提性的问题,也是一个根本性的问题。这些被称作核心素养的东西在帮助人们完成学业、适应未来的工作、生活和交往需要中应当是处于什么位置? 这种有关素养的"核心"或"关键"的表述究竟是什么意思呢? 而从认识论的角度,教育哲学可提出的问题则体现在:研究者是如何提出有关儿童发展的核心素养的? 这种提出儿童发展核心素养的路径是不是恰当的? 从价值论的角度来看,教育哲学可以提出的问题是:为什么要研制中国学生发展核心素养框架?[1]

2.对"素养""核心素养"概念的理解

李雪等人指出,可以把"素养"理解为那些对人的发展起本原性和辅助性作用的要素,认为学生发展核心素养不是品格和能力的综合。素养是品格和能力的下位概念。在具备某一种或某几种素养的基础上,学生才能形成一定的品格和能力。[2]褚宏启认为,把核心素养等同于全面素养,显然是错误的。从词义上看,核心素养必须是"核心"的素养,核心素养之外,还应该有"非核心素养"。否则,所有的素养放在一起,就不是"核心"的素养了。也就是说,核心素养并不是面面俱到的素养"大杂烩",而是全部素养清单中的"关键素养"[3]。

3.对"三个领域六大核心素养 18 项具体指标"的认识

在关于中国学生发展核心素养的三大领域(文化基础、自主发展、社会参与)上,学者们各抒己见。北京师范大学课题组提出,文化基础是中国学生发展核心素养体系的基础部分,是实现学生自主发展和社会参与的基础,最终是实现人的全面发展与培养全面发展的人的基础。刘启迪指出,这里所言的文化,就是指中华优秀传统文化,这是我们中国人的根和魂。中华优秀传

① 石中英.关于中国学生发展核心素养的哲学思考[J].课程·教材·教法,2018(9):36-41.
② 李雪,孙绵涛.学生发展核心素养探究——兼与《中国学生发展核心素养》商榷[J].上海师范大学学报(哲学社会科学版),2017(6):78-84.
③ 褚宏启.核心素养的概念与本质[J].华东师范大学学报(教育科学版),2016(1):1-3.

统文化、语言文字是核心素养总体框架中文化基础的基础。①李雪、孙绵涛则强调了文化基础在核心素养三大领域中的重要地位，认为文化基础的素养要比自主发展和社会参与这两种素养更为基础，学生发展的核心素养不应是文化基础、自主发展和社会参与三个，而应该是一个，即文化基础。②而胡定荣、林飏在对家长认为孩子所应具备的核心素养的调查中发现家长关于孩子建设未来美好社会所需的素养，涉及"自主发展"的回答占 39.3%，涉及"社会参与"的回答占 49.9%，涉及"文化基础"的回答仅占 10.8%。说明相比于文化基础的积累，家长更重视孩子自主性与社会性的发展。③

关于六大素养的讨论，各大素养的讨论丰富度不同，本部分内容筛选了讨论度较高的素养，包括人文底蕴、实践创新素养、信息素养等，对于其他，如健康生活、学会学习、责任担当等素养会在其他章节中所涉及。

刘庆昌提出，人文底蕴是文明人的基本标识，科学精神是现代人的基本品格，并就对应的具体指标做了详细分析。前者关涉"文明人"，后者关涉"现代人"。把这两者打通，文化基础所指向的，其实就是培养"文明现代人"或"现代文明人"全面发展的教育。④

课题组将"实践创新素养"作为六大核心素养之一，并初步提出了创新素养的要点。⑤而当前缺乏基于核心素养框架下创新素养内涵、关键指标及其中小学阶段具体表现水平的深入研究，限制了创新素养融入中小学阶段课程标准修订、教材编写、教师教学与评价等教学实践。一些学者通过综合创新与素养二者的核心要素，提出了创新素养的内涵。课题组细化与明确了创新素养的问题解决、劳动意识和技术应用三个关键指标在中小学阶段的

①　刘启迪.打好中国学生发展核心素养的文化基础[J].当代教育科学,2017(5):3-6.
②　李雪,孙绵涛.学生发展核心素养探究——兼与《中国学生发展核心素养》商榷[J].上海师范大学学报(哲学社会科学版),2017(6):78-84.
③　胡定荣,林飏.中小学生家长认为孩子应具备的核心素养[J].教育研究与实验,2018(5):65-73.
④　刘庆昌.人文底蕴与科学精神——基于《中国学生发展核心素养》的思考[J].教育发展研究,2017(04):35-41.
⑤　林崇德.构建中国化的学生发展核心素养[J].北京师范大学学报(社会科学版),2017(1),66-73;林崇德.中国学生核心素养研究[J].心理与行为研究,2017(2),145-154.

主要表现水平(具体内容见表1-4)。①

表1-4　创新素养在中小学阶段的主要表现水平(节选小学部分)

	学段	问题解决	劳动意识	技术应用
小学	1—2年级	喜欢提问,乐于探寻问题的答案,能够在成人的帮助下发现学习和生活中的问题;初步了解解决问题的方法,知道一个问题可以有不同的解决方法;在成人的帮助下尝试解决实践中的问题	知道劳动的意义,尊重劳动者及其劳动成果,乐于参加劳动;主动参与劳动,在动手操作中学习基本的劳动技能	初步了解日常生活、社会和工业生产中的技术,知道技术对人、社会与环境的影响,学习使用生活和学习中常用的简单工具和设备,具有学习技术的兴趣;使用不同的材料,在成人指导下尝试用简单的技术进行创造,或对已有物品进行改进与优化
	3—4年级	能够发现学习和生活中的问题,在成人的引导下清晰地表述问题,乐于探寻问题的答案;知道一个问题可以有不同的解决方法,在成人的指导下根据特定情境和具体条件选择适当的方法;在成人的帮助下尝试解决实践中的问题	知道劳动的意义,尊重劳动者及其劳动成果,乐于参加劳动,初步形成良好的劳动习惯;在动手操作中学会基本的劳动技能;主动参与劳动,具有初步的劳动效率意识;了解劳动须遵守的道德规范和法律规范,初步理解劳动是创造成功生活的基础	初步了解日常生活、社会和工业生产中的技术,知道技术对人、社会与环境的影响,学习使用生活和学习中常用的合作共处工具和设备,具有学习技术的兴趣;使用不同的材料,尝试用简单的技术进行创造,或对已有物品进行改进与优化
	5—6年级	能够发现学习和生活中的问题,清晰地表述问题,并主动探寻问题的答案;知道一个问题可以有不同的解决方法,在成人的指导下根据特定情境和具体条件选择适当的方法,并制订解决问题的方案;在实践中实施问题解决的方案,并检查问题是否得到解决	具有积极的劳动态度,乐于参加劳动,形成良好的劳动习惯;掌握基本的劳动技能;主动参与劳动,能够设法提高劳动效率;了解劳动须遵守的道德规范,理解劳动是创造成功生活的基础,学做诚实合法的劳动者	了解日常生活、社会和工业生产中的技术,理解技术对人、社会与环境的影响,学习使用生活和学习中常用的工具和设备,初步具备负责任地使用技术的意识;使用不同的材料,用简单的技术进行创造,或对已有物品进行改进与优化

① 黄四林,张叶,莫雷,张文新,李红,林崇德.核心素养框架下创新素养的关键指标[J].北京师范大学学报(社会科学版),2021(2):27-36.

从表中可以看出,不同学段对于学生创新素养在问题解决、劳动意识和技术应用三个指标上的表现水平有着不同的要求,且呈现出逐步加深的趋势。

目前,全国中小学生的创新素养检测与评估仍是一项紧迫性的工作。建构创新素养监测框架与评估体系是当前开展创新素养监测的瓶颈与关键。①

小学生的财经素养是培养学生实践创新素养的新型维度。2012 年的 PISA 测评中引入财经素养(financial literacy)的概念并对其进行测评,这是财经素养第一次出现在大型的国际测评项目中,引起了教育领域的研究者、决策者和实践者的关注。②2012 年、2015 年及 2018 年,PISA 三次对 15 岁学生的财经素养进行了测评。此后,财经素养成为全球共同关注的话题。

而通过文献分析发现,国内对于财经/理财教育的研究目前还主要停留在引介国外经验;探讨开展方式和分析现状;提出改进措施三个方面。③

苏淞等人从发展核心素养的实践创新素养出发,指出财经素养培养是发展实践创新素养的有效载体。④依据国内核心素养研究的统计情况看,学科核心素养的研究多集中于语文、数学、英语、地理、科学等方面,对学生财经素养做系统研究的甚少。

目前,我国财经素养教育政策框架初步形成,财经素养教育研究机构初具规模,财经素养教育标准框架基本形成(见表 1-5),但依旧存在诸多问题,如国家重视不足,具体表现为国家政策支持力度不够,缺乏专门机构来推动。而学校作为开展财经素养教育的主力却表现出对财经素养教育重视不足;财经素养教育实践力量分散等问题。⑤

①　黄四林,张叶,莫雷,张文新,李红,林崇德.核心素养框架下创新素养的关键指标[J].北京师范大学学报(社会科学版),2021(2):27-36.

②　陈启山,李文蕊,黄彬彬,原露,杨舒婷.PISA 财经素养测评对我国财经教育与财经素养研究的启示[J].全球教育展望,2017(3):6-15+28.

③　朱小虎,杨玉冬,陆璟.上海学生的财经素养表现及影响因素——基于 PISA 2012 的数据分析[J].比较教育研究,2015(6):36-43.

④　苏淞,黄四林,张红川.论基于核心素养视角的财经素养教育[J].北京师范大学学报(社会科学版),2019(2):73-78.

⑤　王春春.国内外财经素养教育政策概述[J].全球教育展望,2017(6):35-43.

表1-5　中国财经素养教育标准框架(讨论稿)

总体维度	基本结构	素养目标(分学段、略)		
		知识	技能	态度
收入与消费	1.个人收入			
	2.个人消费			
	3.政府收入与支出			
储蓄与投资	1.货币与利率			
	2.储蓄与贷款			
	3.投资与预期			
风险与保险	1.风险与管控			
	2.保险与选择			
制度与环境	1.经济体制与监管制度			
	2.国际贸易与国际准则			
财富与人生	1.财富与个体			
	2.财富与社会			

　　"中国学生发展核心素养"课题组明确列出学生发展核心素养之"信息意识"的表现重点。不难看出,"信息意识"的表现重点与媒介素养的基本要素在内涵上基本一致。中小学生网络素养是互联网环境下学生发展核心素养的延伸与发展,是现实世界向网络空间的迁移与创新。王伟军等人依据学生发展核心素养评价指标体系,将研究中涉及的 20 个网络素养构成要素归入学生发展核心素养框架中,以建立二者之间的关联。[1]施歌认为"数字素养"这一概念是信息素养、科学素养、媒介素养等概念的延续和深化。[2]所谓数字素养,也称网络素养、媒介素养,但当前学界对其称谓、概念及内涵构成仍在探讨中。

　　施歌基于数字素养的课程标准分析发现:课程标准普遍重视对学生核心素养的培养,但对于素养的表述比较多元、离散、随意,缺乏对素养的概念

　　①　王伟军,刘辉,王玮,董柔纯.中小学生网络素养及其评价指标体系研究[J].华中师范大学学报(人文社会科学版),2021(1):165-173.
　　②　施歌.中小学生数字素养的内涵构成与培养途径[J].课程·教材·教法,2016(7):69-75.

界定、分层表述和系统思考；多侧重传统层面的学科本位的素养描述，普遍缺乏跨学科、跨文化、适合信息社会的素养表达；多侧重学科知识层面的素养培养，缺乏情感态度和创新批判层面的素养养成；普遍重视信息技术在课程目标达成中的重要作用，多在课程资源建设或教学方式变革中提及，缺乏"数字素养"的内涵描述及培养途径、学段分级、评价方式等。①

4.核心素养的考查与评价难题

评价改革之所以举步维艰，难以取得突破性进展，一方面是因为这项改革涉及教育教学的各个核心领域，另一方面是因为我国基础教育评价的理论和技术研究相对薄弱，尤其是教育测量与评价技术整体上还处在较低水平。②而学生发展核心素养的思想和目标真正落地关键就在于研究如何改革现有考试和评价的内容和形式。③

孔凡哲认为突破当前学生核心素养评价难题，需着手研制各学科核心素养的评价指标，构建各学科相互协调的学科核心素养评价体系，聚焦学科核心素养及其评价指标体系构建的难点且强烈建议国家相关部门加大针对核心素养评价指标体系集体攻关的扶持力度。同时建立基于情境的评价设计理念，聚焦核心素养而非知识技能；深入学科，同步开展学科核心素养的具体内涵与评价标准的研究；深入研究国际已有的测试，借鉴吸收，为我所用。④

我国在实践层面的应用探索也同期迅猛铺开。实践推进主要集中在两个方面：一是以校本课程为切入点，在学校层面的自发探索。⑤二是以教学或评价为切入点在学科层面的实践探索。其中，最具代表性的是学科核心素养

①　施歌.中小学生数字素养的内涵构成与培养途径[J].课程·教材·教法,2016(7):69-75.

②　孔凡哲.关注教育评价技术的研究[J].教育测量与评价(理论版),2009(6):1-5.

③　王蕾.学生发展核心素养的考试和评价——以PISA2015创新考查领域"协作问题解决"为例[J].全球教育展望,2016(8):24-30.

④　孔凡哲.中国学生发展核心素养评价难题的破解对策[J].中小学教师培训,2017(1):1-6.

⑤　张咏梅,胡进,田一,李美娟,王家祺.学生发展核心素养应用路径的实证研究——以北京市义务教育阶段学业标准为载体[J].教育科学研究,2018(1):15-24.

的实践应用研究。①

事实上,历经 10 余年的发展,我国中小学的评价水平得到显著提升,为数甚多的小学教师、初中教师立足学校教育教学,开展口试、面试、活动性评价、综合素质评价等实践,形成诸多有价值的探索,②但构建完整的核心素养评价体系仍有待加强。

二、刚刚起步的小学生公民素养研究

2010 年, 中共中央、国务院《国家中长期教育改革和发展规划纲要(2010—2020 年)》提出,加强公民意识教育,树立社会主义民主法治、自由平等、公平正义理念,培养社会主义合格公民。随着公民素养对社会发展重要性的日益凸显,公民教育也和数学、科学、外语、阅读等学科一样,成为当前各国和国际性教育质量测评项目的热点对象。③

公民素养研究引起了国内一些学者的关注。张志坤等从遵纪守法、诚实守信、团结友善、乐于助人四个维度,分析了娱乐文化对中小学生公民素养的双向影响。④张家军通过调查分析发现,小学生的公民素养整体得分较高,但是小学生在公民素养的四个维度即公民认知、公民情感、公民能力、公民行为上的均值得分存在着一定的差异。⑤他提出,公民素养课程内容必须实现公民知识教育、公民情感教育、公民能力教育及公民行为教育的有机统一,并共同作用于教育教学过程中,才能实现学生个体全面而自由的发展。⑥另外,李敏、默瑞·普林特(Murray Print)等在中国和澳大利亚小学公民素养教育的比较中,分别从政策、课程、教师、学生、学校、环境、文化等若干教育元素出发,集中围绕"学生公民素养",呈现了中国和澳大利亚在学生道德教

---

① 朱鹏飞. 学科核心素养的研究进展及其对中学化学教学的启示 [J]. 化学教学,2017(1):8-15;闫白洋.普通高中课程标准生物学科核心素养的测评研究[J].生物学教学,2017(2):10-13.
② 孔凡哲.中国学生发展核心素养评价难题的破解对策[J].中小学教师培训,2017(1):1-6.
③ 秦建平,张惠,陈飞鹏.中小学生公民素养测评工具研究[J].上海教育科研,2018(7):5-10.
④ 张志坤,谢楚.论娱乐文化对中小学生公民素养的双向影响[J].教育科学研究,2019(9):67-72.
⑤ 张家军. 小学生公民素养的调查研究 [J]. 华东师范大学学报(教育科学版),2017(6):42-49+154.
⑥ 张家军,陈玲.中小学公民素养课程内容体系的建构[J].课程·教材·教法,2017(3):45-51.

育,公民素养教育上的特点、内容、差异,以及相互之间的启示。①

第四节　促进小学生社会性发展的相关研究议题

教育作为一种旨在把学生从"自然人"培养为"社会人"的社会实践活动,具有浓厚的社会属性。而小学生身为社会群体中的一员,其社会性发展不仅关乎个体的成长,更关系到整个社会乃至国家的建设。因此,促进小学生的社会性发展尤为重要。

一、加强小学生各类型社会意识培养

小学生社会意识的培养是不可忽视的议题。目前,有关小学生社会意识的研究集中于社会规则意识、小学生社会责任感、垃圾分类教育等方面。此方面的研究呈现逐年增长的趋势。②

(一)小学生规则意识教育的缺乏

教育部统编教材《道德与法治》于2017年9月在全国推广使用,新教材的一大转变就是把规则意识的培养纳入了低年段法治教育。③

有学者提出社会规则意识是指,社会成员对该社会所形成和制定的社会规则的认知、认同、尊重和信仰,以及自觉遵守规则的愿望和习惯,④是人类社会自身发展的内在需求,也是现代公民意识的重要组成部分。⑤

目前关于小学生规则意识的研究主要从规则意识的缺乏现状、原因探析和困境突破方面展开。

---

① 李敏,Murray Print.小学生公民素养教育中澳比较[M].北京:首都师范大学出版社,2019.
② 编者注:本部分内容是第三节内容的一个分支,关于这部分的研究内容没有形成大面积的学术探讨,但依旧是有关小学生的学术研究中不可忽视的部分,与第三节内容形成呼应。
③ 汪洋.小学生规则意识培育路径探析[J].上海教育科研,2018(5):53-56.
④ Kalish C.Reasons and Causes:Children's Understanding of Conformity to Social Rules and Physical Laws[J].Child Development,1998(3):706-720.
⑤ 梁志娟.规则意识是当代大学生法治教育的基石[J].山西师大学报(社会科学版),2015(1):195-196.

（二）小学生责任意识的缺失

结合已有研究，可知中小学生社会责任素养主要涉及个人责任、家庭责任、他人责任、社会责任四个层面，强调不同结构维度的责任感和责任担当的精神。①但就目前来看，我国中小学生社会责任素养的发展并不十分理想，其中责任担当是中小学生核心素养中最为缺乏的要素。②曹文，张香兰结合《弟子规》的教育内容，探究《弟子规》对于培育中小学生责任感的价值意蕴及其实现路径。③赵志毅、尹黎从中小学生对同学、对家庭、对社会的责任意识三方面，对中小学生的公民责任意识进行调查，发现相对中学生而言小学生的责任意识更强，并将其归因于心理学上儿童责任心发展的三阶段理论。④

（三）小学生垃圾分类教育的浮现

2019 年 9 月，国家机关事务管理局印发通知，公布《公共机构生活垃圾分类工作评价参考标准》，并就进一步推进有关工作提出要求。⑤随后，垃圾分类教育也在小学开展。

目前来看，垃圾分类教育还在初步实施阶段，未成体系。孙福胜，杨立雄认为，开展学校生活垃圾分类教育，要把握好教育主体的发展时期。"从小学生抓起"是推进生活垃圾分类教育可持续发展的基础工作，要从小学生的求知欲和可塑性出发。⑥冯慧玲从小学校园垃圾分类的现状与对策的角度进行了分析，倡导通过正确教育和持续引导，促使小学生成为新一代环保社会小公民。⑦

---

① 黄四林,林崇德.社会责任素养的内涵与结构[J].北京师范大学学报(社会科学版),2018(1):27-33;郅广武.学生发展核心素养中的责任担当意识探析[J].中国教育学刊,2017(s1):225-228.

② 汤林春,李金钊,夏雪梅等.长三角地区学生发展核心素养校长调研报告[J].上海教育科研,2017(3):24-29.

③ 曹文,张香兰.《弟子规》培育中小学生社会责任素养的价值及其实现[J].教育研究与实验,2019(2):77-80.

④ 赵志毅,尹黎.城市中小学生公民责任意识的缺失及其对策——基于杭州部分学校的抽样调查[J].全球教育展望,2012(5):80-83+48.

⑤ 国家机关事务管理局[EB/OL].(2019-09-04),http://www.ggj.gov.cn/xwzx/ggjxw/201909/t20190904_28864.htm?eqid=8a05e311000407950000000066646d6441.

⑥ 孙福胜,杨立雄.小学生生活垃圾分类教育的人学思考[J].教学与管理,2020(2):9-11.

⑦ 冯慧玲.推进垃圾分类在小学校园的开展[J].教学与管理,2020(2):12-13.

此外,还有一些其他方面的研究。辛治洋以微型社会(班级)和真实生活(做题回答是否愿意做班长)为观测点,研究了学生的社会角色扮演、社会责任、自身素质、主观意愿、利弊得失等社会参与意识。[①]王永友从开展中小学国家意识教育的价值逻辑和实践逻辑的角度出发,分析了对中小学生开展国家意识教育的必要性及开展途径。[②]

二、社会变革促进小学生闲暇教育

人类进化的历史表明,休闲与社会进步及人类生命和生活质量紧密相连,这一现象在实质上反映出我国社会经济文化综合实力的强大,以及人的发展权力的内涵与外延的扩大。[③]因此人们拥有越来越多的闲暇时间。

进入 20 世纪 90 年代后,我国已连续进行了两次工时制度改革,使我国公民闲暇时间占有量大大增加,这一重要举措对公民个人的生活影响是深远的。我国工时制度改革,学生在校时间缩短,对我国的教育,特别是中小学教育带来了较大影响。但是我们在闲暇教育理论和实践上准备不足,因此我们面对的是一种严峻的挑战。[④]

闲暇教育研究自此之后引起热议,自 2000 年起,关于闲暇教育的研究逐步增多,并在 2008 年达到峰值。2012 年之后开始逐步回落,近 10 年来的研究热度较低。并且关于闲暇教育的研究主要集中在对闲暇教育及闲暇生活本身的探讨上,中小学生的闲暇教育研究次之。

(一)闲暇教育的学理研究

闲暇教育研究集中于从概念、价值、问题等理论方面的探讨。闲暇时间,"非劳动时间",是人们在履行社会职责及各种生活时间支出后,由个人自由支配的时间。马克思曾给了我们一个很明确的方向,他说闲暇时间,包括个人受教育的时间、发展智力的时间、履行社会职能的时间、进行社交活动的

---

① 辛治洋.小学班级场域中的社会参与意识——基于"是否自荐当班长"答卷的文本分析[J].教育学报,2020(5):62–70.

② 王永友,李虹曼.开展中小学国家意识教育的逻辑进路[J].人民教育,2020(18):16–21.

③ 马惠娣.休闲话题浮出水面[J].中国图书评论,2004(11):37–38.

④ 冯建军,万亚平.闲暇及闲暇教育[J].教育研究,2000(9):37–40.

时间、自由运用体力和智力的时间,与之相适应给所有人腾出时间和创造机会,个人会在艺术、科学等方面得到发展。①

冯建军,万亚平从理论角度对闲暇教育进行系统性分析,认为闲暇教育不是娱乐知识、技能的授受,而是个人作为主体的一种自由活动。形成负责任的、有价值的闲暇活动是闲暇教育的理想结果,并阐述了闲暇教育与素质教育之间的关系。②田友谊从闲暇教育自身的含义、对象、目标、任务、内容、课程、方法、功能、意义等方面做了闲暇教育研究的述评。③有的学者还从历史发展的层面出发对我国 1986—2012 年闲暇教育的研究进行了回顾与反思。④另外,也有研究者论述了劳动、闲暇、教育三者之间的密切联系,明确了人的教育是劳动教育与闲暇教育的结合。⑤

我国较早关注这一话题的研究者马惠娣认为,成功地开发闲暇时间这一社会资源和社会财富是西方发达国家社会进步(特别是在提高整体社会成员的教养方面)一个很重要的经验。休闲教育可以使每个人获得休闲的"资格"从而都享有时间去培养个人兴趣和社会的兴趣并发展自身多方面的才能。⑥聪明地用"闲"对增进人的身心健康、构筑社会经济体系、改善现代生活方式、甚至对文化价值的确立都会产生重要影响。休闲教育是人的素质和现代教育的重要组成部分,是现代国家管理和服务于公众的途径之一,亦是"育化人"精神文明建设的重要手段。⑦

李敏提出,今天的孩子缺少悠闲的游戏时光,现代学校的"时间暴政"让学生几乎所有的时间都成为学习的合法时间。⑧而现代教育也忽视了中小学生的"游戏权",造成了孩子不幸福的教育生活,因此需要对"游戏权"进行合法性

---

① 马惠娣.闲暇时间与"以人为本"的科学发展观[J].自然辩证法研究,2004(6):100-102.

② 冯建军,万亚平.闲暇及闲暇教育[J].教育研究,2000(9):37-40.

③ 田友谊.我国闲暇教育研究述评[J].上海教育科研,2005(5):11-13.

④ 张书,田友谊.我国闲暇教育研究的回顾与反思——基于对 1986—2012 年研究文献的计量和内容分析[J].教育科学研究,2014(6):71-75.

⑤ 冯虹,刘美佳.劳动、闲暇与教育[J].教育理论与实践,2021(4):3-7.

⑥ 马惠娣.闲暇时间与"以人为本"的科学发展观[J].自然辩证法研究,2004(6):100-102.

⑦ 胡志坚,李永威,马惠娣.我国公众闲暇时间文化生活研究[J].清华大学学报(哲学社会科学版),2003(6):53-58.

⑧ 李敏.失乐的童年[J].中国教师,2008(13):13-15.

与合理性的辩护,①除了学习之外,应当让游戏真正进入儿童的学习视野。②

（二）中小学生闲暇教育的功利性

从当下来看,家长不希望小学生放学时间过早,社会呼吁学校寒暑假办理托管班等现象在一定程度上反映出当前小学生闲暇教育中存在着某些问题。

目前应试教育潜移默化的影响致使闲暇内容趋向功利化,这与智能化时代对个体发展的诉求格格不入。正如钱理群先生所讲,我们当前的教育是在培养一批"精致的利己主义者",致使闲暇教育主体无法有效地利用闲暇。③传统的闲暇教育在自由时间里把闲暇教育当作单纯的学业训练或变相的学业训练,会造成闲暇教育与学业教育的错位,也会成为学生的额外负担。④但是应该有这样一种教育,父母用它对孩子进行训练的原因不是它的有用性或是必须性,而是它的自由性和高贵性。⑤而闲暇教育无疑是实现这种教育的一种重要途径。

闲暇教育可以帮助受教育者确立正确的闲暇价值观。因此,美好教育生活的创造需以"通过闲暇""为了闲暇"和"关于闲暇"的教育转变,实现闲暇与教育在目的、过程和内容等方面的融合,进而促进教育生活走向美好。但我国当前的教育目的和内容对闲暇的观照仍然处于缺位状态。⑥

中小学闲暇教育问题,目前研究的相对较多。除闲暇教育功利性的问题之外,学者还主要关注以下几个方面的问题:随着闲暇时间的骤然增多,在中小学生身上呈现出矛盾和冲突;在中小学教育实践中,开展闲暇教育面临诸多问题;中小学闲暇教育中存在某些"悖论"。⑦裴指挥、宋晓云发现我国中

①   李敏.试论我国中小学生的"游戏权"[J].江西教育科研,2006(9):53–55.

②   李敏.学习 vs.游戏:儿童的"拔根状态"省思[J].少年儿童研究,2009(2):4–8.

③   魏慧慧,朱成科.闲暇教育的反思与路径重构[J].教学与管理,2020(33):6–8.

④   陈桂生.教育原理[M].上海:华东师范大学出版社,2016:163–175.

⑤   华东师范大学教育系,杭州大学教育系.西方古代教育论著选[C].北京:人民教育出版社,1985:109.

⑥   肖龙.论闲暇在教育中的失落与复归——基于美好教育生活的视角[J].当代教育科学,2020(8):3–8.

⑦   田友谊.我国闲暇教育研究述评[J].上海教育科研,2005(5):11–13.

小学生在闲暇教育利用方面也存在诸多问题,归纳起来大致有三类:一是剥夺的闲暇;二是消极的闲暇;三是成人化的闲暇。①

(三)闲暇教育比较研究

已有研究主要是从发展历程、课程设置、家庭等方面阐释美、日等国家闲暇教育对我国的启示;有学者从闲暇教育的时间、内容及途径等方面对中、法两国小学生的闲暇教育进行比较,并探讨不足之处;②还有学者以武汉地区高校为例,在中、美休闲教育理论对比基础上,探讨中、美高等学校休闲教育现状,并提出实施对策。③

陈建华阐述了美国中小学生的闲暇教育课程设置情况,并指出对于我国中小学开展闲暇教育的启示。④曾文婕、陈鲜鲜系统分析了美国开发的"时间智慧"课程体系,该课程带来了践行积极教育理念、关注弱势群体需求、凸显课程开发价值和重视理论基础支持等启示。⑤

三、有待关注的小学生生涯教育

自 2000 年起,国内开始出现少量关于生涯教育的研究,2006—2008 年此领域研究出现激增,2012 年后出现第二次激增,2019 年后稍有回落。职业生涯教育研究集中于高等教育领域,主要以大学生为研究对象,中小学领域涉及较少,研究体量上表现出不平衡性。

(一)我国小学生生涯教育的起步与探索

我国小学生职业生涯教育起步晚,关注度较低,目前仍处于探索阶段。有研究指出,系统的生涯计划要从小学开始,小学时所形成的观念将直接影

---

① 裘指挥,宋晓云.中小学闲暇教育的理论分析与策略探讨[J].中国教育学刊,2003(8):18-21.

② 刘静.中法小学生闲暇教育之比较[J].基础教育,2009(2):50-52.

③ 易新华,伍争.中美高校休闲教育之比较研究[J].湖南工程学院学报(社会科学版),2007(1):92-95.

④ 陈建华.美国中小学闲暇教育课程设置及其启示[J].全球教育展望,2007(6):77-81.

⑤ 曾文婕,陈鲜鲜.追求有意义的闲暇生活——美国青少年问题行为预防课程"时间智慧"述论[J].课程·教材·教法,2016(3):35-42.

响到学生日后的学业成就、兴趣的养成、职业的认同和生命的展望。①

而在我国中小学中,学生生涯能力低下、学校生涯教育缺失等问题反映在各地的调查研究之中。我国中小学生涯教育研究具有三个特点:起步晚、数量少、增长速度快,其研究重点表现为:剖析国内生涯教育现状,说明其功能与意义,引进国外的生涯教育理念进行学习与借鉴。②

当前小学生职业生涯教育存在大中小学生职业生涯教育衔接不到位、公众对职业生涯教育的认知不到位等主要短板。孙福胜、杨晓丽提出立足于小学生的成长规律和个性特征,从挖掘职业生涯教育主体需求、提高公众职业生涯教育认知能力等环节着手,加快构建小学生职业生涯教育的发展共同体,能够切实推动小学生职业生涯教育的高质量发展。③

(二)国外中小学生涯教育的先导性经验

有不少学者从不同角度对国外职业生涯教育作了介绍,比如职业生涯理论、职业生涯课程、职业生涯辅导等。

美国、日本、德国等发达国家在职业生涯规划教育方面有着成熟的经验,有法律或制度保驾护航,有专门的国家级管理机构,有专业的教师队伍,开展了灵活多样的体验和实践活动,有严格的考核制度。美国在小学实施职业生涯教育的主要方式有:课程介入、教学渗透、职业咨询、职业参观或"职业日"活动和职业实习。④日本政府相当重视小学阶段的职业生涯教育,不仅仅强调职业生涯教育的早期性和连续性,还强调系统性和全面性,⑤其小学职业生涯教育的核心理念是塑造积极向上的生活态度、劳动观和职业观,培养了解自身的能力及自主选择未来道路的能力。⑥新西兰中小学生涯教育已呈现出生涯教育与指导的制度化和义务化;多样的课程设置与多种发展路

---

① 李丰.儿童的职业体验与生涯辅导[J].人民教育,2010(17):50-51.

② 于海静,郭满库.基于内容分析的我国中小学生涯教育研究[J].教学与管理,2014(33):53-56.

③ 孙福胜,杨晓丽.小学生职业生涯教育的人学思考[J].教学与管理,2020(35):11-13.

④ 于珍.中小学职业生涯教育:来自美国的经验与启示[J].外国中小学教育,2008(3):52-55+28.

⑤ 孙宏艳.国外中小学职业生涯规划教育:经验与启示[J].中小学管理,2013(8):43-46.

⑥ 杨舒涵.日本重视小学职业生涯教育[J].课程·教材·教法,2016(3):49.

径;采用国际认可的生涯教育目标与内容体系的特点,对我国中小学生涯教育的开展具有重要的启示作用。①

相比之下,我国中小学的生涯教育仍处于摸索阶段,被分散于劳动技术课、德育课的某些章节之中,被分散在短暂的升学指导和研究性学习的偶然探究之中,内容与实践上都尚未形成体系,生涯教育理念也有待提升。②

四、需注重小学生安全教育

目前,关于小学生安全教育的文献数量较少,议题不够丰富,但安全教育对小学生的身心健康发展又必不可少,可见我国小学生安全教育领域研究还有很大的提升空间。

安全教育最重要的时段在学校教育时期,特别是中小学时期。国内目前的学校安全管理更多是依靠上级发布紧急通知、文件,依靠校长、老师个人的安全意识和责任意识,缺少必要的灾难预防知识普及。但学生自觉遵守各种安全规范的良好行为习惯养成,必须要通过科学的长期的培训和练习才能获得。③

孙式武等人对小学各年级学生的健康与安全教育目标、基本内容作了详细介绍,对小学生预防传染病安全常识、小学生意外伤害事故的防范与处理、常见外伤的处理、用电安全教育、用火安全教育作了全面概括。④有研究对小学生安全教育的目标、内容、途径、方法进行了系统的阐述,并强调小学生的可塑性强,是培养安全意识、掌握防灾技能的关键期。⑤目前,小学安全教育的开展也面临一些困境,如我国学生安全教育普遍存在形式单一、实践训练少、缺乏系统性、持久性、过分依赖学校、缺乏协作等问题。⑥

---

① 朱凌云.新西兰中小学生涯教育的特点与启示[J].外国教育研究,2013(8):20–26.
② 陆素菊.职业人的培育:日本中小学生涯教育的发展与特色[J].外国中小学教育,2007(1):26–28+62.
③ 武荣.浅谈中小学生校园安全教育[J].求实,2011(S1):261–262.
④ 孙式武,于淑君.小学教育概论[M].济南:山东人民出版社 2014:97–100.
⑤ 罗京滨.对小学生进行安全教育的思考[J].教育探索,2012(11):99–100.
⑥ 张献.国外未成年人安全教育及对我国的启示[J].中国公共安全:学术版,2007(3):87–90.

第五节　小学生学业研究

小学生学业是构成其受教育过程的重要元素。大部分关于小学生的学业研究从小学生的学习动机、学习习惯、学习不适现象及学业成绩等方面切入。

一、"外部动机驱使"被认为是小学生的重要学习动机

动机与学习之间的密切互动关系使得对学习动机的研究一直是心理学和教育实践关注的热点。[①]近 20 年来，国内对这一领域的研究开始增多。

我国学者在 20 世纪 80 年代初提出，青少年学习动机还不太明确，学习只是为了履行社会义务、为了个人前途、为了国家与集体利益。[②]90 年代初的研究认为，学习是为了好分数或为了表扬和奖励、为履行组织交给的任务、为个人前途、为祖国前途和人民利益。[③]由此可见，外部动机是小学生学习的主要动机。但有学者提出，学习中最重要的动机是成就动机，即学生趋于努力获得成功、达到理想目的的倾向。[④]

从学习动机的区域差异来看，王有智在对城乡中小学生学习动机差异进行比较研究时，发现由附属性动机→威信性动机→认知性动机→成就性动机的渐增变化是当前中小学生学习动机发展的基本特点，成就性动机是支配其学习的优势动机。城市小学生学习动机从低年级到高年级呈似 U 形发展曲线，而农村小学生 2—4 年级动机不断增强，5 年级急剧下降，城市小学生动机总强度高于农村学生，且差异十分明显，同时也提示当前基础教育改革，尤其是课程改革应特别重视学生的学习动机问题，应当加强对农村小

①　王有智.城乡中小学生学习动机差异的比较研究[J].陕西师范大学学报（哲学社会科学版），2003（2）：121–128.

②　青少年理想、动机、兴趣研究协作组.国内十省市在校青少年理想、动机和兴趣的研究[J].心理学报，1982（2）：199–210.

③　林崇德.发展心理学[M].北京：人民教育出版社，1999：274.

④　施良方.学习论[M].北京：人民教育出版社，1998：487.

学生、城市中学生和中高年级学生学习动机的教育培养。①

从学习动力的调查内容来看，构成我国中小学生学习动力的主要成分是对学习价值的看重、较强的学习意志、学习的自我效能感，以及巨大的学习压力。②

学生的学习动机直接影响着学生的学习态度和学习成绩，因而学习动机历来是教育工作者研究的重点。事实上，不少学者的研究发现，动机并不具有跨文化的普遍性，③不同的社会环境、文化背景和历史的原因对学习动机的结构有着深刻的影响，中国学生的学习动机有着自己的特点。

鉴于此，张敏等对4—6年级小学生的学习动机结构进行了分析。④另外，从不同角度的学习动机出发，贾小娟等人采用聚合交叉研究设计及多层线性模型，利用"学思维"活动课程，对某小学1—3年级学生的学习动机进行了5年追踪研究，发现小学生学习动机在不同维度上的性别及年级差异明显。⑤

二、培养小学生良好的学习习惯是小学教育的重点内容

自20世纪90年代开始，我国便有关于学习习惯的研究，并逐渐增多。步入2000年后，有关学习习惯的研究逐渐升温，2009—2013年间，此领域的研究达到顶峰，近几年来呈逐渐下降的趋势。

① 王有智.城乡中小学生学习动机差异的比较研究[J].陕西师范大学学报(哲学社会科学版)，2003(2)：121-128.
② 孙智昌，项纯，李兰荣，郝志军，高峡，胡军，杨莉娟，王鑫，陈晓东，李正福，冯新瑞，郑葳，张鹏举，杨宝山，郑庆贤，李铁安.我国中小学生学习动力与学习策略的现状与对策[J].课程·教材·教法，2016(3)：78-85+77.
③ Kornald M L.，Ecomsber L H，Emminghaus W B.Cross-Cultural research on motivation and it's contribution to a general theory of motivation [M].In：H C Triandis&W Lonner.(Eds.)Handbook of cross-cultural psychology，Vol 3.Boston：Allyn&Bacon，1980：233-321；[美]M.H.邦德主编.中国人的心理[M].张富洪，译.昆明：云南人民出版社，1990：113-115.
④ 张敏，雷开春，王振勇.4~6年级小学生学习动机的结构分析[J].心理科学，2005(1)：183-185+177.
⑤ 贾小娟，胡卫平，武宝军.小学生学习动机的培养：五年追踪研究[J].心理发展与教育，2012(2)：184-192.

（一）对小学生形成良好习惯的认识

小学阶段是学生形成各种良好学习习惯的关键时期。①我国早期马克思主义教育理论家杨贤江认为，"养成良好的习惯有五种好处：可以省时；可以省力；可以减少错误；可以减少无关的动作；可以从琐碎的反应到大体的反应。但总括的说法，养成良好的习惯，就能减少无益的动作，过有效率的生活"②。

陈琦、郭佳音认为学习习惯有好坏之分，良好的学习习惯可以提高学习效率，减少学习上的阻力，而不良的学习习惯，则有害或影响个人的学习，另外也对低年级学生良好习惯养成的意义、内容、方法做了介绍。③杨琳娜针对小学高年级学生学习习惯展开调查研究，发现小学生的学习习惯与学习成绩有显著的相关性。④

黄甫全从学习习惯的概念、小学生学习习惯的特点、主要内容、培养策略方面系统介绍了对小学生学习习惯的认识。⑤阮成武等人提出，小学儿童应该养成学会倾听、善于思考、敢于提问、与人合作、自主读书、认真书写的学习习惯。⑥有学者提出思维品质培养应落实在学生的学习习惯培养中。⑦

（二）小学生学习习惯存在的问题及矫正

我国中小学教育工作虽然对儿童形成良好习惯的意义比较了解，对儿童的习惯教育也给予了一定关注，但总体上对儿童习惯教育工作重视不够，主要表现为没有明确的习惯教育培养目标、没有形成一整套习惯教育体系、儿童良好习惯没有得到有效培养，究其原因，主要是对儿童进行习惯教育的观念比较薄弱。⑧

陈莉娟分析了当前学生学习中的惰性习惯形成的原因，并提出矫正学

① 牛春红.抓住学生心理特征，培养学生良好的学习习惯[J].兰州学刊，2001（3）：61.
② 中央教育科学研究所，厦门大学.杨贤江教育文集[M].北京：教育科学出版社，1982：33.
③ 陈琦，郭佳音.谈低年级学生良好学习习惯的养成[J].上海教育科研，1998（11）：43-44+35
④ 杨琳娜.小学高年级学生学习习惯的调查研究[J].教育探索，2008（2）：29-30.
⑤ 黄甫全，曾文婕.小学教育学（第2版）[M].北京：高等教育出版社，2011：80-89.
⑥ 阮成武.小学教育概论[M].上海：华东师范大学出版社，2011：191-193.
⑦ 关玉环，李晓彤.思维品质培养应落实在学生学习习惯培养中[J].中国教育学刊，2018（6）：104.
⑧ 张相乐.论儿童的习惯教育[J].教育科学研究，2011（5）：70-73.

生惰性习惯的方法。①科学的评价方法是促进小学生良好习惯养成的关键手段。白文飞提出了培养中小学生良好学习习惯的激励性评价方法,包括语言激励性评价、分层激励性评价和情感激励性评价等。②但评价只是小学生良好学习习惯培养当中的重要因素,因此赵丽霞从主要原则、基本环节、内容体系、测评方法等方面入手探讨了较为全面的小学生良好学习习惯的培养对策。③

已有的研究学习习惯的方法难以准确描述学生学习习惯的变化,也难以发掘新型学习环境下学习习惯发展的规律。基于此,武法提等人认为构建科学有效的学习习惯测量模型以描述学习习惯的动态变化,探索学习习惯进化的动力学机制以发现学习习惯形成的规律,是深层次挖掘"互联网 + 教育"背景下学习习惯发展规律的两个关键问题。④

三、关于小学生学习不适现象的讨论

小学生学习不适现象是教育心理学上探讨的热点。学习不适现象不仅会带来学生学业成绩的问题,还会引发各种心理问题。

(一)小学生学习障碍与困扰

目前,对于学习困难的界定并不统一。与学习困难相近的研究术语有学习障碍、学习无能、学习不良、学业不良等,英文统称 LD,而 LD 又是 Learning Disability、Learning Difficulty、Learning Disorder 三个英语术语的缩写。⑤当前对学习障碍比较统一的看法是,智力、视听、情绪行为各方面无异常,但学业成绩不好的学生。

学习困难伴随个体发展终身,不仅是当前我国中小学教育面临的一个

① 陈莉娟.浅谈学生学习中的惰性习惯及矫正策略[J].教育探索,2016(10):28-33.
② 白文飞.应用激励性评价方法 促进中小学生学习习惯的养成[J].教育理论与实践,2004(14):45-46.
③ 赵丽霞.小学生学习习惯培养研究[J].教育探索,2009(5):58-59.
④ 武法提,殷宝媛,黄石华.基于教育大数据的学习习惯动力学研究框架[J].中国电化教育,2019(1):70-76.
⑤ 张冲,官群.学习障碍也是病,严重了也要命[J].中国德育,2013(12):6-8.

严峻问题,也是一个世界范围的难题。①有学者提出学源性心理障碍已成为影响学生心理发展的重要因素,并逐一分析了学源性心理障碍的特点及消除学源性心理障碍的措施。②还有学者就小学生学习障碍的含义、发生率、类型、成因,以及如何应对具体学习障碍等方面探讨了相应的教育对策。③

(二)小学生学习拖延的现状分析

在中小学,学生的拖延心理及行为较为普遍地存在。有学者将中小学生的拖延心理划分为激励性拖延和回避性拖延两种类型,在此基础上对学生的拖延心理进行了分析,并提出矫正措施。④另外,结合小学生学习拖延的状况,曾玲娟对小学生学习拖延的原因进行了相关研究。⑤行动是人心理的映射,常若松等人通过问卷调查发现小学生学业情绪与学业拖延存在密切的关系,并从两者的关系入手提出了具体的教育建议。⑥在对小学生学业拖延干预方法的探索上,凌辉等人探讨了行为契约法对小学生学业拖延的干预效果。⑦

虽然我国对于小学生学习拖延状况有所重视,但从目前已有研究来看,当前对大学生学习拖延的研究较多,而有关小学生学习拖延的研究非常少。

(三)小学生存在的各类不良学业情绪

当前小学生存在的不良学业情绪主要有厌学、逆反心理、学习焦虑、恐学等。在调查中发现,中小学生认为学习对他们而言,更多的不是对成功的渴望而是来自失败的威胁。因此,学生不能真正体验学习、享受学习,长期处于紧张、焦虑的状态中,会使学生情绪稳定性降低,形成焦虑型人格特征,进而产生恐学、厌学心理。⑧

---

① 孟万金,张冲,Richard K.Wagner.中国小学生学习困难评估量表的编制研究[J].中国特殊教育,2016(11):55-62.
② 刘毅玮,闫广芬.中小学生学源性心理障碍与学习心理辅导[J].教育研究,2004(7):49-54.
③ 王云峰,冯维.论小学生学习障碍及其教育对策[J].中国特殊教育,2006(4):43-48.
④ 包翠秋,冉亚辉.中小学生的拖延心理及其矫治[J].教育探索,2007(12):120-121.
⑤ 曾玲娟.小学生学习拖延现状调查及对策思考[J].上海教育科研,2010(9):50-51+49.
⑥ 常若松,马锦飞,张娜.小学生学业情绪与学业拖延的关系研究[J].教育科学,2013(4):82-85.
⑦ 凌辉,杨钰,刘朝莹,张建人,刘佳怡.行为契约法改善小学生学业拖延的个案研究[J].中国临床心理学杂志,2020(4):861-866+813.
⑧ 刘毅玮,闫广芬.中小学生学源性心理障碍与学习心理辅导[J].教育研究,2004(7):49-54.

厌学心理。小学与中学阶段是个体学习的关键期,也是厌学现象表现较为突出的一个时段,因而中小学生厌学心理深受学术界重视。申自力等人对我国中小学生厌学的判断、机制与干预的研究现状进行了系统性总结。[1]郭娅对中小学生厌学情绪的缓解提出了针对性对策。[2]

当前,农村小学生的厌学现象日益增多。郭志芳等人对 692 名 4-6 年级农村小学生进行了调查,发现影响农村小学生厌学的主要因素有学校的评价手段、教学方法、家庭教养方式、留守儿童、自身因素中的避免失败倾向、运气归因倾向、情境归因倾向、成绩——回避目标倾向及学习态度等。[3]有学者对农村小学生厌学原因进行了分析,发现除部分农村小学生因学习能力差而导致厌学外,我国农村小学生厌学现象产生的原因主要体现在厌学学生的疲倦和学习动机的缺陷上。[4]

逆反心理。小学生学习中出现逆反心理是一种极为普遍的社会心理现象。有研究发现取消感兴趣的活动、过度要求、剥夺自主性,厌倦情绪都会明显引发小学生学习中的逆反心理。[5]

情绪困扰会严重地影响学习。焦虑会降低人的抗干扰能力,加重分心程度,高焦虑的儿童学习困难更主要的是由于情绪问题造成的。[6]因此,科学缓解小学生的焦虑情绪是使小学生爱上学校、爱上学习的有效途径。

四、小学生学业成绩影响因素的分析

学习成绩始终是教育界与家长关心的焦点。自 20 世纪 90 年代起便有针对此方面的研究,2004—2006 年间,大量的文献研究表现出学界对学生成绩的关心。

---

① 申自力,刘丽琼,崔建华,陈力,彭茹静,刘宁.我国中小学生厌学研究现状与进展[J].中国学校卫生,2012(10):1278-1280.

② 郭娅.缓解中小学生厌学情绪的对策[J].教育评论,2000(1):34-36.

③ 郭志芳,盛世明,郭海涛.农村小学生厌学现状及影响因素[J].教育学术月刊,2011(9):58-60.

④ 周福英.农村小学生厌学原因分析[J].教育探索,2006(5):102-103.

⑤ 林文瑞.引发小学生学习中逆反心理原因的实验研究[J].心理科学,2006(5):1230-1233.

⑥ 王书荃.小学生学习障碍诊断的研究[J].教育探索,2003(8):91-94.

(一)学业成绩影响因素的分类

通过文献分析发现,目前对学业成绩影响因素的分类各有不同。林崇德等运用自编的"中小学生学习品质评定量表"对学生的非智力因素与学习成绩之间的关系进行了考察。结果发现,学业成绩与非智力因素——学习目的性、计划性、意志力和兴趣的相关达到了非常显著的程度。[①]李洪玉等通过问卷调查也了解到非智力因素与中小学生学业成就的相关性,发现问卷中所涉及的11种非智力因素与学习成绩存在非常显著的正相关。[②]而类淑河等初步探讨了性别、家庭类型、入学年龄等非主观因素对小学生学习成绩的影响。[③]易芳等将影响中小学生学业成绩的因素划分为个人因素(动机、自我效能感、成就目标定向)和社会环境因素(父母教养方式、师生关系、同伴关系),在此基础上系统探讨了国内生态环境下小学生所具有的潜在变量对学业成绩的影响。[④]

(二)对于各影响因素的进一步探讨

1.家庭因素——父母教养方式、家庭环境、家校关系

国内很多教育学、心理学的学者对家庭环境、父母教养方式与学业成绩三者的关系做了相应的研究。刘晓玲的研究结果表明:家庭环境中的亲密度对小学生成绩的影响最大,与学业成绩呈正相关,而且父母教养方式对小学生学业成绩的影响是巨大的。[⑤]也有研究表明:父母教育方式与小学生学习成绩关系密切,子女学习成绩与父母采取情感温暖、理解的方式呈正相关,与父母严厉、惩罚、拒绝、否认、过分干涉呈负相关。[⑥]黄菲菲等人在对家校关

①　林崇德等.非智力因素与学生能力的发展[J].应用心理学,1994(3)27-33.

②　李洪玉,阴国恩.中小学生学业成就与非智力因素的相关研究[J].心理科学,1997(5):423-427+480.

③　类淑河,类淑萍,刘振华,宗先苓.非主观因素对小学生学习成绩影响的方差分析[J].数理统计与管理,2004(5):5-9.

④　易芳,郭雅洁,俞宗火,徐霜雪.中小学生学业成绩主要影响因素的元分析[J].心理学探新,2017(2):140-148.

⑤　刘晓玲.小学生父母教养方式、家庭环境与学业成绩的关系研究[J].上海教育科研,2017(9):32-36.

⑥　李燕芬,李廷杰,邹宇华,梁桂玲.父母教育方式与个性对小学生学习成绩影响研究[J].中国学校卫生,2005(3):201-202.

系的潜在异质性及其对学生学业成绩影响的考察中，发现学生学业成绩表现为亲密型＞附属型＞疏离型。①

2.个体因素——动机、自我效能感、积极心理品质

已有研究结果普遍证实了动机正向影响学业成绩。李炳煌关于中小学生学习动机与学业绩效关系的研究表明：学生学习动机对其学业绩效有显著的积极预测力。②刘晓玲的分析结果同样表明：学生的学习动机水平对学业成绩有着积极显著的影响。③另外，卫萍的研究发现：小学生积极心理品质与语文、数学、英语成绩及总平均成绩呈现出显著的正相关，提出教育应重视小学生积极心理品质的培养，有助于提高小学生的学业成绩。④

3.群体因素——合作学习

陈瑞君通过实验班与对照班的比较发现，实验班的团队满意感和团队凝聚力与团队合作学习小组的学习成绩有显著相关，结果表明合作学习对小学生的学业成绩产生了积极影响。⑤有研究探讨了群体变量对团队合作学习成绩的影响，研究结果表明：团队组长管理风格、团队承诺、团队集体效能感、团队凝聚力四个群体变量对合作学习型团队的学习成绩有显著的影响。⑥

4.人际关系因素——同伴关系、师生关系

陈会昌等人关于学业成绩与社会行为的研究，揭示出个人的社会行为与学业成绩之间的关系。在选择伙伴时，小学生更倾向于选择学习成绩好的学生，因此反过来学业成绩又是影响同伴关系的重要因素。⑦并且，杨海波的研究结果显示：同伴关系对学业成绩产生的影响，会随着学生年级的增高而

---

① 黄菲菲,张敏强,崔雪平,黄熙彤,甘露.家校关系类型对小学生学业成绩的影响:基于潜在剖面分析[J].教育研究与实验,2018(2):88-91.

② 李炳煌.中小学学习动机水平与学业绩效关系研究[J].湖南科技大学学报(社会科学版),2006(3):117-119.

③ 刘晓玲.小学生学习动机水平、同伴交往与其学业成绩之间的关系研究[J].上海教育科研,2015(4):32-35.

④ 卫萍.小学生积极心理品质与学业成绩的关系研究[J].中国特殊,2016(10):65-70.

⑤ 陈瑞君.合作学习对小学生学业成绩的影响[J].基础教育,2015(4):105-112.

⑥ 丁桂凤,沈德立.小学生团队合作学习成绩之群体影响因素研究[J].心理科学,2007(1):6-9.

⑦ 王美芳,陈会昌.青少年的学业成绩、亲社会行为与同伴接纳、拒斥的关系[J].心理科学,2003(6):1130-1132.

增高。①

师生关系也是影响学生学业成绩的重要因素。有些研究确实发现师生关系与学生的学业成绩显著相关。②汪茂华发现无论是在语文学科还是数学学科上师生关系能显著影响学业成绩并呈现出同样的特点，对师生关系评价较高的学生更多表现为学业成绩比较高。③因此，有研究表明师生关系是对学业成绩影响最大的一种人际关系。④

第六节　注重小学生多重能力培养

随着科技的发展、社会的进步和国家综合实力的提升，培养全面发展的高质量人才已然成为教育的当务之急。而小学作为人才培养过程中的关键起步阶段，更应该注重小学生创造力、交往能力等多重能力的培养。

一、小学生应具备的各项基本能力

小学生是全面立体的人，小学生的发展也应是多维度的。学业之余，小学生还应具备自我管理、同伴交往、创造创新等多项基本能力，这是小学生未来各方面全面发展的必备条件。

（一）自我管理能力

儿童阶段是自我管理能力形成的重要时期。从已有的研究成果来看，研究内容涉及自我管理的内涵、形成机制、存在问题、培养对策、学理依据等方面，成果颇丰。⑤本部分则主要对时间管理与自主学习能力进行了总结。

小学生时间管理能力引发了学界的讨论。时间管理是自我管理最重要

---

①　杨海波.同伴关系与小学生学业成绩相关研究的新视角[J].心理科学,2008(3):648-651.

②　陈辉.石家庄市高中生学习动机、师生关系及其与学业成就的相关研究[D].河北师范大学,2005;张宝歌,姜涛.初中生师生关系对学业成绩的影响研究[J].心理科学,2009(4):1015-1017.

③　汪茂华.师生关系与学业成绩的关系:学习自信心的中介作用[J].上海教育科研,2015(7):15-18.

④　刘志军,陈会昌.初中生主要人际关系与社会行为、学业成绩的关系[J].湖南师范大学教育科学学报,2008(4):120-122.

⑤　洪明.我国少年儿童自我管理状况及研究[J].中国青年研究,2011(4):46-49.

的指标,包括时间价值感、时间监控和时间效能感等方面。①有学者发现我国儿童支配较长时间的能力明显低于短时间能力。②而学困生不能很好地完成学业任务可能与他们时间管理能力差有直接关系。因此,无论是学困生还是学优生仍需加强学习时间敏感度、根据自身心理和生理的变化规律合理安排学习时间,以及抵抗学习中不良因素制约的教育与训练。③

　　小学生自主学习能力渐渐步入研究者们的视野。进入 21 世纪,新课程改革提倡自主、合作、探究的学习方式,因而对"自主学习"问题的研究便在新的广度和深度上展开。陈佑清针对新课改以来,国内对于自主学习理解和操作上的一些偏差,进行了澄清与分析。④蒋有慧对于什么是"自主学习"有了新的认识,并就小学生自主学习能力发展的学段特点与个性差异进行了分析。⑤姬文广等人提炼出自主学习的能力、动力和阻力三大潜力因子,并构建了自主学习力理论模型。⑥

(二)同伴交往能力

　　同伴交往是小学儿童汲取经验的一条不可忽视的途径,通过同伴交往,小学儿童可以学到许多知识,例如儿童之间的游戏规则、儿童思考和处理问题的独特方式和方法等。⑦

　　有研究表明同伴关系(尤其是同伴接纳)对学业成绩有一定的影响,并且这种影响作用随着年龄增长而有所变化,低年级时影响小,高年级时影响较大。⑧而良好的同伴关系对学生学校适应的各个方面都有着积极的作用。⑨

---

①　黄希庭,张志杰.论个人的时间管理倾向[J].心理科学,2001(5):516-518+636.
②　洪明.我国少年儿童自我管理状况及研究[J].中国青年研究,2011(4):46-49.
③　房安荣,蒋文清,王和平,杜晓新.学困生与学优生学习时间管理能力的对比研究[J].外国中小学教育,2003(4):45-49.
④　陈佑清.关于中小学生自主学习若干问题的思考[J].教育科学研究,2016(10):56-60.
⑤　蒋有慧,罗来栋.促进中小学生自主学习能力发展的实验研究[J].教育学术月刊,2009(9):92-96.
⑥　姬文广,李明,尚新华.中小学生自主学习力理论建构[J].中国教育学刊,2020(S2):33-36+39.
⑦　胡寅生.小学教育学教程[M].北京:人民教育出版社,2000:118.
⑧　杨海波.同伴关系与小学生学业成绩相关研究的新视角[J].心理科学,2008(3):648-651.
⑨　高旭,王元.同伴关系:通向学校适应的关键路径[J].东北师大学报(哲学社会科学版),2010(2):161-165.

另外,小学生的人际交往有着这一群体的独特性。谷玉冰就小学生人际交往的特点及交往能力的培养进行了总结，认为小学生的人际交往呈现出人际网络简单及动机单一等特征。[①]基于小学生的交往特点,苏彦捷等提出了中小学生人际交往的问题与对策。[②]

(三)创造力

目前我国十分重视学生创造力的培养,此方面的研究较丰富。有研究选取了我国六大城市的中小学进行了大样本调查,发现与 2002 年全国青少年创造力平均水平相比,六所城市中小学生创造力水平较高,但依然存在大量问题。[③]有学者分析,创造力的培养应当从小开始,从家庭和学校两方面入手，但教育理念和教育资源的不平等分布是创造力培养推广过程中最大的阻力。[④]

有研究采用多水平分析法考察了高年级小学生创造力的发展趋势、性别差异及教师／同伴支持对创造力发展的影响。[⑤]师保国等人研究了师生关系与小学生创造性思维的关系,[⑥]赵利曼考察了不同社会经济地位学生的创造力表现。[⑦]由此可见,师生关系和社会经济地位也是影响小学生创造性思维发展的重要因素。

二、养成教育理念下凸显小学生行为习惯培养

小学生行为习惯培养不仅是静态的、阶段性的重要任务,在实践中也区别于学前教育幼儿养育的角度。此外,养成教育更具有"自主教育"的意味,

---

① 谷玉冰.小学生人际交往能力的培养[J].教学与管理,2011(17):9-11.
② 苏彦捷,赵红梅,毕延文.中小学生学习和人际交往:问题与对策[J].中小学管理,2005(5):49-51.
③ 六城市中小学生创造力培养联合调研组,傅禄建,王维虹,王敏勤,刘永和,施光明,杨杰,汤林春.六城市中小学生创造力发展现状调查报告[J].上海教育科研,2010(6):4-9.
④ 孙冠贤.中小学生创造力及其培养[J].课程·教材·教法,2019(1):66-71.
⑤ 张景焕,付萌萌,辛于雯,陈佩佩,沙莎.小学高年级学生创造力的发展:性别差异及学校支持的作用[J].心理学报,2020(9):1057-1070.
⑥ 师保国,王黎静,徐丽,刘霞.师生关系对小学生创造性的作用:一个有调节的中介模型[J].心理发展与教育,2016(2):175-182.
⑦ 赵利曼.不同社会经济地位中小学生的创造力表现[J].中国教育学刊,2018(10):49-54.

对小学教育阶段特性、特点具有很强的支撑力，养成教育的理解需要多重性，除了行为习惯的养成，养成教育更广泛囊括了日常行为习惯、学习习惯、交往习惯、德性习惯等的培养。①

（一）构建养成教育理论体系的探索

党和政府历来重视学生德育工作，尤其是学生习惯的养成教育。早在1988年底，中共中央《关于改革和加强中小学德育工作的通知》就指出："德育对中小学生特别是小学生，更多的是养成教育。"②也正是在这一背景下，教育行政部门开始制定并组织试行中学生和小学生的"日常行为规范"③。党中央印发的《公民道德建设实施纲要》和原国家教委颁布的《小学生日常行为规范》，为养成教育的实施提供了政策依据，对学生养成教育进行科学的规划。④

关于养成教育的内涵，有学者提出：所谓养成教育是指综合多种教育方法和途径，按照一定的道德规范、行为准则培养一个人的道德品质和行为习惯的教育。谢维和认为，从广义上讲，养成教育是指人的基础的心理素质、思想品德、行为习惯和生存能力的养成及教育，而狭义的养成教育则是专门指人的基础的道德品质和行为习惯的养成及教育。⑤养成教育以社会公德、基本道德和言谈举止、待人接物及品行能力的基本规范为主要内容，以儿童和青少年为主要对象，旨在使其养成自觉遵守社会道德和行为规范等良好的道德品质与行为习惯。⑥

养成教育的内因在于调动未成年人的主动性和积极性，推进德育的内化过程；在外因方面，当前市场经济、网络环境和西方文化的冲击都对未成年人养成教育提出了挑战。⑦

---

　　①　编者注：学习习惯、交往习惯、德性习惯等已在本章中有所涉及，本部分基于养成教育视角对小学生的行为习惯进行梳理。

　　②　中共中央关于改革和加强中小学德育工作的通知[Z].1988-12-25.

　　③　霍国强.养成教育的学校困境及家校互动策略[J].教学与管理,2016(25):19-22.

　　④　王惠君.强化小学生养成教育的实践探索[J].辽宁教育研究,2003(3):72-73.

　　⑤　谢维和.荣辱观与养成教育[J].教育研究,2006(4):5-7.

　　⑥　谭松贤.养成教育初探[J].教育探索,2001(6):25-26.

　　⑦　曾丹,王体正.养成教育：未成年人道德教育的重要途径[J].湖北社会科学,2011(6):172-174.

不少一线教育工作者从实践的角度谈论了如何进行养成教育。当前我国小学教育实践中养成教育采用的基本模式可以总结为关注细节的养成教育、活动引领的养成教育、阅读熏陶的养成教育和文化打造的养成教育。①

（二）小学生行为习惯养成的必要性

越来越多的教育实践经验表明：一个良好的行为习惯是学生取得优秀学业成就的重要非智力因素。②养成教育的目的就在于培养儿童、青少年良好的行为习惯，并且养成教育的内容中有一部分也是着眼于培养良好的个人生活习惯的，如按时作息、勤劳俭朴、讲究卫生、勤奋好学等。③小学生行为习惯的养成并非一件容易之事，闫书广认为行为习惯养成教育是一项综合、复杂且艰巨的社会系统工程，应从提高全民族素质的高度来认识行为习惯养成工作的基础性、重要性、长期性、艰巨性。④

青少年行为习惯的养成一般要经过被动、主动到自动三个阶段。一旦达到自动，即形成了习惯。⑤小学阶段是培养行为习惯的关键时期，因此行为习惯培养便成为小学阶段的一项主要任务。阎海全分别从环境、小学生日常行为及课堂教学三个方面总结了培养小学生良好行为习惯的养成策略。⑥另外，相关研究表明：家庭状况也是影响小学生良好行为习惯养成的重要因素。李娜通过研究小学生家庭环境与行为习惯养成的相关性，发现家庭的和睦程度、文化背景、经济状况等因素对小学生行为习惯的养成与发展有着重要的影响。⑦

三、对小学生其他方面的多维度认识

儿童进入学校后，自我意识开始加速发展。这一阶段儿童自我认识中的独

---

①　王清平.我国小学养成教育的实践模式及其思考[J].教育导刊,2009(5):33-35.
②　霍国强.养成教育的学校困境及家校互动策略[J].教学与管理,2016(25):19-22.
③　谭松贤.养成教育初探[J].教育探索,2001(6):25-26.
④　闫书广.素质教育实施的路径之一 ——行为习惯养成教育[J].教育理论与实践,2011(6):31-32.
⑤　谭兰.养成教育:青少年偏差行为预防与矫治的路径选择[J].教育探索,2006(1):83-85.
⑥　阎海全.小学生良好行为习惯的养成策略[J].教育理论与实践,2011(14):61.
⑦　李娜.小学生家庭环境与行为习惯养成的相关性研究[J].教育理论与实践,2011(17):40-42.

立性不断加强,自我评价的原则性逐渐形成,自我评价的批判性有所发展。①

(一)小学生自我概念的关注与分析

国内的相关研究起步较晚,周国韬、贺岭峰曾考察了 11~15 岁学生自我概念的发展。②林崇德等的研究表明师生关系与小学生自我概念的发展密切相关,亲密型师生关系更有利于小学生自我概念的健康发展,冷漠型师生关系最有碍于小学生的自我概念发展。③有学者对中小学生自我概念发展的影响因素进行研究,发现对小学生自我概念的影响具有决定性作用的是同伴接纳。④还有研究发现家庭社会经济地位对小学生自我概念的各方面都有影响。⑤

(二)小学生自我价值感的影响因素研究

当前很多研究者都把自我价值感和自尊放到一起进行解释,本章中将其分开进行总结。

很多研究都关注有哪些因素可以有效提升儿童的自我价值感,其中,不少研究集中于家庭影响因素方面的探讨。家庭功能方面的研究表明:轻松、和谐、民主与融洽的家庭环境更有助于儿童自我价值感的积极发展。⑥父母教养方式方面的研究则发现:积极的父母教养方式与儿童自我价值感呈显著正相关,消极的教养方式与儿童自我价值感呈显著负相关。⑦父母陪伴方面的研究发现父母陪伴水平的高低与儿童自我价值感发展表现出积极相关性,无论是城市儿童还是流动儿童,父母陪伴均可显著预测儿童的自我价值

---

① 胡寅生.小学教育学教程[M].北京:人民教育出版社,2000:111-112.

② 周国韬,贺岭峰.11—15 岁学生自我概念的发展[J].心理发展与教育,1996(3):6.

③ 林崇德,王耘,姚计海.师生关系与小学生自我概念的关系研究[J].心理发展与教育,2001(4):17-22.

④ 郗浩丽.中小学生自我概念发展的影响因素研究[J].南京师范大学学报(社会科学版),2002(5):97-103.

⑤ 卢谢峰,韩立敏.家庭社会经济地位对小学生自我概念的影响[J].中国心理卫生杂志,2008(1):24-25.

⑥ 翁洁,林晓静,黄文兰等.不同家庭环境的大学生自我价值感的比较研究[J].福建教育学院学报,2006(7):50-53.

⑦ 芦朝霞.中学生父母教养方式、自我价值感与学业成绩的关系研究[D].山西大学,2005;崔广伟.高中生父亲教养方式、自我价值感与人际信任的关系研究[D].河北师范大学,2013.

感的状况。①

除此之外,小学生的自我价值感并不稳定,个体的活动成败影响着小学生的自我价值感的发展。②

(三)小学生自尊与自信的发展

近年来,国内外学者一致认为儿童自信心的发展,对儿童智力、人格、综合素质的发展和自我成长具有重要意义。研究发现,小学阶段儿童自信心发展水平呈现非直线不匀速的发展状况。随着年龄的增长,小学生自信心发展水平出现波动。③

中小学生自尊问题已成为一个被国际心理学界普遍关注的问题。张向葵等对儿童青少年自尊发展进行了理论建构,包括对自尊内涵和本质的探寻、"倒立的金字塔"自尊结构模型的建构,同时运用多种方法对个体自尊的发展进行了实证研究。④刘旺在研究考察小学生自尊与生活满意度的特点并探讨二者之间的关系时,发现小学生自尊是预测其生活满意度的重要指标。⑤

自尊与自信相关度很高,⑥自尊和自信是影响情绪和生活调节状况的重要人格变量。研究表明,自信可以借由身体自尊水平的改善而间接得到提高,体育锻炼能够显著提升小学高年级学生的身体自尊和自信心。⑦

(四)小学生人格发展的多元研究

儿童青少年人格发展与培养是 21 世纪全面推进素质教育的一个关键问题。我国小学生的人格类型包括认可型、矛盾型、拒绝型及中间型四类,其

---

① 邓林园,李蓓蕾,靳佩佩,许睿.父母陪伴与儿童自我价值感的关系:城市与流动儿童的对比研究[J].教育学报,2017(5):71-78.

② 马来祥,寇彧.成败等因素对小学生游戏中自我价值感的影响[J].心理发展与教育,2009(4):37-42.

③ 郭黎岩,杨丽珠,刘正伟,宋涛.小学生自信心养成的实验研究[J].心理科学,2005(5):1068-1071+1081.

④ 张向葵,祖静,赵悦彤.儿童青少年自尊发展理论建构与实证研究[J].心理发展与教育,2015(1):15-20.

⑤ 刘旺.小学生自尊与生活满意度的关系[J].中国心理卫生杂志,2005(11):30-34.

⑥ 颜军,李崎,张智锴,王碧野,朱凤书.校园课外体育锻炼对小学高年级学生身体自尊和自信的影响[J].体育与科学,2019(2):100-104.

⑦ 车丽萍.当代大学生自信特点研究[D].西南师范大学,2002.

中认可型属积极的人格类型,而矛盾型和拒绝型属消极的人格类型。①

寇彧等认为,学校教育必须立足把学生培养成亲社会的、人格健全的个体,关照学生的人格发展特点,在具体的情境中培养他们自觉而独立的判断能力。②杨丽珠则在系统地阐述儿童青少年人格及重要特质的结构,发展的一般特点,影响儿童青少年人格发展因素的基础上,提出培养儿童健全人格发展的有效模式。③孙岩等就父母教养方式、同伴接纳、学生知觉教师期望与小学生人格发展的关系进行了深入探讨。④

(五)关注小学生情绪情感发展的呼吁

根据情绪心理学的研究和教育实践过程中对受教育对象的观察和研究,朱小蔓初步提出以下需要加以开掘和培养的情感能力,分别为情绪辨认能力、移情能力、情感调控能力、体验理解能力、自我愿望能力。⑤小学阶段儿童的情绪易感性、情感表达的丰富多样性及感官学习的主动性等,也是小学教育最需要珍视和发挥的方面。⑥青少年情绪胜任力是其情绪情感发展中很重要却常被忽略的方面。寇彧等认为,情绪胜任力包括八项技能,而情绪的理解和管理能力与其亲社会行为是密切相关的。⑦

有研究表明,小学生的依恋感、安全感、自尊感、自信心、同情心、责任感、公正感等各类情感,都会对其日后的德性发展产生影响。就培养小学生的各类情感而言,教师情感具有无可替代的价值。⑧家长的关注行为、教师的表扬与提问行为能够正向预测学生的社会情感能力,而教师的批评行为具有显著的负向预测作用。⑨李吉林提出情感活动应当与认知活动结合起来,

---

① 张野,杨丽珠.小学生人格类型及发展特点研究[J].心理科学,2007(1):205-208.
② 寇彧,陆智远.提高学生自我管理能力的心理学方法[J].人民教育,2016(6):36-39.
③ 杨丽珠.中国儿童青少年人格发展与培养研究三十年[J].心理发展与教育,2015(1):9-14.
④ 孙岩,刘沙,杨丽珠.父母教养方式、同伴接纳和教师期望对小学生人格的影响[J].心理科学,2016(2):343-349.
⑤ 朱小蔓.重视对情感能力的培养[J].上海教育科研,1993(3):20-21.
⑥ 朱小蔓.认识小学儿童,认识小学教育[J].中国教育学刊,2003(8):5-10.
⑦ 寇彧,陆智远.提高学生自我管理能力的心理学方法[J].人民教育,2016(6):36-39.
⑧ 徐志刚,朱小蔓.情感培育:在小学生心中播下道德的种子[J].中国教育学刊,2011(6):63-66.
⑨ 杨传利,毛亚庆,张森.东西部农村地区小学生社会情感能力差异研究——教师与家长教育行为的中介效应[J].西南大学学报(社会科学版),2017(4):81-87+191.

构建情感与认知结合获得教学高效能的课程范式。①

第七节　小学生发展中的若干问题

现今,小学生发展依然面临很多问题和挑战,如校园欺凌问题、留守和流动儿童问题及阶段性存在的独生子女问题等。

一、近年来小学生校园欺凌研究的细化与深化

关于校园欺凌的研究,最早的是在 2007 年出现,且在 2016 年以前非常少。自 2016 年起,关于校园欺凌的研究呈现上升趋势,2017 年校园欺凌研究备受关注,研究数量达到峰值。此后校园欺凌便成为社会与学校广泛关注的话题,在教育学界、法学界引起热议。

(一)校园欺凌概念的边界探讨

自挪威伯根大学心理学教授丹·奥维斯（Olweus,D.)20 世纪 70 年代提出"校园欺凌"(School Bullying)以来,学界对其一直有所争议。②

目前,国内学术界对于校园欺凌的基本概念尚未形成共识,校园欺凌尚未形成清晰的概念界定。2016 年 4 月,国务院教育督导委员会办公室向各地印发了《关于开展校园欺凌专项治理的通知》,这是我国政府部门第一次在正式文件中明确使用"校园欺凌"的概念,在此之前,一般是将此类行为称为"事故"③。

任海涛对"校园欺凌"概念界定的情况进行了论述,发现校园欺凌与校园暴力是不同的概念。④俞凌云、马早明对国内界定"校园欺凌"概念中存在

---

①　李吉林.情感:情境教育理论构建的命脉[J].教育研究,2011(7):65-71.

②　邹红军,柳海民,王运豪.概念·成因·治策:我国校园欺凌研究的三维构景——基于相关文献的述评[J].教育科学研究,2019(7):40-47.

③　任海涛."校园欺凌"的概念界定及其法律责任[J].华东师范大学学报(教育科学版),2017(2):43-50+118.

④　任海涛."校园欺凌"的概念界定及其法律责任[J].华东师范大学学报(教育科学版),2017(2):43-50+118.

的问题进行梳理，在参考借鉴国外众多国家相关概念界定中所采用原则的基础上，对"校园欺凌"的相关概念的混用（"校园暴力""学生欺凌"）进行了澄清。[①]黄向阳则将疑似欺凌与明确的校园欺凌进行比较，识别出四条以事件为单位的判断校园欺凌的基本标准（见表1-6）。[②]

表1-6 校园欺凌与校园暴力对比表[③]

	校园欺凌	校园暴力
攻击强度	相对较轻	较为严重
发生频次	频繁（具有长期性、重复性）	偶发
范围	校内、校外	学校以及学校辐射范围内
双方状态	复杂的互动状态	单项施暴
施害者特征	人格缺陷	暴力/易怒倾向
施害方式	软暴力	硬暴力
表现形式	复杂多样，具有隐蔽性	单一直观，具有外显性
性质	大多被归于教育/违规/道德问题	大多涉及违法
影响	持续性心理伤害为主，具有滞后性和隐蔽性	生理性的伤害为主

（二）对校园欺凌现象的深入分析

校园欺凌是一种会对小学生身心健康成长产生严重不良影响的恶劣现象，甚至会对其造成终身心理阴影，是当今教育不得不直面及解决的问题。只有深入分析校园欺凌行为的影响因素，找出其中的形成机制，才能从源头上提出根治措施。

1.校园欺凌行为的影响因素

学界对校园欺凌影响因素的分析集中在个体、家庭、学校以及社会四个方面。[④]有研究结果显示，校园欺凌是个体特征、家庭环境、学校环境、社会环

① 俞凌云，马早明."校园欺凌"：内涵辨识、应用限度与重新界定[J].教育发展研究，2018（12）：26-33.
② 黄向阳.学生中的欺凌与疑似欺凌——校园欺凌的判断标准[J].全球教育展望，2020（9）：13-24.
③ 俞凌云，马早明."校园欺凌"：内涵辨识、应用限度与重新界定[J].教育发展研究，2018（12）：26-33.
④ 孙子建，田海青，胡晓晓.生态系统理论视角下中小学校园欺凌的影响因素分析[J].教学与管理，2019（30）：79-81.

境综合作用的结果。①不当的父母教养方式、学校的管理方式、班级的氛围、教师的管教及同伴间的融洽度与模仿行为等都会导致欺凌的发生。②

国外调查研究表明,欺凌事件的受害者通常与个体性别、身形、性格、同伴关系等特征有着显著的关联性,而且在不同文化背景的国家和地区有着明显差别。③还有研究表明校园欺凌的发生与学生的社会情感学习能力呈负相关。④

2.校园欺凌的形成机制

理论解释。从个体层次对校园欺凌形成机制的理论解释主要包括"生物决定论"和"成长中的自然现象"说。"社会学习理论""地位驱动理论""越轨情境理论"强调的是个体直接接触的微观环境的影响,而"亚文化理论"和"社会失范理论"则将分析视角置于更为广阔的社会环境之中。⑤

成因分析。引起欺凌行为的生物学因素包括遗传、荷尔蒙,以及由身体或心理异常引起的认知改变。⑥

引起校园欺凌的心理学因素包含对暴力的满足感、父母的态度、挫折、冲动、刺激、控制感、权力欲、贫穷,以及牵强的社交和冲突处理技巧。⑦依据人本主义心理学,基本需要的长期匮乏是导致学生欺凌行为的内在动因。⑧

社会学因素包括家庭教育的不当、媒体暴力、性别不平等、生活不幸、移民或是全球化等。⑨魏叶美、范国睿从社会学视域分析,认为社会失范是滋生校园欺凌事件的"温床"、家庭结构失能导致青少年社会化主体缺失、社会规

① 刘程.中小学校园欺凌行为及其影响因素[J].青年研究,2020(6):24-33+91-92.

② 谭千保,伍牧月,常志彬.累积生态风险影响农村儿童校园欺凌的实证调查[J/OL].湖南师范大学教育科学学报,2018(5):51-57.

③ 陈纯槿,郅庭瑾.校园欺凌的影响因素及其长效防治机制构建——基于2015青少年校园欺凌行为测量数据的分析[J].教育发展研究,2017(20):31-41.

④ 何二林,叶晓梅,潘坤坤,毛亚庆.小学生社会情感学习能力对校园欺凌的影响:学校归属感的调节作用[J].现代教育管理,2019(8):99-105.

⑤ 刘程.中小学校园欺凌行为及其影响因素[J].青年研究,2020(6):24-33+91-92.

⑥ Baltas,Z.,Health Psychology[M].Istanbul:Remzi Kitabevi,2000.

⑦ Ogel,K.,Tari,I.& Yilmazcetin-Eke,C.,Okullarda suc ve Siddeti onleme[M].Istanbul:Yeniden Yayinlari,2006:17.

⑧ 罗怡,刘长海.校园欺凌行为动因的匮乏视角及其启示[J].教育科学研究,2016(2):29-33.

⑨ Kizmaz,Z.A.,Theoretical Approach to the Roots of Violence Behaviors at Schools[J].C.U.Sosyal Bilimler Dergisi,2006(1):47-70.

则缺失造成校园欺凌频发。①另外,城乡接合部等留守儿童和流动儿童聚集的地方是欺凌的多发地点。②

3.校园欺凌的类型划分

中小学生的欺凌行为包括语言欺凌、关系欺凌、身体欺凌、网络欺凌四种类型。在小学、初中和高中阶段,语言欺凌的发生率最高,关系欺凌次之,身体欺凌的发生率位列第三,网络欺凌的发生率最低。③

中小学生的校园欺凌主要包括三种类型:一是直接身体欺凌,如踢、打、撞击、偷窃勒索财物等;二是直接言语欺凌,如嘲笑、侮辱、取外号等;三是间接欺凌,如散布谣言、社会拒斥等旨在将学生孤立于同伴关系之外的行为。④

根据校园欺凌的表现形式,通常分为心理的、身体的和语言的欺凌;根据危害程度,可以分为违背纪律、违背道德、违背法律等的欺凌。⑤

4.校园欺凌的恶劣影响

学业影响。有研究发现校园欺凌与学校归属感存在显著的负相关,两者对学生的学习表现有显著的影响。⑥实证研究表明,欺凌不仅损害学生的学习动机和学业自信心,还会引发学生的学业焦虑和社交退缩行为,严重制约着学生学业参与水平和学习效果,⑦且不同类型的欺凌对学生学业成绩、非

————————

①　魏叶美,范国睿.社会学理论视域下的校园欺凌现象分析[J].教育科学研究,2016(2):20-23+46.

②　魏叶美,范国睿.社会学理论视域下的校园欺凌现象分析[J].教育科学研究,2016(2):20-23+46.

③　张宝书.中小学校园欺凌行为的四种类型及其相关因素[J].教育学报,2020(3):70-79.

④　盖笑松,方富熹.我国校园欺辱问题的现状与对策[J].东北师大学报(哲学社会科学版),2003(4):136-141;张文新,王益文,鞠玉翠,林崇德.儿童欺负行为的类型及其相关因素[J].心理发展与教育,2001(1):12-17;张喆,史慧静.基于社会生态学观的校园欺负行为研究进展[J].中国学校卫生,2014(5):794-797.

⑤　程斯辉.学校欺负问题及其干预学术研讨会暨庆祝《教育科学研究》创刊25周年大会上的讲话[R],2015-11-07.

⑥　杨帆,俞冰,朱永新,许庆豫.校园欺凌与学校归属感的相关效应:来自新教育实验的证据[J].课程·教材·教法,2017(5):113-120.

⑦　Mehta,S.B.,Cornell,D.,Fan,X.,& Gregory,A..Bullying climate and school engagement in ninth-grade students[J].Journal of school health,2013(1):45-52.

认知表现的影响效应不同。①

非认知表现影响。关于校园欺凌对学生非认知表现的影响,已有的研究认为欺凌对学生正常学习、社会互动、生活规律所造成的干扰或破坏可以直接影响学生的非认知表现或技能。②国际经验研究表明,校园欺凌对青少年的幸福感有显著的负向影响,是影响青少年健康成长与发展的重要因素。③

心理影响。国内一些学者围绕欺凌与学生非认知心理变量的关系也开展了一些研究,结果发现欺凌不仅能够预测学生内化行为和社交回避,还能够影响学生的情绪与心理健康。④中小学时期受到欺凌的学生比未受到欺凌的学生在成年时期更容易有抑郁和焦虑的表现,⑤被欺凌同学长时间的抑郁对自杀具有显著影响。⑥相关研究显示,欺凌会严重降低受欺凌者的自尊,降低其自我评价和自我价值感。⑦

校园欺凌中受到伤害的并不只是受欺凌者,也给欺凌者自身心理健康带来不良影响,影响其人格发展和正常社会化进程。此外,欺凌行为的发生对整个校园环境也有严重的消极影响,会使中小学生存在一种不安全感,影响他们在学校的学习和生活。⑧

5.群体角度考察校园欺凌

目前国内大部分研究仍围绕"欺凌者"和"受欺凌者"在个体或二元水平上进行,而忽视了校园欺凌中的其他群体研究。

---

① 黄亮,赵德成.校园欺凌对学生教育表现的影响效应评估——来自 PISA2015 我国四省市的证据[J].教育与经济,2020(1):31-41+53.

② Hawker,D.S.J.,& Boulton,M.J.,Twenty years research on peer victimization and psychosocial maladjustment:A meta-analytic review of cross-sectional studies[J].Journal of Child Psychology and Psychiatry,2000(41):441-455.

③ OECD.PISA 2015 Results(Volume III):Students Well-Being[R].Paris:OECD Publishing,2017.

④ 黄晓婷,吴方文,宋映泉.农村寄宿制学校同伴侵害对内化行为的影响:一个有调节的中介模型[J].华东师范大学学报(教育科学版),2017(1):93-101+124.

⑤ Copeland W.E,Wolke D,Angold A,et al.,Adult Psychiatric and Suicide Outcomes of Bullying and Being bullied by Peers in Childhood and Adolescence [J].Jama Psychiatry,2013(4):1-8.

⑥ 黎亚军.青少年受欺负与自杀:抑郁的中介作用及性别差异[J].中国临床心理杂志,2016(2):282-286.

⑦ 朱瑾.校园受欺负学生的心理分析与干预策略[J].现代中小学教育,2009(3):48-51.

⑧ 章恩友,陈胜.中小学校园欺凌现象的心理学思考[J].中国教育学刊,2016(11):13-17.

按照国际通用的分类，校园欺凌过程中的相关角色可分为"实施欺凌者""被欺凌者""实施欺凌者＋被欺凌者""目击者"四类。[1]围绕"欺凌者"展开的探索性分析表明虽然实施欺凌者在校园中表现出较强的攻击性，但现实生活中他们是在各种资源上均不占优势的弱势群体。[2]而通过分析校园欺凌中旁观者行为失范的具体表现，可将旁观者分为三类：协同旁观者、强化旁观者、冷漠旁观者。[3]还有研究将校园欺凌的围观群体分为了"助手""强化者""局外人"及"捍卫者"这四类角色。[4]

在校园欺凌中，旁观者看似可有可无，容易被忽视，但是如果旁观者在校园欺凌中积极干预，在57%的情况下是能够有效制止欺凌行为的。[5]相关研究显示，只有不到五分之一的旁观者会选择主动干预欺凌行为。[6]发现并利用好旁观者的行为，有助于降低校园欺凌的影响。[7]

（三）校园欺凌的防治与解决

对校园欺凌应实施精准防治，"精"是指精确地找到防治对象，"准"是指对这些对象采取正确的干预措施。[8]

1.构建法律体系的呼吁

在全面依法治国的当下，校园欺凌这一问题最终必然要通过法治的手段予以解决。教育部等十一部门联合印发的《加强中小学生欺凌综合治理方

①　吴方文，宋映泉，黄晓婷.校园欺凌：让农村寄宿生更"受伤"——基于17841名农村寄宿制学校学生的实证研究[J].中小学管理,2016(8):8-11.

②　杨硕.欺凌者视角下的校园欺凌成因及对策——基于我国教育追踪调查的实证研究[J].教育科学研究,2019(4):35-40.

③　李天航.校园欺凌中旁观者行为失范的反思[J].教学与管理,2017(36):32-34.

④　刘晓,吴梦雪."围观群体"在校园欺凌中的角色与行为机制研究[J].全球教育展望,2018(2):59-68+115.

⑤　D.L.Hawkins,D.J.Pepler & W.M.Craig.Naturalistic observations of peer interventions in bullying[J].Social Development,2001(4):5/2.

⑥　W.M.Craig,D.J.Pepler.Observations of Bullying and Victimization in the Schoolyard[J].Canadian Journal of School Psychology,1998(13).

⑦　王泉,陈云奔.旁观者对校园欺凌影响及其纠偏策略——基于群体理论的分析[J].学习与探索,2019(3):44-48.

⑧　滕洪昌,姚建龙.中小学校园欺凌的影响因素研究——基于对全国10万余名中小学生的调查[J].教育科学研究,2018(3):5-11+23.

案》(以下简称《方案》)从"明确定义""有效预防""妥善处置""教育惩戒""长效机制"和"分工合作"六个方面提出治理校园欺凌的新举措。①全面解决校园欺凌这一难题,需要对《方案》等既有政策进行深入细化。②2021年5月25日,教育部审议通过的《未成年人学校保护规定》第十八条指出学校应当落实法律规定建立学生欺凌防控和预防性侵害、性骚扰等专项制度,建立对学生欺凌、性侵害、性骚扰行为的零容忍处理机制和受伤害学生的关爱、帮扶机制。③

有研究指出,我国在预防与应对校园欺凌方面存在诸多不足,如校方以被动应对为主,教育预防为辅;权力机关以软性指导为主,法律规制为辅;社会公众以个案干预为主,组织协作为辅。④因此,有学者提出有必要完善有关防治校园欺凌方面的法律法规,合理适用收容教养、教育矫正等少年司法教育制度及手段。⑤

为了进一步完善校园欺凌的法律规定制度等,我国亟须成立专门的校园欺凌治理委员会,明晰学校及其他管理主体反欺凌的法定责任,引入恶意补足年龄制度及完善校园欺凌的法律救济制度。⑥

2.基本解决对策有待加强

针对已有文献的分析,校园欺凌的防治与应对还处于不成熟阶段,主要从政府、学校、家庭、社会展开探讨。

《未成年人学校保护规定》第二十三条规定,学校接到关于学生欺凌报告的,应当立即开展调查,认为可能构成欺凌的,应当及时提交学生欺凌治理组织认定和处置,并通知相关学生的家长参与欺凌行为的认定和处理,认

① 教育部等 11 部门. 关于推进中小学生研学旅行的意见 [EB/OL](2016-12-02), http://www. moe.gov.cn/srcsite/A06/s3325/201612/t20161219_292354.html.

② 任海涛.我国校园欺凌法治体系的反思与重构——兼评 11 部门《加强中小学生欺凌综合治理方案》[J].东方法学,2019(1):123-133.

③ 未成年人学校保护规定[EB/OL](2021-06-01), http://www.moe.gov.cn/srcsite/A02/s5911/moe_621/202106/t20210601_534640.html.

④ 安琪.校园欺凌问题的困境解构与法律破解——以美国反欺凌立法为借鉴范式[J].中国青年研究,2017(5):112-118.

⑤ 尹力.我国校园欺凌治理的制度缺失与完善[J].清华大学教育研究,2017(4):101-107.

⑥ 许锋华,徐洁,黄道主.论校园欺凌的法制化治理[J].教育研究与实验,2016(6):50-53.

定构成欺凌的，应当对实施或者参与欺凌行为的学生作出教育惩戒或者纪律处分，并对其家长提出加强管教的要求，必要时，可以由法治副校长、辅导员对学生及其家长进行训导、教育。[①]2021年9月27日，国务院印发的《中国儿童发展纲要（2021—2030年）》中提到，加强对学生欺凌的综合治理。

夏国栋提倡，避免校园欺凌应该以教育预防为主，处分惩罚为辅。[②]陈志华也认为杜绝校园欺凌现象的根本是改善教育。[③]加强社会环境综合治理，形成"家校—师生—父母子女"的良性互动，做好校园欺凌学校内部治理改革是解决问题的关键。[④]只有包括学生、家长在内的各相关部门与主体的共同参与，才能有效防治学生欺凌这一世界各国所共同面对的难题。[⑤]

二、社会发展带来的留守儿童问题

留守儿童问题是20世纪80年代初，在中国社会转型的大背景下，由于农村劳动力流动而引发的一个社会问题。直到21世纪初，随着"三农"问题的升温，作为"三农"问题附属问题的农村义务教育问题才日益受到学界和政府的重视。[⑥]农村留守儿童面临的问题，与我国的教育问题和农村问题相互交织，使得农村留守儿童问题的解决更为棘手。[⑦]

根据对"留守儿童"研究的可视化分析得出，自2004年起国内开始出现有关留守儿童的研究，且呈逐年持续上升趋势，2017年达到峰值，2018年起相关研究逐渐回落，但仍居于较高的研究态势。研究主题集中于留守儿童影响因素分析、心理健康状况、留守儿童问题、留守儿童教育等方面。

---

① 未成年人学校保护规定[EB/OL]（2021—06—01），http://www.moe.gov.cn/srcsite/A02/s5911/moe_621/202106/t20210601_534640.html.

② 夏国栋.校园欺凌重在教育预防[J].中国教育学刊,2017(5):105.

③ 陈志华.改善教育杜绝校园欺凌[J].中国教育学刊,2017(5):105.

④ 魏叶美,范国睿.社会学理论视域下的校园欺凌现象分析[J].教育科学研究,2016(2):20-23+46.

⑤ 姚建龙.防治学生欺凌的中国路径：对近期治理校园欺凌政策之评析[J].中国青年社会科学,2017(1):19-25.

⑥ 闫伯汉.基于不同视角的中国农村留守儿童研究述评[J].学术论坛,2014(9):129-134.

⑦ 全面建设小康社会,开创中国特色社会主义事业新局面——在中国共产党第十六次全国代表大会上的报告[N].人民日报,2003-02-08.

有研究者根据文献数量或学科性质将 2007 年作为留守儿童研究的一个分期。①2007 年之后的文献出现了对问题、对群体细分的研究，特别是在心理学方面。②

(一)关于留守儿童的概念划分

当前对农村留守儿童的定义并不统一，其困惑集中于：留守儿童的年龄范围如何限定；留守经历持续多长时间才算留守儿童；过去有过留守经历现在已不处于留守状态的儿童是否算留守儿童；对父母双方均外出与父母一方外出的儿童是否作一定的区分；等等。③

(二)"有色眼镜"下的留守儿童研究

现有研究基本一致的地方在于：研究者们假设留守儿童是有问题的群体。但其实留守儿童并不一定是问题儿童，留守儿童之间存在个体差异，他们自身具有发展与成长的心理资源，而且留守儿童研究的纵深趋势与切实可行的干预模式必须以社会的发展与需求为背景。④

此外，留守儿童存在的问题有被夸大的趋势。可以说，根据已有的调查，农村的留守儿童大多数是正常的，与父母没有外出的儿童没有显著的区别，他们不是"问题儿童"。在教育方面，农村留守儿童接受义务教育的状况好于非留守儿童。父母外出与否对孩子的学习成绩、学习兴趣并没有显著影响。在心理方面，父母的外出虽然可能使儿童出现一些不良情绪，但不一定导致儿童的心理问题。儿童心理问题的出现及程度与留守的模式、父母离开时儿童的年龄及与父母分离的时间相关。⑤

(三)留守儿童问题的全景描述⑥

留守儿童的基础信息。段成荣等利用 2010 年第六次全国人口普查数据估算全国农村留守儿童的规模、结构、地域分布等基本情况，并重点分析农

①　康辉.2007—2009 年我国农村留守儿童问题研究文献计量分析[J].现代农业科技,2010(3):395-397;高慧斌.留守儿童心理发展研究略论[J].河北师范大学学报(教育科学版)2010(4):57-61.
②　谭深.中国农村留守儿童研究述评[J].中国社会科学,2011(1):138-150.
③　罗静,王薇,高文斌.中国留守儿童研究述评[J].心理科学进展,2009(5):990-995.
④　罗静,王薇,高文斌.中国留守儿童研究述评[J].心理科学进展,2009(5):990-995.
⑤　谭深.中国农村留守儿童研究述评[J].中国社会科学,2011(1):138-150.
⑥　此标题借用谭深《中国农村留守儿童研究述评》中的表述。

村留守儿童的受教育状况、家庭照料状况等。①

　　留守儿童的心理健康。有研究发现,父母外出对儿童的心理健康有显著的消极影响。进一步的检验发现,父母外出务工的"分离效应"会显著降低儿童的身心健康水平,而"收入效应"会显著改善儿童的身心健康,抵消"分离效应"的负面影响。②学生的自我报告表明,留守儿童的心理问题主要是在人际关系和自信心方面,显著不如父母都在家的儿童,而在孤独感、社交焦虑和学习适应方面与其他儿童没有显著的差异。③

　　留守儿童的学业表现。有研究表明,与非留守儿童相比,父母照料缺失在不同学习阶段内对留守儿童教育的影响不尽相同。处于小学阶段的留守儿童的数学、语文成绩排名并不差于非留守儿童,甚至好于后者。但从长期影响来看,相比于非留守儿童,留守儿童升上高中的概率会显著下降,终身教育程度也将显著下降。④

　　留守儿童的家庭相关研究。相关研究表明,留守儿童与外出父母相对疏远,⑤亲子关系上出现父母的榜样作用缺失,父母监控机制弱化等问题,⑥家庭的亲密度、情感表达程度、文化知识程度以及娱乐程度较低,矛盾程度突出,独立程度相对较强。⑦留守儿童的家庭教养方式多为诸如惩罚,干涉等消极方式。⑧另外,留守儿童的家庭环境与其交流恐惧、问题行为均表现出显著负相关,而交流恐惧与问题行为却呈现出显著正相关。⑨

　　①　段成荣,吕利丹,郭静,王宗萍.我国农村留守儿童生存和发展基本状况——基于第六次人口普查数据的分析[J].人口学刊,2013(3):37–49.
　　②　吴培材.父母外出务工对农村留守儿童身心健康的影响研究[J].南方经济,2020(1):95–111.
　　③　周宗奎,孙晓军,刘亚,周东明.农村留守儿童心理发展与教育问题[J].北京师范大学学报(社会科学版),2005(1):71–79.
　　④　姚嘉,张海峰,姚先国.父母照料缺失对留守儿童教育发展影响的实证分析[J].教育发展研究,2016(8):51–58.
　　⑤　叶敬忠,王伊欢,张克云.父母外出务工对留守儿童生活的影响[J].中国农村经济,2006(1):57–65.
　　⑥　迟希新.留守儿童道德成长问题的心理社会分析.江西教育科研[J],2006(2):29–32.
　　⑦　范方,桑标.亲子教育缺失与"留守儿童"人格、学绩及行为问题[J].心理科学,2005(4):855–858.
　　⑧　黄艳苹.家庭教养方式对农村留守儿童心理健康的影响[D].江西师范大学,2006.
　　⑨　张孝义,王瑞乐,杨琪,黄宝珍,徐俊华.家庭环境对留守儿童问题行为的影响:交流恐惧的中介作用[J].中国特殊教育,2018(4):66–72.

三、关注二代移民——小学生流动儿童问题

随着我国城市化进程的发展,越来越多的劳动力涌入城市,我国长期存在的二元城乡体制结构带来一系列流动儿童问题。

从 20 世纪 90 年代起便有几篇零散的关于流动儿童的文献,2004 年起此领域开始受到关注,文献数量逐渐增多,2007—2012 年间处于较高的增长态势,直至 2018 年始终保持平稳的研究趋势,近年来相关文献数量开始逐渐下降。

(一)流动儿童面临的种种适应难题

心理适应问题。流动儿童进入城市后心理适应困难,表现出较强的疏离感和孤独感,甚至出现一些严重的心理偏差和反社会倾向。[1]据研究表明:北京市流动儿童整体心理健康状况低于当地儿童,[2]部分流动儿童城市适应进程缓慢,无法融入正常的城市生活。[3]他们一般没有对于原来生活的经验,对于生活满意程度的参照主要是迁入地居民的生活,缺少父辈那种对于生活的满足感;相反,他们较多地体会到与迁入地人群的生活地位差距时,便会在心理上产生更多的被歧视感和被剥夺感。[4]钟爱萍指出,农民工子弟学校的小学生主要在自信心、情绪情感、人际交往方面存在一定程度的问题。[5]

学校适应情况。有研究发现:农民工子女学习适应的总体情况比较差。影响农民工子女各个年级段学习适应的因素不同,但学习环境一直是影响各年级段农民工子女学习适应的重要问题。[6]从影响因素来看,同伴交往是影响流动儿童学校适应情况的重要因素且与流动儿童的学校适应情况呈正

① 吴新慧.关注流动人口子女的社会融入状况——"社会排斥"的视角[J].社会,2004(9):10-12.
② 北京师范大学心理学院流动儿童课题组.北京市流动儿童的教育状况调查报告(2006).
③ 刘杨,方晓义,张耀方,蔡蓉,吴杨.流动儿童城市适应标准的研究[J].应用心理学,2008(1):77-83.
④ 赵树凯.边缘化的基础教育——北京外来人口子弟学校的初步调查[J].管理世界,2000(5):70-78.
⑤ 钟爱萍.民工子弟学校小学生心理健康及其心理训练的研究[D].苏州大学,2004.
⑥ 王涛,李海华.农民工子女学习适应性研究[J].中国特殊教育,2006(11):25-29.

相关。①

社会适应问题。已有文献在不同程度上阐述了流动儿童的城市适应不同于一般群体的城市适应，他们面临对新的社会环境和社会化本身的双重适应。②流动儿童在城市的适应能力较强，群体内部的整合较好，但流动儿童缺乏与其居住的社区及其中的同伴之间的交往与整合③相对封闭，因此他们尽管认同城市生活，却很难融入城市生活。④

国内几乎所有的研究都集中于流动儿童的社会适应困难，对流动儿童心理弹性缺乏应有的关注。⑤

（二）流动儿童的义务教育问题

关于流动儿童的就读学校方面，在政府教育体制之外，一种边缘化的基础教育形态产生了。在北京等若干大城市，出现了一些专门吸收低收入外来人口子女的非正规学校。⑥这些学校存在地位不合法，师资较差和教师队伍不稳定，管理混乱，生存环境艰难及教学质量较差等诸多问题。⑦

关于流动儿童受教育权利方面的研究，其重心是教育公平与受教育权利，侧重于宏观制度与政策层面的理论分析，对流动儿童面临的教育不公进

---

① 许传新.学校适应情况：流动儿童与留守儿童的比较分析[J].中国农村观察,2010(1):76-86+96.

② 张世文,王洋."社会排斥"视角下的农民工子女教育问题[J].长春工业大学学报(社会科学版),2008(1):117-120.

③ 周皓,章宁.流动儿童与社会的整合[J].中国人口科学,2003(4):73-77;郭良春,姚远,杨变云.公立学校流动儿童少年城市适应性研究——北京市JF中学的个案调查[J].中国青年研究,2005(9):50-55;王毅杰,梁子浪.试析流动儿童与城市社会的融合困境[J].市场与人口分析,2007(6):58-63+71.

④ 雷有光.都市"小村民"眼中的大世界——城市流动人口子女社会认知的调查研究[J].教育科学研究,2004(6):27-31.

⑤ 曾守锤,李其维.流动儿童社会适应的研究：现状、问题及解决办法[J].心理科学,2007(6):1426-1428.

⑥ 赵树凯.边缘化的基础教育——北京外来人口子弟学校的初步调查[J].管理世界,2000(5):70-78.

⑦ 苏林琴.流动的孩子,边缘的教育——打工子弟学校：城市教育的盲点[J].中国教师,2005(5):19-23;杨东平.务实解决打工子弟学校问题[J].瞭望,2007(4):64;赵静.农民工子弟学校的现状分析及发展建议[J].现代教育科学,2008(10):33-35;王传瑜.规范简易农民工子女学校管理亟需实质性政策[J].现代教育论丛,2009(7):90-93;陈红燕.流动儿童学校管理的当务之急[J].教育理论与实践,2009(5):19-20.

行了原因分析与对策探讨。①

四、或将成为历史的独生子女问题

我国于 20 世纪 80 年代实行了计划生育政策，这一政策强制性地改变了家庭内部的人口结构，使独生子女成为越来越普遍的社会现象。②独生子女的心理和教育一直是这一领域中最重要的议题。

早期研究虽然没有直接指出独生子女是问题儿童，但研究所得到的主要是负面的结论。③风笑天从性格特征、生活技能、社会交往、社会规范、生活目标、成人角色、自我认识等方面，描述和分析了中国城市第一代独生子女青少年的社会化过程及其结果。④

有研究对小学生中独生子女与非独生子女的差异性进行了分析，独生子女在身高、体重、心情与做事情的态度方面等都优于非独生子女，而非独生子女在视力、诚信意识、爱心、奉献精神和助人为乐精神等方面都优于独生子女。⑤还有学者系统梳理了独生子女群体心理健康问题的表现特点、形成原因、预防和教育干预措施，以及未来独生子女领域的研究展望。⑥

2015 年 10 月，中国共产党第十八届中央委员会第五次全体会议公报指出：坚持计划生育基本国策，积极开展应对人口老龄化行动，实施全面二孩政策。⑦2021 年 8 月 20 日，全国人大常委会会议表决通过了关于修改人口与计划生育法的决定。修改后的人口与计划生育法规定，国家提倡适龄婚育、优生优育，一对夫妻可以生育三个子女。⑧从"双独二孩""单独二孩"到"全面

---

① 周皓,荣珊.我国流动儿童研究综述[J].人口与经济,2011(3):94-103.
② 樊林峰,俞国良.独生子女的心理健康教育问题研究[J].黑龙江高教研究,2019(2):118-121.
③ 风笑天.中国独生子女研究:回顾与前瞻[J].江海学刊,2002(5):90-99+207.
④ 风笑天.独生子女青少年的社会化过程及其结果[J].中国社会科学,2000(6):118-131+208.
⑤ 孙百才,仝辉.小学生中独生子女与非独生子女差异性的实证研究——以甘肃省为例[J].上海教育科研,2009(5):40-42.
⑥ 樊林峰,俞国良.独生子女的心理健康教育问题研究[J].黑龙江高教研究,2019(2):118-121.
⑦ 中共全会公报允许普遍二孩政策[EB/OL].(2015-10-29),http://www.nhc.gov.cn/rkjcyjtfzs/pgzdt/201510/a4930337297d47ea972ad34e780c276e.shtml.
⑧ 全国人民代表大会常务委员会关于修改《中华人民共和国人口与计划生育法》的决定[EB/OL](2021-08-20),https://www.gov.cn/xinwen/2021-08/20/content_5632426.htm.

二孩"再到"三孩政策",经过十几年循序渐进地调整,生育孩子的权利正逐步回归家庭,独生子女研究或将成为一个历史问题。

本章小结

本章从七大方面对小学生进行了系统性的论述与文献研究的总结。①首先对多个基本概念进行厘定与辨析,凸显出小学生的发展特点、地位与构成。②体质健康、睡眠、营养问题、性教育等是小学生生理健康的热点探讨内容,其心理素质与当前出现的各方面心理问题息息相关。③核心素养研究奠定了我国近 20 年小学教育发展的基调,对其产生背景、框架构建、当前发展进程进行了详细描述。④与小学生相关的社会性议题,如社会意识的培养、针对小学生的闲暇教育、生涯教育、安全教育等。⑤探究小学生的学习动机、培养其良好习惯、学习障碍探究、学习成绩影响因素的分析是学业分析的要点所在。⑥小学生各方面基本能力、行为习惯的培养,人格的全面发展,皆是培养全面发展的小学生的题中应有之义。⑦社会不断变化、政策变迁下不免带来一系列教育问题,校园欺凌、留守儿童、流动儿童及即将告别过去的独生子女问题,走向多子女发展的进程等一系列问题,既是社会现象,也是教育发展中的难题。

从整体上看,与小学生有关的研究从古代社会到现代社会,涉及东方国家和西方国家,由教育学至社会学、心理学、生物学、人类学等,呈现出研究时间维度长、国内外跨度大、研究范式广的特点。有关小学生身心健康发展、小学生素养研究、学业研究、小学生成长中遇到的欺凌、留守儿童、独生子女问题这部分研究中多采用实证研究,通过数据使问题更清晰地呈现,其余方面的研究多以文献法、历史研究法、比较研究法呈现。

总之,通过对小学生进行全方位、深层次、多角度的全景式描述,从概念辨析到现象描述再到问题的呈现,层层递进,逐步分析、研究,全面、立体、多维度视角呈现出小学生的饱满形象,希望广大读者在阅读此章后对小学生的认识能够更加丰富与生动。

推荐阅读

1.陈佑清.关于中小学生自主学习若干问题的思考[J].教育科学研究，2016(10):56-60.

2.丁道勇.儿童观与教育[J].教育发展研究,2015(Z2):26-32.

3.[法]爱弥儿·涂尔干.道德教育[M],陈关金,等译.上海:上海人民出版社,2002.

4.[法]菲力浦·阿利埃斯.儿童的世纪——旧制度下的儿童和家庭生活[M],沈坚,朱晓罕译.北京:北京大学出版社,2013.

5.冯建军,万亚平.闲暇及闲暇教育[J].教育研究,2000(9):37-40.

6.黄济,劳凯声,檀传宝.小学教育学[M].北京:人民教育出版社,1999.

7.黄四林,林崇德.社会责任素养的内涵与结构[J].北京师范大学学报(社会科学版),2018(1):27-33.

8.李吉林.情感:情境教育理论构建的命脉[J].教育研究,2011(7):65-71.

9.李敏.失乐的童年[J].中国教师,2008(13):13-15.

10.李敏.学习 vs.游戏:儿童的"拔根状态"省思[J].少年儿童研究,2009(2):4-8.

11.林崇德.21 世纪学生发展核心素养研究[M].北京:北京师范大学出版社,2016.

12.林崇德.发展心理学[M].北京:人民教育出版社,1999.

13.林崇德.构建中国化的学生发展核心素养[J].北京师范大学学报(社会科学版),2017(1):66-73.

14.林崇德,王耘,姚计海.师生关系与小学生自我概念的关系研究[J].心理发展与教育,2001(4):17-22.

15.林崇德.中国学生发展核心素养:深入回答"立什么德、树什么人"[J].人民教育,2016(19):14-16.

16.刘庆昌.人文底蕴与科学精神——基于《中国学生发展核心素养》的思考[J].教育发展研究,2017(4):35-41.

17.刘晓东.儿童是什么——儿童"所是"之多维描述[J].湖南师范大学教育科学学报,2020(4):20-34.

18.刘晓东.儿童文化与儿童教育[M].北京:教育科学出版社,2006.

19.刘晓东.论童年在人生中的位置[J].南京师大学报(社会科学版),2013(6):67-74.

20.马惠娣.休闲问题的理论探究[J].清华大学学报(哲学社会科学版),2001(6):71-75.

21.[美]杜威.杜威教育论著选[M].赵祥麟,王承绪,译.上海:华东师范大学出版社,1981.

22.任海涛."校园欺凌"的概念界定及其法律责任[J].华东师范大学学报(教育科学版),2017(2):43-50+118.

23.单中惠.西方现代儿童观发展初探[J].清华大学教育研究,2003(4):17-21.

24.石中英.关于中国学生发展核心素养的哲学思考[J].课程·教材·教法,2018(9):36-41.

25.谭深.中国农村留守儿童研究述评[J].中国社会科学,2011(1):138-150.

26.田友谊.我国闲暇教育研究述评[J].上海教育科研,2005(5):11-13.

27.王海英.20世纪中国儿童观研究的反思[J].华东师范大学学报(教育科学版),2008(2):16-24.

28.王友缘.童年研究的新范式——新童年社会学的理论特征、研究取向及其问题[J].全球教育展望,2014(1):70-77.

29.王友缘.新童年社会学研究兴起的背景及其进展[J].学前教育研究,2011(5):34-39.

30.谢维和.荣辱观与养成教育[J].教育研究,2006(4):5-7.

31.杨丽珠.中国儿童青少年人格发展与培养研究三十年[J].心理发展与教育,2015(1):9-14.

32.姚建龙.防治学生欺凌的中国路径:对近期治理校园欺凌政策之评析

[J].中国青年社会科学,2017(1):19-25.

33.张家军.小学生公民素养的调查研究[J].华东师范大学学报(教育科学版),2017(6):42-49+154.

34.张家军,陈玲.中小学公民素养课程内容体系的建构[J].课程·教材·教法,2017(3):45-51.

35.章恩友,陈胜.中小学校园欺凌现象的心理学思考[J].中国教育学刊,2016(11):13-17.

36.张书,田友谊.我国闲暇教育研究的回顾与反思——基于对1986—2012年研究文献的计量和内容分析[J].教育科学研究,2014(6):71-75.

37.周宗奎,孙晓军,刘亚,周东明.农村留守儿童心理发展与教育问题[J].北京师范大学学报(社会科学版),2005(1):71-79.

38.朱小蔓.认识小学儿童 认识小学教育[J].中国教育学刊,2003(8):5-10.

39.朱小蔓.重视对情感能力的培养[J].上海教育科研,1993(3):20-21.

第二章　小学教师研究

本章思维导图

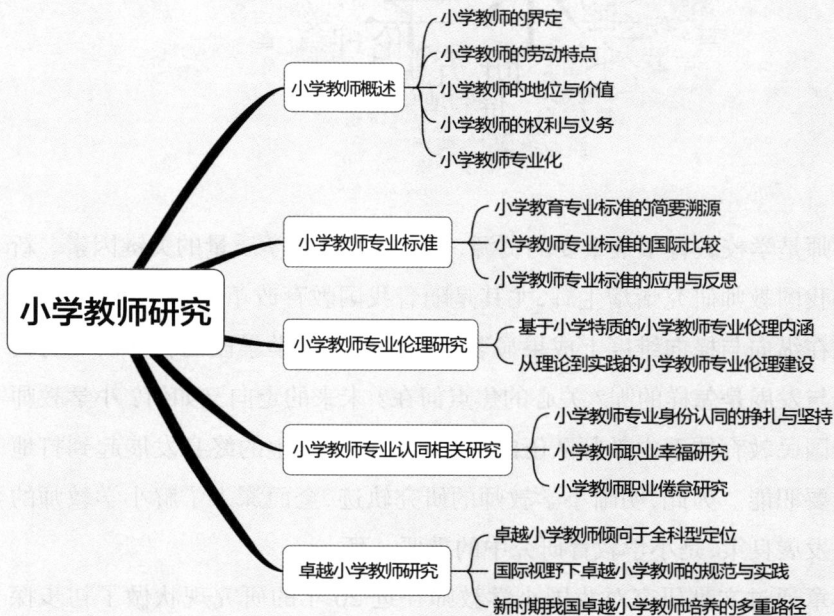

小学教师研究

- 小学教师概述
  - 小学教师的界定
  - 小学教师的劳动特点
  - 小学教师的地位与价值
  - 小学教师的权利与义务
  - 小学教师专业化

- 小学教师专业标准
  - 小学教育专业标准的简要溯源
  - 小学教师专业标准的国际比较
  - 小学教师专业标准的应用与反思

- 小学教师专业伦理研究
  - 基于小学特质的小学教师专业伦理内涵
  - 从理论到实践的小学教师专业伦理建设

- 小学教师专业认同相关研究
  - 小学教师专业身份认同的挣扎与坚持
  - 小学教师职业幸福研究
  - 小学教师职业倦怠研究

- 卓越小学教师研究
  - 卓越小学教师倾向于全科型定位
  - 国际视野下卓越小学教师的规范与实践
  - 新时期我国卓越小学教师培养的多重路径

本章词云图

　　教师是学校教育中最重要的资源,是影响教育教学质量的关键因素。新世纪里我国教师研究熠熠生辉,尤其是随着我国教育改革的持续推进,教师研究也在纵向与横向维度上成果显著。但聚焦到小学学段的教师研究的具体现状与发展是怎样的呢?关心的焦点何在?未来的走向又如何?小学教师是整个国民教育体系中教师队伍的排头兵,为小学生的终身发展起到打地基的重要职能。为此,明晰小学教师的研究轨迹,全面深入了解小学教师的内涵与发展良策,是小学教育研究中的重要一环。

　　本章通过文献研究对我国小学教师在近20年的研究现状做了初步探析,发现其发展动态与政策实践紧密相连,即在教师专业化背景下,小学教师专业标准研究、小学教师专业伦理研究、小学教师专业认同研究及小学卓越教师研究逐步成为教育研究者们关注的焦点议题;在研究方法上,呈现以理论思辨到实证研究的转变;在研究视角上,呈现多学科、多因素的融合趋势。但在大量阅读小学教师的相关研究文献基础上也发现,相比于其他学段的教师研究,聚焦到小学阶段的教师研究仍然较少。

第一节 小学教师概述

教师是学校中传递人类科学文化知识和技能,进行思想品德教育,把受教育者培养成一定社会需要的人才的专业人员。[1]新中国成立以来,国家高度重视小学的教师培养与教师队伍建设,颁布了一系列小学教师相关政策法规(见表2-1)。

表2-1 近20年小学教师相关政策法规

时间	相关政策及法律法规	相关内容
1999年6月	中共中央 国务院《关于深化教育改革全面推进素质教育的决定》	优化结构,建设全面推进素质教育的高质量的教师队伍
2001年5月	国务院《关于基础教育改革与发展的决定》	"完善教师教育体系""深化人事制度改革""大力加强中小学教师队伍建设"等
2006年6月	教育部《关于进一步加强中小学班主任工作的意见》	"充分认识加强中小学班主任工作的重要意义""进一步明确中小学班主任的工作职责""认真做好中小学班主任的选聘和培训工作""切实为中小学班主任工作提供保障"等
2008年9月	教育部 中国教科文卫体工会全国委员会《中小学教师职业道德规范(2008年修正)》	"爱国守法""爱岗敬业""关爱学生""教书育人""为人师表""终身学习"
2009年8月	教育部《中小学班主任工作规定》	文件从总则、配备与选聘、职责与任务、待遇与权利、培养与培训、考核与奖惩等方面进一步规范和完善班主任工作
2010年7月	中共中央 国务院《国家中长期教育改革和发展规划纲要(2010—2020年)》	"构建以师范院校为主体、综合大学参与的开放灵活的教师教育体系"等

---

[1] 顾明远主编.教育大辞典(增订合编本)[M].上海:上海教育出版社,1998:700.

续表

时间	相关政策及法律法规	相关内容
2011 年 1 月	教育部《关于大力加强中小学教师培训工作的意见》	"高度重视中小学教师培训,全面提高教师队伍素质""开展中小学教师全员培训""创新教师培训模式方法""完善教师培训制度,促进教师不断学习和专业发展""加强教师培训能力建设,建立健全教师培训支持服务体系""加强组织领导,为教师全员培训提供有力保障"
2012年8月	国务院《关于加强教师队伍建设的意见》	"加强教师队伍建设的指导思想和总体目标和重点任务""加强教师思想政治教育和师德建设""大力提高教师专业化水平""建立健全教师管理制度""切实保障教师合法权益和待遇""确保教师队伍建设政策措施落到实处"
2012年12月	教育部《小学教师专业标准(试行)》	基本理念包括"师德为先""学生为本""能力为重""终身学习";基本内容包括"专业理念与师德""专业知识""专业能力"
2013年9月	教育部《关于建立健全中小学师德建设长效机制的意见》	对师德教育、师德宣传、师德考核、师德激励、师德监督、师德惩处、师德保障等问题进行规定
2014年8月	教育部《关于实施卓越教师培养计划的意见》	针对教师培养的薄弱环节和深层次问题,深化教师培养模式改革,建立高校与地方政府、中小学协同培养新机制,培养一大批师德高尚、专业基础扎实、教育教学能力和自我发展能力突出的高素质专业化中小学教师
2015 年 6 月	教育部《严禁中小学校和在职中小学教师有偿补课的规定》	"加强组织领导,落实主体责任""开展专项督查,严格责任追究""强化宣传教育,注重正面引导""严格教师管理,接受社会监督"
2018 年 1 月	中共中央 国务院《关于全面深化新时代教师队伍建设改革的意见》	"坚持兴国必先强师,深刻认识教师队伍建设的重要意义和总体要求""着力提升思想政治素质,全面加强师德师风建设""大力振兴教师教育,不断提升教师专业素质能力""深化教师管理综合改革,切实理顺体制机制""不断提高地位待遇,真正让教师成为令人敬仰的职业""切实加强党的领导,全力确保政策举措落地见效"

续表

时间	相关政策及法律法规	相关内容
2018 年 11 月	教育部《新时代中小学教师职业行为十项准则》	"准则是教师职业行为的基本规范,师德师风是评价教师队伍素质的第一标准""立即部署扎实开展准则的学习贯彻""把准则要求落实到教师管理具体工作中""以有力措施坚决查处师德违规行为"
2018 年 11 月	教育部《中小学教师违反职业道德行为处理办法(2018 年修订)》	规定应予处理的教师违反职业道德行为、原则、权限等
2018 年 3 月	教育部 国家发展改革委、财政部、人力资源社会保障部、中央编办《教师教育振兴行动计划(2018—2022 年)》	"采取切实措施建强做优教师教育,推动教师教育改革发展,全面提升教师素质能力,努力建设一支高素质专业化创新型教师队伍",文件对目标任务、主要措施、组织实施进行规定
2018 年 9 月	教育部《关于实施卓越教师培养计划 2.0 的意见》	"全面开展师德养成教育""分类推进培养模式改革""深化信息技术助推教育教学改革""着力提高实践教学质量""完善全方位协同培养机制""建强优化教师教育师资队伍""深化教师教育国际交流与合作""构建追求卓越的质量保障体系"
2019 年 2 月	中共中央 国务院《中国教育现代化 2035》	"建设高素质专业化创新型教师队伍""大力加强师德师风建设""强化职前教师培养和职后教师发展的有机衔接""提高教师社会地位,完善教师待遇保障制度""加大教师表彰力度,努力提高教师地位"
2020 年 12 月	教育部《中小学教育惩戒规则(试行)》	规定了学校和教师行使正当、必要的教育惩戒权
2021 年 4 月	教育部办公厅《小学教育专业师范生教师职业能力标准(试行)》	"师德践行能力""教学实践能力""综合育人能力""自主发展能力"

结合教育政策的走向与近 20 年的文献梳理,以 2011 年为分界点,前期文件侧重于教师基本问题的规定与解决,之后随着教师整体专业化进程加快,从国家层面上出现更加细化的、分学段的小学教师文本。由此也可看出,

小学教师专业化、卓越小学教师、小学教师队伍建设等重要议题逐步成为教育研究者们关注的焦点，小学教师的专业化培养与师德师风建设也成为研究的重中之重，但相比其他学段的教师研究，小学教师研究的关注度仍然较低。本节首先从小学教师的基础概念入手，明晰小学教师定义、地位与劳动特点、权利与义务等基本问题，这是小学教育研究的重要内容。

一、小学教师的界定

在教育研究中，小学教师的定义常在教师的狭义概念中出现，或通过阐述小学教师角色与职责来说明。随着教师专业化发展，进一步明确小学教师定义是小学教师研究的首要任务。

（一）小学教师的角色

角色一词源于戏剧术语，指舞台上演员所扮演的人物。作为一个社会学概念，角色指一个人在社会关系中的身份，以及与之相应的行为规范和行为模式的总和。[①]在小学教师研究中，厘清小学教师角色有助于研究者更好地定义小学教师。

1.《中国教师新百科》中的小学教师角色

《中国教师新百科（小学教育卷）》认为，进入信息社会后，小学教师角色向着促进者、创造者、引导者、终身学习者转化。作为促进者，小学教师不只关注传授知识的数量和考试成绩，更关心学生掌握知识后获得多大发展。这种小学教师以更多精力从事有效的、创新的教育教学活动，研究如何激励学生思考、指导他们学会学习。作为创造者，小学教师要创造性地理解教材、使用教材，进行创造性的教学，还要具有激发学生求知欲的能力及个别化处理信息的能力。作为引导者，小学教师引导儿童人格的形成发展。作为终身学习者，小学教师要肩负培养终身学习者重任，成为终身学习的表率。[②]

---

①　柳斌主编，朱小蔓卷主编.中国教师新百科（小学教育卷）[M].北京：中国大百科全书出版社，2002:181.

②　柳斌主编，朱小蔓卷主编.中国教师新百科（小学教育卷）[M].北京：中国大百科全书出版社，2002:181-182.

2.《小学教育百科全书》中的小学教师角色

《小学教育百科全书》(*Encyclopedia of Primary Education*)认为小学教师角色涉及许多方面,包括制定和维护规则、课堂教学、监测学生的进步、职业期待。首先,小学教师是制定和维护规则的守护者。小学教师将他们期待的学生行为清楚地告诉学生,并且鼓励学生对自己的行为负责。守护者的角色还要求小学教师处理外部侵犯及保护学生不被侵害。其次,课堂教学是小学教师的工作核心。再次,小学教师要监测学生的进步,每名教师都需要成为判断儿童理解程度、诊断学生理解不足的领域,以及寻找最好的解决方案的专家。最后,小学教师角色包含了工作中个人的和专业的职业期待,几乎所有小学教师都会认为这些工作是有价值的,并且相信自己正在改变儿童的生命体验。①

3.小学教育学教材中的小学教师角色

随着社会变迁及新课程改革,小学教师角色的内容和重心发生重大变化。虽然分类存在多种不同的分析框架与分类结果,但小学教师角色定位既要体现小学教育特性,又要体现时代特性。以小学教师作为人的视角而言,小学教师既是普通人,又是教育者。②从具体的小学教育活动来看,小学教师角色涉及学生、知识、学习、课程、教学、研究、情感、心理等多个方面。如曾文婕、黄甫全认为当代小学教师集"学生的关怀者""知识的传授者""学习的引导者""课程的开发者""教学的组织者""团队的领导者""教育的研究者""终身的学习者"和"文化的创造者"等角色于一身。③张永明认为小学教师是学习的启蒙者、促进者;积极情感的熏陶者、塑造者;心理健康的维护者、辅导者;行为规范的示范者、引导者。④田友谊认为小学教师是学习上的促进者、生活中的引导者、实践中的反思者、团队内的合作者、教学中的研究者。⑤潘海燕认为小学教师是知识的传授者、学生的引导者、课程的研制者、教学的

① Denis Hayes.*Encyclopedia of Primary Education*[M].London,New York:Routledge,2010:419-421.
② 阮成武.小学教育概论[M].上海:华东师范大学出版社,2011:160.
③ 曾文婕,黄甫全.小学教育学(第3版)[M].北京:高等教育出版社,2017:109-113.
④ 张永明,曾碧.小学教育学基础[M].北京:北京大学出版社,2013:97-100.
⑤ 田友谊等.小学教育学[M].北京:北京大学出版社,2016:79-80.

组织者、教育的研究者、终身的学习者。①

可以看出,小学教师具备多种角色,了解和整合小学教师角色有助于我们明晰小学教师的定义。

(二)小学教师的主要定义

关于明确的小学教师定义,在一些国家政策文本及小学教育教材中可以窥见。常见的教师定义分为广义与狭义。广义的教师指所有直接或间接、专门或业余从事教育工作的人,包括家长、教育行政人员、学校里的工作人员及社会教育机构里的工作人员等。狭义上,则指在学校里承担教学任务的专任教师,主要包括大学教师、中学教师、小学教师和幼儿园教师等。人们通常在狭义上使用"小学教师"这一概念,特指在小学承担教学任务的专任教师。②《小学教师专业标准(试行)》前言明确指明"小学教师是履行小学教育教学工作职责的专业人员,需要经过严格的培养与培训,具有良好的职业道德,掌握系统的专业知识和专业技能"③。

综上所述,小学教师指承担小学学段教育教学任务的教师。虽然这种定义仍是教师概念下的狭义解释,但该界定在当前学术界已取得共识,是当前小学教师的主要定义。

二、小学教师的劳动特点

在终身教育的理念之下,教育劳动指向所有教育主体的不同形式的劳动。但到目前为止,教育劳动的主要形式仍然是教师的劳动。④在关于教师劳动的研究中,"教育劳动"和"教师劳动"这两个概念常常交替使用。教师专业化在一定程度上要求小学教师劳动不断趋向专业,因此正确认识小学教师的劳动特点,是小学教师研究的重要问题。

---

① 潘海燕主编.小学教育概论(第 2 版)[M].北京:北京师范大学出版社,2020:76-79.
② 曾文婕,黄甫全.小学教育学(第 3 版)[M].北京:高等教育出版社,2017:109.
③ 中华人民共和国教育部政府门户网站[EB/OL](2012-09-13),http://www.moe.gov.cn/srcsite/A10/s6991/201209/t20120913_145603.html.
④ 檀传宝.教育劳动的特点与教师专业道德的特性[J].教育科学研究,2007(3):5-11.

（一）经济学视角下的小学教师劳动特点

教育劳动作为由特定群体结合而成的独特劳动形式，是社会生产发展与社会分工的产物。①这一视角下的教师劳动特点研究，通过讨论教师劳动的投入与产出、教师劳动的效率与效益、教师劳动的报酬及其补偿、教师劳动的商品性、教师劳动价值等问题来讨论教师劳动特点。如马佳宏通过分析教师劳动的投入与产出认为教师劳动具有复杂性和创造性，通过分析教师劳动的效率与效益认为教师劳动具有极大的经济效益和社会效益。②于朝晖认为教育劳动区别于物质生产劳动的表现在于教育劳动的服务性，教育劳动给人们提供的"服务"或"劳务"，最终使劳动者的劳动能力得到增强，也就是说教育劳动的"产品"是培养人的劳动能力，这是在现代社会从事生产劳动所必需的。③

（二）教育学视角下的小学教师劳动特点

小学教师劳动特点研究是小学教师基本问题研究的基础，诸多小学教师的相关研究都需要以其劳动特点为理论依据进行相关问题的探讨，尤其是教师专业化进程不断加快，教师劳动逐渐向专业性靠拢，因此教育学视角的研究必不可少。

首先，黄济、劳凯声、檀传宝从宏观教育学层面指出，小学教师的劳动具有复杂性、创造性、教育性、主体性。④其次，基于小学教师劳动性质，胡寅生认为小学教师劳动特点由小学教师劳动性质决定，小学教师劳动本质上属于脑力劳动。因此，小学教师劳动具有创造性、示范性、长期累积性、师生双向互动、科学性、艺术性的个体劳动特点，同时小学教师劳动的成果还是个体劳动和集体劳动相结合的产物。⑤最后，小学教师劳动中的关系也是小学教师劳动特点研究的重要出发点。以小学教师作为劳动主体、儿童作为劳动

①　刘东菊，吴荣.论教育劳动的创新本质[J].上海师范大学学报（哲学社会科学版），2019（4）：22-28.
②　马佳宏.教师劳动的经济分析[J].广西师范大学学报（哲学社会科学版），1997（1）：73-77.
③　于朝晖.教育劳动的商品性探析[J].教育与经济，2008（3）：37-39.
④　黄济，劳凯声，檀传宝主编.小学教育学（第3版）[M].北京：人民教育出版社，2019：85-87.
⑤　胡寅生主编.小学教育学教程[M].北京：人民教育出版社，2000：73-80.

对象为研究视角,叶立群、田本娜认为小学教师劳动呈现复现性和创造性相结合、个体性和集体性相结合、示范性和传授性相结合、理智与热情结合、严肃与活泼结合的特点。①田友谊等认为小学教师劳动具备示范性、长期性和长效性、创造性、合作性的特点。②

除上述相关研究以外,还有一些关于教师劳动特点的学理分析。如檀传宝从教育活动与价值或道德属性的关系、教育劳动的主体(教师)与对象(学生)的特性、劳动关系、劳动过程评估与管理的困难四个方面分析,认为教师劳动特点体现在劳动活动的价值性与道德性、劳动主体与对象的主体性和劳动关系的复杂性、制度或制约的外在性。③檀传宝还认为教师劳动具有精神性与集体性,④以及一定的自由性。⑤教师劳动的精神性体现在三个方面:第一,在物质待遇既定的情况下,教师生活有恬淡人生、超脱潇洒、"雅福"的一面;第二,学生的道德成长、学业进步,进而对社会做出的贡献,都是教师劳动价值的确证;第三,师生之间在课业授受和道德人生上的精神交流、情感融通都是别的职业难以得到的享受。教师劳动的集体性体现在任何一个学生都是教师集体劳动的结果,也是学生集体劳动的结果。教师劳动的自由性指教师在劳动过程中享有自由处理问题的空间。当下,关于教师劳动特点的研究主要围绕复杂性、创造性、长期性、示范性等。对此,王毓珣、王颖认为以上特点并没有很好地解决教师劳动特点与教师劳动的适配度,以及与相近劳动的区分度问题,而教师劳动特点是教育工作的外在表征与内在特性的集合,因此教师劳动具有利师利生性、人师合一性、劳动双重性与率性修道性的特点。⑥

综上可见,教师劳动的复杂性、长期性、示范性、合作性、创造性等诸多特点已在学界基本达成共识,但具有小学特性的小学教师劳动特点仍需进

① 叶立群总主编;田本娜主编.小学教育学(第2版)[M].福州:福建教育出版社,2007:104-107.
② 田友谊等.小学教育学[M].北京:北京大学出版社,2006:80-83.
③ 檀传宝.教育劳动的特点与教师专业道德的特性[J].教育科学研究,2007(3):5-11.
④ 檀传宝.论教师的幸福[J].教育科学,2002(1):39-43.
⑤ 檀传宝.论教师的义务[J].教育发展研究,2000(11):5-9.
⑥ 王毓珣,王颖.教师劳动特点新解[J].教育科学,2015(6):14-18.

一步明晰与探讨。

三、小学教师的地位与价值

小学教师的价值与地位相辅相成、相互依存,构成小学教师职业形象的整体。一方面,由于小学教师承担着小学教育的重要职责与使命,对小学儿童的发展及社会发展发挥着不可替代的价值与作用, 社会赋予小学教师较高的地位;另一方面,小学教师的地位在一定程度上取决于小学教师职责的履行与价值的发挥程度。因此,关心小学教师的价值与地位是整体认识小学教师的重要方面。

(一)小学教师的地位

一项职业的社会地位主要指其从业者的政治地位、经济地位和文化地位。教师的地位主要体现在教师职业在社会生活中实现的政治和经济待遇,以及文化领域中获得的专业评价。《国家中长期教育改革和发展规划纲要(2010—2020 年)》提出要"提高教师地位待遇,不断改善教师的工作、学习和生活条件,吸引优秀人才长期从教、终身从教"[1]。《中国教育现代化 2035》将建设"高素质专业化创新型教师队伍"作为十大战略任务之一,再次强调"努力提高教师政治地位、社会地位、职业地位"[2]。基于国家进步与小学教育发展的需要,小学教师作为小学教育的重要主体,对其地位的探讨在权威工具书及小学教材中得以窥见。

1.《中国教师新百科》中的规定

《中国教师新百科》介绍了国内外的小学教师地位规定。在国际上,联合国教科文组织在 1953 年《关于小学教师地位的建议》中指出:"小学教师与其他人一样,通过其对国家、社会作出精神上、智力上的贡献,通过其个人的努力,满足当地社区的社会需要,通过在有偿劳动时间之内或之外都表现出

---

① 中华人民共和国教育部政府门户网站[EB/OL](2010−07−29),http://www.moe.gov.cn/srcsite/A01/s7048/201007/t20100729_171904.html.

② 中华人民共和国中央人民政府门户网站[EB/OL](2019−02−23),https:// www.gov.cn/zhengce/2019−02/23/content_5367987.htm.

的服务于学生利益的精神,树立起他们的威望。"联合国教科文组织与国际劳工组织在 1966 年《关于教师地位的建议书》中指出:"用于教师的'地位'一语有两方面的意义,一是赋予他们的地位和尊重,具体为对教师职务的重要价值及履行该职务的能力水平的肯定;二是教师在享受工作条件、报酬和其他福利待遇方面与其他职业人群相比照的地位。"我国小学教师地位主要体现在政治地位、经济地位、文化地位和职业声望、发展前景五个方面。[①]

2.小学教师地位的表现

不同学者关于小学教师地位的表现有不同观点。顾明远认为教师职业具有不可替代性,并从教师职业的专业性视角出发,强调教师职业只有专业化具有不可替代性时,才有社会地位,才能受到社会的尊重。[②]阮成武认为小学教师的职业地位主要体现在教师的经济收入、社会权益和职业声望三方面。[③]黄济、劳凯声、檀传宝重点讨论了小学教师的社会地位,主张给教师以崇高的社会地位,倡导社会应尊重教师。[④]

除上述小学教师地位的论述之外,小学教师的法律地位也是研究的关注点之一。教师的法律地位与教师的社会地位、人格地位不同。社会地位表明社会成员的社会分层状况,社会分层状况常常表明社会成员社会地位的高低。[⑤]在 2019 年正式启动修订《中华人民共和国教师法》的重大背景下,明晰小学教师的法律地位具有重要意义。当前《中华人民共和国教师法》(2009年修正)规定:"教师是履行教育教学职责的专业人员,承担教书育人,培养社会主义事业建设者和接班人、提高民族素质的使命。"[⑥]《小学教师专业标准(试行)》指出:"小学教师是履行小学教育教学工作职责的专业人员,需要

①　柳斌主编;朱小蔓卷主编.中国教师新百科(小学教育卷)[M].北京:中国大百科全书出版社,2002:183.

②　朱旭东.教师作为一个专业何以可能?——评顾明远教授的教师教育思想[J].教师教育研究,2008(5):7-13.

③　阮成武.小学教育概论[M].上海:华东师范大学出版社,2011:157-159.

④　黄济,劳凯声,檀传宝主编.小学教育学(第 3 版)[M].北京:人民教育出版社,2019:81-82.

⑤　劳凯声,郑新蓉等.规矩方圆:教育管理与法律[M].北京:中国铁道出版社,1999:244.

⑥　中华人民共和国教育部政府门户网站[EB/OL].(2012-09-13).http://www.moe.gov.cn/jrb_sjzl/sjzl_zcfg_jrfl/tnull_1314.html.

经过严格的培养与培训,具有良好的职业道德,掌握系统的专业知识和专业技能。"①但"专业人员"的定位并不能界定出教师在不同法律关系中的身份和地位。②余雅风、王祈然指出义务教育阶段公立学校教师为教育公务员,由政府招聘、任用,与学校签订聘任合同。③由此可见,小学教师的法律地位仍然采用《中华人民共和国教师法》中适合全学段教师地位的规定,其专业地位以《小学教师专业标准(试行)》的规定为参照。

（二）小学教师的价值

价值,指商品的一种属性,也指积极的作用。小学教师的价值则取后者的含义,指向小学教师具有的积极作用。多种视角已有的研究成果为我们了解小学教师的价值提供了方向。

首先,从小学教师职业本身来看,小学教师的价值存在以下观点:一是认为教师的价值在于教师职业这一客体对于主体的意义,主体包括社会、群体和个体(包括教师群体和个体)。教师职业的价值不仅包括职业的外在价值层面,也包括职业的内在价值层面。前者指的是教师作为教育工作者所承担的义务、使命及实际的社会贡献,这是教师职业存在的根本依据和实现自身主体价值的根本途径;后者指的是教师职业对教师这一主体的价值和意义,是教师在社会系统和职业体系中享有的各种权利、待遇、地位、自我发展和精神上的自由程度。小学教师的价值有一个层级体系,包括维持生计的实用价值、满足社会需要的精神价值,以及独立进行创造而获得内在尊严与快乐的生命价值。④二是小学教师具有社会作用,即社会价值。具体表现为:小学教师通过教育活动选择、传播、提升和创造人类文化;通过向受教育者传授文化知识以培养人;通过传递文化和培养人全面推动人类社会发展。⑤三是从小学教师职业的职能来看,教师的价值在于"教书育人"和"传承文明"。

————————

　①　中华人民共和国教育部政府门户网站[EB/OL].(2012-09-13).http://www.moe.gov.cn/srcsite/A10/s6991/201209/t20120913_145603.html.

　②　郝淑华.现阶段我国教师法律身份界定与权利保护探究[J].辽宁教育研究,2007(2):38-40.

　③　余雅风,王祈然.教师的法律地位研究[J].华东师范大学学报(教育科学版),2021(1):49-58.

　④　孙式武,于淑君编著.小学教育概论[M].济南:山东人民出版社,2014:128.

　⑤　黄济,劳凯声,檀传宝主编.小学教育学(第3版)[M].北京:人民教育出版社,2019:83-85.

教师在促进人的发展及促进社会发展中的作用，既是永恒的又是不断变化和发展的。随着终身教育和学习化社会的到来，教师与学生已同为学习共同体的成员，建立一种新的关系，帮助学生去发现、组织和管理知识，同时教师本着尊重学生自主性的精神，使其人格得到充分的发展和完善。①

其次，小学生的特殊性使小学教师具备独特的价值。在小学教育影响小学生成长的诸多因素中，教师是最重要和最直接的因素，这里所强调的小学教师的价值在于小学教师是小学教育的第一资源。②第一，小学教师对小学生的"第一印象"与"浸润效应"使其在时间上进一步强化和突出了是小学教育第一资源的地位；第二，小学教师通过"以学生为中心的环境"直接影响小学生，同时，小学教师对教育环境还有优化与建构作用；第三，小学教师的价值更在于小学教师是小学生成长中的重要他人，这体现在小学教师既有代替父母角色的责任，又是小学生模仿的对象。③以小学生的特殊性为研究视角的教师价值讨论，丰富了小学教师基本研究，拓展了思考小学教师价值的新思路。

最后，小学教师的劳动特点体现了小学教师的劳动价值。有研究者认为小学教师的劳动价值是间接表现出来的，具有隐含性、奠基性和滞后性；小学教师的劳动是艰辛的，因此具有崇高性；小学各个教师的劳动价值是不等的，创造劳动价值根本在于奉献。④

四、小学教师的权利与义务

我国相关教育法律法规详细规定了教师的权利与义务，随着时代发展与不断涌现出的关于教师权利义务的新问题（如教师惩戒权），明晰小学教师的权利与义务，有助于整体提升小学教师的教育法律素养，促进我国小学教育事业健康发展。

---

① 阮成武.小学教育概论[M].上海：华东师范大学出版社，2011：156.
② 谢维和，李敏.小学教育原理[M].北京：高等教育出版社，2021：188.
③ 谢维和，李敏.小学教育原理[M].北京：高等教育出版社，2021：188-191.
④ 胡寅生主编.小学教育学教程[M].北京：人民教育出版社，2000：3.

（一）小学教师的权利

自 1944 年颁布《中华人民共和国教师法》以来,教师权利问题一直是研究者关心的话题。教师既是一个普通公民,又是一个履行教育教学职责的专业人员。教师权利是教师依法应当享有的各种权益,同时也是教师的职业权利。[①]这一点在我国基本取得共识,作为一个普通公民,教师享有宪法和法律规定的基本权利,而作为教育教学研究人员,教师拥有《中华人民共和国教师法》等教育法律所赋予的权利。[②]

《中华人民共和国教师法》(2009 年修正) 规定小学教师有以下权利:第一,进行教育教学活动,开展教育教学改革和实验;第二,从事科学研究、学术交流,参加专业的学术团体,在学术活动中充分发表意见;第三,指导学生的学习和发展,评定学生的品行和学业成绩;第四,按时获取工资报酬,享受国家规定的福利待遇及寒暑假期的带薪休假;第五,对学校教育教学、管理工作和教育行政部门的工作提出意见和建议, 通过教职工代表大会或者其他形式,参与学校的民主管理;第六,参加进修或者其他方式的培训。[③]除此之外,其他法律也规定了小学教师享受的其他权利,如申诉权、人身人格权。我国女教师还享有特殊权利,比如"三期"(孕期、产期、哺乳期)的规定。

随着教育法学作为学科不断完善,以及教师专业发展,很多研究开始探讨教师应该具备怎样的权利,如小学教师话语权、惩戒权、教学权、决策权、工作环境权及为小学教师赋权增能等。如学界和现实小学教育教学实践中一直在探讨小学教师惩戒权问题,王辉在《教师惩戒权行使中的侵权与救济研究》中首次正式讨论惩戒权问题,此后关于该问题的研究逐渐增多。直至2020 年正式施行《中小学教育惩戒规则(试行)》,《规则》明确指出"教师应当遵循教育规律,依法履行职责,通过积极管教和教育惩戒的实施,及时纠正

---

①　李晓燕.我国教师的权利与义务及其实现保障机制研究[M].广州:广东教育出版社,2001:30.

②　梁明伟.论教师权利及其法律救济[J].教师教育研究,2006(4):48-51+39.

③　中华人民共和国教师法[EB/OL].(2009-08-27).http://www.moe.gov.cn/jyb_sjzl/sjzl_zcfg/zcfg_jyfl/tnull_1314.html.

学生错误言行,培养学生的规则意识、责任意识"①,明确了教师可以进行惩戒的诸多情形,同时也为小学教师提供了可采取的惩戒方式。但当前学界针对教师惩戒权入法这一点仍存争议,教师惩戒权作为法定权利的可行性与必要性仍有待商榷。这些讨论是教师权利的应然诉求,而对于教师为什么应该具有这样一些权利,少有研究从法源的角度做出深入的论证。②作为法律概念,教师的权利必须有其法律依据,法律依据的论证有助于体现其合法性。③

关于小学教师权利的研究在一定程度上有现实诸多极端事件的影响,但人们更多地关心小学教师权利、研究小学教师赋权等问题,侧面体现出小学教师作为小学教育教学的专业人员需要维护自身的各种权益的诉求。从理论上来说,对小学教师权利本身与赋权问题的研究是在充分尊重教师、满足相关法律法规的要求之后,给予教师更多更充分的角色权、选择权,进一步提升了小学教师的地位。④

(二)小学教师的义务

教师的义务指教师依法应当承担的各种职责。⑤从教师的法定义务来看,《中华人民共和国教师法》规定小学教师需要履行如下义务:第一,遵守宪法、法律和职业道德,为人师表;第二,贯彻国家的教育方针,遵守规章制度,执行学校的教学计划,履行教师聘约,完成教育教学工作任务;第三,对学生进行宪法所确定的基本原则的教育和爱国主义、民族团结的教育,法制教育、思想品德、文化、科学技术教育,组织、带领学生开展有益的社会活动;第四,关心、爱护全体学生,尊重学生人格,促进学生在品德、智力、体质等方面全面发展;第五,制止有害于学生的行为或者其他侵犯学生合法权益的行为,批评和抵制有害于学生健康成长的现象;第六,不断提高思想政治觉悟

---

①　中华人民共和国教育部政府门户网站[EB/OL](2020-12-23),http://www.moe.gov.cn/srcsite/A02/s5911/moe_621/202012/t20201228_507882.html.

②　汪明帅.我国近代教师权利变迁研究[D].华东师范大学,2014.

③　李晓燕.我国教师的权利与义务及其实现保障机制研究[M].广州:广东教育出版社,2001:42.

④　芦静.小学教师赋权增能的路径探析[J].教学与管理,2020(32):6-8.

⑤　李晓燕.我国教师的权利与义务及其实现保障机制研究[M].广州:广东教育出版社,2001:30.

和教育教学业务水平。①小学教师义务的法律规定为小学教师的教育教学活动提供了一定的法律行动方式与程序，小学教师依法履行义务才能保证学校教育目标、方向的正确及教育教学活动的连续性和稳定性。②

除了法定义务之外，小学教师的义务还涉及应然义务。应然义务是法律之外的义务，主要以道德义务的形式存在。③从小学教师的应然义务来看，道德作为法律的基础，教师在自己的生活领域既要对社会、对他人承担一定的一般道德义务，也要承担起教师的职业角色所要承担的职业道德义务。檀传宝认为道德义务的形态包括一般道德义务与教育道德义务、显见义务和实际义务。一般道德义务与教育道德义务要求教师既要遵守普通道德生活中如遵守诺言等一般道德义务，又要更加遵守教育职业所特别要求的为人师表、诲人不倦等教育道德义务。"显见义务"是指日常生活中能够看到的普遍的常识性的义务，例如忠诚、赔偿、感恩、公正、仁慈、自我实现和勿作恶的义务等。"实际义务"则表现着义务的全部本性，代表着实际趋向教师的义务。由于显见义务在现实生活中会成为"义务假象"，因此只有实际义务才是真实和绝对的义务。④

除应然的道德义务外，小学教师的注意义务研究是小学教师义务研究的重点之一。教师的注意义务可界定为教师基于职业性质在教育活动中负有防止学生的身体和生命因教育活动而遭受侵害的义务。⑤学校与教师有"保护学生身心健康"的义务，对学生承担"教育、管理、保护"的职责。安全注意是学校教师履行"安全保护"职责的核心内容，是教师作为专业人员在教育教学过程中应当履行的基本义务。⑥薄建国认为小学教师的注意义务不是道德义务，而是基于职业性质法定产生——被认为取代家长位置而负有三

---

① 中华人民共和国教师法［EB/OL］（2009-08-27），http://www.moe.gov.cn/jyb_sjzl/sjzl_zcfg/zcfg_jyfl/tnull_1314.html.
② 王辉.中小学教师在教育教学中的道德责任与法律义务［J］.教学与管理,2016（6）:63-65.
③ 罗红艳.走向平衡——我国教师权利与义务的关系探究［D］.广西师范大学,2005.
④ 檀传宝.论教师的义务［J］.教育发展研究,2000（11）:5-9.
⑤ 薄建国.美国的教师注意义务［J］.外国中小学教育,2006（10）:19-24.
⑥ 穆湘兰,李雪莹.小学教师安全注意义务及其履行［J］.教学与管理,2020（26）:13-15.

项法定义务——教育、监管、保障安全。①因此,他基于教育工作的专业性,认为小学教师在教育活动中负有防止学生的身体或生命因教育活动而遭受侵害的义务,具体包括教导义务、监管义务、公共设施安全义务、警告义务及事前把握、事后处理义务。②葛建义借鉴英美侵权法中"合理人"标准,阐述了教师安全注意义务的具体内涵,认为教师安全注意义务在类型上可以区分为事前安全警示义务、事中安全监管义务和事后救助义务。③沈菊生认为教师应承担观察义务、告知义务、监管义务和施救义务。④

五、小学教师专业化

小学教师的教育教学是一项非常崇高的专业化工作。小学教师的专业化不仅在于其所要求的理论与知识,以及专业性技能,专门的学术基础和学科依托。更重要的是,小学教师的专业化是小学教育科学性的基本条件。⑤小学教师专业化是小学教师研究发生与进行的重要背景与未来趋向,本章所探讨的小学教师专业化相关问题、小学教师认同、小学教师性别与卓越小学教师等议题都是在小学教师专业化的背景下发生、发展的。因而此处将小学教师专业化作为小学教师研究的基本背景进行概述。

(一)小学教师专业化溯源

我国教师专业化研究起步较晚,但发展较快。教师专业化主要指教师在整个专业生涯中,依托专业组织,通过终身专业训练,习得教育专业知识技能,实施专业自主,表现专业道德,逐步提高自身从教素质,成为一个良好的教育专业工作者的专业成长过程。也就是一个人从"普通人"变成"教育者"的专业发展过程。⑥当研究者对教师专业化概念等基本理论问题达成一定共识后,教师专业化研究开始出现分化,这种分化体现在诸多学者开始在教师

---

①　薄建国.美国的教师注意义务[J].外国中小学教育,2006(10):19-24.

②　薄建国.教师的安全注意义务及其基本要求[J].现代教育管理,2010(5):86-89.

③　葛建义.教师预防学生伤害事故的注意义务与限度[J].中国教育学刊,2016(2):27-31.

④　沈菊生.教师应正确认识自己的安全义务[J].人民教育,2003(23):25.

⑤　谢维和,李敏.小学教育原理[M].北京:高等教育出版社,2021:199.

⑥　王延文.教师专业化的系统分析与对策研究[D].天津大学,2004.

专业化的概念、知识结构、专业自主权等研究成果基础上关心具有不同学段特性的教师专业化，如学前教师专业化、小学教师专业化、职业教师专业化、高等教师专业化等。在此之前，小学教师专业化作为教师专业化的下位概念，一直在教师专业化中做讨论。随着研究对象的分化及小学教育自身的发展，小学教师专业化的相关问题才逐渐进入研究者们的视野中。

（二）小学教师专业化内涵

对小学教师专业化内涵的科学理解不仅影响着小学教师的地位，影响着教师队伍的成长与发展，更重要的是影响到教师职业的社会服务对象——小学生的成长。从国内外关于小学教师专业化研究的文献来看，目前对于小学教师行业是否为一种专业，以及对教师是否为专业人员，一直是许多学者讨论与争议的焦点。

鉴于小学教育的特殊地位和阶段性，小学教师的专业化往往具有特殊内涵，这也是问题的关键。因此，依据小学教师的服务对象——小学生，小学教师专业化的内涵包括了解小学生的表征性特点、辨别小学生成长的阶段性特点、认识小学生成长的个性化特点及小学生精神与心理最为敏感的因素。[1]同时，也有研究直接将小学教师专业素养，如专业知识、专业能力、专业情感三个方面的内容作为小学教师专业化的内涵。[2]还有研究认为小学教师专业化是小学教师依据教师的专业化标准，通过一定的专业训练及自身不断主动的学习和反思，逐渐成长为一名专业人员的过程，包括教师职业专业化和教师个体专业化两个层面。[3]

总的来说，关于小学教师专业化的内涵多是将教师专业化概念与学段的简单结合，或是将小学教师应具备的专业素养直接作为其内涵，近年来才逐渐真正基于小学生的身心发展特性、小学教师特质及小学教育的学段特性来思考小学教师专业化的真正内涵。

---

① 谢维和,李敏.小学教育原理[M].北京:高等教育出版社,2021:201-204.
② 郭维平.浅析小学教师专业化的内涵和途径[J].教育探索,2005(7):113-115.
③ 饶清强.小学教师专业化标准的构建[J].教学与管理,2004(32):3-6.

(三)小学教师专业化依据

教师专业化是世界各国教育现代化建设的永恒主题。西方在追求工业社会分工过程中以"专业"理解教师职业的理念,我国小学教师专业化有自身发展的理论依据。第一,国家介入推进小学教师专业化。自1966年国际劳工组织和联合国教科文组织在《关于教师地位的建议》中首次以官方文件的形式对教师专业化做出明确说明后,世界各国先后出现了一系列旨在提高教师专业化水平的理论研究、政策文件和法规。①在我国,1993年颁布的《中华人民共和国教师法》(以下简称《教师法》)提出"教师是履行教育教学职责的专业人员"②,这是国家在回应教育现代化的要求中,首次以法律方式确立教师职业的专业性质。③此后,《关于基础教育改革与发展的决定》《国家中长期教育改革和发展规划纲要(2010—2020年)》《关于加强教师队伍建设的意见》《小学教师专业标准(试行)》《中共中央国务院关于全面深化新时代教师队伍建设改革的意见》《教师教育振兴行动计划(2018—2022年)》等政策相继出台,小学教师队伍质量受到国家高度重视,建设小学教师队伍成为国家教育发展的重要战略之一,小学教师专业化的相关政策成为刺激小学教师专业发展的外部动力。第二,新专业主义要求小学教师专业化。④"新专业主义"是指20世纪90年代后期以来,英国政府在进行教师专业发展制度设计时所秉持的理念。⑤这种新专业主义包括三个核心要素:①专业标准的国家框架;②绩效问责;③持续性专业发展。这种教师专业化的新理论对于小学教师专业化而言,既强调小学教师专业化的社会责任,又强调对教育对象的责任,特别是小学教师需要有一种对小学生的服务伦理和责任感。因此,这种新专业主义强调的是专业知识与服务对象的联系与责任,要求小学教师

①　檀传宝.论教师"职业道德"向"专业道德"的观念转移[J].教育研究,2005(1):48-51.

②　中华人民共和国教师法[EB/OL].(2009-08-27).http://www.moe.gov.cn/jyb_sjzl/sjzl_zcfg/zcfg_jyfl/tnull_1314.html.

③　林美、张新平.教师专业化进程中国家介入方式的演进——基于职业社会学的视角[J].现代教育管理,2020(10):71-78.

④　谢维和、李敏.小学教育原理[M].北京:高等教育出版社,2021:199-200.

⑤　吕杰昕."新专业主义"背景下的英国教师专业发展[J].全球教育展望,2016(8):119-128.

认识和研究小学生。第三,小学教育特殊性追求小学教师专业化。这种特殊性在于小学教师对教育对象的认知,即对小学生的认识水平,这是反映和体现小学教师专业化最重要的指标。一门学科的科学性并不完全在于它自身的逻辑,而更多地在于对研究对象的认识程度。学科之间的差别也同样不仅取决于不同学科本身知识体系的特征,更取决于其研究对象之间的差异。小学教师的专业化也恰恰是关于小学生如何通过小学教育教学而发生身心发展变化的实证。这是小学教师专业化非常重要的理论根据。①

（四）小学教师专业素养

小学教师专业化要求小学教师具备相应的专业素养。关于素养,《辞海》中的定义为:第一,修习涵养;第二,平素所供养。从广义上讲,素养是指一个人的修养,与素质同义,包括道德品质、外表形象、知识水平与能力等各个方面。因此小学教师素养(或称小学教师的职业素养)是指小学教师参与教育教学活动时所必须具备的,对学生身心发展有直接而显著影响的思想和心理品质的总和。《教育大辞典》中认为教师修养是教师在思想道德品质、文化专业知识、教育教学能力等方面达到的水平及在这些方面的学习和实践过程。②《中国教师新百科(小学教育卷)》将小学教师专业素养分为机体素养、观念素养、文化素养、师德素养和心理素养。③

有关教师专业素养的结构研究已经较为丰富,不同的学者基于不同视角对教师专业素养结构进行了相应的划分。由于研究者的视角不同,其侧重也有所不同。在早期教师素养研究中,叶澜强调教师专业素养还包括教育智慧,并指出具有教育智慧是未来教师专业素养达到成熟水平的标志。④王长纯对教师专业素养结构划分得较为系统,认为教师专业素养不仅应该具备相应的教师职业道德、学科知识和教学能力,还应具备相应的教育科研能力

---

①　谢维和,李敏.小学教育原理[M].北京:高等教育出版社,2021:199-200.
②　顾明远主编.教育大辞典(增订合编本)[M].上海:上海教育出版社,1998:706.
③　柳斌主编;朱小蔓卷主编.中国教师新百科(小学教育卷)[M].北京:中国大百科全书出版社,2002:190.
④　叶澜.新世纪教师专业素养初探[J].教育研究与实验,1998:41-46.

及自我评价和反思能力;另外,教师还应该具备较强的沟通能力和一定的管理能力。①在专门的小学教师素养研究中,黄济、劳凯声、檀传宝认为小学教师应具备文化素养(学科知识与技能、艺体劳等课程基础知识与技能)、教育素养(教育理论知识、教育实践能力、教育机智)、职业道德素养。②郑晓生认为小学教师素养应包括教师的知识素养、教育素养和人格素养三个方面。③

　　随着教师专业化成为学界共识,小学教师素养也体现出专业化特质。如曾文婕、黄甫全认为小学教师的素养应划分为专业愿景、专业知识和专业能力。④阮成武认为小学教师应具备职业道德、教育观念、专业知识、专业能力四种素养。⑤小学教师作为小学教育中极具特殊地位的参与主体,其教育对象为 6~12 岁的儿童。基于教育对象的特质,小学教师具备彰显小学特质的专业素养成为当前学界的共识。有研究指出,小学教师应具备这样一些特质:①先进的教育理念和教育行为;②优良的教学能力;③良好的职业态度和职业修养;④健全的人格及良好的心理素质。除此之外,小学教师还应根据小学生的自我意识、思维、自控性差等特点,做到善待孩子,熟练掌握多媒体技术,关注小学生潜在的多种发展的可能性等。⑥

　　在诸多教师专业素养中,教师德育素养是当前教师专业素养中极为重要的部分,尤其在立德树人的时代背景下,教师专业化与师德师风建设相结合成为研究者及教育工作者广泛关注与讨论的内容。随着课程改革的不断推进,核心素养在教育教学中逐渐发挥着指导性的作用。而德育正是核心素养教育中极为重要的一部分,教师的个人品德不仅影响着学生的学习,甚至在一定程度上影响着学生未来的成长和发展。如李敏提出小学教师德育素养模型,强调教育者作为"人"的品质,更指向小学教师在具体教育教学工作中所体现出的育德能力。具体包括两大层面:第一,责任心,是小学教师内在

---

①　王长纯.教师专业化发展:对教师的重新发现[J].教育研究,2001(11):45-48.
②　黄济,劳凯声,檀传宝主编.小学教育学(第 3 版)[M].北京:人民教育出版社,2019:87-96.
③　郑晓生编.小学教育学[M].福州:福建教育出版社,2016:116-123.
④　曾文婕,黄甫全.小学教育学(第 3 版)[M].北京:高等教育出版社,2017:119-130.
⑤　阮成武.小学教育概论[M].上海:华东师范大学出版社,2011:164-167.
⑥　张永明,曾碧.小学教育学基础[M].北京:北京大学出版社,2013:100-106.

道德实践品质的要求,指向爱与公正两大美德;第二,行动力,是小学教师外在道德实践能力的要求,指向倾听、客观地评价、合理的奖惩、化解冲突、榜样示范、教师专业发展六大实践能力指标。二者的关系为:责任心是对小学教师内在道德实践品质的要求,从内部驱动小学教师有意地促进和示范伦理美德,这些伦理美德的实现需要通过教师的一系列行动外化出来。换言之,小学教师的德育工作具有鲜明的在场性、经验性、不确定性和生成性,需要教师具有专业的道德实践能力。[①]在小学场域中,小学教师往往面临比其他学段更为复杂密集的道德情境,因此小学教师需要更为专业的道德实践指导,或者说专业的育人能力,以帮助教师实现更高效能的德育实践。

第二节　小学教师专业标准:建立与发展

教师专业标准的研究是在教师专业化的背景下展开的,基于上述小学教师专业化的依据,小学教师专业标准的诸多方面成为国家与学界关心的重要话题。近些年学界聚焦小学教师专业标准的定位、具体框架、实践应用等问题进行国际比较与本土化探索,可以看出不论是研究者或一线小学教师,都在关心和反思小学教师专业标准如何能够为小学教师提供动态的、更新的、可操作的细则,以促进小学教师专业发展。

一、小学教师专业标准的简要溯源

自 20 世纪初,社会学家开始关心"专业"的特性,教师专业的相关研究在此基础上随之展开。20 世纪 50 至 80 年代,教师专业标准的研究先后受功能主义、社会冲突理论、情境理论等多种理论影响,人们从关注教师专业标准维度到教师专业化中的诸多冲突,再到关注社会情境和历史情境对教师专业标准发展的影响。20 世纪 90 年代后,教师专业标准的研究愈加丰富,所制定的教师专业标准能够体现教师发展的阶段性与动态性。标准随着时代

---

① 李敏.教师德育素养新模型[J].人民教育,2016(23):20-24.

的变化而改变,对于不同发展阶段的教师制定了不同的专业标准。美国、英国、澳大利亚在此方面具备较为成熟的经验。21世纪后,教师专业标准改革运行中更是产生了一大批研究成果,对标准的划分也越来越细,如通用标准、具体标准内容、表现标准等。①

　　我国开始关注教师专业标准始于21世纪,是基于已有的教师专业化研究基础上发展而来的,小学教师专业标准的探讨是从近10年开始。在此期间,小学教师专业标准的多国比较、我国小学教师专业标准的构建及其应用与反思,成为研究的重点。

二、小学教师专业标准的国际比较

　　我国教师专业标准的研究起步较晚,在近20年小学教师专业标准相关研究中,聚焦外国小学教师专业标准文本较多,研究内容多为分析各国小学教师专业标准的内容框架,或与我国小学教师专业标准比较,得出相应的借鉴经验与启示。

(一)标准框架

　　《越南小学教师专业标准》将教师划分为初级教师、高级教师、首席教师三个专业发展阶段,明确规定了各个阶段教师开展成功教学所需具备的知识、技能、态度等方面的要求。具体维度包括:①人格、意识形态及政治观点;②知识;③教学技能。②

　　《英格兰中小学教师专业标准》涵盖小学教师每一专业发展阶段,从合格教师(QTS)、普通教师(Post Threshold Teachers)、优秀教师(Core Teachers)、资深教师(Excellent Teachers)、高级技能教师(Advanced Skills Teachers)五个层次,分别在教师专业特质、专业知识与理解、教学技能三大领域提出了明确而详细的要求。③

　　美国教师教育鉴定委员会(National Council for the Accreditation of Teacher

①　吴传刚.我国现行中小学教师专业标准改进研究[D].哈尔滨师范大学,2019.
②　教师专业标准研究项目组.越南的小学教师专业标准[J].世界教育信息,2008(9):51-54.
③　许立新.英格兰中小学教师专业标准:内容、特征与意义[J].教师教育研究,2008(3):72-76+49.

Education,简称 NCATE)于 2008 年修订《小学教师专业标准》,该标准共分五个部分:①成长、学习和动机;②课程;③教学;④评价;⑤专业发展。该标准提出了小学教师在知识、技能及专业性等方面的具体要求。①此外,美国公立小学教师的主流样态是全科型教师,《童年中期全科标准》(2016)基于"五项核心建议"的两层级多维框架对小学全科型教师进行规定,其"五项核心建议"为:①致力于学生发展和学生学习;②精通所教学科并且知晓如何将其传授给学生;③负有管理和监督学生学习的责任;④系统反思自身实践并从经验中学习;⑤教师是学习共同体的成员。②

还有研究基于 1994 年 11 月 16 日法国的第 94—271 号通报 (note de service)介绍了中小学教师专业能力标准。该通报对小学教师的专业能力参照元素进行了表述,认为"小学教师是一种综合性的职业,教师应该有能力教授各个学科",并认为小学教师的专业能力包括四个方面:①多科教学能力;②设计、实施和分析教学情境的能力;③课堂活动和了解学生间差异的能力;④教师的教育责任和职业道德。③

澳大利亚的《全国教师专业标准(2011 年版)》(*National Professional Standards for Teachers*)的内容包含七个方面,概述了教师应了解和能够做到的事情,它们之间是相互联系、相互依存和重叠的。这七个方面又分为三个领域:专业知识(Professional Knowledge)、专业实践(Professional Practice)和专业参与(Professional Engagement)。④

俄罗斯的《教师专业标准》是融合性、一体化的教师专业标准,即在一个教师专业标准框架中,体现了对幼儿教师、小学教师和中学教师的专业要求。教师专业标准基本内容包括五个方面:①教学;②培养工作;③发展(个人素质和职业能力);④小学教师在具体教学工作中专业能力的要求;⑤学前教师

---

① 闫龙.美国新修订的小学教师专业标准的特点及启示[J].教育导刊,2011(10):42-44.

② 张晓莉.美国小学优秀全科型教师专业素质及其特征探析——基于《标准》规定"与"实践个案"的双重考量[J].教育理论与实践,2021(5):25-29.

③ 汪凌.法国中小学教师专业能力标准述评[J].全球教育展望,2006(2):18-22.

④ 刘颂迪.教师专业标准比较研究及启示——以中国、澳大利亚为例[J].继续教育研究,2021(1):80-85.

在具体教学工作中专业能力的要求。除基本内容外,俄罗斯的《教师专业标准》还规定了标准的应用领域、应用目的、教师相关术语及界定、符合教师专业标准的评估办法、教师的信息和通信技术能力、教师心理教学、数学和信息学教师的专业标准、俄语教学教师的专业标准、教师专业标准实施建议。①

2007 年 9 月由英国 TDA 颁布的《英国教师专业标准框架》由合格教师专业标准、普通教师专业标准(共核部分)、资深教师专业标准、优秀教师专业标准和大师级教师专业标准五个部分构成,不分学段地对教师的专业发展进行了全程规划,将教师职前培养标准和在职教师各个发展阶段的专业标准整合起来;同时,从专业素质、专业知识和理解、专业技能三个维度对专业标准做出详细的规定。②

总的来看,各国小学教师专业标准主要规定了小学教师的专业知识、专业技能与专业品质。

(二)经验与启示

学界结合已有研究成果探索具有中国特色的小学教师专业标准。如有学者借鉴英、美等国教师专业标准的先进经验,认为探索构建教师专业标准应遵循教师专业发展的阶段性、终身性、全面性、实践性、自主性和合作性,提出我国应构建主体多元化、内容综合化、分级递进、多维结合等为主要内容的小学教师专业标准体系。③有研究在对比英、美、澳、日四国小学教师专业标准后,指出我国制定小学教师专业标准要立足本土,尊重差异,标准的内容既要突出对教师专业品质的具体要求,又要突出对教师个性化的要求,并建立基于标准的教师专业发展制度。④也有研究在对比中、澳小学教师专业标准后,认为我国小学教师专业标准的许多措施仅停留在知识和技能上,表述较为笼统,对新、老教师及各阶段教师的规定和具体要求几乎没有明显

①　杨晶,于伟.中俄中小学教师专业标准比较研究[J].外国教育研究,2015(5):80-89.

②　郝玲玲.英国中小学教师专业标准研究[D].沈阳师范大学,2011.

③　柏灵.论我国中小学教师专业标准体系的构建[J].当代教育科学,2010(24):11-13+48.

④　单志艳.美英澳日中小学教师专业标准比较研究[J].内蒙古师范大学学报(教育科学版),2012(4):23-27.

差别,降低了可操作性。教师专业标准应帮助教师明确"在什么阶段该做些什么""如何去做""如何提高自身能力",为教师成长和专业发展指明方向,充分发挥教师专业标准的指导作用,提升标准的具体可操作性。[①]澳大利亚的相关标准划分出四个职业阶段,对毕业生、熟练教师、娴熟教师和带头教师提出了由低到高的要求。而我国制定的标准只说明了合格教师在各个方面应该达到的水平,缺乏分层阐述,这使得我国小学教师专业标准的部分内容还停留在基础层面。[②]还有研究在分析德、法、美、日四国中小学教师专业标准后,得出对我国的启示,认为当前我国小学教师专业标准需要从四个方面进行完善与改进:一是丰富标准内容,标准中要体现对教师生命的关怀;二是构建教师专业标准的完整框架。当前的基本框架结构稳定而合理,但仍需要依据教师专业结构完善教师专业标准结构框架,建立分级的教师专业标准,动态更新专业标准内容。[③]

三、小学教师专业标准的应用与反思

在借鉴西方小学教师专业标准研究的基础上,我国学界也逐渐展开构建本土化的小学教师专业标准的相关研究。2012 年,教育部印发《小学教师专业标准(试行)》,学者们将重点转移至《标准》内容、价值等规定本身的内容,及其在现实中的应用现状,反思其实施效果及存在的问题,并提出改进建议。

学界一直在探讨以什么标准来衡量一名小学教师是"合格"还是"优秀",合格教师与优秀教师的界限引人深思。2012 年颁布的《小学教师专业标准(试行)》是第一次国家为小学教师专业化提供的专业标准。《标准》明确规定:"《专业标准》是国家对合格小学教师专业素质的基本要求,是小学教师实施教育教学行为的基本规范,是引领小学教师专业发展的基本准则,是小

①　刘颂迪.教师专业标准比较研究及启示——以中国、澳大利亚为例[J].继续教育研究,2021(1):80-85.

②　侯敬奇,毛齐明.基于国际比较的视角:我国小学教师专业标准之反思[J].现代教育科学,2017(4):139-144+149.

③　吴传刚.我国现行中小学教师专业标准改进研究[D].哈尔滨师范大学,2019.

学教师培养、准入、培训、考核等工作的重要依据。"[1]有研究结合《标准》的"专业理念与师德""专业知识"和"专业能力"三个维度深入解读"何为小学教师的合格标准",指出《标准》的出台说明我国基础教育在真正走向科学化,小学教师在真正走向专业化。[2]

对《标准》的文本解读与分析是促进小学教师专业化的基本探索,《标准》本身影响了小学教师专业化的方方面面,基于《标准》的多样视角研究就此展开,如小学教师培养与评价、课堂教学等。首先是对相关配套标准的讨论。有研究认为"区域、学校发展存在巨大的现实差异,寻找一种普适于全国或整个区域的教师评价标准是不现实的",应建构一种本校"共性 + 个性"的评价体系和方案,基于标准建构包含价值定位、指标体系、实践策略三个维度的"四导向、四原则、四分层"教师评价模型。[3]其次,《标准》作为合格小学教师的专业标准,对于师范院校培养小学教师起到重要参考作用。对此,王智秋认为小学教师职前培养应当将"学生为本"视为小学教师教育的灵魂,将师德教育作为小学教师教育的第一要素,能力培养是小学教师教育的重点,发展性则是小学教师教育的生命力所在。[4]

同样出于对《标准》普适性的考量,有研究基于《标准》开展地区性的小学教师专业标准制定。如有研究从小学教师教学实践、小学教师培养与培训等现实需要出发,提出北京市小学教师专业标准的研制要遵循以学生为本、促进教师终身学习、促进教师专业发展的持续性、基于实践取向的标准表述形式为指导思想,依据《中华人民共和国教师法》《中华人民共和国未成年人保护法》《国家中长期教育改革和发展规划纲要(2010—2020 年)》等国家法规与政策,结合小学教师专业化的理论成果,针对北京市地区小学教师群体和优秀小学教师个体的基本调查、访谈与分析,基于总标准的功能,提出两

① 中华人民共和国教育部门户网站[EB/OL](2012-09-13),http://www.moe.gov.cn/srcsite/A10/s6991/201209/t20120913_145603.html.
② 牛蒙刚,庞云凤.合格小学教师的标准是什么——《小学教师专业标准(试行)》初步解读[J].淄博师专学报,2012(4):3-8.
③ 范涌峰,李欣莲.基于标准的教师评价模型构建[J].教育理论与实践,2016(19):32-36.
④ 王智秋.基于教师专业标准的小学教师职前培养[J].中国教育学刊,2012(12):72-76.

个维度(即专业基础和专业实践)、四个领域(健全人格与职业道德、学科与教育教学专业知识、促进学生的学习和发展、教育教学研究与专业发展)、二十一条标准,按照三阶段(入职阶段教师、发展阶段教师、优秀教师)或者五阶段(新手教师、熟练教师、成熟教师、骨干教师和专家教师)的具体内容框架结构。①

第三节　贴近真实教育场域的小学教师专业伦理研究

教师专业知识与教师专业伦理是教师专业标准的两大维度,教师应具备专业的知识这一点已经取得共识,而教师专业伦理的相关问题仍在讨论。在教育研究领域,有关"教师道德""教师职业道德""教师伦理"等概念的辨析和研究则间接推动了人们在"个体""职业""专业"三种教师身份之间做出选择——更明晰、更求实地走近教师的专业身份。最鲜明的表现就是从教师职业道德规范的关注转向对教师专业伦理的研究。②

了解教师专业伦理在我国的发展进程,能够帮助我们更好地梳理和理解近20年小学教师专业伦理研究的核心关注点。这里参考蔡辰梅的教师专业伦理进展分析框架。③结合文献梳理发现:在近20年的研究中,前10年的教师专业伦理研究一方面基本围绕概念进行辨析,是从"教师职业道德"转向"教师专业道德"的"概念确立期"。檀传宝提出要顺应时代发展,从专业生活质量提高和教师的专业发展的角度专业性地推进教师的专业道德建设,实现由一般性的教师"职业道德"向专业特征更为明显的教师(或教育)"专业道德"的方向进行观念转移。④另一方面,这一阶段的研究在概念界定的基础上,更多地进行西方及中国香港等多地区的教师专业伦理规范的探索与比较。相比前10年,近10年的教师专业伦理研究则呈现逐渐分化的趋势,

①　王远美,李晶,方美玲,刘月艳,赵力,吕俐敏.北京市中小学教师专业标准研制的思考[J].北京教育学院学报,2010(4):5-10.
②　李敏.优良道德与关键道德:小学教师专业伦理的内容思考[J].教育科学,2020(4):44-50.
③　蔡辰梅,刘刚.近十年来教师专业伦理研究进展探析[J].当代教育科学,2018(6):39-44.
④　檀传宝.论教师"职业道德"向"专业道德"的观念转移[J].教育研究,2005(1):48-51.

由原来模糊、笼统的教师专业伦理理论研究转向具体学段的教师专业伦理研究,关注不同学段的教师专业伦理现状、发生机制、伦理困境等。但总体来看,小学教师专业伦理研究仍需进一步探讨。

在上述教师专业伦理发展背景下,小学教师专业伦理研究主要聚焦在内涵研究和教育实践等方面。

一、基于小学特质的小学教师专业伦理内涵

教师"专业伦理"或"专业道德"概念的提出是教师专业化发展到一定阶段的产物,同时也是该领域研究在一定阶段突破性发展的标志。[①]我国教师专业伦理的研究成果首先表现为明确提出小学教师专业伦理的概念及具体内容,但在很长一段时间里,人们只在伦理学的范畴中关心小学教师专业伦理,并未从小学的学段特质及小学教师真实的教育工作场域方面考量小学教师专业伦理的内涵与具体内容。

(一)小学教师专业伦理的概念界定

综观近 20 年的研究成果,对教师专业伦理内涵进行单独研究的并不多,但部分研究都会涉及教师专业伦理内涵的界定。当前,其内涵的研究有三种观点:一是强调教师专业伦理的专业性。高伟认为教师专业伦理是教师在其专业化的现实状况下所必须具有的伦理特性。[②]王有兰、曾子桐则认为教师专业伦理是教师在其专业化的现实状况下所必须具有的伦理特性,是教师作为一种专门职业的特殊道德要求和准则。[③]二是认为教师专业伦理是教师行为规范。徐廷福认为:"教师专业伦理是教师在专业活动中应遵守的基本行为规范。"[④]杨小平、刘义兵认为教师专业伦理是教师在从事专业活动时认可并自觉遵守的一套行为规范。[⑤]王玉玲指出:"教师专业伦理是教师在

① 蔡辰梅,刘刚.近十年来教师专业伦理研究进展探析[J].当代教育科学,2018(6):39-44.
② 高伟.教师专业伦理的现代性[J].现代教育科学,2002(5):53-54.
③ 王有兰,曾子桐.教师专业伦理的失落与重塑[J].教育学术月刊,2010(12):80-81.
④ 蔡辰梅,刘刚.近十年来教师专业伦理研究进展探析[J].当代教育科学,2018(6):39-44.
⑤ 杨晓平,刘义兵.论教师专业伦理建设[J].中国教育学刊,2011(12):66-69.

教育教学活动中必然要遵守的一套行为准则。"①三是将上述两种观点结合起来,既强调教师专业伦理的专业特性,又视教师专业伦理为行为规范。如罗昂将教师专业伦理定义为:"专业人员在进行教育、教学活动时需要遵守的行为规范和专业精神。"②2023年教师节前夕,习近平提出了"教育家精神"及具体内容。这在很大程度上反映出教师专业伦理的当代需要与特征。

伴随教师专业伦理研究的分化,学界开始基于小学学段特质关心小学教师专业伦理的概念。李敏提出小学教师专业伦理是指"小学教师伦理行为应该如何的优良道德",并从小学生身心发展的特点及需要、小学教师的特质、小学教育的价值这三个因素指出小学教师专业伦理具有"向善性""示范性""发展性"三种显性特质。③孔美美认为小学教师专业伦理指:"教师专业伦理在小学范围中,小学教师在其专业的教学实践中,哪些是应该做的,哪些是不应该做的,是一种重要的教师专业行为的要求或者约束。"④除此之外,有研究者提出了小学教师专业伦理的相关概念,如张典兵提出了小学教师专业伦理品性这一概念,认为"小学教师的专业伦理品性主要是指小学教师在其职业专业化发展的现实状况下所表现出来的一种极为鲜明的伦理特性,或者说是其在专业活动过程中认同接受并自觉恪守的规范与准则"⑤。

小学教师专业伦理内涵的研究表明,当前小学教师专业伦理指向小学教师在真实教育工作场域中的行为伦理特质。这种基于小学学段特质的讨论,有助于相关研究者进一步从职业内部的专业属性来展现,甚至是重申小学教师在工作中应当把握的伦理方向。⑥

(二)小学教师专业伦理的核心特质

小学教师专业伦理在我国主要体现在一些法律法规与政策规范中（见表2-2）,虽然相关的法律与政策为小学教师提供了基本的道德准则与伦理

---

① 王玉玲.中小学教师专业伦理缺失与重建研究[D].华东师范大学,2007.
② 罗昂.教师专业伦理的内涵与持续发展[J].中国德育,2008(4):22-25.
③ 李敏.优良道德的推导:小学教师专业伦理的特质分析[J].教育研究,2020(12):20-24.
④ 孔美美.当前我国小学教师专业伦理建设的问题与对策研究[D].渤海大学,2013.
⑤ 张典兵.小学教师专业伦理品性的内涵、结构与涵养[J].教学与管理,2015(35):1-3.
⑥ 李敏.优良道德的推导:小学教师专业伦理的特质分析[J].教育研究,2020(12):20-24.

规范,但也出现了条目过于笼统,操作性、指导性不强等问题,小学教师在真实的工作场域中面临伦理困境时无法获得有效的指导。同时,为了更好地进行师德师风建设,教育工作者和研究者也进一步关注小学教师专业伦理的核心特质。

表2-2　小学教师专业伦理相关法律政策

时间	相关政策及法律法规	相关内容
2008年9月	教育部、中国教科文卫体工会全国委员会《中小学教师职业道德规范(2008年修订)》	"爱国守法""爱岗敬业""关爱学生""教书育人""为人师表""终身学习"
2009年8月	《中华人民共和国教师法》(2009年修正)	"遵守宪法、法律和职业道德,为人师表""关心、爱护全体学生,尊重学生人格"
2012年12月	教育部《小学教师专业标准(试行)》	专业理念与师德(共19条):"职业理解与认识""对小学生的态度与行为""教育教学的态度与行为""个人修养与行为"
2019年12月	教育部等七部门《关于加强和改进新时代师德师风建设的意见》	"突出课堂育德,在教育教学中提升师德素养""突出典型树德,持续开展优秀教师选树宣传""突出规则立德,强化教师的法治和纪律教育"

　　小学教师的"爱"是小学教师专业伦理研究讨论较多的一个伦理要求。有研究认为"爱"是小学教师专业道德的核心,是小学教师开展教育活动并取得成功的根本动力。而这种爱,包括了对学生的爱和对教育工作、教育事业的爱,是开展教育工作、处理与教育对象的关系、推动教师自我发展的前提,只有心中有爱,教师才能宽容而快乐地面对教育教学的各项工作,并不断提升道德境界。[1]同时,小学教师的"爱"体现在道德爱、专业爱和爱自我三个方面,且小学教师的爱应成为一种专业情感和道德,具有职业性、科学性、无条件性、互惠性等特点,是备受古今中外小学教育工作者重视的关键道德,是诸多优良道德的源头与根基。[2]

---

　　[1]　陆道坤,张芬芬.论教师专业道德——从概念界定到特征分析[J].教师教育研究,2016(3):7-12.
　　[2]　李敏.优良道德的推导:小学教师专业伦理的特质分析[J].教育研究,2020(12):20-24.

除小学教师的"爱"以外,关于小学教师专业伦理的具体内容,不同学者持有不同的看法。李敏认为小学教师的"公正"与"爱"一起构成了小学教师专业伦理的重要内容,提出小学教师的公正包括理性、仁慈、平等、民主、学生权益意识、个体差异意识等具体道德,而小学教师是否能够做到公正,实质上会在教学过程中形成一股隐性的、持续的、强大的示范力量,直接影响小学生的人格发育和社会性发展。①张添翼、程红艳强调了"公正",指出发达国家和地区特别强调教师是提供公共教育服务的人员,教师在提供教育服务时必须是无歧视的。因此小学教师专业伦理应做到:一是突出教师公平对待学生的无歧视原则,明确反对任何基于民族、性别、外貌、地域、家庭背景、学业成绩等的歧视;二是以教师的专业判断,保护每个儿童的权利,促进每个儿童的最大福利。②张典兵认为小学教师专业伦理品性发展的最终旨归应当定位于不仅要实现学生身心的全面健康成长,而且也要使自身达到一种精神的享受与人生的圆满。因此,小学教师就要对与自身专业伦理品性相关的范畴,如教育爱、教育善、教育宽容、教育公正、教育理解、角色敬畏等加以关注和修炼,而这恰恰正是小学教师专业伦理品性的核心内容。③

进行小学教师专业伦理相关研究的前提就是清晰小学教师专业伦理的概念及其具体内容,研究者与教育工作者从小学学段特质出发讨论小学教师的专业道德或专业伦理,弥补了当前小学师德建设工作的缺失。但不可否认的是,当前我国小学教师专业伦理的基本理论成果仍然较少,只有厘清"是什么"的问题,才能更好地研究"为什么"及"怎么做"的问题。

二、从理论到实践的小学教师专业伦理建设

因受小学教育自身关注度不高的局限性,专门讨论小学教师专业伦理建设的高质量资料并不多,多数仍是在不分学段地讨论教师专业伦理建设

---

① 李敏.优良道德与关键道德:小学教师专业伦理的内容思考[J].教育科学,2020(4):44-50.
② 张添翼,程红艳.中小学教师专业伦理规范建构的调查研究及建议[J].教育科学研究,2013(9):46-51.
③ 张典兵.小学教师专业伦理品性的内涵、结构与涵养[J].教学与管理,2015(35):1-3.

问题,所以在此处参考徐静茹的小学教师伦理分析框架,[①]从教师专业伦理建设的理论研究与实践研究两个方面来明晰未来小学教师专业伦理建设的研究走向。

(一)规则取向为主的小学教师专业伦理建设理论

我国教师专业伦理建设主要以规则取向为主。规则取向的教师专业道德建构围绕"我应该如何行动",探寻教师正确行动的道德规则,侧重于教师专业伦理规范体系的研究。

首先,针对不同国家和地区的小学教师专业伦理规范的比较研究,黄路阳对中国大陆、中国香港、美国的教师伦理规范进行了比较,指出未来建设的中国教师专业规范必须实现由规范伦理向德性伦理的转换,使教师专业伦理成为广大教师共同认可并努力追求的专业道德理想,引领教师的专业发展。邱哲在深度分析美国教师专业伦理后,指出我国的教师专业伦理过分强化了教师的责任感,强调从外部要求和职责来胁迫教师,而忽视了通过内部责任的形式使教师的主动服务意识得以自律性的生成,所以在当前的教师专业伦理建设中,应当减轻教师职业道德外部强加的意味,增强教师专业伦理的内部责任及专业服务意识,提高教师对其专业自律性的认可度,从而实现我国由传统师德向现代教师专业伦理的转变。[②]还有研究者发现澳大利亚各州和领地的伦理规范主要围绕激励、共享和引导三个方面来设置和实施,指出我国教师专业伦理建设应合理设置规范的层次,突出伦理规范的核心价值,加强专业的内在认同,明确专业伦理的边界,根据我国教师的具体道德实践设置相应的道德推理模型,围绕规范设置具体案例为教师提供机会进行讨论、为教师提供平台就伦理问题展开对话。[③]此外,还有研究者采用质性内容分析的方法,通过对比中国、美国、新西兰、英国、加拿大(安大略省)五个国家教师职业道德规范的名称、制定机构、内容组织方式、对象和功

① 徐静茹.小学班主任工作伦理建设研究[D].南京师范大学,2020.
② 邱哲.美国教师专业伦理的制定及其启示[J].教育研究与实验,2010(2):38-41.
③ 张家雯,王凯.激励、共享和引导:澳大利亚教师伦理规范建设取向[J].教师教育论坛,2016(5):87-91.

能后发现:除我国外,其他四国的教师伦理规范的编制路径都是由教育领域的专业人员在大量实证研究基础上制定的,具有较强的操作性,能够被大多数教师所接受。而我国师德规范的制定是以教育行政部门为主导的,规范制定处于经验立法阶段,缺乏研究意识和专业视角,规范内容存在抽象空泛等问题,并建议我国教师专业伦理规范的研制路径需要从"自上而下"转向"自下而上",制定主体需要专业团体及教师的参与。①

其次,除不同国家和地区的小学教师专业伦理规范比较研究,我国的师德规范文本也引起了学者们的关注。基于已有的师德规范,学者们对于建设本土化的教师专业伦理有各自的看法。檀传宝最早提出教师要实现"职业道德"向"专业道德"的转移,从专业生活的角度理解教师专业道德建设,将教师的职业道德理解为专业生活的必需。这种必需主要表现之一就是教师的专业生活需要有专业道德规范予以保障,以确保教师在行使专业权利时免受非专业人士的非理性指责与侵犯。②徐廷福认为我国教师专业伦理在建构过程中应当实现从身份伦理向专业伦理转换及从经验方式到理论方式的转换,其最终目的就是形成有别于其他专业或职业的特殊伦理规范。③我国小学教师专业伦理建设主要体现在《中小学教师职业道德规范》,自20世纪80年代至今,教师职业道德规范几经修订,继承和总结了我国优良的师德传统和实践经验,使教师职业道德日趋成熟,为我国师德建设提供了有力的支撑。但随着教师专业化的发展,师德专业化已经成为时代的需求。因而在未来我国需要以"专业伦理"指导师德规范,在增加师德"底线伦理"要求的同时,不能放弃对"德性伦理"的追求。④

除规则取向之外,美德取向也是小学教师专业伦理建设中的另一种声音。美德取向的教师专业道德建构追问"我应该成为什么样的人",关注教师

---

① 陈黎明.如何完善我国教师职业道德对五个国家教师职业道德规范的质性内容分析[J].教育科学研究,2019(2):74-81.

② 檀传宝.论教师"职业道德"向"专业道德"的观念转移[J].教育研究,2005(1):48-51.

③ 徐廷福.论我国教师专业伦理的建构[J].教育研究,2006(7):48-51.

④ 易连云,李琰.略论建国后我国教师伦理的时代变迁——基于《中小学教师职业道德规范》演变的分析[J].中小学德育,2014(1):6-10.

的道德品格和道德自我。①研究指出,要成为一个有能力的或有效能的专业者,除了掌握必需的技术、契约性义务外,还应具备基本的普适美德。②没有这些美德特征,如节制、勇敢、正直、公正、智慧等,不可能成为有效能的教师。③如李敏通过优良道德规范推导公式,将手段善和内在善的统一作为重要尺度来寻找小学教师伦理中更为稳定、更为基础的道德形态,指出小学教师的爱与小学教师的公正是两个关键道德,构成小学教师专业伦理基础的、具有支架作用的另一种内容形式。④

虽然目前小学教师专业伦理建设以规则取向为主,但越来越多的学者主张规则取向与美德取向融合的教师专业伦理建设路径,既要从外部规范教师伦理行为,又要激发教师内部伦理认同,让教师知晓自己到底需要朝哪些美德方向努力。如有研究认为教师专业道德的建构需要"美好的专业生活",提出在一元论的话语体系与多样化的专业实践之间的张力中,教师专业道德建构的可能出路:把握教师生活的同一性,建构整合的道德身份;打破自我利益与自我牺牲的二元对立,关注教师专业道德建构的人文性与可持续性;发展教师对专业实践的道德承诺,彰显教师在专业道德建构中的主体性。⑤虽然两种取向都存在逻辑鸿沟,但都是从特定的视角来透视教师多元、复杂的道德生活,都体现了教师专业实践的不同道德向度,触及了教师专业道德建构的不同层面,是教师实现幸福生活的必要支撑。⑥但在当前以规范取向的师德建设路径为主导的情况下,美德与规范在小学教育工作实践中能否真正得以融合,如何实现融合依然是问题,这些问题值得每个教育

① 王夫艳.规则抑或美德:教师专业道德建构的理论路径与现实选择[J].教育研究,2015(10):64-71+97.

② 王夫艳.规则抑或美德:教师专业道德建构的理论路径与现实选择[J].教育研究,2015(10):64-71+97.

③ Carr,D.,Personal and Interpersonal Relationships in Education and Teaching:A Virtue Ethical Perspective[J].British Journal of Educational Studies,2005(3).

④ 李敏.优良道德的推导:小学教师专业伦理的特质分析[J].教育研究,2020(12):20-24.

⑤ 王夫艳.规则抑或美德:教师专业道德建构的理论路径与现实选择[J].教育研究,2015(10):64-71+97.

⑥ 王夫艳.规则抑或美德:教师专业道德建构的理论路径与现实选择[J].教育研究,2015(10):64-71+97.

研究者和教育管理者认真思考。①

　　随着西方教师专业伦理研究新视角不断被中国学者熟知，如以科尔伯格为代表的"道德认知心理学"的研究视角和以诺丁斯为代表的"关怀伦理学"的研究视角等新成果被不断引入我国的教师职业道德研究和建设中，理论逐渐呈现多元化趋势。李敏、蔡连玉等跳出小学教师发展的外部政策与环境建设，基于小学教师职业内在属性与特点探索小学教师专业伦理建设，集中关注了小学教师专业伦理中的七个重要论题：其中"关怀伦理""惩戒伦理"关注了小学教师在教书育人过程中两种基础的伦理性表现；"话语伦理"和"性别伦理"关注了小学教师由于职场特有的身体在场而引发的伦理思考；"技术伦理"和"管理伦理"关注了外部教育期待带来的伦理要求；"关系伦理"回应了小学教师在三类教育交往中的伦理诉求。②魏戈则从教师实践性知识研究视角，从最初对教师专业实践的观测，走向教师专业知识的内容建构，最终回归教师职业的本质属性，以专业精神中的伦理与德性赋予教师专业合法性的价值根基。③这些新的理论视角在小学教师专业伦理中的呈现或许可以有助于小学教师专业伦理的建设与发展。

（二）解决小学教师专业伦理实践困境的策略研究

　　在专业的教育工作中，小学教师会不可避免地面临伦理困境。为了形成良好的小学教师专业伦理，除了进行不同国家和地区的小学教师专业伦理规范比较研究之外，还从我国小学教师专业伦理困境的应对策略方面展开。

　　小学教师专业伦理困境首先是小学教师个体的伦理困境，即在教育专业活动中，小学教师依据教师专业伦理在处理与所有教育相关参与者（包括学生在内）的关系时所遭遇到的困难或两难处境。④有研究者对小学教师专

---

①　钱晓敏.教师职业道德研究的 70 年(1949—2019)：历程、成就与展望[J].中国人民大学教育学刊,2020(2)：109—121.

②　李敏,蔡连玉等.师爱的向度——小学教师专业伦理研究[M].上海：华东师范大学出版社,2022：2.

③　魏戈,陈向明.教师实践性知识研究的创生和发展[J].华东师范大学学报(教育科学版),2018(6)：107—117+158—159.

④　方娇.中小学教师专业伦理困境及对策研究[D].湖北大学,2013.

业伦理实践进行调查，发现小学教师在实践中大多面临"如何利于学生发展""对谁负责""如何对待规范"的伦理困境，尽管很多时候教师能明确意识到哪种方式更符合道德要求，但缺乏实践的道德环境、能力和勇气。对此，有研究者认为可以选用伦理抉择、实践对话、自我更新及采用复杂思维的策略来应对伦理困境。①

小学教师专业伦理困境还体现在小学教师群体的伦理困境，即小学教师专业伦理在实践中普遍存在的问题。有研究者认为解决当前小学教师专业伦理的迷失问题，需要小学教师从小学生或儿童入手，树立科学的儿童观，把儿童的最大利益放在首位，认识到儿童的思想还不够成熟，身心都还处于发展阶段，因而要尊重中小学生在发展水平、能力和经验上的个体差异，满足他们的个体需求，充分尊重儿童的主体性、完整性和创造性，用爱心和责任心来呵护每一位学生的成长。②同样，也有学者指出只有基于对儿童的认知和理解，小学教师才能更加道德地对待童年，才能更加自信地表达爱和关切，更加坚定地走进儿童的世界，这就需要小学教师带着珍视的敬畏去影响童年里的孩子们，以移情的方式体谅儿童，以信任的情感推动儿童，以道德的方式引导儿童。③从情感视角来看，由于应试教育的种种弊端、师生关系的加剧恶化、功利主义教育观的横行、师德规范的教条规训、社会舆论的道德绑架，使得教师呈现可堪忧虑的情感及生命状态——教师作为"活生生"的人的情感维度被严重遮蔽，教师迷失在"无我""无情"的道德生活困境之中；而教师以人文主义方式过有"人情味"的道德生活是促进教师道德生活自主成长的有价值的尝试。④从伦理教育层面来看，可以实施教师专业伦理的"一体化教育"，即教师职前、入职、职后专业伦理教育的一体化，专业伦理规范、修养和实践教育的一体化及专业伦理各阶段教育的一体化。⑤

①　李琰.义务教育阶段教师专业实践中的伦理困境研究[D].西南大学,2014.
②　周玲萍.中小学教师专业伦理的反思与对策[J].当代教育论坛,2015(5):38-42.
③　蔡辰梅.只有理解童年,才能道德地影响童年——论小学教师专业伦理的建构[J].中国德育,2017(1):29-33.
④　钟芳芳,朱小蔓.论当代教师道德生活的困境与自主成长:基于情感自觉的视角[J].教师教育研究,2016(6):1-6.
⑤　刘桂林.论中小学教师专业伦理的提升[J].现代教育科学,2007(12):52+56.

从一些实证研究来看，小学教师对教师专业伦理的理解有着多元的价值取向，没有将外在的伦理规范内化于自身,小学教师专业伦理的建设也没有达到教师共同体发展的氛围;①再如小学教师专业伦理的学习内容与教师专业工作相脱节,小学教师专业伦理评价标准具有滞后性和片面性,评价方式单一,评价结果也没有发挥其真正的价值;②还有教师为学生服务的质量尚需提高、与同事的团结有待加强、与家长的合作欠深入与平等、不善于坚持专业判断、对社会(社区)没有尽专业之职责、对专业集体的责任履行不很充分,等等。③为解决小学教师在专业伦理建设中的问题,有研究者提出小学教师要积极追求道德意识的自觉性、道德行为的示范性和道德后果的渗透性。④

综观小学教师专业伦理的研究成果,可以发现,虽然研究者仍更多地在上位概念下做讨论,但已经有部分学者从小学教师的工作现实、小学教师面对的教育主体——小学生等方面思考小学教师真正的伦理品性,研究开始倾向贴近真实教育场域的小学教师专业伦理。

第四节　小学教师专业认同相关研究

教师专业认同(teacher's professional identity),也被译作教师职业认同,在教师专业化背景下,教师职业认同、教师专业认同在使用上多为同义。教师职业认同的界定有多种解释,如张力说、⑤动态说、⑥感知说⑦等,我国学者

---

① 孔美美.当前我国小学教师专业伦理建设的问题与对策研究[D].渤海大学,2013.

② 张玉.小学教师专业伦理建设的问题与对策研究[D].鲁东大学,2014.

③ 童富勇,刘桂林.中小学教师专业伦理现状调查[J].教育发展研究,2007(10):27-30.

④ 谢永旭.我国中小学教师专业道德发展现状与多重性反思[J].教师教育论坛,2015(10):78-80.

⑤ Ivor F.Goodson and Ardra L.Cole.Exploring the Teacher's Professional Knowledge:Constructing I-dentity and Community[J].Teacher Education Quarterly,1994(1):85-105.该研究认为教师的认同发展是确立在个体和职业的共同基础之上的。

⑥ Paul F Conway.Anticipatory reflection while learning to teach:from a temporally truncated to a tem-porally distributed model of reflection in teacher education [J].Teaching and Teacher Education,2001 (1):89-106.该研究认为教师专业认同在于提出预想反思的功能,把职业认同看作是一个进行着的过程,意味着它是动态的,而不是稳定的、固定的。

⑦ 于慧慧.中学青年教师职业认同现状研究[D].湖南师范大学,2006.该研究认为教师职业认同即是教师承认自己的教师身份,从心底接受这个职业,并能对职业的各个方面作出积极的感知和正面的评价。

宋广文、魏淑华提出了过程说,认为教师职业认同既指一种过程,也指一种状态。"过程"是说,教师职业认同是个体自我从自己的经历中逐渐发展、确认自己的教师角色的过程;"状态"是说,教师职业认同是当下教师个体对自己所从事的教师职业的认同程度。①总体来看主要有三个方面:①教师职业认同的内容或对象主要涉及教育、教学或教师职业和作为教师的自己;②教师职业认同是动态的,不是固定的;③教师职业认同是教师个体(自我)与环境(教师职业)持续相互作用的结果。②在教师专业化的背景下,教师的专业认同是教师专业发展的必要前提和切入口,没有专业认同,专业发展对教师来说就成为被动的外在要求,这样的教师也只能是"貌合神离"和"生活在别处"的教师。③

　　教师专业认同作为促进教师专业发展的重要动力具有多个维度。国外学者 Kremer 和 Hofman 认为教师专业认同包括了四个次认同:向心性(centrality)、价值(valence)、团结(solidarity)、自我表现(self-presentation)。④国内学者魏淑华认为教师职业认同包括职业价值观、角色价值观、职业归属感、职业自尊感、要求行为倾向、额外行为倾向。其中,职业价值观和角色价值观属于职业认知范畴,职业价值观指教师个体对教师职业的意义、作用等的积极认识和评价,角色价值观指教师个体对"教师角色"对自我的重要程度等的积极认识和评价,表现为教师个体以"教师"自居并用"教师"角色回答"我是谁"的意愿。职业归属感、职业自尊感属于职业情感的范畴,根据教师工作的性质和内容,要求行为倾向和额外行为倾向属于职业行为倾向的范畴。⑤刘要悟、于慧惠则认为教师职业认同包括职业能力、职业意义、职业特征、对领导的认同、对同事的认同、对学生的认同、对工作回报的认同、对工作条件的认同和对所在学校的归属感 9 个因素。⑥大体看来,教师专业认同主要涉

---

① 宋广文,魏淑华.影响教师职业认同的相关因素分析[J].心理发展与教育,2006(1):80-86.

② 魏淑华.教师职业认同研究[D].西南大学,2008.

③ 谈儒强.从情感视角看教师的专业认同[J].教育与现代化,2008(1):51-55+60.

④ 魏淑华.教师职业认同研究[D].西南大学,2008.

⑤ 魏淑华.教师职业认同研究[D].西南大学,2008.

⑥ 刘要悟,于慧惠.我国小城市中学青年教师职业认同现状研究——来自湖南 5 个小城市的调查[J].大学教育科学,2008(6):47-54.

及教师专业身份认同、教师专业情感认同、教师专业行为认同三个方面。

教师专业认同涉及维度之广,其影响因素也是多方面的。有国外研究者认为,职业认同既是个体认同也是集体认同,[①]不仅受到个体内在特点和外在环境的共同影响,还与社会比较有关[②],是个体与环境互动的结果。国内有研究者通过调查发现我国教师专业认同受个人、家庭、学校和社会,[③]以及学校环境、学生特点、任教学科、同事和学校管理者等因素影响。[④]关于教师职业认同影响因素的研究,目前主要集中在内部因素、外部因素两部分:内部因素主要包括人口统计学变量因素和教师个体因素,外部因素主要包括社会环境、学校环境、家庭环境。

教师专业认同是教师专业发展的核心之一,教师的身份认同、职业幸福感、职业倦怠与教师专业认同有密不可分的关系。

一、小学教师专业身份认同的挣扎与坚持

教师专业身份认同就是作为"人"的教师和作为"教师"的人的统一,也就是社会自我与个体自我的有机结合体。[⑤]社会自我指向外在社会对教师的角色期望,个体自我指向基于教师自身的实践经验和个人背景的专业生活体认。[⑥]简言之,教师专业身份认同的社会自我是社会对教师身份的希望,而教师专业身份认同的个体自我表达了教师对于自身的教学实践经验和自己的生活背景的认同。[⑦]当教师追问自己"我要做怎样的教师?""面对学生,我承担着怎样的责任?""我有怎样的学生观,教师观,教育观,教学观?"等涉及

① Ashmore Richard D., Deaux Kay, McLaughlin-Volpe Tracy.An organizing framework for collective identity: articulation and significance of multidimensionality[J].Psychological Bulletin,2004(1):80-114.

② Tiziana Mancini et al.Personal and social aspects of professional identity [J].Journal of Vocational Behavior,2015(89):140-150.

③ 金哲洙,李森洁.民族院校师范生教师职业认同感的特征及影响因素[J].黑龙江高教研究,2019(2):98-102.

④ 李兵,张丽芳,林海明,李政.新进教师职业认同变化调查——基于免费师范毕业生的追踪研究[J].高教探索,2019(1):111-117.

⑤ 李茂森.教师"身份认同"的理性思考[J].全球教育展望,2008(7):34-37.

⑥ 李茂森.论专业身份认同在教师研究中的价值[J].上海教育科研,2009(9):33-36.

⑦ 孙静.农村小学教师身份认同研究[D].青岛大学,2018.

教师专业性的问题时，则是教师对自己专业身份认同的追问。①

依据荷兰学者科瑟根（Fred Korthagen）提出的"好教师"洋葱模型，教师使命感是核心，其次是身份认同，接着由内而外依次为教师的能力、教师的行为和环境。②作为小学教师专业发展的重要一环，"作为教师的我是谁"的小学教师专业身份认同研究显得极为重要。

（一）小学教师专业身份认同的两难现状

不同教师群体身份认同现状研究已成为近年教师身份认同研究的主要关注点。小学教师身份认同的研究对象涉及不同学科、不同类型或者不同阶段等多样的小学教师。这些小学教师在其所属的教师群体中面临不同程度的身份认同困境，甚至是两难选择。这种两难体现在小学教师一方面较高地认可教师的专业身份，一方面又基于多方原因产生无奈、倦怠等心理与行为。小学教师内外的心理与行为产生矛盾，工作热情不如从前，但又无法离开，导致"有力无心"，或者想在职业上更进一步，却又无处发展，导致"有心无力"。在一项对1095名中小学教师的调查中，研究者发现小学教师身份认同并未真正构建起来，来自国家、社会、家长、学生和学校等的多重压力使教师群体在对教师职业高度认可的同时又表现出随波逐流、得过且过的甚至失望的心态，表现出无奈、冷漠乃至拒绝身份认同、选择改行的行为。同时，多数教师对未来发展和专业追求仍持乐观态度，但是教师在努力工作的同时并没有得到相匹配的职业发展。③同样对小学教师专业身份认同进行调查，有研究从小学教师的自我形象、自我评价、专业地位、专业动机、专业情感、专业期望六个维度判断小学教师专业身份认同，发现小学教师的自我建构意识薄弱，大部分教师认为小学教师职业地位并没有理想或应然中的那么高，从事小学教育并不能发挥自己的才能，理想状态与现实情况差距大，

①　叶菊艳.专业身份认同：教师队伍质量的核心[J].人民教育，2018（8）：17-21.

②　Korthagen F.A.J.In Search of the Essence of a Good Teacher：Towards a More Holistic Approach in Teacher Education[J].Teacher and Teacher Education，2004（20）：77-97.

③　李江.从掩蔽到解蔽：教师身份认同的迷失与重塑——基于重庆市1095名中小学教师的调查[J].当代教育科学，2018（2）：64-68+74.

由此隐藏的身份认同危机对他们的工作、生活产生了一定的影响。①

　　在不同类型的教师群体中都能找到这种两难困境的影子。如编制外的小学教师面临更尴尬的境地。编外小学教师因其自带的流动属性,导致其缺乏对于教师群体的归属感,教师个体也就不易形成明确的身份定位,并由此获得模糊化的消极情绪体验,使其产生强烈的身份认同冲突。②还有各学科的小学教师存在一定程度的身份认同困境,如小学心理健康教师对身份的自我认同不高,其自我接纳水平偏低,从情感上与态度上不愿承认自己的心理教师职业身份,因其在学校中处于边缘的状态,他们对于自己的职业身份秉持着动摇、怀疑和不确定的心态,主观幸福感低迷。③此外,小学教师专业身份认同困境更多地体现在农村小学教师身上。如有研究指出,农村小学教师的专业身份认同危机主要体现在经济认同度不高、政策认同度偏低、文化认同度下滑、社会认同度低迷、自我认同质疑五个方面。④小学乡村教师由于缺乏对乡村教师义务、权利、目标、地位和责任等的明确认识,与当地公务员、城市小学教师存在一定发展差距,导致身份模糊和身份差距,其临时身份与固定身份、期望身份与实践身份、正式身份与非正式身份这种多重复杂身份也容易造成身份认同危机。⑤再如初任小学教师可能存在身份认同困境。从社会学视角来看,小学初任教师身份认同具有三个特征:互动性、层级性、多重性。⑥在师生观上,小学初任教师存在师生民主与教师权威的冲突;在专业满意度上,小学初任教师选择小学教师职业的首要考虑因素是职业福利与兴趣爱好;在专业知能上,小学初任教师存在理论自我与实践自我的断层,等等。⑦

　　可以看出,小学教师专业身份认同的两难困境一方面体现在社会认同

①　赖丽君.小学教师专业身份认同的现状及其自我建构探讨[D].江西师范大学,2010.
②　孙晓萌.“新生代”县域编外教师身份认同的质性研究[D].渤海大学,2019.
③　刘敏.中小学心理教师身份认同研究[D].扬州大学,2018.
④　桂海钦.乡村振兴战略下乡村教师身份认同现状、问题及对策研究[D].黄冈师范学院,2019.
⑤　谢小蓉.西南民族地区乡村教师身份认同研究[D].西南大学,2020.
⑥　燕茹.小学新任教师身份认同案例研究[D].杭州师范大学,2020.
⑦　翁雪霞.小学英语初任教师专业身份认同个案研究[D].宁波大学,2013.

上,制度、社会、学校等多方压力使小学教师对教师身份产生怀疑,另一方面体现在自我认同上,一部分小学教师对自己教育教学工作表示无奈与挣扎,这种对小学教师专业身份认同的困境现状研究,是研究者从仅关心理论层面到关注现实样态的转型。

(二)指向自我的小学教师专业身份认同的建构与提升

为了提升小学教师的专业身份认同,研究者大体从社会认同与自我认同两方面入手提出相应的建构与提升策略。在近 20 年的小学教师专业身份认同研究中,可以发现,过去人们过于注重小学教师身份认同的社会认同方面,如长期以来,社会对教师职业的称赞都赋予了许多美丽的光环,诸如"园丁""春蚕""人类灵魂的工程师"等,夸大了教师为满足社会对于人才需求的工具性价值而忽略了教师自身作为主体应有的生命价值和意义,而教师的身份认同是教师个体自我不断自主、积极建构的过程。①正如有学者所言:"我们的广大教育行政决策者及相关专家学者一味地将教师的专业发展聚焦于外在表层的教师经济待遇落实和专业技能培训上。事实上,在我国中小学师资学历和教育教学能力日益提高、相关政治经济待遇落实日益改善的情形下,真正制约和影响其专业纵深发展的核心问题是内在深层的教师身份认同建构。如若我们仍将教师专业发展的侧重点放在那些外在的因素上,中小学教师的专业发展仍难获得根本性的突破。"②因此,在近些年的研究中,研究者的视角逐渐发生变化,在关注社会等方面对小学教师专业身份认同的同时,注重小学教师实然的存在方式,从小学教师内在自我出发建构及提升小学教师专业身份认同。

首先,增强教师的使命感,加深小学教师对专业身份的理解。构建小学教师专业身份认同的重要任务应是关注教师是如何赋予自我和客观现实意义的,而不应仅停留在行为指导这一层面,要帮助教师发展一套合宜、客观

① 李茂森.教师"身份认同"的理性思考[J].全球教育展望,2008(7):34-37.
② 容中逵.即体即用:一种不容忽视的中小学教师身份认同趋向[J].全球教育展望,2019(4):74-80.

的信念系统。①通过培养或增强小学教师职业的使命感,或者说是职业身份的认同度及理解程度,将教师职业看作是自我实现的需要,是教师实现生命价值的场所,是个人生命力勃发与价值实现的载体,由此建立积极的职业价值观与专业身份认同。②其次,做反思性的实践者。"反思"是一个教师不断超越走向更高境界的重要平台。在面临身份认同困境时,小学教师可以通过合理思考从外部寻找原因,同时进行自我审视与反思,发现问题然后解决问题,逐步提升自我满意度,欣赏并悦纳自我,从而形成积极的身份认同。③具体反思的方式如教学日记、档案、甚至是口头经验分享,叙说自己成为教师或者教学生活中值得探讨的故事。④小学教师反思自己职业发展状况,会促使自己在专业化发展过程中日益成熟和自信,有助于小学教师认识到自我专业身份认同建构中的问题,在问题和矛盾的解决中有助于他们更好地领悟作为教师的价值与意义。最后,终身学习,引导自我的专业发展。有研究指出,小学教师在专业上的不断完善自我,会提高初任教师的自我效能感、培养荣誉感、归属感、责任感,帮助教师形成职业社会身份认同,从而促进教师身份认同。⑤

　　虽然小学教师专业身份的认同需要通过小学教师的自我力量来建构,但在研究与现实中,仍然需要注意社会、学校、家庭等因素对小学教师专业身份认同的影响,如教师减负、教师待遇等来自国家及制度层面的政策方针有时或许会对小学教师专业身份认同产生一定影响,这是研究者或教育工作者不可抵抗但又无法绕开的现实情况。对此,有学者以小学教师为研究对象,以非聚焦性调查等方式收集质性资料,并展开主题分析,同时生成了一个教师存在确证,即教师身份认同的全面评估范型,旨在帮助教师更好地了解自身存在状况。研究指出:教师存在的确证需要"他为"的多维支持,"自

①　叶菊艳.专业身份认同:教师队伍质量的核心[J].人民教育,2018(8):17-21.
②　赖丽君.小学教师专业身份认同的现状及其自我建构探讨[D].江西师范大学,2010.
③　陈俊珂,姬红燕.小学特岗教师身份认同危机及其化解之策[J].教学与管理,2021(12):55-58.
④　林文雅.自我效能感对小学新手教师专业身份认同的影响[D].杭州师范大学,2020.
⑤　张传路.天津市滨海新区小学初任体育教师身份认同研究[D].天津体育学院,2020.

为"的关心实践以及"为他"的伦理超越。在"他为"层面,应通过营造"重教尊师"的社会支持文化,强化教师存在体验;积极应对问题,转换教师的非存在体验;提高教师对"外在善"的存在感知力。在"自为"层面,要激活教师先在的"爱"与"关心",激发教师的主体力量。在"为他"层面,教师应该用心倾听"他者"的贫弱性、卓越性、匿名性的召唤,理性认同"他者"的绝对性、差异性和陌生性。①

二、多学科、多方法、多因素的小学教师职业幸福研究

在人类的思想文化史上,对幸福的追问,主要形成两大理论流派:一派是"快乐论";一派是"实现论"。前者以英国功利主义创始人边沁为代表;后者以古希腊大思想家亚里士多德为代表。②在这两大理论流派的基础上逐渐形成了现代幸福研究的两大路线:客观幸福研究与主观幸福研究,而客观幸福在后来的心理学研究中也被称作心理幸福感。③亚里士多德的幸福论和边沁的快乐论是人类对幸福问题的形而上的哲学思考。幸福真正进入科学的研究视野则是现代才开始的事情。④20世纪末,我国教育学界才真正开始关注幸福问题,对教师幸福的关注则是近20年内开始的。

有学者给教师职业幸福感下了很多定义,归纳起来有以下四种:①教师职业幸福感是一种状态;②教师职业幸福感是一种主观体验;③教师职业幸福感是一种评价;④教师职业幸福感是一种生活方式。⑤通过文献梳理,可以发现,近20年的教师职业幸福研究呈现多学科、多方法、多因素的研究趋势。

(一)多学科

我国小学教师职业幸福感研究起初多是思辨式或经验式的讨论,主要研究小学教师职业幸福的元问题,如从伦理学的幸福论探讨教师的幸福,⑥

①　陈修梅.教师存在的确证[D].首都师范大学,2020.
②　娄伶俐.主观幸福感的经济学理论与实证研究[M].上海:上海人民出版社,2010:8-9.
③　裴淼,李肖艳.国外教师幸福感研究进展[J].教师教育研究,2015(6):93-98+106.
④　娄伶俐.主观幸福感的经济学理论与实证研究[M].上海:上海人民出版社,2010:14.
⑤　张蓉.教师职业的主观幸福感研究综述[J].开封教育学院学报,2013(7):225-226.
⑥　檀传宝.论教师的幸福[J].教育科学,2002(1):39-43.

从哲学层面讨论教师职业幸福实现的何以可能问题。①在哲学视角下,中国传统哲学中儒、道、佛三家人生哲学中的幸福观、西方哲学中的人道主义幸福观和神道主义幸福观、马克思主义幸福观都为研究者们提供了小学教师职业幸福感研究的理论基础。②社会学对小学教师职业幸福感的研究强调社会支持的作用,③以及人口统计学因素、教师角色对小学教师职业幸福感的影响。④而后随着科学研究的发展,研究越来越重视科学的理论基础。当前人们关注最多的是心理学的两大幸福流派——主观幸福感(PWB)与心理幸福感(SWB),心理学对小学教师职业幸福感的研究重点关注影响其幸福感的内在因素,如心理资本、职业压力、职业认同等因素的中介作用,以及小学教师职业幸福感获得的动力机制等内在问题。涉及的理论有马斯洛需要层次理论⑤、参照群体理论⑥、勒温场动力理论⑦、人格理论⑧、积极心理学⑨,等等。此外,教育作为培养人的活动,必然会关心人的幸福问题,如生命教育理论。⑩经济学对幸福感的研究则关注收入、失业、通货膨胀等与主观幸福感的关系,⑪但在小学教师职业幸福感研究中极为少见。

　　总之,小学教师幸福感涉及哲学、心理学、社会学、教育学等多学科。多学科的探讨,可以从多角度提供全景分析,进而为构建深层次的教师幸福感理论体系奠定基础。⑫

---

① 王传金.教师职业幸福的实现何以可能[J].教育理论与实践,2010(13):47-50.
② 曹众.中小学音乐教师职业幸福感研究[D].湖南师范大学,2011.
③ 苏娟娟. 基础教育课程改革中的教师心态剖析——小学教师幸福感和社会支持的问卷调查分析[J].教育探索,2005(11):85-87.
④ 李晓菲.走近他们的职业生活[D].南京师范大学,2007.
⑤ 吴钢,须烨琛.小学教师职业幸福感评价标准探析[J].教学与管理,2015(30):7-10.
⑥ 李吉. 群体参照与小学教师职业幸福感——基于深圳的实证调查 [J]. 教育学术月刊,2014(12):58-65.
⑦ 崔友兴.中小学教师专业发展动力生成机制研究[D].西南大学,2013.
⑧ 燕智博.中小学教师人格特征、归因方式与主观幸福感的关系研究[D].鲁东大学,2016.
⑨ 曹新美.提升教师职业幸福感的要素分析与行动策略[J].中小学管理,2018(5):47-50.
⑩ 曹众.中小学音乐教师职业幸福感研究[D].湖南师范大学,2011.
⑪ 裴淼,李肖艳.国外教师幸福感研究进展[J].教师教育研究,2015(6):93-98+106.
⑫ 张中伟.教师幸福感研究的回顾与反思[J].教育探索,2011(9):14-15.

（二）多方法

教师职业幸福感是心理学较为重要的研究问题，我国小学教师职业幸福感研究多借助各种量表进行量化研究，近些年随着质性研究的发展，出现了一批以叙事探究等质性方法为主的教师职业幸福感研究。小学教师职业幸福感研究基于过去思辨理论式的众多成果，形成了量化研究、质性研究以及混合研究等多种研究方法相结合的研究趋势。

在量表的使用上，我国普遍采用西方相对成熟的幸福感量表。如Campbell等人编制的《幸福指数量表》，量表包括总体情感指数量表和生活满意度问卷两个部分。美国国立卫生统计中心制订了总体幸福感量表（General Well–Being Schedule），该量表共33项（共120分），得分越高，幸福度越高。[①]Ryff的《心理幸福感量表》（*Psychological Wellbeing：WE*）共包括84个项目，由六个因子构成：自主性、掌握环境、个人成长、与别人积极的关系、生活目标、自我接纳。[②]还有Andrews和Withy（1796）的人脸量表、Bradburn等（1969）的《情感平衡量表》、Cantril的阶梯量表、纽芬兰纪念大学的幸福度量表、Kammann和Flett（1983）的情感量表。[③]与之配套使用的还有生活满意度量表（The Satisfaction With Life Scale，简称SWLS）、Kamnann和Flett在1983年编制的情感量表、1935年Hoppock提出的工作满意度量表。[④]

随着我国心理学与教育学研究的日益进步，我国学者开始制定本土化的教师职业幸福量表，如孟万金教授主持研发的《中国中小学教师幸福感测评量表》，由心理幸福感、职业幸福感、健康幸福感、社交幸福感、财务幸福感和环境幸福感六大分维度构成，包括21个因子。[⑤]赵斌编制了教师职业幸福感问卷，该问卷包括工作效能感、情感幸福感、社会支持感、身心愉悦感、收益满意感和职业高尚感六个一阶因子。[⑥]王梅的小学教师职业幸福问卷包括

①　汪向东等编.心理卫生评定量表手册 增订版[J].中国心理卫生杂志社，1993：83–86.
②　彭青芹.小学教师心理幸福感的调查分析[J].教学与管理，2010（15）：61–62.
③　黄海蓉，苗元江，黄金花.我国教师幸福感研究概观[J].中国校外教育（理论），2008（12）：59.
④　张传月，赵守盈.小学教师主观幸福感现状调查研究[J].教育导刊，2007（6）：49–51.
⑤　姚茹.中国中小学教师幸福感现状调查与教育建议[J].中国特殊教育，2019（3）：90–96.
⑥　赵斌.教师职业幸福感特点及其影响效应研究[D].西南大学，2012.

领导管理、工作环境、工资待遇、同事关系、自我实现、工作压力、工作本身、社会支持、家长和学生因素、整体幸福十个维度。①姜艳的《小学教师工作研究问卷》则包括工作情感、健康状况、友好关系(包括领导关系、同事关系、学生关系)、成效感、从业动机以及工作热情八个因素。②苗元江编制的"综合幸福感问卷"(MultiPle Happiness questionnaire,MHQ)是一个对心理幸福感和主观幸福感进行整合的综合型评价系统。该问卷包括9个维度、50个项目。其中主观幸福感包括生活满意度、正性情感、负性情感;心理幸福感包括生命活力、健康关注、自我价值、友好关系、利他行为、人格成长。③乔爽对国外学者的教师职业幸福感模型进行了本土化的修正，编订了适用于中国小学教师的《小学教师职业幸福感问卷》，包括工作吸引力、情感支持、工作认可、成就显示四个维度。④

　　除借助量表研究小学教师职业幸福之外，学界开始对小学教师职业幸福进行质性研究。如有研究采用叙事探究分别对城市与农村的小学教师的生命故事进行深描，发现小学教师职业幸福感的形成与发展存在初步体验、曲折反复、成熟稳定三个阶段，并针对这三个阶段从学校管理和教师自身两个方面提出有助于提升教师职业幸福感的策略。⑤还有研究采用叙事探究的方法对小学男教师的职业幸福感展开研究，通过发掘、梳理小学男教师职业幸福感获得的关键事件与职业幸福感失落的影响事件，从情感、工作、组织、社会支持、认知、自我实现进行多维透视，同时从性别因素讨论对其职业幸福的影响，发现男性小学教师比女性小学教师更容易被激发出职业奉献感，也更容易造成社会的偏见。⑥由于受到地域环境、个人价值判断等的影响，每个人对幸福的判断标准各有不同，不同教师在当时当地能否拥有幸福的体验及其幸福体验的程度均存在一定的差异。质性研究成果不断增多,在一定

①　王梅.小学教师职业幸福感研究[D].华东师范大学,2007.

②　姜艳.小学教师职业幸福感研究[D].苏州大学,2006.

③　苗元江.心理学视野中的幸福[D].南京师范大学,2003.

④　乔爽.小学教师职业幸福感与时间管理、职业认同的关系[D].首都师范大学,2012.

⑤　邵旭晓.当代小学教师职业幸福感的叙事研究[D].山东师范大学,2012.

⑥　梁淮北.小学男教师职业幸福感的叙事研究[D].河北师范大学,2020.

程度上可以生动、具体地体现小学教师职业幸福的真实样态。除了叙事探究的方法外,还有研究使用了个案研究①、访谈法②与观察法③等质性研究方法在小学教师职业幸福研究上贡献自己的力量。

在当前的小学教师职业幸福感研究中,有研究者开始使用量化与质性相结合的研究方法,采用量表进行科学化调查的同时,借助质性方法进行更为深入的探索,但总体上仍是以量化研究为主。

(三)多因素

小学教师职业幸福研究基于已有理论,从对小学教师职业幸福本身的探讨转向教师职业幸福与其他多种因素的关系研究。如有研究者通过分析小学教师心理资本、教师主观幸福感与职业压力三者之间的关系发现:④心理资本对主观幸福感的既有积极的方面,又有消极的方面。一方面,心理资本能提高个体的内部动机、工作活力、积极情绪和满意度从而提高主观幸福感;另一方面,心理资本能通过降低个体的压力反应从而提高主观幸福感。同时得出结论,即小学教师的心理资本水平普遍较高,男性教师的效能维度得分显著高于女性教师的效能维度得分,低教龄教师的韧性维度得分显著低于高教龄教师的韧性维度。心理资本与主观幸福感存在显著正相关关系,职业压力反映在心理资本和主观幸福感之间起部分中介作用。还有学者关心小学教师教学素养、工作压力、主观幸福感三者的关系,指出如果教师具有先进的教学理念,能够对各种压力进行合理感知和评价,并主动采取措施提高自己的教学技能,就会降低外在压力源带给教师的压力感,而压力感降低能使教师保持健康的心理状态,获得较高水平的主观幸福感。⑤同时,教师职业认同、工作压力与职业幸福感之间的关系也引起研究者的注意,通过调查研究发现小学教师的工作压力除对其职业幸福感有直接影响外,还通过职业认同间接影响职

① 李志梅.职业幸福感与优秀教师的生成关系[D].江西师范大学,2015.

② 王梅.小学教师职业幸福感研究[D].华东师范大学,2007.

③ 李晓菲.走近他们的职业生活[D].南京师范大学,2007.

④ 张西超,胡婧,宋继东,张红川,张巍.小学教师心理资本与主观幸福感的关系:职业压力的中介作用[J].心理发展与教育,2014(2):200-207.

⑤ 张国礼,边玉芳,董奇.中小学教师教学素养、工作压力、主观幸福感的关系[J].中国特殊教育,2012(4):89-92.

业幸福感。①此外,小学教师的应对方式与职业认同、职业幸福感存在关系:积极应对方式通过职业认同对职业幸福感的影响较大,教师职业认同不仅直接影响职业幸福感,而且其他变量如应对方式也通过职业认同的中介作用影响职业幸福感。②新的研究指出,小学教师的性格优势会影响职业幸福感,优势型教师能够充分运用这些个体资源,有效提升职业幸福感,因此要培养与发展中小学教师的性格优势,不断提升教师感知幸福的能力。③

教师获得职业幸福感对建构专业认同有一定作用,从两者相关性的研究中也可以看到,小学教师专业认同对职业幸福感具有显著影响。④从教师专业发展的角度来看,有效提高小学教师的职业幸福感有助于小学教师实现长足的专业发展。

三、小学教师职业倦怠

职业倦怠(Job Burnout)这一概念最早由美国临床心理学家弗罗伊登伯格(Freudenberger)于 1974 年引入心理学,用以描述人的专业服务处于筋疲力尽状态。⑤目前国内外常引用的定义由马斯拉奇(Maslach)和杰克逊(Jackson)提出,即职业倦怠是指"个体无法应付外界超出个人能量和资源的过度要求时,所产生的生理、情绪情感和行为方面的身心耗竭状态"⑥。Maslach 和 Jackson 认为职业倦怠表现在三个维度:情绪耗竭、去个性化、低个人成就感。"情绪耗竭"代表了职业倦怠的基本个人压力维度,是指一个人的情感和身体资源被过度扩展和耗尽的感觉;"去个性化"代表了职业倦怠的人际环境维度,它指的是对工作的各个方面的消极的、冷酷的、或过度疏

---

① 杨玲.小学教师工作压力对职业幸福感的影响:职业认同的中介作用[J].中国成人教育,2014(24):136-138.

② 李东斌,邵竹君.贫困地区中小学教师应对方式与职业幸福感的关系——职业认同的中介作用[J].教育学术月刊,2018(10):90-97.

③ 杨一鸣,李娜,胡莹莹,王文静.中小学教师性格优势与职业幸福感的关系:基于潜在剖面分析[J].中国特殊教育,2021(3):84-90.

④ 王海涛.教师职业认同、职业倦怠与职业幸福感的关系研究[D].海南师范大学,2019.

⑤ [瑞典]胡森等.教育大百科全书:教育社会学[M].刘慧珍,译.重庆:西南师范大学出版社,2011:389.

⑥ 张利明,韩杰.2010—2013 年国内高校教师职业倦怠研究综述[J].河北软件职业技术学院学报,2014(3):18-20+35.

远的反应;"低个人成就感"代表了职业倦怠的自我评价维度,它指的是一种无能感,以及在工作中缺乏成就和生产力。①针对不同行业工作者的特点,MBI 目前已发展出三个不同的版本:MBIHSS,用于公共事业和健康护理行业;MBI-ES,用于教育行业;MBI-GS,用于一般行业。②国外尤其是欧美国家对职业倦怠和教师职业倦怠的研究较早,成果也最为丰富。20 世纪 90 年代起,教师职业倦怠逐渐引发国内研究者关注,并在此后的 30 多年里发展成为教育领域的重点研究方向之一。教师职业倦怠至今没有一个公认定义,但所有研究者已形成共识,认为教师职业倦怠是教师不能顺利应对工作压力的一种极端反应,是教师伴随于长期高水平的压力体验下而产生的情感、态度和行为的衰竭状态。③

随着国内外学术界对教师职业倦怠现象的关注和研究不断深入,研究领域也在不断拓宽。我国在教师职业倦怠的内涵、成因、影响因素、测量以及干预等方面取得一系列研究成果,教师职业倦怠问题虽久犹新,直至今日仍是亟待解决的长期工程。

(一)小学教师职业倦怠状况的新变化

进入 21 世纪,新课改、素质教育、教师队伍建设等多项政策陆续出台,小学教育与小学儿童也发生巨大的变化,小学教师的教育教学工作也势必随之改变,因此小学教师职业倦怠一直是教师教育领域关注的核心问题。

1.小学教师职业倦怠总体状况的变化

在早期的小学教师职业倦怠研究中,研究者多认为小学教师的职业倦怠程度轻于其他学段教师。如有学者通过中小学教师职业倦怠调查发现初中教师职业倦怠明显高于小学教师,且在情绪衰竭和去个性化维度数值均为最高。④有的研究则认为小学教师升学考试的压力相对较小,能够比较轻

---

①　Maslach C.,Schaufeli W.B.,Leiter M.P.,Job burnout [J].Annual Review of Psychology,2001(52):397-422.

②　AngererJ.M.,Job burnout[J].Journal of Employment Counseling,2003(3):98-107.

③　曾玲娟,伍新春.教师职业倦怠研究综述[J].辽宁教育研究,2003(11):79-80.

④　胡洪强,刘丽书,陈旭远.中小学教师职业倦怠现状及影响因素的研究[J].东北师大学报(哲学社会科学版),2015(3):233-237.

松地应对学生的各种问题,而且小学教师女性较多、学历较低,因此小学教师的职业倦怠程度比初中教师更轻。[①]

近年来,研究发现小学教师职业倦怠相比其他学段教师,其职业倦怠程度更深。[②]如有研究者发现,小学教师的情绪衰竭程度高于初中和高中教师,而其非人性化程度低于初中和高中教师,个人成就感水平高于初中教师和高中教师。研究者认为,这可能与他们的工作对象不同有关。小学教师面对的学生年龄偏小,除了学习外还需要生活上的照顾和呵护,所以小学教师情感卷入更高,非人性化程度会更低;同时,对于小学阶段的学生来讲,教师在他们心目中的地位非常高,他们把教师视为尊敬和崇拜的对象,因此小学教师更容易从工作中体验到较高的成就感。[③]

2.影响小学教师职业倦怠的具体因素发生改变

在小学教师职业倦怠的研究之初,就有研究将职业倦怠看作教师的心理健康问题。随着西方教师职业倦怠研究成果不断进入国内学者视野,小学教师职业倦怠的相关研究才正式开始。其中最受关注的就是影响或导致小学教师职业倦怠因素。影响小学教师职业倦怠的因素随着时代发展有新的因素增加,原有因素的影响力也可能发生变化。

(1)人口统计学变量因素

人口统计学变量上的差异是影响小学教师职业倦怠的重要来源。具体变量有教龄、性别、婚姻状况、学历等。在教龄上,工作6—10年的小学教师职业倦怠最强,工作6—10年的教师度过了初期的不适应,到达了一个比较稳定的状态,许多教师会在这个阶段遭遇瓶颈,工作上不知道如何前进,因此会有较重的倦怠感。其次是工作0—5年的教师职业倦怠也显著高于执教20年以上的教师,仅次于6—10年的教师,工作初期的教师由于理想和现实

---

①　何兰芝.中小学教师职业倦怠状况调查[J].中国公共卫生,2011(4):507-508.

②　张桂青,方红丽,韩金丽,王忠,宋改敏.教师职业倦怠的影响因素调查[J].中国组织工程研究与临床康复,2007(39):7895-7897+7902.

③　伍新春,齐亚静,臧伟伟.中国中小学教师职业倦怠的总体特点与差异表现[J].华南师范大学学报(社会科学版),2019(1):37-42+189-190.

的差距,更容易体会到无力感,因此离职率达到巅峰。^①在性别上,有研究发现性别对于职业倦怠的影响不显著,男教师在工作场合中越发受到重视,社会地位也随之增高,因此在工作中的投入感大大增加。^②在学历上,学历水平相对较高的教师职业倦怠会更加严重。^③在婚姻状况与小学教师职业倦怠的关系上,过去有研究发现两者具有明显的相关性。离婚教师职业倦怠及其各个维度明显高于已婚教师,而已婚教师又高于未婚教师。^④在近年来的调查研究发现,从婚姻状况上来看,已婚教师的情绪衰竭和个人成就感得分高于未婚教师,而非人性化水平则显著低于未婚教师。^⑤

（2）社会因素

在这一类影响因素中,社会支持对小学教师职业倦怠有明显的影响。对于小学教师而言,工作压力本身并不一定造成职业倦怠,但个体如果长期处于巨大的工作压力之下,而这种压力又无法排解,也没有相应的支持系统,那么这些不可控制的压力就会发展成为职业倦怠。社会支持是指以个体(被支持者)为核心由个人和他人(支持者)通过支持性行为所构成的人际交往系统。有研究结果显示中小学教师的职业倦怠和其所拥有的社会支持之间存在极其显著的负相关。也就是说,教师所拥有的社会支持越多,相应地表现出的职业倦怠问题更少。可见,社会支持对教师的职业倦怠的确具有一定缓冲作用。^⑥社会支持具体体现在:首先,社会必须对小学教师职业形成良好的尊师重教氛围,给予教师更多的理解与支持,使小学教师具有高度的自尊感、职业的荣誉感和归属感,保证教师的社会地位,从而引导小学教师把教育、教学视为一种可追求的事业,树立终生从教的信念;其次要从根本上改

---

① 庞文汐.小学教师职业倦怠现状及内观干预研究[D].苏州大学,2019.

② 庞文汐.小学教师职业倦怠现状及内观干预研究[D].苏州大学,2019.

③ 庞文汐.小学教师职业倦怠现状及内观干预研究[D].苏州大学,2019.

④ 胡洪强,刘丽书,陈旭远.中小学教师职业倦怠现状及影响因素的研究[J].东北师大学报(哲学社会科学版),2015(3):233-237.

⑤ 伍新春,齐亚静,臧伟伟.中国中小学教师职业倦怠的总体特点与差异表现[J].华南师范大学学报(社会科学版),2019(1):37-42+189-190.

⑥ 邵来成,高峰勤.中小学教师的职业倦怠现状及其与社会支持的关系研究[J].山东师范大学学报(人文社会科学版),2005(4):150-153.

变教育评价体系,对小学教师形成合理的期望;学校还要改进学校管理方式以减轻小学教师负担,增加工作乐趣,增加对小学教师教学及生活的精神支持和物质支持,学校领导要致力于优化校园人际关系,营造一个融洽和谐的工作环境与心理环境。①

（3）职业因素

第一,大量研究表明,教师是职业压力最大的群体之一,中小学教师的工作压力越大,其职业倦怠感越严重。②早期一项中小学教师工作压力与职业倦怠关系的研究表明,中小学教师的考试压力、工作负担压力、角色职责压力、聘任压力、职业发展压力、人际关系压力都会使小学教师出现不同程度的职业倦怠,也表明当时我国中小学教师所承受的工作压力强度已超过了西方国家。③

第二,职业承诺在一定程度上能够影响小学教师的职业倦怠。教师职业承诺是教师对自己所从事职业的认同和投入态度。中小学教师的职业承诺与其职业倦怠程度存在显著负相关,随着教师职业承诺水平的不断增高,其职业倦怠程度呈不断下降的趋势。职业承诺水平较高的中小学教师对自身职业的认同感较高,愿意为所从事的工作尽职尽责,这种高责任心与强义务感往往会使中小学教师将工作中的压力看作动力和挑战,并积极主动地去面对和解决,其职业倦怠程度也随之降低。而职业承诺水平较低的教师对工作不愿付出更多的努力,甚至不愿继续从事现有职业,因而在工作中更容易产生职业倦怠。④

第三,教学效能也是小学教师职业倦怠的影响因素之一。教学效能是教师对自己影响学生的学习行为和学习成绩的能力的主观判断,是教师对自

① 乔富胜,宋新国,苗丹民.小学教师心理健康与职业倦怠研究[J].第四军医大学学报,2008（1）:67-69.

② 徐富明,朱从书,黄文锋,邵来成.中小学教师职业倦怠的相关因素探究[J].中国心理卫生杂志,2005（5）:34-36.

③ 徐富明.中小学教师的工作压力现状及其与职业倦怠的关系[J].中国临床心理学杂志,2003（3）:195-197.

④ 李义安,勇健.中小学教师职业承诺、教学效能与职业倦怠的关系模型[J].中国临床心理学杂志,2010,18（3）:360-362.

已能够在多大程度上影响学生完成学业任务的能力信念，是教师职业心理素质的重要构成要素。①中小学教师的教学效能与职业倦怠呈显著负相关，随着教师教学效能水平的不断增强，其职业倦怠程度呈不断下降趋势，高教学效能的教师比低教学效能的教师拥有更低水平的职业倦怠。②

第四，教师发展阶段对职业倦怠有显著的主效应，尤其是在情绪枯竭和去个性化两个维度上具有显著的主效应，但对低个人成就感维度没有显著的主效应。随着教师专业阶段的发展教师职业倦怠出现"两头高中间低"的趋势，处在适应期和衰退期的教师职业倦怠要高于其他时期，当进入衰退期时期职业倦怠最严重。③

第五，在众多的职业群体中，无论从工作对象，还是从工作性质，中小学教师都是较为特殊的一个，工作家庭冲突在他们身上体现得尤为明显。教师工作—家庭冲突是由工作和家庭层面的角色压力引发的一种在资源、情绪情感及行为等方面的角色冲突。④教师工作—家庭冲突作为一种压力源，带来的负面影响较多，如工作效率低下、士气受挫、态度倦怠、缺勤和离职、精神健康水平下降等。有研究指出，工作家庭冲突对职业倦怠存在直接作用，工作—家庭冲突或家庭—工作冲突的增加会直接导致个体职业倦怠感的增强。⑤还有研究通过调查发现，中小学教师自我报告的工作干扰家庭水平高于家庭干扰工作水平，即教师的工作家庭边界具有不对称渗透性，工作方面的要求和职责更可能干扰家庭生活，相反家庭方面的要求和职责对工作的干扰可能性小一些，因此中小学教师往往感受到更多的工作要求使得他们

---

① 李义安，勇健.中小学教师职业承诺、教学效能与职业倦怠的关系模型[J].中国临床心理学杂志,2010(3):360-362.

② 李义安，勇健.中小学教师职业承诺、教学效能与职业倦怠的关系模型[J].中国临床心理学杂志,2010(3):360-362.

③ 胡洪强，刘丽书，陈旭远.中小学教师职业倦怠现状及影响因素的研究[J].东北师大学报(哲学社会科学版),2015(3):233-237.

④ 李明军，王振宏，刘亚.中小学教师工作家庭冲突与职业倦怠的关系:自我决定动机的中介作用[J].心理发展与教育,2015(3):368-376.

⑤ 唐芳贵，彭艳.工作家庭冲突、控制感与中小学教师的职业倦怠[J].中国临床康复,2006(46):82-85.

难以充分参与到家庭生活中去。①有研究将工作—家庭冲突类型分为和谐型、家庭型、工作型、冲突型四类,四类小学教师在职业倦怠的三个维度上呈现出不同特征:和谐型小学教师的职业倦怠水平最低,家庭型小学教师容易获得较低的个人成就感,工作型小学教师会获得更高的个人成就感,冲突型小学教师会体验到挫败和较低的个人成就感。②

(4)心理因素

除最基本的人口统计学变量以及经常讨论的社会因素之外,学者们开始关心诸如人格、情绪等心理因素。

人格特征中除神经质与职业倦怠呈显著正相关以外,严谨性、外倾性、宜人性和开放性其他维度均与职业倦怠显著负相关。③情绪智力指个体监控自己及他人的情绪和情感,并识别、利用这些信息指导自己的思想和行为的能力。④有研究指出,中小学教师不同程度的情绪智力在职业倦怠整体及在非人性化、认知枯竭、低个人成就感这三个维度上均存在显著差异。情绪智力较高的教师其职业倦怠显著低于情绪智力较低的教师。同时,除情绪衰竭与情绪理解维度呈显著正相关外,中小学教师的情绪智力及各个维度均与教师职业倦怠及各维度呈现显著负相关。可以推测,随着教师情绪智力的提升,其职业倦怠程度也将有所降低。⑤

除了上述导致或影响小学教师出现职业倦怠的因素外,从客观层面而言,目前针对中小学教师笼统的评价方式和标准、频繁与教师评职称或涨工资挂钩的检查、比赛、评比等都给教师带来了较大的职业压力,压力积累则

---

① 李明军,王振宏,刘亚.中小学教师工作家庭冲突与职业倦怠的关系:自我决定动机的中介作用[J].心理发展与教育,2015(3):368-376.

② 芦咏莉,何菲,冯丽红,栾子童.小学教师工作—家庭冲突类型及其在职业倦怠上的特征[J].教师教育研究,2012(3):68-73.

③ 钟妮,凌辉.中小学教师人格特征、应对方式与职业倦怠的关系[J].中国临床心理学杂志,2014(3):525-529.

④ Mayer,J.D,Salovey:.&.Caruso,D.R.Emotional intelligence:theory,findings,and implications [J].Psychological Inquiry,2004(15):197-215.

⑤ 姚计海,管海娟.中小学教师情绪智力与职业倦怠的关系研究 [J]. 教育学报,2013(3):100-110.

容易造成职业倦怠。[①]

(二)开发本土化小学教师职业倦怠的测量工具

在小学教师职业倦怠研究中，常用西方的教师职业倦怠量表，如Maslach 的职业倦怠问卷(Maslsch Burnout Inventory，简称 MBI)、Pines 的倦怠量表(Burnout Measure，简称 BM)、厌倦倦怠量表(Tedium Burnout Inventory，简称 TBI)、罗马职业倦怠问卷(Rome Burnout Inventory，简称 RBI)。[②]其中，国内学者使用最多的是 Maslach 的职业倦怠问卷。如曾玲娟[③]、徐富明[④]、唐芳贵[⑤]、张国庆[⑥]等多位学者都曾使用 MBI 量表对中小学教师的职业倦怠进行调查。

随着 MBI 量表的引进，我国学者开始在此基础上编制符合中国小学教师情况的职业倦怠量表。如徐富明等人自编了中小学教师职业倦怠问卷并进行了信效度检验，问卷包括情绪疲惫、少成就感和去个人化三个维度。[⑦]王国香等学者在 2003 年基于 MBI 修编了符合中国实际的教师职业倦怠量表(EBI)，包括情绪衰竭、去个性化和自我成就感三个指标，且具有良好的信效度。[⑧]伍新春、齐亚静等学者为形成具有文化适用性和时代特点的本土化中小学教师职业倦怠问卷，针对教师职业倦怠量表(MBI-ES)进行修订及信效度检验，得出情绪衰竭、非人性化和个人成就感三个维度。[⑨]王芳和许燕则指

---

① 杜志强，王新烨.我国基础教育教师队伍建设面临的问题与对策[J].中州学刊，2020(10)：90-94.

② 胡春梅，姜燕华.近三十年来国内外关于教师职业倦怠的研究综述[J].天津市教科院学报，2006(3)：51-54.

③ 曾玲娟.中小学教师工作压力对职业倦怠的预测性研究[J].教育导刊，2004(Z1)：79-81.

④ 徐富明，朱从书，黄文锋.中小学教师的职业倦怠与工作压力、自尊和控制点的关系研究[J].心理学探新，2005(1)：74-77.

⑤ 唐芳贵，彭艳.工作家庭冲突、控制感与中小学教师的职业倦怠[J].中国临床康复，2006(46)：82-85.

⑥ 张国庆.中小学教师职业倦怠状况的调查研究[J].教育与职业，2007(24)：69-71.

⑦ 徐富明，吉峰，钞秋玲.中小学教师职业倦怠问卷的编制及信效度检验[J].中国临床心理学杂志，2004(1)：13-14+95.

⑧ 王国香，刘长江，伍新春.教师职业倦怠量表的修编[J].心理发展与教育，2003(3)：82-86.

⑨ 伍新春，齐亚静，余蓉蓉，臧伟伟.中小学教师职业倦怠问卷的进一步修订[J].中国临床心理学杂志，2016(5)：856-860.

出知识上的耗尽感是中国教师特有的表现，因此在 MBI-ES 量表原有维度上还应包括中国教师特有的维度——知识枯竭。[①]

（三）小学教师职业倦怠的预防与缓解

为更好地预防与缓解小学教师职业倦怠，教育研究者与教育工作者提出了多维度的相关措施，从宏观角度提高小学教师地位与待遇到微观层面培养教师心理健康，相关举措的变化体现了人们对小学教师职业倦怠问题的关注重心发生由外至内的转移。

1.如何降低或避免小学教师出现职业倦怠的可能性——预防措施

（1）培养教师韧性

霍华德（Howard）等人认为，对于教师压力管理与职业倦怠的研究只关注教师问题所在（what is going wrong？）却忽视了教师在面对压力与职业倦怠时是如何更好地发展的（what is going right？）教师韧性为此问题的研究提供了新的视角。[②]教师韧性是教师专业工作与生活中常态化的、在关系与互动中保持平衡的能力。[③]在一项以北京市 455 名中小学教师为样本，考察中小学教师心理韧性的结构与影响因素的研究中，发现中小学教师的心理韧性包括对教与学的热爱与奉献、教师自我效能感、工作满足感与乐观三个成分，[④]这三个成分都与职业倦怠有不同程度的相关性。就此而言，培养小学教师的心理韧性有助于降低小学教师出现职业倦怠的可能性，就小学教师个体而言，这种积极的自我调适极为重要。

（2）提供社会支持

研究表明，支持系统可以减轻个体的压力，缓和倦怠感的产生，因此为小学教师提供必要的支持显得尤为重要。有研究指出，通过为不同发展阶段的小学提供必要的支持，以及对小学教师持合理的社会期望有助于缓解小学教师的职业倦怠。具体而言，针对小学初任教师，学校可以采取缩小新任

① 王芳,许燕.中小学教师职业枯竭状况及其与社会支持的关系[J].心理学报,2004(5):568-574.
② 陈思颖,李刚.国外"教师韧性"研究述评[J].上海教育科研,2015(6):21-24+53.
③ 陈思颖,李刚.国外"教师韧性"研究述评[J].上海教育科研,2015(6):21-24+53.
④ 李琼,裴丽,吴丹丹.教师心理韧性的结构与影响因素研究[J].教育学报,2014(2):70-76.

教师任教班级的规模、免去新任教师非教学性工作或课外活动、为新任教师留出备课时间和观摩其他教师工作的时间、对新任教师辅导实行导师制等措施;针对已经工作约 16 年的小学教师,教育系统可以组织教师参加校内或校际的研讨会,使教师之间彼此交流教学经验与体会,消除教师在专业探讨方面的孤独感、无助感,也可以邀请国内外著名学者讲学,开阔教师视野,提高其科研意识,激发教师重新追求专业发展的热情,还可以为教师切实提供时间与教育资源推动其参加进修培训,提高教学能力与技巧,增强专业自信等。①

2.出现职业倦怠怎么办——干预策略

(1)小学教师减负

工作时间长、工作量大、工作强度高是造成小学教师职业倦怠的主要原因。除正常的教育教学工作之外,小学教师忙于应对各种行政、检查等非教学工作,这些非教学工作分散了小学教师的精力,逐渐加深小学教师的职业倦怠。由此,国家在多项政策及规定中提出要为小学教师减负。如《教育部 2019 年工作要点》明确指出要"减少各类检查评估事项,让教师静心从教、潜心育人"②。有研究呼吁各级教育主管部门和学校都要坚决贯彻落实《中华人民共和国劳动法》,合理制订学校管理体制,重视教师的减压、减负工作,科学安排学校的各项工作,减少和避免不必要的各类会议和考评,保证教师正常上下班时间、休息日和两个假期。特别是保障一线教师、班主任等重要岗位教师的家庭和谐、社会交往、周末休息等自由活动空间。③

(2)团体心理辅导

团体辅导是一项专业的心理学助人知识和技能,有其专业的理论和方法,有其实施的过程与干预的策略,既是一种心理辅导和治疗的方法,也是一种促进人格发展和预防心理困扰的有效的教育活动。④当小学教师出现职

①　李喜宁.澳门地区教师职业倦怠及其影响因素的相关研究[D].华南师范大学,2007.

②　中华人民共和国教育部政府门户网站[EB/OL](2019—02—22),http://www.moe.gov.cn/jyb_xwfb/gzdt_gzdt/s5987/201902/t20190222_370722.html.

③　赵波.大连市中小学教师职业倦怠的调查研究[D].黑龙江大学,2014.

④　樊富珉,何瑾编著.团体心理辅导[M].上海:华东师范大学出版社,2010:1.

业倦怠之后,有研究通过对小学教师团体实施团体心理辅导,进行对照组实验,发现小学教师的情绪衰竭、去个性化程度有了明显的改善,自我成就感水平均值稍有上升。这表明团体辅导活动中的自我放松训练、检查并改变错误的认知有利于帮助个体减轻躯体化症状;增加成员的互动、培养信任与发展合作、促进成员掌握有效沟通的技巧,能促进人际和谐以降低敌对水平;情绪管理训练、时间管理训练、自信训练,能帮助个体学会自我调节与提高效率以降低焦虑水平。总体而言,经过团体辅导干预后,小学教师的职业倦怠得到了一定程度的改善,小学教师的心理健康水平有了显著提升。①

第五节　卓越小学教师研究

进入 21 世纪,国际教师教育改革呈现出培养卓越教师的价值取向,我国也从战略发展的高度提出了卓越教师培养计划。2010 年,教育部开始在部分高校试点实施卓越教师、卓越工程师、卓越医师和卓越律师等四大人才培养计划。2012 年 11 月,教育部、国家发展改革委、财政部《关于深化教师教育改革的意见》提出"实施卓越教师培养计划"②。伴随我国教师教育体系不断完善,教师教育改革持续推进,教师培养质量和水平得到提高,教师培养的适应性和针对性不强、课程教学内容和教学方法相对陈旧、教育实践质量不高、教师教育师资队伍薄弱等问题逐渐凸显。大力提高教师培养质量成为我国教师教育改革发展最核心最紧迫的任务。为推动教师教育综合改革,全面提升教师培养质量,教育部于 2014 年发布《关于实施卓越教师培养计划的意见》,③重点探索小学全科教师培养模式,培养一批热爱小学教育事业、知识广博、能力全面,能够胜任小学多学科教育教学需要的卓越小学教师,同

---

①　梁妙银,陈白鸽,陈卫平,陈亚敏,张荣华.小学教师职业倦怠与心理健康的团体辅导干预研究[J].中小学教师培训,2017(3):71-74.

②　教育部 国家发展改革委 财政部关于深化教师教育改革的意见[EB/OL](2012-12-13),http://www.gov.cn/zwgk/2012-12/13/content_2289684.htm.

③　教育部关于实施卓越教师培养计划的意见[EB/OL](2014-08-18),http://www.moe.gov.cn/srcsite/A10/s7011/201408/t20140819_174307.html.

时建立高校与地方政府、中小学"三位一体"协同培养新机制。并于同年选出《小学卓越教师培养路径的研究与探索》等 20 个卓越小学教师培养改革项目。①2017 年国务院发布《关于印发国家教育事业发展"十三五"规划的通知》，②指出要继续实施卓越教师培养计划，扩大教育硕士招生规模，培养高层次中小学和中等职业学校教师。2018 年，教育部等五部门关于印发《教师教育振兴行动计划（2018—2022 年）》的通知，③要求"创新教师教育模式，培养未来卓越教师"。同年，教育部发布《关于实施卓越教师培养计划 2.0 的意见》，④强调教师的师德养成教育，培养素养全面、专长发展的卓越小学教师，重点探索借鉴国际小学全科教师培养经验、继承我国养成教育传统的培养模式。

诸多政策文本表明了卓越小学教师是当前我国师范院校小学教育专业与一线小学培养的目标与方向。为加强小学教师队伍建设，卓越小学教师研究是教师教育研究中的重中之重。

一、卓越小学教师倾向于全科型定位

在卓越教师的一系列政策文本的引领下，我国卓越小学教师培养以全科型小学教师为主。全科型小学教师在我国出现有其历史必然性及必要性。

（一）回顾全科型小学教师的产生与发展

全科型小学教师并非一个新话题，欧美等发达国家都要求小学教师要能够胜任多门学科的教学，并依据本国经济社会发展和学生身心发展，在小

---

① 教育部办公厅关于公布卓越教师培养计划改革项目的通知［EB/OL］（2014-12-09），http://www.moe.gov.cn/srcsite/A10/s7011/201412/t20141209_182218.html.

② 国务院关于印发国家教育事业发展"十三五"规划的通知［EB/OL］（2017-01-19），http://www.gov.cn/zhengce/content/2017-01/19/content_5161341.htm.

③ 教育部等五部门关于印发《教师教育振兴行动计划（2018—2022 年）》的通知［EB/OL］（2018-03-22），http://www.moe.gov.cn/srcsite/A10/s7034/201803/t20180323_331063.html.

④ 教育部关于实施卓越教师培养计划 2.0 的意见 ［EB/OL］（2018-09-30），http://www.moe.gov.cn/srcsite/A10/s7011/201810/t20181010_350998.html.

学实施全科教育,培养小学教师的跨学科教学能力。①由于受到我国基础教育改革及相关政策导向的影响,全科型小学教师在我国的外显形态却不同于国际上的全科型小学教师。基于此,回顾全科型小学教师的产生与发展历程,能够帮助我们进一步了解当前小学教育基本的教书育人方式,对教师的培养及其专业发展具有重要意义。

1.小学教师包班制的相关历史演进

我国全科型小学教师的产生与包班制(Packet Class System)的实施是应运而生的,谈到全科型小学教师必然需要探讨包班制。包班制的历史演变与全科型小学教师的形成与发展密不可分。已有研究成果表明,包班制在历史上存在两种形态:传统包班制和现代包班制。传统包班制指由一名小学教师负责一个班级所有的教学和管理工作;现代包班制则由一到两名教师承担一个班级主要学科的教学任务,其他专业学科由相应的专业教师负责。②

包班制最早起源于 19 世纪的美国,为了弥补班级授课制的不足,美国采用巴达维教学法,即每个班级设定一定数量的学生,规定由一位教师包管同一个班级的教学任务与班级管理工作,若学生数量超过该标准则由两位教师进行管理。③到 20 世纪中期,包班制整合教育资源、促进学生个别发展等优势逐步凸显,也被认为是"儿童中心理论"在教学组织形式上的一种体现,由此得到进一步完善与发展,成为美国小学教育的重要教学组织形式。④此外,英国、芬兰、日本等发达国家也陆续在小学低年级阶段推行包班制,有的国家或地区也称其为班级负责制。如日本小学教育基本上采用班级负责制并沿用至今,负责一个班级的教师被称为"班级担任"或"担任教师",他们是名副其实的班主任,因为他们不仅要负责班级所有学科的教学工作,还要

---

① 谢维和,李敏.小学教育原理[M].北京:高等教育出版社,2021:192.
② 史会亭.基于课程的视角:青岛市李沧区小学"包班制"的实践研究[D].山东师范大学,2017.
③ 纪德奎,樊智慧.包班制的发展历程及在农村学校中的现实建设[J].当代教育与文化,2019(2):37-41.
④ 纪德奎,樊智慧.包班制的发展历程及在农村学校中的现实建设[J].当代教育与文化,2019(2):37-41.

负责组织学科教学以外的道德教育、班级活动、生活指导等所有工作。①包班制在英国小学的教学实践中也占据一定统治地位，由一位教师或两位教师负责一个班全部科目及活动的教学制度，特别强调学生在教学过程中的自主性，强调培养学生的兴趣与发展学生的个性。②

进入 21 世纪，随着经济发展、教育理念的更新和教育改革的深入，传统包班制逐渐不再能够满足学生发展的需求，现代包班制逐渐成为国际小学教育的主流。如芬兰新一轮的国家核心课程改革重点强调学生"横贯能力"，并在《国家核心课程大纲》中增加"基于现象（主题）的教学"，要求所有学校必须开展为期数周的"现象教学"，针对学生感兴趣的内容组织教学，弱化学科界限，以培养学生的综合能力。③在此背景下，芬兰小学除音乐、体育、美术等课程由专门的教师上课外，其他课程均由全科教师一人负责。芬兰作为国际基础教育的高地，其小学的包班制不仅仅是教师包班而教，而且是一种探索全科教育与跨学科融合教学的新型课堂教学模式。④美国小学同样以包班制为主流，由一位教师承担一个班级语言艺术、社会、科学、数学四门核心课程的教学任务，音、体、美等专业课程由专业教师负责。与此相应，绝大多数小学生在同一个教室跟随同一个教师学习全部科目，由教师根据学生的学习需要和能力安排教学进度。⑤这些包班教师也被称为"班级顾问""本班教师"或"辅导员"等，除教学工作外，包班教师还负责小学生的入学注册、课程安排、家校联系、组织各类活动等。除此之外，英国、加拿大、瑞士、德国等国家陆续在小学更新实施包班制，即由一到两名教师承担主要学科的教学任务，音乐、体育、美术等专业学科由专业教师负责。"包班制"与"科任制"相结合的方式适应了学校课程难度加深、科目增多的现实，同时也满足了学生建

---

①　项纯.日本小学教育班级负责制的特点与启示[J].中国德育，2010(6):76–78.

②　陈晓端.英国小学管理的特点及其启示[J].陕西师范大学学报(哲学社会科学版)，1998(4):162–164.

③　史会亭.基于课程的视角:青岛市李沧区小学"包班制"的实践研究[D].山东师范大学，2017.

④　郭洪瑞，冯惠敏.芬兰小学教育阶段的包班制模式对我国的启示[J].外国中小学教育，2017(12):29–35.

⑤　金传宝.美国小学班级管理的基本制度[J].中国德育，2015(23):16–20.

立亲密关系与广泛交往的需求,使包班制成为一种国际小学教育趋势。①

　　与西方国家相比,我国近代意义上的包班制首先于 20 世纪 80 年代出现在农村地区的小学,多重因素使得此时期我国采用包班制的原因并非出于追求先进教育理念,而是一种无奈之举。主要原因有:第一,包班制是"后撤点并校"时代乡村学校的需求,在一定程度上降低了乡村学校对教育资源的依赖程度;②第二,受班级人数、硬件设施、师资力量等因素的影响,乡村小学具有小班化教学的条件;③第三,很多农村学校由于受到地理条件、交通信息、思想意识、经济水平等诸多因素的影响,导致无法"撤点并校";④第四,中师的综合培养模式也使得包班制与全科教师应然存在。⑤由此可见,在多种复杂因素影响下,我国农村小学采用包班制主要是为了应对农村小学师资与物质资源匮乏的现实问题。然而随着教师教育发展、新兴学科不断增多以及人们对分科教学的推崇,包班制并未在当时进行全国大范围的推广,传统的包班制逐渐被科任制所取代,并长期在小学教育中占有重要地位。

　　即便如此,也有一些小学开始自主尝试包班制。如 1989 年杭州市拱墅区实验小学进行的小学低年段"全科包班"教育实验是我国在城市小学中较早的一次自觉探索。两年的实验结果表明,低年级全科包班对幼小衔接、学生个性品质发展、学生认知能力发展有一定的正向促进作用。⑥随着 21 世纪的到来,西方"个别化教育计划""通识教育""博雅教育""融合教育"等教育理念与实践的传入,加之分科教学带来的一系列弊端,我国开始了基础教育课程改革,并颁布一系列教育政策文件。在此背景下,综合课程模式逐步受到重视,而综合课程的有效实施需要对包班制进一步探索与实验。江苏、上

---

　　① 史会亭.基于课程的视角:青岛市李沧区小学"包班制"的实践研究[D].山东师范大学,2017.

　　② 丁庆.乡村教师支持计划背景下乡村小学包班制的发展路径探讨[J].教学与管理,2016(18):53-55.

　　③ 丁庆.乡村教师支持计划背景下乡村小学包班制的发展路径探讨[J].教学与管理,2016(18):53-55.

　　④ 彭慧林.新课程改革背景下包班制的实施个案研究[D].湖南师范大学,2020.

　　⑤ 程建荣,白中军.百年中师教育特色问题摅探[J].教育研究,2011(9):82-86.

　　⑥ 杭大教育系卖鱼桥小学课题组,张定璋.小学低年段"全科包班"教育实验报告[J].教育研究与实验,1992(2):63-69.

海、北京等多个省(市)进行了不同程度的包班教学实验。至此,人们开始重新审视包班制存在的意义与价值,并逐渐从农村小学教育的消极应对转为城市小学教育的积极探索与试点,这一时期,上海、杭州等经济发达地区实施包班制的比例达到 40% 以上。①北京市清华附属小学实行"双班主任制",由两位班主任共同承担除特殊课程之外的主要学科的教学任务,学校取消下课铃,课时长短由两位教师自行协商。还有北京亦庄实验小学实施"全课程"教学法等,足见我国对包班制的探索日趋深入。

2.从服务农村到卓越引领:全科型小学教师的两种发展路径

从历史上看,全科型小学教师是一些西方发达国家依据本国经济社会发展和学生身心发展需要提出的,也是英、美、芬兰等国家小学教师的主流样态。通过梳理全科小学教师的研究成果,可以发现其发展轨迹与我国教育政策及农村教育问题密切相关。我国最早出现全科型小学教师是为了解决农村小学师资不足的现实问题,而后在基础教育改革,尤其是课程整合的浪潮下,全科型小学教师呈现卓越取向的发展趋势。

2006 年,湖南省启动了为农村定向培养"全科型"小学教师的专项计划,这被视为国内正式培养小学全科教师的实践开端。②2012 年,教育部等五部门发布《关于大力推进农村义务教育教师队伍建设的意见》,提出"多渠道扩充农村优质师资来源"的重要举措,要求"采取定向委托培养等特殊招生方式,扩大双语教师、音体美等紧缺薄弱学科和小学全科教师培养规模"③。为了解决当时我国农村小学师资匮乏、办学规模有限,导致农村小学教师不得不跨年级、跨班教学的现实问题,定向培养农村全科型小学教师成为我国应对农村小学教育发展困境、促进基础教育均衡发展的重要战略抉择。④2018年中共中央、国务院印发首个专门面向教师队伍建设的政策文件《关于全面

---

① 纪德奎,樊智慧.包班制的发展历程及在农村学校中的现实建设[J].当代教育与文化,2019(2):37-41.

② 江净帆.小学全科教师培养要解决哪三个问题[J].课程·教材·教法,2017(7):100-105.

③ 《关于大力推进农村义务教育教师队伍建设的意见》[EB/OL](2012-11-08),http://www.moe.gov.cn/srcsite/A10/s3735/201211/t20121108_145538.html.

④ 江净帆.小学全科教师培养要解决哪三个问题[J].课程·教材·教法,2017(7):100-105.

深化新时代教师队伍建设改革的意见》并"鼓励为乡村学校及教学点培养'一专多能'教师"①。同年,教育部等五部门印发《教师教育振兴行动计划(2018—2022 年)》更是明确提出"为乡村小学培养补充全科教师"②。至今,全国已有浙江、重庆、河北、青海、广西等 10 余个省(自治区、直辖市)开展农村全科型小学教师的培养工作,"面向农村,服务小学"是这一时期我国全科型小学教师的价值所在,也是其发展的主要路径。

不同于服务农村的全科型小学教师,新时代赋予了"全科"另一新的发展机遇。《基础教育课程改革纲要(试行)》要求"小学阶段以综合课程为主";《小学教师专业标准(试行)》要求小学教师"适应小学综合性教学的要求,了解多学科知识"。小学教育领域中出现的这种课程综合化的改革趋势对小学教师而言是一种新的挑战,促使全科型小学教师的培养与实践进一步落地生根。2010 年,《国家中长期教育改革和发展规划纲要(2010—2020 年)》为提升高等教育质量,明确提出要"实施基础学科拔尖学生培养试验计划和卓越工程师、医师等人才教育培养计划"③,工程、农林、法律、医疗卫生等领域的卓越人才培养计划开始大规模实施。但教育领域的卓越人才培养计划仅停留在理论规划层面,在实践层面的大范围卓越人才培养略显滞后。2014 年,教育部印发了《关于实施卓越教师培养计划的意见》,在卓越小学教师的培养上,重点强调要"针对小学教育的实际需求,重点探索小学全科教师培养模式,培养一批热爱小学教育事业、知识广博、能力全面,能够胜任小学多学科教育教学需要的卓越小学教师"④。在《卓越教师培养计划改革项目遴选结果》中,全国共有 62 所高校的共 80 个项目入选,其中 20 个卓越小学教师培养改革项目以"全科小学教师培养"为名称。这一政策将全科型小学

　　① 《关于全面深化新时代教师队伍建设改革的意见》[EB/OL](2018-01-31),http://www.gov.cn/zhengce/2018-01/31/content_5262659.htm.

　　② 《教师教育振兴行动计划(2018—2022 年)》[EB/OL](2018-03-22),http://www.moe.gov.cn/srcsite/A10/s7034/201803/t20180323_331063.html.

　　③ 《国家中长期教育改革和发展规划纲要(2010—2020 年)》[EB/OL](2010-07-29),http://www.gov.cn/jrzg/2010-07/29/content_1667143.html.

　　④ 《关于实施卓越教师培养计划的意见》[EB/OL](2014-08-19),http://www.moe.gov.cn/srcsite/A10/s7011/201408/t20140819_174307.html.

教师的价值提升至追求卓越的层次，开始了全科型小学教师职业定位的实质转向。

我国全科型小学教师的生发是"从面向农村走向农村优先，从扶贫救困走向卓越引领"①。就目前来看，我国全科型小学教师的培养不仅能够进一步促进农村小学教育高质量与公平发展，而且可以加快我国基础教育适应国际基础教育发展趋势，是与国际教育发展趋势接轨的必然选择。

就全科型小学教师的产生与发展历史而言，我国全科小学教师虽然在实施原因、形式等方面与国外有所不同，但发展至今已在面向未来的教育理念下实现了从传统到现代的转向，逐步与国际全科小学教师接轨。

（二）全科型小学教师的学理研究与实践探索

自包班制与全科教师进入学者们的视野后，围绕二者展开的研究与实践逐渐增多，并取得一定成果。

1.全科型小学教师的内涵

全科型小学教师是我国小学阶段主要培养的卓越小学教师类型，当前卓越小学教师培养中的小学全科教师并非是过去为了弥补农村等教育相对落后地区师资不足所培养的全科教师，而是能够胜任多学科教学，更能够把握学科知识点的相互渗透，具有对同一主题内容的课程整合能力，可凭借全科背景捕捉儿童的潜能和进行因材施教的全科型教师。②就小学教育而言，学生处于人生的启蒙阶段，应该给儿童提供的是关于世界整体图式的综合性启蒙教育。③小学生的认知特征和成长规律凸显了小学养成教育的重要性，也体现了小学教师综合性素养的必要性。因此，小学全科型卓越教师的理想诉求应该是能胜任综合性教育，能在儿童全面发展观下，有效整合各个学科知识，为儿童创造合乎具身认知的学习环境，让他们在合作与探究中成长。④这种内涵的诠释在教育部的《关于实施卓越教师培养计划 2.0 的意见》

①　张虹.全科小学教师培养再审视:定位转向与实践价值[J].当代教育科学,2016(21):32-35+47.
②　杜芳芳.我国卓越小学教师人才培养改革的创新实践[J].教育科学研究,2015(12):10-13.
③　江净帆.小学全科教师培养要解决哪三个问题[J].课程·教材·教法,2017(7):100-105.
④　黄友初,马陆一首.小学全科型卓越教师的内涵、特征与培养路径[J].教育科学,2020(2):47-52.

中,对卓越小学教师的要求不再是最初版的"能够胜任小学多学科教学需要",而变成了要在"借鉴国际小学全科教师培养经验和继承我国养成教育传统的培养模式"中培养而成的,具有"素养全面、专长发展"的教师,这与欧美①和日本②等发达国家的小学全科教师培养理念是相一致的。这些都表明,小学全科型卓越教师的本质内涵不是能胜任全部科目的教学,而是能否遵循儿童认知发展规律,有效整合各学科知识,并具备设计和实施这类整合性课程教学的能力,能更好促进儿童品性的养成。③在一项以北京市 815 名中小学新教师、有经验的普通教师与获得国家级荣誉的卓越教师为样本的卓越教师特征调查中,研究者发现教学组织与管理、学科教学知识、教学反思与研究是中小学卓越教师共同的关键特征。④发达国家的小学全科型教师体现出融合性、实践性和发展性等重要能力特征,⑤我国卓越取向的小学全科型教师的基本特征主要体现为卓越性和全面性,在教育理念上要树立以小学生素养发展为核心,在专业知识方面,要全面而扎实,在专业能力方面,不仅要能统整各学科的课程,还要具备有效实施综合性课程的能力。⑥

　　可以看出,目前对小学全科教师并未有共时性的定义,更多的是依据实践经验进行归纳。谢维和、李敏较为清晰地总结了目前有关小学全科教师内涵:第一,基于学科的界定,即全科教师主要是针对分科教师而言的,要求小学教师有能力承担小学教育阶段若干主要学科或部分学科的教育教学工作;第二,基于现实和政策的规定,即出于部分边远贫困地区和农村小学的

---

　　①　陶青,卢俊勇.美国密歇根州立大学小学全科教师培养——实习指导教师的责任、角色与功能[J].比较教育研究,2015(7):38-43.
　　②　刘文,刘红艳.日本小学全科教师培养的课程设置及启示[J].外国中小学教育,2017(10):67-74+66.
　　③　黄友初,马陆一首.小学全科型卓越教师的内涵、特征与培养路径[J].教育科学,2020(2):47-52.
　　④　李琼,吴丹丹,李艳玲.中小学卓越教师的关键特征:一项判别分析的发现[J].教育学报,2012(4):89-95.
　　⑤　程翠萍,田振华.小学全科教师的能力结构:国际经验与启示[J].外国中小学教育,2019(3):57-61.
　　⑥　黄友初,马陆一首.小学全科型卓越教师的内涵、特征与培养路径[J].教育科学,2020(2):47-52.

师资力量不足,学科教师发展不均衡而形成的现实需要,要求小学教师能够适应部分边远贫困地区和农村教育的实际, 能够承担多学科的教学与管理的工作;第三,基于教育融合的界定,即认为全科教师体现了小学教育本身的入门性和小学课程本身的综合性形态与特征。①

2.全科型小学教师的素质结构

国外对于小学全科型教师的培养历史久远,对于小学全科型教师应具备哪些能力素质相对比较成熟。通过文献梳理发现,程翠萍、田振华对美国、德国、芬兰、日本等8个发达国家的小学全科教师职业所要求的能力指标的梳理较为全面。②如美国大学教育普遍强调"博雅教育"这一理念,其小学全科教师的培养最大的优势在于教师能够独立承担小学阶段整个班级主要学科的教学工作。因此, 美国要求合格的小学全科教师必须具备三项基本能力:培养学生投入学习的能力;传授学科知识的能力;测评学生学习成果的能力。③俄罗斯则通过《教师职业标准》要求所有教师必须具备普通文化能力、普通职业能力和教师职业能力。④德国则规定小学教师在教学、教育、评价和创新四大领域要具备11种能力:教师专业地、正确地制订教学计划,并能客观正确地加以实施;通过创设学习情境支持学生的学习活动;促进学生自主学习知识与技能的能力; 了解学生的周围生活环境, 并引导学生的发展;传授正确的价值观与行为准则,并推进学生自主评价与行动;发现并解决学生的学业、生活困难;定位学生的学习起点与学习过程,促进学生的学业目标达成;掌握学生成绩的评价标准;意识到教师职业的特殊要求;理解教师职业的终身学习要求;参与学校的项目制订与实施。⑤芬兰要求研究型

① 谢维和、李敏.小学教育原理[M].北京:高等教育出版社.2021:192.

② 程翠萍,田振华.小学全科教师的能力结构:国际经验与启示[J].外国中小学教育,2019(3):57-61.

③ Inge Timostsuk.Domains of Science Pedagogical Content Knowledge in Primary Student Teachers Practice Experiences[J].Procedia – Social and Behavioral Sciences,2015(197):1665-1671.

④ Riabov V V,Rakitov A l.The Modernization of Russia and Base Centers for Teacher Training[J].Russian Education & Society,2011(9):21-33.

⑤ Cortina,K.S.,&.Thames,M.H..Teacher education in Germany[M]J.In M.Kunter,J.Baumert,W.Blum,U.Klusmann,S.Krauss,&M.Neubrand(Eds.),Cognitive activation in the mathematics classroom and professional competence of teachers:Results from the COACTIV project.New York:Springer,2013:49-62.

小学全科教师需要具备教学能力、公共交往能力、教育科研能力、创新能力、解决问题能力。①同时,芬兰的小学全科教师的培养从入学筛选、课程设置、实习实践、质量保障、职后教育等五个主要环节,共同构成了立体、全程的支持系统,在培养过程中注重教育学科的知识基础、探索多元的培养方案、借力多方合作的持续推进。②英国则关注作为小学教师的使命感、价值观、专业信念和奉献精神,将教师素质概括为专业品质、专业知识、专业能力三大不同领域。其专业能力结构方面,要求小学教师必须具备七项基本能力:计划能力、教学能力、评价监督和反馈能力、教学反思的能力、积极适应学习环境的能力、有效沟通的能力、持续的团队合作能力。③

顺应综合化培养小学全科教师的世界趋势,有学者指出我国适应未来社会的卓越小学教师一定要有理想信念、道德情操、扎实学识、仁爱之心,并将其作为未来小学教师的核心素养,专业认证标准要求的"一践行三学会"(践行师德、学会教学、学会育人、学会发展)是新时代小学教师的关键能力。④还有学者提出全科教师的"GSP"能力标准,即小学全科教师人才培养所应具有的通识、学科及专业能力基本结构。其中 G 指通识能力(general abilities),是应对未来社会变化及可持续发展而必须具备的基本能力;S 指学科能力(subject abilities),是从事小学教学所必须具备的学科知识以及相关能力;P 指专业能力(professional abilities),是教师专业化水平的重要标志,是教师区别于其他职业的主要特征。⑤

3.全科型小学教师的实践探索

一些院校开始探索培养全科小学教师的不同路径。如成都师范学院小学教育本科专业人才培养"345"模式,即确立"三大目标领域"、倡导"四年一

---

①　Malinen O.P., Vaisainen P., Savolainen H.Teacher education in Finland:a review of a national effort for preparing teachers for the future[J].Curriculum Journal,2012(4):567-584.

②　魏戈.小学全科教师培养模式的芬兰经验[J].基础教育课程,2020(7):66-75.

③　John Finney and Chris Philpott.Informal learning and meta-pedagogy in initial teacher education in England[J].British Journal of Music Education,2010(1):7-19.

④　孙德芳.小学教师本科培养的中国道路[J].中国教育科学(中英文),2020(4):60-70.

⑤　袁丹,周昆,苏敏.基于能力标准的小学全科教师培养课程体系架构[J].课程·教材·教法,2016(4):109-116.

贯实施机制"和重点打造"五类专业实践能力"。①这一模式在于培养"全科—应用型"小学教师。"三大目标领域"即先进的专业理念与高尚的师德、广博的专业知识、全面的专业能力;"四年一贯实施机制"指从学生被录取开始就逐步建立其职业意向,全过程覆盖专业学习;"五类专业实践能力"包括教师基本功(书写、表达、绘画、歌唱)、教育教学管理能力(组织、管理、沟通、协调)、教育教学设计与教育教学活动开展能力、现代教育技术运用能力、学校教育科学研究能力。湖州师范学院的小学全科教师培养模式为:三全培养思路(全科培养、全程实践、全面发展)、三大教育目标(专业情意深厚、专业知识广博和专业能力全面)、五种专业能力(教育教学能力、组织管理能力、活动指导能力、教学研究能力、学习创新能力)。②再如杭州师范大学的"师德·师能·师艺并重的小学卓越全科教师培养模式"。其从 2012 年就开始为丽水市定向招收和培养小学全科师范生,要求学生不仅能够胜任小学语文、数学、科学教学,也要熟练掌握音乐、舞蹈、美术、书法中任意两门课的授课技能。该学校通过组建优秀教学团队、重构课程模块、加强实践教学等,探索小学卓越全科教师的培养模式。③南京师范大学也启动了"协同机制下研究型全科小学教师培养模式项目",该项目采用小综合培养模式,突出"研究型"特点,培养具有研究能力的小学"全科教师"④。

二、国际视野下卓越小学教师的规范与实践

随着人们对教师质量关注度的不断提升,"培养卓越教师"日渐成为英、美、德、澳等发达国家的普遍共识,⑤各国力图以系统化的专业标准来规范与引领各自的卓越小学教师培养并付诸实践。

①　邓达."全科—应用型"小学教育本科专业人才培养刍议[J].成都师范学院学报,2013(1):5-9.
②　咸富莲,华俊昌.我国小学全科教师研究的回顾与反思[J].当代教育科学,2019(2):44-49.
③　杜芳芳.我国卓越小学教师人才培养改革的创新实践[J].教育科学研究,2015(12):10-13.
④　刘尧."卓越教师培养计划"旨在教师教育革故鼎新——从我国高校培养小学"全科教师"谈起[J].高校教育管理,2016(1):20-24.
⑤　马毅飞.国际教师教育改革的卓越取向——以英、美、德、澳卓越教师培养计划为例[J].世界教育信息,2014(8):29-33.

(一)英国:从"卓越教师计划"到《培养下一代卓越教师》

2003 年,英国教育与技能部(DfES)制定了初等教育战略规划——《卓越与快乐:初等学校战略》(*Excellence and Enjoyment:A Strategy for Primary Schools*),重点阐述了卓越教学与学生学习等内容,支持教师和学校给予学生多元化地学习支持,同时赋予教师更多主导权与灵活性,并致力于提升教师的专业素养与能力,使他们教得越来越好。[1]为了缓解国际教育竞争的压力,满足国内小学教师需求以及提升小学教师教育质量,英国在 2004 年开始实施"卓越教师计划"(Outstanding Teacher Program,简称 OTP)。经过 10 多年的发展,该项目已经成为具备明确的培训目标、严格的参与资格、紧密的实施环节和科学的评价方式的比较成熟的职后教师培训模式。[2]从 2004 年到 2012 年,每年受培训的教师都有 1300 多人,其中 70%以上的教师都能达到卓越教师的地位,有 20%的教师通过考核已经成为高技能教师,有 30%的教师距离高技能教师只有一步之遥,很多教师都取得了比以前更大的进步。[3]2007 年,英国学校培训与发展司(Training & Development for School Agency,简称 TDA)颁布《教师专业标准框架》。该框架从专业素质、专业知识和理解力、专业技能三个方面制定五级教师专业标准,分别是:合格教师标准(Qualified Teacher Standard)、核心教师标准(Core Teacher Standard)、骨干教师标准(Post-threshold Teacher Standard)、优秀教师标准 (Excellent Teacher Standard)、高级教师标准(Advanced Teacher Standard)。其中,高级教师标准指向在达到前四个标准之后应满足的标准,即达到了卓越教师的标准。这一从职前到职后紧密相连的标准是英国教师专业标准的主体,是英国政府支付教师薪水及教师职位升迁的法理依据。[4]2011 年,英国为进一步提升职前教师

---

① DfES.Excellence and enjoyment:A strategy forprimary schools[EB/OL].http://webarchive.nationalarchives.gov.uk/20090609011556/http://nationalstrategies.standards.dcsf.gov.uk/node/85063,2003-01.

② 何菊玲,杨洁.他山之石:国际卓越教师培养之成功经验[J].陕西师范大学学报(哲学社会科学版),2018(1):162-169.

③ 王东杰,方彤.英国"卓越教师计划"研究——兼谈对我国"国培计划"的启示[J].中小学教师培训,2013(8):62-64.

④ 王颖华.卓越教师专业标准的国际比较及其启示[J].西北师大学报(社会科学版),2014(4):92-99.

质量,出台教育咨询意见稿《培养下一代卓越教师》(*Training Our Next Genera-tion of Outstanding Teachers*),旨在从教师职前教育入手,培养卓越教师。[①] 2012 年,英国教育部(Department for Education,简称DfE)又特别推出了一个更加综合性的《教师标准》(*Teachers' Standards*)与卓越教师培养形成一套比较成熟的中小学卓越教师职前培养与职后培训范式。[②]2016 年 3 月,英国教育部发布重要改革文件《卓越教育无处不在》(*Educational Excellence Everywhere*)白皮书,进一步为教师成为卓越教师扫清障碍,具体措施如继续让学校在现有教师的管理、培训、稳定队伍、专业发展、工资和绩效奖励中发挥核心作用,更多的校长有权决定聘用谁来当教师、付多少工资给教师。此次改革将从公平的拨款到领导集团学校机会的灵活安排,明确给予学校领导者支持。同时改革评估制度,去掉那些阻碍好教师到最富挑战性的学校工作的指标。[③]

(二)美国:让每一位教师都卓越

美国自 20 世纪 80 年代起就开始了卓越小学教师标准的相关工作,致力于提升小学教师素质,提升基础教育质量。美国的教育政策制定者通过国际借鉴,制定了卓越教师计划,希望为各州的教师教育提供指导和参考,"让每一位教师都卓越"[④]。在近 30 年的时间里,美国的专业教学标准委员会以"什么样的教师是卓越教师"为认知始点,以卓越教师应对学生学习及整个人的发展负责、应精通所教学科并懂得如何教学、应善于管理和组织学生、应具有反思与总结意识、应成为教学和学习共同体成员等为原则或理念,先后制定了依据全国专业教学标准委员会(National Board for Professional Teaching Standards,简称 NBPTS)制定的卓越教师评价标准为主的 30 多个卓越教师专业标准。这些专业标准围绕五大核心理念展开:一是卓越教师要对

---

① 马毅飞.国际教师教育改革的卓越取向——以英、美、德、澳卓越教师培养计划为例[J].世界教育信息,2014(8):29—33.

② Teachers' Standards.[EB/OL](2015-3-13),https://www.gov.uk/government/publications/teach-ers-standards.

③ 王璐,李欣蕾.让优质面向全体 让卓越成就未来——英国《卓越教育无处不在》白皮书评介[J].比较教育研究,2017(6):50—57.

④ 陈法宝,曾杭丽.让每一位教师都卓越——美国卓越教师计划的政策引领[J].现代教育管理,2019(9):78—84.

学生的学习及其整个人的发展尽职尽责;二是卓越教师要精通所教学科,并深谙教学法;三是卓越教师要善于引导和管理学生的学习;四是卓越教师要有反思意识,善于从实践中汲取真知;五是卓越教师要使自己成为学习共同体中的一员。①这些标准不但为美国中小学教师专业发展提供了标杆,而且同其他标准一起,构成了美国国家层面相对成熟的教师专业标准体系。②

教师专业标准最重要的两大用途,一是为专业学习打造更有效的方法,二是建立更有效的体系来评估教师的表现。③美国制定的一系列标准为卓越小学教师认证提供了一套有效的评估体系。全美教学专业标准委员会(National Board for professional Teaching Standards,简称 NBPTS)的认证或注册系统是由政府出资的国家认证系统,所以也被称作国家认证。其证书主要是颁发给那些表现优异、知识渊博、技能出众的教师。但认证程序十分严格,包括提供自己工作经历的档案袋;自己上过的一堂课的录像;教师要通过用自己相关的专业知识来解决评估中心提供的一系列问题。依据的标准和评价指标由教师和其他一些专家进行开发和审核,提交的材料交由该领域业务精良的专家教师审核。全美教学专业标准委员会已经成为认证高水平教师的主要机构,通过其认证的教师在美国都会得到认可。④

一系列的卓越教师标准以规范形式成为小学教师努力的标杆,除了这种政策导向的激励,美国还实施了一系列计划为职前教师培养提供资助,如"高校教师教育援助基金"(Teacher Education Assistance for College and Higher Education, 简称 TEACH grant),"总统教学伙伴项目"(Presidential Teaching Fellows:TF),"尊重项目"(英文全文为 Recognizing Educational Success,Pro-

---

① 马毅飞.国际教师教育改革的卓越取向——以英、美、德、澳卓越教师培养计划为例[J].世界教育信息,2014(8):29-33.

② 王钢.当代中国卓越教师标准之建构[J].教育研究与实验,2020(6):75-79.

③ 陈德云,周南照.教师专业标准及其认证体系的开发——以美国优秀教师专业标准及认证为例[J].教育研究,2013(7):128-135.

④ 陈法宝,曾杭丽.让每一位教师都卓越——美国卓越教师计划的政策引领[J].现代教育管理,2019(9):78-84.

fessional Excellence and Collaborative Teaching,简称 RESPECT)等。①美国还为在职教师专业发展提供资助，如"教师奖励基金项目"(Teacher Incentive Fund，简称 TIF)、"教师质量合作伙伴拨款项目"(Teacher Quality Partnership Grant Program，简称 TQP)、"全员卓越教师计划"(Excellent Educators for All Initiative)等。②这一系列的教师资助项目保障了美国卓越中小学教师培养的顺利开展。

我国卓越小学教师培养尚处于起步阶段，卓越小学教师培养的理论研究及队伍建设等方面仍需借鉴国外比较成熟的经验，以帮助我国加快推进卓越小学教师培养的进程。

三、新时期我国卓越小学教师培养的多重路径

培养卓越的小学教师是当前小学教育的重要目标之一，依据我国小学卓越教师培养计划及相关政策,地方政府、高校联合中小学开始不断探索卓越小学教师培养问题,形成了一系列颇有成效的培养模式及培养路径。

(一)协同培养的卓越小学教师培养模式

首先,建立高校与地方政府、中小学"三位一体"协同培养教师的新机制,是国家卓越教师培养计划实施的重要保障。在已有卓越教师培养的现实基础上,各地区及各高校立足本土实际,开始探索"三位一体"协同培养的运行机制,创建了 U-G-S 即高校(U)、地方政府(G)、中小学校(S)"三位一体"以及 U-G-I-S 即高校(U)、地方政府(G)、教研机构(I)、中小学校(S)"四位一体"等多种人才培养新模式,在多方面进行了改革实践。例如,西南大学与中小学校建立了教师教育优质资源共享共建联盟,与 12 个实验区建立了在线网络研修平台,与 20 多个实习基地学校建立了优质在线观摩课堂,简称"校校协同(U-S)";与教研机构合作开展师范生培养、职后教师培训、区域教师教育发展规划拟定、教师教育资源平台建设,如与重庆市教师教育研究中

---

① 国内有学者将 RESPECT 项目翻译为"尊重项目",本文也沿用这一译法。见朱淑华,邹天鸿,唐泽静.美国教师专业发展的"尊重项目"及其启示[J].外国教育研究,2013(9):28-35.
② 付艳萍.美国中小学卓越教师培养的经验[J].当代教育科学,2017(11):43-48.

心合作开展区域教师教育研究,与中国教科院合作实施"学科教育教师能力提升计划",与"中国—加拿大"教师教育研究所合作开展教师教育人才合作培养,简称"校所协同(U–I)"①。再如东北师范大学牵头与东北三省教育厅签署协议,先后在黑吉辽内蒙古三省一区 25 个县市 105 所学校建立了"教师教育创新东北实验区",高校成立实习工作领导小组,制定实习方案,遴选学科教学论教师作为实习指导教师,并建立领导定期寻访制度,适时指导实习工作;地方政府参与制定实习方案,在食宿条件、课题研究等方面保障经费投入,在安全保证、指导过程等方面强化组织管理;实习学校建立实习保障制度,改善实习指导教师和实习学生的生活工作条件,并配合遴选本校指导教师,对实习生实行"双师型"指导。②还有集美大学与 10 多所小学签订协议共同实施"卓越教师"计划,采用"1+2+0.5+0.5"校校联合培养模式。成立"校校合作教学工作指导委员会",委员除本校教师之外,也包括教育局、教科院、进修学校、各中小学经验丰富的专家组成,共同指导"卓越教师"计划的实施。发挥校董会、校友会的桥梁纽带作用,拓宽校校合作渠道,不断开拓校校合作空间。聘请国内外教育界的知名教授、专家学者、教育教学经验丰富的小学特级教师,参与集美大学的"卓越教师"培养。加强与国内外高校的交流,引进小学教师教育的最新研究成果。③首都师范大学初等教育学院通过打造优质实习基地,创建大学与小学的协同发展,实现教育理论与实践的双向激活,帮助师范生将大学中的理论知识在小学的教育教学实践中高度转化。④

在这种协同培养的模式下,工作坊(workshop)逐渐成为一种促进师范生及小学教师成为卓越小学教师的新形式。如东北师范大学卓越教师工作坊具体指师范生在大学学科教学论教师、中小学教研员、中小学一线优秀教师联合指导下,自主地、有创意地进行深读文本、教学设计、模拟课堂教学和同

---

①　第十四届全国师范大学联席会议材料汇编[Z].2017:23–24.24–25.83–84.85.47.104.6.193.
②　刘益春.协同创新 培养卓越教师[J].中国高等教育,2012(23):15–17+37.
③　苏文金.本科高校培养卓越小学教师的探讨[J].海峡教育研究,2012(1):61–63.
④　王家骏.卓越小学教师的培养路径研究[D].江苏师范大学,2018.

课异构,旨在培养师范生职业情感、教学实践能力,使之成为未来卓越教师,成就未来教育家。工作坊秉持协同创新培养人才的理念,通过大学与中小学衔接、校内与校外互动、学生与教师共同参与的方式,把课下训练和教育实践结合起来,这是培养职前卓越教师而创设的理论与实践融合的第三空间。[①]卓越小学教师工作坊能够实现学生学习场域的空间扩展、大学理论课程与中小学教学实践对接。这是走在前列的人才培养方式改革,也是国家"卓越教师计划"进行时师范大学协同培养卓越教师的创新探索。[②]

其次,实施双导师制以加强师资的双向流动也是协同培养的方式。卓越小学教师协同培养中的"双导师制"指学校为教师教育类专业学生配备专业导师,同时从中小学教育实践基地的优秀教师中为其聘请指导教师,专业导师与中小学指导教师分工协作,共同培养和引导师范生专业发展与职业发展。[③]这种方式可以推进校际的师资队伍交流,高校教师教育者直接担任小学课程教学,小学优秀教师兼教高校教师教育类课程。如华东师范大学聘任 31位知名中小学特级校长、特级教师担任学校基础教育特聘教授,并选聘了100 多名基础教育教师担任师范生兼职导师。[④]再如焦作师范高等专科学校聘请中小学教师走向教师教育类专业的课堂现场,同时引导从事教育类课程的教师都有中小学工作经历。[⑤]同样,江苏师范大学实施"双导师制","校内导师"由校内师德与专业水平较高的教师担任,侧重于培养学生的学习和创新能力。"校外导师"聘任教改专家、特级教师、教学名师以及优秀校友,在学生见习、实习过程中一对一地指导学生教育教学实践,充分发挥名师的

---

① 孙玉红,李广.工作坊:培养职前卓越教师的第三空间——基于东北师范大学培养小学卓越教师的实践[J].教育理论与实践,2018(2):27–29.
② 孙玉红,李广.工作坊:培养职前卓越教师的第三空间——基于东北师范大学培养小学卓越教师的实践[J].教育理论与实践,2018(2):27–29.
③ 高闰青.卓越教师"三位一体"协同培养模式的实践探索[J].课程·教材·教法,2015(7):115–120.
④ 陈群,戴立益.卓越教师的培养模式与实践路径[J].中国高等教育,2014(20):27–29+48.
⑤ 高闰青.卓越教师"三位一体"协同培养模式的实践探索[J].课程·教材·教法,2015(7):115–120.

传、帮、带作用,实现个性化培养。①

再次,共建协同发展与培养组织。如华南师范大学以师范生培养、学校发展论坛、课堂教学改革研究、教师职后发展指导、教师互派等五项任务为纽带,通过互惠互利机制成立"华南师大—普通中小学"协同发展联盟,发展遍布粤东西北珠三角地区的 160 多所知名中小学加盟, 聘请这些学校校长担任"名校长 / 名教师讲堂"讲座教授。这些知名中小学的优秀教师通过个别指导、专题讲座、课程共建、课题共研等形式参与指导、培养师范生。协同发展联盟的成立建立了一种制度化、优势互补、互惠共生的高校与中小学间的协同培养机制。②

最后,强调见习、研习、实习,完善卓越小学教师实践。卓越小学教师既要具备丰富的知识,还要具备把知识传授给学生的能力;既需要有良好的教学实践能力,还要具有科学的教学研究能力;既需要对学生及其成长规律有很好的把握,还要对自己以及教学规律有反思反省能力。因此,在卓越小学教师的培养中,见习、研习、实习是培养过程中不可缺少的一环。在实际培养中, 这一部分也占据十分重要的位置。如华东师范大学建构了集师范生见习、研习和实习一体化的实践教学体系,要求师范生从大二开始见习,每学期一周;研习以项目形式进行,每年设置 300 个研习项目,覆盖全体师范生;实习以混合编队、去最好的中小学接受最好的实习指导。③江苏师范大学在培养卓越小学教师过程中构建了"见习—演习—实习—研习一体化"全过程教育实践模式,通过分阶段、分步骤的"四习一体"教育教学实践模式,建设前后衔接、内外统合、逐次提升的教育教学实践能力训练机制。④首都师范大学实行"4+6"实习,4 周在远郊区县农村校实习,6 周在城区优质校实习,使学生对我国的基础教育有更全面的了解。⑤

① 王景明,欧阳文珍.新时期基础教育教师队伍建设探析——以江苏师范大学实施卓越教师培养计划为视角[J].江苏师范大学学报(教育科学版),2013(S4):11-14.

② 林天伦,沈文淮,熊建文.卓越教师培养的实践探索[J].教育研究,2016(7):156-159.

③ 陈群,戴立益.卓越教师的培养模式与实践路径[J].中国高等教育,2014(20):27-29+48.

④ 王景明,欧阳文珍.新时期基础教育教师队伍建设探析——以江苏师范大学实施卓越教师培养计划为视角[J].江苏师范大学学报(教育科学版),2013(S4):11-14.

⑤ 王定华.关于深入实施卓越教师培养计划的若干思考[J].中国高教研究,2016(11):1-3+98.

（二）适应卓越小学教师培养的课程改革

依据小学教师专业标准和教师教育课程标准，需要进行卓越小学研究型教师培养的课程改革。在课程内容的选择方面，突出先进性、实践性和研究性。先进性要求在教学内容方面应反映小学生身心发展、小学教育教学研究的最新成果，帮助师范生理解小学教育、理解小学生，形成先进的教育理念；实践性要求教学内容要贴近实际，紧密结合小学教育的教学实践，帮助师范生形成专业技能；研究性是指课程内容以提高学生的研究素质为指向，为学生的未来发展奠定基础。①

如扬州大学小学教育专业的卓越教师培养标准采取了课程化实施途径，建构"一个目标（拓展学生专业素质，打造为小学教育服务的卓越教师）、两个结合（综合性大学多学科优势和师范学院教育研究优势相结合、课内教学和课外活动相结合）、三个面向（面向小学教师专业化水平的可持续发展、面向基础教育课程改革对小学教师素质的要求综合化的现实、面向国际化小学教师培养的未来发展趋势）、多维评价（终结性评价与形成性评价相结合、定性评价与定量评价相结合）"的素质拓展模式、"五模块（文化通识课、教育专业课、学科专业课、专题研究课、实践技能课）、三层次（以文化通识课为塔基、以教育专业课与学科专业课为塔身、以专题研究课为塔尖）、一主线（实践技能课贯穿四年学程始终）"的课程体系、建构"课堂—课外—校外"立体交叉的技能训练体系（课堂教育技能、课外活动、校外实践），三个部分组成立体的课程体系与职业技能训练体系。②再如华南师范大学为培养卓越小学教师，设置了通识类、学科大类、专业类和教育类四层次课程，每层次课程又设必修课和选修课，选修课的设置呈模块化，如通识类选修课程分"人文与艺术""自我与社会""自然与科技""教育与心理"四个模块，每个模块开设若干门课程；各模块内容上要求理论与实践相结合，实现知识与能力、思维与方法、情感态度与价值观的相互融合，如通识类选修课中的"教育与心理"

---

① 闫江涛.本科院校小学教育专业卓越教师培养的价值追求与实现[J].平顶山学院学报,2015（4）:110–113.

② 刘久成.卓越小学教师培养:目标·标准·途径[J].现代教育论丛,2011(Z1):2–6.

模块,内容包括通读和精读教育心理类名著,研读名校长、名教师的成长事例,修读教育心理类通识网络课程,聆听名校长或名教师讲座等。①

（三）卓越小学教师的自我成长

教师的职前职后培养固然重要，但教师自身的主观努力程度才是发展的决定性因素。小学教师要坚定教育理想,增强专业认同,有研究者通过对37位中小学卓越教师的传记材料进行分析，发现卓越中小学教师的成长经历虽然存在差异,但是在促进自身专业成长中,都能找到相似的关键事件,其可归纳为:阅读、积累、反思、总结、研究。阅读、积累是卓越教师专业成长的基础,只有通过广泛阅读书籍,才能为卓越教师的发展提供巩固的专业知识、开阔的思维视角。而反思、总结是对阅读与积累的升华,是卓越教师对自己的专业知识、专业能力、专业思维的审视与评判。在阅读积累中不断反思、不断总结,才有了普通教师向卓越教师迈进的美好瞬间。而这一切的最高境界是卓越教师作为研究者,站在自己的真实教学环境中发现、思考、解决教学问题,同时能够客观理性地分析教学问题,提出教学思想,建构教学理论。②

培养卓越的小学教师已经成为教师教育的国际趋势,一方面,我国卓越小学教师的培养正逐渐与国际接轨,探索科学的卓越小学教师培养模式,制定完备的卓越小学教师培养课程模块,改革教学教法,试行严格的小学教师准入、筛选与评价制度。另一方面,我国需基于本土特色制定卓越小学教师标准，形成师范生—合格小学教师—优秀小学教师—卓越小学教师的完备体系。作为建设教师队伍的重要方面,卓越小学教师的培养任重道远。

本章小结

近20年的小学教师研究在小学教师专业化背景下实现了长足发展,在发展过程中关注到很多细微的领域和命题,如小学教师专业知识、小学教师专业能力、小学教师专业标准、小学教师专业伦理、卓越小学教师等。研究呈

---

① 林天伦,沈文淮,熊建文.卓越教师培养的实践探索[J].教育研究,2016(7):156-159.
② 黄露,刘建银.中小学卓越教师专业特征及成长途径研究——基于37位中小学卓越教师传记的内容分析[J].中国教育学刊,2014(3):99-104.

现如下特点：以小学教师专业化为主线、全科型卓越小学教师研究为未来趋势；理论研究与实证研究相结合；研究区域和研究主体多向联合；国外知识借鉴和国内经验相结合等。随着小学教师研究队伍的不断壮大，未来小学教师研究还须进一步凸显小学阶段的特殊性，深化研究的思维层次，以寻求小学教师培养和发展良策。

推荐阅读

1.柏灵.论我国中小学教师专业标准体系的构建[J].当代教育科学,2010(24):11-13+48.

2.蔡辰梅,刘刚.近十年来教师专业伦理研究进展探析[J].当代教育科学,2018(6):39-44.

3.蔡辰梅.只有理解童年,才能道德地影响童年——论小学教师专业伦理的建构[J].中国德育,2017(1):29-33.

4.陈黎明.如何完善我国教师职业道德规范?——基于对五个国家教师职业道德规范的质性内容分析[J].教育科学研究,2019(2):74-81.

5.陈思颖,李刚.国外"教师韧性"研究述评[J].上海教育科研,2015(6):21-24+53.

6.樊富珉,何瑾编著.团体心理辅导[M].上海:华东师范大学出版社,2010.

7.郭维平.浅析小学教师专业化的内涵和途径[J].教育探索,2005(7):113-115.

8.侯敬奇,毛齐明.基于国际比较的视角:我国小学教师专业标准之反思[J].现代教育科学,2017(4):139-144+149.

9.黄海蓉,苗元江,黄金花.我国教师幸福感研究概观[J].中国校外教育(理论),2008(12):59.

10.黄济,劳凯声,檀传宝主编.小学教育学 第3版[M].北京:人民教育出版社,2019.

11.黄友初,马陆一首.小学全科型卓越教师的内涵、特征与培养路径[J].

教育科学,2020(2):47-52.

12.李敏.教师德育素养新模型[J].人民教育,2016(23):20-24.

13.李敏.优良道德的推导:小学教师专业伦理的特质分析[J].教育研究,2020(12):20-24.

14.李敏.优良道德与关键道德:小学教师专业伦理的内容思考[J].教育科学,2020(4):44-50.

15.李明军,王振宏,刘亚.中小学教师工作家庭冲突与职业倦怠的关系:自我决定动机的中介作用[J].心理发展与教育,2015(3):368-376.

16.李义安,勇健.中小学教师职业承诺、教学效能与职业倦怠的关系模型[J].中国临床心理学杂志,2010(3):360-362.

17.刘东菊,吴荣.论教育劳动的创新本质[J].上海师范大学学报(哲学社会科学版),2019(4):22-28.

18.娄伶俐.主观幸福感的经济学理论与实证研究[M].上海:上海人民出版社,2010:8-9.

19.芦静.小学教师赋权增能的路径探析[J].教学与管理,2020(32):6-8.

20.裴淼,李肖艳.国外教师幸福感研究进展[J].教师教育研究,2015(6):93-98+106.

21.沈伟,李倩儒.教师地位及其支持制度的国别比较:基于中国、日本、韩国、芬兰、以色列的考察[J].外国教育研究,2020(10):39-53.

22.苏娟娟.基础教育课程改革中的教师心态剖析——小学教师幸福感和社会支持的问卷调查分析[J].教育探索,2005(11):85-87.

23.檀传宝.教育劳动的特点与教师专业道德的特性[J].教育科学研究,2007(3):5-11.

24.檀传宝.论教师的幸福[J].教育科学,2002(1):39-43.

25.檀传宝.论教师的义务[J].教育发展研究,2000(11):5-9.

26.檀传宝.论教师"职业道德"向"专业道德"的观念转移[J].教育研究,2005(1):48-51.

27.王夫艳.规则抑或美德:教师专业道德建构的理论路径与现实选择

[J].教育研究,2015(10):64-71+97.

28.王智秋.基于教师专业标准的小学教师职前培养[J].中国教育学刊,2012(12):72-76.

29.魏戈,陈向明.教师实践性知识研究的创生和发展[J].华东师范大学学报(教育科学版),2018(6):107-117+158-159.

30.魏戈.小学全科教师培养模式的芬兰经验[J].基础教育课程,2020(7):66-75.

31.伍新春,齐亚静,余蓉蓉,臧伟伟.中小学教师职业倦怠问卷的进一步修订[J].中国临床心理学杂志,2016(5):856-860.

32.伍新春,齐亚静,臧伟伟.中国中小学教师职业倦怠的总体特点与差异表现[J].华南师范大学学报(社会科学版),2019(1):37-42+189-190.

33.谢永旭.我国中小学教师专业道德发展现状与多重性反思[J].教师教育论坛,2015(10):78-80.

34.叶菊艳.专业身份认同:教师队伍质量的核心[J].人民教育,2018(8):17-21.

35.余雅风,王祈然.教师的法律地位研究[J].华东师范大学学报(教育科学版),2021(1):49-58.

36.张家雯,王凯.激励、共享和引导:澳大利亚教师伦理规范建设取向[J].教师教育论坛,2016(5):87-91.

37.张西超,胡婧,宋继东,张红川,张巍.小学教师心理资本与主观幸福感的关系:职业压力的中介作用[J].心理发展与教育,2014(2):200-207.

38.张晓莉.美国小学优秀全科型教师专业素质及其特征探析——基于"《标准》规定"与"实践个案"的双重考量[J].教育理论与实践,2021(5):25-29.

第三章　小学课程研究

本章思维导图

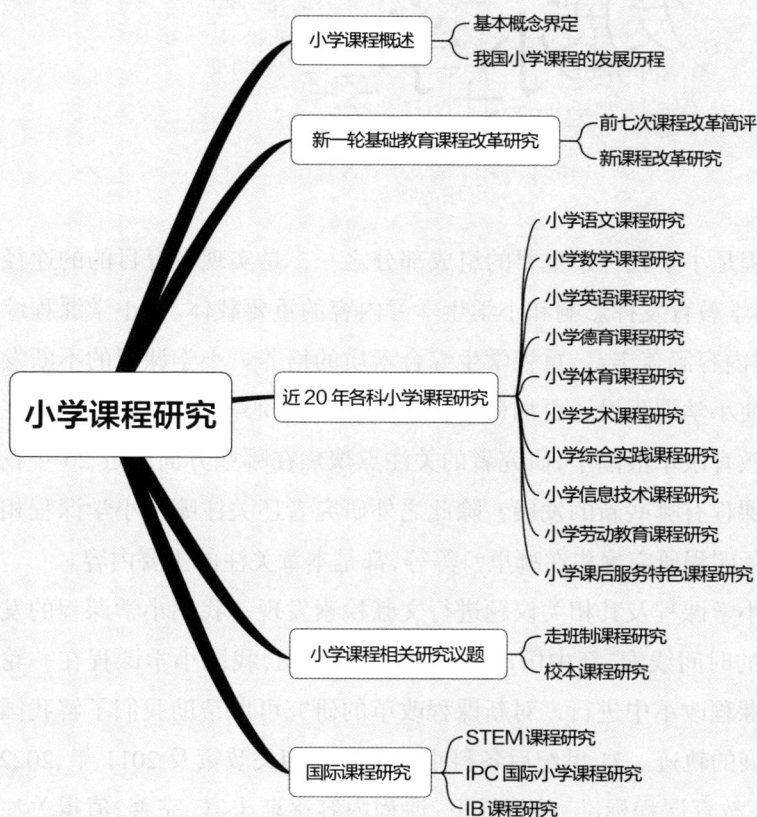

```
                              ┌── 基本概念界定
                    小学课程概述 ┤
                              └── 我国小学课程的发展历程

                                      ┌── 前七次课程改革简评
                    新一轮基础教育课程改革研究 ┤
                                      └── 新课程改革研究

                                      ┌── 小学语文课程研究
                                      ├── 小学数学课程研究
                                      ├── 小学英语课程研究
                                      ├── 小学德育课程研究
                                      ├── 小学体育课程研究
  小学课程研究 ── 近20年各科小学课程研究 ┤── 小学艺术课程研究
                                      ├── 小学综合实践课程研究
                                      ├── 小学信息技术课程研究
                                      ├── 小学劳动教育课程研究
                                      └── 小学课后服务特色课程研究

                                      ┌── 走班制课程研究
                    小学课程相关研究议题 ┤
                                      └── 校本课程研究

                              ┌── STEM课程研究
                    国际课程研究 ┤── IPC 国际小学课程研究
                              └── IB课程研究
```

本章词云图

　　小学课程是小学教育中重要的组成部分之一，是实现教育目的的途径和手段，是小学教育发挥影响和小学生学习内容的重要载体。[①]小学课程综合设置、课程内容涵盖丰富，重视学生综合素质的培养。小学课程的不断发展和改革促使小学课程设置更加科学，符合小学生身心发展的特点，那么在新一轮基础教育改革浪潮中，研究者的关注点聚焦在哪些方面？近20年我国各科小学课程有哪些新的发展？除此之外研究者还关注哪些小学课程相关议题？国际课程研究聚焦在哪里？等等，都是本章关注的主要内容。

　　通过对小学课程及其相关议题进行文献检索发现，我国小学课程的发展呈现明显的时间线索，新中国成立后到21世纪初，我国小学课程在一轮轮基础教育课程改革中进行，对新课程改革的研究可以帮助我们了解我国小学课程发展的轨迹。21世纪后各科小学课程在相关政策及2011年、2022年两次《义务教育课程标准》的指导下，课程内容逐渐丰富、完善，值得关注的是小学课后服务特色课程的兴起和发展。此外，有关小学课程相关议题及

---

① 谢维和，李敏.小学教育原理[M]北京:高等教育出版社,2021:93.

国际课程的研究也不断增多。在对我国小学课程发展脉络进行梳理前,需要先对小学课程的基本概念进行澄清和界定,从原理出发形成对小学课程的学理性认识。

第一节　小学课程概述

小学课程是实现小学教育目的的重要手段,教育者和学习者通过课程这一中介相互联系,实现教与学的双向互动。学界关于小学课程的理解始终处于理论和实践层面的持续讨论和探索中。本节简要概述了课程与小学课程的概念及其关系、新中国成立至 21 世纪初我国小学主要学科课程的发展演变及政策文件,着力厘清小学课程的边界,关注现代小学课程的发展概况及学术界对小学课程建设的推进。

一、基本概念界定

随着"课程"一词的广泛应用和不断发展,"课程"逐渐成为一个基本范畴,但对"课程"概念的理解,学者们观点各异。在相关的教育类工具书、原理类书籍中可以窥见,很难找到具有高度共识的课程定义。就各级各类学校教育阶段来看,可以将课程大致分为学前儿童活动课程、小学课程、初中课程、高中课程、大学课程等。由此,对于"小学课程"这一概念的理解应基于对"课程"概念的理解之上。

(一)课程的界定

学术界一般从广义和狭义维度对"课程"概念进行阐释。郑晓生将广义的课程定义为:为了实现学校培养目标而规定的所有学科(即教学科目)的总和。[1]例如在小学教育阶段,为实现小学阶段的培养目标而设置的小学课程。谢维和、李敏同样从广义和狭义的角度对课程进行阐释:"广义的课程指小学生在教育环境中所做、所见、所闻、或所感的一切,包括有计划的和无计

---

① 　郑晓生.小学教育学[M].福州:福建教育出版社,2016:140.

划的。狭义的课程则更多指局限在学校内部教师进行的有控制的学习活动。"①蒋蓉认为广义的课程是指一种有规定数量和内容的工作或学习进程,狭义的课程则是指学校课程,是学校或教师组织学生进行有目的、有计划、有程序和制度化的学习进程。②可见,广义的课程则是指所有教学科目的总和,简而言之狭义的课程指某一具体的学科或活动,例如小学教育阶段开设的小学语文学科课程、小学数学学科课程等。

除从广义和狭义的角度对课程进行界定外,还有一些不同维度、视角下对课程的理解。有学者从三个层面进行概念界定。首先,从课程的要素或属性层面界定将"课程"认为是知识和经验;其次,从课程的功能或作用层面进行界定,分别将"课程"作为目标或计划和活动或进程;最后,从课程的层次或结构层面进行界定,依据美国教育家古德莱德对课程的分类,分为五个层面,体现课程开发层层递进的过程,分别是理想的课程、正式的课程、领悟的课程、运作的课程、经验的课程。③美国的奥利弗(Oliver)对课程的本质观进行归纳和总结,认为课程有以下几点特征:①学校中所传授的东西;②一系列的学科;③教材内容;④学习计划;⑤一系列的教材;⑥科目顺序;⑦一系列的行为目标;⑧学习进程;⑨在学校中所进行的各种活动;⑩在学校的指导下,在学校内外所传授的东西;⑪学校全体职工所设计的任何事情;⑫个体学习者在学校教育中所获得的一系列经验;⑬学习者在学校所经历的经验。④

综上,课程即各级各类学校为实现培养目标,在教师指导下的学生学习活动的总体,在这个总体中除了学校课程表中所规定的课程外,还有配合课内教学所组织的全部课外活动,以及在整个学校生活中教师和学生集体的价值观、态度、行为方式等校园文化因素对学生的影响。⑤

面对不同学者提出的各种课程定义,每一种有代表性的定义都具有一定的指向性,同时具有合理性和局限性,定义背后隐含的是作者的价值取向

① 谢维和,李敏.小学教育原理[M]北京:高等教育出版社,2021:94.
② 蒋蓉,李金国.小学课程与教学论[M].北京:北京师范大学出版社,2013:2-3.
③ 孙式武.小学教育概论[M].济南:山东人民出版社,2014:51-53.
④ 庞国彬,轩颖.小学课程与教学[M].长春:东北师范大学出版社,2013:6-7.
⑤ 扈中平.现代教育学[M].北京:高等教育出版社,2005:218.

和哲学观念。①所以,从学理层面厘清课程及小学课程的定义是进行小学课程研究的关键。

(二)小学课程的界定

了解"课程"这一上位概念之后,关于小学课程的描述可以从2022年颁布的《义务教育课程方案》②中得以窥见。《义务教育课程方案》中明确规定了义务教育课程的教育目标、教育内容和教学基本要求,在立德树人中发挥着关键作用。在相关的小学课程研究中,"小学课程"往往伴随着"小学课程的理论""小学教育内容"及"小学课程内容"等相关概述出现。现从基础工具类教材和原理类书籍中寻找小学课程的边界,在对不同学者提出的相关概念中剖析小学课程的概念。

1.《小学教育学》教材中对小学课程的阐述

郑晓生根据课程的任务将课程分为基础型课程、拓展型课程、研究型课程,其中基础型课程即中小学课程的主要组成部分,内容是基础的,以基础知识和基本技能为主,不仅重知识、技能的传授,也注重思维力、判断力等能力的发展和学习动机、学习态度的培养,③以培养学生的基础素养为主。也有学者通过对"小学教育内容""小学课程内容"的界定来厘清与小学课程概念之间的边界。譬如,田友谊对"小学教育内容"进行广义和狭义的论述。广义上,小学教育内容指校内和校外教育的内容,狭义上则主要是指学校教育内容。简言之,小学教育内容是指为了完成小学教育目标规定的任务,在教育目标的指引下所进行的一系列的有计划、有选择、有目的的教育教学活动,主要是向小学生传授体、智、德、美等方面的内容,发展小学生的各项能力和素质,培养全面健康发展的小学生。④阮成武将"小学课程"认为是我国小学教育内容的形式结构,主要体现在小学阶段设置的学科课程上。⑤曾文婕、黄

① 施良方.课程理论[M].北京:教育科学出版社.1996:3–7.
② 中华人民共和国教育部政府门户网站 [EB/OL](2022–04–08),http://www.moe.gov.cn/srcsite/A26/s8001/202204/t20220420_619921.html.
③ 郑晓生.小学教育学[M].福州:福建教育出版社,2016:144.
④ 田友谊.小学教育学[M].北京:北京大学出版社,2016:136–138.
⑤ 阮成武,江芳,蒋蓉.小学教育概论[M].上海:华东师范大学出版社,2011:108–111.

甫全将"小学课程内容"定义为:为实现小学教育目标,经选择而纳入小学教育活动过程的知识、技能、行为规范、价值观、世界观等文化总体,[①]小学教育内容包含小学课程内容,二者呈现包含关系。在讨论"小学课程内容"时往往与"小学课程目标"相联系,从课程计划到课程标准再到教材都体现课程内容的设置,小学课程内容从小学阶段的课程标准中得以体现。课程内容往往以课程标准的形式规定下来,具有法定的地位,因而是相对稳定的,不能轻易改变。[②]

小学课程是为学生终身学习打基础的课程,是面向全体学生的课程。[③]从小学教育学教材中可以窥见不同研究者对小学课程的不同理解,为小学课程的研究和发展做出了贡献。

2.小学教育原理类、课程与教学论书籍中的小学课程

谢维和、李敏详细论述了小学课程的一般原理和小学课程的"顶灯理论",一般原理认为小学课程主要是指教材提供的必要知识,以及教师或其他成人所提供的经验或指导。"顶灯理论"即给小学生提供一种非常具体和专业化的课程,这类课程类似于"顶灯"一样为小学生引导未来前进的方向。[④]利用隐喻将小学课程的引导性、基础性生动地展现出来。

《小学教育百科全书》将"课程"描述为儿童在教育环境中所做、所见、所闻或所感的一切,包括计划内的事情和计划外的事情。《国家课程》中对小学教育的总体目标和价值给出明确的定位:学校课程是旨在为所有小学生提供学习和实现目标的机会,促进学生在心灵、道德、社交和文化方面的发展,帮助所有学生为生活中的机会、责任和经历做好准备。课程需要充分地考虑所有儿童的需要,依据全纳教育的原则,为学生提供适合的具有挑战意义的课程,让学生在课程中体验成功。[⑤]

从课程设置的角度,邓艳红将不同地区、年级的小学课程设置进行比较发现,大部分地区开设的课程基本属于国家课程,国家课程构成了我国小学

①　曾文婕,黄甫全.小学教育学[M].北京:高等教育出版社,2017(10):165-167.
②　潘海燕.小学教育概论[M].北京:北京师范大学出版社.2021:138-139.
③　张永明.小学教育学基础[M].北京:北京大学出版社,2013:124.
④　谢维和,李敏.小学教育原理[M].北京:高等教育出版社,2021:96-99.
⑤　[美]丹尼斯·海斯.小学教育百科全书.[M].周琳,张允,等译.天津:天津人民出版社,2021:94-95.

课程设置的主体部分。课程是学校教育教学活动的基本依据，更是教育思想、教育目标和教育内容的主要载体，集中体现国家意志和社会主义核心价值观，直接影响人才培养质量。

3.基础教育阶段政策文件中的小学课程

国务院和教育部颁布的基础教育阶段政策文件中对课程目标、内容的设置可以窥见小学课程的概念，国家课程基本构成了小学课程设置、课程内容的主体部分。在政策文件中，通过对小学课程设置、课程结构的明晰，进一步厘清小学课程的概念。

课程设置和课程结构的变化发展，可以从 2001 年《基础教育课程改革纲要》到 2011 年教育部颁布的《义务教育阶段课程标准》再到 2022 年新颁布的《义务教育课程方案》的政策完善过程中发现。

2001 年教育部印发《基础教育课程改革纲要（试行）》，对小学课程结构进行明确的规定：小学阶段以综合课程为主。小学低年级设品德与生活、语文、数学、体育、艺术（或音乐、美术）；小学中高年级设品德与社会、语文、数学、科学、外语、综合实践活动、体育、艺术（或音乐、美术）。①同年教育部印发《义务教育课程设置实验方案》对九个年级课程设置的课时、课程比例等都进行了明确的规定，强调小学课程的综合性。

2011 年 12 月教育部印发了义务教育阶段语文、数学、英语等 19 个学科的课程标准，并于 2012 年秋季学期开始试行。其中规定了各小学课程的课程目标、课程内容、课程实施等内容。2022 年 5 月，教育部印发《义务教育课程方案和课程标准（2022 年版）》，其中阐释了课程方案的主要变化：将完善培养目标放在首位，明确义务教育阶段时代新人培养的具体要求。在课程设置上进行优化，小学原品德与生活、品德与社会和初中原思想品德整合为"道德与法治"，实行一体化设计。在艺术、科学、综合实践活动课程上都进行了优化。

从以上三份主要的课程政策文件中可以窥见，小学课程在设置上逐渐呈现育人导向、结构化、规范化、指导性、衔接性等特点，是符合小学生身心

---

① 中华人民共和国教育部政府门户网站［EB/OL］（2001-06-08），http://www.moe.gov.cn/srcsite/A26/jcj_kcjcgh/200106/t20010608_167343.html.

发展特点,适应小学生年龄特征而设置的课程总和。小学阶段以综合课程为主,课程方案、课程标准强化了课程育人导向,基于核心素养的发展要求,推进课程综合化实施。小学课程不断发展与时俱进,在培养小学生所具备的必备品格和关键能力的同时,更加关注生活化、生命化、信息化。①

(三)课程与小学课程的关系

关于课程和小学课程的概念,学术界没有一致性的定义,对于二者之间的关系也少有明确论述,这里从概念本身出发,梳理二者之间的关系。

1.从课程的大概念中寻找小学课程

课程是教育活动的基本要素,教师和学生通过课程这一中介相互联系。按照学校教育阶段划分,小学课程是整个课程中的基础性阶段,是课程的一部分。两者之间的关系是相互促进、共同发展的。当"课程"的概念和外延不断丰富时,会为小学课程的开发和研究提供新的思路;同样伴随小学课程的改革和完善,使其更加符合小学生身心发展特点和需要,从而促进整体"课程"概念的建构和完善。

2.在小学课程特性中体现课程概念

小学课程基础性、义务性、养成性等特性体现了"小学课程"在课程中的独特作用。小学课程的建设和发展为整体课程建设提供指导作用,小学课程设置以综合课程为主,部分分科课程。各级各类学校在小学课程设置的基础上不断地进行纵向深化、横向联系。例如小学语文课程是初中语文课程的基础,初中语文课程是小学语文课程的深化。

(四)课程流派

从学者们对课程流派的分类中可以看出课程流派的划分特点,在简要对基本的课程流派进行梳理后可大致分为四类。

首先,孙式武将课程的理论流派分为三种:学科中心课程论(又称知识中心课程论);活动中心课程论(又称儿童中心课程论或经验课程);社会中心课程论(又称社会改造主义课程理论)。②其次,在《教育学基础》一书中,按

---

① 田友谊.小学教育学[M].北京:北京大学出版社,2016:140–143.
② 孙式武.小学教育概论[M].山东:山东人民出版社,2014:64–65.

照时间顺序呈现出各课程流派的代表人物及思想,分别是 19 世纪中下叶以斯宾塞为代表的知识中心课程论;20 世纪初以杜威为代表的经验中心课程论及以博比特为代表的社会中心课程论;19 世纪中叶泰勒的"目标模式"至今在课程领域占据主导地位。①

综上,课程流派可大致分为四类,分别是知识中心课程论、学习者中心课程论、社会中心课程论和后现代课程理论。

（五）课程类型

学者们对课程类型的划分是多种多样的,划分方式不同类型不同。一般学界将课程分为学科课程与活动课程;综合课程与核心课程;国家课程与校本课程;显性课程与隐性课程等。随着科技的进步、时代的发展,逐渐出现了互联网课程等新的课程类型。

孙式武按照课程组织方式划分为分科课程、综合课程与活动课程;按照国家基础教育领域划分为必修课程与选修课程;按照课程设计、开发和管理主体分为国家课程、地方课程、校本课程;按照课程呈现的形态分为显性课程和隐性课程。②

综上,按照课程编写的逻辑划分可分为学科课程与活动课程;按照课程一体化程度划分可分为分科课程、综合课程;依据课程目标划分为选修课程、必修课程;按照课程呈现方式划分分为显性课程和隐性课程;按照课程编写不同主体划分可分为国家课程、地方课程、校本课程;按照课程多样化程度划分分为多元化课程和一体化课程。

二、我国小学课程的发展历程

相关资料表明我国小学课程的发展历史可以追溯到上海正蒙书院的建立。1878 年上海正蒙书院的设立标志着我国最早的小学成立,小学课程出现了萌芽。③到了晚清时期,1902 年我国颁布了第一个学制——《壬寅学制》,也

---

① 全国十二所重点师范大学联合编写.教育学基础[M].北京:教育科学出版社,2014:164-170.
② 孙式武.小学教育概论[M].济南:山东人民出版社,2014:60-64.
③ 刘海燕,孙杰.近代我国小学课程的历史变迁研究[J].课程教学研究,2018(3):46-51.

被称为《钦定学堂章程》。之后 1904 年出现近代第一个由政府颁布并实施的学制《癸卯学制》。民国初年颁布《壬子癸丑学制》确定了三段四级的学制体系。1922 年新文化运动时期颁布《壬戌学制》，又被称为"六三三学制"。中华民国十一年十月在第八届全国教育会联合会上拟定了新学制课程标准纲要，①该纲要规范了教学工作。可见我国小学课程的发展有着悠久的历史，通过梳理已有文献发现大部分关于小学课程的研究聚焦于新中国成立后小学课程的建设和发展。基于此研究现状，以下着重探讨新中国成立以来至 21世纪初我国小学课程的变化发展。

（一）新中国成立至 21 世纪初我国小学课程发展的历史阶段

小学课程设置的变化体现出小学培养目标的发展、课程内容的丰富、课程结构的不断优化以及课程实施的取向。新中国成立以来小学课程不断变化创新，已有 70 多年的发展历史，综观我国小学课程的发展，研究者们对我国小学课程的演进历程给出不同阶段划分。

目前，学术界一般将自新中国成立以来至今的基础教育课程改革分为八个阶段，分别是第一阶段（1949—1952 年）、第二阶段（1953—1957 年）、第三阶段（1958—1965 年）、第四阶段（1966—1976 年）、第五阶段（1977—1985 年）、第六阶段（1986—1991 年）、第七阶段（1992—1998 年）、第八阶段（1999 年至今）。

70 年间小学课程的发展体现小学课程的改革与嬗变，肖菊梅通过对 70年间课程的发展进行梳理，将小学课程的历史发展分为四个时期：改革与创建期（1949—1957 年）、调整与迷失期（1958—1976 年）、巩固与发展期（1977—2000 年）、转型与深化期（2001 年至今）。②同样，陈志沛总结了新中国小学课程改革的历程并分为四个阶段，分别是：新中国成立初期到社会主义改造基本完成时期（1949—1956 年）；全面开始社会主义建设时期（1957—1966 年）；"文化大革命"时期（1966—1976 年）；全面开创社会主义现代化建设新局面时期（1977—20 世纪 90 年代初）。③

---

① 刘爽.民国时期我国小学课程标准的历史演变[D].辽宁师范大学，2014.
② 肖菊梅.70 年小学课程改革与发展：历程、特征与内在理路[J].新教师，2020（6）：8–10.
③ 陈志沛.新中国小学课程改革研究[D].华东师范大学，2002.

邵晓枫总结回顾改革开放以来我国义务教育课程研究的发展,将义务教育课程改革划分为五个阶段:中小学课程的恢复与重建阶段(1978—1984年)、初步发展阶段(1985—1911年)、深入发展阶段(1992—2000年)、走向新时代阶段(2001—2009年)、不断走向成熟阶段(2010年至今)。[①]

王林海通过总结我国小学课程改革的发展历程,将小学课程发展划分为六个阶段:以俄为师——改造旧教育、学习苏联阶段(1949—1956年);独立自主——尝试探索教育发展道路阶段(1957—1965年);步入灾难——"文革"十年教育遭受重创破坏阶段(1966—1976年);走出迷途——教育恢复、整顿与调整阶段(1977—1985年);素质教育——实施九年义务教育着重地方教育特色阶段(1986—2000年);为了发展——21世纪新一轮课程改革阶段(2001年至今)。[②]

从小学学科教育研究的角度来看,朱忠琴阐述了各分科课程目标、内容、理论等的发展,将小学教育研究的发展历程分为三个阶段,分别是小学教育研究的初步探索阶段、逐步发展阶段、深化研究阶段。[③]在初步探索阶段主要研究小学课程和教学;逐步发展阶段注重分科课程的发展和整体课程的逻辑结构;深化研究阶段更加注重对小学课程的结构进行调整,内容进行更新并建立相应的评价体系。

由上述可见,对新中国成立以来小学课程的阶段划分不断细化,由最初的按重要时间进行阶段划分到从不同的角度对小学课程研究的发展阶段进行划分,划分维度更加丰富,也帮助我们从不同的研究角度对新中国成立以来小学课程的发展有更加全面的认识。

(二)新中国成立至21世纪初小学课程的政策体现

小学课程的发展过程可以在政策文本中得以窥见,国家颁布的政策、计划、草案等可以集中反映国家对小学教育阶段培养目标的变化,小学阶段课

---

① 邵晓枫.改革开放40年我国义务教育课程研究的回顾、反思与展望[J].河北师范大学学报(教育科学版),2018(4):32—40.

② 王林海.新中国小学课程改革:历程、问题及走向[D].湖南师范大学,2004.

③ 朱忠琴,王玉国.改革开放四十年我国小学教育研究的回顾与展望[J].当代教育与文化,2018(6):51—55.

程开发、课程目标、课程内容、课程结构以及课程实施的要求，呈现小学课程改革发展的动态过程和上升趋势。以下按照时间顺序将政府颁布的关于"小学课程"政策文件及相关内容进行呈现，如表3-1所示。

表3-1　新中国成立至21世纪初小学课程政策文件及相关内容

时间	相关政策	相关内容
1978年2月	教育部《全日制十年制中小学教学计划试行草案》	规定了中小学的任务、学制、制定教学计划的原则、"主学""兼学"的安排、活动总量、课程设置等
1981年3月	教育部《关于小学开设思想品德课程的通知》	从1981年秋季起，小学各年级普遍设立思想品德课
1981年5月	教育部《全日制五年制小学教学计划(修订草案)》	对教学和假期时间、课程设置、每周活动总量、每节课的时间等做了详细规定
1986年4月	《中华人民共和国义务教育法》	学校和教师按照确定的教育教学内容和课程设置开展教育教学活动，保证达到国家规定的基本质量要求
1986年12月	国家教委《义务教育全日制小学、初级中学教学计划(初稿)》	在课程方面，加强思想品德、思想政治课，打好语文、数学的基础，适当加强音乐、体育、美术等科目。适当降低数学、物理、化学等课程的理论要求和习题难度
1992年3月	《中华人民共和国义务教育法实施细则》	实施义务教育必须贯彻国家的教育方针，坚持社会主义方向，实行教育与生产劳动相结合，对学生进行德育、智育、体育、美育和劳动教育
1998年2月	国家教委《关于推进素质教育调整中小学教育教学内容、加强教学管理的意见》	要求在不改变现行课程结构、课时、教材体系的前提下，本着有利于实施素质教育，促进学生全面发展，有利于减轻学生过重的课业负担，有利于教育教学秩序稳定的原则进行
1998年12月	教育部《面向21世纪教育振兴行动计划》	重点建设全国远程教育资源库和若干个教育软件开发生产基地
2001年5月	教育部《基础教育课程改革纲要(试行)》	对课程改革目标、课程结构、课程标准、课程评价、课程管理、课程改革的组织与实施等做了具体规定

基于对以上政策文本的梳理不难发现，小学课程设置不断细化，将小学阶段分为小学低年级、高年级，小学阶段的课程以综合课程为主。以2000年为时间节点，随着基础教育课程改革的不断推进，《义务教育课程方案(2022年版)》的颁布，小学课程有了新的发展。所以小学课程研究是值得我们持续

关注的重要议题,尤其是小学各科课程的建设和发展。

（三）新中国成立至 21 世纪初小学课程内容发展

按照小学课程内容的时间脉络进行梳理发现,"小学"最早出现在商朝的甲骨卜辞中,按照年龄阶段划分小学与大学,是学校成熟的标志。西周时期,小学主要教授行为准则、生活习惯、书、数相关的课程内容。宋朝,民间所办的蒙学统称为私塾,蒙学是小学教育阶段的统称。主要学习基本的文化知识技能和初步的道德行为训练,蒙学教材分类按专题编写,有识字类,伦理道德类等。南宋学者朱熹认为教育分为两个阶段,小学和大学,其中小学阶段主要培养学生的道德、习惯、基础文化知识。元朝创办社学,直至清朝普遍设立,社学是初等教育形式的地方官学,主要学习初等文化知识、伦理道德知识等。1922 年新学制中小学取消修身课,增设公民道德课等带有资产阶级性质的课程。

综上,古代和近代的小学课程设置主要以德育课程为主,伴随基础知识的教授和生活习惯的学习,未分化出具体的教学科目以及具体的教学目标。新中国成立以来小学课程内容发生重要变化,相关研究多以小学课程发展的时间脉络为线索对小学各科课程的内容变化进行梳理。

1.小学语文课程

我国小学语文课程有着丰富的发展历程,特别是新中国成立以后关于小学语文课程的研究逐渐增多且议题多样。按照时间维度对小学语文课程相关政策进行梳理,吴立岗将小学语文课程发展分为九个阶段,新中国成立后小学语文课程具有工具性和思想性双重特点,伴随着《红领巾》一书中教学方法的广泛使用,这一教学方法在当时也颇受争议,虽然其批判了当时课程的政治化倾向,但"文学分析"成为当时小学语文教学的主要内容。1956 年《小学语文教学大纲》系统地阐释了小学语文课程的基本任务和发展方向。1958 年伴随着"大跃进"和"人民公社化运动",小学语文课程的发展也带有明显的政治色彩,课程更加强调政治性和思想性。1963 年,经过一场"文道关系"的争论后明确了小学语文课程的基础工具性。"文化大革命"期间小学语文课程的发展受到前所未有的打击,小学语文课程沦为政治斗争的工具。改革开放后,小学语文课程的工具性和思想性被重新确立起来。1986—1992 年的小学语文课程意在提高民族素质,适当降低难度、减轻负担。到了 20 世纪 90 年代,主张弘扬语文课程的人文精神,将工具性与人文性结合起来。[①]

通过对小学语文课程性质研究的梳理发现,一些学者对新中国成立后小学语文课程进行阶段性论述,认为小学语文课程性质的发展经历了由"工具说"阶段(1949—1977 年)向"工具性与思想性统一"阶段(1978—1999 年)再到"工具性与人文性统一"阶段(2000 年至今)的转变。所谓"工具说"即把小学语文课程作为基础性工具,以帮助其他学科学习和理解,学习标准普通话(北京音系)和语体文。之后工具性和思想性并行,在强调小学语文课程基础性的同时也强调小学语文课程是思想教育的课程。目前我国小学语文课程正处在"工具性和人文性相统一"的阶段,这意味着小学语文课程不仅具有基础性的作用,同时还发挥着人文教育的作用。[②]

小学教材是小学课程的载体,通过不同阶段教材内容的呈现可以发现小学课程内容的发展。对新中国成立后到 21 世纪初小学语文课程教材进行梳理发现,陈先云认为小学语文课程的教材大致经历了由全国通用教材到"一纲多本"教材多样化再到统编统用教材三个阶段。小学语文全国通用教材内容主要包括国语、常识、阅读、书写等部分,可见通用教材的内容以基础为主,重视思想意识教育,缺乏灵活性和地方特色。在教材多样化时期,教材内容更注重思想性,贴近学生的现实生活,小学语文课程教材设计多样不可避免地出现繁多的现象。随着新课改的不断推进,小学语文教材逐渐由"一纲多本"转向统编统用,内容更注重小学语文的学科素养和学生的真实需求。[③]

可见,新中国成立至 21 世纪初小学语文课程的发展具有鲜明的历史特征,现阶段小学语文课程是工具性与人文性相统一。当前对小学语文课程教

---

① 吴立岗.建国后对小学语文课程性质、任务认识的历史发展[J].小学语文教学,2004(9):4-8.

② 李青,苑昌昊,李广.小学语文课程性质研究 70 年回顾与展望[J].现代教育管理,2020(7):88-93.

③ 陈先云.新中国成立以来小学语文课程教材的发展历程与思考[J].课程·教材·教法,2019,39(12):12-21.

材内容的不断修改,例如传统文化进课堂、增加文言文所占比重,习近平新时代中国特色社会主义思想进教材等是我们应关注的前沿议题,更要窥探其背后映射出的课程改革动向。

2.小学数学课程

小学数学课程的变化以小学数学大纲的发展为主线,通过梳理历年小学数学大纲,刘瑞娟解读了新中国成立以来颁布的课程大纲、中小学数学课程内容的发展变化及其特点。其中着重介绍了新中国成立以来,1950年《小学算数课程暂行标准(草案)》、1963年《全日制小学算数教学大纲(草案)》、1978年《小学数学教学大纲(试行草案)》、1992年《九年义务教育全日制小学数学教学大纲 (试用)》、2001年《全日制义务教育数学课程标准 (实验稿)》、2011年《全日制义务教育数学课程标准》颁布的6个具有代表性意义的小学数学课程教学大纲。并对小学数学课程内容发展演变进行归纳:"内容分为4个知识领域、9个知识块、21个知识单元及相应的知识点、四个维度进行梳理。"通过对这6个具有代表性的小学数学大纲进行梳理发现小学数学知识内容呈增长趋势,在编排方式上呈现"直线式 + 螺旋式"的编排方式,课程内容选择更加注重与现实生活相联系。[①]章全武同样基于课程文件从课程目标、课程内容、课程实施、课程评价四个维度,详细分析了改革开放以来小学数学课程的嬗变历程。每个维度从演进历程与图景、演进逻辑与特征两方面进行详细论述,其中在小学数学课程内容方面认为课程的设置越来越使学生具备可以适应现代社会应该具备的数学素养,分别从运算、估算、几何图形、统计与概率四个方面论述了小学数学课程的发展并总结出小学数学课程的演进逻辑和特征。[②]

依据时间发展脉络,孙彦婷从宏观角度对新中国成立以来小学数学课程的整体发展进行回顾,按照小学数学课程在每个不同阶段的发展特征将小学数学课程的发展大致分为"创建期、探索期、重建期、稳定期、深化期"五

---

① 刘瑞娟.1949年以来小学数学课程内容的发展变化及特点研究[D].西北师范大学,2014.

② 章全武.改革开放40年小学数学课程的嬗变——基于7份课程文件内容的分析[J].上海教育科研,2018(9):18–22.

个阶段。并详细论述了不同时期小学数学课程的相关文件、课程内容等，总结归纳出小学课程的发展趋势。其中小学数学课程内容不断向现代化方向发展，小学数学教材内容更加科学、合理，适合小学生发展的年龄特征同时也加强了思想品德的内容。①同样按照时间顺序，从课程目标这一维度进行分析，朱忠明将小学数学课程的发展分为五个阶段，分别是：继承、改造与借鉴的初步摸索时期（1949—1958 年）；中国特色的初步探索期（1959—1965 年）；遭遇挫折期（1966—1976 年）；中国特色的第二探索与建立期（1977—2000 年）；全面发展的新时期（2001 年以来）。总结归纳出小学数学课程目标更加注重学生应该具备的核心素养和关键能力，课程的思想教育目标更加完善，"数学情感态度与价值观维度的目标更加丰富，数学课程目标的内容从单一分散走向了整体全面"②。丁尔陞总结了我国中小学数学课程的演变历程，大致经历了五次重大历史变革，分别是：全面学习苏联、教育大革命、调整巩固充实提高、"文化大革命"时期、新时期的数学课程改革。在总结了我国中小学数学课程的发展趋势后提出思考，认为社会的不断向前发展对小学数学课程的发展提出了新要求，小学数学课程内容的发展与社会历史发展进程相契合。小学数学课程的实用性加强，注重小学数学课程在实际生活及现代科技中（包括互联网、计算机等）的应用。③

从课程内容发展变化的角度进行梳理，赵娜总结了新中国成立以来小学数学课程内容的变化，并将其分为四个发展阶段：以算术知识技能为中心阶段（1949—1977 年）；重视双基，着眼数学思维与能力阶段（1978—2000 年）；四基并重，强调四能阶段（2001—2013 年）；素养统筹阶段（2014 年以来）。归纳出新中国成立以来小学数学课程的发展历程，小学数学课程内容呈现"由专宠显性兼顾隐性"，即由只重视显性内容的呈现到显性、隐性内容协同发展。将小学数学课程内容的基本结构归纳为"两类别四方向七要素"，

①　孙彦婷,李星云.我国小学数学课程建设 70 年的历程与发展趋势[J].课程·教材·教法,2019(11):53-58.

②　朱忠明.小学数学课程目标 70 年的演进与展望[J].基础教育课程,2020(6):50-56.

③　丁尔陞.我国中小学数学课程发展的思考[J].数学通报,2002(5):0-7.

这一基本结构的提出是符合核心素养理念的。[1]

综上,小学数学课程的发展过程主要以小学数学课程大纲作为参照,依据历史发展的时间发展脉络,具有鲜明的时代特点。通过对不同历史时期小学数学大纲的解读可以看到每一时期小学数学课程内容的变化、时代要求,以及学术界对于小学课程研究的聚焦点。总体来看,小学数学课程的发展越来越体现时代发展的特点并且更加符合学生的发展要求、适应学生的现代生活需要。

3.小学英语课程

通过对小学英语课程发展的历程进行梳理发现,大部分学者对于小学英语课程的解读依据国家颁布的《课程大纲》。由此可见,我国小学英语课程的发展可以从小学课程大纲修改制定的过程中窥见。吴欣以1978年和2001年为重要时间节点将我国小学英语课程的发展分为三个阶段,1978年之前虽然提出建设小学英语课程,但是没有在实践中真正落实。1978年至2001年之间,小学三到五年级的英语课程有所发展,表现为对语音、语法、词汇等提出的要求,制定小学英语教材,开设小学英语课程。[2]李仙妹、[3]张淑晶[4]同样依据重要时间节点划分(1978年和2001年)将小学英语课程和教学的发展分为三个阶段,并论述了我国小学英语课程与教学的发展历程。

通过对新中国成立以来小学英语课程的详细梳理,张珊按照时间顺序从课程发展、课程目标、课程内容、课程管理四个维度分别对不同阶段小学英语课程进行论述。1949—1977年间,小学英语课程建设停留在讨论阶段但没有真正的实施,包括对起始年级、课程设置、大纲、教材等的规划商讨。1978—1990年间,小学英语课程在课程发展、课程目标等各个方面都有了不同程度的发展,在这一阶段大纲和教材有了初步的建设。1991—2000年,小

---

① 赵娜,孔凡哲.新中国成立70年小学数学课程内容的发展历程、趋势与诉求[J].教育学报,2019(6):34—39.

② 吴欣.我国小学英语课程与教学改革发展的回顾与反思[J].课程·教材·教法,2011(4):70—77.

③ 李仙妹.小学英语课程与教学改革发展的回顾及反思[J].英语广场,2017(5):155—156.

④ 张淑晶.我国小学英语课程与教学改革发展的回顾与反思[J].中学课程辅导(教师通讯),2018(3):31.

学英语课程建设有了飞跃式的发展,尤其是在"一纲多本"政策推行之后,小学英语课程的教材呈现多样化发展,在教材编写上更加重视小学生的实际需要,课程内容更加丰富。①

综上,学术界关于新中国成立后小学英语课程的发展聚焦于从时间顺序维度和课程建设维度方面的梳理。小学英语课程的发展以时间顺序为线索,分别以1991年和2000年为重要的时间节点,展现小学英语课程逐渐成为国家课程的发展历程。在教材的编制和教学内容的选择上更加体现"以学生为中心"。

4.小学德育课程

小学德育课程改革一直是社会大众普遍关注并具有较高研究价值的课题。从课程标准或大纲的角度,陈回花将1980年至今的中小学德育课程大纲发展分为三个阶段:初步发展阶段(1980—1986年)、深化改革阶段(1987—1997年)、创新超越阶段(1998—2001年),并将新旧德育大纲进行课程基本理念、课程性质地位、课程目标、课程内容、课程实施五个方面的比较。②

小学德育课程设置较晚,最初在小学阶段设立时叫作思想品德课,这一阶段(1980—1986年)制定了小学德育课程教学大纲,明确了小学德育课程的性质、地位、作用等,同时强调爱国教育及关注小学生身心发展的特点和年龄特征。1987—1997年间小学德育课程的性质、地位、作用更加明确,将"教学大纲"改为"课程标准",小学阶段和初中阶段的德育课程相联系,小学德育课程标准适用于不同学制。1998—2001年间小学德育课程更考虑到学生的身心发展特点、年龄特征及学生的实际生活,同时这一时期加强了小学德育与国际教育的接轨。③

按照时间线索,李敏对改革开放40年以来小学德育课程进行梳理,将小学德育课程的发展分为恢复与重建(1978—1988年)、探索与改进(1989—

---

① 张珊.小学英语课程发展的历史透视及启示[J].中小学外语教学(小学篇),2017(4):47-52.
② 陈回花.1980年来中小学德育课程标准(或大纲)的比较研究[D].华中师范大学,2006.
③ 陈回花.1980年来中小学德育课程标准(或大纲)的比较研究[D].华中师范大学,2006.

1998 年）、丰富与完善（1999—2008 年）、深化与提升（2009 年至今）四个阶段。并指出不同阶段小学德育建设的目标不同,改革开放初期的任务是处理思政教育和学科教育之间的关系,明确小学德育课程的性质、地位等。进入社会主义现代化建设阶段后, 小学德育课程的目标是将政治方向与现代化相结合,更加体现这一时期的时代目标。随着素质教育的开展,课程更加强调学生的现实生活,强调学生本位。[1]最后从制度、价值、教学方法三个维度总结归纳了改革开放以来小学德育课程的嬗变逻辑。同样按照时间发展线索, 彭泽平也将新中国中小学德育课程的发展分为四个阶段：初步探索期（1949—1965 年）、全面恢复期（1978—1984 年）、改革深化期（1985—2000 年）、守正出新期（2001 年至今）。[2]并按照时间顺序从政策文本中总结出我国小学德育课程的发展特点。

　　基于政策语境视角对新中国成立以来至今的小学德育课程进行梳理,张雅慧将其划分为"整顿"与"偏离"的 30 年（1949—1977 年）、摸索中前进的20 年（1978—1999 年）、全面发展中的 20 年（2000—2019 年）。新中国成立之初到改革开放前小学德育课程注重爱国主义教育,政治色彩浓厚,缺少"育人"的功能。改革开放前到 1999 年间,小学德育课程目标适应了小学生基本的德育诉求,满足基本的道德需要,课程设置上更加贴近学生的现实生活,不断科学化、规范化,课程内容更加丰富。[3]同样基于政策工具视角对新中国成立以来小学德育课程的发展进行梳理, 袁梅将小学德育课程的发展分为四个阶段,大致与张雅慧相同,其中略有不同的是以 1992 年为时间节点,将1980 年到 1992 年认为是以推动社会发展为要求的德育课程整顿与恢复时期,1993 年到 2000 年为以适应市场经济为核心的德育课程发展与完善时期。1980 年至 1992 年这一时期小学德育课程逐渐制度化,课程目标更加完

　　① 李敏,崔露涵.改革开放四十年小学德育课程的嬗变与反思[J].当代教育科学,2019(9):33–39.
　　② 彭泽平,杨启慧,罗珣.新中国中小学德育课程改革 70 年:历程、经验与展望[J].教育学术月刊,2019(11):3–9.
　　③ 张雅慧,王阳,唐汉卫.新中国成立 70 年小学品德课程改革的回顾与反思——基于政策语境视角[J].教育科学研究,2019(10):53–59.

善(在总体目标的基础上分化出小学和初中阶段的目标)并表现出爱国主义的特征。1993年到2000年之间,小学德育课程更加适应小学生实际发展的需要,课程目标强调政治的社会化功能和群体性地位。[①]

"从新中国成立以来我国小学德育课程改革价值取向的演进脉络来看,我国小学德育课程价值取向主要经历了由服务政治的社会本位取向（新中国成立至'文革'结束)到服务社会取向为中心的工具主义取向(改革开放至20世纪末)再到以人为本的生活化取向(21世纪至今)的演变。"[②]

5.小学体育课程

小学体育课程目标的变化可以从小学体育教学大纲中发现,从小学课程目标的角度出发,李海霞按照时间顺序梳理了新中国成立以来小学体育课程目标体系的发展,详细分析了自1950年到2001年的6套《小学体育教学大纲》和2套《小学体育(暂行)课程标准》对应的8个课程目标。起初小学体育课程具有强烈的政治色彩,20世纪50年代初在苏联体育教学大纲的影响下,小学体育课程除了强调基本的身体锻炼之外,还强调共产主义的道德品质。60年代初的小学体育课程与我国的实际国情相结合,奠定了我国小学体育课程目标的基调。改革开放后更加强调小学生的体育文化素养,以增强小学生的身体素质为目标。1978年《小学体育教学大纲》开始重视对小学生体育价值观的教育。之后小学体育课程更加强调"育人"的宗旨,重视学生的主体性,关注小学生的身体发展和年龄特征。[③]从课程标准的角度出发,李海霞将小学体育教学大纲的发展过程分为初创期(建国后17年)、停滞期("文革"10年)、恢复与重建期(1978—1988年)、改革与发展期(1989年至今)四个时期。除介绍大纲内容外还将不同阶段大纲采用列表格的形式进行比较最终归纳出不同时期小学体育课程大纲发展的特点。初创期的小学体育大纲明确了小学体育教学的目标,对各年级的教材内容以及教师的各项工作

① 袁梅,原子茜.新中国中小学德育课程变迁:历程、特点与趋势——基于政策工具的视角[J].教育学术月刊,2020(2):99–105.
② 杨启慧.新中国小学德育课程价值取向的嬗变及其重构研究[D].西南大学,2020.
③ 李海霞.建国以来我国小学体育课程目标体系的发展演变[J].山东体育科技,2006(1):83–85.

都做出了详细的规定。1956 年制定了全国通用的《小学体育教学大纲》其中明确了小学体育的地位和目的,并对教学内容进行修改,构建以发展学生身体基本活动能力为中心的教材体系。1961 年编制的教材更加注重学生身体素质的全面发展和基本道德品质。1978 年小学体育教学大纲的颁布更加符合小学生的年龄特征,重视学生体育基本知识的学习和体育精神的培养,增加大纲的灵活性。[1]

从中小学体育教材的建设与发展角度,王占春论述了小学体育课程经历了由最初作为中小学必修课到课程开设时长、课时比重的逐渐增加,再到国家对小学体育课程颁布统一教学大纲的发展过程。[2]

综上,新中国成立至 21 世纪初我国小学体育课程的发展、变化大多可以从课程标准和大纲中得以窥见,小学体育课程的发展越来越适应小学生身体发展的需要、年龄特征等,重视对小学生应具备的体育素养和精神的培养,同时小学体育课程的灵活性也在不断增加。

6.小学艺术课程

学界关于新中国成立后至 21 世纪初的小学艺术课程研究较少,多数研究将小学音乐课程、小学美术课程与小学艺术课程相提并论,有些学者认为小学艺术课程包含小学音乐课程和小学美术课程,以下分别讨论小学音乐和美术两门课程的发展过程。

首先关于小学音乐课程,张盛媛对 1923 年至 2001 年期间发布的小学音乐课程大纲进行内容设置、纲要目的和教材大纲内容三个维度分析发现,在大纲内容和小学纲要目的设置上越来越详细,总体来说歌曲内容以爱国主义歌曲为主,开始注重学生音乐情感的培养,教材大纲内容分为初级和高级两段,在欣赏、发音、认知、演唱等方面都做了具体的要求。[3]

对新中国中小学音乐课程的发展过程进行梳理,刘龙华将其分为四个

① 李海霞.我国小学体育课程标准(教学大纲)的历史演进[D].山东师范大学,2006.

② 王占春.新中国中小学体育教材的建设与发展[J].课程·教材·教法,1990(11):9-15.

③ 张盛媛.1923 年—2001 年小学音乐课程大纲发展情况分析与比较[J].大众文艺,2015(2):233-234.

阶段，每个阶段都从课程目标、课程设置、内容标准、考核方式、教材情况五个维度对本阶段的小学音乐课程进行分析。在社会主义过渡时期（1949—1956 年），小学音乐课程的模式基本建立，虽有所发展但是作为政治教育的手段，受当时国情的影响，课堂教学模式化、单一化。社会主义探索时期（1957—1977 年）的小学音乐课程课时量呈减少趋势，但总体发展保持上升趋势。改革开放初期（1978—1990 年）小学音乐课程有了飞跃式的发展，主要表现在课程内容不断丰富、考核机制更加完善、除重视对小学生音乐基本知识和技能的培养，还逐步加强音乐对小学生精神世界的熏陶作用。改革开放飞速发展时期（1991—2000 年）将音乐课程划为艺术课程，对小学音乐课程的各方面建设都做出了具体的规定，伴随素质教育的逐渐深化小学音乐课程有了新的发展。[1]

在小学美术方面，张婷详细论述了新中国成立以来小学美术课程的发展，认为目前小学美术课程的发展大致经历了六个时期：新中国成立之初（1949—1952 年）、第一个五年计划时期（1953—1957 年）、全面建设社会主义时期（1958—1965 年）、社会恢复发展时期（1977—1988 年）、改革开放飞速发展时期（1989—1998 年）、全面推进素质教育时期（1999 年至今）。并对这六个时期分别从课程设置、课程目标、内容标准、教材状况等维度进行分析。在第一阶段美术课程较为固定，具有完整的雏形且有一定的政治意味。"一五"计划时期的小学美术课程受苏联影响，没有形成适应本国现实需要的教学方法。全面建设社会主义时期小学美术课程更要求与现实相结合，突出美术的现实价值。社会恢复发展时期，国家发行第一套全国通用美术教材，小学美术课程的名称发生了改变，由图画课改为美术课。小学美术课程除了重视小学生基本美术素养的培养还重视对小学生发现美、感受美等美感素养的培养，同时增加文化和价值取向的传递。这一时期小学艺术教育逐渐发展，包括对艺术教育课程地位的恢复，艺术教育逐渐组织化、有序化。改革开放飞速发展时期，小学美术课程的性质得以确立。[2]

① 刘龙华.新中国中小学音乐课程的发展历程及其启示[D].江西师范大学,2013.
② 张婷.新中国中小学美术课程的发展历程及其启示[D].江西师范大学,2012.

　　从课程目标的角度，徐惠总结了中华民国时期至今小学美术课程的发展，将小学美术课程的发展从新中国成立后分为三个阶段，新中国成立至改革开放之前、改革开放初期至 20 世纪末、21 世纪初期。新中国成立之后小学课程目标受政治环境的影响具有鲜明的政治色彩，1950 年《小学图画课程暂行标准（草案）》的颁布明确了小学美术的美育目标、并对不同年级的课时做出规定，标准更加完善、具体，教学方法更加科学，但是忽视了艺术的个性。改革开放后小学美术课程更加重视对小学生具备"美"这一素养的感受和培养并与德育相结合发展小学生综合能力。这一时期艺术教育得到初步发展。①

　　秦善鹏详细论述了自新中国成立以来小学美术课程的发展演变，将小学美术课程的发展历程划分为五个历史时期分别是：图画期（1949—1956年）、革命文艺期（1966—1977 年）、学科本位期（1978—1987 年）、双基教育期（1988—1999 年）、课程改革期（2000 年至今）。每个阶段都进行了特征、内容、特点三个维度的分析。小学美术课程内容的变化可以从大纲和课标中得以窥见，总体来说小学美术课程越来越适应社会现代化的需要，考虑小学生的学习特点。新中国成立初期没有明确的教育任务和教科书，写生画是小学美术课程的主要教学内容之一。这一时期重视对小学生基本美术知识和技巧的训练，课程注重教学方法但忽视对学生应具备的基本美术素养的培养。革命文艺期间小学美术课程具有鲜明的政治色彩，在学习方式上以临摹为主，忽视学生创造性的发展。改革开放初期小学美术课程有了较大程度的发展，表现在不同年级要求不同、增加对美术学科认识、课程内容更加丰富，其中最明显的是加入了中国画课程、手工课程，扩大小学美术课程视野。在双基教育时期，小学美术课程更加注重对学生审美教育的要求，着力培养学生的创造力和思维能力，同时小学美术课程的发展更加体现民族性、时代性。②

---

①　徐惠.民国至今小学美术课程目标发展研究[D].河南师范大学,2019.

②　秦善鹏.新中国小学美术课程内容流变研究[D].聊城大学,2015.

7.小学综合实践活动课程

通过对文献的梳理发现,学界关于小学综合实践活动课程的研究大多发生在 2000 年后,对小学综合实践活动课程的发展历程梳理较少。且大部分学者关注该门课程的实施和教师专业发展的现状,对于课程本身的研究较少。

新中国成立后,我国活动课程发展大致经历了课外校外教育活动、活动课、综合实践活动三个阶段,潘洪建将活动课程 70 年间的发展概括性地划分为:活动教育化时期、活动课程化时期、活动综合化时期。①课外活动认为是活动课程的前身,综合实践活动课程是活动课程的提升。②

在活动教育化时期(1949—1992 年),许多文件将校外的活动视为学校教育的组成部分,有学者对这一时期活动课程的政策文件进行梳理发现该时期主要的内容已涉及六个方面:科技活动、社会或自然学科活动、文化艺术活动、体育活动、课外阅读活动、社会实践活动。并且这些活动依据地域、学校、年级设置差异,呈现多样化发展。总体来说这一时期学科活动、兴趣活动较多、重视劳动方面的活动开展,活动的政治意义较强。③活动课程化时期(1992—2000 年),活动内容更加丰富,综合活动处于萌芽阶段,出现了相关活动课程的探索和开展活动课程的设计。总体来说这一时期重视活动课程理论层面的研究,主要关注活动课程的概念、地位、作用、与学科课程的关系、理论基础等相关内容,值得注意的是该阶段对活动课程实施规范的研究,相关研究提出了活动课程的实施原则、评价规范,并且对是否需要编写活动教材展开争论。④

8.小学劳动教育课程

通过文献梳理发现关于新中国成立后到 21 世纪初小学综合实践课程的讨论大多与劳动教育相联系, 劳动教育与小学综合实践活动课程逐渐融

---

① 我国小学综合实践活动课程近 20 的发展详见本章第三节"近 20 年各科小学课程研究"。
② 潘洪建.中国活动课程开发 70 年:历史图谱[C]// 当代教育评论(第 10 辑),2020:244–257.
③ 潘洪建.中国活动课程开发 70 年:历史图谱[C]// 当代教育评论(第 10 辑),2020:244–257.
④ 潘洪建.中国活动课程开发 70 年:历史图谱[C]// 当代教育评论(第 10 辑),2020:244–257;
廖哲勋.关于中小学正确开设活动类课程的几个问题[J].课程·教材·教法,2018(4):21–27.

合。由以上梳理可知，活动课程在开展过程中大部分具有劳动教育的意味。以下主要讨论新中国成立到 21 世纪初小学劳动课程的发展历程。

从政策文本角度，姚冬琳分析了自新中国成立以来小学劳动课程的变迁，按照时间发展顺序，对小学劳动课程的名称、目的、内容、变化轨迹四个维度进行分析，其中将小学劳动的发展过程分为六个时期，分别是：1949—1965 年、1966—1976 年、1977—1985 年、1986—1999 年、2000—2017 年、2018 年至今。[1]其阶段划分和马贺洁[2]大致相同，1949—1965 年间劳动课程正式列入小学课程体系，课程名称围绕"手工劳动课程"变化，主要培养学生工农业生产的劳动知识和技能，缺乏对小学生应该具备的热爱劳动情感、素养等方面的培养。"文革"期间小学劳动课程具有鲜明的政治色彩，忽视基础理论和知识的学习。1977—1985 年间小学劳动课程有了新的发展，开始步入正轨，课程名称改为"劳动课"，除重视学生基本劳动知识和技能的培养外还增加对小学生劳动观念、劳动习惯、爱劳动思想的培养。小学低年级和高年级的劳动课程依据学生的身心发展阶段设置，丰富课程内容的同时具备科学性、合理性。1986—1999 年期间颁布了第一个劳动课程教学大纲《全日制小学劳动课程教学大纲（试行草案）》，课程内容方面依据自我服务劳动、家务劳动、公益劳动、简单生产劳动四类分别对不同年级学生提出具体的教育要求，可见小学劳动课程在这一时期的发展是空前的。[3]

从劳动教育课程设置的角度可以将劳动教育的发展大致分为三个时期：萌芽起步阶段（1921—1949 年）、曲折蜕变阶段（1950—2000 年）、纵深发展阶段（2001 年至今）。新中国成立后劳动教育课程作为一门正式科目进入中小学课程体系的转折点是在 1954 年，国家在 1955 年颁布《小学教学计划》纠正了狭隘劳动教育的错误观念，自此劳动教育课程正式进入中小学课程体系。随后在《1958—1959 学年度中学教学计划的通知》中详细地规定了

---

①　小学劳动课程 2000 年至今的新发展详见本章第三节"近 20 年各科小学课程研究"。

②　马贺洁.新中国成立以来我国小学劳动课的历史演变研究[D].沈阳师范大学,2021.

③　姚冬琳,何颖诗,谢翌.1949 年以来小学劳动课程变迁研究——基于政策文本的分析[J].中国德育,2021(4):15–22.

开展体力劳动的时间,在一定程度上提高了劳动教育的地位。之后一段时间劳动教育课程在思想引领上出现错误,出现了课程设置缺失"教育意义"的现象。1963 年之后逐渐恢复,但随着"文化大革命"的爆发,劳动教育课程被简单的劳动生产替代。1978 年后劳动教育课程的设置逐渐趋于科学化和规范化,技术性课程所占比重逐渐上升,国家更加重视学生劳动价值观念的构建和学生未来职业技能的培养。[①]

综上,新中国成立以来的劳动教育以校内开设的劳动课程为主,小学劳动课程由最初的重视劳动知识和技能的培养,到现在更加重视对热爱劳动等劳动素养的培养,关涉学生的心理发展特点和年龄特征。"总体上看,从成为一门正式科目到落入形式化的窘境再到重回学校课程体系,劳动教育课程经历了曲折的发展历程,但同时劳动教育课程的设置完成了从'无'到'有'的二次突破,实现了蜕变。"[②]

第二节　新一轮基础教育课程改革研究

为适应我国基础教育课程改革,1999 年两份政策文件应运而生:《中共中央国务院关于深化教育改革全面推进素质教育的决定》《面向 21 世纪教育振兴行动计划》(以下简称《计划》)。《计划》将"现代远程教育工程"作为其重要内容之一,反映出党和政府对现代远程教育的重视和支持。自《计划》颁布以来近20 年间不断出台各种政策以适应新课程改革的需要。2003 年颁布《普通高中课程方案(实验)》正式拉开了新一轮我国基础教育课程改革的序幕。

一、前七次课程改革简评

为更好地了解 2003 年以后新一轮基础教育课程改革(以下简称"新课

---

① 冯帮,宋妍.建党百年来劳动教育课程设置的历程、经验与展望[J].天津市教科院学报,2021(5):43-49.

② 冯帮,宋妍.建党百年来劳动教育课程设置的历程、经验与展望[J].天津市教科院学报,2021(5):43-49.

改"),本节将简单回顾前七次基础教育课程改革。通过将新课改与前七次课程改革进行对比来了解新课改。

(一)前七次基础教育课程改革政策文本

自新中国成立以来,一般学术界认为我国大致经历了七次基础教育课程改革,通过梳理前七次课程改革的政策文本可以发现课程改革是适应国家不同时期基础教育发展要求而进行的。以下按照课程改革的时间顺序对前七次课程改革政策文本进行简单梳理,如表3-2所示。

表3-2 前七次课改主要政策文件

课程改革次数	时间	相关政策
第一次	1950年	《中学暂行教学计划(草案)》
	1952年	《中学教学计划(草案)》
	1952年	《小学暂行规程(草案)》
第二次	1956年	中学各科教学大纲
	1956年	中小学教科书
第三次	1958年	《国务院〈关于教育工作的指示〉》
	1959年	《全日制中学暂行工作条例(草案)》
	1963年	《关于全日制中小学新教学计划(草案)》
第四次	1971年	《全国教育工作会议纪要》
第五次	1978年	《全日制十年制中小学教学计划试行草案》
	1980年	第五套中小学教材
第六次	1986年	《中华人民共和国义务教育法》
第七次	1993年	《中国教育改革和发展纲要》
	1994年	《国务院关于〈中国教育改革和发展纲要〉的实施意见》
	1995年	《中华人民共和国义务教育法》
	1995年	《九年义务教育全日制小学、初级中学课程方案(试行)》

通过对前七次课程改革政策文本的简单梳理不难发现,随着课程改革进程的推进,政策文本不断地由笼统走向具体。大纲、计划等不断地发展完

善,政策文本更加健全。基础教育课程经过多次改革初步实现了"一纲多本"的教材多样化,课程内容更加丰富。

(二)前七次课改的发展理路

对不同阶段政策文本进行梳理,高玉旭从不同维度总结出课程改革的发展趋势,课程目标设置上从"社本"走向"人本",课程内容由"分科"走向"综合",课程实施方式由"传授"走向"生成",课程评价从"选拔"走向"发展"。①从文化发展的角度,罗小晶整体分析了改革开放后基础教育课程的变迁,将我国基础教育课程分为三个阶段:恢复阶段(1978—1985年)、探寻发展阶段(1986—2000年)、反思发展阶段(2001年至今)。并在此基础上提出了我国基础教育课程文化的发展方向。②

前七次课改促使教学计划、教学大纲、教材编写逐渐完善,为新课改的发展奠定基础,明确了新课改的发展方向。如果说新课改是我国基础教育课程改革的一次历史性飞跃,那么前七次课改无疑是新课改发生飞跃的踏板。

(三)前七次课改与新课改对比

不可否认前七次课改的进步性,新课改同样是我国基础教育课程改革的一次内部蜕变,新课改之所以为"新",是相较前七次课改而言,不仅体现时间维度上的新,通过文献梳理,以下从课程目标、课程结构、课程内容、课程实施、课程评价五个方面简要论述前七次课改与新课改的对比。

1.课程改革目标不断深化

前七次课改在课程目标上以知识传授为主,获取知识是学生的主要目标,教师主导作用表现较为明显,学生的主体性被削弱,未提出更加科学的三维目标。主要以机械灌输的方式进行,忽视对学生自主学习能力的培养,也不利于学生操作能力和创新能力的培养。③课程目标还未达到依据学生的身心发展特点而设置适合学生终身学习的目标,目标更多重视学科本位,没

---

①　高玉旭.改革开放40年来我国基础教育课程改革回顾与展望[J].上海教育科研,2018(9):12—17.

②　罗小晶.改革开放四十年我国基础教育课程文化的变迁研究[D].湖南师范大学,2019.

③　郑晓生.小学教育学[M].福州:福建教育出版社,2016:140.

有过多关注学生的学习生活。

新课改目标更加符合时代的要求、设置更加具体,突出学生主体对学习过程积极主动的建构,从六个方面贯彻"立德树人"的根本目标,在课程目标的建设上,强调学生形成积极主动的学习态度,学生在获得基础知识与基本技能的同时,成为学会学习和形成正确价值观的时代新人。

2.逐渐加强学科之间的联系与配合

前七次课程改革存在的问题,首先,科目设置过多,还未形成系统、科学的课程整合,在课程整合的学科中有出现课程简单堆积的"拼盘"及缺乏全科教师的现象。各学科之间缺乏联系,学科间横向、纵向联系有待加深。其次,较为重视学科本位,学生学习知识局限于书本,在认知结构中很难将知识组块联系到一起,造成学生理解知识和实际应用之间的鸿沟。

新课改在一定程度上改变原有课程结构的弊端,整体设置九年一贯制的课程门类和课时比例,设置综合课程适应不同地区和学生发展的需求,课程结构体现均衡性、综合性和选择性。新课改在一定程度上体现知识观的转变,着力为学生提供完整而非碎片化的知识建构过程。

3.合理控制课程容量及维度

首先,在当前快速发展的时代背景下,课程内容具有一定的滞后性,较难反映当下社会对学生发展的要求。其次,就教材本身而言,其内容存在"难、繁、偏、旧"的弊端。最后,教材无法适应当今学生发展的要求。

更新课程内容,加强与学生实际生活、现代社会发展的联系,关注学生学习兴趣,精选适合学生终身学习的知识、技能是新课改的着眼点。特别是"核心素养"提出后,新课改更加注重学生在学习型社会中应该具备的适应其终身发展和社会发展的必备品格和关键能力。中小学综合实践活动课程兴起后,课程内容超越书本,知识的获得不仅只局限于课堂,还来源于学生的亲身实践和体验。

4.多元课程实施体现学生主体性

死记硬背、机械训练在一定程度上固化为学生识记知识的主要方法,理解和动手操作的学习方式被削弱。教学方式程式化导致缺少生动多样的课堂活动方式,师生间的互动方式局限于语言上的交流,缺乏实践对话与相互学习。

新课改在课程实施上改变了学生过去接受学习、死记硬背的学习方式,倡导学生积极主动的参与,乐于探究、勤于动手,培养学生搜集和处理信息的能力、获取知识、分析解决问题以及交流合作的能力。课程在实施上更加符合时代要求,各地学校增加具有地方特色的课程进而丰富课堂活动方式。

5.在过程评价中体现人文关怀

前七次课改在课程评价上较为重视甄别和选拔,以终结性评价为主,发展性评价和过程性评价有待完善,缺乏促进学生全面发展的评价方式。教师主体评价质量有待提高,多主体评价方式有待完善。针对课程本身,应不断完善促进课程发展的评价体系。

新课改在课程评价方面不断完善,重视学生知识内化,以及学生主动地进行知识建构过程的评价。新课改在评价建设上更具人文关怀,体现科学性,降低无效评价的频率,着力构建多元主体的评价。

二、新课程改革研究

学界一般认为,2001 年 6 月 8 日由教育部颁布的《基础教育课程改革纲要(试行)》标志着我国第八次基础教育课程改革正式开始,并以 2014 年为时间节点将新课改分为上下两段。大部分学者认为新课改的发展历程大致经过初步探讨期(2001—2004 年)、持续热议期(2005—2008 年)、成熟稳定期(2009—2014 年)、创新发展期(2015—2020 年)四个阶段。[①]通过对新课改相关书籍、文献、政策文本等研究进行汇总、分析,发现学界普遍关注的议题聚焦于新课改发生的背景、内容、呈现的特征及其发展趋势等方面。也有部分研究聚焦于新课改背景下各科课程如何在教学过程中更好实施,可以发现学界对新课改的研究有趋向理论研究、实践研究的分化。

---

① 李鑫瑶,张翔.第八次基础教育课程改革研究回顾与展望(2001—2020)——基于 CSSCI 期刊文献的可视化分析[J].贵州师范学院学报,2021(2):69-78.

(一)新课改背景探析

课程改革的背后是时代的推动,往往包含着复杂的政治、经济、文化等多重因素。通过梳理近20年的文献不难发现,新课改的提出和有序推进是在国际和国内社会文化背景下催生的。

1.对国际因素的分析

进入21世纪,世界各国之间的联系日益密切,国际格局多极化趋势日益明显,在促进新课改的众多因素中科学技术的地位日益突出。归纳学界讨论的影响新课改的国际因素可大致分为四点。

首先,有学者强调了科学技术在基础课程改革中的重要作用。毋庸置疑,科学技术是第一生产力,其带来的巨大生产力使每一个国家从中受益。其次,知识的地位日益提高,"知识作为重要的生产因素,显著降低了传统劳动资本的作用,实现了经济的跳跃式、可持续增长"[①]。再次,各种先进教育观念、价值观念的冲击也推动着新课改的发展。教育民主化、教育全球化、教育多元化等新观念催生新一轮基础教育课程改革。最后,以美国为首的发达国家在进入21世纪之前,就颁布了相关政策文件开始进行课程改革,外部环境带来的压力迫使我国进行新课改。1983年,美国颁布《国家处于危机中:教育改革势在必行》标志着美国新一轮课程改革的正式开始;同样英国也在1988年颁布了《1988年教育改革法》等。发达国家相继进行课程改革为我国基础教育课程改革提供了发展思路和经验借鉴,我国在综观全球课程改革的同时也意识到第八轮课程改革势在必行。

2.对国内因素的分析

依据目前的研究成果,新课改发生的国内因素主要有以下三个方面。第一,促进我国经济社会平稳发展,关键在教育。教育先行是我国教育发展的重要战略,教育发展的客观现状要求我们坚持立德树人的教育目标,坚持素质教育、核心素养等具体培养目标。第二,基础教育课程本身的发展已经不适应学生自身发展和社会需求。许多学者都从课程本身缺乏时代先进性的

---

① 王晓倩.基础教育课程评价改革廿年研究(1999—2019)[D].河南大学,2020.

视角分析了新课改的原因。曲涵较为全面分析了课程自身存在滞后性和不适应学生发展的弊端。①第三,社会变革对新课改的影响。新课改是适应社会发展需要的适时之举,是实现中华民族伟大复兴的客观要求。

综上,新课改是在国际、国内的双重背景下,为实现培养社会需要的人和适应学生自身发展而进行的,是在以往七次课程改革的基础上具有跨时代意义的基础教育课程改革,是当前一段时间内我们持续关注的重要议题。

(二)基础教育课程改革的发展路径

学界一般将新课改的发展大致分为四个阶段。王晓倩将新课改的发展路径分为酝酿期(1999—2002年)、探索期(2003—2013年)、深化期(2014—2019年)三个时期。②麻昌港认为新课改经历的四个阶段为:早期对新课改内涵的阐释和解读阶段、实践阶段、全面推广阶段、实践反思和理论深化阶段。③更多学者将新课改的发展分为四个时期:酝酿准备、帷幕初启、全面推广、总结完善。④可见学术界对新课改的划分阶段大致相同,以下按照四个时期的划分详细梳理新课改的发展路径。

1.酝酿准备期

1996年7月至1997年底,教育部基础教育司组织原中央教科所和6所大学的课程专家,对1993年秋开始九年义务教育课程的实施情况进行系统调查,总计调查了全国9个省、市的16000余名中小学生、2000余名校长、教师和社会各界人士,获得了大量的数据和资料,为新一轮基础教育课程改革提供了依据。⑤此项调查形成调查报告最终于1997年完成,名为《九年义务教育课程方案实施状况调查报告》。

---

① 曲涵.我国新一轮基础教育课程改革的认识与思考[J].佳木斯教育学院学报,2010(3):196+203.
② 王晓倩.基础教育课程评价改革廿年研究(1999—2019)[D].河南大学,2020.
③ 麻昌港,袁竹连,袁愈旭.我国新一轮基础教育课程改革研究综述[J].新课程研究(基础教育),2010(7):5-6.
④ 乔建中,冯媛媛.我国第八次基础教育课程改革的发展路径与关键词[J].江苏教育研究,2012(3):18-21.
⑤ 乔建中,冯媛媛.我国第八次基础教育课程改革的发展路径与关键词[J].江苏教育研究,2012(3):18-21.

1997 年 9 月教育部基础教育司提出了"建立和完善以全面提高学生素质为目标"的课程体系思路。至 1998 年底,基本形成了基础教育课程改革的指导思想、课程体系的框架,以及推广新课程的政策与策略。随后正式成立了"基础教育课程改革专家工作组",起草并形成了新一轮课程改革的总纲——《基础教育课程改革纲要(试行)》,并于 2001 年 6 月正式颁布实施。①

1999 年教育部制定了《面向 21 世纪教育振兴行动计划》其中提出对课程建设的要求。1999 年 6 月颁布《中共中央国务院关于深化教育改革,全面推进素质教育的决定》,指出"全面推进素质教育,培养适应 21 世纪现代化建设需要的社会主义新人"②。

2.帷幕初启期

2001 年 5 月,《国务院关于基础教育改革与发展的决定》提出一系列要求,旨在实现党的教育方针。2001 年 6 月,由国务院召开的全国基础教育工作会议是新中国成立以来我国专门就基础教育工作所召开的第一次全国性会议。③同时,颁布了《中小学教材编写审定管理暂行办法》,对教材编写的资格和条件做出了具体的规定。同年 7 月教育部颁布了《关于开展基础教育新课程实验推广工作的意见》,决定从 2001 年秋季起,开始进行基础教育新课程实验推广工作。④2001 年 11 月,为贯彻落实《国务院关于基础教育改革与发展的决定》《基础教育改革纲要(试行)》,教育部印发了《义务教育课程设置实验方案》。方案对义务教育阶段课程设置提出了要求。随后制定了包括语文、数学、英语等在内的 18 门学科的课程标准。自此"课程标准"取代"教学大纲"。

3.全面推广期

2004 年,基础教育课程改革进入全国推广阶段。同年 3 月,国务院转批

　　① 孙式武.小学教育概论[M].济南:山东人民出版社,2014:60-64.

　　② 中华人民共和国中央人民政府门户网站[EB/OL](2009-10-09),https://www.gov.cn/test/2009-10/09/content_1434373.htm?eqid=c8d37193000146d500000006647d9e19.

　　③ 乔建中,冯媛媛.我国第八次基础教育课程改革的发展路径与关键词[J].江苏教育研究,2012(3):18-21.

　　④ 中华人民共和国教育部政府门户网站[EB/OL](2001-07-16),http://www.moe.gov.cn/srcsite/A26/s7054/200110/t20011017_166066.html.

教育部颁布《2003—2007年教育振兴行动计划》,新一轮《行动计划》是教育系统在"三个代表"重要思想指导下的智慧结晶,是全面建成小康社会、实施科教兴国和人才强国战略的一项基础性工程,是21世纪实现教育新跨越的行动方略。2005年秋季起,中小学阶段的各起始年级原则上都启用了新课程,①随之掀起了新一轮教师培训的热潮。②截至2006年秋季,全国所有小学和初中约有1.7亿学生已经进入了新课程。2007年,教育部针对多个新课改试验区进行调研,2009年10月,教育部召开"全国基础教育课程经验交流会"全面总结了基础教育课程改革8年来取得的基本经验,深入分析新形势下课程改革的新挑战,并对下一阶段课程改革的深化工作作出具体部署。③

　　2010年6月,教育部颁布《关于深化基础教育课程改革进一步推进素质教育的意见》提出了14点意见,旨在进一步推进素质教育建设。同年7月,《国家中长期教育改革和发展规划纲要(2010—2020年)》的颁布,明确提出巩固提高九年义务教育水平。2011年12月,教育部颁布《关于印发义务教育语文等学科课程标准(2011年版)的通知》适应了课程调整的需要,文件于2012年秋季开始执行。④2011年,国务院颁布《关于第六批取消和调整行政审批项目的决定》,其中取消了"中小学国家课程教材编写核准",编写中小学国家课程教材不再需要向教育行政部门申请编写立项,但仍须经过国家审定。⑤

　　4.深化发展期

　　2014年3月,教育部颁布《关于全面深化课程改革落实立德树人根本任务的意见》,其中明确提出立德树人是发展中国特色社会主义教育事业的核

　　①　孙式武.小学教育概论[M].济南:山东人民出版社,2014:60-64.
　　②　乔建中,冯媛媛.我国第八次基础教育课程改革的发展路径与关键词[J].江苏教育研究,2012(3):18-21.
　　③　王晓倩.基础教育课程评价改革廿年研究(1999—2019)[D].河南大学,2020.
　　④　中华人民共和国教育部政府门户网站[EB/OL](2011-12-28),http://www.moe.gov.cn/srcsite/A26/s8001/201112/t20111228_167340.html.
　　⑤　项贤明.基础教育课程改革如何从理念转化为行动——基于我国70年中小学课程改革历史的回顾与分析[J].课程·教材·教法,2019(10):41-51.

心所在,是培养德智体美全面发展的社会主义建设者和接班人的本质要求。①
同年 9 月国务院颁布《中共中央关于深化考试招生制度改革的实施意见》,
该《意见》的颁布标志着新高考制度改革的开始,具有跨时代的意义。2017
年,教育部印发《义务教育小学科学课程标准》《中小学综合实践活动课程指
导纲要》,两个文件的印发为中小学课程的发展指明了方向。2018 年 8 月,教
育部颁布《关于做好普通高中新课程新教材实施工作的指导意见》,同年 5
月,"教育部在北京召开了课程教材研究所成立大会,这是我国正式成立的
第一个国家级课程教材研究专业机构"②。2019 年,教育部启动义务教育课程
修订工作,新一轮义务教育课程改革悄然开始。③

通过梳理新课改萌芽至今基础教育课程改革的发展历程不难发现,一
些学者认为随着新课改的不断深入,课程改革在推进过程中会反映出一些
现实问题,目前课程改革处于瓶颈期。也有部分学者认为课程改革处于上升
期且伴随着课程改革的深入进行,课改逐渐进入新时期。总之,当前关于新
课改的争议不断,新课改到底带来哪些成效,具体实施过程中遇到哪些问
题,新课改的最终目标会不会实现,现在仍然是教育领域甚至社会各界持续
关注的重要议题。

(三)基础教育课程改革的现状

当前学界对新课改存在一些争议,主要聚焦于新课改的理论基础缺乏,
新课改方向的不确定性,以及新课改如何实施等现实问题,学者们对新课改
表达了自己独到的见解。新课改实施的现状、特征以及发展趋势是目前学者
关注较为集中的方面。

1.新课改若干热点问题争论

到目前为止,有关新课改的争论主要经历了五次,分别是:知识观的争
论(2004 年)、理论基础的争论(2005 年)、改革方向的争论(2006 年)、改革理

---

① 中华人民共和国教育部政府门户网站[EB/OL](2014-04-08),http://www.moe.gov.cn/srcsite/A26/jcj_kcjcgh/201404/t20140408_167226.html.
② 王晓倩.基础教育课程评价改革廿年研究(1999—2019)[D].河南大学,2020.
③ 王晓倩.基础教育课程评价改革廿年研究(1999—2019)[D].河南大学,2020.

念的争论（2008 年）、实施方式的争论（2010 年）。这些争论反映出学者们对新课改讨论分析的不同视角，映射出不同视角下价值观念的不同。争论的本质是学术思想的碰撞，旨在更好地落实新课改微观操作层面的目标，于新课改本身而言是其内部的自我否定和完善，具有进步意义。

从课程设置和实施的角度来看，可以发现在课程目标、课程整体改革方向、新课改理论基础方面存在较大的争论。课程目标建设上可以明晰地辨识一条课程目标设置的主线，即三维目标到核心素养的提出。对于知识观的讨论最为学界所知的是"钟王之争"（钟启泉和王策三对于课程改革理念的争论）。存在争议最多的是新课改的理论基础方面，目前学界还没有形成统一的观点。

课程目标的变化体现新课改的发展指向。2001 年，国家提出从知识与技能、过程与方法、情感态度与价值观三个维度设立课程目标，三维目标目前没有明确的理论依据，在理论上是缺乏支撑的，不乏有学者对三维目标的理论支撑进行争论。2014 年，提出"核心素养"将立德树人作为根本任务，对教师如何践行核心素养提出了更高的要求。

课程改革中颇受关注的是"钟王之争"。钟启泉和王策三对于知识观、新课程改革方向、课程改革的理论基础三个方面各持己见，其中保持中立的学者较多。王策三认为由应试教育向素质教育转变的过程中"轻视知识"教育思潮也不断地发展，不利于国家教育的发展和课程的改革，对当前的课程改革的创新之处持抨击的态度。钟启泉对新课改中出现的课程创新理念则认为必然会受到旧观念和旧思想的责难。两位聚焦于对知识的含义、知识和个人发展之间的关系，以及知识的传播途径等基础性问题的争论。对于知识的不同态度也是"钟王之争"关注的重点。[①]这场争论本质上是学术思想的碰撞与发展，推动基础教育课程改革的有效实施。当前我国基础教育中实施的新课程旨在推进学生的知识、情感等全方面的发展，是满足素养和知识协调发展的体现。

---

① 郑巧灵，汪奎.新课程改革背景下的"知识"观——从"钟王之争"说起[J].黑龙江史志，2009（19）：149-150.

在课程改革理论基础方面,也存在不同的观点,关于理论基础的争论主要有以下三大类七种观点。第一类是关于新课改有无理论基础的争论,主要围绕新课改的理论基础是清晰的还是模糊的展开。第二类是关于新课改的理论基础是什么,主要有四种观点:第一种观点认为新课改的理论基础是建构主义、后现代主义、实用主义、多元智力理论等多种理论;第二种观点认为是马克思主义认识论和全面发展的学说;第三种观点认为在马克思主义指导下的多元理论;第四种观点是应对当前新课改出现的问题,进行具体问题具体分析,重视理论本身的真理性和可行性。第三类是关于新课改理论基础的探讨方法。我国新课改中关于理论基础的争论其原因是对"理论基础"中的许多内在核心概念认识上存在分歧,例如将"理论基础"和"指导思想""理论依据"等混为一谈,对于概念界定的实质问题没有讨论清楚是对新课改理论基础存在争议的主要原因。另外,课程改革的多层面、多类型对课程改革的理论论证辩护和需求不一样,因此对理论基础的依赖程度也有所不同。[①]目前为止,没有一个关于课程改革理论基础的统一观点。[②]对于新课改理论基础的认识需要进一步的反思、深入持续探讨,对于新课改理论基础的澄清有助于新课改不断推进。

2.新课改的实施现状

学界对新课改的实施现状讨论较多且聚焦于当前新课改面临的困境,新课改的普适性即如何更好地适应不同地区课程的设置和实施,尤其是农村地区的学校,新课改在内容上的取向等问题是当前在实施层面较为关注的。

张晓东从三个方面分析当前新课改面临的一些困境。首先,农村地区的学校是新课改中应该重点关注的,新课改过程中如果不加以重视很有可能引发教育不公平问题。其次,新课改要将"自上而下"和"自下而上"相结合,让新课改在课程实施上真正发挥它的价值。最后,新课改是一个关乎整个教

---

① 龙安邦,范蔚.试论课程改革的理论基础——兼论我国十年新课改的理论基础及其论争[J].河北师范大学学报(教育科学版),2012(4):21–26.
② 李永婷,徐文彬.基础教育课程改革研究的现状、问题与反思[J].当代教育科学,2016(19):16–21.

育领域的问题,需要在课程价值观、课程目标、课程内容、课程结构、课程实施、课程评价、课程管理等进行不断完善。①

聚焦新课改的价值取向方面,曾玉君提出当前课程目标的设置仍然以社会发展需要为重,在课程目标上应该更加重视学生主体性的发展,为学生既能实现个人价值也能实现社会价值而设立。改变以升学为主导的价值取向,考试为主要形式的评价标准,将人的全面发展真正落到实处。在课程内容上较为重视知识本位,缺乏直接经验的获得,课程内容应与本土文化和现实生活紧密联系。主张改变"自上而下"课程管理模式较为集中的现状,提高教师和学生在课程建设、实施方面的主体地位。在课程评价方面改变终结式的、外部评价方式,注重发展性评价和形成性评价,重视教师自身的专业成长和学生综合素质的提高,如何有力构建教师和学生的双主体地位仍然值得我们持续追问和探讨。②

新课改在内容价值取向上重视直接经验,存在轻视知识的倾向,在内容来源上没有处理好"知识、社会和学习者"之间的关系。当前课程内容过于关注学习者的兴趣,新课改在重视不同学科之间的横向联系时相对地忽视了学科的纵向联系,并且在不同学科的整合上有待提升。在课程内容的选择上大多是以城市生活为主要展现场景,课程内容的广泛性和真实性是新课改持续进行的方向。③

新课改的实施在地域上存在差异,城乡差异较明显。新课改在价值取向上,在课程目标、内容等方面明显存在城市中心取向,忽视了农村或是偏远地区孩子的实际学习情况。应考虑农村地区实际的教学水平和设施情况,从而促进每个孩子具备新时代要求的核心素养。新课改在价值取向上偏重民族主义倾向,忽视了学生对多元文化的理解,以及对全球意识和国际意识的树立。④对于新课改如何消弭课程实施上城市和农村的差异,让课程内容设

---

① 张晓东.我国基础教育课程改革的困境与超越[J].教学与管理,2007(4):3-5.
② 曾玉君,李尚卫.我国基础教育课程改革价值取向:缺失与对策[J].内江师范学院学报,2013(11):134-136.
③ 孙泽文.我国基础教育课程内容改革的特点、问题与发展方向[J].基础教育,2013(3):36-42.
④ 彭泽平.我国新一轮基础教育课程改革的问题检视[J].教学与管理,2005(31):5-7.

置更加符合学生实际生活的要求是之后改革过程中需要持续关注和亟待解决的问题。

通过对近10年新课改发展进行回顾，虽然新课改缺乏深厚的理论基础，还没有形成系统的理论体系，但是新课改的发展成果是不可否定的。不少学者对新课改的认识都表达了自己的观点，尤其在新课改开始实施之后，研究成果的数量呈雨后春笋般发展，但对于新课改的理论基础和未来发展方向一直处于争论状态。在教师教育方面，教师很难在短时间内改变之前的授课思维，习惯于传统的课程观念。在教师教育方面如何更加完善，让新课改真正落到实处，真正做到培养学生应具备的核心素养是我们应该思考的现实问题。与此同时新课改具有明显的城乡差别，如何让农村地区的学生追上新课改的步伐，真正地做到教育公平需要社会各界广泛的关注。[①]

（四）基础教育课程改革的特征

通过对新课改研究已有书籍和文献的梳理发现：小学教育学类教材中较多对新课改整体特征的把握，在相关文献中重视对课程内容方面呈现特点的阐释，以及各类教材特点的比较和论述。可以发现新课改在发展过程中涉及范围较广，在不同领域都有讨论也愈发聚焦，其中不乏关涉新课改后双减在各科中的运用及对教师各方面的关注，包括教师的心理适应性建设和教师专业化问题的讨论尤为突出。[②]

1.小学教育学教材中关于新课改总体特征的简述

本轮新课改在课程目标上更加注重学生本位，我国课程改革传统上注重学科本位，按照学科的逻辑编写教材，注重加强学科之间纵向和横向的联系，忽视了学生情感和能力的培养。在新课改中，课程目标由三维目标转变为核心素养的提出，更加注重学生身心发展特点和年龄特征，注重对学生创造能力、学习态度、方法和技能的培养，将学生的发展作为课程目标设计的

---

① 于江.新世纪以来我国基础教育课程改革的十年回顾与反思[J].教学研究,2011(4):77-79+92.

② 小学各科发展见下一节,小学教师相关议题见小学教师章节。

方向,既重视学生的全面发展又重视学生的个性发展。①我国新一轮课程改革的理念是学校教育要以学生为本,发展学生各方面的知识和能力,重视学生全面发展和个性发展。新课改总体目标、具体目标及各科课程标准贯彻实行以学生的发展为本,重视学生生活的取向。

在课程设置上,呈现课程种类增多,课程多样化发展的繁荣现状,分科课程的组织形式条理更清晰,按照学生身心发展的特点,小学阶段以综合课程为主,初中开始伴随着分科课程的发展,在课程设置上既保证每门学科知识的连续性同时又根据学生的认知水平、年龄特点,培养学生适应终身发展和社会发展的必备品格和关键能力。综合课程有了进一步的发展,尤其是小学阶段的课程以综合课程为主,着力发展综合课程和实践课程。值得关注的是除国家设置的基础课程之外,各地学校依据本地的特色和本校的办学理念开发校本课程,将劳动教育和劳动课程整合发展,开发出适合本地学生的特色课程。以江苏为例,随着北京冬奥会的成功举办,冰雪运动愈发火热,江苏省因地制宜为学生开展特色冰雪项目,当前江苏已有18所全国青少年校园冰雪运动特色学校,省内150多所学校开设各式各样的冰雪运动项目。

课程标准是新课改关注的焦点,不乏有学者对各科课程标准进行分析和解读。新一轮课程标准的制定取代了教学大纲,课程标准对每一门课程的课程性质、基本理念、设计思路、目标、内容以及实施意见都进行了详细的阐述。②课程标准的制定更加强调培养全面发展的人,既能适应社会发展的需要同时又符合每一位学生的主体性发展。以"课程标准"为关键词进行搜索可以发现:当前学者在该议题上主要聚焦于各科课程标准的演变和价值取向的转化过程。③对课程标准的解读和分析可以窥见新课改的总体发展朝向,当前课程标准转化为学习目标是进行单元设计的核心问题,重视单元设

---

① 张艳红.我国新一轮基础教育课程改革[J].教学与管理,2002(2):3-6.

② 郭福仙.关于我国基础教育课程改革政策的几点思考[J].当代教育论坛(学科教育研究),2008(1):79-80.

③ 对各科课程标准的梳理可以参见第一章小学各科课程的发展。

计,课程标准转化为学习目标的通用策略。[①]

在课程组织上,新课改在教育行政部门的领导下,组织相关学科的专家和课程管理人员形成专业的课程改革团队,针对之前课程改革出现的弊端和现在课程实施的现状进行整理分析。通过广泛征集教师、家长和学生的意见,以及对学校进行实践考察获得相关资料,在广大师生、家长及社会各界的大力配合下逐渐形成了广泛的基础教育改革团队。课程改革团队的逐渐扩大和科学化为新课改提供了重要的人力基础。

国家、地方、学校三级课程管理体系设置是为了适应不同地区、学校和学生的实际需要,体现了学校课程设计的多样化和层次性。一些地方学校可以结合本地特色将当地的传统文化融入课程建设中,邀请教师、学生参加到课程的建设中,不仅使课程更加适应学生的实际生活,还提高了教师、学生的参与感,让教师在课程开发过程中提升自身的专业素养,同时也激发了学生主动参与课程建设的积极性。许多高质量的校本课程如雨后春笋般出现。三级课程管理体系的设置促进了学校校本课程管理体系的构建,“在三级课程管理模式中,国家、地方、学校各司其职,国家制定总体规划,地方根据国家总体规划,制定地方需要的课程指导纲要,开发与选用;学校在国家、地方的指导下,结合本校的实际情况,进行课程设置与实施”[②]。在一定程度上促进了社会、学校、家庭三方合力,为学校课程建设凝合聚力。

依据新课改的课程目标,课程评价不断适应课程目标的发展,学生的学业评价不仅局限于教师对学生的终结性评价,还有学生主体评价和多主体评价,改变重视以考试为主要方式的量化评价。新课改注重对学生多方面的发展进行评价,注重学生多方面潜能的发展,不仅局限于学习成绩本身。真正地做到以学生为本,注重学生对自身发展有较为客观的评价和认知。随着知识观和学习观不断发生变化,缄默知识的传递逐渐被学界关注,这一变化

---

① 彭了,于秋红,郑弢.从课程标准到单元学习目标——以化学学习单元设计为例[J].化学教育(中英文),2021(3):38-42.

② 李雯婷.学校体育校本课程管理体系的构建[J].教学与管理,2013(33):92-94.

趋势可以从核心素养及学科素养发展目标中清晰窥见,[①]面对这一变化的课程评价，如何才能真正关注时效和提高课堂评价的质量有待学者们进一步的研究和深化。[②]

2.基础教育课程改革在课程内容方面的特征

（1）基础性内容和发展性内容相结合

随着科学技术和时代的不断变迁,经济全球化的不断加剧,各种新的社会现象和社会问题层出不穷,教育先行作为我国的一项基本国策,更应该不断发展走在时代要求的前列。为适应信息时代的不断发展,我国提出了《面向 21 世纪教育振兴行动计划》(以下简称《计划》),该《计划》指出发展现代远程教育的目标,课程也不断适应社会发展的需要,增设一些科学技术与社会发展的现代内容。课程在适应社会发展的同时也注重传承和学习人类优秀的传统文化,不再是追求传统内容体系的严密性和完整性,对于传统学科过时的内容进行有选择的删减,将我国优秀的传统文化与时代相融合。新课改在新知识和新概念的形成上,是建立在学习者现实生活基础上的,不仅包括已有的事实定论,还包括现实生活中一些具有探讨价值的问题和情景。[③]新课改在课程内容上既重视对传统文化的更新和保留，又重视现代社会对学生提出的要求。

（2）学生的生活和学习相结合

新课改在课程标准的设置上体现对学生生活的重视，较之前重视学科本身的逻辑有了很大的提高。当前我国新课改较重视对学术内容的改革,其大方向是不变的,其中内容生活化的文本增加了。在小学一年级道德与法治课程的教材中也能看出,课程内容涉及健康、快乐地生活,其中对于遵守交通规则的内容是认识常见的交通标志,不去危险的地方玩。[④]新课改在课程

---

①　严奕峰.论素养本位课程评价[J].课程·教材·教法,2021(5):11-17.

②　关于评价部分可参见小学评价一章。

③　孙泽文.我国基础教育课程内容改革的特点、问题与发展方向[J].基础教育,2013(3):36-42.

④　中华人民共和国教育部政府门户网站[EB/OL](2011-12-28),http://www.moe.gov.cn/srcsite/A26/s8001/201112/t20111228_167340.html.

内容的设置上更加注重学生的学习与生活相联系。

（3）认知与情感相结合

本次新课改重视对学生情感态度和价值观的培养，在获得基本知识与技能的过程中重视学生形成正确的价值观。以小学语文课程为例，这门课程本身就有较强的思想和政治倾向，强调对正确价值观和基础语文素养的培养。随着新课改的不断深入，语文课程的基础工具性倾向逐渐转变为人文性倾向，并在此基础上与基础的工具性倾向相结合。如在阅读的过程中要求学生有感情地朗读课文，"揣摩、欣赏、感悟"等词汇更多地出现在语文朗诵中，语文课文不止局限于对这篇课文的理解，同时还关注作者的生平年代及作者的其他相关著作，重视从整体的角度对作品人物进行分析，让学生理解作者当时所处时代，该作品被创作出来的缘由，从人物的命运中获得情感体验，培养学生的爱国情怀，帮助学生树立正确的价值观和积极向上的人生态度，真正地做到了认知与情感相结合。①

（五）新课改后基础教育的发展趋势

对于新课改后我国基础教育的发展趋势是当前学界普遍关注的议题，社会发展和对人才提出的多元需要，使小学教育专业面临新的挑战，初等教育学专业的长足发展亟须立足当前新课改的基础上反思和实践。有学者整合小学学科教育产生"质"的变化而提出为顺应这种变化，我国的基础教育也应该呈现新的发展趋势，将其归结为：学科课程活动化、课程教材人性化、课堂教学对话化、学生学习研究化、教师职业专业化、教育评价多元化。②

1.以学生发展为本的政策理念

课程设置上重视以学生发展为本的课程建设，注重学生的全面发展和个性差异的发展，将学生作为课程设置、课程开发的主体，课程目标也紧紧围绕学生这一中心，将学生个体发展需要同社会发展需要相统一。

以学生的发展为本是针对之前强调学科本位而提出的，加强课程内容

① 孙泽文.我国基础教育课程内容改革的特点、问题与发展方向[J].基础教育,2013(3):36-42.
② 周鸿敏,彭小明."新课改"后我国基础教育的发展趋势[J].江西教育科研,2005(1):13-15.

与学生实际生活、现代社会和科学技术的发展相结合,关注学生的学习兴趣和经验,选择适应学生终身发展的基本知识和技能。吕达认为做好以学生发展为本就可以处理好四对关系:首先,学生发展、学科体系和社会需求三方面的关系是动态平衡的,学生的发展必须依靠对学科知识体系的掌握,学生发展离不开学科体系的教学;同样,学生的发展既是满足自身成长的需要,又是为了更好地实现社会价值,为社会发展贡献力量。其次,以学生的发展为本是为了更好地处理单个学科和各学科之间相互联系的整体发展,处理好学生和老师之间的主导与主体的关系。再次,以学生的发展为本可以协调学科教学、学科课程和活动教学、活动课程之间的关系,将知识的传授和实践活动相结合。最后,以学生的发展为本可以处理好智能发展和人格发展之间的关系,将学生全面发展与个性发展良好的结合。①

从教材的编写上也可以看出课程教材以学生的发展为本,《纲要》明确教材编写的方向是:以人为本,以学生的发展为本,走"人性化"的道路。人性化主要呈现以下五个特点:第一,考虑学生的身心特点和学生整体素质的全面发展;第二,倡导知识的综合化,主张不同学科领域之间的相互联系;第三,教材内容的多样化、生动和重视学生的兴趣和需要按照学生的心理逻辑编写教材;第四,教材内容重视学生的生活经验;第五,教材的"人性化"有利于学生自主、合作、探究式的学习,利于教师创造性的教学,体现教材的"可读性"又体现教材的"可教性"。②

以学生的发展为本已经成为国家和地方共同选择的课程政策理念,是一种儿童发展为本的价值取向。坚持以学生的发展为本的价值取向就是要坚持课程要促进每一个学生身心健康发展和良好品德的培养,同时适应社会发展的需要,课程的开发以学生为主体,课程内容与学生的实际生活、现实生活相联系,真正地满足学生的发展需要,不仅让学生掌握知识,还有对情感状态、必备品格和关键能力的培养,让学生成为终身学习的主体以适应

①　吕达,张廷凯.试论我国基础教育课程改革的趋势[J].辽宁教育,2000(6):28.
②　周鸿敏,彭小明."新课改"后我国基础教育的发展趋势[J].江西教育科研,2005(1):13-15.

学习型社会的发展。①

2.加强道德教育和人文教育,突出专业特色

道德教育如何真正地在课堂中落到实处, 道德教育如何才能在学校课程中更好地体现并融为一体, 产生有效的德育效应和氛围是教育研究和实践面临的迫切任务。②学校德育任务不能仅仅停留在德育课程的建设上,真正地让学生获得良好的道德需要不同学科之间相互联系, 共同承担德育的责任,甚至还需要老师、学校、家庭、社会各界齐心协力共同促进学生德育素养的培养。③

小学教育的学科建设需要进一步明确重点、发展亮点,强化实践教育和技能训练, 加大信息课程的设置和传统课程的改造力度。强调学生技能训练,保证小学教育学生专业培养,课程的多元化和专业化,争取站在教师教育培养的高度上,保证人才的培养和输出。④

3.课程综合化、科学化,教师专业化

综合课程是针对分科过细的课程提出的, 对知识结构划分过细不利于从整体上理解这一学科,也不利于知识的整合。目前综合课程在政策的指导下有序进行,但是如何做到将知识进行有效整合而不是将知识简单的拼凑, 这对综合课程的教师提出了较高的要求, 不是简单地将一节课的时间分给不同学科的老师分时段进行,而是需要每一位教师具备讲授综合课程的素养、能力,需要学校在培养综合型教师方面做出更大的努力和进行更多的思考。

从课程目标的变化中可以看到课程整体科学化的走向,在新课改初期,课程改革最初使用的是三维目标,即从知识与技能、过程与方法、情感态度与价值观三个维度出发,随着新课改的持续推进,核心素养提出培养学生具

---

① 郭福仙.关于我国基础教育课程改革政策的几点思考[J].当代教育论坛(学科教育研究),2008(1):79-80.

② 吕达,张廷凯.试论我国基础教育课程改革的趋势[J].辽宁教育,2000(6):28.

③ 曲涵.我国新一轮基础教育课程改革的认识与思考[J].佳木斯教育学院学报,2010(3):196+203.

④ 陈慧君,纪国和.新课改下小学教育专业的建设及发展趋势[J].现代教育科学,2009(9):121-123.

备适应终身发展和社会发展的必备品格和关键能力，其基本原则就是坚持科学性，将科学的方法、理念贯穿于教学工作的全过程。科学化还体现在具体的学科建设中，现代信息技术的不断发展不但丰富了教学手段，还对课程建设提出了要求，课程与现代信息技术相结合，慕课、在线课程等多种形式的课程不断发展，课程与现代信息技术相结合在体现时代特征的同时，又有利于资源的优化分配。

当前知识观和学习观的转变对教师专业化提出更高的要求，教师如何将缄默的知识内化为学生本体知识需要持续探索。教师具备教授知识、技能的能力已然成为教师的基本能力。教师作为专业人员如何体现教师工作的不可替代性，需要明晰教师区别于其他职业的特点。[①]

综上，本节从背景、发展路径、现状、特点和趋势五个方面对新一轮课程改革有一个全面的了解，有学者认为新课改接近尾声，还有学者认为新课改依然处于发展阶段，新课程改革的未来走向需要我们持续关注。

第三节　近20年各科小学课程研究

一、小学语文课程研究

结合之前对小学语文课程内容的分析不难发现，新中国成立到 2000 年前小学语文课程内容的发展具有明显的阶段性，课程编写上注重学科本身的逻辑，学生的学习方法主要以阅读为主，自 2001 年颁布《全日制义务教育语文课程标准（实验稿）》之后，小学语文课程开始有了质的改变和提高。通过查阅相关文献可知，近年对小学语文课程的研究聚焦于课程发展（依据课程标准）、教材建设，课程内容变化，以及小学语文教学等相关议题。

（一）小学语文课程的发展过程及政策体现

21 世纪以来，小学语文课程不断呈现人文属性，突出"课程性质"的概

---

① 教师专业化可参见小学教师章节。

念。2000 年《九年义务教育全日制小学语文教学大纲(试用修订版)》提出"语文是最重要的交际工具,是人类文化的重要组成部分"①。2001 年教育部印发了《全日制义务教育语文课程标准(实验稿)》,按照教育部的统一部署,人教版、北师大版、苏教版课程标准小学语文实验教材率先进入 38 个国家级基础教育课程改革实验区,供一年级小学生使用。2011 年,时隔 10 年再次对小学语文课程标准进行修改制订。2012 年,教育部组织专家编写了小学语文教材,在 2016 年秋季学期开始使用。2019 年秋季开始,全国所有地市的小学语文教材全部一次性更换为统编教材。②2022 年 5 月,教育部颁布《义务教育语文课程标准(2022 年版)》强调重视语文课程的育人功能和时代导向。

(二)小学语文课程内容的发展

立足小学生的发展特点和语文学科的本质,孙凤霞从三个方面阐释了《义务教育语文课程标准(2011 年版)》(以下简称《语文课程标准》)中小学语文课程统整的内涵。首先是学习内容的内在关联,《语文课程标准》将小学语文课程内容大致划分为 5 个领域,它们相互联系、相互促进,共同构成一个整体。其次是注重学生学习情境的真实体验,为学生更好地在情境中学习创设了三种不同的情景(个人体验情境、社会生活情境、学科认知情境),学生通过在真实的情景中学习享受语文学习带来的快乐,同时又充分地考虑到小学生的学习特点和身心发展规律。最后是以丰富的学习活动作为载体,阅读与鉴赏、表达与交流、梳理与探究是语文实践活动的三种主要类型,三种主要的实践类型还包含许多方面,通过重组形成不同的活动形式,提高学生语文素养。③从阅读知识的微观呈现视角进行分析,有学者提出构建阅读知识系列需要三方面的层次框架:理解词句内涵、认知标点符号和体会由标点贯穿的语句的不同表达语气。上述构建策略有助于学生形成良好的阅读品质,激发学生的阅读兴趣。辅助学生形成良好的阅读习惯,最终获得终身受

---

① 李青,苑昌昊,李广.小学语文课程性质研究 70 年回顾与展望[J].现代教育管理,2020(7):88-93.

② 陈先云.继承发展　守正创新——新中国成立以来小学语文教材建设的经验与思考[J].小学语文,2019(12):4-10.

③ 孙凤霞.小学语文课程统整:内涵、目标与设计思路[J].课程·教材·教法,2020(4):96-101.

用的阅读能力。①

　　小学语文课程内容的选择和组织以语文学科知识和能力为基点，依据当代知识观及课程论的发展，从知识分类的角度组织具体的课程内容。语文学科知识可以分为陈述性知识、程序性知识和积累性知识三类，语文能力则是在此三类知识的基础上形成相应的能力。陈述性知识主要对应的是语文学科中的一些概念、原理等可陈述的知识，例如"句子""略读"等部分。程序性知识主要指形成语文能力的技巧（方法）、策略等方面的知识，例如"写作技巧""阅读策略"等具体内容。积累性知识主要是指学生应该积累、记诵的常用的字词、经典篇章及代表性的中国文化等知识。这三类知识的选择和组织需指向学生语文能力的发展。②

　　《义务教育语文课程标准（2022年版）》在课程内容的设置上突出时代性和典型性，重视课程内容的整合。旨在通过优选的作品陶冶学生的情感，培养学生对社会主义先进文化、革命文化、中华优秀传统文化等的认同。③本次语文课标针对小学低、中、高年级，分别从识字与写字、阅读与鉴赏、表达与交流、梳理与探究四方面突出小学语文课程内容要求，将学习任务分为基础型、发现型、拓展型学习任务群，增加跨学科学习。值得关注的是其中增加对不同学段书法教育的要求，例如在第一学段要求学生用硬笔书写，第二学段则是要求学生用毛笔临摹正楷字帖，感受汉字的书写特点，第三学段要求学生用硬笔、软笔书写楷书，体会汉字的优美。

　　语文课程的"内容标准"体现语文课程教学特征，但通过研究发现，当前许多语文课失去了语文的味道，存在教师滥用多媒体技术，将时间大量花费在影视化的观摩和欣赏上，课堂教学的内容也存在片面的学科内容整合，把语文课上成了其他科目等现状。如何提高小学语文课程内容的质量，让"语文味"重回小学语文课堂是当前学者需要持续关注的研究议题。

---

　　①　陶亚男.小学语文序列化阅读课程内容的建构[J].教学与管理,2019(11):42-44.

　　②　周立群.缺失与重构:基于标准的语文课程内容的思考——以小学语文课程教学为例[J].课程·教材·教法,2010(6):38-43.

　　③　中华人民共和国教育部政府门户网站[EB/OL].(2022-04-08),www.moe.gov.cn/srcsite/A26/s8001/202204/t20220420_619921.html.

（三）小学语文统编教材的变化

2019年秋季起，全国义务教育阶段中、小学的语文、历史、道德与法治三个科目全部统一使用教育部组织编写的教材。中、小学语文教材有四大变化，首先是先学识字再学拼音，拼音学习对学习普通话的作用尤为重要。其次是大量增加古诗文篇目，小学统编语文科目教材中有129篇古诗文，约占总篇目的30%。除古诗词、古代寓言、神话传说、历史故事外，还从传统蒙学读物中选取适合当前时代特点的积极内容。再次是本次统编教材将课外阅读纳入语文课程体系，旨在增加学生的阅读量，让语文学习向课外延伸。不同的年级教材对应系统的读书安排，告知老师、家长、学生需要阅读的书目。最后是统编教材重视语言表达能力，教材的每一册都设置了"口语交际"栏目，突出口语表达、沟通交往能力的培养，体现口语交际的重要性。同时统编教材也重视书面表达，以习作能力发展为主线，组织独立的习作单元内容，突破原有的教材结构体系。①

统编语文教科书努力体现语言文字训练的系统性，将小学生应该具备的基本语文知识、语文能力、语文学习方法等统筹规划，落实到各个年级的相关活动和课程中，统编语文教材在编制过程中注重遵循语文学科自身的逻辑规律，同时又符合学生年龄特征和身心发展特点。其中注重对学生阅读和口语表达能力的要求，加大了语言、书面表达等方面的比重。每个单元依据阅读和表达两方面设置目标，具有鲜明的可操作性。就小学语文教材本身而言，教材紧紧围绕阅读和表达两个方面将每个单元语文要素的学习环环相扣，语文素养的培养得到真正的落实。单元导语、课后思考练习题、交流平台、词句段运用等内容作为一个整体，体现教科书编写的连续性特点。统编版语文教科书在单元编制上有所创新，突破了之前完全以阅读单元为主，增加了写作、叙述等单元。②

---

① 中小学统编《语文》教材的四大变化［EB/OL］（2019-08-07），http://edu.people.com.cn/n1/2019/0807/c1053-31280806-2.html.

② 陈先云.课程观引领下统编小学语文教科书能力体系的构建［J］.课程·教材·教法，2019（3）：78-87.

　　通过比较小学语文教材的创新之处可见统编教材突出"单元"概念,提示单元教学的着力点,从以往只重视单篇选文的价值到现在每篇课文的价值与单元整合的价值并重,单元之间的横向联系和纵向联系形成贯穿全套教材的线索,充分发挥单元教学价值。统编小学语文教材将阅读置于核心地位,在教材中安排精读和略读的课文,形成课内阅读与课外阅读互相补充的"三位一体"完整阅读体系。统编小学语文教材聚焦语言文字的运用,通过丰富的语言实践活动,促使学生提升口语和书面语表达质量,促使学生可以使用祖国的语言文字顺畅地表达自我和与人沟通。①

　　(四)小学语文课程的特色实践

　　由教育部、国家语委和中央广播电视总台联合推出的"中小学语文示范诵读库"第三期100篇作品在京发布。"中小学语文示范诵读库"是面向全国中、小学生推广标准普通话的高标准、高品质的"有声语文教材",由教育部、国家语委和中央广播电视总台合作,集结总台一百多位优秀播音员、主持人和顶尖录音师进行录制。"中小学语文示范诵读库"第三期作品作为推动助力脱贫攻坚的一项重要成果,还将助力民族地区、农村地区师生学习普通话,进一步加强统编教材的推广使用和国家通用语言文字的宣传普及。在发布活动中,来自四川凉山喜德县、云南怒江兰坪县、新疆克州阿克陶县的孩子们还与总台主持人通过"云"连线的方式,共同诵读了诗歌《祖国啊,我亲爱的祖国》。②

　　综上,小学语文课程近20年的变化发展可以从课程标准中得以窥见,小学语文课程在实践活动领域更加丰富,不只是重视学生阅读能力的培养,还重视学生各方面语文实践能力的提高。

二、小学数学课程研究

　　小学数学课程在近20年的发展有了很大的变化,从2001年和2011年

---

① 徐轶.统编小学语文教材的创新设计及现实影响[J].课程·教材·教法,2021(6):66-67.
② 中华人民共和国教育部政府门户网站[EB/OL].(2020-07-20).http://www.moe.gov.cn/jyb_xwfb/gzdt_gzdt/moe_1485/202007/t20200721_474126.html.

颁布的课程标准中可以窥见，小学数学课程在整体上更重视对小学生数学思维的培养多于掌握小学数学知识和运算的技巧，课程目标也从四个维度提出，更加具体，大部分学者通过对 2001 年和 2011 年颁布的课程标准进行解读来了解小学数学课程近 20 年的发展变化。

（一）小学数学课程的发展过程及政策体现

2001 年教育部颁布《全日制义务教育数学课程标准（实验稿）》，《课程标准》强调数学教育面向全体学生，人人都必须获得数学素养。2001 年用"课程标准"取代"教学大纲"，"课程目标"取代"教学目的"，首次以九年义务教育的概念对小学和初中的课程总目标进行整体的阐述，课程总目标中明确"双基""两能（分析问题、解决问题）"，隐含"四基（基础知识、基本技能、基本思想、基本活动经验）"，将"三维目标"纳入其中。[①]在课程目标上提出了知识与技能、数学思考、问题解决、情感与态度四大目标。在课程内容的设置上设计了四大内容领域，包括数与代数、空间与几何、统计与概率、实践与综合应用，在课程内容的设置上较之前有很大的不同。依据《课程标准》，不同的出版社出版了与之相应的教材。2005 年对《课程标准》进行修订，2011 年颁布《全日制义务教育数学课程标准（2011 年版）》，同样设置了四大课程目标（知识与技能、数学思考、问题解决、情感与态度），四大内容领域（数与代数、空间与几何、统计与概率、实践与综合应用）。2011 年课程标准的颁布重新促使各出版社对小学数学教材进行修订，为全国提供数学教科书。[②]2011 年颁布的标准是在 2001 年标准的基础上进一步完善的。《义务教育数学课程标准（2022 年版）》的颁布首先确立了小学数学课程目标以核心素养为导向，培养学生数学思维、语言表达，将小学段和初中段分开，分段培养小学生的数学核心素养。从数学新课标的"三会"目标（会用数学的眼光观察现实世界、会用数学的思维思考现实世界、会用数学的语言表达现实世界）中可以发现新课标重视培养学生解决问题、处理问题的能力和适应未来社会的科学精神

---

①　朱忠明.小学数学课程目标 70 年的演进与展望[J].基础教育课程，2020（6）：50–56.

②　孙彦婷，李星云.我国小学数学课程建设 70 年的历程与发展趋势[J].课程·教材·教法，2019（11）：53–58.

和能力。依据课程标准的修订,部分学者关注小学数学课程内容的变化,例如有学者关注小学数学课程内容的变化趋势,有学者聚焦于小学数学统计与概率内容嬗变研究,还有学者进行国内外小学数学课程内容的比较研究等。

(二)小学数学课程内容的发展

从小学数学课程内容发展的角度,邵征锋认为 2001 年课程标准的颁布是课程内容发生的第三次重大变化,首次将课程内容分为四大领域:数与代数、空间与图形、概论统计和综合实践。在小学一年级开始就加入了空间与图形的教学,将几何数学贯穿于小学各年级,减少演绎推理形式的定理证明,增加空间与图形的几何内容。2011 年课标在 2001 年课标的基础上增加了 10 个核心概念,并对学生在运算能力、空间观念等方面提出了要求,这 10 个核心概念是依据学生发展所必备的核心素养而提出的。①

2011 年颁布的课程标准较之前颁布的在内容方面的变化体现以下十个方面的特点:第一,加强数学思想的教学,降低部分纯技能的要求。第二,强调数学的现实性,帮助学生构建基本的活动经验。第三,关注知识的生成过程而非结果。第四,加强度量单位的数学与符号意识培养,强调数学的工具性效用。第五,内容标准的条目更加细化、明确,其中明确了一些术语,提高了用语的规范性,利于教师的教学。第六,弱化估算,注重估算的作用而不是"算法"本身,注重估算的过程及对估算的理解,不再关注对估算结果正确性的强调。第七,继续关注和发展学生的空间观念,重视发展学生的几何直观能力。第八,加强交流能力在数学学习中的重要作用。第九,减少第一学段几何作图,增加第二学段的几何作图。第十,大幅度降低对"统计与概率"的要求,重视培养学生的数据分析能力及统计观念,数据分析能力是指学生对于数据能选择适当的方法发现其中信息的能力,统计观念是指从统计的角度思考与数据有关的问题,更重视学生对数据处理的实践能力。②综上,小学数

---

　　① 邵征锋,熊梅,杜尚荣.70 年来我国小学数学课程标准演变及启示[J].中小学教师培训,2019(5):33-38.
　　② 朱晨菲,马复.小学课程内容发生了哪些变化——基于新旧《数学课程标准》的比较[J].小学教学(数学版),2012(Z1):19-22.

学课程在内容的发展上更加重视对学生应该具备的素养提出要求，强调从实践层面理解小学数学这一学科。

在对 2002—2005 年人民教育出版社出版的《义务教育课程标准教科书·数学》和 2012—2013 年教育部审定的《义务教育教科书·数学》中数学史的内容进行对比发现，新版本在教育史方面的知识增加了 6 处，更加注重数学史在数学课程中的地位。删减了其中较为复杂的内容，改变了其中对计量工具的详细介绍。①

通过比较 2001 年和 2011 年颁布的小学数学课程内容知识量，叶蓓蓓发现小学数学课程内容的范围逐步扩大，小学数学课程内容知识块逐渐增加。到 2011 年颁布课程标准后，小学数学课程内容保持 9 个知识块，小学数学课程知识单元数量逐渐增加，知识单元和知识块 70%左右稳定不变。可见小学数学课程内容的设置更加重视传统和现代相结合，重视与小学生的认知水平相适应。②

2022 年新数学课标在课程内容上将义务教育阶段的课程内容分为数与代数、图形与几何、统计与概率、综合与实践四部分，并按照不同学段从"内容要求""学业要求""教学提示"三个方面进行呈现。学段之间的内容相互关联，层层递进，螺旋上升。内容设置更重视学生数学能力的培养，帮助学生形成数学思维和推理意识。

随着数学学科实践活动课程的提出和实施，小学数学实践活动成为学者普遍关注的议题，那么如何开展有效的实践活动课程，值得数学教育工作者深思。有学者提出在数学学科的实践活动中应注重案例的选择，在案例上引起学生强烈的参与感和好奇心，案例要注重解决现实生活中的实际问题，不能脱离学生生活的实际。③

———————

①　江献.从小学数学教材内容变化看新课程改革——以人教版教材数学史内容为例[J].数学学习与研究,2016(15):73-74.

②　叶蓓蓓,吕世虎,刘瑞娟.新中国小学数学课程内容知识量的演变及其启示[J].课程·教材·教法,2014(12):87-93.

③　王丽君,邰舒竹.小学数学学科实践活动课程内容及实施的初步想法[J].教学月刊小学版(数学),2016(4):4-7.

（三）小学数学教材研究

我国小学数学教材的发展经历了多次改版和完善，教育界不断扩大对数学教材的研究面、加深对数学教材的研究力度。有学者从小学数学教材的基本属性出发着力探讨小学数学教材的功能，认为中小学数学教材具有思想性、科学性、心理性、教学性、发展性、民族性、国际性等基本属性。中小学数学教材的基本属性对落实数学课程标准、传递数学学科内容、引领学生数学学习、指导教师数学教学、建立数学与生活及其他学科联系等方面具有重要的作用。①

2001年至今是小学数学教材建设的改革与创新时期，章全武认为这一时期小学数学教材内容现代化方向明显，数学思想、方法、语言等更接近现代数学。从往年颁布的课程标准中可以发现，更值得关注的是近年来数字教材以其动态化、立体化、丰富化等全新的样态强势进入小学数学课堂，改变小学数学纸质化教材动态化、平面化、有限性的形态，成为小学数学建设的新方向。②同样对小学数学教材进行梳理，李星云认为2001年开始小学数学教材的建设以课程改革为中心，同样依据课程标准制定小学数学教材。小学数学教材在信息技术的影响下，数字教材成为小学教材建设的主要趋势，其先后经历了纸质教材的数字化、多媒体式的数字教材再到开放式的数字教材，这一教材变化趋势使小学数学教材呈现立体化的倾向，促进小学数学教学质量的稳步提升。③

部分学者关注小学数学教材例题的改编，教材例题为学生创设教学情境，引领学生逐步完成学习任务，例题素材中问题来源于学生学习的现状，体现"数学问题生活化，生活问题数学化"的数学教学理念。新改编教材更加关注例题中的数据，数据不再拘泥于形式，而是透过数据体现背后的数学本质。教材例题不是刻意的提出，而是将认知过程逐渐合理化体现重要的数学知识和方法的产生、发展、应用过程。教材在教学环节上更加优化，教学不止

---

① 吴立宝,寇晨红,王建波.中小学数学教材的属性与功能[J].数学通报,2021(10):16-20+37.
② 章全武.中国小学数学教材建设70年:回顾与展望[J].数学教育学报,2021(3):59-63.
③ 李星云.改革开放40年我国小学数学教材的建设[J].课程·教材·教法,2018(12):21-26.

停留在结论的层面上。①

不少学者对小学数学教材进行解读,关注小学数学教材的发展历程和小学数学教材形式演变对小学生数学学习的影响。总体来说,小学数学教材更加重视数学知识的系统性和连贯性,读懂读透教材、准确把握教材是教师的短板,教材的解读以及研究解读的思路、方法应该引起教育工作者和研究者的格外关注。②

(四)小学数学课堂优质案例

为破解常态课堂教学疑难问题,辽宁省从 2001 年开始,以九项课题为载体,聚焦"促进学生理解的小学数学教育研究",经过 20 年实践探索出提高课堂教学质量的多种策略,并在"双减"背景下,通过在线直播召开"辽宁省小学数学教育高质量实施成果展示会"等多种方式,加大成果推广力度,切实提高常态课堂教学质量。辽宁省教研核心团队和学科工作站成员在已有单元主题教学"种子课""生长课"和"主题实践活动"教学设计案例基础上,借鉴《追求理解的教学设计》经验并进行本土化改造,按照促进学生理解的教学设计三个阶段——确定预期结果、选择评估内容、设计教学任务,重新研制出 50 节"种子课"、100 节"生长课"、90 个"主题实践活动"教学设计案例,分别以学术著作、省资源平台发布、召开研讨会、送教支教活动等方式,让广大一线教师学习这种教学设计方法。③

上海开展数学课程改革,呈现明显的分阶段实施过程,每个阶段分别聚焦课程、教学、评价等环节,既抓住教育教学的关键环节又协同推进,最终实现提升学生数学素养的目标。上海持续开展兼顾过程与结果、质量与公平的数学评价改革,近 10 年,借鉴 PISA 测试方法,通过基于课程标准的教学与评价项目等研究和实践,已逐步形成义务教育阶段学生数学学业质量评价体系。"课程—教学—评价"三位一体,构成一个完整的教育活动闭环,确保

---

① 吴成业.小学数学教材例题的改编[J].教学与管理,2018(20):44-45.
② 康鑫.小学数学教材的分层解读[J].教学与管理,2017(17):33-34.
③ 中华人民共和国教育部政府门户网站[EB/OL].(2021-12-10).http://www.moe.gov.cn/jyb_xwfb/moe_2082/2021/2021_zl53/zjwz/202112/t20211210_586279.html.

上海数学的课程与教学易操作、可推广，富有实效。上海从"学习结果"的视角，编制各学段的《数学学科教学基本要求》，帮助教师更透彻地理解"基础"与课程目标、学习内容、学习水平之间的关系，在教学中能更好地根据学情实际用好新教材，落实课程标准。值得关注的是上海中小学数学教研，该教研每年都会确定一个主题。如 2012 年的"数学阅读"、2013 年的"数学交流与表达"、2014 年的"数学课堂对话"、2015 年的"深化学科育人实践"等。通过这些教研主题，市、区、校形成了研究合力和教研话语体系，并逐渐形成"用实证支持教研"的意识。①

三、小学英语课程研究

通过查阅文献可知，小学英语课程近 20 年的发展主要体现在三次颁布的《课程标准》中，小学英语课程在 2001 年颁布的《课程标准》中规定将小学三年级作为学习小学英语课程的开端，我国小学英语课程的发展还有很长的路要走。

（一）小学英语课程的发展过程及政策体现

2001 年之后小学英语课程进入稳定发展时期。2001 年教育部颁布《关于积极推进小学开设英语课程的指导意见》（以下简称《意见》）指出："2001 年秋季开始，全国城市和县城小学逐步开设英语课程，2002 年秋季乡镇所在地小学逐步开设英语课程，小学开设英语课程的起始年级一般为三年级。"② 并提出小学开设英语课程的基本要求，将重心放在对学生英语学习兴趣和用英语对话的培养上。《意见》根据各地的发展认为可灵活安排英语课程，利用现代科技手段提高教学的质量，并对小学英语教材、小学英语师资队伍的建设都提出了具体的要求。2002 年，教育部颁布了《全日制义务教育普通高级中学英语课程标准（实验稿）》（以下简称 2001 年《课标》），2001 年《课标》

---

① 中华人民共和国教育部政府门户网站［EB/OL］（2018–10–09），http://www.moe.gov.cn/jyb_xwfb/moe_2082/zl_2018n/2018_zl06/201810/t20181009_350883.html.

② 中华人民共和国教育部政府门户网站［EB/OL］（2001–01–20），http://www.moe.gov.cn/srcsite/A26/s7054/200101/t20010120_166075.html.

重视小学生对英语学科的初步感受和认知，以树立小学生对英语课程学习的正确态度和兴趣。2012年教育部颁布《义务教育英语课程标准（2011年版）》（以下简称2011年《课程标准》），其中规定了英语课程的性质是"兼具工具性与人文性"①。

21世纪初，我国小学英语课程的价值取向重视对课程社会本位的思考和关注，弱化了人本的课程价值取向。2021年秋季起在全国城市和县城逐步开设小学英语课程，对于当时教师缺乏的社会现实而言，更多是小学英语课程工具主义的体现。2001年《课标》以工具性为小学英语课程的根本性质、以培养学生的语言运用能力为课程目标、以英语的工具价值为根本诉求，小学英语课程的进一步发展亟须对课程性质再思考和再规定。2011年《课程标准》的颁布将价值取向转为社会与个人整合的课程价值取向，增加了情感态度、学习策略和文化意识三个目标，指出课程的文化价值对国家"文化交流"的作用及对学生"提高人文素养"的重要意义。小学英语的课程内容根据新课标随之作出了相应的调整，以体现对英语文化价值及课程人文性和学生主体性的侧重。教材内容根据课标关于素质教育的指导原则设计选定，力图保证学生素质的提高、正确人生观的养成，即落实"人文性"这一教学目标。②

新颁布的《义务教育英语课程标准（2022年版）》将英语课程分为三段，其中小学分为两段，分别是3—4年级和5—6年级，新课标从"语言能力学段目标""文化意识学段目标""思维品质学段目标""学习能力学段目标"设计进阶目标，重视培养学生国际视野和对语言学习的兴趣。

（二）小学英语课程内容的发展

2001年《课标》的颁布以提高学生英语综合能力为目标，包括学生的文化意识、价值观、学习策略、情感态度、语言知识、语言能力等。③规定了从小学三年级开设小学英语课程，并且小学英语课程课时要短，课内外相结合开展丰富多彩的英语教学活动。2001年《课标》从国家、地方、学校三级建立课

---

① 张珊.小学英语课程发展的历史透视及启示[J].中小学外语教学（小学篇），2017（4）：47-52.
② 张珊，杨敏.我国小学英语课程价值取向的思考[J].教学与管理，2016（36）：84-87.
③ 李仙妹.小学英语课程与教学改革发展的回顾及反思[J].英语广场，2017（5）：155-156.

程管理体系,但"多纲多本"的教材建设难免在实践中出现问题。2011 年《课程标准》颁布之后,教材设计更加具有生活化、人文化,教材更加贴近学生的生活,为学生树立正确的人生观起到指导作用,促进了小学英语课程的整体性发展。①

2011 年颁布的《课程标准》明确提出义务教育阶段的英语课程是工具性和人文性相统一的,这一特点和小学语文课程的性质相同。2011 年《课程标准》中明确提出:小学英语课程着力培养小学生的英语素养和思维能力,发展基本的英语技能及可以初步地与他人交流的能力,由此可见《课程标准》更加重视小学生对于英语学科的基本理解。《课程标准》明确了义务教育阶段的英语课程以小学 3 年级为起点,课程设置借鉴国际通用的分级方式,使不同阶段的英语课程相互衔接,对不同阶段的英语课程建设提出了不同的要求,通过分级目标体系图生动地展示对不同阶段学生的具体要求。在课程目标的设置上分为总目标和分目标,所有目标的设定都紧紧围绕"综合语言运用能力"这一总目标进行,分级目标分为语言技能、语言知识、文化意识、情感态度、学习策略这五个维度,同时将目标分为五级。通过对目标的解读可以发现 2011 年《课程标准》注重对小学生基本英语素养的培养。②

虽然 2011 年《课程标准》的制定和执行促使小学英语课程的建设有了巨大的飞跃,但在其发展过程中依然存在许多问题,例如学生能否达到课程标准设置的目标,对英语课程的学习如何保持兴趣。此外,不同地区的学生对英语课程学习的达标情况存在较大的差异,表现出两极分化现象。小学英语教师的素质、水平及数量有限,小学英语教师的培养有待提高。③小学阶段对英语课程缺乏重视,对于小学生英语素养缺乏评价的标准并且测评的标准不一,在与初中阶段的英语课程衔接上明显地出现断层,④随着新课程改革的不断推进,这些问题亟须得到解决。2022 年英语新课标的出台对英语课

①　张珊.小学英语课程发展的历史透视及启示[J].中小学外语教学(小学篇),2017(4):47-52.

②　中华人民共和国教育部政府门户网站[EB/OL](2011-12-28),http://www.moe.gov.cn/srcsite/A26/s8001/201112/t20111228_167340.html.

③　彭静,彭小琴.小学英语课程改革十年的问题透视[J].重庆教育学院学报,2012(1):138-142.

④　李瑶瑶.小学英语课程改革现状研究[J].海外英语,2018(16):19-20.

程内容、结构进行改良,以学生核心素养为引领,课程内容由主题、语篇、语言知识、文化知识、语言技能和学习策略等要素构成。对不同年级学生的英语级别学习给出参考标准。课程内容以主题群的形式开展,语篇部分涉猎多种题材、类型的文章,语言知识方面重视发展语言技能,包括语音、词汇、语法等的运用和学习,旨在通过调动学生的感官让学生理解语言表达。在文化知识方面,新英语课标包含学生生活的方方面面,在语言技能上重视培养学生的理解性技能和表达性技能。本次新英语课程标准的修改较之前两次课程标准有很大的改动,内容更加翔实具体,涉及学生英语学习的方方面面。

(三)双减背景下的小学英语课程

伴随减负浪潮的不断推进,社会各界不乏提出一些质疑,小学英语主科地位到底该不该撼动?一些人持反对"英语为主科"的态度,认为当前小学英语的学习过于应试且孩子的兴趣不足,应试英语使小学偏离了语言学习的初衷;部分人持支持"英语为主科"的态度,认为学科格局不能贸然地发生变化,英语学习是与当前国际背景相适应的等观点。[①]双减背景下小学英语课程如何更好地落实引发相关学者讨论,值得关注的是一些学校和老师积极将小学英语课程与中国小学生的实际生活相结合,在英语课程的实践上开出新花。

2021年7月,福建省南平市开幕的第18届中小学骨干英语教师高级研修班的现场,直播间线上三万多小学英语教师与现场近百位教师一起观摩鲁子问教授在小学英语课堂中引入传统文化的示范课堂,课堂采用共读绘本的形式让孩子们了解《黄帝》的故事。[②]张宏丽提出"双减"需要英语教师从教育理念到教学行为都进行深刻反思,并作出一系列调整,重拾英语教学规律,让英语教学慢下来,使学生在语言学习过程中经历学习理解、应用实践、迁移创新的全过程。优化课程内容,让课程内容通过整合以最优方式呈现,

---

① 该不该撼动中小学英语主科地位[EB/OL](2021-03-17),http://edu.people.com.cn/n1/2021/0317/c1006-32053636.html.

② 福建南平:传统文化进课堂 用英语讲好中国故事[EB/OL](2021-07-29),http://fj.people.com.cn/n2/2021/0729/c181466-34843489.html.

教师要把教学重心放在深化学生对主题的认知上。实施分层教学,让每一个学生都能在个体学习和小组合作学习的过程中发挥自己的学习优势,并以丰富的学习成果来诠释学习的收获感悟和个人成长。①多个英语特色校本课程进行了戏剧英语、乐高英语等有效的英语学习方式,通过创设多种真实场景和浸入式的学习,提升学生的学习兴趣和学习效果。广州市番禺执信中学运用英语进行戏剧表演, 让孩子们在参与和体验中提升英语的综合能力并逐渐形成具有本校特色的校本课程。②

"双减"政策颁布、落地后,全国各地不乏有学校和教师对小学英语课程进行减负实践。当前我们不妨先将小学英语课程是否保持主科地位暂时搁置,如何更好地建设小学英语课程,让小学英语课程焕发语言学科的原本魅力,才是当下亟须考虑的问题。

四、小学德育课程研究

当前我国对大、中、小学德育建设十分重视,在德育一体化建设推进的同时,小学德育课程相关文献在数量上逐步增多,除了关于小学德育课程的研究外,还有关于小学教师德育素养、小学德育在其他学科中应用的研究。小学德育课程的地位逐步上升,小学德育课程的内容同样值得我们关注。

(一)小学德育课程的发展过程及政策体现

随着第八轮基础教育课程改革的实施,2001 年教育部颁布了《九年义务教育小学思想品德课和初中思想政治课程标准(修订)》,其中对德育课程的修订原则、教学内容和课程结构、教育理念、教学理念和课时等做出了具体的要求,着力帮助学生养成良好的道德品质和行为习惯,形成正确的世界观和人生观。③2002 年教育部颁布了《全日制义务教育品德与生活课程标准(实

---

① 尊重规律让小学英语减负提质[EB/OL](2021-12-24),http://www.moe.gov.cn/jyb_xwfb/moe_2082/2021/2021_zl53/zjwz/202112/t20211224_589888.html.

② "校本课程":玩着闹着学英语[EB/OL](2019-04-17),http://edu.people.com.cn/n1/2019/0417/c1053-31034445.html.

③ 中华人民共和国教育部政府门户网站[EB/OL](2001-10-17),http://www.moe.gov.cn/jyb_xxgk/gk_gbgg/moe_0/moe_8/moe_21/tnull_5443.html.

验稿)》和《全日制义务教育品德与社会课程标准(实验稿)》。2005 年教育部印发《关于整体规划大中小学德育体系的意见》,其中详细分析了整体规划大、中、小学德育体系的重要意义,对各阶段的德育目标和内容进行了详细的规定并提出努力拓宽大、中、小学德育的有效途径等内容,将不同阶段的德育课程相联系,形成整体的德育体系。[①]2011 年教育部颁布了《全日制义务教育品德与生活课程标准(2011 年版)》和《全日制义务教育品德与社会课程标准(2011 年版)》,其中对课程性质、课程基本理念、课程设计思路、课程目标、课程内容等方面进行了详细的阐释,规定了德育课程的性质是一门以学生的生活为基础,以学生良好品德形成为核心、促进学生社会性发展的综合课程。[②]2016 年,将义务教育小学《品德与社会》《品德与生活》教材统一更名为《道德与法治》,随后教育部组织编写《道德与法治》教材并投入使用。2017 年教育部颁布《中小学德育工作指南》,指南中确立了德育工作的指导思想、基本原则、德育目标、德育内容、实施途径等要求。[③]2018 年在全国召开的教育大会上将"立德树人"作为根本任务。2019 年国务院印发《中国教育现代化 2035》的十大战略任务中指出:将习近平新时代中国特色社会主义思想融入中小学教育,加强高等学校思想政治教育,加强习近平新时代中国特色社会主义思想系统化、学理化、学科化研究阐释,健全习近平新时代中国特色社会主义思想研究成果传播机制。[④]2022 年,教育部颁布《义务教育道德与法治课程标准(2022 年版)》,道德与法治新课标的主要变化是将小学原品德与生活、品德与社会和初中原思想品德整合为"道德与法治",并进行一体化设计。通过以下表格展现关于小学德育课程的政策文本,如表 3-3 所示。

---

① 中华人民共和国教育部政府门户网站[EB/OL](2005-07-19),http://www.moe.gov.cn/s78/A12/s7060/201007/t20100719_179051.html.

② 中华人民共和国教育部政府门户网站[EB/OL](2011-12-28),http://www.moe.gov.cn/srcsite/A26/s7054/200101/t20010120_166075.html.

③ 中华人民共和国教育部政府门户网站[EB/OL](2017-08-22),http://www.moe.gov.cn/srcsite/A06/s800//20111228_167340.html.

④ 中华人民共和国教育部政府门户网站[EB/OL](2019-02-23),http://www.moe.gov.cn/jyb_xwfb/s6052/moe_838/201902/t20190223_370857.html;彭泽平,杨启慧,罗珣.新中国中小学德育课程改革 70 年:历程、经验与展望[J].教育学术月刊,2019(11):3-9.

表3-3　近20年小学德育课程发展相关政策文本

时间	相关政策	相关内容
2001 年 10 月	教育部《九年义务教育小学思想品德课和初中思想政治课课程标准（修订）》	小学一、二年级加强了文明礼貌、行为规范的养成教育，三至五年级增加关心和帮助贫困家庭、灾区人民的教育要求，加强关心他人的教育。在小学的教学内容和行为要求中，还增加"会与教师交换意见""学会与人交流""要自信，不自卑"等内容
2003 年 5 月	教育部《全日制义务教育品德与生活课程标准（实验稿）》和《全日制义务教育品德与社会课程标准（实验稿）》	这两个《课程标准》增强了小学德育的针对性、实效性和主动性，有利于解决小学阶段部分内容交叉重复问题
2005 年 7 月	教育部《关于整体规划大中小学德育体系的意见》	小学教育阶段德育目标是：教育帮助小学生初步培养起爱祖国、爱人民、爱劳动、爱科学、爱社会主义的情感；树立基本的是非观念、法律意识和集体意识；初步养成孝敬父母、团结同学、讲究卫生、勤俭节约、遵守纪律、文明礼貌的良好行为习惯，逐步培养起良好的意志品格和乐观向上的性格 小学教育阶段德育主要内容是：开展热爱学习、立志成才教育，开展孝亲敬长、爱集体、爱家乡教育，开展做人做事基本道理和文明行为习惯养成教育，开展热爱劳动和爱护环境教育，开展尊重国旗、国徽，热爱祖国文化的爱祖国教育，开展社会生活基本常识和安全教育
2012 年 1 月	教育部《全日制义务教育品德与生活课程标准（2011 年版）》和《全日制义务教育品德与社会课程标准（2011 年版）》	品德与生活课程是一门以小学低年级生活为基础，以培养具有良好品德与行为习惯、乐于探究、热爱生活的儿童为目的的活动型综合课程 品德与社会课程是在小学中、高年级开设的一门以学生生活为基础，以学生良好品德形成为核心、促进学生社会性发展的综合课程
2017 年 8 月	教育部《中小学德育工作指南》	培养学生爱党爱国爱人民，增强国家意识和社会责任意识，教育学生理解、认同和拥护国家政治制度，了解中华优秀传统文化和革命文化、社会主义先进文化，增强中国特色社会主义道路自信、理论自信、制度自信、文化自信，引导学生准确理解和

续表

时间	相关政策	相关内容
		把握社会主义核心价值观的深刻内涵和实践要求,养成良好政治素质、道德品质、法治意识和行为习惯,形成积极健康的人格和良好心理品质,促进学生核心素养提升和全面发展,为学生成长奠定坚实的思想基础
2019 年 2 月	中共中央、国务院《中国教育现代化 2035》	明确了推进教育现代化的基本原则:坚持党的领导、坚持中国特色、坚持优先发展、坚持服务人民、坚持改革创新、坚持依法治教、坚持统筹推进 提出具体任务:发展中国特色世界先进水平的优质教育。全面落实立德树人根本任务,广泛开展理想信念教育,厚植爱国主义情怀,加强品德修养,增长知识见识,培养奋斗精神,不断提高学生思想水平、政治觉悟、道德品质、文化素养
2022 年 4 月	教育部《义务教育道德与法治课程标准(2022 年版)》	道德与法治课程围绕核心素养将课程目标分为:政治认同、道德修养、法治观念、健全人格、责任意识。依据小学低、中、高三个阶段细化各学段目标

　　鲁洁通过分析新课改后小学德育课程及课程标准的执行和实施,从新课程的道德观、课程观、学习观三方面分析小学德育课程发生的变化,总结为:小学德育课程从知识道德向生活道德转变,新课程认为道德存在于生活中,生活是道德存在的基本形态,道德源于生活,产生于人类长期的生活和实践。新课改后小学德育课程在课程观上由唯知识论走向生活经验,新的德育课程将道德看作是生活形态的存在。新课程充分肯定儿童生活和经验的价值,不是将儿童视为消极的存在,也不是绝对的以儿童为中心。在学习观上,新课程从单向传输转向交互作用,将个体经验的习得与建构看作是一种社会文化的过程,个体经验的丰富与发展离不开社会文化的相互作用。[①]

(二)小学德育课程内容的发展

　　通过对改革开放 40 多年小学德育课程发展理路的整理分析,李敏将小

---

　　① 鲁洁.德育课程的生活论转向——小学德育课程在观念上的变革[J].华东师范大学学报(教育科学版),2005(3):9–16+37.

学德育课程的发展分为四个阶段，其中:1998 年至 2008 年是小学德育课程的丰富与完善阶段,2009 年至 2018 年是小学德育课程的深化与提升阶段。2002 年颁布的《品德与生活课程标准(实验稿)》和《品德与社会课程标准(实验稿)》对小学德育课程的性质作了明确的规定,"这一时期小学德育课程逐渐聚焦于政治形势与社会现状的运动式状态,扭转德育课程对于生活的梳理状态,强调关注学生的真实生活状态,以提高德育课程的实效性与针对性,发挥德育的个体发展功能"①。2011 年颁布《品德与生活课程标准》(1—2 年级)和《品德与社会课程标准》(3—6 年级)(以下简称《品生》《品社》),坚持了立德树人的教育理念。《品生》中将课程内容分为健康、安全地生活;愉快、积极地生活;负责任、有爱心地生活;动手动脑、有创意地生活四个部分,共 43 个小点。"这四个部分的内容各有侧重,之间相互联系、相互贯通、整体呈现。在健康、安全的前提下,儿童的生活既要充满乐趣与色彩,也应当富有责任与创造。"②《品社》中课程内容从我的健康成长、我的家庭生活、我们的学校生活、我们的社区生活、我们的国家、我们共同的世界六个方面对小学的中、高年级提出了不同要求,涉及 52 个具体的课程内容。③2017 年教育部颁布《中小学德育工作指南》(以下简称《指南》)中对于德育内容提出五方面的要求,理想信念教育、社会主义核心价值观教育、中华优秀传统文化教育、生态文明教育和心理健康教育。④

　　有学者提出中国特色的中小学德育课程发展方向是修身,当前中小学德育课存在困境的原因是课程性质不明确,造成长期以来德育与智育相混淆,并且中小学德育课程对优秀传统文化的尊重和传承不够,面对这一困境我们必须将发展需要与传统文化、外来文化和现代文化相结合,在改造创

---

①　李敏,崔露涵.改革开放四十年小学德育课程的嬗变与反思[J].当代教育科学,2019(9):33-39.

②　中华人民共和国教育部政府门户网站[EB/OL](2011-12-28),http://www.moe.gov.cn/srcsite/A26/s8001/201112/t2011228_167340.html.

③　张雅慧,王阳,唐汉卫.新中国成立 70 年小学品德课程改革的回顾与反思——基于政策语境视角[J].教育科学研究,2019(10):53-59.

④　中华人民共和国教育部政府门户网站[EB/OL](2017-08-22),http://www.moe.gov.cn/srcsite/A06/s3325/201709/t20170904_313128.html.

新、借鉴其他中小学德育课程的基础上找到一条新的文化发展道路。[①]有研究显示，小学德育校本课程与本土文化相结合具有独特的育人意义和价值。邹强探索基于本土文化的德育校本课程开发策略，并思考如何将校本德育课程开发融入学校德育体系中，探索卓有成效的校本德育课程。[②]以广州市协和小学为例，自2001年开始，该校开始进行学校德育课程改革和探索，着力创建符合学校实际的德育模式，2003年该校结合德育校本课程的开发参加了全国重点课题——承担子课题"小学综合德育活动课程的校本开发"的研究任务。学校综合德育活动课程的校本开发依据学校出现的不良现象进行，突出校本教研的行动研究性质和教研实践的本土化力图调动校本教研实践的内需力。[③]

2022年颁布的新课标以核心素养为导向，以"成长中的我"为原点，由"自我认识"到对自然、家庭、他人、社会、国家和人类文明的认识，学生道德认知的外延不断扩大，在课程内容的整体框架中融入国家安全教育、生命安全与健康教育、劳动教育等相关主题，强调对中华民族传统美德、革命传统和法治教育的学习、理解。课程内容更加贴近学生的真实生活，既分段又相互链接，呈现德育课程体系。

可见，小学德育课程近20年的发展过程是非常丰富的，尤其是新课标颁布后，小学德育课程发生很大变动，值得学界持续关注和解读德育课程的动向。近年来，国家、社会对于各阶段德育课程的建设给予非常多的关注，不仅在小学德育课程的建设上，同时还体现在对各阶段德育教师的培养上，有学者对德育教师应具备的素养建立模型，还有学者研究德育课程实效性的实施策略等，这些都是值得我们持续关注的有价值的议题。

（三）小学德育课程建设典型案例

重庆市江津区向阳小学围绕"精神文明"主线，通过开展系列德育活动，

---

① 裴云.修身：中国特色的中小学德育课程发展方向[J].中小学教师培训,2016(1):61-65.
② 邹强,吴亚林.基于本土文化的小学德育校本课程开发研究[J].学校党建与思想教育,2015(16):18-19.
③ 谭遇芳.小学综合德育活动课程校本开发的探索[J].教育导刊,2008(2):42-44.

全面加强师生思想道德建设。向阳小学积极探索和研究德育内涵,形成了独具特色的"12345"阳光德育体系,即:坚持一个育人方向——以社会主义核心价值观立德树人;明确两个育人目的——培育身心健康的公民,培养社会主义事业接班人;健全三结合育人体系——家庭、学校、社会有机结合,和谐共育;明确四个育人着力点——以孩子为主体,以学校为主阵地,以行为习惯培养为基础,以教育活动开展为主要载体;"五育"并举——德、智、体、美、劳全面发展。向阳小学通过开展"向阳君子礼""童心向党"书画比赛、"厉行节俭"主题队会、"创文"手抄报评比等系列活动大力弘扬中华优秀传统文化,共创文明校园。①

湖北郧西观音镇中心小学创新农村学校德育模式,开设"德育储蓄银行",学校采取发放"校园币""真育币"方式,鼓励学生争做"可爱的观音人""新时代好少年",将无形的道德品质量化为看得见、摸得着的荣誉奖励。该校印制了10万枚"校园币"和1万枚"真育币"在全校流通,安排德育主任担任"行长",各班班主任担任"副行长",专门负责校园币、真育币的发行、管理和兑换。"校园币分为道德币、文明币、爱心币等10个币种,学生集齐10枚同种校园币,即可兑换1枚该项目的真育币。"该校校长张吉友介绍,学校每月为当月获得真育币的学生实现一个"真育愿望",满足学生选1个同桌、当校长助理1周、看场电影等小心愿。学生集齐全套10枚真育币,分别被评为"可爱的观音人""了不起的观音人""有特质的观音人"称号,小学期间获得三个称号的学生,将获得该校"新时代好少年"荣誉。②

2014年教育部印发《关于培育和践行社会主义核心价值观 进一步加强中小学德育工作的意见》(以下简称《意见》)。《意见》强调加强中小学德育的薄弱环节,要通过加强中华优秀传统文化教育、公民意识教育、生态文明教育、心理健康教育和网络环境下德育工作来培育和践行社会主义核心价值

①　江津向阳小学:"12345"阳光德育体系推进文明校园创建[EB/OL](2021-11-03),http://cq.people.com.cn/n2/2021/1103/c365422-34988267.html.

②　湖北郧西:"德育银行"兑换"大梦想"[EB/OL](2021-12-20),http://hb.people.com.cn/n2/2021/1220/c194063-35059394.html.

观。《意见》提出挖掘地域历史文化传统,因地制宜开展校园文化建设。如何将《意见》落实到每一个学校,每一位学生,真正发挥德育的实效性是学界对于德育工作的聚焦点。[1]

五、小学体育课程研究

研究显示,小学体育课程自新中国成立以来就有了较大的发展,新中国成立到 21 世纪之前的小学体育课程在建设上主要集中于提高学生身体素质和运动技能,当前我国对小学体育课程的建设主要体现在对小学生应具备的体育素养的培养上。用丰富的活动形式满足不同学生的兴趣和需要。

(一)小学体育课程的发展过程及政策体现

2001 年,教育部颁布《基础教育课程改革纲要(试行)》拉开了基础教育改革的帷幕,同年教育部颁布了《全日制义务教育体育(1—6 年级)与健康(7—12 年级)课程标准》,标准依据青少年身体发展、体育与健康的特点和功能确立体育课程的目标,其中目标涉及体能、兴趣爱好、心理品质、健康生活、乐观生活 5 个方面。[2]2011 年教育部颁布《体育与健康课程标准(修订版)》(以下简称《标准》),《标准》将"课程大纲"改为"课程标准",课程名称由"体育课"改为"体育与健康",课程体现"终身教育"、以学生为本的发展理念。[3]近 20 年小学体育课程的发展主要从 2001 年和 2011 年颁布的两个课程标准中得以窥见,通过对这两个课程标准的对比,可以发现小学体育课程内容的变化。

《义务教育体育与健康课程标准(2022 年版)》的颁布相较于 2011 的课程标准在课程目标上发生很大改动:从学生的核心素养出发提出学生应具备包括运动能力、健康行为、体育品德三方面的核心素养,在目标设置上分

---

① 教育部部署新形势下中小学德育工作[EB/OL].(2014-04-15).http://www.moe.gov.cn/jyb_xwfb/gzdt_gzdt/s5987/201404/t20140415_167205.html.

② 李海霞.建国以来我国小学体育课程目标体系的发展演变[J].山东体育科技,2006(1):83-85.

③ 黄永飞,王翠梅.建国以来我国小学体育教学内容变化特点分析[J].江西理工大学学报,2018(6):82-85.

为总目标和水平目标,水平目标分为四个水平对课程目标进行细化。新课标在目标的设置上更强调学生运动能力的养成，帮助学生形成健康的生活方式和养成良好的体育品德。

(二)小学体育课程内容的发展

2001 年教育部颁布的《全日制义务教育普通高级中学体育(1—6 年级)与健康(7—12 年级)课程标准(实验稿)》,标志着我国第八次体育与健康课程改革的开始。[①]以课程标准为依据,部分学者关注小学体育课程内容的建设及课程内容的发展动向。

2001 年《课程标准》中课程内容的设置依据课程目标进行,在总目标的引领下，重新构建了体育课程的内容体系，将课程学习内容划分为运动参与、运动技能、身体健康、心理健康和社会适应五个方面,同时这五个方面相互联系互为整体。课程标准没有具体规定学习内容的时数,以方便教师对于课程可以灵活地掌握。[②]

2011 年教育部颁布《体育与健康课程标准(修订版)》明确了"健康第一"的指导思想和"目标统领内容"的要求,将课程内容分为运动参与、运动技能和身体健康、心理健康与社会适应三个维度,并将 1 到 6 年级分为三个水平阶段,规定了不同年级需要达到的水平。[③]课程内容上开发关于竞技和休闲运动类的新兴体育项目。小学体育课程的内容逐渐生活化,拓展到学生日常生活中会应用到的一些简单动作,教材内容更注重联想和创造,例如模仿动物的形态等。其中加强对民族、民间传统体育活动的引入和运用,让学生在进行体育活动的同时感受中国优秀的传统文化。[④]

有学者对我国义务教育阶段体育与健康课程内容的嬗变进行研究,认为《体育与健康课程标准》主要关注体育态度、运动技能、身心健康和社会适

---

① 沈建峰,巴登尼玛.新中国成立 70 年中小学体育教材建设的回溯与展望[J].课程·教材·教法,2019(12):28-33.

② 李海霞.我国小学体育课程标准(教学大纲)的历史演进[D].山东师范大学,2006.

③ 中华人民共和国教育部政府门户网站[EB/OL](2011-12-28),http://www.moe.gov.cn/srcsite/A26/s8001/201112/t2011/228_167340.html.

④ 曹卫民.浅析小学体育课程内容资源的开发和利用[J].中国学校体育,2003(1):73-74.

应等方面的内容,更具科学合理性,关注学生身心健康与健康生活方式之间的关系。课程内容具有一定的弹性,要充分发挥课程的灵活性,给予教师和学生充分的选择权利。2011 年的《标准》更加重视小学生运动兴趣的培养,在课程内容设置上重视对小学生心理健康和社会适应领域方面应具备的优秀品质的培养及情绪的调节。①2011 年的《标准》颁布之后,沈建峰总结了小学体育教材的变化,"人民教育出版社在此背景下,依照教育部的要求,编写义务教育小学阶段教师用书、初中阶段全一册教科书和教师教学用书,高中全一册教科书和教师教学用书,出版了第九套、第十套和第十一套体育与健康教材"②。2018 年教育部颁布《普通高中体育与健康课程标准(2017 年版)》,明确提出发展学生的运动能力、健康行为、体育品德三个方面的核心素养,本质是对三维目标的继承、凝练和提升。③新课标重视为学生创设真实的学习情境,在此基础上人民教育出版社编写了第十二套教材并在相应地区开始使用。④

《义务教育体育与健康课程标准(2022 年版)》的课程内容以核心素养和课程目标为指导,主要包括基本运动技能、体能、健康教育、专项运动技能和跨学科主题学习。每一部分内容下层有相应的内容要求、学业要求、教学提示,为教师更好地开展体育教学提供指导。小学体育课程依据《义务教育体育与健康课程标准(2022 年版)》在实际体育课程开设的过程中,不少学校将体育课程与当地的实际相结合,生成具有本校特色的校本课程,特别是在课后服务的开展过程中,形成一些优质的小学体育课后服务案例,为全国课后服务建设提供经验。

---

① 俞福丽.我国义务教育阶段体育与健康课程内容嬗变研究[J].沈阳体育学院学报,2018(5):119-124+139.

② 李志刚.改革开放 40 年我国中小学体育课程建设教材建设的回顾与思考[J].中国学校体育,2019(1):6.

③ 季浏.普通高中体育与健康课程标准(2017 年版)解读[M].北京:高等教育出版社,2018.

④ 彭泽平,李礼,罗珣.新中国 70 年中小学体育课程改革的历史经验[J].天津体育学院学报,2019(5):373-380.

（三）小学体育特色课程实践

以新疆阿勒泰市开展的特色体育课程为例,2021年新学期开学季,阿勒泰市金血良种马场,每天会有两个班的学生轮流走进马场上"马术"体育课。阿勒泰市万名中小学生迎来了本学期"马术培训"课。课程设置分为室内骑马理论知识培训、户外骑马实践两种。学生们在室内课上对马的品种、马具演示、骑马基础知识、骑马注意事项等内容进行基础掌握后,就可以在户外课上开始实战。①北京市中小学体育与健康课程体系"按照'重基础、多样化、强专项'的要求,构建学段衔接、贯通培养大中小幼一体化的体育课程内容体系,帮助学生喜欢体育、热爱体育、享受体育"。此次配套印发了《北京市中小学体育与健康课程实施方案》,涵盖46项运动项目,进一步丰富了课程内容供给。该方案负责人、北京教育学院体育与艺术学院院长陈雁飞介绍,方案核心是"3+2"课程体系,"3"是指3类课程,包括运动专项课、体能锻炼课和综合拓展课,"2"是指标准,包括学业质量标准和学生专项运动能力等级评价标准。小学的中、低年级强调基础体能与基本技能,小学高年级和初中推动"走班制"教学改革,高中强化"选课走班式模块教学"。②

为提高学生的自觉爱眼护眼意识,科学保障学生的视觉健康,福建邵武市教育局自2019年开始在全市城乡114所中小学及幼儿园开设近视防控课程,并纳入当地体育与健康常态化教学体系。③不同地区小学体育特色课程繁荣发展,构建具有本校特色的小学体育课程。

六、小学艺术课程研究

新中国成立以来到21世纪初,小学艺术课程的发展主要体现在小学音乐课程和小学美术课程的发展上。经查阅关于小学艺术课程的资料较少,可

---

① 新疆阿勒泰市开展特色体育课程[EB/OL](2021-09-24),http://xj.people.com.cn/n2/2021/0924/c394722-34927429.html.

② 北京发布中小学体育改革方案:让学生喜欢、热爱、享受体育[EB/OL](2021-01-19),http://bj.people.com.cn/n2/2021/0119/c14540-34534965.html.

③ 福建邵武:近视防控课程进入中小学幼儿园课堂[EB/OL](2020-09-11),http://pic.people.com.cn/n1/2020/0911/c1016-31858150.html.

在 2011 年教育部颁布的《艺术课程标准》中对小学艺术课程的全貌进行了解。查阅相关文献可知,近年我国小学艺术教育研究主题首先聚焦于小学艺术教育的众学科,在传统音乐、美术、舞蹈教育的基础上,重视艺术与社会实践相结合。其次学界较为关注农村地区的小学艺术教育现状,主要涉及小学艺术教育的师资力量,艺术课程开展面临的现实困境及设备缺乏等。最后是小学艺术教育的个案研究,依托当地特色的文化及民族、民间传统艺术逐渐开发校本课程。①

（一）小学艺术课程的发展过程及政策体现

2002 年教育部颁布《学校艺术教育工作规程》(以下简称《规程》),《规程》的颁布为学校实施艺术教育提供了保障, 开创了学校艺术教育的新局面。《规程》共 6 章 22 条,对各级、各类学校加强艺术教育课程教学,按照国家规定和要求开齐、开足艺术课程,强调充分利用社会资源,因地制宜地开展多种形式艺术活动。同年教育部关于印发《全国学校艺术教育发展规划(2001—2010 年)》(以下简称《规划》),《规划》对艺术课程的开设率先提出了具体要求,提出到 2010 年前,建立符合素质教育要求的大、中、小学相衔接的,具有中国特色的学校艺术教育体系并对艺术教育整体发展做出规划。②2007 年教育部颁布《关于加强和改进中小学教育活动的意见》,2008 年教育部颁布《关于进一步加强中小学艺术教育的意见》,2011 年教育部颁布《艺术课程标准》,将《艺术课程标准》与《音乐课程标准》和《美术课程标准》区别开来,对小学艺术课程的性质进行了规定,认为艺术课程是一门综合音乐、美术、戏剧舞蹈、影视等艺术门类为一体的课程,具有人文性、综合性、创造性、愉悦性和经典性。③由上述内容可见,小学艺术课程包含小学音乐课程和小学美术课程。2012 年关于下发《教育部体育卫生与艺术教育司 2012 年工作

---

① 张璐.2012 中国艺术教育年度报告——小学篇[J].艺术评论,2013(5):61-63.

② 中华人民共和国教育部政府门户网站[EB/OL](2002-05-13),http://www.moe.gov.cn/jyb_sj-zl/moe_364/moe_258/moe_120/tnull_5233.html.

③ 中华人民共和国教育部政府门户网站[EB/OL](2011-12-28),http://www.moe.gov.cn/srcsite/A26/s8001/201112/t20111228_/67340.html.

思路及重点工作安排的通知》，从2001年至今关于小学艺术教育一系列政策文本的颁布，体现艺术教育对小学阶段的重要性及小学艺术课程高质量的迫切要求。①

2022年颁布的新课标在艺术课程的设置上发生变化，1—7年级以音乐和美术为主线，融入舞蹈、戏剧、影视等内容。在课程目标的设置上，同样以核心素养为导向分为总目标和分学段目标，在艺术课程的设置上本次新课标在第一阶段(1—2年级)更突出幼儿园综合活动和小学分科课程的衔接与过渡，在第二阶段(3—7年级)以音乐和美术为主，有机融入姊妹艺术，旨在让学生掌握全面的艺术基础知识和基本技能。

(二)小学艺术课程内容的发展

2002年教育部颁布《学校艺术教育工作规程》，其中对于艺术课程内容的规定涉及学校艺术教育的课程教学，课外、校外艺术教育活动，校园文化环境建设和开展学校艺术教育的保障等方面的要求，有较强的操作性。其中，关于小学艺术课程的内容如下："艺术教育是学校实施美育的重要途径和内容，是素质教育的有机组成部分。学校艺术教育工作包括：艺术类课程教学，课外、校外艺术教育活动，校园文化艺术环境建设。小学、初级中学、普通高级中学开设的艺术课程，应当按照国家或者授权的省级教育行政部门颁布的艺术课程标准进行教学。教学中使用经国家或者授权的省级教育行政部门审定通过的教材；小学、初级中学、普通高级中学的艺术课程列入期末考查和毕业考核科目。"②

同年教育部印发《全国学校艺术教育发展规划(2001—2010年)》，其中明确了学校艺术教育的主要任务，九年义务教育阶段的艺术课程改革，应强调使学生形成积极主动的学习态度，倡导探索性学习，培养学生对艺术的兴趣，发展艺术感受与鉴赏能力、表现能力和创造能力，提高艺术文化素养，塑

---

① 张璐.2012中国艺术教育年度报告——小学篇[J].艺术评论,2013(5):61—63.

② 中华人民共和国教育部政府门户网站[EB/OL](2002-07-25),http://www.moe.gov.cn/srcsite/A02/s5911/moe_621/200207/t20020725_81854.html.

造健全人格,陶冶高尚情操。①除对校内艺术课程提出了具体要求外,该规划还对校外艺术课程的实施提出了具体要求。

2011 年教育部颁布《艺术课程标准》,《艺术课程标准》的制定紧紧围绕培养学生艺术能力和人文素养的综合发展为目标, 将每一学段（共两个学段)学生需要掌握的音乐、美术、戏剧、舞蹈、影视等不同艺术进行综合,并通过与生活、情感、文化、科技四个方面的联系,获得艺术感知与体验、创造与表现、反思与评价能力。②

部分学者聚焦于农村地区的小学艺术课程, 农村地区主要以传统艺术课程为主,涉及写字、音乐、美术等分科课程,艺术课程在开设时长方面随着年级的增长而减少,受到主科学习任务量的影响。在实际开设过程中,存在因为师资缺乏、教学设施不足,艺术课被安排成自习课的现状。

王放等将农村地区的小学艺术课程实施现状归结为对艺术课程重要性认识不足、教师数量不足且质量不高、教学设备设施严重不足、教学脱离课程标准、教学评价机制不健全。③从农村地区小学艺术课程资源的角度进行分析,农村地区小学艺术课程可以依据资源层次、来源、性质的不同进行划分,通过分析得出当前我国小学艺术课程资源既是匮乏的又是丰富的。匮乏体现在合格艺术教师及艺术课程教学配套的资源匮乏, 丰富则体现在民间戏曲、民歌等民间艺术形式丰富。④

《义务教育艺术课程标准(2022 年版)》优化了课程内容的结构,增强了教育内容和育人目标的联系,增设跨学科的主题学习活动,促进课程综合化实施。义务教育阶段的小学艺术课程包括音乐、美术、舞蹈、戏剧、影视(含数字媒体艺术)5 个学科。以艺术实践为基础,以学习任务为着手点,着力构建一体化的内容体系。1—2 年级开设唱游·音乐、造型·美术;3—7 年级开设音

①　中华人民共和国教育部政府门户网站[EB/OL](2002-05-13),http://www.moe.gov.cn/srcsite/A17/s7059/200205/t20020513_162701.html.

②　中华人民共和国教育部政府门户网站[EB/OL](2011-12-28),http://www.moe.gov.cn/srcsite/A26/s8001/20111228_167340.html.

③　王放,胡先云,龙小林.农村小学艺术课程教学调查[J].教学与管理,2009(32):23-25.

④　徐玉斌.略论农村小学艺术课程资源的若干问题[J].教育研究,2002(7):82-84.

乐、美术,融入舞蹈、戏剧(含戏曲)、影视(含数字媒体艺术)。艺术课程的设置同样具有灵活性,兼顾"六三"学制和"五四"学制的需要,以及地区间的差异。

综上,小学艺术课程近 20 年有所发展,其在课程的设置上包含了小学美术课程和小学音乐课程,小学艺术课程作为美育的手段之一,促进了学校艺术教育的落实,提高了学生的美育素养,目前小学艺术课程在课后服务的助力下处于上升发展阶段,尤其是各校开展丰富多彩的艺术活动,一些小学艺术特色课程经验值得我们借鉴。

七、小学综合实践课程研究

结合之前研究发现,新中国成立后到 21 世纪初小学综合实践课程的发展体现在小学劳动课程的发展过程中, 现在小学综合实践课程作为劳动教育的一部分对培养学生劳动素养起重要作用, 目前小学综合实践课程依然处于上升发展阶段,其包含的内容也不仅仅是劳动课程的内容,无论在内涵还是外延上都有所扩展。

(一)小学综合实践课程的发展过程及政策体现

2001 年教育部印发《基础教育课程改革纲要(试行)》,首次设置综合实践活动并作为必修课程,规定小学中、高年级设置综合实践活动。①劳动课程取消,取而代之的是小学综合实践活动课程。同年颁布了《国家九年义务教育课程综合实践活动指导纲要》,2015 年《关于加强中小学劳动教育的意见》出台,指出将劳动教育作为实施劳动教育的重要渠道,在保障机制上提出要加强统筹、师资建设等,为劳动教育课的开展指明了未来的发展方向。②协调2017 年颁布修订之后的《中小学综合实践活动课程指导纲要》(以下简称《纲要》),综合实践活动不仅体现在劳动课程上,并且由分科走向了综合实践活动,是一门生活课程、综合课程、实践课程。③2019 年,中共中央、国务院《关于

---

① 中华人民共和国教育部政府门户网站[EB/OL](2001-06-08),http://www.moe.gov.cn/srcsite/A26/jcj_kcjcgh/200106/t20010608_167343.html.

② 马贺洁.新中国成立以来我国小学劳动课的历史演变研究[D].沈阳师范大学,2021.

③ 姚冬琳,何颖诗,谢翌.1949 年以来小学劳动课程变迁研究——基于政策文本的分析[J].中国德育,2021(4):15-22.

深化教育教学改革全面提高义务教育质量的意见》,2020 年国务院颁布《关于全面加强新时代大中小学劳动教育的意见》(以下简称《意见》),《意见》指出在大、中、小学设置劳动教育必修课,加强劳动教育,实现了综合实践活动与劳动教育相融合。[①]同年教育部颁布《大中小学劳动教育指导纲要(试行)》。通过以下表格展现关于小学综合实践活动课程的政策文本,如表 3-4 所示。

表3-4 近20年小学综合实践活动课程发展相关政策文本

时间	相关政策	相关内容
2001 年 6 月	教育部《基础教育课程改革纲要(试行)》	小学中高年级设品德与社会、语文、数学、科学、外语、综合实践活动、体育、艺术(或音乐、美术)
2015 年 7 月	教育部 共青团中央 全国少工委《关于加强中小学劳动教育的意见》	劳动教育是全面贯彻党的教育方针的基本要求,是实施素质教育的重要内容,是培育和践行社会主义核心价值观的有效途径
2017 年 9 月	教育部《中小学综合实践活动课程指导纲要》	综合实践活动是从学生的真实生活和发展需要出发,从生活情境中发现问题,转化为活动主题,通过探究、服务、制作、体验等方式,培养学生综合素质的跨学科实践性课程
2019 年 6 月	中共中央 国务院《关于深化教育教学改革全面提高义务教育质量的意见》	充分发挥劳动综合育人功能,制定劳动教育指导纲要,加强学生生活实践、劳动技术和职业体验教育。优化综合实践活动课程结构,确保劳动教育课时不少于一半。家长要给孩子安排力所能及的家务劳动,学校要坚持学生值日制度,组织学生参加校园劳动,积极开展校外劳动实践和社区志愿服务
2020 年 3 月	中共中央 国务院《关于全面加强新时代大中小学劳动教育的意见》	劳动教育是国民教育体系的重要内容,是学生成长的必要途径,具有树德、增智、强体、育美的综合育人价值。实施劳动教育重点是在系统的文化知识学习之外,有目的、有计划地组织学生参加日常生活劳动、生产劳动和服务性劳动,让学生动手实践、出力流汗,接受锻炼、磨炼意志,培养学生正确劳动价值观和良好劳动品质

---

① 樊小梅.谈劳动教育与小学综合实践活动课程的融合路径[J].教师,2021(18):59-60.

时间	相关政策	相关内容
2020 年 7 月	教育部《大中小学劳动教育指导纲要(试行)》	劳动教育是发挥劳动的育人功能,对学生进行热爱劳动、热爱劳动人民的教育活动。当前实施劳动教育的重点是在系统的文化知识学习之外,有目的、有计划地组织学生参加日常生活劳动、生产劳动和服务性劳动,让学生动手实践、出力流汗,接受锻炼、磨炼意志,培养学生正确劳动价值观和良好劳动品质
2022 年 4 月	教育部《义务教育劳动课程标准》	将劳动、信息技术从综合实践活动课程中独立出来。劳动课程是实施劳动教育的重要途径,突出社会性和显著的实践性,在劳动教育中发挥主导作用

(二)小学综合实践课程内容的发展

2001 年教育部印发《基础教育课程改革纲要(试行)》,其中明确规定:在小学中、高年级阶段开设综合实践课程,取消劳动课程,首次设置小学综合实践劳动课程。[1]2015 年教育部印发《关于加强中小学劳动教育的意见》,其中对劳动教育的目标、劳动教育应坚持的基本原则、抓好劳动教育的关键环节、完善劳动教育的保障机制四个方面做出了详细的规定,涉及小学综合实践课程的内容具体规定了开展校内劳动,[2]除组织校内劳动外还组织校外劳动及家务劳动。

2017 年教育部印发关于《中小学综合实践活动课程指导纲要》,其中对小学综合实践活动课程的课程性质、基本理念、课程目标、课程内容与活动方式等方面做了详细的规定,其中明确规定综合实践活动课程的内容选择要遵循自主性、实践性、开放性、整合性和连续性五个特征。[3]2019 年,中共中央国务院印发《关于深化教育教学改革全面提高义务教育质量的意见》,其

---

[1]　中华人民共和国教育部政府门户网站[EB/OL](2001-06-08),http://www.moe.gov.cn/srcsite/A26/jcj_kcjcgh/200106/t20010608_167343.html.

[2]　中华人民共和国教育部政府门户网站[EB/OL](2015-07-24),http://www.moe.gov.cn/srcsite/A06/s3325/201507/t20150731_197068.html.

[3]　中华人民共和国教育部政府门户网站[EB/OL](2017-09-27),http://www.moe.gov.cn/srcsite/A26/s8001/201710/t20171017_316616.html.

中明确指出要加强劳动教育,充分发挥劳动综合育人功能,制定劳动教育指导纲要,加强学生生活实践、劳动技术和职业体验教育。优化综合实践活动课程结构,确保劳动教育课时不少于一半。学校要坚持学生值日制度,组织学生参加校园劳动,积极开展校外劳动实践和社区志愿服务。①对校内校外开展劳动教育做出了具体的要求,在全社会的共同努力下开展劳动教育,培育学生的劳动素养。

2020 年,中共中央、国务院颁布《关于全面加强新时代大中小学劳动教育的意见》,指出新时代对劳动教育的要求并着力构建具有时代特征的劳动教育体系。在劳动教育课程设置方面提出整体优化学校课程设置,将劳动教育纳入中小学国家课程方案,形成具有综合性、实践性、开放性、针对性的劳动教育课程体系。②同年,教育部印发《大中小学劳动教育指导纲要(试行)》,其中规定:"主要包括日常生活劳动、生产劳动和服务性劳动中的知识、技能与价值观。日常生活劳动教育立足个人生活事务处理,结合开展新时代校园爱国卫生运动,注重生活能力和良好卫生习惯培养,树立自立自强意识。生产劳动教育要让学生在工农业生产过程中直接经历物质财富的创造过程,体验从简单劳动、原始劳动向复杂劳动、创造性劳动的发展过程,学会使用工具,掌握相关技术,感受劳动创造价值,增强产品质量意识,体会平凡劳动中的伟大。服务性劳动教育让学生利用知识、技能等为他人和社会提供服务,在服务性岗位上见习实习,树立服务意识,实践服务技能;在公益劳动、志愿服务中强化社会责任感。"③

(三)小学综合实践活动课程的实施现状

小学综合实践活动课程作为一门特殊的国家课程,与其他课程存在一定程度的差异,例如在课程目标、课程内容、课堂实施等方面都提出了特殊

---

① 中华人民共和国教育部政府门户网站[EB/OL](2019-07-08),http://www.moe.gov.cn/jyb_xxgk/moe_1777/moe_1778/201907/t20190708_389416.html.

② 中华人民共和国教育部政府门户网站[EB/OL](2020-03-26),http://www.moe.gov.cn/jyb_xxgk/moe_1777/moe_1778/202003/t20200326_435127.html.

③ 中华人民共和国教育部政府门户网站[EB/OL](2020-07-15),http://www.moe.gov.cn/srcsite/A26/jcj_kcjcgh/202007/t20200715_472808.html.

的要求。有学者对当前小学综合实践活动课程的实施进行分析,由于没有在国家层面上规定指导纲要和实施指南,没有课程标准、教材、教学参考书等,课程的具体开发和建设属于学校,因此小学综合实践课程缺乏系统完善的课程管理和评价体系,在具体的实践过程中易产生"技能化、常识化、简单化、形式化"的错误倾向,信息技术内容的实践也存在简单地按照教学流程进行的课堂教学形式,较难提升学生信息技术的应用和创新能力。[1]小学综合实践活动课程虽然在建设和实施的过程中存在一系列的问题,但不可否认其积极成果。《义务教育信息科技课程标准(2022年版)》提出要培养学生信息意识、计算思维、数字化学习与创新、信息社会责任四个方面核心素养,在课程标准的指导下会改善和创新信息技术相关内容的实践。

北京、江苏、福建、天津等多个省、市均在试行以培养学生动手实践能力为目标的"综合实践活动课程""社会实践课""素质拓展实践课""实践活动课"等,至今天津市小学已全面开展"素质拓展实践课"。[2]成都市龙江路小学还特别邀请华西坝历史建筑研究员走进校园,以图文并茂的方式从整条街道的小设计、小路牌和各式建筑讲起,让大家在有趣的讲解中感知华西坝深厚的历史。本次综合实践活动还开展了问卷调查和小记者采访等实践活动,培养学生自信、学会交流等,进一步提高了学生们的综合素质。[3]楚州实验小学六年级学生来到淮安市青少年综合实践基地开展"挑战自我、放飞梦想"主题励志教育综合实践活动,同学们在教师的组织下开展了"挑战150""合力搭建""动力圈绳"等拓展训练活动。同时该区计划组织各中小学开展为期两个月的主题励志成长教育综合实践活动,全区12000余名中小学毕业班学生将分批参训。[4]

① 杜燕萍.小学综合实践活动课程融入STEAM教育理念的路径研究[J].上海教育科研,2020(4):62-67+57.

② 李丽洁.从天津市小学"素质拓展课"检视我国小学实践课程的综合建设[J].教育理论与实践,2018(26):49-51.

③ 成都市龙江路小学组织学生走进社区开展综合实践活动[EB/OL](2021-09-29),http://sc.people.com.cn/n2/2021/0929/c379469-34938244.html.

④ 淮安市淮安区小学生开展励志教育综合实践活动[EB/OL](2020-11-03),http://js.people.com.cn/n2/2020/1103/c360307-34391645.html.

综上,小学综合实践活动课程在近 20 年有了较大的发展,小学综合实践活动的开展体现我国对小学实践活动的重视,课程不仅局限于课堂中的活动,校内、校外相结合共同促进小学综合实践活动课程的发展。

八、小学科学课程研究

部分学者通过对《全日制义务教育(3—6 年级)科学课程标准(实验稿)》和《义务教育小学科学课程标准》中规定的课程内容进行对比,进而发现课程内容的变化趋势。查阅相关文献可知小学科学课程与 STEM 教育相结合的研究是当前学界较为关注的议题,例如以 STEM 教育视角比较小学科学课程标准、在小学课程中开展 STEM 教育的问题与对策等。

(一)小学科学课程的发展过程及政策体现

2001 年国家教委组织编写了《全日制义务教育(3—6 年级)科学课程标准(实验稿)》,将小学自然学科改为小学科学学科,同年对 38 个地区进行实验,2003 年对科学教材进行修订,之后开始在全国小学开设科学课程。[①] 2017 年教育部颁布《义务教育小学科学课程标准》(以下简称《标准》),2017 年新课标以 STEAM 教育为落脚点,将小学科学从之前的科学启蒙课程转变为基础课程。[②]

《义务教育科学课程标准(2022 年版)》中小学科学课程改动,体现在将科学课程的起始年级提前至一年级。课程目标同样以核心素养为指导,分为总目标和学段目标,科学课程在选择上遵循"少而精"的原则,突出重点和学习的进阶性,重视内容的由浅入深和活动的由简单到综合,旨在呈现有序递进的课程结构。课程目标包含科学观念、科学思维、探究实践、责任态度等方面,同样分为总目标和分目标。

(二)小学科学课程内容的发展

《义务教育科学课程(实验稿)》规定内容涉及生命世界、物质世界、地球与宇宙三个方面,《标准》在课程内容上涉及物质科学、生命科学、地球与宇

① 罗丽媛.建国后我国中小学科学课程发展研究[D].东北师范大学,2010.

② 高守宝,樊婷,王晶莹.70 年来小学科学课程中学科能力的沿革与发展——基于课程标准的文本分析[J].上海教育科研,2019(12):26—30.

宙科学、技术与工程四个领域,课程内容更重视培养学生解决实际问题的能力。①《标准》对课程的性质、基本理念、设计思路、课程目标、课程内容、实施意见等方面进行了具体的规定,②其中涉及内容的规定为学生提供了四个领域中的 18 个主要概念,将小学阶段分为三个阶段。依据对概念的理解,对不同学段提出不同的要求、学习内容及活动意见。

综上,近 20 年小学科学课程的发展可以从教育部颁布的课程标准中得以窥见,小学科学课程的发展参照 STEAM 教育理念进行,在实际小学科学课程中开展 STEAM 教育存在一些问题,例如课程价值定位的差异、对跨学科内容理解与应用不足、缺乏评估体系的引领与支持等。③

《义务教育科学课程标准(2022 年版)》将科学课程设置 13 个学科核心和 4 个跨学科概念,将跨学科概念有机融入学科的核心概念学习过程中。课程内容在设置上由浅入深,螺旋上升呈现进阶设计。学习活动包括观察、测量等多种形式的活动。

九、小学信息技术课程研究

以互联网和计算机为代表的信息技术在社会范围内得到广泛应用,改变着人们的学习和生活方式,信息的获取、分析、处理、发布、应用能力或将成为人们能力和文化水平的标志。④通过对近 20 年小学信息技术课程相关研究进行检索发现,学者们普遍关注初高中学生数字素养的培养,以及关注与其相关的内容设置、课程特点、教学建议等,显有对小学信息技术课程的研究。通过梳理可知有关小学信息技术课程的相关政策在近年来呈井喷式增长,2022 年首次颁布了有关小学信息技术课程的课程标准——《义务教育信息科技课程标准(2022 年版)》,可见,信息技术课程在义务教育阶段的课

---

① 左成光,田泽森,王俊民.小学新科学课程标准之"变"及其应对[J].基础教育课程,2019(1):15-20.

② 中华人民共和国教育部政府门户网站[EB/OL].(2017-02-15).http://www.moe.gov.cn/srcsite/A26/s8001/201702/t20170215_296305.html.

③ 林静,石晓玉,韦文婷.小学科学课程中开展 STEM 教育的问题与对策[J].课程·教材·教法,2019(3):108-112.

④ 谢维和,李敏.小学教育原理[M].北京:高等教育出版社,2021:93.

程地位逐渐凸显。对近年来颁布的相关政策文本进行梳理,总览小学信息技术课程的发展轨迹。

(一)小学信息技术课程的发展过程及政策体现

2015年2月,教育部办公厅关于印发《2015年教育信息化工作要点》的通知,其中指出进一步加强在线开放课程建设应用与管理,推动各地开发本地特色资源,鼓励学校建设校本资源库,实现课堂教学的常态化、普遍性应用;在专题教育资源开发上,开展中小学生微视频征集展播活动和学科德育精品课程展示活动;在提升中小学教师信息技术应用能力上,提出研制网络研修课程资源建设标准、培训质量标准和培训绩效评估办法等相关政策,全面推动教师网络研修社区建设。[①]23条工作要点体现的是我国为实现教育现代化和构建学习型社会提供有力支撑。

2016年6月,教育部关于印发《教育信息化"十三五"规划》的通知,在分析教育信息化工作发展现状及形势的基础上,提出强化教育信息化对教学的改革,尤其是课程改革的服务与支撑,将课程改革放在信息时代背景下来设计和推进。[②]2018年4月,《教育信息化2.0行动计划》中提出完善优课服务,发挥"一师一优课、一课一名师"示范引领作用,形成覆盖基础教育阶段所有学段、学科的生成性资源体系;完善课程方案和课程标准,充实适应信息时代、智能时代发展需要的人工智能和编程课程内容。推动落实各级各类学校的信息技术课程,并将信息技术纳入初、高中学业水平考试。[③]同时颁布的还有《网络学习空间建设与应用指南》《中小学数字校园建设规范(试行)》,《网络学习空间建设与应用指南》对网络学习空间的内涵、建设与应用等方面进行了详尽的阐释。[④]《中小学数字校园建设规范(试行)》中"信息化应用

① 中华人民共和国教育部政府门户网站[EB/OL].(2015-02-15),http://www.moe.gov.cn/srcsite/A16/s3342/201502/t20150215_189356.html.
② 中华人民共和国教育部政府门户网站[EB/OL].(2016-06-07),http://www.moe.gov.cn/srcsite/A16/s3342/201606/t20160622_269367.html.
③ 中华人民共和国教育部政府门户网站[EB/OL].(2018-04-18),http://www.moe.gov.cn/srcsite/A16/s3342/201804/t20180425_334188.html.
④ 中华人民共和国教育部政府门户网站[EB/OL].(2018-04-17),http://www.moe.gov.cn/srcsite/A16/s3342/201805/t20180502_334758.html.

部分"详细介绍了"网络备课、网络教学、网络教研、课堂教学、教学资源"五个部分,其中指出支持多级课程大纲的创建与调整、支持课程资源的管理及其与课程大纲的关联。①

教育部在 2020 年对十三届全国人大三次会议第 5493 号建议的答复中也详细介绍了推进中小学信息化建设的有关工作,包括加强顶层设计、探索利用信息化手段提高教学质量典型经验、培养中小学信息化专业人才、构建多元教育教学资源供给体系四个方面的措施。其中值得注意的是,教育部针对农村中小学课程资源覆盖范围有限的问题提出,按教学进度通过网络和卫星两种方式免费推送到全国所有农村义务教育阶段学校,帮助农村学校开足开齐开好国家规定课程。②

为推进新时代教育信息化,教育部成立了教育部网络安全和信息化领导小组,印发了《教育信息化"十三五"规划》《教育信息化 2.0 行动计划》《教育部关于数字教育资源公共服务体系建设与应用的指导意见》《网络学习空间建设与应用指南》《中小学数字校园建设规范(试行)》《教育部关于加强网络学习空间建设与应用的指导意见》等一系列指导性文件。由上述政策文件可以看出,国家对信息技术课程的重视推动了义务教育阶段信息技术课程标准的制定及信息技术课程的开展。

(二)小学信息技术课程内容的发展

《义务教育信息科技课程标准(2022 年版)》中将中小学信息课程名称定名为"信息科技","技术"到"科技"的转变可以看出我国对义务教育阶段学生信息素养的重视。其中详细规定了信息科技课程的课程性质、理念、目标等,将课程内容按照小学低、中、高学段进行详细划分。例如,小学一、二年级课程内容包括信息交流与分享、信息隐私与安全、跨学科主题与数字设备体验三个方面,在信息交流与分享部分详细划分了 6 个内容小点,要求学生能

---

① 中华人民共和国教育部政府门户网站[EB/OL](2018-04-17),http://www.moe.gov.cn/srcsite/A16/s3342/201805/t20180502_334759.html.
② 中华人民共和国教育部政府门户网站[EB/OL](2020-12-09),http://www.moe.gov.cn/jyb_xxgk/xxgk_jyta/jyta_jijiaosi/202103/t20210325_522583.html.

在日常学习生活中借助数字设备与数字资源完成简单交流活动,辅助学习,提升效率;能在成人帮助下,通过数字设备交流、分享个人感受,发表想法,初步产生学习和使用信息科技的兴趣;在信息交流与分享的过程中知道基本的礼仪与规范,能健康、文明地使用数字设备。①在之前的课程标准中,信息技术课程被归类于综合实践课程,信息科技课程处在较为边缘的课程体系中,新颁布的《义务教育课程标准(2022年版)》将信息科技课程单列出来,培养学生的信息素养,体现对学生未来长远发展的重视。

依据小学信息技术课程基础性、应用性、整合性和趣味性的特点,武晶晶提出小学信息教育是基础性的应用教育,培养学生意识和基本技能更为重要,要求学生到实际生活中主动操作、尝试,解决实际问题。②在分析义务教育阶段信息技术课程区域整体推进问题的基础上,研究者提出要完善义务教育阶段中小学信息技术课程标准的建设、推进区域中小学信息化环境的标准化建设、加强区域中小学信息技术课程的组织与管理、努力实现区域中小学信息技术教师的均衡发展四个方面的建议。③也有学者关注小学信息技术教材知识体系的构建,认为在知识体系编排中要构建一个"三层六阶段"的教材知识体系编排模式,坚持差异性、多维性、具体性原则;注重基础知识与基本操作的分层学习、适当选取学习起点及让学生参与信息处理环节、真正落实由浅入深的原则、注重与其他学科在学习进度上的协调等。④在关于小学信息技术校本课程的开发与应用中,有研究者以南通市通州区某小学的校史文化为载体,构建"移动课程",提出移动课程资源建设的原则,包括便捷性、实境性、关联性、交互性五个原则,课程将校史文化与信息技术结合,积极构建跨越时空的移动课程。⑤

---

①　中华人民共和国教育部政府门户网站[EB/OL].(2020-04-08),http://www.moe.gov.cn/srcsite/A26/s8001/202204/t20220420_619921.html.

②　武晶晶.小学信息技术课程的学科特点分析及教学建议[J].教育探索,2002(7):69-71.

③　杨宁,钱薇旭.义务教育阶段信息技术课程区域整体推进:问题、原因及对策[J].中国电化教育,2010(7):9-12.

④　郭芳,慈黎利.小学信息技术教材知识体系的构建[J].课程·教材·教法,2008(4):76-81.

⑤　王美霞.构建跨越时空的"移动课程"——小学信息技术校本课程的开发和应用[J].基础教育课程,2018(3):40-47.

小学信息科技课程在近十年来快速发展,相关政策不断完善,课程内容不断丰富,贴合学生学习实际,小学科技课程的发展也催生了研究者对小学科技课程评价的相关研究。

十、小学劳动教育课程研究

总览新课标颁布之前的小学劳动实践课程,其与小学综合实践活动没有明显的区分,上述对小学综合实践活动课程探讨的同时展现小学劳动教育课程的相关政策文本。该部分聚焦《义务教育劳动课程标准(2022年版)》以及当前学者们普遍关注的议题并进行梳理。

(一)小学劳动教育课程内容的新发展

《义务教育劳动课程标准(2022年版)》的颁布将劳动从综合实践活动课程中独立出来,将课程内容依据小学年级三个不同学段进行详细规定。值得关注的是,《义务教育劳动课程标准(2022年版)》对课程实施提出了具体的建设性意见,例如在劳动项目开发、劳动过程指导、劳动周设置等方面的意见、建议。劳动课程与其他课程的不同在于:课程以劳动项目为载体,任务群为基本单元,重视学生在劳动过程中的体验。

(二)小学劳动教育课程研究聚焦

通过查阅相关文献可知,当前学者对劳动教育课程的研究可以按照学段划分,例如,对高校、职业院校劳动教育课程的研究;中小学劳动教育课程的研究以及劳动教育一体化的研究。聚焦小学教育阶段劳动教育课程,学者们大多关注劳动教育课程体系研究、实践路径、评价体系的建设等,其中对于小学劳动教育课程本体性的研究较多。

总览小学劳动教育课程的发展历程,对自中国共产党成立之初至今颁布的政策文本进行梳理发现,劳动教育课程在稳步发展中逐渐进行前瞻性设计,着力构建科学化、体系化的劳动教育课程体系。[①]在《义务教育劳动课程标准(2022年版)》颁布前,相关学者提出劳动教育课程化的需要并对其评价标准

---

① 曲铁华,张妍.中国共产党劳动教育课程政策百年:历程、特点和展望[J].中国教育科学(中英文),2021(5):39-48.

进行五个方面的设想和讨论。①《义务教育劳动课程标准(2022 年版)》颁布后,更多的学者对中小学劳动教育课程体系的构建进行讨论。周勇提出从现实主义角度构建新型劳动教育课程的可能。②新时代劳动教育课程在实施中存在一些问题,在小学阶段受评价制度的限制,课程实施存在偏失,针对劳动课程本身的评价制度也有待完善。面对这些现实问题需要我们提出相应的策略。③

聚焦新时代劳动教育课程一体化,顾建军等学者聚焦“劳动教育课程一体化”概念,提出其设计实施的前提、基础、核心、关键。④之后又基于对《义务教育劳动课程标准(2022 年版)》的解读提出当前我国劳动教育课程实践一体化思路、面对的挑战及对策建议。⑤

关注小学劳动教育课程本身,在课程实施方面,李群等学者采用量化、质性相结合的研究方法了解北京市中小学生劳动教育课程的实施现状并提出核心素养视角下劳动教育课程的实施策略。⑥在课程设置上,有学者提出基于学习任务群的课程设计思路,其中包括专题化的课程模块设计、情境化的主体任务设计以及结构化的实践活动设计。⑦在小学阶段劳动教育课程体系的构建上,朱志勇聚焦其学理层面,提出围绕培养目标、结合劳动领域与途径、挖掘文化内涵三个方面对劳动教育课程体系进行构建。⑧蒋雄超聚焦实践层面提出以环境课程、常规课程和校园活动课程三类为主,以假日实践、社区活动两类为辅的“三主两辅”劳动课程体系的构建,并提供具体的案例以供借鉴。⑨也有学者基于 CIPP 课程评价模式对小学劳动教育课程进行

① 王笑地,殷世东.中小学劳动教育课程化及其评价研究[J].教育理论与实践,2021(23):19-23.
② 周勇.论现实主义的新劳动教育课程[J].全球教育展望,2022(5):27-35.
③ 王继新,杨九民,李玉海等.中、小学信息技术课程教材编制方案设计[J].科技进步与对策,2000(10):137-140.
④ 顾建军,毕文健.刍议新时代劳动教育课程的一体化设计[J].人民教育,2019(10):11-17.
⑤ 顾建军. 建构一体化劳动课程为义务教育劳动育人奠基——《义务教育劳动课程标准(2022 年版)》解读[J].全球教育展望,2022(7):25-33.
⑥ 李群,魏雅平,韩玉彬,张庆民.劳动教育课程的创新性实施策略探索[J].中小学管理,2021(11):30-33.
⑦ 梁惠燕.基于学习任务群的中小学劳动教育课程设计[J].教育理论与实践,2022(8):40-42.
⑧ 朱志勇.中小学劳动教育课程体系构建与实施[J].课程·教材·教法,2021(8):131-136.
⑨ 蒋雄超.“三主两辅”:劳动教育课程体系构建的新样态[J].基础教育课程,2020(5):18-22.

构建并讨论了其运行和实践反思。①当前关于小学劳动教育课程理论和实践的探讨均呈现持续增长的态势,但更加趋向对劳动教育课程一体化的研究。

十一、双减政策落地后的小学课后服务特色课程研究

随着"双减"的不断推进,如何处理好课后"三点半"等问题引发社会大众的普遍关注,当前关于小学课后服务特色课程的研究成果较少,但不少学校已有实践成果并形成校本课程。

双减政策落地后小学语文课程有了创新发展,成都市盐城街道小学语文组推进创新、优化作业设计,开展五育融合跨学科项目式学习作业活动展示。以秋日的落叶为主题让小学生走进秋天,组织各年级开展秋日"打卡"。教师力图通过这样的方式让学生观察秋天的变化,在真实的生活中提高欣赏美、创造美的能力。②淮北市教育局将垃圾分类教育纳入中小学课程体系,该市教育局将统一编制垃圾分类教育读本,指导学生以读课本为重要载体,创新推动垃圾分类教育进校园、进教材、进课堂、进头脑,教育引导中小学生践行文明环保新风尚。③三亚市天涯区槟榔小学在推进"双减"工作过程中,将黎族文化融入课后服务,在做到竹竿舞"全员推广、每天必跳"的基础上,又开设了黎陶技艺、黎族乐器等特色课程。学校不仅积极发动本校教师参与授课,还邀请了"非遗"项目代表性传承人及民间文艺家、手艺人等走进课堂,传授技艺、讲述历史、剖析文化,切实提高了学生的技艺水平,激发学生对本民族文化的热爱。④

合肥市尝试从小学低年级逐步推广每天开设 1 节体育课,着力保障中小学生校内、校外运动各 1 小时要求,积极探索科学合理地布置体育家庭作业。逐步完善"健康知识 + 基本运动技能 + 专项运动技能"的学校体育教学模式。

①　殷世东.中小学劳动教育课程评价体系的建构与运行——基于 CIPP 课程评价模式[J].中国教育学刊,2021(10):35—88+98.

②　落实"双减"成都市一小学用"秋天"学语文[EB/OL](2021—11—23),http://sc.people.com.cn/n2/2021/1123/c379469—35018353.html.

③　淮北垃圾分类教育纳入中小学课程[EB/OL](2021—10—18),http://ah.people.com.cn/n2/2021/1018/c375162—34961042.html.

④　三亚市天涯区槟榔小学将海南元素融入课后服务特色课程[EB/OL](2021—12—09),http://hi.people.com.cn/n2/2021/1209/c231190—35042312.html.

加强传统体育教学、训练、竞赛、师资培训活动。健全校内竞赛、校际联赛、选拔性竞赛为一体的中小学体育竞赛体系,健全体育人才一条龙培养机制。①

西安市高新区以目标责任制推动课后服务全覆盖。高新区将抓好"双减"落实作为全国基础教育综合改革实验区建设的首要任务。在 2021 年秋季开学前夕召开会议,重点部署课后服务工作,并与各学校签订《"双减"工作目标责任书》。五部门联合出台课后服务工作方案,各学校结合校情"一校一策"制订具体实施方案,统筹好作业完成和学生个性化发展需求,用好每天的"两小时"。与全体教师签订"双减"落实承诺书,创新管理并妥善解决"双减"背景下教师工作任务"减负瘦身"和奖励激励问题,为学生减负、为老师减压、为家长排忧。秋季开学后,课后服务已实现义务教育学校"5+2"全覆盖,结束时间不早于 18:30。各校针对不同学段,课后服务内容和形式也有所侧重,在普遍开展体艺活动、课外阅读、团队活动、作业辅导等项目的基础上,小学一、二年级侧重手工操作、游戏活动等,三—六年级侧重兴趣小组、综合实践等,初中阶段侧重科技创新、答疑解惑等。②

以上是对近 20 年小学各科课程发展过程的梳理,包括对各科小学课程政策文本的梳理和对课程标准中关于课程内容的解读,通过对近 20 年各科小学课程的梳理不难发现,各科小学课程由分科逐渐走向综合,在课程内容的设置上更加注重对学生应该具备的学科素养的培养。

第四节　小学课程相关研究议题

一、走班制课程与教学研究

一般认为,我国传统的教学模式是以班级授课制为主,由固定的教师、

---

① 合肥:小学低年级推广每天 1 节体育课[EB/OL](2021-03-22),http://ah.people.com.cn/n2/2021/0322/c358428-34632993.html.

② 教育部办公厅关于推广学校落实"双减"典型案例的通知[EB/OL](2021-09-26),http://www.moe.gov.cn/srcsite/A06/s3321/202109/t20210926_567037.html.

教室、学生组成。这种形式的教学更加注重对学生集体教育、标准化的培养，同时这种模式对学生个别差异和个性发展存在一些问题，为适应学生全面发展和个性发展，走班制的教学模式应运而生。①

（一）走班制的提出

2014 年国务院发布《关于深化考试招生制度改革的实施意见》新一轮深化教育改革方案，明确提出普通高等学校招生全国统一考试不分文理科。新高考实行"3+3"模式，语文、数学、外语 3 门科目必考，学生可以从物理、化学、生物、政治、历史、地理 6 门学科中选择 3 门作为自己的高考科目。本次新高考改革是为了满足学生的全面发展和个性发展，让每一位学生根据自身的兴趣、爱好和特长选择适合自己的科目，发挥自己最大的潜能。②这一教学模式符合当前社会发展的需要，同时也有国外的经验可以借鉴。19 世纪美国总统托马斯·杰斐（Thomas Jeffrey）主张学生按照自身发展的需要选择课程，之后这一制度就被引进到美国的教育体制中，后来逐渐在各级学校中推广。到 19 世纪末 20 世纪初时，美国的小学开始采用分层教学的形式。到 20 世纪中期，"学科分层走班制"逐渐在美国各级小学广泛应用，21 世纪以来，美国实现"不让一个孩子掉队"的教育政策，持续推进走班制的教学模式。③依据国外走班制教学模式的实践经验和我国国情的现实需要，走班制教学模式逐渐发展，与走班制教学相匹配的走班制课程不断发展。

（二）走班制概念界定

学术界一般认为"走班制教学亦称为非固定班级教学，是指学科、教室和教师固定，学生根据自身的学习能力和兴趣愿望，选择适合自身发展的层次班级上课。不同层次的班级教学内容不同，其作业布置、考试难度和对学生的要求也不同"④。走班制教学模式是一种新型的教与学之间的互动模式，有学者认为走班授课制是在班级授课制的基础上新型的组织方式，其形式

---

① 孔宇玮.小学走班制教学模式的实践与思考[J].上海教育科研,2003(4):58-60.
② 王小庆.新高考背景下高中选课走班制管理的实践研究[D].深圳大学,2019.
③ 薛庆水,李凤英.我国走班制教学文献分析(2000—2017 年):困境与发展[J].现代远程教育研究,2018(4):59-69-77.
④ 孔宇玮.小学走班制教学模式的实践与思考[J].上海教育科研,2003(4):58-60.

没有脱离班级授课制的条件制约，走班制的建立是为了灵活地适应学生不同方面的需求。

（三）走班制的实施现状

基于对 2000 年至 2017 年关于走班制研究文献的计量分析，薛庆水认为走班制教学研究日益增多，反映出我国将走班制教学作为一种教学组织形式是时代教育改革的需求。我国走班制教学呈现出两种新的态势，一种是走班的形式和类型发生变化，走班制逐渐由单科走班发展到多科走班，从分层走班到选课走班，从单方面的分层教学逐步走向更为全面的教学组织形式。另一种是在科学技术推动下，走班制被赋予了新的内涵，走班制与科学技术相结合，出现了"互联网 + 走班制教学"的新模式。虽然走班制教学在不断发展，但走班制教学依然在许多方面存在问题。第一，当前我国对于走班制教学的深度理论研究较弱，基础理论层面缺乏支撑，在实践的过程中就很难落实。第二，走班制对于教师、教室、教学设备、实验室等软、硬件的要求较高，当前学校所提供的软、硬件设施，尤其是在农村地区，无法满足走班制的需求，在学生管理方面，"一人一课表"的管理难度加大，对老师的教学工作产生较大的压力。第三，走班制是依据学生的学习能力、水平等进行分层的，这样不可避免地会造成学生的负面心理，也可能会影响教师的教学效果，在某种程度上也增加了教师的教学负担。除以上教师和学生在学校走班制教学过程中出现的问题外，还会有社会、家长等各方面的阻力。①

二、校本课程研究

20 世纪 70 年代校本课程在世界范围内开始兴起，我国校本课程建设开始于 2001 年新一轮基础教育课程改革之后，以实践为主要路径，经历了由实践到理论再到实践的过程。随着新课改的不断深入，为了适应每一位学生的发展，真正做到以学生为本，对校本课程的建设提出了更高的要求。②

----

① 薛庆水，李凤英.我国走班制教学文献分析（2000—2017 年）：困境与发展[J].现代远程教育研究，2018（4）：59-69+77.
② 李莉.基于学生核心素养的校本课程建设研究[D].苏州大学，2018.

(一)校本课程的提出

2001年教育部颁布《基础教育课程改革纲要(试行)》(以下简称《纲要》),《纲要》提出改变课程内容的现状,加强课程内容与学生生活及现代社会和科技发展的联系,关注学生的学习兴趣和经验,精选终身学习必备的基础知识和技能。为保障和促进课程适应不同地区、学校、学生的要求,实施国家、地方和学校三级管理课程。省级教育行政部门依据国家课程管理政策和本地实际情况,制订本省(自治区、直辖市)实施国家课程的计划,规划地方课程,报教育部备案并组织实施。经教育部批准,省级教育行政部门可单独制订本省(自治区、直辖市)范围内使用的课程计划和课程标准。① 2011年教育部颁布《国家中长期教育改革和发展规划纲要(2010—2020)》中提出开展办学模式多样化试验,开发特色课程,对不同阶段教育提出了具体的要求。② 2014年教育部印发《关于全面深化课程改革落实立德树人根本任务的意见》,其中明确指出:省级教育行政部门和学校要依据修订后的基础教育国家课程方案,调整完善地方课程和学校课程。③

(二)校本课程概念界定

校本课程是我国三级课程中的一部分,是相对于国家课程和地方课程提出的,是国家课程计划的组成部分,校本课程有广义和狭义之分,广义的校本课程是指学校所实施的全部课程,狭义的校本课程专指校本课程,即学校在实施好国家课程和地方课程的前提下,完全自主开发和实施的学校课程。④

综上,校本课程是指学校依据自己的教育理念,在对学生的需求进行评估的基础上,利用当地校、社的课程资源,通过自行研讨、设计与专业人员或其他力量通力合作等途径编制出多样性的、可供学生选择的课程。⑤

---

① 中华人民共和国教育部政府门户网站[EB/OL](2001-07-16),http://www.moe.gov.cn/srcsite/A26/jcj_kcjcgh/200106/t200106_08_67373.html.
② 中华人民共和国教育部政府门户网站[EB/OL](2010-07-29),http://www.moe.gov.cn/srcsite/A01/s7048/201007/t20100729_171904.html.
③ 中华人民共和国教育部政府门户网站[EB/OL](2014-04-08),http://www.moe.gov.cn/srcsite/A26/jcj_kcjcgh/201404/t20140408_167226.html.
④ 李莉.基于学生核心素养的校本课程建设研究[D].苏州大学,2018.
⑤ 杨佳绮.国家课程校本化实施中乡土知识融入问题的个案研究[D].西南大学,2020.

　　小学校本课程是指学校为提高小学生某方面的素养而专门设置的课程,此课程与学校其他教学课程不同,是由学校的教师根据本校学生的情况专门制定的,具有独特性,从而能提高学生的学科素养。[1]

(三)校本课程的实施现状

　　当前小学校本课程的实施主要依据本学校的办学特色、教学资源和学生的特点而设置,在教学过程中可以充分发挥教师和学生对课程开发的能力,让学生参与到课程开发和学习中,提高教师的教学热情。对于农村地区小学的校本课程建设,更加符合本地的需要,增加了课程的人文色彩和风俗习惯。但校本课程建设过程中也存在一定的问题,例如教师对校本课程开发的自主意识不足,在课程开发过程中对于知识和技能储备不足,学校管理层、学生、家长等主体对于校本课程的重视程度不足等。[2]目前各学校都在致力于本校的校本课程开发,但是值得注意的是,如何才能提高校本课程的质量,让一节普通的校本课程成为具有本校特色、适应地方实际需要的课程,值得我们深思。经查阅文献可知,相关研究更多的是关于某个小学校本课程的个案研究,对于小学校本课程整体性研究较少,尽管研究成果总体体量不大,但整体呈上升趋势。

第五节　小学国际课程研究

　　通过查阅文献可知,目前在我国实施的国际课程中有 IB 课程、A-level 课程、BC 课程、VCE 课程、IPC 课程、PGA 课程、STEM 课程、IGCSE 课程和 IMYC 课程,其中涉及小学阶段的课程主要有 IB 课程、IPC 课程、STEM 课程这三类课程。A-level 课程是与普通中等教育直接衔接的课程,BC 课程为赴英语国家就读学生提供通道,VCE 课程是国内某些地区引进的国际联合教

---

　　① 李忠勇.基于核心素养的小学校本课程建设研究[A].教育部基础教育课程改革研究中心.2020年基础教育发展研究高峰论坛论文集[C].教育部基础教育课程改革研究中心:教育部基础教育课程改革研究中心,2020:2.
　　② 董玮.小学校本课程的学习活动设计研究[D].曲阜师范大学,2014.

学的高中课程体系,PGA 课程是为全球学生提供通用证书的国际课程体系,IGCSE 课程是以学生为中心,以探究式学习为主要教学模式,为毕业学生提供普通中等教育证书的课程。IMYC 课程是以单元主题为线索,为学生提供真实环境的国际中学课程。①

一、STEM课程研究

新课改实施以来,STEM 教育被广泛地应用于小学科学课程中。在借鉴美国 STEM 教育的基础上,将 STEM 教育与我国的本土课程相融合,"研究性学习"课程、小学科学课程等不断发展,在丰富我国小学教育课程的同时也做到了以学生为本。

(一)STEM 课程在国内的发展历程

STEM 课程目前在全国范围内广泛的应用和推广,是经过专家、学者、社会各界人士共同努力的结果,是大量的理论支撑和实践在中国本土的应用。2001 年,我国开始实施新一轮基础教育课程改革,开展"研究性学习"等综合实践类课程,提出素质教育,着力培养全面发展的学生以适应社会、时代发展的需要。这一改革举措与 STEM 教育的理念不谋而合。其实质是通过学科之间的综合,提升学生的科学素养,培养学生综合实践的能力、创造力等关键能力。STEM 教育与我国的"研究性学习"课程在定义、特征等方面存在许多的相似性,"研究性学习"课程在教育理念、教学方法等多方面借鉴 STEM 课程,因此许多学者对于 STEM 教育在我国本土化的研究方面聚焦于对"研究性学习"课程的研究。②

国内学者对 STEM 教育的首次探索是发表在 2007 年第 10 期《教育技术咨询》杂志上的《全球化时代美国教育的 STEM 战略》文章。2008 年《科技人力资源开发——美国 STEM 学科集成战略解读》文章发表,具有里程碑式的意义。这篇文章展示了美国 STEM 战略的全部发展历程及获得的相关规律和

---

① 吕云震,宋薇薇.国际课程在我国的发展状况[J].世界教育信息,2020(7):57-60+67.

② 袁磊,赵玉婷.STEAM 理念与小学"研究性学习"课程的深度融合研究[J].现代远距离教育,2018(1):50-56.

启示,为我国进一步了解 STEM 教育打开了大门。从 2011 年开始,逐渐有学者发表关于 STEM 教育的研究文献。2012 年教育部印发《教育信息化十年发展规划(2011—2020 年)》其中明确提出十年的发展目标:基本建成人人可享有优质教育资源的信息化学习环境,基本形成学习型社会的信息化支撑服务体系,教育管理信息化水平显著提高,信息技术与教育融合发展的水平显著提升。[①]2013 年对 STEAM 教育的研究逐渐兴起,论文发表数量逐渐上升。2015 年,赵中建出版了系统的《"中小学 STEM 教育"丛书》,并先后翻译了三本著作。其研究成果对我国在 STEM 教育的研究上具有重要意义。2016 年教育部颁布《教育信息化"十三五"规划》指出信息技术在教学、管理中为广大师生、管理者深度应用,信息技术与教育教学融合进一步深入,教师信息化教学能力、学生信息素养显著提升,形成一批有针对性的信息化教学、管理创新模式。发展在线教育与远程教育,推动各类优质教育资源开放共享,向全社会提供服务。教育信息化对教育现代化的支撑作用充分彰显。[②]2017 年《中国 STEM 教育白皮书》指出 STEM 教育要扩展到全社会,跨学科 STEM 应该被纳入国家的创新人才培养战略中。同年中小学生 STEM 研学项目启动以激发学生对科学的兴趣,培养学生科学素养。[③]

(二)STEM 课程概念界定

STEM 是科学(Science),技术(Technology),工程(Engineering),数学(Mathematics)英文首字母的省略语。STEAM 是科学(Science),技术(Technology),工程(Engineering),艺术(Arts),数学(Mathematics)英文首字母的省略语。STEM 与 STEAM 教育在教育理念、教育目标等方面没有本质的差异,STEAM 教育是在 STEM 教育的基础上发展而来,在原有科目的基础上增加了"艺术",两者有时被等同使用。

---

① 中华人民共和国教育部政府门户网站[EB/OL](2012-03-13),http://www.moe.gov.cn/srcsite/A16/s3342/201203/t20120313_133322.html.

② 中华人民共和国教育部政府门户网站[EB/OL](2016-06-22),http://www.moe.gov.cn/srcsite/A16/s3342/201606/t20160622_269367.html.

③ 中华人民共和国教育部政府门户网站[EB/OL](2017-04-10),http://www.moe.gov.cn/jyb_xwfb/s5147/201704/t20170410_302251.html;谢雪蝶.基于 STEAM 教育理念的小学科学课程教学设计研究[D].湖南科技大学,2020.

学术界一般对于 STEM 教育有两种观点,一种是将所有 STEM 课程作为一种整体的融合课程,即 STEM 课程是通过联系运用不同学科的知识解决具体问题,另一种是把所有能够促进学生问题解决能力和创新能力提升的与 STEM 有关的课程都看作是 STEM 课程。①

综上,对于 STEM 课程概念,不同的学者有不同的观念,但都认为 STEM 课程是将科学、技术、工程、数学这四门课程进行有机整合,以学生为中心,强调学生在真实情境中学习,以发现和解决问题为中心②,STEM 课程与我国的"研究性学习"课程大致相同,对于 STEM 课程本土化的研究,不少学者聚焦"研究性学习"课程。经查阅文献发现,不同的文献依据所研究的内容对 STEM 课程进行了不同的界定,但其内容大致相同。

(三)STEM 课程在国内发展的现状

关于 STEM 课程与我们本土化研究相融合的研究中,有学者关注学科课程重构的小学 STEM 课程设计,所谓小学学科课程项目化重构就是将义务教育小学阶段的校本课程改造为项目化课程的过程,在重构的过程中融入 STEM 教育理念,帮助小学生对小学课程有整体的认知,避免学科知识过于碎片化,这一项目是适应学生身心发展特点的,小学阶段的课程以综合课程为主,学科重构项目中引入 STEM 课程概念,活动研究是项目实施的核心环节。在活动过程中,学生结合自身的特点与小组成员之间相互交流合作,教师给予必要的指导,对过程中的任务和进度进行调整。③有学者对小学 STEM 校本课程推进进行个案研究,以某些小学为例聚焦区域 STEM 教育发展的实践问题为导向,探究各小学在推进 STEM 课程过程中的现状及当前面临的问题,并提出相关策略。④当前小学 STEM 课程在实践过程中自主学习评价环节较为薄弱,有学者针对小学 STEM 课程在实施过程中教学评价环节进行研

---

① 张乔.小学 STEM 课程校本推进的个案研究[D].青岛大学,2020.
② 徐佳静.小学 STEM 课程学习评价指标体系构建研究[D].上海师范大学,2021.
③ 袁磊,王健博乐.基于学科课程重构的小学 STEAM 课程设计[J].现代远距离教育,2019(2):25-32.
④ 张乔.小学 STEM 课程校本推进的个案研究[D].青岛大学,2020.

究,试图建立评价指标体系,弥补 STEM 教育研究中的空白点。[①]

关于 STEM 课程研究最多的是 STEM 教育视角下我国小学科学课程的实施策略。2017 年《义务教育小学科学课程标准》的颁布实施,从政策方面确立了小学科学课程的基础课程地位,课程在设置和实施上依据 STEM 课程的教育理念进行,STEM 教育正式进入国家课程体系。STEM 课程最先的应用不是在语文、数学等科目,而是以信息技术、科学、劳动技术课程为起点的。在以分科教学为主导的传统学科教学过程中, 将这些学科有机整合在一起对于一线教师而言存在一些困难,并且缺乏与之相匹配的评价体系。[②]

由于"研究性学习"与 STEM 课程理念的相似性,关于"研究性学习"的研究较多,但在 STEM 课程的理念下,研究性学习如何在课程中有效开展,如何明确活动任务和活动流程,培养学生综合解决问题的能力,发挥教师在活动过程中的作用是目前研究值得关注的。

二、IPC国际小学课程研究

通过对 IPC 国际小学课程在我国课程中应用的相关文献进行查阅,发现关于 IPC 国际小学课程的文献较少,IPC 国际小学课程是在当下我国发展最快的一套课程,主要采用主题单元的课程设计形式,采用多元评价体系,旨在帮助学生成为世界优秀公民和 21 世纪的领导者。[③]

(一)IPC 课程的发展历程

李敏对 IPC 国际小学课程的特色与经验进行研究, 认为 IPC 国际小学课程的发展大致经历了三个时期,20 世纪 80 年代是田野教育时期, 最初创建于英国 Shell 学校的田野教育,20 世纪 90 年代是 IPC 初创时期,21 世纪是IPC 鼎盛时期。[④]

---

① 徐佳静.小学 STEM 课程学习评价指标体系构建研究[D].上海师范大学,2021.
② 龚凡鑫.STEAM 背景下小学《科学》课程实施策略研究[D].南昌大学,2020.
③ 吕云震,宋薇薇.国际课程在我国的发展状况[J].世界教育信息,2020(7):57-60+67.
④ 李敏,高宝英,唐胜楠.IPC 国际小学课程的特色与经验[J].当代教育科学,2016(22):45-48
+54.

(二)IPC 课程概念界定

IPC 课程全称是 Integrated Project Curriculum,IPC 课程是一门综合性、专题性、项目化的课程,有清晰的学习过程和多样的学习目标,在课程目标的指导下,IPC 课程立足我国本土、放眼全球,鼓励学生将所学的知识进行思考和应用,该课程采用全英文教学,为培养学生跨文化和跨学科的主体探究能力。[①]

IPC 课程主要采用主题单元的课程设计形式,使用多元的评价体系,IPC 课程国际上主要适用于 4~5 岁以上的儿童,3 岁的儿童也可以使用。目前,IPC 课程在我国适用于 3~11 岁的儿童, 但其中的单元设置主要针对的是 5~12 岁的儿童。IPC 课程整体而言是一个具有包容性的学科。[②]

IPC 课程主要关心的是在 21 世纪,儿童应该具备哪些必要的素养,如何培养学生适合社会环境的变化和挑战。当前我国提出"核心素养"旨在培养能够适应终身发展和社会发展需要的必备品格和关键能力。"核心素养"的提出是与 IPC 课程理念相契合的,IPC 课程也力图探索儿童需要具备的个人素养,IPC 课程进行本土化研究中许多学者会将 IPC 课程与我国的"核心素养"相结合。

(三)IPC 课程在国内发展的现状

目前关于 IPC 课程相关文献主要集中在对该课程体系的宗旨、框架、运行、评价等方面的结构化梳理,以及以某个小学班级作为个案进行 IPC 课程的应用性研究。李敏认为 IPC 课程具有明显的三级课程目标,分别是课程自身的目标、个人目标、国际目标。三级课程目标由小到大,形成稳定的课程内在结构。其中课程自身的目标注重对学生掌握基础知识的能力培养,课程本身以单元的方式进行,课程目标包括知识、技能、理解三个层面。在个人目标方面注重对学生个人潜能的培养, 国际目标是站在国际理解的视野上体现对不同国家文化的理解。IPC 课程在课程模块化和主题化建设上是自由的,课程研发和实施的重点在课程模块的灵活设置和主题单元的遴选创新上。[③]

---

① 万晓玲.中外合作教学课程执行力的行动研究[D].上海师范大学,2019.

② 吕云震,宋薇薇.国际课程在我国的发展状况[J].世界教育信息,2020(7):57-60+67.

③ 李敏,高宝英,唐胜楠.IPC 国际小学课程的特色与经验[J].当代教育科学,2016(22):45-48+54.

三、IB课程研究

IB 课程是国际文凭组织（International Baccalaureate Organization）开发的针对3~19 岁的学生连贯性的课程体系，覆盖学前教育到大学预科。课程体系中包括小学、中学、大学预科三个课程项目组成，其中涉及小学的课程项目是在 1997 年开发的，旨在为 3~12 岁的儿童提供国际化的教育。IB 课程主要以英语、西班牙语、法语为授课语言。[①]

（一）IB 课程在我国的发展历程

IB 课程被认为是国际课程的领跑者，关于 IB 课程的相关研究整体体量不大，其中最早见于 1994 年的《国际中学文凭课程》，随着时间的推移和对国际课程的逐步了解，新一轮基础教育课程改革后关于 IB 课程研究的文献数量逐渐增加。2010 年教育部颁布《国家中长期教育改革和发展规划纲要（2010—2020 年）》，其中指出为发展每一位学生的优势潜能，创新人才培养机制，这需要教育工作者全面提高自身素养，重视课程评估对人才培养的激励和导向作用。[②]

（二）IB 课程概念界定

IB 课程由 IBO（International Baccalaureate Organization，中文名称是国际文凭组织）制定实施的。IB 课程是在 IB 教学理念下由国际文凭组织开发的教学目标、教学内容与评估方案组成。[③]

IB 小学项目即国际文凭小学项目，于 1997 年由国际文凭组织开展的，流通于多个国家，为 3~12 岁年龄阶段的儿童提供超学科探究的课程项目。IB 课程的主要任务首先是通过跨文化的理解和尊重，培养具有求知欲、知识和爱心的青年人，致力于创造美好与和平的世界，其次是进行课程开发，建

---

① 吕云震，宋薇薇.国际课程在我国的发展状况[J].世界教育信息，2020（7）：57–60+67.
② 中华人民共和国教育部政府门户网站[EB/OL]（2010–07–29），http://www.moe.gov.cn/srcsite/A01/s7048/201007/t20100729_171904.html；徐鹏.IB 国际课程对我国基础教育课程改革的启示[J].文教资料，2019（26）：190–192.
③ 赵倩.IB 课程理念下小学融合课程的开发[D].长春师范大学，2021.

立能连同全球的不同国家的课程。①

IB 小学项目通过超学科和探究学习，在六大超学科的主题和六大学习领域培养学习者全面思考的能力和敢于承担责任的意识。重视学生概念、知识、技能、态度、行动五大要素的发展。这个课程被越来越多的国家使用。

(三)IB 课程在国内发展的现状

在关于 IB 课程的研究中发现，前期研究主要关于对国际文凭课程项目的目的、整体介绍及对我国课程的应用方面进行借鉴的研究较多，后期的研究主要是在一些具体的领域开展，例如学生的评价、各国的发展、教师专业发展方面等。②

伴随着我国基础教育课程改革的进行，IB 课程在课程实施中主要应用于德育课程的实施过程，在借鉴 IB 课程"服务型学习"的理念和实施策略的基础上，帮助学生更好地理解小学德育课程，使德育课程走进学生的生活，培养学生的社会责任感和人文关怀，2018 年 11 月全球已经有 109 个国家1652 所学校选择应用 IB 小学项目。③

综上，主要探讨了一些国际课程在我国小学课程中的应用，为我国小学课程的发展提供国际经验，目前关于国际课程的研究处于上升阶段，伴随着新一轮基础教育课程改革的持续进行，多种多样的国际课程逐渐与我国本土课程相融合，日益焕发出新的光彩。

本章小结

本章通过对相关书籍及文献进行检索，重点梳理小学课程基本概念及发展历程；对前七次课程改革进行简评，重点关注新课改"新"在哪些方面；对近 20 年各科小学课程的相关政策文本及内容变化进行梳理；聚焦小学课程相关研究议题；关注国际课程研究。每个前沿议题下包含多个子议题，例如，对近 20 年各科小学课程的研究中关涉小学各个学科，每个学科发展都

---

① 黄富长.澳大利亚 IB 小学项目的课程领导研究[D].华东师范大学,2019.
② 尤璐琪.IB 国际课程 PYP 小学项目本土化实践研究[D].福建师范大学,2018.
③ 黄富长.澳大利亚 IB 小学项目的课程领导研究[D].华东师范大学,2019.

呈现出独特的特点。

通过对小学课程进行多维度、多方面的全景式描述,对小学课程研究的外延和内涵逐渐扩展,在上述的讨论中可以发现小学课程研究仍然存在一些短板和现实问题,例如,在研究方法上多以思辨研究为主,实证研究较少;在研究内容上更多涉及教材编写和如何教学,少有对学生参与教材设计的研究;在不同学科的研究上,更多倾向于主科课程的研究,副科课程的研究相对较少。同时还存在一些现实困境和挑战,譬如,如何面对学生对课后服务课程提出的多元化需求、互联网和信息技术的发展如何助力课程的改变等,需要学界乃至社会各界给予持续、广泛的关注。

总之,通过对小学课程相关议题、文献进行系统的梳理,主要呈现了小学课程的基本概念及当前学界聚焦的议题,其中包括新课程改革、近 20 年各科小学课程的嬗变历程、小学课程相关议题以及国际课程研究,旨在了解近 20 年小学课程发展的全貌,以及当前学界对小学课程研究的聚焦点,希望广大读者在阅读此章后对小学课程的了解更加丰富、全面。

推荐阅读

1.陈先云.新中国成立以来小学语文课程教材的发展历程与思考[J].课程.教材.教法,2019(12):12-21.

2.丁尔陞.我国中小学数学课程发展的思考[J].数学通报,2002(5):0-7.

3.樊小梅.谈劳动教育与小学综合实践活动课程的融合路径[J].教师,2021(18):59-60.

4.高守宝,樊婷,王晶莹.70 年来小学科学课程中学科能力的沿革与发展——基于课程标准的文本分析[J].上海教育科研,2019(12):26-30.

5.高玉旭.改革开放 40 年来我国基础教育课程改革回顾与展望[J].上海教育科研,2018(9):12-17.

6.黄永飞,王翠梅.建国以来我国小学体育教学内容变化特点分析[J].江西理工大学学报,2018(6):82-85.

7.李海霞.建国以来我国小学体育课程目标体系的发展演变[J].山东体

育科技,2006(1):83-85.

8.李敏,崔露涵.改革开放四十年小学德育课程的嬗变与反思[J].当代教育科学,2019(9):33-39.

9.李敏,高宝英,唐胜楠.IPC 国际小学课程的特色与经验[J].当代教育科学,2016(22):45-48+54.

10.李青,苑昌昊,李广.小学语文课程性质研究 70 年回顾与展望[J].现代教育管理,2020(7):88-93

11.李鑫瑶,张翔.第八次基础教育课程改革研究回顾与展望(2001—2020)——基于 CSSCI 期刊文献的可视化分析[J].贵州师范学院学报,2021(2):69-78.

12.鲁洁.德育课程的生活论转向——小学德育课程在观念上的变革[J].华东师范大学学报(教育科学版),2005(3):9-16+37.

13.吕云震,宋薇薇.国际课程在我国的发展状况[J].世界教育信息,2020(7):57-60+67.

14.彭了,于秋红,郑燮.从课程标准到单元学习目标——以化学学习单元设计为例[J].化学教育(中英文),2021,42(3):38-42.

15.乔建中,冯媛媛.我国第八次基础教育课程改革的发展路径与关键词[J].江苏教育研究,2012(3):18-21.

16.阮成武、江芳、蒋蓉.小学教育概论[M].上海:华东师范大学出版社,2011.

17.邵晓枫.改革开放 40 年我国义务教育课程研究的回顾、反思与展望[J].河北师范大学学报(教育科学版),2018(4):32-40.

18.[美]丹尼斯·海斯.小学教育百科全书[M].周琳、张允,等译.天津:天津人民出版社,2021.

19.肖菊梅.70 年小学课程改革与发展:历程、特征与内在理路[J].新教师,2020(6):8-10.

20.谢维和.小学的价值[J].人民教育,2015(13):1.

21.谢维和.小学是一门科学[J].人民教育,2020(12):44-48.

22.谢维和,李敏.小学教育原理[M].北京:高等教育出版社,2021.

23.徐鹏.IB 国际课程对我国基础教育课程改革的启示[J].文教资料,2019(26):190-192.

24.薛庆水,李凤英.我国走班制教学文献分析(2000—2017 年):困境与发展[J].现代远程教育研究,2018(4):59-69+77.

25.殷世东.中小学劳动教育课程评价体系的建构与运行——基于 CIPP 课程评价模式[J].中国教育学刊,2021(10):85-88+98.

26.袁磊,赵玉婷.STEAM 理念与小学"研究性学习"课程的深度融合研究[J].现代远距离教育,2018(1):50-56.

27.张璐.2012 中国艺术教育年度报告——小学篇[J].艺术评论,2013(5):61-63.

28.章全武.改革开放 40 年小学数学课程的嬗变——基于 7 份课程文件内容的分析[J].上海教育科研,2018(9):18-22.

29.张珊,杨敏.我国小学英语课程价值取向的思考[J].教学与管理,2016(36):84-87.

30.周立群.缺失与重构:基于标准的语文课程内容的思考——以小学语文课程教学为例[J].课程·教材·教法,2010(6):38-43.

第四章　小学教与学研究

本章思维导图

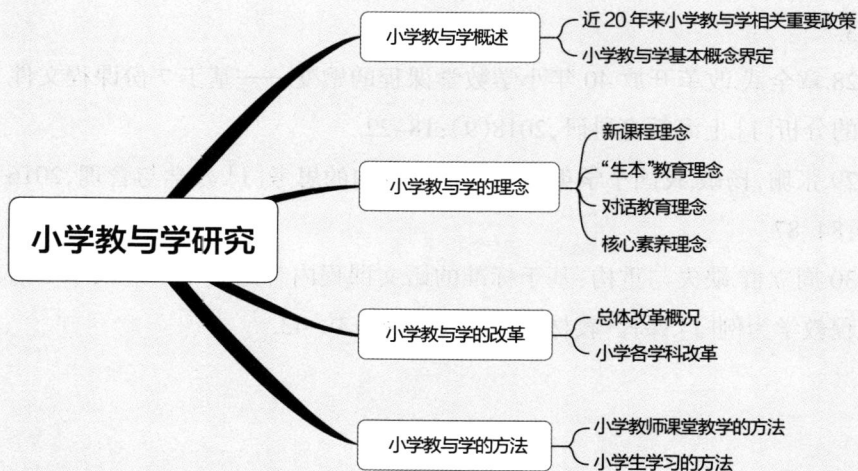

小学教与学研究

- 小学教与学概述
  - 近20年来小学教与学相关重要政策
  - 小学教与学基本概念界定
- 小学教与学的理念
  - 新课程理念
  - "生本"教育理念
  - 对话教育理念
  - 核心素养理念
- 小学教与学的改革
  - 总体改革概况
  - 小学各学科改革
- 小学教与学的方法
  - 小学教师课堂教学的方法
  - 小学生学习的方法

本章词云图

　　学习和教学是小学教育最基本的任务,也是小学教育的重要内容,是实现小学教育目标的重要途径,也是反映小学教育水平与质量的基本指标。小学生的学习活动是一种非常独特的活动,具有一定的特点和内在规律。而小学教学是一种专业性的活动,具有一定的理论基础和原则。认识小学生学习活动的规律与小学教学的理论,是提高小学教育质量、促进小学生发展非常重要的途径和基础。①近20年来,小学教学和学习经历了从传统教育向现代教育的快速转型,体现为:教育目标逐渐从单一的学科知识传授转向全面素质的培养;教育理念逐渐向个性化学习转变;智能化教学工具的广泛应用为小学教学提供了更加丰富的教学手段和互动方式;小学教育越来越注重跨学科的整合和交叉应用,强调知识之间的联系和综合运用,培养学生的综合素养和创新思维能力等。具体而言,近20年来小学的教与学研究关注了哪些核心议题? 对当下及未来的小学教育有哪些启示?

　　本章通过梳理近20年来小学教与学相关的教材书籍、核心期刊等资料,围绕小学教与学概述、小学教与学的理念、小学教与学的改革、小学教与学的方法进行了详细阐述。小学教与学概述从原理性的视角解析当下相关的课程教学教材中对于教与学的理解;小学教与学的理念关注新课程理念、

---

① 谢维和,李敏.小学教育原理[M].北京:高等教育出版社,2021:61.

"生本"教育理念、核心素养理念和对话教育理念,勾勒小学教学和学习在四种理念指导下的变革概貌;小学教与学的改革分别从宏观和微观两个层面,展现总体改革概况和各学科内部改革状况;小学教与学的方法从课堂教学和学生学习两大维度,综述主流的六大教学法和学习法。基于此,通过对小学教与学理论的溯源和相关文献资料库的检索,呈现当下小学教与学议题下的前沿问题研究现状。

第一节　小学教与学概述

本章的第一节小学教与学概述总结了近 20 年来国家颁布的小学教与学相关重要政策文本,梳理当下课程教学领域具有较好代表性的教材中关于教与学的原理性阐释,进而明晰小学教学和学习的基本概念。

一、近20年来小学教与学相关重要政策

近 20 年来的小学教学与学习的相关重要政策回应了不同的时代背景下,教育方针的新提法和我国教育改革的新要求。推进素质教育、落实基础教育改革、明确教学质量要求体现了教育理念的逐步更新和完善,昭示着我国教育走向现代化的路径选择。

表4-1　近20年来小学教与学相关政策

时间	相关政策	相关内容
1998 年 2 月	国家教委《关于推进素质教育调整中小学教育教学内容、加强教学过程管理的意见》	"适当删减教学内容""适当降低教学要求""将部分教学内容改为选学内容",设置活动类课程"旨在丰富学生感性学习经验,提高观察、分析、动手能力,培养学生自主参与精神和创造能力",明确教师要"树立素质教育的基本观念、优化教学过程"
1998 年 12 月	教育部《面向 21 世纪教育振兴行动计划》	实施"跨世纪素质教育工程",整体推进素质教育,全面提高国民素质和民族创新能力。改革课程体系和评价制度,2000 年初步形成现代化基础教育课程框架和课程标准,改革教育内容和教学方法

续表

时间	相关政策	相关内容
1999 年 6 月	中共中央 国务院《关于深化教育改革,全面推进素质教育的决定》	智育工作要转变教育观念,改革人才培养模式,积极实行启发式和讨论式教学,激发学生独立思考和创新的意识,切实提高教学质量
2001 年 5 月	教育部《国务院关于基础教育改革与发展的决定》	"积极开展教育教学改革和教育科学研究。继续重视基础知识、基本技能的教学并关注情感、态度的培养;开展研究性学习,培养学生提出问题、研究问题、解决问题的能力;鼓励合作学习,促进学生之间相互交流、共同发展,促进师生教学相长。各地要建立教育教学改革实验区和实验学校,探索、实验并推广新课程教材和先进的教学方法""广大教师要积极参加教学实验和教育科研,教研机构要充分发挥教学研究、指导和服务等作用"
2001 年 6 月	教育部《基础教育课程改革纲要(试行)》	"改变课程过于注重知识传授的倾向,强调形成积极主动的学习态度,使获得基础知识与基本技能的过程同时成为学会学习和形成正确价值观的过程""改变课程实施过于强调接受学习、死记硬背、机械训练的现状,倡导学生主动参与、乐于探究、勤于动手,培养学生搜集和处理信息的能力、获取新知识的能力、分析问题和解决问题的能力及交流与合作的能力""大力推进信息技术在教学过程中的普遍应用,促进信息技术与学科课程的整合,逐步实现教学内容的呈现方式、学生的学习方式、教师的教学方式和师生互动方式的变革"
2001 年 11 月	教育部《义务教育课程设置实验方案》	"注重学生经验,加强学科渗透""增设综合实践活动"目的是"使学生通过亲身实践,发展收集与处理信息的能力、综合运用知识解决问题的能力及交流与合作的能力,增强社会责任感,并逐步形成创新精神与实践能力"
2004 年 2 月	教育部《2003—2007年教育振兴行动计划》	"深化中小学教学内容和教学方法改革,积极推进校本教研制度建设,加强中小学实验教学改革和技术课程实践基地的建设,充分发挥现代教育技术的作用"
2010 年 7 月	中共中央 国务院《国家中长期教育改革和	"要遵循教育规律和人才成长规律,深化教育教学改革,创新教育教学方法;要改革教学内容、方法

续表

时间	相关政策	相关内容
	发展规划纲要(2010—2020年)》发展规划纲要(2010—2020年)》	和手段;要提高教师业务素质,改进教学方法,增强课堂教学效果"和手段;要提高教师业务素质,改进教学方法,增强课堂教学效果"
2011年12月	教育部《关于印发义务教育语文等学科课程标准(2011年版)》	深入推进教学改革。课程标准是教学的主要依据。各地要引导广大教师严格依据课程标准组织教学,合理把握教学容量和难度要求,调整教学观念和教学行为,重视激发学生学习的主动性和积极性,控制好课业负担,不断提高教学质量和水平。要充分整合专业资源,建立专家咨询和指导系统,围绕课程标准实施的重点、难点问题开展深入的教学研究和实践探索,特别要加强对农村地区学校的跟踪指导和专业支持
2012年3月	教育部《教育信息化十年发展规划(2011—2020年)》	"推进信息技术与教学融合。利用信息技术开展启发式、探究式、讨论式、参与式教学,鼓励发展性评价,探索建立以学习者为中心的教学新模式,倡导网络校际协作学习,提高信息化教学水平""培养学生信息化环境下的学习能力。鼓励学生利用信息手段主动学习、自主学习、合作学习;培养学生利用信息技术学习的良好习惯,发展兴趣特长,提高学习质量"
2012年9月	国务院《关于深入推进义务教育均衡发展的意见》	"开发丰富优质数字化课程教学资源,重点开发师资短缺课程资源、民族双语教学资源。帮助更多的师生拥有实名的网络空间环境,方便其开展自主学习和教学互动""鼓励学校开展教育教学改革实验,努力办出特色、办出水平,为每位学生提供适合的教育。建立教育教学质量和学生学业质量评价体系,科学评价学校教育教学质量和办学水平,引导学校按照教育规律和人才成长规律实施教育,引导社会按照正确的教育观念评价教育和学校""要改革教学方式,提高教学效率,激发学生学习兴趣"
2014年3月	教育部《关于全面深化课程改革落实立德树人根本任务的意见》	"要增强时代性,充分体现先进的教育思想和教育理念,根据社会发展新变化、科技进步新成果,及时更新教学内容。要增强适宜性,各学科的学习内容要符合学生不同发展阶段的年龄特征,紧密联系学生生活经验。要增强可操作性,进一步明确培

续表

时间	相关政策	相关内容
		养目标、教学内容,充实学业质量要求,对教学实施、考试评价提出具体建议""充分利用现代信息技术手段,改进教学方式,适应学生个性化学习需求""中小学要探索把课堂教学与社区服务、研究性学习与社会实践相结合的途径和方法""整合和利用优质教育教学资源"
2015 年 9 月	国务院《关于全面加强和改进学校美育工作的意见》	"深化学校美育教学改革。建立以提高学校美育教育教学质量为导向的管理制度和工作机制""加强美育的渗透与融合。将美育贯穿在学校教育的全过程各方面,渗透在各个学科之中。推动美育与德育、智育、体育相融合,与各学科教学和社会实践活动相结合"
2016 年 4 月	国务院《关于强化学校体育促进学生身心健康全面发展的意见》	提高教学水平。体育教学要加强健康知识教育,注重运动技能学习,科学安排运动负荷,重视实践练习。研究制定运动项目教学指南,让学生熟练掌握一至两项运动技能,逐步形成"一校一品"、"一校多品"教学模式,努力提高体育教学质量
2018 年 4 月	教育部《中小学数字校园建设规范》	数字校园建设应达成如下目标:"实现用户信息素养提升。提升学生的信息化学习能力、教师信息化教学能力""实现学习方式和教育教学模式创新。促进信息技术与教育教学实践深度融合,实现信息化教学的常态化与创新发展"
2018 年 12 月	教育部等九部门《中小学生减负措施的通知》	严格依照课标教学。严格执行国家课程方案和课程标准,开足开齐规定课程,努力提高教学质量,促进学生全面发展。不得随意提高教学难度和加快教学进度,杜绝"非零起点"教学
2019 年 2 月	中共中央 国务院《中国教育现代化 2035》	创新人才培养方式,推行启发式、探究式、参与式、合作式等教学方式及走班制、选课制等教学组织模式,培养学生创新精神与实践能力
2019 年 2 月	中共中央 国务院《加快推进教育现代化实施方案(2018—2022年)》	着力构建基于信息技术的新型教育教学模式、教育服务供给方式及教育治理新模式。促进信息技术与教育教学深度融合,支持学校充分利用信息技术开展人才培养模式和教学方法改革,逐步实现信息化教与学应用师生全覆盖。创新信息时代教育治理新模式,开展大数据支撑下的教育治理能力优化行动,推动互联网等信息化手段服务教育教学全过程

续表

时间	相关政策	相关内容
2019 年 3 月	教育部《2019 年教育信息化和网络安全工作要点》	"深入开展'一师一优课,一课一名师'活动""发挥教研员群体力量,总结凝练优课资源创新应用模式,满足不同层次的学科教师应用资源开展教学的实际需求""进一步推进少数民族学科数字教学资源建设""推进义务教育'人教数字教材'在不同数字化教学环境下与教育教学的深度融合和应用推广""推进信息技术在教学中的深入普遍应用""开展教育信息化 2.0 环境下信息化教学模式的研究与实验,探索跨学科学习(STEAM 教育)模式应用"
2019 年 6 月	中共中央 国务院《关于深化教育教学改革全面提高义务教育质量的意见》	"强化课堂主阵地作用,切实提高课堂教学质量""优化教学方式:融合运用传统与现代技术手段,重视情境教学;探索基于学科的课程综合化教学,开展研究型、项目化、合作式学习""加强教学管理""促进信息技术与教育教学融合应用"
2019 年 11 月	教育部《关于加强和改进新时代基础教育教研工作的意见》	服务学校教育教学,引领课程教学改革,提高教育教学质量;服务教师专业成长,指导教师改进教学方式,提高教书育人能力;服务学生全面发展,深入研究学生学习和成长规律,提高学生综合素质
2019 年 11 月	教育部《关于加强和改进中小学实验教学的意见》	夯实基础,开齐开足开好国家课程标准规定实验,切实扭转忽视实验教学的倾向;拓展创新,不断将科技前沿知识和最新技术成果融入实验教学,丰富内容,改进方式;注重实效,强化学生实践操作、情境体验、探索求知、亲身感悟和创新创造,着力提升学生的观察能力、动手实践能力、创造性思维能力和团队合作能力,培育学生的兴趣爱好、创新精神、科学素养和意志品质
2020 年 12 月	教育部《中小学教育惩戒规则(试行)》	普通中小学校、中等职业学校及其教师在教育教学和管理过程中对学生实施教育惩戒,适用本规则
2021 年 1 月	教育部、发展改革委、工业和信息化部、财政部、国家新闻出版广电总局《关于大力加强中小学线上教育教学资源建设与应用的意见》	将信息技术在教育教学中的融合应用作为推进"教育＋互联网"、深化基础教育育人方式改革、加快推进教育现代化的重大战略工程,加强系统谋划,加大工作力度。完善线上教育教学资源建设与应用保障体系,提高基础教育应对重大突发事件的能力;积极推进教育服务供给方式变革,更好地

续表

时间	相关政策	相关内容
		服务课堂教学,服务学生自主学习,满足人民群众新时代教育需求,缩小城乡教育差距,大力促进教育公平,全面提高基础教育质量,加快推进教育现代化
2021 年 6 月	教育部《〈体育与健康〉教学改革指导纲要(试行)》	通过深化体育教学改革,转变教学观念,全面把握"教会、勤练、常赛"的内涵与要求,使其成为常态化、规范化、系统化的教学组织模式。明确学生各学段成长特点与发展需求,使体育教学内容更加富有逻辑性、系统性和衔接性。根据各学段教学目标,合理选择多元化教学模式和多样化组织方式,因地制宜、因材施教,增强体育教学方式改革的有效性、可行性
2021 年 7 月	中共中央 国务院《关于进一步减轻义务教育阶段学生作业负担和校外培训负担的意见》	提升课堂教学质量。教育部门要指导学校健全教学管理规程,优化教学方式,强化教学管理,提升学生在校学习效率。学校要开齐开足开好国家规定课程,积极推进幼小科学衔接,帮助学生做好入学准备,严格按课程标准零起点教学,做到应教尽教,确保学生达到国家规定的学业质量标准
2022 年 4 月	教育部《义务教育课程方案(2022 年版)》	"准确把握课程要培养的学生核心素养,明确教学内容和教学活动的素养要求,培养学生正确价值观、必备品格和关键能力,设定教学目标,改革教学过程和教学方法,把立德树人根本任务落实到具体教育教学活动中""创设以学习者为中心的学习环境,凸显学生的学习主体地位,开展差异化教学,加强个别化指导,满足学生多样化学习需求"

近 20 年来教与学相关政策的沿革,体现了从教育目标到教育观念的转变,从强调教与学的统一到学段间的协调,从宏观政策布局到宏微观政策的统筹,教学技术与教学管理系统的更新完善,教与学的制度体系更加立体严密,指导性和操作性更突出,我国基础教育迈入全面提高育人质量新阶段。

二、小学教与学基本概念界定

在汉语里,教学是教与学的合称,人们对教学的理解倾向于是一种专门组织起来的,在教师的直接指导下学生积极参加的、高效率的认知过程。其目的是传授和学习一定的知识和技能,与此同时,使学生的智力、体力、心理、世界观和思想品德得到相应的发展。①以下是相关小学教育学教材对于小学生的学习和小学教学的概念阐释:

(一)小学生的学习

《小学教育百科全书》中陈述了对小学生学习的不同观点。有观点认为,小学生的学习可以被描述为"理解信息并从中创造一些新东西的过程;将当前的理解转化为更明确的形式;儿童利用从早期经验中获得的知识和见解有效地应对新事物;脱离某些特定知识的保障去探索那些不太熟悉的领域"。也有观点认为,学习的本质主要包括五个方面:第一,学习是主动建构意义的过程,学习者以对他们有意义的方式建构和整合新知识;第二,学会学习(元学习)和理解经验是有效学习的标志,学习者对正在发生的思考和学习过程认识得越清晰,就会越好地把握它们;第三,学习者的学习与表现之间的关系是复杂的,并受到动机和自我形象的影响,有些学习者有能力完成任务(表现型学习),而不认真思考这个任务的意义,他们更在乎自我满足感而非教师对试卷或作业的评价;第四,学习包括对情绪的理解和掌握,包括个人的情绪及从他人的角度看待事物,发展社交技巧和坚持完成任务有助于增强学习;第五,学习是情境式的,学校和教室的社会环境对促进或抑制学习具有重要影响。②

赞科夫的经典著作《论小学教学》对小学生的学习也有相关论述:在传统的小学教学体系中,对于掌握知识和技巧自觉性的解释是有局限性的,仅仅局限于让学生理解所学教材的内容。然而对自觉性作出新的理解是完全

---

① 王其云.课程与教学[J].课程·教材·教法,1997(9):60-62.
② Denis Hayes.Encyclopedia of primary education[M].London:Routledge,2010:238;谢维和,李敏.小学教育原理[M].北京:高等教育出版社,2021:63.

合理的:即不仅要理解教材内容,而且要对学习过程本身有越来越高的自觉性。所学的各种知识之间是怎样联系的,掌握正字法或计算操作都有哪些不同的方面,产生错误及克服错误的机制如何,所有这些及其他许多涉及掌握知识和技巧的过程中出现的问题,都应当经常地作为密切注意的对象,并找到解决这些问题的有效途径。①

《小学生认知学习》中指出学生学习有着不同于其他学习的特点:第一,学生学习的是人类文化的精华。第二,学生在教师指导下学习。第三,学生在学生集体环境中学习。现在小学经常开展的合作性学习、自主探究活动都是在集体中进行的。小学生在各种有组织的集体活动中获得社会性的发展,学生在交往中所获得的经验对于他们融入社会、参与社会活动具有积极作用。实际上,这种交往本身就是学生学习的重要组成部分。②

这些观点揭示了小学生在教与学过程中要发挥主体能动性。当然,小学生要发挥自觉性离不开自身认知能力的作用,如有学者指出认知学习是小学生其他方面学习的基础和条件,学会学习是小学生学习的核心目标。③而在小学生的学习过程中,学习活动很多时候是身心统一或手脑并用的。④

（二）小学的教学

目前,学界对于教学的概念尚未统一,以下是小学教育学和课程教学相关教材中一些具有代表性的表述:

1.《小学教育学》教材中的"教学"

黄济、劳凯声、檀传宝主编的《小学教育学》指出,所谓教学,乃是教师教、学生学的统一活动;在这个活动中,学生掌握一定的知识和技能,同时,身心获得一定的发展,形成一定的思想品德。在小学教育中,教学具有重要的意义,与学校其他工作如课外活动、少先队活动相比,教学处于核心地位,

---

①　[苏]赞科夫.论小学教学(第2版)[M].俞翔辉,译.北京:教育科学出版社,2001:22.
②　吴晓冬,穆周芬.小学生认知学习[M].南京:南京大学出版社,2017:10.
③　吴晓冬,穆周芬.小学生认知学习[M].南京:南京大学出版社,2017:14—16.
④　陈佑清,余国卿,熊甦烨.小学课堂学习活动设计与指导——基于"学习中心"和"有效学习"的探讨[M].武汉:华中师范大学出版社,2016:5.

对教育目的的实现起着决定性的作用。如人们通常所说,教学是学校教育的基本途径,是学校全部工作的中心。在整个学校教育活动中,教育目的的实现和教育任务的完成,主要是凭借教学活动实现的。在我国,小学教育的目的与整个国家的教育目的是一致的,即培养全面发展的人。教学对于社会发展和个人发展都起着重要作用,中国对公民实施九年义务教育,小学教育是义务教育的起始阶段,教学的主要任务是为学生发展打下初步的基础,为他们的生活和接受进一步教育做准备。[①]

　　叶立群在《小学教育学》中认为小学教学是以教材为中介,以教学方法、手段为工具,师生双边共同的多种形式的活动。这种活动是以学生为主体,在教师的指导下(包括采用教学方法、手段),通过教材,有目的、有计划、有组织、循序渐进地使学生逐步掌握一定的系统的知识、技能、技巧,发展一定的智力、才能,形成一定的思想品质、情感、意志,使学生的身心获得全面发展的一种过程。[②]

　　郑晓生编著的《小学教育学》把教学定义为师生双边共同的活动。没有教,就没有学。没有学,也就无所谓教。第一,教和学是同一活动的两个侧面,教师的教影响学生的学,学生的学影响着教师的教,两者缺一不可。失去任何一方,教学活动便不存在。第二,教学以促进学生身心全面发展为目的。任何教学,都是为实现一定社会的教育目的而专门组织起来的培养人的活动。第三,教学具有多种形态,包含多项内容。教学作为学校实施全面发展教育的基本途径,具有课内、课外、班级、小组、个别化等多种形态。教学活动的内容也多种多样,教师与学生的上课、作业练习、课后辅导、成绩评定等都属于教学活动。我们应该全面理解教学的内涵,才能科学实施教学活动。过去,我国教育界在对教学活动的理解上,把教学简单等同于传授知识,侧重于把教学单纯看成教师的"教"的活动,认为只要教师教好了,学生就学好了,忽略了教学还包括学生的学,对学生怎么学、学得怎么样缺乏研究。[③]

①　黄济,劳凯声,檀传宝主编.小学教育学(第3版)[M].北京:人民教育出版社,2019:207-210.
②　叶立群主编.小学教育学(第2版)[M].福州:福建教育出版社,2007:136-137.
③　郑晓生编著.小学教育学(第2版)[M].福州:福建教育出版社,2016:169-170.

2.《小学课程教学》教材中的"教学"

关文信主编的《初等教育课程与教学论》列举了国内较有影响的关于教学定义的观点,并对教学的概念做出了界定。如王策三在《教学论稿》中认为,教学乃是教师教、学生学的统一活动,在这个活动中,学生掌握一定的知识和技能,同时,身心获得一定的发展,形成一定的思想品德。[①]李秉德在《教学论》中提出,对于一般教育工作者来说,教学就是指教的人指导学的人进行学习的活动。进一步说,指的是教和学相结合或相统一的活动。[②]顾明远主编的《教育大辞典》认为,教学是以课程内容为中介的师生双方教和学的共同活动。[③]黄甫全、王本陆主编的《现代教学论学程》从广义和狭义两个角度,分别对教学作了如下界定:在广义上,教学就是指教的人指导学的人以一定文化为对象进行学习的活动;在狭义上,教学是学校教学,是专指学校中教师引导学生在一起进行的,以特定文化为对象的教与学统一的活动。[④]

一般来说,我们可以把教学理解为:学校教育中教师引导学生,以特定文化为对象的教与学统一的活动。这个界定有四层含义:一是教学是一种活动,活动是教学的根本属性;二是教师在教学活动中主要起引导作用;三是这种活动包含教与学两个方面,并且是统一于一个过程;四是活动的对象是特定文化,离开特定的文化就无所谓教学。[⑤]

汪霞主编的《小学课程与教学论》总结了四类对教学的理解:一是教学即教授。在我国,19世纪末20世纪初较为流行的观点是教学即教授,意为教师的教。二是教学即教学生学。强调教源于学,教的目的是为了学生的学,这与西方"教学即成功"的教学词义有相同之处。三是教学即教师的教与学生的学。这种观点已普遍被人们所接受。从构成教学活动的要素而言,活动的主体是教师与学生,教师与学生以课程内容为中介,以一定的目的为追求而共同参与到同一活动中去,构成完整的教学活动,即教师的教与学生的学。

① 王策三.教学论稿[M].北京:人民教育出版社,1985:88–89.
② 李秉德.教学论[M].北京:人民教育出版社,1991:2.
③ 顾明远.教育大辞典(第一卷)[K].上海:上海教育出版社,1990:178.
④ 黄甫全,王本陆主编.现代教学论学程[M].北京:教育科学出版社,1998:76.
⑤ 关文信主编.初等教育课程与教学论[M].北京:中国人民大学出版社,2006:6.

四是教学即探究，教师即研究者。教师每时每刻所面对的情景都具有即时性、可变性，需要面对、处理这种特性。也就是说，教学工作需要教师每时每刻去解决、探究所面对的情景中的问题。①

蒋蓉、李金国主编的《小学课程与教学论》把教学视为人类创造的一种专门活动，"教"与"学"二者是不可或缺的。因此，在广义上，教学就是教的人引导学的人学习一定文化的专门活动，在狭义上，教学专指学校中教师引导学生在专门环境里以特定的文化为内容而进行的教与学相统一的活动。②

总体来说，教学的含义很丰富，解释各异。概括说来，教学是为实现教育目的、以课程内容为中介而进行的教和学相统一的共同活动。在教学活动中，师生双方按照一定的目的及要求，通过各种方法进行交往、交流，以使学生掌握一定的知识技能，形成完善的个性品质和思想品德，以实现人类社会发展与个体身心发展要求的统一。③

3.教学与教育、智育、上课几个相关概念的关系

在小学教育工作中，小学教学与小学教育、小学智育也是几个关系密切的概念，它们之间的关系是教学与教育、智育关系的具体化，它们也是几个既相区别，又相联系的概念，我们不能把它们混为一谈。

教学与教育两个概念之间是部分与整体的关系。教育包括教学，教学只是学校实施全面发展教育的一个基本途径。除了教学活动外，学校还通过课外活动、生产劳动、社会实践活动等途径向学生进行教育和培养工作。教学工作是学校教育工作的一个组成部分，除了教学工作外，学校教育还有其他教育和管理工作，如德育工作、体育卫生工作、科研工作、后勤工作等。④

教学与智育是既有联系又有区别的两个概念。智育是全面发展教育的重要组成部分，是向学生传授知识和发展学生智力的教育活动，教学是实施智育的主要途径，但不是唯一途径。实施智育还有其他途径，如课外活动、竞

① 汪霞主编.小学课程与教学论[M].上海：华东师范大学出版社，2010：7.
② 蒋蓉，李金国.小学课程与教学论[M].北京：北京师范大学出版社，2013：7.
③ 钟启泉，汪霞，王文静编著.课程与教学论[M].上海：华东师范大学出版社，2008：7.
④ 刘树仁主编.小学教学论[M].北京：人民教育出版社，2003：35.

赛活动等。同时教学不仅是智育的主要途径,也是实施德育、体育、美育、劳动技术教育的重要途径。所以不能把教学等同于智育。[1]

综上,相关探讨已充分表明教学内涵的丰富性。小学教学作为教学的一种特殊形式,具有一般教学活动的共同本质,同时由于其教学对象的特殊性,因而在教学目的、教学内容、教学方法、教学媒体、教学评价等方面具有不同于一般教学活动的独特特点。所以我们把小学教学界定为:在小学教育工作中,小学教师的"教"和小学生的"学"相统一的特殊的认识和实践活动,是小学教师有目的、有计划地指导小学生进行学习和促进小学生身心素质发展的教育工作过程。[2]

第二节　小学教与学的理念

近20年来,学界对于小学教与学理念的关注,大多聚焦在新课程理念、"生本"教育理念、对话教育理念、核心素养理念上。因此,本节主要围绕这四大理念,分别就理念的概念及内涵、在小学教与学中的应用来进行梳理和呈现。

一、新课程理念

新课程理念的提出反映了我国基础教育改革的方向和要求,极大地影响了我国小学教与学的理论和实践,学界对于新课程理念的积极研究和探索,为小学教学的课堂实践提供了充分的理论支持。

(一)新课程理念的概念及内涵

知识经济的到来和科学技术的迅猛发展,使得世界教育的基本理念正在发生深刻的变化。随着对教育民主化、国际理解教育、回归生活教育、个性化教育、创新教育等理念的强调,现代课程发展的基本理念也呈现出许多新

---

[1]　郑晓生编著.小学教育学[M].福州:福建教育出版社,2016:170.
[2]　刘树仁主编.小学教学论[M].北京:人民教育出版社,2003:35.

的趋势。新世纪发轫的基础教育课程改革,理念新颖,个性鲜明,课改中所凸显出来的尊重多元和个性差异、尊重课程的生成性和开放性、以学生发展为本位等基本的价值理念,与世界课程改革的客观走势保持同步。①

教育部《基础教育课程改革纲要(试行)》明确提出,以提高国民素质为宗旨,培养学生的创新精神和实践能力,全面推进素质教育。此次新课程改革主要体现了六个方面的改变,即:改变过去偏重知识传授的倾向,强调形成积极主动的学习态度,使获得基础知识与技能的过程同时成为学会学习和形成正确价值观的过程;改变过于强调学科本位,科目过多和缺乏整合的现状,整体设置九年一贯的课程门类和课时比例,并设置综合课程,以适应不同地区和学生发展的需求;改变课程内容"难、繁、偏、旧"和过去过于注重书本知识的现状,加强课程内容与学生生活及现代社会和科技发展的联系,关注学生的学习兴趣和经验,精选终身学习必备的基础知识和技能;改变过于强调接受学习、死记硬背、机械训练的现状,倡导学生主动参与,乐于探究,勤于动手,培养学生积极处理信息的能力、获取新知识的能力、分析和解决问题的能力及交流与合作的能力;改变评价过分强调甄别与选拔的功能,发挥评价促进学生发展、教师提高和改进教学实践的功能;改变管理过于集中的状况,实施国家、地方、学校三级课程管理,增强课程对地方、学校及学生的适应性。②基于此,学界对新课程理念的小学教学实践研究进行了广泛探索。

(二)新课程理念下的小学教与学实践研究

新课程理念在小学的教学实践研究中积极回应国家课程改革的相关要求,当前相关研究主要聚焦于语文、数学、英语、德育、体育、音乐、信息技术学科。

1.新课程理念下的小学语文教学

语文在小学教育中居于核心地位,是义务教育中一门重要的学科,优化小学语文教学过程是取得良好教育效果的重要途径。小学语文教学长期以

---

① 王红艳.论新课程理念下小学教师的角色转换[D].山东师范大学,2003.
② 中华人民共和国教育部.基础教育课程改革纲要(试行)[EB/OL](2001-06-08),http://www.moe.gov.cn/srcsite/A26/jcj_kcjcgh/200106/t20010608_167343.html.

来被认为存在"耗时多,效果差"的问题。造成小学语文教学效率低的原因是多方面的,温灵芝认为主要原因有三点:一是重知识传授,轻思想教育;二是重分析讲解,轻形象感人;三是重习题式训练,轻实际能力培养。总结来说是教学过程的不合理、不科学。因此,根据新课程倡导的"自主、体验、合作、创新"的教育理念,小学语文教师应树立新的教育观念,合理优化教学因素,提高教育教学质量和水平。①

张富洪,杨慧彤提出新课程内容以"新、活、实"为立足点,这就需要教师在教学中帮助学生建构适应新课程内容改革的"有所为—有所不为"思维模式。②小学语文教学的优化,一方面要考虑小学语文教学过程的各个要素的优化,另一方面还要考虑各要素的优化组合,即从教学内部机制的改革上促使教学过程发挥最大的整体功能。例如提高教师素质、简化教学环节。③

新课程理念下的小学语文评价应当从"为学生的一生着想"出发,着眼发展学生的语文综合素质,着眼全面了解学生,帮助学生认识自我,建立自信,关注个别差异,了解学生发展需求。具体来说,以过关、检查、督促、激励等各种方式提供保障,围绕听、说、读、写开展丰富多彩的学习活动,在激发学生学习兴趣的同时,提高学生的语文能力,帮助学生养成良好的学习习惯。④

《义务教育语文课程标准(2022年版)》中的教学建议,明确提出要立足核心素养,彰显教学目标的育人导向;根据语文学习任务群的特点,整体规划学习内容;创设真实而富有意义的学习情境,凸显语文学习的情境性;关注互联网时代语文生活的变化,探索语文教与学方式的变革。⑤通过对《义务教育语文课程标准(2022年版)》中课程理念的追问与反思,刘飞、黄伟认为,语文课堂教学应立足核心素养来确定教学目标,应基于学习任务群来选择

① 温灵芝.新课程理念下的小学语文教学之优化[J].教学与管理,2004(27):83.
② 张富洪,杨慧彤.新课程·新内容·新思维[J].中小学教师培训,2005(1):33-35.
③ 温灵芝.新课程理念下的小学语文教学之优化[J].教学与管理,2004(27):83.
④ 李志强,张翠萍.新课程理念下的小学语文评价[J].当代教育科学,2003(23):29-48.
⑤ 中华人民共和国教育部.义务教育语文课程标准(2022年版)[S].北京:北京师范大学出版社,2022:44-46.

教学内容,应依托学习情境来设计教学活动,应聚焦学习过程来设计教学评价。①

2.新课程理念下的小学数学教学

针对新课程理念下小学数学教学中的问题,黄莲花提出要克服"去数学化"倾向、走出算法多样化的误区、重视教学方法有效性、关注评价方式实效性。②李继军结合几个具体案例,就改进小学数学课堂教学行为进行探讨。③索桂芳等人进行了新课程体系下小学数学探究式教学模式的构建。④任华交提出新课程理念下的小学数学课堂要立足学生的全面发展和长远发展,在教学中要设置多元化的比较情景,实现从简单还原的最初阶段的思维学习走向构建高阶思维能力的跨越。⑤另外,蒯红良也对新课程理念下的小学数学学习方式进行了探究。⑥

关于新课程理念下小学数学课堂教学的评价,马云鹏、张春莉概括了几个基本特征:教学内容的范围和难度要求符合学生实际、学习环境宽松和谐、关注学生学习过程,为学生创造体验数学的机会、尊重学生需要,保护学生的自尊心和自信心、运用灵活的方法,适应学生实际和学习内容的要求、为学生留有思考的空间。⑦

《义务教育数学课程标准(2022年版)》中的教学建议,明确提出要制订指向核心素养的教学目标、整体把握教学内容、选择能引发学生思考的教学

---

① 刘飞,黄伟.新课程理念下语文课堂教学体系重建——基于《义务教育语文课程标准(2022年版)》的分析[J].天津师范大学学报(基础教育版),2022(4):1-6.

② 黄莲花.新课程下小学数学课堂教学存在的问题及对策[J].内蒙古师范大学学报(教育科学版),2008(8):150-153.

③ 李继军.新课程背景下改进小学数学课堂教学行为的若干案例研究[J].中小学教师培训,2010(6):48-51.

④ 索桂芳,薛彦华,赵明录等.新课程体系下小学数学探究式教学模式的构建[J].河北师范大学学报(教育科学版),2007(5):128-132.

⑤ 任华交.新课程理念下培养学生高阶思维能力的实践研究[J].中国教育学刊,2020(S1):64-65.

⑥ 蒯红良.谈新课程理念下的小学数学学习方式[J].中小学教师培训,2002(9):41-43.

⑦ 马云鹏,张春莉.数学教育评价[M].北京:高等教育出版社,2003:23-28.

方式、进一步加强综合与实践活动、注重信息技术与数学教学的融合。①

3.新课程理念下的小学英语教学

新的英语课程标准内容目标要求学生从语言技能、语言知识、情感态度、学习策略和文化意识等方面得到提高。彭青青重新审视并探讨了新课程背景下小学英语语法教学的问题，建议小学英语教师要以显性的语法教学来补充学生自然的内隐学习，促进学生的语言习得。②王琴提出应采取以暗示法为主、明示法为辅的教学方式，并基于此探讨了与这一教学方式相适合的交际策略、情景策略、任务策略、认知策略四种有效的语法教学策略。③张献臣根据英语新课标的理念将 3P 模式（Presentation,Practice 和 Production）发展为 5P 模式：Preparation（准备），Presentation（呈现），Practice（练习），Production（运用）和 Progress（评价）。④

《义务教育英语课程标准（2022 年版）》中的教学建议，明确指出要坚持育人为本、加强单元教学的整体性、深入开展语篇研读、秉持英语学习活动观组织和实施教学、引导学生乐学善学、推动"教—学—评"一体化设计与实施、提升信息技术使用效益。⑤

4.新课程理念下的小学德育教学

教育源于生活，并以生活为归宿。儿童对世界的认识首先是从其面对的现实生活开始，他们通过对生活中所面对的人与事的思考，形成好与坏、善与恶、是与非的认识与判断，进而形成正确的道德认识、道德情感、道德意志及自觉的道德行为。道德是社会生活的规范和准则，真正的学习必须在社会生活中进行。因此，以生活为途径构建思想品德的大课堂，是深化思想品德

①　中华人民共和国教育部.义务教育数学课程标准(2022 年版)[S].北京：北京师范大学出版社,2022:84-89.

②　彭青青.刍议新课程背景下的小学英语语法教学[J].当代教育论坛,2010(21):69-70.

③　王琴."新课程标准"下小学英语语法教学的定位及策略思考[J].当代教育论坛,2011(9):79-81.

④　张献臣.新课程理念下中小学英语教学需要处理的几个辩证关系[J].课程·教材·教法,2007(4):41-45.

⑤　中华人民共和国教育部.义务教育英语课程标准(2022 年版)[S].北京：北京师范大学出版社,2022:47-52.

教学改革的必然要求。有研究认为用新课程理念指导小学思想品德课程要注意课堂教学内容、课堂教学形式、品德活动要贴近社会生活。①

针对新课程"品德与生活""品德与社会"在实施体验性、探究性课堂教学中存在一定程度的失效问题，郭雯霞从感受需要倾听、感受不是想象、感受需要细化思考的过程这三个视角，提出要重视感受在道德教学中的重要价值。②

《义务教育道德与法治课程标准(2022年版)》中的教学建议，明确表示要立足核心素养，制订彰显铸魂育人的教学目标；及时丰富和充实教学内容，反映党和国家重大理论和实践创新成果；把握思想教育基本特征，实现说理教育与启发引导有机结合；丰富学生实践体验，促进知行合一。③

5.新课程理念下的小学体育教学

2001年开始，新一轮的体育课程改革强调，在注意选择适当的教学组织形式的同时，必须高度重视教学方法的改革。新课程理念对小学体育教学产生了以下影响。

第一，新课程背景下体育教学内容的变化，以目标统领内容是本次体育新课程改革的最大亮点。第二，新课程背景下体育课程与教学观念的变化。李新将新课程改革以来体育教学观念的变化总结为：由重教师教转向重学生学；由重体育知识技能传授转向重体育能力发展；由重教学结果转向重教学过程；由统一规格教育转向差异性教育；由居高临下向平等融洽转变。④第三，新课程背景下对学生学法的新要求。新课程标准强调教学要以学生为中心，教师进行必要的启发和引导，转变学生的学习方式，要求学习方式由单一性向多样性转变。第四，新课程背景下对教师教法的新要求。"坚持健康第一的指导思想，促进学生健康成长"是《课程标准》改革的基本理念，充分显

①　黄典坤.用新课程理念指导小学思想品德教学[J].教育评论,2005(2):108—109.

②　郭雯霞.谁替代了学生的感受——小学品德课堂的教学反思[J].思想理论教育(上半月综合版),2006(4):58—61.

③　中华人民共和国教育部.义务教育道德与法治课程标准(2022年版)[S].北京:北京师范大学出版社,2022:47—49.

④　李新.新课程体制下小学体育教师的角色定位[J].山东体育学院学报,2005(5):123—125.

示了体育与健康课程以促进学生身体、心理和社会适应整体健康水平的提高为目标,关注学生健康意识和行为习惯的养成,将提高学生的健康水平贯穿于课程实施的全过程。①

《义务教育体育与健康课程标准(2022年版)》中的教学建议,提出要编制课程实施计划,有效培养学生的核心素养;合理制订学习目标和选编教学内容,增强学生学习的针对性和有效性;改进课堂教学方式方法,促进学生主动学练;促进课内外有机结合,引导学生养成良好的体育锻炼习惯。②

6.新课程理念下的小学艺术教学

新课程理念下的小学艺术教学主要包括音乐和美术两个学科。

新课程理念下中小学音乐教学模式强调"以审美为核心",通过教学及各种生动的音乐实践活动,使学生获得轻松、愉快、成功的情感体验。因此教师应当转变教学观念:从感受入手采用体验的方式,以情动人、以美感人;面向全体学生,注重个性发展;重视音乐实践,鼓励音乐创造;提倡学科综合,弘扬民族音乐,理解多元文化,完善评价机制。让全体学生能自始至终、主动积极地参与到教学的全过程中,使音乐课堂活起来。③可见,新课改下的音乐教育要与学生的生理、心理发展同步,教育过程一定要有科学性。④此外,小学音乐学业评价要遵循发展性、多元化、个性和共性相结合、可操作性等原则。⑤

在新课程理念下,美术课教学也进行了变革,一改以往的教学方式。突出人性化教学和对学习情境进行科学设计,并注重在教学中注入美术文化因素。由以绘画技巧为主转变为生活美术教育,更重视美术文化的熏陶。⑥

---

①　庞兰霞.新课程标准下中小学体育教学改革的系统思考[J].当代教育科学,2006(16):58-59.

②　中华人民共和国教育部.义务教育体育与健康课程标准(2022年版)[S].北京:北京师范大学出版社,2022:120-125.

③　叶湘.新课程理念下中小学音乐教学模式研究[J].大舞台,2012(2):192-193.

④　邓春慧.对新课程下中小学音乐教育理念的再认识[J].江西教育科研,2007(11):110-111.

⑤　耿坚.新课程背景下小学音乐学业评价研究[D].上海师范大学,2013.

⑥　侯文勇.中小学美术教学中落实新课程目标的若干思考[J].教学与管理(理论版),2011(9):85-86.

《义务教育艺术课程标准(2022 年版)》中的教学建议,强调坚持育人为本,强化素养立意;重视知识内在关联,加强教学内容有机整合;注重感知体验,营造开放的学习情境;善用多种媒介形式,有机结合继承与创新;建立激励机制,激发学生的艺术潜能。①

7.新课程理念下的小学信息技术教学

信息技术作为一门独立的学科进入小学课堂,小学信息技术课程的主要任务是培养学生对信息技术的意识和兴趣,让学生了解和掌握信息技术的基础知识和技能,了解信息技术的发展及其应用对人类日常生活和科学技术的深刻影响。信息技术课程的设置要考虑学生心智和年龄阶段的不同知识经验和情感需求,努力创造条件,积极利用信息技术开展各类学科教学,注重培养学生的创新精神和实践能力。②

新课程理念下信息技术课程从重技术轻人文的批评声中,朝着课程整合、人文综合、能力培养的方向迈进。当前的小学信息技术课堂教学似乎更加重视表面的热闹气氛,缺少内涵性的支撑,甚至学科本质、基本技能等传统因素也被淡化,信息技术课堂教学仿佛是空中楼阁,精彩的背后没有基础的支撑。信息技术课程与其他传统课程相比最为年轻,没有深厚的教学理论体系,也没有公认的较为适合的教学方法和教学模式,几乎所有的小学信息技术教师都处于摸索中前进的状态。更多的则是嫁接于其他科目的教学模式之上而生成的混合性教学模式。③

郭红阳、马宏春进行了信息技术教学方法的探索,采用上网搜索及小组讨论归纳的方法,培养学生严谨的科学态度和奉献精神,并在教学过程中尝试用英语渗透模式教学,除英语知识外,还将其他学科知识整合在计算机课程中,并将良好的学习习惯和严谨的学习态度迁移到其他学科的学习过程

① 中华人民共和国教育部.义务教育艺术课程标准(2022 年版)[S].北京:北京师范大学出版社,2022:111-113.
② 教育部.中小学信息技术课程指导纲要试行[R].2000:111-113.
③ 童江.新课程理念下小学信息技术课堂游戏化教学模式探究[D].陕西师范大学,2011.

中。①余长营等人提出运用游戏教学策略,比如探索式、诊断式、启发式等方式来设计教学过程,将游戏引入中小学信息技术课堂。②

《义务教育信息科技课程标准(2022 年版)》中的教学建议,指出围绕核心素养确定教学目标、推进以学生为主体的学习方式创新、注重以科学原理指导实践应用、自觉适应信息科技的快速更迭。③

8.新课程理念下的小学劳动教学

2001 年 6 月 8 日,教育部印发了《基础教育课程改革纲要(试行)》,规定从小学至高中设置综合实践活动并作为必修课程,其内容主要包括:信息技术教育、研究性学习、社区服务与社会实践、劳动与技术教育四大板块。新课改把劳动技术教育变成综合实践活动课程,客观上削弱了它的课程地位。而综合实践活动课程国家标准(小学、初中部分)一直没有出台。教学一线的教师、教研员和行政部门的领导面对教育教学的现实,实实在在地感到无能为力。劳动技术教育在素质教育中的地位长期以来不被所谓正统的教育学所重视,一些学院派的学者不屑于这方面的研究,认为没有学术地位。在"应试教育"的强大作用下,学校不管学生的各方面素质是否发展,只重考试素质和应试能力的培养。④在政策标准和考试评价导向下,劳动教学长期处于缺位状态。

2020 年 3 月,中共中央、国务院印发的《关于全面加强新时代大中小学劳动教育的意见》明确指出要在大中小学设置劳动教育必修课,加强劳动教育。⑤《义务教育劳动课程标准(2022 年版)》出台,为劳动教学落地提供了科学化、系统化的政策依据。其中关于劳动过程的指导建议如下:在劳动过程中,学生是实践任务的操作者和完成者,教师是学生实践的启发者、指导者

---

①　郭红阳,马宏春.新课程理念下信息技术教学方法的探索[J].中国电化教育,2006(10):58−60.

②　余长营,周桂莲,刁海军.中小学信息技术课引入教育游戏的策略探究[J].中国电化教育,2007(6):90−92.

③　中华人民共和国教育部.义务教育信息科技课程标准(2022 年版)[S].北京:北京师范大学出版社,2022:47−48.

④　徐长发.我国劳动技术教育的发展[J].教育研究,2004(12):11−16.

⑤　中华人民共和国教育部政府门户网站[EB/OL].(2020−03−20),http://www.moe.gov.cn/jyb_xxgk/moe_1777/moe_1778/202003/t20200326_435127.html?eqid=a8ac39930002b92700000003642a86ec.

和呵护者,教师在指导时,对劳动过程中的关键步骤、技能要及时点拨,对劳动过程中出现的问题要指导学生及时解决,适时激励、启迪、引导学生在劳动过程中创新,强调劳动过程中的安全、规范操作。教师要在情境创设、准备阶段、实施阶段、反思阶段进行指导。①

9.新课程理念下的小学科学教学

新课程改革以来,小学科学教材实验和教学实施情况是小学科学教师关注的热点问题。为了解小学科学教材与教学的现状,黄海旺、王海英进行了一次较大规模的问卷调查。调查发现小学科学教育还需在课程教材建设、课程资源建设和教师培养与培训等方面加强研究与投入。②

《义务教育科学课程标准(2022年版)》中的教学建议,指出科学教学要以促进学生核心素养发展为宗旨,以学生认知水平和已有经验为基础,加强教学内容整合,注重教学方法改革,精心设计教学活动。基于核心素养确定教学目标、围绕核心概念组织教学内容、以学生为主体进行教学设计、以探究实践为主要方式开展教学活动。③

10.新课程理念下的小学国学教学

当前小学国学经典教学忽视了学生的生活体验,呈现出严重的学科化、知识化倾向。有学者认为回归学生生活体验是小学国学经典教学的本质要求。通过诵读、对话交流、活动等方式体验国学经典的教育意蕴,是提高学生欣赏品位、发展学生的理智和改进学生行为的关键。④

综上,新课程理念基于2001年新课改的大背景,对小学各学科的教与学都产生了深刻的影响。具体表现如下:①新课程理念所覆盖的小学科目明显增加,几乎涵盖小学所有学科;②新课程理念下的小学教与学研究,从过

---

①　中华人民共和国教育部.义务教育劳动课程标准(2022年版)[S].北京:北京师范大学出版社,2022:41-43.

②　黄海旺,王海英.小学科学教材与教学现状及对策[J].课程·教材·教法,2007(6):70-76.

③　中华人民共和国教育部.义务教育科学课程标准(2022年版)[S].北京:北京师范大学出版社,2022:118-120.

④　李录琴.小学国学经典教学中学生生活体验的缺失与回归[J].教学与管理(理论版),2019(1):74-76.

去的具体课堂教学研究延展至开始探讨课程标准的制定、科目教材的编写、评价机制的完善等方面。可见,新课程理念下小学教与学研究在理论和实践上都取得了长足的突破和发展。

二、"生本"教育理念

"生本"教育是由郭思乐创立的一种教育思想和教育方法;是一种以生命为本的教育,也是为学生好"学"而设计的教育,既是一种教育理念,也是一种哲学方式;以"生本"教育理念为指导,在我国内地和港、澳、台等一百多所中小学进行了实践应用。①

(一)"生本"教育理念的概念及内涵

朱小蔓在教育与"生本"教育的一次研讨会上提到,所谓"生本"教育,实质上是一种尊重生命、尊重自然、顺应儿童天性的教育理念,就是让学生自己动起来,寻找问题、分析问题、解决问题,把可以交给学生的教学内容交给学生,强调教学过程中以学生为主体。"生本"教育其实也就是一种释放生命能量的教育,是激扬生命的教育。②

"生本"教育的宗旨是一切为了学生、高度尊重学生、全面依靠学生,是真正将学生作为学习的主人而设计的教育。"生本"教育主张教育应实现由"师本"教育向"生本"教育的根本转变,即将传统的为教师好"教"而设计的教育,从根本上转变成为学生好"学"而设计的教育,真正实现充分地让学生积极、主动、活泼、健康地发展。③"生本"教育理念在价值观、伦理观、行为观、课程观、教学观、教师观方面均有所体现:以"一切为了学生"为价值观④,以"高度尊重学生"为伦理观⑤,以"全面依靠学生"为行为观,⑥且主张"课程的

---

① 郭思乐.教育走向生本[M].北京:人民教育出版社,2006.
② 朱小蔓.教育与生本教育——在一次研讨会上的报告[J].现代教育论丛,2007(1):10-12.
③ 郭思乐.教育激扬生命——再论教育走向生本[M].北京:人民教育出版社,2007.
④ 郭思乐.教育走向生本[M].北京:人民教育出版社,2006:35.
⑤ 郭思乐.教育走向生本[M].北京:人民教育出版社,2006:37.
⑥ 郭思乐.教育走向生本[M].北京:人民教育出版社,2006:58.

整合"。①"生本"教育的教学就是学生在教师的组织引导下的一种自主学习，这种自主学习可以是以个人、小组和班级为单位的多种形式。"生本"教育主张教师应是"生命的牧者"，而不是"拉动学生的纤夫"；是课堂上的"引导者""指导者"和"组织者"，而不是"主宰者"。②

（二）"生本"教育理念下的小学教与学实践研究

学者们基于"生本"教育理念，积极探索解决小学课堂教学中忽视学生主体现象的路径，力求找到学科中激发小学生学习兴趣的教学方法，帮助小学生在学科学习中实现不同学科素养的自我成长。

1."生本"教育理念下的小学语文教学

吴月圆认为在"生本"教育背景下，语文教师既要相信学生能自己"体会"，学会将学习的任务进行分解，学生自己能学会的则交由学生自学自悟，也要在教学中抓住语文学科的特点，重视学生对语言的感受、理解、欣赏、评价。③以教材为载体，利用教材与学生共同感悟学习中的乐趣。课堂教学中注重发挥学生的主体作用，引导学生在合作探究中发现，启发学生在讨论交流中质疑，鼓励学生在阅读欣赏中感悟。④

也有学者对语文课堂教学滞后于"生本"教育理念进行了研究，发现语文教学仍未摆脱"教为中心"的藩篱、缺少"问"的内容、学"问"方法失位。对此，教师应转换提问思路，厘清关键问题，创设愿问的教学场，让学生能问。基于提问教学渗透提问策略，让学生逐渐会问。⑤

2."生本"教育理念下的小学国学教学

国学内容的设计应依据学生年龄特点、心理特点、认知水平以适合中小学生年龄特点、新课标要求及学生未来发展需要，采取"撮其精要，整合再现"的方式组织教材，从浩瀚的典籍中提取含金量高的、浓缩的精华内容，为

① 郭思乐.教育走向生本[M].北京：人民教育出版社，2006：107.
② 郭思乐.教育激扬生命——再论教育走向生本[M].北京：人民教育出版社，2007：229-232.
③ 吴月圆."生本课堂"背景下"体会"教学的困局与解局——例谈学生自主体会教学的有效实施[J].中小学教师培训，2016(8)：49-53.
④ 何建芬.生本理念下的小学语文教学[J].人民教育，2009(Z3)：17-19.
⑤ 王宗海.学"问"：生本课堂的基点[J].语文建设，2017(5)：19-23.

不同年级学生量身定做课程内容。用有限的时间，教给学生学习国学的方法，把学生引入门径。

"生本"教育理念下小学国学教学策略包括：一是列入校本课程，掌握课程实施的主动权。二是以生为本，开发生本课程，例如根据需要设计课程，在充分尊重学生身心特点与需要的基础上，设计国学课程内容，最大限度地满足不同年龄学生的认知发展水平。[1]

3."生本"教育理念下的小学数学教学

在小学阶段的数学教学中，知识的呈现是零散的，通过整理归纳活动使新旧知识联结，构建相对稳定的、有整合力的认知系统，便于记忆和运用。教师放手引导学生进行归纳整理，帮助学生进行知识的同化，有助于学生学以致用地解决问题，使教学有效化。

有学者认为数学教学在价值目标取向上不仅仅局限于引导学生掌握知识技能，更重要的是让学生在数学活动中增强应用意识，获得数学的基本思想和方法，了解数学的价值，在情感、态度、价值观等方面得到充分的发展。[2]例如，通过参与数学推理的过程培养学生的说理、批判、质疑、求实求真的理性思维和理性精神；通过对数学问题的解决，培养学生提出问题、分析问题和解决问题的能力。[3]还有学者建议，可设计弹性化的教学过程为课堂教学留下不确定的空间，让教师在课堂上把主要精力用在关注学生的学习状态，为课堂教学留下充足的空间。此外，在课堂教学中要积极探索发展性评价。[4]

4."生本"教育理念下的小学德育教学

有研究者认为随着"生本"教育理念的提出，教学应该是教师和学生共同探讨新知及平等对话的过程。课堂上弱化教师权威，才能迸发出学生思维的自由和活力；在课堂上给学生"松绑"才能体现出真正的平等和民主意识。

---

① 李英."生本"理念下小学国学教学现状与对策研究[J].教学与管理,2012(33):124-125.
② 宋君.新理念下的小学数学课堂教学实践的探索与思考[J].中小学教师培训,2010(4):52-54.
③ 于江涛,王宝琴."人本化"的数学课程理念[J].当代教育科学,2004(22):25-27.
④ 宋君.新理念下的小学数学课堂教学实践的探索与思考 [J]. 中小学教师培训,2010(4):52-54.

因此,面对课堂上"不同的声音",教师要有"平起平坐"、海纳百川的情怀,不能视为违纪现象而棒杀之。同时,"生本"教育理念要求教师"含而不露"缓说破,从而促进学生把知识内化为信念,外化为行动,真正做到入脑、入心、导行,使思想政治课教学在"生本"教育理念的指导下永葆生命力。①

5."生本"教育理念下的小学英语教学

在陈雪芳看来,基于"生本"教育理念的小学英语课堂教学有四个关注点:①"围墙"之道——拆开心墙,关注课堂的生成性。②"动车"之道——蓄上动力,关注学生学习的自主性。③"穿鞋"之道——恰当选择,关注课堂学习内容的适切性。④"插秧"之道——适度留白,关注课堂生活的和谐性。②

席春玲认为小学"生本"教育理念下英语教学的主要特点是利用课本剧创造情境、鼓励和帮助学生先学、在表演中学英语、发挥学习小组的作用、延伸创造保持儿童的学习积极性。小学英语教学在评价上也进行了"以生为本"的改革,英语教育评价从促进英语学习出发,采取师生共同操作的"两评两研"的"生本"评价形式,使师生正常的教学、学习过程受到最小的影响,减少了小学生心理压力,把师生的教学状态调整到最佳,保护了学生的学习生态。③

6."生本"教育理念下的小学科学教学

大部分的小学科学课堂中,教师教学的重点还没有完全能够从自己的"教"转变为学生的"学"。依据"生本"教育理念的基本内涵和宗旨,结合小学中年级段科学课的教学特点,可探索出"生本"教育理念下的一些适用于小学中年级段科学教学的策略,如关注学生的实践参与,实现主体性"生本"课堂;关注分组实验探究,实现合作性"生本"课堂。④

7."生本"教育理念下的小学音乐教学

基于实现学生学习主体地位的生本理念要基于实现学生学习主体地位的生本理念要求,相关研究者结合音乐课堂教学特点聚焦课堂管理优化策

① 吴又存.生本教育理念下思想政治课教学探究[J].学校党建与思想教育(普教版),2004(3):40-41.
② 陈雪芳.好课之"道"——生本教育理念下的小学英语课堂教学[J].中小学教师培训,2015(1):42-44.
③ 席春玲.小学生本英语教学的理念与特点[J].上海教育科研,2006(12):85-86.
④ 邹梦宇.生本教育理念下的小学中年级科学课教学实践研究[D].扬州大学,2021.

略,提出从创设适宜的教学情境着手,吸引学生参与学习;强化秩序,体现刚柔并济;面向全体提升课堂管理效度;引导创新,升级课堂评价体系。[①]也有学者认为在生本理念指导下的音乐课程教学,更重视培养学生的审美感知、艺术表现和文化理解能力与意识,教师以学生为主体开展教学活动,促使学生在体验、感悟、理解和把握音乐的同时,通过各种形式表达对音乐的美感和情感体验,理解不同文化语境中音乐艺术的人文内涵,有助于培养学生的音乐核心素养。进而提出应用策略:教师要以新课标为引领,透彻理解生本理念内涵,在此基础上,借助创设教学情境、提倡小组合作、构建翻转课堂、实施分层教学等策略的制订与运用,实现生本理念与音乐教学之间的深层次融合,彰显音乐课程育人价值,促进小学生全面发展,落实立德树人的教育根本任务。[②]

8."生本"教育理念下的小学信息技术教学

新课程改革的不断推进与信息技术课程标准的颁布施行对小学信息技术教学提出了在课堂上要依靠学生,教师要为学生的"好学"而设计"教"的基本理念。学者提出学生是学习、生活等各个领域的主动创造者,在课堂教学中我们不仅要授之以"鱼",更要授之以"渔"。要做到:第一,培养主体意识,创情境,重操作。例如可创设情境,启发探索动力。第二,优化课堂教学,多思考,巧改编。比如逆向思考教材,保持教学新鲜感。第三,呼唤人性教育复归,基于网络,共同发展。在信息技术课堂中渗透"生本"教育的理念,就是要呼唤人性教育的复归,要以学生为主体,以人为本。[③]

综上,"生本"教育理念与同时期所倡导的素质教育有异曲同工之妙,虽提法不一,窥见其"以人为本、以生为本"的核心理念却不谋而合。通过对"生本"教育理念下的小学各学科教与学的研究进行梳理,可以发现,"生本"教育理念下的课堂教学比应试教育更具生命力和人文关怀气息,兼具育人功能与知识功能于一体。但是,学者们倾向于关注"生本"教育理念下的小学各学科教与学中的具体课堂教学,极少从评价等其他视角进行研究探讨。

---

① 周蓉.基于生本理念下的小学音乐课堂管理[J].黑龙江教育(理论与实践),2017(12):89-90.
② 魏乐.新时期生本理念在小学音乐课堂中的应用[J].智力,2023(19):128-131.
③ 唐天池.生本教育理念在小学信息技术课堂教学中的应用[J].中国电化教育,2007(9):88-91.

三、对话教育理念

课堂教学作为全面实施素质教育的重要渠道和基本途径，学界对课堂教学本质的认识有不同的观点。随着新课程改革持续推进，越来越多教学实践者将教学过程看作是"对话""沟通""交往"的过程，是促进学生有效学习的过程。①对话教育理念对教学过程中分科教学过细、教育对象与教育者地位不平等关系的问题寻求破解。对话教学是新教学方式的一种有益尝试。

（一）对话教育理念的概念及内涵

20 世纪 80 年代以来，在世界上许多国家的教育实践中，虽然园丁式教育克服了灌输式教育的诸多不足，但灌输式教育的许多缺陷，如分科过多，缺乏整体性，只强调各学科的区别，不顾及各科之间的联系等仍然存在。值得注意的是，园丁式教育后来渐渐走向极端，过分强调学生的自由表现，不重视对学生整体施教和整体发展的宏观调整能力。为了弥补这些缺陷，20 世纪 80 年代开始，世界上许多国家开展了对话式教育的试验。所谓"对话式教育"是以强调教师与学生的对话式相互作用来达到学生自主和自由发展的一种教育。在这种教育中，教师与学生、家长与子女、学习者与所学对象之间，不再是教训与被教训、灌输与被灌输、征服与被征服的关系，而是平等的、对话式的、充满爱心的双向交流关系。②"在对话中人们不是探讨一个确定的主题，而意在一种有待发现的真理，参与对话的人之间没有任何对立，他们只是想搞清楚共同面对的问题。"③

米靖认为对话教学关系的特征包含着对话教学理论中最根本的显性及隐性的假设，即教学关系的交互性与平等性、教学关系的接近性、支持信任与肯定他人的教学氛围、对话教学要求参与者全身心地投入、对话教学指向未来具有时间的流动性④，对话不仅体现了教学的本质，也是师生在教学过

① 孙翠香.构建新课程改革背景下的课堂教学[J].当代教育科学，2003(21)：38-39+42.
② 胡东芳.对话式教育：当代教育新理念[J].现代教育论丛，2000(3)：8-11.
③ 滕守尧.文化的边缘(第一版)[M].北京：作家出版社，1997：369.
④ 米靖.论基于对话理念的教学关系[J].课程·教材·教法，2005(3)：20-25.

程中的一种生存状态,最终建立一种新型的师生关系。这不仅改变了师生关系,也改变了同学之间的关系,改变了师生与文本的关系。师生交往方式的转变带给整个教学以勃勃生机和活力,最直接的效果是师生之间、生生之间、师生和文本之间消除了误解,达到了更好的理解,使教学效果和教学质量得到提高,而最有价值的收获是师生之间、生生之间、师生和文本之间的关系得到全面的提升,民主、平等的对话精神逐步养成。①

(二)对话教育理念下的小学教与学实践研究

对话教学是新课程改革所提倡的一种新的教学理念。它是"对话哲学"中的对话思想在教学领域的反映, 是在对一些不合理的教学观念进行批判的基础上建构起来的一系列新的教学观念, 包括对话教学的目的观、过程观、师生关系观及课程观等。在教学实践中,教师必须要认清对话教学的"理念"本质,防止其走向形式化。②

1.对话教育理念下的小学语文教学

徐晓清在理解对话理念意义的基础上建立了小学语文课堂教学的新模式,提出学生学习的新策略。教师的教学中心点在对话核心主题上,在核心主题的基础上形成对话的分主题, 通过对话核心主题与分主题再找出对话的依托点,并将其作为教学的具体内容,形成了一个新的三位一体的教学模式,共同构成环环相扣且主题鲜明的整个教学平面。③王其华指出,在实施中由于观念的偏差、认识的局限, 导致对话教学中出现了很多虚浮和无效现象。对此,王其华理性审视对话真实意义的缺失,在与文本、他人、自我对话中科学构建"有效对话"的实践策略。④

小学语文对话教学工作的开展, 对课堂教学质量的提升及学生核心素养的培养具有积极影响,为学生全面发展奠定了坚实的基础。因此,小学语文教师应当加强优化对话教学的策略探索, 通过合理应用对话教学改善当

①　郑金洲主编.对话教学(第一版)[M].福州:福建教育出版社,2005:26-32.
②　廖青.对话教学的真实意蕴:一种教学理念[J].教育学术月刊,2009(10):100-102.
③　徐晓清.基于"对话"理念的小学语文教学策略探索[J].语文建设,2014(27):13-14.
④　王其华.新课程语文对话教学的理性审视和科学构建[J].中小学教师培训,2006(7):38-40.

前的教学现状,促使课堂教学质量和水平得到逐步提升。①

2.对话教育理念下的小学数学教学

陈惠芳基于对话式教学的意义,并从对话教学的现状出发,寻求有效的教学对策,以提高数学课堂教学的实效。在数学对话式教学中,教师与学生之间是一种平等对话交流关系,即"主—主"关系,教师是学生的引导者。双方互相倾听和言说,彼此敞开自己的精神世界,在理解和对话中获得精神的交流和意义的分享,从而实现真正意义上的"教学相长",形成一个有效的"学习共同体"。②此外,教材对话文本具有确定教学探究问题、生成师生对话预设、引领对话教学走向的价值。党越、陈鹏发现通过提升文本转化意识、挖掘对话教学素材、联动对话教学实践能够推进教材对话文本的教学转化,扩展对话教学的实施路径。③

3.对话教育理念下的小学德育教学

传统的小学品德课堂教育理念都是建立在灌输、传递形式理论上的,基本范式是"明理—激情—笃行",极为强调严格训练。对话教育主张用"接受—构建"的范式展开教学,是认知建构主义学习理论在小学品德课教学的具体应用,也是一种品德课堂教学改革的新尝试。小学品德课堂教学的对话教育是有层次分类的,从对话主题和对话信息来源分,可以分成:师生对话、生生对话、文本对话、自我对话四个不同层次。低年级是以师生对话、生生对话为重点,培养倾听和表达的良好习惯。中年级过渡到文本对话,包括课文、书籍、视听媒体等,培养筛选信息、组合信息、归纳表达的能力。高年级要进行自我对话机制,培养反思、领悟、思辨能力,养成一种道德规范行为的调节机制,为后继学习奠定基础。

有学者提出对话教育理念下的小学品德课教学模式可以分三个层次:

---

① 董丽英.小学语文教学的对话价值研究[J].华夏教师,2017(2):51-51.
② 陈惠芳.基于生态理念的对话式教学的意义、现状与对策——以小学数学教学为例[J].教育理论与实践,2012(32):59-61.
③ 党越,陈鹏.小学数学教材对话文本教学转化价值与路径[J].教学与管理(理论版),2022(1):69-72.

一是宏观的主流性模式,呈现对话教育的特质;二是主流模式的变式,在环节设计和时间分配上有某种变化,引出新的功能;三是具体操作的课型。三个层次的模式构成一种模式群。①

近年来,潘娜进一步研究了"对话育人"德育实践过程从整体和共生的研究视角,以"情境生成任务""项目化学习实践""内化与应用"作为对话育人的基本操作环节;"问题情境—合作探究—交流分享—凝练共识—迁移应用—对话拓展"作为对话育人的基本流程步骤。同时提出,对话育人教学模型要从空间与时间两个维度进行建构。空间层面关注的是对话教学中学生对话的对象,即知识、他人、自我、世界。时间层面关注的是如何进行对话,即对话的途径包括根据情境生成任务,开展项目化学习实践,最终达到知识的内化与运用。②

4.对话教育理念下的小学英语教学

曹伟华就旨在培养学生语言交际能力的小学英语对话课进行了研究。总结对话教学导入方法,并在"整体—部分—整体"这一教学原则的统领下,将整篇对话文本分解,并采用不同形式的练习帮助学生对文本进行有侧重、有层次的解读和梳理。③郭宝仙结合英语教学实践中的一些问题探讨对话式英语课堂教学的策略。④

小学英语对话教学在新课改背景下和社会对英语能力的更高要求下,在近年来逐渐呈现出一定程度上的兴盛。但从目前小学英语对话教学的效果和发展现状来看,真正有生命力和教学效果显著的对话课堂并没有广泛地构建起来。李瑾对如何在小学英语对话教学中设计和构建有效的对话话题展开探讨,期待在对话中培养学生综合语言运用能力和主动思维能力。⑤俞良燕力求把握好插图与对话文本的内在联系,⑥并通过语境创设、对话解

① 潘娜.对话教育理念下的小学品德教学改革[J].上海教育科研,2013(12):80-81.
② 潘娜.对话育人:小学德育创新实践研究[J].课程·教材·教法,2020(6):109-113.
③ 曹伟华.小学英语对话教学探索[J].教学与管理(小学版),2007(12):47-49.
④ 郭宝仙.对话式英语课堂教学策略[J].中小学英语教学与研究,2010(3):20-21,34.
⑤ 李瑾.小学英语对话教学话题的设计[J].教学与管理(理论版),2017(5):107-109.
⑥ 俞良燕.例谈以教材插图为支架的小学英语对话教学[J].教学与管理(小学版),2019(6):51-53.

构、对话重构、语用评价，帮助学生学而有知、探而有得、拓而有进，由此优化对话教学，使得学生喜欢口语交际，最终提升学生的口语素养及真实交际能力。①

5.对话教育理念下的小学美术教学

新课改实施后的美术课堂呈现出一个明显的变化：课堂上充满了轻松愉悦的氛围，师生在这样的氛围里进行平等对话、交流、合作、学习，共同进步。钟平以教学实践为例，从课堂导入、作品赏析、教学示范、作业展评等几个环节，阐述了美术教学中如何进行师生互动，以及运用互动的形式产生的教学效果，从而论证了小学美术教学中开展师生互动的必要性。②

6.对话教育理念下的小学体育教学

"对话"型体育教学范式强调教师和学生同样是课堂的主体，学生与教师及外在学习环境是一种积极的交互和对话，通过情景化、结构性的体育教学内容，培养学生体育学科核心素养，促进学生的全面发展。对话教学也打破了课堂教学中教师独白式的讲授和说教，强调教师和学生同样是课堂的主体，课堂由教师和学生共同经营。

但对话教学范式在实施过程中对体育教师和学生提出了更高的要求，而且教学效率相对较低，体育教学评价的可操作性有一定难度等掣肘因素。所以，在当前新一轮体育教学变革中，如何切实有效推行对话体育教学范式的实施，培育学生体育学科核心素养的养成仍是当下需要解决的难题。③

综上，由于对话教育理念是"对话"理论的延展与分支，因此学者们在研究对话教育理念下的小学学科教与学时，更偏向从对话理论、生态理论、认知建构主义理论等理论中来探索构建各种新型教学模式，进而激发小学课堂教学的活力。此外，对话教学中也存在着问题需要修正和解决，有学者对"病态

---

① 俞良燕.指向高阶思维的小学英语对话教学范式研究[J].教学与管理(小学版),2021(8):42–45.

② 钟平.小学美术教学中的师生互动策略[J].现代中小学教育,2011(1):60–61.

③ 陈长洲,王红英,项贤林.新中国70年中、小学体育教学的范式转型——从"教受范式"到"导学范式"再到"对话范式"[J].天津体育学院学报,2020(2):169–174.

对话"的产生机制及其表现形式进行分析、归纳,并提出相应的消解策略。①

四、核心素养理念

当下核心素养理念已成为引领中国教育发展的风向标, 自核心素养概念提出,相关理论研究已覆盖核心素养的内涵发展、体系建构、评价实施及课程教学等多方面。②

(一)核心素养理念的概念及内涵

随着全球化、信息化时代的来临,为了适应复杂多变与快速变迁的多元需求,人们对传统的能力、技能、知能等概念的内涵进行了扩展与升级,提出了同时包括知识,能力与态度的素养概念,并从关键及核心的角度加强了论证。显而易见,在以信息经济、低碳经济等经济形态为主导的当代社会背景下,人才的培养需要重视核心素养,强调"核心素养",反映了当今时代社会发展的需求。③

核心素养这一概念来源于 1997 年经济合作与发展组织(Organization For Economic Cooperation and Development, 简称 OECD)发起的"核心素养的界定与选择:理论和概念基础"项目,由此启动了 21 世纪核心素养框架的研制工作。在其语境下,素养被界定为:"不只是知识与技能。它还是在特定情境中,通过利用和调动心理社会资源(包括技能和态度),以满足复杂需要的能力。"④核心素养概念的雏形出现于 21 世纪初,2005 年经济合作与发展组织在"素养的界定与遴选:理论框架与概念基础(简称 DeSeCo)"报告中,提出了核心素养并将其定义为:个人实现自我、终身发展、融入主流社会和充分就业所必需的知识、技能及态度的集合。它们是可迁移的,并且发挥着多样化

① 苏春景,孙晓莎.小学课堂教学中的师生"病态对话"现象及其消解策略[J].中国特殊教育,2011(11):26-31.

② 陈蓓.基于知识图谱分析的核心素养研究综述[J].外国中小学教育,2017(11):1-11.

③ 辛涛,姜宇,林崇德.论学生发展核心素养的内涵特征及框架定位[J].中国教育学刊,2016(6).

④ 张华.核心素养与我国基础教育课程改革"再出发"[J].华东师范大学学报(教育科学版),2016(1):7-9.

的功能。①

2014 年教育部印发《关于全面深化课程改革落实立德树人根本任务的意见》,明确提出了落实立德树人十大关键领域,并指出要构建学生发展核心素养体系。在这个意见中,首次提出要培养学生具备终身发展和社会发展所需要的必备品格和关键能力,突出强调个人修养、社会关爱、家国情怀,更加注重自主发展、合作参与、创新实践,并就如何培育核心素养提出了粗线条的要求,其中包括:要根据新的核心素养体系,研究制订中小学各学科学业质量标准和高等学校相关学科专业类教学质量国家标准;明确不同学段、不同年级、不同学科学生学习完成之后应该达到的要求;教师要准确把握教学的深度和广度,使考试评价更加准确反映人才培养要求;各级各类学校要把核心素养和学业质量要求落实到各学科教学中。②

此后,林崇德带领的团队受教育部委托开展了"中国学生发展核心素养"研究,并于 2016 年正式发布研究成果。这一研究成果是当下我国知晓率最广、众多中小学校认可和使用最普遍的。具体表述如下:综合世界各个国家(地区)及国际组织对核心素养概念内涵的界定,同时考虑到不同学科视角对核心素养的认识,以及我国的现实需求和教育实际,可以将其界定为:核心素养是学生在接受相应学段教育过程中,逐步形成适应个人终身发展和社会发展需要的必备品格与关键能力,是关于学生知识、技能、情感、态度、价值观等多方面要求的结合体;是指向过程,关注学生在其培养过程中的体悟,而非结果导向;同时,核心素养兼具稳定性、开放性与发展性等特性,其生成与提炼是在与时俱进的动态优化过程中完成的,是个体能够适应未来社会、促进终身学习、实现全面发展的基本保障。③中国学生发展核心素

① The Definition and Selection of Key Competencies:Executive Summary[EB/OL](2016-07-21),https://www.oecd.org/pisa/35070367.pdf.

② 夏永庚,彭波,贺晓珍.核心素养理念"落地"之困及其支撑[J].大学教育科学,2019(2):34-42.

③ 辛涛,姜宇,林崇德.论学生发展核心素养的内涵特征及框架定位[J].中国教育学刊,2016(6):3-7+28.

养以"全面发展的人"为核心,分为文化基础、自主发展、社会参与三个方面,综合表现为人文底蕴、科学精神、学会学习、健康生活、责任担当、实践创新六大素养,具体细化为国家认同等 18 个基本要点。①

"中国学生发展核心素养"体系对"关键能力"的道德贫困进行了有意识的弥补,但这一体系也有自身的问题与缺陷。高德胜结合纳斯鲍姆等人所倡导的"可行能力"理论在"核心素养"建构中有机融入道德要素。②可以预见,核心素养理论及其教学研究都在探索与思辨中不断完善和发展。

(二)核心素养理念下的小学教与学实践研究

核心素养理念下的小学教与学实践研究,聚焦探索学科核心素养的内涵,同时结合学科本质和要求研究了课堂教学、教材应用、教学评价等重要主题。

1.核心素养理念下的小学语文教学

就语文这门学科来说,核心素养并不是一个全新的概念,而是在以往人们对语文教育价值理解的基础上,所做的进一步思考与更清晰的表达。王宁指出:语文核心素养是学生在积极的语言实践中积累和建构的语言能力和素质,是学生在学习过程中获得语言知识与能力、思维方法与情感态度、价值观的综合表现。③由此,语文核心素养直接指向能体现语文学科特点和语文学科本质特征的素养,重在其独特的结构性、基础性、融生性和发展性。

山东威海高区沈阳路小学秉承"新教育实验"理念,坚持"创造适合每个孩子成长的七彩教育"办学思想,探索开展基于核心素养发展的语文教学设计和策略研究,通过建立多元、开放、立体的"大学科""大阅读""大课堂",让语文学科核心素养与学生的核心素养、个体素养融为一体,着力培养他们内在的言语经验和言语品质,同时培养运用祖国语言文字的能力,使他们改进思维方法、提升思维品质,养成基于正确价值观的审美情趣和文化感受能

①　核心素养研究课题组.中国学生发展核心素养[J].中国教育学刊,2016(10):1-3.
②　高德胜.追求更有道德意蕴的核心素养[J].西北师大学报(社会科学版),2021(1):95-107.
③　王宁.语文核心素养与语文课程的特质[J].中学语文教学,2016(11):4-8.

力,促进每一个学生的终身发展、全面发展和个性发展,让学生的生命自由舒展、多姿精彩。①

落实核心素养培育离不开学科教学的支撑,作为课程载体的教科书,其内容选编体现着国家对未来新人的期许。研究者围绕《中国学生发展核心素养》框架,以人教版小学语文教科书为例,通过文本分析发现核心素养在教科书中的儿童形象呈现特点,在此基础上提出小学语文教科书编写与使用建议:关注"个人"的养成、避免性别意识干扰、丰富学生文本体验、给予学生思考空间。②

王喜斌、王会娟提出以主题或者单元整合优化的形式联系小学语文学科内在的逻辑关联,发挥小学语文学科核心素养的整体育人功能。并在学科内渗透式整合的基础上,为学生创设逼近真实、富有实际意义的学习情境,以关联性的主题或单元组织教学语文、品德与社会、班队会等不同的教学活动,实现学科间的有效整合,创建"一体多元"的课程结构框架。③

《义务教育语文课程标准(2022年版)》颁布施行,对核心素养的发展提出了明确要求,比如,亟须小学语文教学观实现三大转变:教学方向要从"教语文"到"用语文教人";教学内容要从语文知识技能到语文主题任务;教学方式要从"讲授学""操练中学"到"任务中学""情境中学""活动中学"。④

2.核心素养理念下的小学数学教学

目前,已有相关学者对中国学生发展的数学核心素养进行了明确的概念界定,如孔凡哲、史宁中认为数学核心素养的本质在于用数学的眼光观察现实世界、用数学的思维思考现实世界、用数学的语言表达现实世界。数学核心素养是学生经历数学化活动之后所积淀和升华的产物,这种产物对学

①　丁莉莉.基于核心素养发展的小学语文教学设计和策略研究[J].中国教育学刊,2018(8):77–80.
②　陆韵,彭小琴.核心素养在小学语文教科书儿童形象中的呈现[J].教学与管理,2019(3):77–80.
③　王喜斌,王会娟.小学语文学科"核心素养"的内涵及其实现路径[J].教学与管理,2018(12):81–83.
④　施光宏,朱娉娉.基于学习任务群的学科融合教学策略研究——以小学语文教学融合劳动教育为例[J].语文建设,2022(20):22–26.

生在数学上的全面、和谐、可持续发展起决定作用。数学核心素养包含三种成分：一是学生经历数学化活动而习得的数学思维方式；二是学生数学发展所必需的关键能力；三是学生经历数学化活动而习得的数学品格及健全人格养成。①

有研究者认为小学生数学核心素养是动态发展系统，其架构由"一轴双链四层八翼"四部分组成："一轴"为数学核心素养的价值导向，即"立德树人、面向全体、适应个性"；"双链"为数学核心素养的培养主线，即"明暗交替，螺旋上升"，明线是从第一学段到第三学段的学段变化，暗线是从"四基""四能"到"三会"的素养发展；"四层"为数学核心素养的内容要素，即"数学知识、问题解决、数学情感、数学思维"；"八翼"为数学核心素养的基本要求，即"联结性、融合性、情境性、开放性、积极性、稳定性、直观性、经验性"②。

随着课程改革的深入发展，在先进教育理念被广大教育工作者接受、悦纳之时，为帮助一线教师将理念转化为教与学行为，任占杰基于学习原理，立足核心素养，探讨小学课堂数学活动内涵、明确其特性、组织结构。③

熊梅等人指出，学科核心素养的单元设计与实施已成为小学数学课堂教学改革的必然趋势。具体设计时，可以从选定单元内容与确定单元主题、确定单元目标与评价标准、制定单元学习与评价计划三个方面着手，在大单元设计时应注意加强对学情的整体研究，加强对挑战性作业、个性化作业的研究，加强对情感态度、维度评价、信度和效度的研究。④王彩云探究如何基于核心素养提高学生运用数学思维解决问题的能力。⑤吴宗金主张核心素养

①　孔凡哲，史宁中.中国学生发展的数学核心素养概念界定及养成途径[J].教育科学研究，2017(6):5–11.

②　朱立明，秦丹.新课标下小学生数学核心素养的架构研究[J].课程·教材·教法，2022(7):12–18.

③　任占杰.核心素养视域下小学课堂数学活动的思考与实践[J].天津师范大学学报(基础教育版)，2021(2):55–61.

④　熊梅，董雪娇，孙振涛.学科核心素养视角下的小学数学大单元设计[J].教学与管理(小学版)，2019(12):51–53.

⑤　王彩云.基于核心素养提高学生运用数学思维解决问题的能力[J].中国教育学刊，2018(S1):197–198.

下小学数学的命题思路应从注重试题直观感知、培养直观思维能力,注重数学阅读素养、培养高阶思维能力,注重知识形成过程、培养学生认知能力,注重知识实际应用、培养自主发展能力等方面来发挥导向作用,促进数学教师培养学生的核心素养。①

曹培英则对核心素养理念下的小学数学学科体系进行了构建,并给出了具体的落实方式。②此外,还有张炳意、李星云、洪亮、吴维维、魏瑞霞等学者对核心素养在小学数学学科的落实进行了探讨。③也有学者基于核心素养的理念探索评价目标、内容、过程与方法之间的内在联系,构建小学数学教学评价框架。④

3.核心素养理念下的小学英语教学

程晓堂、赵思奇在综述国内外学科核心素养理论与实践研究的基础上,论述了中国语境下发展学生英语学科核心素养的价值,着重阐释了英语学科核心素养的内涵,包括要注重英语学科的育人价值,理解英语学科核心素养的构成要素(语言能力、文化品格、思维品质、学习能力)等。⑤

郭宝仙认为英语学科核心素养是从学科本质和国家战略角度对"中国学生为什么要学英语?"这一问题的回应,是英语学科"立德树人"价值的提炼,具有整体性、渗透性、阶段性和终身性等基本特征。为了落实英语学科核心素养的培养,英语课堂教学应抓住侧重、构境、互动、整合与贯通五个关键要素,提升教师自身核心素养和素养教学能力。⑥在核心素养时代,为更好地

---

① 吴宗金.基于小学数学核心素养的命题思路[J].教学与管理,2020(32):70-72.

② 曹培英.小学数学学科核心素养及其培育的基本路径[J].课程·教材·教法,2017(2):74-79.

③ 张炳意.彰显学生主体:核心素养取向下的小学数学教学意蕴与路径[J].中小学教师培训,2017(12):52-54;李星云.论小学数学核心素养生成的教学策略[J].内蒙古师范大学学报(教育科学版),2018(1):113-117;洪亮.学生发展核心素养在小学数学中的渗透路径探析[J].中国教育学刊,2017(6):72-74;吴维维,邵光华.逻辑推理核心素养在小学数学课堂如何落地[J].课程·教材·教法,2019(3):88-95;魏瑞霞.为"问题解决"而教:小学数学模型思维教育实践[J].人民教育,2022(10):56-58.

④ 金钰珍. 核心素养视角下的小学数学教学评价研究 [J]. 教学与管理(理论版),2021(8):119-124.

⑤ 程晓堂,赵思奇.英语学科核心素养的实质内涵[J].课程·教材·教法,2016(5):79-86.

⑥ 郭宝仙,章兼中.如何在课堂教学中培养英语学科核心素养[J].课程·教材·教法,2019(4):66-71.

激发学生学习的内源动力、有效析出英语语言的文化蕴含,小学英语教学设计亟须强化四种根底意识,即目标意识、学生意识、文化意识与活动意识。①

在基于核心素养理念下的小学英语课堂教学中,经专家学者推介,绘本教材、绘本教学等方式成为小学英语教学的一大亮点,也是提升小学生英语核心素养的重要途径。吴燕蔓通过梳理国内、外英语绘本及分级读物用于阅读教学的研究,回顾其发展历史、讨论其研究现状,并结合阅读教学,着重探讨了英语绘本及分级读物对培养学生英语学科核心素养所起的促进作用,提出英语绘本与分级读物的研究应涵盖语言能力、文化品格、思维品质、学习能力几方面。同时,英语绘本和分级读物、电子绘本等都能拓宽英语学习渠道,使学生保持良好的学习兴趣,激发学生的学习动机。②

大观念是英语学科核心素养的重要着手点,但是小学英语界对基于大观念的小学英语教学的理解不甚清晰。周诗杰提出基于大观念的小学英语单元教学设计的五步框架,为大观念在小学英语教学中落地提供一种探索思路。③金玲红等人基于核心素养进行了小学英语单元整体教学设计的研究。④

4.核心素养理念下的小学德育教学

2016 年,新课改将原有的小学《品德与生活》《品德与社会》两门课程整合为《道德与法治》,明确了小学生核心素养的内容,强调培养小学生核心素养的重要性,对小学生道德与法治教学提出了更高的要求。

在《道德与法治》课程核心素养框架构建方面,张旸等人采用德尔菲法,得出品德良好、热爱生活、探究实践、遵规守法 4 个一级指标,热爱祖国、热爱集体等 20 个二级指标,初步形成小学《道德与法治》学科核心素养指标框架,为以核心素养培育为导向的教育教学提供了参照准则和评价依据。⑤金

① 张绍军,陈名英.论小学英语教学设计的意识与实现[J].课程·教材·教法,2021(4):112-117.
② 吴燕蔓.基于英语绘本与分级读物的小学英语学科核心素养培养[J].教学与管理,2018(18):88-91.
③ 周诗杰.基于大观念的小学英语单元教学设计探析[J].课程·教材·教法,2021(12):88-93.
④ 金玲红,吴小鸥.基于核心素养的小学英语单元整体教学设计[J].教学与管理,2022(29):57-60.
⑤ 张旸,刘姣,张媛.小学道德与法治学科核心素养指标框架建构研究[J].教育科学研究,2021(5):77-83.

钊认为,整体建构义务教育阶段道德与法治学科核心素养,主要包括家国情怀与国家认同、规则养成与法治意识、健康生活与珍爱生命、科学精神与理性思维、道德品质与品德修养。①

关于核心素养要求下的小学道德与法治教学,相关研究者进行了探讨。如有学者认为只有将小学道德与法治教学真正融入学校、家庭及社会生活之中,才能营造小学生道德与法治教育的良好环境,多方发力共同强化对小学生道德与法治教学核心素养的培养。②还有学者提出教师在道德与法治教学中,不宜一味强调教学的开放性,避免出现学生价值选择的莫衷一是,而应发挥主流价值的引领作用,在尊重学生个性差异的同时,引导学生坚持正确的政治方向与政治立场,作出正确的价值选择。③刘汝敏针对小学道德与法治课堂教学,提出提升学生核心素养的策略。④

对于核心素养理念下的《道德与法治》教材的分析,陈中华认为学科核心素养视角下的《道德与法治》应该将学科课程标准与核心素养融合、学生发展核心素养与学科核心素养融合,提出基于学科核心素养的教材品读应做到三个进阶,包括知识解读、知识组织和素养培育三个方面。⑤

5.核心素养理念下的小学体育教学

体育学科核心素养是体育课程改革特有规律的体现和内在驱动的结果,内涵在"双基、三维目标"的基础上进行延伸和扩展,是国家全面深化体育课程改革,在体育学科中落实"立德树人"根本任务的基点和起点。对于体育教师而言,学科核心素养的形成和发展与其课程教学能力提升相辅相成。对学生体育学科核心素养的培养已成为我国体育课程改革中要求的重心和

①　金钊.义务教育阶段道德与法治学科核心素养的整体建构[J].中学政治教学参考,2021(39):17-19.

②　孙慧峰.核心素养下的小学道德与法治教学研究——评《小学道德与法治教学理论与实践探究》[J].科技管理研究,2021(11):242.

③　金钊.义务教育阶段道德与法治学科核心素养的整体建构[J].中学政治教学参考,2021(39):17-19.

④　刘汝敏.小学道德与法治课堂教学中提升学生核心素养策略[J].现代中小学教育,2018(7):25-27.

⑤　陈中华.学科核心素养视角《道德与法治》品读策略[J].中学政治教学参考,2019(17):26-28.

焦点,需要通过体育教师完备的课程素养结构作为基础和保障。①赵富学等人在全面审视体育学科核心素养研究价值的基础上,检视体育学科核心素养研究过程中遇到的问题,系统探讨其破解之道。②

核心素养理念对体育在课堂教学、课程设置等方面都带来了显著的变化。在体育教学方面,尚力沛等人针对体育课堂教学如何生成体育与健康学科核心素养,提出用情境创设、文化统领、意义建构的三维结构来支撑体育教学实践,生成体育与健康学科核心素养的基本观点。③徐伟等人从学生发展核心素养的视角,分析体育教育教学的价值、路径、目标、内容、方法与评价变革问题,提供了以核心素养为导向的体育教学新范式。④罗伟柱等人提出以核心素养为导向的课堂教学,必须转变传统教学中表层化、形式化和技术化的错误倾向,由知识中心转向素养中心,使学生通过学科学习形成高于学科知识的学科素养。⑤尚力沛、钱勇等对体育学科核心素养下的课堂教学提出相应的策略。⑥

成都市盐道街小学得胜分校顺应新时代要求,在实践中不断重构和完善学校体育课程,探索与创编出适合自身发展的体育与健康课程目标、内容、实施、评价等课程建设策略。⑦

---

① 李霞.基于学科核心素养的学生学业评价探析[J].教育理论与实践,2017(19):61−64;赵富学,王云涛,汪明春.体育学科核心素养的研究进展及其启示 [J].北京体育大学学报,2019(1):128−137.

② 赵富学,程传银,尚力沛.体育学科核心素养研究的问题及其破解之道[J].体育学刊,2019(6):88−93.

③ 尚力沛,程传银.体育学科核心素养生成的三维支撑结构:情境创设、文化统领与意义建构[J].天津体育学院学报,2021(4):420−426+462.

④ 徐伟,姚蕾.核心素养导向的体育教学新范式[J].北京体育大学学报,2020(7):47−57.

⑤ 罗伟柱,邓星华.体育深度教学:体育学科核心素养培育的应然进路[J].体育学刊,2020(2):90−95.

⑥ 尚力沛,程传银.体育学科核心素养导向的课堂教学:目标、过程与策略[J].体育文化导刊,2018(2):109−114;钱勇.核心素养背景下体育课程指导纲要发展方向——以浙江省为例[J].体育学刊,2018(1):93−97.

⑦ 姒建明,曹彩虹,杜冰,杨蓉.基于核心素养理念的体育课程建设策略[J].基础教育课程,2019(21):17−22.

6.核心素养理念下的小学音乐教学

新时代的音乐课程改革具有双向张力,即:"核心素养"要求音乐学科课程改革的外部张力、音乐课程与教学要求不断拓展学科范畴和影响的内部张力。鲍明伟等人指出,"音乐学科核心素养"一方面应在"核心素养"全学科育人的课程理念下发展音乐学科的关键能力,坚守音乐学科的审美本质与艺术表现特性;另一方面应充分体现跨学科素养,推动音乐学科能力与其他学科能力的综合,从而促进学生的全面发展。[1]吴秉旭等人对义务教育音乐核心素养的内涵及构成要素进行了研究,[2]蔡梦认为音乐学科核心素养即是学生通过学习音乐课程能够获得的重要观念和关键能力,旨在体现音乐学科的育人价值。[3]

在明晰了音乐核心素养的内涵及构成要素之后,还有学者对其本质特征及其培养方式进行了研究。如闫若婻指出,学生音乐发展的本质体现在文化特性、审美特性、实践特性等方面。[4]冯巍巍建议教师尤其要深化对音乐核心素养内容的研究,树立核心素养教育理念,注重学科逻辑与核心素养的关系,以此有效地提高音乐教学水平,完善音乐育人功能。[5]王雷针对核心素养视角下基础音乐教育的改革进行了研究。[6]

侯乐萌针对小学音乐课堂教学中教师提升学生音乐核心素养提出了具体对策:通过加强音乐实践提升学生音乐素养,更新教学方法和内容,利用多媒体激发学生学习兴趣,同时还需加强师资建设,创设生活情境、深化学生情感体验等。在当下小学音乐教学中,教师要了解核心素养的特点,并与实际教学相结合,从而全面培养学生的素质,促使教师教学水平

① 鲍明伟,谢嘉幸."音乐学科核心素养"的跨学科内涵[J].人民音乐,2020(3):35-39.
② 吴秉旭,马云鹏.义务教育音乐核心素养的内涵及构成要素[J].南京艺术学院学报(音乐与表演),2021(2):175-179.
③ 蔡梦.音乐学科核心素养与教学研究[J].音乐研究,2018(6):100-112.
④ 闫若婻.论学生音乐发展的核心素养及其教育策略[J].广西师范大学学报(哲学社会科学版),2017(2):121-124.
⑤ 冯巍巍.音乐核心素养的特征与培养[J].课程·教材·教法,2016(12):9-13.
⑥ 王雷.核心素养视角下基础音乐教育的改革研究[J].中国教育学刊,2020(S1):124-125.

的提高。①

　　除此之外,核心素养理念下的音乐教学评价也随之发生了变化。为促进学生音乐学科核心素养发展,学者提出在教学评价方面,要注重对学生艺术表现和文化理解素养的评价, 要采用能体现音乐学科特点的多样化评价方式,要基于音乐学科的学生学业质量标准进行有针对性的评价,还要注重评价的形成性。②还有学者借鉴了现有研究中音乐测评框架建构的基本思路,建立以"学科素养课标内容测评观测点"为纲的测评指标,以期进一步推进中小学音乐学业测评研究。③

　　7.核心素养理念下的小学美术教学

　　"美术学科核心素养,主要包括图像识读、美术表现、审美判断、创意实践和文化理解,图像识读指对美术作品、图形、影像及其他视觉形象符号的观看、识别和解读;美术表现指运用传统与现代媒材、技术和美术语言创造视觉形象;审美判断指对美术作品和现实中的审美对象进行感知、评价、判断与表达;创意实践指在美术活动中形成创新意识,运用创意思维和创造方法;文化理解指从文化的角度观察和理解美术作品、美术现象和观念。"④

　　周春花对美术学科核心素养中的"图像识读"进行了深入研究,分析图像识读核心素养的教学内涵与方法,有助于美术学科核心素养在教学一线和课堂实践中的落实。⑤尹少淳指出,未来以学科核心素养为本位的美术教学,其常态可能是主题单元式的。"解决问题"(包括解决美术和生活中的问题)是美术学科核心素养本位的美术教学的核心,而问题需要在特定的生活环境和事件中加以呈现,因此构成了"问题情境"。⑥

　　同时,学界对于核心素养下的美术课程研究也有所探讨。如胡知凡通过

　　① 侯乐萌.核心素养背景下音乐教学的反思与创新[J].中国教育学刊,2019(S2):45-46.
　　② 戴娱.基于学科核心素养的音乐教学评价研究[J].课程·教材·教法,2019(10):138-143.
　　③ 庄钟春晓.基于学科核心素养的中小学音乐学业测评指标体系研究[J].课程·教材·教法,2021(5):130-136.
　　④ 中华人民共和国教育部.普通高中美术课程标准(2017年版)[S].北京:人民教育出版社,2018:5.
　　⑤ 周春花.美术学科核心素养的图像识读教学内涵与方法[J].课程·教材·教法,2021(3):123-128.
　　⑥ 尹少淳.从核心素养到美术学科核心素养——中国基础教育美术课程的大变轨[J].美术观察,2017(4):5-7.

对世界上一些国家和地区如何将核心素养融入美术学科的课程、教学和评价之中进行深入研究,为我国中小学美术教育在课程标准的设计、评价、教学内容的编排上提供了可借鉴的启示和经验。①张丽珊等人从基于核心素养角度对义务教育艺术类课程文件进行分析,得出结论:义务教育音乐、美术课程标准都应该指向核心素养、体现培养学生核心素养的学科优势、明确落实核心素养的教育评价内容和指标;义务教育艺术课程应该逐步成为发展学生核心素养的核心课程。②欧阳芬莉认为核心素养背景下的美术课程资源开发以培育学生美术核心素养为出发点,着力于素材等资源与学生个体发展规律的结合,注重隐性课程资源的开发与利用,注重与学生实际生活的关联。③

8.核心素养理念下的小学科学教学

《小学科学课程标准(2017 年版)》将科学素养界定为"了解必要的科学技术知识及其对社会与个人的影响,知道基本的科学方法,认识科学本质,树立科学思想,崇尚科学精神,并具备一定的处理实际问题、参与公共事务的能力"④。《小学科学课程标准(2022 年版)》将科学课程要培育的学生核心素养具体表述为科学观念、科学思维、探究实践、态度责任。⑤

李霞等人根据教学实践,结合课标中的具体内容,研究总结了如何在课堂教学中针对不同学段小学生认知思维能力特点,有效实施支架教学模式、探究教学模式、直接指导教学模式,从而提高学生的科学素养。⑥李佳涛等人基于评价视角,结合小学科学的学科特点与核心素养的内涵,指出要测试出

---

① 胡知凡.核心素养是世界中小学美术课程的首要目标[J].课程·教材·教法,2017(3):116-121.

② 张丽珊,刘坚.义务教育艺术类课程文件分析——基于核心素养角度[J].基础教育,2018(1):74-81.

③ 欧阳芬莉.核心素养背景下的美术课程资源开发与设计[J].江淮论坛,2018(2):189-192.

④ 中华人民共和国教育部.义务教育小学科学课程标准(2017 年版)[S].北京:北京师范大学出版社,2017:1,61.

⑤ 中华人民共和国教育部.义务教育小学科学课程标准(2022 年版)[S].北京:北京师范大学出版社,2022:4.

⑥ 李霞,张荻,胡卫平.核心素养价值取向的小学科学教学模式研究[J].课程·教材·教法,2018(5):99-104.

学生的核心素养,需要创设多样化真实情境,综合考查学生对主要概念的学习水平,多角度测查学生的科学探究能力,关注测查学生的科学精神及科学态度。①此外,还有研究者从培养学生核心素养的视角出发,剖析了小学科学实验学习的现状,由此提出一系列提升小学生分组实验有效性的相关对策。②

9.核心素养理念下的小学劳动教学

许锋华等人对核心素养下的中小学劳动教育课程体系进行了建构,提出以劳动问题为驱动是学生深入理解劳动现象背后的问题,发挥学生的主体作用,激发学生的探究热情,培养学生问题意识、批判性思维、创造性能力等高阶思维和能力的有效方法。③王倩等人针对小学课堂教学中劳动素养培育的困境探析其发展路径。即通过解构内涵,构建多维教学目标;分层设计,实施跨学科内容统整;融合情境,创造协同培养环境;科学把握,规范评价过程等方式实现课堂中劳动素养的培育。④

《义务教育劳动课程标准(2022年版)》提出劳动课程要培养学生的核心素养,其内容包括劳动观念、劳动能力、劳动习惯和品质、劳动精神四个方面。与德智体美等课程相比,劳动课程具有典型的实践性特点,以劳动项目为载体,旨在让学生在动手实践、出力流汗中接受锻炼,磨炼意志,培养正确的劳动价值观和良好的劳动品质。因此,劳动课程的开展不能"纸上谈兵",要倡导在"做中学""学中做",要注重从学生现实生活的真实需求出发。引导学生通过设计、制作、试验、淬炼、探究等方式,亲历情境、亲手操作、亲身体验,在此过程中经历完整的劳动实践过程,获得丰富的劳动体验,习得劳动

---

① 李佳涛,崔鸿.指向核心素养的小学科学质量监测试题命制[J].基础教育课程,2018(19):62-65.

② 沈奕赟.核心素养目标下提高小学科学分组实验学习有效性策略研究[D].杭州师范大学,2019;刘智超.基于核心素养的小学科学教学改进研究[D].西南大学,2020.

③ 许锋华,余侨.指向核心素养培育的中小学劳动教育课程体系建构[J].教学与管理(理论版),2022(2):73-78.

④ 王倩,纪德奎.中小学课堂教学中劳动素养培育的困境与路径探析[J].当代教育论坛,2021(6):108-114.

知识与技能,感悟和体认劳动价值,培育劳动精神。①

综上,核心素养理念是继 20 世纪 90 年代的素质教育、21 世纪初的新课改之后,新时代基础教育中迎来的又一场教学变革,结合人工智能、互联网＋教育的新时代需要,对小学的教与学提出了更高的要求和愿景。总体来看,核心素养理念下的小学教与学研究呈现出点(以核心素养理念为点)、线(以紧抓核心素养理念下的具体学科核心素养为线)、面(以具体学科核心素养下的课堂教学、课程编制、评价机制等具体研究切入点为面)结合的"放射状"的研究特点,更为细致全面、维度多样、创新有力、务实有用,可见核心素养理念对小学教与学产生了深远的影响,促进了教育模式的转变,推动学校教育朝着更加全面综合且个性化的方向发展。

第三节　小学教与学的改革

小学教与学的改革推动着小学教育事业不断向前发展,因此改革是小学教与学中的重点研究议题,小学教育的总体改革和小学各学科内部改革的具体落实,都直接影响并改变了小学教与学的方法。本节小学教与学的改革分别从宏观、微观两个层面,对小学总体改革概况和各学科的改革进程进行综述。

一、总体改革概况

小学教育是我国基础教育的重要组成部分,在基础教育中发挥着启蒙性、奠基性的作用。改革开放 40 年来,我国小学教育在基础教育中已发展成为规模最大、最具有改革活力的群体。②

张家军等人对中小学教学改革实验 70 年进行了回顾,梳理出我国中小

---

① 顾建军,郝天聪.劳动课标(2022 年版):建构新时代以劳育人课程体系[J].中小学管理,2022(6):28-31.

② 熊梅,王敏.改革开放 40 年我国小学教育教学改革:特征、成就和展望[J].四川师范大学学报(社会科学版),2019(1):78-85.

学教学改革实验的发展,大致经历了以下五个阶段:借鉴重建阶段(1949—1965年);曲折徘徊阶段(1966—1976年);恢复探索阶段(1977—1993年);蓬勃发展阶段(1994—2010年);科技融入阶段(2011年至今),并对每个发展阶段做了详尽解读,在总结分析中小学教与学改革的趋势特征、不足的基础上明确未来发展方向。[①]

熊梅等人指出,改革开放以来,在国家基础教育改革政策的推动下,通过理论工作者和实践工作者的改革探索,我国小学教育教学改革取得了可喜成就,如制订了国家课程标准和编写、修订了小学各科教材;造就了一批具有较大影响力的教育改革家和领军人物;形成了具有中国特色和地方特色的教育教学理论和实践成果;取得了新兴领域和薄弱环节的实质性突破与创新;涌现了一批具有先进办学理念和特色的小学教改示范校;促进了国际交流和国际理解教育。[②]

二、小学各学科改革

小学各学科的改革主要涉及小学语文、数学、英语、德育、体育、艺术、综合实践、科学课程,多聚焦于课堂教学改革、教学评价方式改革等,其中关于课程设置、课程标准、课程内容等课程相关改革可见第三章小学课程研究。

(一)小学语文教与学的改革

有学者认为小学语文教学的发展必须扎根传统,面向现代。要以科学的发展观学习传统、发展语文教学;小学语文教学的发展需要一个稳定的环境,改革应该是渐进的;要提高语文教师传统文化、传统语文教学的水平和修养。语文教学的根基扎得牢,根深才能叶茂。[③]还有学者提出小学语文教学必须进行全方位的改革:一是语文教学观念的改变;二是考试方法和教学评

---

① 张家军,鲍俊威.中小学教学改革实验70年的回顾与展望[J].课程·教材·教法,2019(9):63-70.

② 熊梅,王敏.改革开放40年我国小学教育教学改革:特征、成就和展望[J].四川师范大学学报(社会科学版),2019(1):78-85.

③ 田本娜.探源寻根根深叶茂——小学语文教学改革之浅见[J].课程·教材·教法,2004(10):30-36.

估体系的改革；三是课堂教学结构和教学方法的改革。①

小学语文教学研究专家田本娜历经多年的小学语文教改实验研究，在理论与实际相结合的基础上构建了"小学语文教学理论体系"，形成了语文教育的基本观点：确定母语教育价值与定位；从语言学，解析"小学语文课程的性质、功能"；从语文学科的性质，确定"语文教学发展语言能力、思维能力、思想、情感的发展目标"；从汉字、汉语特点，"提升汉字教学的基本理论和方法"；从语言学、文学及教学论，提出"读写教学的本真"以及"读写教学的基本原理和方法"；从历史经验中，明确"我国的语文教育必须走中国的道路"，要在继承传统语文教育基础上，吸取世界先进教学理论，发展我国的语文教育。②

（二）小学数学教与学的改革

纵观 20 年来小学数学教学改革的变迁与发展，显现出了如下的趋势：从教学目的来看，是从以社会需求为本走向以人的发展为本；从对"数学"的理解来看，是从一元走向多元，从静态走向动态，从绝对主义走向相对和辩证；从对"教学"理解来看，是从精英数学走向生活数学，从成人数学走向儿童数学，从科学数学走向人文数学；从教学的发生与途径来看，是从强调启发性的讲解走向引发主体的自我建构。③

范秀敏基于当前小学数学教学存在知识与能力脱节的问题提出策略。④王新民等人揭示了课改 10 年来小学数学课堂教学的实际变化，认为只有将新课程理念与教学文化传统有机地结合起来，自觉主动地更新教学观念，不断地改善教学活动方式，课程改革才能持续稳步地走向深入。⑤

（三）小学英语教与学的改革

改革开放 40 年来，中国基础英语教育经历了辉煌的发展阶段，明确了

---

① 崔峦,陈先云.适应时代要求深化小学语文教学改革[J].课程·教材·教法,1998(7):22-24.
② 田本娜.我的小学语文教育研究历程[J].课程·教材·教法,2018(2):116-123.
③ 仲广群.二十年小学数学教学改革之回顾与反思[J].中小学教师培训,2005(8):38-40.
④ 范秀敏.关于小学数学教学的思考[J].教育探索,2007(4):52-53.
⑤ 王新民,吴立宝.课改十年小学数学课堂教学变化的研究[J].中国电化教育,2012(8):111-114+128.

其工具性与人文性的双重作用,在改革开放的形势下,确立了其在基础教育中的地位,并在课程、教材、教法、教师教育、测评、教学技术等方面取得了举世瞩目的成就。①

在教材方面,当代英语教材主要有以下六大特点:①充分重视学生的发展,注意提高学生的素质。②采取了功能、结构、话题和活动相结合的教学方法。③充分重视以学生为主体,促使学生学习方式的转变。④注重学科融合。教材的内容涉及百科,主题范围广泛,包括信息技术、环境保护、法制教育、航天航海、天文地理等,材料真实,具有很强的时代感。⑤系列配套的教材和多模态教学资源增强了教材的选择性、拓展性、灵活性和开放性。⑥教材的版式设计新颖,插图精美,色彩鲜艳,足以引起学生的学习兴趣。②

刘道义等人对我国近40年的英语教学进行了回顾,发现在继承传统而有效的方法同时引进了国外的教学方法,不断改革和创新英语教学,同时出现了多种办学模式,外语教学出现了一派生机。如开展教学研究,改进教学方法。大、中、小学教师及教研人员在围绕教学大纲和课程标准的实施、改进教学方法方面做了许多工作,积累了教学经验,并且根据我国国情摸索出了一些教学方法和教学模式。③其中影响较大的有"华氏结构功能法""三位一体教学法""16字教学法""外语立体化教学法""课文整体教学法"等。④

信息化的发展对英语教学不仅发挥浅层次的辅助工具作用,还对教育层面进行了深层次的改革,信息技术支持下的课程教学特点突出表现为"覆盖面广、资源广泛共享、超越时空限制、多向互动和便于合作"。近10年来,不少学校在英语教学中尝试采用慕课、翻转课堂、微课、智慧课堂、空中课堂等形式,开发了各具特色的英语听说读写课程,社会上针对英语学习的网络公司迅速崛起。课内课外、线上线下,共同构成了信息化时代的英语学习环

———————————

① 刘道义,郑旺全.改革开放40年中国基础英语教育发展报告[J].课程·教材·教法,2018(12):12—20.

② 刘道义.基础外语教育发展报告(1978—2008)[M].上海:上海外语教育出版社,2008.

③ 刘道义,郑旺全.改革开放40年中国基础英语教育发展报告[J].课程·教材·教法,2018(12):12—20.

④ 刘道义.百年沧桑与辉煌简述中国基础英语教育史[M].中国教育科学,2015:4.

境,极大地丰富了英语课程资源,全面提高了课堂教学效率和教学质量,成了培养新时代合格外语人才的一个重要途径。①

(四)小学德育教与学的改革

潘娜对改革品德课的形态和改革品德课的评价进行了研究。她认为品德课要根据内容,学生的年龄特征,认知起点,生活经验,变换品德课的形态,激活学生学习社会规范的内驱动力。小学品德课的评价首先要明确评价的对象是什么,是评价教师的教学设计和教学手段,还是学生学习目标的达成度。其次要明确怎样去评价。品德课一定要采用发展性评价形式,着重评价学生的行为和态度。②

(五)小学体育教与学的改革

新一轮基础教育课程改革,给体育课教学注入了全新的理念和活力,新大纲、新教材和课程标准的出台,大大地拓宽了原来体育课的学习领域,许多观点和设想冲击着现行体育教学的弊端,为我国体育教学改革和发展指明了方向。③

马彦萍基于阳光体育运动的大背景提出中小学体育改革的举措,④张云波从系统论、控制论、信息论的视角进行研究,主张关注体育教学改革的良性发展和可持续发展,最终解决学生生理、心理、社会和道德有机结合的问题。⑤杨清轩等人在"健康中国"的视阈下提出学校终身体育教育改革与发展的对策与方法。⑥李佳基于文化传承与创新对小学体育的课程教学改革进行分析,认为在开展体育教学的过程中就要体现深刻的文化内涵,充分拓展体

①　刘道义,郑旺全.改革开放40年中国基础英语教育发展报告[J].课程·教材·教法,2018(12):12-20.
②　潘娜.对话教育理念下的小学品德教学改革[J].上海教育科研,2013(12):80-81.
③　黄晓青.小学体育教学改革之我见[J].教育评论,2003(3):113-114.
④　马彦萍.基于阳光体育运动的中小学体育改革[J].教学与管理,2013(21):120-122.
⑤　张云波.基于"三论"视角的中小学体育教学改革研究[J].教学与管理,2013(30):121-123.
⑥　杨清轩,王毅."健康中国"视阈下学校终身体育改革与发展研究[J].西安体育学院学报,2019(1):117-120.

育文化内涵和教育理念,促进小学生身心的全面发展。[1]

(六)小学艺术教与学的改革

1.小学音乐

资利萍明确提出改革开放 40 年是我国中小学音乐教材建设与课堂教学从前自觉到自觉再到自信的历程。1979—1998 年是前自觉的 20 年,知识偏难,音乐专业性强,音乐课程依靠外在工具化来强调自身的重要性,未自觉自身的独立价值。1999—2008 年是逐步自觉的 10 年,通过人文主题单元编写的体例,将音乐教材从专业化和歌本集的前自觉状态中解放出来;新增流行音乐、体现多元文化、新入创造领域,使音乐教学内容得到优化和升级。2009—2019 年是走向自信的 10 年,教材修订突出音乐主题,知识点的编写渗透教学智慧;突出了音乐表现和实践的特点,增加创造内容的比重;课堂教学走向自然和自信;民间力量参与课程开发、教材建设和教学探讨。[2]

2.小学美术

小学美术的改革主要体现在课堂教学上。郑珊明等人对小学美术教学方法进行了研究,提出小学阶段的学生对色彩的认识主要来源于直觉反应,所以学生一般偏爱对比强烈、鲜艳的色彩。[3]范永丽认为在小学美术课程教学资源的选择上,要用好教材文本资源、挖掘地方文化资源、利用网络媒体资源、发掘自然环境资源;在小学美术课程教学资源的利用上,要注意对导入性资源、欣赏性资源、示范性资源、探究性资源、拓展性资源的使用。[4]史英结合林达·坎贝尔等人提出的"通过多元智能而教"的理论,在儿童绘画创作教学中进行了开发学生多种潜能的尝试。[5]黄宏武将美术核心素养下的教学模式分为课前课、课融课和课外课,整体形成以教师和学生为主体,以课程

---

① 李佳.文化传承与创新视域下体育课程教学研究改革[J].中国教育学刊,2019(S1):204-206.

② 资利萍.改革开放 40 年我国中小学音乐教材建设与课堂教学变革研究[J].课程·教材·教法,2018(9):14-21.

③ 郑珊明,田二瑞.小学美术教学方法研究[J].山西师大学报(社会科学版),2010(S1):143-145.

④ 范永丽.小学美术课程教学资源的选择与应用[J].教学与管理,2011(35):60-61.

⑤ 史英.小学美术课堂教学改革探析[J].当代教育论坛,2011(3):126-127.

为客体的新教学体系,培养学生的"美术核心素养"①。

综上,通过对小学教与学总体改革概况和各学科改革的综述,可见在素质教育、新课程改革理念的合力之下,小学教与学的改革有效促进了小学生德智体美劳的全面发展,小学也由此成为改革力度最大、落实最到位的学段。

第四节　小学教与学的方法

小学教师的"教"离不开有效的课堂教学方法,小学生的学习也必须借助高效的学习方法。本节基于小学教师课堂教学和小学生学习的视角,主要综述当下小学教与学中主流的六大方法。其中,小学教师的课堂教学方法分为翻转课堂、绘本教学和情景教学,小学生学习的方法则包括合作学习、项目化学习和研究性学习。此外,近年来,跨学科主题学习正在成为一种重要的人才培养课程策略,它强调不同学科之间的联系和综合运用,旨在全面培养学生的综合素质和创新能力。

一、小学教师课堂教学的方法

基于信息化的时代背景、课程观与教学观的变革趋势,小学教师探索出一系列颇具优势和特色的课堂教学方法,主要包括翻转课堂法、绘本教学法和情景教学法。

(一)翻转课堂

翻转课堂是近年来兴起的一种教学模式,是新形势下教学模式和教与学方式的创新,其优势在于能够调动学生的学习兴趣,培养学生的阅读能力和问题意识,促进教师主动研究教学的自觉性,提升课堂互动的质量,促进教学结构的改变,改变对学生的评价方式。②

1.翻转课堂的提出及概念

"翻转课堂"(Flipped Classroom,或译作"颠倒课堂")近年来成为全球教

---

①　黄宏武."新三课":中小学美术教学改革的新形式[J].课程·教材·教法,2020(4):126-130.
②　高颖.刍议翻转课堂[J].教育理论与实践,2015(32):60-62.

育界关注的热点，2011年还被加拿大《环球邮报》评为"影响课堂教学的重大技术变革"。翻转课堂的起源应归功于美国科罗拉多州落基山林地公园高中的两位化学教师——乔纳森·伯尔曼（Jon Bergmann）和亚伦·萨姆斯（Aaron Sams）。在2007年前后，他们受到当地一个实际情况的困扰[①]：有些学生由于生病，无法按时前来上课，也有一些学生是因为学校离家太远而花费了过多时间在乘坐校车上。这样导致有些学生缺课而跟不上教学进度。为了解决这一问题，开始时，他们使用录屏软件去录制PPT演示文稿和教师实时讲解的音频，然后把这种带有实时讲解的视频上传到网络供学生下载或播放，以此帮助课堂缺席的学生进行补课。由于这些在线教学视频也被其他无须补课的学生所接受，经过一段时间以后，两位教师就逐渐以学生在家看视频、听讲解为基础，腾出课堂上的时间来为完成作业或为实验过程中有困难的学生提供帮助。这样，就使"课堂上听教师讲解，课后回家做作业"的传统教学习惯、教学模式发生了"颠倒"或"翻转"——变成"课前在家里看教师的视频讲解，课堂上在教师指导下做作业（或实验）"。

在新教学模式实施过程中，上述在线教学视频也被其他的（并未缺课的）学生所接受并在更大范围传播开来。[②]与此同时，两位教师不同寻常的实践探索，引起学校、家长和社会各界越来越多的关注，并经常受到同行的邀请去介绍经验，从而在落基山附近地区乃至整个科罗拉多州产生愈来愈大的影响——不少其他中学的各学科教师也在积极探索和运用"翻转课堂"这种全新的教学模式。这就是"翻转课堂"的由来或起源。[③]

翻转课堂（Flipped Classroom）使教学流程由"先教后学"转变为"先学后教"，实现了教学流程的逆序创新。国内有关翻转课堂的实践开始于2011年重庆市江津聚奎中学对适合本校的翻转课堂基本模式的探讨，再到近期备

---

① The Flipping Classroom［EB/OL］（2012-12-01），http://education next.org/the flipping classroom. html.

② Jonathan Bergmann and Aaron Sams.Flip Tour Classroom［M］.America，International Society for Technology in Education，2012:21-55.

③ 何克抗.从"翻转课堂"的本质，看"翻转课堂"在我国的未来发展[J].电化教育研究，2014（7）:5-16.

受关注的山东省潍坊昌乐一中课堂全翻转，以及 2013 年 9 月 "C20 慕课联盟"（C 即 China, 中国; 20 即 20 余所国内知名高中 / 初中 / 小学）的组建, 翻转课堂亦成为国内教育信息化热点。在翻转课堂本土化行动背景下, 分析、反思国内翻转课堂实践现状以推进翻转课堂在我国中小学教学中的应用, 具有重要的现实意义。①

2.翻转课堂在小学课堂教学中的应用

崔京菁等人构建了以优化个体认知结构、联结群体智慧为导向, 以协同知识建构和生成教学理念为核心的基于知识图谱的翻转课堂教学模式,通过中学生对《凉州词》生成的初级知识图谱、高级知识图谱和群体知识图谱进行分析, 验证了知识图谱良好的学习效果, 有利于推动翻转课堂教学研究的进一步发展。②谭春艳基于语文教学内容的丰富性, 研发了与教材相配套的微课视频, 分感性作文、绘本教学、课本里的大作家、古诗教学、字理识字、语法教学六个专题, 并围绕微课应用 "教学流程应该发生哪些变化" "教学环节怎样科学设置教学内容" 两大问题,尝试在小学语文课堂教学中进行翻转模式探索。③

易立铁尝试在小学的高年级阶段数学教学中开展翻转课堂教学实践, 研究发现:小学高年级阶段开展翻转课堂教学对于落实新课程理念、提高教学质量效果明显, 但在教学实践中还有许多需要我们深入思考和研究的问题。④

陈崇高对翻转课堂模式下的小学体育教学进行了研究, 指出在这种模式下,课堂上教师引导、协助学生解决问题之后, 学生有大量的时间可以进行体育项目的练习,大大增加了学生学会该项体育项目的可能性。⑤

隗晶晶通过实践反思, 总结出适合于小学信息技术课的不完全翻转课

①　祝智庭, 管珏琪, 邱慧娴.翻转课堂国内应用实践与反思[J].电化教育研究,2015(6):66–72.

②　崔京菁, 马宁, 余胜泉.基于知识图谱的翻转课堂教学模式及其应用——以小学语文古诗词教学为例[J].现代教育技术,2018(7):44–50.

③　谭春艳.基于微课的小学语文翻转课堂教学实践[J].基础教育课程,2018(8):60–64.

④　易立铁.翻转课堂教学模式应用于小学高年级教学的实验研究[J].中小学教师培训,2016(9):35–38.

⑤　陈崇高.浅谈体育教学中引入翻转课堂的意义[J].中国教育学刊,2019(S2):93–95.

堂教学模式。不完全翻转课堂教学模式是将学生在课前的自主学习放到课中,以学习活动为核心,学生在完成学习活动的过程中,随时发现问题并分析解决问题,其间学生可以根据自己的需要独立探究、小组合作或是寻求教师的帮助,教师将评价反馈、查漏补缺和拓展提高放到课后完成。[①]

总之,教学是技术性与人文性的统一。在信息时代背景下,信息技术与教育教学深度融合的趋势不可逆转。但是传统课堂在体现学生情感、态度与价值观方面的教学也有其自身魅力。若二者结合起来,相互取长补短,课堂教学定会大放异彩。教育者只有在辩证地看待信息技术作用的基础上,结合本土教学实际、发挥教育智慧、以学生为本、创造性地实施应用,才能避免翻转课堂教学模式走向僵化。[②]

(二)绘本教学

随着教育改革的深入发展,小学的教学内容与教学方式呈现出多元化趋势。绘本作为优秀的教育资源,近年来逐渐进入了小学。绘本之所以成为一种孩子喜闻乐见的书籍,是由绘本最大的特点决定的,即图画具有独立的叙事功能,能更好地帮助儿童获得丰富的阅读体验,进而产生阅读兴趣,养成良好的阅读习惯。[③]

1.绘本教学的提出及概念

绘本,又叫图画书(picture book)。有学者从绘本图文关系的角度阐释其概念,认为绘本又叫儿童图画故事书——"一种专门为儿童设计,依靠一连串图画和为数不多的文字结合,或者完全没有文字,全靠图画来传递信息、讲述故事的图书"[④]。尽管不同的学者对图画与文字的关系有不同的表述,但本质上都是一个意思,正如戴维·刘易斯在《阅读当代图画书:图绘文本》一书的导论中所归纳的那样:长久以来,人们对图画书这种形式的基本特征形成了一个广泛的共识,它结合了两种不同的表现模式——图画与文字,成为

① 隗晶晶.小学信息技术翻转课堂教学模式初探[J].中国教育学刊,2018(S2):160.
② 刘恬.中小学实施翻转课堂的理性反思与价值定位[J].教育探索,2016(1):42–46.
③ 林涛,潘多灵.绘本教学的价值、问题与优化[J].当代教育科学,2018(10):12–16.
④ 陈晖.图画书的讲读艺术[M].南昌:二十一世纪出版社,2010:9.

一个复合的文本。①

姚颖综合以往学者的研究,从教育心理学角度出发给绘本下了定义:绘本是以图画为主、文字为辅(甚至完全没有文字),展现儿童视域中的审美世界图景,并能与儿童这个阅读主体产生积极的、有意义的互动效应的一种读物,主要指向儿童的生活现实与心理现实,有针对性地适应、配合不同年龄儿童的身心发展,隐含着引导和协助儿童生活、学习和成长的创作宗旨,能为儿童的继续学习做深厚的铺垫。②绘本教学指教师利用绘本,在看图画、讲故事的过程中完成自己设定的教学目标的过程。③

2.绘本教学在小学课堂教学中的应用

近年来,绘本这一独特的儿童文学样式不仅进入了亲子阅读、学前教育领域,也悄然进入了小学课程体系。中国小学绘本课程目前以两种形态存在于学校课程体系之中,成为阅读教学、口语交际教学、习作教学和综合实践活动中的一股新的力量,不断更新着广大教师的教育观念和教学方式。④

绘本教学目前正成为我国小学教育教学新的生长点,从阅读绘本、研究绘本,到教学绘本、创作绘本,我国大部分地区绘本教学经历了绘本阅读推广、绘本学术研究、绘本教学运用和绘本原创出版等几个重要阶段。我国大部分地区目前小学绘本课程与教学的发展状况良好,在助力国家课程和地方课程的同时,也在实践中更多地与校本课程结合;同时,校本课程的特色开展,又将绘本这一重要的教学资源反作用于国家课程和地方课程。未来要探索出一条绘本与多学科融合的跨学科实施路径。基于此,姚颖提出未来小学绘本课程与教学的发展方向。⑤

小学阶段也是培养学生自主探究意识与能力的重要时期。现在我们能接触到的诸多绘本,都值得教师引导学生在人文性和科学性方面进行自主探究。由此,学者指出教师在进行相关综合实践活动时,可以引导学生查阅

---

① 彭懿.图画书:阅读与经典[M].南昌:二十一世纪出版社,2008:26.

② 姚颖.中国当代小学绘本教学的创新与思考[J].课程·教材·教法,2017(10):94-99+121.

③ 郑加焱.小学语文绘本教学的开展[J].教学与管理,2019(20):29-30.

④ 姚颖.中国当代小学绘本教学的创新与思考[J].课程·教材·教法,2017(10):94-99+121.

⑤ 姚颖.小学绘本课程教学的回顾与展望[J].中国教育学刊,2019(5):63-67.

与绘本内容相关的资料,再结合绘本的阅读展开更丰富而深刻的探究。①

　　培养学生良好的阅读习惯和阅读能力,是小学语文教学的重要任务,绘本恰恰符合学生思维特点,更能激发学生的阅读兴趣。郑加焱认为小学绘本教学可以从以下几方面入手:精心选择绘本内容;巧妙设计课前交流;灵活运用教学策略;恰当进行创意阅读。教师可以从内容主题、表达方法等方面去拓展,从阅读收获方面去拓展。②

　　徐明旭为提高学生的数学学习兴趣,落实数学学科素养教育,在数学课堂中借助有趣的数学绘本,寻找并整合语文、数学、美术等学科的连接点,带领学生开展数学阅读,通过创设情境、导读激趣、游戏拓展、涂鸦数学等途径,让学生体会数学的乐趣,从而更好地学习数学。③

　　费如春基于教师在项目化学习和绘本阅读融合中存在主题不明确、形式化和主体淡化等问题的背景下,提出可以从项目主题、问题切入、学习主体等方面,加强项目化学习在小学英语绘本教学中的应用。④诸蕾认为在英语学科核心素养理论的指引下,依据情感体验能有效生成文本解读的理念,通过绘本教学的实践案例反思教学实际与预设的偏差,并以实证研究的方法探究情感体验的实践走向。⑤

　　绘本作为一种新颖、独特的阅读文本,越来越受到关注和重视。绘本从学前进入小学,从家庭走向课堂,逐渐成为学校重要的课程资源和教学媒介。越来越多的学校陆续开设不同性质、不同目的、不同形式的绘本课,教师在进行课程设计之前,需要了解绘本的延展性与黏合性,需要把握绘本特殊的图文叙事艺术,需要分析绘本与学科教学的结合点。在跨学科整合教学的背景下,进行绘本教学时,需要确立合理的教学目标,选择具有综合性、开放性的阅读文本作为教学内容,采用适应不同学科特点的教学手段,从而促进

---

①　姚颖.中国当代小学绘本教学的创新与思考[J].课程·教材·教法,2017(10):94-99+121.

②　郑加焱.小学语文绘本教学的开展[J].教学与管理,2019(20):29-30.

③　徐明旭.多学科整合理念下的数学绘本教学——以数学绘本《嘀嗒嘀嗒当当当》教学为例[J].基础教育课程,2019(2):47-50.

④　费如春.基于项目的英语绘本阅读教学问题与策略[J].教学与管理,2020(5):52-54.

⑤　诸蕾.小学英语绘本教学中情感体验的实践走向[J].教学与管理,2020(8):41-43.

学生全面发展,激活教师专业成长。①

(三)情景教学

情景教学就是设计出一些真实性或仿真实性的情形和景象,为教学提供充足的实例,并活化所教授的知识。情景的生动与形象有助于学生把知识融于生动的情景之中,提高学习兴趣。②核心素养理念及 2022 版新课标强调关注学生解决真实情境问题的能力,因此,情境教学在学科实践中的应用研究得到了更多的关注。

1.情景教学的提出及概念

情景教学法(Situational Language Teaching)也称视听法,源于 20 世纪初的英国,在 50 年代中期至 60 年代初期得到广泛推广与应用。情景教学法认为具体的语言都是在一定情景下使用的,离开了一定的情景,人们便很难理解和表达语言;没有了情景的依托,英语教学也就失去了语言学习与操练的环境,包括用一种情景方式提出一种新的句子形式并配有以操练为基础的方法来实践这些句子形式,其特点是用情景严格地控制新的语言材料,用行动和手势来示范新语言项目的意思。课堂教学中的情景教学指在教学过程中为了达到既定的教学目的,制造或创设与教学内容相适应的场景或氛围,引起学生的情感体验,使学生仿佛置身其中,从而使学生在自然的状态中完成既定的教学任务,达到既定的教学目标。③

2.情景教学在小学课堂教学中的应用

李吉林指出,情景教学历经 30 多年的积淀,从最初"外语情景教学法"的尝试移植,到吸纳民族文化经典,创造性地运用于作文教学,走出具有中国特色的道路;又借鉴运用图画、音乐、戏剧等艺术手段,让阅读教学美了起来,逐步形成了今天促进儿童快乐、高效学习的情景教学。在探索的过程中,情景教学吸收其他教学法的长处,优化语文教学结构;同时汲取我国当代语文专家的思想,在不断的反思、追问中构建起情景教学、情景教育及情景课

①　姚颖.跨学科整合视角下的小学绘本教学设计与实施[J].教育科学研究,2018(11):88–92.
②　贺建荣.情景教学法在英语教学中的运用[J].职业技术教育,2008(32):47–48.
③　李珊珊.试论小学英语教学中情景教学的优化策略[J].继续教育研究,2008(1):133–134.

程的理论框架和操作体系。①

　　陈美心认为在小学英语教学中必须为学生运用英语口语进行交往实践提供充分的机会，使学生从中加深理解、熟悉运用、牢固掌握，达到学以致用的目的。②李珊珊经过探索和比较，在长期的教学实践中，发现运用英语情景教学既是激发学生兴趣的有效方法，亦是提高教学质量的有效途径。她指出，优化情景教学须先思考情景教学的地位和情景创设的要求。③

　　总之，在运用情景教学的过程中，一定要根据教材本身的特点，结合学生的实际情况，在教师精心的指导下，使学生感悟情景，进入角色，轻松、快乐地学习掌握知识，启迪智慧。④

　　综上，在小学教师的课堂教学方法中，翻转课堂相较于绘本教学和情景教学而言，在各学科中的普及面还有待拓宽，同时可进一步加强与信息技术的融合。绘本教学、情景教学在语文、英语等人文社科中应用较多，可见，小学教师课堂教学方法的具体运用应该基于各学科的学科属性、课程标准、课程设置、教材特点等方面，根据学科的不同特性和学生的阶段特征来选用恰当的课堂教学方法。

二、小学生学习的方法

　　2022年版课程方案指出，深化教学改革要坚持素养导向，强化学科实践。引导学生参与学科探究活动，经历发现问题、解决问题、建构知识、运用知识的过程，提高学生认识真实世界，解决真实问题的能力；推进综合学习，积极开展主题化、项目式学习等综合性教学活动，促进知识结构化；落实因材施教，引导学生明确目标、自主规划与自我监控，提高自主、合作和探究学习能力，形成良好的思维习惯。⑤当下，关于小学生学习方法的研究多围绕合

　　①　李吉林.为儿童快乐学习的情境教学[J].课程·教材·教法,2013(2):3–8+28.
　　②　陈美心.情景教学法在小学英语对话教学中的应用[J].教育评论,1997(5):72.
　　③　李珊珊.试论小学英语教学中情景教学的优化策略[J].继续教育研究,2008(1):133–134.
　　④　李珊珊.试论小学英语教学中情景教学的优化策略[J].继续教育研究,2008(1):133–134.
　　⑤　中华人民共和国教育部.义务教育课程方案(2022年版)[S].北京:北京师范大学出版社,2022:14.

作学习、项目化学习、研究性学习展开。

（一）合作学习

1.合作学习的提出及概念

合作学习是 20 世纪 70 年代兴起于美国，并于 80 年代后在世界范围内备受关注的一种教学理论与策略体系。合作学习作为一种新型学习方式，在 20 世纪 80 年代传播到了我国，90 年代在一些学校中开始采用，但真正在我国引起重视还是在 21 世纪国家基础教育课程改革启动之后。《国务院关于基础教育改革与发展的决定》中指出，"鼓励合作学习，促进学生之间相互交流、共同发展，促进师生教学相长"。《基础教育课程改革纲要试行》中明确提出："改变课程实施过于强调接受学习、死记硬背、机械训练的现象，倡导学生主动参与、乐于探究、合作学习。"①

由于不同国家在合作学习的实践方面存在差异，以及合作学习研究领域中的代表人物众多，导致目前对其界定尚未形成统一的看法。例如，美国学者斯莱文把合作学习界定为：合作学习指以小组形式进行的学生学习活动，其奖励依据小组成绩的一种教学技术。②以色列教育心理学家沙伦提出：合作学习是组织和促进课堂教学的一系列方法的总称。这些方法的基本特征是学生在学习过程中彼此之间的合作。③我国学者也对合作学习进行了界定，如刘玉静等学者认为合作学习是以学习小组为基本组织形式，系统利用教学动态因素之间的互动来促进学习，以团队成绩为评价标准，共同达成教学目标的活动。④王坦将合作学习视为一种以小组成绩作为奖励依据的教学策略体系，其对异质性小组中的学生互相帮助和合作起促进作用，并达到小组目标。⑤

从国内外学者对合作学习的定义中可以看出，合作学习是一种教学理

---

① 王鉴.合作学习的形式、实质与问题反思——关于合作学习的课堂志研究[J].课程·教材·教法,2004(8):30-36.

② Slavin.R.E.合作学习的研究:国际展望[J].王坦,译.山东教育科研,1994(1):75-79.

③ 王红宇.合作学习的理论与实践[D].华东师范大学,1993.

④ 刘玉静,商艳.合作学习教学策略[M].北京:北京师范大学出版社,2011:9.

⑤ 王坦.合作学习简论[J].中国教育学刊,2002(1):32-35.

论也是一种策略体系,主要是以生生互动合作为教学活动取向的。①

2.合作学习在小学生学习中的应用

李原等人探讨了在我国小学教学中开展合作学习的可行性,研究表明合作学习对学生的同伴关系、成就动机和成就方面都有着积极的影响。尤其是对于成绩较差的学生,合作学习激发了他们的学习积极性,为他们进一步的成功奠定了良好的基础。②

陈瑞君为合作学习的应用提出了相关对策。首先,教师在合作学习开始时就要给每一个学习小组设定一个明确的学习目标。其次,要注意当小组目标实现后,小组成员得到的奖励是同样的。最后,与竞争性的学习或个体化的学习相比,合作学习更加复杂,具有复杂性。③

张华等人主张小学语文阅读教学要以母语学习为起点、以言语交际为平台,运用合作学习将大大提高自身的实践性、情境性和社会性。④万银洁认为合作学习模式是小学语文阅读教学提高教学质量的重要改革方向,抛弃了传统的以教师课堂讲授为主的学生被动接受知识的方式。合作学习模式通过对学生进行分组,促进了学生的团队精神、竞争意识和自学能力的提升。⑤

吴立宝等人回顾了21世纪以来中小学数学合作学习研究领域的主要内容,并提出展望:加强合作联结,提倡实证研究;深挖潜在问题,考量多元策略;鼓励模式创新,折射国际视野;融合前沿技术,开拓实践新路。⑥李星云针对小学数学合作学习在具体实施过程中的问题提出建议,小学数学教师需要继续提高对合作学习的正确认识,进一步提高合作学习的教学技能,从

①　陈瑞君.合作学习对小学生学业成绩的影响[J].基础教育,2015(4):105-112.

②　李原,郭德俊,王巧莉.合作学习对小学生同伴关系、成就动机和成就影响的研究[J].心理科学,1995(4):216-220+229+255-256.

③　陈瑞君.合作学习对小学生学业成绩的影响[J].基础教育,2015(4):105-112.

④　张华,谢祥琼.合作学习在小学语文阅读教学中的尝试[J].四川师范大学学报(社会科学版),2004(1):117-124.

⑤　万银洁.小学语文阅读教学中合作学习模式的反思与完善[J].语文建设,2016(20):17-18.

⑥　吴立宝,夏马成,许亚桃.21世纪以来我国中小学数学合作学习研究回顾与展望[J].天津市教科院学报,2020(6):60-66.

而实现小学数学合作学习的有效性。①此外,还有田晓莅、叶宁等学者探讨了合作学习在小学数学课堂中的应用。②

袁莉娅认为以多人对话为课堂学习样态的协同学习合乎小学英语学科本质,是发展英语学科核心素养的应然选择。小学英语课堂协同学习应关注作业、活动、学习过程和经验分享,建构任务式活动、研讨式交互学习和阐述式分享表达等课堂实践样态,促使学生在课堂学习中实现互惠互利,进而培育学生的学科核心素养。③徐莹指出,在小学英语课堂中实施有效的小组合作学习,教师首先要精心设计行之有效的环节,很好地激发并保持中年级学生的学习动机。实施有效的小组合作学习能实现课堂教学活动中各动态因素的多边互动,活跃课堂气氛,增进师生友谊,更有利于促进学生健康个性的养成。④

张学而探讨了美术课堂合作学习中合作小组的划分方法、美术教师的角色转变以及合作学习的开展形式,最后提出美术课堂合作学习的教学评价应纳入丰富的评价主体,参考多元的评价标准,整合综合的评价内容,采取多样的评价方式。⑤

邱良武等人开展了中小学体育课合作学习模式的教学实验,认为体育合作学习值得在中小学推广,对于提高体育课堂效率、增强学生之间和师生之间的交往机会、改善学生的心理健康、促进学生的社会适应能力,都具有一定的作用。⑥后又研究了体育合作学习对小学生情绪稳定性与课堂满意度的影响,得出小学体育合作学习能提高学生的情绪稳定性和课堂满意度的结论。⑦

---

① 李星云.小学数学合作学习的有效性分析[J].教育评论,2009(3):115-118.

② 田晓莅.小学数学"自主协作"学习模式实践探究[J].内蒙古师范大学学报(教育科学版),2012(12):109-112;叶宁."小学数学教学法"课程中合作学习模式的探究[J].教育与职业,2014(5):118-119.

③ 袁莉娅.建构小学英语课堂协同学习的实践样态[J].教学与管理,2020(29):39-41.

④ 徐莹.提升英语课堂操练环节合作学习的实效性[J].中国教育学刊,2018(S2):141.

⑤ 张学而.小学美术课堂合作学习的实施与评价[J].教学与管理,2020(17):43-45.

⑥ 邱良武,武云华,郑龙云,郑春华,韩锐芳.中小学体育课合作学习模式的教学实验[J].体育学刊,2008(1):72-76.

⑦ 邱良武,郑春华,吴疆.体育合作学习对小学生情绪稳定性与课堂满意度的影响[J].教学与管理,2015(15):99-101.

顾长明通过对小学科学合作学习中问题的剖析,探讨相应的对策,准确把握内涵,以期提高科学教学中小组合作学习的操作性和有效性。小学科学教与学方式的转变是一个渐进的过程,应该在小组合作的教学实践中不断探索反思,不断发现问题,正视问题,解决问题。只有存在的问题得到高度的重视和有效的化解,才能在自主中求合作,在探究中求共赢,在主动中求互动,提升小组合作学习的内涵和品质。①

(二)项目化学习

1.项目化学习的提出及概念

项目化学习的思想源头,可以追溯至杜威。杜威的学生克伯屈首次提出并实践了项目学习(project methods)。随着近些年来全球范围内"素养"研究的深入,项目化学习作为培育素养的一种重要手段得到了普遍的重视。与克伯屈时代强调"动手做"不同,在 21 世纪技能和素养的导向下,当前国际上所倡导的主流的项目化学习,如斯坦福大学的达林–哈蒙德教授,②学习科学领域的约瑟夫·S.,③巴克教育研究所(Buck Institute for Education,简称 BIE)等更强调核心知识的理解,在做事中形成专家思维,引发跨情境的迁移。④在这一过程中,"知识"是项目化学习必不可少的组成部分。以巴克教育研究所为例,他们将项目化学习界定为:学生在一段时间内通过研究并解决一个真实的、有吸引力的和复杂的问题、课题或挑战,从而形成对重要知识和关键能力的理解。项目化学习的重点是学生的学习目标,包括基于标准的内容,以及如批判性思维、问题解决、合作和自我管理等技能。⑤

项目学习是指"学生通过完成与真实生活密切相关的项目进行学习,是一种充分选择和利用最优化的学习资源,在实践体验、内心吸收、探索创新

①　顾长明.小学科学合作学习的困境与消解[J].教学与管理,2011(17):39-40.

②　[美]琳达·达林–哈蒙德.高效学习:我们所知道的理解性教学[M].冯锐,等译.上海:华东师范大学出版社,2010:9.

③　[美]约瑟夫·S.克拉斯克菲莉丝·C.布卢门菲尔德.基于项目的学习[A];R.基思·索耶.《剑桥学习科学手册》[C].徐晓东,译.北京:教育科学出版社,2010:318.

④　夏雪梅.在学科中进行项目化学习:学生视角[J].全球教育展望,2019(2):83-94.

⑤　Buck Institute for Education.What is PBL? [EB/OL](2014-03-01),http://www.bie.org/about/what_pbl.

中获得较为完整而具体的知识,形成专门的技能并获得发展的实践活动"①。可以说,项目学习也是一套从学生已有经验出发,在复杂、真实的生活情景中引导学生自主地进行问题分析与探究,通过制作作品来完成自己知识意义建构的教学模式。打破了"教师、教室、教材"为中心的传统教学模式,尊重学生的兴趣,激励学生主动、积极地参与教学活动,真正地实现了以学习者为中心。②

2.项目化学习在小学生学习中的应用

肖雪基于当前小学语文课堂教学存在学生兴趣低下、教学效果不理想等问题,提出项目化学习作为小学语文课堂教学的新型教学模式,可以使原本乏味的语文课堂充满生机与活力。教师可以从学习内容主题化、学习活动实践化、学习过程协作化及学习方式个性化四个方面,将项目化学习应用于小学语文课堂教学中,以此提高课堂教学的效果。③

夏涛等人认为数学项目学习作为一种"做数学"的教学模式,有利于学生掌握数学知识及提高实践能力,在我国中小学数学的实际教学中具有可行性。实施项目学习具体可以分为四个步骤:选定项目,分工分组;分析设计,规划整理;实施操作,展示成果;评价项目,反思总结。④庄治新等人对数学项目化学习进行了研究,通过对数学教材的梳理与统整,借助有挑战性的项目学习主题,为学生营造一个相对开放、可探究的学习空间。数学项目化学习要围绕核心概念的理解、高阶思维的培养、学习成果的生成、学习评价的落实等开展教、学、评一体化的项目任务设计。⑤

胡美如等人通过对英语项目化学习交互要素的哲学思考,明晰英语项目化学习设计的内涵和逻辑起点,构建基于"学习者中心、信息技术、单元整

① 巴克教育研究所.项目学习教师指南[M].北京:教育科学出版社,2008:4-6.
② 夏涛,罗祖兵.项目学习——中小学数学教学的应然选择[J].现代教育科学,2011(12):102-104.
③ 肖雪.小学语文项目化学习的教学策略[J].教育观察,2020(27):56-57.
④ 夏涛,罗祖兵.项目学习——中小学数学教学的应然选择[J].现代教育科学,2011(12):102-104.
⑤ 庄治新,陈雪飞.基于核心概念的数学项目化学习设计[J].教学与管理,2019(32):43-45.

体、合作学习和高阶思维"五要素的英语项目化学习设计的基本框架,确立双线融合视角下的英语项目化学习设计的四阶段,即明确单元整体目标、设计大项目评估量表、设计子项目排序学习、设计单元整体性评价。①

朱赛娜将道德与法治项目化学习课程育人目标确定为围绕核心素养、指向未来能力,并将其形象化为"T"型结构:"一横"指通用核心素养,包括团队合作、科学态度、意志品质等;"一竖"指道德与法治学科素养,包括道德品质、心理健康、法治观念、国家意识、政治认同、文化自信、社会和谐、人生价值等;"横竖的交汇点"指发展两个核心素养的方式,即道德与法治课程的项目化建设。学生在真实情境中,通过体验性、交往性、操作性和反思性学习,获得核心素养的发展。②

李金梅对综合实践活动课程中的项目学习进行了实践研究,发现教师应用项目学习过程中,存在亟待改进的方面:需进一步厘清项目式学习与综合实践活动的边界,建构和丰富项目学习的教学内涵,提升教师项目设计的能力,进行学科内、学科间的深度融合,加强多方联动推进综合实践活动课程。③

在项目化学习的研究实践过程中,我们需要冷静地审视目前的实施困境及突破路径,在不断迭代中推进项目化学习,让学生的学习真正发生,让学校的课程真实生长。④

(三)研究性学习

1.研究性学习的提出及概念

所谓研究性学习,广义的理解是泛指学生主动探究问题的学习,在目前的实践中,主要是指学生在教师指导下,以类似科学研究的方式去获取知识、应用知识、解决问题。这种学习方式通常要围绕一个需要探究解决的特

---

①　胡美如,肖龙海.双线融合视角下的英语项目化学习设计[J].课程·教材·教法,2021(10):86-92.

②　朱赛娜.让项目化学习在常态课中落地生根[J].中学政治教学参考,2021(34):54-55.

③　李金梅.综合实践活动课程中的项目学习:理念、优势与改进[J].教育学术月刊,2021(2):85-90.

④　石莉.项目化学习的实施困境与突破之策[J].中小学管理,2020(8):14-15.

定问题展开,所以又称之为"主题研究学习"。实施研究性学习,着眼点在于转变学生学的方式,着手点却是转变教师教的观念和行为方式。①

对于研究性学习的含义,一般有两种解释:其一是指一种与接受式学习相对应的学习方式,强调主动探究、自主学习、发现和解决问题。这种学习方式可在校内外的各种教育教学活动中渗透运用。其二是指一种学习活动,这种学习活动主要是采取研究性学习的方式进行的,要求学生在教师指导下,在学习生活与社会生活中选择研究专题, 在开放的情境下多渠道获取知识,并综合应用知识、解决实际问题,是一种专题的研习活动,一种项目学习活动。②

2.研究性学习在小学生学习中的应用

研究性学习在小学中普及度较高,通过整理相关文献资料,可发现学者们对于研究性学习在小学的研究分为两大类:一类是综合探讨在小学开展研究性学习的必要性,另一类是研究性学习在小学各学科中的应用。

首先,王伟提出在小学阶段开展研究性学习,尤其是在信息技术背景下基于网络的研究性学习,对于优化学生的学习方式、促进教师教学方式的改变、培养小学生的创新精神和实践能力都具有非常重要的作用。③虞伟庚从理论和实践两方面论证了小学生进行研究性学习的可行性, 提出了指导小学生开展研究性学习的自主性、个性化、生活化、活动化、激励性等原则,并从实践中总结出在小学开展研究性学习的基本途径及注意事项。④

马秀梅等人认为,研究性学习可以激发小学生的学习兴趣,丰富他们的生活和学习体验,有助于他们养成勤于思考的习惯和尊重事实的科学态度,促使他们形成初步的合作意识, 有利于他们智能的开发;建构主义的知识观、学习观、学生观为在小学开展研究性学习提供了理论支撑、学生的身心

---

① 胡兴宏.关于学校实施研究性学习的构想[J].上海教育科研,2000(1):6-8.
② 胡兴宏.研究性学习活动实施中的操作问题[J].上海教育科研,2001(5):18-20.
③ 王伟.论基于网络的小学生研究性学习[J].中国远程教育,2003(5):59-61.
④ 虞伟庚.小学开展研究性学习的尝试与探索[J].教育探索,2002(9):31-33.

发展特点为在小学开展研究性学习提供了客观基础。①

袁磊等人将 STEAM 教育理念与小学"研究性学习"课程深度融合,提出两者深度融合的基本思路,充分认识 STEAM 教育理念下研究性学习活动变革的具体内容,进而通过实施过程加以验证,最后分析了两者融合产生的价值,即学生自主力与探究力提升、知识教育向综合素质教育转变及学生社会基础能力建设,以此促进 STEAM 教育在我国各级学校的发展。②

其次,研究性学习在小学学科教学中也发挥着重要作用,有效促进了小学生的学习。许道栋指出,在小学语文教学中开展研究性学习,主要是指导学生进行研究性阅读,也就是在教师的指导下,学生自己研读文章,探究问题,总结规律,在班上交流学习所得的一种学习活动。这种阅读活动是以阅读目的为前提,以围绕阅读目的准确、快速、有效地把握文章的相关信息为基本原则,不断提高筛选、处理、创造语言信息的能力,进而培养学生的创造能力。③

研究性学习在小学数学的学习中应用较多。陈文胜把网络技术和研究性学习整合,把网络巨大的、开放性的教学资源与小学数学活动课教学相结合,把培养学生收集、加工处理信息与数学教学相结合,对在基于 Internet 的小学数学活动课中开展研究性学习进行了尝试。④肖福荣等人对小学数学研究性学习进行了初探,提出创设一定的教学环境是实施研究性学习的基础;创设研究氛围,提出研究问题,是研究性学习的又一个关键。⑤聂艳军基于小学数学课堂研究性学习的实践,指出在小学数学的研究性学习中,学生的学习从单纯的行为参与转向积极的情感体验和深层次的认知参与, 其自我意识和自我监控能力得以培养。小学数学课堂研究性学习注重体验性、交互性

———————————

① 马秀梅,吴春晴.关于在小学开展研究性学习的几点思考[J].教育探索,2005(12):23-24.

② 袁磊,赵玉婷.STEAM 理念与小学"研究性学习"课程的深度融合研究[J].现代远距离教育,2018(1):50-56.

③ 许道栋.关于小学语文研究性阅读的探索[J].教育探索,2003(9):55-56.

④ 陈文胜.在小学数学课中开展研究性学习的实践与思考[J].中国远程教育,2002(10):59-60+64.

⑤ 肖福荣,张洪江,唐永巨.小学数学研究性学习初探[J].教育探索,2004(9):32.

和生成性,在学习内容方面着力于素材重构、结构重组。①

研究性学习在小学美术教学中的应用如下:王滢主张在小学美术教育中实施木刻版画研究性学习。②胡亚天等人提出研究性学习五步法,在小学美术课"京剧脸谱的绘制与欣赏"研究性学习实践中,要根据教材内容和学生情况提出课题,确定可操作的目标,做好课前准备工作,计划和实施研究性学习的教学过程,总结研究性学习的经验与问题。③

综上,在小学生的学习方法研究中,合作学习是影响力较大且应用学科较多的学习方法。项目化学习和研究性学习对于学生的自主学习能力要求更高,同时对于教师的专业技能和专业素养也是一种挑战,教师如何根据学科特点、学生特性等要求,巧妙地将学习方法恰如其分地融入课堂教学中,进而有效促进小学生的学习,这也是小学的教与学今后需要继续深入研究的议题。

近年来,跨学科主题学习逐步成为基础教育领域的研究热点议题。郭华指出,在学科内部设立跨学科主题学习,有两层意涵:学科课程不能废,分科设置课程有一定的合理性;不能把分科设置课程理解成学科之间隔绝、各不相干。跨学科主题学习要求每一门学科的教师都能站在整体育人的角度来思考本学科的育人价值、教学方式。④跨学科学习是为解决社会真实情境中的问题而将不同学科间的知识进行互动整合、重新建构的学习活动。它打破传统知识以形式化客体孤立呈现的结构,以分科形式组织的方式,不同于以往个体接收同质性知识,并简单组合形成样式而忽略内在关系和应用实体对象的过程,是一种新型的促进个体知识形成和发展的活动过程。⑤

当前,学界关于小学的跨学科主题学习研究主要围绕以下两个方面展开:第一,研究小学跨学科学习的系统设计与实施模式;第二,研究学科素养

---

① 聂艳军.小学数学课堂研究性学习的实践[J].中国教育学刊,2004(11):29-32.
② 王滢.小学美术教育中木刻版画研究性学习的价值、目标与实施[J].教育导刊,2004(4):24-27.
③ 胡亚天,黄萍.小学美术课的研究性学习实践与研究——"京剧脸谱的绘制与欣赏"研究性学习示例[J].中国教育学刊,2003(5):46-47+59.
④ 郭华.跨学科主题学习:提升育人质量的一条新路径[J].人民教育,2023(2):25-27.
⑤ 闫安,陈旭远,朱妍.跨学科学习的透视:驱动背景、内在逻辑与条件支持[J].教育学报,2023(6):67-77.

导向下的跨学科主题学习的原则、实践路径、评价等,探讨小学不同学科落实跨学科主题学习的要求。

山东省威海市高新区沈阳路小学基于现实需求,对小学跨学科主题学习进行系统设计与实施。学校立足教材内容融通点、地域文化特色点、社会生活统整点、特色课程关联点进行主题设计,探索将学习主体、学习时空、学习技术、学习方式等元素有效统合,通过一体化、任务化、情境化、全链化四维联动,推动跨学科主题学习系统实施,同时注重完善组织机制、师资队伍和评价体系建设,为跨学科主题学习的持续推进提供支持和保障。[①]为避免跨学科主题学习在实施中陷入"零敲碎打""机械叠加"等困境,有研究者认为学校需要以进阶的学习路径对全校的跨学科主题学习进行一体化设计,将跨学科、跨年级、跨学段的学习内容进行并列关联及统筹整合,在学科内、学科间、学段里,形成持续开放、有机联结、整体协调的跨学科主题学习系统,从而让学生在整个学习过程中进阶体验跨学科主题学习的连贯性与深刻性。[②]

除了研究小学跨学科学习的设计与实施模式,学界还对小学不同学科的跨学科主题学习进行了探讨,多集中在语文、数学两门主要科目上。陆彩萍提出小学语文跨学科学习要突出探究性、情境性、实践性,[③]王丹结合当前语文教学改革,从小学语文跨学科学习目标导向、内容选择、整合方式和课堂评价四个方面分析了跨学科学习的策略与路径。[④]蔡阳合在探讨构建基于小学语文核心素养的跨学科学习评价体系的必要性和难点的基础上,分析小学语文核心素养的基本逻辑和重要内涵,并提出构建基于小学语文核心素养的跨学科学习评价体系的具体内容和实施方案。[⑤]

郭宇凡认为在设计数学跨学科实践活动时,要在新课标精神的引领下,基于概念性理解及核心素养而设计,充分发挥整体育人优势,使学生真正走

---

① 丁莉莉,王军钊,宫茜.小学跨学科主题学习的系统设计与实施[J].中小学管理,2023(6):55-58.

② 袁晓萍,陶文迪.跨学科主题学习的进阶设计和实施[J].中小学管理,2023(5):13-16.

③ 陆彩萍.小学语文跨学科学习要突出探究性、情境性、实践性[J].人民教育,2023(1):64-66.

④ 王丹.核心素养导向下的小学语文跨学科学习研究[J].语文建设,2022(24):46-49.

⑤ 蔡阳合.基于小学语文核心素养的跨学科学习评价体系探究[J].中国教育学刊,2023(S1):74-76.

向深度学习。①朱立明等人总结出跨学科主题学习发展学生数学核心素养的实践路径：边界交融，实现数学知识的横向联结；经验积累，促进学生数学情感的体验；任务驱动，追求真问题的跨学科理解；深层融通，拓展学生的高阶数学思维。②

同时，有研究者以大概念为核心，以跨学科为载体，构建了大概念统摄下的"AI+小学科学"跨学科教学模式。该模式以解决真实情境下的复杂问题为重要旨归，以 KUDB 教学目标、主题单元教学内容、活动链式教学活动、证据多元化教学评价为关键要素，包含创设情境、明确问题，理解探究、制定方案，实践应用、优化完善，汇报交流、评价反思四个教学环节。③此外，还有一线小学通过跨学科协同来提高体育课程全面育人的实效性。例如，江苏省苏州市吴江区盛泽实验小学教育集团积极探索体育跨学科协同教学模式，在体育与其他课程的协同中发掘体育全面育人的价值和功能，发挥体育全面育人的特殊作用，取得了一定成效。④

本章小结

本章从小学教与学概述、小学教与学的理念、小学教与学的改革、小学教与学的方法四个方面来呈现小学教与学研究的全景概貌。这四大前沿问题之间紧密相连、环环相扣，明晰教与学的内涵与意义，为精准把握教与学的理念奠定学理基础，以理念为目标导向，助推教与学的改革进程，最终，教与学的方法成为实现人才培养目标的具体手段和实施路径。其中，小学教与学概述梳理了相关教材对教与学的原理性阐释；小学教与学的理念关注了新课程理念、"生本"教育理念、对话教育理念、核心素养理念指导下的小学各学科教学；小学教与学的改革简述了总体改革概况和不同学科的改革进

---

① 郭宇凡.素养导向下小学数学跨学科综合实践活动的思考与实践[J].中国教育学刊,2023(S2):56-57+82.

② 朱立明,秦丹,武丽莎.跨学科主题学习:发展小学生数学核心素养的实践路径[J].课程.教材.教法,2023(12):103-109.

③ 梁云真,蒲金莹,袁书然.大概念统摄下的"AI+小学科学"跨学科教学——以"探寻四季更替的奥秘"为例[J].现代教育技术,2023(11):57-68.

④ 曹忠.全面育人理念下的小学体育跨学科协同教学[J].中小学管理,2019(11):22-24.

程;小学教与学的方法聚焦翻转课堂、绘本教学和情景教学法,同时关注了合作学习、项目化学习、研究性学习和跨学科学习的研究。

我国近20年来的小学教与学研究取得了显著的进步,同时也存在一些不足之处。显著的进步体现在以下几个方面:第一,在研究主要内容上,基于理论研究层面的教与学的研究主题和内容丰富多样,关于小学各学科的研究逐年增多,且偏重研究小学各学科教学法、教材编制、评价体系等方面,具体到实践研究领域,一些一线小学在积累多年的教学实践经验基础上,开发出一系列独具特色的"校本"教学实施模式;第二,在研究方法上,越来越多的学者开始采用多元化的方法,由原理性研究逐步过渡到引入实证研究,包括案例分析、行动研究等,从不同角度深入探究小学教学实践;第三,小学教与学研究呈现出两个突出特点和趋势,一是越来越注重技术与教学的融合研究,教育技术的应用逐渐成为小学教与学研究的重要方向,二是更加注重素养(包含核心素养、学科素养等)导向下的教与学研究,关注学科发展的同时也逐渐重视满足学生的个性化学习需求,致力于提升学生的创新思维和全面发展能力。

小学教与学研究的不足之处在于:研究内容和主体仍然较为单一,多聚焦于小学各学科内部的理论研究层面,体现为集中在某一特定领域或某一问题上,少有研究围绕小学学段的整体教与学状况展开探讨,缺乏对小学教学全面、系统的研究,导致部分研究成果的全面性和深度性不足;原理性的研究偏多,一些研究仍停留在理论层面,对教学实践提供的指导和支持较为有限。因此,小学教与学研究需要深刻意识到存在的问题,进一步加强理论研究与实践研究的结合,丰富、扩大研究内容和主体,打破学科内部研究的边界,关注跨学科的互动研究及小学学段的整体教学研究,引入多元化的研究方法,拓宽研究视野,进而全面提升教育教学质量和效果,推动小学教育事业向前发展。

推荐阅读

1.曹培英.小学数学学科核心素养及其培育的基本路径[J].课程·教材·

教法,2017(2):74–79.

2.程晓堂,赵思奇.英语学科核心素养的实质内涵[J].课程·教材·教法,2016(5):79–86.

3.崔京菁,马宁,余胜泉.基于知识图谱的翻转课堂教学模式及其应用——以小学语文古诗词教学为例[J].现代教育技术,2018(7):44–50.

4.崔峦,陈先云.适应时代要求深化小学语文教学改革[J].课程·教材·教法,1998(7):22–24.

5.戴娱.基于学科核心素养的音乐教学评价研究[J].课程·教材·教法,2019(10):138–143.

6.丁莉莉.基于核心素养发展的小学语文教学设计和策略研究[J].中国教育学刊,2018(8):77–80.

7.高德胜.追求更有道德意蕴的核心素养[J].西北师大学报(社会科学版),2021(1):95–107.

8.郭宝仙,章兼中.如何在课堂教学中培养英语学科核心素养[J].课程·教材·教法,2019(4):66–71.

9.何璇,马云鹏.国际视野下小学数学核心素养的价值取向与内涵[J].课程·教材·教法,2020(2):92–98.

10.胡美如,肖龙海.双线融合视角下的英语项目化学习设计[J].课程·教材·教法,2021(10):86–92.

11.胡知凡.核心素养是世界中小学美术课程的首要目标[J].课程·教材·教法,2017(3):116–121.

12.黄宏武.“新三课”:中小学美术教学改革的新形式[J].课程·教材·教法,2020(4):126–130.

13.孔凡哲,史宁中.中国学生发展的数学核心素养概念界定及养成途径[J].教育科学研究,2017(6):5–11.

14.李吉林.为儿童快乐学习的情境教学[J].课程·教材·教法,2013(2):3–8+28.

15.李霞,张荻,胡卫平.核心素养价值取向的小学科学教学模式研究[J].

课程·教材·教法,2018(5):99–104.

16.刘道义,郑旺全.改革开放 40 年中国基础英语教育发展报告[J].课程·教材·教法,2018(12):12–20.

17.陆韵,彭小琴.核心素养在小学语文教科书儿童形象中的呈现[J].教学与管理,2019(03):77–80.

18.米靖.论基于对话理念的教学关系[J].课程·教材·教法,2005(3):20–25.

19.聂艳军.小学数学课堂研究性学习的实践[J].中国教育学刊,2004(11):29–32.

20.潘娜.对话育人:小学德育创新实践研究[J].课程·教材·教法,2020(6):109–113.

21.潘娜.起于冲突,达至认同与内化——小学品德课堂教学改革的一种可能性[J].人民教育,2017(Z2):107–109.

22.任占杰.核心素养视域下小学课堂数学活动的思考与实践[J].天津师范大学学报(基础教育版),2021(2):55–61.

23.田本娜.我的小学语文教育研究历程[J].课程·教材·教法,2018(2):116–123.

24.王鉴.合作学习的形式、实质与问题反思——关于合作学习的课堂志研究[J].课程·教材·教法,2004(8):30–36.

25.王雷.核心素养视角下基础音乐教育的改革研究[J].中国教育学刊,2020(S1):124–125.

26.王新民,吴立宝.课改十年小学数学课堂教学变化的研究[J].中国电化教育,2012(8):111–114+128.

27.吴维维,邵光华.逻辑推理核心素养在小学数学课堂如何落地[J].课程·教材·教法,2019(3):88–95.

28.吴宗金.基于小学数学核心素养的命题思路[J].教学与管理,2020(32):70–72.

29.辛涛,姜宇,林崇德.论学生发展核心素养的内涵特征及框架定位[J].

中国教育学刊,2016(6).

30.熊梅,王敏.改革开放40年我国小学教育教学改革:特征、成就和展望[J].四川师范大学学报(社会科学版),2019(1):78-85.

31.姚颖.中国当代小学绘本教学的创新与思考[J].课程·教材·教法,2017(10):94-99+121.

32.余长营,周桂莲,刁海军.中小学信息技术课引入教育游戏的策略探究[J].中国电化教育,2007(6):90-92.

33.袁磊,赵玉婷.STEAM理念与小学"研究性学习"课程的深度融合研究[J].现代远距离教育,2018(1):50-56.

34.张华.核心素养与我国基础教育课程改革"再出发"[J].华东师范大学学报(教育科学版),2016(1):7-9.

35.张家军,鲍俊威.中小学教学改革实验70年的回顾与展望[J].课程·教材·教法,2019(9):63-70.

36.张绍军,陈名英.论小学英语教学设计的意识与实现[J].课程·教材·教法,2021(4):112-117.

37.张旸,刘姣,张媛.小学道德与法治学科核心素养指标框架建构研究[J].教育科学研究,2021(5):77-83.

38.赵富学,王云涛,汪明春.体育学科核心素养的研究进展及其启示[J].北京体育大学学报,2019(1):128-137.

39.周诗杰.基于大观念的小学英语单元教学设计探析[J].课程·教材·教法,2021(12):88-93.

40.诸蕾.小学英语绘本教学中情感体验的实践走向[J].教学与管理,2020(8):41-43.

41.庄钟春晓.基于学科核心素养的中小学音乐学业测评指标体系研究[J].课程·教材·教法,2021(5):130-136.

42.资利萍.改革开放40年我国中小学音乐教材建设与课堂教学变革研究[J].课程·教材·教法,2018(9):14-21.

第五章 小学管理研究

本章思维导图

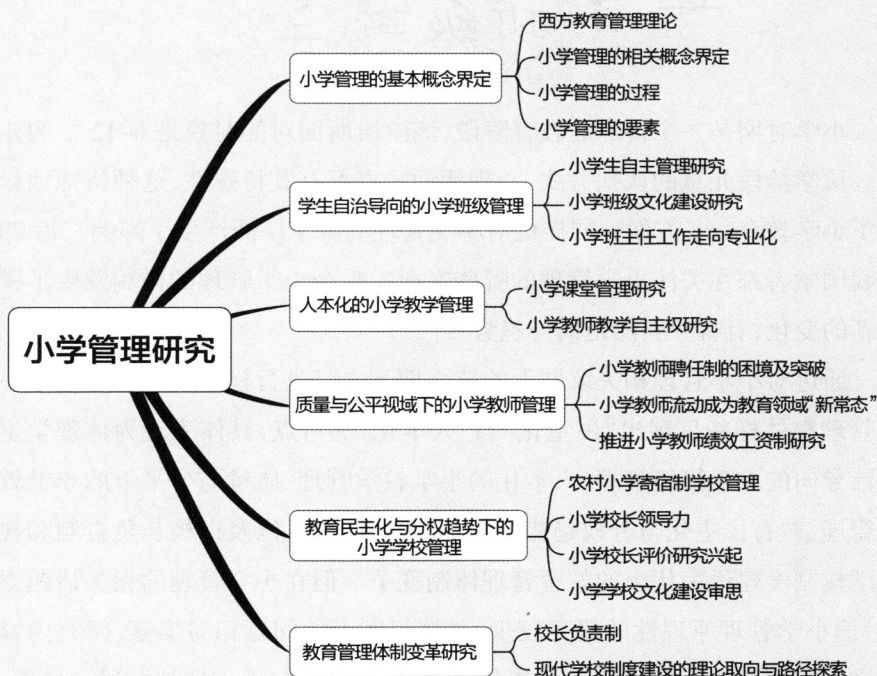

小学管理研究

- 小学管理的基本概念界定
  - 西方教育管理理论
  - 小学管理的相关概念界定
  - 小学管理的过程
  - 小学管理的要素
- 学生自治导向的小学班级管理
  - 小学生自主管理研究
  - 小学班级文化建设研究
  - 小学班主任工作走向专业化
- 人本化的小学教学管理
  - 小学课堂管理研究
  - 小学教师教学自主权研究
- 质量与公平视域下的小学教师管理
  - 小学教师聘任制的困境及突破
  - 小学教师流动成为教育领域"新常态"
  - 推进小学教师绩效工资制研究
- 教育民主化与分权趋势下的小学学校管理
  - 农村小学寄宿制学校管理
  - 小学校长领导力
  - 小学校长评价研究兴起
  - 小学学校文化建设审思
- 教育管理体制变革研究
  - 校长负责制
  - 现代学校制度建设的理论取向与路径探索

本章词云图

　　小学时期是一个特殊的教育阶段,该阶段所面对的对象是 6~12 岁的儿童。该学龄段儿童的认知方式、心理活动特点都有其特殊性,这种特殊性影响了小学教育的各方面, 同样也对小学管理的各个层面产生了影响。近 20 年我国学者都在关注小学管理的哪些方面? 整个小学管理的样貌发生了哪些新的变化,有哪些新的走向与趋势?

　　通过对小学管理相关议题下的核心期刊文献进行检索发现,近 20 年小学管理整体样貌呈现出"民主化"与"人本化"的特点,具体表现为体现学生自治导向的小学班级管理、人本化的小学教学管理、质量与公平下的小学教师管理、教育民主化与分权趋势下的小学学校管理,以及以校长负责制和现代学校制度建设为代表的教育管理体制变革。但在小学管理的相关话题方面,偏小学管理原理性的研究较少,具体议题上的问题相对丰富,研究内容与方法方面聚焦于对小学管理某个话题的经验性的、理论性的探讨。另外,小学管理具体议题下的实证研究有所增加。

　　在展开近 20 年小学管理相关前沿问题之前,首先有必要对小学管理相关的基本概念进行介绍,通过追溯小学教育管理的源头,把握小学管理的内涵,了解小学管理的过程及要素,从原理的角度出发形成对小学管理的基础性认识。

第一节　小学管理的基本概念界定

　　小学教育是国民教育系统中的基础环节,提高小学管理水平、加强和重视教育管理科学的研究与应用对于小学教育质量的提升具有重要作用。本节主要从西方教育管理理论的历史演变,小学管理的相关概念界定、特点、任务、目标、原则、过程与方法等方面对小学管理的理论体系进行介绍。

一、西方教育管理理论——小学教育管理的重要源头

　　小学管理作为学校管理中的一环,深受教育管理学思想的影响。西方教育管理理论的发展对中国本土的教育管理学具有重要影响。梳理西方现代教育管理相关理论的发展脉络有利于更加清晰地认识当代教育管理的现实理论环境,对指导教育管理实践具有重要价值。以下对西方教育管理理论的历史演变的分类主要借鉴了《现代小学教育管理新论》中的相关内容。①

(一)古典管理理论时期的教育管理理论

　　一般认为,西方古典管理理论主要包括美国泰勒(F.W.Taylor)的“科学管理理论”、法国法约尔(H.Fayol)的“一般管理理论”和德国韦伯(Max Weber)的“科层组织理论”,它们共同构成了现代管理理论发展的第一个历史阶段。泰勒的科学管理理论使人们认识到管理学是一门建立在明确的规则、条文和原则之上的科学,提出的“管理就是效率”成为管理学的经典命题。②泰勒的科学管理理论激发了人们以科学的观点来看待教育管理问题,而不再把管理看作是教学工作的附属物。韦伯提出科层制结构特征包括根据组织目标进行劳动分工并实现专业化,实行等级制原则,建立合法权威。③整个古

---

　　① 葛新斌等著;张茂聪,李松玉丛书主编.现代小学教育管理新论[M].济南:山东教育出版社,2013.

　　② 罗珉.泰罗科学管理的遗产及其反思——兼纪念《科学管理原理》诞生100周年[J].外国经济与管理,2011(9):1-10.

　　③ 王春娟.科层制的涵义及结构特征分析——兼评韦伯的科层制理论[J].学术交流,2006(5):56-60.

典管理理论对于组织效率的追求，对后来教育管理理论的发展产生了重大影响。

(二)行为科学理论时期的教育管理理论

行为科学是一门研究人类行为规律的科学。行为科学最早起源于人际关系理论。美国管理学家梅奥(E.Mayo)是人际关系理论的代表人物,提出了"社会人"假设和"非正式组织"的问题,还强调了领导的综合管理技能,为行为科学的后续研究奠定了扎实的理论基础。①美国心理学家马斯洛(A.Maslow)的需要层次理论,为行为科学的后续发展奠定了又一块重要的理论基石。1957年,美国行为学家麦格雷戈(D.McGregor)发表了《企业的人性方面》一文,从而提出了"X-Y理论"。这一时期,教育管理理论接受人本管理思想的影响,主要体现在几个方面:引发了教育管理中人性假设的变化;教育管理研究开始关注非正式组织问题;逐渐形成了教育民主与参与管理的思想;形成了关于"教育领导新作用"的思想。

(三)理论化运动时期的教育管理理论

1954年,全美教育管理教授委员会在丹佛城举办了一次教育管理学术研讨会,会上发言人建议开发一套新的理论方法解释当时教育管理的现实问题,主张借鉴相关学科的方法建立一套概念框架指导教育管理研究与实践。由此拉开了教育管理理论化运动的序幕。理论化运动所建构的教育管理学理论,主要涉及对组织与效率、决策、领导、冲突与变革等范畴的理论探讨。

(四)理论多元化时期的教育管理理论

该时期西方管理学受后现代主义哲学思潮的影响进入了一种多元局面。此时期的社会批判理论的教育管理学对学校建制内权力、压迫和解放等社会结构问题的关注,文化模式理论对教育管理过程中文化资本问题的解析,以及女权主义理论对教育管理之中性别平等的追求等,虽然难免有失偏颇,但皆有发人深省、予人启迪之处。

---

① 周颖洁,张长立.试析西方组织理论演变的历史逻辑[J].现代管理科学,2007(5):68-69+80.

(五)整合时期的教育管理理论

澳大利亚学者埃弗斯(C.W.Evers)和拉科姆斯基(G.Lakomski)提出了"自然融贯主义"的教育管理学理论,系统探讨了教育管理实践中的组织、决策、领导和培训等问题,并得出了很有启发意义的新颖结论。莫尔根(G.Morgan)等人提出了一种整合性的教育管理实践框架,把教育管理理论与教育管理实践活动整合了起来。教育管理学的整合有助于教育管理学知识的整理和创新,也有助于教育管理实践工作者对教育管理学知识的理解、鉴别、选择和应用。

二、小学管理的相关概念界定

要探讨小学管理的相关问题,首先应该明确"小学管理"这一最基本的概念,小学管理与学校管理,无论在理论基础上还是概念界定上都有重要关联。

(一)学校管理的内涵

许多管理学者从各自不同的角度对学校管理的内涵进行定义,以下择取了一些有代表性的教育管理学学者的观点。

日本学者久下荣志郎对学校管理下过定义,认为学校管理是"包括为达到学校本来目的的一切行动,一般分为物的管理、人的管理和经营管理。所谓物的管理,就是指对设施、设备的维持、保全作用;人的管理是指对教职工的任免、服务、监督等等;经营管理包括班级编制、教育课程、校务分担、儿童和学生的管理等"①。

张济正认为学校管理是一种以组织学校教育工作为主要对象的社会活动,是学校管理者通过一定的机构和制度,采用一定的手段和措施,带领和引导师生员工,充分利用校内外的资源和条件,整体优化学校教育工作,有效实现学校工作目标的组织活动。②

---

① 　[日]久下荣志郎等.现代教育行政学[M].李兆田,等译.北京:教育科学出版社,1981:97.
② 　张济正.学校管理学导论[M].上海:华东师范大学出版社,1990:22.

　　张萍芳从系统论的视角对学校管理进行界定,认为"学校行政领导者合理地组织和使用学校的各种力量,对学校工作的各个方面以及各种因素(包括可变因素与不变因素)进行决策、组织、调派人员、指挥、控制、协调以达到全面贯彻党的教育方针,有效地实现培养合格人才的目的"①。

　　高洪源以新公共管理理论为支柱,从战略管理的角度理解学校管理,提出学校管理包含以下几种战略:质量战略、联盟战略、国际交流战略、防御型战略、顾客战略、适度规模战略、特色战略。②

　　学者们从各种不同的视角窥见学校管理的目的、对象、基本要求、意义等,既包含对学校管理内涵的深化,也包含对学校管理内涵的创新,为界定小学管理内涵奠定了基础。

(二)小学管理的内涵

　　国内大多数学者在介绍小学管理这一概念的时候,往往是对学校管理进行概念界定,单独对"小学管理"这一概念做出明确界定的学者并不多。

　　朱小蔓先生在《中国教师新百科 小学教育卷》中指出小学管理是"管理者根据小学教育工作特点和相关的法律政策,建立一定的制度,组织和领导全校教职工,为实现小学教育目标而进行的计划、组织、协调和控制等活动,以取得最大办学效益的过程"③。小学管理的概念可从以下三个方面进行解释:首先,学校管理者为主体,小学校组织团体为管理对象;其次,小学管理作为一种团体活动,其本质特点是筹划、调用、组织、领导,即统筹利用校内外人、财、物、信息诸因素,以实现小学校团体的预期目标;最后,小学校团体的预期目标是小学教育。小学教育目标的实现靠师生双方努力还不够,还需要对他们的群体行为加以协调、组织。④

　　于淑云、李诚忠从活动过程的视角提出,"小学管理是指在小学这一教育机构中所实施的管理活动,包括对教育资源的开发运用,人员组织工作的

————————

①　张萍芳.学校管理与系统控制[M].福州:福建教育出版社,1986:17.
②　高洪源.学校战略管理[M].重庆:重庆大学出版社,2006.
③　柳斌,朱小蔓.中国教师新百科(小学教育卷)[M].北京:中国大百科全书出版社,2002:225.
④　柳斌,朱小蔓.中国教师新百科(小学教育卷)[M].北京:中国大百科全书出版社,2002:225.

协调,目标的决定,行为的指导,积极性的调动等"①。

辜伟节从社会的共同需要出发,重视从效率和目标的视角解读小学管理的内涵,认为小学管理是小学管理者为了实现办学目标,按照一定的原则、程序、方法、手段,对小学的人、财、物进行计划、组织、协调、控制,以有效地达到目的的活动过程。②

具体来讲,小学管理应该根据小学教育特点,以马列主义、毛泽东思想为指导,贯彻党的教育方针、政策,把教育学、心理学、社会学、卫生学和管理学等方面的知识应用到小学,对学校内外部各种工作关系和各种因素进行科学的规划、组织、指导和控制,以求得学校工作总体最优化为目标的工作过程。③其实质是"管理者为实现预定目标,运用小学管理原则,对小学中的人、财、物等实施管理,所进行的一系列职能活动的过程"④。

教育政策的颁布往往映射出教育的现实需求,通过梳理近 20 年小学管理的相关政策,有助于把握小学管理整体发展情况,为进一步思考和改进小学管理实践提供依据。

表5-1　小学管理的相关政策⑤

时间	政策名称	内容要点
1996 年 3 月	国家教育委员会《小学管理规程》	规定了入学及学籍管理,教育教学工作,人事工作,行政工作,校舍、设备及经费,卫生保健及安全,学校、家庭与社会等事项
1999 年 12 月	教育部《中小学校长培训规定》	中小学校长培训要以提高校长组织实施素质教育的能力和水平为重点。其内容主要包括政治理论、思想品德修养、教育政策法规、现代教育理论和实践、学校管理理论和实践、现代教育技术、现代科技和人文社会科学知识等方面。培训具体内容要视不同对象的实际需求有所侧重

①　于淑云,李诚忠.现代小学管理通论[M].哈尔滨:黑龙江科学技术出版社,1997:12.
②　辜伟节.小学管理学概论[M].上海:上海科学技术文献出版社,1990:6.
③　辜伟节.小学管理学概论[M].上海:上海科学技术文献出版社,1990:8-9.
④　辜伟节.小学管理学概论[M].上海:上海科学技术文献出版社,1990:21.
⑤　以下政策均来自中华人民共和国教育部政府门户网站.

续表

时间	政策名称	内容要点
2005 年 5 月	教育部 国家民委《关于进一步做好民族地区寄宿制中小学管理工作若干问题的意见》	"为推进民族地区寄宿制中小学的管理工作制度化、规范化、科学化",从"民族地区寄宿制中小学管理工作的指导思想和目标要求""地方各级教育行政和民族工作部门职责""规范布局结构""教育教学管理""日常生活管理""管理队伍和教师队伍建设""经费管理""管理工作评估" 等方面提出意见要求
2009 年 4 月	教育部《关于当前加强中小学管理规范办学行为的指导意见》	"强化责任,进一步明确和落实地方各级教育行政部门和学校的管理职责和工作任务""抓住重点,认真解决好当前一些违背教育规律、影响正常教育教学秩序的突出问题""加强领导,建立和完善加强中小学管理规范办学行为的工作机制"
2010 年 7 月	教育部《国家中长期教育改革和发展规划纲要（2010—2020年)》	"建设现代学校制度""完善中小学学校管理制度""深化办学体制改革""健全统筹有力、权责明确的教育管理体制""健全教师管理制度""加大教育投入""加强经费管理"
2010 年 10 月	教育部《关于治理义务教育阶段择校乱收费问题的指导意见》	治理择校乱收费必须坚持标本兼治、综合治理的原则,既要抓紧完善招生政策,规范招生秩序,及时制止违规高收费乱收费现象，又要大力推进义务教育均衡发展,改造薄弱学校,缩小校际办学条件及教育质量差距
2013 年 2 月	教育部《义务教育学校校长专业标准》	构建教师队伍建设标准体系,从规划学校发展、营造育人文化、领导课程教学、引导教师成长、优化内部管理、调适外部环境六个方面对高素质义务教育学校校长队伍建设提出要求
2013 年 8 月	教育部《中小学生学籍管理办法》	要求建立统一规范的学籍信息管理制度、抓紧制订或完善《办法》实施细则、有效开展《办法》教育培训、建立加强学籍管理的长效机制、营造实施《办法》的良好舆论环境
2014 年 8 月	教育部 财政部 人力资源和社会保障部《关于推进县（区)域内义务教育学校校长教师交流轮岗的意见》	"加快实现校长教师交流轮岗的工作目标""合理确定校长教师交流轮岗的人员范围""不断创新校长教师交流轮岗的方式方法""建立健全校长教师交流轮岗的激励保障机制""全面推进义务教育教师队伍'县管校聘'管理改革""切实落实校长教师交流轮岗工作的责任主体"

续表

时间	政策名称	内容要点
2017 年 12 月	教育部《义务教育学校管理标准》	要求"所有义务教育学校对标研判、依标整改,切实做到'一校一案',全面改进和加强义务教育学校管理工作,促进学校规范办学、科学管理,整体提高教育质量和办学水平,加快推进教育治理能力和治理水平现代化"。基本内容包括:"保障学生平等权益、促进学生全面发展、引领教师专业进步、提升教育教学水平、营造和谐美丽环境、建设现代学校制度等 6 大管理职责、22 项管理任务、88 条具体内容"
2019 年 12 月	教育部《〈中小学教材管理办法〉〈职业院校教材管理办法〉和〈普通高等学校教材管理办法〉的通知》	"加强中小学教材管理,打造精品教材,切实提高教材建设水平""中小学教材实行国家、地方和学校分级管理",从"管理职责""编写修订""教材审核""出版发行""选用使用""保障机制""检查监督"等进行了详细规定
2020 年 9 月	教育部等八部门《关于进一步激发中小学办学活力的若干意见》	"深化教育'放管服'改革,落实中小学办学主体地位""推动基础教育公平发展和质量提升,加快现代学校制度建设,为推进教育现代化、建设教育强国奠定坚实基础""保障学校办学自主权""增强学校办学内生动力""提升办学支撑保障能力""健全办学管理机制""强化组织实施"
2021 年 12 月	教育部《中小学法治副校长聘任与管理办法》	法治副校长"由人民法院、人民检察院、公安机关、司法行政部门推荐或者委派,经教育行政部门或者学校聘任",需"在学校兼任副校长职务,协助开展法治教育、学生保护、安全管理、预防犯罪、依法治理等工作"
2022 年 9 月	人力资源和社会保障部 教育部《关于进一步完善中小学岗位设置管理指导意见》	"以习近平新时代中国特色社会主义思想为指导,以促进基础教育事业发展为目标,遵循中小学教职工成长发展规律,创新岗位管理政策措施,拓宽职业发展通道""健全教师岗位等级设置""科学制定岗位设置方案""优化岗位结构""实行县域统筹管理""落实岗位倾斜政策""规范开展岗位竞聘""加强聘后管理"

近年来,小学管理政策逐步聚焦于现实的管理问题,致力于建立健全相应的管理机制,创新并细化管理举措,促进了小学管理系统化、组织化的发展。

三、小学管理的过程

朱小蔓在《中国教师新百科 小学教育卷》中谈到小学的运作环节可分为五大环节：

第一，计划（决策）。以组织目标为导向，对小学管理进行周密计划，这是行政组织的心脏，也是行政历程的中心。

第二，组织。小学管理的运作，有赖于学校行政组织的建立。通过学校组织的作用，才能充分发挥学校人力、物力、财力的功能。

第三，领导。这是小学组织领袖对组织成员的率领、指挥、引导、协调、控制的过程。它是由小学领导者、被领导者、客观环境三个要素相互作用以达成组织目标的群体活动。

第四，沟通。即联络或通讯。要使学校组织成员目标一致、行动一致，必须通过沟通协调。在学校组织中，上情下达、下情上达，都需要沟通。

第五，评鉴。在小学管理的过程中，对执行计划的情况进行评估，以了解其成绩与问题，以作为考核与改进工作的依据。[①]

小学管理过程是指小学管理者为了实现总体目标，运用小学管理的基本原理，科学合理地对学校的人、财、物、事等进行管理的客观程序。[②]辜伟节认为小学管理过程具有不同于其他管理过程的特性，即小学管理过程是一种多层次的双边活动，是一种有程序的活动，同时也是一种可控制的活动。[③]学校各项管理工作基本上是按照计划、执行、检查、总结这个程序有效地循环运行，构成小学管理的基本环节。其中，计划统帅着整个管理过程，执行是为了计划的实现，检查是对执行的监督，是对计划的检验，总结是对计划、执行、检查的总评价。这四个基本环节间具有整体性、上升性、交叉性。[④]

张复荃通过论述学校管理过程的具体实施步骤来认识小学管理过程，

①　柳斌,朱小蔓.中国教师新百科(小学教育卷)[M].北京:中国大百科全书出版社,2002:266.
②　辜伟节.小学管理学概论[M].上海:上海科学技术文献出版社,1990:55.
③　辜伟节.小学管理学概论[M].上海:上海科学技术文献出版社,1990:56-58.
④　辜伟节.小学管理学概论[M].上海:上海科学技术文献出版社,1990:75-77.

提出学校管理过程是学校管理一般职能活动的客观程序。管理活动一般都开始于目标、任务的提出，通过制订计划，组织实施，检查指导，结束于这些任务的完成或目标的实现。经过总结评价后，再提出下一个学期、学年的任务和目标，尔后，重新制定计划，组织实施，重复开始管理活动的新周期。①从小学管理的学段特点出发，小学管理过程有几个明显的特点，即地区社会和群众的参与性较强；管理育人的内容广和管理、教育、教学任务较多重合。②

王俊认为学校管理过程的基本环节是制订计划、组织实施、督促检查和总结提高，分别是学校管理过程的起始环节、中心环节、中继环节和终结环节。③

在考察小学管理过程中，何侠斋从人本化的角度将其描述为小学管理者通过领导，指挥教职工为完成育人环节而进行有计划、有目的、有步骤的人的活动轨迹。小学人本管理过程从始至终以"人"为主线，即科学决策注重人、组织实施依靠人、反馈校正留意人、总结评比激励人。④

四、小学管理的要素

这里将小学管理的目标、特点、任务、原则、方法等概括为小学管理的要素，并对其相关内容进行介绍，总结学者们对小学管理各要素的观点，以此增进对小学管理的理解和认识。

（一）小学管理的目标

小学管理目标指明了小学管理工作的方向。我们在研究小学管理目标时，既要明确教育目标与管理目标的关系，又要了解小学管理目标的具体内容。

1.教育目标与管理目标的联系与区别

从教育系统来说，"目标"包括两大类，一类是教育目标，包括宏观方面的教育目标和微观方面的教育目标；一类是教育管理的目标，包括学校内部

---

① 张复荃.小学管理[M].北京:教育科学出版社,1992:40–41.
② 张复荃.小学管理[M].北京:教育科学出版社,1992:46.
③ 王俊.小学教育·教学·管理[M].重庆:重庆大学出版社,2008:92–98.
④ 何侠斋.现代小学人文教育[M].北京:中国建材工业出版社,2000:152–156.

的管理目标和教育行政部门的管理目标。①

学校教育目标是一所学校根据教育目的和培养目标的规定，从本校实际出发所确定的具体育人标准,是教育目的和培养目标的具体化,反映了该校成员共同活动的意向结果，体现该校教育工作者和管理工作者的价值追求。②

学校管理目标是一所学校的组织,为了按质按量完成育人任务,从本校实际出发所确定的组织活动的质量规格和活动结果的意向模式。③

由此可以看出，学校教育目标与学校管理目标之间不是谁包含谁的问题,两者在主体、对象等方面存在较大差异。

2.小学管理目标的具体内容

在论述小学管理目标的具体内容时，有学者提出要依据学校自身的实际情况,因时、因地、因校制宜,有学者从校长及其他学校管理者的视角出发,有学者创新性地提出小学管理目标要以人为本。

表6-2　不同学者关于小学管理目标具体内容的阐述

学者	小学管理目标具体内容
辜伟节	教学管理目标的内容,一般可分为学校的总体目标和分类目标(组织人事目标,教育教学工作目标,总务后勤管理目标等)④
靳建禄、姚文俊、王非	从体系上可分为总体目标、局部目标和个人目标;从性质上可分为学校教育教学等工作目标、学校发展规划目标以及学校管理措施及其应达到的预期标准等;从内容具体化程度上提出对人、财、物、事、时间、空间、信息等管理的目标要求⑤
季明明	学校管理目标的类别,从时间上分,可以分为学期目标、学年目标、三年或五年目标;从层次上分,可以分为总体目标、部门目标、个人目标等⑥

①　林昌华主编.教育管理原理[M].成都:成都科技大学出版社,1992:353.
②　张济正主编,吴秀娟,陈子良著.学校管理学导论[M].上海:华东师范出版社,1990:46.
③　张济正主编,吴秀娟,陈子良著.学校管理学导论[M].上海:华东师范出版社,1990:59.
④　辜伟节.小学管理学概论[M].上海:上海科学技术文献出版社,1990:31.
⑤　靳建禄,姚文俊,王非.小学校长谈管理[M].开封:河南教育出版社,1991:21.
⑥　季明明.中国教育行政全书[M].北京:经济日报出版社,1997:1168.

续表

学者	小学管理目标具体内容
于淑云、李诚忠	按目标的性质,可分为战略目标与战术目标等。按时间划分,可分为长期目标、中期目标、短期目标等。按组织层次的不同,可分为高层目标、中层目标和基层目标等。按任务划分,可分为总目标、分目标和子目标等。按任务对象的不同,可分为团体目标和个人目标等①
何侠斋	建构以人为本的小学管理目标,首先要立足于人,形成上下呼应的共同目标;其次,着眼于人,形成上通下达的运行机制;最后,用心于人,造就一支高水平的小学工作队伍②

(二)小学管理的特点

小学管理作为学校管理中的初始阶段,会因小学的学段特点、小学生的生理及心理发展特点而体现出独特的特点。

表6-3　不同学者有关小学管理特点的阐述

学者	小学管理的特点
常早清、刘居富	小学管理面广量大、小学管理体制多样、小学管理条件艰苦、学生管理的全面性、教师业务能力的多面性③
王铎全	办学的方向性;指导的细致性和周密性;师资要求的多样性;办学条件的艰苦性;体制的多样性④
辜伟节	小学的体制多样; 小学教师要成为教学的多面手; 农村小学面大点散,以复式班组织教学比重大;小学经费少⑤
于淑云,李诚忠	目标性、决策性、组合性、活动性⑥
张复荃	地方负责、分级管理;学校数量众多,布点相对分散;隶属关系多样,管理机构设置不—⑦
王俊	科学管理、民主管理、系统管理和全面管理⑧

① 于淑云,李诚忠.现代小学管理通论[M].哈尔滨:黑龙江科学技术出版社,1997:113.
② 何侠斋.现代小学人文教育[M].北京:中国建材工业出版社,2000:146-149.
③ 常早清,刘居富.小学管理学[M].武汉:武汉测绘科技大学出版社,1991:3-4.
④ 王铎全.教师之友[M].上海:文汇出版社,1991:251.
⑤ 辜伟节.小学管理学概论[M].上海:上海科学技术文献出版社,1990:9-10.
⑥ 于淑云,李诚忠.现代小学管理通论[M].哈尔滨:黑龙江科学技术出版社,1997:14-15.
⑦ 张复荃.小学管理[M].北京:教育科学出版社,1992:11-14.
⑧ 王俊.小学教育·教学·管理[M].重庆:重庆大学出版社,2008:19-20.

续表

学者	小学管理的特点
杨平安	小学管理有政策法规性;多边活动性;综合服务性;空间延伸性;小学教师对学生既要教,又要导,而导的任务又比中学大[①]
《中小学管理》杂志社	中小学管理具有较强的稳定性和规范性、较强的教育性、中小学管理的核心是组织良好的教师集体(教育集体)、中小学管理基本上是面对面的直接管理、中小学的管理水平和效果具有较大的模糊性[②]
李霞	初等教育管理具有社会性、实践性、理论性、政策性和综合性的特点[③]

(三)小学管理的任务

小学管理的任务,是根据党的教育方针政策,遵循小学教育和管理的客观规律,按照上级教育行政部门的具体要求,结合小学实际,做好计划安排、组织实施、检查指导,总结提高等管理工作,完成小学教育的任务。[④]

表6-4　不同学者对于小学管理任务的阐述

学者	小学管理的任务
辜伟节	具体的任务包括:认真贯彻党的教育方针、政策和上级指示;制订学校工作计划;健全学校规章制度;教学为主,全面安排、合理组织教育教学工作;知人善任,依靠教师办学;组织学校后勤力量,为教学第一线和师生生活服务;总结工作,取得经验教训,探索管理规律等七项[⑤]
常早清、刘富居	具体分为全面贯彻教育方针、制订工作计划、健全规章制度、进行常规管理、检查与总结[⑥]

(四)小学管理的原则

阮承发、辜伟节等学者对小学管理原则的内涵进行解释,认为小学管理原则,是指小学管理者在管人、理财、处事、用物等一系列管理活动中所必须遵循的基本原理和行动准则,是办学指导思想的反映,也是小学管理实践经

---

① 杨平安.教育论文集[M].1999:7-9.
② 《中小学管理》杂志社.中小学管理纵览[M].北京:首都师范大学出版社,1996:917-920.
③ 李霞著.初等教育管理论[M].上海:华东师范大学出版社,2017:10.
④ 辜伟节.小学管理学概论[M].上海:上海科学技术文献出版社,1990:10.
⑤ 辜伟节.小学管理学概论[M].上海:上海科学技术文献出版社,1990:10-11.
⑥ 常早清,刘富居.小学管理学[M].武汉:武汉测绘科技大学出版社,1991:4-6.

验的概括。①

表5-5　不同学者对于小学管理原则的阐述

学者	小学管理的原则
辜伟节	方向性原则;整体性原则;教育性原则;民主性原则;创造性原则;高效性原则②
张复荃	社会主义方向原则;管理育人原则;教学为主原则;依靠教师原则和整体效益原则③
于淑云、李诚忠	整分合原则、最佳结构原则、方向性原则、反馈闭合原则、能级原则、价值原则、弹性原则和效率原则④
常早清、刘居富	方向性原则、科学性原则、整体性原则、民主性原则、效益性原则⑤
汤书翔	方向性原则、规范性和程序性原则、教育性原则、民主性原则、有效性原则、地方性原则⑥

（五）小学管理的方法

小学管理工作方法是实现小学工作目标，开展小学管理活动的具体手段和措施。⑦

表5-6　不同学者对于小学管理方法的阐述

学者	小学管理的方法
辜伟节	可以采取行政的、经济的、弹性的、反馈的、数量统计的、预测的管理方法⑧
张复荃	分为通用的方法和专门的方法两类，前者如调查研究"解剖麻雀"的方法，"从群众中来，到群众中去，集中上来，坚持下去"的方法，后者如听课、评课、测验、考试等这类方法。常见的学校管理的实践方法有行政的、经济的和思想教育的方法。此外，还应用了一部分心理学的方法和数学的方法⑨

———————

① 阮承发.中小学管理学[M].苏州:苏州大学出版社,1994:16-17;辜伟节.小学管理学概论[M].上海:上海科学技术文献出版社,1990:40.

② 辜伟节.小学管理学概论[M].上海:上海科学技术文献出版社,1990:43-44.

③ 张复荃.小学管理[M].北京:教育科学出版社,1992:31.

④ 于淑云,李诚忠.现代小学管理通论[M].哈尔滨:黑龙江科学技术出版社,1997:275.

⑤ 常早清,刘居富.小学管理学[M].武汉:武汉测绘科技大学出版社,1991:52-60.

⑥ 汤书翔.小学教育学[M].武汉:华中科技大学出版社,2001:277-280.

⑦ 辜伟节.小学管理学概论[M].上海:上海科学技术文献出版社,1990:81.

⑧ 辜伟节.小学管理学概论[M].上海:上海科学技术文献出版社,1990:81-82.

⑨ 张复荃.小学管理[M].北京:教育科学出版社,1992:53-54.

续表

学者	小学管理的方法
常早清、刘居富	较为基本的方法有教育激励、行政方法、经济方法、法律方法、统计方法等①
于淑云,李诚忠	系统管理方法、目标管理方法、质量管理方法、计划管理方法、信息管理方法和计量管理方法②

从对小学管理的相关理论问题进行梳理的过程中发现，大多数文献来源于 20 世纪 90 年代,说明近 20 年关于小学管理理论的探讨相对匮乏。随着时代的发展,小学管理也在不断进步,作为新时代小学教育的研究者有必要进一步对小学管理的相关理论问题进行更新，这也要求研究者要进一步提高对小学管理的重视。

第二节　学生自治导向的小学班级管理

近 20 年的小学班级管理呈现出以学生自治为导向的特点。小学生的自主管理、小学班级文化建设以及小学班主任走向专业化是近 20 年关于小学班级管理研究的主要议题。

一、小学生自主管理研究

近 20 年小学生班级管理中突出的特点表现为强调以学生为主体,一切为了学生的发展,教师作为引导者、参与者的角色加入班级管理中,小学生的自主管理是研究的重点内容,主要包括班级自主管理的理论探讨、小学生自主管理的模式研究和小学生自主管理的实践探索。

(一)班级自主管理的相关探讨

班级自主管理作为一个话题延伸出许多不同的概念,如班本管理、班级动态管理、自主参与型的班级管理等。其中,班本管理是一种新型的班级管

---

① 常早清,刘居富.小学管理学[M].武汉:武汉测绘科技大学出版社,1991:64-69.
② 于淑云,李诚忠.现代小学管理通论[M].哈尔滨:黑龙江科学技术出版社,1997:208.

理模式,是以班级全体学生自主协同发展为动力,依靠班级所有学生和教师自主参与的一种管理形式和机制,强调以人为本,倡导民主和自主。①班级动态管理是班级学生在班主任有意识的培养和引导下,充分发挥自身的主体作用,协调一致地实现预定班级教育管理目标的过程。②而自主参与型的班级管理则是一种强调学生自主参与为特征的班级管理模式。③这些概念都有一个共同的内核,即强调学生作为班级管理的主体地位,全体学生共同参与,发挥学生的自主性。

　　班级自主管理关注到了学生的角色。有学者就班级管理中小学生角色的形成与扮演进行了探讨,提出小学生只有经过在班级中建立"公共话语"和有目的地扮演重要角色,有意识地参与班级管理,才能成为班级的小主人,并在此基础上进一步认为班级管理中学生角色的养成路径:教师真诚相待,加强师生交流;多样设置班级角色,民主选举班干部;激发学生自我意识,学生自主管理班级。④

　　张俊湘认为学生自主管理模式下的一个核心问题是学生对自我角色的认定。从这一层面上讲,学生个体应由被动的接受式管理转变到个性独立发展。学生进入自主管理的角色需要达到以下几个层次:首先是道德上的自立,其次是学习上的自主,最后是课堂上的自发。在学生自主管理过程中,教师角色的转变同样至关重要。⑤

　　(二)小学生自主管理的模式研究

　　大部分的小学生自主管理模式是基于实践经验的基础上总结出来的,具有一定的操作性,同时也存在地域性的差别。

　　袁川在学生全员、全程、全域的班级结构形式的启示下,设计出班级自主管理1+1结构模式。模式1是按照班级座次顺序编制而成,横向为排,纵

---

①　田汉族.班本管理:中小学班级管理的新思路[J].中小学管理,2011(7):48-49.

②　潘志东.实施班级动态管理　培养学生自主管理能力[J].上海教育科研,2007(12):56-57.

③　龚孝华.自主参与型班级管理的基本理念[J].华南师范大学学报(社会科学版),2002(5):125-128+143.

④　秦苗立,梁飞.小学生在班级管理中角色的形成与扮演[J].教学与管理,2019(18):82-84.

⑤　张俊湘.基于生命教育的学生自主管理初探[J].中国教育学刊,2012(S2):246-248.

向为列,班级座次实行流动式,横向的排实行日轮换制,纵向的列实行周轮换制。模式2在模式1的基础上设定,首先,设置五个常任委员(健康委员、学习委员、纪律委员、宣传委员、劳动委员),由班级成员民主选举产生。其次,设置专项活动负责人,开展或组织活动需向五个常任委员提出申请,递交具体方案,经讨论后"通过"实行"过半通过原则"。通过的方案根据需要组织活动小组,进行活动的组织筹划工作。①

　　山西省太原市一小学在分析班级管理现状的基础上,结合学校"自主教育研究"的经验,初步构建了"1234"小学班级自主管理模式。"1"指确立一个核心理念,即"学生主体";"2"指"双线管理",即教师管理与学生自主管理并行;"3"指三个阶段的操作形式,学校针对低、中、高三个阶段学生的特点,分别在三个阶段实施不同的自主管理方式;"4"指四环节的管理流程,即制定目标—明确职责—开展活动—及时评价。②

　　班级自主管理的"6+1"模式,即把班级分解为6个"前台"部门和1个"后台"部门。6个"前台"部门指学习部、财政部、文明班级建设部、班史部、体艺部、会议部。班级各项工作都以部门为单位开展,如座位布置可以部门为单位,将班级划分为六大区域,各部门由部长协调管理,每两周由各部长牵头进行部门间的轮换。1个"后台"部门是由班长、副班长、团支书组成的评价机构。这种管理模式能够让无序的班级管理变得科学,优化管理效益。③

　　周丕等提出小组合作模式下班级自主化管理模式,教师通过查阅学生档案、书面调查、个别谈话等方法了解学生,对学生进行分组,一般6人为一组,设一个小组长。分组要做到根据学生个体性别、性情、爱好、特长等均衡搭配,保证组内学生个性、能力和学业水平有差异。教师明确每个小组在管理中必须履行的职责,小组内同样也分工明确。教师在小组管理中引进"赏优罚劣"机制来加强小组管理。④

---

①　袁川.班级自主管理结构模式探析[J].教学与管理,2009(27):35-37.

②　朱春英,史小红.植根"自主教育"沃土 让生命自主成长——山西省太原市迎泽区桃园南路小学"自主教育"的实践探索[J].教育理论与实践,2017(20):25-27.

③　李彩虹.班级自主管理"6+1"模式的实践行为研究[J].学校党建与思想教育,2012(2):65-66.

④　周丕,孙蕾.小组合作模式下班级自主化管理的探索与实践[J].教育理论与实践,2012(23):19-21.

（三）小学生自主管理的实践探索

有学者就小学生自主管理班级的实践经验来探讨自主管理体系的建设过程，比如，共同制定班级奋斗目标，激发学生自主管理意识；合作讨论班级管理细则，引发学生自主管理动机；建立班长轮流值日制度，带动学生全面参与班级管理；建立班长全面负责制度，给予学生自主管理机会；重视学生自主评价管理，促进学生能力全面发展。[①]

耿令新从班主任工作的角度，就三个方面谈班级自主管理如何实施。首先，班主任可以采用量化考核自主管理的方式，从正面教育鼓励学生。其次，利用班会发展学生自主性。最后，引入竞争机制，把班级潜在的竞争意识提到"桌面"上来，让学生主动地参与竞争，调动学生的创造热情，共同管理好班级。[②]

贾宗林认为学生自主管理的实施可以从两个方面进行：一是强化班级管理制度的建设。首先，要让学生充分认识遵守班级制度的重要性；其次，把制定班规制度的权利交给学生，尊重学生的需求；最后，班规的确定要经全班学生的集体讨论，以取得全班更多同学的支持。二是建立新型师生关系，给学生以尊重，培养其主体意识，并与之进行情感交流。[③]

针对上面有关班级制度制定的研究，邓艳红提出班规的制定尤其是核心规则的制定应该发挥学生的主观能动性，可采取明确必要性、"头脑风暴"、归纳概括、逐条表决、醒目张贴、不断完善等步骤进行。在班规出台后，班主任应不断引导学生深化对班规的理解，不断强化学生的行为。[④]

小学生自主管理这一研究议题在上位的理论探讨上较少，大部分集中在班级自主管理的必要性与优点，较少涉及对学生角色的论述。相比之下，基于实践经验的、面向教育一线的论述偏多，这一点从小学生自主管理的模式研究与实践探索中可以窥见。

---

① 常建茹.小学班级自主管理体系的建设[J].教学与管理,2019(11):15-17.
② 耿令新.让孩子们拥有自己的一片天空[J].现代教育科学,2002(8):51-52.
③ 贾宗林.学生自主管理模式探究[J].教学与管理,2007(33):30-31.
④ 邓艳红,邓丽红.论班规的意义与实施[J].教学与管理,2013(4):25-27.

二、小学班级文化建设相关研究

　　班级文化作为学校文化中的一种亚文化，通常是指班级内部形成的独特的价值观、共同思想、作风和行为准则的总和。[①]班级文化建设是学校文化建设中的重要组成部分。研究班级文化建设，营造积极、健康向上的班级文化，是提高班级管理水平的一个重要举措，也是优化学校教育的有效途径。[②]

（一）不同视角下的小学班级文化建设研究

　　靳亚梦、田夏彪指出教育应该促进学生人格健全发展、感受生命价值所在，并从这一角度出发提出小学班级文化建设需要回归生命，其宗旨是唤醒学生生命自觉的能动意识，培育学生热爱生命的情感反思，强化学生礼让交往的道德体验，以促进其正确的人生观、价值观和综合素质的养成。在此基础上，对小学班级文化建设回归生命的内容结构和路径选择进行详细的论述。[③]

　　曾瑶从生命的视角提出班级文化建设可以促进学生生命的成长以及学生生命本然的释放，从彰显生命活力的班级布置、释放生命本然的特色活动、让生命充满色彩的课外延伸和尊重生命的班级特色管理四部分具体阐述生命视野下的小学班级文化建设。[④]

　　卢美惠通过对学生积极心理品质现状进行调查，从物质、制度、行为和精神四个层面出发，探索在积极教育理念下的班级文化建设中激发和培养学生内在积极心理品质。[⑤]任妮立足主体教育视角，用主客体的关系分析师生参与班级文化建设中所产生的问题及解决措施，并提出健全师生参与班级文化建设的策略，强调教师的引领作用和学生的主体地位。[⑥]

　　李国强从学习共同体的理念角度阐述农村小学班级精神文化建设，从

①　海国华.积极建设班级文化　构建学生精神家园[J].中国教育学刊,2008(8):25-27.
②　冀丽.塑造班级文化　完善班级管理[J].教育理论与实践,2007(S2):15-16.
③　靳亚梦,田夏彪.小学班级文化建设须回归生命[J].教学与管理,2016(32):11-13.
④　曾瑶.生命视野下的小学班级文化建设[D].湖南师范大学,2012.
⑤　卢美惠.积极教育理念下的小学班级文化建设的探究[D].天津师范大学,2014.
⑥　任妮.主体教育视域下小学班级文化建设中师生全员参与问题研究[D].沈阳大学,2020.

学习共同体理论中获得对班级精神文化建设的启发。班级精神文化建设要关注共系的班级情感、共生的班级制度、共进的班级学习以及共创的班级精神。①

乔冬梅认为在核心素养理念下,小学班级文化建设要有公共性,以促进学生发展为目标,在重视精神文化建设、细化行为文化建设、强化制度文化建设等方面进行基于核心素养的小学班级文化建设。②

刘琼基于社会主义核心价值观的背景探讨小学班级文化建设中存在的误区,包括班级文化价值理解存在偏差;目标设计不够明确;实施主体地位缺失;实现形式缺乏创新,并由此提出小学班级文化建设的实践,应该从发挥核心价值观的时代性特征,培育和造就高素质教师队伍;坚持核心价值观的引领性特征,塑造和弘扬正确的集体价值观;弘扬核心价值观的主体性特征,发挥和加强学生文化主体地位;挖掘核心价值观的民族性特征,打造和形成诗书经典教育特色;坚持核心价值观的前瞻性特征,探索和形成班级文化长效发展机制这五个方面进行。③

(二)小学班级文化建设策略

对于小学班级文化建设策略的研究主要集中于小学班级物质文化建设、制度文化建设以及精神文化建设三大方面。

1.小学班级物质文化建设策略

班级物质文化环境是指班级内、外部环境和各种教学设施所表现出的物质文化形态,是班级文化中的实体部分,主要包括班级的教室环境、教学设施、各种墙报、宣传画、图书角、荣誉匾牌以及各种象征物等。④

余忠淑、叶柳认为班级物质文化建设的重点应聚焦教室环境建设,如教室内桌椅的摆放、墙壁的装饰、黑板报的设置、标语口号的拟定,以及教室灯

---

① 李国强.学习共同体理念下农村小学班级精神文化建设的研究[D].首都师范大学,2013.
② 乔冬梅.基于核心素养的小学班级文化建设策略研究[D].内蒙古师范大学,2018.
③ 刘琼.基于社会主义核心价值观的小学班级文化建设研究与实践[D].广西师范大学,2017.
④ 冀丽.塑造班级文化 完善班级管理[J].教育理论与实践,2007(S2):15—16.

光的明暗、环境卫生的打扫与保持等。①作为学生学习、生活、交际的主要场所，教室环境中的每一种布置、每一种规划，都是班级文化的一种思想传递、一种文化表达。②在实践中既要注重教室自然环境的建设，如地面和门窗保持干净、桌椅和文具摆放整齐，更要注重人文环境建设，应通过创设和布置班级标志物，如班旗、班徽、班训等，力争让教室的每一面墙、每一个角落都具有教育内容、富有教育意义，都能够彰显文化、传递文明，大力营造良好的育人氛围。③

整齐的桌椅，良好的班级卫生环境，幽雅、科学美观的教室布置，文明健康的班级文化教育设施，无不给学生以巨大的精神动力。④张艳芬提出开展基于区域特色的小学班级物质文化建设，墙面布置和室内板报是重点，可在墙面上展示当地的名人文化，创设班级角落文化，利用室内板报展示当地的红色文化和历史文化，还可以开辟不同内容专栏的班级报刊。⑤金岚认为小学班级文化建设要营造温馨的班级物质环境，为学生提供舒适的发展空间。教师应该专心思考，把握教室布置的原则，丰富教室布置的内容，规范教室环境的管理。⑥另外，乔冬梅还指出班级物质文化要体现规范与个性并存，共性融合个性，要做到理论联系实际。⑦

2.小学班级制度文化建设策略

从制度文化建设的视角来看，班级中的各项规章制度不仅要有限制或禁止某些不良行为的"除弊"制度，还要有鼓励和提倡某些行为的"兴利"制度。⑧

叶柳认为如果班级建设中的各项制度仅仅是禁止学生不能做什么，甚

①　余忠淑.小学班级人本管理中和谐班级文化的建设［J］.学校党建与思想教育,2012(23)：73-76;叶柳.论班级文化建设的价值、策略与原则[J].教学与管理,2019(12):68-70.
②　张晓文.生态视野下班级文化建设的问题及对策[J].教学与管理,2016(30):79-82.
③　叶柳.论班级文化建设的价值、策略与原则[J].教学与管理,2019(12):68-70.
④　冀丽.塑造班级文化　完善班级管理[J].教育理论与实践,2007(S2):15-16.
⑤　张艳芬.基于区域特色的小学班级文化建设研究[J].教学与管理,2015(3):82-84.
⑥　金岚.小学班级文化建设中存在的问题及对策研究[D].东北师范大学,2009.
⑦　乔冬梅.基于核心素养的小学班级文化建设策略研究[D].内蒙古师范大学,2018.
⑧　叶怀凡.论学校管理文化[J].教学与管理,2017(9):5-7.

至用惩罚的手段强迫学生按照班规的要求去做，那么班级制度也就不具有存在的正当性与合理性。因此，在班级制度的订立过程中，不仅要重视制度的规范和约束功能，更要注重发挥制度的激励、倡导和引导功能。①

冀丽从制度环境的角度阐述班级制度文化建设是为学生提供评定品格行为的内在尺度，能够使学生在一定的准则规范下时刻约束自己的言行，使之朝着符合班级群体利益、符合教育培养目标的方向发展。但是制度不能仅仅成为一种摆设，更不应该沦为针对某些学生的惩罚依据，教师可以通过耐心、细致的说服工作和精心设计的教育活动让学生认识到制定制度的原因和意义，将"硬制度"与"软文化"熔于一炉，使学生逐步实现由"他律"向"自律"的转变。②

余忠淑指出班级制度的制定、内容和实施都要体现以人为本的理念，促进学生和谐发展。他还特别强调在制度的执行上班主任的重要作用，认为言教重于罚教，身教重于言教。③

在开展基于区域特色的小学班级制度文化建设方面，张艳芬主张让全班学生思考并提出班级制度议案的方法，在此基础上再展开讨论、补充修改，最后表决通过再实施，让学生从被动的班级制度的约束者的身份中解放出来，从内心理解、认同并自觉遵守班级制度，同时采取班干部轮换制，给班级中每个学生提供施展才能的机会。④

卢薪竹认为完善小学班级制度文化的建设，需要教师正确的指导，班主任应当遵循科学、合理、民主、平等的原则，在综合学生意见的基础上完善班

---

① 叶柳.论班级文化建设的价值、策略与原则[J].教学与管理,2019(12):68-70.
② 冀丽.塑造班级文化 完善班级管理[J].教育理论与实践,2007(S2):15-16.
③ 余忠淑.小学班级人本管理中和谐班级文化的建设[J].学校党建与思想教育,2012(23):73-76.
④ 张艳芬.基于区域特色的小学班级文化建设研究[J].教学与管理,2015(3):82-84.

规制度。①金岚、②杨欣、③孟春燕、④卢美惠、⑤乔冬梅、⑥张丽红、⑦向福佳、⑧杨柳英⑨等学者同样提出应当构建民主开放的班级制度,为学生提供施展才能的空间,包括建立合理的班级干部管理制度,民主选举班干部,建立公平的奖惩制度,引导和培育正确的舆论环境,制定有特色的班级公约等。

3.小学班级精神文化建设策略

班级精神文化作为班级全体成员集体认同和自觉遵循的价值观,是全体师生共同创造的一种精神财富,具有长期性、稳定性、深刻性等特征,蕴含着激励、制约、凝聚等功能,是体现班级文化的深层次内容,是班级文化建设的核心与灵魂。⑩建设好班级的精神文化,关键在于确立具有引领性的班级奋斗目标。尤其是当一个班级有来自不同地域、不同家庭背景的学生时,更加需要发挥班级目标的引领作用,以共同的奋斗目标把具有不同性格特点、不同生活背景的学生凝聚和融合在一起,使他们获得更加全面的发展。

冀丽从塑造班级活动文化的视角谈精神文化建设,认为其开展的方式为班级共同阅读,以阅读为载体,形成班级阅读文化。⑪余忠淑认为构建"以生为本"的班级发展目标是构建良好的班级精神文化的先导,鲜明的班级目标常表现为构建一个"全面发展的优秀班级"或建成"一个自主管理的和谐班级"等。⑫

李琰、易连云对现代班级文化中的道德精神进行解读,在此基础上提出以宽容、关心、平等、公正等道德精神来浸润班级文化,形成"班级德育生态

①　卢薪竹.小学班级文化建设现状调查研究[D].哈尔滨师范大学,2017.
②　金岚.小学班级文化建设中存在的问题及对策研究[D].东北师范大学,2009.
③　杨欣.小学班级文化建设的问题与对策研究[D].广州大学,2014.
④　孟春燕.小学班级文化建设问题分析及对策研究[D].内蒙古师范大学,2014.
⑤　卢美惠.积极教育理念下的小学班级文化建设的探究[D].天津师范大学,2014.
⑥　乔冬梅.基于核心素养的小学班级文化建设策略研究[D].内蒙古师范大学,2018.
⑦　张丽红.贫困地区农村小学班级文化建设存在的问题与对策研究[D].河北大学,2018.
⑧　向福佳.小学班级文化建设存在的问题及其对策研究[D].重庆师范大学,2019.
⑨　杨柳英.农村小学高年级班级文化现状及对策研究[D].延边大学,2017.
⑩　纪宏伟.班级文化建设撷谈[J].基础教育研究,2011(12):15-16.
⑪　冀丽.塑造班级文化　完善班级管理[J].教育理论与实践,2007(S2):15-16.
⑫　余忠淑.小学班级人本管理中和谐班级文化的建设[J].学校党建与思想教育,2012(23):73-76.

环境"。①李国强认为班级精神文化建设重在理念提升,重在细节、重在创意策划,应以提高学生班级生活质量以及幸福指数为出发点,全员参与、分工协作、共创共享,高举民主、平等、以生为本的大旗,体现"童心、童真、童趣",提倡学生自律、自治。②

张艳芬认为开展基于区域特色的小学班级精神文化建设需要从优良的班风、学风和班级价值观建立三个方面展开。围绕当地的区域文化开展多元化的班级活动,构建科学合理的班级目标,引导学生明确个人目标。班主任需要从小学生的年龄特点出发,通过塑造榜样的方式,引导小学生树立简单易懂又激动人心的价值观,树立班级价值观。③

金岚、杨欣、孟春燕、卢美惠、乔冬梅、张丽红、向福佳、杨柳英等也同样主张小学班级精神文化建设应当重视构建班级精神文化,为学生营造正确价值观氛围。④

三、小学班主任工作走向专业化

班级管理中的另一大主体——教师,尤其是班主任同样备受学者们关注,在强调小学生自主管理理念的同时,对于小学班主任工作专业化也提出要求。在近 20 年的研究中小学班主任工作专业发展备受重视,表现为关注小学班主任的专业素养以及小学班主任工作的现实困境和相应的解决对策,体现在减少小学班主任工作量,赋予其专业自主权;建立家校社协同合作机制,确立其专业地位;完善工作激励机制,确保小学班主任的权益三方面。

————————————

①　李琰,易连云.基于道德精神的班级文化建设研究[J].学校党建与思想教育,2012(29):4–8.
②　李国强.学习共同体理念下农村小学班级精神文化建设的研究[D].首都师范大学,2013.
③　张艳芬.基于区域特色的小学班级文化建设研究[J].教学与管理,2015(3):82–84.
④　金岚.小学班级文化建设中存在的问题及对策研究[D].东北师范大学,2009;杨欣.小学班级文化建设的问题与对策研究[D].广州大学,2014;孟春燕.小学班级文化建设问题分析及对策研究[D].内蒙古师范大学,2014;卢美惠.积极教育理念下的小学班级文化建设的探究[D].天津师范大学,2014;乔冬梅.基于核心素养的小学班级文化建设策略研究[D].内蒙古师范大学,2018;张丽红.贫困地区农村小学班级文化建设存在的问题与对策研究[D].河北大学,2018;向福佳.小学班级文化建设存在的问题及其对策研究[D].重庆师范大学,2019;杨柳英.农村小学高年级班级文化现状及对策研究[D].延边大学,2017.

(一)培养小学班主任专业素养,促进小学班主任的专业化发展

胡岩指出小学班主任专业素养包括思想品德素养、学识素养、能力素养三方面。[①]刘春晨认为小学班主任专业素养结构还应包括科学人文素养、身体素质和心理素质。[②]李金丹则进行了较为细致的分类,认为小学班主任的专业素养应包括专业理想与信念、专业情感与态度、专业知识、专业能力、专业道德、身心素养这六个方面。[③]还有学者对小学生班主任的情感素质、信息素养、沟通素养及评价素养进行研究,可以看出对小学班主任专业素养是时代发展的要求。

俞莉认为小学班主任专业化的关键是自主专业发展,班主任专业化发展策略主要在个人自身修炼与外在培养两个方面进行。班主任的外在培养可采用专题研讨、经验交流、持续跟进、培养锻炼、榜样引路、逐步发展以及总结提升等策略。[④]

潘杰提出提高小学班主任的专业化,首先是使小学班主任成为专业化的管理者,用专业化的方法管理班级;其次,可以制定学校班主任专业发展规划和班主任个人专业发展计划,扎实抓好班主任培训工作,组织班主任广泛参与教育科研,引导班主任学会反思,在教育实践的不断反思中成长等途径促进小学班主任的专业化发展。[⑤]

石晓莲从学校组织层面探讨小学班主任专业化发展的策略,构建专业化的意识理念,加强相关制度以及能力建设,建立多元化的班主任培训机制和有效的激励机制。[⑥]

(二)减少小学班主任工作量,赋予小学班主任专业自主权

班主任工作烦琐复杂、负荷量大,角色多元,是知识传授者、集体领导者、家长代理人、纪律的监督执行者等。[⑦]有调查显示,小学班主任每天将

---

① 胡岩.小学班主任专业素养问题研究[D].东北师范大学,2012.
② 刘春景.小学班主任专业素养研究[D].辽宁师范大学,2011.
③ 李金丹.小学班主任专业素养的调查研究[D].浙江师范大学,2014.
④ 俞莉.小学班主任专业化发展及其保障机制研究[D].四川师范大学,2013.
⑤ 潘杰.小学班主任专业化建设的探索与研究[D].复旦大学,2009.
⑥ 石晓莲.小学班主任专业化发展策略研究——以长海县为例[D].东北师范大学,2012.
⑦ 吴学忠.小学班主任工作的困境与对策[J].教育理论与实践,2009(20):21—22.

45%的工作时间用于班主任工作,同时也并没有因为承担班主任工作而降低学科教学的工作量,班级中有寄宿生也会显著增加班主任工作时间。①因此,为减轻其工作压力与负担,提高班主任工作效率,需要减少班主任的工作量,赋予班主任专业自主权。

班主任工作要计算工作量,按不少于教师标准工作量的1/3计算。②杨爱君、杨建英从缓解小学班主任职业压力的角度,提出学校和教育行政部门应当尽量减少各种不必要的形式主义的任务和检查工作,保证班主任集中精力从事教育教学和班级管理工作,同时调动广大科任教师的积极性,协助与支持班主任教师工作。③

吴学忠认为学校相关职能部门需强化服务意识,转变班主任考核方式,为班主任提供量化考核表,变"考核我"为"我考核",班主任进行自我评价并主动进行自我改进,学校对考核结果进行及时反馈,促使班主任自觉提高教育水平;为班级培训班干部,协助班主任参与管理班级事务。④闫守轩认为应该给予班主任专业自主权,重构班主任工作时间与内容,营造自主、创新、和谐的班主任工作场。⑤

中小学"班主任制"要走向完善,必须赋予班主任专业自主权,即允许班主任在适当的范围里,有权决定自己工作的理念、内容、进度、方法和特色,而不受学校规定内容的限制。⑥

(三)建立家校社协同合作机制,确立小学班主任专业地位

一项关于中小学班主任工作现状的调查显示,班主任工作的外部压力大,尤其是来自家长和社会舆论的各方面压力。学生的"安全责任压力"被88.1%的班主任认为是工作中的首要压力。"安全责任无边界"和"安全责任

① 李静美,邬志辉,王红.新形势下中小学班主任工作状况的调查与反思[J].现代教育管理,2017(11):75-81.

② 何尚武.县域农村中小学班主任职业生态状况调查报告[J].教育导刊,2008(6):23-26.

③ 杨爱君,杨建英.小学班主任职业压力调查及思考[J].教学与管理,2007(14):21-24.

④ 吴学忠.小学班主任工作的困境与对策[J].教育理论与实践,2009(20):21-22.

⑤ 闫守轩.小学班主任专业发展现状的实证研究[J].教育科学研究,2010(4):42-44.

⑥ 杜时忠."班主任制"走向何方?[J].教育学术月刊,2016(11):3-10.

无主次"是其核心。此外,班主任工作缺乏系统性支持。①有其他研究表明当前小学班主任的专业理想与信念较低,这与班主任工作一直处于"副业",其专业地位没有得到肯定,工作价值获得感不强有关。②

李静美等认为班主任承担的责任是有限的,学校、家庭和社会三方都对学生的成长与安全负有责任。要改善班主任工作状况,需要新的制度和秩序建构,建立多主体协同合作机制。首先,全社会应当形成关爱青少年的氛围和行动,提供专业化的青少年成长支持服务,减轻班主任工作负担和压力;其次,家庭应认真履行监护责任,与学校形成教育合力,促进孩子健康成长;再次,学校实行人本化管理,让学校成为班主任教师在工作上的心灵港湾和坚强后盾,让班主任获得强大的工作支持,体会到班主任岗位应有的幸福感。③

改革开放 40 多年以来教育事业稳步发展,党和政府极其重视班主任工作,相继出台了大量文件确立班主任的专业化地位,如 2009 年教育部颁布的《中小学班主任工作规定》,明确规定了班主任的选聘制度、经济待遇制度、考核奖惩制度、培训学习制度等,从法律层面进一步明晰小学班主任、学生及家长的责任。法律的依据、政策的支持以及社会角色的合理定位一定程度上调动了小学班主任工作的积极性。④

杜时忠主张班主任的专业地位不能仅仅写在文件里,更应该落实到班主任工作的具体实践中。各地教育行政部门要根据学校的实际情况,制定切实可行的实施办法和相关的配套制度,特别是在津贴发放、培训进修等方面向班主任适当倾斜,确保班主任的专业地位得到落实。⑤

耿申认为可以在中小学教师职称的专业构成中增设"班主任"专业系列,允许班主任自己选择职评专业系列,并且在"特级教师"及各级"学科教

① 耿申.我国中小学班主任工作现状及对策[J].教育科学研究,2018(11):44-50.
② 闫守轩.小学班主任专业发展现状的实证研究[J].教育科学研究,2010(4):42-44.
③ 李静美、邬志辉、王红.新形势下中小学班主任工作状况的调查与反思[J].现代教育管理,2017(11):75-81.
④ 汤吉红.小学班主任职业倦怠问题探究[J].教学与管理,2017(8):6-8.
⑤ 杜时忠."班主任制"走向何方?[J].教育学术月刊,2016(11):3-10.

学带头人"和"骨干教师"荣誉体系中也可以增加"班主任"系列,给予与学科相同的比例和待遇,允许班主任自己选择参评学科。①饶玲倡导教育行政部门要出台政策承担提高班主任的社会地位、工作水平及工作发展的职责,通过完善中小学班主任选聘、任免制度,努力提高中小学班主任的地位。②

(四)完善小学班主任工作激励机制,保障小学班主任权益

一项对中小学班主任工作状况的调查研究发现,中小学班主任存在任职意愿低,工作负担重,职业压力大,身体疲劳感强烈的工作状况。③另一项对大连市 310 名小学班主任的专业发展调查研究,在对专业情感的调查中,发现仅有 8.2%和 24.7%的班主任选择非常喜欢和比较喜欢做班主任工作。对班主任专业自豪感的调查显示只有少部分班主任感到自豪,有 53.4%的班主任感觉一般。从整体上看,小学班主任的职业情感体验不高。④

激励是管理的核心,建立一套有效的班主任激励机制,以持续激发班主任的积极性、主动性和创造性是班主任管理工作的核心。首先,注重情感激励,了解班主任需要,注重班主任学习,积极为第一线班主任提供进修的机会和成为名师名家的机会;其次,注重物质激励,学校要加大投入提高班主任工作的待遇来保证班主任队伍的稳定。最后,注重精神激励,将教师的班主任工作经历和实绩与教师职务评聘、评优评先结合起来。优秀班主任或班主任工作时间较长的教师,可优先享有进修深造、休养等方面的待遇,以此作为对班主任的一种奖励。⑤汤吉红、杜时忠、李振峰等也从物质激励与情感激励等方面对班主任工作的激励机制进行了阐述。⑥

---

① 耿申.我国中小学班主任工作现状及对策[J].教育科学研究,2018(11):44-50.

② 饶玲.小学班主任工作状况和专业发展需求的调查与分析[J].教育学术月刊,2008(6):40-42.

③ 李静美,邬志辉,王红.新形势下中小学班主任工作状况的调查与反思[J].现代教育管理,2017(11):75-81.

④ 闫守轩.小学班主任专业发展现状的实证研究[J].教育科学研究,2010(4):42-44.

⑤ 饶玲.小学班主任工作状况和专业发展需求的调查与分析[J].教育学术月刊,2008(6):40-42.

⑥ 汤吉红.小学班主任职业倦怠问题探究[J].教学与管理,2017(8):6-8;杜时忠."班主任制"走向何方?[J].教育学术月刊,2016(11):3-10;李振峰,王在勇,王国亮.中小学班主任工作状况调查分析——以山东滨州市为例[J].当代教育科学,2008(12):38-41.

完善班主任工作的激励机制从以下三个方面着手：一是合理确定班主任的教学工作量。二是关注班主任工作的具体性和情境性，重视班主任工作的"内部差异性"。对于班级班额大、留守儿童、随迁子女或寄宿学生多的班主任，应当建立相应的倾斜机制，真正实现"多劳多得"。三是探索实施班主任职机制，根据班主任的任职年限、管理表现等，将班主任分为不同级别，并享受不同的津贴待遇和发展空间。①

第三节　人本化的小学教学管理

科学的小学教学管理是小学阶段教育工作得以顺利开展的重要保障。学生是学校学习与生活的主体。小学教学管理应当以促进学生的发展为根本，注重管理的人本化。

一、小学课堂管理研究走向课堂生活细节

当前关于小学课堂管理的研究不再是泛化笼统的研究，而是着重于课堂生活中的细节，如课堂纪律、课堂问题行为以及课堂管理。

（一）课堂纪律的相关讨论

良好的课堂纪律是有效课堂教学的基础。现今课堂纪律的相关研究主要集中于课堂纪律概念、理论理念以及实施四个方面。

1.课堂纪律的概念

课堂纪律的相关研究是伴随课堂教学的产生而发展起来的，是课堂管理的重要一环。国内学者对于课堂纪律的概念界定主要存在两种取向：外在控制取向和内在养成取向。②

外在控制取向认为课堂纪律是学生的行为准则和秩序，该取向注重学生对纪律的遵守和教师对学生的控制；内在养成取向的课堂纪律将课堂纪

---

① 李静美，邬志辉，王红.新形势下中小学班主任工作状况的调查与反思[J].现代教育管理，2017(11)：75-81.
② 宫红霞.论我国中学课堂纪律的重建[D].广西师范大学，2006.

律视为学生个体习得在某种程度上控制其自身的原则，以符合他所体验到的周围的各种力量，该取向认为外在的条规和压制不仅无益于良好纪律的养成，反而会摧残儿童的自然成长，只有学生学会自我控制和自我命令时，才会形成真正的纪律。①

2.缺乏整合性的课堂纪律理论

21世纪以来，我国学者开始全面地介绍和借鉴国外课堂纪律方面的理论和研究成果，以新课改为背景的课堂纪律方面的专著，大量借鉴和阐释了人本主义倾向的纪律理论和模式，"人文""创造""生成""激励"成为研究的关键词。许多研究针对不同学科(包括科学、音乐、体育、英语、信息技术课等)的特点及可能出现的纪律问题及其对策做了具有可操作性的研究。②

我国对课堂纪律的研究缺乏自己的独立研究体系，缺乏与我国传统文化和当代社会观念相一致的课堂纪律，而且研究对于实践的指导意义不强，使课堂纪律的作用无法得到充分发挥。我国对课堂的关注主要同教学活动相联系，即关注课堂教学中如何有效地促进学生的发展，对课堂管理问题的研究是在研究教学活动时的一种附加研究，表现在课堂管理理论缺乏整合性的理论体系，导致教师在实践中以"世袭"的经验处理各种课堂问题。③

3.课堂纪律的理念问题

传统的课堂纪律观念强调课堂纪律是教师权威的体现，是维护教师权威的一种重要手段。课堂纪律是由教师制定并要求学生绝对服从的一种规范，而学生违反纪律的直接后果就是受到严厉的惩罚，课堂纪律是维持课堂秩序的唯一准则。④

新课改背景下的课堂纪律理念提倡师生平等和谐的关系，注重学生的主体性，提倡学生形成内在的纪律，反对外在的"压制"和"强迫"，但也出现淡化课堂纪律的倾向，这是对课程改革理念和我国课堂纪律现状认识存在

① 徐文彬,高维.我国中小学课堂纪律研究三十年[J].当代教育科学,2009(5):22-26+30.
② 徐文彬,高维.我国中小学课堂纪律研究三十年[J].当代教育科学,2009(5):22-26+30.
③ 刘家访.课堂管理中纪律的问题与运用[J].教育理论与实践,2002(4):49-52.
④ 刘家访.课堂管理中纪律的问题与运用[J].教育理论与实践,2002(4):49-52.

一定的偏差,以学生的发展为本并不一定要排斥对学生守纪的要求。一些激进的研究者则过分强调课堂教学的"生成"和对学生的"鼓励",消解了对课堂纪律的"预定",甚至彻底否定对学生的"惩罚"。①

王丽琴、鲍森对"课堂纪律"和"教学秩序"进行了概念的辨析,并认为我们的课堂应该从"课堂纪律"走向"教学秩序"。新课程背景下"教学秩序"的研究与建设应该走系统化、多元化的道路,必须综合考虑多种教学要素,进行全局性的评价,把对教学新秩序的评价重点放在课堂的参与度与互动面上,而非课堂纪律状况。在这种"秩序"理念指导下,合理而有序、主动而和谐才是值得我们长期追求的"秩序"图景。②

吴文胜主张我们应该追求有序、高效和创造的课堂纪律观。现代纪律理论强调,课堂纪律不能只看形式上的热闹或安静,而应追求学生思维的活跃和自由。好的纪律表现为热闹与安静的有序转换,是学生在对学校纪律认同、接纳和内化的基础上对纪律的超越。③

邱乾提出实施健康课堂纪律,即通过为每个学生营造一种以相互信任和尊重为基础的愉快、健康、高效的课堂氛围,激发学生自强、自尊、自立的心理,促进学生心理、社会多层面的安康,从而使学生在课内外过一种健康、幸福和有意义的生活。④

4.课堂纪律模式

美国学者托马斯·戈登(Thomos Gordon)主张人文主义的自我控制型纪律,即一种内在的、民主的非强迫型纪律。当学生有内在的自我控制感时,就能出现最佳的课堂纪律。"行为窗"作为他纪律主张的核心内容,关注到了不同学生的"学情",看到了教学情境的多样性和不确定性,以人文的方式灵活施教,灵活管理。⑤

① 徐文彬,高维.我国中小学课堂纪律研究三十年[J].当代教育科学,2009(5):22-26+30.
② 王丽琴,鲍森.从"课堂纪律"走向"教学秩序"[J].中小学管理,2005(1):22-23.
③ 吴文胜.实施课堂管理的创新策略[J].教育理论与实践,2008(5):23-24.
④ 邱乾.西方有效课堂管理的基本策略[J].外国中小学教育,2006(1):16-19+9.
⑤ 周小宋,李美华.透视"行为窗":问题归属、技能集合与人文课堂管理思想[J].外国教育研究,2005(1):71-75.

魏亚琴认为课堂管理需要新的思维，创新性地提出了合作型纪律和激励型纪律。合作型纪律指的是教师有效地与学生和家长合作，让学生和家长参与到制定、实施、评价课堂规则的过程中，在充分的讨论交流过程中，教师、学生、家长通过民主决策，制定一套公平合理的纪律制度，并互相监督，严格执行。①而激励型纪律，就是通过科学的方式方法激发学生的内在潜力，发挥学生的积极性、主动性及创造性，使学生的消极行为转变为积极行为，其实施应该充分运用祖母的规则、优点卡、优先活动时间以及小群体激励的措施。②

健康纪律模式是一种有效的课堂纪律管理模式。健康型纪律实施模式力图在强制与尊重之间找到恰当的平衡，在此模式下，教师在解决问题的过程中指导学生的行为，告诉学生行为的限度和可以被接受的选择，让学生学会对自己的行为或活动负责。③

5.课堂纪律的有效实施

格尔特兰德（Giltiland）指出，在课堂控制中，动机与兴趣激发所起的作用约占95%，而纪律约束只起5%的作用。④因此教师要重视动机激发在课堂管理中的作用，激发学生的学习动机是一种解决纪律问题的好方法。

在课堂管理研究中，格拉瑟（W.Glasser）等人都曾指出，优质课程、优质教学和优质学习是有效纪律的主要特征。美国著名课堂纪律研究专家库宁（J.Kounin）也认为，维持纪律的最佳方式是吸引学生积极参加课堂活动。⑤因此，要改善课堂纪律，必须改善教学，提高教学有效性。

刘家访认为，在正确的课堂理念的指导下，课堂纪律的制定要综合考虑几方面因素：学校的相关规章制度；学校与班级的传统；社会及家长的期望；

---

① 魏亚琴.课堂管理新思维：合作型纪律[J].教学与管理,2006(26):31-33.
② 魏亚琴.课堂管理新思维：激励型纪律[J].教学与管理,2005(26):44-45.
③ 邱乾.西方有效课堂管理的基本策略[J].外国中小学教育,2006(1):16-19+9.
④ ［美］Raymond M.Nakamura.健康课堂管理：激发、交流和纪律[M].王建平等译.北京：中国轻工业出版社,2002.
⑤ ［美］Vernon F.Jones,［美］Louise S.Jones.全面课堂管理：创建一个共同的班集体[M].方彤,等译.北京：中国轻工业出版社,2002.

学生对课堂纪律的看法及认识规律。具体要求为:首先,要吸引学生参与课堂纪律的制定;其次,课堂纪律所确立的规范应明确向学生说明,使学生了解纪律适用的条件和背景;再次,课堂纪律应少而精;最后,课堂纪律的内容表述应以正向引导为主,即尽量使用积极的语言。①

徐文彬、高维提出面对复杂多样的课堂纪律问题,教师需要具有更多的教育机智;课堂纪律研究的进一步科学化需要心理学研究者的参与;课堂纪律的宏观理论研究需要深化;尝试构建我国本土化的课堂纪律模式。②

课堂纪律管理必须创设合理的课堂结构。有研究表明,学生的课堂行为受其课堂座位排列的影响。此外,课堂常规也可以看成一种课堂情境结构。必要的课堂常规可以产生安定情绪的作用,让学生把注意力集中到当前的学习上来。③

西方有研究称教师只有通过创建一个真正能够满足学生需要的课堂环境,才能确保学生做出积极的、教学目标导向的行为,形成良好的纪律。同时教师还需要注意分析学生需要满足的情况,弄清问题行为产生的环境原因。④

(二)课堂问题行为的策略性讨论

我国心理学家基于调查研究结果认为,从学生行为表现的主要倾向来看,可以把学生的问题行为分成两大类。一类是外向型的攻击型问题行为,包括活动过度、行为粗暴、上课不专心、与同学不能和睦相处,严重的还有逃学、欺骗和偷窃行为;另一类是内向型的退缩型问题行为,包括过度的沉默寡言、胆怯退缩、孤僻离群,或者神经过敏、烦躁不安、过度焦虑。有些课堂问题行为会直接扰乱课堂秩序,有些会影响教学效果。⑤

刘小天总结了三种视角下的课堂问题行为的预防策略,具有一定的指导作用。第一是行为主义理论视野下的课堂问题行为预防策略,认为行为主义理论针对课堂问题行为的指导意义在于建立课堂行为规则,提供给所有

① 刘家访.课堂管理中纪律的问题与运用[J].教育理论与实践,2002(4):49–52.
② 徐文彬,高维.我国中小学课堂纪律研究三十年[J].当代教育科学,2009(5):22–26+30.
③ 顾援.课堂管理刍议[J].教育理论与实践,2000(12):41–46.
④ 邱乾.西方有效课堂管理的基本策略[J].外国中小学教育,2006(1):16–19+9.
⑤ 顾援.课堂管理刍议[J].教育理论与实践,2000(12):41–46.

学生最基本的课堂言语、行为规范的要求及相应的奖励和惩罚。第二是课堂生态学理论视野下的课堂问题行为预防策略,认为课堂生态系统是由教师、学生和课堂环境三部分组成,好的课堂管理是通过教师有效管理课堂生态来实现的。第三是人本主义、儿童中心理论视野下的课堂问题行为预防策略,尽管并没有一套具体的指导方案解决课堂问题行为,但给予了一些宝贵的启示,如对课堂管理目标的反思以及了解、满足学生的基本需要是有效预防课堂问题行为的前提。[①]

对学生的课堂问题行为要及时预防,适时处理。一旦学生产生问题行为或者有产生问题行为的趋势,教师在处理问题时要全面考虑:问题行为是已经发生,还是有发生的趋势;问题行为是发生在什么时间段;问题行为的严重性;处理问题行为将产生什么结果等。对这些因素的考虑可以避免教师对课堂问题行为的盲目处理,保障教学的顺利实施。[②]

(三)课堂管理的理念分析

陈时见通过分析教师持有传统的课堂管理观念和模式的原因发现,分数与权威是课堂管理的根本问题,课堂管理的方式受着分数压力的制约。伴随教师高强度的"知识传递",教师必须实施课堂控制,使学生服从教师的指挥,课堂管理为树立教师的权威服务。这种课堂管理方式使学生时时处于被监控状态,心理负担沉重,缺乏应有的愉悦。[③]

宋秋前认为在课堂管理理念上,出现由注重教师中心向注重以生为本发展。具体表现为:以学生发展为本的课堂管理目的观;人性化、无痕式的管理方式观;追求有序、自由、快乐、高效和创造的课堂纪律观;课堂生态管理观;促进性的课堂管理目标观。[④]

邱艳萍等从化解小学教师课堂管理的两难困境出发,认为学校及教师需要更新课堂管理理念,树立正确的学生观。教师应及时更新管理理念,从

---

① 刘小天.课堂问题行为的预防策略研究[J].教学与管理,2011(33):24-26.
② 邱艳萍,李琳琳.小学教师课堂管理的两难困境及其化解[J].教学与管理,2018(9):70-72.
③ 陈时见.课堂管理与学生发展——当前中小学课堂管理状况的案例研究[J].教育研究与实验,2000(6):50-54+73.
④ 宋秋前.当代课堂管理的变革走向[J].教育发展研究,2005(17):44-47.

教学的"教育者""管理者"向学生学习的"组织者""引导者"转变,把自己当作教学中与学生平等对话的一员,建立民主管理机制,准确把握民主管理与控制课堂纪律的"度",减少影响课堂和谐的专制、独断的管理方式及惩罚措施,承认并尊重学生间的差异,促进每个学生的全面发展。[①]

(四)提升课堂管理水平的实施策略研究

科学而有效的课堂管理,无疑具有重要的意义。它不仅能维持课堂秩序,而且能增进课堂效果;不仅能提高课堂教学质量,而且能促进学生健康地发展。[②]

1.基于不同层面的策略探讨

在物质层面。教师和学生置身于一定的课堂之中进行活动,首先要保证课堂的表层实体,即课堂物理环境的舒适与合理。物质层面的课堂管理要求教师在课堂中创设必需的环境条件,诸如光线充足、清洁卫生、布置适宜、协调高雅、座位合理、过道通畅等。[③]

吴文胜提出通过改善课堂的物质环境来支持学生的学习。首先重视教室形象塑造。精心安排教室的格局,净化教室的墙壁、课桌椅、讲台等。课堂中温度适宜,色彩明亮,空气清新;教学设施、设备也是构成教学管理物质性环境的主要因素,包括教室大小、桌椅高低、实验仪器、图书资料、电化教学设备及各种玩具等。其次关注教室座位效应,打破传统的学生排排坐的教室布置,代之以根据教学任务灵活多变的排列组合,充分利用教室的空间。最后是教室组织的决策和评估。教室布置方式的决策过程很复杂。一些基础性的问题可用来作为评价教室环境的指标,如教室布置适合学生需要;教室环境符合教学要求;教室的布置体现足够的灵活性;教室的设计要听取学生的意见等。[④]

在制度层面。蔡辰梅从制度伦理学的视角对中小学课堂管理制度进行

---

① 邱艳萍,李琳琳.小学教师课堂管理的两难困境及其化解[J].教学与管理,2018(9):70-72.

② 陈红燕.课堂管理初探——情境与原理[J].教育理论与实践,2002(10):46-50.

③ 陈红燕.课堂管理初探——情境与原理[J].教育理论与实践,2002(10):46-50.

④ 吴文胜.实施课堂管理的创新策略[J].教育理论与实践,2008(5):23-24.

审视与反思。她认为不同的管理制度体现着不同的教育价值观和学生观,只有善的理念才能物化为善的制度,才能成为在教育中有存在意义的制度。让学生积极参与课堂管理制度的制定才能促使学生自觉自愿地遵守制度。课堂管理制度本质上是一种教育手段和方式,让制度成为善的、教育性的存在,成为学生内在道德自律和责任意识的一种物化。同时,在制度与结果之间有赖于具体的制度执行过程的善。教育者要用应有的教育情感、教育理智和教育智慧去慎重地选择具体的执行课堂管理制度的方式。此外,从尊重学生个体的个性和差异性出发,用教育者的责任、关爱、细致、敏感去发现制度之外和制度执行之后的问题,是教育所必需的。①

课堂管理活动需要制度规范作为其运行的前提。在课堂管理的过程中,教师要把教学目标中提出的对学生的期待转变为课堂活动的程序和常规,并将一部分程序和常规制定为课堂规则,以便指导学生的行为,促使学生积极主动地学习。课堂规则是描述和表达行为规范的静态形式,而对于这些课堂规则所进行的动态的执行和实施,我们称之为课堂纪律。课堂规则和课堂纪律构成了课堂情境中课堂活动的制度规范,成为教师进行课堂管理、评价和指导学生课堂行为的主要依据。②

教师应根据学校规定,结合本班实际制订具有可操作性的课堂行为规则。另外,在建立课堂行为规则时,教师要注意以轻松的语气向学生传达规则内容,让学生乐于接受并执行规则。③

在文化层面。教师的观念、学生的思想、师生互动中的关系等在课堂中整合为一种特有的文化氛围,表现为独特的课堂气氛,这就是课堂中蕴含的文化层面。在课堂管理过程中,应以一种发展而非保守的眼光,积极创设一种恬静而活跃、热烈而深沉、宽松而严谨的良好课堂气氛,而不是紧张拘谨的、心不在焉的、反应迟钝的课堂气氛。④

---

① 蔡辰梅.我国中小学课堂管理制度的审视——制度伦理学的视角[J].教育学报,2006(2):80–84.
② 陈红燕.课堂管理初探——情境与原理[J].教育理论与实践,2002(10):46–50.
③ 邱艳萍,李琳琳.小学教师课堂管理的两难困境及其化解[J].教学与管理,2018(9):70–72.
④ 陈红燕.课堂管理初探——情境与原理[J].教育理论与实践,2002(10):46–50.

在教师层面。刘晓月、耿文侠运用实证研究的方法从内部因素——教师的自我调控入手,分析教师的自我调控能力对其课堂管理行为的影响,研究结果证实,中小学教师的自控能力对其课堂管理行为具有直接的影响作用。因此,教师可以通过提高自身的自我调控能力来实现有效的课堂管理行为。①并且教师要加强自我管理意识,转变传统的课堂管理观,确立符合现代教学要求的课堂管理观,可通过认识课堂管理行为的整体结构,在实践中探索适合自身特点的课堂管理行为模式,也可以借助语言控制法、表情控制法、动作控制法等实现对学生的心理调控来进行课堂管理。②

在学生层面。真正有效的课堂管理是学生自我的内在管理,只有使教师的课堂要求内化为学生自己的自觉行为,才能达到最优的课堂管理效果。可以说,以学生为中心,以学生的自我管理为目标,努力促进学生主动性和积极性的发挥,激发和引导其内在动机,实现内在控制已经成为当代世界课堂管理改革的一个发展趋势,也是当代课堂管理的一个革命性变革。③

吴文胜提倡改变课堂的权威结构,强化学生的主体地位。在课堂管理中由教师作为权威的主体和偏向于教师的权威结构向以学生为学习的主体、师生民主平等的权力结构转变。学生也可以通过语言反馈、动作反馈、表情反馈来实现对教师的心理调控。④

邱乾认为教师可通过建立自然、和谐的教学生态;接纳学生,努力满足学生的归属需要;帮助学生树立自信心,满足学生的自信需要;培养学生选择和履行职责的能力,满足学生有关权力和自由的需要来营造人性化的积极课堂环境和氛围,满足学生的心理需要。⑤

在师生互动层面。树立互动教学理念。首先,师生共筑互动观,要真正体现课堂乃是师生生命的重要组成部分,努力体现课堂组织形式的多样性。其

---

①　刘晓月,耿文侠.教师自控能力对其课堂管理行为的影响[J].河北师范大学学报(教育科学版),2010(2):24-27.

②　吴文胜.实施课堂管理的创新策略[J].教育理论与实践,2008(5):23-24.

③　宋秋前.当代课堂管理的变革走向[J].教育发展研究,2005(17):44-47.

④　吴文胜.实施课堂管理的创新策略[J].教育理论与实践,2008(5):23-24.

⑤　邱乾.西方有效课堂管理的基本策略[J].外国中小学教育,2006(1):16-19+9.

次,形成生生间相互交流、仿效和矫正的"共生效应"。①

2.基于课堂教学的策略探讨

当代的课堂管理内容,应该由注重纪律管理向注重改进教学策略发展。综观国内外有关课堂教学管理的研究和实践,其具体做法主要有以下四个方面:一是加强教学节奏、课堂段落和学生注意的管理调控。二是合理创设课堂教学结构和情境结构,恰当调节师生焦虑水平。这是课堂纪律管理和问题行为控制最有效的策略。三是改进课堂教学,增强学生学习动机。四是随机应变,正确运用课堂教学应变技巧。教师在教学中必须具有一定的教学机智,合理运用注意转移法、随机发挥法、幽默法、宽容法、设疑法等方法灵活处理课堂教学中发生的偶发事件。②

教师精心设计课堂教学结构是控制学生纪律行为的一种有效方法。教师按照教学设计,有条不紊地进行教学,情绪稳定,安全感强。其良好的心理状态又会感染全班学生,增强大家的安全感和自信心,减少背离性,避免课堂秩序混乱。当然,课堂教学结构的设计既要以学生的需要和兴趣为前提,也要考虑教学内容的性质。③

3.基于教学方法的策略探讨

教师应坚持积极鼓励引导,恰当使用惩罚的教育原则。心理学研究表明,在课堂管理中,奖励的矫治作用远远大于惩罚,教师通过鼓励理想行为去纠正克服不良行为的效果要比对不良行为实施过度的惩罚要好。教师在教育学生时,以关怀鼓励为主,正确运用惩罚,多做正面引导,尽量不要使用消极否定性的语言,多用积极引导的语言。④

教师要善于运用课堂纪律艺术。教师课堂激励学生的艺术可概括为:表情激励、口语激励以及参与激励。其中,表情激励是指教师体态语可传出教师的情感和态度,有融洽师生情感、感染激发学生之功效。口语激励是以亲

---

①　吴文胜.实施课堂管理的创新策略[J].教育理论与实践,2008(5):23-24.
②　宋秋前.当代课堂管理的变革走向[J].教育发展研究,2005(17):44-47.
③　顾援.课堂管理刍议[J].教育理论与实践,2000(12):41-46.
④　邱乾.西方有效课堂管理的基本策略[J].外国中小学教育,2006(1):16-19+9.

切的语调、适度的节奏、优美的语音、准确简洁的语句、逻辑清晰的语序、饱含感情的语言来活跃学生的思维。而参与激励则是师生共同活动,给学生以抒发己见、表现自我的机会。①

　　课堂管理还可以通过行为合同这一新的方法来进行。行为合同就是以口头或书面的形式规定师生双方的相互义务,指出学生在执行或未能执行合同要求的具体行为时应得的奖励或惩罚。一份有效的合同一般包含以下五因素:合同的目的;对学生的具体要求;奖惩的内容;合同的有效期;合同的有效监督。②

二、小学教师教学自主权研究成为一个新的聚焦点

　　教学自主权是近 5 年的研究热点,研究的主要问题是研究教学自主权与教学自主性、教师自主、教师工作满意度等的关系,赋予教师教学自主权以促进教师的专业发展。

(一)赋予教师教学自主权的必要性

　　我国很早就对教师的教学自主权以及教学自主在法律法规上做出规定。如1993 年和 1995 年中国先后通过的《中华人民共和国教师法》和《中华人民共和国教育法》都明确规定:"教师可依据其所在学校的教学计划、教学工作量等具体要求,结合自身的教学特点自主地组织课堂教学;按照教学大纲的要求确定教学内容和进度,并不断完善教学内容;针对不同的教育对象,在教育教学的形式、方法、具体内容等方面进行改革和实验。"《国家中长期教育改革和发展规划纲要》(2010—2020 年)也明确指出:"尊重教师权利。创造有利条件,鼓励教师在实践中大胆探索,创新教育思想、教育模式和教育方法,形成教学特色,造就一批教育家。"③

　　我国相关法律和学校规章制度对教师的教学权利做出了规定,但是中

---

① 吴文胜.实施课堂管理的创新策略[J].教育理论与实践,2008(5):23-24.
② 吴文胜.实施课堂管理的创新策略[J].教育理论与实践,2008(5):23-24.
③ 郭德侠,楚江亭.新制度经济学视野中的教师管理制度建设[J].首都师范大学学报(社会科学版),2016(1):127-131.

小学管理实践对教师的教学自主权并不重视。[①]在现行教育行政体制下,行政权力习惯性地对教师的教学过程和教学行为进行事无巨细的管理和约束,教师课堂教学处于密集的权力网络中,教师教学自主空间被严重挤压。在课堂教学改革的进程中,很多中小学校往往质疑教师的教学自主能力,热衷于用固定、统一的课堂教学模式把教师专业生活变成固定程序的遵循,这让教师失去了自主的空间和主动发展的意愿。而且在政府、学校以及社会仍旧遵守成绩是一切原则的情况下,教师所提倡的素质教育以及新课程改革理念并不被认可,教师的专业责任与自主意愿被淡化。[②]

王晋在分析西方国家的教师文化发展趋向中得出启示,认为当下教师文化中的功利主义大行其道;教师高度迎合"量"的评价,围绕成果数量想问题、办事情;教育行政部门的各种检查和报表左右着教师的一言一行;各种名利符号诱惑着教师的一举一动。这都不利于教师文化的健康发育。基于此,应当呼吁给予教师必要的选择权利,重塑教师的知识权威和教学自主权。[③]

(二)赋予教师教学自主权的意义价值

赋予教师适当的教学自主权有助于教师发挥创造性,生成教学智慧,增强自身的专业素质,提高自身的专业能力,进而促进自身以及教师队伍的专业发展。

1.教学自主权的关系研究

大部分教学自主权的研究集中于探讨教学自主权相关概念的关系以及教师教学自主权有效发挥的保障措施。而教学自主权的关系研究又着眼于教学自主权、教学自主性以及教学自主三个方面。

(1)教学自主权、教学自主性与教学自主

教学自主具有两方面含义:一是教学自主权,它是教师指向外在的自

---

① 姚计海.教学自主:教师专业发展的动力[J].中国教育学刊,2009(6):83-86.
② 贾汇亮.教师教学自主权的缺失及保障[J].课程・教材・教法,2014(8):38-43.
③ 王晋.西方国家的教师文化发展趋向探究——从韦伯的理性化思想说开去[J].比较教育研究,2014(10):50-55.

主,即教师作为主体对客体的支配,表现为外界管理赋予教师权利,教师能够自己有权决定和支配自己的教育教学情境等;二是教学自主性,它是教师指向内在的自主,即教师作为主体对自身的指导和支配,表现为教师以积极的态度对待工作,具有教学主动性和进取心,良好控制自己的教学情绪和行为方式等。①

二者是教师教学自主的一体两面,前者指向的是教师的权力,后者指向的是教师的动机,学校管理赋予教师教学自主权是激发其教学自主性的前提。②教师要成为富于教学创新的教育者,就必须拥有充分的教学自主,即教学自主性和自主权。教师的教学自主与创新紧密联系,教学自主是教学创新的条件和保障,教学创新是教学自主的价值体现。学校管理者不仅要赋予教师教学自主权,也要提升其教学自主性,这样才能真正实现教师的教学创新。③

(2)教学自主权的实证研究

潘婉茹、孔凡哲、史宁中针对吉林省两市4所学校的中小学教师教学自主权现状的调查研究发现:当前中小学教师教学自主权总体水平较高,内部差异较小,但教学内容再生产能力相对薄弱;教师的教学自主权水平与其教龄基本呈正相关;不同任教年段教师教学自主权存在显著差异,高中教师教学自主权水平较低,并与小学、初中教师间存在显著差异;教学自主权在性别和学历上不存在显著差异。教学自主权水平的提高,需要教师内生性力量增长与外在性条件支撑相结合。④

王晓丽、齐亚静、姚建欣以690名乡村中小学教师为被试,采用问卷调查法,考察了乡村教师专业发展能动性的现状及其与教学自主权、工作投入之间的关系。调查结果发现:部分乡村教师的专业发展能动性尚有提升空

---

① 姚计海.教学自主:教师专业发展的动力[J].中国教育学刊,2009(6):83-86.

② 朱进杰,姚计海,吴曼.教师的教学自主权与工作满意度的关系:教学自主性的中介作用[J].心理发展与教育,2018(3):338-345.

③ 姚计海.论教师教学自主与创新[J].中国教育学刊,2012(8):39-42.

④ 潘婉茹,孔凡哲,史宁中.中小学教师教学自主权的现状调查与改进策略[J].教育科学研究,2016(1):44-51.

间;乡村教师教学自主权和工作投入、专业发展能动性显著正相关;乡村教师工作投入在教学自主权与专业发展能动性之间起部分中介作用。①

另外,有研究基于学校情境与教师专业特点,梳理了教师的外在结构(教学自主权)与内在结构(教学自主性)与教师工作满意度之间的关系,发现教学自主权与教学自主性均能够对教师工作满意度产生正向预测作用,并且教师教学自主性在教学自主权与教师工作满意度之间发挥着完全中介作用。②

2.赋予教师教学自主权的保障措施

在现代社会,要在权力有限的基础上给教师充分的知识选择权和教学自主权,这样才能提高教学的有效性,并促进教师的自主发展。③

姚计海认为从教师发展现状来看,教学自主作为内在动力与外在动力的结合,对教师专业发展有着重要推动作用。教学自主包含外在的教学自主权和内在的教学自主性。教学自主权既是教师教学创新的重要保障,更是教师专业发展的外在动力支持。教师需要拥有充分的教学自主权,不拘束于管理者的简单指令或一味地模仿他人的教学。教师有权参与学校教学管理,发表自己的教学观点,做出自己的教学决定,展现自己的教学特色,灵活决定自己的课堂教学方式等。④

一项对中小学教师的教学自主权现状调查研究认为,切实提升教师的教学自主权,不仅需要以典型案例为载体,以参与式的互动培训、教研为主渠道,有针对性地提升教师准确把握课程标准、合理解读教科书、有效开发利用课程教学资源、提升课堂预设与生成本领、磨炼独具个人魅力的教学艺术等专项的专业技能,而且需要优化现有的"国培""省培"、常态培训中的教师培训质量,进一步凸显教师培训的实践取向,同时更要弱化教学功利取

①　王晓丽,齐亚静,姚建欣.乡村教师教学自主权对专业发展能动性的影响:工作投入的中介作用[J].中国特殊教育,2018(11):92-96.
②　朱进杰,姚计海,吴曼.教师的教学自主权与工作满意度的关系:教学自主性的中介作用[J].心理发展与教育,2018(3):338-345.
③　刘向辉.作为知识权威:教师权力基础的演变与教师自主发展[J].教育导刊,2011(2):13-17.
④　姚计海.教学自主:教师专业发展的动力[J].中国教育学刊,2009(6):83-86.

向,将教师追求优质高效课堂与提升课堂教学实践智慧融为一体。[①]

贾汇亮主张可以通过尊重教师专业自主的内在诉求，守护教师课堂教学的自由空间,提升教师教学自主能力,强化教师教学自主责任等手段来保障教师的教学自主权。[②]

在有关教师教学自主权与教师工作满意度关系的存在研究中提到,从实践角度来看,学校可以在更能够体现教师专业性的领域对教师授权,通过提高教师专业自主权,进一步提高教师对组织管理与人际关系的满意度。另外,教学自主性所发挥的完全中介作用也显示,管理者不应该仅仅局限于形式上的管理措施,而更应该关注教师自身动机的变化情况。[③]

教师行使教学自主权应有一定限度，并不是绝对的自主。但如何裁定"自主"需要国家在政策、法律层面予以规定。教师教学自主意识能否得到肯定和教学自主行为能否得到确认和强化是教师能否持续实现教学自主的外在保障。学校需采取多种措施激励教师教学自主行为,积极营造管理和服务协同的"微环境"。而教师个体会因成长经历、专业发展水平差异而形成个体的独特"框架",如何突破"框架"制约,选择适合的发展道路和方式,最大限度地实现教学自主权,是教师个体需要细致考量的问题。[④]

第四节　质量与公平视域下的小学教师管理

教师是学校建设以及发展的主要参与者。现今,教师管理更加注重质量与公平,强调管理方法、过程等的人性化。本节则聚焦关乎于教师管理方面的小学教师聘任制、小学教师流动管理以及小学教师绩效工资制的研究。

---

①　潘婉茹,孔凡哲,史宁中.中小学教师教学自主权的现状调查与改进策略[J].教育科学研究,2016(1):44–51.

②　贾汇亮.教师教学自主权的缺失及保障[J].课程·教材·教法,2014(8):38–43.

③　朱进杰,姚计海,吴曼.教师的教学自主权与工作满意度的关系:教学自主性的中介作用[J].心理发展与教育,2018(3):338–345.

④　潘婉茹,孔凡哲.教师教学自主权的限阈及实践路径[J].现代教育管理,2016(7):94–98.

一、小学教师聘任制的困境及突破

改革开放之后到 20 世纪 90 年代,我国开始逐步实行以"聘任制"为主的教师职务制度。2003 年 9 月,人事部、教育部联合发布《关于深化中小学人事制度改革的实施意见》,强调要以实行聘用(聘任)制和岗位管理为重点,合理配置人才资源,优化中小学教职工结构。[1]这从法律层面上对进一步深化教师聘任制提出要求。聘任制的实行把竞争机制引入教育领域,激活了教育内部用人机制,使教师有了职业忧患意识,[2]推动了校际校内的竞争,为学校注入了新鲜的活力。[3]但是由于各种原因,我国的教师聘任制在制定与实施的过程中依然存在多方面问题。

(一)小学教师聘任制存在的问题

陈韶峰指出我国公立中小学教师制度招聘存在两方面的问题:一是在教师聘任决策组织的组成及决策方式上,处理聘用事务的"聘用工作组织"和"单位负责人员集体",在人员构成上不适合中小学的实际情况,在决策方面也存在混乱的现象;二是在甄选教师的程序上,教师公开招聘可操作性较差,且回避制度不完善。[4]

刘晓燕也提出随着深入推进教师聘任制,其问题也逐渐暴露出来。在深化过程中,存在教师身份界定不清晰、教师聘任合同不完善、教师聘任的聘期不合理以及教师解聘程序不健全等问题, 这都不利于对教师合法权益的保障。[5]

褚卫中、褚宏启从法理角度对中小学教师聘任制进行分析,总结出我国的中小学教师聘任制在实施过程中存在以下问题:教师聘任制的实施效果不太理想,制度改革的构想与实际操作之间的差距颇大;聘任局限于比较小的范围,限定在校内以及教育行业内部聘任;配套的教育人事制度不完善,

①　杜明峰.改革开放四十年我国教师制度的变迁与逻辑[J].全球教育展望,2018(7):103–113.
②　刘晓燕.中小学教师聘任制存在的问题及对策[J].教育探索,2004(11):111–112.
③　薄建国.聘任制背景下实施教师定期交流制的思考[J].教学与管理,2009(7):9–12.
④　陈韶峰.我国公立中小学教师招聘制度的问题及完善[J].教学与管理,2007(25):3–6.
⑤　刘晓燕.中小学教师聘任制存在的问题及对策[J].教育探索,2004(11):111–112.

校长负责制、岗位责任考核制的实行不令人满意。[①]

黄彬、杨挺分析了义务教育学校教师聘任制的内隐困境,认为我国义务教育学校教师聘任制改革存在的问题实质上聚焦于义务教育系统的特殊性与现行教师聘任制的相关法律规定之间冲突与融合的矛盾组合中。在逻辑困境上,义务教育的公共性制约着教师聘任制的实施;在法理困境上,聘任双方法律地位的特殊性制约着教师聘任制的实施;在宏观困境上,义务教育发展不均衡制约着义务教育学校教师聘任制的实施。[②]

邹琪分析了我国教师聘任合同存在的问题,发现教师聘任合同订立程序不合理,如缺乏宣传环节,不符合教师聘任合同订立的合法程序以及不符合平等、自愿的原则;教师聘任合同的内容过于简单,权利和义务不明确;教师聘任合同形式和聘任方法单一,造成教师职业不稳定;缺乏违约处理和纠纷处理的办法。[③]

尹力从聘任合同文本本身以及聘任制的实施过程中发现,本该是主角的教师实际上却处于缺位的状态,具体表现为教师与校方的权利不对等,合同中的某些内容不合法,聘任主体与聘任程序不明确,争议的解决途径不畅等。[④]

教师聘任制制定与实施过程中出现的问题集中指向教师聘任制在法律层面的不完备,教师的合法权益未受到有效的保护。

(二)小学教师聘任制的完善措施

相关研究基于小学教师聘任制存在的现实问题提出了完善小学教师聘任制的措施,主要为厘清教育行政机关、教师以及学校之间的法律关系,解决教师身份的归属问题;健全教师聘任制的法律法规,规范聘任工作的具体程序;完善学校内部管理体制,建立有效的制约与监督机制。

---

① 褚卫中,褚宏启.中小学教师聘任制的法理分析[J].教学与管理,2005(34):3-5.
② 黄彬,杨挺.义务教育学校教师聘任制的内隐困境[J].教育科学,2008(5):15-20.
③ 邹琪.中小学教师聘任合同存在的问题及对策[J].教育探索,2004(12):120-122.
④ 尹力.中小学教师聘任制中的教师缺位问题[J].江西教育科研,2005(3):27-28.

1.厘清教育行政机关、教师、学校之间的法律关系,解决教师身份归属问题

现行人事制度下教育行政机关、教师、学校之间的法律关系混乱,如果是推行聘任制,教育行政机关就要把教师的任用权下放给学校,让学校和教师双方基于平等的法律地位,公平协商签订聘约,在聘约中明确双方的权利和义务,从而调动教师的工作积极性,同时也可以提高学校教育管理水平和教育质量。若表面上实行聘任制,但教育行政机关又紧握人事权不放,那就会使得教育行政机关和教师、学校和教师之间职责不清,关系混乱,最终对教育行政和学校管理产生负面影响。因此,要理顺教育行政机关、教师、学校之间的法律关系。①

在国家全面实行义务教育保障新机制以来,研究侧重于在公共产品理论分析框架下,将义务教育归属为纯公共产品。作为社会公益事业,教师劳动的内容具有公益性质。所以,学校的公法人性质决定学校与教师既不是纯粹的民事关系,也不是纯粹的行政关系,而是二者兼有之。这就决定了教师身份应被视为公务性专业人员,而这种身份如何被国家法律认可确立,是应该首先解决的根本性问题,解决教师身份归属问题是实行聘任制的前提。②黄彬、杨挺同样认为首先要明晰界定义务教育学校教师法律地位,然后探究义务教育学校教师的人事任用制度,这将是符合逻辑的理论和现实途径。③

2.健全教师聘任制的法律法规,规范聘任工作的具体程序

对于教师聘任制度,还没有相应的法规或规章,一般是各地根据其具体情况而制定相应的聘任办法,由于其不属于法源性的规范性法律文件,加上各地规定各行其是,从而引发了一系列教师聘任的法律问题和纠纷,使教师聘任制应当实行而在实际工作中难以真正实行。④因此,健全教师聘任制的相关法律与规章意义重大,将使教师聘任具备操作性的法律依据。

---

① 褚卫中,褚宏启.中小学教师聘任制的法理分析[J].教学与管理,2005(34):3-5.
② 刘璐.我国中小学教师聘任制研究回顾与展望[J].教学与管理,2010(18):3-5.
③ 黄彬,杨挺.义务教育学校教师聘任制的内隐困境[J].教育科学,2008(5):15-20.
④ 褚卫中,褚宏启.中小学教师聘任制的法理分析[J].教学与管理,2005(34):3-5.

　　陈韶峰通过借鉴我国港台地区的经验，认为需要进一步明确聘任决策组织的组成人员及其决策方式，进一步完善与公职相配套的甄选程序之规定，提出如规定公立中小学成立教师聘任委员会，负责教师聘任有关事务等决策。教师聘任委员会认为如在招聘教师的工作中有必要，也可指定成立"教师甄选工作小组"，负责接收、整理应聘人员材料，对其进行资格、条件的初审，组织教育教学能力的考试、考核，并将有关结果呈报学校教师聘任委员会做决定等具体措施。①

　　3.完善学校内部管理体制，建立有效的制约与监督机制

　　在日常的学校生活里，教师的权利被侵犯的根源在于教育内部管理体制本身存在的弊端，主要是学校组织权力或直接管理教师的政府组织权力的强大，而又缺乏相应的制约机制，这是导致组织教师权利被侵犯的本质所在。为使学校管理中的自由裁量权不至过分行使，应当确立一套能够对其自由裁量进行监督的制约机制②，这对于保护教师的合法权益起到十分重要的作用。

　　学校依法管理还需要代表教师利益的代理人——教育工会发挥作用。真正发挥教育工会的作用，就应改变目前以基层单位组织为基础的教育工会组织形式，代之以区域（如县）为基础的教育工会组织形式，在适当的范围内变单位性教育工会组织为县级行政区域内的社会性教育工会组织，使得教育工会能够并敢于为教师说话，成为教师利益的真正代表。③

　　（三）教师聘任制的实证研究

　　陈志雄对教师聘任制的认知进行了实证研究。教师聘任制认知是教师对聘任制实施的看法与认同的程度，影响着教师的工作态度与心理行为。教师如何认知和评价聘任制，关系到聘任制措施的完善和聘任制目标的实现。对部分中小学教师聘任制认知的调查结果显示：教师聘任制总体认知和心理安全认知水平不高，仅达积极性认知范畴的低限；教师权益认知水平较

---

①　陈韶峰.我国公立中小学教师招聘制度的问题及完善[J].教学与管理,2007(25):3-6.

②　吴鹏.聘任制下中小学教师权益保护问题探究[J].教育与职业,2008(14):51-53.

③　褚卫中,褚宏启.中小学教师聘任制的法理分析[J].教学与管理,2005(34):3-5.

低,介于积极性和消极性认知之间;教师发展认知水平一般,略高于积极性认知范畴的低限;教师聘任制总体认知、权益认知和发展认知在学校类型、学校等级和学历等方面都存在显著差异；教师权益认知在职务方面差异显著;心理安全认知在学校等级上差异显著。[①]

此外,陈志雄进一步研究了教师聘任制认知对学校组织气氛的影响。研究采用自编问卷调查了广州市的 561 名中小学教师,运用分层回归分析和优势分析处理数据的方法发现,教师聘任制认知各维度均对学校组织气氛有显著影响,完善教师聘任制可以优化学校组织气氛。教师聘任制的心理安全认知对学校组织气氛的影响具有基础性和全面性,教师的心理尚具有较多的疑虑不安的消极成分；教师聘任制的权益认知对组织气氛的影响与校长的支持行为密切相关,同时教师的权益认知中缺乏额外工作负担意识;聘任制能够促进学校的发展,提高校长的地位,有利于校长排除校外干扰,但无助于促使校长更多地支持教师。[②]

二、小学教师流动成为教育领域"新常态"

教师流动作为一种教育领域的普遍现象已经走进越来越多研究者的研究视野。当前小学教师流动的相关研究集中于实证研究下的现象探讨、教师流动政策与制度的分析以及实践困境和相应措施的提出。

(一)关于中小学教师流动的实证研究

大多数中小学教师流动的实证性研究基于不同的视角对教师流动的流动意愿及其影响因素分析,少数研究对教师流动后的职业适应进行分析。

有研究运用全国抽样调查数据和二元 logistic 回归模型,从个人—环境匹配的视角,探讨教师流动意愿的形成机制。研究发现乡村小学青年教师流动意愿强且具有临近梯次特性。基于对实证结果的分析发现,在现实中,政策定位与教师个体决策偏好不一致、教师职业期待与实际获得不匹配和

---

①　陈志雄.中小学教师聘任制认知的实证研究[J].教育科学研究,2010(8):42-45.

②　陈志雄.教师聘任制认知对学校组织气氛的影响[J].教育导刊,2010(7):31-34.

乡村组织环境与教师现实需求不对应是致使乡村青年教师意愿流动的主要原因。[①]

一项基于云南省的抽样调查显示,中小学青年教师中"一直有"流动及流动意愿的比例为41.8%,青年教师队伍稳定性堪忧。影响青年教师流动及流动意愿的因素包括个人发展前景、家人及家庭生活因素、学校地理位置及交通条件、工资待遇、教育内部管理等。[②]

肖庆业基于中部地区江西、湖南、安徽3省6县30所农村学校574名小学教师的调查数据,运用交互分析,从个体特征、家庭特征、工作特征以及学校特征四个方面对农村小学教师流动意愿及影响因素进行统计分析,研究显示:农村小学教师流动意愿强烈;性别、年龄、文化程度、职称、个人收入、配偶工作地点、与领导的关系、学校地理位置等变量对其流动意愿影响显著。[③]

华伟、缪建东以江苏省800位小学教师为对象进行问卷调查研究,结果发现,名校相较于一般学校具有明显的"制度优势",即"良序"的教师发展制度。具体体现在:名校教师之间的同级竞争相对缓和,且具有阶段性和秩序性;其物质需求显著低于一般学校;其对官方专业培训的认同度显著高于一般学校,其职场关系融洽度好于一般学校;名校的新进教师因此受益最多。[④]

朱菲菲、杜屏基于全面薪酬的理论视角,通过对北京、云南、吉林三省市1097名中小学教师进行调查发现:内在薪酬对中小学教师工作满意度有显著正向激励作用,且与外在薪酬相比内在薪酬的激励作用更大;工作满意度对中小学教师流动意向有显著负向影响;外在薪酬除通过工作满意度间接影响流动意向外,还会直接对中小学教师流动产生显著负向影响。内、外在

① 朱秀红,刘善槐.乡村青年教师的流动意愿与稳定政策研究——基于个人－环境匹配理论的分析视角[J].教育发展研究,2019(20):37–46.

② 王艳玲,苏萍,杨晓.中小学青年教师流动及流失意愿的实证分析:基于云南省的抽样调查[J].学术探索,2016(10):143–149.

③ 肖庆业.中部地区农村小学教师流动意愿调查与统计分析[J].教学与管理,2018(30):21–24.

④ 华伟,缪建东.教师为什么不愿流出名校——基于对江苏省小学教师均衡发展的实证研究[J].上海教育科研,2015(7):5–9.

薪酬对不同特征教师工作满意度及流动意向的影响存在差异。①

有研究着眼于工作价值观、职业认同与流动倾向间的关系对农村中小学教师流动问题进行了实证研究，发现不同人口学特征的农村中小学教师具有不同的工作价值观、职业认同和流动倾向；工作价值观是职业认同的前因变量，职业认同是流动倾向的前因变量，职业认同是工作价值观与流动倾向之间的中介变量；工作价值观对职业认同具有正向预测作用，职业认同对流动倾向具有负向预测作用；收入水平对工作价值观与职业认同、职业认同与流动倾向间的关系具有调节作用。②

少数研究对教师流动后的职业适应问题进行了分析。郭黎岩、李森以沈阳市教师流动制度下的中小学流动教师为研究对象，以自编的《流动教师职业适应问卷》和修订的《社会支持量表》为研究工具，对流动教师的交流初期的职业适应与社会支持的关系进行了研究。流动教师交流初期的社会支持与职业适应有较强的正相关，社会支持水平越高，教师的职业适应越好。同事支持、校长支持能够正向预测教师的职业适应情况，同事支持的预测力最佳，学生支持对变化应对有负向预测作用。③

（二）基于不同视角下的教师流动政策与制度探析

从我国义务教育教师交流政策历史演变来看，交流政策由"鼓励""引导""积极推动"变成"强制"，政府干预教师交流的做法不断强化。用行政命令的方法推进的教师交流制度，具有政令统一、见效快、见效明显的特征。但由于政府强制推进的合法性准备不足、决策程序欠科学、强制性实施，教师交流的实效性不佳，流动教师对交流制度的总体满意度偏低。④

我国出台的有关教师流动政策主要有支教与轮岗交流两类。王昌善、贺

---

①　朱菲菲,杜屏.中小学教师流动意向的实证探析:基于全面薪酬理论视角[J].教育学报,2016(2):89-98.

②　李恺,罗丹.农村中小学教师流动问题实证考察——基于工作价值观、职业认同与流动倾向间关系的分析[J].中国农村观察,2015(4):83-94.

③　郭黎岩,李森.中小学流动教师的职业适应与社会支持关系研究[J].教师教育研究,2010(3):56-60.

④　鲍传友,西胜男.城乡教师交流的政策问题及其改进——以北京市 M 县为例[J].教育研究,2010(1):18-22,58.

青梅通过对我国县域义务教育学校教师流动制度的政策文本进行分析,发现存在政策类型不准确、政策要素不全面、政策运作模式失范、政策保障措施力度不够以及政策制订的指导理论不符合实际情况的问题。[①]

史亚娟从教师管理制度的视角切入,对中小学教师流动存在的问题及改进对策进行了阐述。[②]从总体上看教师流动主要存在以下问题:参与政策性流动的教师比例较低,部分区县尚未建立教师交流制度;教师流动以单向流动为主;教师政策性流动对于推进均衡发展的作用有限。分析其原因,最核心的是教师管理制度的问题。具体表现为四点:教师政策性流动的最初定位主要限于城镇学校对农村学校的单向支持;现行教师管理体制中教师是"单位人"而不是"系统人";教师政策性流动对学校和教师发展的作用没有得到充分认识;教师聘任制没有得到很好的贯彻落实。因此,促进中小学教师合理流动需要从完善教师管理制度入手。

有学者从政策合法性视角考量我国教师流动政策的合法性,认为当前我国各地区教师流动政策存在合法性缺失的问题:教师流动政策的执行主体不合法,违背了《中华人民共和国教师法》中关于教师聘任制的内容;教师流动政策内容违背了相关教育法律法规。重建教师流动政策的合法性,可通过四点途径来实施:一是加大宣传力度,使教师流动政策得到广大教师的认可;二是合理界定教师流动政策的内容,规避政策的内容"违法";三是加大政策激励程度,吸引广大教师主动参与;四是强化政策执行过程和利益相关者的责任,以政策有效性的累积逐步建设合法性。[③]

吴松元认为建立政府主导的教师流动制度是推进义务教育均衡发展的必然要求。政府主导的教师流动是以实现教育资源均衡配置为目标,以推动教师从城市到农村、从优质示范学校到基础薄弱学校、从发达地区到边远贫困地区流动为主要内容的教师流动。实现这种形式的教师流动必须要形成

① 王昌善,贺青梅.我国县域义务教育学校教师流动制度:现状、问题与对策——基于31个省(自治区、直辖市)现行相关政策文本的分析[J].湖南师范大学教育科学学报,2014(5):5-12+27.

② 史亚娟.中小学教师流动存在的问题及其改进对策——基于教师管理制度的视角[J].教育研究,2014(9):90-95.

③ 郝保伟.教师流动政策的合法性缺失及其重建[J].中国教育学刊,2012(9):5-8.

教师流动的社会基础，树立动态的教师管理观以及以教师流动促进教育均衡的发展观；创设教师流动的政策环境；多途径推动教师流动的有效实施，如广泛开展支教形式的教师流动，建立学区内优质教师资源共享的教师内涵式流动制度，设立农村学校特设教师岗位引导骨干教师的合理流动等。[①]

（三）中小学教师流动的制度困境

我国城乡教师的流动总体上呈单向性的发展趋势，出现城乡教师流动失衡的现象。陈坚、陈阳认为这种现象背后折射出的实质上是一种深层次的制度不完善，由制度不完善形成的我国城乡教师流动失衡，则可以从正式制度缺失与非正式制度惯性两个角度进行分析。正式制度（又称硬制度）是人们有意识建立并确定的各种制度安排，具有强制性特征。教师流动正式制度的缺失是目前我国出现城乡教师流动失衡现象的重要原因。非正式制度惯性即城乡教师合理流动的软性制度束缚，具体表现为教师个人的职业认知阻碍了城乡教师的合理流动、大众对教师职业的传统认知制约着城乡教师的合理流动、信任危机阻碍了城乡教师的合理流动。[②]

田汉族指出刚性教师交流机制也容易导致一些问题，如教师逆向流动动力不足；优秀教师流动难；交流教师作用发挥有限以及可能会引发新的社会问题，如教师交流阻滞带来的政府公信力下降、教师交流形式化和功利化、教师校本培养惰性等。[③]

（四）建立中小学教师流动机制的有效措施

陈旭峰主张可以通过激励机制促进县域城乡小学教师有效交流。通过以城乡教师的需求共性为依据，综合运用物质激励与精神激励；以需求特性为依据，协同制定整体激励与分层激励；以价值损失为基数，平衡使用经济补偿与物质补偿；以激活资源为宗旨，灵活运用市场驱动与行政驱动等方式，完善县域内城乡小学教师交流激励机制。[④]

① 吴松元.中小学教师流动制度建立的理性思考[J].教师教育研究,2008(4):35-39.
② 陈坚,陈阳.我国城乡教师流动失衡的制度分析[J].教育发展研究,2008(Z1):34-37.
③ 田汉族.刚性教师交流制的实践困境与法律思考[J].教师教育研究,2011(1):44-48+38.
④ 陈旭峰.县域内城乡小学教师交流的激励机制研究[J].教学与管理,2019(27):28-30.

楼世洲、李士安从社会因素、教育内部因素和个人因素出发,全面分析研究建立区域性城乡教师定期流动制度的政策保障和措施。第一,加强宏观规划,分步实施,有序推进,建立区域教师定期流动制度。第二,加快人事管理体制改革,建立起完善的社会保障体系,全面落实教师聘任制。第三,建立有利于促进城乡中小学教师流动的政策导向,把教师从"单位人"变为"系统人"。第四,建立城乡中小学教师"同工同酬"和农村地区教师的特殊补贴制度。第五,制定区域中小学教师全员流动实施办法及相关配套制度。第六,由县级教育行政部门具体实施中小学教师的全员聘任及定期流动。①

三、推进小学教师绩效工资制研究

绩效工资诞生于企业,指将工作业绩作为工资发放的依据之一,以提高员工的工作效率。绩效工资是我国教师薪酬制度的又一次改革和尝试,其本质是对事业单位用人制度的改革,核心在于突出岗位绩效的激励功能。②

下面主要从两方面介绍绩效工资制,一是国外中小学教师绩效工资制的介绍,二是国内中小学教师绩效工资制在实施过程中暴露出的问题及改进措施。

(一)国外中小学教师绩效工资制研究

国外中小学教师绩效工资制相继经历了一系列的改革。无论是美国渐进式政策路径的探索还是英国绿皮书的发行,都反映出其教师绩效工资制度逐渐走上制度化以及规范化。

1.美国教师绩效工资制

美国早在 20 世纪 20 年代就开始了公立学校教师绩效工资的改革试验,但真正推行是在 20 世纪 80 年代,基于国家对改进和提升美国基础教育质量的强烈要求,美国又再次提出公立学校教师绩效工资制度改革,以此来替代或补充单一工资制度。

---

① 楼世洲,李士安.构建城乡中小学教师定期流动机制的政策研究[J].教育发展研究,2007(19):1-4.
② 李彩虹.基于激励理论的中小学教师绩效工资探析[J].教育评论,2014(8):23-25.

陈时见、赫栋峰梳理了金融危机下美国公立中小学教师绩效工资改革。美国公立中小学教师绩效工资计划的类型分为三种：个人绩效工资制、学校绩效工资制和混合制三类。个人绩效工资制也称为"知识和能力工资制"，重在奖励个人的工作绩效，给予差别化的薪酬，从而鼓励教师积极投入工作。学校绩效工资制强调，教师和学生必须合作才能提高学生成绩，因此应该对实现学校目标的每一个人提供激励，也就是提供集体激励。混合制模式综合了不同类型，认为绩效工资应当是基于对教师业绩评估的工资水平与学校战略目标相联系的一项综合制度，目的是支持学校实现教育使命及其核心价值，并在激烈竞争的就业市场中吸引和留住高质量的教师，激励教师不断学习新知识和新技能。混合制模式的评价主要集中于学生的成长。[1]

美国中小学教师绩效工资改革是以"经验—理性"和"共同适应与发展"相结合的渐进式政策路径。改革由政府、基金等社会团体与学校共同推动，开展多元化评估审慎试行，不断试验、反思甚至暂停，总结经验教训然后改进提高，贯穿于政策制定、执行、评估、监督甚至终结环节，是政策主体与客体相互作用、协调的过程。[2]

2.英国教师绩效工资制

英国中小学教师绩效工资制首次提出在 19 世纪 60 年代。1997 年工党政府上台后为解决英国教育危机，相继推出一系列教师评价改革措施，最有影响力的是 1997 年发布的绿皮书——《教师：迎接变革的挑战》，该报告宣布中小学教育阶段学校开始实施教师绩效工资制度。自此英国中小学教师绩效工资制度走上了逐步规范化、科学化、合理化的道路。[3]

英国教师绩效工资制具有以下特点：有完善的法律法规依据，各级管理部门职责分工明确；实行基于职级的绩效工资，体现优劳优酬；制度设计完善，教师职级评定不受编制限制；设有多种津贴，体现"多劳多得"。[4]

---

①　陈时见，赫栋峰.美国公立中小学教师绩效工资改革[J].比较教育研究,2009(12):1-5+15.

②　李海燕，李国.美国中小学校教师绩效工资改革的政策学分析[J].比较教育研究,2015(7):24-31.

③　毕妍，齐海涵.英国教师绩效工资制:缘起、特点及启示[J].现代教育管理,2012(1):124-128.

④　毕妍，齐海涵.英国教师绩效工资制:缘起、特点及启示[J].现代教育管理,2012(1):124-128.

(二)国内中小学教师绩效工资制存在的问题及改进措施

我国义务教育学校教师绩效工资分为基础性和奖励性两部分。基础性绩效工资主要体现地区经济发展水平、物价水平、岗位职责等因素,占绩效工资总量的70%,奖励性绩效工资主要根据教师工作绩效进行分配,占绩效工资总量的30%。虽然总体上都称之为绩效工资,但真正起着激励作用的、根据教师教学行为和质量支付的是只占30%的奖励性绩效工资。[①]

1.中小学教师绩效工资制的实施现状

在一项对我国中小学教师工资现状的调查研究中,发现绩效工资在落实过程中流于形式。首先是在现实中较为常见的工酬不符现象;其次教师的教学活动是一个极其复杂的过程,教师在教学过程中表现出来的行为也是相当复杂的,对于教师创造性的教育活动不可能采取固定的方式去简单地量化考核;最后,教育过分量化既会增加教育成本,又容易引起教师内部的矛盾,从而降低工资的激励作用。[②]

在岗位绩效工资基础上发展而来的中小学教师绩效工资制度,自2009年全面推行以来,取得了很大成效,但也暴露出很多问题,如城乡和地区之间教师绩效工资差距拉大、教师绩效工资分配不公平、部分地区中小学教师绩效工资难以得到保障等。[③]

有研究基于我国25个省份中的77个县的279所学校对义务教育教师绩效工资实施现状进行了调查,通过对教育局领导和校长的访谈中发现,一些区县尚未完全实行绩效工资制度;教育局局长和校长都愿意实施绩效工资制度,但更多地将其与涨工资等同了起来;在绩效工资的来源方面,教师反对从现行工资中拿出一部分作为绩效工资;评价教师绩效的指标缺乏统一的标准。[④]

---

①　安雪慧.中小学教师绩效工资政策的价值追求和有效实施[J].人民教育,2012(20):13-17.

②　卞秋实.我国中小学教师工资现状分析与对策研究[J].当代教育科学,2012(18):51-52+48.

③　范先佐,付卫东.义务教育教师绩效工资改革:背景、成效、问题与对策——基于对中部4省32县(市)的调查[J].华中师范大学学报(人文社会科学版),2011(6):128-137.

④　赵宏斌,惠祥凤,傅乘波.我国义务教育教师绩效工资实施的现状研究——基于对25个省77个县279所学校的调查[J].教育理论与实践,2011(28):24-27.

另一项研究利用 2007—2010 年全国县级面板数据进行实证研究发现，绩效工资制度实施后，全国义务教育阶段教师平均工资水平明显提高，相比东部和中部地区，直辖市地区和西部地区教师工资变化更为明显。教师工资的增加主要体现在奖金绩效的增加。制度实施后，教师津贴补贴的县际差异加大，教师奖金绩效县际差异减小，基本工资则基本保持不变。而非直辖市地区，直辖市地区内县际奖金绩效差距缩小更明显。[①]

在具体实践中，教师绩效评价制度也凸显出一些问题。首先是不同类型教师之间的考核问题，包括不同学科之间、不同类型岗位之间、年轻教师与老教师之间、一般教师与班主任教师之间的考核内容、指标以及工作量核算中的系数问题等。其次是学生学业成绩的测量。由于我国同一区域内城乡之间、不同学校之间以及同一学校不同班级之间，学生素质、教学设备配备等方面都存在较大的差距，如果仅以学生的考试分数来评价教师的绩效显然是不合理的。[②]

由此可见，教师绩效工资制的实施效果具有一定的作用，对教师的工资产生了积极影响，但也暴露出政策的局限性，影响了绩效工资制的实效性。

2.中小学教师绩效工资制的有效实施途径

乔锦忠、陈剑分析了绩效工资制在实践过程中存在的问题，试图从完善绩效工资配套制度与分配方案的角度入手提出有价值的改进建议，具体措施为：工资流向合理，重点向一线教师、骨干教师和做出突出成绩的人员倾斜；工资水平合情，既要适当拉开差距，也要从总体上保持平衡稳定；工资发放合规，绩效工资要与岗位职责、工作量和工作质量相对应。[③]

王昌海、王蕊从美国教师团队绩效工资发展的经验与教训中提出对我国实施中小学教师绩效工资制度的启示，认为需要将个人绩效评价与团队绩效评价相结合；做好配套措施的改革；处理好奖金的分配；受到奖励的学

① 吴红斌,马莉萍.义务教育教师工资水平、结构与地区差异变化——基于对绩效工资改革前后的比较研究[J].教师教育研究,2015(6):59-65.

② 安雪慧.中小学教师绩效工资政策的价值追求和有效实施[J].人民教育,2012(20):13-17.

③ 乔锦忠,陈剑.中小学绩效工资的实践反差与理性突围[J].中国教育学刊,2017(2):46-49.

校应该没有名额的限制;学生成绩不是唯一衡量指标;重视对落后学校的支持和帮助。[①]

李彩虹基于激励理论提出三点关于绩效工资制实施的设想。首先,在注重教师个人绩效评价的基础上,实行团体绩效奖励。其次,坚持"刚柔并济"的激励原则。教师有生存发展的物质需要,也有奉献自我、渴望尊重的精神需求,片面强调任何一方都不能最大限度发挥绩效工资的激励作用。最后,采用精确性与模糊性并重的绩效管理方法。绩效工资考核既以客观数量化的方式测量教师外显的工作业绩,又要以注重人文的模糊管理方法衡量教师的内隐付出。[②]

国内外教师绩效工资制的政策出台背景具有一定的相似之处,首先是提升教育质量;其次是稳固教师队伍,激发教师的教学主动性与积极性。

第五节　教育民主化与分权趋势下的小学学校管理

大部分教育民主化以及分权趋势下小学学校管理的研究聚焦于农村小学寄宿制学校管理、小学校长领导力、小学校长评价以及小学学校文化建设四个方面。这也是本节探讨的重点内容。

一、农村小学寄宿制学校管理走向生活化

2001年颁布的《国务院关于基础教育改革与发展的决定》指出,要"因地制宜调整农村义务教育学校布局。按照小学就近入学、初中相对集中、优化教育资源配置的原则,合理规划和调整学校布局"。在此之后,我国农村地区,尤其是学龄人口相对分散的中西部地区开始了一轮大规模的学校布局调整,其中建设农村寄宿制学校是学校布局调整的重要内容。[③]

---

①　王昌海,王蕊.美国中小学教师团队绩效工资制度及其对我国的启示[J].外国中小学教育,2012(11):35-40.

②　李彩虹.基于激励理论的中小学教师绩效工资探析[J].教育评论,2014(8):23-25.

③　杨兆山,高鹏.农村寄宿制学校低龄学生的适应问题与对策——基于中西部三省区的调查[J].现代教育管理,2012(7):37-41.

（一）关于农村中小学寄宿制学校管理的实证研究

农村中小学寄宿制学校管理实证研究主要关注学校管理的总体情况、寄宿制学生的课余活动情况及适应情况。

为了探明义务教育阶段农村寄宿制学校管理现状，甘琼英从县教育行政部门对寄宿制学校的管理，包括寄宿制学校建设规划、经费投入、校长和教师等的管理三方面，以及寄宿制学校内部管理，包括住宿、饮食、安全、卫生、教学五方面，选取 G 省 23 所义务教育阶段农村寄宿制学校为调查对象。调查显示，G 省部分县级教育行政部门对寄宿制学校建设科学规划不够；寄宿制学校内部管理重制度轻落实、重"看管"轻"培育"；农村寄宿学生对学校饮食质量满意，但学生宿舍和食堂建设的附属设备设施多不达标；寄宿学生往返学校途中的交通安全问题尤为突出；学校缺乏生活指导教师（保育员）等四类管理人员；教师工作量大，学生学业成绩住校和未住校相比差异不大，校园文化资源和校园文化生活匮乏。①

随着国家"西部地区寄宿制学校工程"的实施，中部作为政策延伸地区，农村寄宿制中小学大量增加，寄宿制学生数量急剧上升，出现了"寄宿学校热"现象。实证调查表明，中部地区农村中小学寄宿制学校的迅猛扩充导致了其办学条件水平有所下降，具体表现为农村中小学寄宿制学校普遍"人满为患""条件简陋"、教师普遍"身兼数职"、教育教学管理"难度陡增"、学生普遍反映"生活单调"。问题的产生与中部地区在国家寄宿制中小学学校建设工程中的位置、地方主管部门、学校"准备不足、一哄而起"等因素有着直接关联。②

中央教育科学研究所课题组对广西壮族自治区都安县、河北丰宁县的 4 所寄宿制学校（3 所寄宿制小学、1 所寄宿制初中）调研发现，寄宿制学校学生课余生活存在一系列需要解决的问题，如学校不能开展学生所期望的课

---

① 甘琼英.义务教育阶段农村寄宿制学校管理的现状与思考——基于 G 省 23 所农村寄宿制学校的调查[J].上海教育科研,2014(5):22-25+13.
② 杨润勇.关于中部地区农村中小学寄宿制学校的调查与思考[J].教育理论与实践,2009(22):32-36.

余活动;寄宿学生课余活动形式单调;教师对寄宿学生课余活动开展情况评价不高;教师工作量大,待遇低,开展学生课余活动的积极性不高;寄宿学生心理慰藉凸显真空。①

为了解寄宿学校学生适应的基本状况,东北师范大学"农村义务教育阶段寄宿制学校学生适应问题研究"课题组于 2008 年 10 月对我国中西部地区 N 省 A 县、H 省 B 县、Y 省 C 县 3 个县的 19 个乡镇的农村寄宿制学校进行了调查研究,发现低龄寄宿生的消极适应问题较为突出,首先表现为"长时适应"和"适应滞后"。其次在"适应不足"的同时,还有一些低龄寄宿生存在"适应过度"的问题,集中表现为学生在学习和生活中"得过且过"的心理状态,缺少对环境的敏感性,缺乏批判性、独立性和主动性。此外,研究还发现寄宿制学生的学校归属感较低。②

(二)农村中小学寄宿制学校管理的问题及改进策略

针对农村中小学寄宿制学校管理存在的诸多问题,相关研究主要从宏观以及微观两大层面提出了相应的改进策略。

1.宏观层面的改进策略

农村寄宿制学校的学生管理是伴随着农村基础教育改革涌现出了新的问题。加强农村寄宿制学校的学生管理工作,要针对寄宿制学校学生的特点,积极寻求农村寄宿制学校的工作规律,明确工作思路,改进工作方法,努力提高学生管理的工作水平。③

王远伟认为建设寄宿制学校需要具有超前性,即各地在确定建设寄宿制学校时,应该首先对这些学校进行详细调查、规划,并要先行建设。④有学者总结了国外中小学寄宿制学校的办学经验,认为我国寄宿制学校管理可

---

① 中央教育科学研究所课题组,袁振国,吴霓,魏向赤,李晓强,张宁娟.贫困地区农村寄宿制学校学生课余生活管理研究——基于广西壮族自治区都安县、河北省丰宁县的调研[J].教育研究,2008(4):9-12.

② 杨兆山,高鹏.农村寄宿制学校低龄学生的适应问题与对策——基于中西部三省区的调查[J].现代教育管理,2012(7):37-41.

③ 周楠楠.农村寄宿制学校的学生管理问题及对策[J].现代教育科学,2010(2):104-105.

④ 王远伟.农村寄宿制中小学问题的探索和反思——以内蒙古三个旗县为例[J].教育理论与实践,2007(17):26-29.

以借鉴以下经验:一是结合学生的心理发展特点,制定符合学生年龄特点的寄宿制学校政策;二是除了硬件配备以外,更要加强寄宿制学校的标准建设和监督监管;三是学校合理安排寄宿生的在校活动,加强对寄宿生心理健康的关注;四是加强对寄宿生家长的教育,为家长提供关于帮助子女更快适应寄宿生活的方法和策略。[①]

2.微观层面的改进策略

有学者基于城镇化背景下农村寄宿制学校的建设提出相应的对策。首先,要借鉴一定的理论。杜威的实用主义教育思想、陶行知的生活教育理念是较好的理论借鉴。这两种理论从内涵上来讲,皆强调了教育是用实用的方式和内容培养实用的人才,把这样的教育理念运用于农村教育,改造寄宿制学校是非常贴切的。农村特殊的环境孕育了独特的农村教育,农村寄宿制学校应该利用农村独特的优势,办本土基础上的特色教育。依照校本管理理念,在城镇化背景下,农村教育更加复杂,差异性变大,政府把更多的管理自主权下放给学校,可以使学校依托农村教育资源,办农村特有的乡土教育。其次,以农村寄宿制学校为中心要做好辐射联动,可以通过开发乡土教育资源,促进学校建设与农村建设共发展,处理好与政府、社会组织关系,联合家庭,催发家庭教育潜力,并且要力抓校园文化建设等。[②]

寄宿制学校作为我国农村一种重要的办学形式,当前面临着寄宿学生超半数是留守儿童、低龄寄宿倾向明显,心理、生活教师配置不足等一系列的教育管理挑战,对学校社会工作服务存在现实需求,驻校社工"嵌入"学校存在可能。

王海英、张强探讨了在当前学校社会工作还不够发达的社会背景下,驻校社工作为辅助手段参与农村寄宿制学校教育功能实现的可能性。首先,社工"以学生需求"为本的服务理念,可以弥补寄宿制学校严控管理的不足;其次,社工采取专业化的工作方法,以"优势"取向看待成长中的学生,可以有

———————

① 李勉,张平平,王耘.国外中小学寄宿制学校的办学管理经验及其影响[J].河北师范大学学报(教育科学版),2017(5):123-128.

② 赵瑞瑞,周国华.城镇化背景下农村寄宿制学校建设探究[J].教育理论与实践,2015(1):19-22.

效助力寄宿学生的健康成长;最后,从嵌入的支持途径来看,政府部门的日益重视和民间力量的积极作用,可以为驻校社工服务提供一定的发展空间。①

　　针对寄宿制学生的生活管理问题,黄启明、扈中平从生活教育的视角出发,认为山区寄宿制小学需要以生活教育为导向,改善生活条件,优化生活管理,才能为学生的健康发展创造有利平台。山区寄宿制小学需根据制度制定的原则与方法优化生活管理制度, 明确生活管理中不同责任主体的权利与义务,重视制度执行各个环节的建设,严格奖惩机制,才能不断提高生活管理质量,造就完整的生活教育环境与氛围。②

　　蒋钦倡导改善寄宿学校的生活氛围,需从师生关系和生生关系着手,加强以宿舍和班级为单位的文化建设,从师生、宿舍内部以及班级三方面入手营造一种以关爱为核心的寄宿文化氛围。③

二、小学校长领导力是学校效能的原动力

　　校长领导力是其发展过程中必备的能力,也是学校效能的原动力。当前对于中小学校长领导力的研究主要在于实证研究, 且集中探讨提升中小学校长领导力的途径。

(一)中小学学校校长领导力的实证研究

　　中小学校关于校长领导力的实证研究主要包括以下几种: 考察校长领导力类型的调查研究,如教学领导力、价值领导力;对领导行为本身的研究;校长领导力的影响作用研究。

　　1.校长领导力类型的调查研究

　　教学领导力是指校长明确学校教学愿景和目标,并动员、组织和协调有关人员围绕这一目标奋斗的能力。2013 年 2 月,教育部正式颁布了《义务教育学校校长专业标准》,"领导课程教学"和其他五项职责成为校长聘任和考

---

①　王海英,张强.驻校社工"嵌入"农村寄宿制学校:问题与策略[J].当代教育科学,2015(22):7-10.
②　黄启明,扈中平.生活教育视域下的寄宿制学校生活管理——基于桂东山区寄宿制小学的调查[J].教育研究与实验,2015(4):42-46.
③　蒋钦.乡村寄宿学校管理的问题与策略[J].教学与管理,2018(1):12-14.

核的重要维度,这标志着教学领导力开始进入我国教育政策层面。

　　一项研究对来自 119 所义务教育学校的 3075 名教师采用校长教学领导力评定量表对其校长表现进行评定,调查发现:从整体上来看,中小学校长教学领导力表现良好,小学校长表现明显优于初中校长;在维度水平上分析,校长教学领导力表现的优势主要体现在"学生激励""形成目标"和"促进教师成长"等方面,劣势则体现在"监控学习进展""与师生接触"和"教师激励"等方面;在项目水平上进行分析,高分项目主要体现在"学生激励""促进学生成长"和"保证教学时间"等维度,而低分项目相对集中在"监控学习进展"和"与师生接触"两个维度。因此,中小学校长既要认识和发扬自身优势,提升专业自信,又要针对自身不足积极改进,进一步提升教学领导力。[①]

　　小学校长价值领导是培育与践行社会主义核心价值观和小学价值观的重要路径。李克勤、袁小平对湖南省 14 个市、州的 261 名小学校长进行问卷调查,结果显示:从整体上来看,小学校长价值领导力总体处于中等水平,县级以上小学校长价值领导力表现明显优于农村校长。小学校长价值领导力表现的优势主要体现在"价值认知力"和"价值实践力",劣势则体现在"价值整合力"和"价值认同力"。聚类分析结果表明,约 55.8%的小学校长在价值认知力、价值认同力、价值引领力、价值实践力水平上较高,价值整合力处于中等水平。另外,30 岁以下的小学校长价值领导力水平最高,不同年龄小学校长价值领导力总体无显著差异。小学校长价值领导力总体得分在任职 5—9 年达到最高值,10 年以后开始下降。该研究提出培育小学校长公共理性精神、引导小学利益相关者建构学校教育哲学等是提高小学校长价值领导力的有效路径。[②]

　　2.对领导行为本身的研究

　　领导行为(leadership behavior)一般指一个领导在从事指挥和协调群体成员工作过程中的特定行动,包括建立工作关系、表扬和批评群体成员、对

---

　　① 赵德成,宋洪鹏.义务教育学校校长教学领导力调查分析[J].中国教育学刊,2014(3):43-47.
　　② 李克勤,袁小平.小学校长价值领导力调查研究[J].湖南师范大学教育科学学报,2018(5):33-37+91.

群体成员的福利和情感的关心等方面的行为。①

国外通过"建立结构"（initiation Structure）和"关心体谅"（Consideration）这两个维度来对校长领导行为进行研究，这种把对人和对组织的关心一分为二的方法，把人际关系理论和科学管理理论有效地区分开来。张忠山、吴志宏通过上海市的461名小学教师对小学校长的建立结构和关心体谅行为进行了问卷调查，结果显示：一是小学校长的建立结构显著高于关心体谅行为。二是不同性别、年龄、学历、学校规模的校长领导行为及不同性别、年龄的教师所感知的校长领导行为均没有显著差异。民办学校校长的建立结构行为显著高于公办学校校长的建立结构行为。在关心体谅方面，民办学校校长与公办学校校长没有显著差异。②

3.校长领导力的影响作用研究

一项基于全国范围的大规模抽样调查数据的研究，借用组织学领域内的"氛围水平"和"氛围强度"的概念，探讨了中小学校长领导力对教师专业合作行为的影响，得到以下主要发现与启示：一是校长领导力水平和领导氛围强度是教师专业合作的重要预测指标；二是校长领导力的评估与提升需关注评价一致性问题。为了实现学校成员的积极、一致的评价，需要校长增强与教师间的互动，积极将自身的领导角色与责任以及教师的工作表现等传递、分享给老师们，逐步形成共享的领导力和促进合作的学校文化。③

另一项利用综合激励理论的研究考察了领导效能和职业认同在胜任力与农村小学校长工作满意度关系中的链式中介效应，使用胜任力量表、领导效能量表、职业认同量表和工作满意度量表对随机抽取的269名农村小学校长进行调查。研究显示：胜任力、领导效能、职业认同与工作满意度这四个变量均两两显著正相关；胜任力、领导效能、职业认同均显著正向预测农村小学校长工作满意度，胜任力、领导效能会正向预测职业认同，胜任力会正

①　Bernard M.Bass.Stogdill's handbook of leadership[M].New York：Free Press，1981：80.

②　张忠山，吴志宏.小学校长领导行为研究[J].心理发展与教育，2000（2）：57-60.

③　张平平，胡咏梅.中小学校长领导力对教师专业合作行为的影响[J].湖南师范大学教育科学学报，2018（5）：15-24.

向预测领导效能；领导效能中介了胜任力与农村小学校长工作满意度之间的关系；职业认同中介了领导效能与农村小学校长工作满意度之间的关系。因此，领导效能和职业认同在胜任力与农村小学校长工作满意度之间起链式中介作用。[①]

（二）提升中小学校长领导力的途径

随着中小学校长负责制的逐渐完善，校长领导力已经成为衡量学校教育质量的重要指标。张雷从校长领导力发生作用的过程分析,校长领导力存在的决策行为民主性薄弱、组织方式实效性欠缺以及执行效果有效性不足三方面的问题主要因其个人角色模糊、组织方式不良以及共同目标缺失导致。因此,中小学校长要正确定位个人角色身份,提高个体领导力;改变传统的组织行为方式,发展团体领导力;开发学校共同愿景,构建愿景领导力;培养团队合作意识,增强文化领导力。[②]

有研究发现,办学自主权是影响校长领导力的制度因素,校长的学历、管理经验、学习投入等因素是影响校长课程领导力的内在因素,两者相互交织,共同作用于校长课程领导力。因此,提升中小学校长课程领导力应聚焦于"赋权"与"增能"两种路径。一方面,赋权中小学校长,让其拥有更充足的资源配置权及课程管理权;另一方面,应拓展校长学历提升机会,激励校长自主学习与跨界阅读,不断提升中小学校长的人力资本。通过松绑赋权,校长可以享有更充分的课程领导权;提升校长自身能力,增进校长人力资本投资效能;校长也要主动增能,塑造学习型校长。[③]

郁益民、周明星认为当今的基础教育改革形势亟须小学校长从领导者自身、学校内部和外部三个方面入手并使各类要素形成合力,从而更好地来提升其领导力。首先是校长领导素质的自我发展和完善;其次,构建学校领导共同体;最后,整合学校领导的外部支持系统。校长要具备良好的社会协

① 叶宝娟,郑清,董圣鸿,刘林林,方小婷,曹灿兮.胜任力对农村小学校长工作满意度的影响:领导效能与职业认同的中介作用[J].心理发展与教育,2017(3):306–312.
② 张雷.中小学校长领导力问题探析[J].教育发展研究,2014(Z2):93–98.
③ 雷万鹏,马丽.赋权与增能:中小学校长课程领导力提升路径[J].教育研究与实验,2019(3):68–72.

作意识,争取社会优势资源,利用校长培训构建长效机制,提升家校与社区的合力。①

张倩和王红引入"孤岛效应"这一概念,主张提升校长领导力的有效途径是校长主动在校内构建学习共同体,展开多种形式的对话,从而规避"孤岛效应"对自己和学校发展带来的负面影响。"孤岛效应"源于近代科学世界观的实体主义,认为在这个世界上,人与人之间是彼此分离和彼此孤立的实体单位,世界也是独立于人以外的实体存在。人类的实践活动则是连接人与人、人与世界的活动。因此,"对话"成为破解"孤岛效应"的一种方式。首先,校长要与自己对话,在不断反思学习中提升专业素养;其次,要与他人对话,在与利益相关者的真交流、真分享中实现彼此促进;最后,要与客观世界对话,促进日常管理从机械孤立走向智慧开放,做好两方面的工作,一是开展深度巡校,二是持续深入课堂。②

随着教育信息化在学校的深入发展,校长的信息化领导力也备受重视。校长信息化领导力是学校教育信息化发展的重要影响因素。在教育信息化背景下,提升校长信息化领导力的根本目标在于提升校长的领导效能。赵磊磊、代蕊华基于校长信息化领导力及领导效能的特征解读,认为可从校长的信息化办学规划能力、信息化教学资源建设能力、人力资源信息化管理能力、教学评价信息化规划能力四个方面着手,提升校长的信息化领导力和领导效能,具体策略为:加强学校办学的指导及考核,提升校长的信息化办学规划能力;以教学质量管理为目标,提升校长的教学评价信息化规划能力;以质量和公平为资源建设导向,提升校长的信息化教学资源建设能力;以教师激励为核心关注点,提升校长的人力资源信息化管理能力。③

教育部最新发布的《教育信息化十年发展规划(2011—2020 年)》中指出校长作为领导者的责任重大。规划将校长信息化领导力列入校长工作绩效

①　郁益民,周明星.浅论小学校长领导力的提升途径[J].上海教育科研,2009(3):74-75.
②　张倩,王红.对话:破解校长"孤岛效应"的可行之策[J].中小学管理,2020(5):48-50.
③　赵磊磊,代蕊华.校长的信息化领导力与领导效能:内涵、特征及启示[J].教师教育研究,2016(5):49-56.

考评内容,并要求提升其信息化规划能力、管理能力和执行能力,同时逐步完善管理类的评价标准。①因此,为契合教育信息化十年发展规划要求,制定完善的信息化领导力评价标准迫在眉睫。

孙祯祥、郭旭凌基于校长信息化领导力评价标准的国内外研究成果,从注重愿景的评估、关注师生发展和环境建设、注重有效的信息化教学、注重对信息化的推动和落实等五个方面对我国标准的制定提出了相关建议。②

三、小学校长评价研究兴起

校长评价是帮助其提升专业能力的有效途径。当前,中小学校长评价研究的理论探讨集中于评价的过程性与发展性,致力于构建专业的中小学校长评价指标体系。

(一)中小学校长评价的理论探讨

郭凯提出我国中小学校长评价的基本走向:发展性校长评价是校长评价的基本趋势;对校长的素质和工作绩效进行评价应当作为校长评价的内容;教育行政部门和校长双方应当以合作的态度对待校长评价工作;对校长进行评价应当采取人本、多元和可行的评价方式;校长评价的结果应该具有实效性。③

辛志勇、王莉萍认为未来的中小学校长评价应是一种持续不断的历程。同时,评价的过程应被看作是校长学习的过程和提高的过程,而不是单纯接受审核的过程。在评价目的上,将逐渐由总结性评价向发展性评价过渡,更关注过程及原因的诊断而非单一的结果呈现。另外,校长评价标准的制定将更加具体全面,将更注重学生的全面发展、教师的专业化成长、校长的教学领导水平、组织管理水平及学校的形象特色等方面。对参加校长评价的人员组成比例更趋合理化,除了上级评价之外,还将同时进行同行评价、下级评

---

① 教育信息化十年发展规划(2011—2020年)[EB/OL](2012-03-13).http://www.moe.edu.cn/publicfiles/business/ htmlfiles/moe/s3342/201203/133322.html.

② 孙祯祥,郭旭凌.中小学校长信息化领导力评价标准的比较研究——结合教育信息化十年发展规划(2011—2020年)[J].电化教育研究,2013(3):5-10.

③ 郭凯.我国中小学校长评价的基本走向[J].教学与管理,2005(1):5-7.

价、校长自我评价及社会评价。评价结果的运用上不仅为校长的奖惩、晋升、去留提供依据,更要为校长的成长发展提供指导。评价者和校长应能根据评价结果重新改进校长成长计划,以促进校长的进步和发展。在评价结果的处理上将注重量性方法和质性方法的结合。①

(二)构建专业的中小学校长评价指标体系

我国中小学校长的领导职责与评价研究一直存在缺乏专业依据、指标体系不明确、重显绩轻潜质等诸多问题。为此,陈永明、许苏从校长队伍建设的现实需求出发,探究我国中小学校长领导职责的内涵与外延,并在此基础上构建校长专业评价体系,主张新世纪评价校长应从六大专业定位出发,关注专业信念与品性、专业知能与智慧、专业运营与表率等校长评价指标。只有在专业职责的基础上建构校长评价指标体系,才能真正激励校长个体和群体的专业发展。②

张其志认为目前有关中小学校长评价指标体系的研究成果存在诸多缺陷。校长兼具教育者、领导者和管理者三个主要角色,每一种角色都有相对应的工作行为。可采用因素分析法,根据评价指标体系设计的原则,对校长的职业角色和工作行为的逻辑结构逐级分解、筛选和修正,建构中小学校长评价指标体系。③

此外,王娟在借鉴国内外相关教育评估标准体系的基础上,通过制订专业化的评价指标框架来对校长领导力进行评价,基于对各国校长专业标准共同关注的问题进行归类和分析,试图构建以领导者素养、领导过程、领导绩效三个维度为主的评价框架,并结合校长的工作环境展开评价,尝试运用CIPP 评价模式来构建评价指标框架。CIPP 评价模式是由美国教育评价家斯塔弗尔比姆倡导的,主要包括"Context"(背景)、"Input"(投入)、"Process"(过程)和"Product"(产出)四个模块的评价。这一评价模式无论从评价目的还是

① 辛志勇,王莉萍.中小学校长评价研究述评[J].教育理论与实践,2006(18):13-15.

② 陈永明,许苏.我国中小学校长专业评价指标体系探究[J].中国教育学刊,2009(1):41-44.

③ 张其志.中小学校长评价指标体系的建构——基于校长的职业角色和工作行为特点[J].继续教育研究,2010(9):86-88.

从评价过程来看,都与校长领导力评价的初衷相一致,也与校长工作和职责的复杂性具有较高的匹配度。①

四、小学学校文化建设审思

学校文化建设是学校发展过程中必不可少的环节。而科学的学校文化建设对于小学生身心全面健康成长具有关键价值和重要意义。

(一)关于中小学学校文化建设的思考

王娜总结了学校文化建设过程的特点,具体为:学校文化建设过程的漫长性、复调性和校长是学校文化建设的关键人物。学校文化建设过程的漫长性是指学校文化建设的过程是循序渐进的,需要学校乃至整个教育系统外在行事方式和态度等以及内在基本假设和价值观念都进行重构、学校新旧文化的矛盾逐步得以消解、学校新文化的形成需要充足的时间。学校文化建设过程的复调性,表现为学校文化多样化的产生机制,"自下而上"和"自上而下"的学校改革会使新的学校文化"主动创生"出来,学校文化的建设可融合三种产生机制,呈现出复调性的声音。校长是学校文化建设的关键人物。文化建设进展的快慢、理解文化建设的重要性和积聚全校员工的智慧,都离不开校长的引领和塑造。②

冯炜、赵建军认为开展中小学学校文化建设必须以精神文化为重点;以制度文化为保障;以行为文化为归宿;以物质文化为基础,紧紧围绕价值观建设这一核心内容,营造良好的人文环境和学习氛围,培养学生具有高尚的价值追求和良好的行为习惯,使其最终有利于学生能力的发展、知识的增长、品性的陶冶、体质的增强、素质的提高,以确保学校教育目标的实现。③

(二)中小学学校文化建设的方向

谢翌、马云鹏基于对美国小学文化建设的经验启示,认为有必要重新反

---

①　王娟.基于专业标准的校长领导力评价框架[J].教育发展研究,2016(4):64–70.

②　王娜.我国中小学学校文化建设的思考——以北京市 A 小学为例[J].教学与管理,2015(3):54–56.

③　冯炜,赵建军.关于中小学学校文化建设的思考[J].河北师范大学学报(教育科学版),2009(12):117–122.

思并重构我国的学校文化,提出要以共享的价值为灵魂,寻求个性化的学校文化建设路径。①

彭彦琴、江波、詹艳以苏州某小学的学校文化建设为例,提出了学校文化建设的新模式,将品牌的概念引入学校文化建设,通过品牌与文化的结合,共同构建学校文化建设模式,认为学校文化建设主要包括四大部分:文化理念系统、物质文化系统、行为文化系统和制度文化系统。②

新形势下的学校文化存在亟待解决的问题,集中表现为学校文化建设的主体参与度不高;学校文化的制度形态建设长期遭到忽视;学校文化建设的文化根基不深,对于传统文化、革命文化、社会主义先进文化的挖掘不够;学校文化建设的评价监督机制尚未建立。基于此,薛二勇、刘淼、栾少波提出新形势下的中小学学校文化建设,关键是要有学校文化的顶层设计与实施方案,具体策略如下:充分发挥不同主体作用,共同建设学校文化;以社会主义核心价值观为指导建设学校文化;把学校章程作为载体,创建和发展学校文化;准确理解文化内涵,不断充实学校文化内容;过程性和终结性评价相结合,注重评估反馈。③

(三)关于中小学学校文化评估的讨论

张凤华、张东娇基于北京市中小学学校文化建设示范校创建活动的研究,对学校文化建设与评估指标体系进行深入思考,根据北京市教委与北京师范大学共同研制的《北京市中小学学校文化建设示范校建设与评估指标体系》,提炼出了在学校文化建设中需要关注的八个问题:学校文化建设核心价值观的导向性,学校文化建设体系的完整性,学校办学理念体系和办学实践体系的一致性,学校文化建设软环境和硬环境的协调性,学校文化建设的全面性和针对性,学校文化传统的继承性和发展性,学校文化建设的适切

①　谢翌,马云鹏.学校文化的反思与重建——兼评介美国加纳多小学的文化建设[J].比较教育研究,2005(8):24-29.
②　彭彦琴,江波,詹艳.学校文化建设的思路与模式——以苏州市A小学学校文化建设为例[J].教育科学研究,2009(12):32-35.
③　薛二勇,刘淼,栾少波.新形势下中小学学校文化建设的新路径[J].中国教育学刊,2018(7):37-42.

性和独特性,学校文化建设过程的参与性和成果的共享性。这为评估学校文化提供了方向。①

学校文化评估的基本逻辑是从学校文化定义出发,基于定义进一步构建评估模型,继而开发相应的评估工具。金一翔、邹维、张东娇从对当前学校文化评估逻辑的梳理切入,发现主要问题表现为概念界定操作化程度有待提高,模型指标不够科学,评估工具本土适应性不强等。且当前学校文化评估中存在以下四方面实践偏差,包括政府强势主导、评估高利害化、评估与改进的衔接不足以及忽视文化的复杂性特征等。针对上述困境,研究者提出了优化我国中小学学校文化评估的路径:致力于完善理论构想,开发本土化的学校文化评估的工具;教育行政部门要充分认识到学校文化评估的特殊性、复杂性,重在优化评估机制;学校应谋求成立区域性学校文化建设行业协会,探索符合自身学校文化情境的实践取径。②

第六节　教育管理体制变革研究

时代的发展、社会的进步以及国家国际地位的提高对高质量人才的需求不断增加,教育体制改革也提上了进程。学校教育管理体制是我国现今教育改革的重点,在现实改革中依旧存在十分严峻的问题。

一、校长负责制是重要研究议题

作为一种学校管理的制度选择,校长负责制自实施以来,从普通教育政策逐渐演变为代表国家意志的教育法律。③但在实践过程中依旧存在各种问题,发现问题才能有针对性地重构现代学校制度下的校长负责制。

---

①　张凤华,张东娇.学校文化建设与评估指标体系的研制与思考——基于北京市中小学学校文化建设示范校创建活动的研究[J].中小学管理,2014(7):15-18.
②　金一翔,邹维,张东娇.我国中小学学校文化评估的困境与优化路径[J].教育科学,2017(6):17-23.
③　王库,林天伦.中小学校长负责制30年:困境与对策[J].教育科学研究,2017(7):44-48.

(一)校长负责制的实践困境

葛新斌对我国现行的"校长负责制"进行法律与制度分析。从新中国成立后我国中小学内部管理体制的演变推出:现行的中小学"校长负责制"并非一个严格意义上的"法律"概念,从法理学的角度来看,其所具备的只是一种执政党政策与最高行政法规性质参半的效力。这也成为实践过程中出现问题的主要原因之一。现行"校长负责制"的实施过程中存在一些主要问题:观念误置,学校内部党政关系模糊,党政关系不顺成为必然;制度缺失,校长权力约束机制乏力,导致"校长权力过大";实施困境表现为政府主管部门违法行政,导致校长方面反映"权力过小"。①

中小学校长负责制在实践中并未充分实现政策的既定目标,未能充分调动校长办学的主动性、积极性,未能充分发挥校长在学校发展中的核心作用。王库、林天伦将其总结为三大困境——"法制困境""机制困境"和"胜任困境"。②

张志峰认为校长负责制下民主管理机制也存在问题,指出教代会的民主管理权利缩小,教师参与民主性得不到保证;校长权力过大,教师权利过小,并将其归因于权力常常有法律保证,而权利则很少有明确细致的法律保证。③

(二)现代学校制度下校长负责制的重构

刘璐对中小学校长负责制实施的 30 年进行了回顾,阐述了现代学校制度要求下的中小学校长负责制重构需要做到以下几点:明确校长负责制的内涵;建立健全现代学校资产管理制度和现代学校财务制度,推进现代学校人事制度的改革;校长负责制与政府的关系改革;强调现代校长自身素质的养成。校长首先应当做老师的"老师",其次是做学校运作的"协作者"。④

---

①　葛新斌.我国现行"校长负责制"的法律与制度分析[J].北京师范大学学报(社会科学版),2003(6):48-55.

②　王库,林天伦.中小学校长负责制 30 年:困境与对策[J].教育科学研究,2017(7):44-48.

③　张志峰.校长负责制:发展历程与问题剖析[J].中小学管理,2006(10):11-14.

④　刘璐.中小学校长负责制三十年回顾与现实问题分析[J].现代教育管理,2013(7):66-70.

王库、林天伦认为中小学校长是有效协调政府、学校和社会教育多元共治主体的核心，是引领中小学校现代化学校制度构建、实施教育优质发展、办人民满意教育的重要承担力量。因此，推进中小学校长负责制的实施应当得到进一步深入推进。首先，要充分认识中小学校长负责制的法律地位，制定中小学校长负责制的法律制度体系；其次，要理顺中小学校长负责制机制保障，完善中小学内外部治理体系；最后，要充分发掘中小学校长主体性作用，引领中小学校长专业发展。①

二、现代学校制度建设的理论取向与路径探索

建立现代学校制度是对我国现行学校制度的改造，是革除影响发展的体制弊端、全面推进教育改革与发展的制度创新，代表了教育制度建设的方向，它与基础教育新的发展观——促进基础教育均衡发展具有同等重要性。目前我国现代学校制度的理论与实践研究尚处于探索阶段。②

（一）现代学校制度建设的理论探讨

关于现代学校制度建设的理论探讨主要讨论"是什么"的问题，对其内涵进行解释。

对于何为现代学校制度，学者们的观点不尽相同。有学者认为，现代学校制度是现代企业制度在教育领域的直接借鉴和平行移植。也有学者认为，现代学校制度是与传统学校相对的制度体系。而学者普遍认同应重点思考符合我国教育发展需要的现代学校制度本质，注重把握"学校制度"和"现代"两个词。③

李继星提出现代学校制度是特指在知识社会初见端倪和全面建成小康社会的大的社会背景下，能够适应市场经济和建设学习型社会的基本要求，以新型的政、校关系为基础，以现代教育观念为指导，学校依法民主、自主管

①　王库,林天伦.中小学校长负责制 30 年:困境与对策[J].教育科学研究,2017(7):44-48.

②　"基础教育阶段现代学校制度的理论与实践研究"总课题组.关于现代学校制度的含义、特征、体系的初步认识[J].人民教育,2004(17):2-7.

③　孙绵涛,王刚.我国现代学校制度建设的成就、问题与对策[J].教育研究,2013(11):27-34.

理,能够促进学生、教职工、学校、学校所在社区的协调和可持续发展的一套
完整的制度体系。①

而朱小蔓、刘贵华基于生态理念对现代学校制度的内涵进行了解读,指
出现代学校制度是规范与调节政府、学校、社会乃至市场之间的关系,调节
学校与学校之间、学校与家庭之间、学校内部人、财、物、事之间等各种关系
的制度体系。②

(二)现代学校制度建设的实践探析

现代学校制度建设的实践探析主要讨论的是基于现代学校制度在实施
过程中出现的问题,进而提出的相关解决措施。

有学者通过分析中小学校制度文本来了解现代学校制度建设的现状,
发现当前中小学校在现代学校制度建设中还存在诸多问题:学校章程建设
相对滞后,多数学校存在"无章办学"的现象;学校制度文本不健全、缺乏系
统性,学校的编排没有统一的标准;学校制度的人文关怀不够,并未真正反
映师生"民意";学校制度中体现的自主意识不强,各校制度内容差异不大;
学校制度中体现的发展性不够,很少看到激励型语言。③

楚江亭认为为克服现代学校制度建设过程中存在的过分依赖管理制
度、忽视非正式制度建设、教学要求大一统等问题,真正实施依法治校,形成
规范的现代学校制度,中小学在进行现代学校制度建设过程中,应当注意以
下问题:不仅要重视制度的作用,也要看到制度的不足;不仅要看到正式制
度的作用,也要重视非正式制度的功能;不仅要加强各项制度管理,还要赋
予教师教学自主权。④

满建宇从重构教育管理、学校治理、教育评价三者的关系出发,提出管
办评分离是有效解决我国当前教育体制僵化、教育目标偏离以及教育治理
水平与经济社会发展水平不相适应等问题的关键, 是建设现代学校制度的

---

① 李继星.基础教育阶段现代学校制度建设论纲[J].教育理论与实践,2005(3):18–23.
② 朱小蔓,刘贵华.功能·环境·制度——基于生态理念的现代学校制度建设[J].华东师范大学
学报(教育科学版),2006(2):1–7+17.
③ 范魁元,刘景.现代学校制度建设:现状与出路[J].中小学管理,2010(2):38–41+35.
④ 楚江亭.科学促进现代学校制度建设[J].中国教育学刊,2012(12):6–9+19.

保证。[①]

许杰认为现代学校制度究竟何为,并不取决于如何"界定"它,应该进行方法论转换,借用布迪厄在社会学研究中提出的"实践逻辑",从现代学校制度建设的实践探索中提炼出其"实践逻辑"。现代学校制度建设进入大范围的区域探索实践阶段,其中总结出以下几点实践经验:简政放权,落实学校办学自主权;复归学校主体地位,提升其自主性;制订章程,加强学校制度建设;激活校长队伍,实行自主管理;完善治理结构,健全民主管理机制;注重社会参与,让学校融通社会。基于反思的实践逻辑是检视现代学校制度,为学校制度建设提供了方法论,进而为学校制度创新提供建设性意见的一条逻辑理路。[②]

本章小结

近20年小学管理关注的前沿问题可以概括为五大方面:学生自治导向下的小学班级管理、人本化的小学教学管理、质量与公平下的小学教师管理、教育民主化与分权趋势下的小学学校管理、教育管理体制变革的研究。每个大的前沿话题下又包含多个具体的议题,每个议题下包括该研究议题的现状、存在的问题、解决对策,但同时也包含议题本身具有的独特研究点,从不同的视角对其进行研究。

从具体的研究议题中可以看出,近20年小学管理研究既有突出的进步,同时也存在不足。进步的地方体现在有些议题能够顺应小学教育发展的现实情况,发现小学管理在具体实施中存在的问题并提出相应的解决对策;研究中研究方法有所创新,实证研究增多,通过数据使得问题呈现得更加清楚;"民主化"与"人本化"的特点体现得更加明显,每个大的前沿问题中都有所体现。不足之处在于有些具体议题并没有十分凸显出小学阶段的特点,只是笼统地用"中小学"一词来替代;有关小学管理原理性的探讨相对较少,有

---

① 满建宇.管、办、评分离:现代学校制度建设的关系重构[J].现代教育管理,2014(9):25-30.
② 许杰.现代学校制度建设的实践逻辑[J].教育研究,2016(9):32-39.

些还是 20 世纪 90 年代的资料,时效性不强。小学管理的研究者应该对此加强重视,拓宽小学管理的研究深度和广度,凸显小学阶段的特征,以便于一线教育工作者参考并将其投入教育实践中检验。

推荐阅读

1.蔡辰梅.我国中小学课堂管理制度的审视——制度伦理学的视角[J].教育学报,2006(2):80–84.

2.陈韶峰.我国公立中小学教师招聘制度的问题及完善[J].教学与管理,2007(25):3–6.

3.陈志雄.中小学教师聘任制认知的实证研究[J].教育科学研究,2010(8):42–45.

4.褚卫中,褚宏启.中小学教师聘任制的法理分析[J].教学与管理,2005(34):3–5.

5.邓艳红,邓丽红.论班规的意义与实施[J].教学与管理,2013(4):25–27.

6.杜明峰.改革开放四十年我国教师制度的变迁与逻辑[J].全球教育展望,2018(7):103–113.

7.杜时忠."班主任制"走向何方?[J].教育学术月刊,2016(11):3–10.

8.葛新斌等;张茂聪,李松玉丛书主编.现代小学教育管理新论[M].济南:山东教育出版社,2013.

9.耿申.我国中小学班主任工作现状及对策[J].教育科学研究,2018(11):44–50.

10.贾宗林.学生自主管理模式探究[J].教学与管理,2007(33):30–31.

11.靳亚梦,田夏彪.小学班级文化建设须回归生命[J].教学与管理,2016(32):11–13.

12.李国强.学习共同体理念下农村小学班级精神文化建设的研究[D].首都师范大学,2012.

13.李霞.初等教育管理论[M].上海:华东师范大学出版社,2017.

14.刘晓燕.中小学教师聘任制存在的问题及对策[J].教育探索,2004

（11）：111-112.

15.潘婉茹,孔凡哲,史宁中.中小学教师教学自主权的现状调查与改进策略[J].教育科学研究,2016(1):44-51.

16.邱艳萍,李琳琳.小学教师课堂管理的两难困境及其化解[J].教学与管理,2018(9):70-72.

17.田汉族.刚性教师交流制的实践困境与法律思考[J].教师教育研究,2011(1):44-48+38.

18.王昌善,贺青梅.我国县域义务教育学校教师流动制度:现状、问题与对策——基于31个省(自治区、直辖市)现行相关政策文本的分析[J].湖南师范大学教育科学学报,2014(5):5-12+27.

19.王库,林天伦.中小学校长负责制30年:困境与对策[J].教育科学研究,2017(7):44-48.

20.王丽琴,鲍森.从"课堂纪律"走向"教学秩序"[J].中小学管理,2005(1):22-23.

21.吴红斌,马莉萍.义务教育教师工资水平、结构与地区差异变化——基于对绩效工资改革前后的比较研究[J].教师教育研究,2015(6):59-65.

22.吴松元.中小学教师流动制度建立的理性思考[J].教师教育研究,2008(4):35-39.

23.吴学忠.小学班主任工作的困境与对策[J].教育理论与实践,2009(20):21-22.

24.肖庆业.中部地区农村小学教师流动意愿调查与统计分析[J].教学与管理,2018(30):21-24.

25.徐文彬,高维.我国中小学课堂纪律研究三十年[J].当代教育科学,2009(5):22-26+30.

26.许杰.现代学校制度建设的实践逻辑[J].教育研究,2016(9):32-39.

27.姚计海.教学自主:教师专业发展的动力[J].中国教育学刊,2009(6):83-86.

28.姚计海.论教师教学自主与创新[J].中国教育学刊,2012(8):39-42.

29.叶柳.论班级文化建设的价值、策略与原则[J].教学与管理,2019（12）:68-70.

30.于淑云,李诚忠.现代小学管理通论[M].哈尔滨:黑龙江科学技术出版社,1997.

31.袁川.班级自主管理结构模式探析[J].教学与管理,2009(27):35-37.

32.张复荃.小学管理[M].北京:教育科学出版社,1992.

33.张艳芬.基于区域特色的小学班级文化建设研究[J].教学与管理,2015(3):82-84.

34.张志峰.校长负责制:发展历程与问题剖析[J].中小学管理,2006（10）:11-14.

35.赵宏斌,惠祥凤,傅乘波.我国义务教育教师绩效工资实施的现状研究——基于对25个省77个县279所学校的调查[J].教育理论与实践,2011（28）:24-27.

36.中央教育科学研究所课题组,袁振国,吴霓,魏向赤,李晓强,张宁娟.贫困地区农村寄宿制学校学生课余生活管理研究——基于广西壮族自治区都安县、河北省丰宁县的调研[J].教育研究,2008(4):9-12.

37.周丕,孙蕾.小组合作模式下班级自主化管理的探索与实践[J].教育理论与实践,2012(23):19-21.

38.周颖洁,张长立.试析西方组织理论演变的历史逻辑[J].现代管理科学,2007(5):68-69+80.

39.朱进杰,姚计海,吴曼.教师的教学自主权与工作满意度的关系:教学自主性的中介作用[J].心理发展与教育,2018(3):338-345.

40.朱小蔓,刘贵华.功能·环境·制度——基于生态理念的现代学校制度建设[J].华东师范大学学报(教育科学版),2006(2):1-7+17.

41.朱秀红,刘善槐.乡村青年教师的流动意愿与稳定政策研究——基于个人-环境匹配理论的分析视角[J].教育发展研究,2019(20):37-46.

第六章　小学教育评价研究

本章思维导图

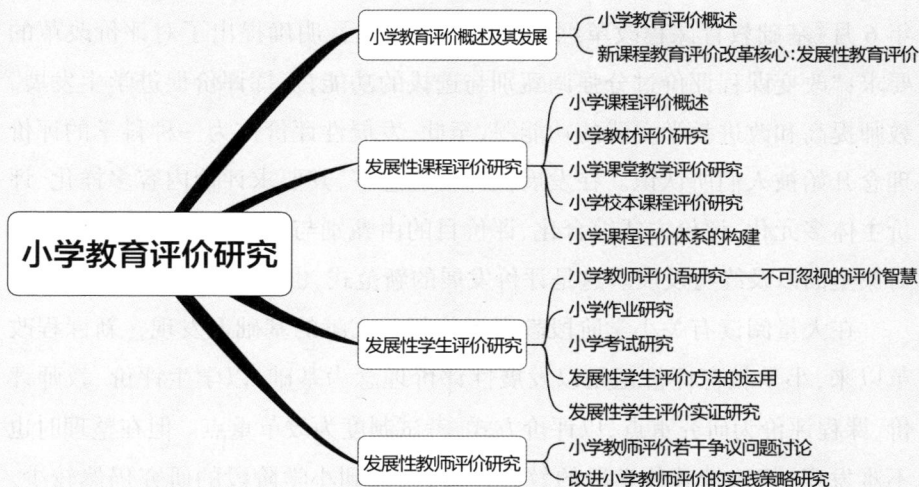

小学教育评价研究

- 小学教育评价概述及其发展
  - 小学教育评价概述
  - 新课程教育评价改革核心：发展性教育评价
- 发展性课程评价研究
  - 小学课程评价概述
  - 小学教材评价研究
  - 小学课堂教学评价研究
  - 小学校本课程评价研究
  - 小学课程评价体系的构建
- 发展性学生评价研究
  - 小学教师评价语研究——不可忽视的评价智慧
  - 小学作业研究
  - 小学考试研究
  - 发展性学生评价方法的运用
  - 发展性学生评价实证研究
- 发展性教师评价研究
  - 小学教师评价若干争议问题讨论
  - 改进小学教师评价的实践策略研究

本章词云图

在教育改革和发展的新时代，教育评价作为对教育活动或现象进行价值判断的过程备受关注。在近20年中，教育评价研究主要与心理学、管理学、教育技术学等相关学科互动频繁；课程与教学评价研究成为我国教育评价研究在21世纪发展的主线；教师与学生是我国教育评价关注的重要主体；评价方法上不断探索量化与质性的结合；信息技术为教育评价研究创新提供了有力支持；国外教育评价的成果也在不断向我国引进。同时，自2001年6月《基础教育课程改革纲要（试行）》颁布后，明确提出了对评价改革的要求："改变课程评价过分强调甄别与选拔的功能，发挥评价促进学生发展，教师提高和改进教学实践的功能"[①]，至此，发展性评价作为一种科学的评价理念开始被人们所认识。在发展性评价理念下，其要求评价内容多样化、评价主体多元化、评价方式综合化、评价目的由甄别与选拔作用转向促进评价对象全面以及终身发展。这是评价发展的新范式，也是时代发展的诉求。

在大量阅读有关小学阶段教育评价相关文献的基础上发现，新课程改革以来，小学教育评价正是以发展性评价理念为基础，以学生评价、教师评价、课程评价为研究重点，以评价方式、考试制度为改革重点。但在整理时也不难发现，相比较其他学段的教育评价，聚焦到小学阶段的研究仍然较少。与此同时，政策层面对小学评价改革的要求在学校层面仍需进一步落实。尽管我国21世纪以来基础教育课程改革的核心目标是"为了每一个孩子的发展，为了中华民族的复兴"，但在实践中依然未能摆脱学生评价方式单一、学业负担过重和分数至上的问题。至此，我们有必要从小学教育评价的元概念入手，明晰小学教育评价的定义、功能、前沿理念等基本问题，这是研究小学教育评价的基础。

本章将以发展性评价理念为贯穿全文的主要线索，以小学阶段的课程评价、学生评价、教师评价为主要维度，择取各维度在近20年中学者们最为关心的议题，详细阐述各维度在发展性评价理念下其评价对象、评价主体、评价方法以及评价结果呈现方式等的发展情况，为近20年小学教育评价研

---

① 教育部关于印发《基础教育课程改革纲要（试行）》的通知[EB/OL]（2001-06-08），http://www.moe.gov.cn/srcsite/A26/jcj_kcjcgh/200106/t20010608_167343.html.

究提供前沿问题梳理与分析。

第一节 小学教育评价概述及其发展

教育评价是教育实践的重要组成部分，也是我国社会普遍关注的教育问题之一。改革开放以来，我国高度重视教育评价，通过颁布政策文件进行了一系列教育评价改革。

表6-1 近20年小学教育评价相关政策

时间	相关政策	相关内容
1999 年 6 月	中共中央 国务院《关于深化教育改革全面推进素质教育的决定》	"建立符合素质教育要求的对学校、教师和学生的评价机制""不得以升学率作为评价学校工作的标准""在普及九年义务教育的地区，实行小学毕业生免试就近升学的办法"
2001 年 6 月	教育部《基础教育课程改革要(试行)》	建立促进学生全面发展的评价体系，以教师自评为主的评价制度
2002 年 12 月	教育部《关于积极推进中小学评价与考试制度改革的通知》	明确促进学生全面发展、教师职业道德和专业水平提高、有利于提高学校教育质量的评价体系的具体要求
2005 年 1 月	教育部《国家基础教育课程改革实验区 2004 年初中毕业考试与普通高中招生制度改革的指导意见》	首次提出综合素质评价
2013 年 12 月	教育部《关于推进中小学教育质量综合评价改革的意见》	确定上海市等 30 个地区为国家中小学教育质量综合评价改革实验区
2014 年 1 月	教育部《关于进一步做好小学升入初中免试就近入学工作的实施意见》	明确小升初"地方各级教育行政部门和公办、民办学校均不得采取考试方式选拔学生"
2014 年 9 月	《国务院关于深化考试招生制度改革的实施意见》	正式将综合素质评价纳入我国考试招生制度改革的范畴

续表

时间	相关政策	相关内容
2018 年 12 月	教育部《关于印发中小学生减负措施的通知》	明确中小学要"坚决控制考试次数、采取等级评价方式、限制竞赛评优活动、严禁将培训结果与升学挂钩、严禁以各种名义组织考试选拔学生"
2019 年 6 月	中共中央 国务院《关于深化教育教学改革全面提高义务教育质量的意见》	建立以发展素质教育为导向的科学评价体系,学生评价要强化过程性和发展性评价
2020 年 9 月	教育部《关于进一步激发中小学办学活力的若干意见》	建立健全以发展素质教育为导向的学校办学质量评价体系
2020 年 10 月	中共中央 国务院《深化新时代教育评价改革总体方案》	改进结果评价,强化过程评价,探索增值评价,健全综合评价
2021 年 3 月	教育部《义务教育质量评价指南》	提出了优化评价方式的具体方法,即注重结果评价与增值评价、综合评价与特色评价、自我评价与外部评价、线上评价与线下评价相结合。发布了《义务教育质量评价指标》
2021 年 7 月	中共中央、国务院《关于进一步减轻义务教育阶段学生作业负担和校外培训负担的意见》	"健全作业管理机制""分类明确作业总量""提高作业设计质量""加强作业完成指导""降低考试压力,改进考试方法;考试成绩呈现实行等级制,坚决克服唯分数的倾向"
2021 年 8 月	教育部《关于加强义务教育学校考试管理的通知》	"大幅压减考试次数""规范考试命题管理""合理运用考试结果"

一、小学教育评价概述

(一)核心概念界定

1.教育评价

在了解、分析小学教育评价的内涵之前,我们首先需要明晰什么是教育评价。对于教育评价的概念界定,当前学术界存在多种观点,且至今仍无公认的定义,争论的焦点集中在教育评价是否是一种价值判断,教育评价的目的是判断教育活动还是改进教育活动。①纵观教育评价研究的发展历程和规律，目前在国内得到研究者广泛关注并对国内评价工作的开展有重大启发的是库巴和林肯关于教育评价理论的"四代论"。

第一代评价理论盛行于 19 世纪末至 20 世纪 30 年代的测验时期，这一时代的评价侧重于"测验和测量"，以追求评价结果的数量化、客观化为主要目的。②第二代评价理论盛行于 20 世纪 30 年代，以美国泰勒为代表。他在其 8 年研究中首次区分了测验和评价并第一次提出了教育评价的科学概念，认为"评价是确定教育目标被实际上理解到何种程度的过程"③。第三代评价理论发端于 20 世纪 50 年代，以克龙巴赫等为代表，他们在对泰勒教育评价理论方法进行质疑的基础上把教育评价的内涵阐述为"一个搜集和报告对课程研制有指导意义的信息的过程"④，其特点是不仅限于描述，而且对教育教学方法方案的优点和价值进行判断⑤，引发了人们对于评价标准和"价值中立"问题的重视和争论。⑥第四代评价理论发端于 20 世纪 70 年代，代表人物为古巴和林肯，其特点是针对前三代评价理论中的不足，更加重视评价中对不同价值体系存在的差异进行协调，同时认为评价结果并不依赖于其客观实际情况相同程度如何，而在很大程度上取决于所有参与评价者的意见一致性程度如何。

目前教育评价的概念有广义和狭义之分。广义概念指包括对教育领域内所有的人和事进行评价；狭义的主要是对学生发展的评价，又称为学生评定。⑦在本章的讨论中我们将采用广义的评价概念。虽然对教育评价是否是一种价值判断的争议并没有停止，但现实的教育评价最主要被作为一种价

---

① 何云峰.多重视阈下的发展性评价理念意蕴[J].教学与管理,2009(9):10-11.
② 卢立涛.浅析学校评价理论的发展历程与趋势[J].教育理论与实践,2007(11):23-27.
③ 刘春惠.泰勒课程评价模式述评[J].北京邮电大学学报(社会科学版),2001(2):47-50+64.
④ Cronbach, L.J.Course Improvement through Evaluation[M].Boston:Kluwer-Nijhoff.1983:101-115.
⑤ 郑晓生.小学教育学[M].福州:福建教育出版社,2016:116-123.
⑥ 李凌艳,李勉.从西方教育评价理论发展的视角看我国学校评估研究[J].教育理论与实践, 2010(4):25-29.
⑦ 张玉田.学校教育评价[M].北京:中央民族大学出版社,1998:20-21.

值判断活动得到广泛应用。①陈玉琨总结教育评价理论与实践给出的定义，指出教育评价是对教育活动满足社会与个体需要的程度做出判断的活动，是对教育活动现实的(已经取得的)或潜在的(还未取得,但有可能取得的)价值做出判断,以期达到教育价值增值的过程。②有学者用简式做近似表述:教育评价 = 客观描述 + 价值判断 + 增值探索。③

2.小学教育评价

小学教育评价是指采取一切可行的技术和方法系统搜集各种有关的事实信息，在此基础上根据一定的标准对小学教育各个领域或各种活动及其结果做出价值判断的过程。④小学教育评价不仅要遵循教育评价的一般规律,而且要有自己的特点和专门的理论与技术。⑤

(二)小学教育评价的功能

教育评价的功能是指教育评价本身所具有的、可以对教育对象产生印象或变化的功效或能力。黄甫全根据功能发挥的形式不同,认为小学教育评价主要具有"检查""反馈""激励""研究""定向"和"管理"等功能;根据功能发挥的方向分为正功能和负功能。他指出要特别关注教育评价的负功能,如当考试这种评价方式给学生带来残酷竞争和等级排名时, 评价就发挥了其负功能,应竭力加以避免。⑥谢维和、李敏强调,导向是小学教育评价的核心功能,其目的是了解小学生发展状况和检验教育教学效果,由此促进小学生的全面发展。具体而言表现在以下三个方面:首先,小学教育评价的导向是以促进人的成长和发展而言,而不是以人才的培养和塑造而言,这也是小学教育评价与高等教育评价的区别。其次,小学教育评价的导向以小学生自身的成熟程度与身心发展水平为根据, 而不单纯以适应社会发展或学科本身

---

① 戚业国,杜瑛.教育价值的多元与教育评价范式的转变[J].华东师范大学学报(教育科学版),2011(2):11–18.

② 陈玉琨.教育评价学[M].北京:人民教育出版社,1999:7.

③ 柳斌主编;朱小蔓卷主编.中国教师新百科(小学教育卷)[M].北京:中国大百科全书出版社,2002:516.

④ 黄甫全,曾文婕.小学教育学(第2版)[M].北京:高等教育出版社,2011:277.

⑤ 谢维和,李敏.小学教育原理[M].北京:高等教育出版社,2021:251.

⑥ 黄甫全,曾文婕.小学教育学(第2版)[M].北京:高等教育出版社,2011:279.

的要求为根据。最后,小学教育评价的导向注重表意性评价,它强调面向全体小学生与重视小学生的全面发展,而不是开展某种工具性评价。[①]

由于小学阶段教育对象的特殊性,进行小学教育评价绝不是单纯地批改试卷,给出分数,而是一个包含对小学生成长特点与变化规律不断认识以及不断改进教育教学研究活动的过程。在这一过程中,不仅要遵循教育评价的一般规律,而且要有自己的特点和专门的理论与技术。为此,小学阶段应确立"为了发展而评价"的价值取向,以促进学生全面、和谐、主动与持续发展为最高目的,从而落实小学教育规律,提高小学教育质量。基于此,需要关注基础教育改革以来所提倡的发展性教育评价,以评价观念的更新推动整个教育评价方式的变革,进而实现评价促进学生发展、教师提高和教学改进的功能。

二、新课程教育评价改革核心:发展性教育评价

2001 年我国《基础教育课程改革纲要(试行)》明确提出,要建立"促进学生素质全面发展的评价体系""促进课程不断发展的评价体系"和"教师不断提高的评价体系"。[②]自此发展性评价作为一种符合素质教育的评价理念应运而生,它反对传统评价机制过于注重对学生的甄别、选拔,旗帜鲜明地提出要发挥评价促进学生发展、教师提高和改进教学实践的功能。但 10 余年过后,发展性评价的落实却亟待提高。当前,对新课程改革的质疑众多,作为新课程改革重要一环的发展性评价改革应当何去何从, 有必要对发展性评价的内涵重新梳理。

(一)发展性评价提出背景

"发展性教育评价"思想,是一种以"建构主义"哲学观为基础的评价理论,最早是由英国开放大学教育学院的纳托尔(Latoner)和克里夫特(Crift)于20 世纪 80 年代初提出,是一种以教育的发展为评价对象,又以教育的发展

[①]　谢维和、李敏.小学教育原理[M].北京:高等教育出版社,2021:255.
[②]　教育部关于印发《基础教育课程改革纲要(试行)》的通知[EB/OL](2001-06-08),http://www.moe.gov.cn/srcsite/A26/jcj_kcjcgh/200106/t20010608_167343.html.

作为目标的评价。①其最早发端于泰勒的"八年研究"中,泰勒指出,评价应该是一个过程,而不仅仅是一两个测验。评价过程中不仅要报告学生的成绩,更要描述教育结果与教育目标的一致程度,从而发现问题,不断改进课程教材和教育教学方案。②在当代,随着第四代教育评价理论的兴起及表现性评价、成长记录袋、真实评价等新兴教育评价方式的应用与推广,教育评价已经进入一个蓬勃发展的崭新阶段。教育评价的功能由侧重甄别转向注重诊断、激励和发展,发展性教育评价理论呼之欲出。

在我国,发展性教育评价主要是受第四代评价影响并针对教育评价现状而提出的。中国的教育评价制度一直具有很强的甄别和选拔功能,最具典型性的是直到清朝末年才被废止的科举制度。之后,教育评价虽然逐渐向客观化、科学化方向发展,但其甄别和选拔的功能仍然被视为最主要且最重要的功能。只是此时不再是选"官",而是选"适合教育的儿童"③。在教育评价的鉴别性没有发生根本改变的情况下,教育评价更多还是关注结果,评价内容过于注重学业成绩,而忽视综合素质和个体差异;与此同时,评价方法过于注重量化和传统的纸笔测验法,以及评价主体过于单一也是研究者们关注的问题。但这些现象并不符合我国自新中国成立以来就确立的全面发展的教育目的,以及在此基础上提出的素质教育目标。为此,以 2001 年《基础教育课程改革纲要(试行)》为标志,发展性评价思想开始在我国教育研究和实践中得到广泛关注。

(二)发展性评价的本质探讨

对于发展性评价的理解不同学者有不同的观点,李吉会认为发展性教育评价以促进发展为目的,是一种依据目标,重视过程,及时反馈,促进发展的形成性评价。④王斌华表明发展性教育评价是与奖惩性教育评价相区别的

---

① 蒋建洲.发展性教育评价制度的理论与实践研究[M].长沙:湖南师范大学出版社,2000:12.

② Tyler R W.Basic Principles of Curriculum and Instruction.Chicago [J]:The University of Chicago Press,1949.136.

③ 冯晓霞.多元智能理论与幼儿园教育评价改革——发展性教育评价的理念[J].学前教育研究,2003(9):5-7.

④ 李吉会.发展性教育评价思想简介[J].教育评价,2001(2):130-132.

一种新的教育评价制度。①冯晓霞强调发展性教育评价,是从目的与功能的角度来界定的,是相对于鉴别、选拔评价而言的。②刘志军表明发展性教育评价是当前我国基础教育改革中提出的一种体现素质教育理念的现代教育评价观,是作为以促进人的发展为目的的评价观念。③总体而言,从目的、功能的分类角度把发展性教育评价当作与选拔性评价的对立评价类型,以及将其当作素质教育的一种评价理念是体现在研究中最多的两种观点。

不同的认识会带来不同的改革,不同的改革又会带来不同的效果。因此发展性评价究竟是某种具体的评价类型还是一种教育评价思想,这是需要首先澄清的问题。龚孝华认为,把发展性教育评价看作是以促进人的发展为目的的教育评价思想或理念,就不会把发展性教育评价与某种评价类型对立起来,盲目地去支持一种评价类型,或否定另一种评价类型。④白红梅从教育人类学的视角论述到,发展性教育评价远远超过了一种评价类型所具有的内涵,其本质是以"造就一种多元教育评价来促进人的真正意义上的全面发展和多元文化的有效传承"为目的。它是对传统教育评价观念的一种修正和超越,使教育评价走向更加合理和科学,从而有利于发挥教育评价应有的发展性功能。⑤

对于发展性评价的研究应作为一种顶层的评价观念,如果评价理念没有转变,评价活动就可能回归到原来的评价体系中去。⑥因此,教育评价不仅仅是评价体系、评价方式的变革,更重要且首先应该是评价理念的变化和更新,只有在上层思想层面确立了发展性评价理念,才能在中观层面建立发展性评价制度并予以实践。

(三)发展性评价理念的内涵

许多学者都针对发展性评价做出了具体阐释,有学者概括了其特征,包

①　王斌华.奖惩性与发展性教师评价制度的比较[J].上海教育科研,2007(12):39-41.
②　冯晓霞.多元智能理论与幼儿园教育评价改革——发展性教育评价的理念[J].学前教育研究,2003(9):5-7.
③　刘志军.发展性教育评价探微[J].基础教育课程,2005(2):51-52.
④　龚孝华.重新理解发展性教育评价:基于生存论视阈[J].课程·教材·教法,2009(3):16-19.
⑤　白红梅.发展性评价的教育人类学解读[J].民族教育研究,2008(2):107-112.
⑥　刘志军.发展性教育评价探微[J].基础教育课程,2005(2):51-52.

括以被评价者的素质全面发展为目标;评价的着眼点放在被评价者的未来,包括大众教育和终身学习的需要;注重过程评价;关注个体差异;强调评价主体多元化。①白红梅从教育人类学的视角强调发展性评价在评价标准、评价过程、评价方法及评价结果的处理上都有利于人的全面发展和文化的传承,指出在实施评价时要充分考虑到被评价者所处的文化背景;评价内容和标准要关注人的创新精神、文化意识、人文素养及态度、价值观等综合素质的评价,体现出评价的差异性;强调多元评价主体的共同参与,以及不同评价主体之间的对话、理解与达成共识;评价结论要体现激励性。②何云峰指出发展性评价理念的基本蕴含,强化发展性功能,淡化选拔性功能;提倡寓评价于教学情境与全过程中;体现人文关怀,强调民主、平等、协商;提倡多元主体、多样方式、分层次标准的评价。③龚孝华基于生存论视角认为,发展性评价首先在于促进个体主动发展,即不仅要关注个体知识、技能的掌握,更重要的是促进个体的自我超越意识和能力,使其能够面对真实的自我,主动实现自我发展。发展性评价在促进具体个人主动发展的同时,也要注重促进个人与他人、与环境共同发展。④

综上所述,发展性评价作为一种前沿评价理念,能够实现评价的综合功能,在评价目的、评价标准、评价过程、评价方法及评价结果的处理上都体现了对传统教育评价观念的一种修正和超越。具体而言在评价目的上要以被评价者的素质全面发展为目标,即评价要放眼被评价者的未来,同时要认识到这种"发展"是要促进具体个人主动发展,也要促进个人与他人、与环境共同发展;评价对象要关注到个体差异, 对被评价者的评价内容要尽可能全面;评价主体倡导多元,即评价者应该是参与活动的全体对象的代表,既要重视他人评价,也不能忽视评价对象的自我评价、自我反思和自我监控;评价方式注重综合,即不应偏见地对待众多评价方法,而要根据实际情况进

---

① 林少杰.发展性评价的认识[J].现代教育论丛,2003(6):27–30.
② 白红梅.发展性评价的教育人类学解读[J].民族教育研究,2008(2):107–112.
③ 何云峰.学生评价的转向:基于发展性评价的视角[J].教育理论与实践,2009(9):15–17.
④ 龚孝华.重新理解发展性教育评价:基于生存论视阈[J].课程·教材·教法,2009(3):16–19.

行综合运用;评价结果要体现激励性,同时要注重评价者与被评价者的共同认同。

(四)发展性评价中相关概念辨析

发展性评价一经提出，就涌现出与发展性评价既有联系又有本质区别的各种评价方法和评价概念，然而深入分析人们对这些评价概念或方法的运用,不难发现,人们对各种评价概念含混不清,容易简单地将这些评价概念之间的关系归为包含和被包含的关系，从而掩盖了各种评价概念的本质特点。基于上述论述,有必要先明晰发展性评价在宏观层面上与其他评价概念的不同。首先,与以往一系列评价的不同在于其概念的宽泛性,它既可以指对教师的评价(即发展性教师评价),也可以指对学校的评价,还可以指对学生及其学业的评价。其次,发展性评价是随着教育评价实践的要求而作为一种评价理念产生,因此它理应作为一种评价思想而非方法。在此基础上,本节将对发展性评价与形成性评价、学习性评价、表现性评价以及在2020年《深化新时代教育评价改革总体方案》提出的"四个评价"进行辨析。

1.形成性评价

美国课程评价专家斯克瑞文认为，形成性评价是通过诊断教育方案或计划、教育过程与教育活动中存在的问题,为正在进行的教育活动提供反馈信息,以提高实践中正在进行的教育活动质量的评价。[①]此时的形成性评价针对的是课程开发过程,与课堂教学以及学生学习关系甚微。布鲁姆指出："形成性评价就是在课程编制、教学和学习过程中使用系统性评价,以便对这三个过程中的任何一个过程加以改进。"[②]此时已经将形成性评价纳入教与学的过程中，但也只是发生在教学和学习的结束,以纸笔测验为主要手段,可以称为形成性测验阶段。

对于发展性评价和形成性评价的差别,于开莲认为,首先,二者提出问题的角度不同。形成性评价注重评价过程与评价结果的结合,而发展性评价

①　[美]斯克瑞文.评价方法论[A].陈玉琨等译.施良方校.瞿葆奎主编.教育学文集·教育评价[C].北京:人民教育出版社,1989.
②　[美]B.S.布卢姆等.教育评价[M].邱渊,王钢,等译.上海:华东师范大学出版社,1987:41.

强调发挥评价的改进和促进功能。其次,在处理评价主客体之间的关系时,形成性评价虽然也强调在评价过程中主客体之间的相互作用,但还没有彻底摆脱主客体之间的绝对对立;而发展性评价则完全消除了主客体之间绝对的二元对立,强调评价者的自我评价,凸显和提升了被评价者的主体性。①

2.学习性评价

学习性评价强调评价对学生学习和学校教学的促进作用,最初由英国评价专家布莱克(Paul Black)于1986年首次使用,是指任何其设计和实施的首要目的在于促进学生学习的评价。学习性评价不同于对学习的评价,学习性评价的目的是要确定学生在完成某个任务活动,在某个单元结束时的行为表现水平,它承认评价应当发生于正常的教学过程之中,从评价活动中获得的信息可以用于促进教学过程。丁邦平指出,学习性评价是近年来国际基础科学教育改革中出现的一种新的评价理论与方法,是20世纪90年代中期以来,在形成性评价的基础上发展而来的。②

针对两者差别,首先,二者提出的角度不同。发展性评价更加强调"发展",与持续发展、终身发展等理念相接轨,强调学生的整体发展;而学习性评价强调"学习",在其背后不仅强调学生学习,也关注教师的专业发展。同时,学习性评价的评价方式具有及时性,即及时引导、及时反馈、及时评价;而发展性评价则突出强调学生的综合发展。③

3.表现性评价

表现性评价是运用真实的生活或模拟的评价练习来引发最初的反应,由高水平评定者按照一定标准进行直接地观察、评判,其形式主要包括建构反应题、书面报告、作文、演说、操作、实验、收集资料、作品展示。

关于二者的区别主要体现在理念目标以及方法的运用。霍力岩指出,发展性评价更多的只是一种理念和目标,并没有如何促进"发展"的措施;而表

---

① 于开莲.发展性评价与相关评价概念辨析[J].当代教育论坛(宏观教育研究),2007(3):36-38.
② 丁邦平.学习性评价:涵义、方法及原理[J].比较教育研究,2006(2):1-6.
③ 李丹,师远贤.学习性评价内涵及其相关概念辨析[J].基础教育课程,2020(Z1):95-102.

现性评价具体说明了如何根据目标设计接近真实情景的表现性任务，对学生完成表现性任务的情况进行评价。[①]同时，从评价方式上表现性评价强调设计接近真实情景的表现性任务，通过学生完成表现性任务的实际情况，评价学生的表现；而发展性评价则强调多种评价方法和评价方式的综合运用，它可以通过表现性任务，也可以通过收集学生日常学习的各种行为表现，全面了解学生的学习与发展。[②]

4."四个评价"

2020 年 10 月中共中央 国务院印发《深化新时代教育评价改革总体方案》中强调要改进结果评价、强化过程评价、探索增值评价、健全综合评价。"四个评价"的提出为新时代教育评价方式和评价方法的改革创新指明了方向，是进一步深化教育评价机制改革的指导思想。

结果评价的核心在于判断教育目标的实现程度。在教育实践中，它常借助终结性测验或水平考试，来反映学生的发展状况、教学质量和教育发展水平，因此是有其合理性的。而"改进结果评价"不是说不要结果评价，而是要破除结果评价中出现的相关负面问题，使"结果"能够更全面更真实地反映被评价者的真实状态，弱化评价的选拔功能。[③]

过程评价是对结果评价的补充和纠正，它摆脱结果评价的时间固化思维，以动态性视角追踪被评价对象（学校、学生、教师、教育活动、教育政策等）的发展全过程，是一种全周期、多角度、改进反馈性的评价思维。[④]

增值评价是一种相对评价，即相对于学校自身、师生自身发展的评价，换言之，是以学校或者师生自我发展进步程度为评价的标尺和参照系。增值评价不是组织之间或者个体之间的横向比较，而是注重自我纵向发展与努力的程度，因此这是一种发展性的、过程性的、用自己的尺子衡量自己的评

---

① 霍力岩,黄爽.表现性评价内涵及其相关概念辨析[J].西北师大学报（社会科学版）,2015（3）:76-81.

② 于开莲.发展性评价与相关评价概念辨析[J].当代教育论坛（宏观教育研究）,2007（3）:36-38.

③ 关丹丹,韩宁,章建石.立足"四个评价"、服务"五类主体"进一步深化高考评价改革[J].中国考试,2021（3）:1-8.

④ 周光礼,袁晓萍.聚焦"四个评价"深化教育评价机制改革[J].中国考试,2020（8）:1-5.

价。^①也有学者指出,要把其当作一种评价思想而非"技术",认为其真正的力量恰恰在于统计技术实现背后的教育思想和主张,并倡导在各地的教育实践中,更应该探索的是如何运用增值评价的思想让人们更关注教育的增值,而不只是一时的绝对水平表现。^②

文件中提出的"健全综合评价"是扭转单一评价不科学导向的重要方式。综合评价要求从人才培养和人才成长规律出发,科学制定评价目标和评价标准、丰富评价内容和评价形式,融合结果评价、增值评价和过程评价等多种评价方式,贯彻全面质量评价。^③

(五)发展性评价在实践中的困境与超越

基础教育课程改革近 20 年来,各级教育部门高度重视,建立了评价研究队伍,并出台了一系列相关的评价指导意见和实施方案。但不否认评价改革在实践中存在的问题依然存在,为此找准问题关键,积极探索改进措施是当前的首要任务。

1.存在困境

(1)评价内容层面:认识和行动之间差距较大

首先表现在人们对发展性评价的理解更多地是把其当作原有评价理念的一部分施以改革,在实践领域还未系统建立起发展性评价制度。同时,尽管人们已经认识到发展性评价对培养全面发展的人具有重要意义,但在实践中总摆脱不了与学生考试、教师业绩评估的纠缠。综合素质评价校本实践是深入推进素质教育、改变基础教育评价生态的关键,但调研发现部分学生、教师、家长对个别操作环节认同度不高,个别教师认为综合素质评价增加工作负担。^④如何建立更为科学和切实可行的发展性评价体系,避免研究只能在理论与实践之间徘徊或者出现两张皮的现象,仍然需要理论工作者

① 刘振天.教育评价破"五唯"重在立"四新"[J].国家教育行政学院学报,2020(11):13-15.
② 李凌艳.如何用好教育增值评价?——对"探索增值评价"的主旨与行动的理性思考[J].中小学管理,2020(10):8-10.
③ 许海霞,王蕊,马陆亭.教育评价改革的几个关键问题[J].中国考试,2020(8):20-23.
④ 王萍.综合素质评价的主体认同:现状、问题及对策——以河南大学附属小学为例[J].中国教育学刊,2020(9):38-42+53.

和一线教师的共同努力。

德育评价是学校德育工作的重要环节，是保证学校德育目标实现的重要措施，也是学校教育质量评价的重要组成部分。有学者通过对中小学德育评价概念界定、内容、发展阶段、指标和工具的梳理，发现当前德育评价领域存在着评价基本理论研究缺失、评价内容偏失、评价方法简单化、评价主体单一、评价缺乏一体化研究等问题。①

（2）评价制度层面：评价的权、责、利分配制约着发展性评价改革

首先，评价权过分集中于教育行政。当今的教育评价过于强调管理科层制，从评什么、如何评、谁来评以及评的结果如何运用等，都不是协商的结果，而是一种自上而下的安排，有时甚至不是一种稳定的制度实施，上层建议在其中起着重要作用。可见，过于强调教育行政管理者、教育专家的权威就难以真正在评价制度上保证其他教育利益相关方的权利。②

其次，评价的责与利重在筛选而不重发展。发展性评价不再是为了对教育对象进行的一种价值判断，而是引领个体不断超越自我的意义构建与价值生成，评价的责任在于服务个体的发展。而传统教育评价立足整个社会层面，选拔是其主要职责，并根据选拔结果设计了一整套稳定的利益分配机制，相应地形成了一种稳定的社会秩序，③并不能够支撑发展性评价的实施。

课程评价制度创新是课程评价改革的核心要务，但其创新并非轻而易举，而是遭受来自多方面的阻力。在诸多阻力中，预成论的思维方式所形成的思维阻力，传统课程评价制度自身的路径锁定所构成的制度阻力，依附考试和管理文化所组成的文化阻力，是阻碍课程评价制度创新的主要因素。④要化解阻力，推动课程评价的制度创新，就需要由预成论思维转向生成论思维，采用自然演化和理性建构并存的渐进式改革模式，并营造适宜制度创新

①　张冲.中小学德育评价与创新研究：现状·问题·建议[J].中国特殊教育,2019(11):75-80.
②　徐朝晖,张洁.学生发展性评价的困境追问[J].教育理论与实践,2015(5):15-17.
③　徐朝晖,张洁.学生发展性评价的困境追问[J].教育理论与实践,2015(5):15-17.
④　徐彬,刘志军,肖磊.论课程评价制度创新的阻力及其化解[J].课程·教材·教法,2021(1):4-9+28.

的文化氛围与文化生态。

（3）评价实践层面:科学性与逻辑性较弱

围绕此点首先体现在学生评价中。学校设计了大量的评价量表,其中许多形式与内容不符,评价多流于形式。[①]发展性评价强调低利害性,即通过各种形式来保护个体免受各种利益损失。但在实施过程中发现利害性不能作为促进个体发展的充分理由, 在一定程度上有可能出现个体的应付心态和行为,甚至出现无所谓的态度。同时,由于评价不主张个体针对自身评价结果进行公开交流,也就降低了榜样对个体的激励与督促作用。[②]此外,应然状态下对学校和教师的评价要以对学生发展的评价为基础, 然而现在对学校的评价往往是看学校的占地面积、建筑面积、学校的教学设施等方面,[③]在教师评价中,对教师的评价往往更重视他们的学历,而这些恰恰没有更加有针对性地把"发展"作为评价的基本依据。最后,聚焦于课程评价,其本应注重评价的生命本位,突出评价的主体性、能动性、发展性和差异性,但在我国当下课程评价的实践逻辑是以知识为内核、以考试为手段、以分数为尺度、以升学为导向,学生的生命活力严重缺失,构成生命活力的主体性、能动性、发展性和差异性很大程度上仍然停留在口号上。[④]

2.实施建议

（1）推动评价价值转向

教育是一项社会事业,教育观念也是社会存在的反映。对此,要增强学校教育的开放性和敏感性,促进教育者的评价观念转型。在此过程中,关注评价者的主体性、强调学习的能动性、注重评价的发展性、体现评价的差异性应该成为一种应然的价值追求。[⑤]同时,学生、教师、家长应该对综合素质评价校本实践提升认同度,可以多主体参与设计综合素质评价方案,借助技术手段实现综合素质评价的操作, 凸显综合素质评价的实效激发主体积极

① 李金碧.新课程评价改革的实践与思考[J].教育理论与实践,2005(17):46-49.
② 张国礼.实施发展性评价容易出现的误区及困惑[J].教育科学研究,2009(2):43-44+56.
③ 谈松华.关于教育评价制度改革的几点思考[J].中国教育学刊,2017(4):7-11.
④ 沈娜.课程评价的现状、特征及价值转向[J].教学与管理,2018(4):4-6.
⑤ 沈娜.课程评价的现状、特征及价值转向[J].教学与管理,2018(4):4-6.

性,推动教育者评价观念转型。①

(2)加强小学课堂评价素养发展的顶层设计

小学教师课堂评价素养的发展并不能仅仅依靠教师的个人自觉,更需要借助一些外在条件或外部力量的推动。对于区域而言,当务之急是区域教育行政部门要从整体上对小学教师课堂评价素养的发展做好顶层设计。②新课程实施以后,许多教师在教学与评价实践中进行了很多探索,在师生关系、教学方式、评价方式等方面取得了一些积极的进展,但他们对教师评价制度的落实持怀疑态度。不少学校反映,教育督导部门对学校和教师的评价,以及人事部门对教师的评价却没有及时地做出调整,使得发展性教师评价改革很难深入下去。教育评价改革是一项系统工程,抓好配套制度改革,理顺部门之间的关系,为发展性教育评价改革创造良好的社会支持环境,已成为当前的一项重要任务。③

在政策上几个制度与指标之间要实现融通,国家层面要做好顶层设计,在国家义务教育质量监测制度、中小学教育质量综合评价改革、中高考招生制度几个制度之间建立成熟的指标、数据、结果应用、工作流程的融通机制。充分利用国家义务教育质量监测建立的国家数据库形成国家常模、全国标尺,为实验区找准自己的位置、解读自己的数据提供参考。④

同时,要建立相对独立的课程评价机构或组织,这种组织应是一种教育或课程评价的中介组织,其任务在于:在遵循基础教育发展规律基础上,自主开展课程评价工作,定期收集、分析、处理评价信息资料,定期向教育行政或课程管理部门、学校、教师、学生、社会或社区反馈评价信息,使与课程发展有关的人员或群体及时了解课程发展过程中的情况,不断促进学生、教师、课程的发展。⑤

① 王萍.综合素质评价的主体认同:现状、问题及对策——以河南大学附属小学为例[J].中国教育学刊,2020(9):38-42+53.

② 赵士果.小学教师课堂评价素养的现状研究——基于上海市 Y 区 1032 名小学教师的调查与分析[J].上海教育科研,2020(8):53-59.

③ 董奇,赵德成.发展性教育评价的理论与实践[J].中国教育学刊,2003(8):22-25+49.

④ 辛涛,张彩.中小学教育质量综合评价改革的现状与前瞻[J].中国教育学刊,2018(8):37-41.

⑤ 和学新.课程评价制度创新与基础教育课程改革[J].教育研究,2004(7):79-80.

（3）提升发展性评价的操作性

发展性评价的实施需要对一些评价的技术理论和方法问题进行充分的研讨和实验研究。一方面，可借鉴一些先进的、成功的教育评价技术和方法，通过教育评价试点，使之本土化；另一方面，对现有的教育评价技术和方法可以重新梳理，在正确的教育理论指引下进行适当的改进。同时，鼓励教育者进行评价技术和方法的创新研究，使评价真正为促进学生发展服务。[1]针对课堂评价，建议尽快建立区域小学教师课堂评价的伦理规范，从制度上规定其基本内容，并在特定的评价情境中明确其应该具体采取的行为表现。[2]同时，引导教师自觉提升课堂评价的伦理意识，在课堂评价的实践中能够尊重学生，保护学生的隐私；克服评价的偏见，避免对学生形成随意贴标签的"固化效果"、一好百好的"光晕效果"、对好学生抱有好感的"宽容效果"以及对差生严苛的"负宽容效果"。[3]

本节通过梳理有关发展性评价的研究，明晰发展性评价的本质及内涵，并针对其在实践中的具体问题提出了建议。能够看出，针对小学评价的研究受到持续关注，评价内容、评价方式等将是未来小学评价研究中的重要内容，这一趋势为小学教师评价、课程评价及学生评价的研究提供了基本思路。

第二节　发展性课程评价研究

自规范化、正式化的课程评价产生以来，课程评价的重要性和必要性日益凸显，尤其是对课程改革而言，课程评价成为课程系统全面改革的瓶颈已成共识，因此课程评价改革已刻不容缓。有学者提出了改革的途径：通过课程评价自身的制度创新来推动课程评价改革，即通过建立发展性的课程评价制度来克服传统课程评价制度的弊端，创设新的促进课程发展和人的发

---

[1]　徐朝晖，张洁.学生发展性评价的困境追问[J].教育理论与实践,2015(5):15–17.

[2]　张冲.中小学德育评价与创新研究：现状·问题·建议[J].中国特殊教育,2019(11):75–80.

[3]　[日]梶田叡一.教育评价入门[M].东京：协同出版,2007:230–233.

展的课程评价制度。①

一、小学课程评价概述

　　课程,被视为教育理论界含义最为混乱的术语之一;评价,也是社会科学领域颇具争议的概念;课程评价,作为一个复合名词,定义也存在诸多看法。②

　　国外的学者对课程评价的概念主要有以下代表性观点:《教育大百科全书·课程》指出,课程评价这一概念一直没有得到很好的区分,有研究者指出它是对课程产品的评价,也有指对课程程序的评价。③美国教育学者艾伦·C.奥恩斯坦等人将二者结合,认为课程评价是指人们收集必要的资料以决定是否采纳、修改或删除总体课程或某一特定教科书的过程。课程评价旨在发现所设计、开发和实施的课程是否正在产生或能够产生预期的结果,确定课程在实施之前的优点与不足以及实施的效果。④

　　我国的研究者对课程评价的解读主要集中于价值判断的过程。施良方认为,课程评价是指研究课程价值的过程,由判断课程在改进学生学习方面的价值的活动构成。⑤钟启泉指出,课程评价是以一定的方法、途径,对课程计划、活动及结果等有关问题的价值或特点做出判断的过程。要准确把握课程评价的含义,应当同时考虑评价对象、评价标准和评价的方法与途径三个方面的问题。⑥陈玉琨表示,课程评价是在系统调查与描述的基础上,对学校课程满足社会与个体需要的程度做出判断的活动,是对学校课程现实已经取得的或潜在的价值做出判断,不断完善课程,增加教育价值的过程。⑦课程

————————

　　①　和学新.课程评价制度创新与基础教育课程改革[J].教育研究,2004(7):79-80.

　　②　冯生尧.课程评价含义辨析[J].课程·教材·教法,2007(12):3-8.

　　③　[以]A.莱维.教育大百科全书(第7卷)(课程·教育技术)[M].丛立新,等译.重庆:西南师范大学出版社,2011:116-117.

　　④　[美]艾伦·C.奥恩斯坦等.课程:基础、原理和问题(第3版)[M].柯森,译.南京:江苏教育出版社,2002:512.

　　⑤　施良方.课程理论——课程的基础、原理与问题[M].北京:教育科学出版社,1996:149.

　　⑥　钟启泉,李雁冰.课程设计基础[M].济南:山东教育出版社,2000:485.

　　⑦　陈玉琨等.课程改革与课程评价[M].北京:教育科学出版社,2001:137.

思政是学校课程育人的中国表达和中国特色的育人方式。指向课程思政的中小学课程评价,是对中小学课程育人本位的检视和确证,是中小学课程实施的航向。①从学生核心素养的角度入手,有学者认为课程评价是一种基于真实情境的意义建构过程,这一过程需要评价主体共同参与,并且通过持续合作探究来发展学生的关键能力、必备品格和价值观念。基于核心素养的课程评价除了要关注学生的学业成就之外,学习目标、课程设计、课程实施、课程资源等内容也被纳入评价范围。②

发展性评价在评价主体、评价内容、评价目的以及评价者与评价对象的关系等方面实现了根本转变,是改进教学质量的重要绩效工具。和学新具体阐述了发展性课程评价的内涵,在评价内容上,强调对课程活动的全程进行全面评价,具体包括课程设计评价、实施评价和效果评价。设计评价包括课程目标、课程方案、课程标准、教材编制等方面的评价;实施评价包括师生关系、课程管理、学校制度建设、社会或社区的支持与配合等方面的评价;效果评价包括学生发展状况、教师的教育教学素质和课程开发水平、学校的课程管理与开发能力、学校与社区的联系方面的评价。③

基于多位学者对课程评价的解读,课程评价应是对课程全过程的评价,即对课程设计、课程实施和课程效果进行的评价活动。通读文献发现,针对小学课程评价,多数学者对小学教材评价、小学课堂教学评价、小学校本课程评价,以及小学课程评价体系进行了深入的研究和实践调查。

二、小学教材评价研究

(一)谁来评——三种立场

评价作为一种价值关涉活动,其价值立场不可回避,"评价主体是谁,他们代表和维护了谁的利益?"是最基本的追问。若阈于教育教学的专业视角

---

① 殷世东,余萍.中小学课程思政的内涵、逻辑依据和实践策略[J].课程·教材·教法,2022(8):85-91.

② 雷浩.基于核心素养的课程评价:理论基础、内涵与研究方法[J].上海师范大学学报(哲学社会科学版),2020(5):78-85.

③ 和学新.课程评价制度创新与基础教育课程改革[J].教育研究,2004(7):79-80.

来审视教材评价活动,我们至少可以发现其背后隐含的三种"局内人"声音。

1.管理者立场

教材,尤其是一些适用范围较广的主流教材或统一教材,往往被视作"官方知识"在学校教育情境中的集中体现。[①]在基础教育阶段,教材审定、选用往往由教材审查制度的相关人员主导话语权。钟作慈和张杰归纳了五种较为盛行的中小学教材审查制度,分别为国定制、审定制、认定制、选定制和自由制。大多数国家选用教材的标准都包括:内容科学、严谨、准确、简练、可读性强、无偏见、适合广大教师的教学、适用性强、印刷美观、装订坚固、使用方便、价格合理等。[②]靳玉乐、王洪席对2002—2012年10年间我国教材建设的状况进行回顾,指出我国教材审查具有强烈的行政管理色彩,偏重于"教材的政治标准而非内在尺度",以"是否符合国家规定的内容标准和出版标准,是否合格"为评价依据。[③]在教材多样化背景下,虽然教材评价的发展性功能越来越受到关注,但还无法与行政分离,评价的管理色彩在一定程度上抑制了教材评价对师生发展的价值意义。[④]

2.学生立场

在评价活动中,学生的主体性一直饱受争议。一部分学者认为,对教材的评价也应该把学生列为评价主体。雷扎特(Rezat)分析了学生使用教材的情况,发现学生的问题解决程式主要与教材中的例题有关。学生能参照这些例题完成相应的练习和任务,也能利用这些例题来预习内容,并对接下来的学习内容形成心理定向。[⑤]另一方面,实践者和研究者又对学生的评价能力、对学生能否胜任评价主体持有疑虑。对此,有研究总结出将学生因素纳入教材评价的两条路径。[⑥]第一,基于文本的预测性评估。即在制定教材评价标准

① 柳叶青.活动理论视角下教材评价标准构建研究[D].华东师范大学,2017.

② 《中小学教科书评价研究》课题组,钟作慈,张杰.关于中小学教材评价标准的初步研究[J].教育学报,2005(4):46–50.

③ 靳玉乐,王洪席.十年教材建设:成就、问题及建议[J].课程·教材·教法,2012(1):12–16.

④ 柳叶青.活动理论视角下教材评价标准构建研究[D].华东师范大学,2017.

⑤ Rezat S.The utilization of mathematics textbooks as instruments for learning[C].In Proceedings of CERME6,Lyon France:28 January–01 February,2009.

⑥ 柳叶青.活动理论视角下教材评价标准构建研究[D].华东师范大学,2017.

时,将学生学习相关的因素作为标准之一,如学习者需求、风格、能力水平、动机、兴趣、差异等。例如,从一般性因素和特殊因素两方面考察教材对学生的适切性,一般因素指向学生的一般认知能力和一般知识经验,特殊因素指向学生具体学科思维水平和先备知识技能水平,这两个因素的四个方面构成了教材适切性的四个维度。①第二,基于学习结果的测评。即从学习结果出发,将教材视为影响学生学习结果的一个重要变量,以此建立变量间的关系假设。

3.教师立场

教师作为教材评价的主体与"教师成为研究者"这一观念的提出密不可分。根据古德莱德对课程的划分,教师能够根据自己的经验来理解课程,并有选择性地实施课程。美国课程研究学者 Remillard 分析了两名教师的教材使用状况,指出"教师对教材的理解是选择性和阐释性的。他们有选择性地阅读教材内容,并通过自己的理解使这些内容有意义"。②陈志华从"教学者"角度观察和评价语文教材,认为其不是固化的,可用就行。教学者评论教材优劣主要看其是否基于"学""教""育",另外,要读懂教材,摸准编辑思想;要和教材编辑保持同一话语系统,不求全责备,肯定教材价值,做到物尽其用;充分考虑教学者使用教材的能动性。③

（二）评什么——多元视角

教材评价应该评价哪些方面?这是教材评价的核心内容之一。国内教材评价较于国外虽起步较晚,但通过几十年的研究在评价内容方面积累了大量研究成果,制定出了维度丰富的评价体系。

全国教育科学"九五"规划教育部重点课题《我国义务教育教科书评价体系研究》提出了一些适合义务教育阶段各学科教科书的评价指标体系,该

---

① 王晓丽,芦咏莉,李斌.教材适切性评价指标体系的理论及实证研究[J].课程·教材·教法,2014(10):40-45.

② Remillard,Janine,T.Can Curriculum Materials Support Teachers' Learning? Two Fourth-Grade Teachers' Use of a New.[J].Elementary School Journal,2000.

③ 陈志华.教材评价的"教学者"视角——兼与《小学语文教材七人谈》交流[J].教育科学研究,2014(10):51-55.

体系分五个维度：知识维度、思想文化内涵维度、心理发展规律维度、编制水平维度、特色与导向性维度，①在教科书评价研究中具有一定的开创性。高凌飙基于已有研究认为应将中小学教科书评价指标划分为六个维度：知识维度、思想文化内涵维度、心理发展规律维度、编制水平维度、可行性维度、特色与导向性维度，并提出了各个维度需要考虑的问题。同时指出在评价教材时，还应考虑到教材编写的理论假设。这主要指教材设计、编写的理论基础，包括对教材角色、学科角色的认识，对教学关系的假设。②而在我国很少有研究者直接提出有关教材"引言""设计理论"或"教材结构"的评价指标，而多从"思想文化内涵维度"对其进行价值分析。③对此，有学者指出要科学设定教材评价核心观测指标，包括思想性指标，知识能力指标和文化传承指标。④

对教材评价的研究常常有其他相关学科的参与。方红峰等在对浙江省的教材管理和教材选用制度研究的基础上，提出了教材评价的原则和方法，制定了由五方面共 23 条标准构成的"教材评价表"。其中，五个方面分别为：教材的内容、语言文字、教学设计、编印设计、课堂使用。⑤孔凡哲从质量学视角认为，教科书文本质量分析的基本维度有课程难度，课程容量，组织结构（内容框架、体系结构和编写方式等），素材选取，呈现风格，与信息技术、课程内容的整合等。此外教科书的可读性、实效性也是教科书文本质量的重要内容。⑥

（三）怎么评——综合方法

教材评价的方法很多，当前的研究倾向于将质性研究范式与定量研究相结合的方法，与以往单纯采用定量或文本分析的方法实施教材评价相比，具有方法上的创新性。

① 高凌飙.基础教育教科书评价：理论与工具[M].北京：人民教育出版社,2002:28-29.
② 柳叶青.活动理论视角下教材评价标准构建研究[D].华东师范大学,2017.
③ 高凌飚.教材评价维度与标准[J].教育发展研究,2007(12):8-12.
④ 唐丽芳,丁浩然.建构以质量为核心的教材评价体系[J].教育研究,2019(2):37-40.
⑤ 方红峰.论教材选用视野中的教科书评价[J].课程·教材·教法,2003(7):19-24.
⑥ 孔凡哲.教科书质量研究方法的探索——以义务教育数学课程标准实验教科书为例[M].北京：人民教育出版社,2008:66-128.

1.质性评价方法

质性评价方法大多是从社会学角度来分析教材中隐含的文化和价值观,主要有综合分析法、内容分析法、图片分析法、人物分析法、情节分析法、话语分析法、结构分析法等。①阿普尔和 L.克丽斯蒂安在《教科书政治》一书中阐述了大量基于文本和政治批判的教科书分析方法。②

2.量化评价方法

量化评价方法主要通过一系列具体指标对教材使用状况和效果进行评价,主要包括问卷法、学生评价法、实验法等。在众多的量化评价法中,研究者最常使用的是实验法,即通过问卷测试的方式了解一定周期内学生使用实验教材的成效,以此来判断教材的效用性以及教材对学生学习的影响,③如高凌飚主持的《新课程实验教材及使用状况评估》、④吴仲和对使用不同教材的小学和初中学生的学习成绩实施的测试评价。⑤

当下,我国基础教育正从"知识本位"时代走向"核心素养"时代,在突出核心素养的思想指导下,课程内容的确定与教材编撰,将从单纯以学科知识体系为依据的路径,转向兼顾以促进学生核心素养的形成为依据的路径。⑥核心素养则更加直接、明确科学地指向主体的发展,它既为教材研制提供了新的指引,也给教材评价模式变革提供了一次绝佳机遇。对此,张学鹏提出教材应转变现有评价模式、积极推动相关研究成果转化以及建设专门的评价机制和评价机构等方面着手,统筹协调各方面力量,从多个方向共同推进。⑦

①　柳叶青.活动理论视角下教材评价标准构建研究[D].华东师范大学,2017.

②　[美]阿普尔,史密斯.教科书政治学[M].侯定凯,译.上海:华东师范大学出版社,2005.

③　柳叶青.活动理论视角下教材评价标准构建研究[D].华东师范大学,2017.

④　高凌飚.基础教育教科书评价:理论与工具[M].北京:人民教育出版社,2002:28-29.

⑤　吴仲和.国际数学成就比较和教材评价[J].数学教育学报,2008(01):20-29.

⑥　石鸥.核心素养时代的课程与教学价值[J].华东师范大学学报(教育科学版),2016(1):9-11.

⑦　张学鹏.大中小学教材质量评价体系建设研究——基于学段主体差异的视角[J].当代教育科学,2019(8):69-74.

三、小学课堂教学评价研究

20世纪90年代前,受苏联教育家凯洛夫观点的干预,在进行课堂教学评价时,学者们都在讨论"怎么才能上好一节课"。课堂教学评价的重点在于提高课堂的教学质量,而评价的落脚点主要是探讨教师及其教学行为,因此课堂教学评价主要围绕"以教论教"。但仅从教师层面出发属于课堂教学评价的狭义理解,而广义的课堂教学评价应当是对过程及结果的判断,这个过程不仅包含教师的教学过程,还包含学生的学习过程。在本小节的研究中,课堂教学评价将从广义的角度展开。

(一)对课堂教学评价理念的探讨

国内的课堂教学评价研究关注于教学的改进与发展。钟启泉等人针对以往课堂教学评价的问题提出了三条核心理念:课堂教学评价必须以教学的改善为目的、必须基于专业思考、必须基于协商参与。[1]高巍指出,教学评价的根本,就是要缜密关注教学与发展的关系,全方位、全过程地观察与思考教学与发展的相互作用的活动状况。简言之就是要看教学中传授给学生的知识技能能否被学生理解、领悟、会用,并且内化为他们的认识、能力与情操,促进了学生的身心发展,实现了教学的目的。同时,教学评价还要关注教学改革的动向与焦点。[2]

还有学者分析英国课堂教学评价的理念,其中英国政府非常重视通过对教师的课堂教学评价来促进教师的专业发展,认为课堂教学评价能够为教师提供一种发展的动力和有用的反馈信息,是促进教师专业发展的重要途径。[3]

(二)对课堂教学评价内容的研究

有学者通过问卷分析调研,认为当前课堂评价框架设计有四种取向,即

---

① 钟启泉,崔允漷.从失衡走向平衡:素质教育课程评价体系研究[M].北京:经济科学出版社,2014:136–137.

② 高巍.课堂教学行为观察与评价研究[M].武汉:武汉大学出版社,2019:31.

③ 蔡宝来,车伟艳.英国教师课堂教学评价新体系:理念、标准及实施效果[J].全球教育展望,2008(1):67–71.

师本取向、生本取向、校本取向和例本取向,并阐明了各种取向的基本内涵。[①]
崔允漷将课堂教学分解为学生学习、教师教学、课程性质以及教学发生的环境(主要是课堂文化)四个要素,并基于这四个要素形成了20个视角、68个观察点构成的完整的课堂教学过程分析框架。[②]梁惠燕等人基于新课程提倡的教学观,建构了课堂教学评价"三阶段、四维度"评价模型。具体而言,即在对课堂教学评价时,应从准备、实施、收获三个阶段进行设计,同时在每一阶段中都应分别从学生、教师、教学内容、教学环境四个方面加以检测。[③]

(三)对课堂教学评价主体的讨论

有学者认为课堂观察者可以有学校管理者、教育督导、学生、教育研究者、教师同事、家长或其他校外人员。最经常的课堂观察者可能是学校管理者和教育督导者,从今后的发展来看,随着学校办学的开放性程度增强和对课堂观察方法的进一步了解和运用,专门的教育研究者以及教师可能会成为最经常的课堂观察者。[④]目前课堂教学评价的主体包括同行、学生和教师自己。根据主体的不同,课堂教学评价可以分成三种类型:

1.同行评价

有学者指出,同行评价需注意以下两点:首先,同行评价的目的要指向改进,而非鉴定,这样被评价者会体会到安全感,进而以一种开放的心态参与评价,这种参与也会有助于他的专业发展。其次,同行评价应当特别关注教学中的专业问题。[⑤]

2.学生评价

由于学生的认知水平有所局限,因此学生评价的项目应该有所限制。将一些学生难以判断的项目纳入学生评教的指标中,不仅没有意义,而且可能导致师生关系的恶化,甚至使教师产生消极、反感情绪。同时,由于学生评教

① 钱明明.中小学课堂教学评价框架的建构[J].教学与管理,2018(7):74-76.
② 崔允漷.论课堂观察 LICC 范式:一种专业的听评课[J].教育研究,2012(5):79-83.
③ 梁惠燕,高凌飚.课堂教学评价的反思和框架重构[J].教育科学研究,2006(6):20-23.
④ 陈瑶.课堂观察指导[M].北京:教育科学出版社,2002:10.
⑤ 钟启泉,崔允漷.从失衡走向平衡:素质教育课程评价体系研究[M].北京:经济科学出版社,2014:148.

只能评价教师课堂教学的某些方面,而往往不是学术性很强的方面,所以学生评价的结果不能成为课堂教学评价的唯一依据。有学者介绍了美国佐治亚州的学生评教方案,并列出了具体的评鉴量表。该州将学生评教定位为学生感受评价,让学生对自己能够感受、有能力做出判断的项目进行评价,这极大地提高了学生评价的效度和信度。[①]

关于学生评定的可靠性问题,森特拉(Central)针对 30 个评定项目对不同的学生评定人数, 用班级间相关系数法逐项计算评定的可靠性。研究指出,当学生人数为 20 时,可靠性接近 0.90。[②]胡祖莹、魏红同样通过实证研究也得出,如果一个班级中参加评价的学生人数足够多(一般应多于 20 人),学生评价就可能具有一定的可靠性和一致性。[③]还有研究表明,评定人数还与课程门数有关,如果评定的课程门数有 5 门或 5 门以上,或者每门课的学生人数在 15 人以上,则调查结果对评定的教师的教学效果是可靠的。如果课程门数过多,大于 10 门,则每门课程的学生人数多少关系不大。[④]

3.自我评价

教师的自我评价实质上就是一种自我分析、自我反思。相对于他人评价,自我评价更能调动教师的主动性和积极性,更能激发教师对自己教学过程的反思,更有助于教师实现从经验中学习。教师可以用"教历"的形式记载教学工作的进程,同时记下过程中的所思所想,以便总结、改进。这样的教学才是"活"的循环,才是富有创造性的活动。当前教育教学改革的日益深化,要求教师在"行动"中开展研究,实现从常规的教育教学活动向研究性的实践活动的转化。因此,对计划和过程的考察和反思是不可缺少的,而反思,就是描述出自己的教学过程和结果,并对此做出评价解释,以利于形成对下一

①　钟启泉,崔允漷.从失衡走向平衡:素质教育课程评价体系研究[M].北京:经济科学出版社,2014:149-150.

②　Central,J.A.Determining faculty effectiveness[M].SanFrancisc:Jossy-Bass,1979.

③　胡祖莹,魏红.教学评价中信息来源的可靠性研究[J].高等师范教育研究,1996(3):38-43+62.

④　顾明远,申果华.学校教学检查与评估运作全书[M].北京:开明出版社,1995:208.

步行动的新的判断和构想。①

（四）对课堂教学评价方法的研究

课堂教学质量是教育质量的核心，课堂教学质量的改善与提升关系着高质量教育体系的建成。对话国际上具有典型性与代表性的课堂教学评价框架并从中汲取高质量的核心元素，是中国特色课堂教学评价体系展现国际视野的关键举措。

1.定量方法

对于定量方法而言，教学评价方法主要是制定各种评价等级量表。其中影响较大的是美国弗兰德斯（N.,A.Flanders）于 20 世纪 60 年代提出的课堂互动分析系统（Flanders Interaction Analysis System，简称 FLAS），其内容主要由三个部分构成：一套描述课堂互动行为的编码系统；一套关于观察和记录编码的规定标准；一个用于显示数据、进行分析、实现研究目的的矩阵表格。②霍普金斯（David Hopkins）在此基础上，于 1993 年开发了教师反映记录表，此表与弗兰德斯的互动分析矩阵表相似，但是内容上有所不同。拉格（E.C.Wragg）于 1994 年设计了一个观察表，用来观察教师如何管理学生的行为，该观察表被称为记号体系（Tally system）或核查清单（Checklist）。③

基本研究工具的发展受教学本身的推动，之后又出现了新的观察工具——交际法教学观察量表（Communicative Orientation of Language Teaching，简称 COLT）。COLT 量表由两部分组成，第一部分用于描述师生在课堂上某段时间内的行为，第二部分用于描述师生或生生之间的互动交流情况，以此将交际性语言教学与传统的以教师为中心和形式主义的课堂教学加以区分。④

1983 年，美国教育评论研究专家多伊尔（K.O.Doyle）在多年教学和评价

---

① 钟启泉,崔允漷.从失衡走向平衡:素质教育课程评价体系研究[M].北京:经济科学出版社,2014:152.

② 宁虹,武金红.建立数量结构与意义理解的联系——弗兰德互动分析技术的改进运用[J].教育研究,2003(5):23—27.

③ 陈瑶.课堂观察方法之研究[D].华东师范大学,2000.

④ 孙慧莉.基于 COLT 量表的对外汉语课堂观察量化工具研究[D].北京语言大学,2007.

研究的基础上,综合各方面的研究成果,对教师各个教学行为特征加以整理分析和归纳,提出了一套重要的教师课堂教学行为评价表,比较全面地反映了课堂教学的教学情况,是当时课堂教学评价表的一个典型代表。[1]

对于国外量表的应用,国内学者使用最多的是弗兰德斯的互动分析分类体系,如陈秀娟[2]、张晓佳[3]、杨光[4]、方海光[5]等都曾使用过 FLAS 对小学课堂教学评价进行研究。

我国对于课堂教学评价量表的本土化设计多数是基于学科视角以及教学主体视角。在此基础上我国学者开始探索一种全视角的综合性评价量表,如范铭围绕"师生问答"中的问题,分析了课堂教学评价的相关维度,在此基础上设计、制定《课堂观察记录表》,对教师教学行为进行观察、量化、分析,并通过教育实验实践来检测课堂教学评价的有效性。[6]华东师范大学崔允漷等人开发了课堂观察 LICC 范式,该评价量表四个观察要素分别是学生学习、教师教学、课程性质和课堂文化。其中,学生学习是核心要素,另外三个是影响学生学习的关键要素。[7]这套量表在教学主体上既考虑教师,也考虑学生;既关注教学过程,也关注学习效果;同时还兼顾课堂文化等隐性因素,是一套全视角的评价量表,在当下我国课堂教学观察工具中具有较强的代表性。

2.质性方法

当前的教学评价研究表明,仅仅依靠课堂教学评价量表容易忽视课堂教学的复杂性,如教师的身体语言、板书等。因此,量化取向的教学评价无法

---

①　K.O.Doyle,Evaluating Teaching[J].D.C.Heath and Company,1983:31.

②　陈秀娟,汪小勇.对弗兰德斯互动分析系统应用的探讨——以同课异构为例[J].电化教育研究,2014(11):83-88.

③　张晓佳,张凯黎,颜磊.电子书包支持的小学数学互动课堂案例研究——基于改进型的弗兰德斯互动分析系统(IFIAS)[J].现代教育技术,2015(3):29-35.

④　杨光,吴军其.新媒体技术环境下小学英语互动课堂案例特征分析——基于改进的弗兰德斯分析系统[J].中国教育信息化,2017(19):10-13.

⑤　方海光,高辰柱,陈佳.改进型弗兰德斯互动分析系统及其应用[J].中国电化教育,2012(10):109-113.

⑥　范铭.课堂教学评价方法新探——《课堂观察记录表》的设计与应用[J].上海教育科研,2012(4):56-59.

⑦　崔允漷.论课堂观察 LICC 范式:一种专业的听评课[J].教育研究,2012(5):79-83.

兼顾教学的整体性与发展性,并且无法发挥评价的发展性功能。基于当前教学评价的现状和问题,有学者提出一种新的质性评价方式——描述性教学评价。描述性教学评价力图描绘课堂教学过程中教师和学生的认知实践、情感体验和人际交往,用心地去理解和解释教师和学生教与学的行为、想法和状态,而后在此基础上对课堂教学做出非量化的评价与持续性的改进。[①]钟启泉等人具体阐述了这一评价方法的操作方式并呈现了案例分析[②],为当前我国中小学开展描述性课堂教学评价提供了具体指导。

(五)综合性课堂教学评价框架构建

课堂教学评价框架设计不仅是教学评价观的体现,也是课堂教学评价指标体系建构的基础。美国教育考试服务中心丹尼森(Danielson)研发的Framework for Teaching(FFT)课堂教学评价框架关注课堂教学的过程性质量,秉持高阶性思维、建构性学习、目的性活动和专业性指导的高质量课堂教学理念,从评价对象与评价方式两个维度跨越时空全面搜集资料并对教师教学工作做出价值判断,旨在通过向教师提供反馈和推动专业发展而引导教师为质量而教,实现教学的背景、投入、过程质量和学生学业成就质量的多维提升,对我国基础教育质量评价提供启示。[③]钱明明以教学观、质量观的视角,总结出四种不同的中小学课堂教学评价框架研究取向:师本取向、生本取向、校本取向和例本取向,并对每种取向的利弊进行分析。[④]还有学者基于督导职能性质视角,提出"一目标、两框架、三维度、四要素"的中小学课堂教学督导评价框架模型,为课堂教学督导评价工具研制提供依据,为提升课堂督导评价的规范性、科学性和专业性以及促进督学队伍专业化发展服务。[⑤]

---

① 安桂清,李树培.课堂教学评价:描述取向[J].教育发展研究,2011(2):48-52.
② 钟启泉,崔允漷.从失衡走向平衡:素质教育课程评价体系研究[M].北京:经济科学出版社,2014:270-286.
③ 张旸,杨正宇.为质量而教:FFT课堂教学评价框架的启示[J].华南师范大学学报(社会科学版),2022(2):119-131+208.
④ 钱明明.中小学课堂教学评价框架的建构[J].教学与管理,2018(7):74-76.
⑤ 马效义.中小学课堂教学督导双重评价框架的构建——基于督导职能性质的视角[J].教育科学研究,2020(4):29-34.

CIPP 课程评价模式又称课程决策导向评价模式，由美国学者斯塔弗尔比姆（Daniel L.Stufflebeam）提出，他针对传统的泰勒的行为目标评价模式过于注重结果评价的弊端,提出课程评价不仅仅是为了目标的达成,更重要的是改进,即完整的课程评价必须包含背景、输入、过程以及成果等四部分评价,涉及全过程评价。殷世东结合中小学劳动教育课程的特点,从背景、输入、过程和成果四个维度建构基于 CIPP 课程评价模式的劳动教育课程评价体系,有利于获得劳动教育全过程中的效果反馈,从而调整劳动教育课程领导决策,进而推进劳动教育有序有效开展。[①]

四、小学校本课程评价研究

（一）工具视角下的小学校本课程评价

肖第郁结合校本课程评价的实际案例,主张采用卷宗评价法、研讨评价法、展示评价法等进行评价。[②]刘晓山认为校本课程评价的方法有定量和定性两种。[③]博欣具体论述了校本课程评价工具的开发问题,指出评价工具的开发必须关注以下几个步骤:项目开发前调研;技术理论选取与拟合分析;评价工具与指标的一致性分析;评价工具的协商反馈。[④]但借助技术手段的目的是优化综合素质评价的操作，应避免出现电子平台代替综合素质评价的异化局面。

（二）内容视角下的小学校本课程评价

对于小学校本课程评价的内容，不同的学者有不同的观点：崔允漷认为,校本课程评价包括校本课程方案评价、校本课程过程评价、校本课程结果评价。[⑤]余志文认为校本课程评价的对象主要包括对校本课程开发的情境与目标定位的评价与分析、对校本课程方案可行性的评价、对校本课程实施

① 殷世东.中小学劳动教育课程评价体系的建构与运行——基于 CIPP 课程评价模式[J].中国教育学刊,2021(10):85–88+98.
② 肖第郁.教育评价的新取向[J].教育评论,2002(5):69–71.
③ 刘晓山.校本课程开发的评价[J].陕西教育·理论,2006(Z2):477+480.
④ 博欣.校本课程评价工具开发:问题、理念与实践[J].教育发展研究,2014(20):40–45.
⑤ 崔允漷,秦冬梅.如何建立健全校本课程的评价体系[N].中国教育报,2007(7):1.

过程(教学过程)的评价、对校本课程实施效果的分析与评估。①徐玉珍在自己研究的基础上提出对校本课程成效的评价需要着重关注学生的校本课程参与意识、校本课程活动的师生合作和生生合作能力,以及在活动中激发学生研究兴趣等诸方面。②张远增认为,校本课程评价的内容还应该包括校本课程的理念、校本课程形态和校本课程设计。③王义全详细指出校本课程评价的内容应该校定课程评价、国家—地方课程"校本化"实施评价以及综合实践活动课程开发评价,且任一评价范围均需要从课程开发发展过程所涉及的背景、课程(方案)、过程、结果四个方面提出相应的具体问题。④

(三)制度层面下的小学校本课程评价

国外小学校本课程评价制度的研究始于 1980 年各国校本课程发展的鼎盛时期,美国先后颁布了《美国 2000 教育战略》《美国 2000 年教育改革法案》《1998—2002 年战略规划》以及 2002 年颁布的 《不让一个孩子落后法案》,强调各州、地方和社区在学校发展上的贡献,从教育分权上为学校校本课程与国家课程之间的融合与转换提供法律依据。奥巴马政府更是从教育评价标准和体系、学校制度创新等方面要求课程评价标准的改革创新,在《美国教育的完成与竞争》演讲中强调鼓励性课程评价机制,着重提出各个学校应该制定更为具体可行并有效的标准在学校课程发展上的重要作用。⑤在英国校本课程评价制度的研究中发现,英国着重强调校本课程开发评价指标研究的 TGAT 机构(评价与考试任务小组),在已建立的操作性强的评价指标体系中,纳入教师、家庭和儿童等群体参与评价,按不同等级对小学校本课程进行等级评定,在《小学课程评估:总结报告》中对校本课程标准做出

① 余志文.香港校本课程发展之研究[D].华东师范大学,2001.

② 徐玉珍.校本课程开发与校本化课程实施行动研究[M].北京:首都师范大学出版社,2006:40–51.

③ 张远增.论校本课程评价的四个问题[J].上海教育科研,2003(7):63–66.

④ 王义全,石丽.校本课程评价的五"w"模式[J].现代教育科学,2006(8):15–17.

⑤ Barack Obama.Remarks by the president to the Hispanic chamber of commerce on a complete and competitive education[EB/OL](2011–11–20),http ://www.whitehouse.go/the–press–office/remark–president –united–state–hispanic–chamber–commerce.

了规定。①21世纪以来,美国小学大力推进校本课程开发,并建构起以"学生核心素养"为导向,以"评价即改进"为理念,以"学习能力与服务能力"为重点的校本课程评价体系。借鉴美国此经验,我国小学校本课程评价必须回归育人本位、基于能力与个性进行顶层设计、评价方法趋于多样化、重视校本课程评价的发展性,切实推进我国小学校本课程的发展。②

（四）小学校本课程的实证研究

徐玉珍在其论著《校本课程开发的理解与案例》中呈现了大量实证研究。③在崔允漷《校本课程开发：小学案例》④中也涉及较多小学校本课程开发的成功案例,其中湖南省长沙市开福区育德小学所开发的校本课程《阅读自德》,此案例中关于课程评价部分列出了该校校本课程课堂教学评价表,及对学生评价的具体标准,但是可以看出该校对校本课程的评价停留在课程实施阶段,缺少课程开发前期工作、后期结果的评价。⑤熊梅等的《校本课程开发的行动研究——来自一所小学的课程创新》一书中主要从学生、教师、学校三个维度对校本课程开发进行阶段性效果评价,书中也介绍了许多相关案例,如：福建省厦门市第二实验小学开发的《闽南音乐》校本课程,从课程设计到课程实施可以看出该校投入了大量的人力物力财力,编写了一套《小学闽南音乐乡土教材》,并且探索出了一条"以审美为核心"的教学方法。⑥太原市实验小学实施研究构建了幸福人生教育七种类型的校本课程：自主体验课程、学科拓展课程、社团活动课程、馆校联动课程、班级自主课程、项目式研究课程和"四节四礼"课程。⑦

————————

①　喻玮.小学校本课程评价制度发展研究[D].西南大学,2015.

②　陈玉玲,左晓媛.基于核心素养导向的美国中小学校本课程评价体系研究[J].外国中小学教育,2018(10):55-61.

③　徐玉珍.校本课程开发的理解与案例[M].北京：人民教育出版社,2003.

④　崔允漷.校本课程开发：小学案例[M].上海：华东师范大学出版社,2009.

⑤　丁文萃.小学校本课程开发评价指标体系研究[D].漳州师范学院,2012.

⑥　熊梅.校本课程开发的行动研究：来自一所小学的课程创新[M].北京：教育科学出版社,2009.

⑦　史凤山,杨雨.幸福人生教育课程的构建与实践——以太原市实验小学校本课程开发为例[J].教育理论与实践,2021(20):49-52.

五、小学课程评价体系的构建

2001 年教育部印发《基础教育课程改革纲要（试行）》，拉开了 21 世纪小学课程整改的序幕。在近 20 年小学课程实践探索中，已创新出一些具有代表性的课程评价的做法，但在此过程中也暴露出普遍性问题，集中表现为理论层面缺乏基于课程实际情况构建起的课程评价模型，这就使得我国的课程评价主要停留在对课程的某一层面或者部分进行局部评价，未能以系统的视角进行评估，所得出的结论无法推广和拓展。

（一）国际上的课程评价模型

不同的研究者以及国际组织，根据其对课程体系的理解与认识，提出了不同的课程评价模型。如 Zumwalt 将课程划分为官方的和执行的两个层面，[①] Goodlad 根据与课程最终对象之间的远近距离，将课程划分为社会的、制度的、教学的三个层面，[②] 国际教育成就评价协会（International Association for the Evaluation of Educational Achievement, IEA）提出了课程的三层模型，并随后扩展为四层模型，将课程划分为目标的、潜在实施的、实施的和习得的四个层面。[③] Venezky 认为课程是一个从概括到具体的"链"，将课程划分为需要的、期望的、描述的、传递的和接受的五个层面。[④] 我国学者比较国外已有的课程模型发现，课程体系中三个层面的划分是一致的：最上层的政策性的课程，以教师为主体的执行的或实施的课程和最终被学生接受的课程。这三个层面是对课程结构最基本的划分，适用于各国课程体系。[⑤]

---

①　Zumwalt K., ReynoldsM.C.Knowledge base for the beginning teacher[M].Oxford：Permagon Press，1989.

②　Goodlad J.I., Curriculum Inquiry：The Study of Curriculum Practice[M].New York：Mcgraw-hill，1979.

③　Travers K.J., Westbury I The IEA study of mathematics I：Analysis of mathematics curricula[M].Pergamon Press，1989.

④　Venezky R.L., Textbooks in School and Society [A].Jackson P W.Handbook of research on curriculum(M).New York：Macmillan，1992：435-464.

⑤　王烨晖，边玉芳.课程评价模型的理论建构与实证分析[J].教育学报，2015(5)：80-86.

(二)构建本土化的课程评价模型

为实现对我国课程的系统评价,亟须建立适合我国课程体系构架的评价模型。基于国外对已有课程模型的回顾分析,有学者结合我国教育实情与课程政策,构建起了我国的课程评价模型。

刘志军通过比较不同类型的课程评价模式,从我国国情出发,根据发展性课程评价的自身特点,借鉴混沌理论的启示,形成了由课程设计评价、课程实施评价、课程结果评价相互交融的开放的三螺旋结构,作为发展性课程评价体系的基本框架。[1]王烨晖等人把我国的课程体系划分为目标课程、文本的课程、实施的课程和课程效果四个部分,并对该课程模型进行了实证分析。[2]在对课程量化中的难点进行突破时,有学者指出可以采用主题轨迹图、跨层评价、矩阵抽样等方式实现对课程的全面测量。[3]

吴靖等人通过大量的媒介素养课程理论研究,在此基础上提出了小学媒介素养"晶体"课程评价及评价设计。所谓"晶体"课程评价,是指以文化人类学的视域,从多方角度和多重意义建构者来共同形成的一种课程审视,对课程设计、课程实践过程及结果、课程问题、课程文化现象的一种阐释学意义上的集体审议,从而在多重审议下阐释和审思课程价值。同时,研究基于"晶体"课程评价,以吉林省靖宇县某小学为实验基地进行课程评价实践,为我国小学媒介素养课程评价提供了可能的参考路径。[4]晋银峰通过回顾我国20年小学课程整合的发展历程,提出聚焦学生发展核心素养,构建表现性评价体系;关注教师切身需求,构建整合课程评价体系。[5]

纵观小学课程评价的研究成果,近20年我国学者在教材评价、课堂教学评价、校本课程评价、课程评价体系等方面进行大量研究。虽然研究者更

---

① 刘志军.发展性课程评价研究[D].华东师范大学,2002.
② 王烨晖,边玉芳.课程评价模型的理论建构与实证分析[J].教育学报,2015(5):80—86.
③ 辛涛,王烨辉,李凌艳.新课程背景下的课程测量:框架与途径[J].北京师范大学学报(社会科学版),2010(2):5—10.
④ 吴靖,陈晓慧,张煜锟.小学媒介素养"晶体"课程评价及实践研究[J].中国电化教育,2015(2):12—20+28.
⑤ 晋银峰.小学课程整合20年:历程、问题与策略[J].课程·教材·教法,2020(11):13—19.

多在上位概念及理论层面做讨论，但已有部分学者基于我国小学课堂教学现实情况，课程政策等因素构建出了贴近真实教育场域的小学课程评价实践策略。

第三节　发展性学生评价研究

近20年的小学生评价围绕在小学教师的评价语研究、小学作业研究、小学考试研究、评价方法的选择与运用，以及多所小学在发展性评价的背景下开展了发展性学生评价体系的探索。

一、小学教师评价语研究——不可忽视的评价智慧

教师评价语是发展学生成长型思维最便捷、有效的途径。围绕小学教师评价语，学界目前的研究聚焦在教师课堂评价语以及表扬这一日常评价语的使用上。

(一)提高小学课堂评价语的有效性研究

1.教师课堂评价语的分类研究

通过梳理已有的文献，发现不同学者有不同的分类方式。

杨海燕从评价的性质、评价对象、评价内容、评价方式四个维度进行分类。在评价语性质上，将评价分为肯定性言语评价与否定性言语评价；在评价对象上，将其分为对学生个体以及对学生群体的评价；包括班级和小组的评价。在评价内容上，分为学术评价和非学术评价；在评价方式上，可以分为直接评价和间接评价。这种分类标准比较清晰，也为后来的学者进行课堂评价语言的分类奠定了良好的基础。[①]张虹在杨海燕分类的基础上进行了发展和创新。她提出，按照评价内容来分可以分为知识评价语言、能力评价语言和情感态度评价语言三种，这种分类标准基于基础教育课程改革三维目标的划分，符合课程改革的大背景。[②]覃兵在二者的基础上又增添了新的分类

---

① 杨海燕.课堂教学情景中教师言语评价行为的研究[D].华东师范大学,2003.

② 张虹.提高课堂评价语言有效性的研究[D].华东师范大学,2006.

标准,他看到了身体评价语言(体态语)在课堂教学中对学生所起的重要作用。①任洲仪还提出按评价时机分类的新标准,指出评价语可以分为及时性评价语言和延迟性评价语言。②范晶晶结合前人研究将评价语在性质上的分类扩展到三类:正面评价语、负面评价语、中性评价语。其中中性评价语是指有作用,但对课堂和学生影响倾向不明显,或影响结果待定的课堂评价语。如课堂理答、简单应答等。③李月结合国内外学者对教师课堂反馈形式的相关研究,将课堂评价语言类型分为简单肯定、简单否定、描述性肯定、批评、重复学生回答、无评价、转问、追问、直接给出答案九种类型。④教学评价语体的研究应基于其语言、非语言构成要素的运用特点以及语体功能和使用情景,从"真实""情感""智慧"三个维度建构"三维一体"的框架结构。⑤

随着教育技术的不断发展,多媒体教学进入了中小学的课堂。有学者认为应该把多媒体评价语言也纳入课堂评价语言的范围内。⑥

2.影响教师课堂评价语的因素分析

在教师课堂评价语的影响因素方面,研究大致上是从三个维度展开,即教师、学生和其他方面。

其一,教师方面。包括教师观念和素养、教师专业水平以及教师对学生的倾听程度。其中,教师专业水平又包括教师言语特点、教学方式、评价方式等。⑦其二,学生方面。包括学生的性别、行为方式、对自我的认知以及家庭背景等方面的差异,会影响教师对学生期望的差异。教师对学生期望的差异表现为对不同学生的区别对待,在课堂教学中集中表现为对不同学生评价的区别对待。⑧其三,其他方面,如课程性质、教学环境、心理学效应等。在课程

---

①　覃兵.教师课堂教学评价能力的缺失与培养策略[J].教育理论与实践,2011(26):49-51.

②　任洲仪.小学教师的课堂评价语研究[D].东北师范大学,2012.

③　范晶晶.小学课堂评价语的使用现状及对策研究[D].安庆师范大学,2019.

④　李月.小学教师课堂评价语言的研究[D].山东师范大学,2018.

⑤　仵兆琪,裴跃进.教学评价语体的本质与维度[J].教育科学研究,2022(4):33-38+46.

⑥　沙水花.新课改背景下小学语文教师课堂教学评价语言的有效性探究[D].广西师范大学,2013.

⑦　李永婷.当代中国教师课堂教学评价语研究:1990—2015年[J].教育理论与实践,2016(28):60-64.

⑧　杨海燕.课堂教学情景中教师言语评价行为的研究[D].华东师范大学,2003.

性质方面，课程性质和课程目标的不同可能导致教师评价语使用频率及形式的不同。例如相较语文课和英语课来说，美术课作为一门开放性较强的课程，更受学生们喜爱和追捧。因此，美术教师在课堂评价语的使用方面更加灵活多样，使用频率更高，而语文课和英语课相对来说，教师的评价语更多的是无意识的简单肯定，有时甚至无评价。还有研究将影响课堂评价语的因素拓展到了语用情境方面，认为上下文语境、情景语境以及民族文化传统语境都能不同程度地影响到教师课堂评价语的使用，从而影响到课堂教学评价用语的有效性。[1]另外，高凌飙论述了首因效应、近因效应等对教师评价语的影响。[2]侯春在也明确表示晕轮效应也会影响教师的客观判断和公正评价。[3]

3.小学课堂评价语存在的问题

李永婷认为，目前教师课堂评价语言存在的问题可以从评价观念和评价技术两个方面进行研究。在评价观念层面，主要存在教师对新课程改革的理念把握不准、评价观念存在偏颇、学校管理层不够重视等问题。在评价技术层面，主要包括倾听技术、分析判断技术和表达反馈技术。[4]还有学者基于对课堂观察以及与学生的访谈，较为全面地总结出课堂教学情境中教师言语评价的 8 个问题。具体包括：评价言语单调、匮乏；评价不具体；评价不真诚；评价时机不当；教师急于肯定正确答案；评价层次单一；评价不公；评价缺乏准确性和科学性。[5]

当前教师评价语存在形式空洞、注重内在特质和固定能力而忽视成长与发展等误区，评价语的反馈低效甚至失当会阻碍学生成长型思维的发展。[6]李月指出，教师课堂评价语存在的问题还包括未能突出学科特点，"好""很

① 杨海燕.课堂教学情景中教师言语评价行为的研究[D].华东师范大学,2003.
② 高凌飙.课堂教学怎么评：30 年的追问[J].基础教育课程,2009(Z1):147-150.
③ 侯春在.晕轮效应：教师评价行为中的态度误区[J].教育科学,2001(4):43-45.
④ 李永婷.当代中国教师课堂教学评价语研究：1990—2015 年[J].教育理论与实践,2016(28):60-64.
⑤ 杨海燕.课堂教学情景中教师言语评价行为的研究[D].华东师范大学,2003.
⑥ 牛宝荣,李如密.促进学生成长型思维发展的教师评价语探析[J].中国考试,2022(1):69-75.

好""不错""对"等千篇一律、笼统模糊的评价语言成为各个学科的教师评价学生的万能语句和评价宝典。①

4.提高课堂教学评价语有效性的研究

通过梳理文献发现，学者对提高课堂评价语有效性的研究主要着眼于管理层面和教师层面。对于管理层面，具体而言要加强适应基础教育需求的高师院校相关课程改革，加强对课堂评价语的重视，强化教师专业发展相关内容的培训，建立科学合理的教师课堂教学质量评价体系等。②

针对教师层面，不同学者从不同角度阐明了观点。晋桔从评价意识、评价对象、评价内容、评价时机、评价技术五个维度详细地探讨了提高教师课堂评价语有效性的手段。③杨海燕从评价实施过程入手，指出教师对评价语的思考在教学前、教学中、教学后都要有所体现。在教学前，教师要认真设计教学方案，充分熟悉教学内容，了解学生状态，对课上学生可能出现的结果进行充分的估计和预料。在教学中，要倾听学生、观察学生、延迟评价、让学生参与评价。在教学后，应加强反思、加强学习。④汪晓滟强调评价语应重视否定性，并指出，为保证否定性评价对学生学习积极性和自信心，第一，否定性评价要尽可能幽默化。第二，否定性评价要尽可能给学生以再次实践的机会。⑤陈昕在此基础上进行补充，强调在进行课堂评价时，还要讲究体态语的技巧。通过自身表情、目光、手势、身姿等，特别是眼神，配合课堂评价语言，拓宽师生之间信息传递渠道，传达有声语言无法替代的多种信息，有效发挥体态语补充、丰富和强化有声语言的功能，增强教师评价语言的表现力和感染力。⑥

王水丽建议学习并模仿名师的评价用语，例如于永正老师的幽默式评价语，窦桂梅老师的激情式评价语，数学特级教师徐斌的延迟性评价语，张

---

①　李月.小学教师课堂评价语言的研究[D].山东师范大学,2018.
②　陈昕.小学教师课堂评价用语的优化[J].教学与管理,2014(14):25-26.
③　晋桔.小学语文课堂教师评价语言研究[D].四川师范大学,2013.
④　杨海燕.课堂教学情景中教师言语评价行为的研究[D].华东师范大学,2003.
⑤　汪晓滟.小学课堂评价语存在的问题及解决策略[J].教育科研论坛,2010(6):27-28.
⑥　陈昕.小学教师课堂评价用语的优化[J].教学与管理,2014(14):25-26.

齐华的启发式评价语等。①蒋岳庆提醒教师关注"时髦评价语"对教学的消极影响,并从"教学目标、教学内容、教学活动、教学评价"这四个教学的"基本要素"剖析了"时髦评价语"对语文教学带来的隐性伤害。②

(二)小学日常评价语的聚焦——表扬的审视与运用

在我国基础教育课程改革中,关于学生的评价,学术界提出的激励性评价的理念和措施逐渐为广大教师所认同和采纳。但从心理学的研究成果来看,表扬对学生的影响受多种因素的制约远非人们想象的那么简单。因此,为使表扬能真正激发学生学习的积极性,必须对表扬与学习动机的关系有清醒的认识,并遵循表扬的科学原理和方法。③

1.关于表扬的复杂性讨论

(1)表扬的内涵

表扬是指评价者根据有效的评价标准对他人(即接受者)的产品、成绩或人格特质等不同方面进行的积极评价。④要全面理解表扬的内涵,需要把握以下三点:首先,表扬并不等于所有积极性评价。有学者指出积极性评价语分为三个层次,肯定、表扬与激励。⑤肯定是简单的认可,对学生的回答做"是什么"的价值判断;表扬更注重原因,即因什么而表扬;激励比表扬更关注未来,让回答的学生和听的学生都明白哪方面"好",怎样达到"好",也就是"怎么做"。其次,积极评价并不一定意味着积极的强化功能。在特定条件下,积极评价可能会对儿童的发展尤其是儿童应对挫折的反应产生潜在的不良影响。最后,表扬不是一个从评价者到接受者的单向传递过程,而是一个评价者与接受者复杂的社会互动过程,在这个过程中接受者与评价者的作用同等重要。换言之,表扬对儿童发展的效应不仅依赖于表扬的内容,而且依赖于实施表扬的具体情境、表扬所传达的潜在意义以及接受者的个体

① 王水丽.课堂中的"蝴蝶"[D].华东师范大学,2008.

② 蒋岳庆.关注"时髦评价语"对教学的"隐性伤害"[J].教学与管理,2018(32):24-25.

③ 范春林.表扬与内在动机关系的研究[J].中国教育学刊,2005(9):49-52.

④ Henderlong J.,Lepper M.R.,The effects of praise on children's intrinsic motivation:A review and synthesis[J].Psychological Bulletin.2002(5):774-795.

⑤ 王水丽.课堂中的"蝴蝶"[D].华东师范大学,2008.

特征和对表扬的主观理解。[①]

（2）表扬的类型

对于表扬的类型而言，根据内容取向可划分为个人取向的表扬、过程取向的表扬、结果取向的表扬三种类型。[②]从归因理论视角还可以分为能力取向的表扬和努力取向的表扬。这两种隐含归因信息的表扬与儿童心理发展的关系一直备受研究者关注。[③]按目标导向可以将表扬分成社会比较的表扬和掌控取向的表扬。[④]社会比较的表扬是指对个体优于常规或同伴的表现所进行的表扬，掌控取向的表扬是指对个体掌握或理解新技能的深度所进行的表扬。

（3）表扬对儿童动机发展的不同声音

表扬与儿童内在动机的关系一直是一个充满争议的问题，在心理学界普遍存在两种对立的观点：一种观点认为表扬对儿童的动机发展具有积极的影响。例如，国外大量研究都表明，教师对儿童的表扬能够增强儿童的内在动机[⑤]，学业表现[⑥]以及自我评价[⑦]。我国也有学者通过元分析表明，表扬与

①　邢淑芬,林崇德,俞国良.表扬对儿童动机的影响及其教育启示[J].中国教育学刊,2007（12）:41-44.

②　Kamins M.L.,Dweck C.S.,Person versus process praise and criticism:Implications for contingent self-worth and coping[J].Developmental Psychology,1999(35):835-847.

③　Muller C.M.,Dweck C.S.,Praise for intelligence can undermine children's motivation and performance[J].Journal of Personality and Social Psychology,1998(75):33-52.

④　Henderlong J,Christin M.,The effects of social-comparison versus mastery praise on children's intrinsic motivation[J].Motiv Emot,2006(30):335-345.

⑤　Cameron,J&Pierce,WD.,Reinforcement reward,and intrinsic motivation:A meta-analysis[J].Review of Educational Research,1994(3):363-433;Dev,P.C.,Intrinsic motivation and academic achievement:What does their relationship imply for the classroom teacher? [J].Remedial&Special Education,1997(1):12-19;Deci,E.L.,Koestner,R,&Ryan,R.M.A metaanalytic review of experiments examining the effects of extrinsic rewards on intrinsic motivation[J].Psychological Bulletin,1999(6):627-668;Cimpian,A.,The impact of generic language about ability on children's achievement motivation [J].Developmental Psychology,2010(5):1333-1340.

⑥　Schunk,D.H.,Ability versus effort attributional feedback:Differential effects on self-efficacy and achievement[J].Journal of Educational Psychology,1983(6):848-856;Hancock,D.R.,Influencing graduate students' classroom achievement,homework habits and motivation to learn with verbal praise[J].Educational Research,2002(1):83-95.

⑦　Talbot,J.C.,The road to positive discipline:A parent's guide Los Angeles[J].CA:TNT,2009.

动机、坚持性和自我评价成分皆呈现正向中等效应量,表扬对儿童内在动机具有促进作用。①

　　另一种观点认为表扬对儿童内在动机具有消极影响。一些研究发现,表扬会导致儿童的内在动机和任务坚持性下降②。美国心理学家 Kohn 认为表扬会对儿童的良好表现带来压力,从而导致回避挑战和自主性降低。③同时,表扬将儿童的注意力集中到成人的控制上,从而导致儿童对为何获得表扬的因果关系的认识从内部转向外部。④还有研究发现,如果儿童完成简单的任务即给予表扬,会导致儿童做出自己能力低的推论,进而可能会给儿童的动机带来破坏性影响。⑤

　　此外,还有一种折中的表扬观。美国心理学家德西(Deci)等人提出的认知评价理论认为,表扬本身无所谓利弊,关键取决于儿童的认知评价。具体说来,表扬对儿童内在动机的影响依赖于儿童自身对表扬的两种因素——控制性和信息性的理解。控制性是指,表扬暗含着期待儿童所要达到的表现标准,儿童由此表扬领会到今后要怎么做;信息性是指受表扬者已经具备被表扬者评价的能力,儿童由此表扬感受到自信或效能感。对于同样的表扬,如果儿童认知评价中控制性占优势,则会产生外部压力感,导致自主性和内部动机的损伤;反之则会产生更强的能力感和内在动机。⑥因此,表扬的效果依赖于表扬的控制性和信息性两方面相对显著性的调节。

---

①　高爽,张向葵.表扬对儿童内在动机影响的元分析[J].心理科学进展,2016(9):1358-1367.

②　Brophy,J.,Teacher praise:A functional analysis [J].Review of Educational Research,1981(1):5-32;Henderlong,J &Lepper,M.R.,The effects of praise on children's intrinsic motivation:A review and synthesis[J].Psychological Bulletin,2002(5):774-795;Corpus,J.H,Ogle,C.M.&Love-Geiger,K.E.,The effects of social-comparison versus mastery praise on children's intrinsic motivation[J].Motivation&Emotion,2006(4):333-343;冯竹青,葛岩.物质奖励对内在动机的侵蚀效应[J].心理科学进展,2014(4):685-692.

③　Kohn,A.,By all available means:Cameron and pierces defense of extrinsic motivators [J].Review of Educational Research,1996(1):1-4.

④　任国防,张庆林.表扬与内在动机关系的三种观点[J].心理科学,2004(4):1002-1004.

⑤　Meyer W.U.,Some effect of praise and blame on perceived ability and affect [J].Social Cognition,1986(4):293-308.

⑥　Deci E,Ryan R M,Koestne R.A meta-analytic review of experiments examining the effect of extrinsic rewards on intrinsic motivation[J].Psychological Bulletin,1999(125):627-668.

2.影响表扬效果的变量研究

之所以会产生对表扬的两种不同的观点，其中一个重要原因是不同研究中的表扬过程所传递的隐含信息存在差异，如有的表扬侧重于能力因素，有的表扬侧重于努力因素。另一原因则是表扬对儿童的心理效应受多种因素的调节，有些研究的结论未考虑这些因素的调节作用。①因此，应正确把握影响表扬效果的各种因素，促使表扬发挥增强儿童的内在动机的积极作用。

美国心理学家 Jennifer Henderlong 和 Mark Lepper 对各种表扬与内在动机的关系理论进行了归纳与整合，并引入了五个概念变量来解释表扬如何在特定情况下对内在动机产生不同的影响，包括：真诚性、归因方式、自主感、胜任感和自我效能感、行为标准和期望。综观国内外多位学者的论述，影响表扬有效性的因素主要包括以下三个方面：教师因素（真诚性、归因方式）；学生因素（年龄、性别）；其他因素（任务难度、师生关系、表扬环节、文化背景）。

（1）教师因素

表扬时，表扬者是否真诚和诚实是最重要的。当表扬过于热情或过于泛化时会被认为是不真实的，②并且会使被表扬者难堪，甚至会使他们故意降低未来任务中的表现以解决表扬与更真实的自我概念之间的矛盾。③同时，当表扬与非言语行为产生矛盾时，也会被儿童认为不真诚。④对此，国内有学者提倡教师应运用发掘式表扬、描述式表扬以及间接式表扬，以此彰显表扬的真诚品质。⑤

此外，表扬也能通过对学生归因方式的影响，进而影响其内在动机。Schunk 的研究发现，在技能获得的过程中，能力表扬在提高儿童自我效能感

---

① 邢淑芬,林崇德.表扬对儿童心理效应的调节与中介因素[J].首都师范大学学报(社会科学版),2011(6):66-70.

② Kohn, A.Punished by Rewards:The Trouble with Gold Stars,Incentive Plans,A's,Praise,and other Bribes[M].New York.Houghton mifin,1993:102.

③ Kanouse.D.E.,Gumpert,P&Canavan-gumpert,D.These Man tics of Praise InJ.H.Harvey,W.Ickes&R.F.Kidd(Eds)[J].New Direction sin Attribution Research Hillsdale NJ:Erlbaum.1981:98.

④ Brophy, J.,Teacher Praise:A function Analysis[J].Review of Educational Research.1981 (51): 5-32.

⑤ 汪明.表扬的真诚品质的彰显[J].教学与管理,2017(32):15-16.

和成绩方面优于对努力的表扬。①但有学者指出,以上研究只关注了能力取向的表扬在当时成功情境中的积极效果,却忽视了这种表扬对儿童未来特别是经历挫折时的影响。②Kamins 等人采用角色扮演的方法考察了不同归因取向的表扬对儿童动机发展的影响。结果发现:在成功完成任务后,能力和努力取向的表扬均具有积极的即时效应,使儿童表现出适应性的反应模式。但当儿童遇到挫折时,接受努力取向表扬的儿童在遇到挫折后表现出更高的自我评价、坚持性和内在兴趣,更有可能提出应对挫折的建设性策略并表现出更高的成绩水平;相反,接受能力取向表扬的儿童更多地表现出无助的反应模式,缺乏应对挫折的心理弹性。③国内学者邢淑芬对小学五年级学生所进行的实证研究也支持这一结论。④

针对不同目标导向类型表扬的效果差异,研究者发现,社会比较的表扬可以使成绩好的学生感觉自己更有能力或潜力去完成接下来的任务,但是随后的失败会使他们很脆弱。而掌控取向的表扬则针对他们的专长或自我提高,不包含与常规或他人比较的信息,所以更有利。⑤虽然社会比较的表扬减弱了个体在失败情境下的动机,但相对于针对个人的一般表扬,社会比较的表扬蕴含着内隐或外显的比照信息,所以更能增加一个人的自豪感。⑥

同时,教师不同类型的表扬也会导致儿童不同的反应模式。⑦第一,不同类型的表扬可以导致儿童持有不同的能力理论。研究发现,接受个人取向

①　Schunk,D.H.,Ability Versus Effort Attributional Feedback:Differential Effects on Self-efficacy and Achievement[J].Journal of Educational Psychology,1983(6):848-856.

②　Mueller C.M.,Dweck C.S. Praise for intelligence can undermine children's motivation and performance[J].Journal of personality and social psychology,1998(75):33-52.

③　KAMINS M.L.,DWECK C.S. Person versus process praise and criticism:Implications for contingent self-worth and coping[J].Developmental Psychology,1999(35):835-847.

④　邢淑芬,俞国良,林崇德.不同归因取向的表扬对儿童失败后的影响效应[J].心理科学,2011(5):1079-1084.

⑤　Jennifer Henderlong Corpus and Christin M.Ogle and Kelly E.Love-Geiger.The Effects of Social Comparison Versus Mastery Praise on Children's Intrinsic Motivation[J].Motivation and Emotion,2006(4):333-343.

⑥　Webster J.M.,Duvall J.,Gaines L.M.,et al.,The roles of praise and social comparison information in the experience of pride[J].The Journal of Social Psychology,2003(2):209-23.

⑦　赵景欣,王美芳.批评/表扬与儿童反应模式的关系[J].心理科学进展,2003(6):663-667.

表扬的儿童更可能持能力固存观;接受过程取向表扬的儿童更倾向于持智力发展观,接受结果取向在二者之间的不存在显著差异。第二,不同类型的表扬会影响儿童条件性自尊的形成。①还有学者发现,接受个人取向表扬的儿童表现出了明显的条件性自尊感,并在随后的无助测验任务中表现出了更为强烈的无助反应;而接受过程取向表扬的儿童则总是确信自己是有价值的。②

以上只是单独考察了某一种表扬类型的效果,实际上在生活中,儿童在自然情境下听到的更可能是混合型的表扬,如"你做得很努力,真是个好孩子"③。有研究对一般表扬和混合表扬进行了研究,结果发现,对于混合类型的表扬来说,儿童听到越多具体表扬,经历失败后表现出越高的自我评价和坚持性。研究还发现了要提高儿童的自我评价只需要少量的具体表扬,但只有听到大量具体表扬才能提高其对任务的坚持性。④

（2）学生因素

儿童的年龄因素主要是与其认知水平有直接关系，而认知水平对能力和努力取向表扬的效应也具有调节作用，这是因为两种取向的表扬给儿童传递了相应的归因信息,这需要儿童能推理能力与努力两因素间的关系。美国心理学家 Nicholls 和 Miller 对 5~12 岁儿童进行了实证研究，将他们对能力与努力二者间关系的推理划分为四个阶段，并发现随着年龄的增长，儿童将自己成绩的归因逐渐从努力转向能力。⑤自我价值的研究也发现,年幼儿童的自我价值感来源于能力和努力两个因素，他们不能把能力与努力区分为两个相互独立的维度;但年长儿童的自我价值感则主要来源于能力。⑥

---

① Muller C.M.,Dweck C.S.,Praise for Intelligence can Undermine Children's Motivation and Performance[J].Journal of Personality and Social Psychology,1998(75):33~52.

② Kamins M.L.,Dweck C.S.,Person Versus Process Praise and Criticism:Implications for Contingent self-worth and Coping[J].Developmental Psychology,1999(35):835~847.

③ 张琳,黄喜珊,梁碧珊.关于表扬的心理学研究及其教育启示[J].心理研究,2012(3):14~19.

④ Zentall S.R.,Morris B.J.,"Good job,You're so Smart":The Effects of Inconsistency of Praise Type on Young Children's Motivation[J].Journal of Experimental Child Psychology,2010:155~163.

⑤ Nicholls,J.G.,Miller,A.T.,Reasoning about the Ability of Self and Others:A Development Study [J].Child Development,1984(55):1990~1999.

⑥ Covington,M.V.,Making the Grade:A Self-worth Perspective on Motivation and School Reform[J].Cambridge University Press,1992.

在性别因素上,高爽等人以儿童为被试群体,运用元分析的方法表明,性别(男生比)对表扬与内在动机不具有显著调节作用,表现为表扬对男生内在动机的影响不明显。①美国心理学家 Henderlong 等人也研究发现,能力取向表扬降低了女孩的内在动机和自主性水平,相反努力取向的表扬则提升了女孩的内在动机水平;但能力和努力取向的表扬对男孩的内在动机水平并未产生不同的效应。②

(3)其他因素

对于任务难度这一因素,张琳等指出,对简单任务给予表扬,会使学生觉得自己能力被低估,所以接下来会表现得比较消极。而调查表明,学业成绩不良的学生经常受到这种不必要的表扬,而且对学生成绩期望低的老师也常使用这种方法。③国外有学者通过其实验研究结论提示我们,在儿童完成简单任务时,无论是能力取向还是努力取向表扬,都不是成人最佳的反馈方式,简单信息反馈可能会对儿童产生更积极的作用。④

同样,师生关系也会影响表扬对儿童心理发展产生的效应。如果教师与学生的关系联结十分紧密,无论是何种类型的表扬都易于被儿童知觉为是真诚的,倾向于对儿童发展产生积极的效应。相反,在充满冲突或冷漠的师生关系中,同样的表扬方式会被儿童知觉为一种控制行为,从而对他们的心理发展产生不良影响。⑤

此外,实施表扬的环节也会影响表扬的效果。钟启泉通过阐述哈佛大学的费乐耶(R.G.Fryer)教授对儿童受到表扬同用功、学力之间的因果关系研究,最终指出,给予儿童表扬不是仅应在"获得好分数"的"产出"环节,而是更应当在"用功读书"之类的"投入"环节。这是因为,在"产出"情形下给予表

① 高爽,张向葵.表扬对儿童内在动机影响的元分析[J].心理科学进展,2016(9):1358-1367.

② Henderlong,J.,Lepper,M.R.,The Effects of Person Versus Performance Praise on Children's Motivation:Gender and Age as Moderating Factors[J].Educational Psychology,2007(27):487-508.

③ 张琳,黄喜珊,梁碧珊.关于表扬的心理学研究及其教育启示[J].心理研究,2012(3):14-19.

④ Meyer,W.U.,Paradoxical Effects of Praise and Criticism on Perceived Ability.In W.Stroebe& M.Hewstone(Eds.),European Review of Social Psychology,Chichester[M],England:Wiley,1992:259-268.

⑤ Brophy,J.,Teacher praise:A functional analysis [J].Review of Educational Research,1981(1):5-32.

扬的儿童,对"今后要得到表扬该做什么"的问题,几乎都是"认真审题""纠正错误"之类的有关应试技巧的回答,而对于"认真听课"之类的本质性的牵涉改进学力的方法,却完全置之度外。①

最后,在不同文化背景下,由于文化信念的不同,表扬对内在动机也会产生不同的影响。如国外研究者认为当儿童遭遇失败以后,努力取向的表扬对儿童心理的积极效应是有限的。②但国内研究发现,我国儿童在遇到失败以后的坚持性显著高于成功情境;无论是成功还是失败的情境,努力取向的表扬均使儿童表现出适应性的认知—情感—行为反应模式。③

3.表扬的运用策略研究

首先,多数研究表明,教师表扬与对学生正向激励作用的目标并不一定匹配,因此教师在借助表扬激励学生学习动机与提高其自我教育期望时,需要考虑多方因素。范春林针对美国教育学者 Jennifer Henderlong 提出的影响表扬动机的五个概念变量对如何提高表扬的真诚感,增强表扬对学生的自主感、胜任感等因素做出了具体分析。④还有学者指出,表扬应指向儿童的努力和策略运用,而不是能力和个性特质。⑤其次,当儿童在简单任务上取得成功时,不要随便给予他们表扬,因为这种表扬会使儿童得出自己能力低的推论。此外,当儿童付出很大努力却依然遭遇失败时,成人应给予简单的信息反馈。在这种情境下,成人努力取向的表扬对儿童动机的积极影响非常有限,因为年长儿童认为努力与能力是反向相关的,努力取向的表扬会成为儿童推断自己能力低的线索。最后,表扬要尽量避免过多地与其他儿童做比较。⑥陈桂生表明,教师要切忌滥用表扬,表扬的成效关键取决于它是否能激起被表扬者的荣誉感,一个不轻易批评或表扬的教师其话语更具有信度与

① 钟启泉."表扬"策略的实证研究[J].基础教育课程,2018(14):79-80.
② Henderlong,J.,&Lepper,M.R.,The effects of praise on children's intrinsic motivation:A review and synthesis[J].Psychological Bulletin,2002(5):774-795.
③ 邢淑芬.表扬对儿童反应模式的影响及其中介机制[D].北京师范大学博士论文,2008.
④ 范春林.表扬与内在动机关系的研究[J].中国教育学刊,2005(9):49-52.
⑤ 邢淑芬,林崇德,俞国良.表扬对儿童动机的影响及其教育启示[J].中国教育学刊,2007(12):41-44.
⑥ 王桂平,陈会昌.表扬在儿童心理发展中的作用[J].学前教育研究,2004(Z1):38-40.

力度。①

　　经梳理我国有关小学教师评价语的研究,可以发现,关于课堂评价语的研究在 2000 年以后明显增多。研究内容涵盖了教师课堂评价语的概念、分类、特征、作用、影响因素、问题及改进策略等方面。研究思路绝大多数研究都依循"现状—问题—策略"这一思路。在研究方法上,实证研究成果显著。但研究过程中也存在缺少理论基础、研究较浅、各研究相互割裂等问题。有关表扬的研究我国在国外研究的基础上已经有了较大的成果,但还有较多值得存疑的地方,例如,有关表扬的研究更多集中于考察儿童在学业领域的表现,不同类型的表扬在不同领域(如儿童的社交领域)的适用性问题研究较少。

二、小学作业研究

(一)关于作业的是与非讨论

　　国内外关于作业的研究历来是一个永久的教育话题,在任何一个时期,对作业的批评和赞同态度始终同时存在并影响着当时的实践。时至今日,是非依然, 而且争论愈演愈烈。1994 年, 美国家庭作业研究专家库伯(Harris Cooper)及他的同事们总结了家庭作业对于学生的正、负两方面的影响。其中正面影响包括:帮助学生增强记忆;使学生更深入理解所学知识;有利于批判性思维的发展、概念的形成及信息加工;能丰富课程;改善学生对学校的态度;鼓励学生在课余时间学习;有助于家长对教育的更多参与等。负面影响包括:使学生对知识性材料失去兴趣;造成身心疲惫;使学生不能参加一些课余活动或社区活动;造成父母与教师的指导相冲突;扩大低收入家庭学生与高收入家庭学生间成绩的差距等。②美国教育学者班尼特(Sara Bennett)和卡利什(Nancy Kalish)也在其出版的著作《反对家庭作业的事例:家庭作业如何伤害儿童,我们应该怎么办》中提供了大量的证据证明家庭作业损害了儿童的身体健康,并指出,在如何设计家庭作业方面,教师们没有受过很好

---

①　陈桂生."以表扬为主"评议[J].当代教育科学,2003(17):19-25.

②　胡苇.国外中小学家庭作业问题的研究及启示[J].外国中小学教育,2007(12):52-55.

的训练,因而应建议教师减少家庭作业的数量并设计出有价值的作业。①

可以看出, 即便反对声不断涌现, 但反对者并不一概主张取消家庭作业,而是对如何进一步改进家庭作业提出了建议。应该说,在关于家庭作业是与非的问题上,纠结的主要问题不在于是否要取消家庭作业,而是如何减少家庭作业的负面影响,进一步提高家庭作业的质量。因此,教育者的任务就变成了设计出高质量的作业以确保学生最大限度地受益。

(二)导向学习的小学作业设计研究

2013 年上海市教委教研室组织的作业大规模调研结果显示, 目前作业效果普遍不佳,作业设计质量不高是导致作业效果不佳的主要原因。②基于当前促进学习的评价原则(assessment for learning),我们也应设计出导向学生学习的作业,即作业对学生来说是可接受的,能够激发学生的好奇心和对任何学科的激情, 还可以为评估学生进步提供宝贵的机会。国外有研究表明,高质量的作业设计需要考虑目的、相关性、可行性、数量四方面的内容。③我国也有学者通过回归分析发现,在小学阶段,对作业实施效果影响最为明显的作业设计要素包括:作业的必要性,即作业对不同学生的针对性和适切性问题;作业与学习内容的联系程度;作业类型;作业难度;作业可理解性以及作业量六个方面。④基于多篇文献考量,本节主要从作业设计原则、作业相关性、作业类型、作业可行性、作业体量五个方面进行逐一综述。

1.作业设计原则

国外许多有经验的老师在设计作业时会使用两个缩略词来检验自己作业布置的合理性,分别为 S.M.A.R.T 和 R.U.M.B.A。其中 S.M.A.R.T 包括:具体的(specific)、可测量的(measurable)、可完成的(achievable)、现实的(realistic)、有时限的(timed)。R.U.M.B.A 是指:现实的(realistic)、可理解的(understand-

①　胡莘.国外中小学家庭作业问题的研究及启示[J].外国中小学教育,2007(12):52-55.

②　王月芬.课程视域下的作业设计研究[D].华东师范大学,2015.

③　[美]艾琳·迪普卡.聚焦家庭作业:改进实践、设计以及反馈的方法和技巧[M].吴梦琪,译.南京:江苏凤凰科学技术出版社,2020:27.

④　王月芬,张新宇等.透析作业——基于 30000 份数据的研究[M].上海:华东师范大学出版社,2014:251-252.

able)、可测量的(measurable)、行为的(behavioural)、可完成的(achievable)。①

对于小学作业设计,首先应该充分考虑小学生的生活经历,这是小学作业设计的基本原则。②它至少包括以下两个方面的要求。第一,真实性原则。即小学的作业应该与小学生的经验具有一定相关性,而不仅仅为了学习课本上某一个原理和知识而提出一个孤零零的问题。第二,激发性原则。这是指作业的设计要能够促使小学生激起好奇心和探索的兴趣,继而在课后或者校外继续就作业中的问题进行观察、思考和从事可能的实验,并由此激发学习的热情和积极性。③国外学者库伯(Cooper)也指出,小学阶段的作业应该是"量少题易",应该让学生从作业中得到快乐的体验。④其次,应注重作业的应用性。小学家庭作业要侧重于技能而不是可陈述的知识,具体而言要设计能促进学生逻辑思维技能、观察技能、问题解决技能以及日常生活所需知识的作业。⑤最后,作业还需体现拓展性。教师要意识到小学作业不仅为了课堂学习的巩固和内化,更要开拓其视野、激活其兴趣、培育其习惯、增进其礼仪规范,不仅要关注儿童已知世界的理解与识记,更要开启儿童丰富的想象世界和未知世界。⑥

2.作业相关性研究

作为成年人,我们很少选择做一些与我们的生活无关或是无趣的事情。儿童也不例外。如果布置作业的目的是让学生参与,那么相关性就是一个关键要素。有研究证明,相关的作业可以提高学习成绩,但是不相关的作业几乎或者没有任何好处。⑦

对此,首先从教师自身需要明确作业设计的目的。针对这一问题,美国

---

① [英]格里·切尔尼亚夫斯基,沃伦·基德,李敏.作业设计300妙招[M].杨全印,译.上海教育出版社,2020:31.

② 谢维和,李敏.小学教育原理[M].北京:高等教育出版社,2021:270-271.

③ [美]杜威.民主主义与教育[M].王承绪,译.北京:人民教育出版社,1990:152.

④ Harris Cooper,Synthesis of research on homework[J].Education Leadership,1989(9).

⑤ 刘叶.小学生家庭作业现状调查与对策研究[D].沈阳师范大学,2013.

⑥ 李晓红.小学作业设计的伦理失衡与纠偏[J].中国教育学刊,2016(6):69-73.

⑦ Marzano,R.J.,& Pickering,D.,The case for and against homework[J].Educational Leadership,2007(6):74-79.

教育学家怀恩（Wilen）及其合作者认为，如果家庭作业是为了以下目标就最适合：提供学生所需的更多练习；提供给学生更多时间以完成需完成的书面作业；提供给学生熟悉课堂讨论前阅读材料中包含的内容的机会。①王月芬从宏观层面提出了课程视域下的作业目标设计。具体而言有以下三点内涵：第一，由于教学受到客观的时空局限，因此课程视域下的作业设计观强调作业作为课程的一个主要环节，与教学相辅相成，共同促进整体课程目标的实现；第二，课程视域下的目标更加强调整体性、系统化而不是零散的、鼓励的目标设计；第三，课程目标不仅仅是强调根据既定的目标机械执行与落实，而且强调通过学生实际的掌握情况、学生的差异性进行个性化的适当调整与完善。②刘辉等人则强调在进行作业目标设计时应关注学生学习素养的发展，一方面是学科核心素养的发展，另一方面是学会学习素养的发展。③

其次，教师需重视作业目标的科学描述。作业目标越是清晰明确，越有助于学生理解作业内容，也能够满足作业效果交流和学习评价的需要。对于作业描述的要求可以参考加涅（Robert Mills Gagne）的"五成分"表述方法以及阿姆斯特朗和塞维吉（Armstrong Savage）的"ABCD陈述法"。有关作业目标设计的层次问题，可以使用布鲁姆分类法（Benjamin Bloom）和韦伯（Norman Webb）的知识深度框架，鼓励学生从更高、更深的层次思考内容，同时增加作业设计的严谨性。

最后，教师在布置作业时还需注意，作业布置的时间应该放在课程导入活动一直到课程的正式开始，而不应该放在一堂课的最后几分钟，学生注意力水平不高的时间段。因为将家庭作业的收集和布置放在一堂课的最后，一定程度上给学生传递了一种这样的信息：即家庭作业置于课堂教学的从属地位。④同时，有研究表明⑤，教师的期望也是学习者是否会定期完成家庭作

① Wilen.Dynamics of Effective Teaching[M].Addison Wesley Longman,Inc.2000.

② 王月芬.课程视域下的作业设计研究[D].华东师范大学,2015.

③ 刘辉,李德显.中小学作业设计变革：目标确认、理念建构及实践路径[J].当代教育论坛,2022(1)：97-108.

④ [英]格里·切尔尼亚夫斯基,沃伦·基德.作业设计300妙招[M].李敏,杨全印,译.上海：上海教育出版社,2020：13.

⑤ Muis,D.and Reynolds,D.,Effective Teaching：Evidence and Practice[M].London：Sage,2011.

业的最具代表性的因素。因此,教师在向学生传达作业时对其的认同及重视程度会影响学生完成作业的动机和质量。所以,教师应在上课前就向学生说明作业的重要性,以及决心实施作业计划的方式,以确保所有学生能够引起重视。

3.作业类型研究

作业类型有各种划分的纬度。谢维和、李敏从三种不同的角度对小学作业进行分类。根据小学教学的阶段性特点和安排,作业大致可以分为练习题、复习题和考试题。根据习题的呈现形式,可以分为结构型习题和开放型习题两种。按照作业的认知类型,可以将作业分成以下六种循序渐进的形式。分别为:知识类作业、理解类作业、应用型作业、分析型作业、综合型作业、评价型作业。六种作业类型在应用上并不是绝对孤立的,而是相互结合在一起的。①

以作业的功能为分类标准,美国家庭作业研究专家艾琳·迪普卡(Eileen Depka)将作业分为诊断性作业、引导性作业、形成性作业、总结性作业,并对四种作业类型的设计及评分制定进行了详细说明。②美国学者利(Lee)和皮尔瑞特(Pruitt)通过研究发现,教师布置给学生的家庭作业主要有四类:一是练习型,帮助学生掌握特殊技能和巩固课堂上学过的教学内容;二是准备型,为学生学习新课做准备;三是扩展型,为了发展学生的能力,将先前学习过的知识方法运用到解决问题中去;四是创造型,给学生批判性思考和解决问题的机会。这四种类型的作业主要是从功能角度进行区分的。③相比较而言,国内绝大部分的作业主要集中在巩固记忆类、理解类和运用类型的作业。与国内不同的是,西方学者在家庭作业类型的设计上,更加倾向于创造型、应用性的作业设计,他们认为当鼓励学生在课后运用课内所学的知识的时候,不仅促进学生课内学习效率的提升,而且有助于通过课后应用性的作业来

---

① 谢维和,李敏.小学教育原理[M].北京:高等教育出版社,2021:271-274.

② [美]艾琳·迪普卡.聚焦家庭作业:改进实践、设计以及反馈的方法和技巧[M],陶志琼,译.南京:江苏凤凰科学技术出版社,2020:27.

③ Lee,J and Pruitt,K. "Homework Assignment:Classroom Game or Teaching Tools?" [J].Clearing House,1979(1).

加深对学习内容的理解、应用和迁移。①

还有一些学者对于作业类型的划分是结合学科的内容进行设计的。美国教育家瓦特洛特（Cathy Vatterott）②就曾指出，高品质的作业设计是与学习类型紧密相关的，并基于布鲁姆的目标分类学理论阐释了作业类型与学习内容的关系。

自 2000 年教育部《关于在小学减轻学生过重负担的紧急通知》中指出"要提倡布置活动性、实践性的小学生家庭作业"以来，我国开始在实践领域探索并开发出各种不同的作业设计类型。例如，钦爽指出，在具体的操作过程中教师应安排好预备型作业、练习型作业、拓展型作业、书面类作业以及非书面类作业的比例；把过去的单一的文本作业改进为可以用图画、照片、剪报、互联网资料以及排演的短剧或小品等多种形式表现的作业。③张志伟等基于浙江省某小学的现实情况，以主动作业为主题，进行了许多有益的探索，形成了若干较为典型和生动的新作业模式。如超市型作业、跨学科作业、自编测验性作业、延时作业、实践性闲暇作业、数学生活作业。④吴在君等从综合作业的特点出发，从知识点的结合、题目的编制与组合、完成方式的规划、评价与反馈手段的选择等方面具体阐述了综合作业的设计方式。⑤

4.作业可行性探讨

可行性是学生成功完成作业的重要组成部分。对于可行性的探讨，沃伦·基德（Warren Kidd）等人列出了几种学生作业未完成常见的其他原因，如缺乏动力、时间不充足、缺乏资源、误解任务设定、家庭原因等，并对其进行了细致分析。⑥但大多数学者都认为作业的难度是影响可行性的主要问题。

---

①　王月芬.课程视域下的作业设计研究[D].华东师范大学,2015.

②　Cathy Vatterott,Rethinking Homework:best practices that support diverse needs[M],Alexandria,Virginia USA:ASCD,2009:99.

③　钦爽.新课程背景下小学生作业设计研究[D].宁夏大学,2013.

④　张志伟,吴雅萍,蒋焕童.构建以学习者为中心的小学作业新模式[J].上海教育科研,2002(5):15-17.

⑤　张志伟,吴在君.小学综合作业的特点及其设计[J].上海教育科研,2004(5):56-57.

⑥　[英]格里·切尔尼亚夫斯基,沃伦·基德.作业设计300妙招[M].李敏,杨全印,译.上海:上海教育出版社,2020:31.

谢维和、李敏基于"可读性"的理解认为,关于作业难度的分析应该考虑两个因素:一是作业本身的特点,另一个是学生在做作业时所采用的各种认知手段。具体而言,影响小学作业难度的主要因素包括以下若干方面。第一,作业的描述。指的是作业的表达方式应该严谨细致、清楚明白。第二,作业的修辞。指的是作业中各种相关概念、信息等相互联系的组织方式。第三,其他因素。例如作业中各个局部的连贯一致或衔接,它指的是用什么样的语言形式将问题内部及彼此间的因素或概念联系在一起。除此之外,还设计信息的密集程度,等等。①

此外,不少学者在论述作业难度时,提出应考虑到学生间的个体差异而设计出分层作业,根据每位学生的认知水平设计与之相适应的作业难度更有利于学生的进步。例如苏联教育家维克托费德罗维奇·沙塔洛夫认为,应该用"推荐"作业代替"布置"作业,使每位学生都能在不感到为难的情况下发挥自己最大的潜力,尽可能多地完成作业。②艾琳·迪普卡提出了"选项菜单"的作业设计形式,并指出分层作业的设计可以运用非正式形成性评价策略来判断学生当前的水平,这种评价方式有助于教师确定是否所有学生都具备了成功完成作业的知识和技能。在考虑学生的个体差异时,不仅要关注学生的知识水平,还要考虑到诸如学生的家庭情况,其他兴趣爱好的时间分配等。对此,教师应该考虑创设有时间限制的作业,并能够成功地适应学生家庭的时间结构。③还有学者认为,对于学困生应根据其学习水平和教材内容,将难度较大的习题进行分解或给予具体的提示,系统地规划分步骤的练习,在学生对若干个具体问题作答后,再进行一次整合,以此提高他们完成作业的效率,减轻疲劳程度。④

5.小学作业体量研究

时间是衡量体量的一个直接指标。国外对于学生家庭作业时间与学习

① 谢维和,李敏.小学教育原理[M].北京:高等教育出版社,2021:274-275.
② 钦爽.新课程背景下小学生作业设计研究[D].宁夏大学,2013.
③ [美]艾琳·迪普卡.聚焦家庭作业:改进实践、设计以及反馈的方法和技巧[M],陶志琼,译.南京:江苏凤凰科学技术出版社,2020:27.
④ 宋秋前.有效作业的实施策略[J].教育理论与实践,2007(9):54-57.

成绩的相关研究,其中主要有四种:正相关、曲线相关、微弱的负相关及没有任何关系。胡苇分析了这四种相关性,最终发现,之所以会产生这四种相关性,与学生的年龄段、家庭作业的时间,以及家庭作业的形式有直接关系。①

对于作业与年龄的关系,美国教育学者斯蒂文森(H.W.Stevenson)在美国、中国、日本等国的研究发现,小学阶段的作业与其学习成绩之间无论在哪个国家均无显著关联。库伯对 50 年中有关家庭作业效果的近 120 个研究进行总结后发现,家庭作业的效果与学生年龄密切相关。对小学三、四年级的学生,相关几乎是零,对小学五六年级及初中一、二年级的学生,相关度为0.07,对高中生,相关度为 0.25。②由此可以发现,家庭作业对低年龄段的孩子效果很小,但库伯依然主张小学生应该有家庭作业,他认为,对儿童而言,家庭作业可以帮助他们形成良好的学习习惯,养成对学校的积极态度。③

针对作业完成时间,曾晓洁等人通过实证研究指出,作业质量不仅不会因作业时间拉长而提高,反而呈现一种大致相反的趋势,该趋势在作业时长超过 1 小时后尤其明显。④2021 年 7 月颁布的《关于进一步减轻义务教育阶段学生作业负担和校外培训负担的意见》也明确规定:"学校要确保小学一、二年级不布置家庭书面作业,可在校内适当安排巩固练习;小学三至六年级书面作业平均完成时间不超过 60 分钟。"⑤

此外,作业形式要丰富多变。在教学中,有趣新鲜的家庭作业会丰富学生的学习体验,引起他们浓厚的兴趣,感到学习充满意义和刺激,激发他们完成家庭作业的内在动机,从而促使他们对家庭作业有更大的投入和智力付出。⑥因此,如果布置的作业有趣,学生认为对其学习有用且喜欢做,就会

①　胡苇.国外中小学家庭作业问题的研究及启示[J].外国中小学教育,2007(12):52-55.

②　Chen C,Stevenson H W.Homework:A Cross-cul-tural Examination[J].Child Development,1989(60):551-561.

③　胡苇.国外中小学家庭作业问题的研究及启示[J].外国中小学教育,2007(12):52-55.

④　曾晓洁,尹铁军,蒋飞,阳恬,罗睿韬.差异化推进小学生减负的实证研究[J].上海教育科研,2016(3):10-13.

⑤　中共中央办公厅　国务院办公厅印发《关于进一步减轻义务教育阶段学生作业负担和校外培训负担的意见》[EB/OL](2021-07-24),http://www.moe.gov.cn/jyb_xxgk/moe_1777/moe_1778/ 202107/t20210724_546576.html.

⑥　姚利民.有效的家庭作业策略[J].湖南师范大学教育科学学报,2003(6):47-52.

减少作业带给学生的负担体验。

　　基于以上三点考量,不同学者提出了有关确定作业适宜量的具体策略。陆露提出了以下五点建议:增设趣味性作业,降低学生作业感受量;加强各科教师的交流、合作,调控作业量;针对不同层次的学生,布置不同的作业量;赋予学生作业自主权,自主选择作业量;加强与家长的沟通交流,改变家长对学生作业量自我加压的状况。①宋秋前强调,要优化作业结构,突出适量性。教师要根据学生对教学内容的掌握情况和实际,突出重点,灵活增减,合理分配平时学习与期末复习阶段的课外作业量。②王月芬认为,不同学科间作业时间需要有效协调和控制。首先,可以通过学校作业管理机制协调,规定每门学科作业最多的时间,让学科教师进行控制。其次,每个学科教师在教室黑板上记录下作业内容,便于不同学科教师相互了解,调节自己的作业量。③还有学者指出,各科教师对于作业量的把控可以采取以下两种方式:一种方式是让教师承诺每天作业时间不超过一定的时长,如各个教师都需遵从"10分钟作业规则";另一种方式是制定轮流时间表,让某些教师只在一周的特定某一天里给学生布置作业。④但无论使用哪种方法,都需要教师协调一致,让学生的作业量既不会过大,也不会适得其反。

　　6. "双减"政策下的小学作业设计

　　新修订的小学课程标准对上一版课程标准的很多方面都进行了调整和补充,其中首次提到"确定核心素养导向的课程目标"的课程理念,凸显了课程的学科特点和本质。对于不同的学科课程,学者结合学科自身特点,提出了相关的作业设计,以达到"减负不减质"的目标。有学者指出,作业是数学教学的重要组成部分,核心素养的导向也须在作业设计上有所体现,这样才能彰显数学学科的价值,最终帮助学生拥有与数学相关的核心素养。⑤而单

---

① 陆露.小学家庭作业优化设计研究[D].浙江师范大学,2012.
② 宋秋前.有效作业的实施策略[J].教育理论与实践,2007(9):54—57.
③ 王月芬.课程视域下的作业设计研究[D].华东师范大学,2015.
④ [美]艾琳·迪普卡.聚焦家庭作业:改进实践、设计以及反馈的方法和技巧[M].陶志琼,译.南京:江苏凤凰科学技术出版社,2020:27.
⑤ 郑华恒.核心素养视域下的小学数学作业设计[J].人民教育,2022(17):79.

元作业是一种追求整合性、进阶性、开放性的作业形态,与基于学习任务群的语文教学改革具有较高的契合度,可以为推进课程改革和落实"双减"政策提供一个锚点。①陈晓妍以课前预习作业、随堂练习作业、课后实践作业"三单"促学,立足统编教材"三联"赋能:联结单元统整点,落实语文要素,强化作业价值;联结学力提升点,建构思维支架,提升作业品质;联结学生兴趣点,关注个体差异,开发作业种类。②小学道德与法治学科结合生活性、实践性的特点,探索设计动手实践、情感体验、珍爱生命体验、学习经验总结、观看阅读型实践作业,增强学生的道德体验,培养有理想、有道德、适应新时代发展的现代化人才。③"双减"的工作目标之一,是使义务教育阶段学生作业总量和时长得到有效管控,让作业真正成为教育变革的力量,④做到真正为学生减压,助力学生素养的提升。

(三)效益最大化的小学作业批改策略研究

作业批改是指为了判断学生知识掌握程度,对学生已经完成的作业进行评定的一种评价行为。⑤李晓红从教育现场了解到小学教师在作业批改中主要存在以下问题:答案的整齐划一性与专断性;教师以自主批改为主,较少与学生面批面改;以符号性对错批改为主,较少有语言上的建议和鼓励;以点明对错为主,较少分析对错的原因;以知识客观性判断为主,较少有浓厚情感的涉入。同时,小学教师作业评价的"奖惩性"导向也十分明显,作业正确率高的学生,往往被评为各种荣誉的"优等生",反之,则招致批评、训斥、叫家长等惩戒性后果。⑥

针对当前小学作业批改诸多问题,孙丽华首先从教育管理层面指出,处在一线的教师常忙于备课、班级管理、应对检查等,基本无暇处理作业,因此应增加教师编制,通过这样的方式减少教师工作量。也就是说教育不仅要解

---

①　肖猷莉,张晓岚,任明满.小学语文单元作业设计与优化策略[J].语文建设,2022(16):37-40.
②　陈晓妍."双减"背景下小学语文作业的开发设计策略[J].语文建设,2022(8):61-65.
③　梁力佩.小学道德与法治课实践作业的设计[J].教学与管理,2020(17):66-68.
④　鲁勤.有效、有机、有趣:让作业真正成为教育变革的力量[J].人民教育,2022(10):43-44.
⑤　郑珊珊.小学高年级数学家庭作业的批改策略研究[D].山东师范大学,2014.
⑥　李晓红.小学作业设计的伦理失衡与纠偏[J].中国教育学刊,2016(6):69-73.

放儿童,还要解放教师。①其次,更多学者从教师层面考虑,具体而言,应从作业评价原则、评价内容、评价方式、作业反馈时间等加以考量,以实现作业评价的效益最大化。

1.对作业批改原则的讨论

作业的完成者是活生生的、具有鲜明个性的人,因此对待作业不仅要有选拔性、区分性的评价原则,教师更要学会用发展的眼光看待每一位有自己特殊性的孩子。对此,陈文指出,作业批改要体现教师对学生的人文关怀,学生良好的品质和习惯就会在这种"润物无声"的人文关怀中逐步形成。长期利用作业批改这一形式对学生施以人文关怀,教师的情感会不断地丰富,品德会不断地完善,品位会不断地提升。②李璐莹综合多位学者的论述总结出小学作业评价需要遵循以下原则:方向性原则、激励性原则、可行性原则、发展性原则、趣味性原则、主体性原则、多样性原则。③

2.对作业批改内容的研究

学生作业的正确率向来是教师评价作业最关注的方面,但是在倡导素质教育的今天,我们不应该只关心学生的知识获得情况。因此,教师应放宽视野,关注学生的学习过程,在批改作业时体现评价标准多元化。孙卫胜、朱建伟指出,新课程理念下的作业批改,在关注知识的同时,还要关注学生在作业中所折射出来的思维过程与方法。同时还要关注作业中所折射出的情感、态度与价值观。④付爱娟也强调教师的评价视角要从一维走向多维,即作业评价要注重学生个体之间的差异。同时,作业评价时,不应把重点放在判断结果对不对上,而应该放在证明思路上。⑤

3.对作业批改符号的研究

评价方式体现在书面作业中就是形形色色的符号,教师正是通过这些符号与学生保持着语言交流。很长一段时间以来,我国一线作业批改的主要

①　孙丽华.小学教师作业批改无视儿童心理的现象及其消解[J].教学与管理,2015(30):101-104.
②　陈文.作业批改要有人文关怀[J].湖南教育,2004(13):29.
③　李璐莹.小学数学家庭作业多元化评价方式的应用研究[D].上海师范大学,2017.
④　孙卫胜,朱建伟.审视新课程理念下作业批改的走向[J].人民教育,2003(18):26-27.
⑤　付爱娟.中小学作业优化研究[D].河南大学,2008.

方式是打"√""×"。这种评价方式难以全面反馈信息,学生往往仅仅知道自己做错了,但不知道为什么错、错在哪里,这就不利于他们改正作业的错误,而且"×"过多还会使学生产生消极态度,甚至丧失学习信心。①日本的小学教师在批改学生作业时,不同于中国教师常用的批改符号,而是用许多大小不同的圆圈进行划批。圆圈表示学生做对了,大圆圈表示不仅做对了,而且在做法上有新意。如果做错了,则用一个小小的"/"代替醒目的"×"来表示错误。②

　　在新课程改革的广泛实施和推动下,我国教师对作业评价有了更深层次的认识,不少教师对作业批改的方式、方法进行了改革,采取了一系列增强批改效果的做法。孟大军通过实践证明,无"×"作业批改适应小学生的心理需求,有利于激发学生的学习兴趣,提高学生的能力。③王亚琳强调,在小学生作业批改中采取简笔画、多样化的评语以及印章的形式可以调动学生积极性,激发其学习动机。④刘新萍总结到小学作业可采用形象性评价、符号性评价、等级性评价、定量性评价和对话性评价。⑤还有学者指出,教师应正确使用师生间达成共识的多种批改符号和个性化的评价语言,通过丰富多样、约定俗成的批改符号,学生便可从教师的批改中及时获得自己知识是否理解掌握的反馈信息,及时发现自己作业中的错误并加以矫正。⑥针对此,国外有学者表明应在给学生的反馈中建立一个代码系统,并将这些代码作为一种反馈形式写给学生,让学生清楚地知道他们必须在哪些方面有所改进(例如 D= 更多细节,SPAG= 拼写和语法),同时要求学习者必须检查他们的书面作业,正确识别代码的含义,并根据教师的代码对教师进行口头反馈。⑦

　　在对作业评价符号的研究中,多数学者发现,教师评语在小学阶段起到了非常重要的作用。例如,佩奇等人认为,教师采取不同方式的作业评价对

---

①　宋秋前.有效作业的实施策略[J].教育理论与实践,2007(9):54–57.
②　程弘.有感中日作业批改符号的选取[J].陕西教育,2003(9):28.
③　孟大军.激励性作业批改的实践[J].教学与管理,2017(14):19–20.
④　王亚琳.小学作业评价现状调查及改进策略[D].渤海大学,2016.
⑤　刘新萍.小学语文课外作业设计与评价研究[D].西北师范大学,2007.
⑥　宋秋前.有效作业的实施策略[J].教育理论与实践,2007(9):54–57.
⑦　[英]格里·切尔尼亚夫斯基,沃伦·基德.作业设计 300 妙招[M].李敏,杨全印,译.上海教育出版社,2020:31.

小学生的影响是不同的,研究中发现人性化的、针对性较强的评语具有较大的强化作用,千篇一律的评语次之,没有教师评价语的作业评价影响最小。①美国教育研究者 Paschal,Weinstein 和 Walberg 通过整理 1966 年至 1981 年期间 67 个关于家庭作业的研究发现,85%的家庭作业对于学生巩固学到的知识是很有效的,然而有教师评语的或给过分数的家庭作业更有效。②因此,教师在作业批改中应注重书写评语以弥补传统评价方法的不足,从而使学生在人文关怀中进行学习,帮助其提高学习积极性。当前,国内有小学采用的"爱心卡"评价法是一个成功的实践,即教师用学生最感兴趣的各式漂亮的小卡片,对学生在一个阶段的作业或其他表现情况作个性化的激励性评价,其实质是教师与学生对话交流的过程。③但也有学者表明,应用评语应注意以下几点要求:首先,评价语并不能滥用,要适合学生的个性,忌"一刀切";其次,教师要坚持写评语;最后,评语不能过多、过滥,要因时制宜,贵在坚持。④宋秋前也认为,要写好批语,应做到实事求是,一视同仁,突出重点,少而精当,少责怪多鼓励,少笼统多具体,善于发现作业中的"闪光点",在语气上少用命令式、独断式,多用商讨式、启发式,富有激励作用。⑤

4.对作业批改方式的探索

传统的作业批改手段中教师多是采用对全班进行全批全改的方式,这种手段无疑会让教师的工作量加重,教师的大部分时间被作业评价占去,压缩了其备课时间。因此,教师应适当改变传统的家庭作业评价手段,利用多元化的作业批改手段提高工作效率。

胡晓杨针对作业中存在的教师费时、学生被动、师生所获反馈信息失真这三大弊端,提出了自己在作业批改中的几点有益尝试,比如:随堂批改作

①　Joyce L. Epstein&FrancesL.Van Voorhis.More Than Minutes:Teachers'Roles in Designing Homework[J].Educational Psychologist,2001(3).

②　张艳华.国内外作业评价发展及研究现状述评和建议——以中学化学作业评价为例[J].化学教育,2013(1):87-93.

③　边玉芳,蒋芸.作业展示性评价:学生学业评价的一个重要组成部分[J].教育理论与实践,2004(13):36-39.

④　付爱娟.中小学作业优化研究[D].河南大学,2008.

⑤　宋秋前.有效作业的实施策略[J].教育理论与实践,2007(9):54-57.

业、教师面批、小组批改、二次记分、生"评"师等有效方法。①张春美指出还可以利用黑板对全班进行统一批改,其特点在于涉及面广,但这种情况适用于"典型作业"。②潘本元通过实验证明,对学生作业采用轮流面批的措施,有利于提高学习成绩;采用面批与鼓励相结合的措施,则效果更大。③李璐莹还指出,可以采用半批半改的方式进行作业评价,即教师通过抽样批改,在了解学生的困难点以及完成情况之后,将作业中的难点进行集体分析,再让学生复交作业,教师再次评价,就可以减少很多工作量。④此外,姚继高所提出的"样板作业批改模式"⑤,刘学廷的"金字塔作业批改模式"⑥都在一定程度上提高了作业反馈矫正的质量和效率,也减轻了教师的工作负担。

不难发现,多数学者在探索作业批改方式中都注重学生的参与。吕星宇就提出了一种挑战传统的作业批阅方式:零作业批改,即教师把作业批阅权归还给学生,把自己用于批阅作业的时间转移到研究学生作业中出现的问题并加强个别指导上。实施"零作业批改"的基本环节是:对学生进行简短培训;在课堂上互批作业;学生各自标记"作业问题";教师抽查作业并做问题记录;师生对学习问题实行双重跟踪。⑦蔡敏和刘珠润指出,"要在学习过程中开展学生相互评价,这有利于完善学生的自我意识,培养他们良好的人格品质,提高学生人际交往的表达能力"⑧。

但也有人对此则持相反的观点。厉剑童认为,让学生批改作业是教师对布置作业的目的、意义缺乏足够的认识,是教师曲解了新课程改革精神,是教师缺乏应有的责任心和师德,是懒惰的表现,也是对教师减负的曲解。⑨我国2021年7月颁布的《关于进一步减轻义务教育阶段学生作业负担和校外

---

① 胡晓杨.新课改背景下的作业批改[J].教学与管理,2004(16):33-34.

② 张春美.关于家庭作业的思考[J].山东教育科研,1994(3):78-80.

③ 田云兰.谈小学生家庭作业的布置与批改[J].教学与管理,2003(23):77-79.

④ 李璐莹.小学数学家庭作业多元化评价方式的应用研究[D].上海师范大学,2017.

⑤ 姚继高.也谈"面批作业"的尝试和感受[J].教学与管理,1998(4):32.

⑥ 刘学廷.作业批改对教与学的促进[J].生物学通报,2011(9):39-42.

⑦ 吕星宇.为教师减轻作业批改负担的新举措:零作业批改[J].教育理论与实践,2008(8):53-54.

⑧ 蔡敏,刘珠润.论学习过程中的学生相互评价[J].教育科学,2005(4):33-35.

⑨ 厉剑童.让学生代批作业现象缘何禁而不止[J].教学与管理,2007(10):52.

培训负担的意见》就明确指出："教师要认真批改作业,及时做好反馈,加强面批讲解,认真分析学情,做好答疑辅导。不得要求学生自批自改作业。严禁给家长布置或变相布置作业,严禁要求家长检查、批改作业。"①

对于是否让家长参与作业评价,国外有学者提出了不同的意见。例如,20 世纪 90 年代的美国,在中小学流行着一种"交互式家庭作业"(简称"TIPS"),提倡家长参与到小学生作业的评价中来,并对孩子的作业写下作业评语。②杰克林·贝克赛奈特通过总结 20 多年的研究发现,让家长更多地参与学生的作业,培养出来的学生要比没有家长参与的学生更优秀;同时,家长参与孩子做作业的过程并跟学校保持联系,这种家庭环境下的学生的学习成绩要比那些具有同等智力、同样家庭背景的家长不参与做作业过程的学生的学习成绩好。③

5.作业评价的反馈时间研究

小学教师在学校除了备课、上课、复习考试外,还要处理学生之间的矛盾、进行班级管理以及家校联系等,所以总有一些时候,作业来不及及时批改。但已有研究证明,作业反馈时间也会对学生的学习效果产生一定影响。心理学研究表明,对学生的某种行为给以及时地正强化有助于行为反应的保持,而及时地给以负强化则有助于行为反应的及时消退。因此,在时间上,及时性反馈优于延时性反馈。④对于作业评价而言,只有科学的批改加上及时的反馈才会产生积极的效果。

综观我国小学作业的研究成果,可以发现,尽管相对于其他国家来讲,我国对家庭作业研究还较少,但已有研究通过哲学思辨、逻辑推理,行动研究等对作业问题产生的根源进行了分析,并提出了解决问题的对策,这对于小学作业相关问题的解决提供了一定的参考价值。但也可以看出我国对小

---

① 中共中央办公厅 国务院办公厅印发.《关于进一步减轻义务教育阶段学生作业负担和校外培训负担的意见》[EB/OL].(2021-07-24).http://www.moe.gov.cn/jyb_xxgk/moe_1777/moe_1778/202107/t20210724_546576.html.

② 张巧利.交互式家庭作业:流行美国的家庭作业新概念[J].外国中小学教育,2006(12):29-32.

③ [加]杰克林·贝克赛奈特.谈谈家庭作业[J].张斌.山东教育科研,2000(Z1):66-68.

④ 姜丽华.优化小学生课外作业反馈环节的研究[J].教育科学,2001(4):31-32.

学作业的研究大多数都是一线教师的经验总结，研究性还需提高且实证研究较少。这些经验大多没有经过科学验证，且少数调查研究取样范围与样本量也较少，不能真实、全面地反映我国小学作业的现状。

三、小学考试研究

考试，是指对人的知识、能力、技能等进行测量和评价的一种社会活动。[①]我国在政策文本上明确指出了小学考试的相关要求。对于小学升学考试，早在1999年《关于深化教育改革全面推进素质教育的决定》就明确指出"在普及九年义务教育的地区，实行小学毕业生免试就近升学的办法。鼓励各地中小学自行组织毕业考试"[②]。有关小学考试命题，2001年《基础教育课程改革纲要（试行）》规定"要依据课程标准，杜绝设置偏题、怪题的现象"[③]。2021年《关于进一步减轻义务教育阶段学生作业负担和校外培训负担的意见》也强调要"降低考试压力，改进考试方法，不得有提前结课备考、违规统考、考题超标"[④]。关于小学考试次数，2018年《关于印发中小学生减负措施的通知》明确要求"坚决控制考试次数。小学一、二年级每学期学校可组织1次统一考试，其他年级每学期不超过2次统一考试。不得在小学组织选拔性或与升学挂钩的统一考试"[⑤]。对于考试结果呈现的问题，早在2002年《教育部关于积极推进中小学评价与考试制度改革的通知》中就提出"小学生的学习成绩评定应采用等级制。不得将学生成绩排队、公布"[⑥]。

按照考试的目的来划分，考试可以分为选拔考试、水平考试和教学类考

---

① 王伟宜，王晞.考试与评价[M].福州:福建教育出版社,2008:1.

② 中共中央 国务院关于深化教育改革全面推进素质教育的决定[J].中国高教研究,1999(4):3-7.

③ 教育部关于印发《基础教育课程改革纲要（试行）》的通知[EB/OL]（2001-06-08），http://www.moe.gov.cn/srcsite/A26/jcj_kcjcgh/200106/ t20010608_167343.html.

④ 中共中央 国务院印发《关于进一步减轻义务教育阶段学生作业负担和校外培训负担的意见》[EB/OL]（2021-07-24），https://www.gov.cn/gongbao/content/2021/content_5629601.htm.

⑤ 教育部等九部门关于印发小学生减负措施的通知[EB/OL]（2018-12-28），http://www.moe.gov.cn/srcsite/A06/s3321/201812/t2018 1229_365360.html.

⑥ 教育部关于积极推进中小学评价与考试制度改革的通知[EB/OL]（2002-12-27），http://www.moe.gov.cn/srcsite/A26/s7054/200212/t2002 1218_78509.html.

试。①由于小学阶段的培养目的并不涉及选拔人才,因此不存在选拔考试。同时,我们所说的毕业考试属于水平考试,而在小学阶段国家明文规定,实行小学毕业生免试就近入学的办法,也就是说小学毕业无须升学考试。因此,对于小学考试的研究更多关注在教学类考试,也称校内学业考试,包括单元测验、期中、期末考试等,其目的在于通过考试所收集的反馈信息,了解学生对所学知识、技能的掌握运用情况,分析阶段性教学目标和任务的完成程度,从而为下一阶段的教学设计与安排提供参考依据。②

在上述政策文本颁布的背景下以及针对小学学段的特殊性而言,小学考试研究主要聚焦在校内学业考试的形式以及纸笔测验的命题上。

(一)"能看见素养的"纸笔测验改造

纸笔测验是教育中应用最为广泛的评价方法,是根据教育目标,通过编制试题,组成试卷对学生进行测试,评价学生的学习表现,然后按照一定的标准对测试结果加以衡量的一种评价方法。③在核心素养的背景下,如何将各种素养渗透在试卷中成为学者和一线教师最为关注的问题。

有学者基于纸笔测验命题的原则提出了三个要求。首先,纸笔测验要体现多维目标,即不仅要对知识和技能进行测验,还要考虑到认知水平和学习策略。对于学生思维的考察,应重视了解学生的思维过程,可以在测验试题的后面补充跟踪问题,如"你为什么这么想""你是怎样思考的"等。其次,要恰当确定各学习领域的比例。通常情况下,教材中学习领域占比较大的,在纸笔测验试卷中应加大分值。最后,试题选择与试卷呈现方式要丰富多彩。具体而言,应力求试卷题型富有变化,充满人文气息,传统的填空题、判断题、选择题等要赋予童趣的色彩,符合各年级儿童的心理特点。例如,可以尝试在小学试卷上运用指导语"瞧瞧,我的能力怎么样""知识万花筒""挑战者"这样的表述,拉近试卷与学生的距离,改变过去试卷严肃、紧张的面孔。④

---

① 王伟宜,王晞.考试与评价[M].福州:福建教育出版社,2008:22.
② 王伟宜,王晞.考试与评价[M].福州:福建教育出版社,2008:164-165.
③ 马云鹏,刘学智.发展性学生评价的理论与方法[M].长春:东北师范大学出版社,2007:70.
④ 马云鹏,刘学智.发展性学生评价的理论与方法[M].长春:东北师范大学出版社,2007:72-76.

　　黄亦玲强调,小学考试命题要体现精细化,使试题的每一部分都达到精益求精。它包含全、准、活、实、新五层意思。全,即注重基础知识的掌握,又注重学生智力的开发和创新思维的培养。准,即突出学科核心素养的构建。活,即在题量和要求上充分体现灵活性、开放性,使学生能够活学活用。实,即每一道题的命制都以课程标准为依据。新,即试题注重激发学生的求知欲和探究意识,激发学生的自主精神和创造活力。①

　　姚虎雄从学校考试命题主体的角度出发,提出了"一师一卷"的观点,并率先在江苏省吴江实验小学进行考试改革,"谁教就由谁考,谁考就由谁出卷"。"一师一卷"导向了人的核心素养发展,让考试改革发生了质的改变,也让教师从统考的压力中解放出来。具体而言有三条原则,第一,颠倒教学与制卷的关系;第二,先明理再制卷;第三,语文、数学、英语的试卷中要有"师本化"教学内容,即这一内容是某教师独有的,是不能或不太可能拿到其他班去考查的内容。②同时,基于不断实践探索,该校总结出了"一师一卷"的两个核心,五步走战略以及操作中关注六个关键点,为其他学校进行考试评价改革指明了方向。③

(二)"有选择、无淘汰"的分层考试研究

　　过去传统的考试主要采用单一的测验形式,即用一个分数表示学生成绩。这种测验是建立在测验领域里个人行为是相对统一的,教育成就在学生的大范围内是正态分布的,基于约有半数人的情况而挑选考题。然而事实上在学习中个人行为是不同的,有的学生善于记住历史事实,而有的学生善于记住数学习题解答过程等。因此,统一性的考试只能告诉我们学生成绩的顺序,并不能告诉我们学生学习的具体状况,学生成绩的正态分布也是不可靠的。④随着素质教育在我国的全面实施和推进,传统的考试和计分方法越来越和素质教育相悖,与此同时我国在实践领域中开始出现了分层考试的研究。

①　黄亦玲.小学语文考试命题精细化的实践研究[J].语文建设,2020(2):54-58.
②　施久铭."一师一卷":用"考试"打败考试—— 一所小学从评价改革到核心素养的实践探索[J].人民教育,2014(21):56-60.
③　姚虎雄."一师一卷":让评价回归本源[J].中小学管理,2014(5):26-27.
④　华国栋.差异教学论[M].北京:教育科学出版社,2001:321.

分层考试,亦称"分级考试""区分性考试"或"适应个别差异考试",即向学生提供适合其个人能力的试卷。①就目前而言,我国分层考试通常采用四种试卷模式。①单一试卷模式。具体而言有两种排列方式:一是试卷从头到尾按试题难易程度依次排列;二是试卷按照板块排列,在每一个板块中,试题由易到难。②加试卷模式。主要包括普通卷和提高卷两张试卷。在这种模式下,要求所有考生必须完成普通卷的考试,然后在力所能及的前提下,自愿决定是否继续完成提高卷的考试。③三卷排列模式。这种模式包括容易卷、普通卷和困难卷三份试卷。每位考生必须完成两张试卷的考试,其中必须包括普通卷。④四卷重叠模式。该模式包括四份试卷,且难度依次递增。每一位考生必须完成两张"相邻"试卷,不得选择"不相邻"的两张试卷。②

(三)"减负、减压"的分项考试探索

分项考试即变一张试卷为多张试卷,有效解决了传统的一张试卷不能全面反映学生的学习状态,不能满足大多数学生学习发展需求的弊端。

有学者率先在小学语文学科进行了分项考试探索。该校按照课题研究方案,改变了传统按照一张试卷评价学生的方式,变一张试卷为听力、口语、朗读、写字、习作、课外阅读理解、基础知识共七项,七张试卷,分散在两周内完成,一定程度上迎合了学生学习的价值取向,调动了学生的积极性。③但总体而言,分项考试在我国小学的实践探索中还较为缺乏。

(四)核心素养背景下的小学考试研究

2020 年中共中央、国务院印发的《深化新时代教育评价改革总体方案》明确指出:"构建引导学生德智体美劳全面发展的考试内容体系,改变相对固化的试题形式,增强试题开放性,减少死记硬背和'机械刷题'现象。"④2022 年最新颁布的义务教育各科课程标准,也特别突出了评价的地位。新课

---

① 王斌华.学生评价:夯实双基与培养能力[M].上海:上海教育出版社,2010:216-217.
② 王斌华.学生评价:夯实双基与培养能力[M].上海:上海教育出版社,2010:218-219.
③ 路文生,孙伟.即时评价让过程快乐分项考试让压力减轻——小学语文教学评价改革探索与实践[J].教育实践与研究(A),2012(6):16-18.
④ 中共中央 国务院印发《深化新时代教育评价改革总体方案》[EB/OL](2020-10-13),http://www.moe.gov.cn/jyb_xxgk/moe_1777/moe_1778/2 02010/t20201013_494381.html.

标不仅增设了"学业质量"板块,明确了素养导向的学业质量内涵,而且在"课程实施"的"评价建议"部分还就学业水平考试做了详细的阐释和说明。这意味着基础教育改革已进入核心素养时代,考试命题应由"知识立意""能力立意"走向"素养立意",通过关注受测者的道德品质、思维水平和学科素养等,落实课程教学启智增慧、培根铸魂的作用。①

有学者在此基础上分析,素养导向的试题,首先要有情境;其次要给学生参与的空间和机会;最后评价本身也起着教学的作用。②目前,各地学校普遍存在评价与教学相脱离的现象。这一现象产生的因素有很多,但考试命题缺乏精细化是其中一个极为重要的因素。基于此,有学者作了"考试命题精细化与教学改进"的相关实践研究,在改进教学方面发挥更大的作用,从而真正达到"以考促学""以考促教"的目的,③促进学生主动、全面、生动活泼发展。江苏省徐州市鼓楼区以"学科育人课程基地的区域实践"项目为突破口,积极探索小学语文考试命题改革。提出"三不考"——不考死记硬背、不考机械抄默、不考陈旧套路,凝练"五要素"——育人为宗、素养为根、积累为基、理解为要、应用为本,努力探索从单一的知识点考查转向立体多维的素养测评。④

(五)小学考试改革的实践探索

北京市光明小学在素质教育提出以来率先展开了学生成长性评价研究,并分别在小学低年级和中高年级的期末考试中进行了多种尝试。在小学低年级考试中,该校强调期末评价要帮助学生体验成功以及教师期末评语的重要性,并开创了"游艺式""自选式""互测式""我能行"展示等多种考试形式。在中高年级段,采取"分项考核"与"综合评价"相结合的方式,并结合了纸笔测验、口头考试、"我能行"特长展示等评价形式。罗丹的研究选取了

①　王秀梅.走向"素养立意"的小学语文考试命题改进[J].语文建设,2022(10):58–62.
②　崔允漷,郭华,吕立杰,李刚,于泽元,王振华,刘学智,李美莹.义务教育课程改革的目标、标准与实践向度(笔谈)——《义务教育课程方案和课程标准(2022年版)》解读[J].现代教育管理,2022(9):6–19.
③　黄亦玲.小学语文考试命题精细化的实践研究[J].语文建设,2020(2):54–58.
④　查晓红.基于核心素养的小学语文考试命题改革[J].人民教育,2021(22):67–68.

河南省的 17 个地市,每个地市各选了 2~4 个区的一年级小学语文试卷作为调查对象,从基础与积累、阅读与综合、交际与写作方面对 54 套有效试卷进行分析,并基于调查提出了 4 点小学语文试卷命题的建议:均衡阅读题目的长度;关注学生的认知水平;突破课外阅读的考查;增大非连续性阅读的比重。[①]湖北省武汉市武昌区的首义路小学进行的纸笔测试的改革开创了"情境试卷",带给学生不一样的新鲜感。在学校二年级的期中考查试卷的设计上,教师紧密结合学生的生活实际,将一张让学生感到"恐怖"的考试变成了"一次快乐的游玩",让学生在不知不觉中完成了整张试卷。在学生打开试卷时,首先映入学生眼帘的是一只卡通猪向学生发出邀请"嗨,你叫×××,我们一起去游乐场玩,好吗?"试卷的整篇都围绕"去游乐场玩"这样的一个主题,根据具体的情境向学生提出需要解决的问题,比如让学生准备以下食品,试卷上提供给学生一些食品的单价,让学生按照不同的要求去购买,考查学生乘、除法含义的理解及计算,并渗透了综合运用能力的考查。[②]

四、发展性学生评价方法的运用

(一)超越纸笔测试的表现性评价研究

基于核心素养的课程改革,需要构建一个"更平衡、更综合的评价体系"。这样的评价体系应当能很好地体现核心素养所描绘的学习结果,尤其是那些高阶思维、复杂的认知能力以及在新的情境中解决问题的能力等关键学习结果。而这就迫使研究必须超越传统的只注重"双基"(基本知识和基本技能)的客观纸笔测验,采用并丰富"能检测学生的认知思维和推理能力以及运用知识去解决真实的、有意义的问题的能力"的表现性评价。[③]

对于表现性评价的概念,不同学者有不同的论述。其中威金斯(Wiggins)和斯蒂金斯(Stiggins)的观点比较具有代表性。威金斯强调,表现性评价要求学生能够完成一个活动,或制作一个作品以证明其知识与技能等,即让学生

①　罗丹.基于统编本教材的小学语文考试评价研究[J].语文建设,2018(9):37-39.
②　朱慕菊,刘兼.来自课程改革实验区的声音(2)[M].西安:未来出版社,2003:124-126.
③　周文叶,陈铭洲.指向核心素养的表现性评价[J].课程·教材·教法,2017(9):36-43.

在真实情境中去表现其所知与所能。①斯蒂金斯认为,表现性评价是基于对展示技能过程的观察,或基于对创造成果的评价。②总体而言,表现性评价要求学生生成些什么,而不是选择一个答案,是一种观察学生积极地参与到完成某项任务之中的评价,这样的任务经常是一个人在实际现场可能做出的表现或模拟,它代表了学习的目标或标准的成就。③通读文献,学者们对于表现性评价更多关注在这一评价的设计方式及落实问题。

1.关于表现性评价设计的研究

正如诸多评价类型一样,目标、任务和评分规则构成了表现性评价的核心元素。表现性目标是对所期望的学生学习结果的界定;表现性任务是如何让学生在做中表现出真实的水平;而评分规则是如何对学生的表现进行准确的评定。在这里,多数学者关心的是如何设计表现性任务以及开发评分规则。

(1)表现性任务

对于表现性任务,多数学者采取举例的方式。如王斌兴把表现性任务归纳起来大致可分为三类:作品展示性任务、限制性表现任务、扩展性表现任务。其中,限制性表现性任务要有较明确的表现预期,对任务内容或主题有明确的界定,任务的结构性较强,而扩展性表现性任务立题更高,涉及面更宽泛,留给学生有较大的创作空间。④有学者针对儿童群体列举了表现性评价的具体方法,包括个人面试、制定合同、委派任务、规则性游戏、儿童作品取样、项目评价、档案袋等。⑤还有学者从评价目标的角度,利用目标分解技术制定表现性任务。⑥

在设计任务时,不同学者基于不同角度提出了需注意的若干问题。赵德

---

① 李坤崇.多元化教学评量[M].台北:心理出版社,1999:134.

② G. Stiggins, R., Student Centered Classroom Assessment 2ed [M].Upper Saddle River, NJ:Prentice Hall 1997:77.

③ 朱伟强,崔允漷.基于标准的课程设计:开发表现性评价[J].全球教育展望,2007(10):43-48.

④ 王斌兴.论新课程实施中学生表现性评价[J].教育探索,2005(7):23-24.

⑤ 周欣.表现性评价及其在学前教育中的应用[J].学前教育研究,2009(12):28-33.

⑥ 邵朝友.教师如何研制表现性任务:从目标分解技术谈起[J].当代教育科学,2015(14):3-5+21.

成指出,在选择、设计表现性任务时首先要考虑的因素应该是类推性,即学生在某一任务上的表现能类推到与他们类似任务中表现的程度。其次还要考虑任务的真实性,即表现性任务接近学生真实生活的程度。另外,公平性、可靠性、可行性和可评分性等因素也需要适当考虑。①王小明认为,要选择有意义的任务,这些任务要根植于学生的现实世界经验,并将熟悉与新颖的任务加以混合。最后,要确定用于表现性评价的任务数目,这主要取决于以下几种因素:决策的重要性;评价的范围;学习目标的复杂性;完成每项任务的时间;可利用的人力资源。②王旭东论述了小学表现性评价中优秀任务类型的五个标准,分别为:具有教学评一致性;情境设置具有真实性;问题的设计有层次性、开放性和综合性;评价标准要简单实用易操作;评价标准要涉及情感、态度和价值观。③对于如何判断一项评价任务、问题是否具有真实性,威金斯指出需要符合以下标准:是现实的;需要判断和创新;要求学生进行探索;重复或模拟成人接受"检验"的工作场所、公民生活和个人生活等情境;评价学生有效地使用知识、技能完成复杂任务的能力;允许有适当的机会让学生去排练、实践和查阅资料,以得到有效的反馈并不断前进。④

（2）评分规则

评分规则是表现性评价方案不可或缺的重要组成部分。这些规则不仅可以使学生、教师、学生等利益相关者明确优秀的含义和成功的要素,而且对于最终评价分数的信度、效度和公平来讲都十分重要。⑤

对于评分规则的设计,有关评价方法的著作中都有大量论述。还有学者指出,表现性测验的评分标准越少越好,三到四个比较适宜,否则指标过多,过于细致,很可能使教师的教和学生的学抓不到重点,而且还会增加评价的

---

① 赵德成.表现性测验及其在中小学课堂评价中的应用[J].语文建设,2002(11):39-41.
② 王小明.表现性评价:一种高级学习的评价方法[J].全球教育展望,2003(11):47-51.
③ 王旭东.小学表现性评价中优秀试题的五个标准[J].教学与管理,2017(23):51-53.
④ [美] Wiggins G.国家基础教育课程改革"促进教师发展与学生成长的评价研究"项目组译.教育性评价[M].北京:中国轻工业出版社,2005:19-25.
⑤ [美] Arter J.& Mctighe.国家基础教育课程改革"促进教师发展与学生成长的评价研究"项目组译.课堂教学评分规则——用表现性评价准则提高学生成绩[M].北京:中国轻工业出版社,2005:1-16.

负担。另外，教师还要考虑评分标准是集合在一起以整体评分法的形式使用，还是一条一条地以分项评分法的形式来使用。①

此外，多数学者都强调，表现性评价需要重视学生作为评价标准的制定主体。学生参与评分规则的制定，最大的好处就是能够让学生在头脑中形成良好的表现的清晰图景，这种图景促使学生朝着明确而清晰的具体目标努力。同时，学生掌握了清晰的目标或表现标准就能让教师不再成为唯一的反馈提供者，能够让学生在学习过程中进行有效的自我监控，成为反馈的提供者。通常让学生参与评分规则的制定有两种：一种是教师提供评分规则的框架，并向学生解释评分规则的内容，然后让学生联系实际的表现样例讨论评分规则，用自己的语言重新组织评分规则；另一种方法是让学生合作从具体的表现样例中抽象出评分规则，但这种做法对学生的能力要求较高。②

2.关于表现性评价落实的问题与反思

表现性评价概念自提出以来，在实践领域针对不同学科都展开了相关研究。辛海英③、吴红梅④、倪佳燕⑤、李贤艳⑥、马婷⑦、苗广豫⑧分别针对小学语文、数学、科学、英语、信息技术等具体学科以及跨学科开展了表现性评价实证研究，但在实施过程中各种问题也迎面而来。基于对不同问题的思考，学者们提出了自己的见解。

首先，针对表现性评价在实施中费时费力这一问题，赵德成认为可以采取以下策略减轻教师负担：减少表现性测验的次数；所设计的表现性任务不要过于复杂，评分标准更要简明易用；调动学生依据评分标准开展自我评价

①　赵德成.表现性测验及其在中小学课堂评价中的应用[J].语文建设,2002(11):39-41.

②　周文叶.让学生做课堂的主人:表现性评价的实施[J].当代教育科学,2013(16):16-18+56.

③　辛海英.表现性评价在小学语文教学中的应用研究[D].江苏师范大学,2018.

④　吴红梅.表现性评价的实证研究[D].南京师范大学,2007.

⑤　倪佳燕.小学自然学科中的表现性评价设计研究[D].上海师范大学,2019.

⑥　李贤艳.小学英语教学中表现性评价的设计及行动研究[D].浙江大学,2011.

⑦　马婷.表现性评价的设计与实施——基于浙江省小学考试评价改革的实践案例[J].基础教育课程,2018(21):74-79.

⑧　苗广豫,杜炫杰.表现性评价在小学信息技术课程中的应用[J].中国电化教育,2005(1):62-64.

与同伴交流。①刘辉、金露也表明,教师要把评价内容集中在少数几个非常重要的技能上,这样取得的评价效果会更好。同时,教师要十分谨慎地针对学生在表现性测验中的表现做出推论。②

其次,周文叶针对评价反馈方式强调,对于表现性评价的反馈应充分利用评分规则提供及时的、持续的和有效的描述性信息。用评分规则的语言来描述学生的表现时,学生不仅能够知道自己当前的表现水平,而且能够判断自己的现有水平与期望水平之间的差距。更重要的是,这种描述性反馈的持续提供会使学生形成用评分规则评价自己表现得习惯,从而发展对于学习的改善十分重要的元认知技能。③

此外,表现性评价的信度和效度如何,至今仍存在很大的争议与分歧。针对这一问题,美国教育学者 R.L.林和 N.E.格朗伦德(Robert L.Linn & Norman E. Gronlund)指出,表现性评价最明显的局限性就是不同的教师或者同一教师在不同的时间对学生的评分是不一致的。所以,在任务的设计和对行为表现的评分中,都需要澄清要评价的内容并设计合理的评分规则。尽管对复杂表现进行判断总会包含一些无法控制的变化,但是通过清楚地界定要测量的内容、制定一个适当的任务框架和认真设计并遵循评分规则,都可以在很大程度上提高评价结果的可靠性、不同学生之间分数的可比性,从而增进评价的公平性。④有学者在文章中使用了模拟数据,在对比评分者一致性的相关法、一致性百分比法和概化系数等各种估计方法的基础上,提出概化理论在表现性评价中评分者信度问题上的应用是理论和实践发展的有益方向。⑤还有学者指出,要将信息技术充分融入表现性评价的开发与实施。如国外就 SPA 的开发及应用进行了长期的积极探索,将信息技术融入表现性评

---

① 赵德成.表现性测验及其在中小学课堂评价中的应用[J].语文建设,2002(11):39-41.
② 刘辉,金露.表现性评价方法在小学语文课程评价中的应用[J].中小学教师培训,2004(4):58-59.
③ 周文叶.让学生做课堂的主人:表现性评价的实施[J].当代教育科学,2013(16):16-18+56.
④ Robert L.Linn & Norman E. Gronlund.国家基础教育课程改革"促进教师发展与学生成长的评价研究"项目组译.教学中的测验与评价[M].北京:中国轻工业出版社,2003:184.
⑤ 孙晓敏,张厚粲.表现性评价中评分者信度估计方法的比较研究——从相关法、百分比法到概化理论[J].心理科学,2005(3):646-649.

价解决了评价的诸多问题。①

　　最后,评价者的评价素养问题。多数学者都指出,在评判表现性评价任务时,评价主体的评价素养发挥着关键性的作用。虽然不能要求每一位教师都能像评价专家一样实施评价,但是必须具备一定的评价专业素养:不仅要了解作为自己专业行为基点的评价理论知识,更要提高开发、设计评价工具和组织、指导并实施评价的能力。同时,表现性评价关注多元主体参与,所以学生和家长的评价知识和能力也是不可忽视的,各评价主体的评价素养都应当通过多种不同的途径得以提高,为表现性评价在研究性学生学习评价中的真正运用提供坚实的保障。②

(二)关注学生学习与成长的档案袋评价研究

　　虽然档案袋的英文名称只有一个"portfolio",但其含义多种多样。对于档案袋评价,也有人将其译为"卷宗评价""历程档案评价""学生学习成果档案评价""作品集项评价"以及"成长记录袋评价"等。③同时,国内外学者对档案袋概念及内涵也有许多不同的表述。阿特(Arter)等人认为,档案袋是学生作品的有目的的汇集,以反映学生在特定领域的努力、进步或成就。其内容包括档案袋内容选择过程中的学生参与情况,选择档案袋作品的标准,判断作品质量的标准以及学生反思的证据。④珀特(Porter)等人认为,档案袋是学习者学习成果的汇集,主要包括学生作品及作品反思。作品反思不仅能够帮助学习者理解、扩展所学知识,并且可以使读者对学习者及其学习情况有一个深入的了解。⑤舍拉(Sheila)从实体和哲学两个层面理解认为,从实体层面来看档案袋包括三个方面的描述:有目的的收集;学生作品和记录;一段时间内的进步。从哲学层面理解,档案袋可以作为一个动词使用。这种理解也包

---

　　①　宋歌.国外科学教育中的表现性评价述评[J].外国中小学教育,2017(6):17-25.

　　②　邵朝友,周文叶,郑东辉.在研究性学习的学生评价中应用表现性评价[J].当代教育科学,2009(8):15-17+64.

　　③　黄光扬.正确认识和科学使用档案袋评价方法[J].课程·教材·教法,2003(2):50-55.

　　④　Arter,J.A.Spandel,V.,Using portfolios of student work in instruction and assessment[J].Educational Measurement:Issues and Practice,1992(11):36-44.

　　⑤　Porter,Carol and Janell Carol and Janell Cleland.The Portfolio as a Learning Strategy[J].Portsmouth:Boynton/Cook Publishers.,1995.

含三个方面：合作的过程；收集检查和使用信息的过程；反思和促进教学的过程。①通过分析与归纳，国内学者认为档案袋评价主要具有如下性质与特点：①档案袋的基本成分是学生的作品；②作品的收集是有目的、有计划的，而不是随机的；③档案袋关注学生学习与发展的过程；④档案袋尊重学生的个体差异；⑤档案袋提供给学生发表意见与反省的机会；⑥教师要对档案袋里的内容进行合理的分析与解释。可见，档案袋评价的主要目的是通过对大量材料的收集和学生本人对材料的反省，客观而形象地反映学生在某一领域里的进步、成就及其问题，以增强学生的自信心，提高学生自我评价、自我反省的能力。

自档案袋评价提出以来，国内外的教师和研究人员在小学语文②、数学③、英语④、科学⑤、美术⑥等课程领域中，对成长记录袋评价进行了不同程度的理论研究与实践探索，创建和使用了多种多样的成长记录袋，成为当前小学教育评价改革的新亮点。但在评价改革实践中，对档案袋评价的有限认识不仅妨碍了这一评价方式发挥其诊断和发展的功能，也一定程度上加重了教师和学生的负担。对此，掌握档案袋评价的科学使用方法，发挥其应有的价值与能量显得尤为重要。

1.对档案袋评价的科学使用方法研究

档案袋评价方法要在实际教育过程中取得成效，需要我们有正确的认识和科学的态度。黄光扬就曾提出了使用档案袋评价的具体5点原则：档案袋评价必须与教学相结合；档案袋评价应与其他评价方法并存使用；档案袋评价应采用渐进式、引导式，循序渐进；档案袋评价应实施多次、阶段性的反

---

① Sheila W. Valencia.Literacy Portfolios in Action[M].Harcourt Brace College Publishers.1998：22-25.
② 陈碧波.成长记录袋，想说爱你不容易——小学语文教师应用成长记录袋的调查研究[J].上海教育科研，2009（1）：62-64.
③ 罗丹.美国小学数学科中表现性评价档案袋的收集与实施——以米尔沃基帕布里克学区为例[J].外国中小学教育，2007（10）：52-56.
④ 谢爱民."Magic Box"将学生带入英语世界[J].天津师范大学学报（基础教育版），2003（4）：43-45.
⑤ 曲江玲.小学科学教育档案袋评价的理论与实践研究[D].山东师范大学，2004.
⑥ 杨德壮.小学美术档案袋评价的设计方案研究[D].聊城大学，2014.

思与协助;档案袋评价应顾及学生的承受力和可利用的资源。[1]除以上要求之外,教师在制作和使用档案袋评价过程中,还需要考虑如下几个基本问题。

(1)注重教学目标与档案袋评价之间的联系

教师在使用档案袋评价之前,必须有比较具体的使用方案,其中最重要的内容就是明确评价的内容,也就是说用档案袋反映、评价和促进学生在哪一方面的发展。确定评价内容的主要依据是课程标准、教学目标、学生实际情况等。有学者指出,档案袋收集哪些材料这取决于我们的评价目的。如果目的是"展示",那么只要收集学生最满意的作品即可。如果目的是"反映学生的进步",那么就要既收集过程性作业,也要收集结果性作业;既收集学生的作品样本,也收集其他一切可以描述学生进步的材料(如观察记录、他人的评价、测验试卷等)。[2]

(2)强化成长记录袋的评价功能

成长记录袋是作为一种替代性评价工具出现的, 是在对传统标准化测验进行批判的基础上形成的新兴评价方式,它最基本的用途是评价。有研究发现,目前小学教师多将成长记录袋用于展示性用途,功能比较单一。[3]但多数学者都强调成长记录袋可以有多种用途。美国格雷德勒(Gredler)根据用途将成长记录袋区分成展示型、文件型、课堂型、评价型等4种。[4]可见,每一种类型都有其不同的用途和适用范围,都能从不同方面、在不同程度上促进学与教。在未来, 中小学教师和研究者要从评价视角理解与使用成长记录袋,强化成长记录袋的评价功能。具体建议有:教师在设计成长记录袋前要明确用成长记录袋评价什么;成长记录袋进入学科;成长记录袋与教学活动自然结合起来。

(3)拓展学生参与的深度和广度

学生参评的出现和认知心理学有紧密联系。心理学强调学习者的认知

① 黄光扬.正确认识和科学使用档案袋评价方法[J].课程·教材·教法,2003(2):50-55.
② 马云鹏,刘学智.发展性学生评价的理论与方法[M].长春:东北师范大学出版社,2007:140.
③ 赵德成.成长记录袋应用的回顾与反思[J].课程·教材·教法,2012(5):21-26.
④ Gredler M. E., Classroom Assessment and Learning[M].New York:Longman,1999.

对学习的重要性,学生应该是主动学习而非被动接受知识,所以比较有效的学习方法是学习者通过参评计划、监控自己的学习过程,进而建构知识。使用档案袋评价的一个重要价值,在于促进学生向高标准持续地提高,并允许学生学会自己判断自己的进步,允许学生自我反思和参与评价。因此,档案袋评价的主体是多元的,学生本人、班级同学、任课教师乃至学生家长都有权利参与评价。①有学者基于在中小学开展相关行动研究所积累的经验,建议以下两点:让学生参与成长记录袋材料的选择;鼓励学生自我评价与反思。②

（4）档案袋评价的适用性问题

从国外经验来看,成长记录袋方法比较适合于低年级,特别是小班教学、教师与学生有较多接触机会的情形。还有学者认为,在艺术类的学科、开放性的评价中以及非选拔性的评价目的时采用档案袋评价比较合适。③

2.基于档案袋评价使用问题的策略研究

（1）档案袋评价加重教师工作负担的问题

有学者提出,为了减轻教师的过重负担,更有效发挥档案袋评价的成效,可以采用举办以学生为主导的档案袋展示会,以解决在大班额的情况下开展档案袋评价的问题。④胡中锋认为,产生这一问题的原因,既有档案袋本身固有的局限,也有使用不当的因素。比如,有的教师将档案袋应用于整个学科,涉及领域过大;没能充分发挥学生的主动性,调动学生参与到档案袋的设计、收集和评价活动中;为收集而收集,将教学与评价割裂开来;在实践中走形式（如让学生、同伴、家长和教师把多主体的评价意见全都用笔写下来）等,并强调,为解决这一问题,教师要选择合适的档案袋类型,把教学与评价有机地结合起来,做好时间与内容上的管理,使档案袋评价作为教学过程的一个部分,由此提高工作效率。⑤但也有学者指出,强调教师要做好时间

---

① 黄光扬.正确认识和科学使用档案袋评价方法[J].课程·教材·教法,2003(2):50—55.
② 赵德成.成长记录袋应用的回顾与反思[J].课程·教材·教法,2012(5):21—26.
③ 胡中锋,李群.学生档案袋评价之反思[J].课程·教材·教法,2006(10):34—40.
④ 柏灵.档案袋评价方法实施中的问题及建议[J].教育导刊,2006(11):27—29.
⑤ 胡中锋,李群.学生档案袋评价之反思[J].课程·教材·教法,2006(10):34—40.

管理,提高工作效率,这并不能从本质上解决问题,档案袋评价还需要教育支持系统做出相应的调整,如限制班额,减少教师其他方面的工作量。[1]需要特别指出的是,我国已有学者在分析成长档案袋的问题与局限的基础上,结合当下"互联网+"这一信息时代背景,提出了"线上档案袋"的评价方法。如南京师范大学附属小学尝试和探索构建"线上档案袋"的德育评价方法并已落实到具体的实践操作层面,实现了评价过程的动态性、评价操作的便捷性以及评价结果的开放性等,较好地弥补了传统成长档案袋的不足,也是对德育评价体系的有力补充。[2]

(2)档案袋评价的信度和效度问题

信度和效度是传统评价中衡量评价质量的最重要的两个指标,但对档案袋评价很难像传统评价一样判断其信度和效度。有学者指出,档案袋评价的信度主要应从两个方面来考虑:一是档案袋里材料的真实性,因为材料如果不真实,则一切评价都失去了意义。二是评价者之间对档案袋评分的一致性程度。[3]

同样,档案袋评价的效度也很难保证。国外有研究对档案袋评价所得分数与在同一领域中所做的其他评价所得分数进行了相关分析,发现学生的档案袋分数与标准化分数之间,基本上是或然关系。也有研究发现,整体的档案袋评分与标准化测试评分之间不存在任何相关,而档案袋的个别部分与标准化评分之间的相关从 0.13 到 0.31 不等。[4]对此,有学者认为,要想保证和提高档案袋评价的效度,必须注意三个问题:收集学生作品样本的代表性、评价标准的说明和档案袋的适用范围。[5]

(3)档案袋的标准化程度较低的问题

相比较其他评价方式而言,灵活性是档案袋评价的最大优点,但这也使

---

① 徐芬,赵德成.档案袋评价在中小学教育中的应用[J].教育研究与实验,2001(4):50-54+73.
② 赵敏."线上档案袋":德育评价的新探索[J].人民教育,2018(10):52-54.
③ 胡中锋,李群.学生档案袋评价之反思[J].课程·教材·教法,2006(10):34-40.
④ 徐芬,赵德成.档案袋评价在中小学教育中的应用[J].教育研究与实验,2001(4):50-54+73.
⑤ Blanie R.Worthen.,Measurement and Assessment in the schools[M]. Boston:Allyn & Bacon,1998.

得档案袋的内容五花八门，缺乏一致性，在用于较大范围的评价时难以控制。要克服这一弊端,在一所学校里,或在一个学区内,统一教学上的目标,提出基本的档案袋内容选择框架,被证明是一条可供选择的有效策略。[1]例如,1992 年, 美国 Pittsburgh 学区在全区采用格式化的档案袋评价学生的写作能力,试图寻求一种尽可能全面反映学生写作能力水平的任务选择框架。[2]但档案袋评价中标准化与表现个性的矛盾，也是档案袋评价中有待解决的重要课题。

五、发展性学生评价实证研究

罗孝容基于发展性学生评价的内涵、价值取向,归纳得出在小学综合实践活动课程中应用发展性评价的六个具体操作方法，并以这六个具体方法为维度,运用访谈法和观察法分析了重庆市某小学中段年级 10 节综合实践活动课程及其结课评价表。研究发现:小学教师在综合实践活动课程中应用发展性评价,表现较好的方面有:教师能够充分肯定学生的潜能,巧用描述性语言评价学生的进步表现;帮助个别特殊学生参与到活动中来;能够从多维度评价学生的发展并灵活运用自评和同学间的互评。表现较差的方面有:教师高估学生的自控能力;不能很好地启发和引导学生改进不足;不能明确学生进步的大小并忽略了家长及社会相关人员在学生评价中的作用。[3]

陈学宽探索了鞍山市胜利小学建立的发展性学生评价体系。该学校根据《鞍山市义务教育学生发展性评价方案试行的规定》,制定了《学生学科学业评价方案》以及《学生习惯养成评价方案》,并重点从课堂学习评价、日常习惯养成评价、学科单项技能测试、期末个性评优四方面切入,深入进行学生发展性评价探索。总体而言,该小学在实施新课程改革过程中紧紧抓住了学生发展性评价这一突破口,在学生评价改革的理念、方法和体制等方面做

① 徐芬,赵德成.档案袋评价在中小学教育中的应用[J].教育研究与实验,2001(4):50-54+73.
② Blanie R.Worthen.,Measurement and Assessment in the schools[M].Boston: Allyn&Bacon,1998.
③ 罗孝容.发展性评价在小学综合实践活动课程中的应用研究[D].重庆师范大学,2018.

出了种种有益的尝试和探索。但也存在如下问题:非学业评价普遍存在不当量化的问题;在多主体评价时容易存在形式化问题;有些教师在评价实践中不恰当地使用激励性评价策略。[①]

郑州中学附属小学在"让孩子们按照自己的特点实现最大化发展"的理念引领下,构建多元化学生综合素质评价体系,创造性地将附小币、校园徽章、成长护照等融入教育评价之中,通过实施学生乐于接受、教师易于操作的学生综合素质评价,增强学生综合素质,实现了学生德智体美劳的全面发展和个性特长的最大化发展。[②]

房正以西安阳光小学为个案,通过问卷、访谈和实地调查等方法,考察了该学校开发的"阳光卡"评价方式的具体操作过程。研究发现,"阳光卡"发展性评价方式有效地促进了学生的全面发展,是一种多元的、具有激励性的评价方式。这种评价融入了学生的日常生活和学习之中。它由原来只对学生的学业成绩做出评价转向对学生的学业表现、日常行为规范和道德情感体验等方面。但"阳光卡"评价方式还存在一些问题,在评价内容上,对于非学业(情感、态度和价值观)的评价有待改进和加强;学生评价改革中激励的导向性存在问题;在评价内容、评价主体多元化改革中还存在问题等。[③]

近20年针对小学阶段的学生评价研究在新课程改革以来实现了长足发展,在发展过程中,教师评价语、小学作业、小学考试以及评价方式等研究都聚焦到很多细微的命题。但也能看出类似于评价语、作业、考试等实践性较强的议题较为缺乏科学的理论支撑,研究人员也偏向一线教师,使得研究结果也很难经得起科学的论证,为此将小学生的评价研究提升到理论层面还有很大的空间。

---

① 陈学宽.小学生发展性评价研究[D].河北师范大学,2005.
② 华勇,祖国华,邹丽.以评价促创新发展 以发展促品质提升——郑州中学附属小学学生综合素质评价实践研究[J].基础教育课程,2019(7):17–21.
③ 房正.学生发展性评价的个案研究[D].西北师范大学,2007.

第四节　发展性教师评价研究

教师评价是小学教师专业成长的重要支撑。如何科学有效地评价教师，已成为教育实践活动的重中之重。本节通过梳理近 20 年诸多有关小学教师评价的争议性问题，并在此基础上提出针对性的实践策略，以求全面、客观、科学地评价小学教师。

一、小学教师评价若干争议问题讨论

作为教育评价中至关重要的一环，教师评价不仅是教育教学管理的重要手段，更是关乎国家人才培养、实现民族振兴的战略问题。分析近 20 年的文献发现，我国学者对小学教师评价的研究有着不同的视角，其中主要的争议问题聚焦在目的、主体、内容、标准、方法五个方面。

（一）关于小学教师评价目的的界定

明确评价目的是开展中小学教师评价研究的第一步，在整个研究中占有重要地位。不同的评价目的会产生不同的评价导向，最终形成截然不同的评价结果。

有学者认为，中小学教师评价的主要目的是进行绩效奖惩，监督和管理教师。如鲁文晓认为，中小学教师绩效评价实质是反映教师实际工作的结果与成效，主要用于学校的日常管理，为教师奖惩、升职和留用提供依据。[①]张俊友也强调，奖励和惩处是管理教师的重要手段，通过绩效评价的结果对教师进行奖惩是为了增强教育质量，促进学生发展。[②]

另一部分学者认为，教师评价的根本目的是促进教师的专业化发展，而非给教师一个终结性的结论。刘振忠指出，教师评价的根本目的在于增加教

---

① 鲁文晓.发展性教师评价理论视域下的中小学教师绩效评价研究[J].黑龙江教育学院学报，2013（9）：27-28.

② 张俊友.客观对待教师绩效评价和发展性教师评价[J].教育学报，2007（1）：47-53.

师的教学能效,提高教师的整体素质,保障教育教学的顺利开展。^①王景英等人认为,中小学教师评价不能仅限于鉴定教师的实际工作表现,更重要的是为促进教师成长和提高教学水平服务, 从而提高学生学业水平和学校办学质量。^②

通过分析发现, 关于中小学教师评价目的的争议归根结底都是为了清楚了解教师的教育教学现状,而这些不同角度的研究结果具有内在统一性,不过体现形式存在差异。然而新课程改革倡导的评价理念是"立足过程,促进发展"。为此,面对新世纪课程改革对教师提出的要求,要更多关注评价对教师的激励和导向功能,而非评价的奖惩性功能。

(二)关于小学教师评价主体的争论

相关的问卷调查发现,在我国中小学中,教师评价的主体主要是校长,是一种自上而下的考核体系,教导主任、评价中介机构和教师同行等还没有发挥应有的作用。^③面对主体单一化的教师评价制度,理论界开始把研究的重心转向多教师评价主体。熊英强调,基础教育阶段教师的评价要引入多元化评价主体。评价主体应包含教师、同事、学生以及上级教育行政管理机关等多方面的力量。^④在此过程中,教师的自我评价受到了研究者们的普遍关注,认为它能够改变其消极被动的被评价地位,激发教师的主体意识。^⑤除此之外,学生作为教师的教学对象,也拥有一定话语权。^⑥

但也有一部分学者认为,多元化主体的有效性有待商榷,多元化的主体不能客观反映被评价者的信息。例如,毛利丹通过问卷调查发现大部分教师并不赞成学校行政人员和同事等人成为评价者, 因为教师们认为这些评价

① 刘振忠.美国肯塔基州中小学教师评价标准探析[J].教学与管理,2011(7):87–88.
② 王景英,梁红梅.当前美国中小学教师评价的特点及其启示[J].外国教育研究,2002(9):54–59.
③ 吴清晰.新课程实施中的中小学教师自我评价[J].教育探索,2006(6):114–115.
④ 熊英.基础教育阶段教师评价:现状、问题及对策[J].教育理论与实践,2017(36):40–42.
⑤ 滕万峰.对构建教师评价机制的思考[J].教育探索,2005(3):123–124.
⑥ 杨鑫,雷吉红.中小学教师评价的学生缺位与回归——以优秀教师的评选为视角[J].教学与管理,2015(10):14–17.

者未曾进行专门的评价培训,并不具备担任评价者的知识和技能。[①]司继伟等提出,基础教育学段中的学生作为身心都尚未成熟的群体,在评价时往往过于感性,只看表面现象或者凭自己对某学科的兴趣来判断教师好坏,对于好教师的标准过于模糊,可能更喜欢在教学上马虎了事,对学生要求宽松的教师,因此并不建议将学生评价作为一种有效的评价方式。[②]还有学者进一步提出了教师评价主体的权重分配问题。认为评价主体权重的分配标准应该是:第一,熟悉教师工作情况、职业性质和劳动特点等,真正有发言权的人;第二,其利益与教师评价目的的实现与否息息相关,真正想帮助教师实现评价目的的人。[③]

(三)关于教师评价的内容和指标体系

在实践场域中,很多学校将学生在各种测验中所获得的成绩作为评价体系中最重要和最直接的指标。"分数"依然是衡量一个教师教学水平的最关键的实质性依据,教师评价很难走出这种以学生考分论高低的评价困境。[④]

在新课改的指引下,教师评价应更多地关注教师的实践性知识,而不是仅重视教师专业发展的结果之一的学生的考试成绩。[⑤]教师评价不仅要评价教师的教学方面,还要评价教师的公民基本素质、职业道德、心理品质、团队精神等方面。[⑥]有学者通过对教师三维绩效进行内涵分析,将中小学教师绩效分为任务绩效和关系绩效两个维度。其中任务绩效评价分为课堂教学、课外指导、管理服务、成绩效能、专业发展五个方面;关系绩效评价维度分为热爱学生、恪守职责、科学创新、合作助人、职业奉献五个方面,[⑦]对当前教师评价指标体系的建构具有启示作用。在近 20 年的研究中,还有一部分学者聚

---

① 毛利丹.教师眼中的教师评价:一个被忽略的研究领域[J].全球教育展望,2015(7):99-110.

② 司继伟,王金素.引发中小学教师职业倦怠的教师评价因素[J].山东师范大学学报(人文社会科学版),2007(2):158-161.

③ 禹晓成.中小学教师评价的现状分析及解决策略[J].当代教育论坛(学科教育研究),2007(4):79-80.

④ 侯定凯,万金雷.中小学教师评价现状的个案调查——从促进教师专业发展的角度[J].教师教育研究,2005(5):49-53.

⑤ 禹晓成.对中小学教师评价的再思考[J].教学与管理,2007(9):33-34.

⑥ 梁红京.论教师评价中的区分评价[J].教育科学,2003(6):31-34.

⑦ 时子刚.中小学教师绩效评价的内涵与方法[J].教育科学研究,2018(6):52-57.

焦到小学教师师德评价的困境与突破,如通过访谈和问卷调查的方法,对小学教师师德评价实际操作情况展开调研, 调查发现当前小学教师师德评价许多操作困境,这些亟待解决的问题制约了当前师德评价的实施效果。[①]

(四)关于小学教师评价标准的探讨

小学教师评价的标准是实施评价的重要依据,科学、合理的评价标准和准则能够为教师提供明确的努力目标,促使教师朝着积极的方向发展。由于教师工作过程是一个多层次、多因素、多变量的动态系统,而单一的标准会给教师工作带来负面影响, 反映在近些年的研究上也呈现教师评价标准多元化的趋势。

张文华认为,制定中小学教师评价标准必须要立足"增值"的理念,依据真实的教育背景,兼顾学生、教师与学校发展的需要等制定。[②]刘小珍指出,中小学教师由于所处的职业生涯发展阶段存在差异,其教学特点、工作重点和岗位职责都各不相同,因此要采用分类型、分层次和分学科设置评价的内容和方式,将分类指导和分层次考核评价融合一体。[③]

(五)关于小学教师评价的方法讨论

有关小学教师的评价方式, 目前主要集中于形成性评价和终结性评价方法的讨论,同行督导评价、学生评教、360度反馈评价、自我评价、表现性评价以及档案袋评价等方面。

在形成性评价和终结性评价的使用方面, 大多数学者赞成这两种方法的融合,认为既可以呈现教师工作的真实情况,又能为教师的工作绩效提供判断。但也有学者质疑这两种方法的综合使用效果。霍华德(Howard)和麦克尔斯基(Mccolskey)提出,要将终结性评价与形成性评价分离开,这样管理者就不用担任教练和裁判的双重角色。[④]还有学者认为,评价者在这两种评价方式中会出现角色冲突问题。如校长作为教师评价者之一,既是教师的鼓励

① 陈雯昕.小学教师师德评价的操作困境与改进策略研究[D].河南师范大学,2021.
② 张文华.中小学教师专业发展评价存在的问题及改进策略[J].教学与管理,2011(27):41-42.
③ 刘小珍.基于绿色理念的中小学教师评价体系[J].教学与管理,2019(9):119-121.
④ Barbara B.Howard, Wendy H.McColskey, Evaluating Experience Trachers[J].Education Leadership, 2001(58):48.

者和培养者,又要作为终结性评价的裁判者,这无疑会造成校长角色冲突,也会给教师增加更多的负担。①

关于同行评价最著名的例子是美国俄亥俄州哥伦布同行评价和援助委员会为 4800 名教师提供服务。②但也有研究对同行督导评价结果的可靠性、有效性以及校园人际关系进行了研究,指出该评价可能会带来人际危机,且评价结果的可靠性不强。③

针对学生评教,国外几项研究表明,学生评教能够为教师教学提供有用的信息。④但同时评价结果与学生学业成就、学生、班级人数相关。同时,评价的有效性依赖于仪器的使用,且只能作为形成性评价使用。⑤

随着我国在中小学中实行绩效工资分配制度,教师的绩效评价越来越成为广大中小学校日常管理中的一项重要工作。一些学校开始尝试使用 360 度反馈评价。它具有信息来源广泛、基于胜任特征、评价结果的误差较小和评价结果的可接受性强等特点,⑥但目前这一评价方式更多应用于高校,在小学还较为缺乏。

教学档案袋作为教师专业发展的重要评价方式之一,是一种新的教师评价方法,可分为过程性、结果性和展示性教学档案袋。⑦但是目前很少学校运用这种评价方法评价教师。

教师评价有效性不足是建构小学教师评价面临的重要问题,当前关于小学教师评价的争论主要集中在评价目的、评价主体、评价内容、评价标准、

———————————

①　Kenneth D.Peterson,Catherine A Peterson Effective Teacher Eualuation:A Guide for Principals[M].Thousand Oaks:Corwin Press,2006:pp.67-68.

②　蔡敏,李艳.美国中小学教师评价的主要模式及特点[J].外国中小学教育,2006(4):28-32.

③　Wasonga C O,Wanzare Z,Rari B O .Adults helping adults:Teacher-initiated supervisory option for professional development[J].Academic Journals,2011.

④　Peterson K D,Wahlquist C,Bone K.Student reports for school teacher evaluation[J].Journal of Personnel Evaluation in Education,1988(2):19-31.

⑤　White S A .A comparison of teacher evaluation,student surveys and growth scores to identify effective teaching traits[J].ProQuest LLc,2013.

⑥　张家军.论 360 度反馈评价在中小学教师绩效评价中的应用[J].教育理论与实践,2013(35):15-17.

⑦　王斌华.教师评价模式:教学档案袋[J].教育理论与实践,2004(13):24-28.

评价方法等方面,而争议之处反映的正是中小学教师评价亟待解决的问题。

二、改进小学教师评价的实践策略研究

(一)增强教师评价体系的合理性

政策的最终形成和执行效果实质上是多方参与主体不断协商、最终达到利益相对制衡的结果。[①]因此,需要对我国的小学教师评价政策进行改进和完善,其首要条件应是树立正确的评价导向,确保评价的公平性。公平性要求教师评价立足对教师整个工作期望的评价,而不是仅对教师任务的某一方面进行测评。这是因为整个教学工作是复杂的,是相互关联的,很难根据学生成绩测评教师是否成功。斯特赖克(S.Stryker)就曾从道德的角度对教师评价的公平性进行分析,并将平等尊重的理念与评价活动所有参与者的利益最大化相结合,他将教师评价的道德分为八项准则:正当的过程;隐私权;平等权;评价程序对公众的开放性;人文关怀;利益相关者的利益;学术自由;尊重的自主性,并将这些准则运用到了教师评价的权利法案。[②]

(二)完善教师评价体系的政策保障

韩玉梅通过研究美国中小学教师评价的政策指出,美国教师评价政策体系是一套政府主导、全民参与,具有多样化菜单式选择,地方和学区被给予民主自由选择权,教师被给予充分参与权,重视教师主体回馈等特征的体系。虽然政策中也依然存在一些为人所争议的不足之处,但在逐渐趋于完善。要完善我国的教师评价政策体系,需要从中央到省到地方再到学校和学校教育一线工作者们合力参与发挥各自的主观能动性,构建一个充满活力和生命力的政策体系,能够不断在动态中推进、执行和持续改善。同时她也强调,在我国应以立法等形式来加强教师评价的政策效力。[③]教育管理部门和学校建立小学教师专业发展评价标准应体现以下几点要求:一是以小学

---

①　韩玉梅.美国中小学教师评价政策研究[D].西南大学,2014.

②　Peterson,Kenneth D.,Teacher Evaluation:A Comprehensive Guide to New Directions and Practices (2nd ed.)[M].Thousand Oaks:Corwin Press,2000:368.

③　韩玉梅.美国中小学教师评价政策研究[D].西南大学,2014.

教师专业标准为导向；二是以小学教师专业发展规律为行动准则；三是以小学教师的可持续专业发展为目的；四是推动小学教师建立专业自信。①

（三）营造学校实施教师评价的良好环境

调查发现，在学校层面，学校文化与校长是影响教师评价的两个主要因素。校长对不同教师特点的感知，对学校环境、教育理念、上级政策的理解等都会直接影响其管理教师的具体行为。不同的学校类型，以及校长个人的教育信念、文化背景和工作经验等因素决定着校长对教师评价理念的认识、对教师的喜好程度。②对此，校长应培养自己管理视野的高度和广度，坚持公平与公正的评价原则，转变对教师评价的管理模式。具体而言，校长可以采取"走动管理"策略，不时地到各教室走动、听课，通过与师生的接触，获得有关课堂教学评价的第一手材料。这一形式能帮助校长及时获知教师的认知与需求，有利于校长与教师形成相互信任的关系。③同时，校长应形成欣赏型的评价风格。在监测走访和自由访谈中，给教师提供更多的积极性评价。而且，校长要注意有区别性地评价教师，例如，面对表现良好的教师，应给予明确、肯定的评论，并将其表现介绍给其他教师。此外，校长应该鼓励教师展示自己的"真实性"，即做真实的自己，而不是总强调"教师"固有的角色，等等。④

（四）激励教师在评价活动中的自觉参与

1.唤醒教师在评价中的自我意识

教师专业发展评价是促进教师自主发展的重要外在力量，强调教师主体内在专业发展动机的激发，而不是产生外部的考核督导的压力。⑤为此，教育管理部门和学校首先要使小学教师的专业发展评价结果与外在物质解除

---

①　余丹琼.小学教师专业发展评价机制构建路径——基于赋权增能的视角[J].教师教育论坛，2022（2）：21-24.

②　毛利丹.中小学教师评价研究[D].华东师范大学，2016.

③　王斌华.发展性教师评价制度[M].上海：华东师范大学出版社，1998：87-88.

④　Peterson, Kenneth D., Teacher Evaluation: A Comprehensive Guide to New Directions and Practices (2nd ed.)[M].Thousand Oaks: Corwin Press, 2000: 347.

⑤　王国明.从业绩考核到专业发展评价：中小学教师评价机制研究[J].贵州师范大学学报（社会科学版），2019（3）：72-80.

直接捆绑关系,让教师为自我发展而发展。[1]其次要激发教师在评价中的自我参与意愿,通过评价来提升教师的自我认知能力与合作意识,发挥教师内在的积极力量,在合作中提升自我表现。对此,有学者指出,教师应提升在评价中的自我认知能力,应知晓自己在评价中的权利与责任,同时应熟知自身职业性质。[2]

2.提升教师自身的评价能力素养

为提升自我评价的效果,教师有必要接受相关的训练。这主要从教师教学和育人两个维度来讲:一是教师应关注自身教学的专业性,在教学目标与内容的把握、教态得体度、言语表达的精准性以及教学工具操作的熟练程度等方面接受自评训练;二是教师应接受有关课堂组织管理、与学生沟通等方面训练。[3]同时,在"互联网+"教育评价的形式下,还需要教师在评价中具有媒介素养。因此,教师需要与时俱进,强化数据意识并掌握有关媒介的基础知识,通过数据思维来促进教师评价的改革和发展。[4]

本章小结

以发展性评价理念为基础的近 20 年小学教育评价关注的前沿问题可以概括为三方面:小学发展性课程评价、小学发展性学生评价、小学发展性教师评价。每个议题下都蕴含着其本身的独特研究视角,并基本遵循现状—问题—反思—策略这一研究逻辑。其中,课程评价主要关注领域为教材、课堂教学、校本课程以及整体课程评价体系的构建;学生评价主要的研究议题集中在小学教师评价语、小学作业、小学考试、发展性评价方法等;教师评价主要聚焦在对小学教师专业发展的评价、评价方法及评价策略等。

从具体的议题中可以看出,近 20 年的小学教育评价研究既有长足的进

---

① 余丹琼.小学教师专业发展评价机制构建路径——基于赋权增能的视角[J].教师教育论坛,2022(2):21-24.

② 毛利丹.中小学教师评价研究[D].华东师范大学,2016.

③ 毛利丹.中小学教师评价研究[D].华东师范大学,2016.

④ 林秀清,杨现民,李怡斐.中小学教师数据素养评价指标体系构建[J].中国远程教育,2020(2):49-56+75+77.

步,同时也存在不足之处。突出的进步在于聚焦到各个议题的研究学者明显增多;研究内容能够顺应小学教育发展的现实情况,立足实践发现小学评价在具体实施中的问题并提出针对性的解决对策;研究方法有所创新,由重视量化到关注质性,且实证研究明显增多,通过数据分析使得问题呈现得更加清楚;评价研究中人本化的特点更加明显,尤为体现在评价主体层面,开始重视多元评价主体发挥作用。不足之处在于多数研究还未能将聚焦到小学阶段的教育评价从中小学阶段分离出来,没有凸显小学阶段的特点,只是笼统地用"中小学"一词来替代,在学生评价中针对小学生的独特性进行有针对性的研究还较少。同时,偏向原理性的研究较少,多为一线教师根据自身经验的探讨,时效性还需加强。为此,小学教育评价的研究者应该对以上问题加强重视,凸显小学阶段的特征,并拓宽小学评价研究深度和广度,提升教育评价研究和实践的专业性,推动小学教育评价走向专业化。

推荐阅读

1.边玉芳,孙丽萍.教师增值性评价的进展及在我国应用的建议[J].教师教育研究,2015(1):88-95+112.

2.陈慧娟,辛涛.我国基础教育质量监测与评价体系的演进与未来走向[J].华东师范大学学报(教育科学版),2021(4):42-52.

3.陈玉琨.教育评价学[M].北京:人民教育出版社,1999.

4.崔允漷.试论新课标对学习评价目标与路径的建构[J].中国教育学刊,2022(7):65-70+78.

5.丁邦平.从"形成性评价"到"学习性评价":课堂评价理论与实践的新发展[J].课程·教材·教法,2008(9):20-25.

6.董奇,赵德成.发展性教育评价的理论与实践[J].中国教育学刊,2003(8):22-25+49.

7.何云峰.学生评价的转向:基于发展性评价的视角[J].教育理论与实践,2009(9):15-17.

8.和学新.课程评价制度创新与基础教育课程改革[J].教育研究,2004

（7）：79-80.

9.霍力岩,黄爽.表现性评价内涵及其相关概念辨析[J].西北师大学报（社会科学版）,2015(3):76-81.

10.雷浩,崔允漷.核心素养评价的质量标准:背景、内容与应用[J].中国教育学刊,2020(3):87-92.

11.李雁冰.论综合素质评价的本质[J].教育发展研究,2011(24):58-64.

12.刘振天.教育评价破"五唯"重在立"四新"[J].国家教育行政学院学报,2020(11):13-15.

13.刘志军.教育评价的反思和建构[J].教育研究,2004(2):59-64.

14.马云鹏,刘学智.发展性学生评价的理论与方法[M].长春:东北师范大学出版社,2007.

15.毛利丹.中小学教师评价研究[D].华东师范大学,2016.

16.[美]艾琳·迪普卡.聚焦家庭作业:改进实践、设计以及反馈的方法和技巧[M].陶志琼译.南京:江苏凤凰科学技术出版社,2020.

17.施久铭."一师一卷":用"考试"打败考试—— 一所小学从评价改革到核心素养的实践探索[J].人民教育,2014(21):56-60.

18.王烨晖,边玉芳.课程评价模型的理论建构与实证分析[J].教育学报,2015(5):80-86.

19.王月芬.课程视域下的作业设计研究[D].华东师范大学,2015.

20.吴靖,陈晓慧,张煜锟.小学媒介素养"晶体"课程评价及实践研究[J].中国电化教育,2015(2):12-20+28.

21.谢维和,李敏.小学教育原理[M]北京:高等教育出版社,2021.

22.谢维和.小学的价值[J].人民教育,2015(13):1.

23.谢维和.小学是一门科学[J].人民教育,2020(12):44-48.

24.辛涛,姜宇.基于核心素养的基础教育评价改革[J].中国教育学刊,2017(4):12-15.

25.邢淑芬,林崇德,俞国良.表扬对儿童动机的影响及其教育启示[J].中国教育学刊,2007(12):41-44.

26.杨启亮.合格性评价:基础教育评价的应然选择[J].教育研究,2006(11):11-17.

27.钟启泉,崔允漷.从失衡走向平衡:素质教育课程评价体系研究[M].北京:经济科学出版社,2014.

28.钟启泉.建构主义"学习观"与"档案袋评价"[J].课程·教材·教法,2004(10):20-24.

新时代小学教育专业与小学教师教育研究丛书

丛书主编：刘慧

RESEARCH ON FRONTIERS IN ELEMENTARY EDUCATION

小学教育前沿问题研究

（下）

李敏 编著

天津出版传媒集团

天津人民出版社

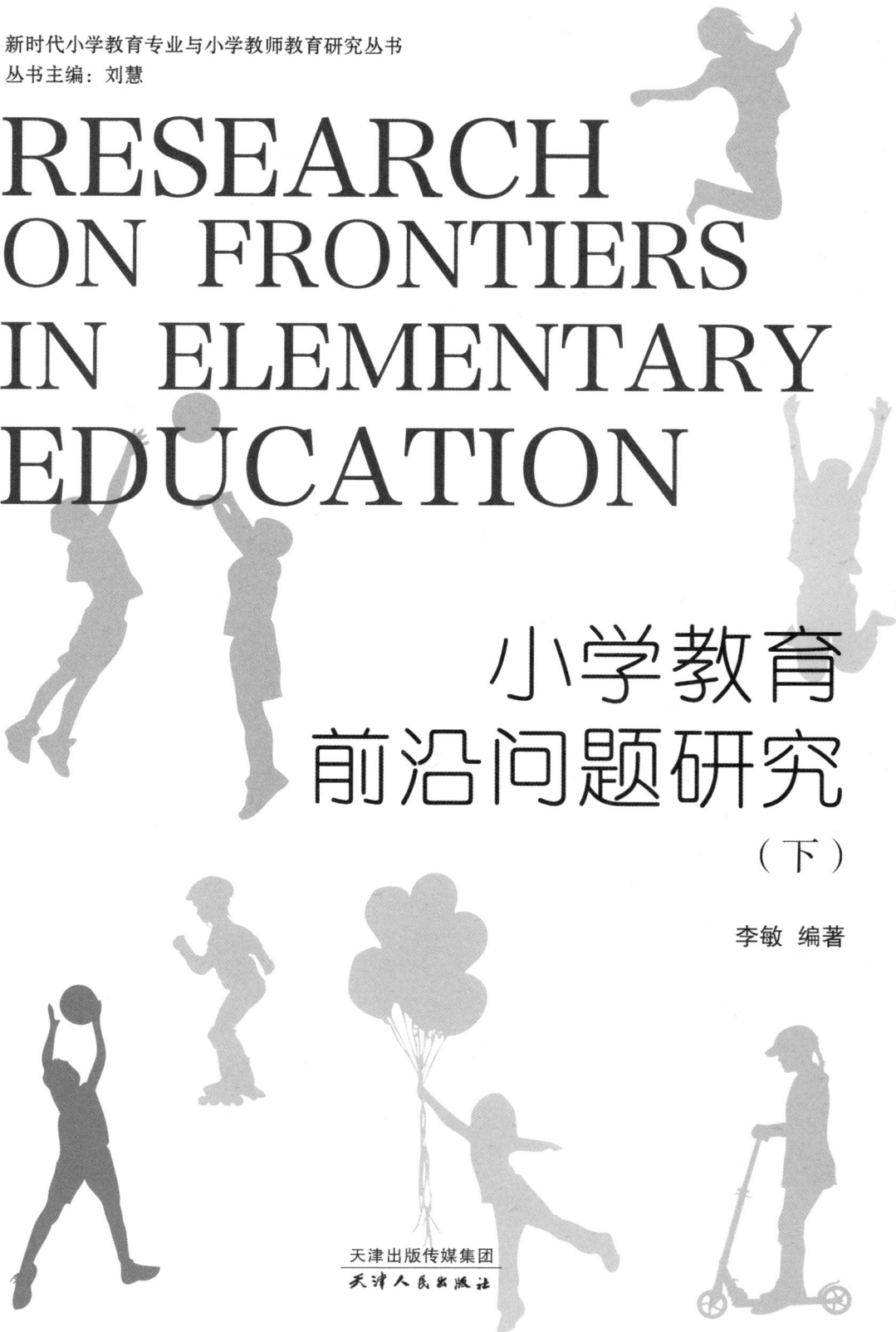

第七章 小学五育研究

本章思维导图

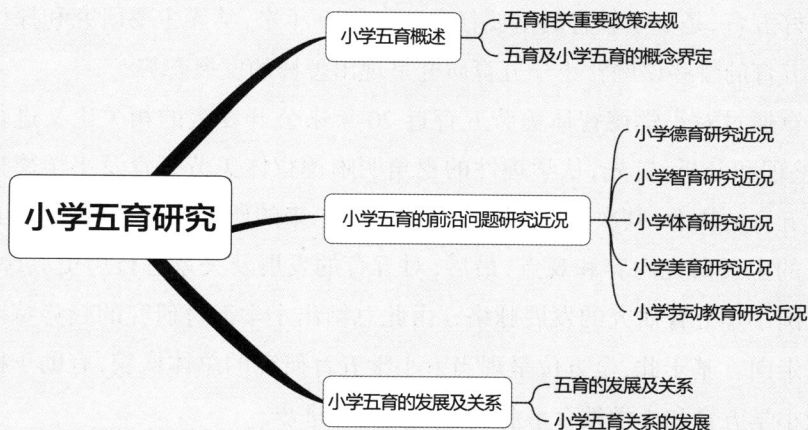

本章词云图

　　基础教育是提高国民整体素质、培养建设型与创新型人才的基础工程，也是实现民族复兴之路的重要支撑。小学阶段作为基础教育中的基石，其育人质量将直接关系每个人的成长成才。德智体美劳是小学生全面发展包含的基本内容，是立德树人与培养社会主义建设者和接班人的根本要求。德智体美劳五育构成了小学教育的育人体系，是一个有机联系的整体，同时具有各自独特的内容。科学、全面地认识五育的特点、相互关系及其整体性价值并实施好五育，是小学教育的重要任务。[①]近20年来，学界主要研究和探讨了小学五育的哪些议题？小学五育研究呈现出怎样的发展态势？

　　本章通过对小学德智体美劳五育近20年来公开发表的相关论文进行筛选、整理和分析，首先，从学理性的视角明晰德智体美劳五育及小学德智体美劳五育的概念，其次，综述小学五育近20年来的研究状况，概括小学五育当下的主要研究内容和观点，最后，对五育的发展及关系进行历史溯源，梳理我国小学五育研究的发展脉络，由此总结出小学五育研究的趋势特征及未来走向。基于此，全方位呈现当下小学五育研究的总体概貌，有助于推动我国小学五育和小学教育事业的总体发展与进步。

第一节　小学五育概述

　　本章的第一节首先梳理了我国近20年来出台的五育相关重要政策法规，进而提炼相关著作或教材中有关五育及小学五育的概念，试图为梳理小学五育研究奠定扎实的理论基础。

一、近20年来五育相关重要政策法规

　　近20年来，我国颁布了一系列五育相关的重要政策法规，为五育及小学五育的深入研究提供了良好的理论依据和发展契机。五育相关政策法规突出了五育对于人才培养的重要性作用，尤其是20世纪末素质教育的提出

---

①　谢维和,李敏.小学教育原理[M].北京:高等教育出版社,2021:123.

加速了五育的发展与融合，其中五育的课程改革与具体实施成为政策关注的焦点。自党的十八大把立德树人作为教育的根本任务以来，德育在五育中的地位愈加凸显，从21世纪初的德智体美四育并举到当下德智体美劳五育全面发展，政策法规的沿革体现了五育融合发展的新方向。

表7-1　近20年来五育相关重要政策法规

时间	相关重要政策法规	相关内容
1998年12月	教育部《关于贯彻十五届三中全会精神促进教育为农业和农村工作服务的意见》	农村中小学要大力推进素质教育，全面提高学生素质，着重培养学生的创新精神和创造能力。要通过转变教育思想和改革教学内容，使农村中小学的教学内容贴近农村生产和生活实际，鼓励农村学校使用乡土教材。要通过开设劳动技术课，培养学生的劳动观念，帮助学生掌握初步的生产技术，丰富素质教育的内涵
1999年6月	中共中央 国务院《关于深化教育改革，全面推进素质教育的决定》	实施素质教育，必须把德育、智育、体育、美育等有机地统一在教育活动的各个环节中
2000年2月	教育部《关于开展全国农村学校艺术教育实验工作的通知》	21世纪农村学校艺术教育改革和发展研究实验工作要以邓小平理论为指导，根据全面推进素质教育的总体要求，从农村的实际出发，因地制宜，切实加强农村学校的美育工作。通过实验，探讨发展农村艺术教育的经验和规律，提高农村学生的综合素质，促进农村学校的教育改革和发展
2000年12月	教育部《体育与健康教学大纲》	体育课正式更名为体育与健康课，更为明确地将"健康第一"作为我国体育课程改革的指导思想
2001年5月	国务院《关于基础教育改革与发展的决定》	"切实加强德育工作的针对性、实效性和主动性"，还具体明确了小学、初中和高中三个不同学段的德育目标
2002年5月	教育部《全国学校艺术教育发展规划（2001—2010年）》	以全面推进素质教育为目标，深化课程改革为核心，加强教师队伍建设为关键，普及和发展农村学校艺术教育为重点，大力弘扬中华民族的优秀文化艺术，积极学习世界的优秀文化艺术，坚持积极进取、因地制宜、分区规划、分类指导的原则，依法治教，真抓实干，切实提高工作质量和管理水平，使我国学校艺术教育再上新的台阶

续表

时间	相关重要政策法规	相关内容
2002 年 11 月	党的十六大报告	全面贯彻党的教育方针，坚持教育为社会主义现代化建设服务，为人民服务，与生产劳动和社会实践相结合，培养德智体美全面发展的社会主义建设者和接班人
2004 年 2 月	教育部《2003—2007年教育振兴行动计划》	"全面贯彻党的教育方针，以培养德智体美等全面发展的一代新人为根本宗旨，以培养学生的创新精神和实践能力为重点，继续全面实施素质教育"并提到要"加强和改进学校德育工作""加强和改进学校体育和美育工作"
2006 年 12 月	教育部、国家体育总局《关于进一步加强学校体育工作切实提高学生健康素质的意见》	"贯彻党的教育方针，全面实施素质教育，培养德智体美等方面全面发展的社会主义建设者和接班人，必须始终坚持健康第一的指导思想。学校体育是提高青少年健康素质的关键环节。"同时也对学校体育的工作要求、保障机制、评价制度、督导检查和服务支持进行了规定
2006 年 12 月	教育部、国家体育总局、共青团中央《关于开展全国亿万学生阳光体育运动的决定》	"要进一步提高对体育的认识""要以'达标争优、强健体魄'为目标""要以全面实施《学生体质健康标准》为基础""要与体育课教学相结合""要与课外体育活动相结合""要营造良好的舆论氛围、要加强组织领导"
2007 年 4 月	教育部、国家体育总局《国家学生体质健康标准》	对学生体质健康提出相关标准，要求全国各级各类学校严格按照《健康标准》执行
2007 年 5 月	中共中央 国务院《关于加强青少年体育增强青少年体质的意见》	"增强青少年体质、促进青少年健康成长，是关系国家和民族未来的大事。以迎接 2008 年北京奥运会为契机，进一步加强青少年体育、增强青少年体质，对于全面落实科学发展观，深入贯彻党的教育方针，大力推进素质教育，培养中国特色社会主义事业的合格建设者和接班人，具有重要意义"
2007 年 10 月	党的十七大报告	全面贯彻党的教育方针，坚持育人为本、德育为先，实施素质教育，提高教育现代化水平，培养德智体美全面发展的社会主义建设者和接班人，办好人民满意的教育

续表

时间	相关重要政策法规	相关内容
2008 年 9 月	教育部《关于进一步加强中小学艺术教育的意见》	明确提出"美育是国家教育方针的有机组成部分，艺术教育是学校实施美育的基本途径，是素质教育不可或缺的重要内容"。进而提出要"进一步提高认识，把艺术教育摆上应有的位置""严格执行课程计划，提高艺术教育教学质量""开展课外艺术活动，营造良好校园文化艺术环境""加强队伍建设，提高艺术教育师资水平""优化资源配置，改善艺术教育教学条件""加强管理，完善艺术教育保障机制"
2010 年 7 月	教育部《国家中长期教育改革和发展规划纲要（2010—2020 年）》	坚持德育为先。立德树人，把社会主义核心价值体系融入国民教育全过程
2012 年 10 月	教育部、发展改革委、财政部、国家体育总局《关于进一步加强学校体育工作的若干意见》	力争到"十二五"期末，学校体育场地设施总体达到国家标准，初步配齐体育教师，基本形成学校体育持续健康发展的保障机制；学生体质健康监测制度更加完善，基本建成科学规范的学校体育评价机制；各方责任更加明确，基本形成政府主导、部门协调、社会参与的学校体育推进机制
2012 年 11 月	党的十八大报告	把立德树人作为教育的根本任务，培养德智体美全面发展的社会主义建设者和接班人。全面实施素质教育，深化教育领域综合改革，着力提高教育质量，培养学生社会责任感、创新精神、实践能力
2013 年 11 月	中共中央《关于全面深化改革若干重大问题的决定》	深化教育领域综合改革，全面贯彻党的教育方针，坚持立德树人，加强社会主义核心价值体系教育，完善中华优秀传统文化教育，形成爱学习、爱劳动、爱祖国活动的有效形式和长效机制，增强学生社会责任感、创新精神、实践能力。强化体育课和课外锻炼，促进青少年身心健康、体魄强健。改进美育教学，提高学生审美和人文素养
2014 年 1 月	教育部《关于推进学校艺术教育发展的若干意见》	"明确思路目标，落实立德树人根本任务""抓住重点环节，统筹推进学校艺术教育""建立评价制度，促进艺术教育规范发展""加强组织领导，完善艺术教育保障机制"

续表

时间	相关重要政策法规	相关内容
2014 年 3 月	教育部《关于全面深化课程改革落实立德树人根本任务的意见》	高举中国特色社会主义伟大旗帜，推动社会主义核心价值观进教材、进课堂、进头脑，着力培养学生高尚的道德情操、扎实的科学文化素质、健康的身心、良好的审美情趣，努力使学生具有中华文化底蕴、中国特色社会主义共同理想、国际视野，成为社会主义合格建设者和可靠接班人
2015 年 9 月	国务院《关于全面加强和改进学校美育工作的意见》	总体目标为"2015 年起全面加强和改进学校美育工作。到 2018 年，取得突破性进展，美育资源配置逐步优化，管理机制进一步完善，各级各类学校开齐开足美育课程。到 2020 年，初步形成大中小幼美育相互衔接、课堂教学和课外活动相互结合、普及教育与专业教育相互促进、学校美育和社会、家庭美育相互联系的具有中国特色的现代化美育体系"
2016 年 4 月	国务院《关于强化学校体育促进学生身心健康全面发展的意见》	要坚持"课堂教学与课外活动相衔接""培养兴趣与提高技能相促进""群体活动与运动竞赛相协调""全面推进与分类指导相结合"的原则，改革创新体制机制，全面提升体育教育质量，健全学生人格品质，切实发挥体育在培育和践行社会主义核心价值观、推进素质教育中的综合作用
2017 年 8 月	教育部《中小学德育工作指南》	进一步明确了中小学德育工作在新时代的"五个内容"和"六个实施路径"。"五个内容"即理想信念教育、社会主义核心价值观教育、中华优秀传统文化教育、生态文明教育和心理健康教育；"六个实施路径"是课程、文化、活动、实践、管理与协同
2017 年 9 月	中共中央 国务院《关于深化教育体制机制改革的意见》	"要构建以社会主义核心价值观为引领的大中小幼一体化德育体系。针对不同年龄段学生，科学定位德育目标，合理设计德育内容、途径、方法，使德育层层深入、有机衔接，推进社会主义核心价值观内化于心、外化于行"
2017 年 10 月	党的十九大报告	要求全面贯彻党的教育方针，落实立德树人根本任务，发展素质教育，推进教育公平，培养德智体美全面发展的社会主义建设者和接班人

续表

时间	相关重要政策法规	相关内容
2017 年 11 月	国家体育总局、教育部、中央文明办、发展改革委、民政部、财政部、共青团中央《青少年体育活动促进计划》	围绕青少年体育活动、组织建设、场地设施、运动技能培训、指导人员队伍建设、科学健身研究与普及、体育文化教育等方面，制定了明确的发展任务，规定了组织保障机制
2018 年 1 月	教育部、国家体育总局、北京冬奥组委《北京 2022 年冬奥会和冬残奥会中小学生奥林匹克教育计划》	明确全国中小学要将奥林匹克教育纳入学校教育教学内容，通过综合实践活动课程、体育课程、德育活动等方式，开展奥林匹克主题教育
2019 年 2 月	中共中央 国务院《中国教育现代化 2035》	全面落实立德树人根本任务，广泛开展理想信念教育，厚植爱国主义情怀，加强品德修养，增长知识见识，培养奋斗精神，不断提高学生思想水平、政治觉悟、道德品质、文化素养。增强综合素质，树立健康第一的教育理念，全面强化学校体育工作，全面加强和改进学校美育，弘扬劳动精神，强化实践动手能力、合作能力、创新能力的培养
2019 年 2 月	中共中央 国务院《加快推进教育现代化实施方案（2018—2022 年）》	"增强中小学德育针对性实效性，从中小学生身心特点和思想实际出发改进德育方式方法，注重循序渐进、因材施教、潜移默化，开展喜闻乐见、入脑入心的德育活动""大力加强体育美育劳动教育。加强劳动和实践育人，构建学科教学和校园文化相融合、家庭和社会相衔接的综合劳动、实践育人机制"
2019 年 6 月	中共中央 国务院《关于深化义务教育教学改革全面提高义务教育质量的意见》	再次郑重提出"五育并举"的纲领，并强调要"坚持五育并举，全面发展素质教育"，着力培养德智体美劳全面发展、能担当民族复兴大任的时代新人的要求，文件对德智体美劳的每一个具体目标和内容都做出了详细的阐释
2020 年 3 月	中共中央 国务院《关于全面加强新时代大中小学劳动教育的意见》	"坚持培育和践行社会主义核心价值观，把劳动教育纳入人才培养全过程，贯通大中小学各学段，贯穿家庭、学校、社会各方面，与德育、智育、体育、美育相融合，紧密结合经济社会发展变化和学生生活实际，积极探索具有中国特色的劳动教育模式，创新体制机制，注重教育实效，实现知行合一，促进学生形成正确的世界观、人生观、价值观"

续表

时间	相关重要政策法规	相关内容
2020 年 10 月	中共中央 国务院《关于全面加强和改进新时代学校体育工作的意见》	学校体育是实现立德树人根本任务、提升学生综合素质的基础性工程,是加快推进教育现代化、建设教育强国和体育强国的重要工作,对于弘扬社会主义核心价值观,培养学生爱国主义、集体主义、社会主义精神和奋发向上、顽强拼搏的意志品质,实现以体育智、以体育心具有独特功能
2020 年 10 月	中共中央 国务院《关于全面加强和改进新时代学校美育工作的意见》	以立德树人为根本,以社会主义核心价值观为引领,以提高学生审美和人文素养为目标,弘扬中华美育精神,以美育人、以美化人、以美培元,把美育纳入各级各类学校人才培养全过程,贯穿学校教育各学段,培养德智体美劳全面发展的社会主义建设者和接班人
2022 年 6 月	《中华人民共和国体育法》(2022 年修订版)	学校必须按照国家有关规定开齐开足体育课,确保体育课时不被占用。应当在体育课教学时,组织病残等特殊体质学生参加适合其特点的体育活动。应当将在校内开展的学生课外体育活动纳入教学计划,与体育课教学内容相衔接,保障学生在校期间每天参加不少于一小时体育锻炼
2022 年 10 月	党的二十大报告	要办好人民满意的教育,全面贯彻党的教育方针,落实立德树人根本任务,培养德智体美劳全面发展的社会主义建设者和接班人,加快建设高质量教育体系,发展素质教育,促进教育公平

通过梳理近 20 年来五育相关重要政策法规,我们发现五育受到越来越多的关注,相关政策法规的沿革越来越细化具体,反映了五育的演进适应了时代发展的不同需求,越来越注重突出其整体性、系统性与服务性,即面向社会培养人才、面向教育现代化的要求。

二、五育及小学五育的概念界定

五育即德育、智育、体育、美育和劳动教育;小学五育即德育、智育、体育、美育和劳动教育在小学段的实施。德智体美劳五育既是立德树人的基本要求,又是小学生综合发展的关键内核,各育既有其自身的独特作用,又是一个有机联系的整体系统。为更好地深入研究小学五育,我们首先有必要明晰五育及小学五育的概念。

(一)德育及小学德育

德育是立德树人的基础,是五育中最根本的任务和基础,也是小学教育存在最重要的理由和根据。没有德育,就没有小学教育。小学德育具有两个非常根本的特性,其一是社会性,即体现和贯彻社会的道德要求,包括国家、民族的精神、文化传统与意识形态的要求;其二是专业性,即小学德育本身如何适应小学生身心发展的规律,特别是小学生道德意识与行为能力的发展规律。[①]

从目前的著述来看,关于"德育"概念的定位主要存在两种流派:一种是主张正本清源,把德育仍看作道德教育的同义词,指培养学生品德的教育,另一种主张是"大德育"的概念。[②]

鲁洁和王逢贤在《德育新论》中认为,德育是教育者根据一定社会和受教育者的需要,遵循品德形成规律,采用言教、身教等有效手段,通过内化和外化,发展受教育者的思想、政治、法制和道德几方面素质的系统活动过程。[③]王道俊、王汉澜在《教育学》中将德育定义为教育者按照一定社会或阶级的要求,有目的、有计划、系统地对受教育者施加思想、政治、道德影响,通过受教育者积极的认识、体验、身体力行,以形成他们的品德和自我修养能力的教育活动。简而言之,德育就是教师有目的的培养学生品德的活动。[④]胡守棻在《德育原理》中把德育看作是一定社会或阶级的思想观点、政治准则、道德规范转化为个体思想品德的教育活动。[⑤]刘惊铎等人在《德育学教程》中指出,德育就是一定社会的教育者运用该社会的品德规范,有目的、有计划(有

① 谢维和,李敏.小学教育原理[M].北京:高等教育出版社,2021:124.
② 刘青.德育概念综述[J].知识经济,2011(8):161.
③ 鲁洁,王逢贤.德育新论[M].南京:江苏教育出版社,2002:95.
④ 王道俊,王汉澜.教育学(第3版)[M].北京:人民教育出版社,1999:330.
⑤ 胡守棻.德育原理(修订本)[M].北京:北京师范大学出版社,1989:20.

组织）、自觉系统地培养受教育者品德的教育。分析地看，这些对德育的定义包括思想教育、政治教育和道德教育等一切专门培养人的品德的教育。德育也可以叫作品德教育，人们习惯上又叫思想品德教育。①

　　同时，还有一些学者从狭义的角度来定义德育的概念。班华在《现代德育论》中明确提出，德育即育德，也就是有意识地实现社会思想道德的个体内化，或者说有目的地促进个体思想品德社会化。②檀传宝在《德育原理》中将德育定义为教育工作者组织适合德育对象品德成长的价值环境，促进他们在道德认知、情感和实践能力等方面不断建构和提升的教育活动。简言之，德育是促进个体道德自主建构的价值引导活动。③

　　上述有关德育概念的界定，理论界一致比较认可的是"德育是一种有目的的教育活动"，对于"德育要把外在的一定社会的要求转化为个体内在的品质"这一观念，学者也持肯定态度。主要的争议点在德育概念的外延方面，可以分为两类。前面几条的定义可以归为一类，把德育的外延扩展到政治教育、思想教育、法治教育和道德教育等。后面的几个观点是在遵从原始德育定义的前提下，认为德育侧重指道德教育。④

　　当德育聚焦于小学学段时，其内涵在具体表述上又发生了哪些变化？

　　《小学德育纲要》规定我国小学德育的任务为：培养学生初步具有爱祖国、爱人民、爱劳动、爱科学、爱社会主义的思想感情和良好品德；遵守社会公德的意识和文明行为习惯；良好的意志、品格和活泼开朗的性格；自己管理自己、帮助别人、为集体服务和辨别是非的能力，为使他们成为德智体美劳全面发展的社会主义事业的建设者和接班人，打下初步的良好的思想品德基础。⑤

　　《小学教育学》指出小学德育是教育者根据一定社会或阶级的要求，以及儿童生理与心理发展的特点，对儿童在政治、思想与道德等方面进行有目

①　刘惊铎，权利霞.德育学教程[M].西安：陕西师范大学出版社，1992：29-30.
②　班华.现代德育论(第2版)[M].合肥：安徽人民出版社，2001：9.
③　檀传宝.德育原理(第2版)[M].北京：北京师范大学出版社，2007：6.
④　刘青.德育概念综述[J].知识经济，2011(8)：161.
⑤　黄济，劳凯声，檀传宝主编.小学教育学(第3版)[M].北京：人民教育出版社，2019：99.

的、有计划、有系统的教育与训练,以使其形成初步的政治理想、思想观点与良好道德行为习惯的教育活动。小学德育是学校德育的组成部分之一,是针对儿童的思想品德所进行的教育活动,与其他阶段的学校德育（如中学德育、大学德育等)不同。小学德育具有基础性和奠基性的特点。①

《小学教育学教程》把思想品德教育又称为德育,其内涵包括政治教育、思想观点教育和道德品质教育几方面。政治教育是培养学生具有正确的政治方向, 包括政治立场和政治态度。例如培养学生拥护党和国家的基本路线、方针和政策,热爱党、热爱社会主义,初步树立为建设中国特色的社会主义而奋斗的志向等。思想教育是指培养学生具有对一切事物的正确的基本思想观点。例如向学生进行辩证唯物主义和历史唯物主义世界观、人生观的教育,培养他们的阶级观点、劳动观点、群众观点、辩证唯物主义观点等。道德品质教育是指培养青少年学生形成社会所需要的道德观念和道德行为规范的教育。②

综上关于德育和小学德育的概念, 一方面可以看到小学德育在小学界受到高度重视,几乎现有的小学教育学教材都关注了小学德育,并且都在不同章节对其进行了详细阐述,但大多倾向从教育学原理中的"广义德育"概念视域下,对小学德育进行一般性定义。另一方面,小学德育被包含于"广义德育"却又区别于此,即小学德育的含义既应体现出一般性定义的特点,又有其存在的自身独特性,表现出明显的小学段特征,注重小学儿童的养成性和阶段性, 以融入儿童不同年龄的身心发展特点为依据培养小学生的道德品质,进而探索多形式、多样态的小学德育培育机制。

(二)智育及小学智育

智育是小学教育的主要内容和基本任务之一, 是五育里学生发展的认知基础,具有非常丰富的内涵。学习知识是小学教育的重要任务之一,也是小学生成长的基础和重要途径。没有知识与能力,就没有力量与本领。缺乏

---

① 郑晓生编著.小学教育学[M].福州:福建教育出版社,2016:233.
② 人民教育出版社教育室组编.小学教育学教程[M].北京:人民教育出版社,2000:331.

科学和全面的知识,小学生未来的发展就缺乏坚实的认知基础。智育是体现小学生全面发展与进步的基本指标。[①]

从目前的著述来看,关于智育的概念远远不及上文提到的德育概念多。近代以来,开始出现了专门的"智育"概念,并逐渐形成了专门的智育理论。[②]严复认为:富强之事,造端于民,以智、德、力三者为之根本,[③]他明确提出"智育"的概念,并倡导改革智育教学的内容,传授那些为国为民所能利用的科学文化知识等。这一切,均有力地促进了近代智育的变革。此后,智育的理论研究和教学实践均获得了重大发展,这种新的智育的理论和实践,开始和现代教育接轨。智育是一个历史范畴,其内涵的变化,反映了智育的发展本身受制于一定的历史条件。[④]

从智育概念的相关文献不难看出两种观点,一种是智育直接指向智力因素,包括传授知识、培养技能等,如朱光潜在《谈美感教育》中指出,智育使人研究学问,求知识,寻真理。[⑤]《教育学基础》中对智育和智育的基本任务都进行了定义,智育即指向学生传授系统科学知识和技能,培养和发展学生学识素养和智慧才能的教育。其基本任务有:向学生系统传授科学文化基础知识,为学生各方面发展奠定良好的知识基础;培养和训练学生使其形成基本技能;培养和发展学生的智力才能,增强学生各方面能力;培养学生良好的学习品质和热爱科学的精神。[⑥]另一种观点则指出智育内容还应该包括情感、态度、价值观、兴趣、意志等非智力因素。如燕国材明确地将培养非智力因素作为智育的一项基本任务。

关于小学智育,相关小学教育学教材对此定义如下:

黄济、劳凯声、檀传宝主编的《小学教育学》认为智育是教育者创设一定的情境以提升教育对象的智慧水平为目标的教育。"智慧"包括内容和形式

① 谢维和,李敏.小学教育原理[M].北京:高等教育出版社,2021:135.
② 孙长江主编.朱汉民撰.智育志(第1版)[M].上海:上海人民出版社,1998:4.
③ 王栻主编.严复集[M].北京:中华书局,1986:514.
④ 孙长江主编.朱汉民撰.智育志(第1版)[M].上海:上海人民出版社,1998:4-5.
⑤ 朱光潜.朱光潜全集(第4卷)[M].合肥:安徽教育出版社,1998:143.
⑥ 全国十二所重点师范大学联合编写.教育学基础(第3版)[M].北京:教育科学出版社,2014:93.

两个方面。在内容方面,指人对知识的掌握,对事物的敏捷而正确的理解、辨析、判断,以及具体的发明创造等。在形式方面,则包括理解、辨析、判断和发明创造等方面的心智和实际能力(即智力)。因为智力对于智慧内容的产生具有十分重要的意义,所以对智育范畴的理解首先必须与对"智力"及其发展的理解联系起来。①我国学者中普遍使用的智力概念是指认识方面的各种能力,即观察力、记忆力、思维能力、想象能力的综合,其核心成分是抽象思维能力。②

谢维和、李敏在《小学教育原理》中指出,学校的智育指的是教育者有目的、有计划、有组织地向学生传授系统的文化科学知识和技能的教育活动,是教育者通过一定的环境和途径,以提升教育对象的智慧水平为目标的活动,是小学教育的重要组成部分,是个体社会化的重要内容。学校智育对于人的成长和发展有非常重要的意义。③

黄甫全和曾文婕认为,智育活动在小学教育中获得了突出的地位,担负着极其重要的任务。长期的实践和研究表明,小学智育活动需要注重基础知识与基本技能的学习,注重经验的转化,注重知识与经验的意义建构,注重儿童智力的训练与开发。④

综上,从智育的概念来看,当智育聚焦于小学学段时,不仅仅机械化地指向科学文化知识的学习,同时也包含非智力因素如情感、意志、兴趣、性格、需要、动机、目标等。当前,已有多项研究持非智力因素在小学智育中更为重要的观点,因小学生处于身心尚未成熟的发育期,非智力因素在小学阶段的养成和塑造将对其后续的成长产生重要的影响,如小学阶段的自觉自主性、良好道德品质和习惯的养成等。我们认为,当前的小学智育除了重视对科学文化知识的学习,还应该重视对小学生品格的培养。

---

① 黄济,劳凯声,檀传宝主编.小学教育学(第3版)[M].北京:人民教育出版社,2019:107-108.
② 朱智贤主编.心理学大词典[M].北京:北京师范大学出版社,1989:953.
③ 谢维和、李敏.小学教育原理[M].北京:高等教育出版社,2021:135.
④ 曾文婕,黄甫全.小学教育学(第2版)[M].北京:高等教育出版社,2011:241-242.

(三)体育及小学体育

一般而言,体育有广义和狭义之分。广义的体育又称为体育运动,泛指以身体练习为基本手段,有助于增强体质、增进健康和提高运动技术水平、丰富社会文化生活的活动。狭义的体育则指有目的、有计划、有组织地为促进身体全面发展,增强体质,传授锻炼身体的知识、技术、技能,改善生活方式与提高生活质量,培养思想品德的教育过程。①

相关体育学著作和教材都对体育进行了概念界定。《体育理论》和《体育概论》对"体育"的解释同 20 世纪六七十年代相似,认为体育是社会文化的一部分,但他们认为体育有广义和狭义之分。②还有学者完善了体育的内涵:学校体育、竞技体育、社会体育,并指出体育的多义性。③

21 世纪以来,有研究者指出体育是人类通过身体练习来改造自身身体、挑战身体极限的实践活动,④同时,有教育学教材把体育定义为向学生传授身体运动及保健知识,增强学生体质、发展学生身体素质和运动能力的教育。其基本任务有:指导学生身体锻炼,促进身体的正常发育和技能发展,增强学生体质,提高健康水平;使学生掌握身体运动锻炼的科学知识和基本技能,掌握运动锻炼的方法,增强身体运动能力;使学生掌握身心卫生保健知识,养成良好的身心卫生保健习惯;发展学生良好的品德,养成学生文明的习惯。⑤

综上,体育的目标一般为促进身体发育,增强体质,起到强身健体的作用。随着社会政治、经济、文化、科学技术等因素的发展,"体育"概念的内涵也在不断完善,逐渐扩展到身心各方面,外延也越加广泛。⑥

小学体育在小学教育学教材中的定义如下:

---

① 顾明远主编.中国教育大百科全书(第 2 卷)[M].上海:上海教育出版社,2012:1739.

② 陈宁.高等体育院校办学特性和模式的研究[D].武汉:华中科技大学,2005:1-16.

③ 韩丹.谈体育概念的源流演变及其对我们的体育认识和改革的启示[J].体育与科学,2010(4):1-8.

④ 吴光远.也谈体育的定义——与《体育和体育的功能与作用》一文作者商榷[J].体育文化导刊,2003(7):22-23.

⑤ 全国十二所重点师范大学联合编写.教育学基础(第 3 版)[M].北京:教育科学出版社,2014:93.

⑥ 贾秀春.对"体育"概念演变历程的剖析[J].河北体育学院学报,2013(2):1-4.

　　体育是指以增强体质、发展体能、锻炼体魄为目标的教育。广义的体育是指所有能够增进人的身体素质及活动技能的活动。此处研究的体育是狭义的体育,是指在学校教育中有意识地增强学生体质、发展体能、锻炼体魄的教育活动。①

　　体育是小学教育中非常重要的内容，是直接影响小学生身体发育与心理发展的关键因素。小学体育在整个学校体育系统中的地位是基础性的,也是非常特别的,既遵循体育的共同规律,也有自身的特点,由此成为小学五育中不可或缺的重要部分。②

　　综上对体育和小学体育概念的梳理可知,小学体育活动是有意识地增强小学生的体质、发展其体能、锻炼其体魄的教育活动。③小学体育对于小学生的终身成长起着基础性且关键性的作用,是其他四育的根基所在。小学生正是身体发育的飞速期，身体的健康发育和强健的体魄是其他四育发展的前提。小学体育不能只局限于学校体育课程的开设,还应该根据小学生的身心规律探索多样化的培育模式。2020 年 10 月,中共中央、国务院下发的文件《关于全面加强和改进新时代学校体育工作的意见》中强调"学校体育是实现立德树人根本任务、提升学生综合素质的基础性工程",体育得到进一步的重视。

（四）美育及小学美育

　　对于美育的概念,学界尚未形成统一观点,主要有以下多种表述。一方面,一些权威的辞典对美育进行过概念界定。如《教育大辞书》中提到"美育者,应用美学之理论于教育,以陶养感情为目的者也"。④《中国教育大百科全书》指出,所谓美育,又称为审美教育或艺术教育,指的是培养受教育者认识美、爱好美和创造美的能力,以及掌握审美知识、培养审美能力的教育,是全面发展教育不可缺少的组成部分。⑤《新编美学辞典》认为审美教育是一种情

　　① 黄济,劳凯声,檀传宝主编.小学教育学(第 3 版)[M].北京:人民教育出版社,2019:114.
　　② 谢维和,李敏.小学教育原理[M].北京:高等教育出版社,2021:143.
　　③ 曾文婕,黄甫全.小学教育学(第 2 版)[M].北京:高等教育出版社,2011:235.
　　④ 唐钺.教育大辞书[M].北京:商务印书馆,1930:742.
　　⑤ 顾明远主编.中国教育大百科全书(第二卷)[M].上海:上海教育出版社,2012:1359.

感教育,最关注人的情感领域,并以培养和提升人的情感为目的。①

同时,一些美学著作中也有提及美育的概念。如蒋孔阳指出美育是通过文学艺术及其他的审美方式,来打动人的感情,来对人进行教育,使人在心灵深处受到感染和感化。②蔡仪在《美育十五讲》中认为美育要围绕美感来发挥其教育作用,不是一般的知识教育,而是与美感密切相关的特殊教育,即是通过美感来进行的教育。这是一种与对美的感受相结合的有教育作用的思维活动。③杜卫的《美育论》提出美育应当保持人的感性、自发性,强调美育本义是感性教育,即在理性教育的同时,对人的感性方面,如感知、想象、情感、直觉乃至无意识等进行教育。④

随着美育事业的进程,美育概念的内涵和外延还会有新的发展,或丰富或干练。无论怎样,这都标志着美育仍充满了生机与活力。⑤

综上,美育是以培养学生感受、表现、鉴赏、创造美的能力,从而促使学生追求人生的情趣与理想境界等为目标的教育。⑥在小学教育中,美育的内涵非常丰富,几乎涉及各个学科的教育教学。从艺术教育的角度来看,主要有戏剧、音乐和美术(包括绘画、印刷制作、模型制作、纸工、雕塑、数字艺术/摄影、丝绸和织物制作等)等。其中,舞蹈既可以是美育课程,也可以是体育课程。舞蹈通常与其他课程的构成元素相关联,常见的有体操、戏剧与音乐。大部分低年级儿童学习的舞蹈课都与身体感应、合作和有想象力的故事相关。一些学校聘用专门的舞蹈教师授课,尤其是给中、高年级学生教授舞蹈课,一小部分学校还开设舞蹈社团课外活动。另外,在小学美育中,美术课往往比其他美育课程更受小学生的欢迎。必须指出的是,审美能力的培养是小学美育或艺术教育的重要任务之一。⑦

小学美育是小学素质教育的重要组成部分,小学美育的功能也得到了

① 王旭晓.新编美学辞典[K].长春:吉林人民出版社,1987:74.
② 蒋孔阳.蒋孔阳全集(第3卷)[M].合肥:安徽教育出版社,1999:703.
③ 蔡仪.美育十五讲[M].北京:北京大学出版社,2012:364-365.
④ 杜卫.美育论[M].北京:教育科学出版社,2014:67.
⑤ 汤杰英.美育概念考察[J].西南师范大学学报(人文社会科学版),2002(2):70-76.
⑥ 黄济,劳凯声,檀传宝主编.小学教育学(第3版)[M].北京:人民教育出版社,2019:120.
⑦ 谢维和,李敏.小学教育原理[M].北京:高等教育出版社,2021:150-151.

教育界和社会各界的关注和重视。但小学美育在学校教育的具体推行过程中受到各种阻碍,如仅通过美术课、音乐课等课程来体现。随着当今社会的发展及教育事业的不断进步, 小学基础教育阶段成为培育人才的关键环节,道德教育是塑造学生高尚品格的必经之路,而审美教育则是打开学生通往审美最高境界的一扇窗。审美教育在拓展小学生的知识面、开发他们的艺术潜能、陶冶其审美情操、促进其全面发展等多方面具有不可忽视的积极意义。①

(五)劳动教育及小学劳动教育

劳动教育是"教育与生产劳动相结合"思想的重要实施路径,对劳动教育的概念、本质等做前提性反思,是正确开展劳动教育的前提。②新中国成立初期,剑声认为劳动教育是针对升学和参加生产劳动的矛盾,通过组织工农业生产劳动,旨在让小学生树立正确的劳动观点,转变轻视体力劳动及劳动者的观念,培养热爱劳动和劳动人民的思想感情和习惯的教育。劳动主要指体力劳动,目的是培养为生产建设服务的劳动者。开展方式包括课堂教学、课外活动、家庭劳动等各个方面。③改革开放后,陈辺沅根据邓小平同志"各级各类学校对学生参加什么样的劳动,怎样下厂上山下乡,花多少时间,怎样同教学密切结合,都要有恰当的安排"的指示,将劳动教育界定为培养劳动观点、习惯、技能,成为手脑并用全面发展的人的教育。④

21 世纪前后,素质教育、创新创造、终身学习等概念的出现为劳动教育注入了新的内涵,也进一步拓展了劳动教育的外延。⑤如蒋文立认为劳动教育指劳动、生产、技术和劳动素养方面的教育,劳动技能素质包含了与劳动有关的情感、知识、技能等多方面的因素。⑥李伟对新时代劳动教育提出要求,应该注重对劳动认识、劳动情感、劳动精神、劳动道德和劳动价值观的培

① 　王中栋.孔子美育思想对当代小学审美教育的价值[J].教学与管理,2016(24):4-6.
② 　檀传宝.劳动教育的本质在于培养劳动价值观[J].人民教育,2017(9):45-48.
③ 　剑声.学校要进行正确的劳动教育[J].江苏教育,1953(10):7.
④ 　陈辺沅.论教育方针与新时期的总任务[J].人民教育,1978(6):13-17,28.
⑤ 　李伟.新中国成立以来"劳动教育"概念的嬗变[J].上海教育科研,2019(7):15-19.
⑥ 　蒋文立.中学劳动技术教育的研究与实践(上)[J].上海教育科研,1993(4):41-44.

养。①檀传宝认为,"劳动教育"是以提升学生劳动素养的方式促进学生全面发展的教育活动。由于"劳动价值观"是劳动素养的核心内涵,"劳动教育"也可以定义为是以促进学生形成劳动价值观(即确立正确的劳动观点、积极的劳动态度,热爱劳动和劳动人民等)和养成良好劳动素养(形成劳动习惯、有一定劳动知识与技能、有能力开展创造性劳动等)为目的的教育活动。②班建武指出,首先,新时代的劳动教育要能够确保人获得一种自我存在的价值感和意义感。其次,新时代的劳动教育应在丰富人的关系属性方面有所作为。最后,新时代的劳动教育最终必然落实到学生审美人格的培养上。③

综上,目前劳动教育中对于"劳动"二字的内涵越来越明晰,已逐渐上升到劳动价值观、劳动习惯、劳动素养等更为具体细化的维度上,同时,劳动教育的内涵与新时代特征的结合已成为未来劳动教育发展的大势所趋。

小学劳动教育还处于发展期,目前在小学教育学教材中谈论较少。顾明远指出,劳动教育是学校五育的重要组成部分,也是一个综合性的部分。劳动教育是学生身心发展的重要依托,是实现教育规律的重要途径,对小学教育具有非常独特的意义与价值。所谓的劳动教育,是使学生树立正确的劳动观点和劳动态度,热爱劳动,养成劳动习惯的教育。④劳动教育包括两层意义:首先,是学生获得直接经验的最重要的途径和方法;其次,是学生通过实践活动对各种经验进行持续改造的过程。所以,劳动教育强调学生从经验中学习知识,从实践活动中掌握知识,要求学生充分运用自己的头脑、肢体和各种器官,亲自接触具体事物与学习对象,在实践中通过自我反思,从感性知识发展到理性知识,从而真正获得解决问题的办法和能力。由此可见,劳动教育区别于其他四育的主要特点之一就在于综合性,要求学生能够充分调动自己的全部力量,包括头脑、肢体、五官等。这也是劳动教育

---

①　李伟.新中国成立以来"劳动教育"概念的嬗变[J].上海教育科研,2019(7):15-19.

②　檀传宝.劳动教育的概念理解——如何认识劳动教育概念的基本内涵与基本特征[J].中国教育学刊,2019(2):82-84.

③　班建武."新"劳动教育的内涵特征与实践路径[J].教育研究,2019(1):21-26.

④　顾明远主编.中国教育大百科全书(第二卷)[M].上海:上海教育出版社,2012:1273-1274.

在五育中特殊性的体现。①

  小学劳动教育还具有两个重要特点。首先是趣味性,即劳动应该是小学生热爱或自觉从事的活动。由于尚未发育成熟,小学生不能承担生产性人口所承担的责任和义务,所以,劳动教育不能是强制性的或命令性的,甚至不能是机械性的,而必须是自愿性的,令人快乐的,甚至可以认为,小学的劳动教育应具有娱乐性。其次,必须具有适宜性,即小学劳动教育应符合小学生身心发展的阶段性水平。②

  综上,关于五育及小学五育的概念,众多学者都对五育的概念分别进行了深入解读和研究,但纵览相关小学教育学教材、学术著作、论文期刊等,可以发现学界对于小学五育各育的研究关注较少,小学各育的内涵大多从属于教育学原理中的一般性定义之下,五育在小学段的特殊性亟待关注与重视。

第二节 小学五育的前沿问题研究近况

  本节将在上一节的原理性探讨基础之上,综述和呈现小学五育近 20 年来的研究近况。近年来小学五育研究得到学界越来越多的关注,体现为理论研究和实践研究都取得了十足的进展和突破,各育的研究领域不断拓宽。其中,小学德育研究逐渐自成体系、转向学科专业化发展;小学智育研究一直备受关注,是小学教育研究中的核心内容;小学体育和小学美育研究呈现多元化、多样态的发展趋势;小学劳动教育作为新晋的热点研究议题,为其他四育的研究也提供了相应的思考和借鉴。

一、小学德育研究近况

  经梳理相关文献资料可发现,近年来的小学德育研究相较于小学其他

---

① 谢维和,李敏.小学教育原理[M].北京:高等教育出版社,2021:159-160.
② 谢维和,李敏.小学教育原理[M].北京:高等教育出版社,2021:159-160.

四育而言,较为成熟系统化,研究领域宽泛多样,涉及小学德育教学、小学教师师德研究等。其中学界对于小学德育教学研究较为关注,如德育课程、德育教材、德育教学法等都涌现出很多新思想、新观点。随着社会各界对小学教师师德关注度的提升,小学教师德育研究开始走向新师德建设、迈入德育专业化发展,由此逐渐分化出小学教师专业伦理、小学教师德育素养等新诉求、新愿景。同时,随着小学德育理论的不断深化,一些小学的一线教师也结合德育实践探索出颇具校本特色的德育新理念,由此,小学德育的理论研究与实践运用已逐步融合。

(一)小学德育教学研究

1.小学德育课程

小学德育课程研究主要围绕课程改革和课程化建设展开探讨。新中国成立 70 多年来,我国中小学德育课程改革经历了初步探索期、全面恢复期、改革深化期及守正出新期四个发展阶段。全面回顾和梳理新中国 70 多年来中小学德育课程改革,可以总结出如下历史经验:坚持党的领导,凸显方向引领;重视改革试验,保证稳步推进;坚持正确取向,兼顾社会与个人;强调整体规划,形成德育合力。展望未来,我国中小学德育课程改革必须以着力培育担当民族复兴大任的时代新人为己任,着力提高德育学科活动型课程的品质,着力增强价值引导和自主发展的统一,并大力提升德育课程教师的专业化水平。[①]

在不同的历史发展阶段,小学德育课程展示出不同的适应方式,从政治挂帅的单维价值取向,到适应社会主义现代化建设的需求;从满足小学德育课程本身的发展特点与规律,到致力于学生的德性成长,扭转了工具主义与功利主义倾向,促使小学德育转向关注学生道德精神世界的建构。在崭新的历史时期,小学德育课程能在改革与发展中不断积累经验,致力于彰显德育课堂的德性价值,不断发展学生在德育课堂中的话语权。同时,结合新时代的新特点与新要求,小学德育课程如何在专业化、科学化的道路上理性发

---

① 彭泽平、杨启慧、罗珣.新中国中小学德育课程改革 70 年:历程、经验与展望[J].教育学术月刊,2019(11):3-9.

展,在遵循顶层设计的基础上实现理想状态的回归生活,平衡好社会发展和个人发展的需要,将成为德育课程探索的重要命题。①

同时,课程标准引领着小学德育课程的发展。《义务教育道德与法治课程标准(2022年版)》规定了课程性质、课程理念,凝练了政治认同、道德修养、法治观念、健全人格和责任意识的核心素养,遵循大中小学德育一体化的思想对小学和初中的课程内容进行统筹设计,构建了学段衔接、循序渐进、螺旋上升的课程内容体系,研制了学业质量标准,并对教学、考试评价、教材编写、课程资源的开发与利用、教师培训与教学研究做了具体阐述。②

小学德育课程化建设研究以实践研究为例,如山东省临沂第一实验小学坚持以德育的课程化来满足学生道德发展的需要。学校以创建"民主、安全、高效、和谐"的一流"生本"学校为办学目标,确立了"会做人、会做事、会做学问"的培养目标,积极实施推进学校德育课程化建设,初步建构了"学科性课程、专题性课程、活动性课程"三位一体的现代学校德育新模式,打造了养成教育品牌,使学生获得生动活泼、健康全面的发展,学校德育工作的实效性大大增强。③

2.小学德育教材

小学德育教材研究主要分为两大类。一类是对现有的小学道德与法治教材从教材观念、教材内容、教材编写特点等维度进行分析,另一类则是对德育教材进行对比研究。

小学道德与法治教材编写组从服务于儿童的思想道德发展角度来解读小学《道德与法治》教材,在教材观念上奠定了良好的总基调,并提出10个要点,即:满溢生活气息的价值观引领、追求文明素养的提升、教材是儿童成长的"同路人"、以儿童生活为线索建构教材、以生活事件作为教材的"原材料"、以学习活动为核心设计课文、循情据理又有实践品性、追求文化与革命

---

① 李敏,崔露涵.改革开放四十年小学德育课程的嬗变与反思[J].当代教育科学,2019(9):33–39.
② 石芳,王世光.义务教育道德与法治课程标准解读[J].全球教育展望,2022(6):3–13.
③ 付红军.小学德育课程化建设的思考与实践[J].中国教育学刊,2012(S2):251–253.

传统教育的有效性、法治教育的探索与创新、教学是对学习活动的指导。①

　　徐龙就小学德育教材观念的变革之道进行了研究，他认为应该回归到古典的德性伦理，这里的回归绝不意味着狭隘地推倒重建，而是基于当前盛行的多元伦理、规范伦理、功利伦理等，在把握现实要求和理想追求的张力中，在理清"事物所是的方式与它们应该所是的方式"的关系中，利用古典智慧去重新开发一个适合现实社会的德育教材体系，从而实现一种更高层次的回归。②

　　高德胜批判以往的德育教材将儿童经验排斥在外，"不接童气"。这样的教材既违背道德要求，又不合道德教育的本义。如何接续儿童经验"接上童气"关乎德育教材存在的"教育合法性"。统编小学道德与法治教材用"一个经验"去唤醒儿童经验，用经验的表达去实现儿童经验的重构，以体验去实现儿童经验的提升，以"他人经验"与儿童经验的交流互动去实现个人经验与社会文化价值的接续。对儿童经验的这些处理，旨在使教材适合儿童，成为儿童生活的伙伴，进而实现儿童"入伙"教材，成为教材价值观的体现者、建构者和维护者。③此外，孙彩平等人总结了当下小学品德课教材在品德课程改革中实现的历史性突破，检视其目前存在的伦理隐忧，在进一步深化品德课程改革的道路上，提出小学品德课教材设计的改进思路。④

　　就小学德育教材内容和编排特点而言，有研究者通过比较和分析人教版小学不同学段德育课程的教材内容，总结出我国小学德育教材"他—我"之间存在的三对张力：从个体与社会的关系来看，较为强调社会化功能，人格完善功能退居其次；从个体与群体的关系来看，比较凸显"集体意识"，较为漠视"个体意识"；从个体与个体的关系来看，较为强调善待他人，相对弱

---

　　①　服务于儿童的思想道德发展——理解小学《道德与法治》教材的十个要点[J].人民教育，2017(18)：14-18.

　　②　徐龙.追求美好生活——小学德育教材观念的变革之道[J].教育科学研究，2016(8)：23-28.

　　③　高德胜."接童气"与儿童经验的生长——论小学道德与法治教材对儿童经验的处理[J].课程·教材·教法，2018(8)：11-20.

　　④　孙彩平，赵伟黎.在"过好自己的生活"之后——深化小学德育课程与教材改革的新思路[J].华东师范大学学报(教育科学版)，2016(1)：24-30+111.

化平等共处。①

还有研究者指出统编小学《道德与法治》教材以学生学习活动所指向的问题域作为教材的基本结构，内容体现了鲜明的价值导向，突出了基于生活、引领生活、提升生活的编写策略，给儿童预留了许多表达经验生长的空间，体现了道德教育与法治教育的有机融合。使用此套新教材时应注意运用哲学思维解读教材文本，准确理解教材编写意图，依据教学目标用好教材资源并开发相应的课程资源拓展教学时空，设计有效的教学活动，强调互动与交流，实施"对话教学"策略，基于生命与尊重、促进学生"生长性学习"，使教学呈现出生命活力。②

小学德育教材的对比研究倾向于再现现有德育教材的生活化转向及对于儿童的关注。如章乐等人基于人教社两套小学三年级德育教材展开的课后"问题"的比较研究，发现"问题"从利于教向利于学转变，从灌输向对话转变；从认知取向向情感取向转变，从知、情、行比例严重失调向三者协调转变，而且新教材更加重视综合型问题；从练习味向生活味转变，从图文结合以文为主向图文结合以图为主转变，从第二人称表述为主向第一人称表述为主转变，充分肯定了新德育教材中的"问题"有利于学、对话性、情感性、综合型、生活味等的转变。③

3.小学德育教学法

关于如何进一步提升小学德育课程的实效性，学者提出从学生真实生活出发，聚焦他们所面对的真实问题，并琢磨他们学习时的真实心理；通过提示整理生活经验的有效线索，搭建社会探究的有效支架，促进学生自主的道德学习；在情感体验、理性认知和实践行动的融合互动中，促进情感、态度

---

①　何珂.“他—我”之间的德育张力——基于人教版小学德育教材的分析[J].教育学术月刊，2014(10):95–99.

②　陶元红.统编小学《道德与法治》中年段教材的编写特点与实施建议[J].课程·教材·教法，2019(10):19–23+29.

③　章乐，范燕燕.小学德育教材中“问题”的比较研究——基于人教社两套小学三年级德育教材[J].上海教育科研，2009(11):64–66.

和价值观类目标的有效实现。①

针对德育课程的"知识化"困境,21世纪的德育课程改革提出了"品德培养回归生活"的基本理念。虽然这一理念并未彻底否定知识学习的作用,但亟须基于此理念重新定位知识学习。在德育课程中,知识学习最终要为儿童的生活服务,应以"生活逻辑"组织不同类型的知识,知识学习的关键在于对接生活、通达意义。基于这些定位,研究者提出了具体的教学策略,包括在现实生活的需求中学习生活的智慧,从感性认识通达一定普遍性的"体认之知",在体验、讨论和探究中通达"体认之知",发掘不同类型知识的不同生活价值。②同时,还有研究者对小学德育课堂的形式美进行了探讨。③

(二)小学教师德育走向专业化

1.小学教师专业伦理

有学者通过对各国各地区教师职业道德的文本比较,发现各种指向小学教师的具体道德品质或禁忌的要求具有许多相似性,即都会对小学教师的个人道德、人际伦理等提出十分相近的希望或规定。当前,各国仍在广泛使用的各类教师职业道德规范的实质追求均指向伦理学中常论及的"优良道德"。④目前,有关小学教师的优良道德散见在各级各类教育法律与政策文件之中,构成了小学教师专业伦理丰富的内容形式之一,更多是面向社会的一种道德契约。各类文件中的优良道德形态分布零散、多元易变,对手段善的考量优先于对内在善的关照。同时,依循伦理学推导路径,将手段善和内在善的统一作为重要尺度来寻找小学教师伦理中更为稳定、基础的道德形态。研究发现,小学教师的爱与小学教师的公正是两个关键道德,构成小学教师专业伦理基础的、具有支架作用的另一种内容形式。⑤

---

① 章乐.小学德育课程实效性的提升策略——兼论统编小学《道德与法治》四年级教材的特点[J].课程·教材·教法,2019(10):24-29.

② 章乐.论德育课程中知识学习的定位与教学策略——兼论统编小学《道德与法治》教材对知识的处理[J].课程·教材·教法,2021(1):84-90.

③ 王荣珍,汤芳,刘竞.小学德育课堂形式美刍议[J].教学与管理,2017(33):93-95.

④ 李敏.优良道德的推导:小学教师专业伦理的特质分析[J].教育研究,2020(12):20-24.

⑤ 李敏.优良道德与关键道德:小学教师专业伦理的内容思考[J].教育科学,2020(4):44-50.

2.小学教师德育素养

近年来,小学教师这一群体越来越受到社会的关注与重视,教师的专业化、教师专业伦理、师德建设成为研究者们广泛关注和讨论的内容。教师的德育素养研究关心每一位教师的育德能力,有别于师德研究指向教师的"修身律己"。关于小学教师德育素养的讨论可围绕两个方面展开。第一,对于所有的教师而言,什么是教师的德育素养;第二,教师德育素养的结构和内容是什么。鉴于此,李敏提出了教师德育素养新模型,并通过对有关教师德性、品质、育人素养等文献中提及的概念进行归纳,认为可以将德育素养归为两大类:一是责任心,二是行动力。责任心偏重描述所有教师都应该具备的道德实践品质,行动力偏重描述所有教师都应该具备的道德实践能力。①

小学德育工作走向专业化,急需开启职前培养小学德育师资的人才培育通道。为此,需要回顾历史、展望未来,厘清德育理论发展与德育实践推进的阶段成果与形势,综合考虑师资、课程、人才需求等重要办学条件,科学稳妥地推进小学德育师资培育的职前师范教育,引领德育教师专业化发展。②

(三)一线小学的创新性德育校本理念

当今时代,儿童成长的社会环境日趋复杂,互联网、手机等新兴媒体的迅速发展对儿童成长产生越来越大的影响。在这一背景下,学校德育工作的吸引力、感染力亟须加强。"可视化德育"强调将抽象的德育要求以视觉表征的方式呈现在教育活动中,具有直观性、生活性、可操作性3个特性。首都师范大学实验小学以"可视化德育"为切入点,开展了小学德育工作的新探索,构建了融德育目标、内容、方法、途径、评价为一体的可视化德育体系,增强了德育工作实效。③

北京市海淀区五一小学提出"为每个学生的幸福人生奠基"的办学理念,并创造性地构建和实施"幸福德育",把师生的幸福成长作为学校追求的

① 李敏.小学教师德育素养的内涵、结构与内容[J].中国德育,2021(6):42-45;李敏.教师德育素养新模型[J].人民教育,2016(23):20-24.
② 李敏,刘慧.德育教师专业化:溯源与展望[J].中小学德育,2019(6):5-7.
③ 马福兴.小学可视化德育的内涵、路径和价值[J].人民教育,2021(24):45-47.

目标,让德育真正成为师生幸福的源泉和成长的动力。始终坚持重视德育队伍建设,通过学科德育论坛、班主任研究室等校本研修,促进全员育德;重视德育课程建设,在课程研究及实践的同时,开发德育校本课程——《国学养正》《幸福导航》,发挥课堂主渠道育人功能;重视学生养成教育,制定"五一小学行为习惯培养目标体系",促进良好校风形成。[①]

浙江省东阳市外国语小学把对人的深入研究和充分尊重作为德育的前提,倡导全息关怀理念,以充分关注学生的成长需求、走进"全信息孩子"为前提,以关注经历过程、重构"全营养生活"为核心,以关注整体育人、培育"全人格学生"为根本追求。全息关怀德育体现了德育主体的全员性、过程的全程性、内容的全面性,探索取得了切实的成效与广泛的社会影响。[②]

重庆市荣昌区玉屏实验小学作为一所"百年老校",基于已有的历史文化积淀和自身发展的时代需求,探索改变传统的说教式德育,整体推进体验式德育实践。学校基于"润德启智,文化立校"的办学理念,创新德育思路,通过厚植积极向上的德育文化、拓展"模块化 + 项目式"德育新格局,创新德育载体,逐步构建起以学生为本,从封闭走向开放、从控制走向协调的现代化特色德育体系。[③]

二、小学智育研究近况

21世纪初开始的新一轮基础教育课程改革的实施卓有成效,深刻影响了小学智育的发展和走向,也为小学智育带来了新的契机和挑战。小学阶段作为新课改中落实力度最大的学段,其智育在知识与能力的争鸣、课程改革、教学法、评价等方面都发生了鲜明的变化与进展。(其中课程改革、教学法、评价分别在本书的第三章、第四章、第六章已作专章解读)

(一)知识与能力的争鸣

20世纪80年代初,我国学者对知识、智力、能力的关系进行了广泛且深

① 北京市海淀区五一小学"幸福德育"点亮学生幸福人生[J].人民教育,2014(2):2-3.
② 卢雁红.全息关怀学校德育的新探索[J].上海教育科研,2016(7):75-78.
③ 张厚莲.以"体验式德育"培育学校德育特色[J].中小学管理,2021(8):52-53.

入的探讨,不仅撰写了大量的论文,还举行了相关的学术会议对知识与能力的关系进行讨论。对知识和能力关系的认识主要体现在:

知识和能力是否属于同一范畴。有学者认为,能力属于知识范畴,没有知识便没有能力,知识即能力。有学者则提出异议,认为知识和能力不是同一范畴,知识更多地属于理论范畴,能力则更多地依赖于实践。①

知识增长与能力发展是否有同步、正比关系。持同一范畴论的学者们认为两者是同步的,知识学习的过程也是能力发展的过程;有的学者看到了知识与能力之间的区别, 提出两者之间同步、正比关系必须以系统的科学知识、启发式教学、学生主动且自觉地学习为前提。②而有的学者则认为两者属于不同的范畴,在教学中即使创造了有利的条件,也只是使知识学习能更好地促进能力的发展,但未必使两者成正比关系。③

在教学中把知识传授与智力、能力发展统一起来。知识和智力、能力之间既相互依存又相互转化。知识转化为智力、能力需要的外部条件有:改进教学方法,注重启发式教学;提高课堂提问、讲授的质量;注重因材施教等。需要的内部条件有:调动学生学习的积极性、主动性;加强思维的训练,养成良好的思维习惯;鼓励学生参加各种智力、能力活动等。20 世纪 90 年代,教育界又提出要注重培养学生的素质, 这一时期教育方针和目的也发生了转变。有学者把 1980 — 1995 年概括为知识教育阶段,1995 年至今概括为素质教育阶段。④

由知识教育迈入素质教育, 不仅代表着教育观念由应试教育转向了学生的全面发展,在教学实践中也注重对学生创新精神和实践能力的培养,改变了只重视知识教学的局面。同时,素质教育的提出又掀起了人们对知识、能力和素质三者关系的讨论, 在这一轮的讨论中形成了对三者关系的基本

---

① 1980 年 12 月上海市教育学研究会第二次专题"知识、智力、能力"讨论会[J].教育研究,1981(3).

② 全国教育学研究会第二届年会讨论全面发展等问题[J].教育研究,1981(6).

③ 段继扬.知识掌握与智力发展是"同步关系""正比关系"吗?[J].黄石师院学报(哲学社会科学版),1982(1):21-24.

④ 程天君.素质教育的历史脉络与未来取向[J].教育理论与实践,2007(11).

认识。知识和能力是素质的组成要素，"素质与知识、能力是不同层次的概念，素质是居于上位的大概念，而知识、能力则是居于下位的小概念"①。

素质的发展依赖于知识和能力，知识是素质的载体，能力是素质的展现形式，它们之间的相互促进是素质发展和提高的充分条件。可见，对素质的研究仍然离不开对知识和能力关系的探寻，依然需要以两者的关系为切入点。近年来知识与能力关系的研究主要体现在以下几个方面：第一，对知识教学、知识增长与能力发展可能形成的几种状态的研究。第二，对不同层面的知识教学和不同层面的能力发展关系的研究。第三，对知识教学促进能力发展的教学方式研究。②

（二）初等教育课程改革

中国的初等教育课程改革，既应从中国的国情出发，又要顺应世界初等教育课程改革的历史潮流。③改革开放40年来，我国基础教育课程伴随着外在政策的演进、内部主流课程观念的争鸣，一直在改革道路上摸索着前进，在不同历史时期呈现出特定的改革趋向。从"社本"走向"人本"的课程目标设置、从"分科"走向"综合"的课程内容选择、从"传授"走向"生成"的课程实施方式、从"选拔"走向"发展"的课程评价功能是这40年来呈现出来的整体趋向。新时代的基础教育课程改革将更多地向着关注人人、关注多样、关注个性、关注发展的方向迈进。④

课程标准是课程改革建设工作中的首要命题。2022年新修订的义务教育课程方案和课程标准引起了社会各界的广泛关注。其中，义务教育课程方案是新时代义务教育高质量发展的基本遵循，规定了国家义务教育阶段课程学习的基本内容，引领义务教育的发展方向，体现了国家对义务教育的意

---

① 马彦群,曾春林,王兆强.素质教育中的知识和能力[J].陕西师范大学学报:哲学社会科学版,2003(3).

② 耿飞飞.教学视域中知识与能力关系之历史演变和深化研究[J].陕西师范大学学报(哲学社会科学版),2014(3):166-171.

③ 季银泉.初等教育课程改革:中国与世界的比较[J].教育发展研究,2006(22):59-63.

④ 高玉旭.改革开放40年来我国基础教育课程改革回顾与展望[J].上海教育科研,2018(9):12-17.

志和定位,是教师教学、学生学习的重要遵循;其从"有理想、有本领、有担当"三个方面建构义务教育培养目标,明确新时代义务教育阶段时代新人培养的具体要求。义务教育课程标准是国家管理和评价义务教育阶段课程的基础,是教材编写、教学质量评估、课程资源开发应用和考试命题的重要依据,从"目标"期待到"内容"选择、组织,再到"质量标准"刻画的逻辑闭环使"课程目标"转化为可测可评的"学业质量标准"。课程标准给出了各学段的学业质量标准,由知识习得到素养养成需要知识形态与呈现方式发生根本性改变,其中学科实践使学科知识学习向学科素养转化有了可靠的过程和方式,实现了求知和育人的统一。①

（三）教学法改革

改革开放以来,我国基础教育教学法改革实验大致经历了四个发展时期,分别是:1978—1992 年教学法改革实验遍地开花;1993—1999 年教学法改革实验深化推广;2000—2009 年教学模式改革实验广泛开展;2010 年至现在教学模式改革实验多样并存。40 多年的基础教育教学法改革实验切实沟通了教学理论与教学实践,促进了当代中国特色教学流派的生成,也为中国本土课程教学论建设奠定了坚实的实践基础。

其中第一阶段的特点为:不同的教学法改革实验层出不穷;教学法改革实验的生命力开始显现。第二阶段的特点为:教学法改革实验时代性突出;有特色的教学法体系开始形成;教学法改革实验由"运动式"推进走向理性反思。第三阶段的特点为:渗透新课改理念的教学模式纷纷涌现;超越于模式或技术层面的新教学形态备受青睐;"体验教学""生成教学""对话教学""开放教学"等作为新的教学形态在中小学颇受欢迎;讲授法在中小学课堂教学中的应用引起争议,突出表现就是教师讲授时间大大缩减或受到严格限制。第四阶段的特点为:"互联网 + 教育"催生新的教学方法与模式;中小

---

① 崔允漷,郭华,吕立杰,李刚,于泽元,王振华,刘学智,李美莹.义务教育课程改革的目标、标准与实践向度(笔谈)——《义务教育课程方案和课程标准(2022 年版)》解读[J].现代教育管理,2022(9):6-19.

学课堂进入教学模式多样化时代。①

三、小学体育研究近况

近年来，国家和教育部关于体育政策的颁布与实施助推了学界对小学体育研究的关注，基于此，小学体育研究主要体现在课程建设、教学改革、"高参小"项目等议题。

（一）小学体育课程建设

我国启动第八次基础教育课程改革后，教育部先后颁布5个不同版本的体育与健康课程标准，使得我国从传统的教学大纲时代进入了标准时代，并进一步跨入核心素养时代。②义务教育体育与健康课程标准修订组组长季浏指出，体育运动与其他"四育"融合有助于培养学生分析问题和解决问题的能力，有助于培养学生的创新意识和能力，同时也能培养学生的思想品德、审美观点。③尹志华等人从课程性质与理念、核心素养与课程目标、课程内容、课程实施建议4个方面对《义务教育体育与健康课程标准》2022年版与2011年版进行比较分析，从而帮助体育教育工作者理解新思想、新精神和新理念。④

首先，体育与健康课程内容应重视发展学生体育与健康学科核心素养。学生发展核心素养是教育新命题，是落实立德树人的重要举措。体育学科的特点和性质决定了体育与健康课程对学生全面发展具有独特作用。其次，体育与健康课程内容应重视和学生的生活相联系。杜威说"教育即生活"，应该把儿童作为"学习主体"置于课程中心的地位。体育与健康课程内容应重视激发学生的运动兴趣，调动学生学习的积极性，与学生已有的生活经验相联系，选择学生熟悉的运动项目。最后，体育与健康课程内容应重视根据

①　缪学超.改革开放40年我国基础教育教学法改革实验的历程与反思[J].教育科学,2018(5):20-26.

②　尹志华.体育学科核心素养的解构与阐释[M].上海:华东师范大学出版社,2021:168-271.

③　谭希.发展核心素养实现以体育人——访义务教育体育与健康课程标准修订组组长季浏[J].人民教育,2022(Z2):50-53.

④　尹志华,刘皓晖,孙铭珠.核心素养下《义务教育体育与健康课程标准》2022与2011年版比较分析[J].天津体育学院学报,2022(4):395-402.

学生的身心特点选择内容。当前随着学生发展核心素养的提出，运动能力、健康行为和体育品德应贯穿体育与健康课程内容的始终，义务教育阶段应依据学生的身心发展特点，选择与这三个方面对应的体育与健康课程教学内容。①

（二）小学体育教学改革

小学体育教学呈现出从注重教师"教"到学生"学"转向的特征。现代体育教学方法通过模仿、引进和探索冲破了"教受"范式仅局限于知识传递的狭隘认识，确立了以学生为主体的新价值观，形成了"教师主导，学生主体"的教学新范式。新的体育教学范式重构了教师和学生在教学中的关系和地位，重视学生学习的主体性，解构了教师在课堂上的霸权地位，加强了教师和学生的交互行为，从而促进学生在学习过程的积极性和主动性。此外，"导学"范式强调体育教师在课堂的角色不再是知识的权威，而是作为引导者、合作者和促进者，着眼于学生的自主探究和个性化知识构建，关注学生的个性差异，从而有助于学生更好的学习。②

汤薇提出用目标式教学以达成教学目标为教学活动的基本导向，采用设置目标、创设情境、组织活动、当堂达标的方法流程，提高教学活动的针对性和有效性。小学体育教学实施目标式教学需要分析学生群体特点，合理设置教学目标和课堂结构，通过语言提示和游戏性体育活动强化目标认识，在激发小学生体育学习动机的同时提高小学体育教学效果。③同时，还有一线小学积极创新体育教学模式，如江苏省苏州市吴江区盛泽实验小学教育集团积极探索体育跨学科协同教学模式，在体育与其他课程的协同中发掘体育立德、启智、辅美、育心的价值和功能，发挥体育全面育人的特殊作用，取得了一定成效。④

---

①　俞福丽.我国义务教育阶段体育与健康课程内容嬗变研究[J].沈阳体育学院学报,2018(5):119—124+139.
②　陈长洲,王红英,项贤林.新中国70年中、小学体育教学的范式转型——从"教受范式"到"导学范式"再到"对话范式"[J].天津体育学院学报,2020(2):169—174.
③　汤薇.小学体育教学中"目标式教学"方法研究[J].中国教育学刊,2014(7):68—70.
④　曹忠.全面育人理念下的小学体育跨学科协同教学[J].中小学管理,2019(11):22—24.

(三)"高参小"项目

为了使小学体育工作科学、有序、和谐地开展,使高校更好地履行人才培养、科学研究、社会服务和文化传承的职能,北京市教育委员会设立了高校、社会力量参与小学体育美育发展工作(简称"高参小")的重大教育改革项目。①"高参小"的主要任务目标包括:加强和改进小学体育工作,促进青少年身心健康成长,提高学生的审美和人文素养;推动义务教育优质均衡发展,提升学校的文化品位和特色,缓解择校压力;充分发挥高校的资源优势,强化高校、社会力量和小学协作共建、资源共享,不断创新人才培养机制,形成育人合力。北京师范大学的"主题项目"(1992年)、华东师范大学"新基础教育项目"(1994年)、华东师范大学与无锡阳明山中小学等学校的教学实验(1995年)及首都师范大学与北京市多所小学的合作项目(2001年)等均是我国高校与小学合作发展的典范,有些项目的开展还延续了10多年。②

虽然,我国在高校支持小学育人工作方面经验丰富,成果丰硕,但从合作方式来看仍存在一定的局限性。已有研究显示,高校与小学的合作方式主要包括3种:建立教学实践基地、建立科研合作关系及建立教师专业发展合作学校。③

四、小学美育研究近况

长期以来,小学审美教育处于尴尬的位置,学校一般以形式单一的美术课、音乐课取而代之。小学阶段的审美教育对小学生的心灵培育、审美思想的培养有着至关重要的作用。④小学是系统的学校教育的开端,美育在此开端中所起作用不可小视。因为美的形象、生动、新颖等特性,最容易引起学生的求知欲望和积极情感体验,孩子在这个阶段与"审美感知和审美感受有关

---

① 舒宗礼,夏贵霞,王华倬.高校承接政府购买青少年体育服务:行动逻辑、问题透视与策略跟进:以北京"高参小"实践为例[J].北京体育大学学报,2016(11):97.

② 于倩倩.高师院校参与中小学教育改革的现状、问题与对策[D].浙江师范大学,2014.

③ 刘文武.武术教学与体育项目教学的区别[J].北京体育大学学报,2015(10):98.

④ 王中栋.孔子美育思想对当代小学审美教育的价值[J].教学与管理,2016(24):4-6.

的积极活动,都会在人的情感记忆里留下终生难忘的印象"①。因此以"美"为主要内容的"美育",不仅是促进学生德智体美劳全面发展的学校教育的重要组成部分,而且具有协调、整合、促进其他方面发展的独特功能。②

当下普通小学开设的美育课程主要有美术和音乐,常态化模式为大班教学,此外,各省市、学校也组织一些艺术实践类的活动,来共同加强学生对文化的理解、提升审美感知能力及帮助他们养成良好的艺术素养。小学生正处于认知发展的成长期,需要借助面对面互动的艺术类群体活动来获得一定的美育熏陶。通过梳理相关文献资料,我们发现小学美育研究近年来的关注点主要聚焦于美育课堂、学科美育、校本美育、"高参小"项目四方面,其中美育课堂的表现形式为美育课程、美育教学、课堂美育等,美育课程和美育教学以小学美术和小学音乐为主(请参见第三章、第四章),学科美育重点探讨美育与其他学科的交互融合,最后呈现部分具有代表性的一线小学校本美育实践范例。

(一)小学美育课堂

1.小学美育课程

有学者将中华民国初期以来,我国小学音乐与美术课程标准作为研究对象,通过对其中关于美育课程的目标、内容、实施和评价等方面进行梳理,揭示了我国小学美育课程价值取向变迁的六个主要阶段,主要表现出以下特征:从美育课程的内涵上看,表现出从"元美育"到"小美育"再到"大美育"的过程;在美育课程的功能定位上,经历了从儿童的一般素养、个别学生的特长到全民必备素养的定位;就课程立场而言,经历了从儿童本位、社会本位发展到"立体化课程取向"。美育课程价值取向嬗变的研究启示我们:要超越狭隘的以美的知识与技能传授为主旨的小美育,走向关注美的素养的大美育;超越艺术学科育美的定位,构建立体化、全方位的美育格局;超越特长

---

① 蔡汀等主编.苏霍姆林斯基选集(五卷本)(第1卷)[M].北京:教育科学出版社,2001:356.

② 李雪垠,何丽,程辉.构建小学大美育的20年探索[J].人民教育,2014(21):48-49.

本位的美育课程定位,回归"全人化取向"的美育课程建设。①

探索和研究中小学美育课程评价,是深化新时代教育评价改革的重要举措。中小学美育课程评价具有确定美育课程定位、推进美育课程内容完善、助力美育功能实现三个方面逐级递进的价值。构建中小学美育课程评价标准应遵循循证实践逻辑、实践范式逻辑、人的"未完成性"逻辑。通过协同多方评价主体,增强中小学美育课程评价的科学性与专业性;整合多元评价内容,探索中小学美育课程评价的全面性与系统性;制定多维评价标准,追求中小学美育课程评价的合理性与有效性;优化多种评价方法,探寻中小学美育课程评价的适切性与创造性,建构中小学美育课程评价体系。②

此外,课程标准的修订也在一定程度上影响了小学美育的改革。《义务教育艺术课程标准(2022 年版)》的修订工作,贯彻了习近平关于教育的重要论述,落实立德树人的根本任务,顺应课程变革的国际趋势,构建音乐、美术、舞蹈、戏剧(含戏曲)、影视(含数字媒体艺术)一体的综合性艺术课程体系。其主要的修订思路是:①以艺术核心素养为主导,提高学生的艺术与人文素养;②先综合后分项,分段设计课程;③突出艺术实践性特征帮助学生完成艺术及跨学科学习任务;④设定学业质量标准,不断优化教学目标和行为。主要变化则是:①凝练艺术核心素养,坚持育人导向;②强调艺术课程综合性,追求可行性;③突出艺术课程的实践性,拓展教学方式;④提高学业质量标准,突显艺术课程评价的特征。③

2.小学美育教学

审美化教学是指通过挖掘教学内容本身的内在美和运用教学形式艺术化的外在美来促进学生素质全面发展的教学。要求教学过程既要深入挖掘和科学揭示教学内容本身蕴含的美,使学生能够体验和感受到美,又要采用

---

① 谢翌,赵方霞.美育课程价值取向的百年嬗变:课程标准的视角[J].课程·教材·教法,2020(2):27-34.

② 殷世东,余萍.中小学美育课程评价的价值、逻辑及路径[J].课程·教材·教法,2021(4):12-18.

③ 尹少淳.义务教育艺术课程标准中美术课程的样貌[J].全球教育展望,2022(7):14-24.

审美的教学手段,科学设计艺术化的教学形式,组织审美化的教学过程,充分激发和调动学生学习的积极性,使学生在"美"或"艺术"的形式中,有效地接受"教"的影响,从而达到"立美导学"和"施教育美"的和谐统一。①

当前,"具身学习"的线下美育依然是小学美育的主体。随着信息化的发展,线上线下混合式教学已成为教育系统变革的选择,其突破时空、地域限制,促进美育全方位、多层次发展,以教学存在感、社会存在感、认知存在感为链接要素,并从教学存在感的构建、社会存在感的体现、认知存在感的实现三方面进行线上线下的融合。融合路径是以构建三种存在感为目的,进行线上线下教学活动的设计和实施,从而架起课堂教学与在线学习之间的桥梁,让学生获得高参与、个性化、深入而有意义的美育体验。小学在线美育通过"基于微课的自主学习""即时反馈""有效的师生互动"等教学设计与实施,体现教学存在感、社会存在感,实现认知存在感。智能教育时代,线上线下融合是小学美育的新发展方向。胡燕等人从一线教学案例凝练课程模式,提出混合式教学融合路径,为信息化环境下小学美育的发展提供参考。②

黄宏武提出打通课前、课中和课后三个教学环节是一种融合信息技术与社会资源的新形式,课前设计短时互动的艺术欣赏微课,扩展美育时空;课中开展跨学科学习,教师将项目式、体验式学习等方式融入其中;课后将社会资源整合到课程中,让学生身临其境,利用自身的知识与技能体验、探究、设计和解决问题。

3.小学课堂美育

"课堂美育"是指教师在教学过程中充分发挥板书、体态、语言、课堂结构等要素的美学价值,培养学生认识美、体验美、感受美、欣赏美和创造美的能力,并且使学生具有美的理想、美的情操、美的品格和美的素养,从而达成审美教育功能。在课堂上,教师以美学的心理,充分发挥从教育主客体到教学行为等各个教学要素的熏陶作用,让课堂教学的每一要素都成为美育的

---

①　刘德珠.试论在小学阶段实施"融合式"美育[J].辽宁教育研究,2000(11):26-27.
②　胡燕,孔凡哲,龚少英.线上线下融合:小学美育新路向[J].教育研究与实验,2021(3):79-82.

因子。①

具体来说,教师可从以下四个方面开展课堂美育:挖掘学科美育要素,培养学生审美能力;建立新型的师生关系,体现和谐美;提高教师的基本功,给学生以美的享受;创设课堂教学情境,唤起学生求真求美的意识。②

(二)小学学科美育

在小学各科教学中,与审美教育联系最紧密的当属音乐、美术等艺术类学科,在这些课程中虽也有一定的艺术知识的传授,艺术技能、技巧的训练,但从本质上来讲,是着重培养学生的审美感知、审美理解、审美欣赏、审美创造能力的。小学各科教学都与审美教育有着千丝万缕的联系,两者可以互相促进,相得益彰。③

小学语文学科兼具实用性和审美性两重特点,语文教学是培养学生审美素质的良好途径。语文审美教育的实施,要以良好师生关系的建立为基础,对小学语文教学目的的重新认识和对小学语文标准化考试的改革也是审美教育实施中的重要问题。在小学语文审美教育的实施过程中,还要防止在理论上过分夸大美育地位及实践中将审美教育庸俗化、表面化、简单化的倾向。④

在小学数学中有许多美育的因素,教师应该利用美育因素,不仅教学生学数学,而且教会他们欣赏数学、欣赏美。如小学数学中数字以自然数为主,其本身就显示了一种结构的美。⑤

小学英语具有美育功能,作为英语教师要在整个教学活动中增强美育意识,使学生在"美"的形式中自觉愉快地接受知识。以激发学生学习兴趣为目标,以培养学生听说能力为重点,以英语歌曲、游戏等为教学形式等。⑥

小学体育教学可以从场地器材合理安排、动作示范正确优美、组织教法

① 陈艳.课堂美育:彰显关键教学要素的美育价值[J].中小学管理,2020(7):43-44.
② 佟亚文,王焕奇.课堂教学美育初探[J].辽宁教育研究,2005(3):91.
③ 边霞.审美教育与小学语文教学[J].南京师范大学报(社会科学版),2001(2):71-76.
④ 边霞.审美教育与小学语文教学[J].南京师范大学报(社会科学版),2001(2):71-76.
⑤ 周翔,王倩,于保平.也谈小学数学中的美育[J].山东教育科研,1997(2):77-78.
⑥ 高民.小学英语教学中实施美育的尝试[J].山东教育科研,2000(9):52.

新颖多样等方面来丰富儿童对美的情绪体验。①

（三）小学校本美育实践范例

北京中小学美育具有整体思维、基本原则、独特理念，形成了学校美育模式。北京中小学美育的发展现状是美育课程标准高，教学质量高，特色学校多；教师队伍稳定，学历层次高，专业能力强；学生学习艺术课程比例大，满意度高，参加艺术社团多。具体表现有：北京市教委在一些高校相继成立了"戏剧教育学院"（中央戏剧学院）、"北京市学校舞蹈教育研究中心"（北京舞蹈学院）、"北京市学校美育研究中心"（首都师范大学）、"北京学校中华传统文化促进会"（中国戏曲学院）、"北京市中小学舞蹈教育研究组"（北京教育科学研究院）等机构，为美育提供理论与科研的支持及保障。北京所有中小学现在均设有分管美育的校领导，落实了美育行政管理的领导责任。北京市教委通过在纵向高度上树立标杆、打造品牌，作为制高点，带领全体学校向榜样看齐。"北京市学生金帆艺术团"与"美育示范校"就是两大标杆。北京市学生金帆艺术团（简称"金帆团"），成立于1986年，是国内中学第一支高水平、大规模、成体系的学生艺术团体，由器乐、声乐、舞蹈、戏剧等分团组成，是北京学校美育的"金"名片。现有119个学生艺术团和近万名团员，承办学校涉及全市112所中小学。②

北京海淀实验小学成立于1965年，经过近半个世纪的文化积淀，学校把"守真、从善、修美"作为核心价值追求，在全面提高教育教学质量的同时，把艺术教育纳入学校发展的整体规划，取得了骄人的成绩。该学校艺术教育通过课堂、艺术节和讲座等形式，实现100%全覆盖；艺术社团蓬勃发展，学校现有金帆合唱团、金帆管乐团、银帆舞蹈团、戏曲团、民乐团和书画艺苑等社团，吸纳学生1600余人，占学生总数的40%左右。2010年，该学校荣获"全国艺术教育先进学校"称号。③

---

① 王新亚.小学体育教学中美育因素的发掘[J].教育评论,1995(5):61-62.
② 史红,徐春生.北京中小学美育发展状况研究[J].湖南师范大学教育科学学报,2021(3):30-38.
③ 许丽艳.让艺术之光照亮孩子的人生——北京海淀实验小学艺术教育拾贝[J].中小学管理,2014(9):14-16.

生态美育是走向生态文明时代大语境背景下出现的一种美育形态,是介于"善"与"美"之间的诸多理论思考和重新审视传统美育的结果。上海市曹杨实验小学在"生态美育"先进理念的推动下,开展了生态教育行动研究项目"小学生态美育的校本课程研发",试图通过课程开发,激发出学生热爱自然、热爱生活的丰富情感,从而引导他们在珍惜、爱护自然环境的基础上,实现对生态美的无限追求与创造。同时,以生态审美促进学校物质文明和精神文明建设,构建师生共生、互动、和谐的学校。①

中央工艺美院附中艺美小学在"崇德、尚艺、育美、求真"的办学思想指导下,明确了"实施美育特色教育,提升师生综合素养"的办学理念。多年来,在夯实德育与学科教学的基础上,学校以剪纸、绘画等艺术形式为突破口,以丰富多彩的课内外活动为载体,创造美的教育,使学生在校园里健康快乐成长。学校目前开设有剪纸工坊、绘画、陶艺、十字绣、书法、电脑绘画、电子琴、表演、航模、轮滑、武术、足球、网球等 30 多个课外兴趣小组。其中,学校的管乐队、合唱队、舞蹈队、小剧社已经形成一定规模,并积极参加区级各类比赛,为学生搭建了展示的舞台,旨在以"美"育人,培养学生良好的审美情趣和人文素养,打造学校艺术教育特色品牌。②

上海市闵行区莘松小学围绕"尚美育人"办学特色,构建了尚美 XIN 课程,旨在引导学生在发现美、感悟美、创造美的过程中,促进学生的心智发展。儿童创意水墨画、电脑创意美术、"像大师一样作画"等特色艺术课程构成的 XIN 美艺术课程群,拓展了学生感受艺术之美的时空,培养了学生创造艺术之美的能力;曲棍球、跆拳道、英伦足球等体育特色课程构成的 XIN 美体魄课程群让学生体验运动之美;Happy 系列英语文化节、《莘松 English Wonderland》英语校本教材、外教进课堂构成的 XIN 美语言课程群,为学生学习英语、感受文化之美提供了多元的平台与空间;主题校园科技节、校园电视台等构成的 XIN 美科技课程群以现代媒体科技视角寻找校园生活中的真

---

① 杨金芳,周洁琦.小学生态美育校本课程的开发研究[J].上海教育科研,2013(12):48-51.
② 崇德·尚艺 育美·求真——中央工艺美院附中艺美小学[J].中国教育学刊,2016(7):2.

和美,是 XIN 校园文化中一道亮丽的风景线。①

江苏省南京市致远外国语小学分校基于新时代学校美育的新要求,为顺应儿童天性发展需要,秉承"以玩育美、以美育人"的工作思路,提出"玩美"的教育主张,并通过打造校内外"玩美驿站"、构建"玩美"课程体系,拓展美育的实践场域,推动美育落细落实。学校的"玩美"实践拓展了小学美育的时空场域,也丰富了小学美育的实践样态。②

面对"双减"带来的教育改革新形势,为提高美育工作实效性,北京石油学院附属实验小学坚持探索和实践"以耳听美、以音唱美、以笔画美、以手写美、以形展美"的美育实施路径,培育品格美、心灵美、行为美、才艺美、形态美的五美好少年,全面提升学生的美育素养。以建设"华·美"美术课程体系为美育工作的切入点,从美术课堂教学、美术社团活动、美术实践活动三方面出发,构建多元立体的美育培养模式,着力探索美育实践路径。③

（四）"高参小"项目

2014 年 2 月北京市正式提出了"北京高等学校、社会力量参与小学体育美育发展"的艺术教育高校"牵手小学"的建设工程,并明确提出,这一工程"是素质教育,特别是美育工作在北京落实党的十八届三中全会精神的具体举措之一",并提出了高校参与此工作的具体工作范围:即校园文化建设、校本课程开发、小学社团建设、小学师资培训、小学科研活动。④随后,在北京市教委的支持下,众多高校诸如北京舞蹈学院、中国戏曲学院、首都师范大学等一系列高校积极投入"北京高等学校、社会力量参与小学体育、美育发展工作",又称之为"高参小"项目。

中央美术学院"高参小"项目自 2014 年启动以来,携手 3 所小学 12 个

① 上海市闵行区莘松小学以美育心,以美益智[J].上海教育科研,2017(9):98.

② 仇玉玲,毛文婧."以玩育美":探索更贴近儿童天性的小学美育[J].中小学管理,2021(3):57-59.

③ 王梅,李冰."双减"背景下探索学校美育实践新路径——以北京石油学院附属实验小学"华·美"美术课程体系建设为例[J].中国教育学刊,2021(S2):214-216.

④ 明文军.北京舞蹈学院参与十三所小学美育工作构想[J].北京舞蹈学院学报,2014(S2):35-37.

校区近万名师生开展基础美育的探索与实践,目前已建构完备课程体系,研创百门课程,累计授课达到 30506 课时,开展了百余场展览、培训、论坛等形式学术活动。中央美术学院"高参小"项目在实践过程中,始终遵循青少年艺术成长的发展规律,鼓励学生深度参与艺术活动,通过丰富的图像视觉体验,激发学生创意能力,滋养个体的健康成长。①

五、小学劳动教育研究近况

近年来,在国家教育方针的指引下,劳动教育研究成为学界的热点议题。②通过整理相关文献资料,我们发现:近年来小学劳动教育研究主要聚焦于两大领域:一类是关于小学劳动教育的理论性研究,如新时代劳动教育的政策发展、价值理念及实践路径、劳动课程、劳动素养等;另一类是小学劳动教育的实践性研究,体现为小学学科教学中的劳动教育教学和一线小学的劳动教育实践模式探索等。

(一)小学劳动教育的政策沿革

关于小学劳动教育的理论研究,有学者对多年来的小学劳动教育的政策演变进行研究。如王晓燕总结和梳理了我国中小学劳动教育的政策发展历程,研究和挖掘其深层的价值诉求,探讨和展望其未来走向。研究发现,从政策演变来看,自新中国成立以来我国劳动教育的内容和理念呈现出从简单到复杂、从单一到综合,不断发展、丰富、完善的轨迹;从价值诉求来看,虽然不同历史时期劳动教育的侧重点各有不同,但总体而言是为了全面落实党的教育方针,培养全面发展的社会主义建设者和接班人;面向未来,要深化劳动教育的价值和内涵,全方位构建劳动教育体系,完善相关政策保障。③

---

①　卫艳.循美而行 次第花开——中央美术学院高参小项目美育实践[J].美术研究,2020(6):112-116.

②　夏惠贤,杨伊.我国中小学劳动教育的百年探索、核心议题与基本走向[J].教育发展研究,2020(24):13-20.

③　王晓燕.中小学劳动教育的政策演变、价值诉求与未来建构[J].中小学管理,2019(5):5-7.

郝志军等人对 70 年来我国中小学劳动教育政策进行了反思并提出改进建议,我国中小学劳动教育政策走过了探索和重建(1949—1956)、强化和偏执(1957—1976)、调整和改进(1977—2000)、深化和创新(2001—2019)四个阶段,体现出明显的阶段性特征,并积累了丰富的经验,但也存在劳动教育课程政策和体制机制不健全、劳动教育的主体过于单一、没有把劳动教育实施效果及考核评价纳入整体的评价机制、劳动教育基础理论的研究比较薄弱等问题,同时研究出一系列在新的时代深化劳动教育政策的对策建议。①祁占勇基于政策文本,结合重要历史文献与教育改革事件,回顾了我国劳动教育政策的价值选择及其变迁,为我国今后劳动教育政策的制定提供历史镜鉴和智慧,从而为促进人的全面发展提供更有力的保障。②

(二)小学劳动教育的价值理念及实践路径

关于小学劳动教育的发展理念和实践路径,新时代对其有了更多的诉求与期待。

李红婷指出,从 21 世纪时代新人的历史使命来看,小学生劳动教育的本体价值追求在于助力培育新时代的"全人"。因此,小学生的劳动教育的价值定位应转向服务于人的全人格、全能力、全素养的培育,小学生劳动教育的形式与内容也需要不断进行优化与改进,真正从个人的全面成长、成才的连续性教育角度,结合小学生的个体知识、能力、身体、生活等各个方面的特性,开展具有可行性、操作性的劳动教育。同时要结合小学生身心发展的阶段性特征,设计内容丰富、形式多样的低段、中段、高段渐进式提升劳动教育体系,真正服务于学生成长为"全人"的发展需要。③

陈林等人认为劳动教育不是孤立的教育形式,在践行过程中需要学校、社会、家庭三个教育渠道紧密联系才能彰显其整体功能,创设特色化劳动教

① 郝志军,王艺蓉.70 年来我国中小学劳动教育政策的反思与改进建议[J].西北师大学报(社会科学版),2020(3):124-130.
② 祁占勇.新中国成立 70 年来我国劳动教育政策的价值选择及其变迁[J].国家教育行政学院学报,2019(6):18-26.
③ 李红婷.小学生劳动教育的价值定位与实践路径[J].教育理论与实践,2020(11):11-13.

育的校本课程有利于培养儿童的基本劳动素养，组织社会公益劳动有助于培育儿童社会公德，依托家庭生活的家务劳动践行有助于提高儿童的自理能力。同时还要采取保障措施全面落实小学劳动教育。①

（三）小学劳动教育课程及劳动素养

小学劳动教育课程是小学劳动教育中的热点研究议题，学者们分别从课程的设置、变革及发展、新时代劳动教育课程体系的构建等维度展开探讨。

侯红梅、顾建军认为，在小学阶段建构新时代劳动课程，是全面贯彻新时代党的教育方针的基本要求。要从劳动教育的目的、内容、过程、方法和途径等方面，多维度构建课程内容，做到与学习融通，坚持教劳结合思想内涵的根本遵循；与生活沟通，深掘"具身性"劳动教育情境；与社会联结，彰显劳动教育的时代价值；与国际接轨，坚守本土化与国际化的有机结合；与未来同向，实现"完人"培养过程和目的的统一。②

牛瑞雪针对中小学如何落实《意见》，从课程建设的角度提供一些实践策略。中小学应把握劳动教育育人要求，基于当地教育资源，构建劳动教育特色课程体系：参照劳动教育总体目标和学生发展核心素养设立学校特色课程目标；选择适宜课程内容，确立核心课程并搭建多学科支撑的课程结构；延展校外课程，平衡不同劳动教育内容的比例关系；为课程实施提供师资、物资及安全保障；将课程评估作为课程建设的重要环节，注重引导学生作为劳动主体发展自我评价的能力，定期评估课程效果，使课程保持动态调整。③除此之外，艾兴、李佳、倪娟、卓晴君等学者也对中小学劳动教育课程的设置、变革与发展做了相关研究。④

① 陈林,卢德生.小学劳动教育的路径及保障[J].教学与管理,2019(17):11-13.
② 侯红梅,顾建军.我国小学劳动教育课程的时代意蕴与建构[J].课程·教材·教法,2020(2):4-11.
③ 牛瑞雪.中小学如何构建劳动教育特色课程体系——落实《关于全面加强新时代大中小学劳动教育的意见》的实践策略[J].课程·教材·教法,2020(5):11-15.
④ 艾兴,李佳.新中国中小学劳动教育课程设置:演变、特征与趋势[J].教育科学研究,2020(1):18-24;倪娟.中小学劳动教育课程变革及其发展[J].基础教育课程,2018(23):41-48;卓晴君.我国中小学劳动教育课程的变迁与展望[J].基础教育课程,2019(5):34-45.

小学劳动教育课程研究与劳动课程标准紧密相联。当今社会科技进步日新月异,人们的生活、学习、工作方式不断改变,儿童青少年面临的劳动世界发生了深刻变化,义务教育的劳动课程富有新使命、迎来新挑战。《义务教育劳动课程标准(2022年版)》从劳动课程的国家意志、时代担当出发,注重继承我国劳动课程的积极经验,充分借鉴国际的先进理念,坚持劳动课程的方向性与科学性、规定性与开放性的统一,在九年一体化设计劳动课程、凝练课程培养的劳动素养、建构素养统领的目标体系、形成以劳动任务群为基本单元的内容结构等方面形成突破。劳动课程标准的实施应当从新时代劳动教育课程落实机制的再落实、创新实践的再创新等方面迎接挑战、实现使命。①

随着小学劳动教育理论研究的深入发展,一线小学在劳动教育探索中也逐渐构建出一套系统化的校本劳动教育课程。

浙江省富阳区富春第七小学在严格落实国家课程的基础上,根据地域特色、学校实际、学生需求,结合不同学段的培养目标,有目的、多层面、有梯度地设置相应的劳动实践内容。同时,依照日常生活劳动、生产劳动、服务性劳动的要求,有计划、有序列地开设贴近学生生活的特色劳动教育课程,形成了专门课程、渗透课程、项目课程、综合课程为主的课程体系,从而突出新时代对劳动教育的要求,更好地发挥劳动教育综合育人的功能。②

重庆市人民小学基于多年来开展劳动教育的实践探索,依托地域文化,系统化构建小学劳动教育课程,培养学生的劳动素养。构筑包含"劳动·服务、劳动·工具、劳动·创造、劳动·精神、劳动·审美"五方面目标的课程框架,通过充分挖掘地域文化中的劳动教育因素,构建"美物""美者""美景"课程群;以主题课程群进行内容统整,以项目式学习为主要方式,探索综合化、整合性的课程实施路径;通过多元化评价实现劳动教育的综合

---

① 顾建军.建构一体化劳动课程为义务教育劳动育人奠基——《义务教育劳动课程标准(2022年版)》解读[J].全球教育展望,2022(7):25-33.

② 章振乐.新劳动教育课程体系的建构与实施[J].人民教育,2020(19):69-71.

育人目的。[①]

　　小学生劳动素养研究则侧重小学劳动教育测评指标体系的构建。劳动教育是培养学生劳动素养的必要手段，小学是学生劳动素养形成的奠基阶段。当前小学劳动教育测评框架缺失，尚未形成系统的测评体系。测评指标体系构建有利于衡量与诊断学校劳动教育落实情况及问题，为完善或改进劳动教育实践提供指导，为劳动教育评价与督导提供参考。王晓杰等人基于CIPP评价模型"背景—输入—过程—结果"框架，构建了具有4个一级维度、14个二级维度、47个观测点的小学劳动教育测评指标体系，并将其应用于实践，初步验证了该指标体系的可操作性、可靠性和有效性。[②]

（四）小学学科教学中的劳动教育

　　语文教学中落实劳动教育有着重要的意义，有学者在厘清劳动教育内容在统编教材中的编排特点后，提出了采取渗透、渐进和隐性的课堂实施策略，用语文的方式落实劳动教育。教师要借鉴阅读教学的"1+X"模式，增加富含多种劳动形式的课外文本，以提高读写素养为显性目标，以提高劳动素养为隐性目标，纳劳动教育于语文教学，容课外资源于课内。[③]

　　在学科教学中渗透劳动教育要基于学科的特点，充分挖掘学科在劳动素养方面的培育功能。科学学科强调科学知识的掌握、科学方法（思维）的习得、科学态度的养成等，这些都是一个公民科学素养的重要组成，也是构成劳动素养的要素。[④]小学科学以探究式学习为主，需要学生动手动脑，这种学科特征具备培养学生劳动素养的天然优势。挖掘小学科学课程中的劳动教育元素，有机渗透"三味"劳动教育，可以唤醒学生劳动意识、强化学生劳动

　　① 杨浪浪,陈燕.75年坚持"爱劳动"：造就本土化小学劳动教育课程体系[J].中小学管理,2020（4）：15-18.
　　② 王晓杰,宋乃庆,张菲倚.小学劳动教育测评指标体系研究——基于CIPP评价模型的探索[J].教育研究与实验,2020（6）：61-68.
　　③ 纪海龙,刘知晓.劳动教育在小学语文教学中的有机渗透[J].语文建设,2021（10）：69-72.
　　④ 冯毅.学科教学中渗透劳动教育的逻辑起点探析——以小学科学为例[J].基础教育课程,2020（22）：9-14.

体验、激发劳动创造欲望。[①]

此外,小学道德与法治学科教师也应重视教材中的"劳动教育"元素,在学科教学中渗透落实劳动教育,为此要做到:聚焦教材,厘清劳动教育"落脚点";延展教材,促进劳动习惯养成,实现小学生劳动教育的"落地"。[②]

(五)一线小学劳动教育实践范例

小学劳动教育的实践研究成果之一是涌现了一批在开展劳动教育过程中积攒了丰富本土实践经验的一线小学。在此选取北京市中国科学院附属玉泉小学、浙江省杭州市富春第七小学、黑龙江省牡丹江市立新实验小学、北京市海淀区五一小学作为示范校,以供参考借鉴。

1.中国科学院附属玉泉小学:在"游戏"中劳动

第一,在劳动中融合游戏的形式。中国科学院附属玉泉小学开创的农场劳动教育模式就是一个很好的示例。该小学拥有自己的校外农场劳动基地,经过几年的开发和积累,形成了规范、稳定的农场课程体系,包括宇宙探秘、荒野求生、后厨体验、体育锻炼、昆虫世界、动物世界、鸟类世界、植物博识课程、科学工坊等子课程群,每个子课程群又包括许多形式多样的微课程。这套农场课程体系很好地考虑了自然的节时规律、儿童的游戏天性、教育的实践艺术,让学生通过体验、游戏、学习,在玩耍中学习,收获了许多农业知识和田野生活能力,同时体验到农民耕种的艰苦。在这样一种学校劳动教育实践中,农场劳动成为孩子们神往的一件事情。[③]

第二,在劳动后附加游戏的方式。喜欢热闹和欢庆,既是儿童的一个突出特点,也是游戏的一个重要属性。其实在成人世界,自古以来人们都十分喜爱"庆典"的活动方式,某些主题的庆典既能体现出对人类劳动的尊重,也能赋予人类以休闲的价值,比如丰收庆典。中国科学院附属玉泉小学的十大好玩课程正是采取了类似庆典的方式。曾经出现在该小学年度十大好玩课程名单的课程有:趣味体育节、丰收采摘节、奇妙话剧节、科技发明节、双语

---

①　孙红军,刘阳.在小学科学中渗透"三味"劳动教育[J].中国教育学刊,2021(5):107.
②　王苏萍.低年级《道德与法治》教学中的劳动教育[J].基础教育课程,2020(22):15—18.
③　李敏,高峰.新时代的劳动教育属于生活[J].人民教育,2019(7):49—52.

语言节、信用经贸节、远足登山节、运动竞技节、泉水结业节、沙滩游戏节、端午面食节、服装节等。这些有趣的课程名称背后,事实上涵盖了儿童的所有学习劳动(体育、科学、语言、数学、艺术等)及一些主题鲜明的生活劳动(节日劳动、制作服装等),但这些课程又显然不同于平时的学习劳动和生活劳动。①

2.浙江杭州富春第七小学:以劳动教育为办学特色

作为教育部认定的全国唯一一个小学劳动教育试验单位,浙江杭州的富春第七小学在劳动教育方面已经积累了10年经验。②为解决生命成长的"自然缺失症",富春第七小学自2009年建校以来,就坚持以劳动教育为办学特色,开启"新劳动教育"实践,构建新劳动教育课程体系和实践活动体系,并根据学生的年龄特点,结合学校特色和节日,有目的、有计划地组织实施劳动周。根据《纲要》的要求,劳动周采用专题讲座、主题演讲、劳动技能竞赛、劳动成果展示、劳动项目实践等形式开展活动。其中,小学低、中年级以校园劳动为主,小学高年级和中学可适当走向社会,参与集中劳动。基于以上理念,不断研磨、改进,富春第七小学的劳动周课程最终设置为:低、中年级开展校内劳动周,包括以"晒秋"和"生肖文化"为主题的开学课程,以及立夏时节的收获节课程;高年级开展校外劳动周,以"劳动创造美好生活"为主题,包括农耕活动日、职业体验日、技能竞赛日、成果评价日共4日3晚的实践体验活动。③

3.黑龙江省牡丹江市立新实验小学:"新劳动教育"

黑龙江省牡丹江市立新实验小学(以下简称"立新实小")在过去的60年间,都是以"劳动育人"为办学特色。从2010年开始,立新实小以"城市小学新劳动教育理论与实践研究"为课题,经历了"新劳动教育"的研究、实践和推广三个阶段,突破理论瓶颈,完成"新劳动教育"理论架构;克服现实困难,完成

① 李敏,高峰.新时代的劳动教育属于生活[J].人民教育,2019(7):49-52.

② 钱敏.这所小学,劳动教育已逾十年 专访浙江杭州富春七小校长章振乐[J].人民周刊,2020(9):40-43.

③ 章振乐.让劳动周"不止于体验"——以杭州富春第七小学的教育实践为例[J].福建基础教育研究,2021(6):20-23.

"新劳动教育"课程校本化;推出研究成果,在全国形成示范引领态势。①

立新实验小学的"新劳动教育",根植于学生的生活空间之中。其包含的一切学习活动,包括模拟场景下的动手实践、真实场景中的体验感悟,以及学习与生活、知识与应用、现实与世界的链接等都纳入课程,并按照认知类、实践类、创新类三个并列且存在递进关系的门类进行体系梳理,最终形成相对稳定、完整的新劳动教育特色课程体系。结合低、中、高年级学生特点,学校制定了《"三爱五行十做到"校本课程实施标准》。②

如今,"双减"政策又对劳动教育资源的开发和利用提出了新的要求,北京市海淀区五一小学作为一所有着优良劳动教育传统的小学,认真总结学校劳动教育文化,传承优秀经验,积极开展劳动教育实践研究与改革,加大力度推进劳动教育,深入探寻新时代劳动教育价值内涵,系统架构学校"金苹果"劳动教育体系,并通过学科渗透、课程实践、活动体验等途径,融合五育、大胆实践,同时开展劳动教育的课题研究与评价研究,以确保学校劳动教育扎实有效推进,真正助力"双减"落地。③

综上,小学五育的研究近况虽进展不一,但反映出小学五育在各界的关注度呈逐步上升的趋势,进一步明晰了五育在小学段的重要地位。同时我们也应该看到目前小学五育发展中的问题,如德育的实效性有待加强、智育的知识化倾向偏重、体育的教学改革滞后于理论研究、美育的开展形式过于单一、劳动教育在实践中长期未受到应有的重视等,通过对小学五育研究近况的梳理,我们更应该以辩证的眼光正确审视小学五育的过去、现在及未来。

第三节　小学五育的发展及关系

我国五育的发展可追溯到近代,20 世纪以来伴随着西学东渐,有识之士

---

① 刘中华,隋桂凤."新劳动教育"的内涵与实践路径[J].人民教育,2019(10):22-25.
② 刘中华,隋桂凤."新劳动教育"的内涵与实践路径[J].人民教育,2019(10):22-25.
③ 陈姗,谭中玲,隋红军,毕研环."双减"背景下的小学劳动教育实践与反思[J].中国教育学刊,2021(S2):220-223.

开始反思中国的传统教育,开始吸纳马克思、康德等人的先进教育理念,探索救国的教育之路。新中国成立后,五育的不同地位反映了不同时代对于人才培养的发展要求,体现为从 20 世纪的德智体三育全面发展到 21 世纪初的德智体美四育全面发展,再延展至今的德智体美劳五育全面发展。本节首先对五育的发展进行历史溯源,进而基于我国近 20 年来教育方针中关于人才培养规格的要求,重点探析小学五育关系的发展变化,最后梳理五育并举、五育融合视域下的学校理论研究和实践研究范例,力图多角度呈现小学五育研究的总体概况。

一、五育的发展及关系

我国历史上关于"五育"的论述可从两条主线来梳理:一是学者们的教育思想;二是党的教育方针。近现代学者严复、梁启超、王国维、蔡元培等人关于"三育""四育"或"五育"的主张,以及各育在不同时期教育方针中的不同地位,都彰显了五育的发展经历了特殊的历史演进,这是我国教育事业改革进程中的必然结果。

(一)第一阶段:"五育并举"思想的萌芽与形成

1.严复:首次提出"三育并举"

追根溯源,19 世纪末,严复最早提出"民力、民智、民德"的"三育"并举思想。①他在《原强》篇中,把斯宾塞的"Physical education"(体育)转译成"力"或"体力",从而将自孔子以来遭受鄙弃的"力"提高到与"开民智""新民德"同等的地位,这也是中国关于人的"德、智、(力)体"全面发展的第一次理论概括。"力"的发现,表明了"体育"的发现,这一思想也是 20 世纪初期军国民教育思潮的渊源之一。严复强调"是以讲教育者,其事常分三宗:曰体育,曰智育,曰德育。三者并重"②。可见,严复已形成学校教育应贯彻体育、智育、德育全面发展方针的教育观。③

---

① 宁本涛.“五育”融合:何谓、何来、咋办?[J].陕西教育(综合版),2021(4):10-12+29.
② 王栻.严复集(一诗文 上)[M].北京:中华书局,1986:167.
③ 陈敏,陈伯强.论严复改革教育的创新精神[J].福建师范大学学报,2003(1):133-136.

2.梁启超:深化"三育并举"

梁启超在严复的"三民"思想基础上结合时代发展进行了补充,他提倡新民,"苟有新民,何患无新制度,无新政府,无新国家"①,指出民德必须与民力、民智相匹配才能发挥作用,这是对严复"三育并举"思想的深化。②

梁启超认为,在学习的过程中既要学习政治、学术、技艺等各方面的知识,更要注重对国民的民德、民智、民力进行开发,③"民德、民智、民力实为政治、学术、技艺之大原"④。这一时期少有文献提及"民德、民智、民力的重要性排序问题",大多论述梁启超的"新民"思想。

3.王国维:开创德智体美"四育并举"

20 世纪初,王国维从人的个体发展角度出发,提出了德、智、体、美"四育统合"的思想。他认为教育的宗旨在于"使人为完全之人物而已"⑤,首次强调美育的独立地位,提出了要在德智体培养基础上加强"美育",提倡德智体美"四育并举"。⑥

由此,"四育"思想得以确立,即:德育、智育、体育、美育。王国维将"四育"思想的宗旨分成体育和心育两部分,其中心育又包括智育、德育和美育,只有体育和心育都具备的人才称得上是完全之人物。王国维指出:要把受教育者培养成为"完全之人物",就要进行"体育"和"心育"的培养。"体育"就是加强身体的训练,有强健的体格。"心育"中"智育"是对智力的培养,"德育"是对意志的培养,"美育"是对情感的培养,四者相互依存,"完全之人物"缺一不可。在中国教育史上,王国维第一次开创性地提出了德、智、体、美全面发展的"完全之人物"的教育思想,⑦并逐步发展成为"全面教育发展观"的教

---

① 梁启超.新民说[M].北京:商务印书馆,2016:4.
② 杨丽."五育融合"的历史演进、现实困境及实现之策——基于新发展阶段背景下的分析[J].当代教育论坛,2021(4):1-10.
③ 孙杰.论"新民"与近代教育——梁启超新民教育思想研究[J].教育理论与实践.2007(3):14-17.
④ 梁启超.新民说.释新民之义[M].郑州:中州古籍出版社,1998.
⑤ 姚淦铭,王燕.王国维文集(第3卷)[M].北京:中国文史出版社,1997:298.
⑥ 杨丽."五育融合"的历史演进、现实困境及实现之策——基于新发展阶段背景下的分析[J].当代教育论坛,2021(4):1-10.
⑦ 吴清一.论王国维"完全之人物"教育思想[J].人民论坛,2013(23):194-195.

育方针。①

4.蔡元培:"五育并举"雏形出现

中华民国时期,蔡元培对"四育"作了进一步阐释,对严复、梁启超及王国维等教育思想进行了糅合,提出了"五育并举"思想。

他主张"军国民教育(体育)、实利主义教育(智育)、公民道德教育(德育)、世界观教育、美感教育(美育)皆近日之教育所不可偏废"②,倡导"顺应时势,养成共和国民健全之人格"③,他强调德智体美劳要协调全面发展,并认为"五者以公民道德为中坚"④,即以德育为根本,引领其他四育的发展,这是"五育并举"理念的雏形。蔡元培"五育并举"思想比严复、梁启超、王国维等更为深入,是我国教育思想史上的一个巨大进步。⑤同时,他的"五育并举"思想,是指以公民道德为中心的德、智、体、美诸育和谐发展的教育思想。⑥

5.中华民国初年教育宗旨:"四育并提"

1912 年 7 月,全国临时教育会议召开,会议期间,议长组织与会代表投票公决关于教育宗旨的提案,经过讨论、公决,删除了"五育并举"提案中的世界观教育。教育部最终于 1912 年 9 月 2 日根据全国临时教育会议的决议,公布了中华民国的教育宗旨,即注重道德教育,以实利主义、军国民教育辅之,更以美感教育完成其道德。这就是中华民国初年"四育并提"的教育宗旨。⑦

相较于"五育并举"教育思想的宗旨,在"四育并提"的教育宗旨中,军国民教育、实利主义教育、公民道德教育符合"五育并举"的本质内涵,但总体上也发生了一些变化。第一,删除了世界观教育;第二,确定了道德教育的中

---

①　李金平.试析王国维"全面教育发展观"的积极性[J].兰台世界,2014(36):82-83.

②　蔡元培.对于新教育之意见[A].高平叔.蔡元培全集(第 2 卷)[C].北京:中华书局,1984:131.

③　蔡元培.对于新教育之意见[A].高平叔.蔡元培全集(第 2 卷)[C].北京:中华书局,1984:164.

④　蔡元培.对于新教育之意见[A].高平叔.蔡元培全集(第 2 卷)[C].北京:中华书局,1984:263.

⑤　杨丽."五育融合"的历史演进、现实困境及实现之策——基于新发展阶段背景下的分析[J].当代教育论坛,2021(4):1-10.

⑥　培兰.蔡元培"五育并举"的教育思想[J].历史教学.1995(3):44-45.

⑦　吴洪成,樊凯.简论民国初年教育宗旨的嬗变——由"五育并举"到"四育并提"[J].河北师范大学学报,2011(9):23-29.

坚地位;第三,美育的功能被改变。①

6.梅贻琦:提倡"六育并举"

梅贻琦对蔡元培"五育并举"教育思想进行了继承和发扬,提倡"德、智、体、美、劳、群""六育并举",并在长期担任清华大学校长期间对学生进行"知""情""志"的统一和"全人格"的培养,在中国现代教育史上产生了广泛的影响。②

梅贻琦十分重视对学生的道德教育。梅贻琦为促进学生智育发展,创造学风建设和学术自由协同育人的软环境,提供切实可行的智育培养方案,创新智育引进方式,实现由"知"到"智"的转化。③在体育方面,梅贻琦也非常重视。④美育是梅贻琦教育思想的一个重要内容,他一贯重视美育,其特点是塑造人格、普及美育和日常生活化。⑤梅贻琦的劳动教育思想,不是主张学生在求学期间要参加多少体力劳动,而是强调他们在求学过程中要养成艰苦奋斗和吃苦耐劳的精神。⑥群育是梅贻琦教育思想中极具特色的内容之一。所谓群育是指一方面在群体中接受教育,另一方面能与群体和睦相处。⑦

(二)第二阶段:"五育并举"思想的深入发展

20世纪初,伴随着西学东渐,马克思主义关于"人的全面发展教育思想"、康德的"完人"教育思想及小原国芳的"全人教育"思想先后传入中国,对当时的教育界产生巨大震撼,包括杨贤江在内的有识之士开始反思中国的传统教育,开始吸纳马克思、康德等人的先进教育理念来探寻中国教育的

---

①　吴洪成,樊凯.简论民国初年教育宗旨的嬗变——由"五育并举"到"四育并提"[J].河北师范大学学报,2011(9):23-29.

②　杨丽."五育融合"的历史演进、现实困境及实现之策——基于新发展阶段背景下的分析[J].当代教育论坛,2021(4):1-10.

③　毛倩莹.梅贻琦"六育"思想研究及立德树人启示[D].中国石油大学(北京),2019.

④　刘述礼.梅贻琦教育论著选[M].北京:人民教育出版社,1993:62.

⑤　李光荣.论梅贻琦的美育思想[J].西南民族大学学报(人文社会科学版),2014(10):225-228.

⑥　瀚青,国新.梅贻琦德智体美劳群诸育并举的教育思想[J].石家庄师范专科学校学报,2003(1):67-70.

⑦　瀚青,国新.梅贻琦德智体美劳群诸育并举的教育思想[J].石家庄师范专科学校学报,2003(1):67-70.

生路。①

上述论述对近代中国导入和传播马克思主义"人的全面发展"教育思想作出了重大贡献,也成为杨贤江"全人生指导"思想的先导。杨贤江生前在多部教育论著中,从不同的视角出发探讨和阐述"全人生指导"思想,使之不断丰富和完善。他认为,"全人生指导"旨在促进"人的全面发展",这种人应当具备四个方面的基本素质:"有强健的身体及精神,有工作的知识及技能,有服务人群的理想与才干,有丰富生活的风尚与习惯。"②

他指出,实践"全人生指导"的方针是:"第一,要有整个的圆满的人生活动;第二,学校课业要与心身要求及社会环境相适应;第三,教学两方要有共通的目标与统一的进行;第四,要打破课内与课外的区别;第五,要消除校内与校外的界限。"③可见,"全人生指导"是一个系统工程,既指德、智、体、美、劳诸方面的全面教育,又指对青年的求学、就业、社交、恋爱、婚姻,以及兴趣爱好、为人处世的全面指导;既指校内生活,又指校外生活;既对学生的今天负责,又对学生的明天负责,最终使青年学生身心和谐发展、健康成长,学会求知、学会做事、学会做人,以适应社会改进之需要,以期有一个"圆满发达"的人生。④

(三)第三阶段:五育在新中国成立至20世纪末教育方针中的演变

新中国成立之初,教育事业百废待兴,从旧民主主义到新民主主义再到社会主义制度确立,教育目的及方针也随之发生转变,三育到四育的过渡体现了国家对于人才培养要求的调整与适应。

1.新中国成立初期教育方针中的五育

中华人民共和国的成立,开创了中华民族历史新纪元,也揭开了中国教育事业发展的新篇章。新中国成立之初,培养什么样的人,成为教育事业面临的首要问题。为了尽快改变文化教育落后的局面,党和政府高度重视教育

---

① 徐睿.杨贤江"全人生指导"教育思想研究[D].河南大学,2009.
② 任钟印.杨贤江全集(第2卷)[M].郑州:河南教育出版社,1995:582.
③ 任钟印.杨贤江全集(第2卷)[M].郑州:河南教育出版社,1995:587.
④ 肖朗,陈家顺.杨贤江的"全人生指导"思想——"人的全面发展"教育思想本土化的范例[J].教育研究,2006(9):19-23.

事业,把改造旧教育、建设社会主义新教育作为教育工作的首要任务,顺利完成了从旧教育向新民主主义和社会主义教育的根本转变,确立了党的教育方针,明确了社会主义教育的方向。①

1951 年 3 月 19 日至 31 日,教育部在北京召开的第一次全国中等教育会议指出:"普通中学的宗旨和教育目标是使青年一代在智育、德育、体育、美育各方面获得全面发展,使之成为新民主主义社会自觉的积极的成员。"②这是首次提出"德智体美"全面发展的人才培养目标。③

1951 年 8 月 27 日至 9 月 11 日,教育部在北京合并召开第一次全国初等教育会议和第一次全国师范教育会议。教育部副部长韦悫在会议报告中指出:"我们的小学应该实施智、德、体、美全面发展的教育。"④1952 年 3 月 18 日,教育部颁发试行《小学暂行规程(草案)》和《中学暂行规程(草案)》。《小学暂行规程(草案)》第三条规定:"小学实施智育、德育、体育、美育全面发展的教育。"⑤

1953 年高等教育部部长马叙伦、教育部部长张奚若分别在《人民教育》发表文章。马叙伦指出:"1953 年,是我们国家进入大规模的经济建设的第一年,我们的教育工作必须密切配合经济建设。"张奚若强调:"普通教育要严格执行教育建设计划,提高教育质量,提高对新一代智、德、体、美的全面教养,以期为我们祖国的全面建设准备新的生力军。"事实证明,从 1949 年 10 月中华人民共和国成立到 1953 年上半年,教育建设一致依据《共同纲领》,坚持新民主主义教育方针,以提高工农文化水平、培养建设人才为中心任务,强调理论与实际一致,智、德、体、美全面发展,在接受、改造旧教育的同

---

①　翟博.党的教育方针百年演进及其思想光辉[J].人民教育,2021(6):6–12.

②　中央教育科学研究所.中华人民共和国教育大事记(1949—1982)[A].北京:教育科学出版社,1983:38.

③　秦惠民,曹翼飞.建党百年来党的教育方针的传承与创新[J].国家教育行政学院学报,2021(4):11–17.

④　何东昌.中华人民共和国重要教育文献(1949—1975)[A].海口:海南出版社,1998:110.

⑤　何东昌.中华人民共和国重要教育文献(1949—1975)[A].海口:海南出版社,1998:142.

时,取得人民教育事业迅速发展的重大胜利。①

2.社会主义建设时期教育方针中的五育

随着我国生产资料所有制的社会主义改造基本完成,新中国全面转入大规模的社会主义建设时期。②1957年2月,毛泽东在最高国务扩大会议上发表《关于正确处理人民内部矛盾的问题》的讲话时指出:"我们的教育方针,应该使受教育者在德育、智育、体育几方面都得到发展,成为有社会主义觉悟的有文化的劳动者。"③这段论述,概括了1953年以来对教育的基本共识。不难看出,毛泽东根据当时对教育问题的认识和对国内外形势的判断,作出了重要的调整。一是将通常提的"智、德、体、美全面发展"改为"德育、智育、体育几方面都得到发展",将"有社会主义觉悟"放在"有文化"的前面,凸显了"德育"的地位,回避了"全面发展"的提法;二是将培养"建设者"改为培养"劳动者"。④

1961年,经由中共中央批准,教育部将毛泽东1957年和1958年的两个讲话合一,确定为新中国的教育方针"教育必须为无产阶级政治服务,教育必须同生产劳动相结合,使受教育者在德智体几方面都得到发展,成为有社会主义觉悟的有文化的劳动者"⑤。集清末教育宗旨立足对人的德智体基本素质的诉求、民初教育宗旨对受教育者实行德智体美全面发展的教育内容及民国后期教育宗旨强调为三民主义政治服务的功能等之大成,融教育的性质、地位、目的、任务、内容、方法等于一体,具有高度的概括性和凝练性。⑥这一方针鲜明指出了教育的方向与目标。由此,这个思想也成为我国几十年

① 王炳照.传承与创新——从新民主主义教育方针到社会主义教育方针[J].北京大学教育评论,2009(1):70-82+190.

② 丁东澜."变"与"不变":探析党的教育方针的发展逻辑[J].杭州师范大学学报(社会科学版),2011(4):111-115.

③ 人民教育出版社编.毛泽东同志论教育工作[M].北京:人民教育出版社,1992:258.

④ 王炳照.传承与创新——从新民主主义教育方针到社会主义教育方针[J].北京大学教育评论,2009(1):70-82+190.

⑤ 贞峰、朱选朝主编.教育政策法规要论[M].西安:陕西人民出版社,1991:136-137.

⑥ 杨天平.20世纪中国教育方针的百年之旅[J].学术研究,2002(12):101-105.

来教育方针的核心内容。①

3.改革开放新时期教育方针中的五育

1978 年 4 月,邓小平在全国教育工作会议上讲话,重申毛泽东提出的教育方针,并对全面贯彻这一方针,正确处理德育与智育、红与专的关系作了深刻的阐述。②

1978 年底,中国共产党召开了历史性的十一届三中全会,在全面检讨和反思新中国成立以来各项方针政策的基础上,确立了以经济建设为中心、坚持四项基本原则、实行改革开放的总路线和总政策。在这样的背景之下,教育界也开展了教育方针的大讨论,主要集中在新的历史时期还要不要制定一个新的教育方针、教育为什么服务、以前提出的教育为无产阶级政治服务是否适用于新时代、教育与生产劳动相结合要不要写入教育方针、应培养什么样的人、对受教育者进行"三育"(德智体)"四育"(德智体美)还是"五育"(德智体美劳)等一系列基本问题上。③

1981 年 6 月,中共中央在《关于建国以来党的若干历史问题的决议》中规定:"要加强和改善思想政治工作,用马克思主义世界观和共产主义道德教育人民和青年,坚持德智体全面发展,又红又专、知识分子与工人农民相结合,脑力劳动与体力劳动相结合的教育方针。"④

1990 年颁发的《中共中央关于制定国民经济和社会发展十年规划和"八五"计划的建议》指出,我们要"继续贯彻教育必须为社会主义现代化服务,必须与生产劳动相结合,培养德、智、体全面发展的建设者和接班人的方针"⑤。该方针被称为"1990 方针"。

至此,新中国历史上第二块里程碑式的教育方针,已完成法律程序,载入教育的根本大法。⑥其变化主要有两点:一是关于教育的根本性质及任务,

---

① 唐国战.试析我国教育方针的发展与演变[J].人民论坛,2010(26):266-267.

② 君平.建国以来党的教育方针概述[J].教学与研究,1992(2):45-46.

③ 杨天平.人民共和国教育方针五十年论略[J].社会科学战线,2003(2):150-155.

④ 萧宗六.学校管理学[M].北京:人民教育出版社,1994:24.

⑤ 蒋文良.现行教育法规辑要[Z].北京:中国商业出版社,1995:160.

⑥ 黄正夫.新中国教育方针的历史源流与未来发展探析[J].教育探索,2006(10):70-71.

由"教育必须为无产阶级政治服务"改变为"教育必须为社会主义现代化建设服务",反映了教育在经济建设中的重要地位与作用;二是关于教育目的,从"德育、智育、体育几方面都得到发展"变为"德、智、体等方面全面发展"从"劳动者"变为"建设者与接班人",体现了新时期对受教育者不同层面的要求。这是教育方针的核心部分。[①]

4.世纪之交时期教育方针中的五育

世纪之交,随着素质教育的理论探讨和实践得到发展,我国的教育方针又被赋予了新的时代内容。1999 年,《中共中央国务院关于深化教育改革全面推进素质教育的决定》中指出:"实施素质教育,必须把德育、智育、体育、美育等有机地统一在教育活动的各个环节中。"[②]由此提出了"美育"的新要求。1999 年处于跨世纪的历史转折点,江泽民在改革开放后召开的第三次全国教育工作会议上对教育方针作出新的表述:"我们必须全面贯彻党的教育方针,坚持教育为社会主义、为人民服务,坚持教育与社会实践相结合,以提高国民素质为根本宗旨,以培养学生的创新精神和实践能力为重点。努力造就'有理想、有道德、有文化、有纪律'的,德育、智育、体育、美育等全面发展的社会主义事业建设者和接班人。"[③]

与"1990 方针"相比,这个教育方针在三个核心内容要素上都有了新的变化。服务面向由"教育为社会主义现代化建设服务"改为"教育为社会主义服务",少了"现代化建设"五个字,还首次加上了"教育为人民服务",不但彰显了教育的社会性质,还点出了教育的根本性质。教育目的既在原有的"德育、智育、体育"的基础上加上了"美育",又补充了"四有"要求,对培养人才的素质要求变得更全更高。[④]这是第一次将"美育"正式纳入素质教育的组成部分中,提出了德、智、体、美"四育全面"发展的教育方针。[⑤]

　①　杜德栎,苏振武.江泽民对我国教育方针的丰富与发展[J].教育探索,2002(4):9-11.

　②　杨天平,黄宝春.中国共产党教育方针 90 年发展研究[M].重庆:重庆大学出版社,2015:209.

　③　何东昌.中华人民共和国重要教育文献(1998-2002)[M].海口:海南出版社,2003:293.

　④　邓小泉,陶佳宇,吴玉荣.中国共产党教育方针的百年探索[J].河北师范大学学报(教育科学版),2021(4):19-27.

　⑤　杨丽."五育融合"的历史演进、现实困境及实现之策——基于新发展阶段背景下的分析[J].当代教育论坛,2021(4):1-10.

综上，五育在新中国成立以来至 20 世纪末的教育方针中的提法，由最初的"智德体美"调整为"德智体"（毛泽东），再发展为"德智体美"（江泽民），进入 21 世纪之后最终上升至"德智体美劳"（习近平）。五育在教育方针中的调整是一个伴随着历史时代的发展不断丰富并完善的演变过程，有其浓厚的时代特色。

二、小学五育关系的发展

培养学生德智体美劳全面发展一直是焦点教学话题，小学教师应将重点放在培养学生德智体美劳全面发展上，深入贯彻立德树人的教学指标，培育出能适应社会现代化进程的具有高尚道德素养的人才。[①]此外，小学五育关系也随着不同时期国家政策及教育方针的出台而不断发展深化，与五育的变化大体一致，经历了由德智体三育、德智体美四育走向德智体美劳五育全面发展的演进脉络。

（一）理论背景：近 20 年来小学五育关系发展之演变

在现代化国家建设新时期，国家对人才培养规格与质量提出新的要求，围绕实施全面教育，党的教育方针从德、智、体几个方面提出具体的培养目标，同时对美育、劳动教育的思想也进行了创造性发展。[②]

五育在 21 世纪新时代教育方针中的主要发展变化如下：

1.美育被正式列入教育方针

从 1999 年至 2002 年，经过 3 年多的思考和探索，以江泽民同志为核心的党中央终于在党的十六大确立了第五个教育方针，即"2002 方针"，其完整表述为："全面贯彻党的教育方针，坚持教育为社会主义现代化建设服务，为人民服务，与生产劳动和社会实践相结合，培养德智体美全面发展的社会主义建设者和接班人。"[③]"2002 方针"在服务方向上延续了《中华人民共和国教

---

①　邵蒙蒙.立德树人和培养学生德智体美劳全面发展的研究[J].课程教育研究,2019(46)：72-73.

②　王亚晶.中国共产党教育方针的百年演进与时代精神的教育追求[J].当代教育科学,2021(6)：3-14.

③　何东昌.中华人民共和国重要教育文献(1998—2002)[M].海口：海南出版社,2003：1409.

育法》中"教育为社会主义现代化建设服务"的提法,增加了 1999 年提出的"为人民服务",反映了党对教育人民的进一步重视。在教育目的上,"2002 方针"完全接受了 20 世纪 90 年代末的意见,增加了美育,且表述更加精炼。①

2.首次提出德育为先

2007 年 10 月 15 日,胡锦涛在党的十七大报告中指出:"要全面贯彻党的教育方针,坚持育人为本、德育为先,实施素质教育,提高教育现代化水平,培养德智体美全面发展的社会主义建设者和接班人,办好人民满意的教育。"

2010 年 7 月颁布的《国家中长期教育改革和发展纲要(2010—2020年)》提出:"全面贯彻党的教育方针,坚持教育为社会主义现代化建设服务,为人民服务,与生产劳动和社会实践相结合,培养德智体美全面发展的社会主义建设者和接班人。"②

3.立德树人成为教育的根本任务

2012 年 11 月,党的十八大报告中明确提出:全面贯彻党的教育方针,坚持教育为社会主义现代化建设服务、为人民服务,把立德树人作为教育的根本任务,全面实施素质教育,大力促进教育公平,培养德智体美全面发展的社会主义建设者和接班人。③

2015 年 12 月,全国人大常委会审议通过修改的《中华人民共和国教育法》,将教育方针规定为:"教育必须为社会主义现代化建设服务、为人民服务,必须与生产劳动和社会实践相结合,培养德、智、体、美等方面全面发展的社会主义建设者和接班人。"④

2017 年 10 月,党的十九大指出:全面贯彻党的教育方针,落实立德树人根本任务,办好人民满意的教育,发展素质教育,推进教育公平,培养德智体美全面发展的社会主义建设者和接班人。

①　邓小泉,陶佳宇,吴玉荣.中国共产党教育方针的百年探索[J].河北师范大学学报(教育科学版),2021(4):19-27.
②　丁东澜."变"与"不变":探析党的教育方针的发展逻辑[J].杭州师范大学学报(社会科学版),2011(4):111-115.
③　深入学习贯彻党的十八大精神努力办好人民满意的教育——党的十八大报告关于教育改革发展的若干论述[J].职业技术,2012(11):4-5.
④　翟博.党的教育方针百年演进及其思想光辉[J].人民教育,2021(6):6-12.

4.劳动教育被正式列入教育方针

2018年，习近平在全国教育大会上提出："我们的教育要培养德智体美劳全面发展的社会主义建设者和接班人。"①这是新中国成立以来第一次将德智体美劳上升到党和国家教育方针②，也是第一次提出将劳动教育纳入我国全面发展教育的素质规格范畴，将原来的"四育并举"（德、智、体、美）提升为"五育并举"（德、智、体、美、劳），赋予了我国教育全面发展新内涵。③从"四育"到"五育"简单的文字调整，实现了党的教育方针在内涵上新的飞跃。④

2019年，习近平在召开的学校思想政治理论课教师座谈会上作了完整表述。他提道："新时代贯彻党的教育方针，要坚持马克思主义指导地位，贯彻新时代中国特色社会主义思想，坚持社会主义办学方向，落实立德树人的根本任务，坚持教育为人民服务、为中国共产党治国理政服务、为巩固和发展中国特色社会主义制度服务、为改革开放和社会主义现代化建设服务，扎根中国大地办教育，同生产劳动和社会实践相结合，加快推进教育现代化、建设教育强国、办好人民满意的教育，努力培养担当民族复兴大任的时代新人，培养德智体美劳全面发展的社会主义建设者和接班人。"⑤这一表述明确将教育的服务方向由"二为"发展为"四为"，教育目的及素质要求从"德智体美"发展为"德智体美劳"，保持教育的实施途径不变，同时又增加了许多新的内容，是对新时代教育方针的完整表述，可称之为"2019方针"。这也是党的历史上文字表述最多、内容最全面、内涵最丰富的一个教育方针。⑥

同时，习近平在纪念五四运动100周年大会上也强调培养德智体美劳全面发展的社会主义建设者和接班人"事关党和国家前途命运"，是"全党的

①　习近平.坚持中国特色社会主义教育发展道路培养德智体美劳全面发展的建设者和接班人[N].人民日报,2018-09-11.
②　王江松.劳动文化的复兴和劳动教育的回归[N].中国教育报,2018-11-22.
③　杨丽."五育融合"的历史演进、现实困境及实现之策——基于新发展阶段背景下的分析[J].当代教育论坛,2021(4):1-10.
④　秦惠民,曹翼飞.建党百年来党的教育方针的传承与创新[J].国家教育行政学院学报,2021(4):11-17.
⑤　习近平.思政课是落实立德树人根本任务的关键课程[J].求是,2020(17):5-14.
⑥　邓小泉,陶佳宇,吴玉荣.中国共产党教育方针的百年探索[J].河北师范大学学报(教育科学版),2021(4):19-27.

共同政治责任"。①习近平这一系列讲话精神，实现了德智体美劳"五育融合"、协同育人的良好局面，培养德智体美劳全面发展的社会主义建设者和接班人成为我国新时代教育的共同目标，加速了"五育融合"教育的开展，推动了我国全面素质教育的实施进程。②

2022年10月，党的二十大报告中指出：我们要办好人民满意的教育，全面贯彻党的教育方针，落实立德树人根本任务，培养德智体美劳全面发展的社会主义建设者和接班人，加快建设高质量教育体系，发展素质教育，促进教育公平。此外，党的二十大再次强调，在全社会弘扬劳动精神、奋斗精神、奉献精神、创造精神、勤俭节约精神，为社会发展劳动教育提供了新的动力。值得关注的是，劳动教育首次在党的报告中被正式提出。

纵观近20年来的小学五育关系在国家政策与党的教育方针的影响合力之下，由20世纪90年代的德智体三育发展至当下的德智体美劳五育全面发展，其脉络演变进程伴随着浓厚的时代特色，小学五育关系的发展符合历史制度主义视角注重历史与制度的动态性特点。因此，基于国家的宏观背景与历时性的脉络，以国家政策和党的教育方针为逻辑主线和制度保障，探析小学五育关系的发展动态尤为重要。

（二）新的走向：从"五育并举"走向"五育融合"

随着社会的发展与素质教育方针的实施、推进，国家和社会迫切渴求全面发展的高技术人才，作为素质教育的核心构成部分"五育"也备受关注，越来越多的学者呼吁要辩证认识"五育"之间的关系。③通过梳理和分析五育内部关系的相关文献资料，我们发现目前学术界对于五育关系的认识大致围绕相互渗透、平行并列、有机统一这三个维度，直至近几年出现"五育融合"。

1."五育"相互渗透

随着素质教育的推进，学术界重新审视"五育"以及"五育"的关系，其中

①　习近平.在纪念五四运动100周年大会上的讲话[N].人民日报,2019-05-01.

②　杨丽."五育融合"的历史演进、现实困境及实现之策——基于新发展阶段背景下的分析[J].当代教育论坛,2021(4):1-10.

③　颜叶芳.德智体美劳"五育"：从分裂到融合[D].湖南师范大学,2019.

影响最广的一种观点是："五育"之间相互渗透,相互作用,你中有我,我中有你。经查阅相关文献,主要从两方面来论证"五育"相互渗透的关系:一方面,从"五育"中的各育因素来阐述,另一方面则是从"五育"中的各育功能来论证。但大多都同时从这两方面论证。①

20 世纪 90 年代,仅有少数几篇文献讨论"五育"的关系和地位。桑新民认为五育关系应该是相互渗透的。德育、智育、美育属于心理层面的教育,教育的终极目标就是使受教育者形成真善美内在统一的完美人格;劳动技术教育属于培养创造性实践能力的层次,必须把德育、智育、体育、美育和劳动教育有机地统一在教育活动的各个环节中,在抓好智育的同时,更要重视德育,还要加强体育、美育、劳动技术教育和社会实践,使诸育相互渗透、协调发展,促进学生的全面发展和健康成长。②

肖宁等人指出,教育是一个宏大的系统工程,是融"五育"于相互渗透之中完成的。成功的教育,就在于有效地将"五育"协调运转起来,进而形成一种内在的合力,去实现预期的完美塑造。德育为首,无论是在教育内容的体系中还是在整个教育过程中,都是毫无疑问的。同时,德育与其他四育的关系又是密不可分的。③

随着素质教育和新课改的推进,21 世纪的五育关系中关于相互渗透提法的学者越来越多。有研究者认为,德、智、体、美并不是同一层次的概念,其中,德育、智育、美育为心理层面的教育,作为一个整体与体育、劳动技术教育共同构成了全面发展教育。人的发展本为一个整体,身、心的划分只是相对的。因此,"五育"也相互渗透、相互影响和制约。④

厉佳旭从全面发展的角度来解析五育之间的关系,将其比喻为:德为根基,智为枝干,体为土壤,美如花叶,劳如果实。德智体美劳五育之间,互为依托,互相影响,相辅相成,密不可分,五育共同服务于"立德树人"这个根本目

①　颜叶芳.德智体美劳"五育":从分裂到融合[D].湖南师范大学,2019.

②　桑新民.对"五育"地位作用及其相互关系的哲学思考[J].中国社会科学,1991(6):159-166.

③　肖宁,孙伟.试论教育体系中德、智、体、美、劳五育的关系及地位[J].吉林教育科学,1996(5):68+35.

④　廖克玲."五育"界说的理论阐释[J].教育探索,2003(4):59-60.

标。德智体美劳全面发展的培养目标,既满足社会发展的需要,又满足个体发展的需要,对教育而言,是实现了"完整的教育"。①

崔学鸿指出:其一,德智体美劳五育在内容上可以实现"互育"。五育的内容既相对独立、不可替代,又相互联系、难以分割。全国教育大会把"劳"列入全面发展的素质要求,强调劳动可以树德、增智、强体、育美,就是因为劳动教育包含着德育、智育、体育、美育的内容。其二,德智体美劳五育在方式上可以走向"互育"。五育在实施途径和形式上相互重叠、渗透、补充,任何一育的实施都可以渗透其他各育的内容,任何一育的达成都需要其他各育的补充。②

2."五育"平行并列

主张"五育"平行并列的学者反对五育相互渗透的观点,金维才认为这在理论上是不成立的,在实践中也是有害的。他强调"五育"在人全面发展的过程中各司其职,各自发挥独特的作用。学生是一个完整的人,学校里的任何一项活动,都或轻或重地影响学生德、智、体、美等方面的发展。在学校各项教育活动中,德育都是与智育、体育、美育并行于其中的,并非如德育渗透说所言,德育渗透于智育、体育、美育。③

李一鸣表示要通过构建结构合理、功能齐全、关系协调、程序严密有效的育人机制,确保德智体美劳"五育"平衡发展,使教育更好地促进人的全面发展。德智体美劳"五育"各自承担着不同的教育使命,同时又相互联系相互促进,统一于学生的综合素质形成和全面发展之中。④

3."五育"有机统一

持"五育"有机统一观点的学者们把"五育"看作是一个无法分割的整体,且相互联系、有机统一。查有梁从中国古代的五行学说入手,来解说教育的整体性。他认为人是一个整体,教育是培养人的一种社会活动。教育的整

---

① 厉佳旭.构建德智体美劳全面培养的教育体系,重在"全面"[J].人民教育,2018(21):36-39.
② 崔学鸿."五育互育":高效促进学生全面发展[J].中小学管理,2020(2):37.
③ 金维才."德育渗透说"之质疑[J].教育研究与实验,2001(1):29.
④ 李一鸣.构建德智体美劳协调发展的长效机制[J].中国高等教育,2020(20):56-58.

体性是不容忽视的。对于教育者和受教育者个体而言,德、智、体、美、劳的关系都是不可分割的整体。德智体美劳五育中的每一育,又都是一个"全息"的整体,即每一部分中都包含着整体的"全部信息",不应该加以机械的割裂。每一育都有各自的特殊规律,但每一育中都应有德智体美劳相互联系的整体——这应当是普遍的规律。①

陶建勋认为人的素质成分是由德智体美劳等构成,且素质各要素是相互关联,有机统一的。具体表现在:一是"统一在一个人身上,是一个整体的人发展的各个方面,存在于一个统一的结构之中。只是在理论抽象中才各自独立存在,在实际生活中它们总是作为一个完整的个性表现出来"②。二是各要素之间是相互渗透的、相互包含,如,德、智、体、美、劳中都有智的因素,而在智中,道德认知、政治、哲学知识与德分不开,包含了德的因素,德与美、美与体、智与劳(技)等都不可分。三是各因素之间是互相制约和促进的,如,美可以辅德、益智、健体;体可以培养人的兴趣、性格、动机、意志等非智力因素。由此可见,对应于发展五种素质要素的德智体美劳等五育应做到整合,即相互协调,有机统一到教育活动之中。③

孟万金认为五育并举作为有机整体可以细分为三个结构层次,一是主体的心灵—精神发展层次,包括德育、智育、美育;二是主体的生理—物质发展层次,主要是体育健康;三是主体的实践—创新活动层次,主要是劳动教育。④吴长青等人指出,在五育中,以德为先,形塑修身文化;以智为源,形塑成才文化;以体为基,形塑健康文化;以美为趣,形塑尚美文化;以劳为乐,形塑实践文化。⑤

综观之,第一种观点认为"五育"相互渗透,看到了教育教学过程中教育内容中存在"五育"因素,但并未说明"五育"何以能促进人的全面发展,此观

---

① 查有梁.谈教育的整体性[J].教育科学研究,1990(4):1–2.

② 南京师大《教育学》编写组.教育学[M].北京:人民教育出版社,1984:193.

③ 陶建勋.试论素质发展与五育整合[J].西南师范大学学报(人文社会科学版),2001(5):51–55.

④ 孟万金.落实党的初心使命深化德智体美劳五育并举——新幸福教育论纲[J].中国特殊教育,2020(9):3–8.

⑤ 吴长青,林可夫,苏强."五育文化"特色育人的探索实践[J].教育研究,2017(3):154–159.

点更多的是从平面角度来考虑五育。第二种观点将五育比喻成人体的各个器官,各育各司其职,"五育"之间是五维一体的关系,就如我国三维目标一般,知识与技能、过程与方法、情感与态度是三个不同的维度,但三个不同的维度是"一体"的,即教学的全过程都有"三维"。同样,德育、智育、体育、美育、劳动技术教育是不同的五个维度,而在教学的全过程都有"五维",在整个教学过程中实现"五维一体"的"融合"从而实现人的全面发展。这一观点更具有立体思维,但并未做出具体阐述。第三种观点从系统论及抽象的方法论证了"五育"是互相融合的有机整体,但并未明确指明"五育"融合的含义及特点。①

"五育"之间的关系经历了前期的相互渗透、平行并列、有机统一,直至近几年开始趋向"五育融合"。当下,从"五育并举"到"五育融合",已经成为新时代中国教育变革与发展的基本趋势。这一趋势的出现与"育人"有关。在"育什么人""为谁育人"等已然明晰的情况下,"怎样育人"及如何提升"育人质量",成为未来中国教育改革亟须回答的重大问题。通往"育人质量"提升的路径多种多样,其中"五育融合"是最值得关注的发展方向和路径之一。②

4."五育"融合发展

"五育融合"是我国新发展阶段关于"如何培养人"根本问题的国家处方,旨在通过"五育融合"方式来促进青年一代德智体美劳全面发展。"五育融合"并不是一个横空出世的新概念,经历了特殊的历史演进,是近代以来我国教育理念经过不断实践、反思与修改而形成的一种价值共识,是我国教育改革事业发展的必然结果。③相关学者的观点如下:

李松林提出:"学生德智体美劳全面培养,不仅需要确立'五育并举'理念,更要确立'五育整合'的理念。"④

李政涛等人认为"整合"即"融合"。继"五育并举"之后,"五育融合"的提

---

①　颜叶芳.德智体美劳"五育":从分裂到融合[D].湖南师范大学,2019.

②　李政涛."五育融合",提升育人质量[N].中国教师报,2020-01-01.

③　杨丽."五育融合"的历史演进、现实困境及实现之策——基于新发展阶段背景下的分析[J].当代教育论坛,2021(4):1-10.

④　李松林.全面发展教育的关键在于整合[J].教育科学研究,2019(6):1.

出,是对"五育并举"的推进、深化和发展。"五育融合"是在"五育并举"的前提下提出的。"五育并举"强调的是"德智体美劳"都"缺一不可",是对教育的整体性或完整性的倡导,"五育融合"则着重于实践方式或落实方式,致力于在贯通融合中实现"五育并举"。①

宁本涛强调,"五育融合"是一个需要整合一线教育实践并进行理论建构与实践创新的全新领域和大文章,代表了新时代中国基础教育改革与发展的前沿方向。通过深入聚焦"五育融合"的教育生态学理论建构及走向"五育融合"的区域教育发展、学校变革、课程建设、教学变革、评价改进等方面的深入改革,必将为新时代的中国基础教育改革提供建议和参考。②如辛继湘所言,"五育融合"是我国新时期推进素质教育的重要理念与举措,意指德、智、体、美、劳各育在目标、内容、方式等方面相互关联、彼此渗透、融为一体,共同促进学生的全面发展,具有整体共在性、内在融通性、动态生成性等基本特征。③

(三)五育并举、五育融合视域下的学校新样态

1.五育并举之下的相关研究

相关研究者基于五育并举的理念做了学校课程建设、教材、学校管理等方面的思考和探讨。如郝志军等人认为新时代学校课程必须在五育并举的理念下,从课程设置、课程结构内容和组织方式等方面进行深刻变革,在做优分科课程的同时,强化课程的综合性和实践性,推进跨学科课程融合,充分发挥课程的综合育人价值。④孟万金等人从历史根基、科学依据、基本原则、组织实施四方面对学校德智体美劳"五育"并举的学校课程建设作了系统性探讨。⑤

① 李政涛,文娟."五育融合"与新时代"教育新体系"的构建[J].中国电化教育,2020(3):7-16.
② 宁本涛."五育融合"与中国基础教育生态重建[J].中国电化教育,2020(5):1-5.
③ 辛继湘.基于"五育融合"的教学思维方式变革[J].中国教育学刊,2022(9):88-92.
④ 郝志军,刘晓荷.五育并举视域下的学校课程融合:理据、形态与方式[J].课程·教材·教法,2021(3):4-9+22.
⑤ 孟万金,姚茹,苗小燕,张冲.新时代德智体美劳"五育"并举学校课程建设研究[J].课程·教材·教法,2020(12):40-45.

基于五育并举课程融合的大背景,也有一线学校进行了相关实践探索。如清华附小的校本化教育教学实践从理论与实践两方面聚焦学段贯通,以五育并举为贯通式培养的指导理念,以学段贯通课程为实践载体,通过系统的课程体系实现完整人的发展。①东北师范大学南湖实验学校作为一所九年一贯制学校,基于"五育"并举的教育方针,结合学校实际,创造性地实施培养学生综合素质和能力的"五向课程",构建以基础课程校本化改造、拓展课程系列化开展、学教方式跨界性变革为实施策略的课程体系。②

为了解中小学五育并举课程实施现状,探寻五育并举改进对策,孟万金依据五育并举的相关文件自编问卷,选择某直辖市为代表,对3320名中小学生开展调查研究,在对现状进行分析的基础上,提出了多措并举推动五育并举课程实施高质量发展的对策建议:一是以劳动教育为支点,整体提升五育并举课程实施水平;二是系统优化,增强五育并举课程实施质量效益;三是加强一体化建设,开创五育课程融合育人新格局。③

同时,"五育"并举进教材是落实立德树人根本任务的重要需求,是实现人全面发展的关键路径,是建设高质量教材体系的时代诉求。杜静媛等人提出:"五育"并举进教材应坚持教材建设的基本遵循:遵循人才成长规律,促进内在条件与外在影响相统一;遵循教材建设规律,促进知识逻辑与心理逻辑相统一;遵循课堂教学规律,促进教学逻辑与学习逻辑相统一。④

2.五育融合之下的相关研究

五育融合是一个新晋的研究议题,学者多围绕五育融合下的课堂教学实践(如学科教学、课程设计等)、实践路径及其他几育新模式的探索、一线学校五育融合实践范例等维度展开探讨。

①　张华毓,吕莘.五育并举视域下小学学段贯通的理论要义及实践路径——以清华附小学段贯通课程体系为例[J].中国教育学刊,2022(2):93-98.

②　刘学兵.基于"五育"并举的课程表达——东北师范大学南湖实验学校"五向课程"的行动研究[J].人民教育,2020(8):64-67.

③　孟万金.中小学五育并举课程实施的学生向度考察及改进[J].当代教育科学,2022(3):18-24.

④　杜静媛,马云鹏,田雪."五育"并举进教材:价值意蕴、基本遵循及现实进路[J].现代教育管理,2021(10):84-90.

（1）课堂教学实践

"五育融合"课堂实践作为对"培养德智体美劳全面发展的社会主义建设者和接班人"教育方针的回应，是现代教育应对时代之变、关照教育主体、反思异化教育生态的新举措。"五育融合"理念体现了对自然的、生命的、整体的、共生的育人价值的追求。目前，"五育融合"课堂教学实践在实验区内已经初见成效，并形成了生成性"五育融合"课堂模式、"五育融合"教研共同体、基于学科的"五育融合"课堂等可迁移性经验。但"五育融合"课堂教学实践也遇到一些障碍，表现为"牵强附会""纸上谈兵""顾此失彼"等倾向。为不断接近"五育融合"课堂"自然而然"之境的追求，王鑫、鞠玉翠提出现阶段的突破路向：第一，破除"五育"的常识性窄化；第二，警惕"五育融合"的平均化用力；第三，创设真实情境带动"五育融合"。①

"五育融合"并不能解决教学中的所有问题，且五育之间的融合是有限度的，因此相关学者从不同的维度提出了相应的举措。郭超华等人认为，就教学目标而言，"五育融合"更适合情感类教学目标的达成而不太适合知识类教学目标的实现；就教学内容而言，"五育融合"更适合程序性知识的教学而不太适合陈述性知识的教学；就教学方式而言，"五育融合"更适合开放性教学而不太适合预设性教学。教学中"五育融合"的实现应树立"扬长式"的融合教育理念，设计富有"节奏性"的五育内容，倡导"默会式"的融合范式，建构"欣赏性"的融合评价体系。②

李松林从整体的教育培养完整的人的角度切入，指出五育融合教学的实质是促进学生更高质量的整合性学习，回归实践活动的参与式教学、核心问题统整的探究性教学和大观念为主线的整合性教学则是五育融合教学的基本方法。③辛继湘基于"五育融合"教学思维方式的角度思考如何变革，"五

---

① 王鑫，鞠玉翠."五育融合"课堂教学实践：经验、障碍与路向[J].中国电化教育，2022（4）：85—92.

② 郭超华，闫守轩.教学中"五育融合"的限度及其超越[J].课程·教材·教法，2022（3）：21—27.

③ 李松林.以整体的教育培养整体的人——五育融合教学的框架与方法[J].课程·教材·教法，2021（11）：64—69.

育融合"的教学实施需要教师根据"五育融合"的内涵与特征,在教学思维方式上从还原思维向整合思维、从分离思维向关联思维、从静态思维向动态思维做出改变,而这种改变需要有观念的引领、制度的保障和文化的滋养。具体而言,经由确立"五育成人"的教学价值取向、建立"五育一体"的教学评价机制、构建"五育协同"的教学文化,推动教师教学思维方式的变革。①

具体到学科教学上,朱宁波等学者认为,指向"五育融合"的教学是指教师为实现学生德智体美劳全面、整体发展的育人理想,基于教学目标与教学设计,围绕一定的学科内容展开组织实施并进行合理教学评价的实践活动。在全面、整体育人的价值引领下,"依托学科""通过学科""在学科之中"进行的"五育融合"教学具备以下三种基本特征:学科内深度性、学科间融通性、实践中渗透性。从教学的发生机制来看,指向"五育融合"的教学面临三方面的现实困境:浅表化教学思维方式、孤立化教材处理方式、标准化教学评价方式。可通过"深度性"的教学思维方式、"统整性"的教材处理方式、"真实性"的教学评价方式等教学实践路径来达成五育融合。②

为更好地实现"五育融合"下的教学,杨道宇研究出面向五育融合的课程设计原则。即致力于形成以单科奠基为前提、以活动融合为主轴、集知识融合与社会融合于一体的五育融合课程体系,由此而生发的课程设计原则可以概括如下:一是单科奠基原则,意指课程融合应以优化分科为基,在优化分科的前提下进行;二是跨科整合原则,意指基于知识逻辑设计五育课程融合;三是长入社会原则,意指基于社会逻辑设计五育课程融合;四是活动生成原则,意指基于活动逻辑设计五育课程融合。③

(2)实践路径

郝志军提出了新时代五育融合的路径与方式,从学校层面来看,五育融合主要有三条路径:文化制度融合路径、课程教学融合路径、劳动与综合实践活动融合路径。文化制度融合路径主要是价值理念融合和精神品质融合;

① 辛继湘.基于"五育融合"的教学思维方式变革[J].中国教育学刊,2022(9):88–92.

② 朱宁波,王志勇.论指向"五育融合"的学科教学[J].当代教育科学,2021(12):35–43.

③ 杨道宇.面向五育融合的课程设计原则[J].课程·教材·教法,2021(11):27–34.

课程教学融合路径主要包括德育类、艺体类课程教学的一体化设计融合和学科类课程教学的多层次融合；劳动与综合实践活动融合路径主要包括活动场景的融合与活动方式的融合，每种融合路径有相应的融合方式。①

（3）其他几育新模式的探索

"五育融合"为学校德育带来了全人价值、融合视角和系统观念的新取向。江苏省南通市海门区海门港新区实验学校小学部提出要将"五育融合"理念与学校德育工作结合起来，通过课程建构、课堂教学、班级管理和家校社协同等路径，打通评价、管理，连通线上、线下，融通课堂、课程，整合校园、田园，联结学校、家庭，让德育工作成为"人人参与、时时关注、处处推进"的教育生活日常，从而构筑"全面培养"的学校德育新生态。②

随着劳动教育被赋予了更丰富的内涵，成为五育融合的突破口，但审视劳动育人的现实，育人目标的确立、育人模式的构建、育人实践的落实还有待提高。台州市学院路小学结合学校特点，构建"都市田园"教育，创建劳动育人框架，从劳动空间、劳动课程、学习方式、育人评价等方面探索基于五育融合的劳动育人新模式，实现以劳树德、以劳增智、以劳育美、以劳健体。③

关于五育融合下美育新模式的探索，学者提出应以"五育融合"为出发点，以哲学"主体间性"理论、心理学"具身认知"理论、美学"人生艺术化"理论为研究基础，以"以美育美""以美育人""以美促教""以美创新"为学校美育建设的现实任务，通过健全美育治理体制与评估体系、建立立体化的审美教育系统、创建育美于校的校园文化、开展线上线下美育实践活动、探索美育实验区建设等路径，构建符合时代特色和本土化特征的学校美育建设体系，从而推进美育建设的新样态。④

面对新时代对美育的召唤，重庆市两江新区童心小学秉持"向儿童学

① 郝志军.新时代五育融合的路径与方式[J].西北师范大学学报（社会科学版），2022（3）：61—69.
② 祝祖岗."五育融合"重塑学校德育新生态[J].人民教育，2021（8）：48—50.
③ 陈凌峰，李敏珍.基于五育融合的劳动育人模式探索——以浙江省台州市学院路小学"都市田园"教育为例[J].上海教育科研，2021（11）：65—68.
④ 宁本涛，杨柳.美育建设的价值逻辑与实践路径——从"五育融合"谈起[J].河北师范大学学报（教育科学版），2020（5）：26—33.

习"的教育理念,确立了以美为经、五育融合的全面办学思路,探索学校美育融合的新路径。学校探索以美修德、以美启智、以美健体、以美促劳、以美培创,建构了包括"三类融合"尚美课程、"四童关键"尚美课堂、"两个面向"尚美评价、"二维共享"尚美空间的学校美育融合实践范式。①

就五育融合下的体育而言,有学者指出五育融合导向下的体育课堂教学是培养全面发展的人的重要载体,准确把握五育融合导向的体育课堂教学内涵,科学设计与组织教学目标、内容、实施、评价等系列课堂教学活动,实现体育课堂的综合育人价值,培养德智体美劳全面发展的社会主义建设者和接班人,是体育课堂应担载的教育使命。②

（4）一线学校实践范例

目前,一些一线小学在五育融合的背景下,根据学校特色,打造校本课程。北京市海淀区"新优质建设工程"三所项目校坚持"五育并举",积极探索"五育融合"特色课程建设路径,形成了以学生发展核心素养为顶层设计构建课程体系,以学校文化逻辑起点为基点开发"五育融合"特色课程,通过课程迭代升级、打破学科壁垒进行"五育融合",以某一课程为载体深挖"五育"资源,借助内外部环境所提供的不同资源优势实现融合等实践经验。例如北京教育学院附属海淀实验小学在品德与审美、运动与健康、语言与文学、数学与科技四个领域,以必修课程为基础延展出拓展性课程及实践性课程,旨在遵循学生成长规律,实现整体育人。另外,北京市海淀区第四实验小学构建了以"思·晓"文化为核心的课程文化,紧紧围绕育人目标,打造以"爱心、责任、创造"为要点的课程文化价值观,从自我、他人、集体、社会、自然五个维度,明确了课程的价值体系。学校开设的培育"绿色生态意识"的劳动课程,便是学校核心价值观、育人目标、课程目标的充分体现,也是学校"五育融合"特色课程的代表。③

---

①　秦波,李婷婷.以美为经·五育融合:构建学校美育新格局[J].中小学管理,2021(12):51-53.

②　董鹏,于素梅.五育融合导向的体育课堂教学:内涵厘定、策略探骊与误区规避[J].体育学研究,2022(2):103-110.

③　宋永健.小学"五育融合"特色课程建设路径——以"新优质建设工程"三所项目校为例[J].基础教育课程,2020(11):12-16.

北京市海淀区上庄中心小学秉持"有了爱就有了一切"的办学理念,以培养"学生学会自律、自省、自主、自信、乐群"为育人目标,以"启智·润心"校本课程为载体,融合"五育"进行尝试与实践,不断丰富和完善学校课程体系,为学生德智体美劳全面发展服务。包括将"五育"培养融化于日常行为中的养成教育课程、在实践体验中实现"五育"融合的传统文化课程、启智润心促进学生全面发展的体育美育特色课程。①

北京市东城区灯市口小学注重五育融合,打造了一条优质的教育资源带,开设"德·彩""文·彩""健·彩""美·彩""创·彩""劳·彩""综·彩"七大类80余门课程;开展丰富多彩的活动,定期组织体育节、合唱节、戏剧节、书画展、科技节、古诗词大赛等活动,建立了北京市金帆合唱团、金帆话剧团、金帆书画院、东城区星光京剧团、育星曲艺团、火焰篮球队、田径队、东城区星光机器人社团等特色团体。为学生德智体美劳全面发展提供机会与平台,培养"责任担当者""学习实践者""健康生活者""美好创造者""创新劳动者"②。

全面认识和理解德智体美劳五育之间的关系,是构建德智体美劳全面培养的教育体系的前提。德智体美劳五育,既有各自的独特性,又相互融通。构建德智体美劳全面培养的教育体系,既要坚持"五育并举",一个不能少,更要坚持"五育融合",建构一个有机整体。为此,要以立德树人为价值引领,确立全方位的教育观,实施全学科、全方位、全过程育人活动,推进与完善综合素质的评价,培养德智体美劳全面发展的社会主义建设者和接班人。③

综上,通过对我国近代以来的五育关系进行历史溯源,再从大五育关系发展的背景中来看小学五育关系的进程,这种放大再缩小的研究视野有助于我们更好地厘清两者之间的关系,并帮助读者以一种开放、包容的积极心态来看待当下小学五育关系的发展。另外,从五育并举、五育融合视域下的学校新样态中,我们可以看到,即使小学五育关系仍处于薄弱发展环节,但

---

① 毛向军.校本课程融"五育"启智润心促发展[J].人民教育,2021(7):69-71.

② 五育融合培育"让生命闪光为中华添彩"的少年——北京市东城区灯市口小学优质教育资源带[J].中国教育学刊,2021(12):154.

③ 冯建军.构建德智体美劳全面培养的教育体系:理据与策略[J].西北师范大学报(社会科学版),2020(3):5-14.

依然涌现了一批卓有成效的理论研究和实践研究范例，小学五育关系的研究之路任重而道远。

本章小结

我国 21 世纪以来的小学五育研究是全面而多样化的，本章围绕小学五育概述、小学五育的前沿问题研究近况和小学五育的发展及关系三个核心议题展开研究，概括而言，小学五育研究呈现出以下三个趋势特征：一是以国家政策和教育方针为制度保障，把握总体研究取向。体现为小学五育关系的脉络演变进程伴随着浓厚的时代特色。二是以课程建设和教材开发为理论依托，扎根基本理论研究。体现为各育的研究共性多为基于教学论的视角去关心德智体美劳各育的课程建设和教材编制等议题，衍生出课程改革、课程目标、课程实施、课程评价、教材特点及其价值逻辑等相关研究。三是以落实各育分学科教学和打造校本实践范例为实施路径，深入一线实践研究。体现为小学五育各育分学科的教学实践研究逐步增多，与此同时，一线小学正积极结合学校特色，相继打造德智体美劳各育的校本实践范例。

回顾我国 21 世纪以来的小学五育研究进程，实现了从薄弱研究领域逐步走向科学化和专业化的阶段性跨越，尽管近 20 年取得了较为丰硕的成果，但仍然存在一些需要亟待突破的问题。例如，从研究内容上来看，小学五育的研究领域和视野还较狭窄，目前多集中于分析小学五育的课程、教材、教学与校本实践等纵向维度，对于国际比较、国内各地区比较等横向维度的研究较少。从研究视角来看，小学五育之间研究的融合性有待加强，当下主要对各育有着比较深入的研究且各育已形成独立的领域，但对于小学五育的整体关系发展研究稀少，小学五育是一个相互作用的整体系统，今后学界也应更多关注小学五育的融合研究，在保证小学各育独立发展的同时强化小学五育的共同体研究。在研究方法上，小学五育研究集中偏向于原理性、理论性的探讨，多为思辨化研究，实证研究尤为欠缺，今后也应综合运用量化、质性等研究方法，转向更为科学、多元且规范化的研究范式。

总结反思小学德智体美劳五育的过去是为了更好地展望与规划未来，

我国的小学五育研究未来要在坚持国家政策与党的教育方针的指引下,结合并发挥新时代中国特色社会主义的特色和优势,以兼具国际化和本土化的眼光推进我国小学五育的改革发展。同时继续扎根基本理论研究,拓宽理论研究领域的深度和广度,丰富研究方法,以理论带动实践的落实,为助力我国小学教育发展奠定坚实的理论基础。

推荐阅读

1.班建武.基于生活逻辑的劳动教育独立性辩护——兼论劳动教育与德智体美四育的关系[J].思想理论教育,2022(4):65-70.

2.班建武.劳动教育实践中的完整性、系统性与伦理性问题探讨[J].中小学管理,2022(4):10-13.

3.班建武."新"劳动教育的内涵特征与实践路径[J].教育研究,2019(1):21-26.

4.陈长洲,王红英,项贤林.新中国70年中、小学体育教学的范式转型——从"教受范式"到"导学范式"再到"对话范式"[J].天津体育学院学报,2020(2):169-174.

5.冯建军.构建德智体美劳全面培养的教育体系:理据与策略[J].西北师大学报(社会科学版),2020(3):5-14.

6.服务于儿童的思想道德发展——理解小学《道德与法治》教材的十个要点[J].人民教育,2017(18):14-18.

7.付红军.小学德育课程化建设的思考与实践[J].中国教育学刊,2012(S2):251-253.

8.高德胜."接童气"与儿童经验的生长——论小学道德与法治教材对儿童经验的处理[J].课程·教材·教法,2018(8):11-20.

9.高玉旭.改革开放40年来我国基础教育课程改革回顾与展望[J].上海教育科研,2018(9):12-17.

10.顾建军.建构一体化劳动课程为义务教育劳动育人奠基——《义务教育劳动课程标准(2022年版)》解读[J].全球教育展望,2022(7):25-33.

11.郭超华,闫守轩.教学中"五育融合"的限度及其超越[J].课程·教材·教法,2022(3):21-27.

12.郝志军,刘晓荷.五育并举视域下的学校课程融合:理据、形态与方式[J].课程·教材·教法,2021(3):4-9+22.

13.郝志军,王艺蓉.70年来我国中小学劳动教育政策的反思与改进建议[J].西北师大学报(社会科学版),2020(3):124-130.

14.侯红梅,顾建军.我国小学劳动教育课程的时代意蕴与建构[J].课程·教材·教法,2020(2):4-11.

15.胡燕,孔凡哲,龚少英.线上线下融合:小学美育新路向[J].教育研究与实验,2021(3):79-82.

16.李敏,崔露涵.改革开放四十年小学德育课程的嬗变与反思[J].当代教育科学,2019(9):33-39.

17.李敏,高峰.新时代的劳动教育属于生活[J].人民教育,2019(7):49-52.

18.李伟.新中国成立以来"劳动教育"概念的嬗变[J].上海教育科研,2019(7):15-19.

19.李政涛,文娟."五育融合"与新时代"教育新体系"的构建[J].中国电化教育,2020(3):7-16.

20.马福兴.小学可视化德育的内涵、路径和价值[J].人民教育,2021(24):45-47.

21.孟万金.中小学五育并举课程实施的学生向度考察及改进[J].当代教育科学,2022(3):18-24.

22.缪学超.改革开放40年我国基础教育教学法改革实验的历程与反思[J].教育科学,2018(5):20-26.

23.宁本涛."五育融合"与中国基础教育生态重建[J].中国电化教育,2020(5):1-5.

24.孙彩平,赵伟黎.在"过好自己的生活"之后——深化小学德育课程与教材改革的新思路[J].华东师范大学学报(教育科学版),2016(1):

24-30+111.

25.檀传宝.劳动教育的本质在于培养劳动价值观[J].人民教育,2017(9):45-48.

26.檀传宝.劳动教育的概念理解——如何认识劳动教育概念的基本内涵与基本特征[J].中国教育学刊,2019(2):82-84.

27.檀传宝.如何让"劳动"成为一种"教育"?——对劳动与劳动教育的概念之思[J].华东师范大学学报(教育科学版),2022(6):97-104.

28.陶元红.统编小学《道德与法治》中年段教材的编写特点与实施建议[J].课程·教材·教法,2019(10):19-23+29.

29.王炳照.传承与创新——从新民主主义教育方针到社会主义教育方针[J].北京大学教育评论,2009(1):70-82+190.

30.王晓杰,宋乃庆,张菲倚.小学劳动教育测评指标体系研究——基于CIPP评价模型的探索[J].教育研究与实验,2020(6):61-68.

31.王晓燕.中小学劳动教育的政策演变、价值诉求与未来建构[J].中小学管理,2019(5):5-7.

32.王鑫,鞠玉翠."五育融合"课堂教学实践:经验、障碍与路向[J].中国电化教育,2022(4):85-92.

33.夏惠贤,杨伊.我国中小学劳动教育的百年探索、核心议题与基本走向[J].教育发展研究,2020(24):13-20.

34.谢维和.小学的价值[J].人民教育,2015(13):1.

35.谢维和.小学是一门科学[J].人民教育,2020(12):44-48.

36.谢翌,赵方霞.美育课程价值取向的百年嬗变:课程标准的视角[J].课程·教材·教法,2020(2):27-34.

37.辛继湘.基于"五育融合"的教学思维方式变革[J].中国教育学刊,2022(9):88-92.

38.杨道宇.面向五育融合的课程设计原则[J].课程·教材·教法,2021(11):27-34.

39.殷世东,余萍.中小学美育课程评价的价值、逻辑及路径[J].课程·教材·教法,2021(4):12-18.

40.尹少淳.义务教育艺术课程标准中美术课程的样貌[J].全球教育展望,2022(7):14-24.

41.翟博.党的教育方针百年演进及其思想光辉[J].人民教育,2021(6):6-12.

42. 张华毓,吕莘. 五育并举视域下小学学段贯通的理论要义及实践路径——以清华附小学段贯通课程体系为例 [J]. 中国教育学刊,2022(2):93-98.

43.章乐,范燕燕.小学德育教材中"问题"的比较研究——基于人教社两套小学三年级德育教材[J].上海教育科研,2009(11):64-66.

44.章乐.小学德育课程实效性的提升策略——兼论统编小学《道德与法治》四年级教材的特点[J].课程·教材·教法,2019(10):24-29.

45.祝祖岗."五育融合"重塑学校德育新生态[J].人民教育,2021(8):48-5.

第八章 小学减负研究

本章思维导图

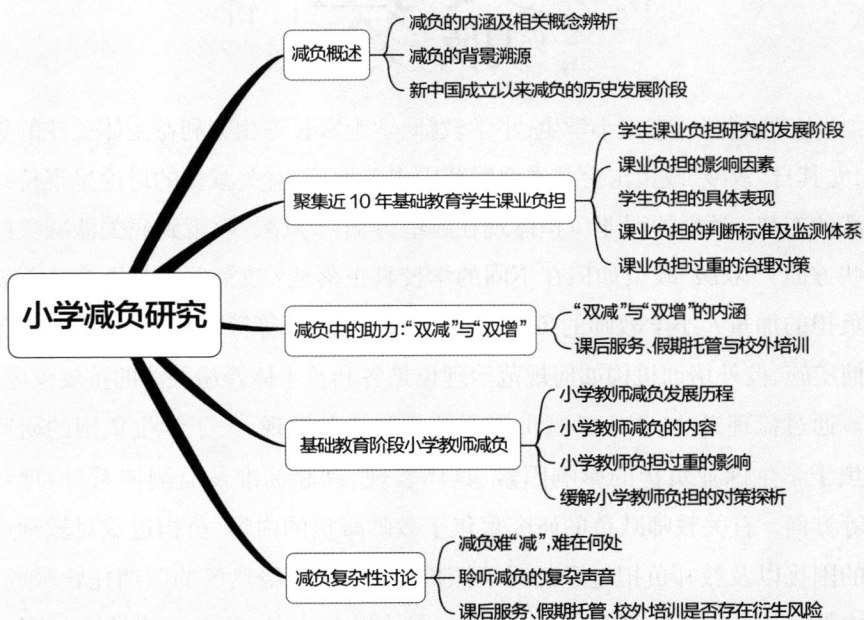

减负概述
— 减负的内涵及相关概念辨析
— 减负的背景溯源
— 新中国成立以来减负的历史发展阶段

聚集近 10 年基础教育学生课业负担
— 学生课业负担研究的发展阶段
— 课业负担的影响因素
— 学生负担的具体表现
— 课业负担的判断标准及监测体系
— 课业负担过重的治理对策

小学减负研究

减负中的助力："双减"与"双增"
— "双减"与"双增"的内涵
— 课后服务、假期托管与校外培训

基础教育阶段小学教师减负
— 小学教师减负发展历程
— 小学教师减负的内容
— 小学教师负担过重的影响
— 缓解小学教师负担的对策探析

减负复杂性讨论
— 减负难"减"，难在何处
— 聆听减负的复杂声音
— 课后服务、假期托管、校外培训是否存在衍生风险

本章词云图

　　"小学减负"一直是小学生、小学教师、学生家长等相关利益主体关注的焦点,尤其自"双减"政策出台并在全国范围内落地后,有关减负的讨论呈现持续高涨的态势。学生的课业负担体现在哪些方面?"双减"政策到底关涉减负的哪些方面?"双减"政策如何在不同的学校真正落地?政策颁布是否意味着教师负担的加重? 小学教师的负担体现在哪些方面? 等等,除此之外课后服务如何实施、校外培训机构如何规范治理也是各利益主体普遍关注的重要议题。

　　通过梳理近 20 年小学减负历程及相关议题发现,关于学生负担的研究聚焦于学生课业负担的影响因素、具体表现、判断标准及监测体系、治理对策等方面。有关教师减负的研究聚焦于教师减负的内容、负担过重对教师造成的困扰以及教师负担过重的对策探析。 此外,围绕热议的假期托管服务、校内课后服务以及规范校外培训话题,结合政策文件、相关研究旨在呈现三者发展的全貌及研究者们的关注点。最后从减负"难",究竟难在何处,聆听减负的复杂声音及课后服务、假期托管、校外培训是否存在衍生风险三个方面对减负的复杂性进行讨论。在对"减负"相关研究进行梳理前,需要先对减负的相关概念进行澄清和界定,从学理的角度出发形成对减负的全面认识。

第一节　减负概述

　　从小学教育研究视角来看,"减负"旨在解决小学生、小学教师、小学生家长等相关主体负担过重的问题。本节从减负的大背景出发,梳理已有的政策文件、学术文献、学位论文等进一步阐述减负的内涵及相关概念,呈现我国不同发展阶段有代表性的减负政策,为后续深入探讨小学生及小学教师负担过重的影响因素、具体表现、治理对策;"双减"与"双增"以及课后服务、假期托管、校外培训等相关议题奠定基础。

一、减负的内涵及相关概念辨析

近年来,减负研究是学界关注的热点议题,教育行政部门、学校、家庭、社会等多方面共同推进减轻学生、教师负担。目前学界对减负内涵的研究从学生和教师两个主体出发进行相关概念界定,其中对于"学生减负"问题的看法不一。

(一)学生减负相关概念

部分学者习惯性地将"学生负担"解释为"学生课业负担"或者"学生学业负担",课业负担基本与学业负担等同,两者无明显区别。昌庆钟和郭宾元认为,从教师育人的维度来看是课业,从学生作为学习者的维度可以看作是学业,"课业负担""学业负担"所表达的含义也几乎是相同的,只是角度不同而已。[①]也有学者持不同意见,认为这些概念之间存在实质性区别。比如学生学业负担应包括课业负担、心理负担和经济负担,"课业负担和心理负担是学生学业负担的核心"[②]。

1.课业负担

关于课业负担概念的内涵,学术界有着不同的理解。胡惠闵、王小平提出学生为了完成或者更好地完成课业所实际承受的负担就是课业负担。[③]朱卫国进一步细化课业负担的内涵,认为课业负担不仅指学校教师布置作业产生的负担,更应包含由父母、校外培训机构施加的负担。[④]

一些学者将学生在学习过程中投入的时间与精力,以及由此带来的心

① 昌庆钟,郭宾元.新课程背景下高中生课业负担的调查研究[J].当代教育论坛(教学研究),2011(10):74-76.

② 马健生,臧洪菊.减负——高考改革的错误定位[J].教育理论与实践,2008(12):17-18.

③ 胡惠闵,王小平.国内学界对课业负担概念的理解:基于500篇代表性文献的文本分析[J].教育发展研究,2013(6):18-24.

④ 朱卫国.中小学生课业负担的理性思考[J].教育发展研究,2019(12):1-5.

理体验也归为课业负担，认为课业负担是指学生在适应现有学习环境的过程中，能够意识到的由考试评价与课业任务引发的压力体验，以及为此消耗的时间与精力。①李虎林指出，课业负担是指学生承担的课业任务和承受的课业压力以及上述两个方面交互作用引起的学生学习疲劳等身心反应。②

对于学生课业负担的词性理解，基本分为以下两种观点，即课业负担为贬义词或中性词。胡惠闵、王小平基于500篇代表性文献的统计整理发现，"超过一半的文章倾向于把课业负担看作贬义词，认为课业负担一词内在地就有过重的味道"③。也有部分学者表示，课业负担是学生在学习过程中存在且无法避免的，属于中性词。"有研究者将课业负担理解成为学生'应该'承担的一种压力或负担，甚至于这种负担还是由教育部规定的。"④

学者对学生课业负担客观性的理解可分为以下三种观点：客观存在、主观存在以及主客观共存。观点一认为课业负担属于客观存在，指学生需要承担的课业责任、任务等。葛新斌从心理学的角度进行解释，当人们面对特定的工作任务时，总会产生一定的心理压力。这种任务具体表现在中小学生身上，就是要求他们必须承担一定的课业负担。⑤观点二认为课业负担是指学生个人的主观感受与体验。毕恩铭提出，学生课业负担过重是指学生在学习过程中完成一定课业时的一种心理感受。⑥第三种观点认为课业负担是客观负荷与主观感受之和。顾志跃认为学生的课业负担是由客观负荷与主观感受两部分组成的。客观负荷是指学习的时间和数量，主观感受是指对学习的态度和喜欢程度。后者作为前者的动机因素对前者产生一定影响。⑦

---

① 杨欣，宋乃庆.中小学生课业负担内涵的多视角分析——基于九省市学生、家长与教师的调查[J].华东师范大学学报(教育科学版)，2016(2):52-61+116.

② 李虎林.中小学生课业负担监测指标体系探索[J].当代教育科学，2014(14):27-31.

③ 胡惠闵，王小平.国内学界对课业负担概念的理解：基于500篇代表性文献的文本分析[J].教育发展研究，2013(6):18-24.

④ 胡惠闵，王小平.国内学界对课业负担概念的理解：基于500篇代表性文献的文本分析[J].教育发展研究，2013(6):18-24.

⑤ 葛新斌.关于"减负"问题的理性分析[J].教育评论，2000(1):31-33.

⑥ 毕恩铭.学生课业负担过重的学习心理探析[J].山东教育科研，1996(1):35-36.

⑦ 顾志跃.中小学生课业负担问题——中小学教育改革热点问题导读之十一[J].教育科学研究，2004(11):15-16.

2.学习负担

有学者认为,学习负担、学业负担、学生负担这些相近概念基本没有本质区别,并且在文章论述中用于表达相同的含义。如任胜洪和溪海燕在调查报告的结论和建议部分同时使用学生负担和学业负担两个概念。①

桂世权等学者将学生的"学习负担"定义为"指由社会、学校、家庭所共同提出来的社会化要求凝成的作用于受教育者身上的课业负担外力和与之相应的学生内部心理压力的总和"②。肖建彬从个体体验视角,对学习负担进行深度概括,认为学习负担是人类个体以个体经验的方式,在对人类经验吸纳、加工以认识和适应生存环境的过程中,对认定的目标、承担的任务和责任所带来的压力的一种体验,以及为此而消耗的生命,体验是主观的,消耗(生理、心理、时间)则是客观的。③

3.学业负担

对于"学业负担"这一概念,刘合荣从三个方面进行阐述。首先,学业负担是由外在于负担的承受者的压力或动力所促成的, 没有外在的压力或动力,则构不成学业负担。其次,学业负担是学生在参与学习活动中的一种身体或心理感受,是主观性的体验。最后,学业负担的大小与有无,受制于学生本身的身心特点,如智力、意志等,也受制于很多外在于学生本身的各方面因素。④

娄立志将"学业负担"这一概念理解为学生在学业方面应当担负的责任、履行的任务和承受的压力。其根本目的是促进学生人格的完满发展,工具价值则应定位于促进社会的发展。⑤马健生、吴佳妮从经济学的视角指出学业负担本质上是学生对自己有限的时间与精力的理性分配,是一种教育投入的决策。⑥谢维和认为,"青少年学生的心理负担是造成他们学业负担的

① 任胜洪,溪海燕.关于追求升学率与减轻学生负担的调查与思考[J].当代教育科学,2005(19):46.
② 桂世权,张姝,张翼,赵雪.关于减轻中小学生学习负担的思考[J].黑龙江教育学院学报,2007(1):73—75.
③ 肖建彬.学习负担:涵义、类型及合理性原理[J].教育研究,2001(5):53—56.
④ 刘合荣.学业负担问题:理性的事实判断与缓解策略[J].教育研究与实验,2008(5):7—12.
⑤ 娄立志.关于学生学业负担的理性思考[J].教育理论与实践,1999(9):21—26.
⑥ 马健生,吴佳妮.为什么学生减负政策难以见成效?——论学业负担的时间分配本质与机制[J].北京师范大学学报(社会科学版),2014(2):5—14.

主要原因之一","我们不仅要减轻中小学生的学业负担,更重要的是减轻中小学生的心理负担"。①

4.对学生负担理解的发展

自新一轮基础教育课程改革以来,学界对学生负担的讨论居高不下,从我国颁布的众多政策文本中可以窥见没有形成对学生负担统一概念的使用。付柳、李敏对我国近 10 年基础教育减负研究进行梳理发现,当前对学生负担的词性已经达到初步的共识,学者们普遍认为学生负担及其相关概念词汇属性趋向中性而非负向,在承认课业负担存在的同时减轻超出学生身体和心理承担过重的部分。在学生负担的构成上,多数学者认为课业负担构成多元,不仅局限于学校内部还包括课外作业、培训等任务带来的负担。在对学生负担主客观性的理解上,由之前关注客观负担到现在加强从主客观两方面对学生负担的评估。重视以差异化的视角讨论学生负担,针对复杂问题本身,主要集中在学科间差异以及心理活动负担差异、对学生个体产生的差异、不同群体对课业负担认知差异这三个方面的讨论上。②

(二)教师减负相关概念

1.教师负担

柳士斌与胡振京认为,教师负担即教师应担当的责任、履行的义务和承受的压力,包括沉重的生活负担、工作负担以及心理负担。适度的负担可以让教师优质高效地完成教书育人的任务;但过度或不必要的负担则会导致教学质量低下,以至影响到减负工作的开展。因此,这里所言的减轻教师负担指的仅是减轻教师过重的或不必要的负担。③

王毓珣在总结多名学者观点的基础上认为教师负担存在广义与狭义之分。广义的教师负担指教师在社会生活中承受与担当的责任、工作与压力以及由此而付出的代价等。这既包括家庭负担、学校负担与社会负担,又包括

① 谢维和.重要的是减轻中小学生的心理负担[J].教育研究,2000(4):9-41.
② 付柳,李敏.博弈中的减负——近十年我国基础教育减负研究综述[J].少年儿童研究,2022(6):5-20.
③ 柳士彬,胡振京.论"减负"背景下教师负担的减轻及其素质的提高[J].继续教育研究,2002(1):64-66.

职业负担与非职业负担。狭义的教师负担则指中小学教师在学校教育工作中承受与担当的教育责任、教育工作与职业压力以及由此而付出的代价等，这主要指学校负担和职业负担。①付睿进一步缩小概念外延，指出中小学教师负担是中小学专任教师在学校教育教学工作中承担的教育责任与义务以及由此产生的压力、付出的代价等。②

总的来说，教师负担的内涵分为广义与狭义两个层次，这是目前学界基本达成的共识。

2.教师工作负担

教师工作负担对应国外研究中的"teachers' workload"，也称为教师工作量。③教师工作量是教育者直接或间接从事与教育相关的工作的数量与质量的总构成。④张海燕认为教师工作量包括教师教学工作量（备课、授课、作业批改、业余辅导、教学检查、第二课堂）和教师非教学工作量（班级管理、教师科研、教师进修、教育行政、参加行政会议和政治学习）。⑤

教师工作量既是国家和地方政府对教育事业发展规划和目标的具体体现，也是学校为贯彻国家和地方政府有关教育发展政策、法律和规定的直接体现，承载了社会、家庭和学生对教育的期待。教师工作量的大小是客观存在的，教师对工作量的认知是工作量对教师发挥影响的中介变量，影响其工作态度和情绪，进而影响其工作效率和身心健康。⑥

二、减负背景溯源

通过梳理"减负"相关文献发现，学者们对我国减负历程的回顾大多依据政策文件。在不同的发展阶段，减负的背景有所不同。新中国成立初期，百

---

① 王毓珣,王颖.关于中小学教师减负的理性思索[J].湖南师范大学教育科学学报,2013(4):56-62.
② 付睿.论中小学教师减负[J].河北师范大学学报(教育科学版),2019(2):13-16.
③ 李新.教师的工作负担及其影响因素研究——基于中国教育追踪调查(2014—2015学年)数据的实证分析[J].上海教育科研,2019(3):5-9+78.
④ 柳斌,方亮.21世纪教师队伍建设与管理实施全书[M].武汉:长江出版社,1999:2601.
⑤ 张海燕.小学教师工作量和教学效能感相关性研究[D].首都师范大学,2013.
⑥ 李新翠.中小学教师工作量的超负荷与有效调适[J].中国教育学刊,2016(2):56-60.

废待兴,各方面建设有待发展。从新中国成立到 1966 年间,我国以苏联为榜样,学习苏联先进的教育理论和实践,借鉴凯洛夫的全面教育思想,但是全面学习让学生付出很多代价,譬如全面系统地学习超过教学大纲的要求、学科增多、作业量大等使得学生的课业负担逐渐加重,当时的减负政策依据时代背景提出,将教育重点放在学生的健康上,学习放在第二位。①1977 年伴随着高考制度的恢复,各地区开始增加课程教学的时间和教材的内容量,但是相应地出现了只重视学生智育忽视体育、德育等方面的培养,盲目追求升学率导致学生课业负担压力增大。②之后几年颁布的减负政策大多围绕如何提升学生除智育外的其他四育方面的培养,重视学生休息、活动的时间,减少考试的频次等,这些减负文件所涉及的方面为 1993 年首个论及减负政策的颁布奠定基础。

20 世纪 90 年代,我国对基础教育提出新的发展要求,在基础教育领域全面推进素质教育,将素质教育融入全球教育国际化的浪潮成为当时教育发展的主旋律。1993 年,中共中央、国务院发布的《中国教育改革和发展纲要》标志着在素质教育的背景下推进减负。伴随首个论及减负政策文本的提出,国家及相关教育部门开始从建立健全减负机制、改革招生考试与评价制度等方面持续推进减负。③21 世纪初,在"科教兴国"战略的大背景下,我国更新课程理念,持续推进新一轮基础教育课程改革,通过改革课程目标、内容、评价等推进减负的发展,揭开了围绕基础教育改革的减负序幕。在基础教育课程改革的时代背景下,减负大多由围绕招生考试、课程时数、难度和作业量等方面,逐渐趋向于关注学生主体的减负。2010 年《国家中长期教育改革和发展规划纲要 (2010—2020)》的提出明确将减负的重点落在小学阶段。2010 年至今关于减负的政策文件聚焦于学生主体,尤其自"双减"政策颁布

①　杨柳,张旭.新中国成立以来我国"减负"政策的历史回溯与反思[J].教育科学研究,2019(2):13-21.

②　方媛,姚佳胜.改革开放 40 年来我国减负政策的演进逻辑与未来走向[J].当代教育科学,2019(1):79-84.

③　王毓珣,刘健.改革开放四十年中小学减负政策变迁及走向分析[J].教育理论与实践,2018(31):17-23.

以来,围绕学生主体的减负进一步推进。依据不同主体,以下从学生和教师角度出发讨论减负的背景。

(一)学生减负背景溯源

基础教育是提升全体国民整体修养和基础学力的国民教育,而非为升学做准备的教育。然而由于受当前我国经济发展水平等客观限制,优质教育资源总体规模不足,分配结构不合理,学生升学压力依然很大。①传统的书山题海、死记硬背、拖堂加课的教育方式饱受诟病。②此外,为了提高学习成绩,家长们热衷为学生报名各种类型的辅导班、兴趣班等课外辅导。学生们在非工作日与寒暑假马不停蹄地奔波于不同的教育机构,诸如此类的教育"内卷"让很多学生和家长备感压力。③

办人民满意的教育是我国历届政府的工作重心。减轻学生过重负担成为相关政策文本的关键词,国家与地方政府相继出台减负令,力图以严格的减负政策引导与规制教育行动达成减负提质的目标。④早在 1955 年,教育部就下发过《教育部关于减轻中、小学校学生过重负担的指示》;1990 年的《学校卫生工作条例》还规定小学生在校学习时间不超过 6 小时。⑤

2000 年 1 月,教育部在北京市召开"减轻学生过重负担工作"电视会议,要求各级教育行政部门和学校从实际出发,分阶段、有重点地抓好"减负"工作,转变教育观念,树立全面实施素质教育的思想,加强管理与监督,切实减轻中小学生过重的负担。⑥2021 年 7 月,中共中央办公厅、国务院办公厅印发《关于进一步减轻义务教育阶段学生作业负担和校外培训负担的意见》(以下简称"双减")其中提出要在一年内使学生过重作业负担和校外培训负担、

① 张爽.中小学生课业负担过重问题的分析框架与解决路径——组织学视角的阐释[J].教育科学研究,2014(11):66-71.

② 石羚."给学生减负"为何牵动人心[N].人民日报,2018-03-09(005).

③ 朱宁宁.家庭教育立法如何助力"双减"政策落地[N].法治日报,2021-08-31(006).

④ 王贤文,周险峰.学业负担治理研究十年:回顾与展望[J].河北师范大学学报(教育科学版),2021(3):121-127.

⑤ 石羚."给学生减负"为何牵动人心[N].人民日报,2018-03-09(005).

⑥ 陈至立.切实减轻学生过重负担 全面推进素质教育——在"减轻学生过重负担工作"电视会议上的讲话[J].人民教育,2000(2):4-7.

家庭教育支出和家长相应精力负担有效减轻,三年内使各项负担显著减轻,教育质量进一步提高,人民群众教育满意度明显提升。[①]也有相关研究显示,家长教养方式对学生参加课外补习的影响在不同家庭社会经济地位学生之间存在异质性。[②]"双减"政策颁布后,不同地方相继出台系列"减负"举措,引发了社会各界的广泛、热烈讨论。

政府在颁布多项减负政策的同时逐步加大实施力度,不仅体现了对学生负担过重问题的重视程度,还进一步凸显了学生减负的必要性、现实性与复杂性。

(二)教师减负背景溯源

研究发现,多数教师认为承担过多的教学和教研工作并不会感到劳累,这是教师必备的专业精神和职业操守,而最难减的负担则是家长和社会对教师的期待。现实中存在这样一组矛盾:一面是家长觉得教师不作为,另一面是教师不堪重负。[③]我国中小学教师不但要组织教育教学活动,应对考试及升学压力,还要忙于写各种计划总结,应对各种检查和培训活动。这些往往占用了教师大量的时间和精力。[④]从学理上分析,教师减负是学生减负的前提与条件。如果中小学教师的负担不能得到有效减轻,中小学学生减负就很难达成。[⑤]因此,减轻教师工作负担、增强其职业幸福感,是促进教师专业化发展、增强职业生涯规划合理性的必然选择,是促进教师教育教学能力,强化"教书育人"目标的现实需求,也是优化育人环境、矫正不正之风的现实渴求。[⑥]

关于教师工作负担的研究最早可以追溯到 20 世纪 80 年代,由于改革开放后实行中高考考试升学制度,导致人们对于中高考成绩的期望值逐步

① 樊未晨."双减"目标如何实现[N].中国青年报,2021-07-26(003).
② 薛海平,高翔.家长教养方式影响孩子课外补习吗?[J].福建师范大学学报(哲学社会科学版),2021(5):99-112+170.
③ 解成君,黄浩.为教师减负,我们可以这样做[N].中国教师报,2021-03-10(001).
④ 毛聪颖.中小学教师负担过重的原因及对策研究[J].教育科学论坛,2009(11):56-58.
⑤ 王毓珣,王颖.关于中小学教师减负的理性思索[J].湖南师范大学教育科学学报,2013(4):56-62.
⑥ 张红丽.新时期中小学教师工作负担过重问题研究[D].华中师范大学,2020.

上升,从而引起教育专家、学者对于中小学教师工作负担的关注。①尤其是2019 年 1 月,陈宝生在全国教育工作会议上指出:"要下大力气为教师减负。这些年来,我们一直在努力给学生减负,今天我要强调,教师也需要减负。现在教师负担很重,今年要把为教师减负作为一件大事来抓,教育部将专门出台中小学教师减负政策。要把时间和精力还给教师,让他们静下心来研究教学、备课充电、提高专业化水平。"②

　　2019 年 3 月,中共中央办公厅印发《关于解决形式主义突出问题 为基层减负的通知》,并将 2019 年确定为"基层减负年"。③地方政府纷纷响应号召,结合当地实际情况颁布了相应的减负政策。同年 12 月,中共中央办公厅、国务院办公厅印发《关于减轻中小学教师负担 进一步营造教育教学良好环境的若干意见》之后,黑龙江、湖南、四川等超过 20 个省市根据意见精神,陆续出台中小学教师减负清单, 严格清理规范与中小学教育教学无关的事项,给教师安心、静心、舒心从教创造更加良好的环境。这既是对一线教师热切期盼的现实需要的回应,也是弘扬全社会尊师重教、推进教育事业公平而有质量发展的暖心举措。④

　　对近年来与教师减负相关的政策、文献进行梳理发现,研究关注的对象逐渐由学生群体转变为教师群体。如今,教师负担过重已成为国家教育改革的热门话题。教师负担过重除了导致教师容易产生消极抵触情绪,影响身心健康,更会对学生的健康成长带来负面影响,因此教师减负刻不容缓。

三、新中国成立以来减负的历史发展阶段

　　"减负"不是近几年才出现的词汇,早在 1955 年 7 月教育部发布新中国第一个"减负令"——《教育部关于减轻中、小学校学生过重负担的指示》。自

---

①　张红丽.新时期中小学教师工作负担过重问题研究[D].华中师范大学,2020.

②　中华人民共和国教育部政府门户网站[EB/OL].(2019-01-29).http://www.moe.gov.cn/jyb_xwfb/moe_176/201901/t20 190129_368518.html.

③　中国政府网 中央人民政府门户网站[EB/OL].(2019-03-11).http://www.gov.cn/xinwen/2019-03/11/content_5372964.htm.

④　陈庆艳,唐芊尔.切实减负,让教师安心教书育人[N].光明日报,2020-12-30(010).

该指示颁布以来近 60 年间,我国中央及地方相关部门出台的关于减轻学生负担的政策条文多达上百条,主要围绕学习时间、考核方式、教材内容、课外活动、教师水平、学校领导等方面做出了一系列细致严谨的规定。从学生和教师两主体出发对相关减负政策进行梳理发现,关于教师减负的政策文本主要集中于近 5 年,且阶段特征暂不明显。因此,本节重点呈现关于学生减负的政策并进行分阶段讨论。在此参考卫建国、秦一帆①与王毓珣、刘健②的研究框架,采用计量方法研究学生减负相关政策文本,将其历史变迁分为以下五个重要阶段,进一步揭示减负政策的特征与趋势。③

(一)以改善学生身体素质为中心阶段(1949—1977 年)

新中国成立伊始,经济发展较为缓慢,物质生活相对贫乏,这对学生的身体健康状况产生了不良影响。基于此,毛泽东提出要在全国范围内所有学校实行"健康第一,学习第二"的方针,由此开始重视学生的健康问题。1955 年,教育部颁发《教育部关于减轻中、小学校学生过重负担的指示》(以下简称《指示》),这是中华人民共和国成立以来国家首次颁布的专门指向学生减负的政策性文件。《指示》明确指出,当前学生负担过重主要是课业负担过重,强调从教材分量、授课进度、平时成绩考察、课外体育锻炼、作息睡眠时间、学校检查与督导等方面着手中小学生的减负工作。④

20 世纪 60 年代后,国家针对中小学减负工作相继出台了一系列条例,如《关于保证学生、教师身体健康和劳逸结合的指示》(1960 年)、《全日制中小学工作暂行条例(草案)》(1963 年)等,其中提到学校不得进行突击教学、开展学习竞赛加重学生负担,保证小学生睡眠时长 10 小时,中学生 8 小时以上。

①　卫建国,秦一帆.我国中小学减负政策 70 年:回顾与变迁[J].教育理论与实践,2019(22):27-31.

②　王毓珣,刘健.改革开放四十年中小学减负政策变迁及走向分析[J].教育理论与实践,2018(31):17-23.

③　王贤文,周险峰.学业负担治理研究十年:回顾与展望[J].河北师范大学学报(教育科学版),2021(3):121-127.

④　卫建国,秦一帆.我国中小学减负政策 70 年:回顾与变迁[J].教育理论与实践,2019(22):27-31.

总而言之,此阶段中小学减负政策的核心目标为改善学生健康状况、注重合理规划作息时间以及加强体育锻炼。

(二)缓解升学压力阶段(1978—1992 年)

1977 年,国家开始恢复高等学校招生考试制度,教育事业逐渐步入正轨。一些学校过度追求升学率,从而忽视了学生的全面发展。1978 年,邓小平在全国教育工作会议开幕式上强调:"学生负担太重是不好的,今后要采取有效措施来防止和纠正。"[①]1983 年,教育部发布《关于全日制普通中学全面贯彻党的教育方针、纠正片面追求升学率倾向的十项规定》,明确提出要加强学生思想政治教育,减轻过重的学习负担,保证学生充足的课外活动与休息、睡眠时间。这是改革开放以来,教育部首次面向中学发布的专项减负政策。

1988 年,原国家教委颁布《关于减轻小学生课业负担过重的若干规定》,其中指出教师需严格按照教学大纲与教学计划组织教学与布置作业,控制考试、竞赛次数,让学生自己支配自习时间等。这是改革开放以来我国首次对小学生课业负担过重下达专项减负令,也是第一个把减负焦点指向课业负担过重的文件。[②]1990 年,原国家教委发布《学校卫生工作条例》,该条例对学生的学习时间(含自习)进行明确限定,小学不得超过 6 小时,中学不得超过 8 小时,大学不得超过 10 小时,同时学校或者任课教师不得任意增加课堂授课时间以及学生作业量。

从以上政策文件中可以看出,这一时期的减负政策通过采取控制教学进度与考试次数、调整学生作业量等措施缓解学生升学压力问题。

(三)素质教育推进阶段(1993—2000 年)

1993 年,中共中央、国务院印发《中国教育改革和发展纲要》,其中指出"中小学要切实采取措施减轻学生过重的课业负担"[③]。该纲要是改革开放以

---

①　邓小平.在全国教育工作会议开幕式上的讲话[N].人民日报,1978-04-22.

②　王毓珣,刘健.改革开放四十年中小学减负政策变迁及走向分析[J].教育理论与实践,2018(31):17-23.

③　中共中央、国务院关于印发《中国教育改革和发展纲要》的通知[J].中华人民共和国国务院公报,1993(4):143-160.

来中共中央、国务院下发的论及减负的首个政策。该政策指明减负的关键是由应试教育转向素质教育，这标志着减负步入素质教育推进时期。[1]同年，原国家教委发布《关于减轻义务教育阶段学生过重课业负担、全面提高素质教育质量的指示》（以下简称《指示》），明确提出"地方各级教育行政部门和各学校必须以'教育面向现代化，面向世界，面向未来'为指针，转变教育观念，深化教育教学领域的改革，切实解决好义务教育阶段学生课业负担过重问题，促进儿童、少年身心健康发展"[2]。

1994 年，原国家教委发布《关于全面贯彻教育方针，减轻中小学生过重课业负担的意见》，提出解决课业负担过重问题关键在于转变教育思想和更新教育理念，根本出路在于加强改革、严格执行减负政策的同时加强领导和管理等。该《意见》是改革开放以来原国家教委第一次面对中小学减负统一下发的文件。[3]

2000 年 1 月 13 日，教育部印发《关于在小学减轻学生过重负担的紧急通知》，这是贯彻第三次全国教育工作会议精神，保障实施素质教育的一项紧迫而重要的措施。[4]该《通知》发布 10 天后，教育部再次发布《关于贯彻落实教育部〈关于在小学减轻学生过重负担的紧急通知〉开展专项督导检查的通知》，进一步推动专项督查工作。这一时期的减负政策由应试教育逐渐向素质教育过渡，改革力度继续加大。

（四）基础教育新课程改革阶段（2001—2009 年）

2001 年，国务院颁布《国务院关于基础教育改革与发展的决定》，其中除了进一步明确继续减轻中小学生过重课业负担之外，还提出改革考试评价和招生选拔制度。同年，教育部颁布《基础教育课程改革纲要（试行）》，对教

---

① 王毓珣,刘健.改革开放四十年中小学减负政策变迁及走向分析[J].教育理论与实践,2018（31）:17-23.
② 国家教育委员会关于减轻义务教育阶段学生过重课业负担、全面提高教育质量的指示[J].人民教育,1993(5):14-15.
③ 王毓珣,刘健.改革开放四十年中小学减负政策变迁及走向分析[J].教育理论与实践,2018（31）:17-23.
④ 中华人民共和国教育部政府门户网站[EB/OL].(2001-01-13).http://www.moe.gov.cn/srcsite/A11/s7057/200001/t200 00113_81788.html.

学过程、考试与评价等进行规定。2004 年,国务院颁发《关于进一步加强和改进未成年人思想道德建设的若干意见》,其中围绕减负问题进一步明确"要采取坚决措施,改革课程设置、教材和教学方法,切实减轻中小学生的课业负担,为加强学生思想道德建设,增强创新精神和实践能力,培育德、智、体、美全面发展的社会主义事业接班人创造良好条件"①。

2007 年 10 月,胡锦涛同志在党的十七大报告中指出:"更新教育观念,深化教学内容方式、考试招生制度、质量评价制度等改革,减轻中小学生课业负担,提高学生综合素质。"②这是改革开放以来国家领导人首次在党代会的报告上将减负问题提到民生高度作出重要指示。③这一时期集中围绕基础教育课程改革颁布的相关减负政策,同时进一步细化减负的具体措施。

(五)全方位减负阶段(2010—至今)

2010 年 7 月 8 日,中共中央、国务院颁发《国家中长期教育改革和发展规划纲要(2010—2020 年)》,其中指出"减轻学生课业负担是全社会的共同责任,政府、学校、家庭、社会必须共同努力,标本兼治,综合治理。把减负落实到中小学教育全过程,率先实现小学生减负"④。这表明我国中小学减负已进入全面深化改革新时期,减负任务将长期作为我国基础教育领域的重大课题。⑤

此后,2013 年教育部陆续发布《教育部办公厅关于开展义务教育阶段学校"减负万里行"活动的通知》《小学生减负十条规定》。2013 年 11 月,党的十八届三中全会通过《中共中央关于全面深化改革若干重大问题的决定》,该

①　中共中央国务院关于进一步加强和改进未成年人思想道德建设的若干意见[N].人民日报,2004-03-23.

②　胡锦涛.高举中国特色社会主义伟大旗帜 为夺取全面建设小康社会新胜利而奋斗——在中国共产党第十七次全国代表大会上的报告[J].中国人大,2007(20):10-24.

③　王毓珣,刘健.改革开放四十年中小学减负政策变迁及走向分析[J].教育理论与实践,2018(31):17-23.

④　国家中长期教育改革和发展规划纲要工作小组办公室.国家中长期教育改革和发展规划纲要[N].人民日报,2010-03-01(005).

⑤　卫建国,秦一帆.我国中小学减负政策 70 年:回顾与变迁[J].教育理论与实践,2019(22):27-31.

决定中特别提到需"标本兼治减轻学生课业负担"①。2018 年,教育部办公厅等四部门下发《教育部办公厅等四部门关于切实减轻中小学生课外负担开展校外培训机构专项治理行动的通知》、教育部办公厅印发《关于加快推进校外培训机构专项治理工作的通知》等一系列减负措施。2021 年《教育部办公厅关于加强义务教育学校考试管理的通知》②以及中共中央办公厅、国务院办公厅印发《关于进一步减轻义务教育阶段学生作业负担和校外培训负担的意见》③等政策文件,进一步规范与强调校内考试、校外培训行为等。在教师层面,关于印发《教师工作司 2019 年工作要点》的通知提出"要营造教师安心静心从教环境"④;2019 年 11 月,教育部教师工作司发布《关于做好减轻中小学教师不合理工作负担专项整治工作的通知》,同年 12 月,中共中央办公厅、国务院办公厅印发《关于减轻中小学教师负担 进一步营造教育教学良好环境的若干意见》,其中也明确强调"严格清理规范与中小学教育教学无关事项,确保中小学教师潜心教书、静心育人"⑤。随后,山东、北京、江苏等地纷纷印发《关于做好 2021 年减轻中小学教师负担有关工作的通知》。这一时期的减负政策由"治标"走向"综治",由课内、校内走向课外、校外,由学校走向政府、家庭与社会,由教育部"单动"走向多部委联动。⑥

　　分析历次的"减负令",不难发现政策内容和方针依据时代特征和教育观念的变化进行了调整。2013 年教育部颁布的《小学生减负十条规定》,把缩减在校时长、课程设置、竞赛次数以及限制作业量、教辅使用量等当作"药

　　① 中共中央关于全面深化改革若干重大问题的决定(2013 年 11 月 12 日中国共产党第十八届中央委员会第三次全体会议通过)[J].求是,2013(22):3-18.

　　② 中华人民共和国教育部政府门户网站[EB/OL](2021-08-30),http://www.moe.gov.cn/srcsite/A06/s3321/202108/t2021 0830_555640.html.

　　③ 中华人民共和国教育部政府门户网站[EB/OL](2021-07-24),http://www.moe.gov.cn/jyb_xxgk/moe_1777/moe_1778/ 202107/t20210724_546576.html.

　　④ 中华人民共和国教育部政府门户网站[EB/OL](2019-02-28),http://www.moe.gov.cn/s78/A10/tongzhi/201902/t2019 0228_371706.html.

　　⑤ 中华人民共和国教育部政府门户网站[EB/OL](2019-12-15),http://www.moe.gov.cn/jyb_xxgk/moe_1777/moe_1778/ 201912/t20191215_412081.html.

　　⑥ 王毓珣,刘健.改革开放四十年中小学减负政策变迁及走向分析[J].教育理论与实践,2018(31):17-23.

方"。2018 年 2 月发布《教育部办公厅等四部门关于切实减轻中小学生课外负担开展校外培训机构专项治理行动的通知》,向孩子提前放学无人接送的"三点半难题"、校外培训机构泛滥等现实问题"开刀",减负范围和深度都在拓展和突破。[1]针对义务教育阶段存在的短视化、功利化问题,特别是校外培训机构无序发展,2021 年 7 月,中共中央办公厅、国务院办公厅发布《关于进一步减轻义务教育阶段学生作业负担和校外培训负担的意见》,旨在缓解日益严重的"校内减负、校外增负"现象。[2]

第二节　聚焦近10年基础教育学生课业负担

长期以来,中小学生负担过重问题困扰着我国基础教育事业的发展。负担过重危害学生身心健康,严重阻碍着素质教育的实施。"睡眠不足已成为学生健康一大危害""学生近视率逐年增高""学校放假却是学生补习进行时"等现象引起学生、老师和家长的集体焦虑,也引发了教育界的广泛关注。[3]回顾我国中小学生减负历程,虽然减负的内涵因教育所处发展阶段的不同而不同,但减负一直以来都是我国基础教育领域的重要议题。[4]

一、学生课业负担研究的发展阶段

通过对近 10 年基础教育学生课业负担的相关文献进行梳理发现,大部分研究者将近 10 年基础教育减负的研究划分为三个阶段:初始阶段(2010—2012 年)、发展阶段(2013—2017 年)、深化阶段(2018—至今)。初始阶段研究的重点在如何减轻学生的家庭作业负担,提升家庭作业的质量。发展阶段聚焦于从教师和学生主体出发,关注教师教学以及学生自身学习状况等对学生负担的影响,其中对教师教学效能的关注度最高,同样这一时期

①　张烁,杨文明,陈圆圆.减负不是简单做减法[N].人民日报,2018-03-29(016).
②　方塘."双减"助力教育良好生态[N].人民日报,2021-07-30(012).
③　张丽丽.课业负担的优化研究[D].河南大学,2012.
④　贾伟,邓建中,蔡其勇.利益相关者视域下我国中小学生减负的博弈困境及突破对策[J].中国电化教育,2021(9):51-58.

涌现的大量研究表明学界对减负的研究逐渐转向实证研究。[①]深化阶段聚焦从作业布置的方式等方面减轻学生的负担,依据"双减"政策的颁布,在加强学校立德树人主阵地的同时,校外培训也不断得到有效治理。通过对近 10 年的文献和相关政策文本进行梳理,分阶段详细讨论近 10 年学界的聚焦点。

(一)初始阶段(2010—2012 年)

2010 年 2 月,教育部印发《教育部 2010 年工作要点》,[②]"减负"作为 2010 年的工作要点被提出,为之后相关减负政策的颁布奠定基础。[③]2010 年 7 月,教育部印发了《国家中长期教育和改革规划纲要(2010—2020 年)》(以下简称《纲要》)其中提出义务教育阶段的发展任务之一是减轻中小学课业负担。《纲要》的颁布表明我国中小学减负已经进入到全面深化、全方位减负的新时期。[④]2010 年底各省纷纷出台相应对策,旨在减轻中小学学生过重课业负担。

2011 年教育部印发《教育部 2011 年工作要点》再次明确提出减轻中小学生课业负担。[⑤]同年 7 月教育部印发《切实保证中小学生每天一小时校园体育活动的规定》,[⑥]该文件的颁布在一定程度上减轻了学生智育负担,增加了对学生体育的培养。2011 年底,各地开展形式多样的活动,持续推进减负工作。譬如,教育部基础教育一司、教育部新闻办、中国教育报、中国教育电视台开展了"学业·负担·兴趣·责任大家谈"活动,面向社会各界征集为中小

---

① 付柳,李敏.博弈中的减负——近十年我国基础教育减负研究综述[J].少年儿童研究,2022(6):5-20.
② 中华人民共和国教育部政府门户网站[EB/OL](2010-09-20),http://www.moe.gov.cn/jyb_sjzl/moe_164/201009/t2010 0920_108605.html.
③ 中华人民共和国教育部政府门户网站[EB/OL](2010-02-25),http://www.moe.gov.cn/srcsite/A02/s7049/201002/t2010 0225_170531.html.
④ 卫建国,秦一帆.我国中小学减负政策 70 年:回顾与变迁[J].教育理论与实践,2019(22):27-31.
⑤ 中华人民共和国教育部政府门户网站[EB/OL](2011-02-10),http://www.moe.gov.cn/jyb_sjzl/moe_164/201102/t2011 0210_114836.html.
⑥ 中华人民共和国教育部政府门户网站[EB/OL](2011-07-08),http://www.moe.gov.cn/srcsite/A17/s7059/201107/t2011 0708_171747.html.

学生减负的看法、案例、故事等,活动收到社会各界的反馈。①相较之前,《教育部 2012 年工作要点》②重点在制定减轻课业负担的政策措施及加强监督检查方面。2012 年从各地减负的现状来看,大多聚焦于颁布政策、开设各类活动来减轻小学生负担。以下对减负初始阶段主要政策文件进行如下呈现(见表 8-1)。

表8-1　减负初始阶段相关政策

时间	相关政策	相关内容
2010 年 7 月	教育部《国家中长期教育和改革规划纲要(2010—2020 年)》	减轻中小学生课业负担。减轻学生课业负担是全社会的共同责任,政府、学校、家庭、社会必须共同努力,标本兼治,综合治理。把减负落实到中小学教育全过程,促进学生生动活泼学习、健康快乐成长。率先实现小学生减负
2011 年 7 月	教育部《切实保证中小学生每天一小时校园体育活动的规定》	小学 1—2 年级每周 4 课时, 小学 3—6 年级和初中每周 3 课时
2012 年 2 月	教育部《教育部 2012 年工作要点》	制定减轻中小学学生过重课业负担的政策措施,并加强监督检查

(二)发展阶段(2013—2017 年)

《教育部 2013 年工作要点》提出开展义务教育学生课业负担情况及体育课和学生体质健康专项调查,开展"学校减负万里行"活动。③本年度工作要点提出规范社会补习行为,可谓是规范校外培训的开端。1 月底,教育部印发《关于 2013 年深化教育领域综合改革的意见》,④该意见提出启动中小学生课业负担监测评估,在 2010 年《纲要》和本年度工作要点的指导下,3 月,教育部办公厅发布《关于开展义务教育阶段学校"减负万里行"活动的通

①　中华人民共和国教育部政府门户网站[EB/OL](2011-10-11),http://www.moe.gov.cn/jyb_xwfb/gzdt_gzdt/moe_1485/2011 10/t20111011_125533.html.
②　中华人民共和国教育部政府门户网站[EB/OL](2012-01-20),http://www.moe.gov.cn/srcsite/A02/s7049/201201/t2012 0120_170524.html.
③　中华人民共和国教育部政府门户网站[EB/OL](2013-01-24),http://www.moe.gov.cn/srcsite/A02/s7049/201301/t2013 0124_170522.html.
④　中华人民共和国教育部政府门户网站[EB/OL](2013-01-29),http://www.moe.gov.cn/srcsite/A27/zhggs_other/201301/ t20130129_148072.html.

知》，①在全国范围内开展以"宣传典型经验、规范办学行为、更新教育观念、营造良好氛围"为主题的义务教育阶段学校"减负万里行"活动。6月，教育部发布《关于推进中小学教育质量综合评价改革的意见》。该意见从评价的角度推进学生减负，主要考察学生主客观学习负担的感受，通过对学生学习时长等关键性指标进行评价进而减轻学生的课业负担。②8月、9月经过两次征询意见《小学生减负十条规定》最终确定，该《规定》对小学入学条件、班级分配、校外补习等多方面进行了规定，是群众声音的集中体现。

《教育部2014年工作要点》提出贯彻落实好《小学生减负十条规定》，切实减轻学生过重的课业负担，继续开展及公开"减负万里行第二季"活动信息。③同年3月，教育部办公厅发布《关于开展义务教育阶段学校"减负万里行第2季"活动通知》，第2季"减负万里行"活动是对之前活动的深化，在纠正不规范的办学行为、开展巡视检查督查等方面将减负工作落到实处。④4月，教育部发布《关于全面深化课程改革落实立德树人根本任务的意见》，⑤其中虽未明确提到减负相关内容，但对课程、教材、考试等方面提出了要求，对减负有间接的促进作用。2015年1月，教育部基础教育一司印发《教育部基础教育一司2015年工作要点》，对本年度减负工作进行部署。⑥可见，"减负"逐渐成为教育的长期工作，减负的道路依旧任重道远。同年10月，教育部印发《关于加强家庭教育工作的指导意见》，⑦该《意见》从家长主体出发，

---

① 中华人民共和国教育部政府门户网站[EB/OL]（2013–03–20），http://www.moe.gov.cn/srcsite/A06/s3321/201303/t2013 0320_149943.html.

② 中华人民共和国教育部政府门户网站[EB/OL]（2013–06–08），http://www.moe.gov.cn/srcsite/A06/s3321/201306/t2013 0608_153185.html.

③ 中华人民共和国教育部政府门户网站[EB/OL]（2014–01–23），http://www.moe.gov.cn/srcsite/A02/s7049/201401/t2014 0123_163889.html.

④ 中华人民共和国教育部政府门户网站[EB/OL]（2014–03–18），http://www.moe.gov.cn/srcsite/A06/s3321/201403/t2014 0318_166578.html.

⑤ 中华人民共和国教育部政府门户网站[EB/OL]（2014–04–08），http://www.moe.gov.cn/srcsite/A26/jcj_kcjcgh/201404/t 20140408_167226.html.

⑥ 中华人民共和国教育部政府门户网站[EB/OL]（2015–01–09），http://www.moe.gov.cn/s78/A06/tongzhi/201501/t2015 0127_185400.html.

⑦ 中华人民共和国教育部政府门户网站[EB/OL]（2015–10–20），http://www.moe.gov.cn/srcsite/A06/s7053/201510/t2015 1020_214366.html.

切实帮助家长转变育人态度,指导家长教育能力的增长。2017 年 9 月,中共中央办公厅、国务院办公厅印发《关于深化教育体制机制改革的意见》指出切实减轻学生过重的课外负担,推进义务教育均衡优质发展的体制机制建设。[①]还有相关减负政策聚焦于教师减负和高校减负,对基础教育阶段的减负少有提及。对发展阶段主要政策文件的梳理进行如下呈现(见表8-2)。

表8-2　减负发展阶段相关政策

时间	相关政策	相关内容
2013 年 1 月	教育部《教育部 2013 年工作要点》	开展义务教育学生课业负担情况及体育课和学生体质健康专项调查,开展"学校减负万里行"活动。开展规范社会补习机构和补习行为的探索
2013 年 1 月	教育部《关于 2013 年深化教育领域综合改革的意见》	启动中小学生课业负担、学生体质健康状况、人民群众教育满意度的监测评估
2013 年 3 月	教育部办公厅《关于开展义务教育阶段学校"减负万里行"活动的通知》	对"减负万里行"活动的具体内容和工作要求进行详细的通知
2013 年 6 月	教育部《关于推进中小学教育质量综合评价改革的意见》	主要考查学生的客观学习负担和主观学习感受,可以通过学习时间、课业质量、课业难度、学习压力等关键性指标进行评价,促进减轻学生过重的课业负担,提高学习的有效性和学习乐趣
2013 年 9 月	教育部《小学生减负十条规定》	"阳光入学""均衡编班""'零起点'教学""减少作业""每天锻炼 1 小时""规范考试""等级评价""一科一辅""严禁违规补课""严加督查"
2014 年 3 月	教育部办公厅《关于开展义务教育阶段学校"减负万里行·第 2 季"活动通知》	在纠正不规范的办学行为、开展巡视检查督查等方面将减负工作落到实处

①　中华人民共和国教育部政府门户网站[EB/OL](2017-09-25),http://www.moe.gov.cn/jyb_xwfb/s6052/moe_838/2017 09/t20170925_315201.html.

续表

时间	相关政策	相关内容
2015 年 1 月	教育部基础教育一司《教育部基础教育一司 2015 年工作要点》	规范义务教育学校办学行为。开展规范办学行为督查,落实义务教育学校"减负万里行"成果,建立健全减负工作长效机制。开展学生课业负担抽测工作,科学指导减负工作。会同有关部门,研究加强对社会培训机构办学行为的指导
2017 年 9 月	中共中央办公厅、国务院办公厅印发《关于深化教育体制机制改革的意见》	切实减轻学生过重的课外负担,推进义务教育均衡优质发展的体制机制建设

(三)深化阶段(2018—至今)

2018 年 2 月,教育部办公厅等四部门联合印发《关于切实减轻中小学生课外负担开展校外培训机构专项治理行动的通知》,[①]该《通知》从课外培训的角度明确分项治理的三个阶段严格规范校外培训现象。同年 8 月,教育部等八部门印发《综合防控儿童青少年近视实施方案》,[②]旨在引导学生合理用眼,在家长的帮助下减少学生电子产品的使用,减轻学生课外学习的负担。12 月,教育部等九部门印发《中小学生减负措施的通知》,[③]通知共四个方面、30 个小点,从学校、社会、家庭、政府四个主体出发,对中小学学生减负从规范学校办学行为、规范校外培训等方面提出相应的减负要求。2019 年减负工作聚焦于教师减负,新时期"双师型"教师队伍建设成为高职教育教师发展的方向。

2020 年 5 月,教育部办公厅发布《关于印发义务教育六科超标超前培训负面清单(试行)的通知》,其中对语文、数学、英语等六门学科超前培训的负

---

① 中华人民共和国教育部政府门户网站[EB/OL](2018—02—26),http://www.moe.gov.cn/srcsite/A06/s3321/201802/t2018 0226_327752.html.

② 中华人民共和国教育部政府门户网站[EB/OL](2018—08—30),http://www.moe.gov.cn/srcsite/A17/moe_943/s3285/20 1808/t20180830_346672.html.

③ 中华人民共和国教育部政府门户网站[EB/OL](2018—12—29),http://www.moe.gov.cn/srcsite/A06/s3321/201812/t2018 1229_365360.html.

面清单进行呈现。[1]9 月,教育部办公厅发布《关于开展近视防控宣传教育月活动的通知》,[2]将近视防控宣传月活动时间定于每年 3 月和 9 月,近视防控宣传月是推动近视防控工作的有效之举。2021 年 7 月,中共中央办公厅、国务院办公厅印发《关于进一步减轻义务教育阶段学生作业负担和校外培训负担的意见》,在"双减"的指导下校外培训的相关政策文件逐渐完善。譬如,校外培训服务合同文本、从业人员管理、线上培训机构规范等,同时关于学生负担的检测与评价体系也在不断建立。9 月,教育部印发《国家义务教育质量监测方案(2021 年修订版)》,其中提出对影响学生发展质量的相关因素(包括学生学业负担)进行监测。2022 年教育部从不同相关主体持续推进减负工作。以下对深化阶段主要政策文件进行如下呈现(见表 8-3)。

表8-3　减负深化阶段相关政策

时间	相关政策	相关内容
2018年2月	教育部办公厅等四部门印发《关于切实减轻中小学生课外负担 开展校外培训机构专项治理行动的通知》	针对中小学生课外负担开展校外培训机构专项治理行动
2018年12月	教育部等九部门《中小学生减负措施的通知》	"规范学校办学行为""严格校外培训机构管理""家庭履行教育监护责任""强化政府管理监督"
2020年5月	教育部办公厅《关于印发义务教育六科超标超前培训负面清单(试行)的通知》	在做好校外培训机构学科知识培训内容备案工作的基础上,依据负面清单严肃查处超标超前培训行为,切实减轻中小学生过重课外负担,形成校内外协同育人的良好局面
2021年7月	中共中央办公厅、国务院办公厅《关于进一步减轻义务教育阶段学生作业负担和校外培训负担的意见》	对减轻学生和家长的负担从数量和时长上进行规定
2021年9月	教育部《国家义务教育质量监测方案(2021年修订版)》	对影响学生发展质量和相关因素进行监测

① 中华人民共和国教育部政府门户网站[EB/OL](2020-05-09),http://www.moe.gov.cn/srcsite/A06/s3321/2020 05/t20200509_451674.html.

② 中华人民共和国教育部政府门户网站[EB/OL](2020-09-16),http://www.moe.gov.cn/srcsite/A17/moe_943/s3285/20 2009/t20200927_491633.html.

近 10 年关于学生减负的研究是新中国成立以来发布减负政策最多且最频繁的一个时期。①减负主体从政府单方面主导到多主体全方位协作,逐渐形成校内、校外联合,线上、线下结合,社会各界共同参与的新局面。

二、课业负担的影响因素

义务教育阶段学生负担过重的原因是随着时间的推进愈加清晰和完善的。特别是进入 21 世纪,学者在研究中发现造成学生负担过重成因的切入点更为丰富。②

周兆海、邬志辉将中小学生负担成因从总体上分为两类:一类是内因解释,即通过寻求教育系统内部的诸如教师素质、学习内容和教育评价体制等因素的解释;另一类是外因解释,即通过寻求外在于教育的社会系统的诸如市场利益驱动、文化传统影响等因素的解释。这两大类分析彰显出学生负担成因的复杂性,也表明这是涉及教育和社会层面的系统性问题。③许丽英则认为,我国中小学生负担过重问题实际上是各项发展指标失衡问题,是一部分发展指标要求过高而另一部分发展指标缺位而导致的人的身心发展不协调问题。④从我国中小学教育的实际来看,升学率仍然是衡量学校办得好坏的关键性指标。因此,社会、学校、教师、家长均以追求升学率为目标,并在心理上给升学率赋予了超过学生身心健康发展的权重,从而在一定程度上促使教育者采取给学生增加负担的做法。⑤

北京市教委相关负责人曾表示,造成学生负担过重的因素有很多,既有教材编写不够科学、课程门类过多过泛、教师专业能力不足等教育实施层面

　　① 卫建国,秦一帆.我国中小学减负政策 70 年:回顾与变迁[J].教育理论与实践,2019(22):27-31.

　　② 刘文倩.义务教育阶段学生减负背后的供需困境研究[D].陕西师范大学,2019.

　　③ 周兆海,邬志辉.理性冲突与调适:中小学生课业负担难减困境及其突破[J].教育理论与实践,2016(11):19-21.

　　④ 许丽英.中小学生"减负"的症结与出路[J].教育科学研究,2014(9):47-49.

　　⑤ 王志彦,夏凤琴.论学生课业负担过重现象的强化机制及解决思路[J].现代教育科学,2010(8):29-31.

的原因,也有学生考试评价、教师和学校绩效考核等教育制度层面的原因。[1]
纵观关于学生减负策略的具体措施和对策的研究,可将学生负担过重的成
因作如下分类。

(一)学校因素归因

学校层面,造成学生负担过重的主要原因是未能严格落实国家课程方
案,仍然按照应试教育的教学模式组织教学,其具体表现为自行增减课程和
课时,学习时间过多,教学内容超标,学习方式落后,学习绩效评估单一等。
特别是考试类课程随意增加课时,任意加大知识难度,大量机械重复性作业
以及高密度的各种测试,这些是学生负担过重的症结所在。除此之外,教师
教学方式单一、学生被动学习以及束缚学生大脑的课堂教学状态也是造成
学生负担过重的重要原因。[2]董辉等发现影响学生课业负担的学校因素大致
分为三种:教师教学、课业任务、考试评价,并构建初步的框架,在此基础上
进一步分析出三类学校情境性因素。[3]

(二)家庭因素归因

从一定程度上讲,家长是学生负担的施加者。负担的背后,都离不开家
长的助力。[4]由于对孩子的过高期待和望子成龙心切,家长们在大喊“减负”
的同时,继续给孩子布置额外的学习任务,为孩子请家教;送孩子到校外辅
导机构学习。有调查显示,76.6%的北京学生周末补课或上“兴趣课”,主要用于
英语、奥数、作文等“考试科目”。[5]为了让子女将来在快速发展、竞争激烈和
阶层明晰的社会中处于有利地位,不少家庭以及学生个人愿意承担课业学习的
“负重”。[6]因此,家庭教育学校化的现象也是学生负担过重的重要原因之一。[7]

①　张景华,杜弋鹏.北京8条措施为学生减负[N].光明日报,2013-02-26(006).
②　姚庆霞.对中小学“减负”的辩证思考[J].当代教育科学,2011(8):55-56.
③　董辉,杨兰.课业负担的学校层面变量研究综述[J].全球教育展望,2012(12):40-48.
④　王东,王襄安.对减负政策盲点和负效应的反思——基于北京市中小学生课业负担现状的调查研究[J].上海教育科研,2017(3):30-33.
⑤　刘坚,余文森,徐友礼."深化课程教学改革"深度调研报告[J].人民教育,2010(17):19-22.
⑥　周兆海,邬志辉.理性冲突与调适:中小学生课业负担难减困境及其突破[J].教育理论与实践,2016(11):19-21.
⑦　姚庆霞.对中小学“减负”的辩证思考[J].当代教育科学,2011(8):55-56.

有研究发现,家庭背景与初中生课业负担的大小显著相关,其中父母的学历和职业发挥了重要作用。①家庭经济地位和父母的教育理念间接对子女学习培训时长产生显著影响,该研究采用量化研究方法发现家庭社会经济地位越高,父母对子女的教育关怀程度越高,以及父母对子女的学业成绩期待越高,都会增加子女的学习培训时长。②在家长期望方面,有学者认为家长对考试成绩的重视程度与学生的课业负担成正相关。③可见,在家庭因素方面,家庭背景、家庭教育理念、家长期待、家庭教育学校化等催生的校外补习热成为家庭层面影响学生学业负担的主要因素。

(三)学生个人因素归因

通过对以往文献的梳理发现,大部分关于学生负担个人因素的研究聚焦于从主客观因素分析学生的课业负担。在学生的客观因素方面,不同学段学生课业负担水平存在显著差异,高中生总体负担高于初中生总体负担高于小学生总体负担,在小学生课业负担上主要体现在行为反应层面。④总体来说,学生性别、学段、地域等客观因素都会影响学生的负担感受。⑤

在学生个体的课业任务主观压力和感受层面,文剑冰归纳出影响学生课业任务感受的主要因素有三个:人口学分类变量、智力因素、非智力因素。并着重讨论个体非智力因素:学业自我概念,心理承受力,对家长、教师期望的感知等七个方面,这些非智力因素对学生学习成绩的影响最终都会体现在学生感知到的学习压力中。⑥在学业成绩与学生课业负担的关系方面,有研究表明学业成绩对主观课业负担具有负向预测作用,学生学业成绩越差

① 不同家庭背景初中生学业负担的差异分析——基于南京市 479 名初中生的问卷调查[J].上海教育科研,2016(9):32-35+45.
② 许庆红,张晓倩.家庭社会经济地位、教育观念与中小学生学业负担[J].中国青年研究,2017(6):61-66+81.
③ 宋乃庆,杨欣.中小学生课业负担过重的定量分析[J].教育研究,2014(3):25-30.
④ 艾兴,王磊.中小学生学业负担:水平、特征及启示[J].教育研究,2016(8):77-84.
⑤ 秦玉友,赵忠平.多不多? 难不难? 累不累? ——中小学生课业负担调查研究[J].课程·教材·教法,2014(4):42-49.
⑥ 文剑冰.课业负担的个体层面变量研究综述[J].全球教育展望,2012(12):24-30.

则主观课业负担越重。①还有研究聚焦小学生的学习投入与心理负担之间的关系,发现二者之间存在非线性关系,但在学生的学习品质(如学习方法、学习态度、学习意志力)存在不足时,过高或者过低的学习投入都会带来小学生过重的主观负担感受,从而产生过重的课业负担。②可见,在影响学生个人课业压力的主观因素层面,学生的学习态度、学习方法、个人抱负、自我概念等都会受到显著的影响。

卢珂对北京市中小学生课业负担的影响因素进行框架构建和分析,分别从学校层面、家庭层面、学生个人层面等维度上进行分析。通过对收集到的数据进行分析发现,学校越重视排名、班级竞争氛围越浓,学生课业负担感受越重;班级学习氛围越浓、教师教育教学效果越好、教师期望越高、个体学习兴趣越强,学生课业负担感受越轻;师生关系越密切,教师对学生期望越高,越有利于降低学生课业负担感受。③

综上,影响学生课业负担的因素众多,有个人因素、家庭因素、学校因素等。因此,在探讨、解决基础教育阶段学生课业负担时,需要考虑到课业负担的解决不是学校、学生等单方面,需要多方协同,从不同角度解读、探索学生的减负方案。

(四)简述其他视角下课业负担成因

有学者基于政策执行的视角探讨学生负担过重的成因。当前存在一部分政策执行多表现为政策宣传、口头传达、书面文本发放等形式,缺乏真正落实减负政策的实际行动与监督机制。同时在某种程度上,许多家长也是减负政策替代性执行的主体,这导致"学校减负,家长增负"的现象较为普遍。④

---

① 方丹,曹榕,程姝,张生,齐媛.小学生客观课业负担对主观课业负担的影响:学习态度的调节作用[J].中国特殊教育,2018(2):77-82.
② 张生,张平,曹榕,程姝,方丹.人工智能时代下的精准减负:提升减负政策效能的关键——基于小学生学习投入与主观课业负担类型的划分及特征分析[J].中国电化教育,2020(1):114-121;付柳,李敏.博弈中的减负——近十年我国基础教育减负研究综述[J].少年儿童研究,2022(6):5-20.
③ 卢珂.中小学生课业负担的影响因素研究——基于北京市中小学调查数据[J].教育学术月刊,2016(10):49-54.
④ 朱卫国.中小学生课业负担的理性思考[J].教育发展研究,2019(12):1-5.

　　从法律角度深度分析，发现学生的应有权利缺乏有效的法律监督约束以及教师和家长法律意识不强，权利与义务错位分别是导致中小学生负担过重的外部原因和直接原因。在我国现行减轻中小学生过重负担的法律法规中，由于法律责任主体不明，表述较为笼统，导致在教育教学实践中即使出现违法行为，也无法追究违法主体的法律责任。同时，法律法规的条文表述相对不够清晰，缺乏操作性，针对如何处罚缺乏具体规定，从而导致部分教育法律关系主体不履行义务也不必承担法律责任的后果。①

　　立足教学实践，依据苏霍姆林斯基思想深入分析后得出现行教育制度中评价制度的片面性是导致中小学生负担过重的重要原因这一结论。②凡勇昆、邬志辉从现代性危机的视角认为久治不愈的中小学负担问题表面上是由学校落后的学业评价制度、家庭普遍的高期望现象，以及社会浓厚的唯学历意识等引起的，属于教育领域内部的问题，然而一旦深入挖掘则会发现它们实则只是问题的表象，其根源是现代性危机给当今社会人带来的无穷压力，这些压力造成他们在生活、学习和工作中的焦虑，并最终形成中小学负担的问题。③

　　关怀教育理论主张尊重学生的生命，珍视学生的体验和感受，强调教师的榜样作用，凸显道德教育的实践性。有学者指出，中小学生负担过重的原因包括学生自我关怀能力薄弱、学校关怀主体缺失、家庭关怀本质扭曲、社会关怀氛围不浓等。④

　　由于受到传统文化中封建思想的影响，以考试作为选拔人才的基本制度，造成千军万马争过"独木桥"的局面。它产生了教育中的"分数至上""考试领导教育"等弊端，导致学生学习死记硬背，出现了考试与升学竞争白热

　　① 陈小鲁.中小学生课业负担过重问题法律透视[J].人民论坛,2015(20):128-130.
　　② 续润华,陈春梅.苏霍姆林斯基论减轻学生的课业负担[J].外国教育研究,2002(1):30-33+12.
　　③ 凡勇昆,邬志辉.我国中小学课业负担问题的反思——现代性危机的视角[J].现代教育管理,2012(6):30-34.
　　④ 陈娜.中小学生课业负担过重的冷思考——基于诺丁斯关怀教育理论的视角[J].当代教育科学,2014(20):37-39.

化的现象,阻碍了素质教育的开展。①

三、学生负担的具体表现

(一)多数小学生睡眠时长未达标

最新发布的一项调查显示,由于作业繁多、学习时间过长等原因导致中国青少年睡眠不足现象继续恶化,95.5%的小学生睡眠时长未达标。②《中国少年儿童十年发展状况研究报告(1999—2010 年)》指出,我国中小学生睡眠时间近 10 年来持续减少,这将会影响学生正常的身体与智力发育,造成学生免疫力下降,给孩子的健康成长埋下隐患。③

党中央、国务院高度重视学生睡眠和身体健康问题。2007 年印发的《中共中央国务院关于加强青少年体育增强青少年体质的意见》明确要求,制定并落实科学规范的学生作息制度,保证小学生每天睡眠 10 小时,初中学生 9 小时,高中学生 8 小时。④2019 年印发的《中共中央国务院关于深化教育教学改革 全面提高义务教育质量的意见》又进一步强调要保障学生充足睡眠时间。⑤2021 年发布的《教育部办公厅关于进一步加强中小学生睡眠管理工作的通知》,根据不同年龄段学生身心发展特点再次明确睡眠时间要求。应合理安排休息与就寝时间,小学上午上课时间一般不早于 8∶20,小学生就寝时间一般不晚于 21∶20。⑥

(二)作业超时超量的弊端凸显

虽然我国诸多教育政策均明确规定了“切实减轻中小学课业负担”,但是政策实施的效果不明显, 关于学生不堪承受教师布置作业的报道屡见不

---

① 汪昌海,李桂娥.中小学生课业负担过重的深层次原因探析[J].教育探索,2002(3):54–55.
② 汪昌莲.若想孩子睡眠达标 还需强化教育减负[N].中国财经报,2021–04–08(007).
③ 邵春丽.大连市普通高中学生课业负担问题研究[D].辽宁师范大学,2008.
④ 中共中央国务院关于加强青少年体育增强青少年体质的意见[J].中国学校卫生,2007(6):481–483.
⑤ 中华人民共和国教育部政府门户网站[EB/OL](2019–07–08),http://www.moe.gov.cn/jyb_xxgk/moe_1777/moe_1778/ 201907/t20190708_389416.html.
⑥ 中华人民共和国教育部政府门户网站[EB/OL](2021–04–01),http://www.moe.gov.cn/srcsite/A06/s3321/202104/t2021 0401_523901.html.

鲜。此外,在基础教育课程改革中,教育部虽然明令取消了课课练、AB卷以及试卷集等各种教辅资料,但是仍然会有很多类似的作业类型出现,学生的课业负担没有得到实质性的缓解。[①]

以近视问题为例,《中小学学生近视眼防控工作方案》规定:小学生每天作业时间不能超过1小时,初中生不能超过1.5小时。然而有课题组对西部四省市16所不同类型中小学3200名学生(有效被试2768人)进行两次问卷调查(追踪调查)发现,54.6%的小学生每天作业时间超过规定时间,其平均作业时间约为1.6小时,超出规定时间的60%。调查结果显示,作业时间是影响学生身心发展的负担维度之一。[②]

2021年4月,《教育部办公厅关于加强义务教育学校作业管理的通知》(以下简称"作业十条")中明确指出要坚决扭转一些学校作业数量过多、质量不高、功能异化等突出问题。"作业十条"提出,坚持小学一年级零起点教学,严控书面作业总量,学校要确保小学一、二年级不布置书面家庭作业,可在校内安排适当巩固练习;小学其他年级每天书面作业完成时间平均不超过60分钟,周末、寒暑假、法定节假日也要控制书面作业时间总量。[③]

(三)"校外补习热"有增无减

校外各种形式的辅导班是学生负担过重与日俱增的推手。随着家庭经济条件的改善以及家长对子女教育的愈加重视,社会上包括补习班、兴趣班等在内的各种辅导班不失时机地大量涌现。[④]孩子参加校外辅导班甚至成了中国家庭的必备项目,不少孩子周末穿梭在各种辅导班之中,疲惫不堪。[⑤]

根据调查资料显示,"近70%的毕业班学生在休息日和节假日参加课外

① 凡勇昆,邬志辉.我国中小学课业负担问题的反思——现代性危机的视角[J].现代教育管理,2012(6):30-34.

② 宋乃庆,杨欣.中小学生课业负担过重的定量分析[J].教育研究,2014(3):25-30.

③ 中华人民共和国教育部政府门户网站[EB/OL](2021-04-25).http://www.moe.gov.cn/srcsite/A06/s3321/202104/t2021_0425_528077.html.

④ 凡勇昆,邬志辉.我国中小学课业负担问题的反思——现代性危机的视角[J].现代教育管理,2012(6):30-34.

⑤ 包松娅.为中小学生减负"协同发力"[N].人民政协报,2018-05-18(007).

辅导,平均每人要参加 3 个辅导班,最多的要参加 6 个"[①]。有学者指出,校外培训机构超前超纲超时授课,而且有市场、有需求,一方面迎合了部分家长对于考试和分数的重视,另一方面又进一步加剧了家长的焦虑,破坏了正常的教学秩序,违背了教育规律与学生成长规律,最终导致了"校内减负、校外增负"现象的发生。[②]薛海平等学者对我国中小学生首次参与课外补习的时间进行分析发现大多数学生都参加过课外补习,且参加时间较早。[③]当需求被市场放大,社会民间资本在教育领域聚集,无疑对增加中小学生课外负担起到推波助澜的作用。

四、课业负担的判断标准及监测体系

(一)课业负担判断标准

2013 年 6 月,教育部颁布《关于推进中小学教育质量综合评价改革的意见》,其中指出从学习时间、课业质量、课业难度、学习压力四个方面评价课业负担状况。[④]有研究对影响课业负担的测量指标进行调查发现,当前的研究指标没有呈现明显的汇集趋势,但测量指标依然有一些明显的共性和结构,即从学生做作业的时间以及在作业过程中所表现出来的情绪来推断学生课业负担是否过重。[⑤]柯政通过网络在线填写问卷的方式了解公众在课业负担的核心问题,并指出不能只用完成课业时间的长短来表达课业负担的大小。[⑥]

综上,当前对课业负担判断标准的研究大多基于教育部《关于推进中小学教育质量综合评价改革的意见》中提到的四个方面,但依旧缺乏一套完整

---

① 季芳.好日子咋养出弱孩子[N].人民日报,2011-11-23(014).
② 赵婀娜.校内减负、校外增负,怪圈怎么破[N].人民日报,2021-03-23(012).
③ 薛海平,师欢欢.起跑线竞争:我国中小学生首次参与课外补习时间分析——支持"双减"政策落实的一项实证研究[J].华东师范大学学报(教育科学版),2022(2):71-89.
④ 中华人民共和国政府门户网站[EB/OL](2013-06-08),http://www.moe.gov.cn/srcsite/A06/s3321/201306/t20130608_1 53185.html.
⑤ 汤兆武,杨若翰.从哪里看出学生课业负担过重——对课业负担测量的思考与建议[J].教育发展研究,2013(6):31-35.
⑥ 柯政.公众对课业负担的理解:基于 2159 份问卷调查结果[J].教育发展研究,2013(6):25-30.

的、系统的判断标准。

(二)课业负担监测指标体系

学生课业负担监测指标体系则是指能够全面反映学生课业负担状况的一系列指标。李虎林结合学生课业负担的含义以及监测指标体系构建的原则,从课业任务、课业压力和学生的身心反应三个维度加以建构,包含课业难度、学习时间、课业数量;课业任务压力、期待压力、竞争压力、课业实施质量压力;学习疲劳、厌学这九个一级指标。[①]

刘力从四个方面设计监测指标,分别是学校管理方面(学校课程表制定的合理性、在校学习时间的平均量、个人学习时间的平均量、睡眠时间的平均量、户外活动时间的平均量)、教学内容与方法方面(知识项目的数量、主要教材的总量、课堂作业与家庭作业的数量、课程标准和教科书的内容与范围符合学生实际潜力的情况、教学过程的理想模式、方法与教师在其课堂实际使用之间是否脱节)、心理学方面(认知、情感、行为)及生理卫生方面(有关学生总的课业负担以及日常活动的组织程度的各种指数、心理生理学指数、基本生理系统状态指数)。[②]

五、课业负担过重的治理对策

(一)国家、社会层面

在对相关文献查阅和整合的基础上发现,政府层面主要体现在发挥政府在减轻学生课业负担过程中的政策执行力。在政策执行中可利用府际学习机制,通过政策细化、执行评估、政策纠偏、政策采纳四个环节,促进政策不断规范化。[③]基于其他社会组织、企事业单位和社会团体育人主体方面,有研究表示需要探索构建学生假期活动体系和模式,鼓励街道参与指导学生社会实践,提供实践锻炼和志愿服务岗位;鼓励各类综合性和特色劳动实践

---

① 李虎林.中小学生课业负担监测指标体系探索[J].当代教育科学,2014(14):27-31.
② 刘力.如何科学监测学生的学习负担?[J].中小学管理,2011(4):53.
③ 杨宏山,茆雪瑞.政策执行中的府际学习机制——基于教育政策改革的典型案例分析[J].首都师范大学学报(社会科学版),2020(6):144-152.

基地向学生开放,设计面向学生的劳动实践课程和服务岗位等。[①]同样有聚焦教育出版社的研究认为,出版社要跳出简单的书目调整和单纯市场应对的逻辑,顺应教育改革的时代背景,对教育出版方向定位、出版质量以及机制服务等方面进行系统性的调整与创新。[②]

(二)学校层面

学校作为学生减负的主阵地,在其治理对策上主要有提高教师教学质量、加强课程与教学改革、优化学生作业设计、改革教育评价制度、提升学校课后服务水平五个方面。[③]聚焦减轻学生课业负担治理对策,在课程教学上,有学者指出课程计划应从顶层和源头统筹规划,加大对学生课业负担的管控力度;完善课标与教材,使教学质、量、难、易清晰有度,让课业丰富多彩;课堂教学应回归基础教育的基础性,给学生预留课业选择的空间;教学管理应直接介入课业管理,以教学评价导正课业的价值旨趣。[④]在学科课程上更多聚焦体育课程的研究,例如基于"双减"政策为改革课外体育活动提供契机,形成以"运动俱乐部"为主体,以"运动竞赛""分层管理"为主线,以"政策规范""学校支持""校内外合作"为保障的课外体育活动。[⑤]

部分研究聚焦于作业设计,有研究提出"有效作业设计"概念,并对其内涵、设计实施以及实现要求等方面都做出详细的阐述。[⑥]还有研究表明,在双减背景下,首先,教师要明确作业改进的意义,探索"计划—实施—反思"的作业改进闭环;其次,教研组要加强教研,探讨"标准 +"作业的设计与实施;最后,学校应完善作业协调机制、"存档"机制、交流机制、评价机制,加强作业统筹管理。[⑦]总之,作业设计要更加科学,强调个性、分层、多元的作业

---

① 　马开剑,王光明,方芳,张冉,艾巧珍,李廷洲."双减"政策下的教育理念与教育生态变革(笔谈)[J].天津师范大学学报(社会科学版),2021(6):1-14.
② 　宋吉述."双减"政策下教育出版发展思路[J].中国出版,2021(20):14-18.
③ 　付柳,李敏.博弈中的减负——近十年我国基础教育减负研究综述[J].少年儿童研究,2022(6):5-20.
④ 　黄伟."减负":课程与教学的担当和作为[J].教育发展研究,2013(24):41-45.
⑤ 　专家组."双减"政策与学校体育发展[J].上海体育学院学报,2021(11):1-15.
⑥ 　王玉萍."双减"背景下有效作业的设计和实施[J].中国教育学刊,2021(S2):207-213.
⑦ 　杨清."双减"背景下中小学作业改进研究[J].中国学刊,2021(12):6-10.

布置。

(三)家长层面

家长作为学生减负过程的参与者,在减负浪潮中更应明确自己的角色定位。有学者针对家长如何更好履职等家庭教育问题提出建设意见,譬如学校和社会要协力支持家庭教育,多渠道开展家庭教育指导,共同构建家校社共育的良好教育生态等。[①]

第三节　减负中的助力:"双减"与"双增"

进入 21 世纪,我国减负进入新发展阶段,在减轻学生课业负担和规范校外培训的呼声下,2021 年 7 月 24 日,中共中央办公厅、国务院办公厅印发《关于进一步减轻义务教育阶段学生作业负担和校外培训的意见》,"双减"政策聚焦学生校内和校外课业负担的数量和时长,旨在实现全面发展的目标和教育资源的合理利用。本章聚焦"双减"与"双增",探讨课后服务、假期托管、校外培训三种主要减负形式。

一、"双减"与"双增"的内涵

"双减""双增"是平衡减负过程、实现学生全面发展的重要实践举措,通过相关政策文本和期刊文献了解"双减""双增"的内涵及从"双减"政策到"双增"提出的演变过程。

(一)"双减"

1."双减"的本质与内涵

"双减"从政策层面明确"减负"的主要任务和重要举措,包括全面压减作业总量和时长,减轻学生过重作业负担;提升课后服务水平,满足学生多样化需要;坚持从严治理,全面规范校外培训;大力提升教育教学质量,确保

---

① 边玉芳.传统"家事"上升为新时代的重要"国事"——"双减"背景下全社会如何支持家长为促进儿童健康成长而教[J].人民教育,2021(22):26-30.

学生在校内学足学好。①依据政策文件的发展要求,学者们对"双减"的内涵进行深入解读。

"双减"政策处处提"减",克服"双减"的短视化和片面化需要窥探其背后的实质。"双减"政策的目的是引领基础教育回归正确的轨道,体现"育人为本"的本质要求,②培养学生全面持续发展;重申学校教育的主阵地及服务态势,明确学校服务于学生健康成长、服务于学生的选择性需求、服务于家长的利益。③最终"双减"政策引导基础教育回归教育公平,实现公平、有质量的基础教育首要价值,"双减"政策是回归教育规律的契机。④李芒等学者认为,探究"双减"的本质需要明确"双减"到底减的是什么,在克服等量减负、齐步减负、强制减负、片面减负等不良现象,重新认识学习负担的基础上,进而归纳出减负的本质是通过系统地、整体地、动态地化解学习负担中存在的各种矛盾所表现出来的。⑤

从"双减"的价值内涵上,郭中华认为"双减"是对"公平""高质量发展"的价值追求。在把握其内涵的基础上,更需要警惕"双减"实施过程中缺失人、无质量、"路径依赖的公平"三方面陷阱。⑥同样从价值内涵角度,申国昌等学者认为落实"双减"政策深刻体现了教育治理体系下,坚持马克思主义教育观,以社会主义办学方向为根本遵循、以立德树人为根本任务、以人民为中心发展理念的价值内涵。⑦也有学者认为"双减"政策执行的内涵是学校

① 中华人民共和国教育部政府门户网站[EB/OL](2021-07-24),http://www.moe.gov.cn/jyb_xwfb/gzdt_gzdt/s5987/2021 07/t20210724_546566.html.
② 郭中华,顾高燕."双减"与教育高质量发展——一种批判教育学的视角[J].中国电化教育,2022(3):16-21.
③ 卢迎丽,程红艳."双减"政策背景下学校变革的困局与突围[J].当代教育科学,2022(4):87-95.
④ 杨兆山,陈煌."双减"引发的对基础教育的几点思考[J].四川师范大学学报(社会科学版),2021(6):35-41;王黎明."双减"政策更应成为回归教育规律的契机[J].人民教育,2021(17):12.
⑤ 李芒,葛楠,石君齐."双减"的本质与责任主体[J].现代远程教育研究,2022(3):24-31.
⑥ 郭中华,顾高燕."双减"与教育高质量发展——一种批判教育学的视角[J].中国电化教育,2022(3):16-21.
⑦ 申国昌,贺鹏丽.教育治理体系下落实"双减"政策:价值内涵、行动逻辑与运作机制[J].现代教育管理,2022(8):21-28.

教育提质增效,校外教育持续规范。①

总体来说,大部分学者认为当前"双减"的本质是实现立德树人的根本任务,"双减"的内涵是实现教育公平、高质量的发展。"双减"政策旨在引导教育重回学校,以学校为主阵地,校外培训为补充,实现学生的全面发展。

2."双减"需要处理好的问题及矛盾

"双减"政策需要面对和解决的核心问题可以依据其关涉的主体分为四个方面。首先,从政策制定、监管主体——政府角度来看,强化政府的监管责任,制定科学合理的教育管理制度特别是教育评价制度,保证学校按照教育规律开展教育教学活动。其次,从政策落地实施的主体——学校及教师主体来看,明晰与落实学校教育责任,避免把学校教育责任转移给家庭与社会。在保障教师基本权利的基础上激发教师的教学积极性。再次,从政策主要受益者——学生角度来看,需要解决的问题是处理好学生之间的差异和不平衡性,满足不同学生成长、发展以及兴趣的需要。②最后,划定教育领域中国家、学校与市场的边界,严控资本介入教育领域进行逐利。③

"双减"过程中需要处理好的矛盾关系,学者们从不同的角度给予不同的见解,大致可以分为以下三个方面:处理好"双减"过程中的"减"与"增";平衡好校内教育和校外培训之间的关系;处理好各相关利益主体之间的关系。

(1)处理好"双减"过程中的"减"与"增"

聚焦教育教学层面,"双减"政策的实施需要处理好教育教学中"减法"与"加法"之间的关系,在减轻学生作业负担和校外培训的同时,要给学生更多的时间和空间进行课外活动和培养个人兴趣,做到五育协同协调发展。④对重点群体、区域等的分类治理策略有待加强。学校在落实减负政策时应将

---

① 薛二勇."双减"政策执行的内涵、理念与路径[J].人民论坛,2022(6):74-78.

② 杨兆山,陈煌."双减"引发的对基础教育的几点思考[J].四川师范大学学报(社会科学版),2021(6):35-41.

③ 刘复兴,董昕怡.实施"双减"政策的关键问题与需要处理好的矛盾关系[J].新疆师范大学学报(哲学社会科学版),2022(1):91-97.

④ 刘复兴,董昕怡.实施"双减"政策的关键问题与需要处理好的矛盾关系[J].新疆师范大学学报(哲学社会科学版),2022(1):91-97.

重心放在重点学科和小学中高年级学生上。学生课业负担的压力一般来自主科的学习,尤以语文、数学作业的负担最为突出;在不同年级的学生中,小学中高年级学生较小学低年级学生课业负担突出。①

（2）平衡好校内教育和校外培训之间的关系

首先应该明确校内和校外在教育问题上的主体地位,学校作为教学工作实施的主体,是实施教育教学工作的主阵地。重视学校教育在青少年成长过程中发挥的主导作用,校外培训作为学校教育的有益补充需要明晰其自身的地位,实现校内教育与校外培训的优势互补。②

（3）处理好各相关利益主体之间的关系

当前研究普遍认同各利益主体在减负中应遵循 G2S 协同治理模式,即政府出台政策规范与引导,学校开展管理与教学改革落实,社会参与政策讨论、配合支持。③一是坚持政府的主导地位,在政府的监管和引导下,才能形成减负有序、有效、多方协同的局面。二是保证学校的自主权,依据不同地域和学校的办学条件、宗旨以及师资的不同,在具体的实施过程中学校依据实际情况统筹规划,并积极听取和采纳家长、教师的意见。三是社会参与、多方协同,全社会要依据自身教育环境进行教学方式方法的创新,修复全民教育观念系统,④调动宏观、中观、微观三方力量在保持自身特性的同时,互相协调资源,满足国家发展和社会需要。⑤

（4）处理好学与考的关系

考试命题应该以学生的核心素养为考试内容,实现"知识立意"向"能力

①　李海波.北京市中小学生作业负担现状及对策[J].中小学管理,2015(5):48-50;李佳蕾,陈慧娟,刘祎莹."双减"背景下的"双增"——对课后服务和校外培训实效性的反思[J].少年儿童研究,2022(6):36-48.

②　刘复兴,董昕怡.实施"双减"政策的关键问题与需要处理好的矛盾关系[J].新疆师范大学学报(哲学社会科学版),2022(1):91-97.

③　王贤文,周险峰.学业负担治理研究十年:回顾与展望[J].河北师范大学学报(教育科学版),2021(3):121-127.

④　龙宝新,赵婧."双减"政策破解义务教育内卷化困境的机理与路向[J].现代教育管理,2022(4):20-29.

⑤　刘复兴,董昕怡.实施"双减"政策的关键问题与需要处理好的矛盾关系[J].新疆师范大学学报(哲学社会科学版),2022(1):91-97.

立意"的转向。考试内容要体现多元性、综合性、应用性和创新性。具体到学科层面,要结合学生核心素养和学科核心素养相关研究,明确该阶段学生应达到的学科思维和能力水平。[①]龙宝新等学者提出"双减"政策破解义务教育内卷化的机理分析并提供了三条主线:教育聚魂、教育深耕、学校升级。这三条主线包含政策层面、教学质量提升层面以及除教学外的其他学校建设层面,都聚焦于具体操作层面。[②]

3."双减"如何有效落实

当前研究多从利益相关者的角度探讨实质性的落地途径,主要关涉多元利益相关主体,倡导协同育人。"双减"政策落地,必须坚持以习近平新时代中国特色社会主义思想为指导,明确立德树人根本任务,着眼建设高质量教育体系;强化学校育人主体地位;切实提升学校育人水平;深化校外培训机构治理,构建良好的教育生态,有效减轻义务教育阶段学生过重的作业负担和校外培训负担。[③]

(1)明确立德树人根本宗旨

将立德树人作为根本宗旨,立德、树人统一于人才培养的全过程。积极构建"五育融合"教育体系,包括构建以学生全面发展为核心范畴和根本理念的教育体系。[④]回归立德树人需要聚焦减轻作业负担,全面压减小学生作业总量和时长;规范校外培训,坚持从严治理;聚焦学校主阵地,提升学校教学质量;聚焦课后服务,充分利用课后时间;聚焦家校社协同,推进协同育人体系建设;聚焦统筹推进,警惕资本从义务教育阶段向学龄前阶段和普通高中阶段无序流动。[⑤]

① 朱永新.处理好"双减"五对关系 促进基础教育高质量发展[J].人民教育,2022(1):22-26.
② 龙宝新,赵婧."双减"政策破解义务教育内卷化困境的机理与路向[J].现代教育管理,2022(4):20-29.
③ 周洪宇,齐彦磊."双减"政策落地:焦点、难点与建议[J].新疆师范大学学报(哲学社会科学版),2022(1):69-78.
④ 郭中华,顾高燕."双减"与教育高质量发展—— 一种批判教育学的视角[J].中国电化教育,2022(3):16-21.
⑤ 周洪宇."双减"政策落地应回归立德树人初心[J].中国教育学刊,2021(12):2.

（2）求解于政府层面

作为多元共治中担负主要责任的主体、作为政策的规范者与引导者，教育行政管理者需要深刻理解国家出台"双减"政策的战略意图。首先，需要强化"双减"的精神核心，从整体进行长远布局，加强统筹部署，将政策落实落细。①构建完备配套的制度体系，夯实学校主体责任，严格执行国家课程标准，加强课程实施日常监督，切实压减作业总量和时长。②其次，强化宣传引导、专项治理和督导检查，重在规范学校和校外培训机构的办学行为，强化事中事后监督管理，构建差异化的监管模式，引导校外培训机构转型。③最后，需要政府释放社会活力，做到必要的集权和分权。深化简政放权，向学校、社会分权的同时要结合地情、校情、师情、学情、家情等差异，制定符合当地实际情况的"双减"工作具体举措。④

（3）求解于学校层面

一是明确学校责任限度。明确学校主要担负教书育人专业限域内的责任，不断提升学校基础设施建设和教师队伍的专业化，提升学校的教育格局。除此之外学校需要协调社会和家庭形成三方合力，共同致力于学生的发展。⑤

二是真正提升学校义务教育的质量，完善义务教育均衡优质发展体制。⑥例如深化教育教学的改革，建立有利于提高教学质量的管理制度和工作机制等。⑦在学校教育教学上，不断提升学校课后服务水平，在课程资源上做

---

① 李芒，葛楠，石君齐."双减"的本质与责任主体[J].现代远程教育研究，2022（3）：24-31.

② 佘宇，阚明坤，杨开勇，单大圣.我国基础教育阶段学生负担治理："双减"政策及长效机制建设[J].管理世界，2022（7）：163-170.

③ 周洪宇，齐彦磊."双减"政策落地：焦点、难点与建议[J].新疆师范大学学报（哲学社会科学版），2022（1）：69-78.

④ 申国昌，贺鹏丽.教育治理体系下落实"双减"政策：价值内涵、行动逻辑与运作机制[J/OL].现代教育管理，2022-08-11.

⑤ 卢迎丽，程红艳."双减"政策背景下学校变革的困局与突围[J].当代教育科学，2022（4）：87-95.

⑥ 周洪宇，齐彦磊."双减"政策落地：焦点、难点与建议[J].新疆师范大学学报（哲学社会科学版），2022（1）：69-78.

⑦ 佘宇，阚明坤，杨开勇，单大圣.我国基础教育阶段学生负担治理："双减"政策及长效机制建设[J].管理世界，2022（7）：163-170.

足,在协同育人上下好功夫,满足学生的个性发展,提升学生综合素养。[①]

三是创新办学及管理模式。推动新型义务教育学校办学模式,例如集团化办学、名校办分校等多种办学模式;施行弹性化管理,依据教育教学的实际情况和受教育者的实际需求进行灵活的编排,保证学校服务的前瞻性。[②]为缓解家庭教育的焦虑,有学者提出促进校级教育均衡发展,主要包括加快标准化建设,例如区域内资源统筹、义务教育学校建设、教师编制、教师收入等的标准统一。建立校长任期制与教师聘任制管理模式、创新学校办学模式、提升学校治理能力以及改善学校教育管理。[③]

四是改进学校评价方式。以科学的评价推进内涵式发展,凸显"育人式评价",摒弃对五育分离式的评价。[④]也有学者提出教育和人才评价制度的改革要抓住三个环节,分别是升学考试制度的改革、教育政绩考核制度的改革、社会人才评价制度的改革。[⑤]

(4)求解于教师层面

首先,培养教师核心素养,不断提升教师队伍的育人、教学水平。教师应在日常教育教学实践中,自觉观照核心素养之于教育教学的意义和作用,主动践行立德树人、五育并举,进行终身学习、数字化学习和专业化学习,探寻教育生活体验,养成教育机智,发展教育智慧,提升反思能力,全方位多层次地发展和提升自我的核心素养。[⑥]其次,提升教师在教学关系中的主体性。培养教师的主人翁意识,进而能够作为自由主体自觉创造自己的教学。最后,

---

① 马开剑,王光明,方芳,张冉,艾巧珍,李廷洲."双减"政策下的教育理念与教育生态变革(笔谈)[J].天津师范大学学报(社会科学版),2021(6):1-14.

② 卢迎丽,程红艳."双减"政策背景下学校变革的困局与突围[J].当代教育科学,2022(4):87-95.

③ 佘宇,阚明坤,杨开勇,单大圣.我国基础教育阶段学生负担治理:"双减"政策及长效机制建设[J].管理世界,2022(7):163-170.

④ 郭中华,顾高燕."双减"与教育高质量发展——一种批判教育学的视角[J].中国电化教育,2022(3):16-21.

⑤ 佘宇,阚明坤,杨开勇,单大圣.我国基础教育阶段学生负担治理:"双减"政策及长效机制建设[J].管理世界,2022(7):163-170.

⑥ 郭中华,顾高燕."双减"与教育高质量发展——一种批判教育学的视角[J].中国电化教育,2022(3):16-21.

为教师提供必要的自由时间，当前教师被更多的事务性工作和课后服务占据，为教师提供更多的自由时间成为一种需求，但同时需要引导教师更好地利用自由时间，防止教师在时间中走失进而无法得到质的提升。[①]

（5）求解于学生层面

首先，关注学生个体的身心健康。学生的身心健康是"双减"的目的之一，在保证学生身心健康发展的前提下才能有效减轻学生的学习负担。其次，学生是具体的、个性化的，不同的学生面对的课业负担感受不同、参与课后服务需求不同，因此，学生自身要正视个体差异，在教师的帮助下对自身进行有效减负。[②]最后，开展学生学习品质要素的教育科研行动，提升学生在校学习效率，实现课业负担的精准减负提质。[③]

（6）求解于家庭层面

"双减"政策的有效落实需要社会各界协同配合，家长作为"双减"相关利益主体在家庭教育中发挥着重要的作用，从家庭层面落实"双减"需要家长形成科学、正确的子女成才价值观及儿童身心健康发展观，与政府、学校达成一致的教育治理目标与共识。其次，家庭要通过多种途径培养、提高家庭成员教育素养和参与基础教育治理能力。最后，引导和激发家长参与教育治理的积极性，家长通过多种渠道参与学校和社会为其提供的活动，对家长了解学生、减轻学生负担具有助力作用。[④]

（7）求解于社会层面

有研究显示当前社会成员的教育观念影响"双减"政策的有效落实。因此，从社会成员角度出发，将其对"双减"产生的错误观念进行纠偏也不失为落实"双减"政策的有效途径。首先，正视目标群体"前理解结构"的存在，尊重理解者的主体性，引导目标主体不断修正错误观念。其次，引导公众形成

---

① 李芒,葛楠,石君齐."双减"的本质与责任主体[J].现代远程教育研究,2022(3):24-31.
② 李芒,葛楠,石君齐."双减"的本质与责任主体[J].现代远程教育研究,2022(3):24-31.
③ 马开剑,王光明,方芳,张冉,艾巧珍,李廷洲."双减"政策下的教育理念与教育生态变革(笔谈)[J].天津师范大学学报(社会科学版),2021(6):1-14.
④ 申国昌,贺鹏丽.教育治理体系下落实"双减"政策:价值内涵、行动逻辑与运作机制[J/OL].现代教育管理,2022-08-11.

正确的教育教学观念,塑造良好教育教学环境,包括引导公众树立正确的教育教学价值观、教育教学发展观、职业观等。最后,加强社会"对话",促进"视域融合"。做到这一点需要政策制定、实施者和目标群体之间形成良性互动,通过互联网等媒介形成双向的宣传、沟通渠道。①

有研究聚焦在公共教育治理体系构建方面。首先,在党的全面领导下,坚持校外教育的公益属性,持续规范校外培训机构准入制度、严格监管培训内容、规范收费行为;其次,从政府层面,提高政府的教育治理效能;最后,"双减"有效落实必须坚持多元合作共治,要尊重学校办学自主权、学生的受教育权、家长家庭教育的自主权以及校外培训机构的合法权利。②"双减"政策的有效落地同样对教育基建提出新的挑战。如智慧校园建设亟待深化,信息网络服务亟须加强;重视平台资源使用需求,合理规划软硬件建设;增加人才供给对技术的创新应用的指导,建立安全的监管体系。③在信息时代背景下,面对教育新基建助力"双减"政策落地的回应需要在"互联网 + 教育"、智慧化网络环境的时代需求下持续思考。

4."双减"面对新挑战

"双减"政策在持续全面落实和深入推进的同时也面临新的问题,呈现新的深化点和突破点。从研究角度来看,学业负担过重的深层历史原因仍有待继续挖掘,现有减负成果和经验的学理提升意识不足,对教师负担问题未给予足够关注,未来意识对当前研究的介入不够等挑战有待面对和解决。④从学理层面厘清学业负担,持续推进减负研究是十分必要的。从"双减"政策实施来看,同样面对负担多样、治理缺乏系统性、治理手段有限、治理策略复

① 葛海丽,张广君."双减"政策落实的潜在制约及实施策略——基于"前理解"的解释学思考[J].天津师范大学学报(社会科学版),2022(1):43-49.

② 张志勇."双减"格局下公共教育体系的重构与治理[J].中国教育学刊,2021(9):20-26+49.

③ 付卫东,刘慧敏,陈安妮,胡依然.教育新基建助力"双减"政策落地:需求、优势与挑战[J].现代教育技术,2022(1):27-34.

④ 杨小微,文琰."双减"政策实施研究的现状、难点及未来之着力点[J/OL].新疆师范大学学报(哲学社会科学版),2022(4):1-14.

杂等挑战。①

　　马陆亭等学者认为"双减"面临的挑战主要有四个方面：首先是对"减负"认识不统一、执行步调不一致。不同责任主体对"双减"政策的落实存在认识偏差，这就更需要多方协同、共同推进、统筹治理。其次，在落实上忽略差异性，管理出现"一刀切"。政策有效落地需要考虑不同地域、学校、教师之间存在的客观差异，正视差异才能真正实现"双减"。再次是配套保障跟不上。"双减"政策落实是循序渐进、持续向好的过程，核心在教师，关键在教师、硬件和经费的保障。最后，升学需求没有变。重视筛选、择优，轻视学生成长是教育生态失衡的重要原因。②在升学需求方面同样有学者认为，深层的文化因素逐渐演变成"阶层跃迁焦虑"，而这种焦虑如何促进以升学为导向的教育转变有待我们思考。③陶蕾等学者也从四个方面提出"双减"面临的挑战：目标错位、策略失灵、理论窠臼、实践瓶颈。④简言之，"双减"需要明确目标，以具体化问题为抓手协调好问题策略，丰富"双减"的理论并将理论与实践相联系。

　　从学校角度来看，有学者提出"双减"背景下学校变革的困境，在政府管制下，学校需要妥善处理好政府监管内生弊端以及监管过程中对学校自主权的干预。从学校自身而言，要应对学校职责泛化、拒绝学校责任的绝对向度，不能将学校作为育人的唯一责任主体。学校在与其他相关利益主体共同构建的过程中存在需求表达空间的缺位、需求机制回应孱弱问题。⑤付卫东等学者同样从学校层面出发，将"双减"的挑战聚焦于以数字和网络领域为主的教育新基建。⑥在课堂教学的数字化转型中，谢幼如等学者对其理论构

　　① 余宇,阙明坤,杨开勇,单大圣.我国基础教育阶段学生负担治理："双减"政策及长效机制建设[J].管理世界,2022(7):163-170.
　　② 马陆亭,郑雪文."双减"：旨在重塑学生健康成长的教育生态[J].新疆师范大学学报(哲学社会科学版),2022(1):79-90.
　　③ 杨小微,文琰."双减"政策实施研究的现状、难点及未来之着力点[J/OL].新疆师范大学学报(哲学社会科学版),2022(4):1-14.
　　④ 陶蕾,杨欣."双减"的价值证成与时代路向[J].中国电化教育,2022(3):7-15.
　　⑤ 卢迎丽,程红艳."双减"政策背景下学校变革的困局与突围[J].当代教育科学,2022(4):87-95.
　　⑥ 付卫东,刘慧敏,陈安妮,胡依然.教育新基建助力"双减"政策落地：需求、优势与挑战[J].现代教育技术,2022(1):27-34.

建及演进路径进行探索性讨论。①

马开剑等学者从教师主体出发分析教师队伍在"双减"背景下面临的挑战，包括课堂教学质量亟须提升、教学评价水平亟待提高、工作节奏更加紧张等。②"双减"在实施过程中对各相关利益主体带来实践、研究等方方面面的新挑战，是挑战同时也是机遇，如何把握机遇面对挑战是当下"双减"政策有效落实的思考点。

(二)"双增"的内涵

"减"的同时还需要"增"，尤其体现在增加体育、美育、劳动教育等活动的时间和机会上。于是，2021年10月26日，教育部召开新闻发布会，提出在落实"双减"的同时要推动"双增"，即从校内学生培养和规范校外培训两个层面，增加、补足学生体育、美育、劳动教育的时间和机会，其实质是在"双减"之后，再次强调学校全面育人的宗旨，克服对"双减"的狭隘解读，引导学生全面发展。

不同学者对"双增"的内涵解读略有不同，但大致都可归结为学校教育质量和实效的增加。聚焦于校内教学质量，伍学明认为学校课堂教学的"增"，具体表现在教学管理、课堂建设、学科教学、常规管理、课堂评价等方面的"增"。将师生的注意力回归课堂，形成人本教学理念和学科统一的教学范式。③丁世明等同样聚焦于校内教育质量的提升，认为"双增"聚焦于课堂教学质量、作业质量的提高以及通过科学育人凝聚家校社合力。④杨红伟将"双增"聚焦于作业和课后服务两个方面，提出学校实施作业管理和设计的"三措施三行动"以及学校实施"统筹落实、点面结合、质量并重"的课后延时服务工作策略。⑤高国君则聚焦教师的课程研究力和课堂教学品质力两方面的"增"，在教师课程研究力方面，教师必须建构从教材到课程的系统思维，

① 谢幼如,罗文婧,章锐,刘亚纯."双减"背景下课堂教学数字化转型的理论探索与演进路径[J].电化教育研究,2022(9):14-21.

② 马开剑,王光明,方芳,张冉,艾巧珍,李廷洲."双减"政策下的教育理念与教育生态变革(笔谈)[J].天津师范大学学报(社会科学版),2021(6):1-14.

③ 伍学明.落实"双减"学校该"减"什么?"增"什么?[J].人民教育,2021(23):49-51.

④ 丁世明,邹燕."双减"之下,如何实现低负高效[J].人民教育,2022(6):75-76.

⑤ 杨红伟,王平."双减"中的"双加"[J].中国教育学刊,2022(2):105.

实现从"教教材"到"用教材教"的转变,要求教师的教学要从单一学科走向融学科;在课堂教学的品质力方面,要求课堂教学要从知识本位走向素养本位、从知识点的记忆走向大观念的建构、从刻板的知识传授走向情境化的创设、从浅表学习走向深度学习。①

从学理层面对"双增"进行解读,有研究者认为在"双减"背景下阐释"双增"内涵,有必要从"增"的主体、对象和内容三个层面厘清"双增"的逻辑。首先,"双增"的主体大致分为两类,一是以学校为代表,为学生提供更多的时间、专业服务和优质资源,表现在教学质量的"增"。二是以家长为代表,家长在面对课后服务新模式下产生的新问题,要提升教育素养,是一种教育能力上的"增"。其次,"增"的对象是指校内教学和校外培训的质量,可理解为"减量增质"。校内提升作业布置、课堂教学和课后服务的质量,校外增加对培训机构的监管。最后,在"增"的内容上,一是以学校为中心的"双增",二是校外培训的"增"。因此,课后服务、校外培训是"双增"的主要内容,"双增"的实效性即体现在课后服务的质量和校外培训的规范性上。②

(三)从"双减"到"双增"

自"双增"提出之后,有不少研究者对"双增""双减"之间的关系进行讨论,有学者认为"双增"助力、推动"双减",③也有学者认为两者相互促进或有学者认为"双减"是底线,"双增"是其实施策略。④也有研究者聚焦不同的研究侧面,例如课堂教学、五育中的"双减"与"双增"。⑤更多研究者认为"双减"到"双增"是一脉相承的,二者目标一致且不是两个孤立的政策,都旨在减轻中小学生的学业负担,促进中小学生全面发展。⑥

---

① 高国君,蔡友芬.刍议课堂教学的"双减"与"双增"[J].创新人才教育,2022(2):56-59.
② 李佳蕾,陈慧娟,刘祎莹."双减"背景下的"双增"——对课后服务和校外培训实效性的反思[J].少年儿童研究,2022(6):36-48.
③ 孙进,张睿,孙苹.以"双增"助力"双减"[J].初中生世界,2022(8):4-5.
④ 史俊兵.实施"双增"策略 守住"双减"底线[J].山西教育(管理),2022(4):77.
⑤ 高国君,蔡友芬.刍议课堂教学的"双减"与"双增"[J].创新人才教育,2022(2):56-59;郭声健,聂文婧.学校音乐教育的"双减"与"双增"[J].人民音乐,2022(5):36-39.
⑥ 周洪宇,齐彦磊.从"双减"到"双增":焦点、难点与建议[J].天津师范大学学报(社会科学版),2022(3):1-6.

从"双减"到"双增"是实现学生全面发展目标、克服片面减负、保持过程平衡的重要实践举措。"双减"政策通过强有力的操作性手段,有效减轻义务教育阶段学生作业负担和校外培训负担。要真正实现学生全面发展,不仅需要"减"负担,还需要"增"质量。从"双减"到"双增"着眼于以学生为本的发展理念,为学校减负提供抓手,不可囿于二者出现的时间前后,也不能简单将二者理解为目的和手段的关系。从"双减"到"双增"是减负逐渐完善的过程,是减负政策在理论和实践两个层面的丰富,是减负产生实际效用的递进过程。①

二、减负新探索之校内课后服务、假期托管与校外培训

"双减"政策提出后,相关研究聚焦校内、校外两个层面,课后服务、假期托管与校外培训不断兴起、完善。围绕校内、校外两个核心场域出现一些前沿研究议题。

(一)校内课后服务

中小学课后服务是与义务教育紧密相关的一种延伸服务。②课后服务政策满足家长的合理诉求,减轻学生课外学业负担,缩小学生课后成长差距,促进教育公平,但同时需要注意学校课后服务的价值实现也存在一些限制,例如课后服务责任主体、课后服务评价体系建设等问题亟须解决。③校内课后服务作为"双减"的前沿议题受到研究者、相关利益主体甚至是社会各界的广泛关注,该部分在对课后服务概念界定的基础上,探讨学界对课后服务的聚焦点。

1.课后服务的概念界定及发展历程

自 20 世纪 90 年代以来,课后服务在我国日渐兴起。到今天课后服务的发展已经有 30 余年的研究和实践,有学者对课后服务的发展历程进行梳

①　李佳蕾,陈慧娟,刘祎莹."双减"背景下的"双增"——对课后服务和校外培训实效性的反思[J].少年儿童研究,2022(6):36-48.
②　邹敏.中小学生课后服务的属性及权责问题探讨[J].中国教育学刊,2020(3):32-36.
③　顾艳丽,罗生全.中小学课后服务政策的价值分析[J].教育科学研究,2018(9):34-38.

理,可划分为以看管与监护为主的起始萌芽期、以三种服务模式为主的独立探索期和以地方特色发展为主的整合规范期这三个发展变迁阶段。①从政策文本的角度出发,基于政策视角对课后服务的发展历程进行梳理。

(1)概念界定

对于课后服务学界有较为一致的概念,但尚未给出明确的定义。课后服务是在学校教育结束之后,学校为学生提供的以培育兴趣爱好、启发智力情感、提高综合能力为指向的一种课后托管教育服务,又称"课后托管""课后项目"。②一般认为课后服务是学校教育的延伸,是学生托管、作业辅导、文体活动、娱乐游戏、兴趣培养、社会实践等内容的统称。③课后服务是城市化进程加速、家庭结构变迁以及教育改革发展到特定阶段而出现的一种新型教育活动。④

都晓对课后服务的概念进行进一步的解读和划分,在分析了"服务"这一概念的基础上依据国内外研究及政策文本对课后服务的概念进行呈现和界定。⑤在课后服务的建设理念上,有研究认为,以生为本是课后服务的实践旨归,活动中心是课后服务的主要形态,家校社协同是课后服务的重要资源。课后服务课程目标应着眼于多主体需求,课程内容生成于系统化编排,课程实施实现于全方位探索;课程评价立足多维度测评。⑥

在"双减"政策颁布后关于课后服务的研究如雨后春笋,表现在发文量的持续增高,相关利益主体、学界乃至整个社会对其持续关注,尤其体现在对我国中小学体育课后服务的研究较多。

---

① 晋银峰,孙冰冰,张孟英.中小学课后服务的历程、问题与展望[J].教育科学研究,2021(11):5-10.

② 都晓."双减"背景下的课后服务研究述论[J/OL].新疆师范大学学报(哲学社会科学版),2022(4):1-12.

③ 韩登亮,郭翠萍.我国课后服务政策实施的理性思考[J].教学与管理,2019(33):25-27.

④ 刘慧琴.课后服务治理的理论逻辑、现实境遇与实践路径[J].河北师范大学学报(教育科学版),2022(1):77-85.

⑤ 都晓."双减"背景下的课后服务研究述论[J/OL].新疆师范大学学报(哲学社会科学版),2022(4):1-12.

⑥ 欧阳修俊,梁宇健."双减"背景下课后服务课程建设的理念、价值与逻辑[J].教育科学研究,2022(7):26-32.

（2）发展历程

有研究对我国中小学课后服务的发展历程进行梳理发现，可将其分为三个发展阶段，分别是萌芽与初创期、探索与发展期、深化与拓展期。[①]也有研究认为我国课后服务经历需求导向的初创阶段、地方先行的发展阶段、政策统合的繁荣阶段三个阶段，[②]其阶段划分大致与上述划分相同。依据上述历史阶段划分可以发现校内课后服务伴随校外补习的削减而有所发展。

教育部、中国教科文卫体工会全国委员会关于重新修订和印发《中小学教师职业道德规范》，[③]其中规定中小学教师应自觉抵制有偿家教的行为，但处于新一轮基础教育课程改革和学生应试升学的大背景下，有偿补课行为已经从教育问题上升到社会问题。[④]2012 年，教育部等七部门颁布《关于2012 年治理教育乱收费规范教育收费工作的实施意见》，[⑤]提出不得在正常教育教学计划之外组织有偿补课活动，而应将重点放在提高课堂教学效率上，从整体上减少学生对补课的依赖。在之后几年颁布的规范教育收费的实施意见中均有涉及禁止校外补课的内容。于是，学校课后托管服务持续发展并得到规范，逐渐向课后服务演进。2015 年 3 月，《教育部简报》第 12 期报道北京等地积极探索课后服务工作取得初步成效。随后，国家出台政策引导在全国范围内开展课后服务并优化供给。

2017 年 3 月发布的《教育部办公厅关于做好中小学生课后服务工作的指导意见》（以下简称《意见》）[⑥]指出，开展中小学生课后服务是促进学生健康成长、帮助家长解决按时接送学生困难的重要举措，是进一步增强教育服务能力、使人民群众具有更多获得感和幸福感的民生工程。该《意见》鼓励号

---

① 高巍,周嘉腾,李梓怡."双减"背景下的中小学课后服务:问题检视与实践超越[J].中国电化教育,2022(5):35-41+58.

② 屈璐.我国基础教育课后服务政策嬗变及展望[J].现代远距离教育,2019(4):14-19.

③ 中华人民共和国教育部政府门户网站[EB/OL].(2008-09-01).http://www.moe.gov.cn/srcsite/A10/s7002/200809/t2008 0901_145824.html.

④ 徐建华,李季.中小学教师有偿补课的现状、弊端与规避[J].教学与管理,2019(10):9-11.

⑤ 中华人民共和国教育部政府门户网站[EB/OL].(2012-04-28).http://www.moe.gov.cn/srcsite/A01/s7048/201204/t2012 0428_171881.html.

⑥ 中华人民共和国教育部政府门户网站[EB/OL].(2017-03-04).http://www.moe.gov.cn/srcsite/A06/s3325/201703/t2017 0304_298203.html.

召各地切实做好中小学课后服务工作,由此,中小学生课后服务第一次以国家政策性文件的形式在我国得以确立。[1]课后服务内容主要是安排学生做作业、自主阅读、体育、艺术、科普活动,以及娱乐游戏、拓展训练、开展社团及兴趣小组活动、观看适宜儿童的影片等,提倡对个别学习有困难的学生给予免费辅导帮助。此外,坚决防止将课后服务变相成为集体教学或"补课"。[2]2018年12月,教育部等九部门印发《中小学生减负措施》,其中提出提供丰富多彩的课后服务内容,合理确定学生离校时间。安排学生参与各种兴趣小组或音体美劳活动。对学有困难的学生加强帮扶,对学有余力的学生给予指导。[3]2021年6月教育部成立"校外教育培训监管司"。同年7月,教育部等六部门颁布《关于推进教育新型基础设施建设 构建高质量教育支撑体系的指导意见》,[4]提出优化资源供给服务,汇集社会各方的个性化优质资源为课后服务提供资源保证。

2021年7月,"双减"政策进一步完善,学校的课后服务结束时间原则上不早于当地正常下班时间,初中学校工作日晚上可开设自习班。学校的课后服务还要满足学生个性化需求,既要指导学生认真完成作业,还可以对学习有困难的学生进行补习辅导与答疑,为学有余力的学生拓展学习空间。另外,也要通过开展丰富多彩的科普、文体等兴趣小组及社团活动,丰富学生的学习生活。[5]自"双减"政策颁布后,关于课后服务的政策文本逐渐细化,同年11月教育部印发《全国教育系统开展法治宣传教育的第八个五年规划(2021—2025年)》,其中提出将法治教育纳入中小学课后服务范围,课后服务的内容不断扩大。同年12月教育部办公厅、中国科协办公厅发布《关于利

① 邹敏.中小学生课后服务的属性及权责问题探讨[J].中国教育学刊,2020(3):32-36.

② 中华人民共和国教育部政府门户网站[EB/OL](2017-03-04),http://www.moe.gov.cn/srcsite/A06/s3325/201703/t2017 0304_298203.html.

③ 中华人民共和国教育部政府门户网站[EB/OL](2018-12-29),http://www.moe.gov.cn/srcsite/A06/s3321/201812/t2018 1229_365360.html.

④ 中华人民共和国教育部政府门户网站[EB/OL](2021-07-20),http://www.moe.gov.cn/srcsite/A16/s3342/202107/t2021 0720_545783.html.

⑤ 樊未晨.专家解读:"双减"目标如何实现[J].云南教育(视界综合版),2021(9):4-5.

用科普资源助推"双减"工作的通知》，①其中对课后服务的资源引进、科普教育基地的开展以及经费保障机制的建设等方面都提出了要求。2022 年 1 月教育部发布《关于开展中小学幼儿园校（园）长任期结束综合督导评估工作的意见》，将课后服务纳入对义务教育学校校长的评估工作中。②同样在 2022年，相关政策在课后服务的范围和内容上逐渐扩大、细化，例如在水网密集的地区教育部门要结合课后服务做好预防中小学生溺水宣传等。综观上述课后服务的发展历程发现，课后服务以政策为导向在建设中不断完善。对课后服务发展历程中主要政策文本进行如下呈现（表 8-4）。

表8-4　课后服务发展历程的相关政策

时 间	相关政策	相关内容
2008年9月	教育部 中国教科文卫体工会全国委员会《中小学教师职业道德规范》	自觉抵制有偿家教，不利用职务之便谋取私利
2012年4月	教育等七部门颁布《关于2012年治理教育乱收费 规范教育收费工作的实施意见》	不得在正常教育教学计划之外组织有偿补课活动，而应将重点放在提高课堂教学效率上，从整体上减少学生对补课的依赖
2017年2月	《教育部办公厅关于做好中小学生课后服务工作的指导意见》	是迄今为止有关中小学课后服务的第一部专门的、国家层面的政策性文件
2018年12月	教育部等九部门《中小学生减负措施》	提供丰富多彩的课后服务内容，合理确定学生离校时间。安排学生参与各种兴趣小组或音体美劳活动。严禁将课后服务变为集体教学或集体补课
2021年7月	中共中央办公厅、国务院办公厅印发《关于进一步减轻义务教育阶段学生作业负担和校外培训负担的意见》	提升学校课后服务水平，满足学生多样化需求。提高课后服务质量，增强课后服务的吸引力

①　中华人民共和国教育部政府门户网站［EB/OL］（2021-12-14），http://www.moe.gov.cn/srcsite/A06/s7053/202112/t2021 1214_587188.html.

②　中华人民共和国教育部政府门户网站［EB/OL］（2022-01-24），http://www.moe.gov.cn/srcsite/A11/s7057/202201/t2022 0124_596061.html.

续表

时间	相关政策	相关内容
2021 年 12 月	教育部办公厅、中国科协办公厅《关于利用科普资源助推"双减"工作的通知》	各地各校要以"请进来"的方式,引进一批优秀科普人才和相关科普机构,有效开展科普类课后服务活动项目

教育部在进一步做好义务教育课后服务工作的专门部署中,要求各地各校将课后服务作为解决家长"急难愁盼"问题的一项重要民生工程,作为彰显学校办学特色、强化学校育人主阵地作用的重要途径,作为减轻学生过重作业负担和校外培训负担的重要举措,确保课后服务全面高质量开展。①

2.课后服务新样态

教育部官网公布的数据显示,截至 2020 年 10 月,全国已有 30 个省份出台了中小学课后服务政策,36 个大中城市（4 个直辖市、27 个省会城市、5 个计划单列市）66.2%的小学、56.4%的初中开展了课后服务,43.2%的小学生、33.7%的初中生自愿参加了课后服务。②为了保证课后服务时间,教育部将在各地推行课后服务"5+2"模式,即学校每周 5 天都要开展课后服务,每天至少开展 2 小时,结束时间要与当地正常下班时间相衔接。对家长接孩子还有困难的学生,应提供延时托管服务。教育部同时要求,学校要结合办学特色、学生学习和成长需求,充分调动教师积极性和创造性,积极开发设置多种课后服务项目,切实增强吸引力和有效性。③继"5+2"模式之后,更多学校则是在无意识状态下对课后服务进行"课程化"。各地纷纷创新课程模式,例如"1＋1""1＋X""1＋N""1＋X＋Y"等课后服务课程模式,这些课程模式略有不同但有其共通之处。可以说,学校课后服务"课程化"程度的高低决定了课后服务质量的优劣。④

---

① 张维.不得暗中变复习班补习班防止各校攀比[N].法治日报,2021–07–16(005).
② 王营.谨防课后服务引发增压现象[N].中国教师报,2021–05–12(003).
③ 樊未晨.义务教育学校如何落实"双减"[N].中国青年报,2021–07–14(001).
④ 刘登珲,卞冰冰.中小学课后服务的"课程化"进路[J].中国教育学刊,2021(12):11–15.

（1）校内课后服务课程模式

中国教育在线调查显示，41%的家长希望学校可以安排教师陪孩子完成作业或进行一定的学科辅导；26%的家长希望可以为孩子提供艺术类课程学习（音乐、美术及书法等）；21%的家长希望为孩子提供体育运动等游戏活动；11%的家长希望为孩子提供 STEAM 类课程。[①]"课后课程"供给内容以兴趣类为主，旨在尽可能地促进学生多方面的个性化发展，体现以增量促存量的思想，所以在课程内容的选择与编排上不仅依托于学校本身具有的学术性资源，更要吸纳与兼容社会资源。[②]如何将学生所需的课程合理地安排在课后服务中，不少学者提出多样的课程模式。

当前，从我国各地开展的课后服务实践来看，"作业辅导 + 兴趣类活动"是主流的服务形式。[③]以课后服务两小时为课程制定依托，有学者提出"1+1"模式，即 1 个小时的"课业辅导课程"和 1 个小时的"主题活动课程"。课业辅导包括自主作业和特殊辅导，自主作业面向全体学生（一、二年级除外），特殊辅导则针对学生中有困难或者其他特殊需要的学生提供个别指导。主题活动课程则是学校根据学生需求，围绕特定主题有组织、有计划开展的活动门类，通常包括自主游戏、体验活动、兴趣活动、探究活动，其组织程度和要求不断提升。[④]更有学者提出多元化单元教学作业设计，通过优化作业形式减轻学生负担。[⑤]

依据上述"1+1"模式，延伸出"1+X+1"模式。即"清作业"+"社团活动"+"延时托管"。其中"1"（清作业）+"1"（延时托管）在全省城乡中小学校普遍实施，"X"（社团活动）模块目前在城乡、区域、校际存在显著差异，尚未能全面

　　①　樊未晨."课后服务"该有哪些服务[N].中国青年报,2019-05-27(007).
　　②　熊晴,朱德全.学校"课后课程"供给体系建设:逻辑框架与推进机制[J].中国教育学刊,2022(3):29-34.
　　③　付卫东,郭三伟."双减"格局下的中小学课后服务:主要形势与重点任务[J].河北师范大学学报（教育科学版）,2022(1):68-76.
　　④　刘登珲,卞冰冰.中小学课后服务的"课程化"进路[J].中国教育学刊,2021(12):11-15.
　　⑤　马彩云."双减"背景下单元教学的多元化作业设计[J].思想政治课教学,2022(9):31-35.

达成高质量的内容供给。[①]有研究对上述多样的课程模式进行整合形成"1+X+Y"类服务课程,课程中"1"指基础性的服务课程,可理解为课业辅导,为学生提供指导和答疑。"X"指学校开设的服务课程,主要针对中高年级的小学生,是学校依据本校的办学特色、特点开设的校本课程,学生可以依据自己的兴趣选择和学习。"Y"课程指特色个性化课程,为学生提供个性化服务,可理解为社团活动,大多采取课后服务走班制或在活动室进行,也有将"Y"课程设置为提升学生专业和特长的课程或个性服务课程,部分"Y"课程收取相关的课程费用提供相应的服务。[②]

(2)校外课后服务的开发与利用

课后服务不能简单地理解为学校多"照顾"孩子两个小时,其本质上指向于一种教育综合服务的延伸。这既与当前针对校外培训的降温行动构成了一种"校内"联动,也与减少家庭作业,为孩子和家长"双减负"形成了一种内在的自洽。同时,它还有助于为学校开展素质教育创造更大的空间。[③]

课后服务的提供主体不仅有中小学教师,还积极引进正规培训机构参与课后服务。在具体实施中,学校提供课后服务的方式依据内容进行选择。对于作业辅导与答疑类课后服务,以校内教师提供为主;对于科普、文体、艺术等兴趣拓展类课后服务,可采取志愿活动、"政府购买"等方式,借助公益校外资源和购买社会服务,与校外专业人士、正规机构积极合作,为学生提供更为广泛和专业的服务。[④]所谓公益校外资源是指社会上的公益机构,购买服务是指学校通过政府、家长委员会等第三方采购的方式购买校外机构资源为学生提供课后服务。[⑤]

---

① 俞明雅."双减"背景下中小学课后服务的挑战及应对——基于江苏省的分析[J].上海教育科研,2022(3):11-16.

② 李佳蕾,陈慧娟,刘祎莹."双减"背景下的"双增"——对课后服务和校外培训实效性的反思[J].少年儿童研究,2022(6):36-48.

③ 朱昌俊.完善课后服务 增强学校教育的主体性[N].光明日报,2021-06-24(002).

④ 周玲."双减"背景下的课后服务供给方式及质量评估[J].中小学管理,2021(12):35-38.

⑤ 李佳蕾,陈慧娟,刘祎莹."双减"背景下的"双增"——对课后服务和校外培训实效性的反思[J].少年儿童研究,2022(6):36-48.

（3）课后服务运行模式

21世纪初期，由于校外托管受阻，诸多省市开始了自行试点，形成了学校主导、家校委员会主导、"教师+志愿者"主导的三种服务模式。[①]学校主导服务模式主要以学校为提供服务的主体，借助学校场地设施、师资力量等资源，为学生提供放学后的课业或兴趣服务。以家校委员会为主导的服务模式倡导利用社区力量，在家庭与社会两个层面之间形成合力，创造服务新形式。[②]以"教师+志愿者"为主导的服务模式强调学校与社会之间的联系，实现了服务主体多元化。近年来，课后服务逐渐以地方特色发展为主，形成以"五育并举""三全育人"为指导理念，设置创新性的服务内容；以"政府参与指导、学校为主体"原则，激发不同主体开展课后服务工作；通过两种方式筹措经费，分别是多主体共同分担和以政府购买社会服务、财政补贴的形式为学校提供免费服务。[③]有学者将课后服务的运行模式归纳为四种：政府主导型街道（社区）托管服务模式；政府、学校、社区三方合作模式；学校和公益组织合作模式；学校自助提供课后服务模式。[④]

也有以"活动"为主角的课后服务模式。以学生为主体的"活动—指导"模式，为发挥学生的主动性和创造性提供空间，在服务内容上向基于学生需求的多元化转换，在服务评价上由重结果向重过程转换，使教师和学生能够在课后服务中有更多的动力、更少的顾虑去尝试与探索。[⑤]

（4）课后服务的实践优化路径

通过梳理研究者们对课后服务持续发展的意见，可以发现多数研究聚

① 刘宇佳.课后服务的性质与课后服务的改进——基于我国小学"三点半难题"解决的思考[J].当代教育论坛,2020(1):45-51;晋银峰,孙冰冰,张孟英.中小学课后服务的历程、问题与展望[J].教育科学研究,2021(11):5-10.

② 吴开俊,姜素珍,庾紫林.中小学生课后服务的政策设计与实践审视——基于东部十省市政策文本的分析[J].中国教育学刊,2020(3):27-31.

③ 晋银峰,孙冰冰,张孟英.中小学课后服务的历程、问题与展望[J].教育科学研究,2021(11):5-10.

④ 张璐.基于教育治理的上海小学生课后服务模式探索[J].上海教育科研,2021(10):30-35.

⑤ 袁德润,李政涛.基于"活动"主角地位的"双减"课后服务路径探析[J].教育学术月刊,2022(5):58-63.

焦于课后服务权限归属及责任问题，倡导构建多方参与的课后服务合作机制，呼吁完善配套的政策和法律体系，课后服务应在充分考虑地域差异的基础上着力实现教育公平。在校外公益资源、机构资源引进的同时保障资金的供应及监管。

第一，明确课后服务的责任权限，构建多元合作机制。课后服务责任权限的讨论一直是学界的聚焦点。邹敏认为在课后服务中政府是主导而非主体；学校承担主要责任而非无限责任；教师是具体实施者而非义务工作者；家长在课后服务中应当是自愿的并且支付合理费用。[①]晋银峰等学者同样从政府、学校、教师、家长四位相关利益的主体角度出发认为政府不应只是政策文件的颁发者，更应宣传课后服务的基本要求和重要意义；学校作为课后服务的提供者，不但要提供相应的设施条件，而且要安排相应教师履行课后服务中对学生的教育、管理和保护义务；教师应积极协调自身权利与从事课后服务之间的矛盾；家长拥有选择是否参与的自主决定权，维护和监督学生参与课后服务的自由自愿原则。[②]

课后服务在坚持以学生为本的基础上，构建多元价值主体合作，妥善协调相关利益主体的价值诉求，争取社会性主体对学生成长发展的支持，以产生最大化的政策价值合力。[③]中小学校在课后服务中兼具"枢纽站"和"实践场"的双重属性，学生家长是课后服务师资的重要组成部分，组建以社会力量为主的课后服务师资团队是提升课后服务质量的关键举措。[④]尤其应当强化教师主体的教育能力，提升课后服务的水平，教师课后服务的动力与能力直接影响着课后服务的效果和水平。譬如在工作时间上落实弹性工作制度。在经费补助方面应该按照实际情况单独落实。在职称、表彰等方面要充分考虑教师参加课后服务的表现。学校还应为教师提供课后服务学习培训交流

①　邹敏.中小学生课后服务的属性及权责问题探讨[J].中国教育学刊,2020(3):32-36.
②　晋银峰,孙冰冰,张孟英.中小学课后服务的历程、问题与展望[J].教育科学研究,2021(11):5-10.
③　顾艳丽,罗生全.中小学课后服务政策的价值分析[J].教育科学研究,2018(9):34-38.
④　高巍,周嘉腾,李梓怡."双减"背景下的中小学课后服务:问题检视与实践超越[J].中国电化教育,2022(5):35-41+58.

机会,保障教师具有不断提高课后服务质量的能力。①

第二,完善相关政策法规体系建设,构建优质均衡课后服务课程。政策价值的实现离不开与政策价值相匹配的政策体系的建立。目前课后服务的相关法律法规体系尚不完善,主要表现在对费用收支、评价与监督体系、引入第三方机构等方面未做出明确的规定。②课后服务作为素质教育的一种特殊组织形式, 在政策文本中应明确要求各学校制定服务计划、确定实施方式,包括课后服务时间如何安排,制定课后服务课程表,合理安排活动、休息和作业辅导等组织形式, 学校每学期开学前把课程内容及组织方式的具体实施方案报所属教委审批等。③

张伟平等学者从课后服务是否能促进教育公平的角度进行研究并提出建议, 课后服务未能完全保障教育起点的公平, 部分保障了教育过程的公平,基本保障了教育结果的公平。构建优质均衡的课后服务应扩大课后服务范围,保障低收入家庭学生参加课后服务,加大学校在课后服务中开展素质教育的支持力度。④在课后服务课程建设上, 课程目标应在与学科课程目标相互衔接的基础上导向学生综合实践能力的培育, 课程内容的选择应当兼具综合性、实践性、生活性和互补性,课程资源应当具备多样性和共享性,课程的实施过程中应当创设多样化的学习活动, 促进学生在人与世界的互动中进行多维学习;基于发展性评价理念建构中小学课后服务课程有效性的动态评估机制。⑤

第三,保障资金供应,购买社会服务,加强监督管理。有学者对我国中小学课后服务经费的供给模式进行研究发现,主要有单一主体供给型、多主体

① 赵强,王丽丽,何玉鸿."双减"背景下义务教育阶段课后服务实施困境与突破策略[J].教育理论与实践,2022(8):3-6.

② 晋银峰,孙冰冰,张孟英.中小学课后服务的历程、问题与展望[J].教育科学研究,2021(11):5-10.

③ 顾艳丽,罗生全.中小学课后服务政策的价值分析[J].教育科学研究,2018(9):34-38.

④ 张伟平,付卫东,李伟,曾新.中小学课后服务能促进教育公平吗——基于东中西部6省(自治区)32个县(区)调查数据的分析[J].中国电化教育,2021(11):16-23.

⑤ 高巍,周嘉腾,李梓怡."双减"背景下的中小学课后服务:问题检视与实践超越[J].中国电化教育,2022(5):35-41+58.

供给型、复合供给型三种,并对这三种供给模式进行详细介绍,为各地课后服务经费供给提供借鉴。①在资金来源方面,有学者认为首先需要凸显政府的财政支持,为课后服务提供场地、设施、交通以及人员配置。其次以经济发展支持教育活动,政府及相关企业应为课后服务提供资金支持。最后,探索资金的多元分担机制。②

在课后服务经费投入方面,周玲给出了较为完善的经费筹措方式,政府财政为主;参加课后服务的学生家庭分担一定比例的成本;积极鼓励社会其他主体参与课后服务的提供。在经费保障方面需要专项拨付、预算管理、转移支付相结合。③在资金供给方面,从本省财政实际状况出发制定课后服务经费供给模式,确保课后服务的公益属性和民生属性。多元配合,确保课后服务经费供给的稳定性和充沛性,重视对贫困家庭学生的课后服务减免。④

第四,加强理论关照,厘清课后服务的价值取向和功能定位。⑤课后服务的有效落实需要从理论和实践两个层面加强,国外现有研究成果实证主义导向明显且较为关注学生的身心健康,与我国"双减"政策目标一致,但当前我国课后服务中实证研究相对较少,在研究上亟须推进。倡导研究者由宏观研究转向聚焦特定人群或区域的中微观分类研究,开展对课后服务效果的差异化分析,兼顾研究的全面性与差异性,确保研究的广度和深度。⑥

(二)假期托管

2021 年 7 月,教育部印发《关于支持探索开展暑期托管服务的通知》(以

①　罗枭,黎佳,侯浩翔.我国中小学课后服务经费的供给模式研究[J].教育与经济,2022(3):60-66.

②　晋银峰,孙冰冰,张孟英.中小学课后服务的历程、问题与展望[J].教育科学研究,2021(11):5-10.

③　周玲."双减"背景下的课后服务供给方式及质量评估[J].中小学管理,2021(12):35-38.

④　罗枭,黎佳,侯浩翔.我国中小学课后服务经费的供给模式研究[J].教育与经济,2022(3):60-66.

⑤　杨清溪,邬志辉.义务教育学校课后服务落地难的堵点及其疏通对策[J].教育发展研究,2021(Z2):42-49.

⑥　吴立宝,杜卿.课后服务研究热点探析与经验借鉴——基于 WOS 期刊文献的计量分析[J].比较教育学报,2022(3):63-78.

下简称《通知》）。①截至目前,北京、上海、武汉至少十几个城市已出台暑期托管服务政策,有的早已开设托管班。教育部明确通知,托管服务坚持自愿不强制。②

1.假期托管概念界定及发展历程

关于假期托管的研究目前较少,对其概念界定可以从《通知》这一政策文本中窥见。《通知》提出,托管服务应以看护为主,确保学生能够得到充分休息。还要积极拓宽资源渠道,充分利用当地红色教育基地、博物馆等社会教育资源,积极吸纳大学生志愿者、社会专业人士等参与学校托管服务,使学生更好地利用暑期参与社会实践活动。③据教育部统计,2021年参与暑期托管服务的学生约有302.6万人,有24.2万名教师参加了暑期托管服务工作。④

对于义务教育学校的托管服务，吕玉刚表示:"学校要开放教室、图书馆、运动场馆等各类资源设施,合理组织提供一些集体游戏活动、文体活动、阅读指导、综合实践、兴趣拓展、作业辅导等服务,但不得组织集体补课、讲授新课。"⑤假期不是摆脱学校组织化、规范化课堂教学的"纯粹休闲时间",而是学生发展的重要时段。从实践视角来看,我国假期托管服务仍处于探索阶段,如何保障政策有效落地,是教育工作者当前面临的新课题。⑥

2.假期托管服务研究聚焦点

（1）家长们的态度:支持与观望并存

针对假期托管这一举措,有些家长欢迎支持,充满期待;也有部分仍在

---

① 中华人民共和国教育部政府门户网站[EB/OL]（2021-07-09）,http://www.moe.gov.cn/jyb_xwfb/gzdt_gzdt/s5987/2021 07/t20210709_543355.html.

② 舒静,吴振东,王自宸.暑期托管班:有地方名额不到1分钟被抢光[N].新华每日电讯,2021-07-14（004）.

③ 樊未晨.义务教育学校如何落实"双减"[N].中国青年报,2021-07-14（001）.

④ 钱佳,崔晓楠.放假如何影响学生学业成绩? ——国外研究综述及对暑期托管服务的启示[J].外国教育研究,2021（12）:99-110.

⑤ 姚晓丹,晋浩天.这个暑期,给孩子一个不一样的托管班[N].光明日报,2021-07-14（007）.

⑥ 钱佳,崔晓楠.放假如何影响学生学业成绩? ——国外研究综述及对暑期托管服务的启示[J].外国教育研究,2021（12）:99-110.

观望。①支持的家长表示由于工作忙碌,认为学校托管比较安全,还可以学习特色课程,收费也比较低。②持中立态度的家长也表达了自己的担忧,"在校内开展的暑期托管服务质量如何,也是一个值得关注的问题"③。

阎琨认为,升学考核评价机制是影响家长选择的重要因素。只有考核机制倾向于综合素质而非学科应试,在托管班提供相应素质教育课程的前提下,家长才会更多考虑。④储朝辉强调,各地教育管理部门在积极探索开展暑期托管服务的同时,需要严格将假期活动与学科教学区分开来,尤其要防止各校之间暗中攀比造成恶性后果。⑤薛海平进一步分析,"学校暑期托管服务由政府牵头,以学校为主要承担机构,收费低廉,彰显了暑期托管服务的公益性,充分发挥了学校在师资、场地、办学等方面的独特优势,是课后托管服务在假期中的延伸"⑥。

（2）假期托管与减负相关性讨论

此次官方启动的暑期托管服务,被认为是"双减"背景下的未来暑假新模式。⑦推出暑托班是出于"双重减负"的政策考虑。阎琨说:"一方面可以为家长减负,暑托班的初衷便是为家长破解看护难题;另一方面可以为孩子减负,暑托班是'课后服务'的延续,也是对'双减政策'的呼应,旨在进一步规范'校内减负、校外增负'现象。"高杭认为,暑托班尝试用公立学校和公益性组织提供的、以素质教育为导向的普惠性暑期托管服务,替代校外培训机构提供的、以应试教育为导向的营利性暑期托管服务,有利于减轻家庭经济负担,整肃教育生态。⑧此外,当前公办暑托服务内容较为单一,普惠式托管在精准化服务上还有提升空间。教育管理部门还应着眼提高公办暑托服务质

---

① 陈曦.校园托管能否化解双职工家庭"暑期焦虑"？［N].工人日报,2021-07-16(003).
② 马立敏,林子欣.暑期托管怎么"托"怎么"管"？［N].南方日报,2021-07-16(A10).
③ 马立敏,林子欣.暑期托管怎么"托"怎么"管"？［N].南方日报,2021-07-16(A10).
④ 陈曦.校园托管能否化解双职工家庭"暑期焦虑"？［N].工人日报,2021-07-16(003).
⑤ 张维.不得暗中变复习班补习班防止各校攀比[N].法治日报,2021-07-16(005).
⑥ 惠梦.坚持普惠、自愿 办好暑期托管[N].中国财经报,2021-07-15(007).
⑦ 刘波."双减"背景下校外培训遇冷 暑期托管服务探索假期新模式［N].中国产经新闻,2021-07-15(002).
⑧ 陈曦.校园托管能否化解双职工家庭"暑期焦虑"？［N].工人日报,2021-07-16(003).

量,积极开发设置多种课后服务项目,增强吸引力和有效性。①坚持公益普惠、学生自愿原则的基础上,为偏远农村地区学校、城市薄弱学校和来自弱势家庭的学生进行资源倾斜,尽力弥合假期的教育差距。②

最后,专家特别提醒家长需要注意,无论是面对校外托管还是校内托管,不少家长并没有把"孩子是否愿意参加"当作重要因素去考虑,而更多的是站在成人的立场上进行选择。假期是加强亲子互动的黄金时期,暑托班不能代替家庭应承担的教育之责,家长应重视在假期期间的家庭教育和陪伴。③应坚持学生自愿参加原则,不能本末倒置地为了家长而忽视孩子,为了安全而忽视、压制学生的健全成长。④

(三)校外培训

有研究显示,在校外培训的态度上,学生、教师和家长的基本态度一致。学生对校外教育的依赖程度较高,存在"应试 + 素质"教育的双重需求;在校教师对于校外培训持积极态度,认为校外培训是学校教育的必要补充;家长出于对孩子发展的需要,在无奈的情形下选择校外培训。⑤可见校外培训具有其存在的合理性,在当前"双减"背景下,校外培训面临转型,也有部分学校课后服务将优质非学科类校外培训机构引入学校。校外培训在归还学校主体地位的同时其自身也在经历嬗变和发展。

1.校外培训的概念界定及发展历程

(1)概念界定

国际上通常称"校外培训"为"影子教育"(shadow education)或"补习教育"(private tutoring or private supplementary tutoring)。史蒂文森和贝克(stevenson D.L. & Baker D.P.)于1992年最早提出了"影子教育"的概念,认为

---

① 高斌.暑期官方带娃来了!还有哪些措施要跟上[N].检察日报,2021-07-16(004).
② 钱佳,崔晓楠.放假如何影响学生学业成绩? ——国外研究综述及对暑期托管服务的启示[J].外国教育研究,2021(12):99-110.
③ 高斌.暑期官方带娃来了!还有哪些措施要跟上[N].检察日报,2021-07-16(004).
④ 马立敏,林子欣.暑期托管怎么"托"怎么"管"?[N].南方日报,2021-07-16(A10).
⑤ 王学男."减负"与校外培训治理的可能——北京市普通高中学生课业负担的多群体调查[J].上海教育科研,2019(8):57-61.

它是发生在正规学校之外的一系列教育活动，旨在提高学生在正规学校的学习成绩。[①]其与学校教育相配套,依托于学校教育的内容和目标,主要分为两大类:非学科类辅导和学科类辅导。[②]

（2）发展历程

自2018年8月国务院办公厅公布《关于规范校外培训机构发展的意见》以来,我国开展了大规模的校外培训机构专项整治行动。[③]2021年7月教育部办公厅发布《关于进一步明确义务教育阶段校外培训学科类和非学科类范围的通知》,其中明确提出在开展校外培训时,部分学科按照非学科类进行管理。[④]同年9月,教育部办公厅印发《中小学生校外培训材料管理办法（试行）》,其中规定培训材料管理应坚持的原则。[⑤]之后教育部办公厅等三部门发布《关于将面向义务教育阶段学生的学科类校外培训机构统一登记为非营利性机构的通知》,规定学科类校外培训机构登记工作。[⑥]为加快学科类校外培训机构转型的步伐,国家发展改革委、教育部、市场监管总局发布《关于加强义务教育阶段学科类校外培训收费监管的通知》,对学科类校外培训收费监管从实行政府指导价格管理、制定收费标准等五个方面进行规定。[⑦]同时教育部办公厅发布《关于坚决查处变相违规开展学科类校外培训问题的通知》,指导各地坚决查处学科类校外培训隐形变异问题。[⑧]9月中旬教育

---

① 邬志辉,梁号,王秦."双减"政策下的校外培训:生存逻辑、效果反思与体系建构[J].湘潭大学学报（哲学社会科学版）,2022(3):111-117.

② 梁凯丽,辛涛,张琼元,赵茜,李刚,张生.落实"双减"与校外培训机构治理[J].中国远程教育,2022(4):27-35.

③ 张海鹏,张新民."双减"背景下的校外培训机构监管:理念转型与制度优化[J].河南师范大学学报（哲学社会科学版）,2022(3):150-156.

④ 中华人民共和国教育部政府门户网站[EB/OL]（2021-07-30）,http://www.moe.gov.cn/srcsite/A29/202107/t20210730_547807.html.

⑤ 中华人民共和国教育部政府门户网站[EB/OL]（2021-09-02）,http://www.moe.gov.cn/srcsite/A29/202109/t20210902_558022.html.

⑥ 中华人民共和国教育部政府门户网站[EB/OL]（2021-09-09）,http://www.moe.gov.cn/srcsite/A29/202109/t20210909_561300.html.

⑦ 中华人民共和国教育部政府门户网站[EB/OL]（2021-09-07）,http://www.moe.gov.cn/jyb_xxgk/moe_1777/moe_1779/202109/t20210907_560020.html.

⑧ 中华人民共和国教育部政府门户网站[EB/OL]（2021-09-08）,http://www.moe.gov.cn/srcsite/A29/202109/t20210908_560508.html.

部办公厅、人力资源和社会保障部办公厅印发《校外培训机构从业人员管理办法(试行)》,办法对加强校外培训人员管理、规范校外培训活动做出详细规定。①在对校外培训机构不断规范的基础上,线上校外培训机构也迎来了政策的规范,教育部办公厅等六部门发布《关于做好现有线上学科类培训机构由备案改为审批工作的通知》。②同年10月,教育部办公厅、市场监管总局办公厅印发《中小学生校外培训服务合同(示范文本)》要求各地要充分认识推行该合同的重要意义,宣传引导合同当事人使用。③10月底,教育部等六部门发布《关于加强校外培训机构预收费监管工作的通知》,通知旨在防范损害群众利益的问题发生,指导各地做好面向中小学生(含幼儿园儿童)校外培训机构(包括线上和线下)预先收取学员培训服务费用监管。④11月,教育部办公厅印发《义务教育阶段校外培训项目分类鉴别指南》,⑤指南从适用范围、基本原则、鉴别依据、实施要求四个方面详细规定了校外培训项目的鉴别方式。

2022年,关于校外培训的政策规定越来越关涉相关利益主体。本年1月,教育部办公厅发布《关于选聘校外培训社会监督员的通知》,指出面向各地各行各业选聘校外培训社会监督员,组建公众监督队伍参与校外培训治理。⑥1月底,教育部、中央编办、司法部发布《关于加强教育行政执法深入推进校外培训综合治理的意见》,意见旨在加强校外培训监管行政执法工作,

---

① 中华人民共和国教育部政府门户网站[EB/OL](2021-09-14),http://www.moe.gov.cn/srcsite/A29/202109/t20210914_562912.html.
② 中华人民共和国教育部政府门户网站[EB/OL](2021-09-18),http://www.moe.gov.cn/srcsite/A29/202109/t20210918_564368.html.
③ 中华人民共和国教育部政府门户网站[EB/OL](2021-10-13),http://www.moe.gov.cn/srcsite/A29/202110/t20211013_571999.html.
④ 中华人民共和国教育部政府门户网站[EB/OL](2021-10-28),http://www.moe.gov.cn/srcsite/A29/202110/t20211028_575840.html.
⑤ 中华人民共和国教育部政府门户网站[EB/OL](2021-11-12),http://www.moe.gov.cn/srcsite/A29/202111/t20211112_579358.html.
⑥ 中华人民共和国教育部政府门户网站[EB/OL](2022-01-25),http://www.moe.gov.cn/srcsite/A29/202202/t20220222_601222.html.

不断提升校外培训治理能力和治理水平。①在持续规范学科类校外培训机构的基础上，教育部也逐渐对非学科类校外培训机构进行规范。3月，教育部、国家发展改革委、市场监管总局发布《关于规范非学科类校外培训的公告》，该公告旨在解决培训质量不高、价格肆意上涨、存在安全隐患等问题。②整合上述校外培训发展过程中主要政策文本，进行如下表格呈现。

表8-5 校外培训发展历程的相关政策

时间	相关政策	相关内容
2018年8月	国务院办公厅《关于规范校外培训机构发展的意见》	针对当前校外培训机构存在的问题提出一系列措施
2021年7月	教育部办公厅《关于进一步明确义务教育阶段校外培训学科类和非学科类范围的通知》	校外培训中，体育（或体育与健康）、艺术（或音乐、美术）学科，以及综合实践活动（含信息技术教育、劳动与技术教育）等按照非学科类进行管理
2021年9月	教育部办公厅等三部门《关于将面向义务教育阶段学生的学科类校外培训机构统一登记为非营利性机构的通知》	2021年底前完成面向义务教育阶段学生的学科类校外培训机构统一登记为非营利性机构的行政审批及法人登记工作
2021年9月	国家发展改革委、教育部、市场监管总局《关于加强义务教育阶段学科类校外培训收费监管的通知》	对学科类校外培训收费监管
2021年9月	教育部办公厅《关于坚决查处变相违规开展学科类校外培训问题的通知》	指导各地坚决查处学科类校外培训隐形变异问题
2021年9月	教育部办公厅等六部门《关于做好现有线上学科类培训机构由备案改为审批工作的通知》	规定了线上培训机构的审批登记、设置要求、许可证发放、证照申领及信息更新等
2021年10月	教育部等六部门《关于加强校外培训机构预收费监管工作的通知》	指导各地做好面向中小学生（含幼儿园儿童）校外培训机构（包括线上和线下）预先收取的学员培训服务费用监管

① 中华人民共和国教育部政府门户网站［EB/OL］（2022-02-07），http://www.moe.gov.cn/srcsite/A29/202202/t20220207_597479.html.
② 中华人民共和国教育部政府门户网站［EB/OL］（2022-03-03），http://www.moe.gov.cn/jyb_xxgk/s5743/s5744/A29/2022 03/t20220303_604140.html.

续表

时间	相关政策	相关内容
2021 年 11 月	教育部办公厅《义务教育阶段校外培训项目分类鉴别指南》	从适用范围、基本原则、鉴别依据、实施要求四方面规定校外培训项目的鉴别
2022 年 1 月	教育部、中央编办、司法部《关于加强教育行政执法 深入推进校外培训综合治理的意见》	加强校外培训监管行政执法工作，不断提升校外培训治理能力和治理水平
2022 年 3 月	教育部、国家发展改革委、市场监管总局《关于规范非学科类校外培训的公告》	旨在解决当前非学科类校外培训出现的问题

有学者将校外培训机构监管的发展历程分为三个阶段。我国的校外培训机构监管以 2014 年教育部发布的《中小学教师违反职业道德行为处理办法》、2018 年国务院办公厅出台的《关于规范校外培训机构发展的意见》为节点，可分为前监管、弱监管、强监管三个阶段。祁占勇等学者同样对 21 世纪以来校外培训机构治理政策进行梳理，分为初步规范阶段（2000—2008 年）、政策设计阶段（2008—2014 年）、全面整治阶段（2014 年至今）三个阶段。[①]校外培训机构的监管经历了从政策干预到法律主治、从行政管理到合作治理、从管控为主到堵疏结合、从主体管制到行为规制的过程。[②]

2.校外培训规范化

校外培训在政策的引导下形成有序发展的良好局面，表现在进一步区分学科类和非学科类校外培训，引导非学科类校外培训机构进校园，促进校内外合作规范化。国家还要求规范校外线上学科类教育机构，利用信息技术引进线上培训机构教学模式，提高课堂教学质量，使校外培训走向制度化、规范化。[③]

---

① 祁占勇，李清煜，王书琴.21 世纪以来我国校外培训机构治理政策的演进历程与理性选择[J].中国教育学刊,2019(6):37-43.

② 张海鹏,张新民."双减"背景下的校外培训机构监管:理念转型与制度优化[J].河南师范大学学报(哲学社会科学版),2022(3):150-156.

③ 李佳蕾,陈慧娟,刘祎莹."双减"背景下的"双增"——对课后服务和校外培训实效性的反思[J].少年儿童研究,2022(6):36-48.

（1）非学科类校外培训进校园

"双减"政策明确提出教育部门可组织区域内优秀教师到师资薄弱的学校开展课后服务,适当引进非学科类校外培训机构参与课后服务。聚焦学理层面,付卫东等学者基于对政策文件的梳理旨在厘清"双减"背景下非学科类校外培训机构进校园的理论逻辑与实践逻辑。[①]在具体实施层面,相关数据显示,北京市东城区统筹校内外资源,加大艺术普及课程开发力度;全区各校坚持以内部供给为主,购买服务为补充,共设置学科辅导、体育锻炼、劳动服务、素养提升等四大类、60余种、近2000门课后服务课程。54所学校在审核通过的136家社会资源单位中,共计购买服务167次。[②]

（2）校外线上培训机构逐渐规范

为满足不同背景下的政策导向,中国校外线上培训的规制进程大致经历了从严格到宽松再重新趋向严格的演变,其市场准入门槛先后采取了行政审批、行政备案与行政许可三种模式。[③]校外线上培训机构的规范在近些年逐渐得到关注,但当前关于线上培训机构的政策文本及研究都较少。2020年3月,教育部发布《关于加强"三个课堂"应用的指导意见》,其中提出进一步加强"专递课堂""名师课堂"和"名校网络课堂"。[④]

（3）校外培训机构持续规范方向

有研究显示"双减"政策实施后,95.26%的家长认为孩子参加的校外培训班在教学、管理、收费等方面较为规范,仅有4.75%的家长认为校外培训行为较不规范,说明"双减"政策实施后,校外培训机构进一步规范化。[⑤]"双减"政策取得的成效如何在减负过程中得到巩固, 许多研究者给出相关的发展

---

① 付卫东,郭三伟."双减"背景下非学科类校外培训机构治理的理论逻辑与实践进路[J].中国教育学刊,2022(9):76-82.

② 中华人民共和国教育部政府门户网站[EB/OL].(2021-06-21).http://www.moe.gov.cn/srcsite/A06/s3321/202106/t2021 0621_539265.html.

③ 黄贤达.备案与许可之间:校外线上培训规制的转型逻辑与规范进路[J].江西财经大学学报,2022(3):137-148.

④ 中华人民共和国教育部政府门户网站[EB/OL].(2020-03-16).http://www.moe.gov.cn/srcsite/A16/s3342/202003/t2020 0316_431659.html.

⑤ 宁本涛,陈祥梅,袁芳,张耀贞."减轻校外培训负担"实施成效及生态复合治理机制透析——基于我国152个地级市"校外培训负担"现状的调查[J].中国电化教育,2022(7):50-57.

及规范策略,以下从校外培训和其他相关利益主体两个层面进行梳理。

①多主体协同参与校外培训机构治理

有研究从"供给侧""需求侧"[①]的角度出发提出应理顺各相关利益主体之间的教育产权关系,着力营造依法治教的良好教育生态。在"供给侧"治理上,需明确校外教育培训的功能定位,并在此基础上进行分类治理,引导学科类培训机构转型。政府应持续增加校外培训治理的制度供给创新。在"需求侧"治理上,首先,需强化学校教育"主阵地"作用。其次,需转变家庭教育理念,完善家校社协同育人机制。再次,以教育评价改革引导校外教育培训改革。最后,持续推进优质教育均衡。[②]在社会组织参与校外培训机构治理机制的研究中,研究者从加强社会组织参与的法律、制度供给、资质认证标准、规范准入程序、提升社会组织专业水平四个方面给出详细的构建机制策略。[③]学校、教师、家长、教育培训机构等相关主体共同促进多方共治共赢,为"双减"增效。

②优化校外培训机构监管制度

依据清单管理的研究思路,张海鹏等研究者提出以清单管理为核心对校外培训机构监管制度进行优化,加强相关立法,建立"制度清单";厘清监管权限,明确"权责清单";降低准入门槛,实行"负面清单";健全运营要求,完善"底线清单"。[④]具体在校外培训立法层面,不少学者提出校外培训立法的必要性,其中有学者从立法层面探索《校外培训法》的出台与相关内容。[⑤]也有学者提出,协调部门行动,全面强化义务教育学科类培训机构规范治理;健全审批制度,切实加强非学科类校外培训机构的监管工作;采取综合措施,力促义务教育学科类校外培训机构转型发展;维护群众利益,深入做

①　蔺海洋,申君丽,左谢兴.校外培训机构治理的忧患及其精准消解——基于多重制度逻辑的理论阐释[J].中国教育学刊,2022(1):43-47.

②　宁本涛,陈祥梅,袁芳,张耀贞."减轻校外培训负担"实施成效及生态复合治理机制透析——基于我国152个地级市"校外培训负担"现状的调查[J].中国电化教育,2022(7):50-57.

③　张茂聪,尹光奇,杜文静."双减"背景下社会组织参与校外培训机构治理的机制研究[J].天津师范大学学报(社会科学版),2022(2):31-37.

④　张海鹏,张新民."双减"背景下的校外培训机构监管:理念转型与制度优化[J].河南师范大学学报(哲学社会科学版),2022(3):150-156.

⑤　吴遵民,陈晓雨,孟凡星.关于我国校外培训立法的几点思考——基于"双减"政策落实与校外培训治理[J].现代远程教育研究,2022(5):20-26+36.

好现有机构费用清欠和员工稳岗工作;做好维稳工作,建立健全校外培训治理危机预警及干预机制。[①]基于教育政策制定者和研究者的立场出发,设立从中央到地方的校外教育培训机构专门监管部门,制定校外培训机构专门性法律法规,优化省域校外培训机构综合治理体系。[②]总之,要从法律和制度建设两个层面加强对校外培训的监管。[③]

第四节　小学教师减负

近年来,中小学教师负担日益加重。教师不仅需要接受种种教学评比考核,参加各项培训研修活动,完成家校合作中的各项工作,而且还需参与非教学性社会工作。在种种压力下,教师群体几乎普遍陷入身体忙碌、心理茫然、精神疲惫的境地。因此,为中小学教师减负是维护教师权益,促进教师专业成长,推动基础教育高质量发展的重要保障。[④]

《教育部人事司 2019 年工作要点》指出,通过出台进一步优化中小学教师教育教学工作环境的政策文件,明确地方责任,全面清理和规范针对教师的各类检查、考核、评比、填表及各类社会性事务,实行目录清单制度,以此实现减少各类检查评估事项,让教师能静心从教、完成潜心育人的目标任务。[⑤]2019 年下半年,中共中央办公厅、国务院办公厅印发《关于减轻中小学教师负担进一步营造教育教学良好环境的若干意见》。[⑥]该文件的出台表明我国开始高度重视中小学教师减负工作,同时亟须拿出实招、硬招破解教师

①　董圣足,公彦霏,张璐,潘奇,黄河."双减"之下校外培训治理:成效、问题及对策[J].上海教育科研,2022(7):17-22.

②　孙不凡,贾志国."双减"语境下校外培训机构综合治理的实现路径[J].教育理论与实践,2022(14):3-6.

③　杨程,秦惠民.校外培训的市场失灵与依法治理[J].清华大学教育研究,2021(6):72-79.

④　龙宝新,杨静,蔡婉怡.中小学教师负担的生成逻辑及其纾解之道——基于对全国 27 个省份中小学教师减负清单的分析[J].当代教育科学,2021(5):62-71.

⑤　中华人民共和国教育部政府门户网站[EB/OL](2019-02-22),http://www.moe.gov.cn/jyb_xwfb/gzdt_gzdt/s5987/2019 02/t20190222_370722.html.

⑥　中华人民共和国教育部政府门户网站[EB/OL](2019-12-15),http://www.gov.cn/zhengce/2019-12/15/content_54614 32.htm.

工作负担过重的难题。①从 2019 年中共中央办公厅、国务院办公厅等部门印发相关文件减轻中小学教师负担,到 2020 年初教育部提出"要把为教师减负作为一件大事来抓",再到各地出台减负清单,教师减负的行动紧锣密鼓地相继展开。②

一、小学教师减负发展历程

近年来关于教师减负的政策文本相对较少,2019 年 9 月,教育部等四部门印发《深化新时代职业教育"双师型"教师队伍建设改革实施方案》,其中提出,强化教师教育教学、继续教育、技术技能传承与创新等工作内容,制定职业教育教师减负政策,适当减少专任教师事务性工作。③但该政策面向的教师群体是职业教育教师。2021 年 7 月,国务院教育督导委员会办公室印发《2021 年对省级人民政府履行教育职责的评价方案》,其中明确提出中小学教师减负。④

2022 年 4 月,教育部等八部门印发《新时代基础教育强师计划》,计划指出各地要满腔热情关心教师,完善教师评价制度和标准,制定出台当地教师激励支持政策,推进中小学教师减负,在全社会营造尊师重教的良好风尚。⑤该政策为加快实现基础教育现代化提供强有力的师资保障。

二、小学教师减负的内容

(一)教师负担过重的表现

总体来看,首先,我国中小学教师的工作时间相对较长,工作量较大。其

---

① 李先军,于文汇.英国中小学教师减负策略及其启示[J].外国教育研究,2020(8):88-100.
② 胡浩.把时间还给老师,把老师还给孩子[N].新华每日电讯,2020-12-04(008).
③ 中华人民共和国教育部政府门户网站[EB/OL].(2019-10-16).http://www.moe.gov.cn/srcsite/A10/s7034/201910/t2019 1016_403867.html.
④ 中华人民共和国教育部政府门户网站[EB/OL].(2021-07-30).http://www.moe.gov.cn/srcsite/A11/s7057/202107/t2021 0730_547864.html.
⑤ 中华人民共和国教育部政府门户网站[EB/OL].(2022-04-13).http://www.moe.gov.cn/srcsite/A10/s7034/202204/t2022 0413_616644.html.

次,我国教师的精神和心理压力较大。①国家教育督导团 2008 年抽样调查显示,小学初中教师周平均工作时间为 42.4 小时,班主任周平均工作时间达到52.1 小时。90%的教师反映周六、周日还要备课、批改作业和家访等。55.1%的教师反映工作压力较大,32.4%的教师认为工作压力过大。反映睡眠质量较差和非常差的教师为 21.5%;经常感到精神疲惫的为 28.4%,其中城市为36.5%,高出农村 12 个百分点;经常因为一些小事而不能控制情绪的教师占13.4%,城市这一比例为 17.7%,高出农村 8 个百分点。②

从具体的负担形式来看,新时期教师负担过重的表现主要有:检查评比验收等形式化工作不断;不合理、过度的会议与报告讲座充斥教师的生活;各种报表、表格的填写;过重的教育任务以及其他上级分派的任务等,这些现象体现了教师工作负担的复杂性、多样性与边界模糊性。③

(二)小学教师减负方向

学生的考试分数、升学率往往成为评价教师教育教学水平简单易行的操作化指标,部分学校"唯考分""唯升学率"的评价尺度无形之中加重了教师的工作负担。教师职称评聘标准也明确要求教师发表论文和获得奖项,教师需要花费大量时间和精力忙于应对,从而增加了工作负担。而在现实中,学校的责任被无限放大,本应由家庭和社会承担的责任最后却由学校代替履行。在学校职能日益膨胀的背景下,教师只能增加工作内容和超时劳作以回应社会和家长对学校提出的高期望或要求,与教育教学科研无关的社会性事务让老师们疲于应付。④

总之,我国中小学教师大部分的无效工作多消耗在非教学任务上,且对学生的发展与进步又无更多实质影响。⑤从各省份印发的减负清单也能够看出,其力图"减"去的是与中小学教师教育教学本职工作、专业责任相去甚远

---

① 毛聪颖.中小学教师负担过重的原因及对策研究[J].教育科学论坛,2009(11):56-58.
② 国家教育督导报告 2008(摘要)[EB/OL].(2008-12-03),http://www.moe.gov.cn/srcsite/A11/s7057/200812/t20 081203_81660.html.
③ 张红丽.新时期中小学教师工作负担过重问题研究[D].华中师范大学,2020.
④ 王晓生.中小学教师减负的现实基础、原因探寻与实践路径[J].教学与管理,2020(28):9-12.
⑤ 李先军,于文汇.英国中小学教师减负策略及其启示[J].外国教育研究,2020(8):88-100.

的一些非必要,甚至是消极性的负面负担。也就是说,其中言及的"负"指涉的是教师工作中所承担的非教育教学性工作的综合性负担。①

三、小学教师负担过重的影响

(一)影响课堂教学质量

关于工作量、工作负荷与教师的工作满意度、教师职业幸福感的研究表明:教师工作负荷过重、教师工作量过大,影响教师工作满意度、教师职业幸福感,进而影响教学质量。②调查显示,教师用于非教学任务工作时间占据了教师时间的四分之三,而用于教学任务的时间仅占四分之一。③教师负担过重不仅影响教师的身体健康,使教师生命生活质量大幅下降,同时导致教师疲于应付,无精力投入教学工作。这些都会严重削弱教师能力的发挥,降低教师教学、学生学习的效果。④

(二)影响教师自身专业发展

教师负担过重导致其整日机械性地奔波在家与学校之间,机械性地备课、上课、考试,乃至专业成长乏力。很多教师工作十几年后,在本应由成熟走向优秀的事业黄金期却出现了严重的职业倦怠。教师压力太大、负担过重,甚至严重到无暇顾及自我发展的地步。⑤不仅如此,多数研究也表明过重的负担影响教师的专业成长,包括阻碍教师素质的提升。另外,过分强调教师行事标准化、集体化也削弱了教师的创造性。⑥

(三)影响未来优秀人才加入教师队伍

随着国家对教育投入不断加大,学校的办学条件、教师待遇都得到了较大改善,这些已经不是制约优秀人才选择教师职业的瓶颈问题。目前,教师

① 龙宝新,杨静,蔡婉怡.中小学教师负担的生成逻辑及其纾解之道——基于对全国27个省份中小学教师减负清单的分析[J].当代教育科学,2021(5):62–71.
② 张小菊,管明悦.如何实现小学教师工作量的减负增效——基于某小学教师40天工作时间的实地调查[J].全球教育展望,2019(6):97–109.
③ 杨敖秋.城市小学青年教师工作负担的合理性研究[D].四川师范大学,2020.
④ 叶双全.湖北省蕲春县S镇中小学教师工作负担问题研究[D].华中师范大学,2014.
⑤ 吴维煊.教师"减负"迫在眉睫[J].教学与管理,2018(16):40–41.
⑥ 杨敖秋.城市小学青年教师工作负担的合理性研究[D].四川师范大学,2020.

职业吸引力不高的关键要素正是教师工作压力大,缺少自我提升的时间,自我发展的空间受限。①非教学任务挤占了教师用于教研和自主学习的空间,这会影响教师教学水平的提升,进而影响教师提供服务的质量。②

四、缓解小学教师负担的对策探析

教师减负是一项系统工程,涉及多领域多部门,不能靠教育部门"单打独斗"。教师减负事关百年大计,各级党委和政府应高度重视,切实履行责任,把减轻中小学教师负担工作纳入重要议事日程,采取有效措施予以推进。③

(一)确立教师主体地位,明晰工作量标准及管理制度

《中华人民共和国教育法》《中华人民共和国教师法》《中华人民共和国义务教育法》等法案中,只对教师的工作时间与加班限制进行了普适性规定,并未对教师工作时间做出明确的、针对性的制度规定。④教师的时间弹性很大,其工作时间和个人时间没有明确的界限,非教学任务占据的工作时间过长,造成教师过重的工作负担。⑤教育主管部门和学校要从法律与制度层面保障教师法定休息时间不被侵犯,让他们有属于自己的时间。学校应从人文关怀的角度,每月在正常假日之外,给老师放一天"疲劳假""亲子假""探亲假"等,让老师们放松身心、储备精力,更好地投入工作与学习。⑥

此外,教师管理要科学规范。显然,中小学教师负担过重与教师管理工作不科学、不规范有一定的关系,因而促进教师管理工作的科学化、规范化,是教师减负的重要保障。上级部门应认真审视教师工作量,保证教师有充足的时间用于备课、专业发展和学生评价;明确教师的重点任务,减少教师的额外工作;改进教学管理,使之能够真正体现教师职业特点和工作性质,充

---

① 吴维煊.教师"减负"迫在眉睫[J].教学与管理,2018(16):40-41.
② 王晓生.中小学教师减负的现实基础、原因探寻与实践路径[J].教学与管理,2020(28):9-12.
③ 辛识平.减负,让广大教师"轻装上阵"[N].新华每日电讯,2019-12-19(004).
④ 李先军,于文汇.英国中小学教师减负策略及其启示[J].外国教育研究,2020(8):88-100.
⑤ 李新.教师的工作负担及其影响因素研究——基于中国教育追踪调查(2014—2015学年)数据的实证分析[J].上海教育科研,2019(3):5-9+78.
⑥ 吴维煊.教师"减负"迫在眉睫[J].教学与管理,2018(16):40-41.

分激发教师的主观能动性,而不是用一些"土政策"和"硬性规定",给教师增加不必要的工作负担。[①]

(二)转变教师评价指标,为教师提供资源及心理支持

扭转"唯考分""唯升学率"评价教师的倾向,构建多元评价体系十分关键。教师的工作业绩既包含学生的学业成绩, 也体现在教师在培养学生人格、激发学生学习兴趣、关爱学生等方面,不能以单一的数量化指标来衡量。片面追求"考分"和"升学率"的直接后果是学生和教师负担同时加重。深化教育改革关键领域的中高考招生制度改革, 构建反映中小学教师工作特点和工作实际的多元评价体系,是减轻教师负担的重要突破口。[②]

研究显示,教师任教班级数、职业倦怠感、工作环境满意度和学校管理风格在不同程度上影响着教师工作负担。为教师提供更多的资源支持是教师减负的必然举措。从宏观来看,国家顶层的决策实施应在充分调研和科学论证的基础上加以推行, 从根源上减轻教师不必要的工作负担;从中观来看,地方政府部门及教育局应增加教师编制,扩充教师队伍人数,减少分配至每个教师的工作量;从微观来看,学校提供好的工作环境,如令教师满意的薪酬待遇、民主的学校管理方式、良好的学校硬件设施和较高的学生素质。学校应拒绝任何可能增加教师工作负担的外在非教学考察任务,为教师提供自主收集工作负担证据的激励机制。[③]

在此基础上,需进一步减轻教师的社会舆论压力。要想让中小学教师把全部心思和精力用在立德树人、教育教学上,就要让其从世事纷扰中解脱出来,远离舆论旋涡和泥淖。为此,要营造尊师重教、崇师尚教、亲师乐教的良好社会氛围。首先是深化家校共建工作,引导家长树立正确教育观念;其次需提升教师地位,保护教师权益,创设良好从教环境;最后需引导社会各界正确认识教师、客观评价教师、公正对待教师,让教师更有从业尊严,更有从

———————————

①　汪明.为教师减负这根弦要时刻绷紧[N].中国教师报,2015-02-11(003).

②　王晓生.中小学教师减负的现实基础、原因探寻与实践路径[J].教学与管理,2020(28):9-12.

③　李新.教师的工作负担及其影响因素研究——基于中国教育追踪调查(2014—2015学年)数据的实证分析[J].上海教育科研,2019(3):5-9+78.

教信心。①

(三)加强教师减负的网络资源建设,注重教师个人发展

在我国中小学教师减负工作中,除了家校联系能够充分利用社交软件外,教师非教学工作对网络教育资源利用程度不足,在开发在线应用、检查作业系统方面也较为欠缺。鉴于此,教育行政部门或教师继续教育机构有必要设置专业的教育博客和网络平台,用来分享教师个人工作情况,提供咨询辅导,并使用专门的 App 监测教师工作量。完善的网络教育资源,可以帮助教师减少一些非教育教学事务,并为教学提供便利,最终使教师减负立见成效。②

除了以上减负策略,就教师本身而言,教师应注重个人发展与成长。首先,要向教育大家学习怎样经营自己的事业,向优秀的同事学习如何在实践中提升自己,从而不断厚实自己的专业素养。其次,在处理繁杂事务、与家长相处时,要在繁杂的事务中分出轻重缓急,尽量找出与日常教学相关的结合点。此外,教师应进一步提高反思能力,反思日常教学使之更加生动高效,反思日常工作使之更加条理清晰,在反思中长本领,在反思中提效率。③教师还应提高对工作负担的积极认知,加强自身的时间管理能力和职业认同。④

习近平总书记强调,发展教育事业,广大教师责任重大、使命光荣。从"负重前行"到享受教学,教师减负需要全社会协同发力,共同营造良好的教育生态。把负担减下来、把待遇提上去,让广大教师在岗位上有幸福感、事业上有成就感、社会上有荣誉感,才能让教师真正成为让人羡慕的职业,进而培养一支宏大的师德高尚、业务精湛、结构合理、充满活力的高素质专业化教师队伍。⑤

① 李汝霞.为教师减负,更要减压[N].中国教师报,2020-01-15(003).
② 李先军,于文汇.英国中小学教师减负策略及其启示[J].外国教育研究,2020(8):88-100.
③ 刘晓燕.教师"自主减负"三部曲[N].中国教师报,2019-04-03(003).
④ 李新.教师的工作负担及其影响因素研究——基于中国教育追踪调查(2014—2015 学年)数据的实证分析[J].上海教育科研,2019(3):5-9+78.
⑤ 李洪兴.让教师更好聚焦主业[N].人民日报,2019-11-05(009).

第五节　减负复杂性讨论

一、减负难"减",难在何处

　　"减负"是我国基础教育界"老生常谈"的政策议题,也是长期以来收效甚微的教育改革实践。虽然中小学生负担过重的现象、成因已得到政府和学术界的广泛关注,但已有的研究主要强调教育体制和学校环境的因素,同时,已有的政策文件核心思路多是从减少学校对学生过多的影响出发,力求解决学生负担中存在的超时、超量、超标问题。①此次发布的"双减"政策,对校外培训机构提出一系列更加系统、全面、具体、精准的治理措施,是对以往校外培训治理政策的延续和升级。②

　　有学者直接点明"减负难"的本质原因:源于家长对优质教育资源分配失衡的焦虑。③一些家长热衷为孩子选择校外培训,其背后折射的是家长对优质教育资源的渴望,同时也是受以往教育评价体系中唯分数、唯升学等不良导向的影响。④本来,校外培训机构应该是学校教育的补充,但是许多培训机构和学校抢生源,超纲超前教学严重冲击了学校的教学活动。许多家长被培训机构裹挟,认为如果不送孩子上校外培训班,就会落后于其他学生。这使中小学教育实质上变成了两轨制:一轨是学校的免费义务教育,一轨是收取高额学费的校外培训机构的教育,不仅冲击了学校教育秩序,而且扩大了教育不公平。⑤

　　陈维贤认为分数与综合全面发展并不矛盾,如何在优化考试评价方式的基础上推动素质教育,才是目前急需解决的关键问题。他进一步强调:

　　① 许庆红,张晓倩.家庭社会经济地位、教育观念与中小学生学业负担[J].中国青年研究,2017(6):61-66+81.
　　② 惠梦.走出教育"减负"困境从告别课外"增负"开始[N].中国财经报,2021-08-05(007).
　　③ 杨仑.这一针,扎在"双减难"的病根儿上[N].科技日报,2021-06-25(003).
　　④ 杨三喜.以系统综合治理让"双减"见实效[N].法治日报,2021-07-28(005).
　　⑤ 顾明远.减轻学业负担 把立德树人落到实处[N].人民政协报,2021-08-25(009).

"在推行素质教育的过程中,怎样既满足家长和学生的升学需求,又提高素质教育水平? 这需要联动教育评价改革,对学校、校长、教师的考验,可谓巨大。"①

执行"双减"政策的要求,不仅仅是停留于外在的"治标",更是着力于内在提质创新的"治本"。②董圣足指出,从长远来看,只有进一步均衡资源配置、提高教育质量、缩小教育差距,同时突出素质教育导向,优化教育评价方式,深化中高考改革,全面打破学校教育"唯分是从""以分取人"和"分分计较"的困局,才能从根本上疏解社会各界的教育焦虑,有效降低广大学生及其家长在"补差培优"方面的需求。③有学者提出在减轻学生课业负担的同时,艺体类新"内卷"问题伴随出现。据天眼查数据显示,在"双减"政策实施一个多月后,我国体育运动类和艺术类相关机构新增了3.3万多家,与去年同期相比暴增99%。艺术和体育培训作为非学科类培训,已成为当前部分学科类培训机构转型的方向之一。④

滕珺分析指出,社会和经济发展的转型必然要求教育进行相应的改革。因此,我国频频出台的减负政策本质上是社会转型的产物,这也是世界各国教育改革的基本趋势。⑤总体来看,未来一段时间内,减负依旧是困扰社会各界及其相关利益主体的难题。

二、倾听减负的复杂声音

为了解家长对"双减"政策的真实看法,共青团中央宣传部和中国青年报社会调查中心于2021年8月在全国范围内开展了针对义务教育阶段学生家长的调查。具体来看,86.8%的受访家长支持提高校内教学质量,同时减轻学生校外培训负担,74.8%的受访家长支持减少机械重复的刷题,减轻孩

① 陈鹏,褚思佳."双减"后,如何拥抱素质教育[N].光明日报,2021-09-06(007).
② 杨小微."双减"政策激发中小学的创意与活力[N].人民政协报,2021-08-25(010).
③ 王立芳.三年内显著减轻学生家长负担[N].中国商报,2021-07-27(003).
④ 宁本涛,陈祥梅,衰芳,张耀贞."减轻校外培训负担"实施成效及生态复合治理机制透析——基于我国152个地级市"校外培训负担"现状的调查[J].中国电化教育,2022(07):50-57.
⑤ 张烁,杨文明,陈圆圆.减负不是简单做减法[N].人民日报,2018-03-29(016).

子作业负担。另外，从学生的学习成绩来看，学生成绩处于上游的受访家长更支持减轻学生校外培训负担，为89.2%；而孩子成绩处于下游的家长支持率最低，为82.6%。①

在孩子教育问题上，87.0%的受访家长感到焦虑，"双减"政策实施之后，72.7%的受访家长表示教育焦虑有所缓解，中等收入群体缓解比例更高。家长的教育焦虑来自哪里？73.2%的受访家长表示自己的能力很难辅导好孩子，53.1%的受访家长认为是课外培训产业化，资本营销太多"不补就落伍"的焦虑，48.7%的受访家长觉得因收入所限，怕给不了孩子最好的教育资源，48.2%的受访家长认为是中考升学机制，普通高中和职业学校1∶1分流，担心孩子早早已被"职业"定位。②

总体来说，受访家长普遍看好"双减"政策之后的发展，但对能否真正减负仍存疑虑。36.8%的受访家长在"双减"政策之后保持观望态度，26.8%的受访家长表示自己会多花时间辅导孩子，26.1%的受访家长表示该上课还得上课，不受影响，21.3%的受访家长会申请退费，不再给孩子报课外培训班，20.8%的受访家长会给孩子改报体育艺术兴趣班。③

有学者通过调研发现，减负后农村学生的时间安排需有所引导。乡村学校的教学时间、教学任务和考试制度被严格管控，农村学校的教育能力被不断弱化，学生感受不到教育压力，不存在明显的教育负担。因此，实施减负政策需要明确城区学生和农村学生的差异，分类治理。对于农村学生而言，要根据其特点建立与之相适应和相匹配的教育体系，增加学生在校的学习时间和学习内容，通过强化学校教育以完善教育服务体系，使得学生能够享有公平而有质量的教育。④

---

① 黄冲，王志伟，姚奕鹏，杨哲，顾鑫凤.86.8%受访家长支持减轻校外培训负担 74.8%受访家长支持减轻作业负担[N].中国青年报，2021-09-16(010).

② 黄冲，王志伟，姚奕鹏，杨哲，顾鑫凤."双减"实施后 72.7%受访家长表示教育焦虑有所缓解[N].中国青年报，2021-09-16(010).

③ 黄冲，王志伟，姚奕鹏，杨哲，顾鑫凤.42.1%受访家长不再给孩子报课外培训班或改报体艺兴趣班[N].中国青年报，2021-09-16(010).

④ 雷望红.教育减负，城市与农村区别大[N].环球时报，2019-05-30(015).

学生负担要辩证地看待,其也有存在的价值。娄立志认为,学生负担是中国社会发展的需要。从学生学业来看,他要成为全面发展的人,承担起现代化建设的大任,就必须要有一定的负担。①不仅如此,学生负担还是其人性完满发展的需要。从价值论的维度来看,与学生负担有关的即是在其人性形成及完善的过程中他要付出的努力。他付出努力的程度和方式在某种程度上决定了其人性完善的程度。②只有在适度压力或轻度压力状况下,个体才有可能在理智的控制下,充分发挥主观能动作用,对压力事件较妥善处理,从而也使自己的心理承受力得到增强,使个体生物性行为和正向的适应性行为增多,从而变压力为动力。③

"减负"问题由来已久,但历次"减负"都存在意见冲突。④比如出现了教育行政部门要求减负,学校不愿意减负;学校要求减负,家长不要求减负;学生支持减负,但是又不敢减负等具有代表性又耐人寻味的现象。⑤2007 年,教育部出台了《教育部办公厅关于不受理义务教育阶段学生参加英语等级考试的通知》,哈尔滨市 28 位家长联名上书要求教育部修改这一规定;浙江宁波一所小学试行"免考制",即平时品学兼优的学生,期末可以免考,但不少家长要求学校取消自己孩子的免考资格。"减负"问题之所以复杂,就在于它折射了社会的方方面面,如价值观、成才观、课程与教学观、用人制度与评价机制等,包括高考招生制度、考试录取制度,甚至命题与阅卷的观念与做法,都在影响着"减负"。⑥

三、课后服务、假期托管、校外培训是否存在衍生风险

因增设暑假托管,教师寒暑假是否或将被取消成为关注焦点之一。对此,教育部于 2021 年 7 月召开了新闻通气会,会上辟谣称,暑期托管服务应

---

①　娄立志.关于学生学业负担的理性思考[J].教育理论与实践,1999(9):21-26.
②　娄立志.关于学生学业负担的理性思考[J].教育理论与实践,1999(9):21-26.
③　李虎林.中小学生课业负担监测指标体系探索[J].当代教育科学,2014(14):27-31.
④　马开剑,杨春芳."减负"的内涵与视角[J].当代教育科学,2015(14):50-53.
⑤　李世宏.关于中小学"减负"的新思考[J].当代教育科学,2005(1):20-21.
⑥　马开剑,杨春芳."减负"的内涵与视角[J].当代教育科学,2015(14):50-53.

遵循学校主动、社会参与、教师志愿、学生自愿、公益普惠等基本要求。①《教育部办公厅关于支持探索开展暑期托管服务的通知》②也提出，要引导教师志愿参与暑期托管服务，但不得强制。对志愿参与的教师应给予适当补助，并将志愿服务表现作为评优评先的重要参考。统筹合理安排教师志愿参与托管服务的时间，依法保障教师权益，既要保障教师暑假必要的休息时间，也要给教师参与暑期教研、培训留出时间。③因此，"取消教师寒暑假"的说法并无依据。也有相关研究显示教师的工作负担有可能加重，教师的心理负担可能加剧，教师角色负担有可能加码。④其中教师工作时间延长对教师带来的负面情绪参考点最多。⑤

薛海平说："学校暑期托管服务并不会取消教师的寒暑期，而是鼓励教师志愿参与，并充分保障教师必要的暑期休息时间。只需要占用教师部分假期时间。"⑥丁大伟认为开展学生暑期托管服务，不是取消暑假，各区教委统筹全区教师资源，在不影响正常休息和进修培训的基础上，合理选派安排教师参加托管服务。⑦张志勇提出在开设托管服务中要关注教师的合法权益，不要将暑期变成"小学期"。学校在假期开展托管服务的同时，必须努力保障教师的带薪休假权，在实践中探索建立和完善教师轮岗轮休制度。对参加暑期托管服务的教师，应按照国家有关规定给予相应的加班工资。⑧中国教育科学研究院此前组织的一项调研显示，中小学教师一周平均工作时间超过50小时，工作量已经接近"饱和"。多位教师表示，小学教师特别是班主任，

① 吴斯旻.校内托管不只"管孩子"：给"鸡娃"降温，促教培机构转型[N].第一财经日报，2021-07-14(A06).
② 中华人民共和国教育部政府门户网站[EB/OL].(2021-07-09)，http://www.moe.gov.cn/jyb_xwfb/gzdt_gzdt/s5987/2021 07/t20210709_543355.html.
③ 张维.不得暗中变复习班补习班　防止各校攀比[N].法治日报，2021-07-16(005).
④ 都晓."双减"视域下课后服务的难点与进路[J].暨南学报（哲学社会科学版），2022(3)：121-132.
⑤ 徐用祺，钟志勇."双减"政策背景下课后服务问题研究——基于网络社交平台的大数据分析[J].中国青年研究，2022(7)：56-63.
⑥ 惠梦.坚持普惠、自愿办好暑期托管[N].中国财经报，2021-07-15(007).
⑦ 姚晓丹，晋浩天.这个暑期，给孩子一个不一样的托管班[N].光明日报，2021-07-14(007).
⑧ 赵琬微，吴振东，赵叶苹."公办托管班"来了!如何办好管好？[N].新华每日电讯，2021-07-08(007).

"早七晚五"在校工作时间是常态,教师的寒暑假也并没有那么轻松,需要备课、进行教材分析、写论文、参加线上各种会议、培训等。

课后服务能否在一定程度上缓解家长的焦虑心理?有研究通过量化的方式给出答案:家长对孩子教育的高期望与现实优质教育资源的不匹配是家长产生焦虑的主要来源之一。同时,家长需支付相应的课后服务费,对于部分家庭来说也是一笔不小的支出,中西部经济欠发达县(区)课后服务的费用全部由学生家庭承担,这对经济困难的家庭来说也是一种负担。①在学生主体层面,更多的研究关注的是学生主体地位是否实现,学校提供的课后服务是否是学生真正需要的。

调查显示,家长一方面希望孩子能快乐健康地成长,有更多时间和精力进行人际交往、兴趣培养等活动;另一方面,又积极将孩子送进辅导机构,占用孩子大部分课余时间。②相关数据显示,全国小学、初中阶段的学生对课外补习意愿普遍较低,主动要求补习的比例仅为17.5%,不是很愿意参加的占比为53.2%,极度排斥的则为29.3%。其中,"家长逼迫"和"受身边同学影响"是学生们同意补课的主要理由。③学生家长送子女上学的目的是希望让其接受高质量的教育,而我国中小学中真正高质量的学校与实际需要相比有很大差距,这种高期望值的主观要求更加剧了我国教育质量供求关系的矛盾。④

针对校外培训存在的衍生风险,有研究者提出校外培训在持续得到规范的同时可能面对财务危机加重、合同纠纷攀升、就业难题凸显、转型发展困难、变异培训增多等现实问题。因此需要对相关政策进行完善,进一步制定相应的配套措施。⑤

①　徐用祺,钟志勇."双减"政策背景下课后服务问题研究——基于网络社交平台的大数据分析[J].中国青年研究,2022(7):56–63.
②　毛齐明,王莉娟,胡静.小学生课外学习负担背后的矛盾冲突与化解策略[J].教学与管理,2020(6):32–35.
③　刘波."双减"背景下校外培训遇冷　暑期托管服务探索假期新模式[N].中国产经新闻,2021–07–15(002).
④　程晗.对"减负"的理性解读[J].教育理论与实践,2000(5):21–23.
⑤　王东,王寰安.对减负政策盲点和负效应的反思——基于北京市中小学生课业负担现状的调查研究[J].上海教育科研,2017(3):30–33.

本章小结

　　本章通过对相关书籍及文献进行检索，重点梳理减负的内涵及相关概念，并对减负的背景进行溯源，呈现新中国成立以来减负的发展历程。关注近 10 年基础教育阶段学生课业负担，阐述学生课业负担的发展阶段、课业负担的影响因素、学生负担的具体表现、课业负担的判断标准及监测体系、课业负担过重的治理对策等。在"双增"部分，呈现其内涵，以及课后服务、假期托管、校外培训三种减负方式；针对小学教师减负，其子议题包括小学教师减负发展历程、减负内容、负担过程的影响以及缓解小学教师减负的对策探析；最后减负过程中存在一些复杂声音，包括复杂声音有哪些，减负难在何处，课后服务、假期托管、校外培训是否存在衍生风险。

　　通过对小学减负研究进行多维度、多主体、多方面的全面阐释，帮助读者扩展对小学减负内涵和外延的多元理解，但是在文献梳理过程中，我们可以发现小学减负研究仍然存在一些有待研究的方面。譬如，在解决现实问题上，小学生、小学教师的负担真的减轻了吗？课后服务在各地开展的实际情况是怎样的？相关研究不断增多，但仅仅"热"在一时。在研究方法上，实证的研究不断增多，但质性研究相对较少。如何让减负议题成为常议常新的前沿议题，保持减负的研究性，需要社会各界持续、广泛的关注，不要让减负成为一时热点。

　　总之，从近 20 年减负议题的相关研究可以看出，学界在减负研究的不同时期聚焦点有所不同，体现出阶段特色但依旧有待发展。研究者们应深度挖掘各相关利益主体在贯彻减负政策过程中仍存在的症结，不断思考与探索减轻负担的治理方式，进一步拓展研究深度，增强减负措施的实效性与可操作性。希望广大读者在阅读此章后对小学减负的了解更加丰富、全面。

推荐阅读

　　1.边玉芳.传统"家事"上升为新时代的重要"国事"——"双减"背景下全社会如何支持家长为促进儿童健康成长而教[J].人民教育,2021(22):26–30.

2.凡勇昆,邬志辉.我国中小学课业负担问题的反思——现代性危机的视角[J].现代教育管理,2012(6):30-34.

3.方丹,曹榕,程姝,张生,齐媛.小学生客观课业负担对主观课业负担的影响:学习态度的调节作用[J].中国特殊教育,2018(2):77-82.

4.付柳,李敏.博弈中的减负——近十年我国基础教育减负研究综述[J].少年儿童研究,2022(6):5-20.

5.付卫东,刘慧敏,陈安妮,胡依然.教育新基建助力"双减"政策落地:需求、优势与挑战[J].现代教育技术,2022(1):27-34.

6.郭中华,顾高燕."双减"与教育高质量发展——一种批判教育学的视角[J].中国电化教育,2022(3):16-21.

7.胡惠闵,王小平.国内学界对课业负担概念的理解:基于500篇代表性文献的文本分析[J].教育发展研究,2013(6):18-24.

8.贾伟,邓建中,蔡其勇.利益相关者视域下我国中小学生减负的博弈困境及突破对策[J].中国电化教育,2021(9):51-58.

9.李虎林.中小学生课业负担监测指标体系探索[J].当代教育科学,2014(14):27-31.

10.李芒,葛楠,石君齐."双减"的本质与责任主体[J].现代远程教育研究,2022(3):24-31.

11.李新.教师的工作负担及其影响因素研究——基于中国教育追踪调查(2014—2015学年)数据的实证分析[J].上海教育科研,2019(3):5-9+78.

12.刘复兴,董昕怡.实施"双减"政策的关键问题与需要处理好的矛盾关系[J].新疆师范大学学报(哲学社会科学版),2022(1):91-97.

13.龙宝新,赵婧."双减"政策破解义务教育内卷化困境的机理与路向[J].现代教育管理,2022(4):20-29.

14.卢珂.中小学生课业负担的影响因素研究——基于北京市中小学调查数据[J].教育学术月刊,2016(12):49-54.

15.马健生,吴佳妮.为什么学生减负政策难以见成效?——论学业负担的时间分配本质与机制[J].北京师范大学学报(社会科学版),2014(2):5-14.

16.马开剑,王光明,方芳,张冉,艾巧珍,李廷洲."双减"政策下的教育理念与教育生态变革(笔谈)[J].天津师范大学学报(社会科学版),2021(6):1–14.

17.秦玉友,赵忠平.多不多?难不难?累不累?——中小学生课业负担调查研究[J].课程.教材.教法,2014(4):42–49.

18.王东,王寰安.对减负政策盲点和负效应的反思——基于北京市中小学生课业负担现状的调查研究[J].上海教育科研,2017(3):30–33.

19.王玉萍."双减"背景下有效作业的设计和实施[J].中国教育学刊,2021(S2):207–213.

20.王毓珣,刘健.改革开放四十年中小学减负政策变迁及走向分析[J].教育理论与实践,2018(31):17–23.

21.王毓珣,王颖.关于中小学教师减负的理性思索[J].湖南师范大学教育科学学报,2013(4):56–62.

22.卫建国,秦一帆.我国中小学减负政策70年:回顾与变迁[J].教育理论与实践,2019(22):27–31.

23.谢维和.重要的是减轻中小学生的心理负担[J].教育研究,2000(4):9–41.

24.薛海平,高翔.家长教养方式影响孩子课外补习吗?[J].福建师范大学学报(哲学社会科学版),2021(5):99–112+170.

25.薛海平,师欢欢.起跑线竞争:我国中小学生首次参与课外补习时间分析——支持"双减"政策落实的一项实证研究[J].华东师范大学学报(教育科学版),2022(2):71–89.

26.杨红伟,王平."双减"中的"双加"[J].中国教育学刊,2022(2):105.

27.杨宏山,茹雪瑞.政策执行中的府际学习机制——基于教育政策改革的典型案例分析[J].首都师范大学学报(社会科学版),2020(6):144–152.

28.杨柳,张旭.新中国成立以来我国"减负"政策的历史回溯与反思[J].教育科学研究,2019(2):13–21.

29.姚庆霞.对中小学"减负"的辩证思考[J].当代教育科学,2011(8):

55–56.

30.张志勇."双减"格局下公共教育体系的重构与治理[J].中国教育学刊,2021(9):20–26+49.

31.周洪宇,齐彦磊."双减"政策落地:焦点、难点与建议[J].新疆师范大学学报(哲学社会科学版),2022(1):69–78.

32.周兆海,邬志辉.理性冲突与调适:中小学生课业负担难减困境及其突破[J].教育理论与实践,2016(11):19–21.

33.朱卫国.中小学生课业负担的理性思考[J].教育发展研究,2019(12):1–5.

34.邹敏.中小学生课后服务的属性及权责问题探讨[J].中国教育学刊,2020(3):32–36.

第九章 小学一体化研究

本章思维导图

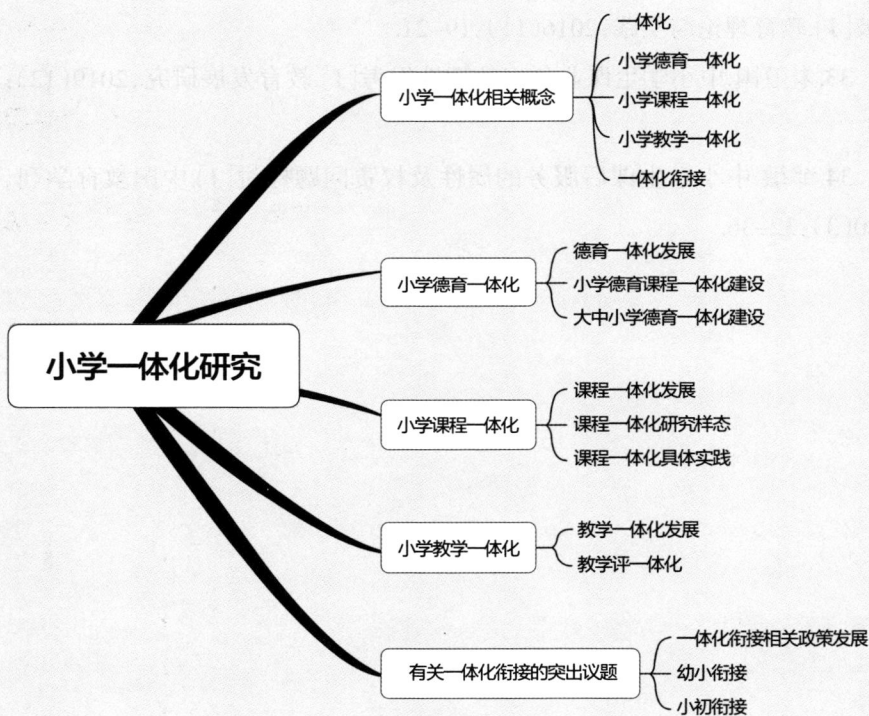

小学一体化研究

- 小学一体化相关概念
  - 一体化
  - 小学德育一体化
  - 小学课程一体化
  - 小学教学一体化
  - 一体化衔接
- 小学德育一体化
  - 德育一体化发展
  - 小学德育课程一体化建设
  - 大中小学德育一体化建设
- 小学课程一体化
  - 课程一体化发展
  - 课程一体化研究样态
  - 课程一体化具体实践
- 小学教学一体化
  - 教学一体化发展
  - 教学评一体化
- 有关一体化衔接的突出议题
  - 一体化衔接相关政策发展
  - 幼小衔接
  - 小初衔接

本章词云图

　　小学阶段是学生思想、观点的启蒙和孕育期。《小学教育原理》一书中提到,小学教育具有独特的价值,突出表现为其处于身体发育的敏感期、品行养成的关键期、认知发展的起步期和社会责任感的孵化期①,因此小学教育对于建立中华民族共同体教育体系具有重大意义。在当今时代大变革和社会发展对人才高要求的背景下,我国基础教育正在经历一场新的变革。在新时代的呼唤下,如何发挥小学教育的价值,促进小学学段教育的有效衔接,一体化改革势在必行。近20年来相关学者针对小学一体化建设的关注在哪些方面? 有哪些新的走向与趋势? 如何有效推进小学一体化建设,切实落实立德树人根本任务? 成为本章关注的重点。

　　通过对小学一体化相关主题下核心期刊文献进行检索发现:近20年小学一体化建设有关的研究主要聚焦在德育一体化、课程一体化、教学一体化及一体化衔接四个方面。在这四个方面中,更多学者聚焦于大中小学一体化建设上,注重将"全程贯穿"与"学段差异"相结合,将大中小学教育阶段作为一个整体进行研究,试图构建学段间的一体化教育样态。

---

① 谢维和,李敏.小学教育原理[M].北京:高等教育出版社,2021:17-27.

第一节　小学一体化相关概念

在展开近 20 年小学一体化相关研究问题之前,有必要对小学一体化相关的基本概念进行介绍。通过追溯一体化的源头,从其他领域、其他学段对一体化探讨的基础上了解小学一体化的内涵,明晰小学一体化的建设指向与要素,以形成对小学一体化的基础性认识。

通过梳理文献发现,"一体化"在各领域均已有了一定的发展,因此在展现当今小学一体化相关研究的具体样态之前,将从"一体化"视角出发,聚焦小学学段一体化的前沿问题,理清德育一体化、课程一体化、教学一体化以及一体化衔接的相关概念。

一、一体化

一体化一词最初主要集中在政治和经济领域使用。据相关文献,该词最早出现在 20 世纪 40 年代末的西欧,当时只是偶尔被使用,并没有什么特别的含义。20 世纪 70 年代以后,一体化的概念才逐渐明确和规范起来。[①]美国国际问题专家卡尔·多伊奇(Deutsch,karl W.)认为,"一体化通常意味着由部分组成整体, 即将原来相互分离的单位转变成为一个紧密系统的复合体"。他还认为, 一体化既可以指原来同一个单位之间的一种关系,"在这种关系中它们相互依存并共同产生出它们单独时所不具备的系统性能", 也可以"被用来描述原先相互分离的单位达到这种关系或状态的一体化过程"。[②]一体化最为重要的意义在于事物之间的相互联系, 以及在这种联系中所产生的新结构和功能。

在英文中,"一体化"可翻译成"integrate",是"使完整,使整合"的意思。

① 胡延新."一体化" 和 "重新一体化":概念的提出及其修正 [J]. 东欧中亚研究,1997(2):23+27+26+24-25+28.

② [美]卡尔·多伊奇(Deutsch,karl W.).国际关系分析[M].周启朋,等译.北京:世界知识出版社,1992:2.

《现代汉语词典》将"一体化"定义为"使各自独立运作的个体组成一个紧密衔接、相互配合的整体"①。根据相关学者研究梳理,"一体化"一般是指将两个或两个以上的互不相同、互不协调的事项,采取适当的方式、方法或措施,将其有机地融合为一个整体,着重关注其内部诸要素及外部环境里的诸多事物的相互合作和协同。②同时,有学者从教育角度对一体化进行界定,认为一体化是将不同学段的培养目标、教育任务、教育过程与教学方法统一于一个有机的整体之中,形成一个完整的教育系统,实现教育理念上的一致,并注意在符合时代要求的基础上,进行创造性的探索与发展。③

二、小学德育一体化

随着改革的不断深入和中国社会的巨大变化,德育也呈现出与时代共同演进的特点。表现为从德育政治化到人本化,从政治教育到丰富的"大德育"体系,从运动式德育到大中小学德育一体化,从孤立的德育到全员、全程、全方位的德育。④因此,学者们对于德育一体化的相关研究逐渐增多,而对其概念的界定,则有不同的解释角度。

以横向维度来看,学者们认为一体化是将德育对象、德育环境如学校教育、家庭教育和社会教育等作为一个整体。如车广吉等人认为,德育一体化主要是指通过学校、家庭、社会这三种青少年德育的主要途径,有领导、有组织地协同配合,统一规划和部署,充分、有效地利用三者的德育资源,发挥整体合作的优势,对广大青少年实施道德教育的一种全方位的德育格局。⑤张进清认为理想的德育一体化是家庭、学校、社会均有意识、有目的、有计划地构建良好的德育环境,相互之间充分交流、相互促进、协作运行。同时,需要

---

①　中国社会科学院语言研究所词典编辑室.现代汉语词典[M].北京:商务印书馆,2016:1538.

②　王治卿.集约型一体化管理体系创建与实践[M].北京:中国石化出版社,2010:9;曲宗湖、杨文轩主编.学校体育教学探索[M].人民体育出版社,2001:4.

③　张彦,韩伟.以核心价值观引领大中小学思政课一体化[J].学校党建与思想教育,2020(13):62-65.

④　冯建军.改革开放四十年中国德育的转型发展[J].南京社会科学,2018(4):143-150.

⑤　车广吉,丁艳辉,徐明.论构建学校、家庭、社会教育一体化的德育体系——尤·布朗芬布伦纳发展生态学理论的启示[J].东北师大学报(哲学社会科学版),2007(4):155-160.

充分发挥学校的主导性,确立明确、有效、适用的价值体系,既做好学校的德育工作,又向社会、家庭输出德育力量,形成以学校为主导的一体化德育系统。①所以,学校德育作为主渠道,沟通学校与家庭、社会(以社区或街道行政区为核心)之间的横向联系,同时还包含德育管理与评价、德育目标、德育内容、德育方法、德育实施途径等要素,对青少年的思想品德教育形成整体的正向合力,共同构建价值观培养体系。②班建武指出,德育一体化不仅仅是一个德育自身的命题,更是社会发展和德育自身变革相互影响所交织而成的重大时代课题,其核心是对"培养什么人""怎样培养人"问题的一种综合性、系统性的主动回应,其最终目标就是要围绕现代公民的培养,构建一个生态型的育人体系。③在纵向上,德育一体化以社会主义核心价值观为引领,针对大中小学不同时期学生的生理和心理发展特点,合理制定系统的德育目标和内容,科学利用德育资源做好纵横衔接,发挥德育教育主体的引导作用,帮助青少年实现德育教育的顺利过渡,从而达到螺旋上升的效果。④

另有学者从马克思主义唯物辩证法角度对"德育一体化"进行界定。如谢梦菲从系统论的观点理解,认为德育一体化是以辩证唯物主义和历史唯物主义为指导,运用系统的观点和系统思维,从大德育观出发,多维度和全方位对德育系统进行综合考察和整体设计,使德育系统内纵向各层次衔接贯通、系统内外横向各要素有机联系,形成统筹各方、协同育人的格局,从而达到系统内外要素的有序衔接与最优整合。⑤也有学者认为德育一体化要以马克思主义唯物辩证法为方法论指导,运用全面、联系和发展的观点,从宏观、微观、内部、外部、纵向、横向等多侧面、多角度系统地对学校德育进行综

① 张进清.论复杂性科学的德育一体化[J].社会科学家,2010(7):115-117.
② 李健.构建新时代中国特色大中小幼一体化德育体系的四个维度[J].深圳大学学报(人文社会科学版),2018(1):116-121;张健,潘国梁.学校、家庭、社会德育一体化课题研究报告[J].上海教育科研,1991(2):46-48.
③ 班建武.德育一体化的社会向度及其实践要求[J].国家教育行政学院学报,2022(3):67-76.
④ 岳圆星,郭洪水.德育一体化视域下的青少年思想政治教育[J].中学政治教学参考,2020(2):61-63.
⑤ 谢梦菲.哲学视域下新时代一体化德育的构建[J].思想政治课教学,2017(7):8-12.

合的整体设计①,促进德育课程与日常德育的一体化。②

叶飞、檀传宝则认为从哲学理念的角度而言,德育一体化建设事实上蕴含着普遍性与特殊性的共融的哲学基本理念。德育一体化即是对德育本质的普遍性的追求,同时也是对德育工作的特殊性的观照。因此,德育一体化是共性与个性的辩证统一,是一体与多面的有机融合,是国家发展与个体发展的和谐共荣。③

德育课程一体化及思政课一体化建设是落实立德树人根本任务的重要载体,是构建德育一体化的重要组成部分。如汤玉华指出,大中小学德育课程内容一体化作为大中小学德育一体化大系统的子系统,以政治教育、思想教育、道德教育、法律教育和心理教育为主要教育内容,对德育课程内容的各要素和层次进行整体设计,保持横向贯通、纵向衔接、依次递进、有序过渡、螺旋上升、和谐统一,是实现大中小学德育一体化的逻辑展现。④叶飞从公共治理的视角出发,认为德育课程一体化建设是国家教育治理体系现代化的重要组成部分,在加强国家宏观管理的同时,可以统筹协调多方治理主体对德育课程建设的协同参与、合作共治,从而构建更具系统性、衔接性和贯通性的大中小学德育课程体系,更好地实现德育课程的育人使命,促进人的全面发展。⑤

通过以上梳理可以发现,学者们对于德育一体化的研究更多聚焦在大中小学德育一体化的大概念下,而聚焦小学德育一体化的研究则有待提升。

三、小学课程一体化

我国对于课程一体化的研究多集中在两个方面。一是中高职教育阶段。邓桂萍、宋烨指出中高职衔接是构成现代职业教育体系的重要组成部分,实

① 张孝宜,李辉,李萍.德育一体化研究[M].广州:广东高等教育出版社,1997:2.
② 刘世明.德育一体化运行机制研究[J].教学与研究,2002(7):70—73.
③ 叶飞,檀传宝.德育一体化建设的理念基础与实践路径[J].教育研究,2020(7):50—61.
④ 汤玉华.大中小学德育课程内容一体化建设思考[J].教育评论,2017(10):106—109.
⑤ 叶飞.公共治理视角下德育课程一体化的理论构建[J].课程·教材·教法,2021(3):62—68.

现中高职衔接的落脚点就是课程衔接。①随即,也就出现了课程一体化的概念。蒙瑞萍认为中高职课程一体化指整合中高职理论课程与实践课程的教学资源,实现中高职学生的职业情感态度与价值观学习的统一,促进其职业知识、能力及素养的综合性培养。②唐纪瑛认为课程一体化建设不仅是中本贯通人才培养一体化的核心内容, 也是中本贯通人才培养模式得以实现的关键所在。一方面,课程一体化建设可以实现人才纵向知识面的"深"。另一方面,课程一体化建设可以实现人才横向知识面的"广"③。

二是聚焦于学科课程一体化,如思政课课程一体化、体育课课程一体化。其一体化课程体系建设是一个系统过程,表现在从整体布局到系统联系再到综合运用的全过程构架。④其旨在利用课程开展充分培养学生学习能力,使学生能够更好地适应社会变革,成长为社会所需要的有用人才。⑤

聚焦于小学段的课程体系建设仍处在初步发展阶段,但目前课程一体化建设相关研究逐渐关注于课程整体建设中各要素之间的相互联动,以及学科内部之间的发展与融合,为我们展观小学课程一体化建设提供了现实依据。

四、小学教学一体化

我国教学一体化的教学思想最早源自陶行知"教学做合一"的生活教育理论。其认为在教学过程中,"教学做"三种行为是不可分割的一个整体,"做"是核心,主张在做上教,做上学。⑥随后,这一思想在职业教育中不断被

---

① 邓桂萍,宋烨.电子类专业中高职衔接课程一体化设计探索[J].职业技术教育,2013(14):31-33.
② 蒙瑞萍.基于课程一体化的中高等职业教育衔接模式[J].教育与职业,2013,(17):14-16.
③ 唐纪瑛."2+1"中本贯通专业课程一体化建设实践研究——以文物保护与修复专业为例[J].中国职业技术教育,2020(32):19-24.
④ 杨东博,张强.大中小学体育课程一体化建设困境与突破路径研究[J].沈阳体育学院学报,2020(2):41-47.
⑤ 昝箬琳.论德育视角的课程纵向衔接与横向配合[J].中学政治教学参考,2021(35):30-31.
⑥ 景虹.基于教学做合一的小学数学信息化教学探究[J].科学咨询(教育科研),2021(15):194-195.

发展与应用,并提出"理实一体化"教学,即指理论与实践课在同一时间、同一空间下实施的教学组织形式,将理论与实践有机地融为一体,实现了理论与实践的沟通,能充分发挥教师的主导作用和学生的主体作用①,将教师教的活动与学生学的活动相结合。②此外,有学者提出,教学一体化要注重内容一体化、方法一体化、资源一体化、师资一体化四个层面的融合与统一。③

目前,教学一体化在基础教育中的应用主要集中在学科课程上,如中小学法治教学的一体化是指在中小学法治教学中,各学段目标螺旋上升、循序渐进,课堂教学有机衔接、相互贯通,目的是体现和贯彻课程的连续性和整合性。④道德与法治课教学一体化则是指跨学段目标设计一体化、大概念教学一体化、关键能力进阶一体化、教学环节设计一体化、单元整体学习一体化等方面探索实践理路,以形成分层发展、螺旋上升的科学体系,为学生建构有意义的认知图景。⑤

可以看出,我国对于教学一体化的理论性研究主要集中于职业教育,而在基础教育阶段则更侧重于实践性研究,以具体的学科内容为依托进行研究。

五、一体化衔接

衔接一词来自电子信息词汇,是指在电子计算机程序的各模块之间传递参数和控制命令,并将其组成一个可执行的整体的过程。从理论上来看,衔接通常被视作是生态学的概念。在近年的有关研究中,基于美国心理学家布朗芬·布伦纳(Bronfenbrenner)关于人类发展的生态学理论所提出的一体化衔接的生态系统模式,逐渐被研究者广泛应用。该理论认为,人类的发展

---

① 王翾,符虎刚,钟松林,杨蒙.《食用菌栽培技术》课程"理实一体化"教学实践与探索[J].微生物学杂志,2014(4):109-112.
② 李发荣,赵鹏.论教学做一体化教学模式在现代职业人培养中的意义和作用[J].教育与教学研究,2011(4):97-99.
③ 刘光然,陈建珍,朱丹丹.基于一体化教学的三维交互模式的构建及应用[J].现代教育技术,2012(6):102-105.
④ 胡莉英.中小学法治教学一体化课堂实施策略——以中小学统编《道德与法治》教材为例[J].中学政治教学参考,2020(3):55-56.
⑤ 黄伟.道德与法治课一体化教学的实践理路[J].思想政治课教学,2020(9):16-20.

是由若干相互镶嵌在一起的系统组成,包括微观系统、中观系统、外层系统和宏观系统。这四个层次是以行为系统对儿童发展的影响程度来分界的,从微观系统到宏观系统,对儿童的影响也是从直接到间接。[①]同时,"当个体在生态环境的位置改变时,他会经历生态学上的过渡,这为我们思考有关衔接的意义提供了有益的启示。也有学者发现儿童和家庭在社会结构、文化和人群中的位置将会跨时空地影响他们(Elder,2001)。这些都考虑了在衔接过程中对儿童发展可能起作用的人、事物或事件"。[②]

通过梳理文献发现,"一体化衔接"已经逐渐被引入基础教育中,其相关研究主要集中在幼小衔接、小初衔接两个领域。由于小学教育阶段所处的特殊位置——介于学前教育阶段与中学教育阶段之间,更应该在小学阶段加强对"一体化衔接"的关注,促进学段间有机良性互动,增强人才培养的系统性,着力推进我国小学教育的一体化建设。

第二节　小学德育一体化

"一体化"是当前德育研究中的热点,也是德育建设的核心思想。综观当前对德育一体化的研究,可以看出主要集中在以政治认同、国家意识、文化自信和人格养成为重点的德育一体化建设。学者们主要从德育目标、德育内容、德育课程与德育方法等方面讨论大中小学德育一体化建设。

---

① 王文乔,杨晓萍.人类发展生态学对幼小衔接的启示[J].幼儿教育(教育科学版),2007(6):20-22.

② Fabian H.,Dunlop A.W.Outcomes of Good Practice in Transition Processes for Children Entering Primary School[J].Bernard van Leer Foundation(NJ1),2007:40.

一、德育一体化发展

表9-1　我国有关德育一体化的相关政策

时间	相关政策	相关内容
2001年5月	国务院《关于基础教育改革与发展的决定》	加强爱国主义、集体主义和社会主义教育,加强中华民族优良传统、革命传统教育和国防教育,加强思想品质和道德教育并贯穿于教育的全过程
2004年3月	中宣部教育部关于印发《中小学开展弘扬和培育民族精神教育实施纲要》的通知	把开展弘扬和培育民族精神教育作为一项系统工程,充分整合和利用学校、家庭、社会的各种教育资源形成合力
2005年7月	教育部《关于整体规划大中小学德育体系的意见》	整体规划大中小学德育体系,就是根据不同教育阶段学生身心特点、思想实际和理解接受能力,准确规范德育目标和内容,科学设置德育课程,积极开展德育活动,努力拓展德育途径,有针对性地进行教育和引导,使学校德育更具科学性,更好地促进青少年学生全面健康成长,使大中小学德育纵向衔接、横向贯通、螺旋上升,不断提高针对性实效性和吸引力感染力,更好地促进青少年学生健康成长
2010年7月	教育部《国家中长期教育改革和发展规划纲要(2010—2020年)》	把德育渗透于教育教学的各个环节,贯穿于学校教育、家庭教育和社会教育的各个方面 构建大中小学有效衔接的德育体系,创新德育形式,丰富德育内容,不断提高德育工作的吸引力和感染力,增强德育工作的针对性和实效性
2017年8月	教育部关于印发《中小学德育工作指南》的通知	着力构建方向正确、内容完善、学段衔接、载体丰富、常态开展的德育工作体系 充分发挥课堂教学的主渠道作用,将中小学德育内容细化落实到各学科课程的教学目标之中,融入、渗透到教育教学全过程 要根据不同年级和不同课程特点,充分挖掘各门课程蕴含的德育资源,将德育内容有机融入各门课程教学中 要积极推进学校治理现代化,提高学校管理水平,将中小学德育工作的要求贯穿于学校管理制度的每一个细节之中 要积极争取家庭、社会共同参与和支持学校德育工作,引导家长注重家庭、注重家教、注重家风,营造积极向上的良好社会氛围

续表

时间	相关政策	相关内容
2017 年 9 月	中共中央办公厅 国务院办公厅印发《关于深化教育体制机制改革的意见》	构建以社会主义核心价值观为引领的大中小幼一体化德育体系。针对不同年龄段学生,科学定位德育目标,合理设计德育内容、途径、方法,使德育层层深入、有机衔接,推进社会主义核心价值观内化于心、外化于行
2017 年 11 月	教育部《关于教育系统认真学习宣传贯彻党的十九大精神 写好教育"奋进之笔"的通知》	要积极培育和践行社会主义核心价值观,加快构建以社会主义核心价值观为引领的大中小幼一体化德育体系
2018 年 2 月	教育部《关于在教育系统大兴调查研究之风的意见》	围绕全面贯彻党的教育方针、培养德智体美全面发展的社会主义建设者和接班人开展调研,发展素质教育,加快构建以社会主义核心价值观为引领的大中小幼一体化德育体系
2019 年 2 月	中共中央办公厅 国务院办公厅印发《加快推进教育现代化实施方案(2018—2022 年)》	将思想政治工作体系贯穿于学科体系、教学体系、教材体系、管理体系当中,深入构建一体化育人体系
2019 年 10 月	教育部等五部门印发《关于加强新时代中小学思想政治理论课教师队伍建设的意见》的通知	推进大中小学思政课教师队伍专业发展一体化建设
2019 年 11 月	教育部《关于教育系统学习贯彻党的十九届四中全会精神的通知》	推进大中小学思政课课程教材一体化建设,办好思想政治理论课
2020 年 12 月	教育部《关于成立教育部大中小学思政课一体化建设指导委员会的通知》	教育部决定成立大中小学思政课一体化建设指导委员会

续表

时间	相关政策	相关内容
2020 年 12 月	中共中央宣传部 教育部关于印发《新时代学校思想政治理论课改革创新实施方案》的通知	推进一体化。建立纵向各学段层层递进、横向各课程密切配合、必修课选修课相互协调的课程教材体系，实现课程目标、课程设置、课程教材内容的有效贯通 按照循序渐进、螺旋上升的原则，立足于思政课的政治性属性，对大中小学思政课课程目标进行一体化设计 根据学生成长规律，结合不同年龄段学生的认知特点，构建大中小学一体化思政课课程体系。在小学及初中阶段"道德与法治"、高中阶段"思想政治"、大学阶段"思想政治理论课"中落实课程目标要求，重点推进习近平新时代中国特色社会主义思想融入课程，实现整体设计、循序渐进、逐步深化，切实提高课程设置的针对性实效性 健全一体化教材建设机制
2021 年 7 月	国家教材委员会关于印发《习近平新时代中国特色社会主义思想进课程教材指南》的通知	要全面介绍与阐释习近平新时代中国特色社会主义思想的时代背景、核心要义、精神实质、科学内涵、历史地位和实践要求，牢牢把握习近平新时代中国特色社会主义思想的基本立场观点方法，注重系统整体设计、分段分科推进，在不同学段不同学科不同课程中有序铺开，强化大中小学思政课一体化建设 习近平新时代中国特色社会主义思想进课程教材须做到不同学段全过程贯通。体现在德智体美劳各方面目标培养中，确保习近平新时代中国特色社会主义思想在大中小学课程教材中相互衔接、层层递进，实现全覆盖
2022 年 8 月	教育部等十部门关于印发《全面推进"大思政课"建设的工作方案》的通知	深入推进大中小学思政课一体化建设。教育部加强大中小学思政课一体化建设指导委员会建设，支持各地建设一批一体化基地，鼓励高校积极开展与中小学思政课共建。各地教育部门加强引导和协调，建立大中小学师资培育、听课评课、教研交流、集体备课等常态化工作机制
2022 年 11 月	教育部《关于进一步加强新时代中小学思政课建设的意见》	推进大中小学思想政治教育一体化建设 注重学段衔接，完善大中小学思想政治教育体系

我国德育一体化的建设经历了长期的发展过程，其是蕴含在我国德育发展之中的。我国德育建设大概有以下几个关键阶段：改革开放时期对德育的拨乱反正；改革开放后，以社会主义精神文明定位德育；党的十六大，提出"德育为先"；党的十八大，提出"立德树人"。可见，我国德育建设是呈向上发展趋势，越来越得到重视与发展。

在我国德育建设不断发展的历程中，也逐渐显现出德育一体化的思想。1978年，第五届全国人大通过的《中华人民共和国宪法》第十三条指出，党的教育方针是"教育必须为无产阶级政治服务，教育必须与生产劳动相结合，使受教育者在德育、智育、体育几方面都得到发展，成为有社会主义觉悟的有文化的劳动者"。这是德育内容的首次融合。进入21世纪以来，德育一体化建设逐渐发展。2001年，国务院《关于基础教育改革与发展的决定》明确提出要将"加强思想品质和道德教育并贯穿于教育的全过程"。直到2005年教育部颁布《关于整体规划大中小学德育体系的意见》，首次明确提出整体规划大中小学德育体系的总体要求："使大中小学德育纵向衔接、横向贯通、螺旋上升，不断提高针对性、实效性和吸引力、感染力，更好地促进青少年学生健康成长。"至此，德育一体化建设的整体雏形开始出现。

2010年，《国家中长期教育改革和发展规划纲要（2010—2020年）》明确提出要"构建大中小学有效衔接的德育体系"。到2014年，德育一体化建设转向协同建设取向，打通教育的壁垒，实现全方位育人。2014年5月4日，习近平总书记在北京大学师生座谈会上的讲话指出，要扣好人生的第一粒扣子。因此，必须整体设计大中小学德育体系，推进小学、中学、大学的有机衔接，无缝对接，使德育贯穿于学校教育的全过程。[①]2017年，《中小学德育工作指南》指出，要"着力构建方向正确、内容完善、学段衔接、载体丰富、常态开展的德育工作体系"，此外，其提出要通过课程育人、管理育人、协同育人等途径，将德育渗透到各个方面，对德育一体化建设进一步深化与细分。2019

---

① 习近平在全国高校思想政治工作会议上强调：把思想政治工作贯穿教育教学全过程，开创我国高等教育事业发展新局面［EB/OL］（2018-03-19），http://dangjian.people.com.cn/n1/2016/1209/c117 092-28936962.html.

年,多个政策文件都指出,要构建大中小学德育一体化体系,是德育一体化建设迅速发展的开端。

但在五育视角下的德育,是一种"大德育"概念,其外延较广。"大德育体系"中的德育,是指通过知识传授、观念养成、性格培养等途径来提高受教育者在思想观念、政治意识、行为规范、心理调适等方面的素质,包括思想(价值观)教育、政治教育、道德教育、法制教育、心理素质教育等内容。[①]在推进德育一体化建设的同时,我国也提出了要推进思政课一体化建设。因为大中小学思政课一体化来源于统筹规划德育体系的实践。[②]在 2019 年,我国提出了一系列关于推进大中小学思政课一体化建设的政策,在 2020 年,我国决定成立大中小学思政课一体化建设指导委员会,并在之后着重建设思政课程一体化体系以及健全一体化教材机制。

随着政策的不断颁布与完善,我国德育一体化建设、大中小学思政课一体化建设逐渐呈现出蓬勃发展趋势。

二、小学德育课程一体化建设

对于小学德育课程一体化建设,学界相关研究主要聚焦于德育课程一体化意义和内涵的阐释、德育课程教材体系的建设、德育课程一体化现状、存在问题和应对分析等方面,以及义务教育阶段的道德与法治课程一体化建设。这里探讨的"德育课程"是包含狭义道德教育课程在内的广义德育课程,是立德树人的关键课程。

小学德育课程作为落实基础教育根本任务的重要环节,对于我国德育事业及国民民族精神的培养至关重要。[③]自新中国成立以来,我国中小学德育课程在经历了多轮课程改革后,建立了具有中国特色的中小学德育课程体系。因而我国的德育课程一体化是以狭义的德育课程为主进行建构。

---

① 舒也.对"大德育体系"的思考[J].高等教育研究,1999(3):52–55.
② 杨珏.大中小学思政课一体化的生成逻辑与实践进路[J].教育学术月刊,2022(9):105–112.
③ 李敏,崔露涵.改革开放四十年小学德育课程的嬗变与反思[J].当代教育科学,2019(9):33–39.

(一)小学德育课程一体化发展

从我国的德育课程改革来看,是逐渐显现出一体化设计样态的。自 20 世纪 80 年代以来,我国中小学德育课程改革开始注重整体的规划和设计,在整体规划义务教育阶段德育课程设置的基础上,不断强化中小学各学段德育课程的有机衔接,力求建立和完善中小学一体化的德育课程体系。与此同时强调不断拓展中小学德育的有效途径,形成德育合力。[①]

在 1997 年 3 月国家教委制订颁发了《九年义务教育小学思想品德课和初中思想政治课课程标准(试行)》,[②]"首次把小学思想品德课和初中思想政治课作为一个整体设计课程的结构和确定教学目标要求。"[③]使九年义务教育阶段中小学德育课程在教学内容、教学原则、教学方法、教学管理和考核评价方面都贯通起来,成为一个整体。[④]这是新中国成立后第一次将九年义务教育作为一个有机的系统进行整体的综合设计,是对克服小学与中学德育相脱节问题的一次主动尝试。[⑤]

随着基础教育课程改革精神的深入贯彻,在 2001 年,原来的《思想品德》《社会》《生活实践》等课程合并,在小学一、二年级开设《品德与生活》课程,在三—六年级开设《品德与社会》,[⑥]进而有效地加强了德育课程与儿童生活的有机联系。《品德与生活》以儿童与自我、儿童与自然、儿童与社会为三条轴线,《品德与社会》强调以学生的社会生活为主线。教材基于生活教育模式梳理学生的道德生活,在教材与学生的德性发展间建立有机联系,将这种生活逻辑寓于有神无形的教材呈现中。[⑦]围绕儿童生活不断扩展、螺旋式

---

①　彭泽平,杨启慧,罗珣.新中国中小学德育课程改革 70 年:历程、经验与展望[J].教育学术月刊,2019(11):3-9.

②　20 世纪中国中小学课程标准、教学大纲汇编·思想政治卷[M].北京:人民教育出版社,2001:75-127.

③　九年义务教育小学思想品德课和初中思想政治课课程标准(试行)[J].学科教育,1997(6):3-19.

④　吴慧珠.新中国小学德育课程的演变[J].课程·教材·教法,2006(2):53-61.

⑤　班建武,檀传宝.改革开放 30 年中小学德育课程的变迁与发展[J].思想理论教育,2008(24):14-19.

⑥　鲁洁,高德胜.中国小学德育课程的创新[J].中国教师,2004(1):18-20.

⑦　李敏,崔露涵.改革开放四十年小学德育课程的嬗变与反思[J].当代教育科学,2019(9):33-39.

展开,而非知性范畴、逻辑的推演。[1]其在德育课程综合化的同时,也在对小学生的年龄特征做了分层研究的基础上,把小学德育分为两个方面。这种课程设计是建立在学生身心发展规律的基础上,增加了课程的针对性,更好地适应了不同年龄群体的需要。[2]所以,此轮课程改革有效提高了小学德育内部的衔接性及小学与初中的连续性。[3]

直到 2016 年,义务教育德育教材统一更名为《道德与法治》教材,据此,很多学者则聚焦统整后的道德与法治课程进行研究。如李敏、崔露涵认为此套教材从儿童视角切入,依据儿童心理发展水平和认知特点,秉承"生活教育"的理念,以学生生活为中心,以重要的生活事件或问题为线索,不仅让教材贴近学生的生活,而且遵循学生生活的逻辑,构建学生的道德生活。通过真实的生活事件整合了各方面的教育内容,增加课程与学生道德成长的本质性联系。[4]白秀认为应该推进小学与初中《道德与法治》教材一体化建设。小学和初中在落实立德树人要求时,不仅要做到"守好一段渠",而且要做到"疏通整道渠",保证两个阶段衔接顺畅。其重要意义体现在:一是贯彻党的教育方针的重要途径。从一体化建设视角看,小学与初中"道德与法治"教材一体化建设作为大中小学思政课教材一体化建设的起点,有利于帮助学生"扣好人生第一粒扣子",也是"疏通整道渠"的第一步。二是培育学生核心素养的重要保障。三是适应青少年成长规律的内在要求,因为《道德与法治》教材一体化建设是对当下育人资源的整合,依据学生认知水平、心理特征、思维发展特点,遵循思想政治教育规律而开展教学。[5]

王海滨围绕教学、学习和评价三个方面对义务教育阶段道德与法治课一体化教学进行了分析。其认为在教学方面有三个特点,基于课程,小学和

---

① 胡金木.变革中的小学德育课程的文本分析[J].教育研究与实验,2010(2):51-56.

② 申卫革.我国德育政策的去成人化转向——基于小学德育课程的分析[J].教育科学,2012(1):17-21.

③ 班建武,檀传宝.改革开放 30 年中小学德育课程的变迁与发展[J].思想理论教育,2008(24):14-19.

④ 李敏,崔露涵.改革开放四十年小学德育课程的嬗变与反思[J].当代教育科学,2019(9):33-39.

⑤ 白秀.《道德与法治》教材一体化建设面临的问题及对策[J].中学政治教学参考,2020(37):82-83.

初中起始年级开始,逐年推进使用统编道德与法治教材;基于教材,义务教育阶段统编道德与法治教材总体思路是遵循小学和初中一脉相承、循序渐进、螺旋上升的原则;基于教法,着力点应在于教学方法的一体化,要在系统继承和递进延伸教学目标、育人理念的基础上,做到连贯性和差异性。要求畅通师资发展需求,建立健全一体化备课机制、教研机制,实现教学资源共建共享,发挥集群效应,推动"道德与法治"课内涵式发展。在学习方面,小学生处于成长初始期,认知能力尚处于感性认识阶段;初中生处于人生发展的关键期,自主认知逐步增强,理性思维逐步发展。学生对道德与法治课的总体需求,是能够在连贯、稳定的一体化教学机制中得到全面发展。另外,指导学生不断更新和完善自身学法体系,建立与一体化教学层次递增相适应的学法体系。在评价方面,其认为科学评价是推动义务教育阶段道德与法治课一体化教学的内在动力。科学优化以评促教思路,能够推动一体化教学可持续发展,增强一体化教学生命力。[①]

此外,推进"道德与法治"课程一体化建设也有助于学校德育一体化建设。孙彩平认为以"道德与法治"课程为核心,推进学校德育工作一体化,是德育领域完成立德树人根本任务的一个可行思路。首先,"道德与法治"课程就是一门综合课程,既凸显了道德、法治领域的内容,又涵盖了价值观、传统文化、心理、安全、历史、地理等领域的相关问题。其次,以"道德与法治"课程为核心实现学校德育工作一体化,将"道德与法治"课程与学校德育工作相关及重合内容进行很好整合,就成为当前德育改革的一个可能的突破口,可以依托"道德与法治"课程中的主题内容,开展学校德育工作,解决德育工作系列化和稳定性的问题;同时,依据学校不同德育主题活动的实施时间,同步安排相关内容的道德与法治课教学,解决德育课程活动时间不足问题。[②]

在 2022 年,我国颁布了《义务教育道德与法治课程标准(2022 年版)》,进一步推动德育课程一体化进程。其明确指出"道德与法治"课程"遵循学生

①　王海滨.义务教育阶段道德与法治课一体化教学探究[J].中学政治教学参考,2021(11):73-74.
②　孙彩平.以道德与法治课程为核心,推进学校德育工作一体化[J].中国德育,2019(16):1.

身心发展特点和成长规律，按照大中小学德育一体化的思路，依据我与自身，我与自然，家庭、他人、社会，我与国家和人类文明关系的逻辑，以螺旋上升的方式组织和呈现教育主题，强化课程设计的整体性。"①

石芳、王世光指出本次修订整合了 2011 年版的三个课程标准，进行一体化设计，使新课标既体现不同学段的特殊性和适切性，又是一个前后一致、有机统一的整体。首先，"道德与法治"课程围绕核心素养，体现课程性质，反映课程理念，确立了课程目标。课程总目标与五个核心素养对应，同时根据各学段学生的认知特点和水平，分别阐述了四个学段的具体目标，各学段课程目标之间呈现连续性和进阶性。课程标准通过行为动词、完成任务和行为表现描述的递进，区分了不同学段课程目标的层次，体现了一体化设计理念。②周增为也指出，这样设计，从横向内涵上规范了道德与法治课程目标范畴的结构形式，明确了课程目标范畴的内容，确保了整个义务教育阶段学生培养的整体方向性。从纵向衔接上，使"道德与法治"课程目标呈现为一个多层次、全方位的系统，实现了对学生生活和阶段性认知发展特征的遵循，有利于科学规划并阶段性地推进课程目标的实现。③其次，新课标统筹小学与初中的课程内容，并与高中思想政治课保持有机衔接，进行一体化设计。基于核心素养，根据不同阶段学生发展特点和生活经验，分学段设置学习主题，构建循序渐进、螺旋上升的课程内容体系。与此同时，教师也要有纵向贯穿意识，从一体化的角度，把握学段间主题内容的有机衔接和螺旋上升。④

因此，狭义的德育课程一体化则依托小学德育专业课程一体化建设而逐渐发展。

（二）德育课程一体化面临的困境及可能应对

虽然我国小学德育课程一体化发展是以"道德与法治"课程一体化为依

---

①　教育部关于印发义务教育课程标准（2022 年版）的通知［EB/OL］（2022-04-21），http://www.moe.gov.cn/srcsite/A26/s8001/202204/t2022 0420_619921.html.

②　石芳，王世光.义务教育道德与法治课程标准解读［J］.全球教育展望，2022（6）：3-13.

③　周增为，杨兰.基于核心素养的课程目标一体化设计——《义务教育道德与法治课程标准（2022 年版）》课程目标解读［J］.课程·教材·教法，2022（9）：4-10+78.

④　石芳，王世光.义务教育道德与法治课程标准解读［J］.全球教育展望，2022（6）：3-13.

托逐渐完善与发展的，但是我国大中小学德育课程一体化在其建设过程中仍面临诸多困境。叶飞、檀传宝认为在德育一体化建设的推进过程中，德育课程的内容及教学方法上存在着碎片化风险，体现在四个主要方面：各个学段的课程内容在纵向衔接上依然不顺畅，呈现出"各学段各自为战、相互割裂"①的状况；在德育课程的内容体系的横向上，各内容模块之间也存在着"各自为战"的问题，没有形成紧密的联系；德育的教学方法层面也缺乏整体的、系统的设计，教学方法呈现出多元、分散乃至于随意的现象；德育评价及矫正机制缺乏系统、有效的学生品德评价机制，缺乏对学校和教师的德育工作成效的系统性的评价和督导机制。因此，针对纵向和横向两个角度指出：在纵向上，德育工作需加强各个学段之间的系统性，建构各个学段之间的理念、目标、内容等的有机衔接，并以递进上升的方式来促进学生的品德发展。从横向上实现"家—校—社会"的一体化建设，形成相互之间的沟通桥梁，引领学生的个人品德、家庭美德、社会公德等全面发展。②

　　汤玉华也指出大中小学德育课程内容一体化存在问题，一是德育课程内容断裂缺失，缺乏整体性；二是内容倒挂脱节，缺乏阶段性，表现在德育课程内容超出学生身心发展水平，缺乏对学生现实生活问题的关注，德育课程内容在学生以往的学习阶段中已经学习过，或者本应在中小学阶段学习的相关知识到大学阶段仍在学习，以及德育课程内容与时代发展要求相脱节；三是内容简单重复，缺乏渐进性，表现在相同德育课程内容在大中小学不同学段简单重复，相同德育课程内容在同一学段的不同年级简单重复，以及相同德育课程内容在不同学段的重难点不突出，导致不同学段相关德育课程内容衔接错位。因此，要把握德育课程内容一体化的总体要求，整体设置德育课程内容体系，遵循大中小学德育课程内容一体化的基本原则，以及构建大中小学德育课程内容一体化的保障机制。③

———————————

①　李凡.大中小学德育资源一体化机制建设探究[J].黑龙江高教研究,2016(5):91-94.
②　叶飞,檀传宝.德育一体化建设的理念基础与实践路径[J].教育研究,2020(7):50-61.
③　汤玉华.大中小学德育课程内容一体化建设思考[J].教育评论,2017(10):106-109.

朱小蔓、王慧指出,应该以更为宽阔、复杂、开放的思维看待和处理大中小学德育课程的衔接问题。第一,对于德育课程的衔接而言,道德知识的相承、连续、有序、合理是十分重要的观测点,但是明确的知识是否衔接,不能拘泥于知识的点对点的衔接,还需重点考察知识的脉络及其功能的衔接。第二,正视必要的阶段性或相对独立性。不同学段需要相对适切的知识内容与知识组织方式,因而采用不同的课程形态,以及不断有新的知识领域和学科加入,采用不尽相同的教学设计以扩宽和加深学习,具有一定的正当性,不能简单地视其为不衔接。第三,以开放的学习观检视德育课程衔接。儿童的道德成长不仅依赖教育、外部环境,更依赖儿童的主体性和自主性,需要主体与环境的相互作用。衔接良好的课程永远是提供更多更好的可能性。从这个意义上来说,研究大中小学德育课程衔接以及大中小学德育整体构建,其根本要义是回归生活、育人为本,讲求科学性和艺术性,而不是刻意追求课程的外表、规则和形式、缺少开放性和创造活力的衔接体系。①

叶飞则系统地指出,推进德育课程一体化建设应以立德树人为统领,凝聚德育课程的一体化目标体系;推进制度创新,构建一体化与多元共治的德育课程制度体系;统筹队伍建设,培育高水平专业化的德育教师队伍;凸显协同育人,构建德育课程的多元协同机制,包括学科协同,学段协同,社会协同。②

不仅要在德育课程内部建构一体化体系,还应构建课程德育一体化体系以及德育活动一体化体系。课程德育,是指围绕"立德树人"根本任务,充分发挥课程教学的德育价值和德育作用,将培育和践行社会主义核心价值观贯穿于课程建设、课程实施和课程资源开发等各环节、全过程,充分实现课程目标、课程内容、课程结构和课程评价等课程要素中的德育价值。翁铁慧认为大中小学课程德育一体化主要体现在三个层面:一是课程德育与学校德育的一体化;二是学校德育与学校教育的一体化;三是教育系统内外的一体化。并提出以政治认同、国家意识、文化自信和人格养成为重点的大中

① 朱小蔓,王慧.关于大中小学德育课程衔接的思考[J].课程·教材·教法,2014(1):44—49.
② 叶飞.公共治理视角下德育课程一体化的理论构建[J].课程·教材·教法,2021(3):62—68.

小学课程德育一体化的顶层内容体系,并探索通过课程设计、课程教学、师资队伍、课程评价等方面的一体化构架,着力增强德育的针对性和有效性。[①]

罗燕翔、高晓敏也指出要将德育活动与德育课程相联系。将日常德育活动有效整合,明确活动目标,细化活动内容,规划构建学校德育活动课程体系,进一步丰富德育内涵,保证德育过程的一以贯之、行之有效,发挥德育系统的整体功能,实现学校的育人目标。同时,学校要打通各种德育活动和"道德与法治"课程之间的壁垒,促进家庭、学校、社区之间的互动和联动。[②]

三、大中小学德育一体化建设

学者们对于"大中小学德育一体化"的关注点各有侧重,但是大致可以总结为德育目标一体化、德育内容一体化、德育评价一体化、教师队伍一体化、德育资源一体化以及思想政治课一体化建设等方面。

(一)德育目标一体化

德育目标体系中的任何一个具体目标都不是由单一的一个维度、一个层面构成的,而是一个由低到高、由浅到深、由简单到复杂的复合体。[③]

构建大中小学德育目标一体化,要把握德育整体目标内核,贯穿大中小学教育始终。大中小学德育有着共同的育人目标,在精神实质上必须保持一致性、一体化。需要基于大中小学的学生年龄差别,遵循学生成长和育人规律,优化设计、循序渐进、有机展开。[④]叶飞、檀传宝指出,以立德树人为统领,构建德育一体化的目标体系。同时,在推进德育一体化建设的过程中,还要兼顾立德树人的总目标在具体落实过程中所呈现的差异性、阶段性的规律,在普遍性中重视"具体问题具体分析"的特殊性。为此,德育一体化建设要针对不同学段、不同形态教育、不同类型学校等进行具体性、针对性地筹划,把

① 翁铁慧.大中小学课程德育一体化建设的整体架构与实践路径研究[J].上海师范大学学报(哲学社会科学版),2018(5):5-12.
② 罗燕翔,高晓敏.小学德育活动要与思政课教学一体化推进[J].人民教育,2021(10):67-69.
③ 鲁洁,王逢贤.德育新论[M].南京:江苏教育出版社,2010:171.
④ 韩震.推进德育一体化的时代背景、内涵要求与实践进路[J].思想政治课教学,2021(3):4-7.

立德树人的一体化目标真正落实落细落小。①此外,要实现德育目标的有序衔接。叶鑫指出大中小学德育目标一体化旨在用系统论的方法考察各层次德育目标之间的分工与协作,是实现德育目标协同推进的基本要求和提高学校德育实效性的重要举措。其中,总体目标、学段目标和年级目标组成大中小学德育目标一体化的层次结构,内含着总体目标与学段目标的从属关系、学段目标与年级目标的分解关系、各年级目标之间的衔接递进关系这三层逻辑关联,实现了学校德育目标从认知到理解、从具体到抽象、从内化到外化的有序过渡。②周峰指出在推动构建一体化德育体系过程中,要始终按照德育自身发展规律和学生身心发展要求科学制定德育分段目标,坚持用系统论原则优化德育总体目标、学段目标和年级目标的内部层次结构,多维度、全方位综合考察和完善设计,实现德育纵向学段目标的传承性和横向分解目标的贯通性,努力构建符合一体化德育建设的目标体系。③而叶飞则从不同形态德育的视角出发,提出要注重学校德育、家庭德育、社会德育及实体德育、网络虚拟德育等不同形态德育的特殊性和差异性,根据不同形态德育的特点对目标体系进行具体化、精准化的设定,促进一体化与差异性的课程目标体系的构建。④

罗海英提出了大中小学德育衔接的目标机制,是指为达到预期德育效果而制定的目标体系,以及为实现目标而制定的管理方法和制度。可见大中小学德育工作者制定目标时必须具有长远眼光,同时又使各层级的学校德育分目标与总目标相统一,形成上下密切配合、协调一致的目标体系。⑤

(二)德育内容一体化

德育内容是实现德育目标的中介和重要手段,有利于个体进行道德学习、掌握道德规范、提升生命与生活质量。⑥德育内容一体化,是在尊重学生

---

① 叶飞,檀传宝.德育一体化建设的理念基础与实践路径[J].教育研究,2020(7):50-61.
② 叶鑫.大中小学德育目标一体化的逻辑进路[J].思想理论教育,2017(2):58-59.
③ 周峰.新时代一体化德育体系的构建[J].中学政治教学参考,2019(12):61-63.
④ 叶飞.公共治理视角下德育课程一体化的理论构建[J].课程·教材·教法,2021(3):65.
⑤ 罗海英.试论大、中、小学德育的有效衔接[J].教学与管理,2012(31):47-48.
⑥ 张忠华.中国德育内容体系构建的反思与探索[J].教育导刊,2006(10):36-39.

主体性和个性发展的基础上,根据不同阶段学生的认知特点和成长规律,分别突出行为养成、道德认知、情感体验、理想信念的教育重点,形成分层递进、有机衔接的教育序列。①德育内容的一体化应体现在纵向和横向两个方面。在纵向上要实现彼此连接,在横向上要实现相互协调,且做到纵向衔接和横向贯通的统一。同时,应该考虑学生的整体特点及关注每个学生的独特性,即不同心理特点和成长需求。所以,德育内容一体化具有基础性。②李凡指出,德育内容一体化在德育一体化建设中,具有依据和导向功能,即所有德育要素应围绕德育内容而设置。③谢梦菲则具体指出,德育内容一体化就是以德育规律为遵照,为德育目标服务,传承和弘扬中华民族优秀传统美德、革命道德和社会主义道路、共产主义道路,统筹安排政治、思想、道德、法治、心理教育,统筹培育和践行社会公德、职业道德、家庭美德和个人品德教育。④因此,德育内容一体化不仅需要关照客观实在的规律与要求,还要关注学生的具体特点。

(三)德育评价一体化

德育一体化建设需要改革德育的评价指挥棒,发挥德育评价的导向、激励和矫正作用,建立以发展为本的德育评价系统。⑤叶飞、檀传宝指出,应坚持评价引领,创建一体多元的德育评价体系。必须要消除终结性的考试评价体系的不良影响,建构起以诊断性评价、形成性评价和发展性评价为核心的综合评价模式。为了实现德育评价模式的这种变革,德育一体化建设需要在评价体系上做好两个方面的转变。一是要在国家德育政策的顶层设计和总体规划上明确综合评价模式的主导地位,使各级各类学校在德育评价上深刻认识到"一体"的综合评价导向的重要性。二是德育一体化的综合评价模式的建立,还要注重多样性的德育评价方法的运用。一体化评价不是一元评价,一体化评价所倡导的是评价的基本理念、目标和原则的"一体化",而具

---

①　上海市中长期教育改革和发展规划纲要(2010—2020)[Z]. 2010—09—10.
②　张益,罗艺.大中小学德育一体化探析[M].上海:上海书店出版社,2016:31.
③　李凡.大中小学德育资源一体化机制建设探究[J].黑龙江高教研究,2016(5):91—94.
④　谢梦菲.哲学视域下新时代一体化德育的构建[J].思想政治课教学,2018(7):8—12.
⑤　"德育一体化"擘画更大的育人同心圆[J].人民教育,2022(12):62—64.

体的评价方法则可以是多样、灵活的。①

　　韩春红、沈晔认为,健全大中小学德育一体化评价体系,应从明确评价对象、评价主体、评价指标和评价方式这四方面考虑,提出健全德育一体化"评价—反馈—推广"联动机制(如图9–1所示)。从评价对象来看,既要对学校积极投入大中小学德育一体化工作进行评价,更要对各级教育部门统筹组织大中小学一体化工作进行评价。从评价主体来看,既有评价对象的自评,也要有教职员工、学生、家长、相邻学段学校、上级部门和社会的他评。从评价指标的具体维度来看,既要考察各学段内思想政治课程和思政教师作为落实立德树人根本任务的关键课程和关键队伍的作用发挥,又要考察所有学科课程及教职员工的育人作用发挥;既要考察学校与家庭、社区合力育人的情况,又要考察本学段主动与相邻学段衔接的工作开展情况及实施效果。从评价方式来看,不仅要注重结果评价,更要注重过程评价。②

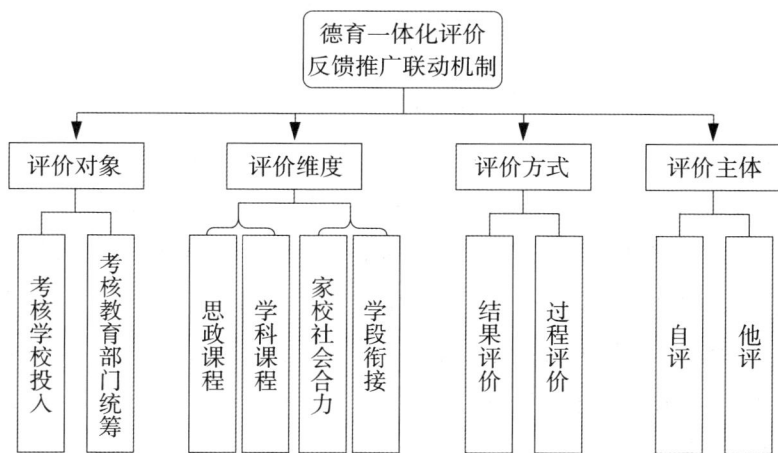

图9–1　德育一体化"评价—反馈—推广"联动机制

(四)教师队伍一体化

加强德育教师队伍一体化建设是为德育一体化奠定坚实基础。

　　①　叶飞,檀传宝.德育一体化建设的理念基础与实践路径[J].教育研究,2020(7):50–61.
　　②　韩春红,沈晔.推进大中小学德育一体化的现实困境及机制建设探究[J].中国电化教育,2021(2):8–13.

在 2008 年,徐爱杰对北京市小学"品德与生活(社会)"课程任职教师素质进行了调查,结果显示任课教师相关的背景知识与教育心理学理论知识相对欠缺;与其他任课教师相比年龄偏大,教龄偏长,专业发展面临更大的阻力与挑战。①因此,德育教师队伍建设应得到关注。

徐爱杰提出德育教师应具有家校共育能力,指出无论"道德与法治"课程,抑或是日常德育活动等,其与学生现实生活的联结,必须借助家长的理解、支持与参与。毋庸置疑,家庭生活、社会生活与学校生活一起构成了儿童完整的生活,德育活动与课程的基础及儿童生活经验的观照应当指向儿童完整的生活。在学生的道德成长过程中,家长需要在特定的时机与情境下,协助孩子完成品德结构的建构。如何获得家长的理解支持,让家长正确而科学地参与德育过程,尤其是道德与法治教育过程,进而建立良好的共育关系,需要德育教师积极探索,不断提升自身的家校共育能力。②

对于德育教师这一群体而言,高文苗指出可以通过同步建设德育队伍,同步落实德育规范,同步执行德育考评,进而构建德育联动体系。而德育队伍的同步建设旨在形成有机联动一体化的德育主体群,是家庭、学校与社会联动的德育体系构建的重心,强化并同步推进各环节德育队伍的建设,可以从健全培训机制、推进宣传机制、强化管理机制、实施监督机制等四个方面着手。③刘吉林则提出应该加大培养和培训力度,不断增强广大教师立德树人的意识,提高师德修养和育德专业化素养。④同时,韩春红、沈晔指出要健全教师德育能力更新机制,在职前培养和在职培训这两个阶段中提升教师的德育一体化意识,提升德育能力,充分发挥教师在德育一体化中的主导性。⑤

构建大中小学德育一体化不能单依靠德育教师,也需要其他教师的共

①　徐爱杰.北京市小学《品德与生活(社会)》任职教师素质调查[J].教育科学研究,2008(4):29–31.

②　徐爱杰. 家校共育能力：德育教师重要综合素养的价值与养成 [J]. 中小学德育,2019(6):22–24.

③　高文苗.构建家庭、学校与社会联动的德育体系[J].人民论坛,2016(18):56–57.

④　刘吉林.健全立德树人系统化落实机制[J].人民教育,2017(19):45–47.

⑤　韩春红,沈晔.推进大中小学德育一体化的现实困境及机制建设探究[J].中国电化教育,2021(2):8–13.

同努力。对教师来说,无论进行哪一个学科的教学工作,都必须体现德育,都不能不"育人"。而实施德育工作离不开德育素养,所以说德育素养是每位教师必备的核心素养之一。刘慧指出,从小学品德与生活(社会)课程教学的现实来看,非常需要我们在教师教育中培养小学教师的德育素养。此外,从儿童生命健康成长的需要来看,不仅德育教师需要有德育素养,其实每一位教师都不能缺乏德育素养。①

(五)德育资源一体化

要实现大中小学德育资源一体化,应建立"小学—初中—高中—大学"各学段纵向衔接的网状资源共享机制,既注重前后学段德育工作的紧密衔接,又注重各学段之间的双向共赢,发挥各级学校的资源优势,实现优势互补。学校德育资源是以促进人的内在能力与德性品质的发展与完善为目标,是在德育活动中开发利用的自然、社会与文化范畴的各种物质要素的总称,具体包含人力资源、文化资源、空间资源、实践资源、课程资源等要素。大中小学德育资源一体化机制建设可围绕这五项要素探索路径,同时,国家要给予学校组织保障、制度保障和理论保障。②

张慧民、周秀娟认为,德育教学过程应形成多主体共同参与、资源理念共享的"德育共同体",注重具有社会主流意识的共享价值体系建设,切实推进传统教育过程的适应性转变。因此,其提出应该建立德育教学资源库,建设德育品牌前沿网站,优化德育网站评价体系。③朱光辉指出利用新技术新理念,为德育一体化注入新的活力。如合理使用大数据等新技术手段,为德育一体化提供更有效的途径。探索建立青少年成长一体化大数据平台,合理利用信息,全周期掌握青少年德育成长信息。④

————————

① 刘慧.小学教师德育素养的培育[J].中国德育,2016(18):43–47.
② 李凡.大中小学德育资源一体化机制建设探究[J].黑龙江高教研究,2016(5):91–94.
③ 张慧民,周秀娟.大数据时代德育资源一体化建设路径[J].中学政治教学参考,2019(9):24–25.
④ 朱光辉.新时代大中小德育一体化的内涵、挑战与对策[J].思想政治教育研究,2020(4):89–93.

(六)思想政治课程一体化

学校思想政治课是对青少年进行思想政治教育的关键课程。对于小学学段来说,思想政治课程一体化建设主要是在德育课程建设下开展实施。在《义务教育道德与法治课程标准(2022 年版)》中明确指出"道德与法治课程是义务教育阶段的思政课"①。

思政课一体化的主要内容,就是将各个学段的课程目标、教材内容、思政课教师队伍建设、组织保障体系进行有效的整合,呈现一体化的态势。关于推进思政课一体化的对策的研究相对成果较为丰富,学者们主要从明确课程目标一体化建设、加强教材内容的整体性、改进思政课教学评价体系、完善思政课教师队伍建设、提供组织保障机制五个方面作出了论述。

1.明确课程目标一体化

大中小学思政课课程目标是青少年思想政治教育目的在课程领域中的具体化,如何顺利而正确地将教育目的转化为不同学段的课程目标,用来指导课程计划的实施,是未来课程一体化建设的首要问题。从这个意义上说,目标一体化建设也是整个一体化建设的核心。②针对课程目标建设,谭丙华指出,思政课应围绕立德树人根本任务,以培养社会主义建设者和接班人为总目标。③冯刚、徐文倩也指出构建一体化的思政课课程目标体系就是把立德树人作为根本目标,然后围绕这一根本目标,有计划、有组织地安排各学段的具体目标,使其成为梯度进阶的目标体系。小学思政课以培养道德情感为主,中学思政课侧重打牢知识基础和思想基础,大学思政课重在培养担当精神,各学段思政课目标梯度进阶、螺旋上升,共同完成立德树人、铸魂育人的根本目标。④因此,立德树人是构建大中小学思政一体化建设的核心目标。

---

① 教育部门关于印发义务教育课程方案和课程标准(2022 年版)的通知[EB/OL](2022-04-21),http://www.moe.gov.cn/srcsite/A26/s8001/202204/t2022 0420_619921.html.

② 李寒梅.大中小学思政课一体化建设的课程逻辑与实践理路[J].课程·教材·教法,2021(3):55-61.

③ 谭丙华.大中小学思政课教学一体化建设的困境与出路[J].中学政治教学参考,2021(3):78-79.

④ 冯刚,徐文倩.把握新时代大中小学思想政治教育一体化建设内在规律[J].中国高等教育,2020(2):19.

2.促进思政课教材内容一体化

教材是课程实施的关键载体，在落实立德树人和国家人才强国战略中具有举足轻重的地位和作用。①因此，思政课一体化建设的基础内容是对各个学段的思政课教材内容进行体系化构建，为一体化建设思政课提供基本的遵循和参考。

有学者指出，近年来大中小学思政课教材一体化建设有以下四个特点。

第一，更加趋向生活化，注重从生活实践出发，联系学生的实际生活。小学阶段思政课教材编写和课程讲授应注重用感性话语表达抽象的概念；中学阶段的思政课教材编写和课程讲授应注重把概念的逻辑内涵表达为生活化的语言；大学阶段的思政课教材编写和课程讲授应注重把生活化的表述跃迁到逻辑化的分析。②为此，要深入分析各学段学生学情特征，根据当下学生关注的热点、焦点问题，设置教学内容，积极回应学生关切，让教材内容"接地气""受欢迎"。③

第二，体现层次性，将正确的政治方向和社会主义意识形态作为主线贯彻始终，对各个学段的思政课目标与内容进行分段设计，完善大中小学思想政治理论课教材体系的逐级进阶、构建与各学段层次相契合的学习方式、促进学校、家庭、社会协同育人四个方面，实现大中小学教材的层级跃迁、有序过渡。④此外，要确立本阶段内容对目标的契合度，在尊重不同阶段知识的基础性与发展性前提下，建立起指向阶段性目标的层次性内容，使课程内容呈现为一种结构化存在。⑤

第三，加强连贯性。在教材方面，一是思政课课程教材内容存在重复、断

---

① 刘学智,张振.教育治理视角下教材一体化建设的理论建构[J].教育研究,2018(6):139–145.

② 吴宏政.从知识增长到价值认同的逻辑进路——大中小学思政课一体化建设中的教育规律探寻[J].学术论坛,2020(6):106–111.

③ 漆新贵, 漆沫沙. 论推进大中小学思政课一体化建设 [J]. 中学政治教学参考,2022(28):58–61.

④ 余华,涂雪莲.论大中小学思想政治理论课一体化建设的思维革新[J].思想理论教育,2020(2):68–72;刘力波,黄格.大中小学思政课教材一体化建设面临的问题及破解路径[J].马克思主义与现实,2020(2):187–192.

⑤ 李寒梅.大中小学思政课一体化建设的课程逻辑与实践理路[J].课程·教材·教法,2021(3):55–61.

层、倒置的问题。①二是大中小学各学段的思政课处在"重复化""交叉化""孤立化""分散化"的状态,因而无法实现各学段的有效衔接和过渡。②同时,在实际教学中,有时会出现低学段"挖掘"过深,高学段"开垦"较浅的现象,这都会使课程内容缺乏连贯性和层次性,不能达到预期的教学效果。③因此,应把握思政课教材一体化建设的蕴含,秉持教材目标的整体性、内容的贯通性、组织的系统性等价值取向。④徐秦法、黄俞静指出实现课程内容纵向衔接有三个着力点,一是把握"简单重复"与"有效重复"的区别;二是保证系统"完整",防止内容"脱节";三是瞄准"目标",凸显衔接"序列化"。⑤

第四,强调彰显中国特色社会主义进入新时代的时代性。将为推进习近平新时代中国特色社会主义思想进教材、进课堂、进头脑奠定坚实基础,使其成为主线贯穿、衔接紧密的有机整体,更好地适应大中小学思政课教学的要求。⑥

3.改进思政课教学评价体系

大中小学思政课教学评价一体化是检验教学目标、对照教学内容、判断教学效果、诊断教学问题和提高教学质量的重要手段。⑦随着思政课改革方案的实施和教学评价的跟进,思政课教学评价已经被纳入规范有效的轨道,

①　王立仁,白和明.关于大中小学思想政治理论课课程内容一体化建设的构想[J].思想理论教育,2019(11):11-16;谭丙华.大中小学思政课教学一体化建设的困境与出路[J].中学政治教学参考,2021(3):78-79;李明,高向辉,孙佳星,吴双.大中小学思想政治教育一体化体系构建[J].现代教育管理,2020(6):14-19.

②　吴宏政. 从知识增长到价值认同的逻辑进路——大中小学思政课一体化建设中的教育规律探寻[J].学术论坛,2020(6):106-111.

③　马宝娟,张婷婷.大中小学思政课一体化:问题与对策[J].思想政治课教学,2020(2):4-8.

④　陈淑清."大思政"观视域下大中小学思政课教材一体化构建 [J]. 思想理论教育导刊,2020(12):98-101.

⑤　徐秦法,黄俞静.纵向衔接:构建"链条式"大中小学思政课一体化课程内容体系[J].思想理论教育导刊,2022(2):122-127.

⑥　万美容,陈迪明.内容:大中小学思政课一体化建设的核心要素[J].北京工业大学学报(社会科学版),2020(1):18;冯刚,徐文倩.把握新时代大中小学思想政治教育一体化建设内在规律[J].中国高等教育,2020(2):19;刘力波,黄格.大中小学思政课教材一体化建设面临的问题及破解路径[J].马克思主义与现实,2020(2):188.

⑦　陈大文,姜彦杨.大中小学思政课教学评价一体化路径初探[J].思想理论教育导刊,2021(12):96-100.

但由于思政课教学本身的特殊性,以及不同学段思政课教学评价的滞后性,当前我国大中小学思政课评价体系面临着现实困境。主要体现在评价主体单向、内容片面、指标不一等方面。①马宝娟、张婷婷也指出,由于各学段在管理机制上分属不同部门造成分割设置评价机制,大中小学思政课课程评价考核标准未统一,各学段未有明确的量化标准,在一定程度上难以激发教学积极性,甚至会导致教学成果偏离预期。②另有学者指出当前的大中小学思政教育评价体系,还面临相互脱节、形式化严重的问题。③

面对诸多现实困境,陈大文、姜彦杨指出推进大中小学思政课教学评价一体化,应发挥学生的主体作用和教师的主导作用、促进主体间的协调配合,从而强化教学评价主体的协同性;应遵循科学性和有效性的原则、关注阶段性和差异性的特征、体现导向性和现实性的作用,从而提升教学评价标准的规范性;应将结果评价和过程评价相结合、定性评价和定量评价相结合、动态评价和静态评价相结合,从而增进教学评价方法的适切性。④徐秦法指出应从顶层设计层面,打破"唯学段"的评价窠臼,锚定"一体化"构建衔接贯通的评价导向;在评价主体层面,打破"唯教师"的评价主体设置,立足"多元化"打造评价共同体;在评价内容层面,打破"唯分数""唯升学"的惯性壁垒,注重"增值化"建立以促进学生发展为目标的综合评价体系;在评价方式层面,打破"唯形式"的评价考核模式,利用"信息化"创新多维度评价路径。⑤值得注意的是,思政课的教学评价不是知识点的检测,而是通过教学建立知识体系与不同学段学习者主体的关联。知识与学习者主体的关联程度是教学评价的主要内容,也是思政课一体化教学的检验路径。⑥

---

①　徐建飞,董静.大中小学思想政治理论课一体化建设:内涵逻辑、实践困囿与优化方略[J].社会主义核心价值观研究,2022(4):78-88.

②　马宝娟,张婷婷.大中小学思政课一体化:问题与对策[J].思想政治课教学,2020(2):4-8.

③　周奇,李茂春.论大中小学思政教育一体化建设[J].中学政治教学参考,2022(39):33-36.

④　陈大文,姜彦杨.大中小学思政课教学评价一体化路径初探[J].思想理论教育导刊,2021(12):96-100.

⑤　徐秦法,张肖.破立并举:大中小学思政课一体化评价的理性审思[J].江苏高教,2022(9):81-85.

⑥　周增为.从课程与教学维度思考思政课一体化建设[J].中国高等教育,2020(1):7-9.

4.完善思政课教师队伍

思政课一体化建设的关键内容是统筹协调各学段思政课教师队伍。

但是在推进大中小学思政课教师队伍一体化建设时存在一定的现实困境。一是,思政教师数量不足,配比不达标。[①]据调查,在小学阶段,还存在部分小学思政课教师由其他科目教师兼任的现象。甚至还有很多小学根本就没有思政课教师,有的只是德育主任,而德育主任最主要的工作不是给学生上课,而是从事大量的行政事务工作。[②]二是,缺少大中小学三个学段思政课教师之间的相互沟通,[③]不同学段思政课教师囿于各自工作领域的子目标和职责而自成体系、各自为政,最终难以形成育人合力。[④]同时,还存在参与跨学段交流的积极性还不够,对教师一体化方面的培训指导还有待完善、沟通衔接意识方面还不够强烈[⑤]等问题。针对该类问题,相关学者从提出应该提高思政课教师自身素质、加大外部支持,发挥各个学段的思政课教师的育人合力。[⑥]紧抓师资队伍建设,要推动师资职前职后培养的一体化。[⑦]此外,要建立思政课教师灵活交流机制,加强大中小学思政课教师纵向跨学段的日常交流、重要事件或重要时间节点的灵活交流、相邻学段思政课教师的紧密交流,并将交流推向深入,实现交融,尤其是相邻学段思政课教师的交融。[⑧]而集体备课是大中小学思政课教师彼此交流互动的典型形式,也是当

---

① 李明,高向辉,孙佳星,吴双.大中小学思想政治教育一体化体系构建[J].现代教育管理,2020(6):14-19.

② 范小青.大中小学思政课教师队伍一体化建设的困境与出路[J].牡丹江教育学院学报,2021(12):28-31.

③ 吴宏政.从知识增长到价值认同的逻辑进路——大中小学思政课一体化建设中的教育规律探寻[J].学术论坛,2020(6):106-111.

④ 徐建飞,董静.大中小学思想政治理论课一体化建设:内涵逻辑、实践困囿与优化方略[J].社会主义核心价值观研究,2022(4):78-88.

⑤ 谭丙华.大中小学思政课教学一体化建设的困境与出路[J].中学政治教学参考,2021(3):78-79.

⑥ 余华,涂雪莲.关于大中小学思想政治理论课教学有效衔接的思考[J].思想理论教育,2019(9):65-67.

⑦ 谭红岩,孟钟捷,戴立益.大中小学课程思政一体化建设的路径分析[J].教师教育研究,2022(2):92-95.

⑧ 倪慧.大中小学思政课一体化建设的内涵体系与思维创新[J].中学政治教学参考,2021(19):43-46.

前解决思政课教师一体化有效衔接的重要途径。①通过提高思政课教师自身的能力和素质,激发思政课教师参与一体化建设的内生动力,提高思政课教师的衔接能力,构建各个学段的思政课教师育人大联盟②,以及激发各个学段的思政课教师的精神力量,坚定思政课教师推进一体化建设的决心和信心③,发挥教师的积极性、主动性和创造性,提升思政课教师的持续发展能力④等方面来推动思政课教师队伍的建设,使教师能够深刻领会思想政治教育的总目标、总要求,对本学段的教育内容钻研精通,对相邻学段的内容熟悉了解,能够树立全局观、整体观,有知识视野、国际视野、历史视野,懂得融会贯通、承前启后,能够通过生动、深入、具体的纵横比较,把一些道理讲明白、讲清楚。⑤构建大中小学思政课教师队伍共同体是大中小学思政课教师队伍一体化建设的关键目标。⑥

5.提供组织保障机制

大中小学思政课一体化建设需要国家层面顶层设计、各省市统筹协调,各种体制机制配套建设、同步发力才能实现。⑦整体构建大中小学思政课一体化建设的统筹体制,其一是建立研究与指导统筹机制,建构顶层设计体制。其二是明确管理部门功能定位,建立立体纵向的行政管理统筹机制。⑧

当前"各个学段的思政课组织管理在协作交流、合作创新方面还存在不足"⑨。因此,我国应建立一整套科学合理的大中小学思政课有效衔接的制度

---

① 马宝娟,张婷婷.大中小学思政课一体化:问题与对策[J].思想政治课教学,2020(2):4-8.

② 王世娟.教师:大中小学思政课一体化建设的关键力量[J].北京工业大学学报(社会科学版),2020(1):12-14.

③ 徐蓉,周璐.共同体视域下大中小学思政课建设的统筹推进[J].高校马克思主义理论教育研究,2020(1):86-93.

④ 倪慧.大中小学思政课一体化建设的内涵体系与思维创新[J].中学政治教学参考,2021(19):43-46.

⑤ 冯刚,徐文倩.把握新时代大中小学思想政治教育一体化建设内在规律[J].中国高等教育,2020(2):17-19.

⑥ 吴宏政,徐中慧.论大中小学思政课教师队伍一体化建设[J].现代教育管理,2020(7):15-21.

⑦ 张永霞,申来津.新时代大中小学思政课一体化的依据、思路与途径[J].学校党建与思想教育,2020(8):30-32.

⑧ 王宏舟.论新时代大中小学思想政治理论课一体化体制机制建设[J].思想理论教育,2021(11):66-71.

⑨ 仰义方.思政教育要做好整体规划[N].光明日报,2019-12-06(2).

保障机制，立法部门可在相关的教育法规中进一步明确大中小学思政课教育衔接的法律定位，教育行政部门制定统筹推进大中小学思政课一体化建设指导纲要，明确各级党委及地方政府、教育行政部门的主体责任，制定一体化的学校思想政治理论课课程标准。学校内部可结合自身实际探索有利于思政课一体化衔接的组织管理制度、教学评价制度、交流互动制度等。郑敬斌、李鑫指出应构建一体化的组织管理体系包括：领导决策、运行整合、协调互动、考核评价在内的一体化机制，为思政课的整体性建设提供有力的支撑。[①]推进大中小学思政课一体化建设离不开顶层设计与"摸着石头过河"实践思维的相统一，离不开科学的制度设计与安排。[②]

在大中小学思政课程建设的基础上，也有学者对大中小学课程思政一体化进行了研究。陆道坤指出大中小学课程思政一体化是基于学生发展阶段性、连续性、渐进性构建学段有机衔接、课程思政与思政课程"同向同行"一体化、全贯通的课程思政体系。[③]冯刚、刘嘉圣指出推进大中小学课程思政一体化建设既是推动思政课内涵式发展的现实要求，也是着力构筑"大思政"工作格局的必然要求。新时代大中小学课程思政一体化建设是以立德树人为根本任务的系统工程，从德智体美劳五育并举的整体性目标出发，统筹大中小学不同学段的各类课程，将不同学段各具特色的各类课程统一于学生成长发展的全过程，优化目标、整合内容、创新方法，形成大中小学各学段纵向贯通、横向联结的立体化、全程化、发展化的大中小学课程思政一体化育人体系，充分发挥协同育人的合力。[④]

谭红岩、孟钟捷指出在推进大中小学课程思政一体化建设时，应聚焦标准体系、教师队伍、课堂教学、学科联动、课内外联动、资源、教研和评价改革

---

① 郑敬斌,李鑫.大中小学思想政治理论课一体化管理机制建设初探[J].思想理论教育,2019(11):23-28.

② 凌小萍.大中小学思政课一体化建设的实践困境与突破路径[J].贵州师范大学学报(社会科学版),2022(3):11-20.

③ 陆道坤.新时代大中小学课程思政一体化的内涵、难点及优化路径[J].新疆师范大学学报(哲学社会科学版),2022(2):38-48.

④ 冯刚,刘嘉圣.新时代大中小学课程思政一体化建设的内涵要素及优化路径[J].中国高等教育,2022(1):9-11.

等方面深化一体化建设。①许瑞芳指出,要从理念构筑、举措联动、共同体打造、视域统摄和体制机制完善等维度提升大中小学课程思政一体化的建设水平,提高育人体系的人才培养质量。②

苗小燕、张冲采用 Cite Space 作为研究工具,分析与梳理了 2007 年至 2017 年这 10 年间大中小学德育一体化的相关研究,发现相关文献数量虽然有了一定积累,且逐年增加,但是相对德育大范畴的研究总量还是明显偏低。在推进大中小学德育一体化建设的过程中,科学研究的引领和支撑作用还相对欠缺,有待进一步加强。③所以,当前德育一体化建设仍处在初步发展阶段,需要进一步加强研究。

此外,基于相关文献梳理发现,虽然德育一体化的相关研究更聚焦于大中小学三个阶段,甚至是大中小幼四个阶段,强调构建一个完整的德育体系,但是也有学者逐渐关注小学德育一体化的建设,如德育课程一体化建设、师资队伍建设等,相关研究呈向上发展趋势。

第三节　小学课程一体化

课程改革作为基础教育改革的重要内容之一,一直备受关注。尤其自我国开始实施基础教育课程改革以来,调整课程结构、更新课程内容等成为小学教育关注的重要领域之一。从 2001 年新课程改革至今,我国的基础教育课程理念、课程计划、课程目标、课程标准、课程体系与内容等方面都发生了一系列变化,如逐步转变学科本位的现状,课程结构的均衡性、综合性逐渐凸显等。

---

① 谭红岩,孟钟捷,戴立益.大中小学课程思政一体化建设的路径分析[J].教师教育研究,2022 (2):92-95.

② 许瑞芳.新时代大中小学课程思政一体化的内涵、难点及进路[J].新疆师范大学学报(哲学社会科学版),2022(3):59-68.

③ 苗小燕,张冲.大中小学德育一体化研究的热点与发展趋势——基于 CNKI 数据库的 CITES-PACE 分析[J].中国特殊教育,2018(8):85-90.

当前,我国正着力构建新时代德智体美劳全面培养的教育体系,强调课程一体化设计。从相关文献可以看出,当前课程一体化建设研究除前文已描述的德育课程一体化建设、思政课程一体化建设外,同样聚焦于课程本身进行研究。因此,本节将围绕课程自身的发展,来展现当今课程一体化的研究样态。

一、课程一体化发展

表9-2　我国有关课程一体化的相关政策

时间	相关政策	相关内容
2001年6月	教育部关于印发《基础教育课程改革纲要（试行）》的通知	改变课程结构过于强调学科本位、科目过多和缺乏整合的现状,整体设置九年一贯的课程门类和课时比例,设置综合课程,以适应不同地区和学生发展的需求,体现课程结构的均衡性、综合性和选择性 促进信息技术与学科课程的整合
2010年6月	教育部《关于深化基础教育课程改革 进一步推进素质教育的意见》	进一步加强中小学各学段、各学科课程内容的有机衔接
2011年4月	教育部办公厅《关于在义务教育阶段中小学实施"体育、艺术2+1项目"的通知》	以课堂教学为主渠道,把"体育、艺术2+1项目"的相关内容纳入教学计划,创新教学内容,进行教学改革,提高教学水平
2014年1月	教育部《关于推进学校艺术教育发展的若干意见》	初步建立高等学校和中小学相互衔接的艺术教育课程体系,课堂教学、课外活动和校园文化三位一体的艺术教育发展推进机制基本形成
2014年3月	教育部关于印发《完善中华优秀传统文化教育指导纲要》的通知	坚持课堂教育与实践教育相结合。既要充分发挥课堂教学的主渠道作用,又要注重发挥课外活动和社会实践的重要作用;坚持学校教育、家庭教育、社会教育相结合;把中华优秀传统文化教育系统融入课程和教材体系;促进思想政治教育与中华优秀传统文化教育的紧密结合
2014年4月	教育部《关于全面深化课程改革 落实立德树人根本任务的意见》	基本建成高校、中小学各学段上下贯通、有机衔接、相互协调、科学合理的课程教材体系

续表

时间	相关政策	相关内容
2019 年 6 月	中共中央 国务院《关于深化教育教学改革 全面提高义务教育质量的意见》	探索基于学科的课程综合化教学
2020 年 3 月	中共中央 国务院《关于全面加强新时代大中小学劳动教育的意见》	把劳动教育纳入人才培养全过程，贯通大中小学各学段，贯穿家庭、学校、社会各方面，与德育、智育、体育、美育相融合
2022 年 4 月	教育部《关于印发义务教育课程方案和课程标准（2022 年版）的通知》	九年一贯设置课程，完善课程类别与结构。加强课程综合，注重关联。注重学段衔接与科目分工，加强课程一体化设计

课程改革一直都是我国基础教育改革的重点。为了"改变课程结构过于强调学科本位、科目过多和缺乏整合"的现状，在 2001 年我国进行了"整体设置九年一贯制的课程门类和课时比例，设置综合课程"等一系列课程改革。到 2010 年，《教育部关于深化基础教育课程改革 进一步推进素质教育的意见》的颁布，进一步强调要"加强中小学各学段、各学科课程内容的有机衔接"。在2011 年到 2020 年间，我国以促进学生德智体美劳全面发展为核心，提出要实施"把'体育、艺术 2+1 项目'的相关内容纳入教学计划""初步建立高等学校和中小学相互衔接的艺术教育课程体系""坚持课堂教育与实践教育相结合""劳动教育贯通大中小学各学段"一系列改革。在 2022 年《义务教育课程方案和课程标准（2022 年版）》中明确提到要"注重学段衔接与科目分工，加强课程一体化设计"。

通过上述政策文件，可以窥见我国课程改革逐步由分科向综合发展，由综合向一体化发展的走向。

二、课程一体化研究样态

随着对课程的关注，我国基础课程改革逐渐呈现出一体化趋势。但是学术界并没有明确对课程一体化的概念进行界定，因此出现了很多相似的概念，如课程融合、课程衔接、课程整合以及课程统整等概念。

(一)课程融合

课程融合是一种理念和方向，对其相关研究始终围绕一个核心问题展开，即如何解决由于学科分化而导致的知识(经验)割裂的问题。[1]

屈文霞指出，融合课程不是在已有学科课程之外独立开发的一门新课程，而是基于国家课程目标和学校的人才培养目标，针对低年级学生身心发展规律设计并实施的课程的统称，是对课程供给结构的一次全面重构。融合课程的实施以主题学习和实践活动为支点，以国家课程中每个具体学科的课程目标为依据，扩展学科课程领域，试图改变学科与学科、学习与生活、学校与社会之间分离的状态，为学生创设更加适切的学习内容、方式和环境，从而促进学生健康、快乐、自主、和谐地发展。[2]

张楚廷在 2002 年基于课堂改革的背景，就曾指出我国课程研究发展走向应是融合和统一的趋势，在课程体系宏观方面表现为课程内涵上的融合；课程价值上的融合；课程空间的融合；课程地域性融合；课程权力的融合，课程微观方面表现为课程目标的融合；程序上的融合；课程层次上的融合；课程编制方法上的融合，以及课程发展的一种特殊形式，即多层性、多样性、多变性——差异中的统一。[3]20 年以后，刘晓荷、张铭凯指出，伴随着基础教育课程改革的深化发展，"融合"已成为学校课程建设新的着力点，发展学生核心素养和创新育人方式都有赖于更具综合性、实践性与关联性的融合课程样态。从某种程度上说，在核心素养的导向下，课程融合不再只是组合知识、组织课程的方法和手段，更代表着一种高位的、融合的课程意识，蕴含着对于基础教育高质量发展的价值追求。[4]

---

①　中国教育科学研究院课程与教学研究所课题组,郝志军,杨清,刘晓荷.中小学跨学科课程融合的问题与对策[J].课程·教材·教法,2022(10):60-69.

②　屈文霞.融合课程:打破学科壁垒的课程创生[J].中小学管理,2016(10):20-22.

③　张楚廷.课程与课程论研究发展的十大趋势[J].课程·教材·教法,2002(1):11-16.

④　刘晓荷,张铭凯.基于大概念的课程融合:内涵、误区与进路[J].教育科学研究,2022(2):72-77.

（二）课程衔接

钟启泉指出课程组织应遵循的原则之一就是衔接性原理，其衔接性是指课程各要素所形成的关系。这种关系表现为水平关系和垂直关系，如学科内容与学习单元的顺序关系是垂直关系，课程内容中各要素之间所形成的关系就是水平关系。[①]

周仕德认为，课程衔接指的是不同学段或某一学科在课程内容、课程标准、教学目标、教科书编制等宏观与微观体系化的最优组合。他指出，课程的衔接雏形问题在我国基础教育课程体系中的隐含出现，表现在与小学、初中、高中学校课程的关系上，课程衔接不仅对各个学段学校课程的发展起着规范和约束的作用，为各个学段学校课程的顺利实施提供依据和准绳，同时也因为我国特殊的国情而肩负起衔接各学段的学校、教师及学生的课程意识，督促学校课程健康发展的重要使命。[②]

杨九诠认为，课程衔接是偏于实践性的，具有应时性与应需性，从阶段性来看，甚至还表现出一定的应急性。课程衔接的基本内容是学科知识与技能的纵向衔接与横向衔接。纵向衔接指前后内容有没有知识逻辑上的不谐和，以及概念、术语、定义上的不一致，而横向衔接是指不同课程之间互为前提与条件的课程内容的难度间步调一致、进度间步幅协调。但课程衔接不是浅层次的知识与技能的衔接，而是应该树立新的课程观和新的衔接观，进一步从知识本位、学科本位的藩篱中解放出来，不仅仅满足于知识技能机械性的环环相扣，更要在具体实践场域中，使课程衔接综合化、建构化、情境化，建构课程衔接教与学的生态场。课程衔接的内在机制是教学方法与学习方式。课程衔接工作的保障是管理与评价，属于课程外部的衔接，可以称之为课程衔接在工作层面的横向协调与整合。[③]

通过检索文献发现，课程衔接这一概念更多应用于中高职教育上，涉及

① 钟启泉.开发新时代的学校课程——关于我国课程改革政策与策略的若干思考[J].全球教育展望,2001(1):14-20+54.
② 周仕德.课程衔接:亟待研究的课程视域[J].教育理论与实践,2010(25):57-60.
③ 杨九诠.关于课程衔接的思考[J].课程·教材·教法,2015(8):10-15.

小学阶段的内容不多,主要是幼小课程衔接,即幼儿园课程和小学课程之间的连续性、连贯性、持续性。[①]

(三)课程整合

自新中国成立以来,我国逐渐推进教育现代化建设,而教育现代化的其中之一是课程现代化。课程现代化的实质是实现课程范式从"主客二分"向"整合"的转型。从古至今已有的课程范式都把儿童与教育内容置于对立的位置上,使课程中出现了主客二分,实质上均属于"主客二分"课程范式。而当代"课程改革"的理想,从一开始就立意超越"主客二分"而走向"主客统一",表现为:追求作为客体的"学科结构"与作为主体的"认知结构"在课程里的整合,进而追求课程实现儿童的"认知"与"情意"的整合,实现儿童的认知发展和情意发展与文化发展的整合。[②]

黄甫全认为,课程整合既在宏观上涉及学校教学系统的学生、内容等要素,也在微观上涉及认知、情感、技能、需要、兴趣、意志,以及知识的各个系列等要素的成分。[③]整合是一个过程,整合的主观努力的作用、客观结构的功能,均只有在这个过程中才能实现。整合是对分化而言,也就是以学校教学系统要素及其成分的分化为前提,有什么样的分化就必然伴随着什么样的整合。所以,课程整合内在地包含着课程分化。对课程整合来说,有科目中心整合理论、儿童中心整合理论,注重学科与儿童心理统一的整合理论。[④]

此外,课程整合理念的存在具有一定的理论基础。一是课程整合的心理学基础。学生的发展是教育的内在目标。课程是实现这一目标的重要中介。许多发展心理学者倡导小学和初中的课程应该围绕科技主题来组织。[⑤]二是知识论基础。后现代知识型要求学校课程打破分科课程一统天下的格局,采用课程整合的模式,把科学知识的教育与社会、哲学、文化、历史教育等融合

① 杨晓萍,伍叶琴.教育的张力:基于幼小课程衔接的视角[J].学前教育研究,2007(Z1):19-24.
② 王永红,黄甫全.课程现代化:跨世纪的思考——首届全国课程学术研讨会述评[J].课程·教材·教法,1998(2):1-9.
③ 黄甫全.整合课程与课程整合论[J].课程·教材·教法,1996(10):6-11.
④ 黄甫全.整合课程与课程整合论[J].课程·教材·教法,1996(10):6-11.
⑤ Mason,Terrence C.Integrated Curricula:Potential and Problems[J].Journal of Teacher Education,1996(4):263-270.

起来,创造统整的课程范式。同时,这也要求课程不应忽视学生个体的知识、本土的知识、民间的知识。课程整合注重与社会实际相联系的特点恰恰可以使课程统整多种多样的知识。①

对于课程整合的实践应用,大多是将其应用于地方课程与校本课程的实施中。

地方课程整合式实施,是直面国家课程与地方课程存在的"价值一致但内容重叠交叉"的矛盾,尤其是针对地方课程及"进校园"科目多、内容杂,导致教学安排紧张等现实,通过融合、重构两种策略对"环境教育""安全教育""传统文化"三门地方课程进行整合,力求优化学校课程整体布局,使课程体系"瘦身";优化学科课程内在结构,使课程内涵"加厚";优化学校课程实施过程,使课程行为"增值"②。

校本课程整合表现在两个方面:从宏观的角度来看,是指以学校教育理念和办学理念为指导,统整学校课程结构的过程;从微观的角度来看,课程整合包括同一学科内不同教学内容之间的整合和不同学科间相关内容之间的整合等。③例如,北京大学附属小学经过不断探索,凝练了"生命发展课程体系"。依据办学理念和文化特色,精心设计了"三层—五类"的课程模型结构。三个层次分别是:基础类课程、拓展类课程、研究类课程。五个类别(五大领域)分别是:人文素养、科学素养、健康艺术、社会交往、国际理解。课程整合的路径有学科课程门类的整合、学科课程知识的整合、学生生活实践的整合、学生学习方法的整合等。④

(四)课程统整

美国"国家赫尔巴特学会"在 1895 年就提出了"课程统整"的概念,"主张儿童有能力联结不同的知识领域",这是早期课程统整的理论基础。⑤帕克

---

①　石中英.知识转型与教育改革[M].北京:教育科学出版社,2001:40-84,209.

②　杨振亭.融合与重构:乡村小学地方课程的整合式实施[J].中小学管理,2020(11):37-38.

③　熊梅,马玉宾.校本课程整合与合作的教师文化的生成[J].教育研究,2005(10):49-54.

④　尹超.从课程整合看学校课程体系的构建——北京大学附属小学探索建立"生命发展课程体系"[J].中小学管理,2013(12):12-14.

⑤　唐晓勇.我国中小学课程统整实践的形态解析[J].中小学管理,2016(10):8-11.

（F.W Parker）吸收了赫尔巴特的关联、集中思想并加以改造，提出基于儿童自发兴趣的活动课程作为整合儿童自我与外部世界的课程形态，即儿童中心课程统整模式，把儿童自主参与作为课程统整的重要方面，把课程还给儿童，通过儿童感兴趣的主题打破学科界限来实现儿童自主发展。①但是杜威（John Dewey）认为帕克从课程的极端（学科）走向了儿童的极端，因此他提出通过提供职业活动为定向的、无差别的人类经验来弥合儿童、社会、学科之间的疏离。②即社会中心模式，把课程统整聚焦在社会层面上，这反映了动荡时代社会变革的诉求，满足了社会整合的需求，但忽视了儿童层面的意涵，使儿童的兴趣、自主性无法得到充分关注。③霍普金斯（L.T.Hopkins）是课程统整的重要代表人物。他的论著《课程统整：理论与实践》（*Integration：Its Meaning and Application*），标志着"课程统整"正式进入课程领域并作为一个独立的研究问题得到关注，课程统整突破了内容组织环节的范畴，被视作有别于分科课程的完整的课程开发方式。④比恩（Beane，James A）以现代民主理念为基础，构建了以经验、社会、知识、设计为主的"四位一体"课程统整内容观，其实质在于以此为载体实现其民主信念的有效转化。⑤他提出课程统整应是一种课程设计，是在不受制于学科界限的情况下，由教育者和年轻人合作认定重要的问题或议题，进而围绕这些主题来形成课程组织，以增强人和社会的统整的可能性。⑥蔡清田指出，统整课程的设计可以视为是学生学习连续在线的一端，而科目本位的课程设计则在另一端，至于多领域或多科目的课程设计则介于二者之间。⑦

而从课程开发的内容视角来看，"基于学科"和"基于主题"的统整是比较常见的课程形态，不再是单列的分科教学，而是将多学科内容有效融合，

① 刘登珲.詹姆斯·比恩课程统整思想研究[J].全球教育展望，2017(4)：30-39.
② 刘登珲.课程统整的概念谱系与行动框架[J].全球教育展望，2020(1)：38-53.
③ 刘登珲.詹姆斯·比恩课程统整思想研究[J].全球教育展望，2017(4)：30-39.
④ 刘登珲.课程统整的概念谱系与行动框架[J].全球教育展望，2020(1)：38-53.
⑤ 刘登珲.詹姆斯·比恩课程统整思想研究[J].全球教育展望，2017(4)：30-39.
⑥ Beane，James A.Curriculum Integration：Designing the Core of a Democratic Education[M].New York：Teachers College Press，1997：19，49.
⑦ 蔡清田.国民核心素养之课程统整设计[J].上海教育科研，2016(2)：5-9.

课程内容组织形式、学习方式、课程内容的载体等都发生了改变。[①]"主题"是整合儿童生活经验和学科知识、整合不同学科知识的桥梁和纽带,"主题内容"是围绕某一特定的主题而确立的、反映儿童经验世界和学科知识世界及两者整合趋向的一种具体的知识联结形式,主题内容开发则是寻求不同学科之间、学科内部不同知识单元之间,以及学科知识与学生的生活和社会经验之间整合的过程。课程开发可分为多学科、跨学科、超学科三种模式。[②]

因此,课程统整思想是全面发展教育理念在课程内容结构调整中的反映,其关注的焦点在于整合以儿童经验为代表的生活世界和以学科知识为代表的科学世界,让学生完整地认识和把握世界,实现和谐发展。[③]这是透过与知识有关的内容和活动,学生将课程经验统整到生活意义架构中,并以亲身经验解决问题的方法,达成经验和知识的统整。[④]它强调经验、社会对人发展的价值,强调通过个体关心的、社会发展需要的议题作为课程建设的基本命题的重要意义。[⑤]它不仅是一种技术,更是一种思维方式和认识方式,要求我们用联系的、整体的眼光看待学校的课程开发与建设。

课程统整不仅仅是将几门学科的知识进行整合,还要求我们对学习本质、知识的组织和使用、教育经验的意义、学校教育目的、课程管理、教学策略、学习方式、评价标准的改变等进行整体地考虑。而且,课程统整是要弥补分科课程的不足,但绝非要取代分科课程。[⑥]因为它们都不能单独完成课程育人的使命,它们是课程谱系中价值、功能、旨趣各异但又协同发展的两种课程设计范型,二者既相互对立又相互统一。课程统整与分科课程只有协同发展,并与其他范型的课程一起形成良性互动的课程生态系统,才能实现课程结构的优化组合,发挥课程结构的整体效益。[⑦]

---

① 唐晓勇.我国中小学课程统整实践的形态解析[J].中小学管理,2016(10):8-11.
② 高慧珠.课程统整中主题内容开发的内涵、模式及策略[J].教育科学研究,2010(2):45-47.
③ 高慧珠.课程统整中主题内容开发的内涵、模式及策略[J].教育科学研究,2010(2):45-47.
④ 蔡清田.国民核心素养之课程统整设计[J].上海教育科研,2016(2):5-9.
⑤ 刘登珲.学校课程统整实践中的三重误区及其超越[J].教育理论与实践,2016(34):57-60.
⑥ 万伟.学校课程建设视野中的课程统整[J].课程·教材·教法,2017(7):18-23.
⑦ 刘登珲.学校课程统整实践中的三重误区及其超越[J].教育理论与实践,2016(34):57-60.

　　此外,穆岚、齐春林从具体的实践视角出发,认为课程统整是对课程知识观的概念重建及范式的变革,要确保课程知识恢复,同时要保持其整体性、关联性、生成性和开放性。其认为课堂统整的内涵主要由三个方面构成:一是课程统整是对教学基础内容的统整,在此基础上再进行学科内部拓展性课程内容的统整及探究性课程内容的统整,同时适度兼顾跨学科及课内外知识的统整。二是课程统整从课程开发的视角,使教师成为课程实施中的调控者与创生者。三是课程统整主要以教科书作为关键性的课程开发资源,同时利用其他相关学习资源,以学校的培养目标、课程目标和教学目标为导向,以学生的知识获得、良好习惯的养成和道德素养的培育为前提,依据科学性、客观性、可行性和实践性的原则,结合学生的实际状况,对知识进行系统地优化设计,使之成为具有可操作性的教学内容。①

(五)课程一体化

　　在教育研究领域,一体化课程一般是指把人的能力当作整体来培养所设计的课程。但我们对一体化课程的理解和这类说法有一定的区别:一体化课程是指为完成一定的课程目标,为教育者提供的包括文字材料、视频材料和各类相关数字资源,它们各有侧重,又内在联系和相互衔接的课程资源的总和。②

　　李瑾瑜认为,在学校实践中促使课程一体化有十种模式,它们是彼此相连的统一体。首先是一门课程内的一体化模式,包括分隔化模式、连结化模式和嵌约化模式;其次是几门课程的一体化模式,包括关联化模式、交叉化模式、辐轮化模式、线型化模式、融合化模式;最后是以学习者自己的学习兴趣、方向及学习者主动的联系为基点而实现的课程一体化模式,包括潜入化模式和网络化模式。③

　　杨振亭认为一体化有两层意思:一是特色课程最好是价值复合一体、内

① 穆岚,齐春林.教师课程统整:现实问题与实现路径[J].教育探索,2016(2):113-116.
② 彭飞霞.一体化课程——消弭普通教育与远程教育对立的载体[J].成人教育,2017(2):41-44.
③ 李瑾瑜.促使课程一体化的十种模式[J].外国中小学教育,1993(2):20-22.

容统整一体、形式多样一体、过程鲜活一体、全员协同一体的非单科性质的主题综合课程，为学生创设相对完整生动的世界；二是与学科课程相辅相成，非独立为局、非独自发力。有两条实践路走向：一是走向主题统领的序列化设计、迭进式实践，即围绕主题，从不同学科角度、知识领域，展开不同内容的学习；二是走向综合运用学科思维观念解决真实问题的跨学科融会、项目化学习，即紧扣主题、分解项目，融会和运用不同学科知识思维观念，展开高层次学习。①

可以说，课程一体化设计是针对学生在基础教育阶段的整体发展要求，实现教学一体化思想的路径。教学的任务是重建结构的过程，是知识与人、人与人、人与社会生活各类问题等多重关系的打破与重建。②

三、课程一体化具体实践

针对课程一体化建设，相关学者主要从学科内部整合、学科间整合及三级课程的整合和校本化研究角度进行论述，并强调教师自身经验、网络和社区资源的整合与利用。③同时，以此提出了课程群的概念：即"将那些相互影响、前后有序和课程间互动的相关课程以集群的方式重新集合形成课程体系，从而使知识和素养系统化，使学生发展整体化"④。当前对于课程一体化的开展与落实，已经有小学做出了努力与尝试，有的学校则是基于前文已描述的德育课程一体化建设而展开的，如济南市历下区燕翔小学以"弘扬中华民族传统文化，培养有根的中国人"为核心德育理念，从艺术、修身、健身、诵读四个方面探讨"中国风"与小学课程的融合，以"必修课程＋选修课程＋学生社团＋实践活动"的立体化设计方法构建起校本化的"中国风"德育课程体系。⑤

除以德育一体化建设为依托的课程一体化建设，也有一些小学从其他

---

① 杨振亭.学科融合的一体化课程开发三要点[J].中国教育学刊,2020(9):103–104.
② 周增为.中小学德育课程一体化的教学设计与架构探析[J].现代教学,2019(Z2):36–40.
③ 李红婷.探寻"一体化"课程建设之路[J].中国教师,2017(12):19–20.
④ 肖方明.创新三维一体化,构建"人和六质"课程群——重庆市人和街小学课程建设实践探索[J].基础教育论坛,2016(8):25–28.
⑤ 郑玉深,董继燕."中国风"小学德育课程体系的构建[J].现代中小学教育,2020(12):9–11.

方面开展课程一体化建设,主要有以下两个方面的内容。

一是推进学科课程一体化。济源市黄河路教育集团在推进语文课程的一体化建设时,是以提升学生的语文素养为课程目标,充分实现理论教学和实践教学的相互融合,借助现代信息技术和社会资源从课程内容、课程形式、教学方法等方面合理设计相互协调的教学过程,提高教学过程中学生的参与度。通过课内外的学习体验与实践相结合的方式进行教学,全面提升学生的素养及能力。①再如,教师在教学时需深入思考教学设计中生活化知识与教学内容结合的切入点,采用新颖的生活化教学设计更好地加深小学生对知识的理解和掌握,体会到语文学科知识的发现、形成与应用的过程,获得积极的情感体验。②

二是构建课程体系,促进学生综合素质的发展。重庆市人和街小学在"人和思想"引领下,开发适合不同学生需要,围绕学生综合素养发展,具有丰富性、选择性、思想性的"人和六质"课程体系,构建六大课程群,改革课堂教学模式,促进学生的个性、自主、全面发展。③北京医科大学附属小学提出"健康 + 课程"体系,"以'健康、品德、人文、科学、艺术'五大素养为核心,依据基础课程、拓展课程、实践活动课程,划分为'体育与健康、公民与社会、阅读与人文、科技与创新、艺术与审美'五大领域,着力培养学生良好的学习能力、创造能力、判断能力、逻辑思维、合作意识和沟通能力"④。该课程体系将基础课程、拓展课程和实践活动课程相联系,课内课外相结合,知识学习与自主实践相融合,强调顺应学生需求,促进孩子们释放心灵、个性发展,涵养核心素养。

基于文献梳理,可以发现学者们对于课程改革的研究出现了以课程一

---

① 狄惠凤,宋咏梅,郝立翠.学科一体化课程建设——以济源市黄河路教育集团小学语文学科为例[J].现代教育,2018(9):35–37.

② 刘凌.基于学科一体化课程建设的小学语文教学改革研究[J].才智,2019(21):141.

③ 肖方明.创新三维一体化,构建"人和六质"课程群——重庆市人和街小学课程建设实践探索[J].基础教育论坛,2016(8):25.

④ 田国英.北京医科大学附属小学:基于学生发展核心素养的小学课程一体化建设[J].中小学德育,2021(6):57.

体化为依托的课程实践样态，但是聚焦于课程一体化的内容及对其内涵的解释等方面的研究需要进一步提升。

第四节　小学教学一体化

从 2001 年 9 月在全国 38 个国家级实验区启动至今，义务教育阶段新课程改革已经历时 20 多年，积累了丰富的教学改革经验。当前，对中小学教学改革成效的判定也需要从课程层面深入课程教学的微观领域。通过对近 20 年小学段教学改革的成效进行分析，课堂中仍然存在教学理念阐释偏颇化、教学模式操作形式化等问题。可见，推进教学一体化建设，深化教育改革是当前小学段教育的重要内容之一。

一、教学一体化发展

表9-3　我国有关教学一体化的相关政策

时间	相关政策	相关内容
2010年7月	教育部《国家中长期教育改革和发展规划纲要(2010-2020年)》	深入研究、确定不同教育阶段学生必须掌握的核心内容，形成教学内容更新机制
2019年2月	中共中央、国务院印发《中国教育现代化2035》	建设智能化校园，统筹建设一体化智能化教学、管理与服务平台
2019年11月	教育部《关于加强和改进新时代基础教育教研工作的意见》	改进教育教学工作，形成在课程目标引领下的备、教、学、评一体化的教学格局
2022年4月	教育部《关于印发义务教育课程方案和课程标准(2022年版)的通知》	各课程标准针对"内容要求"提出"学业要求""教学提示"，细化了评价与考试命题建议，注重实现"教—学—评"一致性

自 2000 年以来，我国对于教学一体化的关注较少，更侧重于教学内容、教学方式等方面改革。直到 2010 年 7 月《国家中长期教育改革和发展规划纲要(2010—2020 年)》中提到要关注教学内容的连贯性，"形成教育内容更

新机制"①。2019年11月在教育部《关于加强和改进新时代基础教育教研工作的意见》中提出了教研工作的职责,其中包括要"形成在课堂目标引领下的备、教、学、评一体化的教学格局"②,为教学一体化提供了实践路径。2022年4月教育部颁布的《义务教育课程方案(2022年版)》明确指出"各课程标准针对'内容要求'提出'学业要求''教学提示',细化了评价与考试命题建议,注重实现'教—学—评'一致性"③,为教学一体化的实施提供了指导性。

二、教学评一体化

20世纪80年代以后,随着各国逐渐关注课程标准、课程质量等,教学评一体化的相关理念被提出。人们逐渐意识到教学、学习、评价三位一体、相互制约、相互影响对高效教学的意义和价值。教学评一体化概念的提出,明确了教学、学习和评价的关系,凸显了以评促学、以评促教的功能。这将引导教师更加关注教学过程中学生主动参与的态度、对学习投入的程度及实际学习的成效,从而通过及时反馈和调整,确保教学目标的实现。④在教学评一体化的相关研究中,有学者提出了与"教学评一体化"相似的概念——"教学评一致性",它们虽有相通之处,又有所不同。

(一)教学评一致性的内涵

"教学评一致性"的概念最早可以追溯到美国教育心理学家科恩(Cohen, S.A.)提出的"教学一致性"(Instructional Alignment)概念。他用一致性概念来替代教学中的某些设计条件与预期的教学过程、教学结果之间的匹配程度。⑤

---

① 国家中长期教育改革和发展规划纲要(2010—2020年)[EB/OL](2010–07–29),http://www.moe. gov.cn/srcsite/A01/s7048/201007/t2010 0729_171904.html.

② 教育部关于加强和改进新时代基础教育教研工作的意见[EB/OL](2019–11–28),http://www. moe.gov.cn/srcsite/A06/s3321/201911/t2019 1128_409950.html.

③ 教育部关于印发义务教育课程方案和课程标准(2022年版)的通知[EB/OL](2022–04–21), http://www.moe.gov.cn/srcsite/A26/s8001/202204/t2022 0420_619921.html.

④ Popham W. J.,Looking at Assessment Through Learning–Colored Lenses [M].Springer Netherlands, 2014:183–194;Boud D.,Hawke G.,Falchikov N. Changing Pedagogy:Vocational Learning and Assessment [J].Oval Research,2008:125–137.

⑤ Cohen S.A.,Instructional Alignment:Searching for a Magic Bullet[J].Educational Researcher,1987 (8):16.

但是他并没有对"一致性"的内涵和外延做过多的阐述。而美国著名教育评介专家韦伯(Webb,N.L.)提出的一致性解释更为全面深入,即指"两种或更多事物之间的吻合程度,即事物各个部分或要素融合成一个和谐的整体,并指向对同一概念的理解"①。我国崔允漷等人基于韦伯对一致性的理解,从课堂的角度入手,将"教学评一致性"定义为在整个课堂教学系统中教师的教、学生的学和对学生学习的评价三个因素的协调配合的程度,②试图达成学习目标、教学活动与评价之间的一致性,其实质在于以评价实现教与学的统整。③教学评一致性中的评价在教育评价范式中,已经不是教或学之后再来评的一个环节,也不是一个人教和另一个人学了之后等待第三者来评的那个孤立的环节,教学、学习、评价逐渐被看作是三位一体的关系,评价与教学、学习紧密地绞缠在一起,相互制约,相互影响。④

　　许多学者在阐述"教学评一致性"的内涵中,强调要注重目标的重要性。清晰的目标是"教学评一致性"的前提和灵魂。例如,对于"教学评一致性"涉及两种理解:一是针对教师而言,二是针对教师与命题专家而言。前者是指教师在特定的课堂教学活动中,教师的教、学生的学及对学习的评价应该具有目标的一致性;后者是指教师的教、学生的学与命题专家的命题应保持目标的一致性。⑤对于这两种理解最终都要回归到目标的一致性。若以实际课堂为出发点,"教学评一致性"则是在课堂上以目标为核心实现学—教一致、教—评一致、评—学一致的过程,进而达成既定的目标。⑥

　　此外,有学者将目标定位为学习目标,强调学习目标在"教学评一致性"中的重要性。其一致性体现在教、学、评必须共同指向学习目标:教师的教,是为学习目标的教;学生的学,是为学习目标的学;课堂的评,是对学习目标的评。⑦

　　① 　Webb N.L.,Madison W.,Alignment of Science and Mathematics Standards and Assessments in Four States[J].Education,1999(3):559-569.

　　② 　崔允漷,夏雪梅."教—学—评一致性":意义与含义[J].中小学管理,2013(1):4-6.

　　③ 　郭元祥,刘艳.我国教学设计发展20年:演进、逻辑与趋势[J].全球教育展望,2021(8):3-14.

　　④ 　崔允漷,夏雪梅."教—学—评一致性":意义与含义[J].中小学管理,2013(1):4-6.

　　⑤ 　崔允漷,夏雪梅."教—学—评一致性":意义与含义[J].中小学管理,2013(1):4-6.

　　⑥ 　宋词,郑东辉.学教评一致性的课堂实践困境与突破[J].当代教育科学,2018(11):22-26.

　　⑦ 　张菊荣."教—学—评一致性"给课堂带来了什么?[J].中小学管理,2013(1):7-9.

其本质就是根据课程标准确定学习目标,依据目标设计学习与评价进程,实现课程标准、教学、评价的一致。蒋银华也认为要以学习目标为导向,设计评价任务与教学活动,才能确保课堂教学的有效性。[①]所以,确立正确的目标是实现教学评一致性的核心和关键。

对于"教学评一致性"与"教学评一体化"的不同之处,有学者进行了辨析。有一部分学者认为,"教学评一致性"包含"教学评一体化",吴星、吕琳则认为"教学评一致性"是讲课程实施的一种状态,倡导"教、学、评"在目标上(聚焦发展学科核心素养)高度吻合;"教、学、评"一体化是讲课程实施的过程和方式,将"教、学、评"有机融合,协力发展学生的学科核心素养。实施"教学评一致性"的过程,其必然、唯一的方式就是"教学评一体化"。[②]刘江田也指出"教学评一体化"是"教学评一致性"的实施途径。[③]"教学评一致性"强调的是教学目标、评价任务、教学活动三者内在的一致性,"教学评一体化"更凸显的是评价镶嵌在学习活动的全过程中,对教学及时判断、反馈、促进的作用,"教学评一体化"的教学设计也要符合"教学评一致性"的要求。[④]

同时,也有一部分学者认为"教学评一体化"包含"教学评一致性"。如卢臻认为"教学评一体化"是对"一致性"的提炼与概括;[⑤]王云生提出认识课堂教学"教学评的一致性"是设计组织"教学评一体化"的前提;[⑥]陈新华等认为"教学评一致性"强调教学、学习和评价必须都指向教学目标,协调统一;"教学评一体化"要求围绕共享的教学目标,全面关注"教学评",统筹安排,通过科学的方法融合为一个整体。[⑦]侯桂红认为,"教学评一致性"与"教学评一体化"密不可分,有高度重合的区域,甚至可认为是一个词。这也是为何大家长

①　于丽萍,蔡其全.义务教育阶段大概念教学研究——教学评一致性区域探索[J].教育理论与实践,2022(14):52-55.

②　吴星,吕琳.核心素养培养需要"教、学、评"一体化[J].江苏教育,2019(19):22-25.

③　刘江田.基于化学核心素养的"教、学、评"一体化实践模型建构[J].江苏教育,2019(19):7-11.

④　张顺清."教、学、评一致性"与"教、学、评一体化"的起源和含义[J].中学化学教学参考,2019(13):4-5.

⑤　卢臻.教—学—评一体化教学揭秘[J].基础教育课程,2016(7):8-11+28.

⑥　王云生."教、学、评"一体化的内涵与实施的探索[J].化学教学,2019(5):8-10+16.

⑦　陈新华,张贤金,严业安,郑柳萍.我国"教、学、评"一致性研究:评析与展望[J].化学教学,2020(7):23-29.

期混用的原因。但如果细究的话,一体化的科学性、专业性更强。一致性如果是课程实施理念的话,那么,一体化既是课程实施理念,还是课程评价理念;如果一致性强调"教学评"三者之间线性的一一对应的话,那么一体化强调的则是"教学评"各组成部分缺一不可的最优化搭配、相互依存成为一个整体,①即一体化指这三个方面的融合统一。②

(二)教学评一体化的理论基础及内涵

"教学评一体化"的思想最早启蒙于课程开发与实施。美国心理学家泰勒(Ralph W.Tyler)围绕"学校应达成哪些教育目标""提供哪些教育经验可实现这些目标""如何组织这些教育经验""如何知道这些目标得以落实" 四个核心问题,提出了确定目标、选择经验、组织经验和评价结果四个步骤的课程编制原理。③其中,目标确定需"考虑学生的需求、社会的期待和学科专家的建议";选择经验应"有利于培养学生的思维技能,利于其获得信息、形成社会态度、培养学习兴趣";组织经验要遵守"连续性、顺序性和整合性"的原则;评价结果则要"全面反映学生当前的发展状况"。这种目标导向的课程理念启示教师:教学设计应从课标出发,通过选择适切的方法,组织开展教学活动,促进学生学习和发展,同时评价学生的学习效果,考察目标的达成程度,由此奠定了"教学评一体化"的雏形。

受此启发,美国课程专家安德森(Anderson)进一步提出:有效教学需考虑学习问题、教学问题、评价问题和匹配问题。④前三个问题分别关注了学什么、怎么教和如何评,最后一个问题则强调匹配性,即目标、教学和评价之间的内在一致性,为"教学评一体化"实践提供了参考。

早在20世纪90年代中期,日本水越敏行等人就提出教学与评价原则,

① 侯桂红.对历史课堂教、学、评一体化(一致性)的几点探讨[J].历史教学问题,2021(4):141-147.
② 王蔷,李亮.推动核心素养背景下英语课堂教—学—评—体化:意义、理论与方法[J].课程·教材·教法,2019(5):114-120.
③ [美]泰勒(Tyler,Ralph W.).课程与教学的基本原理[M].施良方,译.北京:人民教育出版社,1994:1.
④ Anderson,L.W.,Krathwohl,D.R.,et al.,A Taxonomy for Learning,Teaching and Assessing:A Revision of Bloom's Taxonomy of Educational Objectives[M].New York:Longman,2001.

以多元智能理论、建构主义和后现代主义为理论依据,认为评价的直接目的是改善教学,而最终目的是促进学生的发展;评价应贯穿于教学活动之中,是不可分割的。"教学评一体化"不是表象上的"一致"与"相对应",真正的一体化应该是一个"教与学—教与评—再教与学"的相互融通的循环过程,是一种内在的即学、即教、即评的过程,是一种不断诞生新的学习、新的教学、新的评价的过程。①在当前的时代背景下,全面的"教学评一体化"是以立德树人为根本目的,聚焦于学生核心素养发展,将教、学、评相互融通进行系统化设计,适应新时代社会发展和学生个性而又全面发展的教育教学理念;是自下而上从课堂、到学校、再到社会,以及自上而下从社会、到学校、再到课堂的双向互动;关注课堂,但不限于课堂,还涉及场域更为宏大的学校和社会。②

我国的学者对于"教学评一体化"的研究则更多聚焦于课堂教学。"教学评一体化"不是一种特定的教学模式,而是课堂教学设计和组织的理念和指导思想:指向有效教学,倡导在课堂教学中把教、学与评价相互整合,重视开展日常学习评价,以评价促进学习,把评价用作教学工具,使学生的学习行为、教师的教学行为、学习的评价融合为一个整体,使评价不再游离于教学之外,而是紧密地融合在师生的整个教学活动中,教师也能及时、有效地了解教学效果,及时调整教学,提高学习目标的达成度。③正是由于"教学评一体化"概念的提出,整合了课程与评价领域的相关理论与实践经验,以课堂为场地,强调有效教学,力求使目标、教学、学习和评价融为一体,实现无缝对接。④

在"教学评一体化"的理念下,评价开始被重新关注。在《为了中华民族的复兴为了每位学生的发展——〈基础教育课程改革纲要(试行)〉解读》一

---

① 丁丽云."教—学—评一体化"实施过程中的问题及其解决对策[J].中国教育学刊,2018(3):66-68.

② 吴晗清,高香迪."教·学·评"一体化理念偏差与实践困境及其超越[J].教育科学研究,2022(2):54-58+66.

③ 王云生."教、学、评"一体化的内涵与实施的探索[J].化学教学,2019(5):8-10+16.

④ 王蔷,李亮.推动核心素养背景下英语课堂教—学—评一体化:意义、理论与方法[J].课程·教材·教法,2019,39(5):114-120;肖龙海,管颐.新课堂:表现性学习与评估一体化[J].课程·教材·教法,2017,37(3):18-23.

书中,在阐述"发展性课程评价的基本理念"这一问题时,曾经明确指出:"评价是与教学过程并行的同等重要的过程。评价不是完成某种任务,而是一种持续的过程;评价被用来辅助教育,是教与学主要的、本质的、综合的一个组成部分,贯穿于教学活动的每一个环节。"①评价即学习、评价即教学。在新课堂教学情境中,评价不仅仅是教学之后的一个环节,外部考试评价也不是唯一的评价方式,评价整合在教学过程之中,学习、教学与评价构成一个良性互动、相互促进的有机整体。②评价要被当作镶嵌于教—学过程之中的一个成分,与教学、学习一起构成了三位一体的整体。③

因此,在教学中应以评价为导向,促进"教学评一体化"。确立明晰的评价指标体系,引导教师精准确定教学目标;教师根据教学目标和学生学习特点,选择恰当的评价方式和工具,调动学生学习的积极性,运用关键策略,突出教学重点,通过评价的导向作用促进学生学习,真正实现"教学评一体化"。④

在小学段,已有"教学评一体化"思想展现充分的教学案例。小学项目课程(Primary Year Proyram,简称PYP)是国际文凭组织于1997年启动的面向3~12岁年龄组学生的课程,该项目与国际文凭组织"中学项目课程"(Middle Years Programme, 简称MYP)、"大学预科文凭课程"(Diploma Programme,简称DP)一起成功构建了独具特色的从初等教育到大学预科教育的完整课程体系。⑤PYP倡导以质疑为中心的教学方式,让学生在质疑中形成自己的问题,设计解决问题的方案,并通过观察、搜集与分析资料、实验等探究活动寻求问题的答案。学生质疑学习的一般过程是:提出质疑问题—扩展质疑问题—制定探究计划—进行探究—展示探究结果—评价—反思。基于这一理

---

① 钟启泉,崔允漷等主编.为了中华民族的复兴为了每位学生的发展《基础教育课程改革纲要试行》解读[M].上海:华东师范大学出版社,2001:303.

② 肖龙海,管颐.新课堂:表现性学习与评估一体化[J].课程·教材·教法,2017(3):18-23.

③ 崔允漷.促进学习:学业评价的新范式[J].教育科学研究,2010(3):11-15+20.

④ 郭乐静.指向教学评一体化的小学语文学业评价的实践探索[J].语文建设,2022(2):58-61.

⑤ 陈霞.教学与评价一体化的课堂教学模式探析——以PYP的课堂教学为例[J].外国中小学教育,2012(1):48.

解,PYP 的实践者构建了一个融合教师教、学生学和评价为一体的课堂教学模式(如下图 9-2 所示)。①

图9-2　课堂教学模式

(三)教学评一体化的实践困境与可能应对

1.教学评一体化的实践困境

(1)理念认识存在偏差

首先,是窄化了"教学评一体化"的理念。表现在将"教学评一体化"限定于微观的课堂教学领域。他们普遍的认知与行为范式是基于一体化理念进行教学设计,然后在课堂中实施,描述学生已经具备了某些学科知识和能力的证据,并对此加以反馈,就认为这实现了"教学评一体化"。还有不少人将"教学评一体化"理念窄化为教学、学习和评价的一种具体策略或方法,主要有三种看法:一是将其直接看作教学策略或方法,如,有研究者将该理念作为一种可以提高教学技能的新手段和新方法;二是将其单纯视作一种新的学习方法,以此关注学生学习方式的变化,让学生能了解自己知识和技能的掌握情况,诊断问题并及时改正;三是仅仅将其看作教学评价的改革,过分以评价为中心来左右教学。这种认识忽略了要素之间的联系,违背了教学、学习、评价系统化与整体化设计的初衷。②

---

① 王小平,陈民仙,夏惠贤,陈霞.以质疑为中心的课堂教学探索[J].上海师范大学学报(基础教育版),2008(4):111-117.

② 吴晗清,高香迪."教·学·评"一体化理念偏差与实践困境及其超越[J].教育科学研究,2022(2):54-58+66.

（2）教师的实操性不强

在落实"教学评一体化"的过程中，"怎么知道所制定的目标是否准确？"成为许多教师的最大困扰，暴露出教师解读课标的能力、分析教材的能力和把握学情的能力严重不足，其根源在于教师学科知识体系不完整，这个"不完整"也直接造成了教师不会或不能制定合理的评价任务与评价标准。①而大部分教师虽然设置了教学目标，且强调教学目标是基于课程标准及学情的分析，能落实学科核心素养，但是教师设定的教学目标阐述模糊，难以转化为具体操作行为。②此外，教师对"教学评一体化"中的评价任务与学习活动的区别认识模糊，把学习活动简单地理解为评价任务。评价任务是具有验证是否达标功能的特殊学习活动，不是单纯建构知识、形成技能的学习活动，是表明在达成目标的过程中学生"做得如何"，指向学习目标，提供学生学会的证据，展示学生学习的表现。同时，在"教学评一体化"的实践探索中，教师缺少对实施教学后的效果和学生发展情况的反思和评价。③

（3）对评价的理解及使用不当

在以"教学评一体化"思想的教学指导下，课堂教学中出现了为评而评，"假"评价和"乱"评价、评价滞后等现象。具体来看，一是教学和评价的旨向偏离。其主要表现在三个方面，教学目标和评价目标要求学生掌握的内容不一致；教学目标和评价目标要求学生掌握知识的深度不一致；评价目标缺乏操作性，无法检验教学目标的达成度。④二是课堂评价的不合理使用。课堂评价盲目、随意，缺乏针对性，不能针对学习目标的达成度进行评价。出现这种为评价而评价，评价流于形式的现象。此外，评价反馈低效也是其问题之一，表现为评价方式单一、标准机械、语言笼统，缺乏针对具体问题的建议。这种

---

① 卢臻.以评价驱动教学——教—学—评一体化教学实践与探索[J].基础教育课程,2015(13):6-10+19.

② 吴晗清,高香迪."教·学·评"一体化理念偏差与实践困境及其超越[J].教育科学研究,2022(2):54-58+66.

③ 丁丽云."教—学—评—体化"实施过程中的问题及其解决对策[J].中国教育学刊,2018(3):66-68.

④ 吴晗清,高香迪."教·学·评"一体化理念偏差与实践困境及其超越[J].教育科学研究,2022(2):54-58+66.

形式化、简单化、机械化、缺乏指向性的课堂评价不能给予学生真诚的交流和深层次的思维启迪,学生找不到努力的方向,甚至会影响学生的情绪及主动学习的热情。同时也存在评价滞后,不能适时运用评价获取的学习结果调控课堂的现象。课堂上,教师不能依据提问、对话、展示或练习获取学生学习效果的信息及课堂生成的内容及时整理、准确提炼,不能以点带面、触类旁通地进行点评和补救性练习,忽略了针对"这节课"的学习情况及对学生的形成性评价。①

2.教学评一体化困境下的可能应对

在理解"教学评一体化"的理念及实施教学时,需要明确"教学评一体化"的出发点和落脚点。②"教学评一体化"的核心是学,是学生的关键能力、必备品质和价值观念等方面的发展,教是为了指导和引导学生的学,评是为了促进学生更好地学。③"教学评一体化"教学应该始终站在学生学习的立场,不仅要追问教学"回家"没有,关注教学设计上"教什么""怎么教""教到什么程度"的统一性,还要追问教学真正"回到家"没有,关注教学实施中学生"学到什么程度""学到应有的程度没有""怎样学才能学得更好"的系统性。④

"教学评一体化"的关键是评,教学的效果和学生发展的程度都是通过评价获得反馈进而推理得出结论的,评价对教与学都具有很强的导向和促进功能⑤,但在课堂教学中所追求的评价,不是压抑学生的基点,而是成为解放学生的起点,成为每个学生全面地发展、有个性地发展、主动地发展的基点。其特点是以目标为导向设计评价,以评价为驱动组织教学活动,整体指向目标的达成。围绕目标通过评价的驱动使教学活动不断增值,从而使课堂

---

①　丁丽云."教—学—评一体化"实施过程中的问题及其解决对策[J].中国教育学刊,2018(3):66-68.

②　王蔷,李亮.推动核心素养背景下英语课堂教—学—评一体化:意义、理论与方法[J].课程·教材·教法,2019(5):114-120.

③　吴星,吕琳.核心素养培养需要"教、学、评"一体化[J].江苏教育,2019(19):22-25.

④　卢臻.以评价驱动教学——教—学—评一体化教学实践与探索[J].基础教育课程,2015(13):6-10+19.

⑤　吴星,吕琳.核心素养培养需要"教、学、评"一体化[J].江苏教育,2019(19):22-25.

教学真正成为"创造适合于儿童的教育"①。

对教师而言,在实施好教师课堂评价的同时,还要鼓励学生通过互评、自评等方式,充分参与课堂学习和评价活动,指导学生通过持续反思,形成元认知意识,发展自主学习能力。②

"教学评一体化"理念的提出,有效地解决了课堂教学中"教师的教""学生的学"与"评价"之间的分裂问题,以评价为线索贯穿整个课堂,关注学生的学习过程,促进其更好的发展。

总而言之,当前教学一体化的形式不断丰富与发展,推进教学一体化建设,能不断激发学生的学习兴趣,推动学生的学习内在驱动力,让学生获得一定成就感,健康快乐发展的同时,维持学生对学习的兴趣;更加有效地围绕目标设计出能全面发展的教学设计,进而提高教学效果,从而促进学生的深度学习和深度理解,提高学生的情境问题解决能力,帮助学生掌握核心知识,有效地达到教学的一致性。

第五节　有关一体化衔接的突出议题

一体化衔接既包括外在手段的衔接,也包括内部要素的衔接,主要表现为一种时间上的纵向衔接, 是一种包括跨学期、跨年级和跨学段的纵向衔接。一体化建设已经逐渐由职业教育领域向基础教育领域发展。由于小学教育的独特性与特殊性,需要处理与学前教育、初中阶段教育的衔接,即幼小衔接和小初衔接,而在实施过程中正面临诸多现实困境,因此,小学一体化衔接已经成为当今教育的前沿话题。

---

① 唐云波.初中化学"教·学·评一体化"教学模式的构建与实施[J].化学教育,2013(6):50-54.

② 王蔷,李亮.推动核心素养背景下英语课堂教—学—评一体化:意义、理论与方法[J].课程·教材·教法,2019(5):114-120.

一、一体化衔接相关政策发展

表9-4　我国有关一体化衔接的相关政策

时间	相关政策	相关内容
1996 年 3 月 2010 年 12 月（修正）	《小学管理规程》	小学教育要同学前教育和初中阶段教育相互衔接,应在学校教育的基础上,通过实施教育教学活动,使受教育者生动活泼、主动地发展,为初中阶段教育奠定基础
2010 年 7 月	教育部《国家中长期教育改革和发展规划纲要(2010—2020 年)》	树立系统培养观念,推进小学、中学、大学有机衔接
2011 年 12 月	教育部《关于规范幼儿园保育教育工作 防止和纠正"小学化"现象的通知》	应遵循幼儿身心发展规律,纠正"小学化"教育内容和方式;创设适宜幼儿发展的良好条件,整治"小学化"教育环境;严格执行义务教育招生政策,严禁一切形式的小学入学考试。规范小学招生程序,依法坚持就近免试入学制度,严禁小学举办各种形式的考核、面试、测试等招生选拔考试,不得将各种竞赛成绩作为招生的依据。严禁小学提前招收不足入学年龄的幼儿接受义务教育
2014 年 1 月	教育部《关于进一步做好小学升入初中免试就近入学工作的实施意见》	将初中和小学结合成片进行统筹管理,提倡多校协同、资源整合、九年一贯
2018 年 7 月	教育部办公厅《关于开展幼儿园"小学化"专项治理工作的通知》	严禁教授小学课程内容 纠正"小学化"教育方式 整治"小学化"教育环境 小学坚持零起点教学
2020 年 5 月	教育部办公厅《关于印发义务教育六科超标超前培训负面清单(试行)的通知》	培训不得超出现行义务教育语文课程标准规定的各学段要求,禁止将小学较高学段的目标与内容提前至小学较低学段教学与测评,禁止将初中的目标与内容提前至小学教学与测评,禁止将现行普通高中语文课程标准规定的目标与内容提前至初中教学与测评;培训内容不得超出统编义务教育语文教科书的难度;培训不得超过所在县(市、区)语文教学的同期进度和要求,禁止在寒暑假培训下学期教科书的知识内容

续表

时间	相关政策	相关内容
2021 年 3 月	教育部《关于大力推进幼儿园与小学科学衔接的指导意见》	建立幼儿园与小学科学衔接的长效机制 全面推进幼儿园和小学实施入学准备和入学适应教育,减缓衔接坡度,帮助儿童顺利实现从幼儿园到小学的过渡
2022 年 4 月	教育部《关于印发义务教育课程方案和课程标准(2022 年版)的通知》	遵循学生身心发展规律,加强一体化设置,促进学段衔接 注重幼小衔接,基于对学生在健康、语言、社会、科学、艺术领域发展水平的评估,合理设计小学一至二年级课程,注重活动化、游戏化、生活化的学习设计。依据学生从小学到初中在认知、情感、社会性等方面的发展,合理安排不同学段内容,体现学习目标的连续性和进阶性 把握学生身心发展的阶段特征,注重幼儿园、小学、初中、高中各学段之间的衔接,体现不同学段目标要求的层次性

在 1996 年国家教委发布的《小学管理规程》中明确指出"小学教育要同学前教育和初中阶段教育相互衔接",但是在之后的 10 年间,小学教育衔接问题没有被持续关注。近年来,由于应试教育及教育理念异化等因素的影响,导致当前幼儿园"小学化"、小学"过度知识化"等现象日益严重,学校教育透支发展。因此,我国颁布了一系列政策,为推进小学一体化衔接提供支持,规范学前教育工作,防止和纠正幼儿园"小学化"现象及健全科学、明确、便利的小学升入初中制度,有效促进小学一体化衔接。

二、幼小衔接

幼小衔接是指幼儿园与小学两个相邻的教育阶段在教育上的相互连接,使儿童能够顺利从幼儿园阶段过渡到小学阶段,幼儿园和小学在教育内容和形式等各方面都要做好衔接工作,形成家、校、社会三方合力,共同帮助学生顺利适应小学生活。

(一)幼小衔接的理论基础

英国学者登洛浦(Dunlop)借鉴美国心理学家布朗芬·布伦纳(Bronfen Brenner)在1979年提出的人类发展生态学模型来研究幼小衔接问题。①他认为幼儿所处的生态系统包括四个系统,即微观系统、中观系统、外观系统和宏观系统。其中包括幼儿园、小学、家庭、课堂、社会及政府政策等多方面因素都会对幼儿产生间接的影响。②

美国学者雷姆·考夫曼(Rimm-Kaufman)及皮安塔(Pianta)于2000年提出的生态学动态幼小衔接模型(Ecological and Dynamic Model of Transition)。该模型也是基于布朗芬·布伦纳(Bronfenbrenner)的生态学理论提出,是动态的基于关系的幼小衔接理论模型,强调从生态学和动态的理论视角建构幼小衔接的重要性。他们强调,当测量幼儿的入学准备状况时,应考虑幼儿及周围情境的关系对幼小衔接的影响。另外,在幼小衔接的理论模型中,还应对幼儿面临的情境及其中关系的动态变化予以足够的重视。

随后,丹麦学者布拉斯托姆(Stig Brostrom)借鉴了社会文化历史学派的代表人物维果斯基(Lev Vygotsky)提出的"情景性学习"(contextual learning)的观点来解释幼小衔接中出现的问题。③幼小衔接是一个社会文化学习的过程,其中特定的情境、社会及文化因素发挥着重要的作用,根据维果斯基学派研究者提出的"脚手架"这一术语,在幼小衔接过程中,教师、家长及幼儿的同伴都在为幼儿提供脚手架。④

(二)国外相关经验

20世纪90年代以来,西方发达国家为促进幼小衔接,采取了一系列措

①　张文新.儿童社会性发展[M].北京:北京师范大学出版社,1999:8.

②　Dunlop A W.Bridging Early Educational Transitions in Learning Through Childrens Agency.European Early Childhood Education Research Journal,Themed Mo[J].2017:67-86.

③　Brostrom S.,Problems and Barriers in Children's Learning European When They Transit From Kindergarten to Kindergarten Class In School [J].Early Childhood Education Research Monograph.Series No.1,2003:51-65.

④　VOLGER P,CRIVELLO G,WOODHEAD M.Early Childhood Transitions Research:a Review of Concepts,Theory,and Practice'Working Paper 48[M].The Hague,The Netherlands:Bernard van Leer Foundation,2008:5-7.

施,主要包括:政府高度重视幼小衔接问题,颁布法令政策予以保障;鼓励家庭、幼教机构和小学合作,帮助幼儿做好入学准备;整合学习阶段,推进幼儿园和小学的无缝对接;促进幼儿教师和小学教师培养的一体化。①

例如欧盟的幼小衔接项目（Early Transition Program）、美国开端计划（Head Start）的"为成功衔接"的项目（Continuity for Success:National PTA and National Head Start Association）、澳大利亚的克洛威尔社区学前课程（Keiraville Community Preschool Program）等。法国提出明确的幼小衔接教育制度,要求教育行政与人员组织的衔接;教学组织与课程规划的衔接;师资聘用与培训的衔接。②芬兰教育部于2016年颁布的《2014学前教育国家核心课程》（National Core Curriculum for Pre-primary Education 2014）和《2014基础教育国家核心课程》（National Core Curriculum for Basic Education 2014）明确指出以幼小双向衔接为主要指导理念,一方面将学前教育视为儿童连续学习、持续成长的基石,另一方面确立小学低年级的任务为身份过渡与转变。③日本则是逐步形成了以培养持续学习能力为理念,以幼小课程整合为重点,以资质与能力为导向的日本幼小衔接课程体系。④

（三）幼小衔接面临的现实困境及应对措施

从幼儿园过渡到小学,不仅是学习环境的转换,学习方式、人际交往、师生关系、行为规范及社会期望等方面都发生了很大的变化,形成了一定的"坡度",易发生"陡坡效应"导致儿童学习兴趣低落、疲劳、厌学、焦虑、恐惧等"适应性障碍"。⑤这种坡度越大,儿童的不适应问题就越多。⑥所以,幼小衔接研究正面临巨大挑战,存在诸多现实困境亟待解决。

———————————

①　邬春芹.西方发达国家促进幼小衔接的国际经验[J].比较教育研究,2013(2):28-31+37.
②　胡春光,陈洪.法国幼小衔接教育制度的内涵与启示[J].学前教育研究,2011(9):23-27.
③　徐晨盈,吴刚平.芬兰国家核心课程中的幼小衔接:理念、路径与启示[J].外国教育研究,2022(5):88-101.
④　任丹萍,赵慧君.日本幼小衔接课程的实践路径、成效及经验[J].比较教育研究,2022(5):104-112.
⑤　杨晓萍,伍叶琴.教育的张力:基于幼小课程衔接的视角[J].学前教育研究,2007(Z1):19-24.
⑥　郭宗莉.减缓幼儿心理坡度 科学实现幼小衔接[J].思想理论教育,2013(18):70-72.

1.避免幼儿园"小学化"现象

幼儿园"小学化"倾向是目前我国幼小衔接出现的诸多问题之一。[①]主要表现在部分民办园和课外幼小衔接机构异化幼小衔接理念，将幼小衔接课程逐利化，在幼儿园阶段就逐渐演变为与小学课堂一样的教学模式，重视小学文化知识课程学习，以向幼儿灌输小学知识为主要目的。[②]

但是众多学者研究发现，在当前我国的文化及教育背景下，幼儿园"小学化"问题的存在具有一定的合理性。严仲连从学前儿童面临的现实情况出发，解释幼儿园"小学化"现象存在的一定合理性。一是幼小衔接的存在为其提供了机会。二是家长的期望提供了存在的"土壤"。三是小学入学年龄的差异提供了可能。四是部分儿童存在着识字和数数的兴趣。特别是家庭对这两方面内容的重视，更是强化了儿童在识字和数数方面的兴趣，这为幼儿园小学化内容的存在提供了最有力的支撑。五是考试文化作为一种传统在现实中根深蒂固。[③]

索长清从文化价值观的视角进行解释。幼儿园"小学化"现象的产生与发展不能脱离社会文化而孤立存在，它反映和体现着一定的文化价值观。一是我国自古就有"长幼有序"的等级观念，使得成人完全从自己的意愿出发塑造儿童的发展。二是"学而优则仕"的人才观和"唯分数是举"的知识观也逐渐趋于低龄化，其阴霾也扩散到幼儿园教育阶段。三是"神童"的教育情结。在中国，普遍父母都具有"望子成龙"的期盼心理。再加之，在我国古代思想中，"神童"是可以通过教化而形成，并认为"勤有功，戏无益"，故而加剧了幼儿园"小学化"的现象。[④]

---

① 邹春芹.西方发达国家促进幼小衔接的国际经验[J].比较教育研究,2013(2):28-31+37;金日勋.幼儿教育小学化倾向的表现、原因及解决对策[J].学前教育研究,2011(3):41-43;刘磊,刘瑞.民办园教育"小学化"的治理困境——新制度主义的视角[J].教育科学,2022(3):83-89.

② 冯璇坤,刘春雷.幼小衔接阶段教育的节奏与目的——复归"童年期幸福"[J].教育学术月刊,2019(2):61-67;李大维,刘秀丽.幼儿教育"小学化"倾向的现状与对策[J].东北师大学报,2006(6):164-167.

③ 严仲连,盖笑松.论治理幼儿教育小学化的合理路径[J].东北师大学报(哲学社会科学版),2014(1):150-154.

④ 索长清,姚伟.文化价值观视角下幼儿园"小学化"现象探析[J].上海教育科研,2014(1):94-96.

郭敏从考古学视角审视分析幼儿园"小学化"现象。其指出,一是中国传统思想是幼儿园教育"小学化"现象存在的文化根基。"万般皆下品,唯有读书高"的传统已经根深蒂固地根植在每一个中国人的心目中。越早掌握就越有机会"赢在起跑线上"。二是文化冲突是幼儿园教育"小学化"的催化剂。尊师是中国文化在长久的历史发展中形成的共识。这使得幼儿园教育的主体虽然是幼儿,但幼儿始终被视为文化延续的载体,在教师文化占强势地位的空间里,幼儿只能按照成人的准则与要求来做事。三是时代变迁是幼儿园教育"小学化"的温床。教育正处在以工具理性为导向的时代背景下,人们在工具理性的驱使下,将知识的学习视为至高无上的价值,幼儿园通过各种教育形式与手段将知识传递给幼儿,以期获得某种"功利化"的效果。①

幼儿园教育"小学化"这一现象不仅仅是一种社会现实问题,其背后隐含着对儿童生命价值的呼唤,深藏着传统文化与现代化发展的博弈。②在这种深厚的文化基础与历史背景下,想要彻底革除则需要政府、社会、家庭及学校等多方面的共同努力,要加大对幼儿园教育的督导,培养正确的入学准备理念;加强家长教育,提高家长对幼儿教育的认识水平;推进中小学教育改革,为幼儿园教育树立积极导向,③才能有效地避免幼儿园"小学化"倾向。因此,在2018年,教育部办公厅发布《关于开展幼儿园"小学化"专项治理工作的通知》(以下简称《通知》)。《通知》指出,小学实施"零起点教学",要求针对初始年级未按小学课程标准实施教学、压缩课时、超前超标教学、组织入学考试测验、以竞赛成绩及证书为招生依据等现象进行纠正。④简单来说,"零起点教学"就是幼儿在正式进入小学前没有接受过相关知识的学习,属于零基础的程度。一方面指受教育者在小学前尚未建立起相关的知识能力

---

① 郭敏.从知识考古学视角重新审视幼儿园教育"小学化"现象[J].学前教育研究,2012(12):46-49.

② 郭敏.从知识考古学视角重新审视幼儿园教育"小学化"现象[J].学前教育研究,2012(12):46-49.

③ 李大维,刘秀丽.幼儿教育"小学化"倾向的现状与对策[J].东北师大学报,2006(6):164-167.

④ 教育部办公厅关于开展幼儿园"小学化"专项治理工作的通知[EB/OL](2018-07-13),http://www.moe.gov.cn/srcsite/A06/s3327/202104/t2021 0408_525137.html.

结构；另一方面指教师要按照小学课程标准开展初始年级的教学，不拔高、不超前。①

2.幼小衔接应是双向衔接的过程

目前的幼小衔接的现状是侧重幼儿园对小学的单向衔接。②小学还没有真正参与到幼小衔接的工作中来，③具体表现在幼小衔接的场域主要是在学前教育领域。以"幼小衔接""小幼衔接"为主题进行文献检索，发现在学科分布上，学前教育占63.48%，初等教育占18.87%，说明关注幼小衔接的研究者更多集中在学前教育专业人员。目前对于幼小衔接的较多关注是以学前儿童向学龄儿童的过渡，是让学前儿童逐步适应小学的学习与生活。

近年来，有很多学者关注到了这个问题。有学者开始呼吁需要改变词序，即由"幼小衔接"变为"小幼衔接"，以促进小学更加主动地与幼儿园共同分担衔接工作。④幼小衔接不能只发生在学前教育场域，也应该在小学阶段进行衔接教育。因此，对于小学低学段学生应该注重幼小衔接，给予学生适应的过程。有学者指出，应当在小学，尤其是在教学的第一年广泛运用游戏方式为儿童顺利进入学习过程造就良好的情绪氛围。⑤

谢维和、李敏在《小学教育原理》一书中，首次提出小学福利的概念，是专门针对学龄儿童的一种福利政策。对于刚刚离开家庭或幼儿园的照顾，进入一个更大的正规教育机构的小学生来说，小学教育阶段正是他们成长过程中各个方面比较脆弱的一个特殊时期。因此，几乎所有国家都将儿童纳入国家福利的范畴，给予某些特殊关照。而小学则是落实这种儿童福利最重要的机构之一，也就是小学福利的价值性。⑥从小学福利性的角度来看，小学阶段的教育应该帮助儿童从幼儿向小学生阶段过渡。

————————

① 姜朝晖."零起点"教学是治疗成长焦虑症的一剂良药[J].人民教育，2014(8)：6-7.
② 徐晨盈,胡惠闵.幼小衔接：从课程与教学入手[J].全球教育展望，2022(7)：34-44.
③ 邬春芹.西方发达国家促进幼小衔接的国际经验[J].比较教育研究，2013(2)：28-31+37.
④ 刘晓东.中国小学教育亟待战略转型——兼论"幼小衔接"应向"小幼衔接"翻转[J].湖南师范大学教育科学学报，2019(3)：1-7.
⑤ 邓鲁萍.俄罗斯幼儿园与小学衔接问题新探[J].外国教育资料，2000(2)：30-33+38.
⑥ 谢维和,李敏.小学教育原理[M].北京：高等教育出版社，2021：165-170.

此外,教师作为促进儿童幼小衔接的主体之一,应该加强幼儿园教师与小学教师的联系。长期以来,幼儿园和小学的师资培养是分离的,课程体系分立,导致小学低年级教师不了解幼儿的心理状况,不了解幼儿园教育的特点,幼儿园教师不了解小学的教学状况。这种状况对幼儿的顺利过渡是不利的。解决这种状况的较好办法是尝试将幼儿园教师和小学教师的职前培养整合到一起。①在众多幼小衔接举措中,被证明最有效的措施之一即是幼儿园教师和小学教师共同讨论课程的连贯性。②所以,具体来看,可以调整幼、小教师的职前培养目标;开展多样化的在职培训;搭建幼、小衔接的教研平台;加强幼、小教师间的互动交流。③

3.幼小衔接应以儿童为本位

有学者指出,如果学前教育和小学教育都以儿童为准,都向儿童看齐,也就从根本上解决了幼儿园与小学的衔接问题。④

对从幼儿园到小学阶段的过渡,已有的理论研究和实践操作有了很多非常有益的探索,如幼儿园和小学两个学段的课程和教学应该如何衔接安排和调整、幼儿园和小学的教师如何相互合作、家长如何给予支持,等等。但是在已有的相关研究中,我们却很少听到来自儿童的声音。作为幼小衔接活动的主要当事人和真正的利益相关者——儿童,他们是如何想的、怎样感受的,源自他们内心对小学的期待、兴奋、担心、焦虑又是什么,而他们又是如何运用自己那些尚不成熟的问题处理方式来应对这些人生重大挑战,等等,这些问题在已有的研究中被不自觉地忽视了。⑤

虽然有不少研究确实是在关注幼小衔接期的儿童,深入分析了幼儿园和小学之间的差异,探讨了小学的学习生活特点,考察了这一时期儿童的情

---

①　邬春芹.西方发达国家促进幼小衔接的国际经验[J].比较教育研究,2013(2):28-31+37.

②　洪秀敏,崔方方.美国俄亥俄州社会课程幼小衔接的举措与启示[J].学前教育研究,2011(9):28-32.

③　尹芳.从教师专业化看幼教与小教教师教育衔接的策略[J].教育探索,2008(10):99-100.

④　刘晓东.中国小学教育亟待战略转型——兼论"幼小衔接"应向"小幼衔接"翻转[J].湖南师范大学教育科学学报,2019(3):1-7.

⑤　李召存.论基于儿童视角的幼小衔接研究[J].全球教育展望,2012(11):57-62.

感、行为和认知变化特点，提出了在幼儿园向小学的过渡中应培养"有准备的儿童"，使之具备诸如良好的学习习惯、行为习惯、自我管理能力、人际交往能力，等等。①但是由于当前成人本位的教育充斥着幼小衔接，即成人直接遗忘幼儿这一重要主体的存在，导致幼儿的"童心"和"真心"被消解了，成人为促进每个儿童本真成长的育人初心被搁置了，严重影响各方教育合力的凝聚，使得儿童成长的危机在大班阶段越来越凸显：在教学活动中幼儿沦为了"速成儿童"，在衔接课程中幼儿沦为了"标准儿童"，在场域转换中幼儿沦为了"学习儿童"。②

所以，有研究以儿童的视角进行调查，发现大班幼儿在衔接过程中，学业、规则、教师是其感受到的主要压力源，同伴、环境、家长是次要压力源，大班幼儿对其压力感受的表述折射出他们独特的心理诉求，如渴望从"局外人"到"局内人"的角色诉求；从"被忽视"到"被重视"的关注诉求；从"外控型"到"内控型"的行动诉求；从"管教式"到"接纳式"的关系诉求。③

概言之，基于儿童视角的幼小衔接，要在这个过程中，首先，让儿童自己能够逐步意识到自己在幼小衔接过程中的内心体验，并使之清晰化。其次，研究者要和儿童发展起信任、尊重的关系。④此外，还要关注到儿童身份的转变，积极构建儿童话语体系，倾听幼儿心声、关注内心感受。⑤尤其是要注重儿童的情感体验，要在必要的幼小衔接内容中为儿童创造或给予足够空间去探寻关联，将大千世界串联为整，让儿童在直接体验之中感受到快乐、幸

① Suchodoletz, A.V., Trommsdorff, G., Heikamp, T., Wieber, F., & Gollwitzer, P.M., Transition to School: the Role of Kindergarten Children's Behavior Regulation[J].Learning and Individual Differences, 2009(9):561-566; Hair, E.C., Halle, T., Terry-Humen, E., Lavelle, B., & Calkins, J. (2006).Children's School Readiness in the ECLS-K: Predictions to Academic, Health, and Social Outcomes in First Grade[J].Early Childhood Research Quarterly, 2006(21):431-454.于涛, 邵宇, 盖笑松.儿童入学准备的评估与促进[J].心理科学进展, 2010(1):46-54.
② 俞文, 涂艳国, 李露, 刘庆.儿童健全成长取向下幼小衔接教育观差异分析——基于主要利益相关者的调查[J].学前教育研究, 2019(4):16-31.
③ 王小英, 刘洁红.幼小衔接中大班幼儿心理压力分析——基于儿童视角的研究[J].学前教育研究, 2018(2):3-11.
④ 李召存.论基于儿童视角的幼小衔接研究[J].全球教育展望, 2012(11):57-62.
⑤ 王小英, 刘洁红.幼小衔接中大班幼儿心理压力分析——基于儿童视角的研究[J].学前教育研究, 2018(2):3-11.

福、失败、努力的情感经历,获得内在情感的健康发展。①

4.提高家长参与度

家长参与能够帮助儿童更好地做好入学准备且能够协助教师有效开展过渡工作。②但是家长理念落后陈旧,缺乏正确的教育理念是幼小衔接难以有效顺利进行的关键。③在对待幼小衔接教育上,一是家长对儿童期望过高,集中表现在"择校热",到处择校对孩子产生了不同程度的伤害;二是家长在生活中却又过度保护或包办代替,影响其独立性、主动性、责任意识的形成,更加大了幼小衔接的"坡度";三是一些家长担心自己帮助幼儿完成小学入学准备能力不足,为幼儿报名校外"兴趣班""幼小衔接班",不愿让自己的孩子"输在起跑线上",④而不是选择与学校交流沟通。⑤

也有研究者调查发现,相较于国外家长,中国家长对家庭活动的参与度较高,但不愿参与学校活动。⑥刘丽伟、李敏谊认为,影响家长参与的因素有四种:一是家长自身因素;二是学校和教师因素;三是儿童因素,儿童对待家长参与的态度及对家长参与家庭活动的作用是潜移默化的,在某些情境中,家长参与的促成者并不是家长,而是儿童;四是生活背景因素。⑦

因此,需要借助学校、政府、社会的力量转变家长教育观念,增强家长的全面参与意识;丰富家长参与的形式和内容,激发家长参与的积极性;吸纳

---

① 冯璇坤,刘春雷.幼小衔接阶段教育的节奏与目的——复归"童年期幸福"[J].教育学术月刊,2019(2):61-67.

② 李敏谊,刘丽伟.幼小衔接与家长参与:国外研究的新进展[J].比较教育研究,2014(9):83-88;曹楠,吴荔红.澄清与化解:基于家长视角对幼小衔接现实困惑的思考[J].陕西学前师范学院学报,2021(10):110-116.

③ 杨文.当前幼小衔接存在的问题及其解决对策[J].学前教育研究,2013(8):61-63;夏小英,温剑青.家长参与对学前儿童入学准备的影响[J].学前教育研究,2019(5):62-71.

④ 曹楠,吴荔红.澄清与化解:基于家长视角对幼小衔接现实困惑的思考[J].陕西学前师范学院学报,2021(10):110-116.

⑤ 夏小英,温剑青.家长参与对学前儿童入学准备的影响[J].学前教育研究,2019(5):62-71.

⑥ 刘丽伟,李敏谊.在家努力还是参与学校:家长参与幼小衔接情况调查[J].学前教育研究,2015(6):31-39.

⑦ 李敏谊,刘丽伟.幼小衔接与家长参与:国外研究的新进展[J].比较教育研究,2014(9):83-88.

社区资源,提升家长参与的质量。①

三、小初衔接

　　一个人的成长阶段关键的只有几部分，学段的交替就是其中重要的一步。"小升初衔接教育"意义尤为重大,因为这个年龄段的学生年龄偏小,更需要教师、家长的耐心帮助和悉心引导。这对未来的教育和学业发展意义重大,不仅承接之前——小学的教育,更对未来——初中、高中乃至大学的教育具有启示性。②随着新课程的改革的推进,新课程标准按九年义务教育进行编排,我国教育已经呈现出中小学教育一体化趋势,但与此同时,也有诸多现实问题凸显出来。

(一)小初衔接的现实困境

　　朱治国指出,衔接教育是一个不该出现的概念,③"教育的原点是育人,教育的根本要旨就是为了促进人的发展"④而且要实现完整的人的发展。因此,在不同的学校教育阶段,都要把孩子作为一个完整的人来教育,包括知识、技能、内在情感体验和人格的全面发展。只是这个完整的人是处于成长中的,会在不同的发展阶段表现出不同的特征,而这也是教育的阶段性意义所在。⑤但现实困境是,学生从小学进入初中,常常会因为对初中学习生活的不适应而产生焦虑、浮躁、逆反等问题,进而导致学习兴趣和学习成绩的下降。同时,因为自身心理、生理的变化,也会导致学生青春期的迷茫、冲动与非理性行为。⑥在这个过程中,学生由儿童、少年期逐渐进入青年期,其心理趋势是从经验型向理论型发展,其思维特征是从形象思维向抽象思维发展。中学教材中抽象逻辑思维的内容增加,抽象程序增高,从具体到抽象也需要

---

①　夏小英,温剑青.家长参与对学前儿童入学准备的影响[J].学前教育研究,2019(5):62–71.
②　王亚蓉.未雨绸缪,促进学生幸福成长——小升初衔接工作初探[J].中国教育学刊,2017(S1):49–52.
③　朱治国.衔接教育:一个不该出现的概念[J].上海教育科研,2014(5):40–41+21.
④　鲁洁.教育的原点:育人[J].华东师范大学学报(教育科学版),2008(4):15–22.
⑤　朱治国.衔接教育:一个不该出现的概念[J].上海教育科研,2014(5):40–41+21.
⑥　徐向东.一贯制学校的小初衔接教育和管理变革[J].中小学管理,2018(6):42–43.

加强思维训练,其间必然有一个过渡衔接过程。①

具体来看,惠兰、李琴认为,小初衔接的主要困境在于:"小""初"学生缺乏过渡支持,即缺乏学习支持、心理支持;"小""初"教师缺乏行动自觉,即理论自觉和实践自觉;"小""初"学校缺乏实践互通,即学校缺乏搭建"小""初"教师间互动互学工作平台的动力机制,学校局限于学段思考、学段实践的自我价值认同。②王婷婷通过调查发现:中小衔接阶段学生面临的最大压力来自学习,且学生的学校适应压力水平随着学习成绩水平的提高而降低,入学前成绩比入学后成绩对学生的适应问题会产生更大的影响。③此外,有学者的调查发现,在初中的三个年级里,初一学生在课业、常规、师生关系、同学关系四方面的适应状况均最差。这可能是因为学生刚刚从小学升入初中,对中学的学习要求、生活环境等还较为陌生,因而表现为学校适应性比较差。④可见,小初衔接的现实困境是多方面的。

(二)小初衔接问题成因分析

1.升学准备不足

中学生对环境的不适应也有可能是由于小学和中学学习内容和要求的较大不同,对中学学习的不适应和在该环境中的各种关系不能很好地得到处理造成的。这从某种程度上也说明了中学生学校适应问题的确存在一定的深层原因,即升学准备的问题。所以,促进中学生的学校适应必须从深层原因入手,也就是使小学生在升入初中之前,做好相应的升学准备。升学准备是指小学生为了能够从即将开始的中学学校教育中受益,适应中学学校生活所需要具备的各种关键特征或基础条件。主要包括学习习惯、学习方法和人际交往能力的准备。⑤

---

① 韦安勤.浅谈"中小学衔接"问题[J].基础教育研究,2009(4):26+28.

② 惠兰,李琴."小初衔接"的现实困境与区域突破路径[J].上海教育科研,2022(2):76—81.

③ 王婷婷.中小衔接阶段学生学校适应压力源调查研究[J].上海教育科研,2013(10):42—45+49.

④ 刘旺,冯建新.初中生学校适应及其与一般生活满意度的关系[J].中国特殊教育,2006(6):77—81.

⑤ 毕有余,赵晓杰.升学准备:促进中学生学校适应的重要途径[J].东北师大学报(哲学社会科学版),2010(2):147—151.

张向葵、蔡迎春基于生态系统理论，考查我国小学生升学准备不足的原因，集中体现在以下四个方面：学生自身、家庭环境、学校环境和社会环境。在社会环境因素中，主要是在法律的层面上，我国的儿童福利政策仍属于松散型模式，政府尚没有以正式的文件形式就有关儿童福利政策做出统一的规定。纵览我国的法律法规，仅仅《中华人民共和国义务教育法》涉及"中小衔接"的办法。该法规定适龄儿童、少年免费、免试、就近接受义务教育，即小学生在升入初中的过程中，不收取学费、不参加升学考试、就近入学。实质上，这一条款规定了适龄儿童、少年的升学方式，至于儿童、少年在入学或升学的过程中出现的问题，也仅仅限于残疾学生和贫困地区学生上学的问题。①

《小学教育原理》一书中指出，小学福利虽然是针对学龄儿童的一种福利，但是不同于社会中的一般儿童福利，必须是一种普遍性的，面向所有小学生的，是受到国家的义务教育制度支撑和保障的国家性政策和措施，是小学与中学、大学非常明显的区别之一。书中指出小学教育中"过度知识化"的倾向，是在一定程度上淡化和忽视了小学的社会化和福利职能。与中学的教学职能相比，小学的教学是与小学的福利职能结合在一起的，甚至应该以小学的福利职能为基础。②

2."知识为导向"的课程开发

在实践中，一体化办学面临"认识模糊"的办学理念、"知识提前"的课程开发、"僵化统一"的学校管理等现实困境。③"知识提前"的现象是属于学校教育方式的透支发展，表现为在基础教育领域被有些学校奉为法宝的提前教育，不顾学生认知规律拔苗助长，超越课程大纲的要求，过早地向学生传授相关知识，美其名曰"不要输在起跑线上"，实际上加重了学生的课业负担，影响了学生的健康发展。④

①　张向葵,蔡迎春.走向行动定向的儿童研究:国内外儿童福利政策研究及启示[J].东北师大学报,2005(4):131-134.

②　谢维和,李敏.小学教育原理[M].北京:高等教育出版社,2021:165-170.

③　敬仕勇,张学敏.九年一贯制学校一体化办学的实践路径[J].中国教育学刊,2018(12):60-64.

④　陈建华.学校发展的伦理审视[J].教育学报,2022(3):3-14.

(三)小初衔接的实践路径

一般来说,小学、初中作为义务教育的两个阶段,在教学方法、教学节奏、学习要求、评价方式、师生交流方式等诸多方面都有较大不同。这些差异给初一学生带来了学习内容、学习方法、学习习惯及学习态度上的"不适应"。因此有效地进行小初衔接教育有助于消解义务教育学制划分的敏感问题;有助于实现中小学一体化培养体制的落地问题;有助于保障儿童成长过程中持续的发展问题。[①]杨小微指出,在当前的改革背景下,政策调整,不应是习惯性地将重心从小学段或高中段挪到初中段,而是需要从整体综合的视角,既要充分考虑不同学段不同类型教育的各自特点及相互协调,又要关注各方资源的综合利用和有效调配。[②]因而解决中小学的衔接问题要以"协同发展"的教育理念作为指导思想。因此,精心设计、创设协同发展的教学环境,将有利于学生尽快适应新的学习和生活,解决中小衔接问题。通过行政干预,加强中小学之间的联系。从教学、德育、管理和环境四方面开展具体工作。[③]

在小升初衔接中,不仅需要教师调整教育方式和心态,教育部门也应该因材施教、因地制宜,做好教材的编纂和修订工作。考虑每个学段的特点,联动制定教育体系,避免不同学段教育断层的出现和知识学习的断裂、重复,做到适应学生心理、年龄的特点,符合教育和学生成长的规律。[④]

丁杰等人从学生的发展完整性、持续性角度出发,提出基于生态衔接的、具有区域特征的小初教育实践。一是全面贯通的管理生态,二是凸显体验的文化生态,三是有机融合的课程生态,四是学段协同的研训生态学段。[⑤]徐向东以一贯制学校为例,提出有关可供借鉴的策略。一是开展多种主题教育活动,帮助学生做好心理适应:具体可以细化为,帮助小学毕业生做好"衔

①　丁杰,徐蕾,孙朝仁.生态衔接:小初衔接教育的一种思路[J].人民教育,2022(2):66-68.

②　杨小微.走出"洼地"的定向与突围——基于初中教育功能与目标的思考[J].中小学管理,2018(7):8-11.

③　侯冬玲,时俊卿,李耀华."中小衔接"问题的调查与分析[J].中小学管理,2003(9):31-32.

④　王亚蓉.未雨绸缪,促进学生幸福成长——小升初衔接工作初探[J].中国教育学刊,2017(S1):49-52.

⑤　丁杰,徐蕾,孙朝仁.生态衔接:小初衔接教育的一种思路[J].人民教育,2022(2):66-68.

接"准备;引导初一新生做好"融入"准备;激活家长的"支持"力量这三方面。二是制定学生基本适应能力标准,培养学生自主管理能力。三是变革学校管理方式,保障小初衔接教育有效落地,采用小学部统筹教育、初中部统筹教学的方式,实现了"分合"的统一与整合。①

对于一体化衔接问题,学者们更多聚焦于中高职衔接,涉及小学一体化衔接的内容则更侧重于具体学科教学的衔接。因此,本节小学一体化衔接主要是围绕"幼小衔接"和"小初衔接"两个突出议题而展开。

本章小结

本章主要聚焦于小学阶段的一体化建设,并以此为视角进行文献梳理与系统论述,通过小学德育一体化、小学课程一体化、小学教学一体化及一体化衔接的突出问题四个维度来展现我国小学一体化建设的样态。整体上看,我国当前针对一体化的建设仍处于初步发展阶段。学者们多是进行思辨类研究,或是以实践案例为依托进行质性研究,在幼小衔接和小初衔接这一话题中会较多涉及量化研究方法,通过相关数据进行分析与讨论。

通过这些已有研究发现,随着我国对一体化建设的重视程度不断提高,一些政策文件相继出台,学者们的研究热情高涨,目前大多数研究聚焦于大中小学一体化建设,以加强学段之间的衔接。针对小学段的理论性研究仍有很大空间,需要进一步研究小学一体化及其相关概念的内涵,进而可以更好地指导小学教育实践。同时,针对一体化建设的实践性研究虽然较多,却是以学科教学为依托展开研究,更为注重学科知识内容的一体化。有鉴于此,为有效地促进学生的全面发展,推进小学教育高质量发展,小学一体化研究会是小学教育研究的进行时与将来时。

推荐阅读

1.班建武.德育一体化的社会向度及其实践要求[J].国家教育行政学院

---

① 徐向东.一贯制学校的小初衔接教育和管理变革[J].中小学管理,2018(6):42-43.

学报,2022(3):67-76.

2.班建武,檀传宝.改革开放 30 年中小学德育课程的变迁与发展[J].思想理论教育,2008(24):14-19.

3.崔允漷,夏雪梅."教—学—评一致性":意义与含义[J].中小学管理,2013(1):4-6.

4.丁丽云."教—学—评一体化"实施过程中的问题及其解决对策[J].中国教育学刊,2018(3):66-68.

5.冯刚,徐文倩.把握新时代大中小学思想政治教育一体化建设内在规律[J].中国高等教育,2020(2):19.

6.冯建军.改革开放四十年中国德育的转型发展[J].南京社会科学,2018(4):143-150.

7.高慧珠.课程统整中主题内容开发的内涵、模式及策略[J].教育科学研究,2010(2):45-47.

8.郭敏.从知识考古学视角重新审视幼儿园教育"小学化"现象[J].学前教育研究,2012(12):46-49.

9.郭元祥,刘艳.我国教学设计发展 20 年:演进、逻辑与趋势[J].全球教育展望,2021(8):3-14.

10.李寒梅.大中小学思政课一体化建设的课程逻辑与实践理路[J].课程·教材·教法,2021(3):55-61.

11.李瑾瑜.促使课程一体化的十种模式[J].外国中小学教育,1993(2):20-22.

12.李敏谊,刘丽伟.幼小衔接与家长参与:国外研究的新进展[J].比较教育研究,2014(9):83-88.

13.李召存.论基于儿童视角的幼小衔接研究[J].全球教育展望,2012(11):57-62.

14.刘登珲.课程统整的概念谱系与行动框架[J].全球教育展望,2020(1):38-53.

15.刘登珲.詹姆斯·比恩课程统整思想研究[J].全球教育展望,2017(4):

30–39.

16.鲁洁,高德胜.中国小学德育课程的创新[J].中国教师,2004(1):20–22.

17.鲁洁.教育的原点:育人[J].华东师范大学学报(教育科学版),2008(4):15–22.

18.石芳,王世光.义务教育道德与法治课程标准解读[J].全球教育展望,2022(6):3–13.

19.万伟.学校课程建设视野中的课程统整[J].课程·教材·教法,2017(7):18–23.

20.王立仁,白和明.关于大中小学思想政治理论课课程内容一体化建设的构想[J].思想理论教育,2019(11):11–16.

21.邬春芹.西方发达国家促进幼小衔接的国际经验[J].比较教育研究,2013(2):28–31+37.

22.吴晗清,高香迪."教·学·评"一体化理念偏差与实践困境及其超越[J].教育科学研究,2022(2):54–58+66.

23.吴慧珠.新中国小学德育课程的演变[J].课程·教材·教法,2006(2):53–61.

24.徐晨盈,胡惠闵.幼小衔接:从课程与教学入手[J].全球教育展望,2022(7):34–44.

25.杨九诠.关于课程衔接的思考[J].课程.教材.教法,2015(8):10–15.

26.叶飞.公共治理视角下德育课程一体化的理论构建[J].课程·教材·教法,2021(3):62–68.

27.叶飞,檀传宝.德育一体化建设的理念基础与实践路径[J].教育研究,2020(7):50–61.

28.张楚廷.课程与课程论研究发展的十大趋势[J].课程·教材·教法,2002(1):11–16.

29.钟启泉.开发新时代的学校课程——关于我国课程改革政策与策略的若干思考[J].全球教育展望,2001(1):14–20+54.

30.周仕德.课程衔接:亟待研究的课程视域[J].教育理论与实践,2010

（25）:57–60.

31.朱小蔓,王慧.关于大中小学德育课程衔接的思考[J].课程·教材·教法,2014(1):44–49.

32.朱治国.衔接教育:一个不该出现的概念[J].上海教育科研,2014(5):40–41+21.

第十章　小学教育公平与教育质量研究

本章思维导图

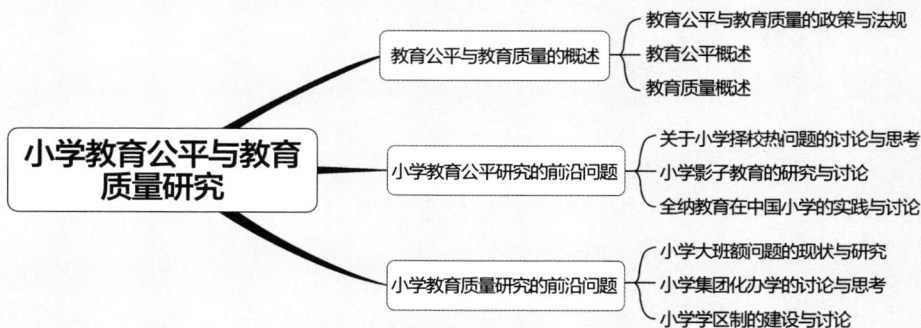

小学教育公平与教育质量研究

- 教育公平与教育质量的概述
  - 教育公平与教育质量的政策与法规
  - 教育公平概述
  - 教育质量概述
- 小学教育公平研究的前沿问题
  - 关于小学择校热问题的讨论与思考
  - 小学影子教育的研究与讨论
  - 全纳教育在中国小学的实践与讨论
- 小学教育质量研究的前沿问题
  - 小学大班额问题的现状与研究
  - 小学集团化办学的讨论与思考
  - 小学学区制的建设与讨论

本章词云图

公平与质量是教育发展的两大主题,推进教育公平且高质量发展,对于促进义务教育优质均衡发展,建设高质量教育体系,办好人民满意的教育,具有重要的意义，同时，这两大主题也正成为我国新时代教育发展的新目标、新形态。

随着教育改革的不断深入,教育体系建设的不断完善,尤其是进入小学阶段以后,教育公平与教育质量相关问题得到越来越多的关注与重视。当前教育公平与教育质量方面存在哪些问题? 学者们究竟在关心哪些现象? 未来如何推进教育公平且高质量发展? 是本章关心的重要议题。

本章在梳理近 20 年教育公平与教育质量的相关政策基础上,对两者的概念内涵、小学教育公平与教育质量相关前沿问题进行讨论。分析发现当前学界的讨论以政策制定为导向,并主要聚焦于民众的教育需求与教育资源分配等议题,具体围绕小学阶段择校热、影子教育、全纳教育、大班额、集团化办学与学区制的建设而展开。

第一节　教育公平与教育质量的概述

基础教育阶段教育公平与教育质量是一对共融共生的教育范畴，关注教育公平离不开教育质量的提高，提高教育质量同样离不开对教育公平的关注。[1]本节在梳理相关政策文本的基础上,对教育公平与教育质量分别从基本概念、理念、发展阶段及其特征、相关概念等维度进行学理层面的讨论,旨在厘清教育公平、教育质量及两者之间的相关性。

一、教育公平与教育质量的政策与法规

通过梳理近 20 年教育公平与教育质量的相关政策,可以发现教育公平与教育质量是国家近年持续关注的教育大事件，从政策文件中也可以大致把握其发展趋势及未来走向。

---

① 赵冬冬,朱益明.试论如何实现公平而有质量的基础教育[J].中国教育学刊,2020(7):28-33.

表10-1　近20年教育公平与教育质量相关政策

时间	相关政策	相关内容
2010年7月	教育部《国家中长期教育改革和发展规划纲要（2010—2020年）》	"把促进公平作为国家基本教育政策""把提高质量作为教育改革发展的核心任务"
2016年7月	国务院《关于统筹推进县域内城乡义务教育一体化改革发展的若干意见》	提高质量，公平共享。把立德树人作为根本任务，把均衡发展和品质提升作为重要抓手，促进教育公平，使城乡学生共享有质量的教育
2017年1月	国务院《国家教育事业发展"十三五"规划》	"我国教育进入提高质量、优化结构、促进公平的新阶段""确保包容、公平和有质量的教育，促进全民享有终身学习机会，成为世界教育发展新目标"
2017年10月	《中国共产党第十九次全国代表大会报告》	"优先发展教育事业""努力让每个孩子都能享有公平而有质量的教育"
2018年3月	第十三届全国人民代表大会第一次会议《政府工作报告》	"发展公平而有质量的教育""抓紧消除城镇大班额"
2019年2月	中共中央、国务院《中国教育现代化2035》	着力提高教育质量，促进教育公平，优化教育结构
2019年2月	中共中央办公厅、国务院办公厅《加快推进教育现代化实施方案（2018—2022年）》	"以促进公平和提高质量为时代主题""实现更高水平、更有质量的普及，教育改革发展成果更公平地惠及全体人民"
2019年3月	第十三届全国人民代表大会第二次会议《政府工作报告》	发展更加公平更有质量的教育
2019年6月	中共中央、国务院《关于深化教育教学改革全面提高义务教育质量的意见》	"义务教育质量事关亿万少年儿童健康成长，事关国家发展，事关民族未来""健全质量评价监测体系。坚持和完善国家义务教育质量监测制度，建立监测平台，定期发布监测报告""实施义务教育质量提升工程。加快消除城镇大班额，逐步降低班额标准"
2020年5月	第十三届全国人民代表大会第三次会议《政府工作报告》	"推动教育公平和质量提升""要稳定教育投入，优化投入结构，缩小城乡、区域、校际差距，让教育资源惠及所有家庭和孩子"

续表

时间	相关政策	相关内容
2020年11月	中共教育部党组《关于教育系统学习贯彻党的十九届五中全会精神》的通知	加快建设高质量教育体系。坚持教育公益性原则,深化教育改革,促进教育公平
2020年11月	中共中央《关于制定国民经济和社会发展第十四个五年规划和二〇三五年远景目标的建议》	坚持教育公益性原则,深化教育改革,促进教育公平,推动义务教育均衡发展和城乡一体化
2020年12月	教育部印发《中国教育监测与评价统计指标体系(2020年版)》	以推进高质量教育体系建设为导向,更加关注促进全员育人、全过程育人、全方位育人和深化教育评价改革的需要
2021年3月	第十三届全国人民代表大会第四次会议《政府工作报告》	发展更加公平更高质量的教育
2021年3月	教育部等六部门《义务教育质量评价指南》的通知	坚持正确方向。践行为党育人、为国育才使命,坚持正确政绩观和科学教育质量观,促进义务教育公平发展和质量提升
2021年9月	教育部关于印发《国家义务教育质量监测方案（2021年修订版)》的通知	进一步完善国家义务教育质量监测制度,推动落实立德树人根本任务,促进义务教育质量提升
2022 年 10 月	《中国共产党第二十次全国代表大会报告》	加快建设高质量教育体系,发展素质教育,促进教育公平
2022 年 11 月	教育部关于印发《特殊教育办学质量评价指南》的通知	努力构建以义务教育阶段为主,涵盖学前教育和高中阶段的特殊教育办学质量评价体系,推动特殊教育高质量发展

近 20 年来,我国教育公平研究与实践从以数量为核心指标的教育机会均等走向以质量为导向的教育过程与结果公平。[①]2010 年教育部颁布的《国

---

① 汤美娟.从区隔走向融通:农村教育质量提升的语言进路[J].教育研究与实验,2021(1):34—40.

家中长期教育改革和发展规划纲要(2010—2020 年)》(以下简称为《教育规划纲要》)提出把促进公平作为国家基本教育政策、提高质量作为教育改革发展的核心任务。促进教育公平和提高教育质量已经成为现阶段我国教育事业特别是基础教育改革和发展的基本目标和任务。①《教育规划纲要》阶段性目标的如期实现标志着教育事业发展"十二五"规划圆满结束,我国教育进入提高质量、优化结构、促进公平的新阶段。②党的十九大报告明确指出,必须把教育事业放在优先位置,推进教育公平,努力让每个孩子都能享有公平而有质量的教育。③2018 年《政府工作报告》明确提出发展公平而有质量的教育,我国教育发展进入新的战略机遇期,建设教育强国、实现教育现代化,成为教育改革的新任务。④

二、教育公平的概述

(一)基本概念界定

教育公平有一个历史范畴,萌芽于古代社会,随着时代的变迁,其含义不断丰富、拓展。

1.公平

众多学科中都有对"公平"的讨论,加之学者们立场与视角的差异,其理论成果仁者见仁智者见智。本章节主要从教育学相关辞典、书籍、文献等中对"公平"这一概念涉及的重要论述进行呈现。

《小学教育百科全书》中提出"一贯的公平是指成人示范的品质,如乐于助人、愿意倾听与解释,并且对性别、背景、种族、身体技能和外貌方面持非歧视性态度"⑤。聚焦不同的研究领域,学者们对"公平"有不同的理解。朱永

---

① 谈松华,王建.追求有质量的教育公平[J].人民教育,2011(18):2-6.
② 中央人民政府门户网站[EB/OL](2017-01-19),http://www.gov.cn/zhengce/content/2017-01/19/content_5161341.htm.
③ 中央人民政府门户网站[EB/OL](2017-10-18),http://www.gov.cn/zhuanti/2017-10/27/content_5234876.htm.
④ 薛二勇,傅王倩.发展公平而有质量的教育——中国教育改革和发展的形势与政策分析[J].中国青年社会科学,2018(3):22-30.
⑤ [美]丹尼斯·海斯.小学教育百科全书[M].周琳,张允,等译.天津:天津人民出版社,2021:164.

坤等学者提出公平是指依据一定的标准,按照平等原则对人与人之间的利益进行调节、分配的规范、原则和结果状态,以及人们对这种调节、分配的心理体验和评价。①在社会生活的方面和领域,公平分为政治公平、经济公平、文化公平、法律公平和教育公平等。②学界一般认为:从过程的角度来看,公平可分为机会的公平、起点的公平及结果的公平;从结果的角度来看,公平分为原则的公平、操作的公平及结果的公平。③

可见,"公平"一词内涵丰富。公平与个人成长、社会发展密不可分。公平社会的实现需要有公平意识、正义感和相应能力的人,而培养这些素质离不开公平的教育。④因此,从学理层面厘清教育公平的内涵及相关的一些概念尤为重要。

2.教育公平

从相关书籍、期刊等可以看到学者对教育公平内涵的讨论。1966年《科尔曼报告》中教育公平包含四层含义:一是向人们提供达到某一规定水平的免费教育;二是为所有儿童,不论其社会背景如何,提供普通课程;三是为不同社会背景的儿童提供进入同样学校的机会,四是在同一特点地区范围内教育机会一律平等。⑤华桦、蒋瑾对当前教育公平的定义进行梳理,并从社会现实中抽离出教育公平的内涵,提出教育公平是教育制度合理性与公正性的统一,只有合理性和公正性的和谐统一,教育制度在一定的时空范畴、在特定的社会网络中,才能产生良好的社会效应,才能符合社会发展的客观规律和趋势,这时期的教育也才能是公平的。但是这是一种理想状态的教育公平。现实目标还需要我们通过合理的操作去控制教育中的不公平,追求教育公平。⑥

① 朱永坤,曲铁华."公平"的分类对我国义务教育公平问题解决的路径指引[J].教育科学研究,2008(6):3-6+11.
② 田琳,周利.基于教育公平理念的民族中学人才培养模式价值定位初探——以中央民族大学附属中学为例[J].民族教育研究,2014(6):5-10.
③ 徐梦秋.公平的类别与公平中的比例[J].中国社会科学,2001(1):35-43+205.
④ 冯建军,高展.新时代的教育公平:政策路向与实践探索[J].东北师大学报(哲学社会科学版),2022(4):16-23.
⑤ 翁文艳.教育公平与学校选择制度[M].北京:北京师范大学出版社,2003:3-4.
⑥ 华桦,蒋瑾.教育公平论[M].天津:天津教育出版社,2006:32-36.

学界一般采用瑞典学者托尔斯顿·胡森(T.Husen)的观点:教育机会均等在三个不同的时期有不同的含义,即起点均等论,指入学机会均等,人人都有受教育的权利;过程均等论,指教育条件均等,主张让每个儿童有机会享受同样的教育;结果均等论,强调学业成功机会均等,以便向每个学生提供使其天赋得以充分发挥的机会。①

有学者梳理 1994 年至 2014 年 20 年间教育公平概念的界定与演变,并总结了有代表性的观点。其一,将教育公平视作教育发展的一种理想状态。其中有两种较具代表性的观点,教育公平是公民能够自由平等分享当时、当地公共教育资源的状态;教育公平是教育资源和受教育者之间结合状态的一种均衡分布。其二,将教育公平视作一种主观的价值判断,即运用既有标准对现实教育公平问题进行度量和评价。其三,将教育公平视作一种基本价值理念和行为准则。②

教育公平与一定的社会基本制度,尤其是教育制度相连,并以此为基准,规定着社会成员具体的教育基本权利和义务,规定着教育资源与利益在社会群体之间、在社会成员之间的适当安排及合理分配。③石中英从三方面论述教育公平的主要内涵,在法律上,是人人享受平等的教育权利;在教育政策领域,是人人平等地享有公共教育资源;在教育活动中,是人人受到平等的教育对待,人人具有同等的取得学业成就和就业前景的机会。④

(二)教育公平理念

教育公平理念属于观念层次,它主要探究"教育公平是什么""怎样的教育为教育公平",其主要是一种社会价值观上的选择与判断。⑤教育公平是社会公平在教育领域的延伸,教育公平理念既是一种价值上的取向,又代表着

---

① 刘欣著.基础教育政策与公平问题研究[M].武汉:华中师范大学出版社,2008:45.
② 章露红.二十年来我国教育公平研究的学术进展——基于 1994—2014 年间的文献分析[J].复旦教育论坛,2015(4):39-45+56.
③ 田正平,李江源.教育公平新论[J].清华大学教育研究,2002(1):39-48.
④ 石中英.教育公平的主要内涵与社会意义[J].中国教育学刊,2008(3):1-6+27.
⑤ 单文周,李忠.新时代教育公平内涵与建设的思考[J].教学与管理,2019(36):1-5.

新时代背景下的一种教育理念。[1]在建构和谐社会的背景下,教育公平理念体现出人权、自由、效率、秩序等一系列法的价值。[2]

义务教育均衡发展目标的实现是一个系统工程,实现义务教育均衡发展需要一些教育公平的理念作为支撑。有研究者较为系统地总结教育公平的理念:一是以人为本理念,满足学生多样的教育需求是实现教育机会平等的必要手段;二是教育机会均等理念,其是政治、经济领域的平等权利在教育领域的延伸;三是缓解教育差异,对弱势群体进行补偿;四是全纳教育理念,即保障所有儿童都能接受和完成优质的免费初等义务教育;五是多元文化教育理念。[3]

(三)教育公平发展的阶段及特征

按照时间维度窥探我国教育公平的阶段性及其特征,谢维和将教育公平分为三个阶段:第一个阶段(1990—1998年),这一阶段的教育公平以消极的方式进行定义,即由于人生而平等,所以教育应该平等。第二个阶段(1999—2001年)以积极的方式来定义教育公平,以原因来表达定义;第三个阶段(2002年至今),教育公平的特征以一种综合的方式来定义,也可以说通过教育的综合改革实现教育公平不断提升和完善。[4]

根据教育公平核心评估域,程天君把我国教育公平分为三个时期:以政治权利作为核心评估域时期:阶级—权利平等。表现在新中国成立初期,教育公平主要是阶级内的公平,强调处于同一阶级的人（工农子弟)享有同等的教育权利;相反不在同一阶级的人则被剥夺了受教育的权利。第二个时期是以经济发展作为核心评估域时期:效率优先或能力至上。主要表现在改革开放后,教育公平的核心评估域开始由政治出身转为经济效益,"才"与"能力"被视为衡量教育公平的有效指标。第三时期是以"人的需要"为核心评估

---

①　王雪峰.教育公平理念下职业教育改革发展刍议[J].继续教育研究,2017(1):76-78.

②　王康,盛鹏,吴万群.和谐社会语境下教育公平理念的法律价值分析[J].教育科学研究,2009(3):14-18.

③　全国高等教育自学考试指导委员会组编;张德伟主编.义务教育比较研究(2011年版)[M].长春:东北师范大学出版社,2011:284-286.

④　谢维和.中国教育公平发展的阶段性分析[J].基础教育,2015(3):14-15.

域时期。20 世纪 80 年代末 90 年代初的"素质教育"实践摸索与理论探索,为教育实现由服务"社会"到直面"人"的转向提供了社会基础,也为教育公平观的重塑谱出"前奏"。此后,"以人为本"的教育理念开始逐渐深入人心。[①]

(四)教育公平的内涵

教育公平并不是一种自发的状态,而是时代与理念结合的产物,因此教育公平的内涵随着时代的发展不断变化。2000 年之前主要是以教育权利、教育机会等笼统词汇为主,到 21 世纪除此之外还涉及多种定义,例如从伦理学、经济学、法学、社会学等多学科视角讨论教育公平。[②]

教育权利、教育机会、教育制度三个着力点不同的术语有机组合在一起诠释了当代教育公平的内涵。教育权利平等蕴含于整个教育发展过程,贯穿于教育起点、教育过程、教育结果三方面,是实现教育公平的基础。教育机会均等历来被众多学者视为实现教育公平的核心。教育机会均等包括教育起点机会的实质平等、教育过程中机会的形式平等及教育结果上有差异的机会平等。教育制度公正强调教育制度的设定及实施要以保证个体受教育的权利平等、教育机会均等为前提,为教育公平的实现提供基本保障。[③]

三、教育质量的概述

(一)基本概念界定

1.质量的内涵

当前学界较为普遍认同国际标准化组织 (International Organization for Standardization-ISO,以下简称 ISO)对"质量"的界定。ISO 自 1983 年以来经过反复修订,最后将"质量"定义为"反映实体满足明确或隐含需要能力的特

---

① 程天君.新教育公平引论——基于我国教育公平模式变迁的思考[J].教育发展研究,2017(2):1-11.

② 霍佳颖.教育公平内涵演变的历史考察[J].教学与管理,2016(9):33-36.

③ 雷晓庆.当代教育公平内涵及其实现途径解析[J].当代教育科学,2017(6):3-7.

性的总和"①。这一定义揭示了"质量"内在的本质。②

从"质"与"量"的规定性来解释质量。柳海民等学者认为"质量"包括两种含义。一是事物本身所具有的属性,是"质量"之"质"的规定性;二是表示由此衍生出的满足特定对象需求的程度,即适用性,如好坏、优劣等,这是"质量"之"量"的规定性。③

管理与工程学科的"质量"概念对教育质量的理解和使用产生了重要影响。其认为质量概念的要义有:首先,概念对象指向使用者和产品;其次,概念对象的特有属性,即适用性和符合性等;再次,概念中包含着条件与范畴的逻辑关系,注重产品在一定的环境中、面对顾客时适用性和符合性的关系与程度,即在一定条件下,主体与客体之间相互适切的关系和程度;最后,概念的外延,即功能属性是可作为评价产品的标准准则。④

2.教育质量的内涵

何谓教育质量?《教育大辞典》中给予明确的界定,教育质量是指对教育水平高低和效果优劣的评价。⑤何为基础教育质量? 有学者认为基础教育质量是多要素、多层面的,需要建立起教育质量的系统观,其核心是学生全面的发展,同时重视学生发展是多因素共同作用的结果。⑥

从教育质量的广义和狭义上看,广义的教育质量主要指整个教育系统的质量,其中包括教育教学的服务质量,行政后勤的工作质量,学生及家长满意的教育质量;狭义的教育质量主要指培养对象即学生的质量。⑦沈玉顺认为教育质量是学校根据国家教育方针政策的要求,为满足特定的社会和学生发展需要而确立的教育目标,设计、组织、实施旨在实现这一目标的教育活

---

① 刘广第主编.质量管理学[M].北京:清华大学出版社,1996:44.
② 王敏.教育质量的内涵及衡量标准新探[J].东北师大学报,2000(2):20-23.
③ 柳海民,邹红军.高质量:中国基础教育发展路向的时代转换[J].教育研究,2021(4):11-24.
④ 王学男.何谓"教育质量"——"十三五"时期提升教育质量的概念前提[J].河北师范大学学报(教育科学版),2017(6):84-89.
⑤ 教育大辞典编纂委员会.教育大辞典(第一卷)[M].上海:上海教育出版社,1990:24.
⑥ 李刚,辛涛.基础教育质量的内涵与监测评价理论模型[J].华东师范大学学报(教育科学版),2021(4):15-29.
⑦ 张祥明.重建教育质量评价观[J].天津市教科院学报,2003(2):29-32.

动达到预期效果的度量。①以程凤春为代表的部分学者基于 ISO 管理体系及标准的理念,将教育质量理解为输入—过程—输出,基于过程视角把教育质量理解为教学过程中通过教师的教和学生的学而体现出来的学生学习的优劣程度。②

(二)教育质量衡量标准

1.教育质量衡量标准的演进历程

有学者将教育质量标准的历程与时代特征分为四个时期:第一阶段(20世纪 30 — 50 年代)从单一走向多样。对教育质量的理解从关注升学向关注社会需求和学生发展转变,课程标准从全国统一向多样化发展转变,评价标准从只关注学习结果向关注教育目标的达成转变。第二阶段(20 世纪 60 — 80 年代)呈现新的统一。公平和质量成为教育改革的基本目标和标准的重要内容,开设统一课程逐渐成为多数国家的共同选择,教育评价在关注目标达成的同时更为强调对教育活动的改进。第三阶段(20 世纪 80 年代末—90 年代)基于标准的教育改革全面推开。在理念上,教育质量标准的内涵不断扩展,强调终身学习、促进发展和未来引领;在课程上,通过调整核心课程结构、完善质量评价标准和加强立法保障等举措推动课程改革;在教育质量评价中,关注不同利益相关者的价值取向,倡导多元、平等和共同参与,定性与定量的评价方法紧密结合。第四阶段(21 世纪以来)逐渐国际化阶段。教育质量被提到新高度,教育质量目标将所有人都纳入视野,学习者的关键能力成为教育质量标准的核心内容;在形式上,国际评估和国内监测并重。③

结合教育事业发展的阶段性特征,将教育质量标准建设划分为三个阶段:起步与笼统化阶段(1993—2000 年)、展开与具体化阶段(2001—2009年)、深入与系统化阶段(2010 年至今)。其建设历程呈现以下特征:一是各级各类教育质量标准建设首先注重保障标准建设,其次是教育内容质量标准,

① 沈玉顺主编.现代教育评价[M].上海:华东师范大学出版社,2002(3):195.

② 王学男.何谓"教育质量"——"十三五"时期提升教育质量的概念前提[J].河北师范大学学报(教育科学版),2017(6):84–89.

③ 中国教科院教育质量标准研究课题组,袁振国,苏红.教育质量国家标准及其制定[J].教育研究,2013(6):4–16.

最后是教育质量评价标准;二是教育质量标准建设与教育事业发展之间显现出相互影响、相互促进的关系,教育事业发展阶段是教育质量标准建设的决定性因素;三是我国教育质量标准建设由零散走向系统化。①

2.划分教育质量的衡量标准

提高质量是教育改革发展的核心任务。面对这一核心任务,亟须我们理清两个问题:什么是教育质量? 用什么标准来衡量教育质量?②在教育质量的衡量标准上,程凤春等学者认为教育质量是教育的质量特性满足学生及家长要求的程度。教育质量必须通过教育输入、教育过程和教育结果全方位来体现,其衡量标准包括教育提供者的约定和学生及家长满意两个维度。③王敏则具体提出三个标准来衡量教育质量。一是看教育过程是否体现了师生间和谐的互动关系,教育活动是否成为学生自由的、自我创造的活动;二是学生全面素质的和谐发展;三是教育培养的各级各类人才在数量、质量、结构等方面是否符合当前社会物质文明和精神文明建设的要求。④

(三)基础教育质量监测与评价

1.基础教育质量监测与评价的演进历程

基础教育质量监测评价体系是在一定价值观指导下,由多元的监测评价主体和机构围绕教育质量开展的不同层次和不同类别的监测评价活动所构成的整体。⑤有研究者将改革开放至今我国基础教育质量监测与评价体系的发展历程分为三个时期:以督导评估为依托的萌芽期(1978—2001年)、开展教育质量监测的探索和试点期(2002—2014年)、监测与评价体系的建设和完善期(2015年至今)。⑥

---

① 李新翠,杨润勇.我国教育质量标准文本分析与完善策略[J].教育理论与实践,2015(13):16-19.
② 王忠敏.对教育质量标准的思考[J].人民教育,2012(10):2-4.
③ 程凤春,卫喆.再论教育质量及其衡量标准——基于ISO9000族标准的分析[J].教育研究,2012(6):56-60.
④ 王敏.教育质量的内涵及衡量标准新探[J].东北师大学报,2000(2):20-23.
⑤ 辛涛,赵茜.基础教育质量监测评价体系的取向、结构与保障[J].国家教育行政学院学报,2020(9):16-23+43.
⑥ 陈慧娟,辛涛.我国基础教育质量监测与评价体系的演进与未来走向[J].华东师范大学学报(教育科学版),2021(4):42-52.

2.基础教育质量监测评价体系的趋势研究

有学者提出新时代我国基础教育质量监测与评价体系应在以下四方面进行突破。一是从结果到过程,全面体现和贯彻党的教育方针,二是宏观调控教育督导定位,确保发挥评估监测职能,三是从监测机构设立走向各级监测体系的内涵建设,四是基础教育质量监测与评价走向信息技术深度融合时代。①

我国基础教育质量监测评价体系的发展在理论与实践方面都亟须完善、深化并不断进行反思,例如强化各级教育质量监测机构职能统筹、加强利用监测数据的政策研究、促进以技术改进撬动考试和评价改革。②

3.义务教育质量监测与评价政策

2021年3月,教育部等六部门印发《义务教育质量评价指南》的通知。义务教育质量评价内容包括县域、学校、学生三个层面,各有侧重、相互衔接、内在统一,构成完整的义务教育质量评价体系。具体从县域义务教育质量评价、学校办学质量评价及学生发展质量评价三方面展开评价。在评价方式上,注重结果评价与增值评价相结合、综合评价与特色评价相结合、自我评价与外部评价相结合、线上评价与线下评价相结合。在评价实施上,要明确责任分工、评价周期。在评价结果运用上,要运用好学生发展质量评价结果、学校办学质量评价结果、县域义务教育质量评价结果。在组织保障中,要加强组织领导及队伍建设。③同年9月,教育部印发《国家义务教育质量监测方案(2021年修订版)》的通知。对照《义务教育质量评价指南》和义务教育课程标准(或指导纲要)积极开展学生发展质量和相关影响因素监测。监测学科领域主要包括德育、语文、数学、英语、科学、体育与健康、艺术、劳动、心理健康。每个监测周期为三年,每年监测三个学科领域。第一年度监测数学、体育

---

① 陈慧娟,辛涛.我国基础教育质量监测与评价体系的演进与未来走向[J].华东师范大学学报(教育科学版),2021(4):42-52.

② 赵茜,辛涛,刘雨甲.我国基础教育质量监测与评价的现状与趋势——第二届"中国基础教育质量监测与评价"学术年会综述[J].教育研究,2017(9):154-159.

③ 中华人民共和国教育部政府门户网站[EB/OL].(2021-03-04).http://www.moe.gov.cn/srcsite/A06/s3321/202103/t20210317_520238.html.

与健康、心理健康,第二年度监测语文、艺术、英语,第三年度监测德育、科学、劳动。①

第二节 小学教育公平研究

教育公平一直是学术界甚至是社会大众持续热议的话题,但不同时代会产生不同的公平问题。进入新时代,伴随着基础教育的普及,民众对教育的诉求从"人人有学上"转变为"人人享有优质资源"。教育理念的转变催生择校现象的出现,"补差"向"培优"意识的转变导致校外培训盛行进而引发关于影子教育的讨论,由关注普通教育与特殊教育的关系带来的随班就读措施而引起的教育公平讨论等,这些都是教育发展中不可忽视的问题。

一、关于小学择校热问题的讨论与思考

(一)择校现象产生的背景

1.就近入学政策变化下的择校诉求

1986年《中华人民共和国义务教育法》从法律上确立"就近入学"的重要规范,其第 9 条规定:"地方各级人民政府应当合理设置小学、初级中等学校,使儿童、少年就近入学。"②所谓"就近入学"是指学龄儿童和少年在离自己家庭最近的学校入学,这一"最近"固然不是物理意义上的最短直线距离,却有着对孩子这一阶段"路短腿短"的人性关怀,故而被很多国家采纳。③

"就近入学"在促进基础教育普及、提升中小学入学率方面的作用是显见的。但与此同时,另一个客观的现象是"就近入学"事实上并未被有效执行,放弃就近学区而寻求更优教育资源的行为始终存在并在 20 世纪 90 年代成为普遍现象,此即我国语境下的"择校"。我国的"择校"主要源于"就近

---

① 教育部关于印发《国家义务教育质量监测方案(2021年修订版)》的通知[EB/OL](2021–09–24),http://www.moe.gov.cn/srcsite/A11/moe_1789/202109/t20210926_567095.html.
② 中华人民共和国义务教育法[J].中华人民共和国国务院公报,1986(12):400–402.
③ 邵亚萍."就近入学"与教育公平:渊源、实质与方向[J].浙江学刊,2019(6):104–110.

入学"背后的教育资源配置不均,并以"以权择校"和"以钱择校"为主要表现形式,这就使得我国的"择校"行为从一开始与教育公平紧密相连。①

2006年《关于〈中华人民共和国义务教育法〉(修订草案)的说明》提出义务教育资源分配不尽合理,城乡之间、地区之间、学校之间的差距依然存在,在一些地方和有些方面还是有扩大的趋势。②教育法第12条指出:适龄儿童、少年免试入学。地方各级人民政府应当保障适龄儿童、少年在户籍所在地就近入学。父母或者其他法定监护人在非户籍所在地工作或者居住的适龄儿童、少年,在其父母或者其他法定监护人工作或者居住地接受义务教育的,当地人民政府应当为其提供平等接受义务教育的条件。③

以"就近入学"规定而言,从1986年第9条到2006年第12条的规定,均在一定意义上体现了立法对于"就近入学"公平诉求的回应。这也表明在义务教育实施了20年后,"就近入学"与教育公平的关联度越来越强且被社会各界关注。"就近入学"与教育公平的连结因日渐凸显的"择校"行为而发,是从"人人就近有书可读"到"人人就近享有优质资源"诉求的发展。④

2.重点学校政策引发的择校热现象

有重点地办好一些学校是我国的教育政策,是缓解教育资源紧缺与人才培养矛盾的特殊方法,对于集中有限资源确保优秀人才的培养起到了历史性作用。⑤

改革开放以来,教育的发展速度加快、规模增大,各地及各级各类学校之间的差距开始拉大,特别是20世纪末推行的重点学校政策,更加剧了各校间教育资源的不均衡,从而引发了国内择校热的盛行。为较快提升中小学

①　邵亚萍."就近入学"与教育公平:渊源、实质与方向[J].浙江学刊,2019(6):104-110.

②　周济.关于《中华人民共和国义务教育法(修订草案)》的说明——2006年2月25日在第十届全国人民代表大会常务委员会第二十次会议上[J].中华人民共和国全国人民代表大会常务委员会公报,2006(6):441-444.

③　中华人民共和国义务教育法[J].中华人民共和国全国人民代表大会常务委员会公报,2006(6):435-440.

④　邵亚萍."就近入学"与教育公平:渊源、实质与方向[J].浙江学刊,2019(6):104-110.

⑤　袁振国.缩小差距——中国教育政策的重大命题[J].北京师范大学学报(社会科学版),2005(3):5-15.

的教育质量,中央提出把一部分学校建设成"重点学校"的方针,由于"重点学校"在经费投入、教师分配、设施更新等方面占有优势,因而一般学校与重点校之间逐渐拉开了距离。而教育资源的紧缺加之学生家长的一味追捧,亦使得"重点学校"成为教育领域的稀有资源。①

(二)择校现象产生的原因

择校现象的产生绝非偶然,而是多种社会因素互相作用的结果。有学者从学校、家庭、社会、政府等不同相关利益主体的角度进行分析。第一,学校间办学水平的差异构成择校热的基础。第二,家长的主动选择是择校问题的主观动因。第三,众多社会因素为择校热创造了客观条件。第四,国家教育体制中存在的部分问题为以钱(权)择校提供了土壤。第五,国家曾出台一系列"意见",各地可依据实际情况将现有公办学校进行转制。②

也有学者从教育自身出发,认为择校热产生的原因主要有以下四点。首先,办学经费不足,学校必须自筹资金解决建设和发展的问题。其次,教育供给与需求的矛盾促使择校热问题的产生。再次,学校之间发展不平衡,为学生及家长提供了可择之机。最后,应试教育为择校生现象推波助澜。③

(三)对择校热问题的审视

通过文献梳理可以发现学者们在对择校现象进行分析时,并不是站在某一个特定的立场上发表观点,而是以正反两面对择校热现象进行审视。反对择校的学者认为,招收择校生会带来一系列问题和弊端。相反,一部分学者认为任何现象的产生都有其社会背景和条件,从现实角度出发,择校现象的存在也有其必然性。

有学者从择校的利弊两个方面进行评析,其弊端主要表现在公立学校的择校问题违背了义务教育阶段公民受教育公平性的原则;择校引发的生源不正常流动,造成教育资源紧张,是一种过程的不平等;择校进一步扩大

---

① 吴遵民,沈俊强.论择校与教育公平的追求——从择校政策的演变看我国公立学校体制变革的时代走向[J].清华大学教育研究,2006(6):111–118.
② 盖佳萌.从中小学"择校"看我国基础教育体制改革[J].河北师范大学学报(教育科学版),2013(2):14–19.
③ 杨煜.中小学择校生现象探析[J].重庆教育学院学报,2001(1):91–93+97.

了义务教育阶段学校间的资金和办学质量差距,直接挫伤了非重点学校的办学积极性,加剧了一批基础薄弱的公立学校及部分民办学校的办学困境;①择校问题很有可能会成为教育腐败和贪污的温床;择校问题影响广大中小学生的身心健康。但择校的出现也有利于增强校际的竞争从而提升教育质量和学校管理水平。②另外,也有部分学者对择校热现象进行不同方面的反思。刘妍认为择校热反映的是教育信任缺失,体现的是功利化的教育理念。③张玲玲等学者从治理政策层面进行学理性反思,认为当前政策呈现急功近利、自相矛盾及理念扭曲等特点。④

(四)小学择校与教育公平关系之争论

择校与教育公平争论的实质是学者试图探寻一种理想的基础教育状态,争论热烈,观点纷呈,大致可分为两派:一派学者认为择校有违教育公平,另一派学者认为择校没有违背教育公平。⑤

支持择校有违教育公平的学者主要呈现以下观点:文东茅基于大规模实证调查发现弱势群体在择校竞争中处境明显不利,而现行的就近入学政策和择校收费行为进一步维持和强化了弱势群体的不利处境。⑥朱家存认为我国同一地区公立学校之间存在较大差距,不具备平等的竞争起点,如果推行择校制,更容易造成义务教育阶段教育机会的不平等。⑦从社会学的视角,朱天利等学者提出择校问题加剧了教育不公平。在学校教学设备和师资配备上,重点学校明显占有很大优势,所以在招生阶段,重点学校更容易吸引更多的学生报考。另外经济条件好的学生也会交纳"择校费"进入学校,生源

①　杨煜.中小学择校生现象探析[J].重庆教育学院学报,2001(1):91-93+97.

②　盖佳萌.从中小学"择校"看我国基础教育体制改革[J].河北师范大学学报(教育科学版),2013(2):14-19.

③　刘妍."择班热"的教育反思与启示[J].教学与管理,2018(25):24-26.

④　张玲玲,曹辉.义务教育阶段"择校热":学理反思与政策治理[J].河北师范大学学报(教育科学版),2014(5):52-56.

⑤　李喜燕,封红梅."回应现实"的教育公平观——以基础教育择校为视角[J].教育理论与实践,2011(3):18-20.

⑥　文东茅.我国城市义务教育阶段的择校及其对弱势群体的影响[J].北京大学教育评论,2006(2):12-23+189.

⑦　朱家存.从限制到鼓励:国外择校政策透视[J].比较教育研究,2003(12):75-79.

的数量和质量上明显优于普通学校，对义务教育阶段的其他学生来说是明显不公平的。①

相反认为择校没有违背教育公平的学者持以下观点：从教育公平理论的角度，贾向英认为教育公平是教育必须遵循的一条重要原则，公民应享有平等的受教育权是民主社会的共识。为了自己孩子的平等受教育权，家长们自发地选择自己满意的学校。从这个意义上来讲，择校是无可厚非的。②从就近入学与择校入学的比较中透视教育公平，择校入学中的教育公平主要体现在四个方面。首先，择校不但不牺牲本学区适龄儿童的受教育权，而且扩大了学校、家长、学生的选择权。其次，以学校差异为基础，重视个体差异。再次，有利于解决流动子女的就学问题。最后，择校可以通过市场来配置基础教育资源，有利于资源优化配置，提高公平和效率。③

社会各界对择校生现象见仁见智，褒贬不一。用两点论的观点来看，择校生现象作为社会转轨变型时期的产物，我们不能简单地肯定或否定，而要实事求是地分析其利弊得失，从而找到行之有效的解决办法，扬长避短。④

二、小学影子教育的研究与讨论

（一）影子教育的起步与发展

课外补习（Private Supplementary Tutoring），指的是学生在主流学校教育之外参加的培优补差活动，因其补习内容基本上类似于学校课程，故而也被称为"影子教育"。⑤1992年，美国学者史蒂文森（Stevenson）和贝克（Becker）首次提出"影子教育"这个概念。影子教育发生在主流学校教育之外，但目的是提高主流学校的学习成绩。⑥1999年，马克·贝磊（Bray，Mark）对"影子教育"

①　朱天利，赵琼，建晖.多视角分析我国义务教育阶段择校问题的危害[J].教学与管理,2013（6）:3-5.

②　贾向英.义务教育阶段择校现象分析[J].当代教育论坛（学科教育研究）,2008（2）:31-33.

③　罗海燕.从义务教育阶段存在的择校现象中探析教育公平[J].教育探索,2005（9）:39-40.

④　杨煜.中小学择校生现象探析[J].重庆教育学院学报,2001（1）:91-93+97.

⑤　彭湃."影子教育"：国外关于课外补习的研究与启示[J].比较教育研究,2008（1）:61-65.

⑥　Stevenson&Becker.Shadow Education and Allocation in Formal Schooling:Transition to University in Japan[J].American Journal of Sociology,1992（6）.

的概念作出了进一步阐释："只有当主流教育存在时才会存在；它的规模和形态因主流教育的变化而变化；在几乎所有社会中，它受到的关注都比主流教育少；它的面貌远不如主流教育清晰可鉴。"①

"影子教育"是对学校主流课程的补充，但在不同国家有着不同的称谓，我国的课外补习、校外辅导的过程中所涉及的对学校常规课程的辅导与国际常用的"影子教育"含义是一致的。因其存在方式是作为由公立和私立学校组成的学校教育系统的私有补充，其规模和模式也随主流教育系统规模和模式而变化。课外补习形式多样、内容广泛，既包括针对中小学常规文化教学科目进行的辅导，也包括针对艺术、体育、科技等进行的培训和辅导，还包括针对研究生入学考试、公务员考试等进行的多样化的辅导。其中，针对中小学常规文化教学科目进行的辅导，在国际上被广泛称为"影子教育"。②

随着社会经济的发展，"影子教育"逐渐成为家庭教育决策青睐的对象，其依赖于学校教育系统，并与之形成共生。③近30年"影子教育"在全球的迅速蔓延给世界各国的正规学校教育体系、教育公平与效率，乃至社会经济与社会稳定都带来了重要的影响与挑战。④

（二）对小学"影子教育"研究热点的讨论

1."影子教育"存在的问题

"影子教育"存在的问题涉及家庭、学生、学校教育与"影子教育"自身等不同对象。有学者对"影子教育"带来的教育问题进行了讨论，如"影子教育"办学混乱、教学质量堪忧、干扰学校教学、助长教育不公平、增加家长多重压力、增加学生负担等。⑤此外，也有对其衍生问题的讨论，如校外培训教育在

---

①　Bray，M.，The Shadow Education System：Private Tutoring and Its Implications for Planners［M］. Paris，Iiep of Unesco，1999.

②　潘冬冬，王默.改革开放以来我国影子教育的发展演变与反思［J］.教育学术月刊，2020（9）：12-18.

③　徐家庆，周远翔.异质性层面、影子教育与教育公平［J］.南通大学学报（社会科学版），2018（5）：154-160.

④　秦乐琦，覃塈，池梦丹，马佳琪.影子教育研究的发展脉络探析［J］.教育学术月刊，2019（5）：70-77+95.

⑤　华小菊.我国影子教育存在的问题及其治理［J］.教学与管理，2020（18）：19-21.

利益驱动下的过度宣传问题、校外培训机构之间存在恶性竞争的问题、校外教育高额费用支出增加家庭经济负担的问题、过度校外补课妨碍学生健康发展的问题等。①

2."影子教育"盛行的原因

关于"影子教育"盛行的归因涉及学校、家庭、社会、经济、政策等方方面面。多数学者在分析原因时不是从某一特定维度出发，而是从两三个不同视角、维度对原因进行讨论。如基础教育制度的不完善带来了教育资源贫乏与不均，以及考试升学制度的流弊；家长需求心理膨胀催生"影子教育"；经济高速发展，社会整体家庭收入的不断提高为学生接受额外补习提供了可行条件；补习机构的教学方法个性而灵活等。②

学者对"影子教育"原因的讨论有相似之处，如高预期回报的经济效益诱发"影子教育"市场；政策弹性空间及监管不到位助推"影子教育"发展；学校教育自身弊端客观上导致"影子教育"需求旺盛；家长投资教育与其未来的思想促进"影子教育"繁荣。③这些都给予了教育机构发展的机会与市场，使得"影子教育"在教育领域长期存在。

3."影子教育"与教育政策的怪圈现象

2010年《国家中长期教育改革和发展规划纲要（2010—2020年）》明确提出减轻学生课业负担，规范各种社会补习机构和教辅市场，加之2013年教育部面向社会征求意见的《小学生减负十条规定》等政策文件的颁布，促使"影子教育"研究开始受到学者的重视。④

"影子教育"的繁荣与我国基础教育的"减负"并行不悖。教育部门虽然一直在大力推行中小学"减负"政策，但其落地实施到行之有效仍然有很长的路要走。一些家长为了不让孩子输在起跑线上，不惜花费大量的金钱和精

---

① 贺武华,娄莹莹.中国式"影子教育"及其规范发展[J].浙江社会科学,2020(7):142-150+161.
② 孟庆艳.我国影子教育的社会影响及其改革路径[J].教学与管理,2020(15):25-28.
③ 贺武华,娄莹莹.中国式"影子教育"及其规范发展[J].浙江社会科学,2020(7):142-150+161.
④ 宋海生,薛海平.我国影子教育研究的现状、热点与问题分析[J].现代教育科学,2018(12):144-150.

力在课余时间给孩子报各式各样的补习班。①有学者认为当前的"减负"诞生出一种怪圈:学校减负—课后加压,即学校减负导致学生在学校吃不透知识,课后他们穿梭于形形色色的"影子教育"机构中,让学生饱受身体和精神的双重压力,如此"减负"宛如负薪救火。②

政府所制定的各项基础教育政策主要是针对学校和教师提出要求,相对社会和家长的要求较少,这会导致学校和教师所做的努力因社会和家长不配合而被抵消。如学校给学生的学业减负,有些家长会将减下去的作业想方设法补上去,甚至有过之而无不及。为了治理中小学生课业负担过重,教育部门出台了一系列政策措施,但由于忽视政策治理中相关利益者的诉求对政策执行的影响,导致政策的执行过程出现偏差。③

(三)小学"影子教育"与教育公平的复杂关系

1.小学"影子教育"给教育资源的配置带来不公平

"影子教育"使得社会阶层的间隙越来越大,教育资源的配置很难做到真正的公平。主要体现在以下三个方面:"影子教育"造成教育资源的浪费,降低了课堂教学质量;"影子教育"增加学生负担,不利于学生的全面发展;教师在校外兼职辅导,分散了教育教学精力,间接造成教育不公平。④

2.城乡、地域差距下小学"影子教育"对教育公平的影响

有研究者就课外补习对教育公平的影响进行总结,从两个角度进行了讨论。一是从私人教育成本角度来看,课外补习造成了不同社会经济地位家庭的子女在获得教育的质量和类型上出现新的不公平;二是从教育资源角度来看,课外补习人为地扩大了城市和农村学生之间占有教育资源的差距。因此,政府应当利用财政手段、法律手段等对课外补习活动进行有限干预,尽力减小其对教育公平的消极影响。⑤

此外,从城乡差异对"影子教育"带来的教育公平问题进行讨论,主要有

① 贺武华,娄莹莹.中国式"影子教育"及其规范发展[J].浙江社会科学,2020(7):142-150+161.
② 华小菊.我国影子教育存在的问题及其治理[J].教学与管理,2020(18):19-21.
③ 楼世洲."影子教育"治理的困境与教育政策的选择[J].教育发展研究,2013(18):76-79.
④ 黄牧乾.影子教育的价值偏离与回归[J].教学与管理,2019(36):18-21.
⑤ 许政法.国内课外补习研究回顾与展望[J].教学研究,2009(1):56-59.

如下观点。城市与农村的差异本身造成了教育资源分配的不平等,城市学生所占有的优质资源数量远远高于农村学生,使一些农村学生被这种激烈的教育竞争淘汰。同时,"家教热"的出现,使这种淘汰率大大提高。①

3.小学"影子教育"使家庭资本带来的教育机会不公平

薛海平在其研究中讲述到,过去的研究关注家庭资本对学校教育机会获得的影响,但很少关注家庭资本通过影响"影子教育"机会获得进而影响学校教育机会获得的作用机制,结果很可能低估了家庭资本对子女学校教育机会获得的影响。②

由于教育投资可能在未来会产生更高的终身受益,而高社会经济背景的家庭对"影子教育"有更加充分的进入和投资动力,因此在"影子教育"不断市场化过程中,就有可能形成教育机会不平等的机制。"影子教育"之所以存在,宏观层面很大程度上是因为优质教育资源分配不均衡所致,而微观层面上又存在导致、维持或加剧教育机会不均等的可能。③

有学者结合 EMI 理论和对我国社会的观察,其认识到:中国家庭将借助自身资本追求更多(数量上的)和更好(质量上的)的教育机会,从而长期维持教育机会获得上的优势。④围绕入学择校和课外补习的博弈竞争使得优质基础教育资源呈现出向发达地区、大中城市、优势阶层家庭学生集聚的趋势,加剧了教育资源分配的不均衡,最终导致家庭资本优越的子女取得更高的教育成就。

三、全纳教育在中国小学的实践与讨论

(一)全纳教育的起步

1.全纳教育兴起的社会背景

全纳教育思想的渊源与西方国家争取民主平等、维护人权尊严等社会

① 樊文芳."家教"热现象透析[J].教学与管理,2008(4):36-38.
② 薛海平.家庭资本与教育获得:影子教育的视角[J].教育科学研究,2017(2):31-41+48.
③ 徐家庆,周远翔.异质性层面、影子教育与教育公平[J].南通大学学报(社会科学版),2018(5):154-160.
④ 张和平,张青根,尹霞.家庭资本、校外培训与教育机会公平[J].教育学术月刊,2021(2):3-11.

运动有着深刻联系。第二次世界大战后,世界各国在发展过程中涌现出的一股巨大潮流就是争取民主平等和维护人权尊严,其表现形式是反对种族隔离,争取民族平等运动、反对性别歧视,争取妇女权益运动、反对残疾人被排斥,争取残疾人平等融合运动等。这些潮流和运动也极大地影响到教育领域,引起了教育界的巨大反响和呼应。①

2.全纳教育兴起的教育背景

20世纪60年代,针对残疾人的措施引起了重大的社会反思。残疾人原本就应该同其他人一样获取社会中的平等权利,要还以残疾人本来地位,就此进入了正常化运动时期。由于残疾人的措施正常化与残疾人的全面参与,在1980年产生了普通教育与特殊教育一体化的教育改革。但是基于"一体化"的教育理念,学校注重使有特殊教育需要的儿童适应主流学校的校园文化,而忽视针对他们的需求施教。因此,存在安置在普通学校的学生的特殊教育需要不能得到满足的隐形"被排斥"现象。缘于此,人们逐渐不使用"一体化"教育这个词,而改用日益流行的"全纳教育"②

3.揭开全纳教育的序幕

1994年,联合国教科文组织在西班牙萨拉曼卡召开主题为"世界特殊需要教育大会:入学与质量"的会议,大会通过了《萨拉曼卡宣言》。这次大会再次强调每个人都有受教育的基本权利,提出每一个人都有其独特的个性、兴趣、能力和学习需要,学校要接纳全部儿童,并能够满足他们的特殊教育需要。③萨拉曼卡会议在实际意义上拉开了世界全纳教育运动的真正序幕。④

(二)全纳教育在中国小学的实践——随班就读

1.小学全纳教育的推进方式——随班就读

我国的随班就读是指在普通教育机构中对有特殊需要的儿童实施教育的一种形式。随班就读是体现全纳教育原则的一种教育模式和引导学校迈

---

① 黄志成等著.全纳教育:关注所有学生的学习和参与[M].上海:上海教育出版社,2004:10.
② 黄希利.全纳教育研究中值得注意的几个问题[J].中国特殊教育,2006(11):14-19.
③ 黄志成等著.全纳教育:关注所有学生的学习和参与[M].上海:上海教育出版社,2004:3.
④ 张惠娟.浅析全纳教育的由来及内涵[J].教学与管理,2013(27):18-20.

向全纳学校的一种策略。随班就读约在 20 世纪 80 年代出现在少数普通小学,大规模的随班就读教改试验是在政府的推动下发展起来的。①

随班就读是西方全纳教育理念与我国特殊教育实际相结合的产物,是我国推进全纳教育的重要方式。努力让各类残疾孩子都有机会到普通学校平等接受教育,是普及残疾儿童少年义务教育、实现教育公平目标、践行全纳教育理念的基本途径,是残疾儿童少年更好地适应社会、融入社会的重要内容,是我国构建和谐社会、推进社会文明进步的重大举措。就我国具体国情和特殊教育发展现状而言,在今后相当长一段时期,特殊教育学校与普通学校随班就读这两种特殊教育安置形式还将处于齐头并进、相互支撑的发展态势,这就是具有中国特色的全纳教育发展道路。②

2.随班就读存在的问题

目前,"随班就读"在我国已实施一段时间,依然存在许多问题。一是有特殊教育需要的学生和普通学生之间存在利益和关系上的冲突,尤其是有严重残疾的儿童,难以融入班级的主流环境中,甚至可能"破坏"主流秩序,影响普通学生的利益。二是虽然有特殊教育需求的学生进入主流学校,但在学校中实施的却还是分班或分组教学,事实上有特殊需要的儿童依然受到排斥。③特殊儿童的随班就读虽然在我国有了长足的发展,但其质量令人担忧,存在教育理念落后、师资质量没有保障、普通班级班额过大、支持保障体系不完善等问题。④

(三)小学全纳教育与教育公平的讨论

在全纳教育实践中仍然存在有违教育公平的实现问题。例如针对特殊需要学生与非特殊需要学生如何公平分配资源、全纳教育内容结构如何设计

①　黄志成等著.全纳教育:关注所有学生的学习和参与[M].上海:上海教育出版社,2004:268-269.

②　邓猛.推进中国全纳教育发展　健全随班就读支持保障体系[J].中国特殊教育,2014(2):21-22.

③　仲建维.公正和平等:支撑全纳教育发展的阿基米德支点[J].全球教育展望,2002(5):73-76.

④　华国栋.残疾儿童随班就读现状及发展趋势[J].教育研究,2003(2):65-69.

及实施、人们对教育对象获得利益的公平性及获得方式的合理性等问题。①

1.对小学全纳教育在教育对象公平上的讨论

随着全纳教育在我国的实践深化，人们对全纳教育的认识日趋理性化，其中教育公平问题也逐渐受到人们的关注。在教育对象方面，全纳教育主张每个儿童都有受教育的基本权利，无论他们处于何种身体、智力、情感等状况，每一所普通学校都必须接纳区域内所有特殊需要儿童，并实施适合其需要的教育。②全纳教育主张加强学生的参与和减少学生被排斥，这就要求教育要着眼于全体学生，使所有学生在其团体中感受到自己是其中的一员而积极地参与学习和生活。令人遗憾的是，当前的教育制度仍然将学生分为普通学生和残疾学生，仍然将教育分为普通教育和特殊教育。③

从全纳教育的提出和发展来看，其初衷是关注残疾人（弱势群体）的教育，反对将残疾人视为与"正常人"不同的"不正常人"，反对对他们进行隔离式的特殊教育，希望将他们从特殊学校里解放出来，与正常学生一起接受教育。④但是长久以来，人们（教育决策层、教师、家长甚至学生自己等）的固有观念认为特殊学生是不可能与"正常"学生待在一起学习的，需要在单独的体制下接受教育、接受另一套标准。全纳教育就是要挑战这种导致教育不公平的制度原因，认识这种制度性的因素是全纳教育关注的重点之一。⑤

2.对小学全纳教育在教育权利公平上的讨论

全纳教育理念要求教育面向全体学生，关注所有儿童，使学生感受到自己是团体中的一员而积极参与学习生活，并不能因为儿童的残疾和障碍而把儿童排除在教育范围之外，每个儿童享受平等的受教育权和教育机会，只有保障了受教育权利，才能谈教育公平问题。⑥新兴的全纳教育要求所有的学校都应无条件地接纳其学区内的儿童入学，给他们提供均等的接受教育

① 王培峰,于炳霞.教育公平是全纳教育的核心内涵[J].中国特殊教育,2002(3):3-6.
② 王培峰,丁炳霞.教育公平:对全纳教育内涵的一种解读[J].现代特殊教育,2003(2):12-14.
③ 黄志成.试论全纳教育的价值取向[J].外国教育研究,2001(3):17-22.
④ 田友谊.全纳教育:教育机会均等的应然选择[J].外国教育研究,2006(12):17-21.
⑤ 仲建维.公正和平等:支撑全纳教育发展的阿基米德支点[J].全球教育展望,2002(5):73-76.
⑥ 朱楠,王雁.全纳教育视角下特殊儿童的教育公平[J].中国特殊教育,2011(5):24-29.

的机会,平等地和其他儿童一样享受各种教育资源。但残疾儿童有一套特殊的教育系统,在这种特殊的教育系统中受教育,有障碍的儿童会获得更多的帮助和照顾。殊不知,正是这种特殊的"关照",剥夺了障碍儿童进入主流社会接受教育的机会,剥夺了他们和其他儿童一起生活学习的机会,排斥了他们和主流社会的沟通和交往。①

在全纳教育理念的倡导下,西方许多国家的特殊学校正逐渐减少。然而检视我国的教育实际,与全纳教育的理念仍有很大的差距。②学者们对于全纳教育的实施也进行了具体表述。基于全纳教育整体,田静等学者提出针对课程、教学、管理以及培养全纳教师四方面的具体策略。③聚焦于全纳教师一体化角度,李跃文提出具体应对策略,包括建立一体化教育管理主体,统筹管理全纳教师培养;建立四位一体的教育共同体,整体推进全纳教师培育;改革教师职前教育,培养全纳素质的基础教育新师资;改进职后教育,增加在职教师的全纳教育能力等。④

第三节　小学教育质量研究

本节主要讨论大班额、集团化办学与学区制建设相关的小学教育质量研究前沿议题。了解在当前教育资源有限的背景下,如何最大限度地利用资源,满足利益相关者对优质教育质量的追求,以及缓解教育现实问题。教育质量与教育公平问题相互影响,如引起大班额问题的部分原因是择校热,而解决大班额问题不能仅靠政府投资增加学校数量,学校数量的增加只能解决暂时性问题,依旧不能满足民众对优质教育资源的需求,因此更需要多方协调,政府出台政策、学校内部发力、集团化办学、学区制改革等,共同致力问题解决。

---

① 蓝秀华.全纳教育与教育平等[J].外国中小学教育,2003(3):1-3.
② 田友谊.全纳教育:教育机会均等的应然选择[J].外国教育研究,2006(12):17-21.
③ 田静,王凌.全纳教育:实施模式、策略和实践特征[J].中国特殊教育,2004(9):18-21.
④ 李跃文.全纳教师一体化教育策略探索[J].继续教育研究,2015(9):73-75.

一、小学大班额问题的现状与研究

（一）大班额问题的背景——对优质资源的渴求

伴随我国教育步入国际化潮流，中小学有许多突出问题亟须解决，譬如学校近 10 年凸显的大班额现象—— 一个教学班级六七十人、八九十人，大班额问题的存在无疑不利于提高教育教学质量，这一问题不解决，发展教育只能是空喊口号。[1]

大班额问题是我国城镇义务教育发展中的一大难题，伴随我国户籍制度改革的推动实施、二孩政策的全面放开、随迁子女就学升学政策等的日益完善，城镇义务教育资源承载力面临更为严峻的挑战，如果不能精准施策，大班额问题还将持续甚至恶化。[2]随着我国经济社会的快速发展和教育投入的不断加大，城乡居民对优质教育的渴望与优质教育资源不足的矛盾日益凸显，义务教育的"大班额"现象即是这种矛盾的具体体现。在教学设施和师资条件的双重限制下，许多市区和县城的义务教育学校不得不被动扩大班级人数，事实上形成了"大班额"班级。[3]

（二）大班额问题出现的原因

大班额问题的出现是复杂多样因素的交互影响，譬如经济、政策、教育内部等多种原因。对此，学者们基于自己的研究，提出不同的见解。

蒋胜霞认为大班额问题的出现主要有以下四点原因：一是我国绝大多数中小城市(镇)教育发展及学校建设的速度跟不上城市化的步伐。二是各学校办学条件及教学水平质量存在差异，择校生也是班级人数严重超员的原因之一。三是许多重点学校受经济利益的驱使，对造成学校超员的现象负

---

[1] 尹忠泽.教育的现实困境和教育的选择——关于中小学班级规模发展的战略性思考[J].教育理论与实践,2005(16):4-5.

[2] 李静美,邬志辉.当前城镇义务教育学校大班额的问题及其治理[J].教育发展研究,2017(8):56-61.

[3] 杨涵深,游振磊.义务教育"大班额"：现状、问题与消减对策[J].教育学术月刊,2019(12):57-64.

有不可推卸的责任。四是教育投入方面,国家对高等教育投入的相对较多,而基础教育的投入则责令县(区)乡财政负责。①田宝军等学者归纳了五条原因,分别是:城镇化速度加快,新建学校发展滞后;教育资源配置不均衡,校际差距大;城乡义务教育失衡,教育移民现象突出;教师编制管理存在缺陷;利益群体博弈与权力寻租。②

（三）大班额问题带来的不利影响

中小学大班额带来的不利影响是学者们的研究重点，从不同的研究对象出发,大班额对教师、学生、教学及教育生态都有不良影响。通过文献梳理发现学者们基于对具体研究对象的讨论进而呈现不同观点。

聚焦学生主体,大班额对学生的不良影响主要有:从拥挤的活动空间、浑浊的空气、相对有限的体育后勤设施三方面讨论对学生的身心健康的影响,以及影响学生智能、个性等其他方面的发展。对教师的不良影响有:影响教师工作积极性的提高;增加教师的职业挫折感;影响教师的师德师风。此外大班额对中小学教育的其他不良影响包括:大班额影响教育目的的实现;大班额影响教育公平;大班额污染了教育生态等。③对教师教学的影响是:课堂管理难度增大;教师职业挫败感增强。对学生学习的影响是:关注时间有限,课堂上经常会出现互动机会被"优生"垄断,成绩平平或害羞的学生被老师忽略的情况。对教育生态的影响是:首先,在大班额环境下,师生间和生生间的情感关系培养会受到较大限制。其次,因为在大班额的班集体中师生间和生生间的交往频率变低,相互了解的机会减少,所以,建立良好班集体、规范制度或荣誉感的难度就相对较高。最后,大班额还影响了教室的合理布置。④

（四）大班额与教育质量的关系——城市学校大班额导致教育质量下滑

随着农村学生不断地涌入城市学校，城市学校原有的优质教育资源被大大稀释,教学质量出现显著的下滑趋势。有数据表明,2014年全国小学的

---

① 蒋胜霞.中小学班级超员状况令人忧[J].教学与管理,2007(13):47-48.
② 田宝军,穆冬雨.小学阶段"大班额"问题及其对策[J].教学与管理,2017(2):11-13.
③ 贺芬.论"大班额"现象对我国中小学教育的不良影响[J].教学与管理,2011(10):24-26.
④ 黄媛媛,李玲.教育资源匮乏下的尴尬:发展中国家"大班额"现象探析[J].外国中小学教育,2012(12):45-50.

大班额比例为 12.2%,其中城区为 19.1%。①大班额导致教师的工作量加大,教学管理难度提升。在师资水平短期内没有显著变化的情况下,城市学校的教学质量受到了极大的负面影响。根据学生作业批改的相关调查显示,11.7%的学生作业是家长或者成绩好的学生批改的,这种做法显著降低了批阅质量。②从管理学视角来看,在每个教师既定的能力范围内,其管理幅度都是有限的。学生数量的骤然增加让很多教师在课堂管理中疲于应付,难以维持良好的课堂秩序,进而制约了教育教学效率的提升。③

二、小学集团化办学的讨论与思考

(一)集团化办学成为一种潮流

1.集团化办学出现的背景

源起于 20 世纪 90 年代的职业教育集团化办学,为我国办学模式改革提供了早期实践基础。2000 年以后,在国家政策关注与引领下,基础教育领域开始移植并改造职业教育集团化办学模式,通过将一所名校和若干所非名校(农校、弱校、新校等)集聚为一个教育集团,集名校优质教育资源的引领作用,推进区域教育优质均衡发展。④新时代背景下,社会群体对优质教育的追求与日俱增,优质教育资源分布不均的问题越发突出,已经成为我国基础教育领域亟待解决的主要问题之一,而解决这一问题的应对策略之一便是集团化办学,基础教育集团化办学成为解决民众对优质教育需求不断增长与优质教育资源稀缺这一矛盾的主要路径。⑤

教育集团化办学的产生和兴起是社会历史发展的必然,是社会政治经济发展到特定阶段在教育领域产生的一种新型的、适应社会生产力发展的

① 李静美,邬志辉.当前城镇义务教育学校大班额的问题及其治理 [J].教育发展研究,2017(8):56—61.

② 义务教育阶段学校大班额情况调研报告 [EB/OL](2010-09-07),http://www.360doc.cn/article/1993072_51900088.html,2010-09-07.

③ 肖军虎,王文萌.农村学生进城就读对城乡教育的影响研究[J].教学与管理,2020(18):29—32.

④ 范小梅,戴晖.基础教育集团化办学的缘起、动因与实现路径[J].教学与管理,2019(34):12—14.

⑤ 杨洲,田振华.基础教育集团化办学的内涵意蕴、发展现状及可能进路[J].中国教育学刊,2018(8):54—57.

组织经营模式。社会主义市场经济条件的发展、办学形式的多元化及企业集团组织的发展、教育竞争的加剧、人们对优质教育资源需求的增加等多种因素催生集团化办学的产生与发展。[①]部分地方政府开始将集团化办学作为促进基础教育优质均衡发展、缓解择校热的一种选择。[②]

2.集团化办学的起因

义务教育阶段择校问题是困扰杭州教育均衡发展的一个顽疾。20世纪90年代末，新兴小区的配套学校因办学历史和办学质量等原因得不到家长的认可，许多家长希望孩子能到老城区的"名校"就读。部分公办学校择校生超过招生总数的20%，择校加剧了城区薄弱校和优质校两大"阵营"的分化。杭州"名校集团化"始于民间探索，目的是解决如何快捷而有效地改造薄弱学校和提升新建学校的办学质量，进而从根本上破解择校问题，具有代表性的事件是1998年杭州市名校"求是小学"接管了位于城西蒋村商住区竞舟路的配套新学校，开始了通过名校"输出"品牌、师资和管理，实现新区配套学校超常规发展的改革尝试。[③]

为了解决择校难、择校热的问题，也为了向民众提供尽可能多的优质均衡教育，"名校集团化办学模式"被各地教育行政部门推崇，也被各地著名中小学热捧。各地争相以当地著名中小学为创始单位，以他们的教育品牌创立教育集团，通过教育集团的教育品牌与教育力量，来改造与优化薄弱或者相对薄弱的学校，通过教育集团对新建学校的托管与创办，来提升整个教育集团的教育质量。[④]

集团化办学是我国基础教育从"非均衡发展"向"均衡发展"转变的一种策略选择。集团化办学的出现，很重要的一个原因是要解决城市学校的择校问题。此外，由于城乡二元结构、历史的、区位的、政府行为等方面原因，扩大了城乡之间、地区之间和学校之间的办学水平差距。[⑤]

---

① 武亚娟.基础教育集团化办学研究[D].陕西师范大学,2013.
② 刘莉莉.集团化办学的理性审视[J].教育发展研究,2015(18):55–59.
③ 王凯.名校集团化:区域义务教育均衡发展策略[J].基础教育,2013(2):17–21+28.
④ 周彬."名校集团化"办学模式初探[J].教育发展研究,2005(16):84–88.
⑤ 谈松华.集团化办学的几点建议[J].人民教育,2015(19):40–42.

(二)中小学集团化办学的思考

1.集团化办学的模式

由于各地经济发展与办学条件不一样,各地在推行"名校集团化办学模式"时,也不是简单地套用统一的模式,而应结合当地实际情况,对于名校带动与推动区域教育的方式方法有不同的安排。目前集团化办学模式大致有实体式教育集团、联盟式教育集团与品牌式教育集团三种。实体式教育集团,是指教育集团对属下成员学校的管理决策具有控制权。联盟式教育集团,是指教育集团只是由集团成员组成的一个协作组织或者联盟,教育集团并不具有独立的法人地位,成员学校间的协作与整合,往往通过契约的形式来规范。品牌式教育集团,是指教育集团只是一个品牌集中但办学相对自主的教育协作组织。[①]

在我国的集团化办学实践中,主要发展出了以下几种模式:第一是委托管理,将区域内处于教育劣势的学校委托给这个区域内的教育行政机构或教育示范名校进行管理,双方间互不干涉行政管理,归属权不变,办学自主权也不变。第二是名校集团化,名校集团通过在当地的影响力,以资源共享、抱团发展的方式,让新校、民校、农校和薄弱学校实现快速成长,也可称为品牌联盟式教育发展模式。第三是一校多区,一校多区发展模式是实行"同而自主"的多校区管理模式,即一个法人代表,一套领导班子,师资队伍内部流动,教育教学同步管理,实践研究适度竞争,资源成果共创共享。[②]

此外,有学者对我国基础教育集团化办学模式进行总结,提出我国基础教育集团化办学可划分为补差模式、嫁接模式和共生模式,通过"补短板"的资源供给帮扶弱势学校,通过嫁接实现结构调整促进学校共同体发展,最终通过提升协同作用内驱力,形成共生状态,促进义务教育均衡发展,提高办学质量。[③]

---

① 周彬."名校集团化"办学模式初探[J].教育发展研究,2005(16):84—88.

② 梁淑丽.义务教育推进优质均衡背景下名校集团化办学问题研究[D].南京师范大学,2013;曹美琦.基础教育集团化办学的实践反思[J].教学与管理,2018(10):9—12.

③ 孟繁华,张蕾,佘勇.试论我国基础教育集团化办学的三大模式[J].教育研究,2016(10):40—45.

2.集团化办学中存在的问题

近年来,我国基础教育集团化办学发展迅速,取得一定成效和突破。在对基础教育集团化办学所取得的成绩表示肯定时也要进行反思,看到其背后显露的问题,如基础教育集团化办学形式化、内卷化、同质化等,这些问题不仅直接影响到基础教育集团化办学的健康、可持续发展,还会制约到基础教育集团化办学应有功效的发挥,亟待关注与应对。①

基础教育集团化办学模式的运行需要建立一套健全、完善、具有科学性、高效性的管理机制。但由于我国在集团化办学方面起步较迟,进展较慢,因此管理机制缺乏科学性和高效性。②中小学教育集团化发展中面临诸多问题,但这些问题不过是中小学教育集团化内在矛盾的体现。概括而言,中小学教育集团化面临四大现实矛盾:行政化与文化性的矛盾、集中化与多样化的矛盾、优质资源有限性与需求普遍性的矛盾、公益性目标与相关各方利益的矛盾。③

(三)成效与展望:优质扩容与均衡提升在路上

随着集团化办学实践的推行,其成效已经初步呈现。具体表现包括优质教育资源覆盖面不断扩大;基础教育发展区域之间、城乡之间、校际差距在缩小;农村教育得到应有重视。④

在明确集团建设过程中,各利益相关者责权关系的基础上及为实现集团共同愿景和共同目标而展开的共同行动中,教育集团还能发挥出集聚教育利益相关者共享能量并形成共享场的巨大优势。首先,教育集团拥有大量优质的教育资源,为教师的共享提供一定的知识和智慧来源。其次,作为一种教育组织,尽可能为共享提供知识和能力增长的环境和组织氛围。最后,对内赋权、对外开放的教育集团为教师和校长提供了足够的、共享的自由空

---

① 汪明.论基础教育集团化办学的"三化"问题[J].当代教育科学,2017(11):30-32.

② 杨洲,田振华.基础教育集团化办学的内涵意蕴、发展现状及可能进路[J].中国教育学刊,2018(8):54-57.

③ 薛文涛.中小学教育集团化的形态、矛盾及其破解[J].教学与管理,2015(31):22-24.

④ 俞晓东,戚小丹.让每个孩子都能享有公平而有质量的教育——2017年基础教育学区化集团化办学未来峰会综述[J].上海教育科研,2018(3):24-27.

间,更为校际和人际互动共享提供了充分的共享场域。①

三、小学学区制的建设与讨论

2014 年以来教育部采取了"多校划片"等措施,把优质资源较为均衡地分到各个地方去。教育部原部长陈宝生指出,优质资源要让大家都享受到,唯一出路就是教育均衡,比如集团化办学、学区化管理。②

(一)学区制改革缘起

学区制是中小学实行分片划区管理的一种制度。在大力倡导教育公平和推行义务教育均衡发展的背景下,党和国家提出了试行学区制的新举措。试行学区制是一种体制的创新、机制的激活和生态的适应,将给义务教育学校和教师带来大好机遇, 同时又挑战教育行政管理部门必须相应跟进配套措施。③2014 年,教育部在《关于进一步做好小学升入初中免试就近入学工作的实施意见》中提出了"学区化办学"的义务教育均衡发展改革思路,要求各地教育行政主管部门要根据"地理位置就近、办学水平大致均衡"的原则,试行小学、初中九年一贯的学区化办学理念,做好义务教育均衡发展工作。据此,全国掀起了"学区制改革"浪潮,各地针对如何促进义务教育的均衡公平发展进行了积极有益的尝试,取得了许多可喜成就。④党的十八届三中全会提出义务教育试行学区制的部署后,全国各地纷纷启动学区制改革试点,对区域教育均衡发展有一定的推进作用。

学区制改革是从传统校区制向现代学区制的变革,基于两方面的原因,一是传统校区制模式下的校际发展失衡。在传统校区制办学模式下,校际优质教育资源缺乏有效整合与共享,同区域内学校发展差距仍然较大,择校、天价学区房等社会问题依然明显,亟须加快扩大优质教育资源的覆盖面。二是学区制促进教育均衡发展的价值体现。突破传统校区制模式下学校共同

① 杨晓莹,杨小微.共享发展:基础教育集团化办学的路径探寻[J].教育发展研究,2020(2):34-41.
② 两会"部长通道"传递好声音[N].人民日报,2017-03-04(006).
③ 肖其勇.教育均衡诉求学区制[J].中国教育学刊,2014(5):103.
④ 王婷婷.教育治理理念下的学区制管理模式构建[J].教学与管理,2017(16):8-11.

发展的制度壁垒,组建学校共同发展的学区共同体,发挥学区内学校区位相近优势,从资源供给侧角度推进师资流动、硬件共享与招生统筹。凸显校际网络互动、优势互补、共同发展的资源共享理念,实现从单向支援到多维共建、共赢的目标转变。[①]

(二)学区化办学的相关问题讨论

学区化办学是基础教育发展到一定阶段的产物，是在优质教育资源稀缺且分配不均的情况下,扩大优质教育资源覆盖面、实现区域内教育均衡发展的一种积极尝试,是一种新型资源共享和学校管理的运行机制,是简政放权、扩大学校办学自主权的新路径。[②]

1.学区化办学面临的挑战

学区化办学是指按照地理位置相对就近原则，将某一区域内的学校作为共同体进行统筹,促进校际协作和资源共享,从而推动各学校办学水平整体提高和协同发展的管理模式。学区化办学在我国刚刚起步,有不少问题尚处破题阶段,实施中各地也遇到各种各样的挑战。譬如合法性质询、同质化危机、科层化陷阱、迟效性阻滞等现实问题。[③]

此外,作为一项新的教育实践,学区化办学在实施过程中难免会遇到种种问题:理论研究与实践经验欠缺导致学区化办学理念尚未深入人心;对学区化办学涉及的学区如何科学合理地划定；学区化办学如何化解学区内学校同质化危机;学区化办学如何解决不同办学主体之间地位差异等问题。[④]此外,还有制度惯性导致学区发展乏力、联盟"边界困境"导致学区资源共享障碍、组织文化冲突导致成员融合障碍等。[⑤]

如果没有适当的调控，学区化办学作为一种资源整合也可能带来优质资源的稀释,甚至产生负效应。首先,学区内资源整合存在优质资源对一般

① 赵新亮,张彦通.义务教育学区制改革:缘起、理念及路径——基于共同体理论的视角[J].教育科学,2017(06):1-7.
② 吴晶.基础教育学区化办学研究[D].华东师范大学,2019.
③ 郭丹丹,郑金洲.学区化办学:预期、挑战与对策[J].教育研究,2015(9):72-77.
④ 郭伟平.学区化办学面临的挑战及其应对[J].教学与管理,2017(28):19-21.
⑤ 吴晶.基础教育学区化办学研究[D].华东师范大学,2019.

资源"挤压"的可能。其次,在课程资源、学校文化的整合中,存在简单复制优质校文化,"精英文化"一统天下的隐忧。最后,在管理层面,存在行政资源权力叠加,从而滋生新的权责不清、相互推诿等风险,这些最终会导致学区运转效益低下。①

2.学区化办学的重要意义

学区化办学是学校管理从碎片化管理过渡为整体性管理、是人的主体性发展、是学校均衡发展、是落实教育领域内的综合改革。②实施学区化办学有助于实现推进学校优质均衡发展、促进学校内涵发展、实现优质资源共享、落实教育综合改革等教育目标。③基础教育学区化办学是应对新形势下教育发展的需求而产生的,有学者从两个方面阐述了其意义。首先,改革教育管理方式,促进教育均衡发展。其次,扩大优质资源覆盖面,促进区域整体提升。基础教育学区化办学的意义不仅在于它是促进教育均衡的重要手段,更是一种现代化教育治理理念的体现,是从垂直化管理到扁平化管理,从各校"单打独斗"到相互"战略联盟",从家长与学校的互动到学区与社区的互动。这是一种学校转变思路,打破局限障碍,与政府、社会一起共办教育的新路径。④

(三)学区化管理的思考

学区化管理是在不改变资源行政隶属关系、不以行政命令调拨学校资源的前提下,打破部门、学校壁垒,本着"不求所有,但求所用"的原则,使学区内各级各类学校的资源共享、共建,在优质资源的辐射带动下,促进优质资源的再造,实现优质资源快速扩充,使弱者变强,优者更优,优质带动,优势互补。⑤学区管理是在原有的区域教育管理和学校教育管理之间的一种以空间地域为界线,以地域内所有教育资源为内容,由教育行政机构、教育教

①　郭丹丹.学区化办学中资源整合的风险与路径[J].人民教育,2015(15):71-74.
②　郭伟平.学区化办学面临的挑战及其应对[J].教学与管理,2017(28):19-21.
③　郭丹丹,郑金洲.学区化办学:预期、挑战与对策[J].教育研究,2015(9):72-77.
④　吴晶.我国基础教育学区化办学研究综述[J].现代教育科学,2017(9):133-140.
⑤　冯洪荣.学区化管理"进行时":建立资源共享机制,推进区域教育优质均衡发展[J].中小学管理,2007(11):9-12.

学研究与培训机构、学校共同组织策划的整合教育资源、实行人才交流、实现资源共享、搭建发展平台、促进教育均衡发展的一种新型教育管理方式。[①]

1.学区化管理的问题缘起

近年来,我国的教育事业取得了长足的发展,但区域性教育资源的差异仍然是一个普遍存在的现象。由于教育资源事实上的不均等引发了诸如择校热等社会现象,各地政府虽然出台了禁止"择校"的政策规定,但无法根本解决城市义务教育多年来面临的"择校"难题。在 2006 年全国两会中有人大代表呼吁"建立学区管理体制,从根本上扼杀择校风"。学区化管理为进一步实现区域教育资源的有效配置,开辟了一条新的路径。[②]实现区域内义务教育优质均衡发展有多种实践路径,学区化管理便是其中值得关注的一种。[③]

有学者提出学区一体化管理缘起于两方面,一是区域内优质教育资源配置的校际差异。当前,"择校"问题在多数地区普遍存在,根源在于优质教育资源在学校间的配置不均衡,表现为师资队伍、教育经费、生源质量、办学条件等方面。二是区域内校际一体化发展的组织诉求。推行学区一体化管理,关键是为校际合作构建良好的组织结构基础,推动区域内学校的一体化发展。[④]

2.学区化管理的问题

近年来,各地在推行学区化管理上,都有其独特的实践探索,实施中也出现了一些亟待解决或辨析的问题。首先,尽管学区也是一级教育管理机构,但是由于组织结构相对松散,教师普遍对学区缺乏归属感。其次,综观各地的学区化管理实践,普遍存在学区管理权限不明确、管理关系不能理顺、权责不配套等问题。再次,对于学区的管理效能及学区对学校的管理效能,目前还缺少有效的评价机制。最后,学区在教育管理和教育活动安排中,缺

①　蔡定基,黄威.义务教育均衡发展视野下的学区集团管理模式探析[J].全球教育展望,2011(11):73-77.

②　胡中锋,李甜.学区化管理的理论与实践[J].教育导刊,2009(7):36-39.

③　胡友志.优质均衡视野下义务教育学区化管理探究[J].中国教育学刊,2012(4):11-14.

④　赵新亮,张彦通.学区一体化管理特征与路径——基于组织变革的视角[J].中国教育学刊,2015(6):32-37.

乏专项经费的支持。①

有学者对石河子地区的学区化管理进行了调研，研究发现石河子学区集团化管理虽然已经取得了显著成效，教育质量趋于整体优化，但是仍然处于基础的探索阶段，实证研究也相对薄弱，面临诸多的问题和挑战。例如资金投入及其配置问题、管理机制问题、教师交流问题、动力机制问题、文化输出问题等。②

本章小结

本章主要围绕小学教育公平和小学教育质量研究中的前沿问题进行文献梳理与分析。首先，以近20年教育公平与教育质量相关政策内容为主勾勒其发展趋势和未来走向。其次，对教育公平和教育质量的概念及相关概念进行梳理与论述，以期更加清晰地了解它们的内涵。最后，围绕小学教育公平与小学教育质量相关前沿问题进行讨论。

小学教育公平研究主要聚集于目前存在的教育热点现象，如小学择校热、小学影子教育等，探析它们产生的背景，审视它们成为热点现象背后的深层原因。同时，在促进教育更加公平的背景下，也有部分学者关注到了全纳教育在中国小学的实践。小学教育质量研究的关注点则是提高当前的教育质量，如对目前棘手的大班额问题的讨论，以及对集团化办学、学区制建设等具体举措的思考。对于这一前沿话题的研究，学者们多采用实证研究的方式，对相关数据进行分析，进而清晰地呈现当前的实际情况。

总而言之，从公平与质量的视角审视我国的教育发展，从注重效率到注重公平，从关注公平到关注质量，一步步走向公平而有质量的教育。当前，我国教育发展正在从"有学上"向"上好学"发展，从"基本均衡"向"优质均衡"发展，对教育公平提出了新要求，使教育朝着更加公平、更有质量的方向发

---

① 胡中锋.当前推进学区化管理应注意的问题[J].人民教育,2014(7):36–38.
② 刘嫄.学区集团化管理对教育均衡发展的影响[D].石河子大学,2016.

展。①从学者们关注的热点现象与话题,亦可以看出当前我国小学教育正在迈进更加公平且高质量发展的过程之中。

推荐阅读

1.蔡定基,黄威.义务教育均衡发展视野下的学区集团管理模式探析[J].全球教育展望,2011(11):73–77.

2.曹美琦.基础教育集团化办学的实践反思[J].教学与管理,2018(10):9–12.

3.陈慧娟,辛涛.我国基础教育质量监测与评价体系的演进与未来走向[J].华东师范大学学报(教育科学版),2021(4):42–52.

4.程凤春,卫喆.再论教育质量及其衡量标准——基于ISO9000族标准的分析[J].教育研究,2012(6):56–60.

5.程天君.新教育公平引论——基于我国教育公平模式变迁的思考[J].教育发展研究,2017(2):1–11.

6.邓猛.推进中国全纳教育发展 健全随班就读支持保障体系[J].中国特殊教育,2014(2):21–22.

7.盖佳萌.从中小学"择校"看我国基础教育体制改革[J].河北师范大学学报(教育科学版),2013(2):14–19.

8.贺武华,娄莹莹.中国式"影子教育"及其规范发展[J].浙江社会科学,2020(7):142–150+161.

9.华桦,蒋瑾著.教育公平论[M].天津:天津教育出版社,2006.

10.黄志成等著.全纳教育 关注所有学生的学习与参与[M].上海:上海教育出版社,2004.

11.雷晓庆.当代教育公平内涵及其实现途径解析[J].当代教育科学,2017(6):3–7.

---

① 冯建军,王素云."适合的教育":新时代公平而有质量的教育[J].南京社会科学,2024(2):110–118.

12.柳海民,邹红军.高质量:中国基础教育发展路向的时代转换[J].教育研究,2021(4):11-24.

13.楼世洲."影子教育"治理的困境与教育政策的选择[J].教育发展研究,2013(18):76-79.

14.孟繁华,张蕾,佘勇.试论我国基础教育集团化办学的三大模式[J].教育研究,2016(10):40-45.

15.潘冬冬,王默.改革开放以来我国影子教育的发展演变与反思[J].教育学术月刊,2020(9):12-18.

16.秦乐琦,覃塬,池梦丹,马佳琪.影子教育研究的发展脉络探析[J].教育学术月刊,2019(5):70-77+95.

17.田宝军,穆冬雨.小学阶段"大班额"问题及其对策[J].教学与管理,2017(2):11-13.

18.王军红,周志刚.教育质量的内涵及特征[J].河北大学学报(哲学社会科学版),2012(5):70-73.

19.王培峰,于炳霞.教育公平是全纳教育的核心内涵[J].中国特殊教育,2002(3):3-6.

20.吴遵民,沈俊强.论择校与教育公平的追求——从择校政策的演变看我国公立学校体制变革的时代走向 [J]. 清华大学教育研究,2006(6):111-118.

21.谢维和.中国教育公平发展的阶段性分析[J].基础教育,2015(3):14-15.

22.薛海平.家庭资本与教育获得:影子教育的视角[J].教育科学研究,2017(2):31-41+48.

23.杨小微.探寻区域义务教育优质均衡发展的新机制——以集团化办学为例[J].教育发展研究,2014(24):1-9.

24.张玲玲,曹辉.义务教育阶段"择校热":学理反思与政策治理[J].河北师范大学学报(教育科学版),2014(5):52-56.

25. 章露红. 二十年来我国教育公平研究的学术进展——基于1994—

2014 年间的文献分析[J].复旦教育论坛,2015(4):39-45+56.

26.赵新亮,张彦通.学区一体化管理特征与路径——基于组织变革的视角[J].中国教育学刊,2015(6):32-37.

27.仲建维.公正和平等:支撑全纳教育发展的阿基米德支点[J].全球教育展望,2002(5):73-76.

28. 周彬."名校集团化"办学模式初探 [J]. 教育发展研究,2005(16):84-88.

第十一章　小学家校合作研究

本章思维导图

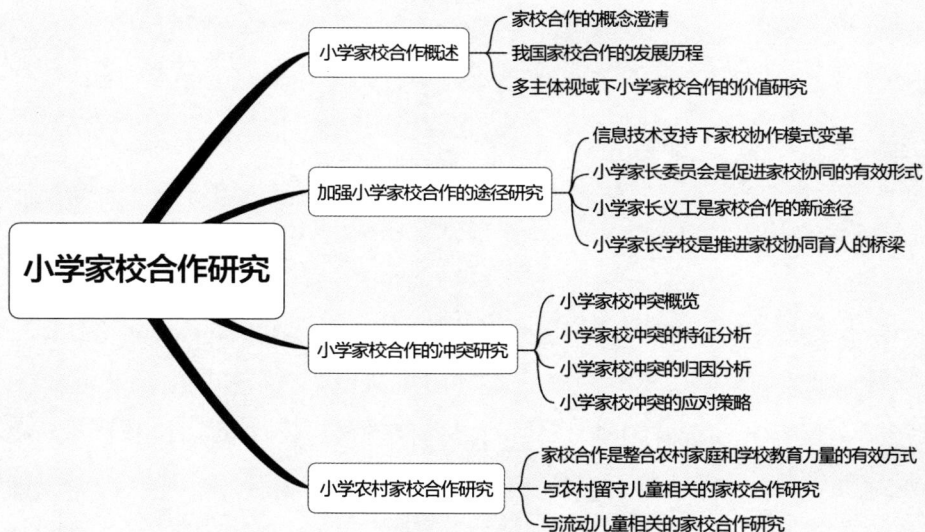

小学家校合作研究

- 小学家校合作概述
  - 家校合作的概念澄清
  - 我国家校合作的发展历程
  - 多主体视域下小学家校合作的价值研究
- 加强小学家校合作的途径研究
  - 信息技术支持下家校协作模式变革
  - 小学家长委员会是促进家校协同的有效形式
  - 小学家长义工是家校合作的新途径
  - 小学家长学校是推进家校协同育人的桥梁
- 小学家校合作的冲突研究
  - 小学家校冲突概览
  - 小学家校冲突的特征分析
  - 小学家校冲突的归因分析
  - 小学家校冲突的应对策略
- 小学农村家校合作研究
  - 家校合作是整合农村家庭和学校教育力量的有效方式
  - 与农村留守儿童相关的家校合作研究
  - 与流动儿童相关的家校合作研究

本章词云图

新时代的基础教育,从"有学上"到"上好学"的转变,折射出人民群众对美好生活的向往,对未来的企盼。而有效开展家校合作,正是提高教育质量、促进教育公平的必要措施, 也是我国教育事业发展的战略需要。2021 年 7 月,"双减"政策发布,倡导"进一步明晰家校育人责任,密切家校沟通,创新协同方式,推进协同育人共同体建设"。2021 年 10 月,《中华人民共和国家庭教育促进法》出台,明确要求家庭教育不仅需要家庭负责、国家支持,还需要学校配合、社会协同,标志着家庭教育从"家事"上升到了"国事"。由此可以看到,家校协同育人已作为建设教育强国的一个重要内容。

政策法规的颁行,驱动着教育体系新格局的重建,在此背景下,教育学界也开展了"家校社"协同育人视域下的理论研究。在提出背景方面,研究主要围绕"家校社"协同育人合作关系展开,部分学者基于爱普斯坦的交叠影响域理论提出构建新型"家校社"协同关系。在概念界定方面,研究主要围绕"家校社"协同育人要素结构展开,有学者对协同教育的内涵进行辨析,发现各国"家校社"合作实践一般是指家校社(区)合作这个操作的层面,认为家校社(区、会)合作共育的内核和基本单元是家庭和学校,因此一般简称为"家校合作"。

与此同时,在实践层面,随着党中央、国务院一系列重要决策部署的出台,各地在实践中一定程度上解决了家校社协同育人中存在的体系零散、落实表面、合力弱化的问题,取得了一定的进展。学校也逐渐意识到要在协同育人中发挥主导作用,凝聚多方力量开展教育活动。家庭对孩子的教育问题亦愈发重视,在很大程度上扭转了以往家庭教育"缺位"的现象。但是在实践中,尚需进一步明晰职责定位、健全协同机制。例如,在当前家校社共育下,家庭教育功能被边缘化,社会教育处于弱势地位,家长和社会在协同育人方面的参与度不够,社会教育资源针对性不强,专业性有待提高。鉴于此,深入分析制约家校同育人发展的桎梏,并在此基础上提出应对策略与路径创新,既是回应当前实践困境的实然诉求,更是面向新时代教育改革,实现立德树人根本任务的现实要求。

本章通过梳理近 20 年关于小学家校合作的研究发现,在研究主题上,多围绕在家长参与、家校关系,家校合作途径、国际比较研究及家校合作对学生的学业成绩影响,主题较为丰富,且相对密切地结合当下的政策取向和社会形势调整研究方向,如近 2 年的文献开始聚焦到双减、疫情背景下的家校合作。在研究方法上,前 10 年多以理论研究与文献研究为主,而近 10 年调查研究和实地研究方法所占比例显著提升,这一现象反映了近年来家校合作研究逐渐实证化和规范化的趋势。但与此同时,这一议题下的研究期刊主要集中在教育学类的刊物,这表明跨学科研究还相对薄弱,需要引进多学科视角来扩展研究内容和研究思路。此外,尽管家校合作在发文量上呈现逐年递增趋势,且部分研究能够将家校合作这一议题聚焦到小学阶段,但其中多为一线教师的经验介绍,在文献的研究性上还需提升。

第一节　小学家校合作概述

近年来,家校合作已成为政策制定者、教育学者和实践者的共识。随着家校协同育人的发展,进一步明确家校合作的内涵、价值成为研究家校合作相关议题的首要工作。本节首先从家校主体的范围、身份、双方权责,以及家校合作的定位对家校合作进行概念澄清；其次，通过政策分析梳理新中国成立以来我国家校合作的发展历程；最后，以多主体视角揭示小学家校合作的功能与价值。

一、家校合作的概念澄清

概念界定是研究的逻辑起点。英语中表达"家校合作"的词最常见的是"home-school cooperation"（家校合作），与之相关的词还有"education interven-tion"（教育介入）"parent-teacher collaboration"（家长—教师配合）"parent in-volvement"（家长参与）等。[①]在我国"家校合作"又称"家长参与""家校共育""家校合育""家校协同"等。

通过阅读近 20 年有关家校合作的文献与著作，发现目前关于"家校合作"的概念，尚未形成一致的观点，且存在诸多亟待澄清的问题。

（一）家校合作的主体范围

国内较早研究家校合作的学者马忠虎认为，家校合作，实质上是联合了对学生最具影响的两个社会机构——家庭和学校的力量，对学生进行教育。[②]美国霍普金斯大学爱普斯坦（Joycl.Epstein）在《从理论到实践：家校合作促使学校的改进和学生的成功》一文中，将家校合作的范围扩展到社区，指出家校合作是"学校、家庭、社区合作"，三者共同作用对儿童成长产生交互叠加的影响。[③]我国也有不少学者将社区纳入家校合作的范围，如逯改就认为家校合作是"家庭、学校、社会（特别是社区）作为平等主体为了一个共同的教育目的，相互配合、相互支持、相互促进的一个过程"[④]。吕进、史仁民借助 citespace 文献计量工具绘制关键词时序图谱发现，2017 年前国内研究热点集中在"学校教育""家长沟通"等，而 2018 年后出现了"三位一体""社会教育""校社合作"等高突现关键词，[⑤]这说明我国协同育人正从单一的家校

① 岳瑛.我国家校合作的现状及影响因素[J].天津市教科院学报,2002(3):50–53.
② 马忠虎.家校合作[M].北京:教育科学出版社,1995:155.
③ 吴重涵.从国际视野重新审视家校合作——《学校、家庭和社区合作:行动手册》中文版序[J].2013(1):108–111.
④ 逯改.家校合作教育的价值理念[J].福建论坛(社科教育版),2007(12):21–24.
⑤ 吕进,史仁民.我国"家校社"协同育人研究综述——基于 CNKI 文献的计量和内容分析[J].教育观察,2022(18):98–101.

共育向着"家校社"协同共育演进。对于家校合作的范围是否包括社区,以及"社"的具体所指,吴重涵、张俊从宏观、微观两个层面解读家校社之间的关系,认为在宏观层面,表述为家校社(会)政(府)合作。在微观层面,家庭和学校都是社区内的社会组织,所以学校系统开展的家校合作,是家校社(区)合作。同时,由于家校社(会、区)协同共育的内核和基本单元是家庭与学校,所以一般简称就是"家校合作"①。还有学者曾区分了家校合作的广义与狭义概念。认为广义的家校合作是指家庭和学校协调社会各界共同教育学生;而狭义的家校合作仅包含家庭和学校。②

(二)家校合作的主体身份

针对家校合作的主体身份,当前的研究大致可以分为三种。第一种是"单主体"观,包括两种类型,一种观点认为学校在家校合作中居于主导地位,但家长才是家校合作的主体。③该主体观重视家长在家庭教育和配合学校教育方面的责任。另一种观点认为学校是家校合作的主体,家校合作是"以学校为主体、家庭和社会各方面参与"④的双向互动活动。该主体观强调学校在家校合作中的发起者、主导者和管理者责任。第二种是"双主体"观,认为学校和家长都是家校合作的主体,如"家校合作中家长和学校是双主体地位",为了实现"合作共赢"的目标,家庭和学校通过家校合作"相互滋养"⑤。这种主体观既认识到了家庭教育和家长参与学校教育的重要性,也认识到了学校在家校合作中的主导作用,强调双方"相互滋养"的责任。第三种是"多主体"观,其中以"三主体"观(家庭、社区和学校)最具代表性。汪敏通过对家校合作主体构成和主体关系的甄别与澄清,认为家校合作共育作为一种教育活动,其主体只能是具有主观能动性和情感意志的自然人,而非冰冷

---

① 范卿泽,何云山.新时期基础教育家校共育理论与实践[M].北京:中国大百科全书出版社,2020:14—15.

② 吴重涵,张俊.制度化家校合作的内在动力、行动逻辑与实践路径——基于十年家校合作实验的回顾与反思[J].中国教育学刊,2021(9):68—75.

③ 周俊.现代学校制度建设的理论与实践[M].杭州:浙江大学出版社,2010:171.

④ 张丽竞.国内外中小学家校合作研究综述[J].教育探索,2010(3):158—159.

⑤ 郁琴芳.中小学校长家校合作理念更新与领导力提升——基于校长专业标准的视角[J].教育发展研究,2014(20):79—84.

的法人或其他组织机构，最终阐明家校合作主体是由学校教师构成的作为"人的集合体"的学校和能够承担主体责任的学生父母所代表的家庭;社区是家校合作的协作者与重要合作伙伴;学生是家校合作的参与者和重要"他者";教育行政机关则是家校合作的协调者。[①]

通过梳理近年来的文献发现，研究者对家校合作主体身份的认识逐渐深入,以不同研究视角赋予其不同的主体观,但也发现目前关于家校合作主体的确证性研究较少，表现为持各主体观的多数研究较为关注主体责任以及主体间的互动内容与方式,而较少关注主体身份的适切性,导致相关研究者和实践者在理解、认知和操作上的迷茫。

（三）家校合作双方权责的边界

虽然家庭和学校都是孩子受教育的主要场所，但是两个不同的教育层面,各自的侧重点不同,承担的责任不同,为此明确家校双方权责的边界是推进家校良性合作发展的前提条件。国外有研究曾分别从父母和学校的角度探究了双方各自在家校合作中的职责，为我们分析家校互动提供了一个良好的分析框架。埃克尔斯(Eccles)等人从父母角度提出家校互动的五个维度,包括监督子女学习、志愿服务、参与子女日常、了解子女学习、获得学校支持。[②]爱普斯坦则从学校角度出发,提出了学校在家校互动中应做到六个方面,包括 parenting(为家长提供教育支持和服务);communicating(设计关于学校项目和进度的有效的家校沟通);volunteering(招募和组织父母支持学校目标和儿童发展);learning at home(主动向家长提供孩子学习所需支持);decision making(让家长参与学校决策、培养家长领导和代表);collaborating with community(整合社区资源和服务)。[③]

国内对学校教育与家庭教育边界的讨论更多是从学生发展的角度出

①　汪敏.家校合作的主体边界与实践范式[J].教育科学研究,2018(12):66-72.

②　Eccles,J.S.,Harold,R.D.Family Involvement in Children's and Adolescents's Chooling[J].Family,1996:3-34.

③　Epstein J L .School/Family/Community Partnerships:Caring for the Children We Share:When Schools Form Partnerships with Families and the Community,the Children Benefit.These Guidelines for Building Partnerships Can Make It Happen[J].Phi Delta Kappan,2010:92.

发。于丹丹、赵海楠认为由于学校和家庭两者在教育的时间、空间与施教者等方面的不同,因此学校教育应侧重于学科教学领域,家庭教育应侧重于品格人格教育,双方应是分工协作的关系,在家校合作的共同教育中兼具自主性和独立性的原则,以期共同推动学生的健康成长。[①]赵宁宁等人通过对3—6年级4000多名学生进行问卷调查和试题监测,探讨父母与教师对学生语文学习的影响路径,也同样发现相对于父母,教师对学生学业成绩的直接影响更强;相对于教师,父母更能影响学生的动机和策略。[②]刘利民表明家庭教育其优势领域在于促进儿童的道德发育;为学校教育提供基础,主要在于为学生书本知识学习提供经验支撑;向学校教育让渡时间和空间,表现为翻转课堂正在消解学校教育与家庭教育的边界。[③]

由此可见,学校与家庭作为家校合作的共同体,需要双方在各自权责范围内履行教育管理职责,并发挥两者对学生影响的一致性,才有可能深入利用家校合作形成科学的教育合力,以真正做到良性的共育。特别需要避免学校仅要求家庭配合学校,忽视家庭的主体性地位,而导致家庭教育处于失重状态的现实风险。

（四）家校合作的定位

围绕家校合作的定位,学界呈现多角度的理解:一是家校合作作为一种关系的呈现,"是家庭教育和学校教育两者的关系理念, 家校两者在教育机构体系中的地位是平等的,是合作伙伴关系"[④]。二是家校合作作为一种共同体的呈现,"是家庭和学校双方在学生教育过程中围绕学生发展或学生教育获得而结成的共同体"[⑤]。三是家校合作作为一种教育活动,是指"家庭与学校共同参与学生的教育活动,通过沟通交流,联合对学生进行教育的过程"[⑥]。

① 于丹丹,赵海楠.家校合作中主体与权责的边界问题思考[J].教学与管理,2020(6):50–52.
② 赵宁宁,李文婷,陈小涵,陈福美.教师还是父母 谁的作用大?——成就目标理论视角下家校共育对小学生学业成绩的影响路径分析[J].清华大学教育研究,2021(4):130–140.
③ 刘利民.学校教育与家庭教育的边界[J].中国教育学刊,2017(7):43–47.
④ 黄河清.家校合作导论[M].上海:华东师范大学出版社,2008:40.
⑤ 柴江.家校合作的本质属性、困境根源与破解思路[J].南京师大学报(社会科学版),2021(3):62–72.
⑥ 马忠虎.基础教育新概念:家校合作[M].北京:教育科学出版社,1999:158–159.

四是家校合作是一种教育理念，"家校合作应成为一种信念，即对家校合作理论的真理性和实践行为正确性的内在确定，具有全面性、个性化和主观性等特点"①。或者从所信奉原则的角度，将其理解为体现契约精神的"学校式教育"与体现盟约精神的"家庭式教育"之间的合作。②但不管是从关系、共同体、教育活动还是教育理念的角度来理解家校合作，都强调家校合作以主体之间的互动为承载，落实于微观的、真实的互动情境中。

（五）小学家校合作的定义

聚焦于"小学家校合作"，有学者认为"小学家校合作"是小学与小学生家庭之间通过多种方式进行有效沟通，互相理解，互相支持，互相配合，遵循小学生成长规律，发挥双方的教育优势，综合利用各种教育资源，共同营造良好环境，以促进小学生身心健康和谐发展、促进小学学校教育科学发展的教育活动。③还有学者指出，小学家校合作是指"学校与学生家庭，尤其是家长或其他监护人共同承担小学生成长的责任，为建立一所高质量的学校而与家庭共同努力合作的体制机制"，并强调由于小学生的年龄特点和成长的阶段性，学校与家庭之间的沟通与合作十分必要。④

目前尽管家校合作尚无确切定义，但是教育专家学者和教育实际工作者都一致认为应主要把握以下两点内涵：一是家校合作是一种双向活动，是家庭教育与学校教育的相互配合，共同承担学生培养和发展的责任。在这种家校合作的关系中，学校应该发挥更加主动的作用。同时，随着协同育人横向范围的扩大，越来越多的研究者将视角由原有的家校领域拓宽到"家校社"合作研究。二是家校合作的根本目的是育人，其目标是建立学校与学生家庭之间的共同愿景和归属感，使学校成为不同文化背景的人们为了学生的成长而相互联系与共同努力的平台。⑤因此，判断家校合作首先要看合作双方

---

①　左坤,李亚娟.家校合作:教育时空系统对话互动与联通——以南京市家校合作教育追求与实践探索为例[J].上海教育科研,2019(4):49−52.

②　黄河清,马恒懿.家校合作价值论新探[J].华东师范大学学报(教育科学版),2011(4):23−29.

③　董艳,黄月.新媒体支持下的家校合作研究[M].郑州:大象出版社 2019:59.

④　谢维和,李敏.小学教育原理[M].北京:高等教育出版社,2021:244.

⑤　谢维和,李敏.小学教育原理[M].北京:高等教育出版社,2021:245.

的真实意图及其效果,而不是看其形式。

二、我国家校合作的发展历程

(一)新中国成立以来我国家校合作的发展阶段

在中国古代,并未产生制度化的学校,学校产生之初也是官师一体、政教合一的官学,对学校的管理主要是教师和政府,这种体制强化了政府对学校的控制和管理,也限制了家庭与社会对教育活动的参与。直到 1903 年"癸卯学制"的颁布,学校教育制度不断完善与发展,家校合作思想才开始逐渐传播。①但在这一时期由于学校制度还未建设完善,故家校合作呈现学校辅助家庭教育的特征。如 1904 年,清政府颁布实施的《蒙养院章程及家庭教育法章程》,其中明确规定"以蒙养院辅助家庭教育"②。到中华民国时期,教育部于 1932 年颁布的《教育部公布幼稚园课程标准》,也规定"将幼稚园协助家庭教育以谋求家庭教育的进步作为该标准的总目标之一"③。

1949 年新中国成立后,社会进入和平建设生产时期,教育事业得到快速发展,家庭中办学的情况逐渐消失,大多数孩子都有机会进入学校。随着学校教育事业的发展,几乎每个孩子都有学上的情况下,家长将适龄儿童送进学校,将孩子的教育几乎完全交给学校,家庭教育的职能逐渐萎缩,而学校教育逐渐受到重视。新中国成立以来,我国政府多次颁布涉及家校合作的政策文件,说明家校合作愈发成为我国教育事业发展的战略需要。在此参考边玉芳、周欣然④及洪明⑤的研究框架,以新中国成立以来颁布的有关"家校社"合作的政策文件为切入点展开分析,探寻其所处时代的背景与相关教育要求,以此深刻地理解家校合作发展的历史脉络,概括家校合作政策在我国 70多年历史进程中的发展特征。

---

① 夏婧.中美家校合作发展历程的比较研究[D].湖北师范大学,2017.
② 中国学前教育史编写组编.中国学前教育史资料选[M].北京:人民教育出版社,1989:185.
③ 夏婧.中美家校合作发展历程的比较研究[D].湖北师范大学,2017.
④ 边玉芳,周欣然.我国 70 年家校合作:政策视角下的发展历程与未来展望[J].中国教育学刊,2021(3):1-6.
⑤ 洪明.改革开放以来我国家校合作事业的发展与反思[J].少年儿童研究,2020(4):39-48.

1.初步萌芽时期(1949—1977年)

自新中国成立以来至改革开放前的近30年时间里,涉及家校合作的相关要求散落在中小学管理与教学等方面的文件中,并不系统。

第一,对家校合作的要求主要表现为因学校现实需要而开展的家校联系,力度相对较弱,家庭参与程度也较浅。如1952年颁布的《小学暂行规程(草案)》是新中国成立后我国首次在正式文件中对小学家校合作事宜作出专门部署。①该份规程通过小学家长委员会的制度提出学校与家庭联系的要求,旨在征询家长对学校的意见并协助学校解决困难。

第二,"家庭与学校共同教育学生"的思想和要求在这一时期有了初步萌芽,出现了家访、家长会等家校联系形式,但因历史因素未能广泛施行。如1963年印发的《全日制小学暂行工作条例(草案)》明确要求学校要"通过采取家庭访问或举行家长会等方式,同学生家长保持联系,共同教育学生"②。然而由于"文化大革命"等历史因素的影响,上述条例并未得到全面有效施行。直至1978年,该条例被修订为《全日制小学暂行工作条例(试行草案)》,也只是在部分地区讨论和试行。

2.正式推进时期(1978—1998年)

改革开放后我国建设重点转移,儿童教育与保护事业受到空前重视,家校合作发展迈入党和国家主导推进的阶段。

第一,家校合作作为创设良好育人环境的重要措施受到重视,尤其是因德育工作的需要,相关要求频繁出现在中央层面的政策文件中。相比前一阶段,实施家校合作的力度明显增强,并被扩展为"家校社结合"。1985年《中共中央关于改革学校思想品德和政治理论课程教学的通知》、1988年《中共中央关于改革和加强中小学德育工作的通知》、1994年《中共中央关于进一步加强和改进学校德育工作的若干意见》逐步提出了"社会教育、家庭教育与学校教育三结合"的概念,并将其作为实施德育的重要途径。

第二,鉴于我国家庭教育中的种种现实问题,"学校指导家庭教育"成为

① 黄河清.家校合作导论[M].上海:华东师范大学出版社,2008:120.
② 全日制小学暂行工作条例(试行草案)[J].安徽教育,1978(12):8-13.

家校合作的新任务,同时家长—学校这一合作形式快速发展,家校合作走向制度化。如 1994 年发布的《中共中央关于进一步加强和改进学校德育工作的若干意见》就要求"学校要通过家长委员会、家长学校、家长接待日等多种形式与家长建立经常联系,大力普及家庭教育知识"①。1998 年,全国妇联和教育部联合颁发了《全国家长学校工作指导意见(试行)》,这是家校合育制度化建设的开始。②

第三,这一阶段我国针对儿童受教育与受保护等基本权益出台了多项法律,使家庭与学校成为并列的两种力量,为家校合作提供了一定法律基础。1986 年《中华人民共和国义务教育法》、1991 年《中华人民共和国未成年人保护法》、1995 年《中华人民共和国教育法》共同提出了家庭与学校在教育与儿童保护方面的各自职责,使家庭与学校成为并列的两种力量,缺一不可。

3.规范提升时期(1999—2012 年)

为培养我国适应 21 世纪所需要的社会主义新人,党中央作出推进素质教育的决定,使家校合作成为教育改革的必然要求,并有更多家校合作相关的专项文件出台,促进家校合作朝向规范化、制度化发展。

第一,家校合作作为实施素质教育、提升教育质量的重要手段成为教育改革的重要议题。如《国家中长期教育改革和发展规划纲要(2010—2020年)》进一步提出"树立系统培养观念,学校、家庭、社会密切配合,实现人才培养体制改革"③。

第二,建设现代学校制度成为学校改革新趋势,对家长参与的重视达到空前高度,家长委员会建设成为重点。以 2003 年教育部《关于加强依法治校工作的若干意见》为起点,首次强调对家长支持及参与学校管理的重视,并将家长委员会作为重要载体。教育部在 2012 年出台了专项文件《关于建立中小学幼儿园家长委员会的指导意见》,成为我国规范家校合作的第一份专

---

① 中共中央关于进一步加强和改进学校德育工作的若干意见[J].中国高等教育,1994(10):4.

② 洪明.改革开放以来我国家校合作事业的发展与反思[J].少年儿童研究,2020(4):39-48.

③ 中华人民共和国教育部[EB/OL](2010-07-29),http://www.moe.gov.cn/srcsite/A01/s7048/201007/t20100729_171904.html.

门文件①,也是第一部专门针对家校合育制度化建设的文件。②

第三,规范化、系统化的家校合作及相关制度机制的建立开始受到政策关注。最早在 2001 年发布的《全国教育事业第十个五年计划》中就提到要"建立健全学校、社区和家庭相互沟通、协调配合的制度,形成共同促进青少年健康成长的良性机制"③。此外,家长学校制度也逐渐完善,妇联和教育部联合出台了一系列指导意见,包括 2004 年《关于全国家长学校工作的指导意见》、2010 年《全国家庭教育指导大纲》、2011 年《关于进一步加强家长学校工作的指导意见》等,对家长学校提出了规范化建设目标,并在组织管理、教学形式与内容、督导评估等方面作出规定。

4.战略发展时期(2013 年至今)

党的十八大以来,在立德树人教育目标引领下,在党和国家对家庭教育高度重视的契机下,特别是在推进教育治理现代化的过程中,家校合作成为教育事业发展的战略举措。

第一,随着党和国家对"培养什么人"问题的进一步澄清,家校合作的意义与价值被提升到新高度。《国家教育事业发展"十三五"规划》首次从"全面落实立德树人"的角度提出"全员育人、全过程育人、全方位育人"④,即要发挥学校、家庭、社会各自优势,凝聚起强大的育人合力,家校合作成为实现立德树人根本任务的关键路径。2019 年发布的《中国教育现代化 2035》则明确提出"推进家庭学校共同育人"⑤,显示出家校合作将长期作为教育发展重要任务的战略地位。

第二,2022 年 1 月 1 日,《中华人民共和国家庭教育促进法》开始正式实施,这是我国首次就家庭教育进行专门立法,⑥明确了未成年人的父母或者

①　吴重涵.家校合作:理论、经验与行动[M].南昌:江西教育出版社,2013:7.

②　洪明.改革开放以来我国家校合作事业的发展与反思[J].少年儿童研究,2020(4):39-48.

③　中华人民共和国教育部政府门户网站[EB/OL].(2004-04-29),http://www.moe.gov.cn/jyb_xxgk/gk_gbgg/moe_0/moe_7/moe_17/tnull_209.html.

④　中华人民共和国教育部政府门户网站[EB/OL].(2017-01-19),http://www.moe.gov.cn/jyb_xxgk/moe_1777/moe_1778/201701/t2017 0119_295319.html.

⑤　中华人民共和国教育部政府门户网站[EB/OL].(2019-02-23),http://www.moe.gov.cn/jyb_xwfb/s6052/moe_838/201902/t20190223_370857.html.

⑥　中华人民共和国教育部政府门户网站[EB/OL].(2021-10-23),http://www.moe.gov.cn/jyb_sjzl/sjzl_zcfg/zcfg_qtxgfl/202110/t2021 1025_574749.html.

其他监护人负责实施家庭教育,国家和社会为家庭教育提供指导、支持和服务。在"双减"政策背景下,家校共育成为政府、家庭、学校、社会多方协同塑造学生、完善人格的必然选择,更是体现素质教育理念与特征的育人模式。①而疫情期间的居家学习则给家校合作带来了挑战,也带来了重新审视家校关系的契机。有研究剖析了新教育场景中家校协同育人的内涵,并提出制度保障、技术支撑、学校引领和研究推动四个维度的关键策略。②《中华人民共和国家庭教育法》的适时提出,从教育场域视角探讨后疫情时代和"双减"背景下家校协同的变革路径,为推进家校协同的研究与实践,构建新的教育生态提供参考。

(二)近20年我国家校合作的政策法规梳理

伴随着我国教育事业的整体进步,我国家校合作事业也得到长足发展。以下梳理了近20年涉及家校合作的相关国家法规及政策,发现我国家校共育政策呈现以下特征:逐步将家校合育纳入国家教育改革和发展规划之中;逐步完善家校共育制度;从思想道德建设角度对家校合作提出具体要求;注重用法律的形式固化家校合作思想,政策整体朝向更加体系化、清晰化、具体化方向发展。

表11-1　近20年小学家校合作相关政策法规

时间	相关政策及法律法规	相关内容
1991年9月	《中华人民共和国未成年人保护法》	第2、3、4章对家庭、学校和社会等对未成年人的保护作了明确具体的规定
1992年2月	国务院妇女儿童工作委员会《九十年代中国儿童发展规划纲要》	建设多元化家长学校机制
1994年9月	《中共中央关于进一步加强和改进学校德育工作的若干意见》	学校要通过家长委员会、家长学校、家长接待日等多种形式与家长建立经常联系,大力普及家庭教育知识
1995年3月	《中华人民共和国教育法》	未成年人的父母或者其他监护人应当配合学校及其他教育机构。学校、教师可以对学生家长提供家庭教育指导

① 姚玉琴,曹佃福.《家庭教育促进法》在家校共育中的价值与实施[J].教学与管理,2022(32):4-6.

② 白然,张伟远,管艳,谢青松.后疫情时代家校协同的变革路径探析——基于"停课不停学"期间1440个家庭的问卷调查[J].中国电化教育,2021(3):30-37.

续表

时间	相关政策及法律法规	相关内容
1999 年 6 月	中共中央 国务院颁布的《关于深化教育改革全面推进素质教育的决定》	将推进素质教育确立为新时期党的教育基本方针，并将家校合育纳入其中
2001 年 7 月	教育部《全国教育事业第十个五年计划》	建立健全家校合作的制度，形成良性机制的要求
2004 年 10 月	妇联教育部《关于全国家长学校工作的指导意见》	明确家长学校的具体工作要求
2010 年 2 月	《全国家庭教育指导大纲》	按照年龄段划分家庭教育的指导内容，规范家庭教育指导行为
2010 年 7 月	中共中央 国务院《国家中长期教育改革与发展规划纲要（2010–2020 年）》	树立系统培养观念，学校、家庭、社会密切配合，实现人才培养体制改革
2011 年 1 月	全国妇联教育部中央文明办《关于进一步加强家长学校工作的指导意见》	明确了家长学校的性质，指出了家长学校的主要任务，尤其对规范化办好家长学校提出了具体要求
2012 年 3 月	《关于建立中小学幼儿园家长委员会的指导意见》	进一步明确规定家长委员会的基本职责，包括"参与学校管理""参与学校工作""沟通学校与家庭"
2013 年 2 月	教育部《义务教育学校校长专业标准》	明确将家校合作纳入校长工作标准之中
2015 年 10 月	教育部《关于加强家庭教育工作的指导意见》	家校合育工作专门指导文件，明确家庭教育政府主导原则和"政府主导、部门协作、家长参与、学校组织、社会支持"的工作格局
2017 年 10 月	《中小学德育工作指南》	将"协同育人"作为德育途径之一。指出要积极争取家庭、社会共同参与和支持学校德育工作，引导家长注重家庭、注重家教、注重家风，营造积极向上的良好社会氛围
2019 年 2 月	中共中央 国务院《中国教育现代化 2035》	推进家庭学校共同育人
2020 年 10 月	党的十九届五中全会	再次明确"建设高质量教育体系"的政策导向和重点要求，并在人才培养路径上进一步凸显"健全学校家庭社会协同育人机制"的重要性和迫切性
2021 年 10 月	《中华人民共和国家庭教育促进法》	明确家庭教育责任主体及任务，并将家庭教育纳入教师培训

三、多主体视域下小学家校合作的价值研究

当前，教育理论与实践研究领域对家校合作重要性的认识已经达成共识。但是为使合作落到实处、产生实效，还应该重视家校合作所具有的教育价值。从已有小学家校合作研究成果来看，目前的研究主要从学生、家长、学校、社会四个不同的视角来阐述家校互动对于各利益方的促进作用。

(一)学生层面

研究表明，家校合作对小学生的入学适应水平、学业成绩的提高、外化行为问题及心理问题的解决、学生的全面发展均有显著的促进作用。

首先，家校合作能够帮助孩子实现从学前到小学阶段的平稳过渡。白学军等人以天津市 2230 名小学一年级教师为研究对象，对小学一年级新生的入学适应状况进行问卷调查，并采用逐步多元回归的方法探究哪些关键性因素对入学适应有重要影响。研究显示，家校合作显著正向预测小学新生入学适应。家校合作越紧密，儿童入学适应教育效果越好。[①]

其次，家校合作程度对学生学业成绩具有积极影响。黄菲菲等人通过对 2021 名小学生及其家长发放问卷，并借助潜在剖面分析与后续分析三步法考察了家校关系的潜在异质性及对学生学业成绩的影响。研究结果显示：不同类型的家校关系在阅读素养成绩和数学能力成绩上均存在显著差异，"亲密型"家校关系的学业成绩最好，"附属型"次之，"疏离型"最差。[②]张和平等人的研究则在家校合作能显著正向预测学生的学业表现这一结论的基础上，通过中介效应分析发现学习投入在家校合作与学业表现之间存在完全中介作用。[③]对于家校合作对学生学业成就的正向作用，小学阶段尤为明显。李佳哲、胡咏梅采用 HLM 模型和路径分析模型探究中小学生家长学习参与

---

① 白学军,杨莹,李馨,李士一,贾绪计.小学一年级新生入学适应教育效果及其影响因素——来自教师的报告[J].天津师范大学学报(社会科学版),2022(2):70-75+94.

② 黄菲菲,张敏强,崔雪平,黄熙彤,甘露.家校关系类型对小学生学业成绩的影响:基于潜在剖面分析[J].教育研究与实验,2018(2):88-91.

③ 张和平,刘永存,吴贤华,张青根.家校合作对学业表现的影响——学习投入的中介作用[J].教育学术月刊,2020(1):3-11.

对子女学业成绩的影响，发现小学生家长学习参与及子女学业成绩之间呈现显著的正向直接关联，而初中生家长学习参与频率与子女学业成绩之间呈现"倒 U"形关系。与此同时，亲子关系在中小学生家长学习参与及子女学习自信心之间发挥调节作用，并进而对子女的学业成绩产生积极影响。[①]这启示教育工作者及学生家长，特别是小学生家长，要充分认识到家长参与作为一种重要的家庭社会资本，对子女学业成绩具有重要影响，要树立积极的家长参与意识。同时在参与子女学习的过程中，要注重鼓励式教育，提升子女的学习自信心。

再次，家校合作也有助于解决学生心理问题及外化行为问题。随着社会发展和科技进步，小学生获取信息的渠道逐渐增多。在获得便利的同时，大量负面信息也使得小学生心理健康问题日渐突出，而单靠家庭或者是学校单方面的努力，很难对小学生形成有效的影响，因此，家校合作教育模式的实施非常必要。[②]

研究证实家庭和学校这两个重要微观系统的互动会对青少年的行为发展产生重要影响，而其中的影响过程及具体作用机制也同样值得关注。首先，父母活动参与意愿负向影响外化问题行为，家长主动联系负向影响青少年次年外化问题行为。父母参与家长会的意愿越强、主动联系教师的次数越频繁，他们对青少年的学业和行为发展也越关心。这在一定程度上可以使青少年体验到自己在发展的路上有父母在场的陪伴感，并将父母的关注和关心转化为发展的动力。教师主动联系家长会增加青少年外化问题行为的发生，可能因为这些通常发生在学生出现问题之后，而使得父母在教育参与中处于被动地位，青少年也由于被约束和规范失去通过自己的能力主动改善自身发展问题的机会，损害了其自主性和能力发展。其次，青少年的不良同伴交往在家长活动参与意愿、教师主动联系和青少年外化问题行为之间起中介作用。当家长活动参与意愿较低、教师主动联系过于频繁时，青少年更

① 李佳哲,胡咏梅.家长学习参与和中小学生学业成绩的关系研究——基于亲子关系和学习自信心的有中介的调节模型分析[J].华东师范大学学报(教育科学版),2021(7):72-83.
② 李亚君.小学家校合作心理健康教育模式探析[J].教学与管理,2014(26):20-22.

有可能受到正常同伴的排斥，于是倾向与不良同伴交往来满足归属感和自尊等心理需求。[①]以上研究提醒学校应当引导教师正确看待"主动联系家长"的作用，不要"只报忧不报喜"，并适当地给青少年留有自主意识到自身发展问题的时间和空间。同时，应当重视青少年的不良同伴交往情况，帮助他们逐渐减少与不良同伴交往的时间和次数，以达到减少甚至消除其外化问题行为的目的。

最后，家校合作也有助于促成学生全面发展。姚计海对北京18所中小学，共2381名学生进行问卷调查，发现教师最关注学生的品德发展，而家长最关注学生的身体健康。家长对学生身体健康的关注程度显著高于教师，而教师对学生考试成绩、品德、个性品质的关注程度显著高于家长。[②]据此可知，家校主体之间应做到全面沟通，以促成学生全面发展。

（二）家长层面

梳理相关文献发现家校合作有助于家长教育观念的转变、教育素质的提高及良好家庭氛围的形成，同时能够减弱家庭资本对儿童带来的影响。

有研究以北京市某区的120名小学家长为访谈对象进行实证调查，结果显示家长对家校共育现状基本满意，并认为家长可以在家校活动中不断更新教育理念、修正教育行为，从而不断丰富自己的阅历，实现自我完善。[③]从管理学的角度分析，研究者认为学校管理中由家长参与制定的决策，能够增强家长在学校管理中的责任感，提高教育质量。[④]除了上述两方面，家校合作共育还能够引领家庭，提高父母的教育水平，形成融洽的人际关系和良好的家庭风气，促进新型家庭、家教和家风建设。[⑤]从世界范围来看，家庭出身与儿童教育获得间的联系普遍存在。对此，有研究试图探寻家庭资本和家校

① 臧宁,曹洪健,周楠.家校合作与青少年学业和行为发展:不良同伴交往及意志力的作用[J].教育研究,2022(4):107-122.
② 姚计海.教师与家长对学生发展的关注点比较研究[J].中国教育学刊,2014(2):48-52.
③ 吴晗清,赵芳祺,程竺君.家校共育现状及可能的改变:来自家长的声音[J].当代教育论坛,2020(1):80-86.
④ 刘翠兰.家校合作及其理论依据[J].基础教育研究,2005(9):3-4+26.
⑤ 朱永新.家校合作激活教育磁场——新教育实验"家校合作共育"的理论与实践[J].教育研究,2017(11):75-80.

合作对儿童成长的影响,根据"跟踪研究"的大样本数据,采用实证研究方法,最终发现弱势家庭可通过加强与学校的合作,促进儿童成功,这种促进就是"家长参与的力量"①。

(三)学校层面

研究表明,适当的家校沟通可以帮助教师建立良好的亲师关系,提高教育教学质量及促进班级有效管理。对学校而言,协同合作是现代学校制度建设的现实要求。首先,家校合作共育凸显办学的多元主体,拓展教育教学资源。学校可充分利用家庭和社区的优质教育资源、完善学校内外的教育环境,使学生接受的教育更丰富更完整。其次,家校合作共育强化学校的自我管理,提升教育教学质量。通过吸引家庭和社会力量对学校管理和运行的有效参与,便于学校了解家长对学校存在的问题、学校改革的看法和意见,在各方监督中提高学校管理科学化的水平。②

从教师的角度来看,家校共育有利于课程创新与教师的自我成长。对教师而言,亲师交往中的摩擦与磨合推动了教育观念和方法的更新,教师作为教育者的反思与自觉得以提升,为其在社会角色上趋向自我完善创造了条件。③同时,家校合作为教师搭建了成长发展的新平台,能够促进教师的成长,有利于克服"职业倦怠感"④。最后,家校合作也有助于教师推动班级管理。有研究基于班主任家校合作行动个案的质性资料探究了在班级层面制度化嵌入家校合作的现实必要性和可行性。⑤

(四)社会层面

国内外大量的研究证实,家校合作能为弱势群体的子女成长提供有效

① 吴重涵,张俊,王梅雾.家长参与的力量——家庭资本、家园校合作与儿童成长[J].教育学术月刊,2014(3):15-27.
② 朱永新.家校合作激活教育磁场——新教育实验"家校合作共育"的理论与实践[J].教育研究,2017(11):75-80.
③ 黄河清,马恒懿.家校合作价值论新探[J].华东师范大学学报(教育科学版),2011(4):23-29.
④ 陈中梅.家校合作是现代教育的必然选择——城区小学家校协同教育实践探索[J].教育学术月刊,2018(6):86-91.
⑤ 吴莉,吴重涵.有效的家校合作如何在班级产生[J].教育学术月刊,2020(3):3-16.

的支持,减弱社会阶层对儿童的影响,并在更宏观层面促进教育公平。[①]除此之外,家校合作对优化教育生态、促进社会民主和谐稳定也有重要意义。在家校合作共育过程中,通过沟通、协商、妥协解决冲突的过程本身就是民主的过程。家庭、学校、社会以孩子为纽带,通过合作共育紧密地联系在一起,能够为构建和谐社会、过一种幸福完整的教育生活奠定坚实的基础。[②]

　　本节通过对小学家校合作主体探讨,对家校合作的概念进行了澄清,并梳理了我国家校合作的发展历程,了解了小学家校合作的研究价值。随着家校合作的相关政策出台,家校合作的意义价值与实施力度提升到新高度,获得了新的发展契机。而当前的研究关注以学生、家长、学校、社会等多主体视域家校互动对于各利益方的促进作用,为小学家校合作实现所具有的教育价值和未来的发展提供借鉴。

第二节　加强小学家校合作的途径研究

　　探索高品质教育的家校协同共育实践操作模式,是现代教育的重要任务。小学家校合作的途径研究主要以信息技术背景下的家校协作模式为主,同时探讨了小学家长委员会、小学家长义工、小学家长学校等对家校沟通的支持作用。

一、信息技术支持下家校协作模式变革

　　信息技术作为对教育发展具有革命性影响的重要资源,已然成为推动教育变革和发展的主要力量之一。由于信息技术在交流方面的优势,利用信息技术开展家校合作也是必然趋势。早在 2002 年,我国就有实践者提出了

---

　　① 吴重涵,张俊,王梅雾.家长参与的力量:家庭资本、家园校合作与儿童成长[J].教育学术月刊,2014（3）:15-27;Sewellwh,Shahvp.Social Class:Parental Encouragement,and Educational Aspirations[J].American Journal of Sociology,1968(5):559-572;Epsteinjl,Sandersmg.Prospects for Change:Pre-paring Educators for School,Family,and Community Partnerships[J].Peabody Journal of Education,2006(2):81-120.
　　② 朱永新.家校合作激活教育磁场——新教育实验"家校合作共育"的理论与实践[J].教育研究,2017(11):75-80.

"互联网上家校互联"[①]，此后"家校互动支持平台在家校合作中的应用"[②]等研究成果开始出现。整合近 20 年的文献，下文将以信息技术的现代化网络为切入口，主要介绍包括以微信为主的通信工具、WEB2.0 网站、以翻转课堂为主的基于教学改革的家校合作方式。

（一）以即时通信工具为基础的家校合作方式

即时通信工具是发展较快、普及率较高的信息化工具，利用其进行家校合作是当前学校普遍的沟通模式。纵览近 20 年的相关文献发现，即时通信的工具多种多样，本文将重点介绍由"微信""校讯通""家校通"等社会性软件所构建起的信息化立体沟通平台。

1.微信迎合了中国教育现实的需要

微信在信息技术支持下的家校合作应用中占据较大的比例。探讨如何利用微信促进中小学家校合作的研究起于 2013 年，多集中在微信对家校合作的功能价值及其应用现状，以及聚焦于构建微信平台的支持方式或操作流程。任雪梅[③]、冯伟光[④]对小学生在微信公众号中的合作方式、特点和优缺点进行了研究，并且充分地从家长的角度进行了研究，对微信公众平台的探索具有重要参考价值。有关微信在家校沟通中的功能研究主要分布在以下几个方面，现有研究分析了微信在辅助教育教学、提升家长素养、辅助德育、辅助班级建设和管理等四个方面的作用。[⑤]朱永永、王文杰则针对班级微信群指出，其作为连接家庭和学校教育的重要一环，被赋予新的及时沟通价值、群体集聚价值和示范传播价值。[⑥]

然而微信作为一种技术媒体，被家校双方接受与应用，仍需经历从了解到采纳的一系列过程。具体而言，微信互动视域下家校共育会出现面对面沟通锐减，家长处于被动地位、平台信息发布监督不到位等典型问题，导致微

① 胡波,宋福龙.互联网上家校互联[J].中小学管理,2002(11):35.
② 刘小溪.家校互动支持平台在家校合作中的应用[J].中国电化教育,2007(2):83—85.
③ 任雪梅.基于微信公众平台的中小学家校合作的研究[D].四川师范大学,2015.
④ 冯伟光.基于微信平台的中小学家校沟通现状调查与优化策略研究[D].东北师范大学,2019.
⑤ 杨庆庆.小学家校沟通中微信使用现状研究[D].上海师范大学,2017.
⑥ 朱永永,王文杰.小学班级微信群的价值存在与多元管理[J].教学与管理,2020(17):19—21.

信平台作用在实践中出现异化现象。①对此,有学者提出了班级微信群的多元化管理途径。②赵敏等人聚焦微信公众号平台构建了一种新的班级家校协同教育模式(Class Home-School Cooperative Education,简称 CH-SCP),并对其进行了应用与效果分析。③还有学者围绕家长对微信的认同度进行实证调查,发现家校合作的微信支持模式在促进学生学习、问题解决能力等方面效果不显。研究构建了以微信群为基础的家校合作模式系统,并提出了改进家校合作的微信支持模式的具体建议。包括:以发展学生核心素养为核心聚焦讨论主题;建立交流互信的参与规则;明确各自教育责任。④

综上可知,微信作为新媒体时代网络互动的领军者,在潜移默化中改变着家校互动的格局。现有研究分析了微信平台在家校共育中的应用现状及存在问题,并开始尝试探索更为有效的微信自媒体应用策略。但通过前文对家校主体的分析可知,在家校合作当中,社会和学校提供整体导向和制度保障,教师则直接与学生和家长对接,因此更容易发现工作中存在的问题。然而目前却缺乏基于教育管理理论,以及以一线教师的身份来长期开展基于微信平台的小学家校合作方式的系统研究,这值得教育理论和实践者的关注。

2."校讯通"和"家校通"在家校沟通中的有效应用

"校讯通"是中国移动为教育行业量身定制的一种全新的家校沟通方式,它依托移动通信网络与现代互联网技术,为老师和家长搭建了一个实时联系、全方位沟通的学习交流平台。家校通 App 是基于移动互联网技术、安装于智能终端、为家校沟通提供信息服务的应用系统。这两种互联网新媒体也同样搭建起了学校、教师、家长、学生之间的信息沟通桥梁。

"校讯通"为学校提供了功能完善的日常校务信息处理功能,也为教师和家长提供了多种沟通方式的融合,使学校、教师、家长之间实现准确、高效的信息交流。同时,平台有针对性地为教师及家长提供学生课外教育等个性

---

① 郑杏月,武新慧.微信互动实践视角下的家校共育[J].教学与管理,2020(7):11-14.

② 朱永永,王文杰.小学班级微信群的价值存在与多元管理[J].教学与管理,2020(17):19-21.

③ 赵敏,谭良,黄祖琴.微信公众号在中学家校协同教育中的应用研究[J].教学与管理,2019(21):70-73.

④ 董艳,王飞.家校合作的微信支持模式及家长认同度研究[J].中国电化教育,2017(2):122-127.

化信息的增值服务,丰富了家校沟通的内容。①李晓丽通过调查已使用校讯通的三所学校,并对其应用状况、存在问题进行分析,提出了优化校讯通传播效果的具体措施。②

围绕"家校通"平台,陈世珠指出,"家校通"网络平台不仅记录了学生在各个学期的学习成绩,同时还记录了学生成长过程的点滴进步及学生在校期间的全部个人资料。这些资料为学校、教师对学生进行发展性评价提供了真实可信的依据,体现了家校管理的现代化。③潘庆红等人则指出了家校通App 目前存在数据安全与共享、信息匮乏与过载、产品盈利与免费三大亟待解决的问题,并给出了区分定位、系统整合、应用融合、自律自净四个未来家校通 App 产品研发的具体建议,以此为学校数字化校园建设决策者和教育App 的开发者提供一定的借鉴和参考。④此外,李萌⑤、周岳萍⑥等人分别调查了家校通在小学家校合作中的运用情况,并提出了针对性的对策建议。

(二)以 WEB2.0 网站为基础的家校合作方式

WEB2.0 网站(以 BLOG、RSS、Wiki 等网站为代表)将人们从网络阅读带到了网络参与,突出了使用者的地位。⑦以 WEB2.0 网站为基础的家校合作方式多以班级博客开展活动。

班级博客是促进家校联系的有效途径之一,班级博客在建立之初就要通过多种方式来促进其内容的定期更新、与时俱进等,以吸引家长的深度参与。教师通过班级博客可以发布教学动态、作业教案、教学反思及校内发生的事情等,甚至可以形成班级发展或学生发展的电子档案。⑧家长不仅可以通过班级博客来反馈学生的相关问题,也能够通过好的博文促进自身的成

---

① 梁云真.基于"校讯通"平台的家校沟通调查报告[J].软件导刊(教育技术),2012(11):73-75.
② 李晓丽.教育传播学视野下家校合作平台的应用研究[D].广西师范大学,2012.
③ 陈世珠.把信息技术引入家校教育——"家校通"课题研究初见成效[J].中国电化教育,2007(2):79-81.
④ 潘庆红,马逐曦,龙琴琴.家校通 APP 的研发现状、问题及展望[J].现代教育技术,2020(6):93-99.
⑤ 李萌.基于家校通系统的小学家校沟通问题及其解决策略[D].东北师范大学,2013.
⑥ 周岳萍."家校通"在现代中小学家校合作中的运用研究[D].南京师范大学,2011.
⑦ 高铁刚,李文.信息技术支持的家校协作体建设研究[J].中国电化教育,2018(5):23-29.
⑧ 李涛.家庭作业与学业成绩的关系[J].心理科学,2011(3):642-646.

长,并通过分享一些内容来贡献自己的经验或知识。[①]如某小学班主任在班级博客中设置了班级经营、课程辅导、家教偶得、温馨公告、家长参考等栏目。每天都上传文章,每个留言都回复,家长可以随时随地关注到自家孩子的班级情况和在校表现,对班级管理提出自己的见解或意见,[②]而当家长遇到孩子成长中的问题时,班级博客可以作为家长们学习与交流的平台,这种交流方式也可以调动家长关注学校、教师和学生活动的积极性,促进家长之间、家校之间和师生之间的交流等。[③]

王朋娜曾构建出基于班级博客的家校合作模型,[④]沈晔则构建了利用班级博客开展家校合作的实践模型,并以其模型为依据,展开实践研究,在实验班创建班级博客并开展日常的家校合作实践活动,[⑤]为班级博客在实践中的应用操作提供借鉴意义。但从文献发文量上看,基于班级博客的家校合作方式近年来有逐渐淡出的趋势。

(三)以信息技术支持下的教学改革为基础的家校合作方式

当今世界,教育改革的浪潮势不可挡,渗透和体现于教育的方方面面。翻转课堂、双师服务等信息技术支持下的新型教学模式的出现拓展了学校教学的时间—空间,将学校教学活动延伸到家庭领域,从而形成了一种新型的家校合作模式。

王盛峰通过讨论已有翻转课堂教学模式所存在的问题,继而提出了利用家长的支持来完善翻转课堂教学结构,提升其教学功能的研究构想,并在此基础上,进一步设计和提出了基于家校合作的翻转课堂教学模式。[⑥]还有研究者聚焦到家长在其中的作用,提出翻转课堂的开展需要对家长进行培训,翻转课堂、双师服务等信息技术支持下的新型教学模式迫切需要家长对学

---

①　董艳,武欣欣,王飞.班级博客对家校合作的支持途径研究[J].教育科学研究,2016(6):62-65+80.

②　刘汉军."博客"——家校沟通的新途径[J].中小学管理,2006(11):22.

③　张斌贤.教育与社会变革[M].北京:中国社会科学出版社,2012:179、182.

④　王朋娜.班级博客促进中小学家校合作的策略研究[D].河北大学,2010.

⑤　沈晔.基于班级博客的家校合作实践研究[D].宁波大学,2013.

⑥　王盛峰.家校合作视域下的翻转课堂教学模式设计研究[J].教学与管理,2015(36):84-87.

生在家的学习行为进行关注。①鉴于信息技术支持下的教学改革越来越多，范围越来越广，这类家校合作模式具有较大的发展空间，同时，从家校合作的视角深入研究信息技术支持的教学改革对这类实践活动具有重要的价值。②

信息化背景下的家校沟通模式，相比于传统父母与老师面对面的直接交流，突破了时空的局限，提高了沟通合作的效率。但与此同时，也要警惕信息技术所带来的负面影响。此外在信息化时代，如何提高教师需要具备的与新媒体时代相匹配的媒体素养，如对新媒体的理解和掌握，以及运用新媒体技术开展家校日常沟通、服务指导家长的各项能力等，③也值得教育理论与实践者的持续关注。

二、小学家长委员会是促进家校协同的有效形式

2012 年 2 月，《教育部关于建立中小学幼儿园家长委员会的指导意见》中提出，家长委员会要针对学校教育和家庭教育的突出问题，重点做好德育、保障学生安全健康、推动减轻中小学生课业负担、化解家校矛盾等工作。家长委员会应在学校的指导下履行职责，对学校工作计划和重要决策，特别是事关学生和家长切身利益的事项提出意见和建议，对学校开展的教育教学活动进行监督，帮助学校改进工作。④文件进一步明确了建立和发挥家长委员会作用的重要性。

家长委员会是由在校学生的家长代表所组成的民间自治机构，家委会的成员是由家长从愿意担任委员会成员的志愿者中选举产生。家委会的组成在考虑家长自愿的前提下，充分考虑不同家庭背景家长的代表性。在一些规模比较大的学校，家委会既存在于班级层面，也存在于学校层面。⑤在关于

---

① 吴重涵,张俊,王梅雾.是什么阻碍了家长对子女教育的参与——阶层差异、学校选择性抑制与家长参与[J].教育研究,2017(1):85-94.

② 高铁刚,李文.信息技术支持的家校协作体建设研究[J].中国电化教育,2018(5):23-29.

③ 郁琴芳.家校合作视角下教师新媒体素养:内涵、结构与价值[J].教育发展研究,2015(24):79-84.

④ 中华人民共和国教育部政府门户网站[EB/OL].(2012-03-12).http://www.moe.gov.cn/srcsite/A06/s7053/201202/t20120217_170639.html.

⑤ 郑福明.发挥家长委员会在儿童教育中的作用:美国的经验与启示[J].中小学德育,2012(5):12-17.

家长委员会职责功能的界定上,学者们观点较为统一,基本认为家长委员会主要承担五项职责,即参与学校民主管理、支持教育教学工作、监督和评价、辅助学校教育教学工作及家校之间的沟通协商。①

　　家长委员会工作的开展是一个从参与策划各种教育活动到逐步完善各项制度、形成操作运行的基本程序,并最终形成家校协作机制的过程;是一个民主意识和参与能力的培育过程;也是一个家长负责任地行使权利的过程。②家长委员会作为沟通家校的民间群众组织,首先要明确其自身职能定位,然后在与学校、家长群体的沟通中协调相关各方的利益关系。在反复的协商讨论和琐碎的规则制订中,家长完成了对学校工作的充分参与,学校则学会了从封闭式办学走向更为民主、更为开放的办学方式。③

三、小学家长义工是家校合作的新途径

　　"家长义工组织"是指在学校的统一协调下,由关注教育、关心孩子、拥有爱心的家长代表组成的特殊志愿者团体。他们主动深入学校、家庭和社区,参与教育教学、学校管理与服务全过程,同时把科学的教育方法传递给其他家长,实现了学校教育与家庭教育的有效对接。其主要特征为"主动性、自愿性、公益性、组织性"④。

　　家长义工组织对于家校之间建立密切联系有着十分重要的意义,其角色与职责包括以下几点:学校管理的参与者、教育教学的促进者、第二课堂的协助者、师生关系的疏导者、家校合作的代言者。⑤还有学者针对家长义工组织管理制度作出说明,认为通过建立家长义工档案,提供家长工作平台,评选优秀家长义工等方式可对其进行有序组织。⑥

---

① 巩晓敏.家长委员会在中学德育工作中的作用研究[D].曲阜师范大学,2018.
② 赵澜波.家长组织建设的理论意义、实践特点及发展趋势[J].思想理论教育,2010(8):12-16.
③ 王斌,王佳佳中小学家长委员会职能定位问题探析[J].教学与管理,2018(15):21-23.
④ 李化春.家长义工组织:家校合作新途径[J].中国德育,2013(10):25-26.
⑤ 李化春.家长义工组织:家校合作新途径[J].中国德育,2013(10):25-26.
⑥ 周玲.家长义工制:家校合作新模式[J].全球教育展望,2010(12):85-87.

四、小学家长学校是推进家校协同育人的桥梁

　　家长学校是以未成年人的家长及抚养人为主要对象，以提高家长教育素质和家庭教育水平为目的而组织的成人教育机构，[①]也有学者将其称为"家长学校"。[②]全国妇联和教育部高度重视家长学校工作，出台了大量文件，如 1998 年全国妇联和教育部联合发布的《全国家长学校工作指导意见（试行）》，2011 年全国妇联和教育部、中央文明办发布的《关于进一步加强家长学校工作的指导意见》等都对家长学校给予了政策上的支持和指导。

　　家长学校有校办家长学校和社区办家长学校之分。教育部《面向 21 世纪教育振兴行动计划》指出："开展社区教育的实验工作，逐步建立和完善终身教育体系，努力提高全民素质。"[③]构建社区家长学校是凸显和完善社区服务功能的重要措施。社区家长学校的任务在于协助为人父母者或将要为人父母者了解自己的职责，提供有关儿童、青少年发展的知识，以使其成为称职父母。在社区构建家长学校，实施家长教育，为社区居民提供良好的、专业化的家长教育，提高社区居民自身的素养和家庭教育水平，这对延续中华民族文化、促进家庭文明、构建社区文化和维护社会稳定等将会起到积极作用。社区家长学校在完成家长教育任务的同时，对改善社会教育环境同样具有意义。[④]

　　校办家长学校是常用的一种家校联系方式，以学校为阵地，以学生家长为对象，主要由具有合格资质的教师传授家庭教育的科学知识和方法，从而提高家长素质及家庭教育质量，有计划、有组织的成人业余教育机构。[⑤]还有学者针对我国当前家长学校的运行过程指出，我国家长学校在运行中存在

---

　　① 张笑予，祁占勇，穆敏娟.新时代家长学校治理的价值意蕴与实践逻辑[J].当代教育科学，2021(10)：58-67.
　　② 朱永新.家校合作激活教育磁场——新教育实验"家校合作共育"的理论与实践[J].教育研究，2017(11)：75-80.
　　③ 转发国务院批转教育部面向 21 世纪教育振兴行动计划的通知[EB/OL].(2021-01-14).http://www.gd.gov.cn/zwgk/gongbao/1999/13/content/post_3359580.html? eqid=ceazbe41000/oac9000000046486b84a.
　　④ 邓惠明.关于构建社区家长学校的思考[J].中共福建省委党校学报，2012(9)：77-80.
　　⑤ 祝传发，陈明志，袁清涛.家长学校推进家校共育的实践探索[J].教育科学论坛，2017(8)：48-51.

家长地位边缘化、师资队伍业余化、课程供给错位化、制度保障短缺化等问题。新时代家长学校治理应以学生为纽带共建跨界联盟,以家长为中心建设课程体系,以职业为导向培养师资团队,以保障为目的完善政策供给。[①]

通过梳理近 20 年有关家校合作途径的研究发现,信息技术支持下的家校协作模式成为学界关注的焦点,特别是在疫情期间居家学习的背景下。此外,小学家长委员会、小学家长义工、小学家长学校也成为学者们关注的主要家校合作途径。但通过分析发现,家校互动中我国家长在参与程度上层次依然偏低,缺少家长走进课堂,深入学生具体学习环境的合作形式。如近年英国部分学校专门从家长中招聘课堂教学的协助人员(又称"学习支持助手")而开展家校合作,取得了较为显著的教育效果。[②]为此,未来在我国家校沟通途径上应尝试借鉴他国经验,探索出家长高层次的参与方式,但这也无疑对学校教育提出了更高的要求。

第三节　小学家校合作的冲突研究

20 世纪 90 年代,美国霍普金斯大学爱普斯坦提出六种家校协作模式,视家长为学校办学资源之一,主张增加家校合作。其观点受到海外与本地不少学者的支持,提倡借家长之力提升办学效能。香港不少教改文件亦强调家校合作对学生、家长及教师的积极意义,一时间,深化家校协作、增加家长赋权等成为香港教改的焦点。

相关学者与政府文件均强调家校合作的优势,但也有不少学者对家长参与日增的趋势表示忧虑。总体而言,部分教师并不认同家长参与带来更好的协作关系,反而认为家校差异会为教师工作带来挑战。以往对于家校协作的研究焦点,均集中其正面作用,却未有正视家校关系中可能出现的冲突。

①　张笑予,祁占勇,穆敏娟.新时代家长学校治理的价值意蕴与实践逻辑[J].当代教育科学,2021(10):58—67.
②　王艳玲.英国家校合作的新形式——家长担任"教学助手"现象述评[J].比较教育研究,2004(7):52—57.

随着家长对学校事务的参与日益增加,家长与教师、学校间到底存在哪些冲突? 引起这些冲突的原因又是什么? 为填补此研究缺口,下文将围绕家校之间的冲突问题作深入讨论。

一、小学家校冲突概览

近年来关于家校关系的研究明显增加, 家校协作被视为提升教学与管理效能的重要路径, 然而现实生活中也存在诸多潜在的冲突源头。家校冲突,顾名思义就是发生于家庭和学校之间的冲突,即家庭和学校在教育孩子过程中,由于双方在文化、背景、观念和价值观等方面存在差异,而出现的消极对抗的心理和行为过程。家校冲突表现为相互排斥、敌对的行为或心理状态,在此过程中既有争吵类型的较弱冲突,也有暴力伤害对方等比较强烈的冲突,[1]且当前家校冲突受到信息时代媒体的影响,有呈现暴力程度日益严重的趋势。

(一)融媒体的发展将冲突放大化

如今的融媒体发展迅速,家长跟学校之间的交流不再单纯依靠家长会、家访等面谈为主的形式,而是更多借助网络工具进行交流,例如 QQ、微信等形式,在这种多借助文字的交流方式当中,家校之间的矛盾也逐渐显现,特别是在班级微信群中,时常会有家长被踢出群、教师在微信群中被辱骂的现象出现。产生这种现象的原因主要是微信群作为虚拟互动聊天平台,相较于传统的沟通方式更加公开,[2]导致小冲突也会被放大化。

(二)冲突行为的暴力化程度变得越来越严重

随着社会对教育的不断重视,家长对教师及学校的要求也不断提高。由于教师与家长在教育观点、教育思想、教育方法、所扮演的社会角色及承担的社会责任上存在差异,因此相互之间经常发生矛盾冲突。[3]家校之间爆发

① 边玉芳,刘小琪,王凌飞.当代我国中小学家校冲突的原因分析与应对建议[J].中国电化教育,2021(5):27-32.

② 植华清,卓毅.小学家校群中家校关系的异化及矫正[J].教学与管理,2019(5):12-14.

③ 钱焕琦.当前家校关系中存在的问题及伦理调适[J].中国德育,2006(3):44-49.

的冲突在不断地加剧,冲突产生的频率也在不断增加,形式上也越来越严重化,冲突行为的暴力程度也上升到了侵犯人身安全的程度。[①]

二、小学家校冲突的特征分析

家校冲突作为一种社会现象,对其进行分析需要将其放在我国当下的社会背景下。当代我国中小学家校冲突主要呈现出以下特征:[②]

(一)家校冲突的发生既有客观性,又有主观性

如同其他社会冲突一样,家校冲突在教育过程中也是客观存在的。一方面,家庭和学校的性质、结构、价值取向等有很大差异,家长与教师的文化背景、教育立场、人格特质等也不尽相同,因此在家庭与学校进行互动中,差异和不一致导致冲突是必然的。另一方面,在社会变革和教育改革逐渐深入的背景下,家长的自我意识、维权意识和对参与学校管理的话语权、建议权的需求越来越强烈。在家校互动中面对已有的差异和分歧,如果家长没有合理的渠道去沟通和得以妥善解决,家校冲突就会发生。同时,家校冲突也具有主观性,具体体现在家校冲突会带来个体消极的主观感受,比如愤怒、敌意、厌恶和排斥等情绪,并且只有双方均能够知觉到对方的消极情绪才是家校冲突。如果只是分歧和矛盾客观存在而家校双方没有感知,或者家长或学校的不满没有被对方接收到,均不能称之为家校冲突。

(二)家校冲突既有现实性的冲突,又有非现实性的冲突

在我国,家校冲突中既有现实性冲突又有非现实性冲突。现实性冲突发生在双方对于特定要求的现实受挫的背景下,它的目的是一方为了达到特定的目的,冲突只是为了达到目的所采取的手段;在现实性冲突方面,家庭和学校都有指向对方的合理或不合理要求,这些要求如果不能顺利实现,就会导致冲突。非现实性冲突则是家庭与学校为发泄不满、释放紧张情绪的需要而引发的,是一种"找替罪羊"的冲突。比如在我国当前的应试背景下,学

① 高晓娜.小学家校冲突的成因及预防[J].教学与管理,2019(23):4-6.
② 边玉芳,刘小琪,王凌飞.当代我国中小学家校冲突的原因分析与应对建议[J].中国电化教育,2021(5):27-32.

校和家长都处于对学生教育的紧张情绪中：一方面教师面临教育教学的工作压力和学校、家庭给予的高期望；另一方面,随着我国家长对学生教育的不断重视,我国家长普遍存在育儿压力和育儿焦虑。当教师和家长的紧张和焦虑情绪无处表达时,双方就会互相抱怨,产生非现实性冲突。

（三）家校冲突既有阶段性,又有可变性

家校冲突的程度各异,既有争吵类型的较弱冲突,也有暴力伤害对方等比较强烈的冲突。一般来说,家校冲突从产生到爆发是一个动态变化,矛盾不断升级,表现形式不断外化的过程。在冲突产生初期,家校双方往往以不满的表情、不愿意合作的态度、拒绝沟通等比较内隐和程度较轻的形式表现出来。随着家校冲突的持续和累积,表现方式越来越剧烈,如言语或行为上的互相攻击,发布到网络平台上引起舆论攻势,甚至是组织社会人员进行"校闹"等。同时,家校冲突也有一定的可变性,其发展过程存在不同的模式,充满各种可能性。家校冲突可能不断升级,可能出现好转,也有可能呈现出时而好转时而恶化的波浪式发展态势。通过对家校冲突的及时发现、妥善解决,有利于防止家校冲突的升级和恶化。

（四）家校冲突既有破坏性,又有建设性

社会冲突理论认为,冲突存在于任何社会,是社会变迁的重要动力,社会冲突既具有反功能,也具有正功能。同样,教育活动中的冲突尽管有一定负向功能,但可以对教育改革和发展起到一定的推动作用。[①]一方面,家校冲突会扰乱学校的正常秩序,损害学校和教师的公信力,甚至会形成不良的示范效应,还会对学生造成不利的影响,比如损害学生对于学习的态度。[②]另一方面,家校冲突也具有一定的建设性功能：一是释放家庭和学校被压抑的情绪,缓解对立情绪和紧张状态,避免矛盾激化,起到"减压阀"的作用。二是家校冲突可以引起学校和教育行政部门对相关问题的重视,了解家长的利益和需求,对现有的学校制度和家校规范进行调整,从而不断提高学校治理水

---

① 谢维和.教育活动的社会学分析[M].北京:北京教育科学出版社,2000:59.

② Booth A.,Dunn,G.F.,Family-school links:How Do They Affect Educational Outcomes?[C].Mahwah:Erlbaum,1996:3-34.

平。如果学校、教师和家长能够以积极的心态和科学的方法负责任地对待家校冲突,在冲突中发现自身的问题,然后进行改进,那么学校不但可以避免经济损失和形象受损,还可以赢得公众的信任和理解,家长也能在冲突中发现自己在教育理念和教育方式上的不足,进而改善自己的教育观念和教育方法。①

三、小学家校冲突的归因分析

尽管众多学校都在积极开展各种形式的家校互动实践,但有些互动并没有取得预期成效,家校冲突依然存在,家校互动的实效性依然面临挑战。以下参考边玉芳、周欣然②关于家校互动不良原因的分析框架,从学校、教师、家长及主体互动过程四个方面探究小学家校冲突的潜在原因。

(一)学校方面:缺乏家本化关怀

有研究表明,学校的组织和行为是造成家长参与意愿与实际参与行为之间落差的主要因素。③家校互动是学校和家庭双方之间的交流合作,学校应该把家庭与家长视为教育儿童的重要力量。但在现实生活中,一些学校并没有真正把家长当成自己教育学生的"合伙人",缺乏"家本化关怀"的视角。

一是忽视了家长的主动性。有研究发现,掌握了更多资源与制度化权力的学校控制了家校合作的动向,也使合作难以达成理想的状态。在这种模式下,原本由于经济、文化条件处于不利状况的家长会因为家校合作中面对教师和其他家长时处于弱势而加剧处境不利,最终影响来自这些家庭的学生的学业成就。④许多学校在家校互动中,常常忽略了家长的主体地位,只是将家长视为家校合作的参与者,甚至是旁观者,造成了家长在家校互动过程中没有主动权、掌控感或参与感,从而大大降低了家校合作的有效性。

二是缺乏对家长现实需求的考虑。研究表明学校和家庭对于不同互动

① 边玉芳,刘小琪,王凌飞.当代我国中小学家校冲突的原因分析与应对建议[J].中国电化教育,2021(5):27-32.

② 边玉芳,周欣然.家校互动不良的原因分析与对策研究[J].中国教育学刊,2019(11):39-44.

③ 吴重涵,张俊,王梅雾.是什么阻碍了家长对子女教育的参与——阶层差异、学校选择性抑制与家长参与[J].教育研究,2017(1):85-94.

④ 林玲.家校合作关系的检视——一种批判的视角[J].教育科学研究,2013(6):44-49.

形式的倾向和喜好方面存在差异，而当学校没有真正了解家长的需求时会显著影响家长的参与意愿。例如，基于江西省160多所学校调查发现，学校通常倾向于开展"发生在学校、面向全体学生且由学校主导的活动或行为"，如志愿服务、参与决策、与社区合作，然而这些便于学校组织和管理的活动在家长中认可度并不高，不仅不会调动低意愿家长参与的积极性，还会导致原本高意愿家长却出现低参与的行为表现，互动难以取得预期效果。①

三是忽视了家庭背景的多样性。受到国家宏观政策及社会变迁的综合因素影响，当前的家庭结构、生源特点都发生很大转变。在此过程中，家长、教师、孩子由于成长背景和价值观念不同而产生的冲突，对家校合作提出了全新挑战。另外，受到复杂社会因素的影响，离异家庭、单亲家庭、重组家庭比例越来越高，家庭结构的不稳定性也同样提升了家校合作的难度。②

（二）教师方面：家校合作的胜任力不足

随着时代发展，家长对教育的高要求也对教师开展家校合作提出了更大的挑战。然而在实践中，许多教师表现出了明显的胜任力不足，部分教师主要凭经验开展家庭教育指导，迫切需要专业支撑。有研究指出，教师胜任力指教师所具备的、与教育工作相关的专业知识、专业技能和专业价值观，是教师从事成功教学的必要条件，也是教师教育的主要培养目标。③教师在家校合作方面的胜任力也可分为知识、技能、态度价值观三个方面。

其一，开展家校合作的专业知识不足。家校合作是具有较高专业性的工作，明显不同于以往教师所进行的关于某门具体学科的教育教学，然而在我国当前的教师培养和培训体系中尚缺乏与家校合作相关的内容，教师资格证考试中并无对相关能力的要求。同时目前教师中还普遍存在重教学轻育人、重学科研究轻研究学生的现象，这些都导致很多教师实施家校互动的专业知识不足。

其二，进行家校互动沟通的技能不够。家校良好互动的前提是双方有良

① 吴重涵.制度化家校合作与儿童成长的相关性研究[J].教育科学研究,2018(10):92-96.
② 王淑清.《家庭教育促进法》视域下家校合作的问题与对策[J].中小学管理,2022(1):46-49.
③ 邢强,孟卫青.未来教师胜任力测评:原理和技术[J].开放教育研究,2003(4):39-42.

好的沟通。但许多教师沟通技能明显不足,如有些教师不知道如何发起一起谈话、不会倾听,不会恰当表达自己的意思等。此外,随着网络时代的发展,微信等通信软件给交流带来很大便利,不少教师在使用微信进行家校沟通时也出现了一些问题,如容易忽视私人和公众的边界,导致了许多家长教师冲突与家校冲突。

其三,对待家校冲突的态度与价值观尚需转变。梁亦华通过邀请香港地区 13 名小学教师接受访谈,以了解他们对冲突的概念、家校分歧及相关处理策略。研究发现年资浅的教师较关注其负面影响,视之为阻碍,且更重视教师专业角色;资深教师则正向定义冲突,视家长为意见提供者与监察者,并更愿意向其问责。[①]目前有许多教师在家校合作方面的态度价值观依然有待转变。洪明的调查显示,还有 13.9% 的教师认为不需要"帮助家长提高家庭教育知识与能力,解决家庭教育中的问题"[②]。在实际的合作中,一些教师认为家长是非专业的,不懂得如何用正确的方式来教育孩子。这样导致教师与家长之间出现了互相不理解与不信任的情况。[③]由此可见,如果教师不重视家校合作、不把自己在家校合作中的作用发挥出来,必然会带来教师和家长之间的矛盾、冲突,增加家校合作的难度。

为全方位提升教师家庭教育指导专业素养,有研究尝试从实践操作的维度对教师家庭教育指导专业素养的内涵进行建构,将教师家庭教育指导专业素养分为七个可操作部分:理解家庭教育意义的素养、熟知家庭教育内涵的素养、观察与评估家庭教育现状的素养、整合家庭教育支持性资源的素养、指导家庭教育质量提升的素养、干预家庭教育不良进程的素养、开展家庭教育指导或干预后效评价的素养,并进一步提出了基于循证 5A 模式的教师家庭教育指导专业素养提升及发展建议,[④]为教师提高家庭教育指导能力

① 梁亦华.家校冲突与冲突管理的质性研究[J].教育学报,2015(3):62-76.
② 洪明.家校合育的基本现状及改进研究——基于 9 省市 4000 份问卷的调查分析[J].教育科学研究,2015(9):30-35+41.
③ 杨扬.新时代家校合作存在的问题及对策研究[J].教学与管理,2020(3):49-52.
④ 袁丽,胡艺曦.试论教师家庭教育指导专业素养的内涵、特性与循证提升模式[J].教师教育研究,2022(3):1-7.

提供了专业化路径。

(三)家长方面:参与意识和能力不足

其一,参与意识不足。大量研究发现,家长的参与意愿、参与意识,对待家校合作的信念将直接影响家校合作的效果。但由于各个家庭社会经济地位不同,家长的参与意愿也发生明显改变。有研究发现家庭社会经济地位与家长参与的关系集中体现在父母的职业性质、母亲的受教育水平、家庭社会关系等因素上。[①]表明父母的身份、文化程度、职业等背景变量均会对家长参与意愿及意识产生显著影响。

其二,参与能力不够。有些家长虽然有心参与孩子的教育,但参与能力不够,甚至可能因错误的方式给教育带来负面效果。有研究运用问卷调查法对随机抽取的上海市 8 个区内共 10 所小学的学生家长进行调查,发现在调查家长参与学校管理可能碰到的各类障碍时, 家长认为最主要的障碍是自身缺乏相关知识的,占比 28.2%。[②]广州市教育研究院对广东省 194 所中小学的2028 名班主任的调查发现,家长的错误观念、错误的教育方式是导致班级中家校关系出现问题的两个主要原因,其中"家长对孩子缺乏正确的认识,偏袒孩子"(64.0%),"家长对孩子放任不管或溺爱"(62.9%)是两个主要表现。[③]

(四)学校、教师和家长在互动方面存在的问题

在小学家校互动过程中,随着交往的频率和深度的不断增加,家校之间的冲突也越来越频繁。当前家校主体之间的互动存在着由于理念分歧、责任分散、缺乏制度保障等原因,最终导致矛盾冲突爆发。

其一,家庭与学校教育理念存在分歧。家庭与学校在教育理念上的分歧是家校冲突的深层原因。我国《全国家庭教育状况调查报告(2018)》显示,四年级、八年级班主任与家长沟通遇到的困难排名前三位的均为"家长认为教

①　吴重涵,张俊,王梅雾.是什么阻碍了家长对子女教育的参与——阶层差异、学校选择性抑制与家长参与[J].教育研究,2017(1):85–94.

②　王帅.家长参与学校管理现状的实证研究——以上海市 10 所普通小学为例[J].上海教育科研,2012(2):31–35.

③　戴荣红.广州市中小学家校合作现状与对策研究——基于班主任问卷[J].教育导刊,2018(8):33–38.

育孩子主要是学校和老师的责任""家长参与沟通的积极性不高"及"与家长教育理念不一致",且人数比例均超过一半。①

其二,家庭和学校合作职责分工不明确。很多社会学家都认为社会冲突的产生是由于"对权力和权威这类稀缺资源的分配不均"②。家校冲突也是因为家庭和学校在家校合作中权责不明确,存在争夺权利或者责任分散的情况。第一,家庭过多介入学校的专业领域。随着家校合作理念的不断深入,越来越多的家长意识到家庭对学校教育的重要补充作用,因此过度或不当参与家校互动。有学者基于对北京市8区共80位小学教师的访谈发现,部分地区存在家长的学历、专业性、社会地位等可能都高于教师,因此存在家长质疑教师的专业角色,以及对教师自由裁量权的干预而引发的冲突。③第二,学校把教育责任推诿给家长。已有调查研究显示,约40.2%的家长认为自己成了老师的"助教",自己的时间、精力、财力和物力被教师随意占用;60%以上的家长认为自己的职业资源被学校利用,承担了与家校合作无关的事务,成为学校的义工。④第三,家校会出现责任推诿。尤其当学生出现问题时,"谁的责任"就成了引发家校冲突的导火索。⑤

其三,家校互动的制度未能完善。尽管我国针对家庭与学校的互动已经颁布了一系列的政策文件,但在处理现实问题时,仍有一些问题没有制度保障,实际工作没有政策依据。第一,家长参与学校管理的权责缺乏制度保障。家长参与学校管理的权责、参与的具体内容并没有详细的规定。有些学校管理不规范,甚至误用滥用职权,限制家长参与学校管理,以确保自身对权利的绝对占有。这些做法不利于及时发现学校管理中家校不一致的问题,积累到一定程度便会产生冲突。第二,对于教师如何促进家校合作,如何处理家

① 边玉芳,田微微.对家长教育问题的思考与对策——基于《全国家庭教育状况调查报告(2018)》部分结果解读[J].中国德育,2019(3):37—41+46.

② 侯钧生.西方社会学理论教程[M].天津:南开大学出版社,2001:34.

③ 姬甜甜,孙丽萍.合作中的困境:教师视角下家师关系的现实困境及超越——基于对北京市80位小学教师的访谈分析[J].当代教育论坛,2021(5):101—108.

④ 张惠娟.让家庭教育回归生活世界[N].人民政协报,2018-06-13(09).

⑤ 边玉芳,刘小琪,王凌飞.当代我国中小学家校冲突的原因分析与应对建议[J].中国电化教育,2021(5):27—32.

校冲突缺乏工作依据。现有的教师道德规范、专业标准和工作规定中指出教师要促进与家长的沟通和合作，但需要什么能力，如何合作等具体问题仍没有具体依据，没得到很好解决，这就导致了教师在家校合作上能力参差不齐，教师的问题解决能力和调解能力欠缺而进一步导致家校冲突。第三，教师如何发挥教育自主权，实现因材施教缺乏制度和体系保障。尽管我国现行法律法规对教师教育自主权有一定的规定，但是目前仍然存在一些问题，比如不够具体、可操作性不强，也不够系统化等。因此，在现实生活中，教师即使遭到家长的恶意举报和投诉，依然没有可行路径实现申诉、复议和诉讼等。①

四、小学家校冲突的应对策略

家校互动对家校合作及学生的发展具有重要价值，针对以上小学家校冲突的归因分析，近20年的研究主要从学校层面及制度保障两方面提出促进家校之间良性互动的若干建议。

(一)学校层面

学校作为开展家校协同育人的主阵地，理应得到重视。首先，如何进一步理清学校教育和家庭教育的职责，是促进家校良性互动的前提。对此，学校应主动尝试打破家校之间教育理念分化的壁垒，逐渐确立家校之间主动合作的战略性目标，努力探寻家校彼此互助以促成互惠文化的途径。②有研究对美国的家校互动内容作了相关调查，美国在20世纪80年代以前，家长参与的重心在于配合学校完成对学生的教育，在20世纪80年代以后，家长参与的组织化程度日益提高，除继续扮演教育者的角色之外，逐步过渡到参与学校教育管理层面，在学校管理中拥有发言权，真正成为学校管理的决策者和局内人。③还有研究关注到学生家长在小学生成长的不同阶段，对学校往往

---

①　边玉芳,刘小琪,王凌飞.当代我国中小学家校冲突的原因分析与应对建议[J].中国电化教育,2021(5):27-32.

②　柴江.家校合作的本质属性、困境根源与破解思路[J].南京师范大学报(社会科学版),2021(3):62-72.

③　杨天平,孙孝花.近20年来美国家长参与学校教育管理的角色[J].学术研究,2007(2):149-152.

有不同诉求,这种诉求会成为影响家校合作的重要因素。①此外,要进一步研究拓展家校沟通渠道、创新家校沟通的途径和方法,开展内容丰富的活动,进一步吸引家长参与。例如,英国的家校合作具有更强的组织性,对家校合作具有更积极的信念,注重把家校合作纳入学校文化建设范畴。②美国家长教师联合会的创办,也一定程度上实现了从"学校本位"到"家庭本位"的合作重心转变。③以上家校合作模式给予我们借鉴意义,要积极倡导家长参与学校教育管理,实现由局外人向局内人的角色转换,有效规避家庭教育在家校合作中处于缺失状态的现实状况。

其次,针对当前学校在家校合作方面的常态化做法,有学者发现了互动过程中的问题所在。如张俊等人的项目组通过一系列个案研究及跟踪调查,概括了学校层面家校合作的一般性特征,并发现家校双方合作意愿激活的主动权在学校,瓶颈也在学校。学校似乎更倾向于通过增加家校合作的频率来提升家校合作工作。这样做是有疑问的,因为不论是加大教师的工作强度还是家长的负担,都难以使得家校合作长期持续下去,而减小家校行动差异度,拓展双方一致的利益和立场,满足家长需求的多样化和个性化应该是更好的选择。④对此,家校合作的路径应以建立家校工作感情和相互信任为基础,帮助家长认识自己的角色使命、提高养育能力和技能,营造学校欢迎家长参与的氛围并提供各种形式的参与机会和条件。⑤

最后,随着我国学区化、集团化办学的不断推进,还有学者从学区化办学的视角关照和回应家校合作的问题,认为学区化办学的首要任务就是要通过建立起多主体参与的公共治理理念,推进教育公共资源、优质资源的共

① 谢维和、李敏.小学教育原理[M].北京:高等教育出版社,2021:246-247.
② 薛国凤、刘卫萍.中英美家校合作状况的比较研究[J].河北大学学报(哲学社会科学版),2011(6):7-10.
③ 陈峥,王建梁.家校合作的纽带——美国家长教师联合会研究[J].外国中小学教育,2003(5):22-25.
④ 张俊,吴重涵,王梅雾.家长和教师参与家校合作的跨界行为研究——基于交叠影响域理论的经验模型[J].教育发展研究,2018(2):78-84.
⑤ 张俊,吴重涵.从家校合作到良好教育生态——兼论有效的家校合作如何在学校产生[J].中国教育学刊,2021(3):7-13.

建共享、教师非在场监管、公共危机处理及学校形象宣传展示,以解决单一学校无法解决的教育难题。①

　　针对教师层面,正如前文所提到的,想要实现良好的家校互动,教师是关键。为有效发挥教师在家校合作中的重要作用,美国在职前教育、教师准入和在职培训中都强调教师等教育工作者要与家长展开合作,并通过一系列的培训项目和相关标准确保其工作的专业性。②张竹林等人通过问卷调查发现在家校互动中教师能够认识到家庭教育指导的重要性并身体力行,但需要为教师创设"减负"环境,从"教师能为"的角度确定在家庭教育指导中的边界。③袁柯曼等人则聚焦教师家校合作胜任力,尝试构建小学教师家校合作胜任力模型,包括三个层面共 5 个关键指标和 21 个评价点,从外到内层层深入,外层包括家校合作知识和家校合作技能,中层是态度和价值观,内层包括个性和成就动机。④

　　近年来,各小学也在积极努力探索有效的家校合作模式及方法,以促进学生的健康发展。如北京市朝阳区垂杨柳中心小学开发的分年级段的家教指导系列课程、微课程及亲子活动系列课程⑤;华南师大附小的"共建共生"模式⑥;山东省寿光市羊口镇杨庄小学的"分片式"家校共育方式⑦;上海市嘉定区娄塘学校探索的家校合作新模式—家长义工制⑧等,这些案例为学校开展家校合作实践提供了宝贵的经验和借鉴意义。

①　李彦荣.学区化办学中的家校社合作治理[J].教育研究,2021(1):26–30.
②　鞠佳雯,李妍,蒋柳青.促进家长参与家校合作的国际经验及启示[J].中国电化教育,2021(5):33–38+62.
③　张竹林,朱赛红,张美云.家校共育视域中教师家庭教育指导能力建设研究[J].上海教育科研,2021(8):55–61.
④　袁柯曼,周欣然,叶攀琴.中小学教师家校合作胜任力模型研究[J].中国电化教育,2021(6):98–104.
⑤　钟亚利.以共情促共育:有效提升家长教育力[J].中小学管理,2020(10):42–44.
⑥　李方红,吕以新.家校协作的新趋势:共建共生[J].现代中小学教育,2014(5):95–98.
⑦　丁其永,王金栋,张丽军.建立按村分片式学习小组:解决农村学校家校合育难题[J].中小学管理,2020(9):54–55.
⑧　周玲.家长义工制:家校合作新模式[J].全球教育展望,2010(12):85–87.

(二)制度层面

在我国,家校合作已成为政策制定者、研究者和教育实践者的共识,但总体而言,家庭、学校和社区多方教育主体之间的新型合作伙伴关系尚未真正激活,相关实践仍处于起步阶段。

首先,有学者建议国家应出台专门的文件对家校协同进行顶层设计,以此将学校、家庭和社会的教育资源进一步整合,共同为青少年健康成长保驾护航。[1]对此,可从家庭教育法治化建设、家庭教育管理机制、家校共育工作制度、家庭教育指导队伍建设、家庭教育理论研究和学科建设、城乡家庭教育指导服务支持体系、家庭教育财政保障机制、家庭教育工作督导评估制度等方面作出说明。[2]袁亚兵、齐冰表示,除建立明文规定的法律法规等显性制度以外,还应制定在合作中基于不同立场的家校双方,达成的认知共识的隐性制度,以"双轨制"实现家校合作制度化建设的效能最优化。[3]

还有许多学者基于不同研究视角和方法,为思考制度化家校合作困境提供破解之道。张润田从新制度主义视角分析,从政策规制、行为规范和文化认知三个层面审视我国家校合作制度化的现实困境,针对这些问题,认为破解家校合作困境的新制度主义之道在于:在重构制度逻辑上整合"强意义"与"弱意义"的家校合作思维;在均衡制度设计上平衡正式制度与非正式制度的家校合作结构;在平衡制度权力上协调强制度组织与弱制度组织的合作主体格局。[4]吴重涵等人对江西省持续 7 年、横跨两个实验期的 29 所家校合作试点学校和一个试点县的制度化过程进行了田野跟踪观察。研究发现:跨界行动制度化地完成,最根本的是利益相关行动者的价值和利益共享的程度。要通过"政策""文化""共识"及"组织"的共同发力,使教育跨界行动

① 倪闽景.家校社协同育人需要进行顶层设计[J].人民教育,2021(8):19-22.

② 单志艳.少子化时代家校共育的制度设计[J].教育研究,2021(1):22-26.

③ 袁亚兵,齐冰.家校合作内卷化及突破路径[J].河北师范大学学报(教育科学版),2021(5):136-140.

④ 张润田.家校合作制度化的困境与出路——基于新制度主义的视角[J].当代教育科学,2020(5):47-51.

走上制度化的良性发展轨道,并得以长期持续。[①]此外,不少学者在此议题下进行国际比较研究。如李飞等人比较了中美两国在家校合作中的机制差异,并从法律保障、管理体制保障、资源保障三方面提出相关建议。[②]元英、刘文利介绍了澳大利亚家校合作评估制度,该国家已于 2017 年修订了实施 10 年的《家校合作框架》,并配套开发了一套评估工具。[③]

如今,家校冲突现象在我国教育圈层不断涌现,且呈现出一种上升的趋势。为化解家校冲突,促进小学家校合作的顺利进行,本节着重分析了小学家校冲突的特征,从家校双方及互动过程等方面对小学家校冲突的成因进行分析,并在此基础上提出化解小学家校冲突的方法和策略,以此助力家校之间实现伙伴型合作关系这一理想状态。

第四节　小学农村家校合作研究

整理近 20 年来国内家校合作研究的现状和热点分布,从分析的结果来看,家校合作领域积累了较丰富的研究成果,并在家长参与学校教育、学校指导家庭教育、西方经验介绍、家校关系、学业成绩等方面形成了研究热点,[④]说明家校合作已成为当今教育者和实践者的共识。

总览当前的研究成果,能够发现 2006—2021 年间有极大一部分的学者关注于农村家校合作,研究多从具体社会现象出发,勾勒出了社会变革引发的农村留守儿童及流动儿童家庭的教育变化。

一、家校合作是整合农村家庭和学校教育力量的有效方式

近年来留守儿童和随迁子女的问题是一个突出的社会问题。随着中国

① 吴重涵,王梅雾,张俊.教育跨界行动的制度化特征——对家校合作的经验分析[J].教育研究,2017(11):81-90.
② 李飞,张桂春.中美两国家校合作机制差异之比较[J].教育探索,2006(3):49-50.
③ 元英,刘文利.澳大利亚家校合作评估及其启示[J].教学与管理,2019(28):79-82.
④ 张越,钱民辉.国内家校合作研究的现状与热点分析——基于 2000—2019 年 CNKI 期刊数据[J].教育学术月刊,2021(2):27-34.

社会政治经济的快速发展,越来越多的青壮年农民走入城市,流动人口数量的不断增加,这就产生了进城务工随迁子女这一数量庞大的特殊群体,在广大农村也随之形成了一个特殊的未成年人群体——农村留守儿童。对留守儿童而言,父母外出打工后,由于亲子长期不能共同生活在一起,容易造成亲情缺失,无法得到父母在思想认识及价值观念上的有效引导和帮助,成长中缺少了父母情感上的关注与呵护,极易产生认识、价值上的偏离和个性、心理发展的异常,一些人甚至会因此而走上犯罪道路。而对于流动儿童来说,研究发现流动儿童的入学率与在学率都低于全国平均水平,识字率也比平均水平低,[①]进入学校的儿童也面临较为严重的成绩滑坡现象,学业成绩显著低于一般儿童。[②]除此之外,流动儿童在心理健康及城市适应上都存在显著问题,表现为较高的社交焦虑、孤独感及自卑感等,尽管能够对城市产生认同,却很难融入城市的生活中。[③]

　　针对上述情况,研究者们展开调查,发现根本原因在于家庭对子女教育功能的弱化,而学校作为孩子受教育的两个主要场所之一,与家庭有着同样重要的意义,在一定程度上能够弥补家庭教育的不足,因此在乡村学校的留守儿童、随迁子女、寄宿制学校和学生不断增多的情况下,更要特别重视或强调家校合作共育。[④]农村中的家校合作,指的是通过家庭与学校的合作,由农村学校将农村留守儿童的学校经验与家庭生活经验统一起来:儿童家庭经验能够为学校经验的获得提供基础,而儿童在学校获得的经验又能为家庭经验进行智力方面的阐释与澄清,从而有效地促进儿童生理、智力、情感、社会、审美及道德等方面的发展。[⑤]

　　与此同时,中共中央、国务院《关于进一步加强和改进未成年人思想道

　　①　段成荣,梁宏.我国流动儿童状况[J].人口研究,2004(1):53-59.
　　②　周皓,巫锡炜.流动儿童的教育绩效及其影响因素:多层线性模型分析[J].人口研究,2008(4):22-32.
　　③　雷有光.都市"小村民"眼中的大世界——城市流动人口子女社会认知的调查研究[J].教育科学研究,2004(6):27-31.
　　④　郝文武.建立以校为主的农村家校合作教育共同体[J].当代教育与文化,2020(4):11-15.
　　⑤　卢俊勇,陶青.农村学校中的家校合作:本质、意义与策略——促进农村留守儿童家庭经验与学校经验的统一[J].现代教育管理,2018(6):12-16.

德建设的若干意见》中也提到"要高度重视流动人口家庭子女的义务教育问题。进城务工就业农民流入地政府要建立和完善保障进城务工就业农民子女接受义务教育的工作制度和机制。流出地政府要积极配合做好各项服务工作"①。从上述文件可以看出,我国政府高度重视农村留守儿童及城乡流动家庭子女的教育问题,并通过政策要求中小学校要担负起指导和推进家庭教育的责任,以学校为主导,将社会教育和家庭教育紧密结合起来,协同合作以保障进城务工就业农民子女的教育问题得以落实。

总体来说,城镇化是现代化的必然趋势,这就决定了农村教育的学校与家庭、社会托管机构等的合作也成为农村教育发展的必然趋势和要求。推进农村教育现代化当然要推进农村家庭教育和家校合作教育的现代化,建立以学校发挥主导作用,承担主要责任的学校、家庭、社会托管机构等共同责任主体,共同保证学生安全,共同指导学生学习和促进学生身心健康发展的农村家校合作教育共同体。②

二、与农村留守儿童相关的家校合作研究

农村留守儿童作为一个特殊的社会群体,其教育问题是一个关系国家和民族未来的重大问题,正引起社会各界的高度关注。③农村留守儿童是指父母双方外出务工或一方外出务工另一方无监护能力,无法与父母正常共同生活的不满16周岁农村户籍未成年人。他们一般与自己的父亲或母亲中的一人,或者与长辈亲人,甚至父母亲的其他亲戚、朋友一起生活。

随着社会各界对农村留守儿童的积极关注,越来越多的学者意识到家校合作在解决农村留守儿童教育问题中的重要性。但是由于留守儿童家长外出务工,不能提供和子女相处的时间和空间上的保证,家庭教育功能在弱化。与此同时,由于当前农村中小学布局调整政策的实施,以及寄宿制农村

①　中共中央　国务院.关于进一步加强和改进未成年人思想道德建设的若干意见[M].北京:中国法制出版社,2004.

②　郝文武.建立以校为主的农村家校合作教育共同体[J].当代教育与文化,2020(4):11-15.

③　河南省教育厅厅长蒋笃运.农村留守儿童教育问题与对策[N].中国教育报,2008-07-19(003).

中小学数量的增多,留守儿童在校时间延长,因此学校承担的留守儿童的教育责任在逐渐增大。[①]

(一)留守儿童的家校合作现状概述

在现实生活中,家长为了赚取儿童当前及未来的教育费用,只能选择背井离乡、外出打工,这在客观上导致家长和孩子之间教育链出现断裂,家庭教育的功能被弱化。另外,由于大多家长及实际监护人文化素质较低,无法有效承担起教育儿童的任务,对于检查留守儿童作业的正确率,辅导作业及提升他们的智力水平,合理安排作息时间与制定学习计划等均无能为力,而且对于心理教育、健康教育、安全教育等方面的知识掌握很少。因此,家长希望学校能够给孩子提供更多的帮助,促进孩子的全面发展和健康成长。[②]

(二)父母外出对留守儿童的影响

综合学者们的研究可以得出,由于长期缺乏父母的关心与指导,农村留守儿童在身心安全、学习、行为习惯及道德等方面存在极大问题。

农村留守儿童往往仅与父母一方共同生活,甚至有一部分留守儿童的父母均不在身边,其生活照料和家庭教育基本由爷爷、奶奶、外公、外婆来弥补,这样的家庭结构和生活方式对于儿童的成长发展有着不利影响。叶敬忠从社会学的视角出发,认为父母外出务工对留守儿童的生活、学习、日常行为和交往、心理等方面有负面的影响。陈小萍、张海钟的研究发现,父亲在儿童的学习、生活中的缺位,对儿童学习成绩和人格培养产生了不良的影响。此外,不同监护类型和外出类型对留守儿童的影响不同:不同监护类型中单亲监护的情况最佳,同辈监护的情况最差[③];父母外出务工和回家频率会极大影响留守儿童的心理健康水平,[④]父母回家频率低会加重留守儿童的孤独

①　马多秀.留守儿童教育中家校合作的障碍及其克服[J].教育观察.2013(7):9—10.
②　李虎.山东省A县农村留守儿童家校合作教育管理对策研究[D].湖北工业大学,2020.
③　叶敬忠,王伊欢,张克云,等.父母外出务工对留守儿童生活的影响[J].中国农村经济,2006(1):9.
④　王东宇,王丽芬.影响中学留守孩心理健康的家庭因素研究[J].心理科学,2005(2):222—224.

感和反抗倾向。①农村留守家庭的父母缺位还存在极端的情况,即双亲缺失的情况,研究表明双亲缺失对留守儿童的社会化产生了更为严重的影响。有学者通过定量研究的方法,从双亲的缺失对孩子社会化产生的效果入手,发现是否有父母陪伴的两类儿童在性格及行为特征、日常生活的常识积累、人际沟通能力的培养、生活环境的影响、人生的职业规划和思想成熟等方面差异明显。②此外,家庭中父母角色的缺失导致的亲子关系疏离、父母对留守儿童关心及照顾不足,以及教养方式的缺陷使得"双缺"留守儿童在社会化过程中在心理,学习与游戏,越轨及安全、健康等方面问题频发。③

从总体上看,家庭成员尤其是父母角色的长时间缺位,导致大量农村留守儿童缺乏父母的亲情呵护与完整的家庭教育及监管,致使他们在安全、学习、生活、情感、教育、品行等方面存在诸多问题。④其中双亲缺失留守儿童面临被忽视的概率比普通儿童高 18.8%~25.8%,单亲留守儿童受到躯体和情感虐待的概率比普通儿童高 17.4%~22.1%,而两类留守儿童遭受复合虐待的比例比普通儿童高 15.2%。⑤农村留守儿童心理健康问题真实存在且具有很大的潜在风险,同时这些心理问题不会随着时间流逝而自然消失,反而会深刻影响到留守儿童成年后的精神状态、工作状态与生活质量,也间接地对社会和谐产生影响。⑥

(三)农村留守儿童家校合作的困境及对策讨论

1.留守儿童家校合作的困境概览

围绕农村留守儿童开展的家校合作面临着诸多障碍,主要总结为以下

① 陈旭,谢玉兰.农村留守儿童的问题行为调查及家庭 影响因素[J].内蒙古师范大学学报(哲学社会科学版),2007(6):29-33.
② 董海宁.社会化结果:留守儿童与非留守儿童的比较分析[J].中国青年研究,2010(7):34-35.
③ 姚蕊.生态系统理论视角下社会工作介入农村留守儿童家庭教育的应用研究[D].山东大学,2020.
④ 蒋笃运.农村留守儿童教育问题与对策[N].中国教育报,2008(003);范先佐.农村"留守儿童"教育面临的问题及对策[J].国家教育行政学院学报,2005(7):78-84.
⑤ 万国威,裴婷昊.留守儿童的虐待风险及其治理策略研究[J].人口学刊,2020(3):51-65.
⑥ 孙雪连.要务实要精准:农村留守儿童教育帮扶政策亟待优化[J].中小学管理,2020(12):16-19.

三大类：社会障碍、学校障碍及家庭障碍。第一类社会障碍认为合作困境主要是学校主导地位缺失、教师引导能力欠缺等。①第二类学校障碍认为具体表现在观念的偏差、②时空的限制、家校合作方式、组织、制度不健全及社会经费支持等方面。③第三类家庭障碍认为是家长教育观念陈旧落后、缺乏责任意识等。④

2.留守儿童家校合作的对策探究

综合学者们的观点，促进农村留守儿童家校合作的对策主要有四大方面：完善教育法规体系、发挥学校的主体作用、强化教师的引导及促进家长的参与。⑤首先，从学校的角度出发，有学者提出学校应主动成为家校合作的引导者和组织者，树立正确的教育观念，积极与家长合作，⑥可通过家访建立学生家庭档案，开办家长培训课，以及让教师适当扮演父母的角色等途径。⑦还有学者提出国家和政府要完善政策法规体系，营造良好的社会氛围。⑧其次，从家长的角度出发，学者们认为应更新教育观念、方式，重视自我学习，维系沟通等。⑨除此之外，教师作为家长和学校之间沟通的桥梁，要明晰自己的地位和作用定位，准确找到合适的点维持好和家长的关系，引导家长参与学校活动。⑩

3.关于留守儿童家校合作实施路径的思考

学校作为农村留守儿童关爱保护的主阵地，在实际工作中，因地制宜地摸索出了家校合作、校中建家、重点关注等三种主要关爱模式。这三种模式

① 徐怀霞.城镇化背景下农村小学家校沟通现状及对策分析[D].鲁东大学,2020.
② 冯治.家校合作在留守学生情感教育中的问题及对策研究[D].华中师范大学,2018.
③ 马多秀.留守儿童教育中家校合作的障碍及其克服[J].教育观察.2013(7):9–10;贾勇宏,张晓云.农村留守儿童家校合作的实践困境与突破——基于15位教师与10位家长的质性研究[J].现代教育论丛,2020(6):11–17.
④ 范静雅.农村小学家校合作的责任边界研究[D].东北师范大学,2019.
⑤ 张丽囡.农村家长参与家校合作的现状及影响因素研究[D].华东师范大学,2019.
⑥ 余美卿.农村小学家校合作对策研究[D].华中师范大学,2020.
⑦ 蒋合涛,罗充,程敏.家校合作是解决农村隔代教育问题的有效途径[J].中国教育学刊,2017(4):101.
⑧ 王秀丽.农村小学家校协同管理的问题及对策研究[D].曲阜师范大学,2020.
⑨ 董冬梅.农村小学留守儿童家校共育的行动研究[D].山东师范大学,2020.
⑩ 李虎.山东省A县农村留守儿童家校合作教育管理对策研究[D].湖北工业大学,2020.

是"自下而上"的自然形成,并非政府意志建构的,各自都有其相应的现实背景及儿童关爱理念,并创造性地开发出了各具特色的关爱措施。一些省份在有关留守儿童的政策文件中不约而同地突出学校的主渠道作用,对学校关爱留守儿童提出具体要求,如建立留守儿童档案和联系卡制度、建立对留守儿童的结对帮扶制度、建立关爱留守儿童的应急机制、改进和加强心理健康教育等。①

4.有关农村留守儿童家校合作的政策支持

2016年,国务院印发了《关于加强农村留守儿童关爱保护工作的意见》,提出全面建立"家庭、政府、学校尽职尽责,社会力量积极参与的农村留守儿童关爱保护工作体系"。这一文件预示着:在官方意识中,作为中国农村留守儿童关爱保护的主体主要由家庭、政府、学校和社会力量组成。而作为处于入学阶段的留守儿童,其个人成长、家庭关系及社会关注等问题几乎都集中到了教育领域,牵动着教育的敏感神经,②这实际上也代表着在一段时间内我国家校合作在留守儿童这一领域上的发展方向和目标。

2019年,国务院妇儿工委办公室协同相关部门发布《关于进一步健全农村留守儿童和困境儿童关爱服务体系的意见》,要求教育部门强化适龄儿童控辍保学、教育资助、送教上门、心理教育等工作措施,将强化家庭监护主体责任纳入家庭教育工作内容。③这是在肯定了《关于加强农村留守儿童关爱保护工作的意见》成果的基础上,提出目前农村留守儿童还存在辍学、教育资源匮乏及心理健康等问题,同时也指出了家庭教育的重要性,作为儿童亲密接触的重要他人之一,家庭的主体责任即是对儿童起到监督保护作用,这一文件充分体现了国家对农村留守儿童切身利益的关注。

---

① 戚务念.农村留守儿童的学校关爱模式及其讨论[J].当代教育科学,2017(2):7-12.
② 戚务念.农村留守儿童的学校关爱模式及其讨论[J].当代教育科学,2017(2):7-12.
③ 张冰.乡镇中学留守儿童家校合作的问题及对策[J].辽宁教育,2021(8):81-82.

三、与流动儿童相关的家校合作研究

(一)流动儿童教育的家校合作现状概述

随着我国城镇化进程的推进,流动儿童的数量有持续性增加的趋势,流动儿童的教育问题已经引起了越来越多的关注。

进城务工人员随迁子女是我国城镇化进程中的特殊群体,又称为"流动儿童"或"农民工子女"等。《国家中长期教育改革和发展规划纲要(2010—2020年)》中提出了"进城务工人员随迁子女"的概念。这一概念既限定了特定人群的身份性质,又把流出原户籍地的儿童与留守儿童作了划分。[①]近几年来,很多流动儿童少年由于其父母工作时间和经济条件等因素所造成的家庭教育缺失已成为社会普遍关注的热点问题。[②]调查发现,无论在哪一类型学校就读的农民工子女,所受家庭教育与当地学生相比均较差。民办农民工子女学校的农民工子女在幸福感、情绪调控能力、自尊水平、对社会支持的利用度方面明显低于公办学校的农民工子女。在情绪、行为、人际交往方面出现的问题也多于公办学校农民工子女。[③]

研究结果表明,流动儿童在家庭教育与家校合作的诸多方面都差于一般儿童。在家庭教育上,更少的流动儿童家长有陪伴孩子阅读的行为,反映出流动儿童家长在子女教育中的投入相对不足。前人的研究指出,流动儿童家长绝大多数为农民工,他们的职业性质导致他们很少有时间与孩子交流、对孩子进行教育,而且由于文化程度普遍不高,即便有教育的意愿也难以着手,同时,由于流动儿童家庭收入通常较低,也难以为子女提供较好的物质和教育条件。[④]另外相对于一般儿童,流动儿童的家长更加重视孩子的成绩,

---

①　熊少严.强化家庭教育指导促进儿童社会融合——对进城务工人员随迁子女家庭教育指导的思考[J].教育,2017(37):71-75.

②　李跃雪,崔钰歆.流动儿童少年家校合作存在的问题及优化建议——基于S市中小学教师的访谈[J].教育观察,2019(21):81-84.

③　中央教育科学研究所课题组,田慧生,吴霓,张宁娟,李晓强.进城务工农民随迁子女教育状况调研报告[J].教育研究,2008(4):13-21.

④　马良.对流动人口子女学校教育两种途径的评价[J].安徽农业大学学报(社会科学版),2006(6):69-73.

却较为忽视情绪、品德或性格的培养。有研究者通过深度访谈也得到了相似的结论,指出流动儿童家长最为重视的是学业发展,然后才是道德的发展。[①]而在家校合作方面,流动儿童家长与教师的沟通不如一般儿童家长充分,调查发现：能够充分沟通的家长中,有赖于教师主动沟通的流动儿童家长更多,而一半以上沟通不充分的情况是由于家长自己不够主动。可以推测,流动儿童家长的主动性不够,导致不能主动与教师沟通,即使是教师主动联系,也会由于自己单方面不够主动而达不到沟通的效果。在作为支持者和决策者时,一般儿童家长都明显表现更好,但流动儿童家长不敢作为学习者向教师咨询教育问题。可见流动儿童家长可能仅仅意识到了家校合作能够使家长受到教育的功能,而没有意识到参与到学校活动与决策中的意义。[②]

(二)流动儿童家校合作的问题分析

1.教育环境差异导致学生"越界"困难

因为学生作为一个尚未成熟的社会存在,处于学校、家庭、同辈群体三个不同的社会文化中,这三个"小社会"被称为"三重世界",学生受到来自三方不同的价值取向、道德规范和行为方式的影响,从一个"社会环境"进入另一个"社会环境"的过程称为"越界"。有学者针对家校表现不一的同学进行田野研究发现:家校交流的内容、形式、家校双方对孩子的教育期待等诸多方面存在不一致,影响着家校合作的效果,也造成了孩子"无法实现越界"[③]。

2.家长在家校合作时面临的问题汇总

家长在家校合作时面临的困难可总结为以下三类:第一类,家长角色偏差会直接影响家校合作,主要是在合作积极性方面及合作观念方面,进城务工人员认为教师是权威的,自己不便于插手,从而错过了对孩子最佳的教育时机。第二类,忽视孩子的情感需求,由于工作繁忙,与孩子亲子互动时间短、文化差异等导致教养缺失,造成了家长不了解孩子内心的真实需要,而

① 赵娟.南京市流动人口子女家庭教育的现状调查[J].上海教育科研,2003(8):38-40.

② 高一然,边玉芳.流动儿童家校合作特点及其对儿童发展的影响[J].中国特殊教育,2014(6):54-60.

③ 王菁.进城务工人员子女家校合作的问题研究[D].黑龙江大学,2019.

对孩子的健康发展造成了影响，且同样会影响家校合作的顺利开展。第三类，家长的教育观念更新不充分，家长不当的教育方式有行为过度干涉、对孩子的错误惩罚严厉、对孩子不管不问、情感忽视、重视智力发展、不重视品德培养、对学生心理培养和意志培养不够等问题，随着孩子年龄增加，家长对孩子的管理程度下降，这表明了家长教育观念的陈旧、教育方法的不合理及家长权威性教养和溺爱性教养并存，这些教养加大了学校对学生的管理难度。

3.学校进行家校合作的现实困境梳理

首先，教师开展家校合作力度不平衡。班主任教师承担着大班额学生的管理、多课时的任务，想要开展有效的家校合作，只能与家长协调时间，然而学校给教师安排的工作十分机械化，没有充分发挥教师的专业特长，做技术含量较低的保育工作，让教师开展家校合作增加了很大难度。其次，教师缺乏开展家校合作的技术指导和来自领导阶层的支持，这已成为教师开展家校合作时面对的主要问题。①

4.流动儿童家校合作问题的对策分析

第一，针对一些家长对家庭教育的模糊认识，学校要协助家长为其子女提供一个良好的家庭环境，应加强宣传，提高他们对开展家庭教育的认识，应当想方设法帮助家长转变观念，要让广大家长意识到孩子的教育不能只靠学校，家庭也有不可逃避的责任，父母的言行举止都会对孩子产生重要影响，父母的价值观也会影响到孩子的价值观。家长要主动配合学校，把学生在家的生活、学习情况及了解到的心理现象与教师交流，掌握与教师沟通的技巧和方法，学会及时与教师沟通，变被动为主动，共同帮助学生获得良好发展。②

第二，聚焦提高家校合作效率。有学者借助亲代在位的解释框架指出，留守儿童家校沟通的对象，不应是这些在家照看孙辈的祖辈或者负有临时

① 王菁.进城务工人员子女家校合作的问题研究[D].黑龙江大学,2019.
② 李跃雪,崔钰歆.流动儿童少年家校合作存在的问题及优化建议——基于S市中小学教师的访谈[J].教育观察,2019(21):81-84.

监管职责的亲戚,而是与留守儿童"不在一起共同生活"的外地打工父母。因此,学校如何建立与外地打工父母的沟通联系,是留守儿童家校协同沟通的必解难题。①而这样一个沟通的思路,目前是没有得到足够重视的。同时,针对沟通内容,不仅是儿童学业和成长方面的沟通,更重要的是要增进儿童与远在外地父母的情感联系,强化父母的文化符号形象,激发亲子之间的情感体验,动态增进亲子感情。②

5.针对流动儿童教育的政策概览

1996 年国家教委制定了《城镇流动人口中适龄儿童少年就学办法(试行)》,这一文件表明了国家对解决流动儿童教育边缘化问题的高度重视。1998 年教育部、公安部联合发布了《流动人口子女就学暂行办法》,在该办法中对流动人口子女就学问题作了规定:在户口所在地有监护条件的在户口所在地入学。户口所在地无监护条件的在流入地入学。流入地政府负责管理流动儿童的教育,流动儿童入学以在公立学校借读为主。③

从相关政策的演变与发展来看,进城务工随迁子女义务教育阶段入学问题的解决,经历了如下发展轨迹:第一阶段,大多数公办学校拒绝接受进城务工随迁子女入学,少数学校在缴纳高额"择校费""赞助费"的条件下接受其入学;第二阶段,对借读费、择校费的数额作出规定,在缴纳规定数额的借读费、择校费后允许进城务工随迁子女借读于公办学校;第三阶段,不再缴纳借读费、择校费,与本地青少年享有平等的教育权利。经过一段时间的推动,"以流入地政府管理为主,以全日制公办中小学为主"接纳进城务工人员适龄子女接受义务教育的政策逐步确立起来。④

21 世纪以来,尽管国家层面不断地通过政策推动家校合作,然而由于农

---

① 王晖,戚务念.父母教育期望与农村留守儿童学业成就——基于同祖两孙之家的案例比较研究[J].教育学术月刊,2014(12):66-71.

② 吴重涵,戚务念.留守儿童家庭结构中的亲代在位[J].华东师范大学学报(教育科学版),2020(6):86-101.

③ 李雅儒,孙文营,阳志平.北京市流动人口及其子女教育状况调查研究(下)[J].首都师范大学学报(社会科学版),2003(2):110-114.

④ 李家成,王娟,陈忠贤,印婷婷,陈静.可怜天下父母心——进城务工随迁子女家长教育理解、教育期待与教育参与的调查报告[J].教育科学研究,2015(1):5-18.

村家庭结构的变化和农村学校教育教学质量低下，家校关系呈现出复杂的状况，农村家庭与学校关系疏远，不能形成有效的家校合作。未来的农村家校合作需要加强制度建设和具体措施引领，更需要提升农村学校教育质量，进而获得农村家长的支持和参与，真正实现乡村教育的振兴。

本章小结

本章通过对近 20 年间相关文献资料的整理和分析，可以发现我国关于"家校共育"研究成果的数量呈现上升趋势。学者们对于小学家校合作的关注点多集中于家校合作的内涵、小学农村家校合作、加强小学家校合作的途径及小学家校合作的冲突这四大方面，并以不同的视角来阐释他们对于家校合作的不同理解，从中我们可以看到家校合作的历史发展；可以回顾因城镇化而给教育带来的危机；可以从实践中总结加强家校合作的多种途径；也可以探寻新时代中是什么引发了家校矛盾，在这一过程中，充分体现了家校合作的认识与要求同社会和时代的发展紧密联系，体现了从服务学校建设的功利性作用到实现"以生为本"的教育性价值的转变，家长角色从"配合学校"向"与校协同"转变，家校合作从零散的要求向制度化建设转变等特征。①

然而除围绕在小学学段的文献研究有待提升外，当前有关小学家校合作的研究还存在以下问题。第一，在众多家校合作的研究队伍中，引领性研究的队伍及多数学者为教育学背景，如在信息化背景下的家校协作途径研究中，信息化方面的专家、学者较少，更多的是教育学领域的专家及一线的实践者在进行研究与探索，研究者队伍有待扩展。第二，各个议题下的研究大多是家校合作系统理论研究的附带说明，专题研究家校合作途径、农村家校合作的高质量成果有限，各主题下尚有不少理论和实践问题需要进一步探讨。可以预测，随着时代发展和教育观念的进步，以及国家对协同教育的不断重视，未来家校合作将持续成为研究者关注的热点，构建家庭、学校和

---

①　边玉芳,周欣然.我国 70 年家校合作:政策视角下的发展历程与未来展望[J].中国教育学刊,2021(3):1-6.

社会密切配合的、立体化的"三位一体"教育格局将成为我国教育事业的重点工程。

推荐阅读

1.边玉芳,刘小琪,王凌飞.当代我国中小学家校冲突的原因分析与应对建议[J].中国电化教育,2021(5):27-32.

2.边玉芳,周欣然.家校互动不良的原因分析与对策研究[J].中国教育学刊,2019(11):39-44.

3.边玉芳,周欣然.我国 70 年家校合作:政策视角下的发展历程与未来展望[J].中国教育学刊,2021(3):1-6.

4.柴江.家校合作的本质属性、困境根源与破解思路[J].南京师大学报(社会科学版),2021(3):62-72.

5.黄菲菲,张敏强,崔雪平,黄熙彤,甘露.家校关系类型对小学生学业成绩的影响:基于潜在剖面分析[J].教育研究与实验,2018(2):88-91.

6.黄河清,马恒懿.家校合作价值论新探[J].华东师范大学学报(教育科学版),2011(4):23-29.

7.姬甜甜,孙丽萍.合作中的困扰:教师视角下家师关系的现实困境及超越——基于对北京市 80 位小学教师的访谈分析[J].当代教育论坛,2021(5):101-108.

8.李家成,王娟,陈忠贤,印婷婷,陈静.可怜天下父母心——进城务工随迁子女家长教育理解、教育期待与教育参与的调查报告[J].教育科学研究,2015(1):5-18.

9.梁亦华.家校冲突与冲突管理的质性研究[J].教育学报,2015(3):62-76.

10.林玲.家校合作关系的检视—— 一种批判的视角[J].教育科学研究,2013(6):44-49.

11.马忠虎.家校合作[M].北京:教育科学出版社,1995.

12.滕洋.试论家庭教育与学校教育的合作边界[J].当代教育科学,2022(2):17-24.

13.王帅.家长参与学校管理现状的实证研究——以上海市 10 所普通小学为例[J].上海教育科研,2012(2):31-35.

14.吴重涵,王梅雾,张俊.家校合作:小学生家长行动手册[M].南昌:江西教育出版社,2014.

15.吴重涵,张俊,王梅雾.家长参与的力量——家庭资本、家园校合作与儿童成长[J].教育学术月刊,2014(3):15-27.

16.吴重涵,张俊,王梅雾.是什么阻碍了家长对子女教育的参与——阶层差异、学校选择性抑制与家长参与[J].教育研究,2017(1):85-94.

17.吴重涵.制度化家校合作与儿童成长的相关性研究[J].教育科学研究,2018(10):92-96.

18.袁柯曼,周欣然,叶攀琴.中小学教师家校合作胜任力模型研究[J].中国电化教育,2021(6):98-104.

19.袁丽,胡艺曦.试论教师家庭教育指导专业素养的内涵、特性与循证提升模式[J].教师教育研究,2022(3):1-7.

20.臧宁,曹洪健,周楠.家校合作与青少年学业和行为发展:不良同伴交往及意志力的作用[J].教育研究,2022(4):107-122.

21.张俊,吴重涵,王梅雾.家长和教师参与家校合作的跨界行为研究——基于交叠影响域理论的经验模型[J].教育发展研究,2018(2):78-84.

22.张润田.家校合作制度化的困境与出路——基于新制度主义的视角[J].当代教育科学,2020(5):47-51.

23.赵宁宁,李文婷,陈小涵,陈福美.教师还是父母 谁的作用大?——成就目标理论视角下家校共育对小学生学业成绩的影响路径分析[J].清华大学教育研究,2021(4):130-140.

24.朱永永,王文杰.小学班级微信群的价值存在与多元管理[J].教学与管理,2020(17):19-21.

第十二章　农村小学教育研究

本章思维导图

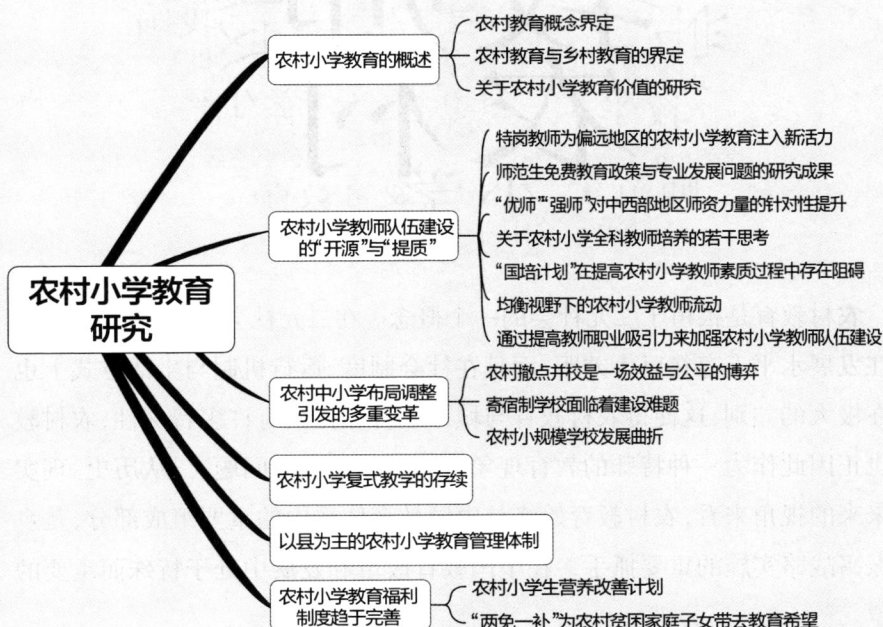

农村小学教育研究
├── 农村小学教育的概述
│   ├── 农村教育概念界定
│   ├── 农村教育与乡村教育的界定
│   └── 关于农村小学教育价值的研究
├── 农村小学教师队伍建设的"开源"与"提质"
│   ├── 特岗教师为偏远地区的农村小学教育注入新活力
│   ├── 师范生免费教育政策与专业发展问题的研究成果
│   ├── "优师""强师"对中西部地区师资力量的针对性提升
│   ├── 关于农村小学全科教师培养的若干思考
│   ├── "国培计划"在提高农村小学教师素质过程中存在阻碍
│   ├── 均衡视野下的农村小学教师流动
│   └── 通过提高教师职业吸引力来加强农村小学教师队伍建设
├── 农村中小学布局调整引发的多重变革
│   ├── 农村撤点并校是一场效益与公平的博弈
│   ├── 寄宿制学校面临着建设难题
│   └── 农村小规模学校发展曲折
├── 农村小学复式教学的存续
├── 以县为主的农村小学教育管理体制
└── 农村小学教育福利制度趋于完善
    ├── 农村小学生营养改善计划
    └── "两免一补"为农村贫困家庭子女带去教育希望

本章词云图

　　农村教育是根植于二元社会的一个概念。在二元社会中,城市与农村不仅在发展水平上存在巨大差距,而且在社会制度、运行机制与生活方式上也存在极大的差别,这使得农村教育与城市教育相比具有许多特殊性,农村教育也正因此作为一种特殊的教育现象成为专门的研究问题。[1]从历史、现实和未来的视角来看,农村教育始终是中国教育体系中的重要组成部分,是乡村振兴战略实施的重要抓手,在中国教育改革和发展中处于特殊而重要的地位。[2]

　　我国农村教育在不同的发展阶段关注的主题也在不断地变化。20世纪80年代初,主要关注的是教育秩序的恢复与初等教育的普及;20世纪90年代,主要关注的是"双基"的实现与各类教育资源的投放;21世纪,主要关注的主题是"双高普九"、农村中小学布局结构调整、流动人口子女教育及留守

----

[1]　杜育红.农村教育:内涵界定及其发展趋势[J].华南师范大学学报(社会科学版),2013(1):19-22+157.

[2]　李松.新中国成立70年我国农村教育:经验、问题与对策[J].河北师范大学学报(教育科学版),2019(4):46-53.

儿童教育问题。这些主题的变化与我国经济社会发展、农村的变化及社会制度的改革密切相关。①

目前关于农村教育的研究较为丰富，但针对农村小学教育的研究尚不多见。本章将关注的重点放在农村小学教育的概述、农村小学教师队伍建设的"开源"与"提质"、农村中小学布局调整引发的多重变革、农村小学复式教学的存续、以县为主的农村小学教育管理体制、农村小学教育福利制度趋于完善这六方面，力图绘制出近20年间农村小学教育的研究前沿蓝图。

第一节　农村小学教育概述

劳伦斯·纽曼(Lawrence Neuman)曾说："概念是建构理论的基石……概念的定义有助于联结理论与研究……软弱无力、相互矛盾或不清晰的概念定义限制了知识的进步。"②

在本章第一节我们尝试理清农村小学教育的概念。当前并无关于农村小学教育的明确定义，所以本节将首先介绍关于农村教育的定义，将小学作为学段来处理；再进一步明晰其内涵，并对农村教育与乡村教育的界定进行讨论；最后呈现目前学界有关农村小学教育价值的研究。

一、学界关于农村教育概念的论述

20世纪80年代以来，关于农村教育内涵主要有三种界定：区域论、对象论和功能论。

(一)区域论视野下的农村教育内涵

区域论也称地域论，影响最广。持区域论的人认为，只要发生在农村这一地理空间范围内的教育就是农村教育，不论这种教育的对象是谁、内容是

---

① 杜育红.农村教育：内涵界定及其发展趋势[J].华南师范大学学报(社会科学版),2013(1)：19-22+157.

② [美]劳伦斯·纽曼.社会研究方法：定性和定量的取向(第五版)[M].郝大海,译.北京：中国人民大学出版社,2007：59-60.

什么。①

"农村教育"按照联合国教科文组织秘书处所提出的定义是指农村地区的基础教育、职业技术教育和成人教育,包括有文凭的全日制正规学习和短期非正规的成人扫盲学习及技能培训。②也有学者指出农村教育是以农业为基础产业的农村的区域性教育。它首先是教育的一个区划概念,同时又是一个发展演变着的历史范畴。农村教育不同于农业教育,也不等于农民教育。③

另外一种观点认为农村教育是农村地区面向区域内多种人群传递普遍性与地域性的生产和生活经验,传承人类文明和乡村文化,促进农村社会转型和农村地区多种产业协调发展,培养具备现代生产生活能力和持续学习能力之人的社会活动。我国农村教育具有乡村性、多样性、多元性和自治性四个特征,其发展模式主要为人口流动型、政府主导型、文化内生型和产业聚集型四种类型。④

国内对农村教育通常定义为:"中国的农村教育是指县和县以下的教育,包括县、乡(镇)、村的教育。"但杜育红认为这种典型的地域概念没有考虑二元社会生产方式、生活方式与社会制度这三个层面的特征,也没有抓住农村教育的关键特征。因此,把握农村教育的内涵要从以下几个方面着眼:农村教育是以自然经济为主体,仅以能自给自足、生产效率极其低下的传统农业为基础的;农村教育是与传统的、在自然状态下形成、比较分散的居住方式相联系的;农村教育是与低收入群体相联系的;农村教育是与社会制度密切相关的。并且,由于前面几个方面都是一个动态变化的过程,因而农村教育的内涵也是一个动态变化的过程。⑤

(二)对象论视野下的农村教育内涵

对象论所指涉的农村教育是以农村户籍儿童为对象、以农村社会文化为

---

① 邬志辉,张培.农村教育概念之变[J].高等教育研究,2019(5):10-18.
② 陈敬朴.农村教育概念的探讨[J].教育理论与实践,1999(11):39-43+57.
③ 李少元.农村教育论[M].南京:江苏教育出版社,2000:1-4.
④ 杨海燕,高书国.农村教育的价值、特征与发展模式[J].教育研究,2017(6):73-79+86.
⑤ 杜育红.农村教育:内涵界定及其发展趋势[J].华南师范大学学报(社会科学版),2013(1):19-22+157.

内容的教育。也就是说,无论这种教育发生在城市还是乡村,只要教育对象是农村户籍、教育内容与乡土文化生活相联系,都可称为农村教育。①

根据《国际教育百科全书》第七卷,"农村教育"这一术语通常和发展联系在一起,即教育计划旨在帮助人们改善他们的生活标准,使他们能自力更生,有创造性。所以,对"农村教育"的定义是为农村人口设计的机构与学习设施。②

张家勇和朱玉华提出农村教育是以亲近自然、亲近友邻、亲近社会为重要特点,以乡村熟人社会为首选场域,以传统乡土文明为主干资源,以促进社区人口终身发展、提高社区物质和精神生活水平为目的,与自然和社会生活水乳交融的文化存在或社会活动。农村教育是生活教育和自然教育,是源于实践、融于实践的"活教育",具有终身性、全民性、与生活高度融合等本质特征。③

陈敬朴也认为一般把发生在农村、以农村人口为对象并为农村经济和社会发展服务的教育称为农村教育。对于广大发展中国家,农村教育是农业文明向工业文明过渡、出现农村与城市二元社会、农民处于不利条件的历史背景下进行的旨在使农村人口获取知识与劳动技能、现代公民意识与创业能力的教育。④

(三)功能论视野下的农村教育内涵

功能论概念在外延上围绕"什么教育为农村服务""教育为农村服务什么"和"教育如何为农村服务"三个问题形成了不同的认识。⑤

在功能论视野下,农村教育是一种大教育,是指一切可能且应该为农村现代化发展服务的教育。在全面建成小康社会的进程中,鉴于农村的现代化发展对教育更广泛、更深刻的需求,要求农村教育超越传统的范围与模式。

---

① 邬志辉,张培.农村教育概念之变[J].高等教育研究,2019(5):10-18.
② [瑞典]胡森.《国际教育百科全书》(7)[M].贵州:贵州教育出版社,1990:660.
③ 张家勇,朱玉华.农村教育复兴:可能与方向[J].中小学管理,2015(10):4-7.
④ 陈敬朴.农村教育概念的探讨[J].教育理论与实践,1999(11):39-43+57.
⑤ 邬志辉,张培.农村教育概念之变[J].高等教育研究,2019(5):10-18.

农村教育的区位概念应该转化为功能概念，即中国当代各级各类教育要努力为农村现代化发展服务。[①]

从长期来看，随着城乡融合带来的行政和地理边界逐渐消失，农村教育应是服务于"弱者""底层"和"穷人"的广义教育概念，而决不应是"弱质""底层"和"贫穷"的教育。李涛提出未来中短期的农村教育概念是指在新的"属人""属农"特征基础上，在农村边界内，为农村多种人群提供的，传递道德价值、知识符号和实践技艺的社会学习活动；未来长期的农村教育概念则将突破"地域空间""服务群体""教育功能"和"学校教育"边界，嬗变为一种"价值论"取向的高质量的平民主义教育概念。[②]

百年来，中国农村教育概念始终在理解认知上存在不同维度，诸如"对象论""空间论""目的论""交叉论"等。对农村教育概念的不同认定均有其利弊——"对象论"锁定"人口"，"空间论"锁定"环境"，"目的论"锁定"功用"，"交叉论"锁定"政策"，从而将农村教育概念分别作为单向度的"农民教育""乡村教育""农业教育"和"学校教育"，这一点值得深入反思。[③]

二、农村教育与乡村教育的界定

关于农村、乡村及其教育，中央文件以及专家学者有不同解释和界定。不同农村教育和乡村教育的内涵界定，不仅对概念的外延和覆盖人口计算有重要影响，也对经费投入、教师队伍建设有重要影响。[④]

《辞海》《新华词典》等有关于农村和乡村的解释，但找不到关于农村教育、乡村教育的词条。即便是教育学专业辞书《大百科全书·教育》也同样如此。目前关于农村教育和乡村教育的界定及其覆盖人口的推算有以下几种：根据教育学对农村教育的界定，农村教育可分为大农村教育（指县域、乡镇、集镇和乡村的教育）与小乡村教育（仅指乡村教育）；根据统计学对乡村的界

---

① 张乐天.重新解读农村教育[J].教育发展研究,2003(11):19-22.
② 李涛.中国农村教育的概念实质及未来特征[J].探索与争鸣,2021(4):31-34.
③ 李涛.中国农村教育的概念实质及未来特征[J].探索与争鸣,2021(4):31-34.
④ 郝文武.农村教育和乡村教育的界定及其数据意义[J].教育研究与实验,2009(3):8-12.

定,乡村分为大乡村(指县城、乡镇、集镇和农村)与小农村(仅指农村)。①还有一种是以农业户口和非农业户口的,以户籍为标准的城乡教育、农村教育及乡村教育基本或完全一致的界定和推算。②

在城镇化进程中,当代农村教育正在发生前所未有的变迁。对当下现状的识别和对美好未来的营造,需要农村教育研究在概念范畴与研究视角上实现新的转向,才能避免游谈无根的状况。从概念上看,"农村"已无法指代当下城乡连续体中非城镇的聚落,应以"乡村"替代,并且"乡村教育"更蕴含了建设乡村生活的价值定位与"本乡本土"的文化旨趣;从乡村教育的性质和发展目标上看,乡村教育研究应走出"趋城市性"的惯性轨道,将现代意义的"乡村性"的重建作为重点;从现代化发展的"时间性"特征来看,唯有"空间性"才是与之等量齐观的范畴。③

三、关于农村小学教育价值的研究

关于农村小学教育价值的研究主要集中于农村小学教育价值取向和基于政策法规的农村小学教育价值。

(一)农村小学教育价值取向的艰难抉择

中国村落空间中的百年社会教化经历了复杂变迁,表现在中国乡村教育发展理念、方向、目标、路径等一系列根本性的内生命题从未被真正厘清,"农村教育城镇化"还是"守护乡土教育本真"、"离农性"还是"为农性"、"文字下乡"还是"文字上移"等系列农村教育发展的二元治理悖论一直困扰着研究者和决策者。真实而完整的乡村教育形态在多元化的理论博弈与实践探索中反而被彩绘化和碎片化,不同的研究者因其不同的观念前见、生活经历与理论视角而对乡村教育采取了完全不同的现实判断。④

---

① 郝文武.以城乡教育有特色融合发展促进乡村教育振兴和农村教育现代化[J].教育科学,2021(3):1-7.
② 郝文武.农村教育和乡村教育的界定及其数据意义[J].教育研究与实验,2019(3):8-12.
③ 耿涓涓.乡村教育研究的转向[J].广西师范大学学报(哲学社会科学版),2015(2):110-114.
④ 李涛.中国乡村教育发展路向的理论难题[J].探索与争鸣,2016(5):100-103.

当前学术界关于农村教育价值取向的代表性观点包括：农村教育城市化的价值取向；培养现代农民的价值取向；为三农服务或强农的价值取向；城乡融合或和而不同的价值取向；以人为本或回归本体的价值取向；回归人的生命与生活的价值取向；传承乡村文明或文化的价值取向等。①

我国农村教育改革发展曾一度面临"离农"和"为农"两种价值取向的艰难选择。尽管近年来诸多学者基于社会学、文化学、经济学等学科视角对农村教育价值取向进行审视并提出各自的见解，但仁智互见，至今未能很好地解决农村教育的价值取向问题。

肖正德、谷亚从系统论视角来审视农村教育的价值取向，认为要建立城乡一体化的农村教育发展观，完善多样化的农村教育体系，重构工具性和发展性相统一的农村教育价值取向。②

苏刚和曲铁华也指出，在教育现代化进程中，我国农村教育出现了两种价值取向的嬗变，即以农村为中心的农本主义和以城市为中心的城本主义。时至今日，两种价值选择已经成为农村教育发展中的一个悖论，因此农村教育价值取向不可避免地陷入片面性和工具性。③

工具化倾向的农村教育价值取向形成了教育和人的"异化"。为摆脱农村教育工具化价值取向的危机，以人的发展为导向是农村教育价值取向的必然转向，只有将工具价值建立在本体价值基础上，实现二者的统一，方可促进农村社会的良性发展。④

中国农村教育经历了由依附城市教育到与城市教育相整合的发展阶段。当前应通过大力推进农村社会与教育现代化进程，全面提升农民整体素质，协调农村教育价值观内部的各种关系，改进党和国家对农村的各项工

① 廖其发.多元一体：中国农村教育的价值取向[J].中国农业大学学报（社会科学版），2015（1）：106-118.

② 肖正德，谷亚.农村教育到底为了谁？——农村教育价值取向研究述评[J].教育研究与实验，2019（6）：24-28.

③ 苏刚，曲铁华.现代化进程中我国农村教育价值取向的嬗变及重构[J].教育发展研究，2014（1）：12-16.

④ 田夏彪，张琼.论农村教育价值取向的危机及转向[J].继续教育研究，2010（10）：35-37.

作,实现建构"农本主义""城本主义"与"人本主义"三位一体的农村教育价值整体。①

徐彬从后喻文化的视角出发,指出后喻文化作为一种以积极进取、开放创新和开拓未来为使命和精神的文化,具有开放性、创新性和反哺性的特征,改变着乡村文化的内容、结构和传递模式。②

总之,我国农村教育的价值取向应是多元的,但这多元的价值取向之中又有根本,相互之间在根本价值取向的统摄之下构成和谐统一的整体。具体地说,我国农村教育应该根据受教育者身心发展的需要,以全面提高受教育者德、智、体、美、劳等方面的综合素养为根本性的价值取向。与此同时,兼顾我国农村、城市乃至整个社会各个方面对于农村教育的价值诉求。在体现这一基本精神的前提之下,我国农村各类教育又应适当地体现出具有自身特色的价值取向。③

(二)从政策与法规层面阐明农村小学教育的价值

新中国成立以来,党中央、国务院高度重视农村教育,作出了一系列促进农村教育发展的重大决定,出台了一系列农村教育改革的政策文件,这为推动农村教育事业发展提供了政策指导和实践遵循。④

表12-1　农村小学教育相关政策与法规⑤

时间	相关政策	相关内容
2001 年 5 月	国务院《关于基础教育改革与发展的决定》	"进一步完善农村义务教育管理体制。实行在国务院领导下,由地方政府负责、分级管理、以县为主的体制""因地制宜调整农村义务教育学校布局""各级人民政府要完善并落实中小学助学金制度"

---

① 曲铁华,王丽娟.由依附到整合——近30年农村教育价值观的历史变迁与现实审思[J].东北师大学报(哲学社会科学版),2012(5):201-204.
② 徐彬.后喻文化视域下乡村教育价值取向的异化与回归[J].教育理论与实践,2016(35):19-21.
③ 廖其发.多元一体:中国农村教育的价值取向[J].中国农业大学学报(社会科学版),2015(1):106-118.
④ 李松.新中国成立70年我国农村教育:经验、问题与对策[J].河北师范大学学报(教育科学版),2019(4):46-53.
⑤ 以下政策法规均来自中华人民共和国教育部以及中华人民共和国中央人民政府门户网站.

续表

时间	相关政策	相关内容
2002 年 4 月	国务院《关于完善农村义务教育管理体制的通知》	"农村义务教育实行'在国务院领导下,由地方政府负责、分级管理、以县为主'的体制""建立义务教育经费保障机制,保证农村义务教育投入"
2003 年 9 月	国务院《关于进一步加强农村教育工作的决定》	"加快推进'双基'攻坚,巩固提高普及义务教育的成果和质量""落实农村义务教育'以县为主'管理体制的要求,加大投入,完善经费保障机制""加快推进农村中小学人事制度改革,大力提高教师队伍素质""实施农村中小学现代远程教育工程,促进城乡优质教育资源共享。提高农村教育质量和效益""切实加强领导,动员全社会力量关心和支持农村教育事业"
2005 年 5 月	教育部《关于进一步推进义务教育均衡发展的若干意见》	"统筹教师资源,加强农村学校和城镇薄弱学校师资队伍建设""落实各项政策,切实保障弱势群体学生接受义务教育"
2005 年 12 月	国务院《关于深化农村义务教育经费保障机制改革的通知》	"全部免除农村义务教育阶段学生学杂费,对贫困家庭学生免费提供教科书并补助寄宿生生活费""提高农村义务教育阶段中小学公用经费保障水平""建立农村义务教育阶段中小学校舍维修改造长效机制""巩固和完善农村中小学教师工资保障机制"
2006 年 2 月	教育部《关于大力推进城镇教师支援农村教育工作的意见》	"积极做好大中城市中小学教师到农村支教工作""认真组织县域内城镇中小学教师定期到农村任教""探索实施农村教师特设岗位计划""积极鼓励并组织落实高校毕业生支援农村教育工作""组织师范生实习支教""积极开展多种形式的智力支教活动"
2007 年 5 月	教育部财政部中央编办人事部《教育部直属师范大学师范生免费教育实施办法(试行)》	免费师范生入学前与学校和生源所在地省级教育行政部门签订协议,承诺毕业后从事中小学教育 10 年以上。到城镇学校工作的免费师范毕业生,应先到农村义务教育学校任教服务 2 年
2008 年 12 月	教育部、人力资源社会保障部、财政部《关于义务教育学校实施绩效工资的指导意见》	"对农村学校特别是条件艰苦的学校要给予适当倾斜"

续表

时间	相关政策	相关内容
2010 年 7 月	《国家中长期教育改革和发展规划纲要（2010—2020年)》	"建立城乡一体化义务教育发展机制，在财政拨款、学校建设、教师配置等方面向农村倾斜""以农村教师为重点，提高中小学教师队伍整体素质""逐步实行城乡统一的中小学编制标准，对农村边远地区实行倾斜政策"
2011 年 11 月	国务院《关于实施农村义务教育学生营养改善计划的意见》	"按照'政府主导、试点先行、因地制宜、突出重点'的原则，稳步推进农村义务教育学生营养改善计划，不断提高农村学生营养健康水平"
2012 年 8 月	国务院《关于加强教师队伍建设的意见》	中小学教师队伍建设要以农村教师为重点，采取倾斜政策，切实增强农村教师职业吸引力，激励更多优秀人才到农村从教
2012 年 9 月	国务院《关于规范农村义务教育学校布局调整的意见》	"农村义务教育学校布局要保障学生就近上学的需要""严格规范学校撤并程序和行为""办好农村小学和教学点""加强农村寄宿制学校建设和管理""解决学校撤并带来的突出问题"
2015 年 6 月	国务院《乡村教师支持计划（2015—2020年)的通知》	"全面提高乡村教师思想政治素质和师德水平""拓展乡村教师补充渠道""提高乡村教师生活待遇""统一城乡教职工编制标准""职称(职务)评聘向乡村学校倾斜""推动城镇优秀教师向乡村学校流动""全面提高乡村教师能力素质""建立乡村教师荣誉制度"
2016 年 7 月	国务院《关于统筹推进县域内城乡义务教育一体化改革发展的若干意见》	"努力办好乡村教育""科学推进学校标准化建设""统筹城乡师资配置""改革乡村教师待遇保障机制""加强留守儿童关爱保护""改革控辍保学机制"
2017 年 1 月	国务院《国家教育事业发展"十三五"规划的通知》	"加强农村学校布局规划""保留并办好必要的小规模学校和教学点，努力保障学生就近入学、接受有质量的教育。合理制定闲置校园校舍综合利用方案，优先用于教育事业发展""加强乡村教师队伍建设"
2017 年 9 月	国务院《关于进一步加强控辍保学提高义务教育巩固水平的通知》	"提升农村学校教育质量""落实扶贫控辍，避免因贫失学辍学""强化保障控辍，避免因上学远上学难而辍学"

续表

时间	相关政策	相关内容
2018 年 1 月	中共中央 国务院《关于全面深化新时代教师队伍建设改革的意见》	"重点开展乡村中小学骨干校长培训和名校长研修""编制向乡村小规模学校倾斜""逐步扩大农村教师特岗计划实施规模"
2018 年 5 月	国务院办公厅《关于全面加强乡村小规模学校和乡镇寄宿制学校建设的指导意见》	"统筹布局规划""改善办学条件""强化师资建设""强化经费保障""提高办学水平""加强组织领导"
2018 年 5 月	中共中央 国务院《国家乡村振兴战略规划（2018—2022 年）》	优先发展农村教育
2018 年 8 月	教育部、财政部、人力资源、社会保障部、中央编办《教育部直属师范大学师范生公费教育实施办法》	到城镇学校工作的公费师范生，应到农村义务教育学校任教服务至少 1 年
2020 年 7 月	教育部等六部门《关于加强新时代乡村教师队伍建设的意见》	"加强师德师风建设，激发教师奉献乡村教育的内生动力""创新挖潜编制管理，提高乡村学校教师编制的使用效益""畅通城乡一体配置渠道，重点引导优秀人才向乡村学校流动""创新教师教育模式，培育符合新时代要求的高质量乡村教师"
2021 年 7 月	教育部等九部门关于印发《中西部欠发达地区优秀教师定向培养计划》的通知	自 2021 年起，每年为 832 个脱贫县（原集中连片特困地区县、国家扶贫开发工作重点县）和中西部陆地边境县中小学培养一万名左右师范生
2022 年 4 月	教育部等八部门关于印发《新时代基础教育强师计划》的通知	"完善部属师范大学示范、地方师范院校为主体的农村教师培养支持服务体系，为中西部欠发达地区定向培养一批优秀中小学教师""继续实施农村学校教育硕士师资培养计划""深入推进县城内义务教育学校教师'县管校聘'管理改革"
2022 年 9 月	教育部办公厅关于进一步做好"优师计划"师范生培养工作的通知	"建强乡村教育社会实践基地""设置乡土教育专题课程""缩小城乡数字鸿沟"

2001—2003 年国家先后出台《国务院关于基础教育改革与发展的决定》《国务院关于进一步加强农村教育工作的决定》，要求实施并完善"在国务院领导下，由地方政府负责、分级管理、以县为主的体制"，这对我国农村义务教育管理产生了深刻的影响，是促进我国农村义务教育发展的重大举措。

此后，《国务院关于深化农村义务教育经费保障机制改革的通知》《关于实施农村义务教育学生营养改善计划的意见》和《国务院办公厅关于进一步加强控辍保学提高义务教育巩固水平的通知》等文件的出台凸显了国家对于儿童教育福利的关注。其中分别提到："全部免除农村义务教育阶段学生学杂费，对贫困家庭学生免费提供教科书并补助寄宿生生活费"；"按照'政府主导、试点先行、因地制宜、突出重点'的原则，稳步推进农村义务教育学生营养改善计划，不断提高农村学生营养健康水平"；"落实扶贫控辍，避免因贫失学辍学"；"强化保障控辍，避免因上学远上学难而辍学"。

2015 年国务院颁发《乡村教师支持计划（2015—2020 年）》，其主要内容包括提升师德素养、拓展师资补充途径、保障工资福利、荣誉制度奖励、倾斜职称与统一城乡编制标准、提高专业水平与促进优秀教师到乡村交流八项举措。[①]此后，2017 年，国务院办公厅发布《国家教育事业发展"十三五"规划》，将"乡村教师队伍建设"列为国家教育"十三五"规划的重点。[②]2018 年，中共中央、国务院印发《国家乡村振兴战略规划（2018—2022 年）》也明确指出：要落实好《乡村教师支持计划》，改善乡村教师目前的境遇，切实建设一支优质的乡村教师队伍，推动乡村振兴战略的进程，消除城乡教育差距，逐步实现城乡教育公平发展。[③]

国家出台的这一系列文件给予了乡村教育政策层面的倾斜。同时，为了进一步提高乡村教师的整体素质，国家从提升教师能力和扩充教师队伍两个方面制定了一系列计划和政策。具体而言，一是在提升教师能力方面，国

---

① 中华人民共和国中央人民政府门户网站［EB/OL］（2015-06-08），https://www.gov.cn/xinwen/2015-06/08/content_2875260.htm.

② 中华人民共和国中央人民政府门户网站［EB/OL］（2017-01-19），https://www.gov.cn/zhengce/content/2017-01/19/content_5161341.htm.

③ 薛正斌.乡村教师支持计划政策研究［M］.北京:中国社会科学出版社,2021:2.

家出台了"国培"计划;二是在扩充教师队伍方面,国家出台了城镇教师支援农村教育、大学生志愿服务西部计划、特岗教师计划和免费教育师范生等政策。这些文件和政策的出台,引起了学界对乡村教师问题的关注,发文数量也随着时间的推移逐步增加。①

发展农村教育,教师是关键,政策是保障。农村教师政策对于稳定农村教师队伍,提高农村教育质量具有重要的推动作用。对新中国成立以来我国农村教师政策进行回顾与反思,分析其演变逻辑,有助于今后更好地制定农村教师政策,推动农村教师队伍的良性发展。②

赵学厅和杨晓平以近40年来70篇农村教育政策文件为研究对象,主要运用质性分析软件Nvivo11.0,对政策文件的内容进行分析,发现政策制定主体主要为中共中央、国务院和教育部;教师是农村教育政策主要的对象主体,义务教育和职业教育是政策的主要内容,促进经济发展和社会主义新农村建设是政策主要的价值取向。农村教育政策的发展经历了三个阶段:1978—1984年(扫盲教育、普及初等教育、调整中等教育结构);1985—2002年(农村教育管理体制改革和教育结构改革);2003年至今(推进农村教育的质量建设)。通过以上分析得出:我国农村教育政策体系内部缺乏平衡,应发展高质量、高层次教育;政策更迭的科学性需进一步加强,应注重政策体系灵活性与稳定性的平衡;城乡教育一体化发展有待完善,农村教育应与统筹城乡发展相协调;政策的"农村本位"意识缺失,应以农村及人的发展为本。③

第二节　农村小学教师队伍建设的"开源"与"提质"

农村教师队伍建设对于提升农村教育质量具有重要的推动作用。改革

---

①　何鑫,陈卓,田丽慧.2000—2018年乡村教师队伍建设研究热点与演化趋势研究——基于CNKI核心期刊的统计实践探析[J].技术经济,2020(4):154-163.

②　赵垣可,刘善槐.新中国70年农村教师政策的演变与审思——基于1949—2019年农村教师政策文本的分析[J].西南大学学报(社会科学版),2019(5):14-23.

③　赵学厅,杨晓平.改革开放以来我国农村教育政策综述——基于Nvivo11质性分析软件[J].遵义师范学院学报,2021(3):136-140.

开放以来,我国农村教师队伍建设取得了显著成就,但仍然存在诸如数量相对不足、质量不高、岗位吸引力低、专业发展受限、社会角色迷失等问题。[①]由于教师教育和教师工作的特点,我国教师队伍建设存在的这些发展不平衡不充分的突出问题,市场机制无法有效地解决,需要国家力量和行政机制的强力介入。通过梳理我国农村教育的相关政策文件,不难发现我国政府也在农村教师队伍建设中肩负着重要职责,应扮演好"掌舵者""资源供给者""信息提供者"及"监管者"等角色。[②]

改革开放以来,我国农村教师队伍建设的核心议题是农村教师数量、农村教师质量、农村教师来源、农村教师岗位吸引力、农村教师专业发展、农村教师社会角色及农村教师社会地位七个方面。[③]本节主要围绕农村小学特岗教师、农村小学免费师范生、农村小学全科教师、农村小学教师"国培计划"、均衡视野下的农村小学教师流动及农村小学教师职业吸引力的提升等内容进行讨论,力图呈现一幅在政府支持下农村小学教师队伍建设的专业图景。

一、特岗教师为偏远地区的农村小学教育注入新的活力

解决乡村教师队伍建设面临的问题,开源是首要的。为此,国家先后实施了"三支一扶计划""特岗教师计划""免费师范生政策"等一系列措施,尤其是"特岗教师计划"下的特岗教师被称为乡村教师换血的一代,为乡村教师队伍的补充与改善做出了巨大贡献。[④]

2006年,教育部、财政部、人事部、中央编办下发《关于实施农村义务教育阶段学校教师特设岗位计划的通知》,公开招聘高校毕业生到"两基"攻坚县农村义务教育阶段学校任教, 聘期为3年, 原则上安排在县以下农村初

---

① 赵垣可, 刘善槐. 改革开放以来我国农村教师队伍建设问题研究 [J]. 理论月刊,2019(1):154-160.

② 李福华.论国家力量介入教师队伍建设的内生性需求[J].清华大学教育研究,2018(6):88-95.

③ 赵垣可, 刘善槐. 改革开放以来我国农村教师队伍建设问题研究 [J]. 理论月刊,2019(1):154-160.

④ 刘佳.我国"特岗教师计划"实施十年后的回顾、反思与展望[J].现代教育管理,2017(2):79-84.

中,适当兼顾乡镇中心学校,聘期满后考核合格者,自愿留任的均可转为正式在编教师。[①]

2012 年到 2016 年的"特岗教师计划"相继指出:加强初中与小学教师队伍补充协调发展;努力提高村小学、教学点特岗教师招聘比例;优先满足村小学和教学点的教师补充需求;县城学校不再补充新的特岗教师;特岗教师优先满足连片特困地区和国家扶贫开发工作重点的县村小学和教学点的教师补充需求。从规定变化来看,"特岗教师计划"的岗位安排逐步实现了从侧重初中向满足村小学及教学点的转变。[②]

"特岗教师计划"起源于解决农村义务教育的师资问题。随着该计划的深入实施和不断完善,该项目不仅起到缓解农村教师短缺和提高农村教师质量的重要作用,成为替代代课教师的优化方式,在岗位上和学科上有效地补充了正式在编教师的结构性短缺,而且以教师储备库的方式优化教师队伍、创新教师选拔机制及聘任管理制度,成为加强中小学教师队伍建设的有效制度创新模式。[③]

高闰青也认为"特岗计划"不论是在招募教师的数量、质量、招聘的条件,还是在教师服务的时间上都将惠及农村教育,逐步解决农村师资总量不足和结构不合理、编制难等问题,并且将改变我国中西部地区教育落后面貌,历史地解决中西部地区(尤其是广大农村)教师队伍均衡发展、稳定发展的补充机制,由此找到促进区域基础教育均衡发展的新途径,进一步促进城乡教育公平。[④]

放眼国际,近年来,俄罗斯城乡教师资源不均衡的问题越来越严重,并启动了同我国"特岗教师"计划类似的项目。2020 年,在总统普京的倡议下俄罗斯启动了"泽姆斯基教师"计划,旨在吸引高素质的年轻教师到农村地区

---

① 王学男."免费师范生"与"特岗计划"的政策比较研究[J].上海教育科研,2012(10):30-33+10.

② 刘佳.我国"特岗教师计划"实施十年后的回顾、反思与展望[J].现代教育管理,2017(2):79-84.

③ 安雪慧,丁维莉."特岗教师计划"政策效果分析[J].中国教育学刊,2014(11):1-6.

④ 高闰青."特岗计划":促进教育公平的新支点[J].教育研究与实验,2011(6):12-16.

从教,解决农村学校教师不足和结构不合理的问题,确保农村地区学生能够
获得高质量的学习和发展机会,为偏远地区的教育注入新的活力。①

"特岗计划"是推进城乡义务教育均衡发展、全面提高义务教育质量的
有效途径。十几年来,"特岗计划"为补充乡村教师数量不足、缓解乡村教师
结构性短缺、提高乡村教师队伍整体素质做出了巨大贡献,但也面临超编县
区无法及时补充教师、特岗教师没有延伸到村小学和教学点、服务期满后流
失率比较高、转岗和跨学科教学与课时量过大并存、特岗教师面临交通食宿
诸多生活难题并承受婚恋与家庭等巨大压力及问题。"特岗计划"的未来发
展,既需要优化整合教师编制动态管理、教师退出和补充以及全科教师培养
使用等政策,又需要在扩大政策受益面、落实差别化补助政策、构建梯度化
评价方式和晋升制度、扩大本土生源比例等运行机制方面对"特岗计划"进
行调整和完善。②

王庭照、许琦等研究者也指出特岗计划在实施过程中面临诸多的现实
问题,包括特岗教师社会责任与身份认同的矛盾、选拔标准与社会需求不一
致、政策承诺与现实状况之间存在差距、特岗教师专业成长的限制因素较
多、特岗教师聘任期满后的去留保障不完善等。针对这些问题,政府可以采
取以下策略促进特岗计划发挥更大的作用:在招募特岗教师时,注重对报名
者服务农村教育意愿的考查;为特岗教师提供更多的专业成长机会,对其进
行职业生涯规划方面的指导;在特岗教师聘任期结束后的保障制度中,适当
放宽二次考核对特岗教师的束缚。③

安富海调查发现特岗教师在专业理念与师德、专业知识、专业能力等方
面还存在许多亟待关注的问题。这些问题影响了"特岗计划"解决农村地区
师资紧缺、结构性失衡和促进义务教育均衡发展等政策目标的实现,要实现
多层面的上下联动,共同促进特岗教师的专业发展,可采取以下措施:重视

①　范永胜.俄罗斯:更多高素质年轻教师助力农村教育发展[J].人民教育,2021(7):25.

②　徐文娜,李潮海."特岗计划"实施的现实困境与优化建议——基于辽宁省三个县区"特岗计划"实施情况的实地调研[J].现代教育管理,2020(5):87-92.

③　孙颖,陶玉婷.特岗计划的现实困境与破解思路[J].中国教育学刊,2012(7):14-16.

特岗教师的专业发展,适时出台和推进教师、校长交流制度;改善特岗教师的生活、工作环境,突破原有体制机制对特岗教师学习交流的限制;营造集体学习的氛围,组建教师学习共同体;加强理论学习,重视交流和反思在教师自主专业发展中的作用。①

二、师范生免费教育政策与专业发展问题的研究成果

近年来,围绕师范生免费教育政策、免费师范生专业发展问题已经形成较多的研究热点。其中,师范生免费教育研究主要分为免费师范生就业研究、免费师范生教师职业认同研究、师范生免费教育政策研究和师范生免费教育课程设置研究四个领域。这四个研究领域的战略地位差异较大,免费师范生教师职业认同研究、师范生免费教育政策研究比较成熟,处于研究网络的中心,而免费师范生就业研究、师范生免费教育课程设置研究还未形成稳定的研究结构,有待进一步加强与深化。②

(一)免费师范生政策如何在国家、地区和个人利益之间取得平衡

免费师范生政策是 2007 年 3 月 5 日温家宝总理在政府工作报告中提出,将在教育部直属的 6 所师范大学实行师范生免费教育。同年秋季便实施免费师范生政策,要求免费师范生入学前要与学校和生源所在地省级教育行政部门签订协议,承诺毕业后从事中小学教育 10 年,到城镇学校工作的应先到农村义务教育学校任教服务两年。③国家希望通过干预,以免费政策为切入口,从源头上解决欠发达地区基础教育教师资源、特别是优秀教师资源短缺的问题,促进教育公平,推进社会和谐。④

公费师范生教育政策则是继免费师范生政策后推出的一项教育政策,

① 安富海."特岗教师"专业发展的问题与对策——基于对贵州威宁县和河北涞源县的调查[J].教育理论与实践,2014(10):39-43.
② 王庭照,许琦,栗洪武,李录志.我国师范生免费教育研究热点的领域构成与拓展趋势——基于 CNKI 学术期刊 2007—2012 年文献的共词可视化分析[J].教育研究,2013(12):102-109.
③ 王学男."免费师范生"与"特岗计划"的政策比较研究[J].上海教育科研,2012(10):30-33+10.
④ 房喻.师范生免费教育:回眸与省思[J].中国高等教育,2010(19):11-13.

包括招生、培养、就业、职后教育等多个环节的政策。该政策并不是固定不变的政策，而是随着时代形势与政策环境的改变，其政策内容也在发展变化。2018 年 3 月印发的《教师教育振兴行动计划（2018—2022 年）》，在有关改进完善教育部直属师范大学师范生免费教育政策中，将"免费师范生"改称为"公费师范生"。①

我国的免费师范生政策有三个层面，除了 6 所部属师范大学招收免费师范生的政策，由中央财政支持；另外还存在分别由省级财政、市级财政（设区市）支持的地方师范院校师范生免费培养政策。②

地方出台的师范生免费教育政策是国家师范生免费教育政策的延伸和有效补充，可以更加精准地为基层学校培养优秀教师资源。研究显示，地方师范生免费教育政策具有重点为农村地区中小学培养师资、重点培养全科教师、契合本地教师资源培养的实际需要、培养层次和方式多样化等特征。③其目标主要是针对乡村教师质量的优化，主要手段则是通过"师范生免费教育"政策吸引、培养大批优秀教师，保证乡村教师的供给水平，促进城乡教师资源的均衡配置。④

美国的"教师教育资助项目"与我国免费师范生政策有异曲同工之妙。2007 年，美国国会两院通过共同决议案制定了《大学学费减免与入学法案（2007）》（*College Cost Reduction and Access Act of 2007*），法案中首次提到"教师教育资助项目"（Teacher Education Assistance for College and Higher Education Grants，简称 TEACH 资助项目），规定："TEACH 资助项目是联邦政府对所有未来教师的一种教育资助。参与该项目并符合要求的申请人，每个

① 曹婧，马玉芳.公费师范生教育政策存在的问题及应对策略探究[J].黑龙江高教研究，2019（5）：79-82.

② 索磊.GUS 共同体视域下的免费师范生驻校培养模式建构——基于美国经验的思考[J].教育发展研究，2017（22）：70-76.

③ 王智超，杨颖秀.地方免费师范生：政策分析及现状调查[J].教育研究，2018（5）：76-82.

④ 苏尚锋，常越.地方公费师范生政策与乡村教育的"留住机制"[J].河北师范大学学报（教育科学版），2020（2）：73-79.

学年都会得到 4000 美元的学习补助金。"①

由于 20 世纪 90 年代后期以来,受教师职业社会地位低下等因素的影响,美国中小学教师流失严重,师范生的生源质量和教育质量备受质疑,教学专业领域出现了教师数量短缺和质量低劣的双重危机。教师教育资助项目旨在为美国师资严重短缺的学校培养优质的师范生,解决贫困学校紧缺学科师资匮乏的问题。②

弗吉尼亚州家乡教师项目则与我国的地方公费师范生政策非常类似。弗吉尼亚州家乡教师项目从农村生源中挑选志愿从事农村教学工作的学生作为培养对象,其培养过程贯穿高中阶段、威斯维尔社区学院阶段和拉得福大学阶段,大学合格毕业后,这些学生被分配到相关农村学校。结合我国实际,从中可得出如下启示:农村教师的招募、保留及职后的工作质量等与职前培养关系密切;从农村学生到农村教师的模式,能有效保障农村教师数量和质量,其实施要因地制宜;完善农村教师保障机制需要各级政府、社会力量在经费、相关制度等给予倾斜与支持。③

师范生免费教育政策既是提升师范专业纳优能力的现实需要,更是回归师范院校办学特色和实现国家"教育优先发展"战略的应然诉求。综观 10 年,该政策在促进师范专业纳优能力回升、提高师范生培养质量、改善师范生就业等方面做出重要贡献的同时,也面临招生形式单一、培养目标与学校办学目标冲突、就业模式有违公平等问题。④此外,该政策在执行的过程中在招生、契约履行的可能性、对个人发展钳制的伦理困境、对农村师资补偿机制的有效性等方面均存在一些风险,需要通过恰切的制度设计来实现该政

① Federal Student Aid:TEACH Grant Program[EB/OL](2010-12-21),http://www.Federal Student-tAid.ed.gov/pubs.

② 古冬梅,洪明.教师培养和管理模式的选择性路径探析——美国"新教师计划"述评[J].比较教育研究,2009(5):77-81.

③ 付淑琼.美国农村教师保障机制研究——以弗吉尼亚州家乡教师项目为例[J].中国教育学刊,2012(2):78-81.

④ 张翔.师范生免费教育政策的十年回顾与展望[J].国家教育行政学院学报,2017(8):21-27.

策推广的价值目标。①

有研究者关注到，免费师范生毕业后要按协议规定服务生源地基础教育，从事 10 年以上的教师教育工作，如若违反协议规定，不仅要返还大学期间的一切费用，而且要缴纳相应的违约金。因此，免费师范生一方面享受政策的优惠条件，另一方面又因未来就业受限，与自己的就业理想和发展有一定差距，导致在就业来临之际免费师范生内心会产生诸多的矛盾。②

赵联采用质性研究，选取了某部属师范大学三位免费师范生作为研究对象，采用访谈法和文本分析法，关注三位免费师范生对政策的理解与感受，通过当事人的描述来透视师范生免费教育政策给研究对象带来的欣喜与向往、困惑与不解、担心与焦虑等内心矛盾的心理，并试图分析造成这种矛盾心理的原因。基于社会交换理论分析出四种冲突，即：政策的模糊性和个体对公平性期望的冲突；时空的阻隔性与个体实现抱负期望的冲突；外在的关注与个体对自我身份期望的冲突；地域的约束性与个体对情感期望的冲突。③

周挥辉也指出师范生免费教育政策在实践中存在对象主体出发点与政策理想期待差异的矛盾、"有志"和"优秀"错位的矛盾、"入口"和"出口"资格差异的矛盾，以及职业选择市场调节和行政安排错向的矛盾等多维矛盾。国家教育政策需要从重视个人切入，改善教育总体环境，创造更多的社会综合条件，使这些客观存在的矛盾向着国家、地区和个人利益最大化和利益双赢方向良性发展。④

从社会流动的视角考察免费师范生教育政策，高等教育的社会流动功能刺激免费师范生的教育需求，是农村家庭选择免费师范生教育的主要原

---

① 申卫革.免费师范生政策的风险分析及在地方师范大学推广的制度设计[J].中国高教研究，2013(11):42-45.

② 高雪春，陈伟华.理想与现实的博弈：免费师范生就业的两难选择及应对[J].中国成人教育，2014(5):62-64.

③ 赵联."免费"契约与个体期望的冲突——三位免费师范生眼中的师范生免费教育政策[J].教育研究与实验，2012(4):25-30.

④ 周挥辉.师范生免费教育实践的矛盾分析与政策调适[J].教育研究，2010(8):58-61.

因。但是个体的流动意愿与政府的政策要求之间的矛盾导致免费师范生就业偏离政策初衷,免费师范生就业政策调整的关键是协调二者之间的矛盾。深入推进免费师范生教育,应提高农村地区教师的工资水平和福利待遇,缩小城乡教师收入差距;调整现有免费师范生教育政策,适当满足免费师范生的流动意愿;消除城乡二元社会结构的制度性障碍,降低免费师范生的社会流动成本。①

(二)免费师范生的职业认同度是影响其扎根农村小学的关键因素

在教学和教师教育领域中,"职业认同"概念也有多种用法。在对教师职业认同进行界定时,不同的研究强调的重点不同。在一些研究中,"职业认同"概念被认为与教师的自我观念、意向有关。在其他的有关职业认同的研究中,有的重点强调教师角色,有的重点强调与职业认同发展密切相关的反思、自我评价等概念。②

荷兰学者弗雷德·柯瑟根(Fred Korthagen)曾用洋葱模型来反映教师职业认同的重要性,他认为,要做好教师职业准备,就不能仅仅局限于对教师行为或能力的培养,而应该聚焦于职业认同这一更深层次的内容。③

异于部属高校免费师范生,地方院校免费师范生立足农村,以服务区域农村教育为独特职业目标,职业认同是其扎根农村所必需的心理条件与关键所在,亟待研究者给予充分关注。李佳源和余利川以四川两所高校免费师范生为研究对象,通过问卷调查法,构建生源地归属、县域服务、社会支持等认同维度,考察其职业认同特征,结果表明:地方院校免费师范生总体职业认同度较高;在县域服务、生源地归属、社会支持三个维度上的认同度依次降低,对重要他人、学校、政府的认同度存在显著差异。并且结合访谈法,对职业认同动力机制进行深度剖析,提炼强化职业认同的有效路径:强化免费

①   崔波.免费师范生就业为何偏离政策初衷——基于社会流动的视角[J].现代教育管理,2012(9):36-39.

②   魏淑华,宋广文.国外教师职业认同研究综述[J].比较教育研究,2005(5):61-66.

③   赵宏玉,张晓辉.教育政策对免费师范生从教动机、职业认同的影响[J].北京师范大学学报(社会科学版),2015(4):51-59.

教育政策的符号认同价值,营造优良的职业认同环境,优化教师群体认同模式。[①]

　　封子奇、姜宇等人采用问卷法对北京师范大学 198 名免费师范生的教师职业认同及其影响因素进行了调查分析,结果发现:免费师范生群体更重视成就实现、兴趣性格和家庭维护等职业价值观;免费师范生的职业认同较高,且受到政策和重要他人两个外部因素的影响,而社会促进的价值观有利于其教师职业认同的促进。并根据研究结果,为免费师范生教师职业认同的培养提供了如下几点参考建议:重视角色榜样的力量;鼓励师范生从低年级开始参加教学类实践活动;国家和学校应注重政策的推行与解释,并大力培养师范生正确的价值观。[②]

　　赵宏玉、齐婷婷等人在充分借鉴国内外有关教师职业认同研究的基础上,结合免费师范生的实际特点,提出了免费师范生教师职业认同的三维结构模型,随后分别使用 284 份和 168 份有效数据对三维结构进行了探索与验证,并使用 714 份有效数据对其特点进行了分析。研究结果表明:免费师范生的教师职业认同是由对教师职业的内在价值认同、外在价值认同、意志行为认同三因子组成的结构,研究模型得到验证;免费师范生的教师职业认同总体水平略高于平均水平,进一步提升的空间较大,在内部价值认同、外部价值认同、意志行为认同三个因子上依次显著降低,并在生源地、性别、年级等人口学变量上存在显著差异。[③]

　　魏彩红、张晓辉等人对来自两所部属师范大学的 1172 名免费师范生的职业认同和学习动机进行了测量,通过聚类分析将免费师范生的教师职业认同分为四种类型,研究考察了四种类型学生的分布特点及其在学习动机上的表现。结果表明:免费师范生的教师职业认同可划分为四种类型,分别

　　①　李佳源,余利川.地方院校免费师范生职业认同:特征、动力机制及强化路径——基于四川两所高校的调查研究[J].复旦教育论坛,2015(5):67-73.
　　②　封子奇,姜宇,杜艳婷,高钦.免费师范生教师职业认同及其影响因素研究[J].河北师范大学学报(教育科学版),2010(7):69-75.
　　③　赵宏玉,齐婷婷,张晓辉,闫邱意淳.免费师范生的教师职业认同:结构与特点实证研究[J].教师教育研究,2011(6):62-66.

为热爱型、兴趣型、功利型、回避型；四种类型的免费师范生在性别、年级和生源地上呈现出不同的分布特点；四种类型的免费师范生在学习动机水平上差异显著。①

丁道群和蒋珊珊运用问卷法调查湖南地区高校免费师范生的教师职业认同感现状,结果表明:免费师范生的教师职业认同感显著高于非免费师范生；免费师范生的教师职业认同感存在非常显著的性别差异,女生高于男生；农村学生与城镇学生的教师职业认同感不存在显著差异。从各个维度来看,农村学生在职业意志上的得分显著高于城镇学生；家庭经济收入状况不影响免费师范生的总体教师职业认同感,但会影响教师职业认同感的某些维度；教师职业认同感高的学生更多是由于内心对教育事业的热爱而选择免费师范生,教师职业认同感低的学生更多是因为外在因素而选择免费师范生。②

（三）从不同的角度探索免费师范生的培养模式

在国家师范生免费教育政策背景下,华中师范大学积极探索教育改革,构建免费师范生培养的"一本三化"新型教师培养模式。学校通过确定以未来教育家为根本导向的新人才培养目标定位,构建以实践化为取向的课程体系,重构立体化、开放式的育人环境,创建现代信息化教师培养平台,建立"教师教育创新与服务综合改革实验区"等一系列改革措施来实现这一构想。③

西南大学结合免费师范生教育的独特性及政策优势所决定的对"从教体验"的观照性,2010 年 3 月提出并实践了免费师范生"双实基地双边联动"实践教学模式,并在现代信息技术的助力下,建设了基于该教学模式的资源网站,以期促进免费师范生专业素质的全面提升。④所谓"双实"基地,是指高

---

① 魏彩红,张晓辉,赵宏玉,张秀,闫芳.免费师范生的职业认同类型及其学习动机特点研究[J].教师教育研究,2013(3):66-71+85.

② 丁道群,蒋珊珊.湖南地区高校免费师范生的教师职业认同感调查研究[J].教师教育研究,2011(4):63-67.

③ 马敏,王坤庆.教师教育新模式理论探索及其实践——以师范生免费教育政策实施为契机[J].教育研究,2012(11):87-92+97.

④ 林克松,朱德全.免费师范生"双实基地双边联动"实践教学的资源网站建设[J].电化教育研究,2012(6):83-87.

校所代表的教师教育机构将中小学校打造为实验研究与指导基地和实习实践基地的共同体。而双边联动主要是指高校与"双实"基地围绕免费师范生培养而进行的教研互动与教学互动。①

教师驻校培养模式被视为美国教师教育的第三条道路。该模式产生的背景和目的与我国免费师范生政策存在相同之处。通过分析美国的驻校培养模式，可以得到如下启示：在地方政府主导下，形成政府、大学和中小学（GUS）教师教育共同体，作为免费师范生培养的主体，应协同发挥各方力量，由大学和中小学教师共同组成驻校指导师资队伍，在课程设置和实施上采取实践取向，从而实现优势互补、合作共赢，最终培养能够满足社会需求的优质师资。②

彭泽平和黄媛玲则认识到乡村教师本土化培养在免费师范生中扮演的重要角色。乡村教师本土化培养意指乡村教师培养主体、内容及方式的本土化，是增强乡村教师职业适应力及保证其队伍稳定性的必由之路。推进乡村教师的本土化培养，需要通过建立连贯的本土化培养制度强化乡村教师进入乡村社会的政策保障；通过完善本土化培养模式唤醒乡村教师的乡土文化自觉；基于乡村振兴创设乡村教师融入乡村社会场域的外部条件；通过兼顾生存关怀与情感关怀增强乡村教师深植乡村社会的主观能动性等途径。③

除了关注免费师范生专业能力的培养外，研究者们也从精神层面对免费师范生的培养进行了探索。李高峰通过对陕西师范大学546名免费师范生进行的调查发现：学生报考部属师大免费师范专业的三大动机依次是"就业有保障""两免一补"和"实现教师职业理想"；男生的"两免一补"动机显著地高于女生；2009级学生受社会环境影响，动机最强；所有学生的"实现教师

---

① 朱德全,林克松.宽与活:小学教育专业集群式课程模式改革构想[J].高等教育研究,2011(1):74-79.

② 索磊.GUS共同体视域下的免费师范生驻校培养模式建构——基于美国经验的思考[J].教育发展研究,2017(22):70-76.

③ 彭泽平,黄媛玲.乡村振兴战略视域下乡村教师本土化培养:内涵、价值与实践路径[J].现代教育管理,2021(8):65-70.

职业理想"动机都相对较弱。[①]

　　无独有偶，白显良和王华敏也认为免费教育师范生的职业理想教育状况直接关系到免费师范生职业理想的确立，关系到能否把免费师范生培养成为优秀的人民教师和教育家。加强免费师范生职业理想教育，要深刻认识免费师范生职业理想教育的战略意义；要准确把握免费师范生职业理想教育的本质规定；要以推进免费师范生职业理想教育创新为导向，加强对实践经验的回顾与总结。[②]

　　随着研究的深入，生涯教育也进入免费师范生培养探索的视野中。自我国以免费师范生教育为核心的教师教育改革政策实施以来，在帮助贫困学子圆了大学梦和教师梦的同时，也在一定程度上提升了全社会对教师职业的重视，推动了我国乡村地区教师队伍建设和乡村教育发展。然而新理念与旧现状、高关注度与低现实性、高热情与差环境、学生身份与教师角色之间的诸多矛盾不断冲击着教师专业精神的培育，这影响着免费师范生教育政策的积极落实和乡村教育的振兴与腾飞。因此，积极开展学习期心理认知规划、提升入职前心理调适教育、强化入职后职业认知调整、增强终身学习意识等不仅有利于教师专业精神的塑造，还将成为推进免费师范生教育可持续发展和促进乡村教育振兴的关键。[③]

三、"优师""强师"对中西部地区师资质量的针对性提升

　　习近平在 2021 年全国两会期间强调加强中西部欠发达地区教师定向培养和精准培训，深入实施"乡村教师支持计划"。为贯彻落实这一重要指示精神，2021 年 4 月，教育部办公厅印发了《关于做好 2021 年中西部欠发达地区优秀教师定向培养工作的通知》（以下简称《优师专项》）。同年 8 月，教育

　　① 李高峰.免费师范生报考动机的调查与分析——以陕西师范大学为例[J].国家教育行政学院学报,2011(5):71-74.
　　② 白显良,王华敏.加强免费教育师范生职业理想教育的若干思考[J].西南大学学报(社会科学版),2010(5):16-20.
　　③ 王仁彧.生涯教育:教师专业精神培育与乡村教育振兴的关键——兼论免费师范生教育可持续发展之路[J].当代教育科学,2016(9):61-64.

部等九部门联合印发了《中西部欠发达地区优秀教师定向培养计划》(以下简称《优师计划》),分别从招生、培养、就业、保障等方面作了详细的规划和部署。换言之,《优师专项》作为"公费师范生"政策的重要补充,可有效解决"公费师范生"的政策盲区,弥补教师补给的不均,扩大师范生定向培养的政策作用范围。这是新时期我国改善中西部欠发达地区教师队伍供给的又一重要举措,其目标瞄准公费师范生"下不去"农村、特岗教师及乡村教师"留不住"农村等问题,对完善当前教师教育政策具有重要意义。该计划有助于实现国家地方多元主体协同育人、乡村教师队伍结构优化、区域教育发展更加均衡、教育贫困治理精准有效等愿景。①

2021 年 5 月,教育部在论述教育脱贫攻坚与乡村振兴的衔接关系时指出,乡村振兴的基础在于乡村教育振兴,而后者成功的关键则在于教师。《优师计划》充分抓住乡村逻辑这一要点,建立起乡村振兴与教师教育的制度联系,提升未来教师的归属感、认同感与责任感,为实现乡村振兴与脱贫攻坚提供了教育方案。②乡村教育情怀是优师专项师范生必备的素质条件,深入挖掘和探讨乡村教育情怀的价值意蕴有助于深入推进《优师计划》政策实施和优师专项师范生培养工作。目前师范院校在培育优师专项师范生乡村教育情怀中面临观念困境、课程困境和实践困境等问题。马多秀和江敏锐提出优师专项师范生乡村教育情怀培育的破解路径,包括增强《优师计划》政策学习和坚持正向教育价值引导,制定专门人才培养方案和突出优师专项师范生乡村理解教育,以及构建"U–G–S"协同育人机制和增强乡村学校实践教学体验等方面的内容。③

吴秋翔等人基于专业选择的分析视角,通过混合方法,对贵州某县级市2020 届高中毕业生大学专业选择进行研究,探讨县域学生选择师范教育专业的影响因素与解释逻辑。由此,从教师培养的更早阶段"选专业"入手,将

---

① 郭志慜."优师专项"的政策优势、实施挑战与优化策略[J].教育发展研究,2022(2):9–17.

② 蒋贵友,买寒笑."优师计划"的逻辑理路、实践挑战与路径完善[J].黑龙江高教研究,2022(12):7–12.

③ 马多秀,江敏锐.优师专项师范生乡村教育情怀培育的困境及破解[J].教育学术月刊,2023(4):49–55.

升学选择同人才培养与就业贯通起来，思考未来如何更有效地引导学生主动选择师范教育专业，为公费师范生及《优师计划》等特殊类型招生政策的完善、县域中小学职业生涯教育的推进提供参考。①

　　然而《优师专项》在实施推进中还面临人事管理制度改革、培养院校规模扩容、招生计划布局调整、乡村教师职业发展等诸多挑战。为提升政策效果，建议应进一步完善教师人事制度，建立良性乡村教师流动机制；扩充地方培养单位，设置梯度化的招生院校结构；扩大政策辐射范围，实现教师供求结构合理匹配；加强教育支持力度，提升乡村教师的职业吸引力。②

　　为进一步提高师资质量，实现教育现代化发展目标，2022 年 4 月《新时代基础教育强师计划》(简称《强师计划》)发布，③《强师计划》强调，要重视中西部欠发达地区乡村教师的队伍建设。乡村教师决定了我国未来的农村人口素质，是推动乡村振兴的重要力量。④

　　《强师计划》立足城乡教育发展和教师质量不均衡、教师教育结构和质量失衡等问题，解决因其公共性具有超越追求自身利益、为全体人民谋福利的价值属性，坚持质量为重，为高质量教师教育体系构建和全链条教师专业发展提供强有力保障。⑤湖南省作为中部地区的人口大省、基础教育大省、乡村教育大省，对乡村教师培养、培训、发展一体化治理进行了积极探索，通过大力实施农村教师公费定向培养计划、持续推进乡村教师精准培训、创新建立乡村教师职称制度、稳步提高乡村教师工资待遇，探索出了乡村基础教育《强师计划》精准实施的湖南经验，有效提升了教师整体素质和教育教学水平，为各地贯彻落实"强师计划"提供了可参考的样本。⑥

　　① 吴秋翔,林翌甲,宫颢韵.为何选择师范教育专业？——基于县域高中毕业生大学专业选择的实证研究[J].中国高教研究,2022(12):51-58.
　　② 郭志慜."优师专项"的政策优势、实施挑战与优化策略[J].教育发展研究,2022(2):9-17.
　　③ 教育部.教育部等八部门关于印发《新时代基础教育强师计划》[EB/OL].(2022-04-11).http://www.moe.gov.cn/srcsite/A10/s7034/202204/t20220413_616644.html.
　　④ 任友群,杨晓哲.新时代乡村教育的强师之路[J].中国电化教育,2022(7):1-6+15.
　　⑤ 朱旭东,薄艳玲.论"强师计划"政策的价值及其实现[J].中国远程教育,2023(1):30-39.
　　⑥ 黄佑生,尹川.补短扶弱·精准提升:"强师计划"乡村实施的湖南经验[J].中小学管理,2022(9):19-22.

《中国教育现代化2035》明确强调"加强乡村教育的高水平、高质量普及，实现基本公共教育服务均等化"。我国教育的数字化转型，离不开乡村教育的现代化发展。与此同时，乡村教育本身存在的主要问题也亟须教育数字化的支撑与破解。乡村教师亟须通过一系列技术与教育教学的深度融合，实现三个阶段的发展，包括：计算机辅助教学、"互联网＋教育""人工智能＋教育"。进而依托新时代强师计划，健全乡村教师培养体系；运用国家智慧教育公共服务平台，加强乡村教师教研；抓住国家教育数字化战略契机，提升乡村教师培训。①

四、关于农村小学全科教师培养的若干思考

近几年小学全科教师成为教育研究的一个热点话题。从研究方法的角度来看，对小学全科教师的研究主要是理论研究，通过对文献和资料的分析和比较来展开讨论；从研究内容的角度来看，对小学全科教师的研究主要集中于小学全科教师的内涵界定、培养模式、课程体系的构想以及国外小学教师的对比参照等方面；从研究范围的角度来看，小学全科教师的研究主要集中在对农村小学教师的培养方面。②

"全科教师"③是相对于"分科教师"而言的，这一概念于2007年被正式提出。江净帆、袁丹认为"全科"指的是教师对知识的了解面相对比较广，知识体系相对比较完整。④邱芳婷指出，"全科"强调教师个体发展的完整性、教师知识的全面性和教师能力的综合性。⑤周德义、李纪武等提出全科教师是指由具备相应资质教师教育机构专门培养的，掌握教育教学基本知识和技能、学科知识和能力结构合理，能承担小学阶段国家规定的各门课程教学工作的教师。⑥

---

① 任友群，杨晓哲.新时代乡村教育的强师之路[J].中国电化教育，2022(7):1-6+15.
② 李婧玮，田友谊.小学全科教师研究综述[J].上海教育科研，2018(2):42-46.
③ 此处对于小学全科教师内涵的梳理参考了杜学元等的《当代农村教育问题专题研究》一书.
④ 江净帆，袁丹.走向综合：小学全科教师培养的现状和未来[M].重庆：重庆出版社，2015:98.
⑤ 邱芳婷.农村小学全科教师的素质结构探析[J].当代教育与文化，2017(5):61-65.
⑥ 周德义，李纪武，邓士煌，薛剑刚.关于全科型小学教师培养的思考[J].当代教育论坛(学科教育研究)，2007(9):55-59.

　　通过对全科教师内涵的解读,何宗焕提出"全科型"教师是"通才"教师的观点,其特点是融会贯通各学科的知识体系,是一种学养,也是一种素养。①而邢喧子倾向于全科教师并不是像我们平常说的什么都懂、什么都会、什么都教的教师,也并不是所有的学科都能够平衡发展的教师,而是在知识广博的基础上,要有所侧重,博而专。②黄俊官认为全科不代表通才和全才,不可能做到各科"通吃",全科教师要有的是更高的综合能力。③王莉等也主张"全"体现的是一种价值判断而非数量判断,全科更重视学生中心地位。④

　　可见,很多研究者都将"全科"解释为综合能力的体现,认为全科教师不代表通才和全才,而是在培养类别上不分学科,掌握多学科知识、通识性知识和教育教学知识等,在广博性、综合性的知识体系下承担多门课程的教学并具有一定的课程开发能力,进而可以促进学生综合能力的发展的教师。⑤

　　"农村小学全科教师"是"小学全科教师"中的一个群体,具有专门的地域指向性,区别于城市地区的全科教师。近年来农村小学全科教师的培养既是政府对农村教育的关注点,也是学者研究的热点。

　　目前,现有研究对于农村小学全科教师的内涵界定没有统一的定义,归纳概括起来,可以分为两种,一种是偏向于教师综合能力,另一种则是强调教师的全学科教学。⑥例如,李俊颖指出"农村全科型小学教师是指服务农村、本科层次的能够胜任小学各科教学工作、从事小学教育教学研究与管理工作的小学教师"⑦。肖其勇则提出"农村小学全科教师是指适应农村小学教育发展,能够胜任农村小学阶段的所有学科教学和班主任工作的教师"⑧。

　　2013年4月,重庆市人民政府办公厅发布《关于农村小学全科教师培养工作的实施意见》,标志着重庆市农村全科型本科层次小学教师培养模式的

①　何宗焕.用"通才"的眼光看教师[J].湖南教育(教育综合),2007(6):6-9.
②　邢喧子.农村小学全科教师生存与发展的调查研究[D].湖北师范大学,2018.
③　黄俊官.论农村小学全科教师的培养[J].教育评论,2014(7):60-62.
④　王莉,郑国珍.论本科层次小学全科教师的培养[J].当代教育科学,2016(11):40-44.
⑤　潘超,徐建华.农村小学全科教师培养的双元途径[J].教育探索,2016(4):110-112.
⑥　杜学元,付先全,石丽君.当代农村教育问题专题研究[M].成都:西南财经大学出版社,2019:44.
⑦　李俊颖.农村全科型本科层次小学教师培养模式研究[D].重庆师范大学,2014.
⑧　肖其勇.农村小学全科教师培养特质与发展模式[J].中国教育学刊,2014(3):88-92.

全面启动。事实上,我国部分省市早已开始培养全科型小学教师。由湖南省率先推出"培养小学全科型教师"相关文件,推出"五年一贯制"培养农村小学专科层次全科型教师,遵循以点带面的科学管理模式。在湖南省取得成绩之后,广西、广东、重庆等省市纷纷开始推出该政策。但与湖南、广西壮族自治区不同的是,广东、重庆等地在学历层次上培养的农村小学全科型教师学历为本科,而非专科层次;在培养年限上是4年,而非5年。①湖南省教育厅对农村小学教师培养学制都统一规定五年一贯制,即直接招收初中毕业生对其进行五年一贯的师范课程教育,在校期间不再细化学科方向,通过选修课等渠道发展学生的专业特长。②

（一）农村小学全科教师的培养取向从"应时之需"到"卓越追求"

"小学全科教师"作为一个学理性概念的正式提出是在中国。与西方不同的是,我国小学全科教师的实践并非完全是社会经济与教育理念发展的产物。相反,我国最早的政策设计与实施大多集中于中西部地区,是农村小学教育现状的应时之需。2006年,湖南省实施"农村小学教师定向培养专科计划",首次提出培养五年制专科层次的"全科型"小学教师。由此肇始,江西、贵州、重庆、广西等省(自治区、直辖市)相继把培养全科师范生作为解决农村教育现实困境的突破点,并逐渐将其学历层次提升至本科。③

全科教师首先面向农村小学成规模定向培养。由于"目前很多农村小学和教学点的教师实际已经充当着'全科教师'的角色,一个教师身兼多个学科教学任务的情况非常普遍"④。因此,相关省市在定向培养全科教师时,主要目的就是解决师资短缺的问题,尤其是解决"音体美等小学科专业师资缺乏"的问题。

2012年,教育部等四部委在《关于大力推进农村义务教育教师队伍建设的意见》中明确要求扩大"小学全科教师培养规模"。这说明从政府层面,小

---

① 李俊颖.农村全科型本科层次小学教师培养模式研究[D].重庆师范大学,2014.
② 陈志刚.湖南省农村小学教师培养模式研究[D].湖南师范大学,2008.
③ 江净帆.小学全科教师的价值诉求与能力特征[J].中国教育学刊,2016(4):80-84.
④ 汪明."全科教师"培养是师范教育改革新课题[N].中国教育报,2015-08-01(002).

学全科教师的直接功能首先是解决农村小学师资数量与结构矛盾问题,以期实现教育公平。但小学全科教师的价值不仅在于解决农村小学师资不足和结构矛盾,其契合小学教育特性,利于学段幼小衔接、学科合分衔接,是小学教师专业发展的独特标志。[①]

当前农村小学全科教师的培养,旨在应对农村小学"自然小班化"和教师资源配置不足的"时代之需",与国外发达地区基于课程整合和小班化教学的全科教师的"卓越追求"具有本质的区别。理想的"全科型"教师应具备全面性、通识性、广博性的知识素养。全科教师的有效推行,有赖于课程整合和小班化教学的协同推进,不应等同于"中师教育"的复归,促进城乡教育均衡发展是其基础保障和目标诉求。[②]

鼓励地方政府和师范院校根据当地乡村教育实际需求加强本土化培养,采取多种方式定向培养"一专多能"的乡村教师,是拓展乡村教师补充渠道的重要方式。但解决农村小学和教学点的教师短缺问题,还需多种方式齐头并进。其中,统一城乡教职工编制标准;村小学、教学点编制按照师生比和班师比相结合的方式核定;通过调剂编制、加强人员配备等方式进一步向人口稀少的村小学和教学点倾斜,重点解决教师全覆盖问题,确保乡村学校开足开齐国家规定课程等,都不失为积极有效的举措。[③]

此外,研究芬兰小学教师的培养制度对我国发展全科教师也具有多方面的积极意义。因在国际学生评估项目(PISA)中芬兰的学生表现突出,所以芬兰的教育备受世界关注,芬兰在教育方面的成就离不开强大而高质量的教师队伍,芬兰小学教育是由班级教师负责,班级教师的主要职责是教授一个班级从一年级到六年级所有教学科目,并引导学生整体、全面的发展。[④]

在实施乡村振兴战略的大背景下,乡村小学全科教师作为当下乡村教

① 张松祥.小学全科教师的价值辨析、实施阻抗与突破策略[J].教育理论与实践,2016(26):23-26.

② 满忠坤."应时之需"与"卓越追求":农村小学全科教师的名与实之辨[J].教师教育研究,2019(3):39-44+60.

③ 汪明."全科教师"培养是师范教育改革新课题[N].中国教育报,2015-08-01(002).

④ 李婧玮,田友谊.小学全科教师研究综述[J].上海教育科研,2018(2):42-46.

育的主力军,其单一性、应急性和功利性的角色和功能定位已不能适应乡村教育振兴的多元化需求。为此,小学全科教师须实现从农村小学教育坚守者向乡村教育振兴推动者,从农村小学全科教育的被动践行者向小学教育模式和理念变革的引领者,从农村小规模学校和教学点的主力军向乡村振兴的重要参与者的角色与功能转变。①

(二)关于农村小学全科教师的素养结构的讨论

农村小学全科教师培养,体现了农村小学教师队伍建设的实践需求及国家的政策保障。培养的关键在于明确其素质结构。对此,主要有以下几种观点。

农村小学全科教师应该具备如下素质:教师的职业情愫、教师的职业道德素质、教师的知识文化素质、健康的教师心理素质。②

基于对农村小学全科教师的认识和理解,农村小学全科教师的素质结构应该包括由专业信念、农村情怀、自我成长构成的师德结构;一般文化知识、学科专业知识、教育心理知识构成的知识结构;课程能力、教学能力、管理能力构成的能力结构。完善师德结构、知识结构和能力结构的过程也是农村小学全科教师的成长过程。③

根据社会时代发展要求、教育教学的发展规律和儿童发展特点,小学全科教师素质结构的内涵包含知识结构、技能结构和理念结构三个方面。其特征表现为学科基础知识的广博性、教育实践能力的综合性、专业发展能力的创新性和自我教学效能的优越性。小学全科教师的素质培养路径可以从厘清小学全科教师素质培养的要求、构建小学全科教师素质培养的机制、完善小学全科教师素质培养的保障及加强小学全科教师素质培养的监控四个方面来开展。④

未来卓越的小学全科教师并非只是追求教授科目上的"全",更重要的

---

① 郭顺峰,田友谊,郑传芹.乡村振兴背景下小学全科教师角色和功能的重新定位[J].当代教育科学,2019(08):52-56+83.

② 黄俊官.论农村小学全科教师的培养[J].教育评论,2014(7):60-62.

③ 邱芳婷.农村小学全科教师的素质结构探析[J].当代教育与文化,2017(5):61-65.

④ 杨洲.小学全科教师的素质结构及其培养路径[J].中国教育学刊,2016(4):85-89.

是要能适应基础教育改革与小学启蒙教育发展的需要,能从"全人理念"和"全景视角"出发促进儿童的"全面发展"。基于这样的素养愿景,我们可以尝试从通识能力(General Abilities)、学科能力(Subject Abilities)、专业能力(Professional Abilities)三个维度构建小学全科教师自身的"GSP"能力模型,以描述其岗位胜任力的基本特征。①

我国农村小学全科教师培养是高等师范院校改变传统人才培养模式,面向农村培养符合实际需求的高层次人才的重要举措。农村小学全科教师的内涵主要体现综合培养的价值取向,其基本特质包括农村情感的深厚性、专业知识的全面性和能力素质的综合性三个方面。本科层次农村小学全科教师人才培养标准应包括人才素质标准、职业技能标准和专业知识标准。根据这三个标准,可以制定出相应的人才培养方案,从而有效实施农村小学全科教师的培养。②

(三)对于农村小学全科教师培养模式的不同思考

在 2012 年国家多部委联合发布的《关于深化教师教育改革的意见》《关于大力推进农村义务教育教师队伍建设的意见》中,相继提出完善小学教师全科培养模式和扩大培养规模的要求。2014 年《教育部关于实施卓越教师培养计划的意见》,也强调要求"针对小学教育的实际需求,重点探索全科小学教师培养模式"。那么具有中国特色、符合中国国情的全科小学教师培养模式是一种什么样态?③

何雪玲、陆璇璇认为农村小学全科教师的培养是为破解当前我国农村基础教育事业发展的师资难题而提出的新举措。当前农村小学亟须有献身农村教育事业意愿、能承担农村小学全科教学任务,且能适应农村学校的学习、工作与生活等综合能力的教师。基于此,对小学全科教师的培养要以"下得去、留得住、教得好"为目标,坚持思想教育,增强对农村教育事业的认识

---

①　江净帆.小学全科教师的价值诉求与能力特征[J].中国教育学刊,2016(4):80-84.
②　肖其勇.本科层次农村小学全科教师职前培养标准研究[J].教育理论与实践,2014(20):28-30.
③　张松祥.老中师综合培养模式对乡村全科小学教师培养的启示[J].教育发展研究,2016(10):53-60.

和热爱;适应农村小学的需求,培养全科教学能力;着眼教师未来发展,培养教育研究意识和能力。①

北京师范大学振豫农村小学全科教师培训项目的经验表明,由"大学—非政府组织—地方政府"参与的"U-N-G"农村教师培训模式充分发挥了大学、非政府组织、地方政府这三方的不同作用及协同合作产生的共赢效果。②

张松祥提出老中师严格筛选、定向分配的招生就业机制,独立设置、内外协同的管理运行体制,德艺双馨、谙熟小学的专业教师队伍与目的明确、特色鲜明的师范教育文化等综合培养特质,这对于当下培养乡村全科小学教师具有重要启示,即站在教育现代化的维度看待全科培养;面向农村,坚持培养主体多元化;准入控制,定向培养本土人才;饱和课程,强化文理兼通;提升全科教学研究水平。③

高闰青主张要以培养目标定位为逻辑起点:服务农村、综合培养、引领卓越;以专业素养的养成为价值追求:以立德树人为前提、以全面发展为根本、以实践能力为重点、以专业发展为基础、以终身学习为宗旨;以课程体系建设为特色体现:通识能力——公共基础课程、学科能力——学科教育课程、专业能力——教师专业课程、实践能力——教育实践课程。积极探索小学全科教师的培养路径,为农村地区尤其是乡村小学培养更多合格的师资,能够促进农村义务教育快速发展。④

2012 年,由教育部会同中组部、中宣部等部门联合发布的《关于大力推进农村义务教育教师队伍建设的意见》提出了免费定向培养农村小学全科教师的举措。免费定向农村小学全科教师职前培养在具体培养过程中存在较多问题,如学生报考动机存在功利化趋向,对农村小学全科教师的职业认

---

①　何雪玲,陆璇璇.基于岗位需求的农村小学全科教师培养策略探析[J].中小学教师培训,2016(6):16–19.

②　梁威,朱凌泽,卢立涛,刘姣."U-N-G"农村教师培训模式的构建与实施——以北京师范大学振豫农村小学全科教师培训项目为例[J].教育理论与实践,2016(26):27–30.

③　张松祥.老中师综合培养模式对乡村全科小学教师培养的启示[J].教育发展研究,2016(10):53–60.

④　高闰青.小学全科教师培养路径探析[J].当代教育与文化,2018(2):68–72.

同度较低,对农村教育情感缺失,职业能力不足,与全科教师还有很大差距等。因此,免费定向农村小学全科教师职前培养应按照"本科定位、全科定性、农村定向"的培养方向,结合教育部颁发的《小学教师专业标准(试行)》及当前农村小学教育的实际,从政策宣传、工作环境、办学模式、课程设置、养成教育等方面采取相应的策略,从而提升免费定向农村小学全科教师职前培养的实效性。[①]

近年来,教育界关于农村小学职前全科教师培养问题探索实践的较多,对职后农村小学全科教师培训问题探索较少。为了使农村小规模学校教师掌握现代教育教学理念和技能,全面理解和掌握小学各学科知识,能够胜任国家规定的小学阶段各门课程的教学工作,成为小学教育教学研究与管理的全科型教师,甘肃省庆阳市教育局委托陇东学院教育学院举办农村小规模学校全科教师培训班,培训取得了一定的成绩,但也存在一些问题。今后,须继续探索农村小规模学校全科教师培训的方式方法,更好地促进基础教育均衡发展。[②]

上述学者立足我国国情并结合自身研究取向,提出了农村小学全科教师的培养模式建议。但也有一部分学者选择借助比较研究,汲取国外小学全科教师培养的有益经验。

全科教师在美国小学阶段属于存在常态,是具有典型特征的代表群体。从数量上看,全科教师占所有公立小学教师的60%以上;从学历结构和教龄结构上看,全科教师与教师总体水平基本相当;从历史进程上看,全科教师发展状态平稳,持续存在的可能性较大。美国小学全科教师的长期存在是价值选择的结果,主要表现为对教育教学中重要问题的关注,包括尊重儿童认知行为的整体化、构建以教师为主导的师生关系软环境、吸引高水平人才提升教师专业认可度。近些年,社会各界对我国全科教师的负面评价客观存

---

①　肖其勇,张虹.免费定向农村小学全科教师职前培养的意义、困境与策略——以重庆市为例[J].教育评论,2014(8):61-64.

②　李介,高岩.农村小规模学校全科教师培训的实践探索[J].中小学教师培训,2017(7):14-16.

在,而这些负面评价主要源于对主体定位、发展目标及衡量标准的误判。①

因此,有学者指出针对小学全科教师培养这一新兴领域,亟待辨析并解决三个问题:在培养定位上,全科教师不仅是我国当前农村教育发展的应急之需,也是未来基础教育及教师教育改革的发展之势;在角色表征上,全科教师的特点是能力综合;在向度抉择上,全科教师应注重专业能力培养,其重点是生成岗位所需的实践智慧。②

与此同时,也有学者在美国密歇根州立大学小学全科教师培养中关注到了实习指导教师的责任、角色与功能。他们是教师教育者、合作学习者、合作计划者和合作教学者,在聚焦观察和反馈、辅助和支持、促进反思、支持档案袋开发和教师教育理论课程等方面发挥核心功能。③

五、"国培计划"在提高农村小学教师素质的落实过程中存在阻碍

"国培计划"是由教育部、财政部 2010 年全面实施的"中小学教师国家级培训计划",旨在加强教师队伍建设,重点提高农村教师素质。8 年来,"国培计划"的实施在诸多方面产生了显著的社会效益,同时也产生了大量相关的研究成果。从宏观上看,当前"国培计划"的研究热点是对国培政策及项目的解读分析;从微观上看,焦点在"培训",包括培训项目(如培训体系、培训师资、培训管理的研究)和培训本身(如培训模式、培训评价、培训方法的研究);从对象上看,包括项目承担者及培训师资、参训教师的研究。④

"国培计划"项目主要包括两大项内容:"中小学教师示范性培训项目"和"中西部农村骨干教师培训项目"。每大项又包含有不同培训形式和内容的子项目。"中西部农村骨干教师培训项目"中的中小学教师置换脱产研修项目可谓教师职前职后培养一体化的典型项目。⑤

① 孙颖.美国小学全科教师现状及存在价值探究[J].比较教育研究,2017(2):99-104.
② 江净帆.小学全科教师培养要解决哪三个问题[J].课程・教材・教法,2017(7):100-105.
③ 陶青,卢俊勇.美国密歇根州立大学小学全科教师培养——实习指导教师的责任、角色与功能[J].比较教育研究,2015(7):38-43.
④ 易凯谕,钟志贤."国培计划"研究热点探析[J].中国远程教育,2018(12):43-49.
⑤ 任青华."国培计划"培训模式优化及创新策略研究[D].河南大学,2014.

　　"农村中小学骨干教师置换脱产研修项目"是组织支教教师、师范院校学生到农村中小学支教,进行顶岗实习,被置换出来的农村中小学骨干教师到培训院校和优质中小学进行3~6个月的脱产研修的职前职后培训一体化的活动。置换脱产研修项目旨在为农村培养一批在深入推进课程改革,实施素质教育中发挥示范和辐射作用的"种子"教师,进而推动教师教育改革。①关于"置换脱产研修项目"实施要求,教育部办公厅、财政部办公厅联合发文专门对此作了权威界定:"置换脱产研修项目要注重遴选优质中小学作为培训实践基地,认真做好'影子教师'培训工作,加强教育实践环节,切实提高教师教育教学实际能力"②。

　　"国培计划"是落实全国教育工作会议和《国家中长期教育改革和发展规划纲要(2010—2020年)》启动后的第一个教育发展重大项目,是建设高素质专业化教师队伍的一项重大举措。与传统的教师培训不同,"国培计划"是一项实施层面较高、规模较大的教师培训项目。③

　　基于重庆市农村小学教师队伍的发展现状描述及"国培计划"实施中教师专业发展培训的需求分析,重庆市构建了以"需求导向、制度化、个性化、质量化、现代化"为特色的农村小学教师培训体系。④

　　在肯定"国培计划"对于农村小学教师素质提升的积极效益的同时,也有不少学者关注到了其具体实施过程中存在的不足之处。"国培计划"置换脱产研修培训模式存在各阶段培训模式固定单一、阶段与阶段之间缺乏有机结合等问题。按照教育部、财政部办公厅有关通知精神,在总结"国培计划"培训典型经验的基础上,结合"置换脱产研修"培训的实际,着重研究了教师培训模式的优化和创新:从"顶岗置换"到"三角置换"的县区参与培训

　　①　罗娟."国培计划"农村中小学骨干教师置换脱产研修的文献综述[J].高等函授学报(哲学社会科学版),2011(11):32—35.
　　②　中华人民共和国教育部政府门户网站[EB/OL](2010-10-27),http://www.moe.gov.cn/srcsite/Alo/s7058/201010/t20101027_110861.html.
　　③　孙颖."国培计划"的历史超越与现实障碍[J].教育理论与实践,2013(22):41—44.
　　④　张虹,刘建银."国培计划"实施中农村小学教师的培训需求分析——以重庆市农村小学教师培训为例[J].教育理论与实践,2012(11):30—32.

模式；从"固定单一"到"多环组合"的院校混合培训模式；从"固校制"到"走校制"的影子教师实践模式。[①]

　　孙颖也同样认为传统教师培训中存在一线教师参培机会少、教育理论与实践相分离、培训实效性不强等问题，"国培计划"提倡的构建置换脱产研修模式、组建多元培训专家队伍、采用个性化的评价体系等新举措具有革新式的历史意义。但新措施在实施过程中依旧面临着置换条件缺乏、培训队伍整合困难、评价体系保障不力的现实障碍，正视新措施的现实障碍并保障其顺利实施是社会应关注的焦点。[②]

　　近几年实施的"国培计划"有力地推动了我国中西部农村地区教育质量的提高和基础教育的均衡发展。但根据分层目标实现原则、有效性原则和影响力原则分析，"国培计划"在实施过程中仍存在一些问题，主要表现为：培训管理上忽视培训需求的分析与合理的课程设置；培训模式及方法相对固定单一；培训教师队伍组成结构不尽合理，缺乏有效的后期跟踪指导。[③]

　　相关问卷和访谈调研表明，自"国培计划"实施以来，当前我国农村教师研训仍然存在工学矛盾比较突出、研训内容相对单一、研训方式仍显滞后、研训成效不明显等问题。究其原因在于还没有找到一个整体行之有效的研训模式与机制，没有形成一套相对可以操作的研训成效评价方法与手段，没有建立一种具有地域集群针对性的研训资源和场所。为此，可考虑增设教师研训机动岗位编制，建立校内教师机动顶岗工作机制；增设中心乡镇教师研修集训点，构建动态开放的教师研训资源库；完善同课异构研训实施模式，强化中心乡镇名师工作室的各项研训活动；完善教师研训考核评估制度，建立多重举措交叉互构的激励机制。[④]

　　"国培计划"对于教师的专业发展具有重要的价值和意义。赵国军通过

---

①　王北生，任青华."国培计划"教师培训模式的优化及创新[J].中国教育学刊,2014(9):91-93.
②　孙颖."国培计划"的历史超越与现实障碍[J].教育理论与实践,2013(22):41-44.
③　王北生，冯宇红."国培计划"实施中的现实困境及其突破[J].中国教育学刊,2015(10):88-92.
④　容中逵."国培"背景下农村教师研训问题研究——基于浙江、河北、四川三省调研情况的分析[J].教育发展研究,2014(12):7-10.

对"国培计划"的实践探析,得出了以下几点经验启发:确定培训理念,精心组织与管理是促进教师专业发展的前提;关注教师需求,合理设置培训课程是促进教师专业发展的基础;变革培训模式,综合运用多种方法是促进教师专业发展的重要途径;构建温馨环境,注重服务的人文关怀是促进教师专业发展的有力支撑。基于上述实践探析,有以下几点体会与省思:教师培训工作是一个缜密设计的系统工程;教师的专业发展需要真正意义的专业支持与引领;需要"专家"在培训活动中扮演多元的角色;需要培训后期的实践跟踪服务。唯有如此,才能提高培训的效益,促进教师的成长与发展。①

六、均衡视野下的农村小学教师流动

教师流动是促进我国义务教育均衡发展、实现城乡教育公平的重要举措。教师流动有广义和狭义之分。广义的教师流动是指由于某种动因,教师资源从教育系统流出或在学校间重新配置的过程或现象。狭义的教师流动特指在学校范畴内发生的,教师在不同学校间互相移动的状况。②

均衡视野下的农村小学教师流动指的是小学教师在城市学校和乡村学校之间的流动,既有小学教师从农村学校流失去往城市学校任职,又有城市学校的小学教师轮岗交流来到农村小学任教。下面将立足教育公平,兼重人文关怀,讨论农村小学教师流动的政策变迁、流动影响因素的转变及如何引领农村小学教师流动从物质需要走向自我实现的精神追求。

(一)农村小学教师流动管理制度趋于完善

教师流动政策在国外教师管理改革中广为使用。其中以日本、韩国为代表的政府参与管理的教师流动管理体制在实现义务教育资源均衡化上取得了显著成效。以日本为例,教师定期流动制度呈现出强制性、程序性和公平性的特点。③

---

①　赵国军.基于"国培计划"促进教师专业发展的实践探析与省思——以西北师范大学某农村骨干教师培训班为例[J].继续教育研究,2015(1):43-46.

②　谢延龙,李爱华.教师流动伦理:意蕴、困境与出路[J].现代教育管理,2014(4):91-94.

③　方征,谢辰."县管校聘"教师流动政策的实施困境与改进[J].教育发展研究,2016(8):72-76.

1949 年日本颁布《教育公务员特例法》，该法案明确将义务教育学校的教员定义为公务员，并提出了中小学教师的定期轮岗制度。发展到今天，日本教师定期轮岗制已经十分成熟与完善，并取得了极大的成功。该制度的成功，从根本上离不开背后的经济保障制度。日本教师定期轮岗制的经济保障制度主要由基本工资、基础津贴、普通津贴和特殊津贴等几部分组成，具有法律法规齐全、高薪养教、缜密详尽的计算程序与标准等特点。因此，在教育资源均衡配置的大背景下，我国教师流动制度及背后经济保障措施的建立与实施，应重视对政策法规的健全、加大对教育事业与教师薪酬的投入力度、各级政府应各司其职并制定一系列科学严谨的补贴制度。①

此外，澳大利亚昆士兰州同样基于其独特的地理人文环境和教育体制也对中小学教师流动管理做了有益探索，形成了特色鲜明的教师流动制度体系，能充分调动相关各方参与流动的积极性，具有鲜明的特色。②

而综观我国教师流动政策的发展可知，政府对教师流动的管理办法逐渐由"鼓励""引导""积极推动"向"强制"转变。1996 年《关于"九五"期间加强中小学教师队伍建设的意见》中首次提出"教师定期交流"的概念，指出要打破在教师使用方面的单位所有制和地区所有制，鼓励教师从城市到农村、从强校到薄弱学校任教。《国家中长期教育改革和发展规划纲要（2010—2020年）》中着重提出建立教师流动机制的总体要求和方向，促进义务教育教师资源均衡发展。在此背景的推动下，很多地方教育行政部门开始制定相关政策进行教师流动的初步尝试。据统计，截至 2013 年 8 月底，已有 22 个省（区、市）地方政府出台了关于教师流动的相关政策。③

但由于一些地方实施的教师交流属于"人走关系不走"，流动期满后，教师返回原校工作，这导致一些责任心不强的教师在交流学校并没有全身心地投入教学工作中。一些已经评到高级和特级职称的教师，也不愿意参与教

---

① 付淑琼,高旭柳.日本教师定期轮岗制的经济保障制度及其对我国的启示[J].教师教育研究,2015(1):103–108.
② 汪丞.澳大利亚中小学教师流动管理制度特色透视——以昆士兰州为例[J].比较教育研究,2020(4):66–74.
③ 古黟,孙志宇.校长教师交流轮岗,你准备好了吗?［N].中国教育报,2013–11–20.

师流动。2014年教育部出台了"教师交流轮岗"的专项性政策。《关于推进县（区）域内义务教育学校校长教师交流轮岗意见》（以下简称《意见》）中指出，要全面推进义务教育教师队伍"县管校聘"管理改革以实现教师交流轮岗。"县管校聘"管理改革是指"县级教育行政部门会同有关部门制定本县（区）域内教师岗位结构比例的标准、公开招聘和聘用管理的办法、培养培训计划、业绩考核及工资待遇方案，规范人事档案管理及退休管理服务。学校依法与教师签订聘用合同，负责教师的使用和日常管理"①。

　　2015年国务院《关于印发乡村教师支持计划（2015—2020年）的通知》再次指出，全面推进义务教育教师队伍"县管校聘"管理体制改革，为组织城市教师到乡村学校任教提供制度保障；要采取定期交流、跨校竞聘、学区一体化管理、学校联盟、对口支援、乡镇中心学校教师走教等多种途径和方式，重点引导优秀校长和骨干教师向乡村学校流动；县域内重点推动县城学校教师到乡村学校交流轮岗，乡镇范围内重点推动中心学校教师到村小学、教学点交流轮岗。②

　　国家政策文本对教师流动的价值目标、执行路径、责任考核等做了基本规定，同时在政策执行路径上也给地方政府预留了较大的自主空间。Z市、X区在落实国家政策文件的要求时，力图通过双重执行路径去推动教师的逆向流动：强制性教师流动与尊重教师个人的自主选择。从对政策工具类型及功能的分析可知，双重执行路径之间存在明显的内在冲突，不利于共同作用于同一个政策目标。事实证明，双重执行路径加剧了区域内义务教育学校间的非均衡程度。可见需要一个新的制度设计为破解双重执行路径之间的冲突提供可能性。③

　　在我国，多年来以常规变迁为特征的城乡义务教育教师流动政策依据现实问题不断地自我修补和完善，遵循渐进主义变迁的逻辑。政策的常规变

---

　　①　中华人民共和国教育部政府门户网站［EB/OL］（2014-09-03），http://www.moe.gov.cn/srcsite/A10/s7151/201408/t20140815_174493.html.

　　②　中华人民共和国教育部政府门户网站［EB/OL］（2015-06-20），http://www.gov.cn/gongbao/content/2015/content_2878209.html.

　　③　张灵.教师流动政策的执行路径冲突及其非均衡效应［J］.教育发展研究，2016（Z2）：19-23.

迁一定程度上保证了政策规约下教师流动实践的稳定性和可控性，但是滞后性的政策修补无法及时解决现实问题。为此，仲米领建议构建机动教师队伍专门从事城乡校际的流动，以期实现城乡教师流动政策范式的转变。①针对"县管校聘"改革下教师交流轮岗政策对象单一化问题，尝试性地探索多样化的教师交流轮岗方式。②

尹建锋认为城乡教师流动的空间正义体现在基于义务均等原则，教师在城乡阶梯式地理空间内定期轮换，实现教育机会平等，并以此为前提，基于市场选择原则，教师有流动的个体自由并获得个性化差异补偿，以发挥不同空间与个体的教育禀赋优势；主张完善教师流动政策的制定与实施，实现城乡教师流动的空间正义，为推进教育公平和城乡义务教育一体化，尝试建立城乡教师常态化流动的原则和机制，应科学配置教育空间资源，挖掘差异性教育禀赋；建立"义务均等"公共治理机制，严格区分义务性与差异补偿性；建立"网格化封闭性空间"师资配置系统，促进知识空间均质化；推动"虚拟教师"流动，界定虚拟教育的限度。③

龙宝新则从教师专业发展方向的角度指出，教师流动既服务于教师专业发展实践，又以教师专业发展需要为内驱力，教师专业发展是区域内教师流动机制构建中的枢纽链环。遵循服务教师专业发展的取向与主线，构建统筹区域教师流动工作的"五因素系统"，有利于良性区域教师流动秩序的形成。核定教师岗位流动的难度系数、实施学校综合发展力评价、完善教师流动供求信息系统、建立教师"流动胜任力"评估体系等都是盘活城乡教师流动工作系统、保障教师专业发展权益的有力政策工具。④

政策的有效实施是实现教育政策意义和价值的重要环节。但在"以县为主"的基础教育管理体制下，教育政策的有效实施取决于一线教师的理性认知、真心参与及全力支持。雷万鹏、王浩文基于湖北省 S 县"联校走教"政策

---

① 仲米领.城乡义务教育教师流动政策常规变迁的问题研究[J].教师教育研究,2020(6):54-59.

② 仲米领,于宝禄."县管校聘"改革下教师交流轮岗政策对象单一化问题研究[J].教育与经济,2022(4):90-96.

③ 尹建锋.城乡教师流动的空间正义及其实现[J].教育研究,2020(1):136-147.

④ 龙宝新.论教师专业发展取向的区域教师流动工作系统[J].教育发展研究,2017(6):27-34.

历时 10 年的研究发现,作为理性的行动者,一线教师往往会基于自身所处情境解构教育政策并作出利益最大化的选择,以截然不同的身份参与"联校走教"政策实施。政策实施中教师承担责任的差异性导致"联校走教"政策目标发生偏移,众多公办教师成为政策的旁观者。在区域差异、城乡差异、校际差异巨大的背景下,捕捉一线教师如何"作政策"的信息至关重要。只有理解一线教师在特定情境中的真实需求与行为表达,方能理解教育政策实施过程的复杂性,从而为构建有效的教师激励机制,增进政策实施效果提供有价值的信息。①

(二)研究者们对影响农村小学教师流动的因素的不同看法

学者们从自己的研究视角出发,对农村小学教师流动的影响因素进行了讨论,并基于此得出了不同的解决策略。

工资待遇是近年来我国加强乡村教师队伍建设的重要政策工具,而提高工资收入对留住乡村教师的实际效果有待研究。赵新亮通过对贵州等 5 个省的乡村教师流动意愿的调查研究显示,工资收入并非是影响乡村教师流动的首要因素,而为了照顾家庭、孩子及个人专业发展的需求,是当前多数乡村教师选择流动的主要因素。是否发放乡村教师津贴、学校层面中的师生比、留守儿童占比、到县城距离等因素,对其流动意愿有显著影响。为促进乡村教师队伍的稳定发展,需要在保障乡村教师工作待遇的同时,更加关注非货币性激励因素;优化乡村津贴的额度设计,发挥津贴的激励作用;关注乡村教师家庭生活需求,制定人性化的支持政策;加大教师培训与教研支持,促进乡村教师的专业成长。②

对云南省 30 个县 10356 位乡村教师的调研显示:云南乡村教师的近80%有流动(调动)及流失(改行)意愿;教师的流动及流失意愿呈现出"向城性"与"返乡性"两种趋向;30 岁以下青年教师的流动及流失意愿最为强烈;

---

① 雷万鹏,王浩文.真实情境中教师的差异化行为:S 县"联校走教"政策十年观察[J].华东师范大学学报(教育科学版),2019(4):129—141.

② 赵新亮.提高工资收入能否留住乡村教师——基于五省乡村教师流动意愿的调查[J].教育研究,2019(10):132—142.

总体上工资收入越高,教师的流动及流失意愿越弱,但学校区位的影响也不容忽视。影响乡村教师流动及流失意愿的因素按重要性排序依次是"子女上学及家庭生活""工资待遇与工作负担""学校位置及交通、住房条件""学校管理与教学风气""社会氛围与工作环境"。为此,需要关注教师作为"社会人"的基本需求,创造条件帮助教师解决子女上学和夫妻分居等问题;应在提高教师工资待遇的同时,保障不同层级学校教师岗位具有相同的吸引力;在教师招聘时实行"家庭来源地优先"的政策;改善乡村教师工作、生活条件,尤其是为青年教师提供周转住房;优化学校内部管理。①

范国锋、王浩文和蓝雷宇通过对我国中部 3 省 12 县市中小学教师的调研,探讨了义务教育阶段教师流动意愿及影响因素问题。研究表明,当前我国中部地区教师流动意愿强烈,绝大多数教师希望向城镇地区流动。统计分析表明,工资待遇和职业认同感对教师流动有显著影响。采取有力措施提高农村教师工资待遇,提升教师职业认同感是稳定农村教师队伍,提高农村教师队伍素质的重要路径。②

朱菲菲和杜屏利用北京、云南、吉林三省市 1097 名中小学教师调查数据,以全面薪酬理论为基础,分析内外薪酬与中小学教师工作满意度与流动意向的联系,通过研究发现:内在、外在薪酬对中小学教师工作满意度有显著正向激励作用,且内在薪酬的激励作用更大;工作满意度对中小学教师流动意向有显著负向影响;外在薪酬除通过工作满意度间接影响流动意向外,还会直接对中小学教师流动产生显著负向影响。内在、外在薪酬对不同特征教师工作满意度及流动意向的影响存在差异。③

李恺和罗丹基于工作价值观、职业认同与流动倾向间的关系对农村中小学教师流动问题进行了实证研究,发现不同人口学特征的农村中小学教

① 王艳玲,李慧勤.乡村教师流动及流失意愿的实证分析——基于云南省的调查[J].华东师范大学学报(教育科学版),2017(3):134-141+173.
② 范国锋,王浩文,蓝雷宇.中小学教师流动意愿及其影响因素研究——基于湖北、江西、河南3 省 12 县的调查[J].教育与经济,2015(2):62-66.
③ 朱菲菲,杜屏.中小学教师流动意向的实证探析:基于全面薪酬理论视角[J].教育学报,2016(2):89-98.

师具有不同的工作价值观、职业认同和流动倾向：工作价值观是职业认同的前因变量，职业认同是流动倾向的前因变量，职业认同是工作价值观与流动倾向之间的中介变量；工作价值观对职业认同具有正向预测作用，职业认同对流动倾向具有负向预测作用；收入水平对工作价值观与职业认同、职业认同与流动倾向间的关系具有调节作用。因此，要规避农村中小学教师的流动风险，不仅需要政府人事、财政等政策层面的干预，还需要农村教师个体和农村学校自觉做出相应的调整。[①]

教师流动对学校教育质量的提升和师资队伍的稳定产生重要影响。赵忠平、秦玉友基于对全国东、中、西部9省义务教育教师的调查数据，利用描述统计和回归分析的方法，从机会成本的角度对义务教育教师流动意向的影响因素进行了分析，发现机会成本是义务教育教师流动的重要影响因素，表现为：义务教育教师的工资收入越低，其流动意向越高；在职业环境不能使教师满意的情况下，能力较强教师及年轻教师更倾向流动；教师与职业匹配质量越低越容易流动；教师倾向于从相对薄弱地区和薄弱学校流出。[②]

蔡明兰的研究表明，不同地域群体、年龄群体、性别群体、职称群体的教师对于推行"定期流动制"表现出不同的意愿与态度，促进"多方共赢"，制定向农村地区、薄弱学校倾斜的编制标准，推动多维度的师资队伍建设，实行具有实效的、可持续的内力型流动是目前构建科学合理的教师流动机制的主要实践对策。[③]

作为支配和约束教师流动行为的规范，不仅有正式制度因素，更有各种非正式制度规范，诸如意识形态、价值观念、道德信仰、风俗习惯、文化传统等。访谈、问卷调查及其统计分析发现：一些不良的非正式制度因素导致了我国义务教育教师流动出现问题，如差异发展观、应试教育观、重点学校传

①　李恺,罗丹.农村中小学教师流动问题实证考察——基于工作价值观、职业认同与流动倾向间关系的分析[J].中国农村观察,2015(4):83-94.

②　赵忠平,秦玉友.谁更想离开?——机会成本与义务教育教师流动意向的实证研究[J].教育与经济,2016(1):53-62.

③　蔡明兰.教师流动:问题与破解——基于安徽省城乡教师流动意愿的调查分析[J].教育研究,2011(2):92-97.

统、集权文化、潜规则、人情关系、拜金主义、本位主义文化、职业信仰、职业道德等。为此,必须加强均衡发展观等意识宣传和教育;加强人员交流和精神引领,重塑教师职业道德和信仰;加大正式制度导向与执法力度,促进非正式制度实现强制性变迁。[①]

(三)引领农村小学教师流动从物质需要走向自我实现的精神追求

城乡教育发展一直是我国教育领域关注的热点话题。随着城乡免费义务教育的广泛实施、民办教育促进法的出台,以及教师资格认证制度、进退制度的推行,教师流动变得日趋频繁,农村地区教师流失现象尤为突出,严重阻碍了我国城乡教育的生态均衡发展。从教育生态学视角来考虑农村中小学教师流失问题,可通过重释教育管理理念、打造良好生存空间、提高教师福利待遇及搭建广阔进修平台等措施,积极改善农村学校教师生存环境,提升教师对工作的责任感、使命感、认同感与幸福感,以达到遏制与解决农村中小学教师流失问题的现实目标。[②]

均衡化作为我国教育发展的基本目标,师资均衡是实现这一目标的关键要素。近年来,为促进教师的均衡化配置,我国各地先后尝试了多种教师流动模式。包括教师支教模式、教师校际互聘教师模式、教师定期轮岗模式。

其中,现阶段,城乡中小学教师交流轮岗制度是促进义务教育均衡发展的重要教育政策。城乡教师交流轮岗制度突破二元结构局限,对教师流动方向加强了市场机制的配置利用,梯次推进落实制度。但实践中还存在单向流动、单向激励等诸多认知误区和偏见。加强教育资源初次配置、解决轮岗生活配套措施、鼓励交流多样化、管理重心下移,能够推动教师交流轮岗制度梯次、有序地进行。[③]

王卫和郑友训也指出当前义务教育阶段教师轮岗交流制度全面实行,但在此过程中遇到了轮岗教师选定不明确,城镇教师主动参与轮岗的积极性不高,操作程序不够透明、具体,以及轮岗教师的绩效考核制度不完善等

① 夏茂林.非正式制度视角下义务教育教师流动问题分析[J].教师教育研究,2016(1):43-48.
② 杨柳.教育生态学视阈下农村中小学教师流失问题的探索[J].广西社会科学,2016(8):208-212.
③ 袁桂林.如何防止城乡教师交流轮岗制度空转[J].探索与争鸣,2015(9):87-90.

问题。究其根源在于当前面临着重点学校制度;均衡配置教育资源与以往管理体制有矛盾,继而有约束教师流动的矛盾;城乡教师分层工资制度及城乡教师编制倒挂等困境。走出困境的路径有:均衡城乡办学条件,改革当前教育人事管理体制,构建教师轮岗的程序性制度,实施轮岗教师合理补偿制度,创造教师轮岗的良好生态环境,建立教师轮岗的科学考评机制。①

　　但仅仅依靠制度支持并不能很好地达到促进教育公平与教育质量提升的目的。流动教师的能动性会影响到区域教育协同发展,成为教师轮岗交流政策实施的关键。乔雪峰和卢乃桂从文化生态视角剖析教师能动性,诠释由骨干教师担任的领导教师在教育集团内跨校流动中的能量发挥。研究得出,政策导向流动与教师自身利益诉求相一致,可激发教师流动意愿。组织结构的支持降低了流动教师的跨边界焦虑,促使其扎根于流入校实践场域。领导教师基于整体规划路径,过往实践凝聚、发挥及扩散能量,引导群体决策和行动,实现边界跨越提升。②

　　为促进教师流动,实现旨在促进教育质量和教育公平的教育变革,国家试图在教师管理上将教师的制度身份从"学校人"调整为"系统人"。然而任何教育制度变革能否真正执行,取决于一线执行的教师如何对变革赋予意义,而教师的身份认同则是其对变革赋予意义的资源,教师怎样看待自己的教师身份,会直接影响教师对变革赋予的意义。因此,要想教师发自内心地流动,并致力于提升公共的教育质量,国家应努力通过制度设计与政策激励,引导教师产生一种"专业人"的身份认同。只有"专业人"心怀公共教育事业,且会将流动作为自己专业发展的契机,才是教师流动乃至教育变革成功的原动力。③

　　吴河江则另辟蹊径,指出意义世界是支撑人在现实世界中安身立命、引导生活实践的价值理念系统,是一个具有超越属性的"形上世界"。但随着市

　　① 王卫,郑友训.教师轮岗制度的问题、困境及路径选择[J].教学与管理,2016(1):4-6.
　　② 乔雪峰,卢乃桂.跨边界能量再生与扩散:跨校专业学习共同体中的教育能动者[J].教育发展研究,2017(24):1-7.
　　③ 叶菊艳.从"学校人"到"专业人":教师流动与教育变革实现的源动力[J].全球教育展望,2014(2):82-94.

场经济与城镇化的发展,部分乡村教师的意义世界遭受冲击而渐趋退隐,出现教育信念缺位、精神思想贫乏及生活实践困顿等症状。因此,乡村教师有必要通过价值合理化的自我形成、人性能力的自觉提升、内在身心与外在现实的自我统整、专业素养提升途径的主动寻求等过程来完成意义世界的重新建立及自我救赎。①

此外,当今世界已经步入"互联网 +"时代,移动互联网以其移动性、联通性、泛在性、微型化、便捷性让我们使用创新的方法尝试解决教师流动问题。移动互联网的发展让教育公平研究的范式转型,催生新型的学生学习需求规律,其核心是关注学生的实际获得,强调学生的获得感。基于新型学习需求规律的"教师走网"是移动互联时代教师流动的新取向,其实质是教师的现实服务与经验在虚拟网络中的共享,是通过信息化手段扩大优质教师资源覆盖面的新实践,是新时期我国教师流动机制变革和创新的新思维。②

七、通过提高教师职业吸引力来加强农村小学教师队伍建设

"农村教师是农村教育质量提升的核心因素"这一命题早已是各界共识。吸引优秀人才加入农村教师队伍和优化农村教师队伍结构是实现农村教育质量提升的前提之要。③

提高教师职业吸引力是加强教师队伍建设的首要任务。教师职业吸引力包括职业候选人优先选择教师职业,在岗教师热爱教师职业,全社会羡慕教师职业等内涵,具体指标包含:队伍结构合理;薪酬与福利高于公务员;工作条件舒适;合格教师留得住;选择教师职业人数踊跃等方面。④

过去 10 多年来,许多研究者从不同角度对提高农村教师职业吸引力进行了研究,如综合取向下对农村教师生活环境与工作现状研究,经济补偿取

①　吴河江.乡村教师意义世界的退隐与自我救赎[J].当代教育科学,2021(7):63-68.
②　赵兴龙,李奕.教师走网:移动互联时代教师流动的新取向[J].教育研究,2016(4):89-96.
③　周兆海.农村教师社会地位变迁及其深层致因——基于改革开放以来的总结与反思[J].河北师范大学学报(教育科学版),2016(2):89-93.
④　杨明刚,于思琪,唐松林.如何提升教师吸引力:欧盟的经验与启示[J].湖南师范大学教育科学学报,2018(4):84-92.

向对农村教师薪酬水平研究，环境改善取向对农村教师生活环境特殊性及补偿机制研究，人文主义取向下对农村教师自尊与工作满意度研究，职业发展取向下对教师专业发展机会与空间研究，文化认同取向对农村教师与乡村社会关系研究。①

依据 18 省 35 县 8086 份调查问卷分析发现："离"与"留"强意愿教师在人口特征分布、工作提供及空间特质满意度、个人志趣认可度等方面均有显著差异。工资、工作条件及公共服务最令教师不满；两个群体之间差距最为突出的是生活便利、家庭关涉、领导公正、公共服务、对设备正常度的满意度。回归分析显示，实际工资、工作条件、领导公正、晋职时长及空间特征，与教师持留任强意愿正向显著；领导公正、家庭关涉和公共服务的改善最有利于增强教师的留任强意愿。为改善乡村教师职业吸引力，需要探寻校社共同体建设以改善乡村教师的工作和生活条件，提高校长的领导能力并积极营造人文情怀的学校管理环境，提升乡村教师的工资水平并合理分配绩效工资以缩小群体内差距。②

对农村或城市薄弱地区学校教师实施特殊津补贴政策是许多国家吸引和鼓励优秀人才到艰苦边远或薄弱地区学校任教的普遍做法。综合各国政策可见，建立分档差额补助系统，明确责任和执行主体，并以法律形式予以规范保障，有利于促使系统内艰苦边远地区教师待遇的提高，并促进这些地区吸引和留住更多优秀教师资源。③

据对浙江、河北、四川三省 15 县(市、区)的调查，当前农村教师薪酬存在酬额相对偏低、差异依然较大、构成不够科学、分配不够合理等问题。为此，容中逵提出应确立以中央和省级地方财政为主的农村教师薪酬管理体制；核定农村教师工薪基数标准及发放保障的承载主体；单独列支农村教师

---

① 赵明仁.如何解决农村教师"留不住"的问题[J].湖南师范大学教育科学学报,2019(6):55-59+76.

② 何树虎,邬志辉.乡村教师职业吸引力的实证研究——基于"离"与"留"强意愿的对比[J].教师教育研究,2021(1):51-59.

③ 任琳琳,邬志辉.国外实施"艰苦边远地区教师津补贴政策"状况分析[J].比较教育研究,2013(3):99-104.

任教津贴,增加并有效规范任教津贴、班主任津贴、交通补贴。①

在边远艰苦的贫穷地区,生活和工作条件更加艰苦,地区经济、地理环境对当地公共事业工作人员的职业效用产生了负面影响,并且这些负面环境特征增加了当地同等质量公共服务的劳动力成本,需提供经济上的补偿才能弥补这种心理收益的损失。基于特征工资理论关于岗位环境特征具有"消费"效用价值的假设,有研究者从理论层面讨论了教师工资成本补偿的测算技术及其公共财政意义。根据岗位环境的舒适程度"差异化"测算教师工资成本,在此基础上再进一步考虑各地教育系统教师规模,即可核算地区工资成本。②

除了物质补偿外,也有研究者将教师社会地位的提升看作是教师职业吸引力提高的重要因素。改革开放以来,农村教师社会地位有改善,但未有实质性提升。究其原因,一是农村社会结构性改造导致农村尊师风气变向,二是城乡二元体制对农村教师的制度排斥,三是农村教师学历和出身的先天不足。③

兴国必先强教,强教必先尊师。尊师重教是中华民族的传统美德,师道尊严是长期教育实践积淀的教育智慧。然而多元职业分化弱化了教师职业的吸引力,职业"去魅"过程中教师专业权威不断被解构,加之媒体的负面报道对教师职业形象的不良影响,师道尊严面临挑战。在全面深化新时代教师队伍建设改革的政策语境下,破解重振师道尊严的若干内在矛盾,必须合力施策,增强职业吸引力与提高入职门槛并重,营造尊师重教氛围与加强对媒体引导监管并举,体制内监督与媒体第三方监督并行,保障教育权利与督促义务履行并提,形成新时代全社会更加尊师重教的新局面。④

① 容中逵.农村教师薪酬问题研究——来自浙江、河北、四川三省的调研报告[J].教育研究,2014(3):144-150.

② 马红梅,雷万鹏,钱佳.教师工作环境的经济价值:基于地区经济地理特征的工资成本补偿[J].华东师范大学学报(教育科学版),2018(5):129-137+170.

③ 周兆海.农村教师社会地位变迁及其深层致因——基于改革开放以来的总结与反思[J].河北师范大学学报(教育科学版),2016(2):89-93.

④ 曾文婧,秦玉友.新时期师道尊严:缘何衰落与何以重振[J].教育发展研究,2018(18):1-6.

　　在完善物质保障和提升社会地位的同时，必须意识到身份认同在农村小学教师留任中也发挥着重要作用。教师身份认同是教师对自我及所属群体的同一性和差异性的深度感知与认识，并在此基础上形成的一种认同感和归属感。通过调查发现农村小学教师身份认同的问题主要表现为：职业动机过于功利化，职业倦怠问题突出；专业认知与专业行动存在偏差；社会地位认同度偏低；对农村和学校缺乏归属感。造成这些问题的原因是多方面的，主要包括农村区域条件的限制、农村学校环境的影响及教师自我认知和专业技能的制约。针对身份认同问题的产生原因，有研究者主张，在社会层面上，改善农村社会环境，提高教师待遇，重塑乡村文化；在学校层面，建立人性化的管理制度，营造尊师重师的学校氛围，建立教师学习共同体；从教师自身来说，加强有效自我统整，坚定信念，终身学习，不断提升专业技能，促进自身专业素质的提高。[①]

　　教师队伍建设是乡村振兴战略背景下乡村教育事业健康、持续和高质量发展的根本举措。在长期的城乡二元结构下，由于没有形成一套完整的乡村教师综合待遇保障制度体系与机制，在各项政策的分头推进中，乡村教师的经济社会总体待遇一直没有达到应有的水平，直接影响乡村教师职业吸引力的提升，进而制约稳定而优质的乡村教师队伍建设。[②]

　　明显增强教师的职业吸引力，使教师队伍的规模、结构、素质能力基本能满足各级各类教育的发展，这一目标的实现需要扎扎实实的行动。根据《中共中央国务院关于全面深化新时代教师队伍建设改革的意见》中"不断提高地位待遇，真正让教师成为令人羡慕的职业"的具体要求，为切实提高教师地位待遇，增强教师职业吸引力，要明确教师的特别重要地位，吸引优秀人才从教；完善中小学教师待遇保障机制，确保教师生活条件；大力提升乡村教师待遇，缔造一支素质优良、甘于奉献、扎根乡村的教师队伍；提升教

　　① 陈迎雪.农村小学教师身份认同问题及对策研究[D].曲阜师范大学,2019.
　　② 庞丽娟,杨小敏,金志峰,王红蕾.构建综合待遇保障制度 提升乡村教师职业吸引力[J].中国教育学刊,2021(4):34-40.

师社会地位,在全社会形成尊师敬教的氛围。①

　　乡村教师是建设乡村教育事业的中流砥柱,乡村教师队伍建设是实施乡村教育振兴战略的重要抓手。唤醒和培育乡村教师的主体自觉,是新时代乡村教师队伍建设的必然要求和关键抉择。乡村教师主体自觉的真正实现,需要乡村教师既要有仰望星空的博大情怀和理性精神, 又要有脚踏实地的求真务实心态和凿险缒幽的勇气。在推进乡村振兴战略进程中,可通过加强乡村社会文化资本培植、践行乡村教师自我教育行动、推进乡村教师队伍集体善治、创新乡村教师教育体制机制及夯实乡村教师队伍建设等多种实践理路来培育乡村教师的主体自觉。②

　　吸引、保留和发展乡村教师不仅是我国教育发展面临的难题,更是一个世界范围内的普遍性难题。国际视野中乡村教师队伍建设也正在直面职业吸引力较弱,数量不足,流动性高,职业认同感不强,素质有待提高及专业发展机会不足等的问题。但尽管如此,国际视野中的乡村教师队伍建设策略对我国乡村教师队伍的高质量发展依然有着诸多启示, 如进一步提高特困地区乡村教师生活补贴水平,着力改善乡村教师生活环境,创新乡村教师配置管理模式,加强职前教师培养中对乡村文化的回应引导,从乡村教师需求出发设计在职发展活动等。③

第三节　农村中小学布局调整引发的多重变革

　　自 20 世纪 90 年代以来,由于生源持续减少、地方政府财力有限和大量村办小学重复建设等原因,中小学布局调整在各地逐渐展开。但由于一些地区学校撤并的幅度过大,也带来了一些问题,④体现在撤并任务艰巨、学生上

---

①　朱永新.切实提高地位待遇 增强教师职业吸引力[J].中国教育学刊,2018(4):1-4.

②　戴妍.乡村教师的主体自觉及其培育[J].陕西师范大学学报(哲学社会科学版),2021(4):92-102.

③　赵明仁,谢爱磊.国际视野中乡村教师队伍高质量发展的策略与启示[J].中国教育学刊,2021(10):8-14.

④　姚佳胜.中小学布局调整政策地方执行动力机制及启示[J].教育探索,2016(5):21-24.

学安全问题凸显、家长经济负担重、部分寄宿学校条件差、教师培训机会少、学校教学资源短缺等诸多方面。①

公共财政背景下，基础教育地方负责、分级管理的体制及地方政府的财政压力，是导致农村中小学布局调整中集体非理性的重要原因。过度的布局调整虽然推进了城镇化进程，同时也有助于提高有限资源的利用效率和教育质量，却背离了因地制宜的原则，影响了边远山区低龄儿童的受教育机会，造成了新的上学远、上学难问题，加重了家长的经济与心理负担。②

在教育现代化背景下，我国中小学布局调整在空间分布、学段结构、质量层次及发展定位方面都面临着教育资源供给与现实需求之间的多重矛盾。审视当下，研判未来，学校布局调整的价值理念、扩容重心、对象范畴及方式格局等都将转变。面向未来的学校布局调整，需要超前布局，建立健全学校教育承载力监测机制；转换思维，让学校布局调整迈向内涵式塑造；均衡师资，以要素优化追寻学校布局调整的价值理性；强化治理能力，规范引领民办学校健康发展。③

本节将关注的重点放在公平与效益的博弈：农村撤点并校、农村中小学布局调整下的寄宿制学校及农村小学教育新模式这三个方面，探索农村中小学布局调整引发的多重变革。

一、农村撤点并校是一场效益与公平的博弈

20世纪90年代末至今，大规模的"撤点并校"是农村教育发展的一个重要现象。从字面上看，"撤点并校"指的是农村小学和教学点的撤并，涉及农村学校在地理分布上的改变。2012年颁布的《关于规范农村义务教育学校布局调整的意见》从学龄人口分布和总量的角度论述了撤点并校的必要性：进城务工人员随迁子女逐年增加、农村人口出生率持续降低。撤点并校的主要

---

① 郑晓华.农村中小学布局结构调整的问题与建议——基于广西大化瑶族自治县的调查[J].教学与管理,2017(6):37-39.

② 谢秀英.农村中小学布局调整中的集体非理性分析[J].中国教育学刊,2011(4):9-12.

③ 陈坤,秦玉友.教育现代化背景下中小学布局调整的挑战及应对[J].教育科学研究,2020(9):16-23.

目标在于使学校布局与学龄人口分布变化相适应，但是撤点并校的实际进程显然偏离了这一目标。很多地方学校撤并的速度明显快于学龄人口分布的自然变化，由此引发了一系列问题。[1]

村民与政府办学思想的不一致，家长对子女上学不便、额外增加的经济负担及孩子成绩下降的担心构成农村中小学布局调整的主要障碍。庞晓鹏等采用随机抽样方法对样本小学四、五年级9000多名学生展开调查，分析了西部农村小学生家长租房陪读现象，探讨了不同家庭经济条件的学生家长在租房陪读上的差异及其原因，发现：家长租房陪读的小学生占西部农村小学生的1/4，低经济水平组家庭家长租房陪读的概率更高。农村学校布局调整后，为了让子女获得相同水平的教育，低经济水平家庭要付出更高的成本租房陪读，这是农村小学教育不公平的新特征。低经济水平家庭家长租房陪读概率高与农村学校布局调整政策、寄宿可得性、父母就业、房租和生活成本、择校等因素有关。[2]

村民与地方政府双方的利益博弈决定着布局调整方式的选择。示范与强制相结合的方式是各地布局调整中的实际首选方式，并且示范的方式应是最理想的布局调整方式。[3]

农村学校实施布局调整后，校舍资源闲置、教师资源流失等问题频频出现，这些问题严重阻碍了农村基础教育的发展。为解决这些问题，刘欣、曾嵘和王宁提出我国应在坚持公平和均衡发展理念上，重组和合理利用农村教育资源，具体包括充分合理利用中学闲置校舍资源和富余教师资源，逐步把中心小学迁入中学建立基层乡镇九年一贯制学校；充分合理利用中心小学校舍资源和教师资源兴建乡镇中心幼儿园；充分合理利用村小学校舍和教师资

①　单丽卿,王春光."撤点并校"的政策逻辑[J].浙江社会科学,2015(3):84-96+159.
②　庞晓鹏,龙文进,董晓媛,等.农村小学生家长租房陪读与家庭经济条件——学校布局调整后农村小学教育不公平的新特征[J].中国农村观察,2017(1):97-112.
③　贾勇宏.农村中小学布局调整的障碍与方式选择——基于中西部6省(区)的调查[J].华中师范大学学报(人文社会科学版),2008(2):131-137.

源兴办校中幼儿园,发展学前教育;优化教师结构和推行农村小班化教学。①

农村中小学闲置校舍再利用是我国农村教育管理的重要课题。王永桂和张福利通过分析我国农村闲置中小学校舍的发展现状和相关处置利用政策,分析了当前闲置校舍利用中存在的问题,分析了传统的利用方式及其缺陷,结合我国高等学校科研实验过程中对场地的迫切需求和农村教育现代化对实验教学平台的需要,提出了闲置教育资源创新共赢利用思路。②

值得关注的是,这场大规模的农村中小学布局调整不仅对农村中小学、农村基础教育产生了巨大影响,也给整个农村文化结构、文化传承带来了极大的冲击。在某种程度上,乡村中学消失的同时也带来了乡村生活方式的改变、乡村文化的消隐,甚至是乡村本身的败退与消亡。③大规模的撤点并校导致大量村落中的学校急剧消失,农村文化教育中心从村落向乡镇及其他经济发达地区汇集。有学者将这一现象定义为"文字上移",这是中华文化在特定程度上背离"乡土"的基本表征。随着农村中小学撤点并校趋势的加剧,乡村文化建设受到了严重影响。④

2012年9月,国务院办公厅下发了《关于规范农村义务教育学校布局调整的意见》,提出要"坚决制止盲目撤并农村义务教育学校","在完成农村义务教育学校布局专项规划备案之前,暂停农村义务教育学校撤并",叫停了运行10年有余的本轮农村学校撤点并校工作。这标志着我国农村学校撤点并校工作进入一个新的时期,也即学者所言的"后撤点并校时代"⑤。

反思这次大规模撤点并校工作对农村文化的消极影响,董树梅认为"后撤点并校时代"农村学校应该也能够对农村文化困境的突围有所担当,即通过科学、稳妥地恢复或重建一批农村学校,为农村文化立魂;培育为全体农村儿童服务的学校文化,接续农村文化发展的血脉;加强学校与家庭、社区

① 刘欣,曾嵘,王宁."后撤点并校"时期农村教育资源的重组与利用——基于对湖北省郧西县的调查[J].中国教育学刊,2013(10):17-20.
② 王永桂,张福利.农村闲置中小学校舍的创新、共赢与利用[J].教学与管理,2019(28):14-16.
③ 代静亚,龙红霞."后撤点并校时代"的乡村教育与乡村文化传承[J].教学与管理,2014(12):39-42.
④ 周洪新,徐继存.农村学校布局调整中的乡村文化危机与反思[J].理论学刊,2014(9):104-107.
⑤ 曾国华,吕超.农村中小学布局调整十年考[J].中小学管理,2013(2):14-16.

的互动,有效促进农村文化的活化,为农村文化的发展尽教育的一份力。[1]

张丽珍提出"撤点并校"政策是由中央提出的一项旨在扩大农村中小学学校规模、优化教育资源配置的教育改革举措,而地方政府的过度撤并导致中国教育出现"城挤、乡弱、村空"的危局。因此,需要果断终结地方政府的撤并决策及行为,审慎界定农村教育功能,在此基础上通过与村民广泛协商以确定布局调整方案,并从制度设计上完善绩效评估体系,否则农村教育危局难解。[2]

考察乡村小学百年兴衰起伏历程,不难发现,乡村教育政策是促进乡村小学发展变迁的关键力量。当前,"村小去留"之争源自"撤点并校"政策的施行及其后果,"去""留"立场的政策主体各持理据的根源是教育公平与教育效率的价值交锋。为此,乡村小学政策的变革,应遵循"促成政策张力""转变政策立场"和"形成政策体系"的基本理路,在布局政策之维,以乡镇为单位进行乡村小学布局;在体制政策之维,变乡村教育为乡镇教育;在安全政策之维,推进农村标准化寄宿学校建设,构建可靠的校车服务体系;在师资政策之维,按需培养责任型乡村教师。[3]

二、寄宿制学校在助力农村教育资源整合的同时也面临着建设难题

"撤点并校"政策与由此衍生的农村寄宿制学校的建设是我国农村教育布局调整中两项重要决定。[4]农村学校布局调整后学生上学距离变远,对于这一问题的解决产生了"提供校车服务"还是"发展寄宿制学校"的两难选择。从成本、安全、教育等几个方面综合考虑,杨卫安和邬志辉认为发展寄宿制学校无疑是更好的选择。地方政府要继续把就近入学和发展寄宿制学校作为未来农村学校布局调整的主方向,不能盲目地、不考虑实际地发展校车系统。[5]

---

①　董树梅."后撤点并校时代"农村文化困境突围中农村学校的担当[J].河北师范大学学报(教育科学版),2014(1):109-112.

②　张丽珍."撤点并校"政策的演变轨迹、主导逻辑及优化机制[J].四川师范大学学报(社会科学版),2015(6):63-69.

③　曹长德,汪洋."村小去留":乡村教育之困与政策选择[J].教育发展研究,2017(6):20-26.

④　张燕.后撤点并校时代农村寄宿制学校发展研究[J].教学与管理,2017(18):37-40.

⑤　杨卫安,邬志辉."校车"还是"寄宿"——农村学校布局调整后两者的优劣比较及选择[J].上海教育科研,2012(12):36-38.

但樊涛和曲铁华基于美国农村学校布局调整的策略和经验提出了不同的看法。我国农村学校布局调整政策在实施过程中存在盲目撤点并校、过度关注寄宿制学校而忽视公共校车制度建设、配套设施偏离"就近入学"原则等问题。因此,有效利用小规模学校,以寄宿制学校与校车"两条腿走路",是现阶段实现我国农村教育资源整合的合理逻辑。①

当前我国农村义务教育阶段的寄宿制学校在我国教育体系中已具有相当规模。这种国家倡导、政府行动的寄宿制学校建设,对优化教育资源、保障教育公平、提高办学效益起到了较大的作用。但是寄宿制学校在建设和发展的过程中,存在着寄宿制工程建设资金缺口大、寄宿制学校运转经费紧张、学生家庭教育成本增加等经济问题,教师工作强度剧增、学生矛盾冲突增长、相关配套体制改革滞后等管理问题,以及学生环境适应不良、辍学问题反弹、安全问题凸显、课余生活贫乏等与学生发展相关的问题。②

在学生方面。为了解大规模兴建寄宿学校在农村学生发展中发挥的作用,姚松、高莉亚运用河南省93个县(区)300所农村寄宿初中28176名学生数据构建倾向的分匹配模型,评估"寄宿"对农村学生发展的影响效应,结果显示:寄宿对农村学生认知能力具有显著正向影响,对其非认知能力具有显著负向影响;寄宿对不同群体的影响存在差异;师生比、基础设施、教师职称等对寄宿概率有显著影响。据此,提出加强寄宿学校标准化建设、提升寄宿学校管理水平、提高寄宿校精准服务能力的建议。③

姚姿如提出丰富农村寄宿制学校生活,提高学生积极适应能力是寄宿制学校建设的重要内容。当前,由于办学条件、教育观念和师资力量等方面的原因,我国农村寄宿制学校生活单调,难以适应学生对寄宿生活的多样化要求。为了丰富农村寄宿制学校生活,提高学生的积极适应能力,促进其身

①　樊涛,曲铁华.20世纪美国农村学校布局调整策略及对我国的启示[J].国家教育行政学院学报,2014(1):89-94.

②　王景,张学强.当前我国农村义务教育阶段寄宿制学校发展的问题研究[J].教育科学,2010(3):7-11.

③　姚松,高莉亚.大规模兴建寄宿学校能更好促进农村学生发展吗?[J].教育与经济,2018(4):53-60.

心健全发展，国家必须多渠道筹措教育经费，加大对寄宿制学校的扶持力度，改善办学条件，合理设置教师编制；寄宿制学校自身要转变教育观念，准确定位自身功能，提高教师综合素质，开发校本课程，加强校园文化建设，鼓励学生参与学校和班级管理，激发学生生活信心。①

在教师方面。有研究者关注到了生活教师在寄宿制中扮演的重要角色，生活教师是以寄宿学生的日常生活为主要工作范围的教师群体。在我国中西部的很多地区，寄宿生的比例已经占到了学生总数的一半以上。一些低龄学生虽然很早就开始了寄宿生活，但他们依旧缺少独自生活的能力。由生活教师全面负责学生的日常起居，不仅有助于提高寄宿制学校管理的规范化程度，还有助于保证寄宿学生积极、快速地适应寄宿生活，养成良好的生活习惯和道德品行。但目前，农村寄宿制学校生活教师队伍存在人员偏少、年龄偏大、缺少相应的培训指导和政策支持等问题。加强农村寄宿制学校生活教师队伍建设，需要设置专门生活教师编制，完善生活教师选聘制度，明确生活教师的工作职责，加强对生活教师的相关培训，并提高生活教师待遇。②

在都市圈建设背景下，寄宿制学校不仅是解决农村学生上学远和留守儿童教育问题的一项利民政策，同时在新的形势下也是提升农村教育质量、解决农村家长辅导教育孩子后顾之忧的一种好办法。随着社会发展专业化程度的提高，家长越来越缺乏专门的精力来辅导孩子的学业，因此只能将孩子交给课外培训机构。虽然近些年我们对课外培训机构进行了一些治理，但仍有治标不治本的嫌疑。最根本的治理思路还在于对学校教育机构进行供给侧改革，填补教育学生时间上的空白，为家长减轻负担。而寄宿制学校正好可以弥补这一教育上的缺陷，受到农村家长们的普遍欢迎，很多地区寄宿制学校"一铺难求"③。

在统筹城乡教育的背景下，农村寄宿制学校的发展策略应该注意以下维

———————————

① 姚姿如.丰富农村寄宿制学校生活的思考[J].东北师大学报(哲学社会科学版),2011(3):176-180.
② 杨兆山,姚姿如.农村寄宿制学校生活教师队伍建设研究[J].教育探索,2012(6):112-114.
③ 刘秀峰.都市圈建设背景下农村教育发展走向的思考[J].教育发展研究,2021(8):48-53.

度:科学布局与合理计算教育经济效率;学校发展的教育首位价值取向;构建农村寄宿制学校内部科学的教育管理机制;寄宿制学校是解决农村留守儿童问题的最重要社会机制的定位;应视寄宿制学校为农村社会发展的重要构成部分等。①

此外,国外的寄宿制学校制度也能够为我国带来启发。多年来,农村寄宿制学校在国外受到不同程度的重视,不少国家纷纷出台相关补贴政策以支持这类学校的发展,如,"偏远地区儿童补贴计划"(Assistance for Isolated Children Scheme,简称 AIC)。②

为解决农村教育发展总体水平偏低、城乡教育发展不均衡问题,农村学校布局调整和寄宿制学校建设作为行之有效的政策实践被教育实践者广泛践行。寄宿制学校建设是学校布局调整政策的一项具体措施,在优化教育资源结构、提高农村教育质量及促进教育公平实现等方面发挥着重要作用。农村寄宿制学校在我国义务教育体系中已具有相当规模,但同时也面临许多问题,如何理性看待农村学校布局调整中的寄宿制学校政策,并办好寄宿制学校,已成为教育实践领域亟待研究和逐步解决的重大现实问题。③

三、农村小规模学校从被消亡、被保留、被恢复到被发展的曲折命运

撤点并校和举办寄宿制学校是中国农村中小学布局调整、实施集中资源办学、提升教学质量的一项重要政策,也取得了一系列成效,有助于使部分地区的教育资源配置得到优化、学校规模扩大和农村教育质量得到提高。但是盲目的撤点并校也容易导致中国农村基础教育的倒退、小规模学校困境突出。④

在长期的农村学校布局调整工作施行下,农村地区基本以寄宿制学校为主。近年来,国家高度重视解决农村地区"上学远难贵"等问题,并将小规

①　冉亚辉.城乡统筹背景下农村寄宿制学校发展策略[J].教育评论,2012(3):24-26.

②　卢海弘,史春梦.农村寄宿学生补贴政策比较研究——以澳大利亚等国为例[J].教育发展研究,2008(19):6.

③　王景.农村中小学布局调整中寄宿制学校建设的思考[J].教育理论与实践,2016(25):29-33.

④　杨兰,张业强."后撤点并校"时代小规模学校的复兴[J].教育发展研究,2014(6):68-72.

模学校和寄宿制学校置于重要战略地位进行规划。保障农村学生能够就近入学是农村学校布局的根本诉求,小规模学校是满足这一诉求的基础条件。因而现阶段两类学校布局优化工作在"小"与"寄"的建设问题上陷入了"由'小'到'寄'"与"由'寄'到'小'"的纠葛中。①

2015 年 11 月,国务院颁布《进一步完善城乡义务教育经费保障机制的通知》,提出"加快探索建立乡村小规模学校办学机制和管理办法,建设并办好寄宿制学校,慎重稳妥撤并乡村学校,努力消除城镇学校'大班额',保障当地适龄儿童就近入学"②,说明加强农村小规模学校建设已经明确成为国家的教育政策。

农村小规模学校从"被消亡""被保留""被恢复"到"被发展"的曲折命运,反映出学校布局调整政策实施中多元利益主体的博弈,以及效率、公平、质量等多元价值的冲突和角力,也反映出新型城镇化过程中教育发展方式的根本转型。农村小规模学校不仅为社会弱势群体提供了就近入学的机会。同时,也是社区信息的集散地,为乡土文化传承和社区能力建设提供了重要支撑。从城乡一体化发展视野来看,农村小规模学校不仅要保留和恢复,更要高质量地发展。③

在持续推进的城镇化过程中,农村人口向城镇的大幅流动导致农村学校规模迅速缩小,而小规模学校造成了超编与缺岗并存的尴尬现象。余小红在分析农村小规模学校的生存境况,尤其是其面临的"超编缺岗""教非所学""反向流失"等突出问题和矛盾的基础上,提出了编制调整、"双科多能""联合培养"等对策,以期突破农村小规模学校的发展瓶颈,并探索一条与农村学校转型及发展相适切的农村教师教育的改革新路。④

刘善槐、王爽、武芳认为农村小规模学校的教师具有独特的群体特征。

---

① 刘宇文,侯钰婧.农村两类学校布局优化的现实问题与方向选择[J].湖南师范大学教育科学学报,2020(2):78-83.

② 杨东平.建设小而优、小而美的农村小规模学校[J].人民教育,2016(2):36-38.

③ 雷万鹏.城镇化进程中农村小规模学校发展[J].全球教育展望,2014(2):115-120.

④ 余小红.以全科教师培养突破农村小规模学校"超编缺岗"困境[J].教育发展研究,2017(24):72-78.

这一群体特征使教师队伍建设面临多重制度逻辑下供需失衡、个体决策理性下流动失序和组织环境作用下专业发展受限等诸多难点。为此，应基于"下得去、留得住、有发展"的三维核心目标，以综合改革的战略思维推进农村小规模学校教师队伍建设。①

王路芳和张旭提到，近年来，随着"教学点数字教育资源全覆盖"工程的实施、乡村教师生活补助的发放、农村小学和教学点经费的不断保障，农村小规模学校的建设更有动力，农村小规模学校的教师发展也呈现出一定新面貌，突出表现为教师专业化水平提高、青年教师增多、本土教师居多，但依旧存在教师工资福利待遇差、工作量大、专业发展堪忧等问题，这些问题严重制约了农村小规模学校的长足发展。因此，通过提高政策执行力、增加教师投入、提升教师业务素质等具体举措，对于提高农村教育整体质量大有裨益。②

上述研究者多是关注教师在小规模学校中的重要地位，但也有研究者立足学校主体，认识到了学校联盟对于农村小规模学校发展的促进作用。陈国华和袁桂林认为农村小规模学校面临教育资源短缺、运行乏力的现状及价值实现的需要，因此要求学校间结成联盟。小规模学校联盟具有独特的价值：名校与薄弱学校捆绑发展的有益补充为自下而上进行教育改革提供了条件，改变了小规模学校"孤立无援"的发展状态。③

安晓敏和邬志辉也指出农村小规模学校的联盟发展是基于农村小规模学校寻求内生式发展的强烈意愿、学校多元发展模式的创新需求及提升办学质量的现实需要。农村小规模学校联盟在实践运行中具有政府部门的大力扶持、关键人物的办学引领、共同愿景的合力塑造、组织制度的科学规约等特征。农村小规模学校联盟需要探索新的发展路径，包括区域推进学校联

① 刘善槐,王爽,武芳.我国农村小规模学校教师队伍建设研究[J].教育研究,2017(9):106-115.

② 王路芳,张旭."后撤点并校"时代农村小规模学校教师队伍建设研究——基于对46个国家级贫困县的调查[J].上海教育科研,2015(7):10-14.

③ 陈国华,袁桂林.学校联盟:农村小规模学校发展的新探索[J].中国教育学刊,2016(6):54-57.

盟、提升农村校长领导力、加强利益主体参与、搭建信息化平台等。①

　　杨蕾从生态位视域出发，提出农村小规模学校是我国农村教育的重要办学形式之一。而由于长期劣势发展，农村学校生存环境恶化、生态位失衡，无法适应现代化发展需要。农村教育发展应回归"以人为本"的价值原点，乡土为根、创新为源，促进教育公平守护社会生态，建设乡村教育培育文化生态，自下而上改善教育生态。当前，应遵循生态可持续发展原则，优先扶持农村地区、薄弱学校和弱势群体，活化农村小规模学校办学机制，促进农村教育与乡村社会的协同发展。②

　　在教育机会普及是农村教育发展主导任务的时期，"小而简陋"是小规模学校"经济"的实践逻辑，教育投入能力的绝对有限推动着学校布局调整；在教育质量提高是农村教育发展主导任务的时期，标准化建设成为小规模学校"不经济"难以承受之重，教育投入能力的相对有限推动着学校布局调整。但是无论从现实需求，还是价值选择上，小规模学校都将在农村地区长期存在。挖掘学校布局调整史，可为农村学校布局调整做出经济理性解释。③

　　农村小规模的发展是我国振兴乡村教育，实现公平而有质量教育追求的关键环节。1998—2017 年对小规模学校研究的期刊文献进行统计分析表明：该领域的主要研究力量为华中师范大学和东北师范大学两个研究团队；研究主题主要包括农村小规模学校的发展背景、概念界定、基本特征、现状或面临的困境、发展策略、教学方式、价值与功能等；研究趋势可能是继续聚焦并细化当前出现的研究主题。④而借助关键词共词聚类分析法和社会网络分析法，对国外已发表的相关期刊文献的共词分析发现，相比我国，国外农村小规模学校的发展较早，研究主题丰富，涵盖了高质量复式教学研究、政策视角下农村小规模学校的存续研究、农村小规模学校的社区文化功能研

　　①　安晓敏，邹志辉.农村小规模学校联盟发展模式探究[J].中国教育学刊,2017(9):50-54.
　　②　杨蕾.生态位视域下农村小规模学校的定位与发展[J].中国教育学刊,2017(9):60-66.
　　③　秦玉友，宋维玉.农村学校布局调整的"经济"与"不经济"[J].南京社会科学,2018(1):144-149+156.
　　④　徐冰鸥，李沂蓉.农村小规模学校研究的知识图谱——基于 CiteSpace 的可视化分析[J].教育理论与实践,2018(28):28-33.

究、校长角色研究、师资建设研究及学生身心健康发展研究六个主题,为我国农村小规模学校的发展提供了以下启示:从关注政策绩效转向关注教学实效;从单一的资源依赖转向多元的资源互通;形成"知其所需"的师资建设思路;重视学生的身心健康。①

　　一个多世纪以来,美国农村小规模学校的政策发生了较大变化。其动因在于政府逐渐意识到小规模学校存在的价值,认识到小规模学校在学生成绩、经济效益等方面比大规模学校表现得更好。当前我国正实施义务教育学校布局调整,美国小规模学校的政策演变对我国具有借鉴意义。②

　　与此同时,美国近10年发展起来的新生事物"微型学校"也为我国小规模学校建设提供了新的思路。"微型学校"是科技时代下教育改革实践者们对个性化教育的一种新型尝试,是以技术为载体,引领个性化教育的未来发展新方向。这是一种新型的,介于家庭学校和私立学校之间的学校模式。微型学校实现了全面的科技化管理,包括了课堂管理的完全智能化、学生行为分析的数据化、学校管理系统的信息化和社区协同的信息化。③

　　在"后撤点并校"时代,农村小规模学校也面临着发展契机:从非理性到理性的跨越,发展农村小规模学校成为社会共识;农村小规模学校有独到的天然优势,"小班化"是未来发展的趋向;党和国家的高度重视也为发展农村小规模学校带来历史转机。在新的背景下,转变农村小规模学校的发展观、变革农村小规模学校的管理方式及提高农村小规模学校的办学条件等都是值得尝试的探索之道。④

　　① 梁茜,皇甫林晓.国外农村小规模学校的研究主题与启示——基于SSCI期刊论文关键词的可视化分析(1982—2018)[J].当代教育论坛,2020(1):14-26.
　　② 杜屏,赵汝英.美国农村小规模学校政策变化分析[J].教育发展研究,2010(3):66-69.
　　③ 郭少青.个性化教育的新方向:美国微型学校的发展与启示[J].现代教育管理,2018(4):122-128.
　　④ 赵亮.后撤点并校时代:重振农村小规模学校[J].中国教育学刊,2015(12):36-39.

第四节　农村小学复式教学的存续

　　复式教学,通常指"多年级教学",即小学阶段对属于同一班的若干个年级的儿童进行的教学活动。复式教学的对象通常是边远山区,尤其是有大量少数民族人口居住的边远地区的适龄儿童。这些地区地形复杂,气候恶劣,人们居住分散,生活贫困,儿童被看成是重要的劳动力资源,而不是必须接受基础教育的未来公民。这使得这些地区的教育发展步履艰难,实际入学的学龄儿童比较少,已入学儿童辍学率和留级率高。我国的复式教学除年级分组外,还可以因语言、年龄,甚至水平、能力的不同进行分组,用复式教学的形式组织教学。复式教学的共同要素是在同一课时对学生进行分组教学,其理论与实践的基本特点是分组的多样化和灵活性。同一位教师在与单式教学相同的教学时间内,完成两个以上年级的不同教学内容的教学,这是与单式教学的根本区别,也是复式教学在义务教育普及工作中比起单式班教学更具实际功用的原因所在。[①]

　　1949 年新中国成立以来,复式教学作为农村地区普及和巩固初等教育的重要方式发挥了巨大作用。1952 年,教育部颁布的《小学暂行规程(草案)》第三十五条指出:"小学每班儿童名额:乡村以 20 人至 50 人为原则,城镇以30 人至 45 人为原则。除依照年级组织单式班外,名额不足的可将程度不同的年级组织为复式班。并可将学校各年级儿童组织为单班小学(旧称单级小学)。"该条款认可了复式教学在小学阶段的存在,明确了开办复式班的基本条件,为各地实施复式教学提供了政策依据,也为复式教学的发展奠定了基础。我国复式教学政策随着国家发展和教育发展任务的调整而改变,大致可以分为"国家认可,鼓励实施""加强研究,提升效益""规范管理,调整布局""聚焦质量,办好教学点"四个阶段。[②]

---

① 吕晓虹.复式教学在义务教育中的地位及前景[J].教育评论,1999(3):36–38.
② 李正福.我国复式教学政策演进:1949–2015 年[J].教育理论与实践,2015(35):18–21.

　　20世纪80年代,江苏溧阳市教育局在开展"复式教学潜在优势"的研究中,广泛运用了现代心理学和现代教育理论的新观点,提出了复式教学潜在优势的理论,要求复式教师在教学中必须扬长避短,努力做到化弊为利,才有可能大面积提高复式教学质量。①

　　周序采用自编问卷对陕西省蓝田县100名6—8年级的学生进行了调查,包括曾就读于当地复式教学点的学生和未在复式教学点就读的学生,结果显示曾在复式教学点就读的学生中,男女生之间在学习能力适应上存在显著差异,不同年级的学生在教育风格适应上存在显著差异;与从未在复式教学点就读的学生相比,复式教学点学生在教育风格适应上较差,但在身心健康适应上反而更好;教育风格适应存在性别、年级差异。②

　　除了对于复式教学价值的讨论,也有研究者认识到了农村小学复式教学的师资建设与发展,对提升农村小学教学质量、提高教育效益具有重要的现实意义。赵敏认为针对目前农村小学复式教学师资建设与发展现状,我们应正确认识农村小学复式教学模式在基础教育中的地位,多渠道推动农村小学复式教学教师素质发展,健全与农村小学复式教学教师发展相适应的教育支持体系,促进农村小学复式教学教师的专业成长。③

　　而赵丹和范先佐则指出如何完善复式教学方法将是我国教学点未来发展的重点。他们提出,我国农村教学点的复式教学应该依据课前准备及授课安排、引导学生自学、培养小助手辅助教学、营造良好教学环境、持续性评价和反馈这五个环节进行继续改进。④

　　芬兰的混龄教学与我国的复式教学有异曲同工之妙。混龄教学是将年龄不同的儿童编排在一起进行教学,除特定主题外,所有儿童都在同一空间内学习、游戏。混龄教学现流行于幼儿教育领域,但在芬兰一些微型小学里,也存在将不同年龄、不同年级(主要是小学低年级)学生放在同一个班级的

　　① 陈光莲,余伟民.我国复式教学发展和改革的回顾与展望[J].江西教育科研,1992(3):28—34.
　　② 周序.复式教学点学生学习适应性研究[J].上海教育科研,2009(1):44—47.
　　③ 赵敏.农村小学复式教学的师资建设与发展研究[J].教学与管理,2018(30):57—59.
　　④ 赵丹,范先佐.促进机会均等与全纳教育:农村教学点的未来走向及发展策略[J].现代教育管理,2013(1):22—25.

现象。芬兰人口分布极不均匀,在人口稀少的区域内建立学校,方便适龄儿童入学,生源少实属正常。面对这种情况,采用混合班级,把几个年级的学生安排在一个教室内由一位老师进行教学与指导是最符合实际的选择。对芬兰边远地区开展混龄教学的合理性、优越性、保障条件进行深入挖掘,必然会对我国农村地区小学教育发展提供有益借鉴。①

除了芬兰以外,我们也能看到德国小学复式教学在个性化学习方面进行了卓有成效的探索和实践。R小学作为蒙台梭利思想指导下的特色学校,实施复式教学,鼓励学生进行个性化学习。通常情况下,每个班级中同一年龄的学生还可以组成一个更小的学习小组,除教师集体教学外,小组成员可以自主制定学习计划,当其遇到问题时,如果内部寻求帮助未果,学生可以向高一年级学生咨询,以获取有益的经验,而高年级学生具备较为丰富的学习经验,通常能够提供有效的指导。②

德国复式教学是一种典型的主体教育实践,将学生视为能动的、独立的主体,尊重学生的个体差异,重点培育学生的主体能力。德国复式教学的主体教育因素包含自主学习阶段的主体教学设计和新课教学中的主体教育原则。③这为我国复式教学的未来发展提供了新的思考。

近几年来,学界鲜有关于复式教学的研究,但目前在我国中西部一些偏远山区的学校里仍旧存在复式教学这种教学方式。教育机会公平、过程公平与结果公平并存才是教育公平的应有之义。复式教学作为我国农村小学资源匮乏的产物,需要有人去关注它,去探索它的未来走向如何为偏远地区的孩子带去更高质量的教育的道路。

———————————

①　周大众.芬兰"混龄教学"对我国农村小学教育发展的启示[J].现代教育科学,2018(10):139-143.

②　王秀秀,陈玉华.德国小学的个性化学习:经验,困境与启示[J].外国中小学教育,2017(5):59-65.

③　屈博,孙丽丽.基于主体性教育的德国复式教学运行机制及启示[J].外国中小学教育,2015(6):49-55.

第五节　以县为主的农村小学教育管理体制

　　新中国成立以来,我国县级政府的教育责任范围经历了一个不断调整的过程。特别是在教育财政上,县级政府的教育财政管理权力和责任历经多次改变。1986年《中华人民共和国义务教育法》为义务教育的财政管理体制确立了"地方负责、分级管理"的框架,但该框架没有做出明确的规定。在现实中,由于城市中小学校主要由市、县区及下级政府主办,因此城市义务教育的经费主要由县区政府负担。而农村义务教育主要由乡级政府管理,则相应的经费也由乡级提供,实际上农村义务教育财政采取了"以乡为主"的体制。①

　　2001年5月,国务院颁布的《关于基础教育改革与发展的决定》中提出:"从2001年起,将农村中小学教师工资的管理上收到县。"2002年5月,国务院办公厅印发了《关于完善农村义务教育管理体制的通知》,进一步提出了:"农村义务教育实行在国务院领导下,由地方政府负责、分级管理、以县为主的体制。县级人民政府对农村义务教育负有主要责任,省、地(市)、乡等地方各级人民政府承担相应责任,中央政府给予必要的支持。"由此正式确立了"以县为主"的基础教育管理体制。②

　　农村义务教育实施"以县为主"的管理体制意义重大,是农村教育由人民办转向由政府办的里程碑。在"以县为主"的管理体制下,各级政府积极努力,在很大程度上做到了确保农村义务教育的投入不低于税费改革前的水平,确保农村中小学教师工资发放,确保师生安全,确保农村中小学校公用经费(即四个确保)。但同时"税费改革"背景下的"以县为主"管理体制也遇到了一些发展中的新问题。③

---

① 杨娟,刘亚荣,王善迈."以县为主"政策中县级政府责任探析[J].教育发展研究,2009(12):50-52.
② 鲍传友."以县为主"基础教育管理体制的公平与效率问题及思考[J].教育科学,2009(3):4.
③ 袁桂林.农村义务教育"以县为主"管理体制现状及多元化发展模式初探[J].东北师大学报,2004(1):115-122.

在以县为主的管理体制的实施过程中，各级政府对自己的责任还不明确，还存在事权、财权、人权不统一等诸多问题，给以县为主管理体制的推进带来了阻力。①

此外，"以县为主"的管理体制仍旧不能有效地解决地区之间教育投入的严重不平衡问题。实行"以县为主"管理体制后，虽然在一定程度上使县内的贫富差别得以平衡，但在全国及省级范围内，教育投入不平衡问题仍在加剧。②

根据对东北某农业县进行为期半年的调查研究，发现"以县为主"的义务教育管理体制实施中存在诸多问题，"以县为主"的独角戏难唱，辍学率居高不下；人事制度改革难以推行；各种资金错位：杂费挪用、税费改革又使"以县为主"的投入保障问题雪上加霜。这些问题的深层次原因包括国家政策的异化——具有"地方特色"的"以县为主"的教育管理体制，是中央和地方政府博弈的结果；国家的管制政策、"学而优则仕"的官本位价值取向是财政供养人口庞大的制度和文化根源；"分税制"财政体制，以及不合理的义务教育成本分担格局，使脆弱的县财政重负难堪，是各种违章操作的诱因。③

农村教育实行"以县为主"的管理体制以来，县级政府承担了举办义务教育的责任，加大对教育资源的统筹力度，保障教师工资发放，落实中小学办学自主权，促进学校管理专业化，对提高农村中小学教育教学质量具有明显效果。但是也面临许多新的挑战，如县级财力支撑规模庞大的义务教育困难重重，教育管理权在县级政府职能部门之间如何划分、如何协调，还缺乏有效机制，县级教育行政部门对农村中小学管理缺乏行之有效的机制和模式等。农村义务教育如何进一步改进和完善"以县为主"的管理体制是当前

---

①　张丕芳，黄辉.对以县为主的农村义务教育管理体制的思考[J].当代教育科学，2005（3）：34-37.

②　陈玉云.对"以县为主"农村义务教育投资体制的反思与建议[J].教育理论与实践，2004（20）：17-19.

③　吕丽艳."以县为主"的农村义务教育管理体制运行状况个案调查[J]. 东北师大学报，2004（1）：123-128.

农村教育改革最迫切的问题。①

　　首先在农村义务教育经费方面。改革开放初期,我国农村义务教育经费保障机制由之前的"中央统一下拨"演变为"地方负责"。依据责任主体不同,我们将"地方负责制"划分为"以乡为主""以县为主""农村义务教育经费保障新机制"三个阶段。但由于保障机制重心依然偏低,我国城乡义务教育非均衡发展的问题依旧严峻。鉴于农村义务教育具有明显的地区外溢性,考虑到我国的税收分配制度,参照其他国家农村义务教育经费保障的经验,朱文辉认为我们应该继续上移经费保障的责任主体,实施"国家统筹、以省为主"的新机制。②

　　其次在农村教师队伍的专业管理方面。当前我国确立的农村义务教育"以县为主"的管理体制,从教育发展的实效来看,胜于"以乡镇为主"的体制,但农村教师队伍的专业管理和建设仍面临诸多困难。朱小蔓和李敏通过考察研究,发现"中心校""学区制""伙伴校"三种管理模式可以为农村教师专业管理理念的更新与实际推进提供一些有益的思路。"中心校""学区制""伙伴校"三种模式均将教师专业管理的职责转移到学校且能够在一定程度上体现教师管理的"专业性"。在三种管理模式中,"中心校"模式和"学区制"模式更多地要求学校在体制上做出某些方面的职能调整和拓展;"伙伴校"模式则更多地是在学校现有体制不变的情况下创新、丰富教师管理的工作方式。③

　　"以县为主"是基础教育管理领域的一种新的制度安排,其意图在于缓解"分级办学,分级管理"所造成的教育公平和效率之间的矛盾和冲突。但从我国基础教育发展的实际情况来看,"以县为主"难以适应我国区域差距巨大的现实国情和新的历史条件下人们对于教育公平的新要求,有必要根据基础教育的性质和发展需要重新理解基础教育领域公平和效率的关系,确

　　① 杨锦兴.从教育行政的角度看"以县为主"的农村教育管理体制面临的问题——广西贵港市实施农村义务教育管理新体制的调查[J].现代教育管理,2009(1):5-8.

　　② 朱文辉.改革开放 40 年我国农村义务教育经费保障机制的回溯与前瞻[J].中国教育学刊,2018(12):12-17+37.

　　③ 朱小蔓,李敏."以县为主"农村义务教育管理体制下的教师专业管理[J].教育发展研究,2008(22):39-43.

立正确的基础教育发展价值取向,从而深化基础教育管理体制改革,促进基础教育公平发展。①

第六节　农村小学教育福利制度趋于完善

从狭义的社会福利出发,教育福利是指处于社会不利地位儿童的受教育权、学习权保障问题,即社会弱势群体的受教育权利保障问题,其对象是处境不利地位的公民。若从广义的社会福利定义出发,我们还可以得出广义的教育福利的内涵,意即所有公民的受教育权保障问题,旨在通过各种制度安排保障公民享受到令人满意的、好的教育,其对象是所有公民。②

教育福利既是一种以货币形式帮助社会群体解决教育困难的机制,又是一种通过提供劳务、实物及其他形式的服务满足社会成员教育需要的核心制度。作为教育福利的重要组成部分,儿童的教育福利不但为广大儿童提供了基本的知识,也为推进弱势儿童的社会融合与促进社会公平提供了制度支持。③

小学教育一直以来就是我国教育福利事业发展的重点领域,尤其是处于不利地位的农村小学教育更是受到了广泛关注。我国改革开放40年来实施的"国家贫困地区义务教育工程""两免一补政策""家庭经济困难学生资助政策"等都是教育福利的重要体现。④本节将着重讨论我国的农村小学生营养改善计划与"两免一补"政策的施行。

一、农村小学生营养改善计划是落实儿童福利的重要举措

2011年10月26日国务院总理温家宝主持召开国务院常务会议,决定

①　鲍传友."以县为主"基础教育管理体制的公平与效率问题及思考[J].教育科学,2009(3):4.

②　尹力.多元化教育福利制度构想[J].中国教育学刊,2009(3):37-40.

③　万国威.小学教育福利供给的地区差异:现实状况与未来走向——基于我国31省、市小学教育状况的定量研究[J].教育与经济,2011(3):16-20.

④　尹力.多元化教育福利制度构想[J].中国教育学刊,2009(3):37-40.

启动实施农村义务教育学生营养改善计划。为贯彻落实《国家中长期教育改革和发展规划纲要(2010—2020年)》,提高农村学生尤其是贫困地区和家庭经济困难学生健康水平,会议决定,从2011年秋季学期起,启动实施农村义务教育学生营养改善计划。①

邵忠祥和范涌峰指出"营养改善计划"政策的实施,其对象是我国集中连片的特殊困难地区,是真正需要营养补充的农村贫困学生。因此,这一政策的实施有利于促进农村教育发展,是教育扶贫的重要举措,在农村教育扶贫中有着重要的价值。此外,实施好这一政策,对提高农村学校教育质量、保证学生受教育年限和确保农村学生均衡的营养水平等方面也有着重要的价值及意义。②

任春荣等人调查发现自2011年中央政府发起农村义务教育学生营养改善计划以来,覆盖范围达到了既定目标,学生营养水平和健康水平有了显著提升,带动了农村经济发展,取得了良好的社会效益。农村义务教育学生营养改善计划的投入和管理运行机制逐渐成熟,具有支撑营养改善计划长期实施的能力。由此,他们建议建立营养改善计划长效机制,深化制度建设,加强相关队伍能力建设,进一步扩大社会效益,形成社会共识。③

于季菲和赵启然则发现"农村义务教育学生营养改善计划"实施后,在供餐方式上存在较大差异,有学校食堂供餐、企业供餐等不同方式。现有研究中供餐方式对儿童营养健康的研究较少,特别是缺乏有关营养改善计划对于学生心理健康影响的探讨。研究者利用2015年我国陕西省、青海省、宁夏回族自治区等西北三省(区)参与营养改善计划的49所学校共2208名学生的调研数据,运用倾向匹配得分(PSM)等方法,发现供餐方式不同对儿童身体、心理健康的影响确实存在,营养改善计划应进一步考虑到供餐方式与

---

① 国务院.决定启动实施农村义务教育学生营养改善计划[J].教育发展研究,2011(20):5.
② 邵忠祥,范涌峰.农村义务教育学生营养改善计划政策实施的问题与对策——教育扶贫的视角[J].当代教育论坛,2019(5):115-121.
③ 任春荣,余蓉蓉,张文静,程蓓.农村义务教育学生营养改善计划试点实施状况调查研究[J].基础教育,2019(2):18-28.

相应营养成分要求，从而进行配餐方式与营养餐提供营养比例的合理设计及相应规定的完善。①

目前我国"营养餐"的供餐方式主要有学校模式、企业模式和家庭模式这三种方式。任燕认为学校供餐模式的优点可以概括为政府主导、内容丰富、易于推广三个方面。但是正是基于政府主导，该模式又具有资金保障不足、规范过于笼统、人员管理困难的弊端。对于三种供餐模式的弊端必须重视，要通过健全法律法规体系、加大保障资金投入力度、加强领导完善监管等多方面努力，使三种供餐模式都能够积极发挥作用。②

为了全面了解西北地区尤其是甘肃省农村学校"学生营养改善计划"的实施现状及存在的问题和困难，王莹选取了甘肃省的三个县共计 14 所中小学作为样本，进行了为期 18 天的实地调查研究。通过量化和质性相结合的方法，综合运用问卷调查法、访谈法、观察法等研究方法，对样本县"学生营养改善计划"的实施情况进行了初步了解，并得出如下结论：教师、学生及家长基本都对"学生营养改善计划"有一定的了解，但又或多或少地存在一定的偏差，不够全面。各校都努力按照"学生营养改善计划"的相关规定开展学生营养餐工作，但是部分学校还是未能完全落实好。营养餐的不同供餐模式和食堂的不同经营方式都影响着营养餐的品质、成本价值和满意度。各地各校的营养餐工作在有序开展中都取得了一定的成效，但也存在各种各样的问题和困难，主要表现为学校食堂建设问题、营养餐的运输问题、人员编制不足问题、营养餐工作开支问题等。与营养餐的供应和组织工作相比，西北农村学校的营养教育相对滞后。③

国家在西部实施农村义务教育"学生营养改善计划"后，农村学生就餐条件和身体素质有所改善，但也遇到了一些亟待解决的问题：地方财政对"营养改善计划"的支持亟待落实；学校食堂配备数量依然不足、质量不高，

---

① 于季菲，赵启然."农村义务教育学生营养改善计划"供餐方式对小学生身心健康的影响[J].教育与经济，2020(4)：30-39.
② 任燕.当前农村学生营养餐供餐模式研究[D].华中师范大学，2014.
③ 王莹.西北地区农村学校"学生营养改善计划"实施情况调查研究[D].西北师范大学，2013.

管理成本和压力增大,企业供餐的运输成本高、安全隐患大等。杨兰和李亚军建议提高农村学校的供餐质量,如由地方财政出资培训学校餐饮人员,多管齐下保证食品安全等。①

马恋和邵忠祥提出,为了确保千千万万农村儿童的身体健康和生命安全,也为了解决当前营养餐的诸多棘手问题,要加快农村义务教育学生营养餐的立法工作。其主要内容应包括:经费来源及运行管理机制、营养质量标准、营养餐的卫生和安全、营养师的配备和培养、各实施主体和监管机构的职责,以及违法行为的制裁方式等,从而促使我国营养餐计划走上绿色健康、可持续发展的法治轨道。他们总结了早期法国、英国、日本、美国等国家出台的关于校餐的相关法规,指出国外儿童营养餐实施较成功的国家大都基于完善而有效的法律保障,②为我国"营养餐计划"的完善带来一定的启发。

二、"两免一补"为农村贫困家庭子女带去教育希望

"两免一补"政策最早提出于 2001 年,是指对农村义务教育阶段,家庭经济困难的学生免杂费、书本费,补助寄宿生生活费的教育资助政策,确保绝不让义务教育阶段的孩子因贫困而失学。2005 年我国首先在中西部农村地区进行试点,免除了义务教育阶段学生的学费、杂费,对家庭经济困难的适龄儿童、少年免费提供教科书并补助寄宿生生活费。随着"两免一补"在试点地区的成功实践,2006 年教育部又进一步推进该政策的实施,将"两免一补"工作在全国范围的农村和部分试点城市全面展开。③

2006 年春季,中国开始对西部农村义务教育阶段中小学生实行"两免一补"政策,其中最有争议的就是没有把西部民办中小学校的农村学生纳入补贴范围。从教育政策执行过程分析与价值分析出发,从教育政策执行过程的价值追求与公正诉求出发,提出解决问题的出路之一在于把西部民办中小学校学生纳入政策适用范围,给 2006 年上学期末仍在西部民办中小学校上

---

① 杨兰,李亚军."营养改善计划"后的农村中小学供餐管理[J].中小学管理,2013(12):45-47.

② 马恋,邵忠祥.农村义务教育学生营养餐亟待立法[J].中国教育学刊,2015(1):103-104.

③ 曹思芹.义务教育阶段"两免一补"教育政策分析[J].教学与管理,2009(21):3-4.

学的农村学生发放相当于西部公办中小学校农村学生所享受的"两免一补"补贴面值的教育券，让这些学生及其家长决定以后是继续在民办中小学校上学，还是回到公办中小学校享受同等"两免一补"政策。①

"两免一补"是我国政府面向城市和农村义务教育阶段学生实施的享受义务教育公共服务、补贴家庭经济困难寄宿生的一项义务教育普惠政策。政策自2001年实施以来，在促进城乡义务教育普及发展、减轻贫困家庭尤其是农村贫困家庭经济负担、促进民生建设等方面起了极大的推动作用。2016年起，"两免一补"新政策逐步统一城乡义务教育，进一步推进城市和农村义务教育的均衡发展，促进教育公平，助力推动人力资源强国建设。然而在这项政策实施过程中，许多不容忽视的问题逐渐被社会各界关注。②

王贤认为实施"两免一补"政策是我国义务教育发展的必然选择，然而目前这一政策在实施过程中面临多方面问题和挑战，因此，促进"两免一补"政策顺利实施和稳定发展就要从资金投入、教育立法和行政监督、资金的筹集和管理、政策的制定和实施等方面加以保障。③

卫思祺指出"两免一补"政策的实施不仅较好地诠释了义务教育的纯公共产品属性，较好地体现了教育均衡发展，教育资源公平、合理的分配理论在农村教育领域的发展与应用，而且也正是公共财政理论的应有之意，是教育正义理论中平等与差别原则在基础教育实施过程的内在要求。同时运用数据辅证、理论推理的方法，论证"两免一补"政策的实施，对营造农村教育的新氛围、改变农民读书无用论的错误认识；减轻农民家庭经济负担，消除农村辍学率；提高劳动生产率、增加经济效益都起到了良好的效果，并提出政府应进一步完善"两免一补"政策、丰富教育理论价值、增强其实践效应。④

鞠玉翠和王佳佳结合自身的经历提出"两免一补"是国家为了不让学生

①　沈有禄.教育政策的执行过程分析与价值分析——兼论"两免一补"政策及其改进[J].教育科学研究,2008(1):9-13.
②　陆楚华."两免一补"政策热点问题分析[J].经济研究参考,2017(59):96-99.
③　王贤."两免一补"的教育政策分析[J].河北师范大学学报(教育科学版),2008(10):22-24.
④　卫思祺.农村教育"两免一补"政策的理论价值与实践效应分析[J].中国农学通报,2011(17):182-186.

因家庭经济困难而失学所采取的一项政策,体现了扶弱济贫、保证儿童受教育权的制度安排和公平观念。但是村民们的自私偏好等公平观与政策实施中存在的某些问题是导致问题产生的原因,实事求是地实施政策,更能给百姓带来公平感。①

长期以来,美国农村地区的公立学校面临着严峻的挑战,不能有效地满足农村社区教育发展的实际需求。针对这种情况,美国联邦政府实行了"农村教育成就项目"(Rural Education Achievement Program,简称 REAP)。REAP(其包括 SRSA 计划和 RLIS 计划)主要帮助贫困生和联邦竞争捐款的农村地区及经常收到的资助太少以至于不能到达预期目标的地区,REAP 向小型学区和农村学区提供必要的资金和灵活政策,从而对农村初等教育学校改革产生了深远影响。REAP 有三个特点:实现城乡教育公平是其根本价值所在;以农村环境为政策实施的着力点;以"联邦政府引领、地方政府灵活操作"为政策的实施路径。基于对 REAP 内容和特点的分析,针对如何促进我国农村教育的优质发展,赵磊磊和程钰琳提出了相关的政策建议:以农村环境为农村教育政策的着重点;合理配置城乡教育资源,促进城乡教育均衡发展;秉承教育公平理念,重视教育政策的具体落实。②

本章小结

近 20 年来,农村小学教育关注的前沿问题主要包括农村小学教育的内涵、农村小学教师队伍建设的"开源"与"提质"、农村中小学布局调整引发的多重变革、农村小学复式教学的存续、以县为主的农村小学教育管理体制、农村小学教育福利制度趋于完善这六大方面。每个大的前沿问题下面又包含了多个具体的研究议题。比如农村小学教师队伍建设的"开源"与"提质"一节就涉及特岗教师、免费师范生、"优师""强师"计划、农村小学全科教师、

---

① 鞠玉翠,王佳佳.教育的民间公平观——"两免一补"政策在李村实施中的遭遇[J].全球教育展望,2007(1):69-73.
② 赵磊磊,程钰琳.美国农村教育成就项目:内容评析及启示[J].外国中小学教育,2016(6):12-17.

国培计划、农村小学教师流动及教师职业吸引力七大研究议题。针对这些具体的议题，研究者们从不同的视角展开了讨论，其中既有概念的辨析，又有对于该研究议题的现状分析，还包括对策研讨。

从中可以看出，近20年来针对农村小学教育的研究有较大的进步，但是也存在着不足。进步之处主要体现在：首先，在研究议题上能够很好地顺应时代的发展变化，找到一些先进的教育理论和观点，从新的研究视角去审视农村小学教育，提出新对策。其次，在农村教育政策上能够采用辩证的眼光去探讨该政策对于农村小学教育的实际效用，并提出改进方案。最后，在研究方法上有所创新，从以往的思辨研究逐渐转向更加注重实证研究。但是不足之处也尤为凸显：第一，目前专门针对农村小学教育的研究尚不多见。有关农村教育的研究更多是着眼中等教育和职业教育，并将其与农村精准扶贫、乡村振兴等国家政策联系起来，很少有学者直接立足农村小学教育进行相关的研究探索。因此，与其说本章是农村小学教育的研究前沿，倒不如说是小学段在农村教育研究前沿中的突出表现。第二，我国中西部地区一些农村小学教育难题亟待加强关注。随着国家政策的落地，需要持续关注和研究，尤其针对中西部不同环境、乡情、民俗，研究应聚集差异，把握实际情况。在研究中凸显小学的特性，同时也要对一些尚未解决的农村小学教育问题、难题给予应有的关注，助力农村小学教育研究的发展。

推荐阅读

1.杜育红.农村教育：内涵界定及其发展趋势[J].华南师范大学学报（社会科学版），2013（1）：19-22+157.

2.郝文武.以城乡教育有特色融合发展促进乡村教育振兴和农村教育现代化[J].教育科学，2021（3）：1-7.

3.何树虎，邬志辉.乡村教师职业吸引力的实证研究——基于"离"与"留"强意愿的对比[J].教师教育研究，2021（1）：51-59.

4.胡咏梅，杜育红.中国西部农村小学教育生产函数的实证研究[J].教育研究，2009（7）：58-67.

5.李佳源,余利川.地方院校免费师范生职业认同:特征、动力机制及强化路径——基于四川两所高校的调查研究［J］.复旦教育论坛,2015(5):67-73.

6.李涛.中国农村教育的概念实质及未来特征[J].探索与争鸣,2021(4):31-34.

7.刘亮,胡德仁.地区间农村小学教育投入差异影响因素的分析——以河北省各县为例[J].清华大学教育研究,2009(3):99-107.

8.满忠坤."应时之需"与"卓越追求":农村小学全科教师的名与实之辨[J].教师教育研究,2019(3):39-44+60.

9.庞丽娟,杨小敏,金志峰,王红蕾.构建综合待遇保障制度 提升乡村教师职业吸引力[J].中国教育学刊,2021(4):34-40.

10.彭泽平,黄媛玲.乡村振兴战略视域下乡村教师本土化培养:内涵、价值与实践路径[J].现代教育管理,2021(8):65-70.

11.孙颖,陶玉婷.特岗计划的现实困境与破解思路[J].中国教育学刊,2012(7):14-16.

12.王庭照,许琦,栗洪武,李录志.我国师范生免费教育研究热点的领域构成与拓展趋势——基于 CNKI 学术期刊 2007—2012 年文献的共词可视化分析[J].教育研究,2013(12):102-109.

13.肖其勇.农村小学全科教师培养特质与发展模式[J].中国教育学刊,2014(3):88-92.

14.杨海燕,高书国.农村教育的价值、特征与发展模式[J].教育研究,2017(6):73-79+86.

15.尹建锋.城乡教师流动的空间正义及其实现[J].教育研究,2020(1):136-147.

16.张虹,刘建银."国培计划"实施中农村小学教师的培训需求分析——以重庆市农村小学教师培训为例[J].教育理论与实践,2012(11):30-32.

17.赵明仁,谢爱磊.国际视野中乡村教师队伍高质量发展的策略与启示[J].中国教育学刊,2021(10):8-14.

18.赵垣可,刘善槐.新中国 70 年农村教师政策的演变与审思——基于1949—2019 年农村教师政策文本的分析[J].西南大学学报(社会科学版),2019(5):14-23.

第十三章　小学教育信息化研究

本章思维导图

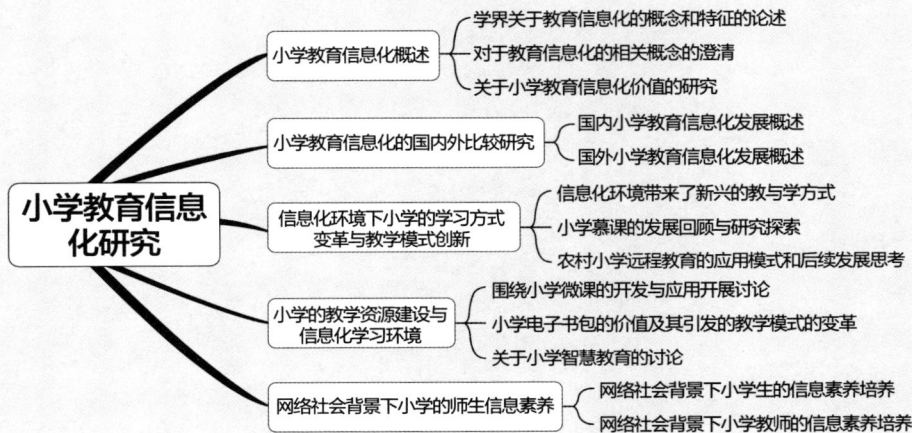

小学教育信息化研究

- 小学教育信息化概述
  - 学界关于教育信息化的概念和特征的论述
  - 对于教育信息化的相关概念的澄清
  - 关于小学教育信息化价值的研究
- 小学教育信息化的国内外比较研究
  - 国内小学教育信息化发展概述
  - 国外小学教育信息化发展概述
- 信息化环境下小学的学习方式变革与教学模式创新
  - 信息化环境带来了新兴的教与学方式
  - 小学慕课的发展回顾与研究探索
  - 农村小学远程教育的应用模式和后续发展思考
- 小学的教学资源建设与信息化学习环境
  - 围绕小学微课的开发与应用开展讨论
  - 小学电子书包的价值及其引发的教学模式的变革
  - 关于小学智慧教育的讨论
- 网络社会背景下小学的师生信息素养
  - 网络社会背景下小学生的信息素养培养
  - 网络社会背景下小学教师的信息素养培养

本章词云图

　　教育信息化是国家信息化的重要组成部分，以教育信息化带动实现教育现代化是中国教育事业发展的战略抉择。教育信息化对于促进教育均衡发展、引领教育创新与变革具有重要作用。①我国先后颁布了《国家中长期教育改革和发展规划纲要（2010—2020 年）》《教育信息化 2.0 行动计划》等教育信息化发展战略，从政策法规层面对于小学的教育信息化建设给予了大力支持。小学教育作为我国义务教育的重要组成部分，除了具有教育的一般特点之外，还具有全民性、义务性、全面性的特征，对教育质量与公平提出了更高的要求。为了助力小学教育的发展，近些年来一部分学者也将研究聚焦于借助信息化手段促进小学教育的均衡发展与质量提升，并产生了一系列成果。与此同时，随着教育与技术的结合愈加紧密，也涌现出了一系列问题，给学者们带来了新的研究思考。

　　近些年来教育信息化相关文献的发表数量不断攀升，借助 CiteSpace 软件进行数据加工和处理，能够看出电化教育研究、中小学信息技术教育、中国远程教育、中国电化教育和教育科学出版社是在基础教育信息化研究领域高引用文献发表的主阵地。华中师范大学、北京师范大学、东北师范大学、西北师范大学、华东师范大学等国内知名的师范院校是基础教育信息化研究者的聚集地。②依托于高校的平台资源，学者们多以团队形式开展研究，形成合力，促进研究的进一步发展。

　　恰当的研究方法的运用往往能够为研究带来事半功倍的效果。学者们围绕信息化手段在小学阶段的应用展开讨论，涉及教育观念、组织、内容、模式、技术、环境等一系列的改革和变化。研究的关注点更多集中于教学模式和策略探究、教学资源建设与信息化学习环境构建，并由此引发对于师生信息素养的讨论。因此在具体研究过程中，学者们多采用实证研究法。在对各小节议题的概念和价值进行讨论时，学者们则多采用思辨研究法或文献研究法。

---

　　①　黄荣怀，王运武.教育信息化[M].北京:科学出版社,2018:12.
　　②　李青,任一姝.我国基础教育信息化研究现状与发展路径——基于 1999—2015 年 CSSCI 索引文献的可视化分析[J].中国电化教育,2016(9):16-23.

此外,设计研究也是学者们使用较多的一种方法。设计研究是一种将研究与开发结合起来的方法论,在理论研究与教育实践之间架起桥梁,在国际教育研究领域具有广阔的应用前景。研究者提出在某种情境中有改善学习潜力的创新设计,然后对这个情境(如课堂)进行干预,在这个情境中进行观察、记录,并根据群体与设计的交互情况改进最初的设计。理论的发展会以通过记录设计变化导致改善的方式,或者假设被怀疑或通过与设计的交互得到证实的方式产生。①在小学的教学资源建设与信息化学习环境构建一节,可以看到很多学者采用了此种研究方法。

第一节　小学教育信息化概述

目前学界对于小学教育信息化的讨论尚不多见,主要是围绕教育信息化展开论述。因此这里将先探讨到底什么是教育信息化,进而明晰其在小学学段发挥的独特功能与价值。

一、学界关于教育信息化的概念和特征的论述

(一)对于教育信息化源头的追溯

以计算机和网络为标志的信息技术在教育中的运用堪称人类教育发展史上的一场革命。这场革命的源头可追溯到 20 世纪 40—60 年代,以美国 1946 年第一台电子计算机的问世和 1969 年 Internet 网的创建为标志。尽管 Internet 网(前身被称为阿帕网)最初的研制目的是出于军事需要,但这项技术不久便被科研和教育部门采用。1977 年,微型计算机的问世,使计算机的广泛使用成为现实,大大推进了人类迈入信息化时代的步伐。②

教育信息化的概念是 20 世纪 90 年代提出来的。1993 年 9 月,美国克林顿政府正式提出"国家信息基础设施"(National Information Infrastructure),俗

---

① 张倩苇.设计研究:促进教育技术研究的方法论[J].电化教育研究,2007(4):5-10.
② 洪明.欧美国家教育信息化的现状与趋势[J].比较教育研究,2002(7):17-20.

称"信息高速公路"（National Superhighway）的建设计划，其核心是发展以Internet为核心的综合化服务体系和推进信息技术（Information Technology，简称IT）在社会各领域的广泛应用，特别是把IT在教育中的应用作为实施面向21世纪教育改革的重要途径。①许多国家随后也纷纷推出了本国信息技术的开发和推广计划，形成了席卷全球的信息化浪潮，欧美国家的教育信息化进程也由此迅速加快。

值得指出的是，"信息化"这一概念基本上是东方语言思维的产物。西方国家的文献中极少使用"信息化"之类的说法，而在许多东方国家，包括中国、日本、韩国、俄罗斯等，则大量使用"信息化"的概念，并且出现了三种不同的英译法：Informatization，Informationalization，Informationization。西方人似乎不喜欢"教育信息化"或"信息化教育"之类高度概括的概念，他们用了许多不同的名称，例如e-Learning，e-Education，Network Based Education，Online Education，Cyber Education，Virtual Education等。②

（二）教育信息化的概念辨析

到目前为止，国内学术界对"教育信息化"的概念尚无统一的定义，以下是具有代表性的一些表述。

教育信息化是以现代信息技术为基础的新教育体系，包括教育观念、教育组织、教育内容、教育模式、教育技术、教育评价、教育环境等一系列的改革和变化。教育信息化并不简单等同于计算机化或网络化，而是一个关系到整个教育改革和教育现代化的系统工程。发展教育信息化的目的是使我国现有的教育体系适应信息时代对新一代公民教育的基本要求。③教育信息化是信息与信息技术在教育、教学领域和教育、教学部门的普遍应用与推广。④

教育信息化是指在教育领域中运用计算机多媒体和网络信息技术，促进教育的全面改革，从而适应正在到来的信息化社会提出的新要求，教育信

---

① 秦如祥.教育信息化的概念、特征和目的[J].理论探索，2004（3）：63-64.
② 祝智庭.中国教育信息化十年[J].中国电化教育，2011（1）：20-25.
③ 刘德亮.黎加厚博士谈教育信息化[J].中国电化教育，2002（1）：5-8.
④ 何克抗.我国教育信息化理论研究新进展[J].中国电化教育，2011（1）：1-19.

息化的发展带来了教育形式和学习方式的重大变革，促进了教育的发展变革。教育信息化的本质就是以信息化为支撑实现教育信息与知识的共享，运用现代信息技术和现代教育理论把学校建设成一种充满信息，方便学习者获取信息和培养创新人才的环境，构建符合学生学习特点，适应学生个性化学习和终身学习的教育体系。①

教育信息化是运用合适的信息技术和相关理论，在有关部门的统一组织和指导下，以提高教育管理、教学的效果和效率为目的，促进教育现代化的历史过程。从社会学的角度理解，随着教育领域信息化的普及，信息文化会衍生发展，最终可以培养出具有高度的信息文明的人。②

新时代的教育信息化是指在先进的思想指导下，在教育领域充分而有效地运用现代信息技术，建资源、搭平台、拓空间、筑体系、创模式，促进教育改革，促进师生的全面发展和创新发展，促进教育公平，促进教育质量提升，支撑、引领、推动新时代教育现代化加速实现的过程；教育信息化由理念与理论、人才与队伍、政策与标准、网络与平台、资源与空间、应用与活动、技术与产业、信息与网络安全八大要素构成。③

（三）学界有关教育信息化的主要特点

特征是一事物区别于他物的标志。教育信息化历经了近40年的发展变化，在这一过程中也形成了自身的独有特征。南国农认为教育信息化的基本特征大致可以归纳概括为"五化三性"，五化包括：教育信息显示多媒体化；教育信息处理数字化；教育信息存储光盘化；教育信息传输网络化；教育信息管理智能化。三性是指开放性、非线性、交互性。④张豪锋、孔凡士指出对于教育信息化的特征，要从技术和教育两个层面加以考察：从技术层面来看，教育信息化的基本特点是数字化、多媒体化、网络化和智能化；从教育层面来看，教育信息化则具有教育思想观念的现代化、教材多媒体化、资源全球

---

① 吴砥,彭娴.教育信息化标准与应用[M].北京:高等教育出版社,2015:10.
② 黄荣怀,王运武等.教育信息化[M].北京:科学出版社,2018:10.
③ 陈琳,文燕银,张高飞,毛文秀.教育信息化内涵的时代重赋[J].电化教育研究,2020(8):102-108.
④ 南国农.教育信息化建设的几个理论和实际问题(上)[J].电化教育研究,2002(11):20-24.

化、教学个性化、系统开放化、学习自主化、任务合作化、管理自动化、环境虚拟化、知识更新加速化等特点。[①]殷旭彪认为,教育信息化具有教育信息处理数字化、教育信息传输的立体化、教育信息系统的智能化、教育信息呈现多媒体化、教育信息传播过程中学生的地位主体等特点。[②]

二、对于教育信息化的相关概念的澄清

(一)电化教育

《国际教育词典》将其解释为:"中文用以说明借助收音机和电视之类所进行的教育的术语。"[③]

在《中国大百科全书·教育卷》一书中,电化教育被定义为:"利用幻灯、投影器、电影、无线电广播、电视、录音、录像、程序教学机和电子计算机等教学设备及相应的教材进行的教育活动。"19世纪90年代,幻灯开始被引入教育领域;20世纪初,发展到无声电影;20世纪20年代,无线电广播开始设有教育节目;30年代,有声电影和电视成为"视听教育"最早的工具;40年代,录音技术被引用于教育领域;而伴随着1936年专业学术期刊——《电化教育》的创办和1948年中国第一个电化教育系在国立社会教育学院的设立,电化教育学"中国化"的目标得以初步实现;[④]50年代,教育电视进一步得到发展,语言实验室和程序教学机也已问世;60年代,闭路电视和录像系统开始在学校教育中得到应用;70年代,电子计算机辅助教学系统、卫星转播教学系统等相继在教育领域中得到应用和发展,电化教育是社会经济、科学技术和教育本身发展的产物,现代的电化教育已发展为相对独立的专门学科,属于教育科学的分支;[⑤]80年代,南国农提出了电化教育的公式,即现代教育思想理论 + 现代教育媒体 = 电化教育。[⑥]

① 张豪锋,孔凡士.教育信息化评价[M].北京:电子工业出版社,2005:46-49.
② 殷旭彪.当代教育信息化理论与实践研究[M].北京:中国书籍出版社,2017:3-4.
③ Fahyan S E .International dictionary of education / G.Terry Page, J.B.Thomas[M].Kogan Page,2013.
④ 陆秀清.舒新城与电化教育学"中国化"的早期尝试[J].现代教育技术,2018(5):40-46.
⑤ 中国大百科全书总编辑委员会.中国大百科全书[M].北京:中国大百科全书出版社,1985:66.
⑥ 南国农.追踪电教:难忘的回忆与未来的思考[J].中国电化教育,2011(9):1-3+13.

（二）教育技术

《教育大百科全书》中提道：教育技术可以用两种方式来定义。从较熟悉的意义上来说，教育技术是指产生于传播革命中的媒体，这些媒体可以同教师、教科书和黑板一起用于教学目的。一般来讲，委员会的报告使用的是这种用法。为了反映当前的现实，委员会已经检查了组成教育技术的部分：电视、电影、投影仪、计算机及其他"硬件"或"软件"（使用区分机器和程序的专业词语）。几乎在所有情况下，这些媒体都是独立进入教育领域，并且仍然独立操作而不是结合起来。

教育技术的另一个定义也是人们不够熟悉的定义，其含义大大超过了其组成部分之和。教育技术是根据人类对学习和传播的研究为基础制定的特定目标，对整个学与教的过程进行设计、实施和评价，并且综合利用所有人力和非人力资源的系统方法，以获得更有效的学习。广泛接受和应用这一宽泛的定义是未来的事。尽管有限的机构试图使用这种系统的、综合的方法设计教学，但我们仍然有理由相信这种方法是使技术对教育的进步做出贡献的关键。事实上，随着研究的不断进行，我们越来越清楚地知道，数字技术实施的一个主要障碍在于人们零碎地应用它。①

事实证明，《教育大百科全书》的编者们是很有预见性的。现如今，教育技术的第二个定义被广泛接受和应用。如：尹俊华认为从广义上来说，教育技术指的就是"教育中的技术"，指人类在教育活动中所采取的一切技术手段和方法的总和，分为有形（物化形态）和无形（智能形态）两大类。②瞿堃、钟晓燕指出教育技术是通过创建、使用、管理适当的技术过程和资源，以促进学习和改进绩效的研究，合乎伦理道德的实践。③

---

① ［荷兰］T.普洛波，［美］D.P.埃利.教育大百科全书（教育技术）［M］.重庆：西南师范大学出版社，2011：224.

② 尹俊华.教育技术学导论［M］.北京：高等教育出版社，2011：66.

③ 瞿堃，钟晓燕.教育信息化概论［M］.重庆：西南师范大学出版社，2012：19.

（三）信息化教育

1.信息化教育的概念

有学者认为信息化教育的概念是从 20 世纪 90 年代伴随着信息高速公路的出现而提出来的，指全面深入地运用现代化信息技术来促进教育改革和教育发展的一种全新的教育形态,是建构主义理论与先进的技术(如多媒体技术、网络技术、通信技术、人工智能技术)相结合的产物。①也有学者认为信息化教育对应于西方的 IT in education，主要含义是在现代信息技术环境中,研究与人类学习行为有关的各个要素及其相互关系的活动规律,以促进学习的理论与实践,是区别于传统教育教学的一种新的状态。②因此,信息化教育也被理解为以现代信息技术为基础的一种特定的教育形态。③

2.教育信息化与信息化教育

我们把教育信息化看作一个追求信息化教育的过程。④教育信息化是实现现代信息技术与教育整合的过程;信息化教育(信息技术教育)是现代信息技术与教育整合后的表现形态。⑤信息化教育是教育信息化的本质属性。教育信息化是一个动态的过程,随着技术手段的不同,内涵也有所不同,要研究教育的信息化,只能截取其发展过程中的某一个阶段,研究它的应用形态,即这个截点上的信息化教育,而不能统而言之。前者是条件,后者是结果,是从应然到必然的一个过程。没有教育的信息化,就没有信息化的教育。脱离了信息化的应用过程,就谈不到信息化的结果。⑥

（四）从电化教育、教育技术到信息化教育

从概念的本质上说,教育技术与电化教育是相同的,两者都具有应用学科属性,目的都是要取得最好的教育效果,实现教育最优化。但从概念的涵盖面来看,教育技术的范围要比电化教育广泛得多。教育技术指的是所有的

---

① 张屹,祝智庭.建构主义理论指导下的信息化教育[J].电化教育研究,2002(1):19-23.
② 吕红军.我的信息化教育十年[M].北京:北京师范大学出版社,2015:8.
③ 瞿堃,钟晓燕.教育信息化概论[M].重庆:西南师范大学出版社,2012:17.
④ 祝智庭.教育信息化:教育技术的新高地[J].中国电化教育,2001(2):5-8.
⑤ 南国农.教育信息化建设的几个理论和实际问题(下)[J].电化教育研究,2002(12):20-24.
⑥ 吕红军.我的信息化教育十年[M].北京:北京师范大学出版社,2015:8-9.

学习资源,包括与教育有关的一切可操作的要素,而电化教育所涉及的主要是利用科技新成果发展起来的声、像教学媒体。电化教育是教育技术的一个部分,是教育技术发展到一定阶段的产物。到了 20 世纪 90 年代中后期,随着以计算机网络为基础的信息通信技术开始在教育中得到广泛应用,国内开始出现了信息化教育的概念。信息化教育也是教育技术的从属概念,代表教育技术发展的新阶段。①

三、关于小学教育信息化价值的研究

(一)从质量与公平的角度论述小学教育信息化的价值

目前,我国学界专门针对小学教育信息化的价值的论述较少。大多数学者是在梳理教育信息化的价值的基础上,对基础教育或者义务教育阶段的教育信息化的价值展开讨论,而讨论中频繁提及的便是"质量"与"公平"两个词。

1.从教育质量的角度论述小学教育信息化的价值

教育信息化为基础教育高质量发展提供了可能性。②教师专业发展是提升贫困地区教育质量与人口素养的关键因素。教育信息化具有为贫困地区教师专业发展创生优质资源、营造共生环境、凝聚方向目标的价值意蕴。③教育信息化能创设信息化教学环境。该环境能支持情境创设、启发思考、信息获取、资源共享、多重交互、自主探究、协作学习等多方面要求的教学方式与学习方式,也就是实现一种既能发挥教师主导作用又能充分体现学生主体地位的,以"自主、探究、合作"为特征的教与学的方式,这正是基础教育新课程改革所要求的教与学的方式。④信息化是改革教学提高教育质量的重要保障。信息技术既可以为教师带来更多先进的教学理念、教学思想等不断完善

---

① 瞿堃,钟晓燕.教育信息化概论[M].重庆:西南师范大学出版社,2012:22

② 沈书生.以信息化助力基础教育高质量发展[J].教育发展研究,2021(6):3.

③ 陈亮.教育信息化促进贫困地区教师专业发展:价值意蕴与实践路径[J].教育科学,2017(4):38-42.

④ 何克抗.教育信息化是实现义务教育优质、均衡发展的必由之路[J].现代远程教育研究,2011(4):16-21.

教师的教学方法,又可以为学生提供丰富的教育资源,满足不同学生的学习需要,丰富学习内容的形式,从而更好地促进学生对知识的构建与理解。①

2.教育公平视角下小学教育信息化的价值

以互联网为核心信息技术对教育公平的影响始终存在功能论与冲突论的分歧。功能论认为互联网的普及给农村学生带来优质教育资源,是缩小城乡教育差距、促进教育公平的重要利器。后工业主义者甚至乐观地认为互联网的普及必将带来社会阶层平等性不断增强。②通过信息化教学创新理论、模式、方法的有效运用,完全有可能在师资、生源、设施及其他办学条件较差的农村地区,确保农村中小学实现学科教学质量与学生综合素质的较大幅度提升,使农村的孩子也能享受到和城里一样的良好教育,从而在教育起点不太公平的条件下,实现教育结果的相对公平。③武芳、刘善槐就曾指出,信息化因覆盖面广、可复制、可共享、低成本的优势,为消弭城乡教育发展鸿沟提供了空间。其主要通过共享课程资源和教师资源、延伸学习空间等方式弥补教师资源的不合理配置,提高弱势地区的教育质量,从而达到消除差距的目的。④

也有学者分别从起点公平、过程公平、结果公平三个阶段阐述了信息技术对教育公平的促进作用。他们认为信息技术促进教育公平整体推进策略体现了"信息—知识—智慧"的转移逻辑。在起点公平阶段,通过教育信息资源共建共享互换和异地同步互动教学,促进教育资源均衡配置,实现人人享有优质教育资源;在过程公平阶段,通过智能化的教育信息资源主动推送,促进海量信息的精准获取,实现以人为本的教育服务个性化;在结果公平阶段,通过知识协作建构迁移和基于大数据的过程性评价,促进学习者获得自

　　① 魏先龙,王运武.近十年中国教育信息化促进教育公平研究综述[J].现代教育技术,2015(2):12—18.

　　② 张济洲,黄书光.隐蔽的再生产:教育公平的影响机制——基于城乡不同阶层学生互联网使用偏好的实证研究[J].中国电化教育,2018(11):18—23+132.

　　③ 何克抗,余胜泉,吴娟,马宁,赵兴龙,袁磊,齐媛.运用信息化教学创新理论大幅提升农村中小学教学质量促进教育均衡发展研究[J].电化教育研究,2009(2):5—18.

　　④ 武芳,刘善槐.信息化消弭城乡教育发展鸿沟的空间、障碍与路径[J].中国电化教育,2020(2):30—36.

身适应发展和客观科学的评价。

冲突论认为信息技术与社会分层之间存在复合关系，虽然互联网得到了迅猛发展，但是社会分层结构并未消失，信息资本是一种特殊形式的文化资本形态，通过电脑和互联网等媒体工具实现社会阶层再生产。信息资本通过与其他资本形式互相转化，不断强化既有的社会分层，互联网的普及并没有实现所冀望的促进教育公平，反而加剧了教育不平等，信息资本的占有和使用已经成为维持和扩大教育不平等再生产的重要机制。①

正如冲突论所言，教育信息化也会对教育公平带来一定的冲击，呈现教育不平等的结果。对于这种结果，目前大多数学者主要采用"数字鸿沟"与"新数字鸿沟"现象进行解释。

（二）信息化时代背景下教育的"数字鸿沟"

由于我国城乡长期存在的二元结构及东中西部地区发展的现实差距，"数字鸿沟"作为信息化时代的特殊产物，也在我国寻觅到了合适的土壤，并生长出独有的中国样态，引起了许多学者的关注。"数字鸿沟"现象源于1970年蒂奇纳(Tichenor)、多诺霍(Donohue)及奥里恩(Olien)等人提出的"知识鸿沟假设(Knowledge gap Hypothesis)"，阐述了当大众媒介信息向社会系统传播不断增多时，处于不同社会经济地位(Socioeconomic Status,SES)的人获得媒介知识的速度迥异，地位较高的人将比地位较低的人更快地获取信息，这两类群体之间的知识鸿沟也就有愈加扩大的趋势。②进入信息化时代，"知识鸿沟"也逐渐转变为"数字鸿沟(Digital Divide)"，即"信息富有者和信息贫困者之间的鸿沟"③，其本质就是以因特网为代表的新兴信息技术在普及和应用方面的不均衡。受限于社会经济结构的不平衡，数字鸿沟横亘于不同社会经济层次的个人、家庭、企业和地区之间，呈现出对信息的掌握、拥有、控制和

①　张济洲，黄书光.隐蔽的再生产：教育公平的影响机制——基于城乡不同阶层学生互联网使用偏好的实证研究[J].中国电化教育，2018(11)：18-23+132.

②　BBC News.Wakefield J., World Wakes up to Digital Divide［EB/OL］(2010-05-19)，http://news.bbc.co.uk/2/hi/ technology/8568681.stm.

③　BBC News.Wakefield J., World Wakes up to Digital Divide［EB/OL］(2010-05-19)，http://news.bbc.co.uk/2/hi/ technology/8568681.stm.

使用能力上的差别,使得不同群体之间显现出信息落差、知识分离和贫富分化等问题。①

根据研究调查显示,数字鸿沟的危害性通常集中体现在以下四个方面:一是助长信息和知识贫穷,引发"新式文盲";二是诱发新的社会差别和社会矛盾,使信息差别成为继城乡差别、地区差别、脑体差别之后的第四大差别,矛盾的进一步激化将延宕经济和社会发展;三是危及社会公平,使落后的居民、企业无法充分享受到信息技术革命带来的好处,民主权、发展权、生存权等方面无法保证;四是弱化整体竞争能力,限制经济增长。②

目前,尽管我国中小学校越来越广泛地运用互联网开展"智慧校园"建设,学校日常运作系统也越来越离不开互联网,但是与之相伴生的问题是中小学生能否正确地审视和运用网络资源。在互联网接入率不断提升的背景下,互联网是否真正被运用于学生学习与发展,是值得教育管理者高度关注和重视的问题。经济合作与发展组织(OECD)新近发布的报告显示,无论在发达国家还是发展中国家,即使是处境最不利的学生都有机会接触互联网,但个体之间的教育差距并未因互联网的普及而日益收窄,甚至"数字鸿沟"(Digital Divide)正在逐渐地扩大。尤其是对于家庭处境不利的学生来说,互联网使用时间并未真正转化为汲取新知识与技能的契机,因而无法有效地降低教育结果的不平等。③

此外,因"物理接入"而导致的"数字鸿沟"(亦可称为"物理鸿沟")逐渐在弥合的同时,因计算机或上网技能差异而导致的"技能鸿沟"和因网络使用时的带宽、时长及参与方式差异而导致的"使用鸿沟"却亘然出现。它们比"物理鸿沟"更难弥合,甚至会越来越深,是已有的社会不公平在数字化生存时代的反映,并同时可能会使已有的社会不公平进一步加剧,乃至产生持久

① Chen P J,Chen Y H.Facilitating MOOCs Learning Through Weekly Meet-up:a Case Study in China,Taiwan[C].Proceedings of the First ACM Conference on Learning at Scale Conference.ACM,2014.183-184.

② 刘兴红.农村远程教育工程对城乡教育数字鸿沟的影响[J].中国电化教育,2009(4):45-48.

③ 陈纯槿,顾小清.互联网是否扩大了教育结果不平等——基于 PISA 上海数据的实证研究[J].北京大学教育评论,2017(1):140-153+191-192.

不公平的结果。这种"技能鸿沟"和"使用鸿沟"即"新数字鸿沟"①。

有学者从社会学的视角出发认为当前教育技术学界较为关注城乡学生信息数量占有的不公平,忽视文化资本在信息不平等再生产中的隐蔽作用。"新数字鸿沟"是隐藏于表面的数字公平之下的潜在问题。城乡学生互联网使用不平等是造成城乡学生信息不平等再生产的隐蔽机制。具有优势阶层地位的家庭,通过文化资本再生产机制,逐步形塑其子女的教育期望和媒介素养,濡化其子女互联网使用意愿和使用方式,优势阶层家庭子女在家庭各类资本向教育资源转化过程中,易于形成互联网学习类使用偏好。而对于家庭处境不利的学生来说,由于经济资本、社会资本和文化资本匮乏,各类资本转换和交换能力缺乏,无法养成良好的互联网使用行为。②

无论是"数字鸿沟"还是"新数字鸿沟"都让我们认识到信息技术的出现与应用并不必然带来教育质量提升及更加公平的结果。要最大限度地发挥小学教育信息化在促进教育质量与教育公平方面的价值,更应注重信息技术在教育过程的合理应用。

(三)政策与法规视角下小学信息化的价值

自改革开放以来,国务院、教育部及相关部门针对教育信息化问题,制定并颁布了一系列政策法规。其中许多重要文件都提及了教育信息化在小学段的落实重点。按照年代顺序梳理有关小学教育信息化的政策法规并构建成年表,对于回顾我国小学教育信息化的发展历程、总结小学教育信息化在不同历史时期的发展重点及把握小学教育信息化的未来趋势有着重要的意义。政策法规年表可以看作我国小学教育信息化发展进程的缩影。参考《我国教育信息化政策法规年表构建与分析》一文③,对于相关政策做出如下梳理:

① 王美,徐光涛,任友群.信息技术促进教育公平:一剂良药抑或一把双刃剑[J].全球教育展望,2014(2):39–49.
② 张济洲,黄书光.隐蔽的再生产:教育公平的影响机制——基于城乡不同阶层学生互联网使用偏好的实证研究[J].中国电化教育,2018(11):18–23+132.
③ 赵慧臣,马欢欢.我国教育信息化政策法规年表构建与分析[J].现代远程教育研究,2012(5):23–30+50.

表13-1 教育信息化相关政策与法规

时间	相关政策法规	相关内容
1993 年 2 月	中共中央、国务院印发《中国教育改革与发展纲要》	积极发展广播电视教育和学校电化教育，推广运用现代化教学手段
1995 年 3 月	《中华人民共和国教育法》	第六十六条 国家推进教育信息化,加快教育信息基础设施建设，利用信息技术促进优质教育资源普及共享,提高教育教学水平和教育管理水平
1998 年 12 月	教育部《面向 21 世纪教育振兴行动计划》	"实施'现代远程教育工程'，形成开放式教育网络,构建终身学习体系" "继续发挥卫星电视教育在现代远程教育中的作用" "2000 年，争取使全国农村绝大多数中小学都能收看教育电视节目"
1999 年 6 月	中共中央 国务院关于《深化教育改革,全面推进素质教育》的决定	"大力提高教育技术手段的现代化水平和教育信息化程度" "在高中阶段的学校和有条件的初中、小学普及计算机操作和信息技术教育"
2000 年 10 月	教育部《教育部关于在中小学普及信息技术教育的通知》	"全面启动中小学'校校通'工程" "进一步加强中小学信息技术教育师资队伍建设"
2000 年 11 月	教育部关于《在中小学实施"校校通"工程》的通知	用 5—10 年时间,使全国 90%左右的独立建制的中小学校能够上网，使中小学师生都能共享网上教育资源,提高所有中小学的教育教学质量
2001 年 5 月	国务院《关于基础教育改革与发展的决定》	"全国乡(镇)以上有条件的中小学基本普及信息技术教育" "大力普及信息技术教育,以信息化带动教育现代化"
2003 年 9 月	国务院《关于进一步加强农村教育工作的决定》	实施农村中小学现代远程教育工程，促进城乡优质教育资源共享,提高农村教育质量和效益
2004 年 2 月	教育部《2003—2007 年教育振兴行动计划》	实施农村中小学现代远程教育计划
2010 年 6 月	教育部《关于深化基础教育课程改革进一步推进素质教育的意见》	积极推进现代信息技术在教学中的科学应用,提高学生在信息技术环境中的学习能力

续表

时间	相关政策法规	相关内容
2010 年 7 月	教育部《国家中长期教育改革和发展规划纲要(2010—2020 年)》	"继续推进农村中小学远程教育" "加快教育信息基础设施建设" "强化信息技术应用。提高教师应用信息技术水平,更新教学观念,改进教学方法,提高教学效果。鼓励学生利用信息手段主动学习、自主学习,增强运用信息技术分析解决问题能力。加快全民信息技术普及和应用" "提高中小学每百名学生拥有计算机台数,为农村中小学班级配备多媒体远程教学设备;建设有效共享、覆盖各级各类教育的国家数字化教学资源库和公共服务平台;基本建成较完备的国家级和省级教育基础信息库以及教育质量、学生流动、资源配置和毕业生就业状况等监测分析系统"
2012 年 3 月	教育部关于印发《教育信息化十年发展规划(2011—2020 年)》的通知	缩小基础教育数字鸿沟 促进优质教育资源共享
2014 年 5 月	教育部办公厅关于印发《中小学教师信息技术应用能力标准(试行)》的通知	"应用信息技术优化课堂教学" "应用信息技术转变学习方式"
2016 年 6 月	教育部关于印发《教育信息化"十三五"规划》的通知	不断扩大优质教育资源覆盖面,优先提升教育信息化促进教育公平、提高教育质量的能力
2017 年 12 月	教育部关于印发《义务教育学校管理标准》的通知	鼓励教师利用网络学习平台开展教研活动,建设教师学习共同体
2018 年 4 月	教育部关于印发《教育信息化 2.0 行动计划》的通知	通过实施教育信息化 2.0 行动计划,到 2022 年基本实现"三全两高一大"的发展目标
2019 年 2 月	中共中央办公厅 国务院办公厅印发《加快推进教育现代化实施方案(2018—2022 年)》	大力推进教育信息化。着力构建基于信息技术的新型教育教学模式、教育服务供给方式以及教育治理新模式

续表

时间	相关政策法规	相关内容
2019 年 2 月	中共中央 国务院印发《中国教育现代化2035》	加快信息化时代教育变革
2019 年 3 月	教育部发布关于《实施全国中小学教师信息技术应用能力提升工程 2.0》的意见	"开展学校管理团队信息化领导力培训""围绕学校信息化教学创新推动教师研训""提升培训团队信息技术应用指导能力"
2021 年 1 月	教育部等五部门关于《大力加强中小学线上教育教学资源建设与应用》的意见	"加强平台体系建设""高质量开发资源""充分用好平台资源""提高师生应用能力""完善政策保障体系"
2021 年 3 月	教育部关于《加强新时代教育管理信息化工作》的通知	"加强教育管理信息化统筹协调""优化信息系统供给模式""提高教育数据管理水平"
2022 年 4 月	教育部《义务教育信息科技课程标准（2022 年版）》	"信息科技在三至八年级独立开设""九年总课时（比例）1%~3%"
2022 年 10 月	教育部关于发布《教师数字素养》教育行业标准的通知	给出了教师数字素养框架，规定了数字化意识、数字技术知识与技能、数字化应用、数字社会责任、专业发展五个维度的要求，并适用于对教师数字素养的培训与评价

通过上述有关教育信息化的重要政策文件的梳理可以发现，从 1993 年中共中央国务院印发《中国教育改革与发展纲要》，在国家教育改革与发展的宏观政策中关注现代教学手段以来，有关教育信息化的政策文件越来越丰富，对于教育信息化的重视程度不断加深。尤其是近几年来，相关的政策文件更加聚焦、着眼于教师信息素养的培养、学校领导者的信息化领导力提升、教育管理中信息化手段的应用等多个方面。

2016 年教育部关于印发《教育信息化"十三五"规划》的通知在肯定了《教育信息化十年发展规划（2011—2020 年）》的成果的基础上，也指出了信息化体制机制尚需创新、网络安全意识和防护能力尚需加强，受制于经济社会发展水平等多种因素，信息化区域发展水平仍存在较大差异等问题。并提出了到2020年,基本建成"人人皆学、处处能学、时时可学"、与国家教育现代化发展目标相适应的教育信息化体系;基本实现教育信息化对学生全面发展的促进作用、对深化教育领域综合改革的支撑作用;对教育创新发展、均衡发展、优质发展的提升作用;基本形成具有国际先进水平、信息技术与教育融合创新发展的中国特色教育信息化发展道路的发展目标,为教育信息化的发展指明了方向。

2018年教育部关于印发《教育信息化2.0行动计划》的通知更是明确指出,要通过实施教育信息化2.0行动计划,到2022年基本实现"三全两高一大"的发展目标,即教学应用覆盖全体教师、学习应用覆盖全体适龄学生、数字校园建设覆盖全体学校,信息化应用水平和师生信息素养普遍提高,建成"互联网+教育"大平台,推动从教育专用资源向教育大资源转变、从提升师生信息技术应用能力向全面提升其信息素养转变、从融合应用向创新发展转变,努力构建"互联网+"条件下的人才培养新模式、发展基于互联网的教育服务新模式、探索信息时代教育治理新模式。

这标志着教育信息化正式开始了转段升级,标志着一个新的发展阶段诞生了。教育部颁布行动计划后,很多省份及相关教育主管部门也都分别发布了各自的新版教育信息化行动计划。如北京市教委颁布的《北京市教育信息化三年行动计划(2018—2020)》、上海市教委颁布的《上海市教育信息化2.0行动计划(2018—2022)》等,它们代表一段时间内我国教育信息化发展的方向、目标和策略。①

2020年由于新冠肺炎疫情的影响,人们被迫居家隔离,各地中小学开展了线上学习。"在线教育"开展得轰轰烈烈,以往的教育培训机构更多地介入正式的学校教学之中,让人们更加清晰地认识到随着科技发展,教育领域也在发生深刻变革。信息化手段在教育领域的应用绝不仅仅体现在现代信息技术的使用,也会带来教育教学理念、方式、管理等诸多变化。国家在此背景下,于2021年先后发布《教育部等五部门关于大力加强中小学线上教育教

---

① 本刊编辑部.教育信息化政策资料摘编[J].中国信息技术教育,2019(1):13-14.

学资源建设与应用的意见》与《教育部关于加强新时代教育管理信息化工作的通知》，以加速发展我国的教育信息化进程。

张国强、薛一馨在回顾教育信息化政策与法规的颁布历程后指出，我国教育信息化政策实践愈加呈现出鲜明的中国特色。改革开放以来，一是政策发展以国家教育改革与发展的上位政策为导向，制定和发布主体日趋多元化；二是政策目标以公平和质量为核心价值，结构多元；三是政策设计以行政推进作为主要手段，以工程项目为重要形式，采取"试点为先"的推进策略等。① 在当前，习近平总书记始终高度重视信息化发展："我们将通过教育信息化，逐步缩小区域、城乡数字差距，大力促进教育公平，让亿万孩子同在蓝天下共享优质教育、通过知识改变命运。"党的十八大以来，党中央对我国信息化发展特别是教育信息化作出了全面部署。党的二十大首次将"推进教育数字化"写进党代会报告，标志着推进教育数字化已经成为普遍共识、共同任务。随着我国教育信息化的推进，我国的教育信息化政策实践也将进一步走向革新发展。

第二节　小学教育信息化的国内外比较研究

小学教育信息化的国内外发展概览主要包括国内小学教育信息化发展概览和国外小学教育信息化发展概览两大部分。相较于西方国家，我国教育信息化起步晚，体系尚不完备。通过回顾我国教育信息化的发展历程，可以更好地了解我国教育信息化发展重点的变化，对于后续发展起到预测作用。另外，通过梳理信息化发展成效显著的西方发达国家的发展历程和亮点，也能够为我国教育信息化的发展变革提供借鉴意义。

一、国内小学教育信息化发展概述

20 世纪 80 年代末，教育信息化的浪潮自西方涌入我国，历经近 40 多年

---

① 张国强,薛一馨.改革开放四十年我国教育信息化政策特征与展望[J].电化教育研究,2018(8):39-43.

的发展历程,中国教育信息化发展取得了举世瞩目的成就。概览教育信息化40多年的发展历程,教育信息化大致可以分为三个大阶段、五个小阶段。①

三个大阶段即前教育信息化阶段(1978—1999年)、教育信息化1.0阶段(2000—2018年)、教育信息化2.0阶段(2019年及以后)。前教育信息化阶段以"信息技术教育"为主要特征,重点关注计算机教学实验和计算机辅助教学,教育信息化的概念尚未被普遍认可,仅有少数专家学者对教育信息化进行了探讨。教育信息化1.0阶段以"教学环境变革"为主要特征,重点关注教育信息化引发的量变,强调教育信息化应用驱动、融合发展。教育信息化2.0阶段以2018年4月13日教育部发布《教育信息化2.0行动计划》②为主要标志,以"教育系统变革"为主要特征,重点关注教育信息化引发的质变,注重教育信息化的创新引领作用,教育信息化促进教育系统生态变革。从前教育信息化阶段到教育信息化1.0阶段,再到教育信息化2.0阶段,是教育信息化从萌芽到发展,再到发达的过程,从关注"实验探索"到关注"物",再到关注"人",即从关注教育信息化的概念、内涵和作用,到关注教育信息化基础设施建设,再到关注教育信息化功能和价值的发挥。③

五个小阶段分别是:第一阶段:计算机教学起步阶段(1978—1990年),20世纪80年代初微型计算机刚出现,这一阶段的计算机教学只能覆盖很少的人群,通常是大城市里重点学校的学生才有接受并学习计算机的可能性;第二阶段:计算机教育发展阶段(1991—1999年),随着国家教委重点课题"电化教育促进中小学教学优化""小学语文'四结合'"教学改革试验的顺利实施,以及在全国中小学范围内首批确定建设1000所"全国现代教育技术实验学校",电化教育在教育教学改革中的重要作用日益凸显;第三阶段:基础设施建设大发展阶段(2000—2005年),中小学全面普及信息技术教育,师生亟须提高信息技术应用能力,"校校通"工程加快了学校信息化进程,带动

---

① 此处阶段划分具体参考《改革开放40年:教育信息化从1.0到2.0的嬗变与超越》一文.

② 教育部.教育信息化2.0行动计划[Z].2018-04-13.

③ 王运武,黄荣怀,杨萍,王宇茹.改革开放40年:教育信息化从1.0到2.0的嬗变与超越[J].中国医学教育技术,2019(1):1-7.

了教育技术专业的迅速发展,教育技术人才迎来了就业的黄金期,教育技术促进了现代远程教育的全面发展;第四阶段:教育信息化应用水平大力提升(2006—2010年),这一阶段教育信息化在基础设施建设、数字化资源建设、信息化应用能力提升、信息化队伍建设等方面取得了显著成效,教育信息化逐渐从重视基础设施建设转向了功能与价值的彰显,农村中小学远程教育工程的实施,在促进城乡教育信息化均衡发展方面发挥着重要作用;第五阶段:特色教育信息化发展阶段(2011年至今),中国形成具有特色的教育信息化组织保障体系,建立了成体系的教育信息化战略和政策制度。"三通两平台"工程提升了学校信息化水平,学校信息化经历了数字校园阶段,正在迈向智慧校园阶段,数字化资源日趋多样化。①

对我国的基础教育领域而言,教育信息化经历了两个阶段:第一个发展阶段大致是从20世纪末开始到2008年,强调教育信息化基础设施建设的速度与规模,并对教育信息化的应用作了初步的有益探索(但尚未形成应用的重点);第二个发展阶段是从2008年开始到2011年,是从软、硬件的"基础设施建设"逐步转向信息与信息技术的"教学应用"阶段,其主要特征是:强调教育信息化在教育、教学过程中的应用,并要通过这种应用来显著提升教育、教学的质量(和西方发达国家相比,每个阶段都推迟了大约8—10年)。②

二、国外小学教育信息化发展概述

伴随着技术的不断革新换代,为了抢占人才培养的制高点,世界各国加快了教育信息化的步伐。法国教育部门自2013年起逐步开展了"数字化校园"战略相关研究与部署工作。2015年5月7日举办了全国数字化教育研讨会,随之确立了宏大的"数字化校园"战略规划。2015年10月,法国总统奥朗德宣布将有500所中小学加入"数字化校园"战略规划,并纳入教育数字化系统,促进教育公平。美国发布2015年《美国国家创新战略》,教育技术成为重点关

①　黄荣怀,王运武.教育信息化[M].北京:科学出版社,2018:12.
②　何克抗.我国教育信息化理论研究新进展[J].中国电化教育,2011(1):1-19.

注的九大领域之一。印度推行基础教育在线实验室。澳大利亚学校使用机器人辅助教与学。①芬兰教育部将编程以跨学科的方法整合到其他科目中，并在2016 年正式实施新版国家基础教育核心课程计划，将编程教育纳入小学教学大纲，使芬兰成为第一个以跨学科方式推行编程教育的欧洲国家。②所以，无论是发达国家，还是发展中国家，对于教育信息化都付诸了极大的关注。

以下将简要介绍几个教育信息化发展成效显著的国家。

（一）美国小学教育信息化的发展回溯与亮点梳理

美国向来重视信息技术在教育领域中的应用，其教育部明确指出基于技术的教育改革是美国在全球经济竞争中保持领先的最为根本的措施。③早在 20 世纪 60 年代，美国部分中小学校就尝试运用伊利诺伊大学开发的PLATO 系统开展计算机辅助教学，到 70 至 90 年代初，人们普遍预期高速发展的信息技术将对人类的学习和教育产生深远影响。自 1996 年至 2016 年，美国联邦教育部连续五次发布《国家教育技术计划》(*National Educational Technology Plan*，简称"NETP"）美国基础教育开始了以 NETP 为蓝图的信息化进程。NETP 是美国基础教育信息化发展的纲领性文件，五个连续发布的NETP 文件对基础教育的基础设施、混合与在线教育、信息化教学应用、教师信息技术能力培训等方面的前瞻性引领，让美国成为世界上基础教育信息化程度最高的国家之一。④

有研究者认为，⑤美国教育信息化发展战略的历程可以分为四个阶段。首先是战略萌芽阶段（1983—1996 年）：奠定美国教育信息化的基石。其次是战略成形阶段（1997—2000 年）：让学生与世界信息化零距离接触。再次是战略发展阶段（2001—2004 年）：为信息化教育变革提供有力的行动建议。最后

①　魏雪峰，李逢庆，钟靓茹.2015 年度国际教育信息化发展动态及趋势分析[J].中国电化教育，2016（4）：120–127.

②　李阳.计算思维导向的跨学科儿童编程教育模式研究——基于芬兰儿童编程教育的经验与启示[J].现代教育技术，2020（6）：19–25.

③　崔轶.美国教育技术发展的特点及启示[J].教育与职业，2012（10）：104–105.

④　胡永斌，龙陶陶.美国基础教育信息化的现状和启示[J].中国电化教育，2017（3）：36–43.

⑤　王丽辉.美国教育信息化发展战略对中国的启示[J].中国成人教育，2015（1）：151–152.

是战略成熟阶段（2005—2010）年：教育信息化步入一个全新的时代。奥巴马政府发布的 NETP2010 明确了此阶段的战略任务和目标：一是推动所有学生投入信息化教学的大潮中；二是形成信息化知识库；三是为教师提供教学设施、教学资源、数据信息等方面的技术支持；四是各学校实现人力、物力和财力的合理优化配置。州政府进一步改造和优化当地的教育结构，充分挖掘教育资源的潜力。

历经了近 60 年的发展历程，美国也呈现出不同于他国的教育信息化发展亮点。

1.虚拟学校逐渐成为美国教育技术发展的重点

虚拟学校最早产生于 20 世纪 90 年代中期的美国和加拿大，并且在两国发展迅速。经过多年的发展,现在虚拟学校已经发展成为国际上一种比较普遍的远程教育形式。①虚拟学校是一个很难界定的词,一般认为,虚拟学校是通过因特网或其他网络方法为幼儿园到高中的儿童学生提供课程的教育机构。②虚拟学校没有传统的课堂教室,学生们通过计算机互联网来接受教育。虚拟学校有结构化的课程体系,学生可以修习全部课程,也可以只选这一完整课程结构中的一两门。有些学区利用虚拟的网上学校提供教学来帮助学生按照适合自己节奏的进度来学习。有时,虚拟教育也被用来给偏远的地区提供他们自己开设不出来的学科课程或高级课程。这种学习也被称为"远程学习（Distance Learning）"③。

2005 年 1 月,美国教育部颁发了《美国国家教育技术计划》,题为《迈向美国教育的黄金时代》。在文件最后的"七个主要的行动步骤及建议"中提出：支持 E-Learning 和虚拟学校成为美国教育技术发展的重点。美国在基础教育兴起虚拟学校可追溯到 1996 年的 The Virtual High Shcool——第一个面向大学以下阶段的虚拟学校。佛罗里达州虚拟学校（FLVS）是一个较为典型

---

① 严文法,廖伯琴.美国、加拿大虚拟学校的发展研究与启示[J].电化教育研究,2009(8)：107-110+119.

② 余源晶,许明.虚拟学校：美国教育新发展[J].外国中小学教育,2003(5)：6-10.

③ 任长松.美国家长的择校权与美国的"在家上学"[J].全球教育展望,2008(10)：60-64.

的案例。佛罗里达州虚拟学校成立于1997年,当时是作为该州的两个地区学校之间的合作项目。刚开始只有77名注册学生。随着发展,在2003—2004年,注册学生超过2万人。目前该学校已经面向全国乃至全世界6至12年级的学生提供在线课程,并给予认证。其开设的课程不仅有学习技能的FCAT(Florida Comprehensive Assessment Test)课程,也有商业技术、电脑科学、语言、数学等很多学科课程。[①]

2.K–12混合与在线教育持续发展

在美国及全球多个国家,K–12混合与在线教育在教育市场中利用竞争优势满足了受教育者的需求,提高了教育服务的活力和质量;基于绩效表现评估的资助模式是国际K–12混合与在线教育的一个有益尝试;混合教育更容易被大多数学生采纳,而全日制在线教育则更受有特殊需求的学习者青睐;教育资源的均衡分配、政策和资金的支持、教师培训及教育信息化领导力等问题是影响K–12混合与在线教育持续发展的关键性问题。[②]

美国K–12混合与在线教育以虚拟学校项目 (Virtual School Program)的全面实施和全日制在线学校(Full-time Online School)普及为主要标志。虚拟学校项目通常由公立学校发起,为其所在学区内的学生提供课程补习和学分补修,以此作为课堂教学的补充,其本质是为学生提供混合学习的机会。而全日制在线学校是为美国乃至国际学生提供全程的在线学习机会的在线学校(Online School),这类学校负责中小学生从入学到毕业的全部学科的教学和日常管理,其本质是为学生提供在线学习的机会,而学校性质可能是公立的,也可能是私立的。混合与在线教育已经突破了信息技术仅仅在课堂中发挥作用的限制,教学方式主要是混合教学和在线教学,教育管理方式主要依靠互联网。美国K–12混合与在线教育学校的办学方式灵活多样,教学模式更加丰富,因此获得了较快的发展。[③]

---

① 阳燚,黎加厚.美国虚拟学校对我国基础教育信息化发展的启示[J].电化教育研究,2006(5):64–67.
② 刘晓琳,胡永斌,黄荣怀等.全球视野下美国K–12混合与在线教育的现状与未来——与K–12在线教育国际联盟副主席艾雷森·鲍威尔博士的学术对话[J].现代远程教育研究,2015(1):3–11.
③ 胡永斌."互联网+"背景下美国K–12教育转型分析[J].中国电化教育,2016(3):33–38.

（二）日本小学教育信息化的发展回溯与亮点梳理

日本政府为推进基础教育信息化,自 20 世纪 80 年代,颁布了一系列的信息化政策和法规,分阶段制定了信息化战略,以产学官一体化的方式开展了诸多信息化项目,多渠道实施了教师信息技术培训。经过 30 多年的发展,其信息化水平现已处于世界前列。①

在 20 世纪 80 年代随着计算机技术的广泛应用,人们越来越认识到开展信息教育的重要性。1986 年日本临时教育审议会第二次会议中,提出了"信息运用能力"这个概念,提出学校教育要培养"能够自主地选择和使用信息和信息手段的个人基本素养",要与"读、写、算"并行作为基础素养。②但此阶段日本政府制定的教育信息化重大战略比较少,主要关注的是学生在不同学习阶段相关信息课程的学习情况。20 世纪 90 年代是日本教育信息化发展的加速时期,在这一时期,日本政府逐步深化了对学生信息化能力的培养,同时也对全国的信息化建设提出了规划。有了之前的铺垫,进入 21 世纪后,日本政府相继提出"e–Japan""u–Japan"和"i–Japan"三大信息化发展战略,使得日本教育信息化的发展有了质的飞跃。③

日本文部科学省从 2016 年以来提出了一系列推进教育信息化发展的文件报告,这些文件报告基于日本文部科学省组织实施的大规模调查研究和长期的实证反思,对在新的时代背景下如何利用信息技术促进日本教育尤其是基础教育发展提出了思路和举措。④与美国对于虚拟学校和 K–12 混合与在线教育等教学形式的关注不同,日本在教育信息化的发展中更加重视信息化教学资源的开发与利用、教师信息化素养、信息伦理道德教育等。在 2020 年 9 月,日本出台了《信息教育课程设计指南》,其对校内外信息教育进行了课程的系统规划,首次实现了信息教育课程体系从小学到大学的

①　荣喜朝.日本基础教育信息化推进策略及启示[J].教学与管理,2017(22):80–82.
②　董玉琦,钱松岭,黄松爱,边家胜.日本中小学信息教育课程最新动态与发展趋势[J].中国电化教育,2014(1):10–14.
③　魏先龙,王运武.日本教育信息化发展战略概览及其启示[J].中国电化教育,2013(9):28–34+38.
④　王秋爽,邹密,姜巧.日本教育信息化建设新举措——基于对日本国家政策方针的分析[J].外国教育研究,2020(8):54–69.

一体化贯通设计。[①]

1.日本电子教科书开发与使用

日本是开电子课本先河的国家,早在 1993 年 4 月日本第一本电子课本就问世了。21 世纪以来,伴随着教育信息化步伐的加快,适应"低碳生活"这一主题的电子课本成了世界各国教育未来的发展趋势。2000 年,日本邮政省与文部省合作,开始着手编写适应新形势学校教育要求的电子教材。其宗旨是使学生掌握电子通信技能,并通过电子数据的传送,丰富教学内容,提高学生的素质。为推动中小学数字化教材的编写,日本专门成立了由产、官、学三方组成的"因特网教育系统推进恳谈会",由该会负责对日本数字化教育的发展提出具体政策性建议。[②]

日本东京大学脑科学研究专家酒井邦嘉认为电子教科书有三个优点:其一,电子教科书有词典功能并能通过网络超级链接给学习者提供大量的信息,即使教师事前没有准备大量的学习资料,学习者在课堂上也能自由地探究与应用;其二,电子教科书与学习者之间可以产生双向的互动,根据个人的不同理解度和需求提供适切的问题,使其个性化学习成为可能;其三,学习者在家中也可以使用电子教科书,能让学习者尽早适应高度信息化的社会。[③]

日本文部科学省在本国推行电子教科书时,委托了三菱综合研究所,针对外国的电子教科书使用状况进行了广泛的调研。其结果发现,不同的国家电子教科书在教育现场的导入有很大差别。所以,在面向电子教科书的学习影响还不是很清楚时,日本文部科学省决定,今后仍只在实验校中推行电子教科书,并不打算在全部的中小学进行推广。现今的政策目标是研究将电子教科书和纸质教科书相辅相成的形式在教育现场中使用的策略,并且要集中精力大力探讨使用电子教科书进行教育教学的方法。[④]

---

① 王建虎,崔肖肖,王芸,张丹玲,童名文.贯通小学与大学:智能时代信息化教育的体系变革与创新——日本《信息教育课程设计指南》解析[J].远程教育杂志,2021(5):13-23.

② 鲁慧.日本:电子课本带着理想上路[J].素质教育大参考,2011(14):53-54.

③ 酒井邦嘉.脳を創る読書 : なぜ「紙の本」が人にとって必要なのか[M].日本:実业之日本社,2011:174.

④ 孙立会,李芒.日本电子教科书研究的现状及启示[J].课程·教材·教法,2013(8):111-117.

2.对中小学教师 ICT 活用指导力的培训增加力度

ICT 的全称是 Information Communication Technology。日本文部科学省根据"IT 新改革战略",经过组织相关讨论会,于 2007 年两月制定和公布了中小学教师 ICT 应用指导能力标准,此标准有小学版和中学版两种,每版分别由 A—E 五大项目组成,每版从 A 到 D 各有 4 个小项目(二级指标)、E 有 2 个小项目,共计 18 个小项目组成。日本中小学教师 ICT 应用指导能力标准中的五个大项目分别是:A 教材研究与指导的准备、评价等过程中应用 ICT 的能力;B 教学中应用 ICT 指导的能力;C 指导学生应用 ICT 的能力;D 指导学生遵守信息道德等的能力;E 学校事务中应用 ICT 的能力。其中,A 和 E 是上课前后的准备与评价及校务使用情况,B 是上课时教师使用情况,C 是青少年学生使用时,教师指导其使用的能力情况,D 是指现在特别需要的指导学生遵守信息道德等能力情况。①

通过参考相关研究者的文献,发现日本为了在教学中提高教师 ICT 活用指导力,全国加大了对中小学教师 ICT 活用指导力的培训。ICT 活用指导力不仅仅指教师在教学中使用信息技术的能力,还应包括在教学准备阶段和教学结束之后的评价阶段使用信息技术的能力、指导学生在学习过程中作为学习主体使用信息技术进行高效自主学习的能力、引导学生养成信息道德的能力,以及教务管理过程中利用信息技术促进教师之间信息共享和传播的能力等。②

3.信息伦理道德教育在日本备受关注

重视与信息通信技术（Information and Communications Technology, ICT）有关的伦理和道德问题是日本教育信息化的一大亮点。③在日本,"信息道德"一词是在 20 世纪 90 年代末新修订的"学习指导要领"中首次出现的。除了"信息道德"以外,有的日本学者还使用"信息伦理"这个概念,进而提出了

---

① 王国辉,朱宁波.日本中小学教师 ICT 应用指导能力的现状及主要提升措施[J].全球教育展望,2015(6):66-77.

② 孙立会,李芒.日本小学教师 ICT 活用指导力研究及启示——基于日本文部科学省《小学学习指导纲要说明》的统计分析[J].中国电化教育,2013(4):70-74+118.

③ 张鹤.日本教育信息化概览[J].世界教育信息,2012(9):46-50+58.

开展"信息伦理教育"的主张。目前,在日本没有单独开设信息伦理道德教育的课程, 日本中小学信息伦理道德教育的目标是蕴含在各种信息教育课程的目标之中的。中小学信息教育课程中都涉及信息伦理道德教育的内容,如信息的可靠性、信息的公开、信息的保护及发送信息时个人的责任、注意隐私权和著作权等。另外,随着信息伦理道德教育日益受到重视,日本一些组织和学者对其内容也进行了较为深入的探讨。1996 年 7 月日本中央教育审议会发表的《面向 21 世纪日本教育的应有状态》的第一次报告曾经指出:"必须将有关隐私权、著作权保护、安全性等的信息伦理道德知识教给孩子们。"①

中国关于小学生和教师信息素养方面的研究, 大部分都仅仅强调通过 ICT 获取与辨别信息,信息道德是指在信息领域中用以规范人们相互关系的思想观念与行为准则。也就是说,信息素养是学生与教师在利用 ICT 过程中形成的一种能力,而信息道德是在利用 ICT 之前必须遵守的一种规则,在规则的允许范围内进行活用 ICT,这对于学生与教师形成良好的道德行为是极为有帮助的。②

4.日本重视儿童编程教育

参见相关研究者的文献③可知,面向人工智能时代,儿童编程教育作为培养儿童数字技能、计算思维的重要方式,成为教育改革与深耕的发力点。儿童编程教育自 1968 年 Logo 语言开始, 相继衍生出 Scratch 和有形机器人编程等知名编程工具。Logo,Tangible Programming,Scratch 等国际知名儿童编程工具各具特色。从编程形式看,Logo 语言更贴合真正的文本编程语言,对计算机程序编写有较强的启蒙作用;Tangible Programming 摆脱了单纯的计算机环境编程,使儿童在真实物理空间中参与编程活动,帮助他们接触和理

①　刘彦尊.日本中小学信息伦理道德教育综述[J].外国教育研究,2003(12):10-14.

②　孙立会,李芒.日本小学教师 ICT 活用指导力研究及启示——基于日本文部科学省《小学学习指导纲要说明》的统计分析[J].中国电化教育,2013(4):70-74+118.

③　孙立会,刘思远,李曼曼.面向人工智能时代儿童编程教育行动路径——基于日本"儿童编程教育发展必要条件"调查报告[J].电化教育研究,2019(8):114-128;孙立会,周丹华.国际儿童编程教育研究现状与行动路径[J].开放教育研究,2019(2):25-37;孙立会,周丹华.儿童编程教育溯源与未来路向——人工智能教育先驱派珀特的"齿轮"与"小精灵"[J].现代教育技术,2019(10):12-19.

解编程知识;Scratch 编程环境将编程活动形象化,通过鼠标拖拽不同功能的程序块,设计安排目标角色行为,虽与真实编程活动有形式上的差别,但运行机制及设计理念与编程活动所需能力一致,且操作简单,更能增强儿童编程学习的快乐体验,创造属于自己的程序项目。Tangible Programming(有形编程)这一概念由日本铃木(Suzuki)和加藤(Kato)于 1993 年提出,用来描述为儿童设计的 AlgoBlock 协作编程环境。

　　日本是实施儿童编程教育的先进国家之一。2016 年 4 月,日本文部科学省确立"为未来能力而学、培养学生逻辑思考方式"的儿童编程教育目标;2017 年 2 月, 又将小学编程教育写进新一轮《小学学习指导纲要》, 要求2020 年全面落实小学 "编程教育必修化"(プログラミング教育の必修化);2018 年 3 月,出台《小学编程教育实施步骤》(第一版),强调编程教育要结合各学科特点融入逻辑思考能力,其中,课程、教材、师资培训是实施儿童编程教育的重要环节。各教育委员会是开展儿童编程教育的主要力量,绝大多数教育委员会计划在 2018 年完成儿童编程教育研讨工作,2019 年主要开展编程教育师资培训。此外,教育委员会还提出以下措施:设立教育委员会主办的程序设计讲座;有效利用 ICT 设备实施编程教育;探讨编程教育所需要的机器和教材;在假期开展儿童编程教育讲座,并计划到 2019 年教师能熟练掌握 ICT 设备以实施编程教育活动。

　　日本小学编程教育关注计算思维的形成及其对学科学习的促进, 主要借助学科课程渗透的方式, 在计算机化或非计算机化编程教育活动中实现学生多方面能力素养的发展。为推进儿童编程教育学校化,除在"教育振兴基本计划"、《要领》等国家教育纲要中给予其重要地位,还编写了《小学编程教育手册》《小学编程教育教案集》等资料进行介绍和普及。此外日本小学充分挖掘现行课程中能与编程因素结合的知识表征, 化整为零地实现编程教育培养目标。2016 年编程教育专家会议曾论述:"实现主动学习的编程教育非常重要,应注意这不是学生一个人默默面对计算机上课,或被与其体验相隔绝的抽象内容包围, 而要让学生愉快学习并乐于接触计算机……教师要明确应让学生在学习中发现什么、理解什么、掌握什么。"指明了关于主动学习与编程教育的关系。

（三）新加坡小学借助信息化手段打造"未来学校"

作为全球教育信息化发展排头兵的新加坡分别于 1997 年、2003 年、2008 年实施教育信息化发展规划 Master Plan1 （1997—2002）、Master Plan2（2003—2007）和 Master Plan3（2008—2014），教育信息化得到了飞速的发展。2015 年新加坡教育部又启动了教育信息化第四期发展规划 Master Plan 4（2015—2020）（简称 MP4）。MP4 关注的焦点从自我导向性学习和协作学习拓宽到全部课程。[①]该国教育信息化的整体规划指导思想是：教育应该不断地预测未来社会的需求，并为满足这些需求而努力。未来社会所需的技能焦点将集中在思考、学习及交流等方面，基于 IT 的教和学是年轻一代获得上述技能的关键途径，该规划着力于为年轻一代寻求一个更为广泛地走向 IT 之路的基础。因而基础教育信息化一直是新加坡教育改革的焦点之一。[②]

"未来学校"是新加坡"智慧国 2015"计划在教育领域使用信息科技的先行范例。"未来学校"通过在教学中使用最新的应用软件，开发 3D 仿真学习情境模式，创新课程体系方法，培养师生自主创新能力等，教会学生学会学习，使学生的创造性思维、互助协作能力等得到全面发展，也使新加坡走在了信息科技运用的最前端，为其 2015 年实现所有学校都能使用信息科技的目标奠定了坚实的基础。[③]

新加坡崇辉小学作为把 3D 学习环境融入学校教学系统的先行者，该校为学生创造了独特的并具有创新性的学习环境——"崇辉世界"。这是一种交互式、拥有多种虚拟学习工具和学习场景的 3D 仿真学习环境。在虚拟世界里，有 3D 画室，在这里教师可以展示学生的创作作品，学习者可以收集到其他同学对作品的反馈和评价，并在原有的基础上修饰和完善自己的创作；

---

① 魏雪峰,李逢庆,钟靓茹.2015 年度国际教育信息化发展动态及趋势分析[J].中国电化教育,2016(4):120-127.
② 张永军.新加坡智慧国计划对我国基础教育信息化的启示[J].中国电化教育,2008(8):30-33.
③ 王冬梅.新加坡"未来学校"的实践探索及其对我国的启示[J].外国教育研究,2012(4):38-45.

现场竞技场(Live Arena)是一个虚拟的场景,由一个公共区域和附加的虚拟空间组成,在这里,参与者可以通过一套通信工具进行互动,并交流意见和经验。例如,学生可以在这里进行辩论、演说、广播和现场音频通信等,同时父母也可以参与到学生的学习中来。①

而新加坡康培小学在其项目"康培现场"(Canberra Live)中也为促进学生的自主学习意识设计了备忘包(Imprints),这是一个学校生活的文件包,收录学生的相关资料和学习进程数据,学生利用这个工具能够按照自己的学习进程进行自主学习,能及时发现问题并进行改进。②

第三节　信息化环境下小学的学习方式变革与教学模式创新

以信息技术促进教育教学创新是我国教育事业发展和课堂教学改革的必然选择。③教育信息化带来学生需求的改变和课堂教学环境的改变,由此引发教育教学创新的诉求。教育教学创新既需满足新一代学习者更强烈的主体意愿,为其提供更多样化的学习活动,助其建构更网络化的知识体系和养成更具创新性的问题解决能力,又需要妥善应对信息技术融合教育教学时不同内容载体带来学习者的学习行为差异、新一代学习者期待的课堂差异性管理、技术融合课堂中教师关注点的常态化转移及教师整合技术的学科教学知识普遍性缺乏等现实挑战。④本节将介绍信息化环境之下新兴的教与学方式,信息化环境下在小学段运用较多的慕课及农村中小学远程教育。

①　Ministry of Education of Singapore.Stelectronics(Training & Simulation Systems) consortium's solutions for Beacon Primary School:Beacon World[EB/OL](2009-05-13),http://www.ida.gov.sg/doc/Programmes/Programmes_Level2/20090513123701/STELEC_BCPS.pdf.

②　Ministry of Education of Singapore.Future Schools@Singapore:Canberra Live[EB/OL].http://business.singtel.com/industry_solutions/education/index.html.

③　熊才平,汪学均.教育技术:研究热点及其思考[J].教育研究,2015(8):98-108.

④　黄荣怀,杜静.面向新一代学习者的教育教学创新路径探究[J].中国教育学刊,2017(9):29-33.

一、信息化环境带来了新兴的教与学方式

信息技术的迅速发展,推动了教与学方式的变革。网络环境下的个性化学习作为 21 世纪的学习方式之一,是"互联网 +"时代促进学生个性化发展的新趋势。①尤其是自 2020 年,新冠肺炎疫情暴发对我国经济社会和教育发展带来巨大挑战。谢幼如等人以在线教育基本原理和教学论为理论依据,结合在线教学方式的内涵与影响因素,根据教育部有关文件精神,构建了疫情防控期间在线教学方式分析模型,对来自全国各地的"停课不停学"教学案例进行系统分析,总结形成了在线同步直播教学、在线课程异步教学、在线双师协同教学及在线混合多元教学四类典型的 "停课不停学" 在线教学方式。②在"停课不停学"口号的倡导下,各地纷纷采取线上教学以应时需。疫情期间的在线教育有效地保障了教学秩序,满足了学生的基本学习需求,但也暴露出许多问题。网络平台拥堵,数字资源匮乏,师生互动不充分,教师信息素养不高等因素影响了在线教育质量和效果, 城乡教育差距也有进一步扩大的趋势。③在疫情背景下,在线教育作为新型的教育方式面临前所未有的机遇,但同时也带来巨大的挑战:不同地区和学校之间网络环境和硬件设备存在严重的"苦乐不均";教师信息技术水平和应变能力"心有余而力不足";在线教育的课程资源和平台面临"无米下锅"的境地;居家在线学习家长、学生和学校"各吹各调";家长学生个性化、优质化在线教育需求强烈但"众口难调";农村小规模学校和城市低阶层子女在线教育面临"巧妇难为无米之炊"的困境。④

如果说在线教育是一种纯远程在线学习, 那么混合学习则是人们对传

　① 张琳涓.国内网络环境下个性化学习研究的文献综述[J].中国医学教育技术,2018(1):23-27.

　② 谢幼如,邱艺,黄瑜玲,王芹磊.疫情防控期间"停课不停学"在线教学方式的特征、问题与创新[J].电化教育研究,2020(3):20-28.

　③ 雷万鹏,黄旭中.重大疫情与在线教育发展面临的问题[J].教育研究与实验,2020(2):13-16+22.

　④ 付卫东,周洪宇.新冠肺炎疫情给我国在线教育带来的挑战及应对策略[J].河北师范大学学报(教育科学版),2020(2):14-18.

统课堂上的面对面教学和远程在线学习进行深刻反思后形成的一种新的学习方式,其理论起点处于"面对面教学"与"在线学习"的集合处;实践起点则源于企业培训。目前混合学习已经被广泛应用于高等教育和中小学教育中,并成为教育技术领域的研究热点。美国培训与发展协会(American Society for Training and Development, ASTD)将混合学习列为知识传播产业中涌现的最重要的十大趋势之一;Sloan Consortium 等研究机构也将混合学习作为重点研究项目进行了多次广泛调研。①近年来,成都天府新区第五小学基于"预习前置、课中互动、综合评估"的思路,引进智慧教育平台,进行混合式教学实践探索,已实现学为中心的良性循环。基于智慧教育平台的混合式教学,不仅可以整合丰富的数字教学资源,使教与学因数据化而更高效,还可以充分激发学生的学习热情和兴趣,让每一位学生在互动、民主、和谐的课堂中学习,让"生本课堂"落到实处。②

此外,翻转课堂作为信息化教育中一种典型的重新建构学习流程的教学模式,是全球各级各类教育深化改革的着力点与推手。③21 世纪以来,新一代信息技术、建构主义和宏观社会教育系统理论、国际开放教育资源运动三股力量为信息化环境中的教育教学改革提供了技术环境、变革理念及开放资源,同时也对翻转课堂的产生和迅速发展起到了重要推动作用。④

翻转课堂最初的构想来源于美国林地公园学校的乔纳森·伯尔曼和亚伦·萨姆斯两位化学教师。2007 年,他们用录屏软件将授课用的课件加以讲解录制成教学视频,并传到网上供那些因故不能按时到校上课的学生补习使用。之后,这种方法逐渐成为一种新的教学模式,受到越来越多的关注。"翻转课堂"是指借助信息化技术,将曾经的课堂讲授过程通过教师制作的视频改为在家里观看学习,将曾经的家庭作业放在课堂上完成的一种新型

---

① 詹泽慧,李晓华.混合学习:定义、策略、现状与发展趋势——与美国印第安纳大学柯蒂斯·邦克教授的对话[J].中国电化教育,2009(12):1–5.
② 高小兰,胡睿.基于智慧教育平台的混合式教学实践[J].中国教育学刊,2020(10):104.
③ 邓格琳.教育信息化 2.0 背景下翻转课堂再思考[J].人民教育,2021(Z2):94–96.
④ 钟晓流,宋述强,焦丽珍.信息化环境中基于翻转课堂理念的教学设计研究[J].开放教育研究,2013(1):58–64.

的教学模式。①张家军、许娇认为在翻转课堂中,教师由主导者变为了辅导者,学生由被动接受者变为了主动吸收者,从而有效促进了师生间、生生间、师师之间的互动学习。翻转课堂符合我国基础教育课程改革的精神,而信息技术的发展和国内外的实施经验为翻转课堂在我国基础教育里大规模实施提供了可行的支持。②祝智庭等研究者指出翻转课堂实践的教学流程逆序创新已成为国内外教育信息化热点。教学流程的逆序创新带来知识传授的提前与知识内化的变化,其实践本质是帮助学生实现深度学习、聚焦问题解决、培养高阶思维能力。他们通过对六所中小学提炼的翻转课堂过程模式进行分析发现,当前国内翻转课堂实践呈现出两种模式,即中观层面的教学过程的变化与微观层面的课内教学活动的调整。同时结合课堂教学主结构分析发现翻转课堂实现了教学流程的颠覆,随之引发师生角色的转变,最终指向学生思维品质的提升;然而翻转课堂的顺利实施有赖于一系列的准备。反思国内实践现状,微课在翻转课堂中的应用、课前学生的"先学"质量、课内学生高阶思维能力的培养、教师的专业素养储备等均成为实践面临的难题。③

　　教与学方式的变革是教育适应信息化时代的重要体现,无论是个性化学习、移动学习、泛在学习等学习方式,还是在线教育、混合式教学、翻转课堂等教学模式,其在教育教学实践中的合理运用必将带来教育教学质量的提升,帮助学生实现更优发展。

二、小学慕课的发展回顾与研究探索

　　回顾我国小学教育信息化的发展历程,可以发现小学慕课与农村小学远程教育是在我国小学教育信息化研究中备受关注的两种教学模式。

(一)小学慕课发展的历史线索

　　"慕课"是 MOOC(Massive Open Online Courses)的音译,意为大规模、开

---

① 　Bristol,Tim.Flipping the Classroom[J].Teaching & Learning in Nursing,2014(1):43–46.

② 　张家军,许娇.翻转课堂在我国基础教育课堂教学中应用的适切性分析[J].教育理论与实践,2015(32):47–50.

③ 　祝智庭,管珏琪,邱慧娴.翻转课堂国内应用实践与反思[J].电化教育研究,2015(6):66–72.

放、在线课程。李亚员认为慕课的实质是低成本、精品化、生成式、可广泛共享的在线微课程。一般都是名师主讲的 5~15 分钟左右的短小视频,不同国家地域的人们都可以随时观看、互动交流,有的课程还提供学分认证、就业推荐等服务。慕课基本理念是要把世界上最优质的教育资源传播到地球的每一个角落。①钱小龙等人指出慕课与全民终身学习有着密切的关系,慕课的开放性巩固了全民终身学习体系的建设;慕课的大规模化保障了全民终身学习的受益范围;慕课优质的课程资源提升了全民终身学习建设的国际化水平。②

2008 年,加拿大教师乔治·西蒙斯(George Siemens)和史蒂芬·唐斯(Stephen Downes)率先实践了慕课,被誉为"印刷术发明以来教育最大的革新"③。两人创立了 MOOCs 形式之一的 cMOOCs,之所以在前面加"c",是因为其理论基础是"关联主义(Connectivism)学习理论"。另一种是 xMOOCs,由斯坦福大学教授塞巴斯蒂安·杜伦(Sebastian Thrnn)和吴恩达(Andrew Ng)等人于 2011 年创立,并有 Udacity、Coursera 和 edX 三大公司的平台为支撑,其理论基础一般认为是行为主义学习理论,其教学内容和教学方式与 cMOOCs 相比有较大的"扩展",所以通常也称为 xMOOCs(这里"x"即表示可扩展性)。④

2011 年,慕课开始以井喷的态势迅速在全球发展并产生了重要影响。2012 年,慕课在全球教育界掀起了"一场数字海啸",2012 年也由此被《纽约时报》命名为"慕课元年"。2013 年,慕课之风刮进中国,关于慕课的文章、讨论频繁见诸各平面媒体和立体媒体。2013 年底召开的"第三届中国教育学会教育家沙龙"也重点讨论了慕课这一话题。有学者认为,中国的慕课元年应该是 2013 年。⑤

---

① 李亚员.国内慕课(MOOC)研究现状述评:热点与趋势——基于 2009—2014 年 CNKI 所刊文献关键词的共同可视化分析[J].电化教育研究,2015(7):55–60.
② 钱小龙,范佳敏,蔡琦.面向全民终身学习的慕课发展潜力、挑战与对策[J].成人教育,2022(1):58–64.
③ 李亚平,席晓圆.近年来 MOOCs 发展述评[J].上海教育科研,2015(11):60–62.
④ 何克抗.关于 MOOCs 的"热追捧"与"冷思考"[J].北京大学教育评论,2015(3):110–129+191.
⑤ 李亚平,席晓圆.近年来 MOOCs 发展述评[J].上海教育科研,2015(11):60–62.

　　慕课出现后率先在高等教育领域进行推广应用，并取得了令人惊异的成绩。近年来，随着慕课应用领域的不断拓展，高等教育领域的慕课火焰逐渐在各国中小学教育领域燃烧起来。作为全球慕课运动的开拓者和领导者，美国积极推进慕课与中小学教育的整合，并将降低教学成本、改善教育公平、应对教师短缺、实现个别化教学和促进学习交流作为整合的主要目标。为了提高慕课与中小学教育整合的有效性，美国将教师专业发展、教育机构之间的紧密合作、混合式教学的广泛开展及大学预备课程建设作为整合的基本路径。①慕课之风迅速从美国席卷到全球，2013 年荷兰开办了 11 所"乔布斯"学校，招收了 1000 名 4~12 岁的学生，通过 iPad 提供虚拟的教学环境，由学生自行决定学习时间和内容，教师仅提供一定的指导。韩国、日本、马来西亚、新加坡等国家也有类似的举措。而在我国，2013 年 9 月，华东师范大学成立了慕课研究中心，并分别联合国内优质中小学校成立了 C20 慕课联盟，希望借助慕课实现我国基础教育的新变革。2014 年 4 月，北京市东城、西城、朝阳、海淀的 25 所中小学建立了数字学校研究基地，并成立了北京数字学校慕课联盟，以开展基于网络环境下的微课开发，开发面向学生和家长的开放式课程，推动线下与线上学习的结合。北京市教委意在先进行小范围试点，摸索出成功模式后再进一步推广。②

（二）对慕课在小学的应用模式的讨论

　　慕课作为一种提供教学资源的平台，要发挥其实际效用关键在于其具体应用环节的有效开展。对于慕课的应用模式，学者们持有不同的见解。姜艳玲、国荣、付婷婷提出了"翻转课堂与慕课融合解决教学资源不均方案模型"，他们认为资源匮乏学校的学生自主学习能力有限，仅仅通过慕课并不能从本质上提高学习效果，翻转课堂教学模式恰好提供了解决方法，将学生接触的学习资源和教师授课两个环节分离，学生可将慕课平台作为翻转课堂课前学习的途径，课中再由教师引导进行课堂翻转。教学资源匮乏学校和

---

　　① 钱小龙.MOOC 与中小学教育整合的目标与路径：美国的经验[J].外国教育研究，2017(6)：41-53.

　　② 聂晶，张羽.MOOCs"接轨"基础教育的现状与走向[J].中小学管理，2014(7)：24-27.

资源丰富学校通过慕课平台实现资源和信息的交换。①曾明星、周清平、蔡国民等也提出了要将 MOOC 资源与翻转课堂有机结合，构建 MOOC 视频替代模式、"MOOC 视频 + 自制视频"模式、二次开发模式等三种新型翻转课堂教学模式。②慕课成为翻转课堂的一个重要载体。

在关注慕课对于学生学习的积极效用的同时，也有研究者将目光转向了教师学习状况。方海光、罗金萍、陈俊达、楚云海依托于互联网进行教师教育的现状研究，以成人学习理论和社会学习理论为基础，提出了基于社会化网络的 MOOC 支持教师教育模式。该教师教育模式结合了已有的 MOOC 支持的正式学习模块和基于社会化网络的碎片化学习模块。随后，利用 ISPI 绩效技术过程模型，从课程资源、教学流程、评价机制、讨论交互等方面对该模型进行了绩效改进，提出了 MOOC 和社会化网络两平台之间进行资源组织和重构引擎，以及对两平台的学习过程进行存取记录的 LRS 学习记录系统。③赵福君、王党飞、孟召坤则提出了在慕课平台上利用翻转课堂构建了中小学教师"学用研一体"的模型，在阐明模型结构的同时，对模型中的关键因素培训教师的任务、受训教师的任务及慕课平台的功能进行了详尽的阐述。在此模型中，借助慕课平台实施翻转课堂，一方面通过慕课平台开设的教师技能培训课程，将名师进行的翻转课堂教学过程录制成视频供受训教师学习和参考，提升受训教师的教学能力；另一方面，受训教师将自己上课的过程通过慕课平台以视频方式发送给培训专家，通过专家的反馈提高教育教学能力。④

（三）慕课促进小学教育质量提升与公平的利弊分析⑤

国内的研究者们立足中国实际，对慕课在基础教育阶段的使用展开了

①　姜艳玲,国荣,付婷婷.翻转课堂与慕课融合促进教学资源均衡研究[J].中国电化教育,2015(4):109–113.

②　曾明星,周清平,蔡国民,王晓波,陈生萍,黄云,董坚峰.基于 MOOC 的翻转课堂教学模式研究[J].中国电化教育,2015(4):102–108.

③　方海光,罗金萍,陈俊达,楚云海.基于绩效技术和社会化的 MOOC 支持教师教育研究[J].电化教育研究,2016(2):108–113.

④　赵福君,王党飞,孟召坤.西部中小学教师"学用研一体"培训模型的构建研究[J].教学与管理,2016(15):62–64.

⑤　汤敏.慕课能让教育更公平吗?[J].基础教育,2015(3):21–22.

广泛研究,提出了很多独到的观点。我们能够看到其中既有对于慕课使用的支持力量,也不乏反对的声音。慕课具有时间无限制、地点无要求、受众人数无上限且快捷有效等特点。推广"慕课"有利于城乡义务教育的均衡发展,有利于生成新型课堂教学模式,有利于学生的个性化发展。[①]对于边远和落后地区的中小学教师而言,各种教育教学资源都比较缺乏,而慕课平台拥有多种类型的优质教育资源,且能以免费形式或低廉的价格提供给所有用户,因而此类地区中小学教师可以轻易地获取所需要的资源。慕课也可以为学业困难的学生提供持续帮助。当一个学生在课堂里无法跟上同伴的步伐时,可以在慕课的学习空间里,针对一个知识点反复观看学习,也可以通过社交软件寻求教师的帮助,直到完全理解和掌握学习内容为止。此外,慕课还能为学业优秀的学生提供"加餐"服务。有时候课堂教学也许无法满足一些学生的学习需求,他们对于知识和技能的掌握已经超越同伴,他们就可以在海量的优质教育教学内容中寻找自己的兴趣点,不断地提升自己的学业水平。[②]

作为大规模在线开放课程的慕课,在提供各种便利的同时,也对学习者的信息素养(即通过广泛的信息工具与信息源来解决问题的技术和技能)提出了较高的要求,学习者在慕课学习时要具有随时对信息进行识别、检索、重构和评价等的能力。这对于中东部发达地区伴随着数字信息时代成长起来的中小学生而言,使用上的难度相对较小,而对于西部欠发达地区缺乏基本信息技术能力、需要适应新技术的中小学生来说,在通过各种技术终端来学习慕课尤其是线上协作互动等操作时,多会感到举步维艰。[③]因此,正如胡艺龄、陈婧雅、顾小清、吴忭所言,伴随着全球范围内慕课运动的风起云涌,慕课怀着"人人平等"的美好愿景试图将全球优质课程资源渗透到世界各个偏远角落。但阶段性调研呈现出慕课真正服务的还是那些受教育程度较高的学习者,有进一步加大教育落差之趋势。信息素养、传播技能、知识储备、

① 刘方林,乔莉莉.MOOCs:我国基础教育均衡发展的出路[J].教育探索,2015(7):32-34.
② 钱小龙,杨茜茜,顾天翼.义务教育均衡发展视野下MOOC商业化运作的整体性分析[J].现代远距离教育,2018(5):3-10.
③ 郑新丽.理性看待基础教育阶段的MOOCs热[J].教育科学研究,2015(5):23-27.

动机情感、平台设计普适性等都在一定程度上影响着慕课学习者之间学习效果的差异。在数字化时代要更加注重社会公平,重视区域的全面协调可持续发展,弥合数字鸿沟促进欠发达地区的教育服务,真正实现慕课支持下的公平教育。①

(四)可持续发展依然是小学慕课迫切需要回答的关键问题②

慕课的可持续发展一直是其备受关注甚或屡遭批评的一个点。在最近几年,有关"慕课已死""慕课发展减缓"的说法不断出现。从2019年全球慕课的发展状况来看,确实也有着一些"消极事件"的出现。澳大利亚慕课平台Open2Study于2019年正式关闭。该平台成立于2013年,在关闭前拥有近200万的学习者,是少数依然提供免费课程证书的慕课平台。慕课的低完成率、高流失率是有关慕课可持续发展的一个重要质疑点。以往的研究显示,大部分慕课的完成率应该在5%左右。2019年发表在Science上的一篇文章则对学习者在慕课平台上的学习保持率进行了分析。该研究通过对Harvardx和MITx上2012—2018年度学习者课程注册情况的追踪,指出:随着时间的推移,用户在慕课平台上的保持率在不断下降。③王秀丽也认为在经历了慕课元年井喷式发展之后,慕课发展开始表现出明显的颓势。目前,学界对慕课的可持续发展更多持怀疑态度。美国著名调查公司巴布森集团于2012—2014年对全美2800多名学术领袖进行慕课发展前景的调查。调查结果显示:2012—2014年期间,认为慕课发展是可持续的调查对象从28%降至16%,而认为慕课发展是不可持续的调查对象却从26%上升至51%。与此同时,学习者的热情也在逐渐减退。2013年5月之前,三大慕课平台的注册人数增长迅速,而此后,注册人数增幅出现减缓甚至停滞的势态。④

有研究者指出⑤,目前慕课正面临着六大现实困境:在线注册人数多,但

①　胡艺龄,陈婧雅,顾小清,吴忭.MOOCs在教育均衡中的挑战及应对策略[J].中国电化教育,2014(7):40-45.

②　王宇.2019年全球慕课发展回顾[J].中国远程教育,2021(5):68-75.

③　王宇.2019年全球慕课发展回顾[J].中国远程教育,2021(5):68-75.

④　王秀丽.慕课发展困境与路向[J].江淮论坛,2017(1):177-181.

⑤　郭英剑."慕课"在全球的现状、困境与未来[J].高校教育管理,2014(4):41-48;龙屏风."慕课+翻转课堂"教学模式及其实践路径[J].教学与管理,2019(15):100-102.

完成学习任务并顺利通过测试的人少;对教师要求高,任课教师压力大;需要信息技术的支撑,教育条件要求高;学生接受效果差,未能达到预期学习效果;未能确保本人完成试卷的真实性,教学评价与测试难;否定班级授课制,打破了传统课堂教学模型。这些困境的存在为慕课的可持续发展带来了阻碍。

因此,有学者针对慕课学习和翻转课堂在应用中存在的困境,探讨了基于慕课的翻转课堂教学模式,重新定义教学过程的各环节,提高课堂学习效率。制定出慕课课程与翻转课堂的推广策略,并从整合慕课资源、强化学科慕课服务、扩展慕课学习平台、丰富学校专题活动、增进师生交流互动五个方面探讨了互动推广的途径。并提出要采取针对性的保障举措,以提升"慕课＋翻转课堂"教学的实践成效,如完善相应数字化设备及资源、培养学生自主学习能力、转变教师的教学观点及角色等。

此外,混合式教学模式也成了慕课在小学教育领域应用的又一突破口。慕课作为信息时代的特定产物,在小学教育领域中的应用一定程度上带来了积极的影响,但也有一些现实问题和困境相伴而生。可持续发展作为当前小学慕课迫切需要回答的关键问题,需要研究者们重新审视慕课在小学教育领域的应用,探索其持续发展的体制机制。

通过对我国小学慕课的发展回顾与相关研究探索的梳理,我们可以看到学者们近些年来对于小学慕课的关注不断增多。慕课是在信息技术不断发展和网络教育不断完善的基础上成长起来的,虽然关于慕课本质和潜力的认识还有很多挖掘的空间,但终究只是信息技术促进教育变革的一个案例。一方面,慕课不能解决所有的教育问题。另一方面,慕课可以激发传统教育的活力。关于这一点,麻省理工学院院长 Susan Hockfield 曾说:"一同探索将会使我们做得更好、更有效、更有创造性,增强我们校园的活力,同时能够为全球的学生和教师增加教育机会。"[①]

---

①　孟亚玲,魏继宗.MOOC 本质新界说[J].电化教育研究,2016(7):43-49.

三、农村小学远程教育的应用模式和后续发展思考

新中国成立后尤其是 21 世纪以来,远程教育逐渐受到重视,并在实践发展和学术研究上都取得了较大的成就。我国远程教育研究历程分为萌芽阶段(1949—1979 年)、远程教育研究起步期(1980—1999 年)、远程教育研究的繁荣期(2000—2012 年)、远程教育研究的调整期(2013 年至今)四个阶段。①

丁兴富在《远距离高等教育学导论》中给出了远程教育的如下五项描述性定义:学生和教师在时间和空间上处于分离状态;以现代教育技术为基础的媒体教学占有主导地位;有组织的系统工程;自学为主、助学为辅;在学生和教师之间存在某种形式的双向通信和反馈机制。②唐锦兰、陈丽萍认为远程教育教与学时空分离的特征使得连接学校与学员的助学支持服务显得尤为重要。良好的助学支持服务是远程学习得以顺利进行的重要条件和保证,也是确保远程教育质量的关键。③

自 2003 年,我国在全国范围内开始实施农村中小学现代远程教育工程。由此拉开一场利用科技手段,通过信息化技术改善农村教育环境,提升农村教育水平,发展农村现代远程教育的大幕。经过十几年轰轰烈烈的发展,我国农村现代远程教育取得重大进展,很多地方实现从无到有的跨越,并在一定程度上改变农村教育的面貌,远程教育逐渐深入人心。与此同时,初步探索建立一套与之基本相适应的机制体制,保障我国农村现代远程教育顺利发展。④"农村中小学现代远程教育工程"是用教育信息化带动农村教育现代化发展的一次伟大实践,其通过试点阶段——初探信息技术应用、全面实施阶段——信息技术的推广和普及应用、深化应用阶段——信息技术

---

① 苗会永,张家睿,孙立新.远程教育研究:历史演进、主题透视及未来展望[J].职教论坛,2022(2):108-116.

② 丁兴富.远程教育学基本概念与研究对象之我见[J].开放教育研究,2005(1):32-41.

③ 唐锦兰,陈丽萍.现代远程教育环境下学长助学模式的探索[J].中国远程教育,2021(11):48-57.

④ 张志强.我国农村现代远程教育长效机制的构建[J].继续教育研究,2017(3):74-76.

应用的深化,开创了农村基础教育信息化的新时代。"农村中小学现代远程教育工程"的发展对我国基础教育信息化的启示是:要加强农村信息基础设施建设,完善硬件配置;加强共享的、适用的区域性数字化资源中心建设;加强信息化人才培养,建设高素质的教师队伍;加强信息技术与学科课程深度整合,不断创新教育教学模式;保障经费投入;提高教育管理信息化水平。[①]

"农远工程"的实施对于我国中西部农村地区的教育教学质量提升具有重要意义,对于促进基础教育公平也发挥着巨大的作用。

(一)农村小学远程教育的三种模式应用探究

近年来,在实施农村中小学现代远程教育的实践中,我国逐渐形成了教学光盘播放点、卫星教学收视点和计算机教室三种远程教育工程建设模式。"三种模式"的实施,使我国广大农村的中小学生得以共享优质的教育教学资源,在信息化的环境中接受良好的教育。[②]

从远程教育三种模式应用的总体情况来看,因为各个学校地处边远山区,教师的教育观念、教学方式、教学技能都存在相当大的差距,要科学恰当地把远程教育设备和资源用好,在短时间内实现全面整合的目标是不现实的。但这并不等于现阶段工作的停顿,学校和教师也进行了大量的教学实践,目前教学模式探索总体的趋势是:教学目标—引入资源—教学展示—学习提高。虽然从整体来看还处于教学辅助的阶段,但比较符合农村教育目前的实际状况,并且还有继续扩展深入的余地。这一基本模式在不同的条件下有不同的侧重点。[③]

农村中小学现代远程教育工程的生命力关键在于"工程"的教学应用和应用的效果,教学模式和方法的研究与之直接相关。陈庆贵提出了农村中小学现代远程教育工程的十种基本教学应用模式。四种基于光盘资源的教学应用模式:直播教学模式、模仿对话教学模式、情景互动教学模式、资源整合

①　汪基德,冯永华."农远工程"的发展对我国基础教育信息化的启示[J].教育研究,2012(2):65–73.

②　杨晓宏,梁丽.解析农村中小学现代远程教育的"三种模式"[J].电化教育研究,2006(1):45–49.

③　刘聚斌.农村中小学远程教育应用模式初探[J].中国电化教育,2004(11):37–39.

教学模式。三种基于卫星教育资源的教学模式：卫星资源直播教学模式（直播式）、卫星资源整合教学模式（整合式）、资源多重组合教学模式（多重组合式）。农村学校在网络环境下开展教学活动，主要的教学模式有：群体教学模式、自主探究模式、协作学习模式。①

与之有异曲同工之妙的是，黄宇星、张杰、唐夏芸提出了我国"农远工程"三种模式的教学应用策略。针对"教学光盘播放点"提出了播放式教学、播放＋解说＋讨论式教学；针对"卫星教学收视点"提出了卫星资源直播式教学、卫星资源整合式教学；并指出"计算机教室"在教学中的应用，可以开展群体式教学、自主探究式学习和小组协作式学习。②

针对农村中小学现代远程教育工程中"模式一"（即 DVD+TV 的教学光盘播放点模式）所构建的现代远程教育教学环境，运用教育传播学中的模式研究方法，按照"教师能力水平、适用课程类型、资源形态特征和资源播放方式"等四个要素，归纳出四种比较典型的 DVD 播放教学资源应用方式，即全程依托式、分段依托式、组合分段式和多重组合分段式。这四种应用方式在农村中小学教师的课堂教学实践过程中的渐进变化，显现出的特点是：对资源和资源组合方式同一性依赖程度逐步减小，而对资源及资源组合的丰富程度、对教师专业化水平要求逐步增大。③也有学者指出现代远程教育工程的实施对农村小学产生了深远影响，但在具体实施过程中也暴露出一些问题，其中"模式二——卫星教学收视点"就呈现出专职人员缺乏，兼职教师任务重，数据格式不对，转换时间成本高，设备利用不足，资源相对浪费及应试风气不减，设备围着考试转等问题。为提高工程效益，必须深入开展校级培训，提高教师现代教育技术水平，建立信息反馈机制，形成多层次技术支持中心，建立学校开放制度，依托政府，服务农村，重视观念变革，建立学习型

①　陈庆贵.农村中小学现代远程教育环境下的教学应用模式研究[J].电化教育研究,2006(12):35-40.

②　黄宇星,张杰,唐夏芸.我国"农远工程"三种模式的教学应用策略探究[J].电化教育研究,2009(2):93-96.

③　王陆,王晓芜,张敏霞.农村中小学现代远程教育工程中 DVD 模式的教学应用[J].中国电化教育,2005(11):49-52.

学校。①赵瑞斌、周海军、杨彦军对目前农村远程教育工程中实施"三种模式"下硬件和软件资源进行了分析比较，从教育信息传播的角度分析了"三种模式"下不同的信息传输方式在实际教学中的功能及它们的优缺点。②赵呈领、王艳丽、程云则从农村中小学现代远程教育工程三种技术模式下的教学过程特点出发，探讨了三种模式下的教学过程设计特点，提出了每种模式下的教学过程设计范式，并提供了相关应用说明和实际的教学案例。③在关注三种模式的同时，也能看到农村学校现代远程教育工程资源建设还存在资源匮乏、整合深度不够、缺乏优秀资源平台和缺乏基于课程的系统化资源等问题。要加快资源开发、建立优化机制、构建农村学校现代远程教育资源平台、分层次开发多种课程资源的建设策略。④

（二）对于农村小学远程教育后续发展的思考

经国务院批准实施的农村中小学现代远程教育工程，经过 5 年建设到 2007 年基本完成。这一工程项目为农村基础教育，特别是为西部地区中小学教育带来了跨越式发展。为了使工程项目在实施和今后的发展过程中能够得到健康发展，对可能出现的问题和已经出现的问题进行分析和思考，如思想观念与需求观念转变的思考，重拥有、轻应用的思考，多媒体与多媒体教学的思考等方面进行了较为深入的探讨。⑤如何确保项目的可持续发展，是需要研究和解决的问题。有不少学者从管理的可持续发展、资源的可持续发展、设备维护的可持续发展、应用的可持续发展几个角度提出了一些农村中小学远程教育工程有效实施的设想。⑥为改变目前我国农村中小学教育资源

---

① 李敏，龚学文.农村小学实施现代远程教育工程模式二的问题与对策[J].中国远程教育，2005（12）：59-61.

② 赵瑞斌，周海军，杨彦军.农村中小学远程教育"三种模式"教学功能比较研究[J].中国远程教育，2005（9）：62-64.

③ 赵呈领，王艳丽，程云.农村中小学现代远程教育三种模式下的教学过程设计[J].中国电化教育，2007（5）：41-45.

④ 欧启忠.农村学校现代远程教育工程"三种模式"的资源建设研究[J].电化教育研究，2008（11）：83-85+88.

⑤ 杨改学.农村中小学现代远程教育在西部实施后的思考[J].中国电化教育，2008（7）：45-47.

⑥ 苑永波，周雪菲.农村中小学现代远程教育工程的可持续发展[J].中国远程教育，2011（3）：85-88.

匮乏的现状,相关研究者在现有的农村中小学远程教育资源模式基础上,提出基于 Push-VOD 和 IP 双模技术的农村中小学教育资源传输模式, 该模式从根本上解决了以前教育资源由于受网络带宽、传输成本等因素的制约而产生的传输瓶颈。这种模式不仅传输方便、快捷,而且在音频和视频效果方面,都有很大改善,这对于农村中小学教育资源使用有极大的帮助,对缩小城市和农村教育资源的差距将起到积极作用。①

有研究者以农村中小学现代远程教育 IP 数据为资源基础, 探究农村中小学现代远程教育 IP 资源二次加工的基本流程, 以提高农村教师运用教育技术不断丰富学习资源的意识,提高教师对资源的收集、甄别、整合及应用能力,创生新的教育教学资源,满足教师个性化教学要求,实现现代远程教育资源的校本化。②实施农村中小学现代远程教育工程,促进城乡优质教育资源共享,提高农村教育质量和效益,是国家发展农村教育的重大举措。在实施过程中,必须建立农村远程教育保证的长效机制,最大限度地发挥农村远程教育工程的投资效益,切实提高农村学校的教育质量。周振军、刘增锁、张庆秀从管理机制,软硬件建设、运行和维护,资源建设,教师培训,资金保障等方面对建立农村远程教育质量保证长效机制问题进行了探讨。③郭绍青提出要构建以县为主的农村远程教育支撑保障体系, 认为要实现对中小学的远程教育的支撑保障,必须整合各方面的力量,形成合力,进行必要的人员调整, 吸纳优秀人员从事相应工作;成立县级教师专业发展支持服务中心, 这个中心由与教师专业发展密切相关的现有分离的机构联合或合并组成。④赵鸿章也结合我国农村义务教育管理体制改革,提出了构建一个"以县为主"农村远程教育质量保障体系的框架模型。⑤

---

① 于勇,谢东宇.运用 Push-VOD 和 IP 双模技术创新农村中小学远程教育资源传输模式[J].中国电化教育,2010(9):120-123.

② 谢文斌.农村中小学现代远程教育资源的二次加工[J].中国电化教育,2006(5):81-83.

③ 周振军,刘增锁,张庆秀.建立农村远程教育质量保证长效机制的探讨[J].中国电化教育,2007(12):57-59.

④ 郭绍青.构建以县为主的农村远程教育支撑保障体系[J].中国电化教育,2007(1):45-48.

⑤ 赵鸿章.构建"以县为主"的农村远程教育质量保障体系[J].中国电化教育,2005(9):50-52+56.

　　硬件基础设施建设的时代在有些地区已基本结束，陆续进入实际应用的后时代建设时期。后时代建设时期面临着工程维护运行与管理应用的诸多问题（包括工程运行维护成本问题、工程设施设备安全问题、师生使用维护管理问题、应用人员能力低下问题），为此，必须采取有效措施，应对存在的问题，寻找破解问题的答案，在建立资金投入机制、完善规章制度、提高人员素质与加强检查督导等方面不断加大工作力度。①

　　农远工程在我国中西部农村地区小学教育中无疑是发挥了作用的。②西部农村发展的"瓶颈"是人才开发，而人才开发的"瓶颈"是数字鸿沟、学习鸿沟，即教育资源配置不均衡、不合理、不公平带来的学习机会和学习质量的巨大差异。要将我国沉重的人口负担转变成巨大的人力资源优势，首先要看能否实现中西部农村人力资源的开发。依靠传统教育体制和手段无法实现中西部农村人力资源开发的宏大目标。因此，一定要走理论创新、制度创新、技术创新之路，加大对中西部农村教育的投资力度，加快中西部农村中小学教育信息化进程。③

第四节　小学的教学资源建设与信息化学习环境

　　在教育信息化的系统进程中，教学资源是整个系统的重要组成部分之一。数字化教学资源以计算机网络技术为支撑，具有时空自由、资源共享、系统开放、便于更新管理等优点，突破了传统教学资源在人员、地域、时空上的多重限制，提供了大量、全面、开放的教学资料，为信息化教学实践的成功开展提供了必要保障。伴随着信息化教学实践的普及，教学资源的数字化趋势

---

① 沙凤林,于桂洪.农村中小学现代远程教育工程后时代建设运行维护与管理应用问题研究[J].电化教育研究,2006(11):27-29.
② 王国华,俞树煜,黄慧芳,胡艳.中国远程教育研究的可视化分析——核心文献、热点、前沿与趋势[J].远程教育杂志,2015(1):57-65.
③ 李晓华.实施农村远程教育工程 促进农村教育跨越式发展——访教育部远程教育专家顾问丁兴富博士[J].中国电化教育,2004(8):5-9.

已成必然。①

　　与此同时,随着当前教育信息化的快速发展,传统的教与学方式也逐渐改变。教育信息化给人们提供了一种前所未有的信息化学习环境,使得教与学的发生得以更好的延展。信息化学习环境为学习提供了更多的便利,借助这种环境,学生之间可以开展协作学习、自主学习等各种方式的学习。②

　　在教育信息化的大背景下,本节将围绕小学微课的开发与应用、小学电子书包的价值及其引发的教学模式的变革、小学的智慧教育具体展开论述。呈现关于小学学段教学资源建设与信息化学习环境构建的"图景"。

一、小学微课的开发与应用

　　微课程(Micro-lecture)的雏形最早见于美国北爱荷华大学 LeRoy A.Mc-Grew 教授所提出的 60 秒课程(60-Second Course),以及英国纳皮尔大学 T.P. Kee 提出的一分钟演讲(The One Minute Lecture,简称 OML)。现今热议的微课程概念是 2008 年由美国新墨西哥州圣胡安学院的高级教学设计师、学院在线服务经理 David Penrose 提出的。他提出建设微课程的五步骤:罗列教学核心概念;写 15~30 秒的介绍和总结,为核心概念提供上下文背景;录制长为 1~3 分钟的视频;设计引导学生阅读或探索课程知识的课后任务;将教学视频与课程任务上传到课程管理系统。③

　　随着国内外微课实践的不断丰富和相关研究的逐步深化,人们对微课的认识也越来越深刻、全面,其概念内涵也在不断发展、丰富。④目前我国尚未形成关于微课的统一定义,2010 年胡铁生基于现有教育信息资源利用率低的现状,率先给出微课概念,认为微课是指按照新课程标准及教学实践要

　　① 詹斌,胡小勇.信息化教学资源建设策略研究——以广东省主题资源库为例[J].中国电化教育,2006(12):78-81.
　　② 安维民.数字化学习环境下中小学生自主学习能力培养的策略研究[J].中国电化教育,2013(6):105-108.
　　③ 梁乐明,曹俏俏,张宝辉.微课程设计模式研究——基于国内外微课程的对比分析[J].开放教育研究,2013(1):65-73.
　　④ 胡铁生,黄明燕,李民.我国微课发展的三个阶段及其启示[J].远程教育杂志,2013(4):36-42.

求,以教学视频为主要载体,反映教师在课堂教学过程中针对某个知识点或教学环节而开展教与学活动的各种教学资源的有机组合。[1]焦建利认为微课是以阐释某一知识点为目标,短小精悍的在线视频为表现形式,以学习或教学应用为目的的在线教学视频。[2]黎加厚则认为微课是指时间在 10 分钟以内,有明确的教学目标,内容短小,集中说明一个问题的小课程。[3]我国对微课的研究热点比较集中在微课的应用,特别是微课在学校教学中的应用;还有微课的设计开发,包括微课的制作思路、方法,以及平台建设等问题。[4]

(一)微课在小学教学中的应用

在国外,较为成功的模式是将微课(在线视频课程)应用于"颠倒课堂""电子书包""混合学习"等教育改革项目中,并已取得了较为明显的效果,影响最大的就是可汗学院教学模式。[5]

在我国,微课在小学学段中得到了广泛应用。就目前教学实践来看,微课的教学应用模式主要有支持翻转课堂教学、课内差异化教学和课外辅导答疑等三种。翻转教学应用模式是指根据教学的需要, 微课可以安排在课前,也可以安排在课内,这种应用模式的重要特点是学生学习微课发生在教师讲授或组织问题探究前,即"先学后教"。课内差异化教学应用模式是指当部分学生无法顺利完成课堂任务时,可以通过学习教师事先准备好的微课,及时回顾相关知识或概念,以帮助其完成课堂任务。课外辅导答疑应用模式是指教师根据以往的教学经验, 将学生容易遇到障碍的难题的解题分析录制成微课,以供学习有困难的学生自主学习。[6]

王同聚提出的"微课导学"教学模式则是在实操型课程的课前预习、课中学习和课后复习三个教学环节中,利用"微课"视频和"研学案"(也称"自

①　胡铁生."微课":区域教育信息资源发展的新趋势[J].电化教育研究,2011(10):61-65.

②　焦建利.微课及其应用与影响[J].中小学信息技术教育,2013(4):13-14.

③　黎加厚.微课的含义与发展[J].中小学信息技术教育,2013(4):10-12.

④　唐烨伟,樊雅琴,庞敬文,钟绍春,王伟.基于内容分析法的微课研究综述[J].中国电化教育,2015(4):74-80.

⑤　胡铁生.中小学微课建设与应用难点问题透析[J].中小学信息技术教育,2013(4):15-18.

⑥　苏小兵,管珏琪,钱冬明,祝智庭.微课概念辨析及其教学应用研究[J].中国电化教育,2014(7):94-99.

主学习任务单")引导学生进行自主学习、合作学习、移动学习和个性化学习,学生通过自主探究、动手实践、合作交流、提出问题、任务展示、总结提炼等学习新知识,教师通过创设情境、分组协作、答疑解惑、跟踪引导和评价反馈等方式组织教学,以此提高实操课的教学效率和教学质量。①杨浩和付艳芳在借鉴微课、混合式教学等相关研究与应用成果的基础上,设计了基于微课的"任务驱动、螺旋提升的三阶段"混合式教学模式,旨在通过课前、课中和课后三阶段具有适当难度梯度的项目式学习,形成多次知识内化、达到知识技能的螺旋提升及其向应用实践的迁移。②

　　针对小学的具体学科,学者们也提出了不同的微课教学模式。如,孙晓烨、张珲、牛少奇认为音乐"微课"的教学模式可分为两种,即"学教模式"与"情境模式"。学教模式是先让学生主动学习,之后再由教师教授和讲解知识。这样的教学设计能够使学生产生共鸣,并与教师进行互动,避免了音乐理论课程常出现的无聊乏味且难以理解的现状。情景模式是教师在上课过程中创建画面、声音、文字等集于一体的视频场景,营造出特定的学习环境。音乐"微课"使用的教学视频是在学生学习的课本内容基础上制作而成的,在介绍课本上核心内容的同时,还会对所学知识进行扩充,增加教学内容的趣味性与生动性。③高翔和叶彩红则认为,小学科学微课程开发应遵循应用模式、适合学生学习、模块化、注重微型精致化及注重多维互动环节的设计等原则。在梳理了开发框架及步骤的基础上,构建了基于移动终端的翻转教学模式、基于电子书包的混合教学模式及基于课程管理系统平台的问题式学习的三种微课程教学实践,为创新学科教学模式拓展思路。④

　　但是目前中小学微课基本上是以支撑"翻转课堂"为主要应用方向,相

---

①　王同聚."微课导学"教学模式构建与实践——以中小学机器人教学为例[J].中国电化教育,2015(2):112-117.

②　杨浩,付艳芳.基于微课的混合式教学实践与效果分析[J].中国职业技术教育,2017(17):45-49.

③　孙晓烨,张珲,牛少奇.小学音乐学科"微课"的教学现状与发展趋势[J].教学与管理,2019(12):89-91.

④　高翔,叶彩红.小学科学微课程开发的设计与实践运用模式研究[J].课程.教材.教法,2017(6):69-74.

应的微课资源也按照这样的方向设计和开发的。主要支持的是课前完成知识预习,为课堂上交流讨论奠定基础。这种做法不太适合于在课堂上让学生通过自主与协作方式完成知识的学习任务,对于课后的巩固和提高也不是很适合。此外,在大多数教师所制作的微视频中,信息技术与内容讲解的深度融合还差得很远,微视频的讲解质量还不是很高,微课资源的建设和应用普遍存在着非常大的盲目性。①

(二)小学微课的设计开发

为更好地促进学生学习,越来越多的研究者将微课的研究视角从理论分析转移到了实践模式,微课的设计与开发是其中的关键一环。有学者对以往国内外有关微课程设计的研究进行归纳和分析,总结出设计微课程时需考虑的关键要点,然后结合多元文化教育、新的教育目标分类学、学习通用设计等先进理念,从对象、内容、应用、技术四个角度来考查微课程的设计要素,建构起微课程设计要素的系统结构。②有学者认为微课开发的第一步是合理选题,设计环节则是微课制作的具体规划,包括教学设计、结构设计、交互界面设计。微课教学设计要进行学习需求分析、学习内容分析和学习者分析,并在此基础上编写学习目标,制定相应的教学策略。③此外,有学者提出当前微课以其微小便捷、短时高效的教学特点受到了教师和教育管理者的高度关注,掀起了一股微课热。但是许多人对为什么要"微课",围绕什么"微课"这些本质问题并不十分清楚,导致当前微课形式大于内涵的问题十分突出。由此提出微课设计应融合理解性教学和问题导向学习理论,以促进学习者理解为目的。并指出微课的内容要选取教学中的核心问题或关键技能;微课的设计应坚持引入问题启发理解;分析问题引领理解;解决问题支持理解;总结反馈表征理解的教学设计策略。微课的实施应围绕问题设计活动,促进理解开展评价,给出基于理解的微课分析和评价量表。④

---

① 钟绍春,张琢,唐烨伟.微课设计和应用的关键问题思考[J].中国电化教育,2014(12):85-88.
② 张生,王丽丽,苏梅,齐媛.微课程设计要素探讨[J].中国电化教育,2014(9):72-77.
③ 张琢,刘正.微课的设计与制作——以《火车过桥问题》为例[J].教育理论与实践,2014(23):60-61.
④ 陈明选,胡月霞,张红英.理解取向的微课设计分析[J].中国电化教育,2017(5):54-61.

二、小学电子书包的价值及其引发的教学模式的变革

电子书包试点学校及相关项目的相继建立，让电子书包受到了社会各界重视，推动着电子书包的发展。电子书包最初是由电子书沿用发展来的，发展到现在，国内电子书包也是一个非常模糊的概念，有的人将它理解为基于平板电脑的学习，有的人将它理解为一对一的数字化环境下的学习，更有人认为电子书包即是移动学习。而在国外，与电子书包相对应的也有许多名称。如e-Schoolbag，e-Bag，NetBag，e-Book，Electronic SchoolBag，Tablet PC，等等。①教育电子影音出版社将电子书包视为若干电子书按照科学的结构整合而成的教学资源包，包含学生学习需要的教材、教辅、工具书等。并认为由于其特有的功能，引起的学习革命必将颠覆纸质教材，成为学习的主要工具。②也有学者从硬件装备领域的视角，将电子书包看作一种未来型的教育电子产品（大多体现为轻便型移动终端），整合了数字阅读和上网通讯两大主要应用功能。③电子书包属于新兴研究课题，已有研究并不多，其学术关注度2010年之前均较少，尤其2007年左右出现低谷，但其后随着电子技术的成熟与国家层面对教育信息化的重视，如2010年11月19日，"电子课本和电子书包"标准课题组启动会及第一次会议在上海召开，同年12月19日，中国教育技术协会主办的"电子书包教育教学应用（标准）规范体系研讨会暨电子书包教育教学应用的标准化建设工作"启动仪式在北京举行，电子书包受到业界的关注，其研究意义与价值得到认可，研究数量日趋增加，呈较大的上升幅度。④

（一）对于小学电子书包价值的探讨

大数据时代的到来对教育产生了巨大的冲击，电子书包作为大数据在教育领域的新技术，为实施个性化教学提供了可能。⑤电子书包作为实现学

① 贺平,郑娟,王济军.电子书包应用现状与未来研究趋势[J].中国电化教育,2013(12):52-56+60.
② 高志丽.电子书包将成为学习的主要工具[J].出版参考,2010(7):11.
③ 祝智庭,郁晓华.电子书包系统及其功能建模[J].电化教育研究,2011(4):24-27+34.
④ 赵静,李德超.电子书包研究述评[J].上海教育科研,2014(5):36-39.
⑤ 杜文军,张娅.电子书包在实践应用中的思考[J].教学与管理,2019(30):44-46.

校数字化学习环境的建设和学生个性化学习环境创设的重要载体，也受到整个教育领域的重视。有研究者通过采用元分析的方法，对十多年来有关电子书包对学习作用效果的 39 篇论文进行综合梳理、分析和评价。研究发现：电子书包对学习作用的综合效应值为 0.525，说明电子书包对学生学习具有积极正向的促进作用；电子书包也能积极正向地促进学生认知发展和非认知层面的参与；但是电子书包对学习的促进作用受调节变量的影响，在应用的学科、学段、区域和实验周期上存在差异。[①]

电子书包自从被引入我国以来，因其天然地符合青少年学生的阅读模式与认知模式，在智慧教学中发挥着不容小觑的作用，对于转变学生的课堂参与方式、学习方向、个性化学习内容、自主化学习方式都有帮助。[②]因而在具体学科应用方面，有研究者指出电子书包进入小学英语课堂将引发师生互动行为的改变。为了解电子书包在小学英语课堂教学中的师生互动效果及存在的问题，将基于电子书包和基于传统媒体的英语课堂教学实录作为分析对象，以改进型互动分析编码系统（ITIAS）为研究工具，从课堂结构、教师言语、学生言语、技术等方面入手，将小学英语"How are you?"单元的教学过程分为感知输入、理解输入、摄取、整合及输出共五个阶段，对师生互动行为进行数据采集编码并进行了分析。根据数据分析，总结得出师生互动主要由教学活动引发；电子书包有助于缓解无助于教学的混乱；电子书包有利于学生有效思考；电子书包未改变教师课堂话语风格等特征。[③]但值得注意的是信息呈现和提供并不是电子书包的最核心价值，其不可替代的价值在于通过技术来增强学习者的思维能力，实现个性化、社会化、情境化、游戏化、自组织、深度的学习，转变教与学的方式，实现信息时代的学习变革，这才是电子书包的核心价值体现，也是我国电子书包事业在教学应用方面的发展

①　顾小清,胡梦华.电子书包的学习作用发生了吗?——基于国内外 39 篇论文的元分析[J].电化教育研究,2018(5):19-25.

②　张丽.电子书包在智慧教学中的价值与应用路径[J].教学与管理,2020(36):101-103.

③　刘向永,李傲雪,付奕宁,姜沛雯,王萍.基于电子书包的小学英语课堂师生互动分析——以"How are you?"单元为例[J].电化教育研究,2018(8):97-102+121.

趋势。①

发展电子书包已是大势所趋,近年来政府支持电子书包的发展,将促使电子书包可持续发展。电子书包的开发、应用无疑是教育信息化的重要环节,并将有力推进我国教育信息化的进程。电子书包及由此构建的新型教学模式的共享,将缩小学校、教师基础性差异,体现"教学公平",必将改变学生的学习行为、教师的教学行为,继而影响学校的办学行为。以课题研究开发及推进电子书包发展,可以提高决策的科学性与操作的严谨性,减少风险,提高成功率,有必要由政府主导、职能部门牵头,组织和实施电子书包开发与推进。②

(二)电子书包引发的教学模式的变革

电子书包在一些大城市已经率先走入课堂,探究电子书包环境下的教学模式成为教育界的一大核心问题。问题式学习(Problem-Based Leaning,简称 PBL)教学模式的教学目标是提高学生解决实际问题的能力,刘盈盈基于此设计出电子书包背景下 PBL 教学模式中的七个环节, 分别是确定学习主题、设计研究问题、分析研究问题、开展自主学习、分组交流讨论、探究解决方案、效果评价总结。并重点探讨了 PBL 教学法和电子书包的融合教学模式,充分发挥 PBL 教学法和电子书包的优势,将教学过程分为以学生自学为主的课前知识学习阶段、以教师指导学生学习的课中知识内化阶段,以及强化拓展知识的课后巩固学习阶段,重新定义了教学过程的各个环节。③

樊敏生、武法提和王瑜通过总结电子书包在教与学过程中的应用经验和优秀案例,从改进课堂师生的交互活动、培养学生三维能力(学习能力、创新能力、信息能力)、利用电子书包平台的信息化、网络化、强交互的功能,构建了三种基于电子书包教学环境的混合式教学应用模式:电子书包云环境下的主题探究式、翻转课堂式、互动教学式三种教学模式。④无独有偶,马相

---

① 余胜泉,李晓庆.电子书包对教育的核心价值是什么(下)[J].人民教育,2014(5):35-39.
② 张迪梅."电子书包"的发展现状及推进策略[J].中国电化教育,2011(9):87-89.
③ 刘盈盈.基于电子书包的问题式学习教学模式研究[J].教学与管理,2019(12):96-98.
④ 樊敏生,武法提,王瑜.基于电子书包的混合学习模式研究[J].中国电化教育,2017(10):109-117.

春、钟绍春、徐姐、高政、迟立祥经研究也提出了基于电子书包教学系统的翻转课堂教学模式。翻转课堂是信息技术支持下的新型教学模式,翻转了传统"课堂知识传授,课后完成作业"的教学过程,知识的传授翻转到了课外,知识内化过程在课堂上完成。电子书包教学系统是一个基于网络环境的,以移动智能终端为载体,以云教学平台为基础,集数字化教学资源与支撑工具、内容制作与发布平台及互动教学工具于一体的整体解决方案,能够对教师备课、授课、测评、辅导,以及学生预习、上课、作业、练习等教与学环节进行全方位支撑。电子书包教学系统能够为翻转课堂教学模式提供全方位的技术支撑,能解决翻转课堂教学模式中的"断层"问题,能有效提升翻转课堂教学效率。①

成小娟、张文兰、李宝聚焦语文阅读教学,在学习成效金字塔理论指导下设计了电子书包环境下的小学语文阅读教学模式,并予以实施。在教学实践中,采用问卷调查法和课堂观察法对教学效果进行分析。并通过实践证明,与传统教学模式相比,学习成效金字塔理论指导下的以"讨论、做中学、马上应用"为特征的语文阅读教学模式有助于提升学生的阅读成绩和高阶思维能力,能够有效改善传统课堂师生互动行为,实现以学生为中心的教与学。②山西左权宏远中学提出了基于电子书包的"三三四"高效课堂教学模式,学生在学期集备单、课时计划单和学科学导单的指导下,通过电子书包来进行自主探究、合作学习。该模式分为"学—展—导"三个环节,包含课前准备、课中学习、课后复习三个阶段,每个阶段提供相应的教师活动、学生活动及电子书包的支持。③

现在国内电子书包项目发展进入新一轮以区域推进为主的发展模式,探索电子书包环境下的课堂教学模式是推进区域应用的重点建设内容。在上海市闵行区电子书包项目推进背景下,研究聚焦于小学数学复习课教学,

---

①　马相春,钟绍春,徐姐,高政,迟立祥.基于电子书包教学系统的翻转课堂教学模式实践研究[J].电化教育研究,2017(6):111—115.

②　成小娟,张文兰,李宝.电子书包在小学语文阅读教学中的应用模式及成效研究——基于学习成效金字塔理论的视角[J].中国远程教育,2017(4):57—64+78.

③　郝琦蕾,崔久欢.基于电子书包的学案导学模式研究[J].教学与管理,2018(15):95—97.

通过分析小学数学复习课教学现状及电子书包环境对教与学的支撑作用，设计电子书包环境下小学数学复习课教学模式。该教学模式以翻转课堂来突破时空限制、突破思维限制、改变教师角色为启示，以问题情境的创设促成意义建构为指导，包括课前测验，发现问题；课堂导入，引出课题；师生互动，解决问题；变式练习，应用巩固；回顾小结，知识梳理；布置作业，拓展迁移六个教学环节。[①]

近年来，在国家和地方各级政府的大力支持下，教育资源建设的步伐逐步加快，对推进教育变革起到的作用越来越大，尤其是在新冠肺炎疫情期间的"停课不停学"中发挥了非常关键的作用。但从一线的教学应用中也发现其建设和应用仍存在一些问题，需要我们认真反思：第一，要系统进行理论研究，形成指导数字教育资源设计的系统策略和方法，改变以往基于经验主义的教育资源建设行为，尤其是在智能时代，要不断挖掘新技术背景下教育资源的创新设计思路。第二，要深入研究教育资源在教育教学中的运用，研究其对支持和推进教学模式变革、教师教学效果、学生学习结果产生的影响，以及如何产生积极影响等问题。第三，要打通不同区域、不同学校间数字教育资源的孤岛状态，形成数字教育资源共建共享的局面。第四，推动教育资源的供给侧结构的改革。依据不同学科、不同学习者、不同文化探究优质数字教育资源的建设、应用原则和规律，形成基于新课程新教材的资源体系，形成满足师生个性化需求的资源体系，形成少数民族教育资源建设与应用体系等，并建立典型应用案例等。第五，加强对一些工具性资源的研究，例如各种教育 App、教育软件、教育工具等。[②]

三、关于小学智慧教育的讨论

智慧教育作为教育信息化的高端形态，目前在全球范围内已受到越来

---

① 管珏琪,苏小兵,郭毅,祝智庭.电子书包环境下小学数学复习课教学模式的设计[J].中国电化教育,2015(3):103–109.

② 孙田琳子,石福新,王子权,翁可立,谢文斌,赵阳,李婧,权文天,张丽明,林莉兰,洪叶.教育资源的建设、应用与反思[J].中国电化教育,2020(6):130–146.

越多的关注。虽然世界各国提出了不同的智慧教育方略,但智慧教育的愿景目标都体现出打造智慧国家和城市、变革教学模式和培养卓越人才的主旨,因此需要从国家层面和文化境界来把握智慧教育。

黄荣怀认为智慧教育可理解为是一种智慧教育系统,其定义为"智慧教育(系统)是一种由学校、区域或国家提供的高学习体验、高内容适配性和高教学效率的教育行为(系统),能利用现代科学技术为学生、教师和家长等提供一系列差异化的支持和按需服务,能全面采集并利用参与者群体的状态数据和教育教学过程数据来促进公平、持续改进绩效并孕育教育的卓越"①。祝智庭认为,信息时代智慧教育的基本内涵是通过构建智慧学习环境(Smart Learning Environments),运用智慧教学法(Smart Pedagogy),促进学习者进行智慧学习(Smart Learning),从而提升成才期望,即培养具有高智能(High-Intelligence)和创造力(Productivity)的人,利用适当的技术智慧参与各种实践活动并不断地创造制品和价值,实现对学习环境、生活环境和工作环境灵巧机敏的适应、塑造和选择。因此,发展学习者的智慧是智慧环境、智慧教学和智慧学习的出发点和归宿。②陆灵明在梳理智慧教育的有关定义后,认为智慧教育是充分运用现代智能技术,全面实施个性化教学、按需服务的新型教育模式,以全面培养具有高度应变与创新能力的人才为目标,是信息化教育的高级形式。同时阐述了智慧教育的五大基本特征:学习环境传感器丰富多样、"数据驱动"式教学无处不在、个性化学习与自适应学习普遍采用、学习资源共享共生已成常态、人工智能技术广泛运用。③当前,我国对于小学学段的智慧教育的探讨主要涉及智慧课堂、智慧教室、智慧学习三个方面。有关智慧校园的讨论,更多的是面向高等院校,小学较少涉及。

(一)小学智慧课堂的构建与应用成为当前研究热点

随着智慧教育理念在学科教学中的不断应用和发展,越来越多的学校和教师开始尝试在课堂教学中以智慧教育理念来指导教学活动的开展,并

---

① 黄荣怀.智慧教育的三重境界:从环境、模式到体制[J].现代远程教育研究,2014(6):3-11.
② 祝智庭,贺斌.智慧教育:教育信息化的新境界[J].电化教育研究,2012(12):5-13.
③ 陆灵明.智慧教育研究现状、内涵及其特征分析[J].上海教育科研,2020(2):19-24.

将其视为变革传统课堂教学方式的内驱力。随之而来的智慧课堂是智慧教育理念在课堂教学中的物化方式,其个性协同化、智能跟踪化、工具丰富化及活动智慧化等特点逐渐得到大家的关注和支持。智慧课堂一词由其理论基础——智慧教育衍生而来,但对其概念的界定,目前在国内外并没有形成一个清晰、统一的认识和理解。①

有学者将智慧课堂理解为在信息技术的支持下,通过变革教学方式方法、将技术融入课堂教学中,构建个性化、智能化、数字化的课堂学习环境,从而有效促进智慧能力培养的新型课堂。智慧课堂的构建与应用是当前教育技术学研究的热点领域。研究者就信息技术环境下如何构建智慧课堂的方法与学科教学深度融合的有关方面进行思考,梳理了智慧课堂与教学融合的不同应用层次,并总结为平移性应用、整合点针对性应用、学习方式方法变革性应用及智慧性应用;随后提出了智慧课堂的构建方法并指出其核心为改变教学模型,并附以教学案例进行说明,以期通过该文系统地分析关于智慧课堂的构建方法与应用案例,真正实现信息技术支持下的学习变革与创新。②于颖和陈文文从智能化技术与智慧化教学两个维度,将智慧课堂发展过程划分为三个阶段:起步、融合及创新。并指出与智慧课堂发展阶段相适应,智慧课堂教学模式也表现为"进阶式"特征,即在不同发展阶段,智慧课堂教学模式有着不同的表现形式。鉴于各地各校智慧课堂建设与发展程度不同,在实践层面,智慧课堂教学模式的设计可按照"改进型—交互型—理想型"这一路线展开。相对于改进型智慧课堂教学模式,交互型智慧课堂教学模式是对其优点的继承、不足的改进及"智慧"的提升。在智慧教学目标导向下,学生不再受技术条件、自身认识不足、教师关注不足等因素的限制。有了移动智能终端、智慧学习平台等技术的支持,改进型教学模式无法实现的个性化学习、精准教学与以学定教等理念,在交互型教学模式中得以实现,

---

① 唐烨伟,樊雅琴,庞敬文,钟绍春,王伟.基于网络学习空间的小学数学智慧课堂教学策略研究[J].中国电化教育,2015(7):49-54+65.

② 唐烨伟,庞敬文,钟绍春,王伟.信息技术环境下智慧课堂构建方法及案例研究[J].中国电化教育,2014(11):23-29+34.

学生的思维空间得以进一步延展,智慧能力得以进一步发展,智慧教与学能力体系初具雏形,并逐步趋向于成熟。①

也有学者进行了电子书包环境下小学英语智慧课堂的构建及案例研究。认为电子书包环境下的小学英语课堂,打破了之前教在先,学在后的课堂模式,基于电子书包学习系统,利用微课资源将前期知识点发布在学习中心,学生可以在课前先完成学习任务,带着问题进入课堂。在课堂组织阶段,教师创设情境任务活动,让学生在活动中运用语言知识,在小组合作中锻炼协作、合作意识,在创设总结过程中锻炼归纳、创新的思维能力。在课后学习阶段,及时检测作业情况,学生可根据自己具体的学习任务完成情况,完成个性化的拓展学习任务,及时互动交流,分享学习成果。在课前学习、课中提升、课后辅导的方法下,开展智慧教育。②

课堂教学是学生智慧培养的主阵地,目前关于智慧课堂的相关研究主要从技术层面进行系统研究,以及从辅助教学视角进行教学策略研究,对促进学生智慧生成的生成性策略研究不足。智慧教育的核心是培养学生的创造性思维能力和解决问题能力,因此教学设计的教学策略需要从替代性策略走向生成策略。智慧生成是在教学实践中,通过任务驱动与问题情境驱动,充分调动学生的原有思维经验与知识基础,学生经历抉择、构想、发现、归纳、评价的学习过程,达成学生创造性思维能力和解决问题能力的提升。认知策略、元认知策略、交互策略和技术供给策略能够促进智慧生成,而技术供给策略是前三项策略的基础。针对不同学科、不同内容的智慧课堂的呈现形态和技术手段是丰富多样的,面向智慧生成的应用策略也不尽相同,有待研究者、实践者共同深入挖掘分析。③

现阶段对智慧课堂教学研究仍未摆脱传统教学模式:课前备课预习、课中师生互动、课后复习。仅注重多媒体教学手段的替换:由交互式投影变为

---

① 于颖,陈文文.智慧课堂教学模式的进阶式发展探析[J].中国电化教育,2018(11):126-132.

② 庞敬文,王梦雪,唐烨伟,解月光,王伟.电子书包环境下小学英语智慧课堂构建及案例研究[J].中国电化教育,2015(9):63-70+84.

③ 李祎,王伟,钟绍春,付玉卿,冯凡.智慧课堂中的智慧生成策略研究[J].电化教育研究,2017(1):108-114.

个体移动终端、由有线网络学习转向无线网络学习,未能有效地打破传统课堂结构,也未凸显教师在智慧课堂教学中面临的新挑战及应对策略。并且缺乏从教师角度进行系统研究。教师既是学校教育教学组织内的专业组织人员,又是课堂组织结构中的领导者。当前国内仅有部分学者从人工智能背景下对教师角色转型进行宏观研究,后续对智慧型教师的研究还须加大力度。①

(二)小学智慧教室的设计与应用成为研究者重点关注的内容

智慧教室是基于物联网、云计算、大数据和泛在网络等新兴信息技术,构建一个以互动为核心,提供个性化师生服务、进行智能化管理、实现多元化交互教学的物理环境与虚拟环境相融合的学习环境。②

智慧教室是一种典型的智慧学习环境,是学校信息化发展到一定阶段的内在诉求。重构教室环境、创建适合学生学习和教师教学的新型教室环境是一种必然趋势,充分利用传感技术、人工智能技术、网络技术、富媒体技术等来装备教室和改善学习环境成为一个必然选择。智慧教室的智慧性体现在内容呈现(Showing)、环境管理(Manageable)、资源获取(Acessible)、及时互动(Real-time Interactive)和情境感知(Testing)五个方面;而"高清晰""深体验""强交互"是三种典型的智慧教室的特征。③目前参与研究智慧教室的高校较少,智慧教室解决方案主要面向中小学,原因在于:目前我国每个班级的中小学生人数相对较多,对于新环境的渴求尤其浓烈;目前我国中小学还是以成绩为导向,而信息技术能充分利用名校和名师的教学资源提高学生的学习成绩,这也推动了智慧教室在中小学的应用;中小学知识相对简单,便于软件研发人员进行开发,产品也容易推广和应用。④

智慧教室的设计与应用已成为教育技术学领域的热点研究主题之一,也是目前许多国家的政府、企业、科研院所以及教育研究人员关注的热点。在智慧教室的设计中,如何将技术有效地整合于教学环境和活动中,促进和

---

① 姜丛雯,傅树京.我国智慧课堂研究现状述评[J].教学与管理,2020(6):1-4.
② 程敏.信息化环境中智慧教室的构建[J].现代教育技术,2016(2):101-107.
③ 黄荣怀,胡永斌,杨俊锋,肖广德.智慧教室的概念及特征[J].开放教育研究,2012(2):22-27.
④ 李康康,赵鑫硕,陈琳.我国智慧教室的现状及发展[J].现代教育技术,2016(7):25-30.

支持学习者的学习和发展，一直是研究者重点关注的问题。[①]

首先是智慧教室的总体架构。杨现民、余胜泉认为智慧教育是一个宏大的系统工程，其总体架构可以概括为"一个中心、两类环境、三个内容库、四种技术、五类用户、六种业务"。一个中心是智慧教育云中心，是带动一个国家或地区教育信息化整体飞跃发展的关键；两类环境包括支持学校教育的智慧校园和支持终身教育的学习型智慧城区；重点建设三个沉淀智慧的内容库，包括学习资源库、开放课程库和管理信息库；四种技术：物联网、云计算、大数据、泛在网络，是支撑智慧教育"大厦"构建的四种核心智慧技术；重点服务五类用户：教师、学生、家长、教育管理者及社会公众；有效支撑六大主流教育业务：包括智慧教学、智慧学习、智慧管理、智慧科研、智慧评价及智慧服务在内的顺利开展。[②]而程敏基于对智慧教室的定位、特征和设计思路的探讨，构思出智慧教室的总体架构是在基础硬件设施上，依托云中心平台的支持和保障，建立可视化综合管理平台，打造出一个信息化公共支撑环境，实现课程学习个性化、教学模式多样化、优质资源公开化及设备管理智能化。[③]

其次是智慧教室中的课堂教学互动。智慧教室的涌现为教师的"教"与学生的"学"提供了无限可能，与简易多媒体教学相比，智慧教室中的课堂教学互动究竟如何，如何提高智慧教室环境下的课堂教学互动等问题显得尤为重要。张屹、祝园、白清玉等人在弗兰德斯互动分析系统的基础上设计了智慧教室环境下的课堂教学互动分析编码系统，以小学数学"扇形统计图"一课为例，运用准实验研究法开展智慧教室环境下和简易多媒体环境下的教学，采用内容分析法对教学互动进行分析，对学生参与度进行对比分析。他们发现与简易多媒体环境下的教学相比，智慧教室环境下的教学更有助于学生主体性的发挥，课堂教学互动行为更加丰富、深入、高效，同时学生的

① 张亚珍,张宝辉,韩云霞.国内外智慧教室研究评论及展望[J].开放教育研究,2014(1):81–91.

② 杨现民,余胜泉.智慧教育体系架构与关键支撑技术[J].中国电化教育,2015(1):77–84+130.

③ 程敏.信息化环境中智慧教室的构建[J].现代教育技术,2016(2):101–107.

情感投入更多,行为参与更加积极。[①]

对此,李利、梁文洁、薛锋却有不同的看法。他们基于行动研究取向,运用课堂视频内容分析法,通过对智慧教室环境下技术对课堂互动的支持分析和师生互动的话语分析,对智慧教室环境下开展的一节小学数学课的课堂互动进行了研究。研究发现智慧教室环境下,课堂互动本质上并没有超越传统课堂。具体表现在:技术主要支持的仍然是教师主导的教学行为;技术支持的课堂即时生成的资源没有得到有效应用,动态生成教学的技术优势并没有得以彰显;教师提问空间的窄化限制了学生的思维外显,导致师生互动缺乏深度。[②]这说明在实际的教学应用中,由于师生未能革新观念、相关知识技能缺乏,智慧教室的环境优势并未转换为促进教师的教与学生的学的动能。

最后是智能教室中的教学活动模式。胡卫星和田建林通过实地观察和相关案例分析,发现目前智能教室中基本的教学活动模式有演讲讲授型、虚拟操作型及小组协作型三大类。这些教学模式都是在充分利用智能教室架构特点的基础上,提倡并鼓励学生采用互动交流、讨论分享的参与方式,重点培养学生的探究思维能力和解决实际情境中问题的能力。[③]

通过上述介绍我们也能看到,在国内,智慧教室的研究集中于概念、内涵、实现技术及系统设计的理论探讨,实践案例较少。较有代表性的有台湾的 Team Model 项目、华东师范大学的未来课堂项目、清华大学的智慧教室项目等,佛山市禅城区智慧教室项目也是国内较为系统的实践研究。

佛山市禅城区智慧教室的基础硬件架构包括智慧教室模型的内容呈现、智能录播、智能控制三个模块,其他功能模块由软件实现。内容呈现模块含教师端和学生端:教师端由教师电脑、交互式电子白板、短焦投影、实物展台组成;学生端是项目组自主研发的电子书包。二者通过部署于教室的 WIFI 网络实现互联,并借助互动课堂软件系统实现教学互动、内容发送及学习分

① 张屹,祝园,白清玉,李晓艳,朱映辉.智慧教室环境下小学数学课堂教学互动行为特征研究[J].中国电化教育,2016(6):43–48+64.
② 李利,梁文洁,薛锋.智慧教室环境中的课堂互动教学现状分析——基于小学数学课堂教学个案的研究[J].电化教育研究,2018(3):115–121.
③ 胡卫星,田建林.智能教室系统的构建与应用模式研究[J].中国电化教育,2011(9):127–132.

析。智能录播系统采用先进的图像识别技术实现教师、学生的精确定位、跟踪，实现智能录播、导播、直播。智能控制模块包括中控系统、传感网系统、无线网络。在软件方面，基于流程的智能备课系统与佛山市禅城区教育云资源平台无缝整合，实现了教学资源智能汇聚。智能讲课系统采用了与智能备课、教育云资源平台一体化的设计模式。电子书包是学生的课堂学习、移动学习及互动终端。项目组整合了多方优势力量，自主研发设计了电子书包软硬件系统。在功能设计上构建了三大功能体系，十大核心功能。①

在研究者们普遍重视对于技术及系统设计的探讨时，也有学者关注到了处于智慧教室中的学习者。胡永斌、黄荣怀提出了智慧学习环境学习体验的概念，并将其界定为：学习者对智慧学习环境、学习活动和学习支持服务等过程中涉及的诸多要素的感知、反应和行为表现。研究者认为信息技术（自然客观对象）、学习空间（人造客观对象）和教学法（主观对象）等三类刺激对象是智慧学习环境学习体验的构成要素。后又在智慧学习环境构成要素的基础上编制了智慧教室学习体验量表，②凸显了对于"人"的关注。

（三）在智慧教育的视角下变革教学模型成为小学智慧学习的发力点

建设智慧教室和智慧校园，为我们推进教育信息化、深化教学改革，创造了非常理想的学习环境——智慧学习环境。实现教育信息化的宏伟目标，要有效利用信息化教学环境去变革传统课堂教学结构，实现各学科教学质量与学生综合素质的大幅提升，从而培养出大批高素质的创新人才。根本改变传统课堂教学结构，既是实现教育信息化宏伟目标的根本举措，又是促进义务教育优质、均衡发展的有效途径与方法。③

信息技术的不断发展为教育的创新提供了支持和可能，但不是有了技术就一定会创新。当前，新技术不断出现，在实际应用中的效果却并不理想，更多的是支撑传统教育模式。要想使信息技术在教学中的应用起到革命性

---

① 王玉龙,蒋家傅.以需求为导向的智慧教室系统构建[J].现代教育技术,2014(6):99-105.

② 胡永斌,黄荣怀.智慧学习环境的学习体验:定义、要素与量表开发[J].电化教育研究,2016(12):67-73.

③ 何克抗.智慧教室＋课堂教学结构变革——实现教育信息化宏伟目标的根本途径[J].教育研究,2015(11):76-81+90.

影响,就必须在智慧教育的视角下变革教学模型,实现个性化学习。研究者在分析了小学数学学习中存在的问题后,对信息化教学模型构建进行了理论分析,基于 7E 模型进行了优化和再设计,从教学内容重组与问题驱动、个性化学习路径、智慧学习环境、经验活动积累四方面进行补充完善,构建了"2P-7E-2E"的小学数学智慧教学模型,对其核心要素和模型程序进行了详细讨论,最后通过模型应用对所提出的智慧教学模型进行了效果分析。[①]

中小学实验教学易受到教学环境、教学时间、师资水平的影响,因而学生不能更好地自由学习。张曦、许炎桥提出在"互联网+"背景下,将物联网技术、虚拟技术、移动互联技术与教育融合,构建基于真实实验的中小学远程控制实验中心,使学生实验不受时间、空间、身份的限制,体现智慧教育"时时、处处、人人"的泛在学习理念。强调将"互联网+"思维和智慧教育建设目标融入实验中心,以学习者为中心,构建开放、共享、共赢的系统平台,并通过实践给出了行之有效的实施策略。为了保持中小学远程控制实验中心的可持续性,还提出了学分银行、市场化运维等创新机制,并以具体的实验案例说明远程控制实验中心在教学中的具体应用。[②]

智慧教室环境下的教学已成为当前教学的一种趋势,学生的科学素养也备受全球关注。研究通过实验研究法分析学生在科学探究课上的学习兴趣及参与度情况,以小学四年级课程为例,基于 PBL 教学策略设计了"食物在体内的旅行"的教学活动。研究发现:基于智慧教室的科学探究课能够较好地激发学生学习科学的兴趣,学生表现出了较高的学习兴趣;智慧教育资源的有效利用能够提高学生的探究效率,学生具有较高的探究参与度;探究参与的自我效能感适中的学生,表现出了更高的学习认知负荷;探究参与的自我效能感和探究参与度存在一定程度上的显著正相关关系。[③]

①　李祎,钟绍春,周拓.信息技术支持下的小学数学智慧教学模型研究[J].中国电化教育,2016(11):128-133.
②　张曦,许炎桥.基于"互联网+"的中小学远程控制实验中心的构建与实践研究[J].中国电化教育,2015(8):99-102+122.
③　张屹,董学敏,白清玉,熊曳,朱映晖.智慧教室环境下学生的探究参与度研究——以"食物在体内的旅行"为例[J].电化教育研究,2018(5):86-92.

在智慧教室环境下探讨培养学生问题提出与问题解决能力的教学设计,既能够有效突显智慧教室环境对于促进学生培养的积极作用,又能够有针对性地实现对教学活动的设计,提高学生的问题提出与问题解决能力。研究者以三年级数学课"两位数乘两位数练习题"为例,基于 APT 教学模型设计了智慧教室中培养学生问题提出与问题解决能力的课程教学,并对其应用进行实证研究。结果发现,学生能够提出一定数量的问题,但问题的类型局限于基础问题且大部分学生提出的问题不够新颖和深刻;在智慧教室环境下,基于 APT 教学模型提出的教学设计能够有利于提高学生的问题解决态度;学生具有较高的问题解决能力和问题意识。①

彭红超和祝智庭还提出了面向智慧学习的精准教学活动的生成设计模型,从"资源层""操作层""行为层"及"活动层"等四个层面规划了精准教学活动的生成过程。其中资源层是学习者活动的操作对象,融入了学习资源生态理念;操作层是对资源的具体操作,该层中的微操作通过关联操作对象生成;行为层中的微活动通过关联与聚合的方式生成微操作;行为层中的教与学活动通过组合或排列的方式生成微活动。精准教学的活动是"问题精准"的核心作用域;操作层和行为层是"干预精准"的核心作用域;活动层是"服务精准"的核心作用域。面向智慧学习的精准教学活动的生成设计模型为精准教学模式中的"设计活动"提供了指导方案,也为智慧教育境域中精准教学更好地服务智慧学习提供了前提基础。②

在关注小学的智慧课堂与智慧学习的同时,也有研究者看到了智慧教育在教育结构关系、内容要素、功能目标等方面发生了全面改观,传统的知识授受关系渐趋失衡,并衍生出"科技崇拜导致德育失重""信息成瘾阻碍转识成智""数据介入异化智慧教育"等多重现实问题。基于此,其运用现象学教育学、发展伦理学、现代伦理学理论方法,从教师伦理角色、学生伦理地

---

① 张屹,董学敏,陈蓓蕾,刘波,朱映晖.智慧教室环境下的 APT 教学对小学生问题提出与问题解决能力的培养研究[J].中国电化教育,2018(4):57–65.

② 彭红超,祝智庭.面向智慧学习的精准教学活动生成性设计[J].电化教育研究,2016(8):53–62.

位、教育评价伦理维度重新审视智慧技术与教学系统的关系,提出由教师管理角色体系、学习者智慧主体四阶段模型、PDCA 教育评价系统组成的智慧教育新型伦理观,以此建构匹配社会发展并引领知识创新的教育生态。引发了我们对于智慧教育在未来发展的进一步思考。①

（四）小学智慧教育为远程合作学习提供强有力的支撑

远程合作学习作为网络技术和学习思想结合的产物,越来越受到人们的关注和青睐。远程合作学习是指参与者在"相隔遥远"的情况下共同"分担劳动"的学习。可以通过电子邮件、新闻组、论坛或者其他在线学习工具和学习环境来共同活动。而基于项目的学习是指任务或主题驱动式的学习方式。②

基于互联网的交流与学习或称为远程合作学习活动,开始于 20 世纪 90 年代初,1990 年 5 月,由一个挪威非营利的民间组织"Kidlink Society"发起"Kidlink(小鬼网络)",可以看成是最早的跨国合作学习项目,此项目在于帮助初中年龄段的孩子们参与全球性的对话活动。这项工作由非实时的电子邮件系统,一个私人的实时交流网络工具,一个在线作品展览站点,以及居住在世界各地的志愿者构成和支撑着。

"有益于环境的全球性学习与观察计划"(GLOBE:Global Learning and Observations to Benefit the Environment)由当时的美国副总统戈尔在 1994 年世界地球日发起,是一个国际性的环境教育远程合作项目。诺贝尔奖获奖者利昂博士说:"GLOBE 是让孩子们参与到科学中具有典范作用的,十分理想的项目。"③

2004 年 12 月 10 日,中央电教馆与联合国儿基会驻北京代表处联合启动了"姊妹学校——远程合作学习项目"。此项目旨在通过信息技术,开展基于网络的远程合作学习活动,促进东部和西部的合作学习和沟通,加快新课程改革环境下课堂教学中师生关系的变革,为教师和学生提供更为广阔的

---

① 张永波.智慧教育伦理观的建构机理研究[J].中国电化教育,2020(3):49-55+92.
② 白晓晶,丁兴富.远程合作学习项目的设计和组织——GLOBE at Night 远程合作学习案例分析[J].现代远距离教育,2006(5):10-13.
③ 白晓晶,丁兴富.远程合作学习项目的设计和组织——GLOBE at Night 远程合作学习案例分析[J].现代远距离教育,2006(05):10-13.

教学空间。项目第一年在西部遴选 15 所小学为项目学校,东部遴选 8 所小学为合作伙伴学校,使东西部学校成为"姊妹学校"开展基于网络的远程合作学习活动,共享教学经验和学习资源。①

基于智慧教室先进性的软硬件设施,借助智慧课堂的先进教学模式,可以为远程合作学习提供有效的智慧学习空间。通过国内外优秀的远程合作学习项目更好地促进学生的学习,帮助其实现更好的发展。

第五节　网络社会背景下小学的师生信息素养

国外有关信息素养的概念最早由美国信息产业协会前主席保罗·泽考斯基(Paul·Zurkowski)于 1974 年提出。他认为信息素养是"利用多种信息工具及主要信息资源使问题得到信息解答的技术和技能"②。

信息素养的概念被提出后,在世界范围内得到了广泛传播和使用,其定义和内涵均得到了不断的发展、延伸与变迁。不少组织机构,如联合国教科文组织(UNESCO)、美国图书馆协会(American Library Association,ALA)等,都从不同角度提出了关于信息素养的定义和内涵划分。其中,ALA(1989)将信息素养定义为"要成为一个具备信息素养的人,必须能够明确何时需要信息,并具有查找、评价和有效利用信息的能力"③,该定义得到了研究者的广泛肯定和引用。

国内有关信息素养的研究要晚一些。直到 20 世纪 80 年代中期,信息素养概念才被引入国内。国内学者们根据自己研究的领域对信息素养的内涵进行了不同的阐释。比如,1999 年,王吉庆提出信息素养是"可以通过教育所培育的,在信息社会中获取、利用和开发信息等方面的修养和能力,包含信

---

① 中央电教馆与联合国儿基会联合启动远程合作学习项目[J].中国电化教育,2004(10):53.

② Zurkowski P.G.,The Information Service Environment Relationships and Priorities.Related Paper No.5[R].Washington,DC:National Commission on Libranes and Iaformation Science,1974.

③ Association A L .American Library Association Presidential Committee on Information Literacy.Final Report.[J].1989.

息意识与情感、信息伦理道德、信息常识和能力等多个方面"①。2002 年,陈维维和李艺提出信息素养是"个体(人)对信息活动的态度及对信息的获取、分析、加工、评价、创新、传播等方面的能力。是一种对目前任务需要什么样的信息、在何处获取信息、如何获取信息、如何加工信息、如何传播信息的意识和能力"②。2018 年,教育部公布的《普通高中信息技术课程标准(2017 年)》中指出信息技术学科核心素养包括信息意识、计算思维、数字化学习与创新、信息社会责任四个部分。③钱冬明等人也指出信息素养不单涉及单方面的内容,而且涉及信息意识、信息评价、信息能力、信息道德等诸多方面,并不断融入新技术与新要求,保持与时俱进。④

　　新冠肺炎疫情期间,在线教育的开展尤为凸显了师生信息素养的重要价值。为应对 2020 年年初的疫情,教育部发布延期开学期间"停课不停学"的重要部署,各地纷纷开展在线教学。研究者通过远程访谈调研一线教师和学生开展在线教学的基本形态、典型模式、教学活动及效果等,从师生信息素养的视角分析发现"停课不停学"实践中暴露出农村地区在线教学支撑条件不足、师生信息意识与技能亟待提升,师生在线互动效果有待改善、家校合作还需进一步加强等问题。结合其研究团队此前对我国师生信息素养的调研测评情况,提出要以构建在线教学支持服务体系、关注薄弱校在线教学开展情况、开展线上教师培训,加强协同教研、创新在线教学模式,加强师生互动、推进家校合作,共建外部支持环境等策略提升师生信息素养,以应对大规模长周期在线教学。⑤

　　① 　王吉庆.信息素养论[M].上海:上海教育出版社,1999.
　　② 　陈维维,李艺.信息素养的内涵、层次及培养[J].电化教育研究,2002(11):7-9.
　　③ 　教育部关于印发《普通高中课程方案和语文等学科课程标准(2017 年版)》的通知[EB/OL].(2018-01-16),http://www.moe.gov.cn/srcsite/A26/s8001/201801/t20180115_324647.html.
　　④ 　钱冬明,周雨萌,廖白舸,陈志云.大学生信息素养评价标准研究——以上海市为例[J].中国高教研究,2022(9):53-59.
　　⑤ 　吴砥,余丽芹,饶景阳,周驰,陈敏.大规模长周期在线教学对师生信息素养的挑战与提升策略[J].电化教育研究,2020(5):12-17+26.

一、网络社会背景下小学生的信息素养培养

(一)小学生的信息素养现状概述及其影响因素探究

王秋爽、缴洪勋基于 STS 视角对长春市 K 区义务教育阶段学生在概念原理、基本应用及问题解决三个目标层次上的信息素养状况进行了调查。调查结果表明,义务教育阶段学生在信息素养水平上存在显著的城乡差距;在信息科学、信息技术及信息社会三个维度上的知识和技能发展不平衡;学生在基本应用目标层次上的表现优于在概念原理与问题解决层次上的表现。[①]而钱冬明、赵怡阳、罗安妮则依据意识行为、基本技能、创新应用及法律道德四个核心维度,通过问卷对成都市中小学生信息素养进行了测评。研究发现学生在意识行为、基本技能、创新应用维度上表现较好;道德和法律意识还有待加强;各地区小学学段、初中学段学生信息素养水平相近;在信息素养发展水平上,逐步呈现出以中心城区为引领,县市级略靠前的发展趋势。[②]

探究学生信息素养背后的影响因素,是有效提升学生信息素养的关键。杨浩、韦怡彤、石映辉、汪仕梦对我国东部某省 X 市的学生进行问卷调查,以探究学生信息素养水平及其影响因素。结果表明,学生信息素养处于百分制的中等水平。在信息素养影响因素中个人背景层面,性别、年级及生源地均对学生信息素养有显著影响。在信息技术行为参与层面,日均上网时长对信息素养有显著的负向影响,而使用信息技术设备的频率对信息素养无显著影响。在信息技术情感参层面,ICT 自我效能、网络感知有用性及网络情感对信息素养有显著的正向影响,而 ICT 兴趣对于信息素养无显著影响。[③]李玲、殷新、朱海雪指出,信息技术隐性课程也会对学生的信息素养产生影响。他们将信息技术隐性课程分为各学科教学中信息技术手段的使用和学生使用

① 王秋爽,缴洪勋.基于 STS 视角的义务教育阶段学生信息素养现状调查——长春市 K 区的个案研究[J].中国电化教育,2010(7):5-8.
② 钱冬明,赵怡阳,罗安妮.中小学生信息素养现状的调查研究——以成都市为例[J].现代教育技术,2019(6):48-54.
③ 杨浩,韦怡彤,石映辉,汪仕梦.中学生信息素养水平及其影响因素研究——基于学生个体的视角[J].中国电化教育,2018(8):94-99+126.

计算机自学两种方式。学生信息素养分为信息技术基础知识、信息意识、信息技能三个维度。基于 2016 年西部 106 所中学学科素养监测数据,运用倾向得分匹配法,分析信息技术隐性课程对学生信息素养的影响。研究结果表明:在控制个人、家庭背景变量和选择性偏误后,信息技术隐性课程对学生信息素养有正向显著影响。其中,各科目教学中使用信息技术比未使用信息技术将学生信息素养水平提高 11.8%,使用计算机自学比未使用计算机自学的学生信息素养水平提高 31.4%。因此,他们建议:第一,在课内优化信息技术与其他学科整合的路径;第二,扩充信息技术课外活动的内容与形式,使学生有更多机会使用计算机信息手段;第三,完善学校信息资源配置,改善信息技术隐性课程的环境,同时提高资源配置使用效率。[①]

(二)小学生信息素养评价指标体系正在构建中

小学阶段是学生信息素养启蒙与培育的关键时期,构建科学、合理的信息素养测评模型是小学生信息素养培育与提升的重要基础。[②]重视中小学生信息素养的监测、评价,积极开展中小学生信息教育,是我国基础教育的重要任务,也是贯彻落实《教育信息化 2.0 行动计划》的重要举措。综观世界,许多国际组织、国家和地区将信息素养放到人力资源建设战略的高度来认识,制订了与促进学生信息素养发展密切相关的评估标准、评估框架或评估指标体系,推动了国民信息素养的发展。目前,我国还没有形成权威、统一的学生信息素养评价体系,面向中小学生的信息素养评价指标体系依然缺乏。在学生信息素养测评实践方面,国内只有极少数研究机构开展了学生信息素养测评实践。有关于学生信息素养评价指标体系的研究也尚不多见。[③]

石映辉等在综述国内外相关信息素养标准框架与评价指标体系,以及对我国中小学生信息素养进行 SWOT 分析的基础上,从信息意识与认知、信

①　李玲,殷新,朱海雪.信息技术隐性课程对中学生信息素养的影响——基于倾向得分匹配法的实证分析[J].中国电化教育,2016(2):100-106.

②　余丽芹,索峰,朱莎,卢春,吴砥.小学中高段学生信息素养测评模型构建与应用研究——以四、五年级学生为例[J].中国电化教育,2021(5):63-69+101.

③　吴砥,许林,朱莎,杨宗凯.信息时代的中小学生信息素养评价研究[J].中国电化教育,2018(8):54-59.

息科学知识、信息应用与创新、信息道德与法律四个维度构建了我国中小学生的信息素养评价指标体系。该指标体系包括信息意识与认知、信息科学知识、信息应用与创新、信息道德与法律4项一级指标，以及信息敏感程度、信息应用意识、信息保健意识、信息基础知识、信息应用知识等13项二级指标。各一级指标分别包含2~5个不等的二级指标。[①]朱莎、吴砥、石映辉及余丽芹则基于成就目标分类理论提出了信息素养评估的四种价值取向类型，并在此基础上回顾了国内外学生信息素养评估的发展概况，然后从组织机构、评估对象、指标维度等方面对国内外典型的学生信息素养评估标准、评估框架、评估指标体系进行比较分析；总结得出我国要注重评估价值取向的多元化，从教学者和学习者双重视野研究并制定学生信息素养评估标准；加强不同学科领域沟通合作，广泛吸纳各领域专家参与研制学生信息素养评估标准；成立专门的组织机构动态监测学生信息素养水平，适时更新学生信息素养评估指标；依据各学段学生的特征和不同学科差异，研究并制定面向不同学生群体的信息素养评估标准；采用信息化评估手段，开展大规模的学生信息素养在线测评。[②]

为了调查中小学学生信息技术应用情况的现状，江玲、李宗颖设计了"中小学学生信息素养问卷调查表"。该调查问卷的内容主要分为态度模块、信息技术基本能力模块、网络道德模块、基础设施模块四个模块，并根据每个模块的重要程度，对其调查的情况设置不同的比重进行分析。[③]钱冬明、赵怡阳、罗安妮为了解成都市中小学生信息素养的现状，构建了具有地方特色的成都市中小学信息素养标准。依据意识行为、基本技能、创新应用及法律道德四个核心维度，通过问卷对成都市中小学生信息素养进行了测评，并就测评结果提出了相应的信息素养培育建议。研究发现学生在意识行为、基本

———————————

①　石映辉,彭常玲,吴砥,杨浩.中小学生信息素养评价指标体系研究[J].中国电化教育,2018(8):73-77+93.

②　朱莎,吴砥,石映辉,余丽芹.学生信息素养评估国际比较及启示[J].中国电化教育,2017(9):25-32.

③　江玲,李宗颖.四川、重庆地区中小学生信息技术素养现状调查分析[J].电化教育研究,2006(6):77-80.

技能、创新应用维度上表现较好;道德和法律意识还有待加强;各地区小学学段、初中学段学生信息素养水平相近;在信息素养发展水平上,逐步呈现出以中心城区为引领,县市级略靠前的发展趋势。①

信息化时代培育学生信息素养有助于提高学生信息能力,应对信息化社会发展;提升学生核心素养,培育适应信息化社会所需人才;完善学生信息素养标准,促进我国信息素养教育与国际接轨。当前我国学生信息素养培育过度依赖信息技术,学生信息素养教育流于形式;教师信息素养较低,课堂教学仍然采用传统模式;过于注重知识技能传授,缺少人文素养培育。因此,信息化时代背景下,要充分利用信息技术,创设信息化教学情景,提高教师信息素养,注重信息技术与课程整合,注重信息技术教学评价,准确掌握学生学习情况。②

二、网络社会背景下小学教师信息素养培养

教师信息素养主要是指向教育教学实践的,除了具备一般性信息素养的内涵外,又具有其职业的独特性,可以概括为以下四个方面:具有信息的观念和传播信息的意识、应用信息及信息技术的能力、教学媒体和功能的选择能力、媒体的整合能力。③

(一)针对小学教师信息素养现状的对策研究

随着大数据、人工智能等技术在教育领域的应用,发展教师信息素养既是"互联网 +"时代的需求,也是实现高素质、专业化教师队伍建设的重要举措。④在教育信息化背景下,培养中小学教师信息素养有其存在的必要性:一是信息技术时代提出的要求,二是教育教学改革的必然趋势,三有助于促进教师专业能力发展,四有助于促进人才质量提高。当前中小学教师信息素养

①　钱冬明,赵怡阳,罗安妮.中小学生信息素养现状的调查研究——以成都市为例[J].现代教育技术,2019(6):48-54.
②　代玉,连心睿.学生信息素养培育的困境及优化路径[J].教学与管理,2020(36):69-72.
③　王玉明.试论教师信息素养及其培养[J].电化教育研究,2004(2):21-24.
④　陈敏,周驰,王欢,吴砥.中小学教师信息素养指数研究——基于东部 X 省教师信息素养调查分析[J].电化教育研究,2020(4):116-121+128.

不高,整体呈现出信息意识薄弱、信息道德淡薄、信息能力欠缺的状态。可以通过更新观念,培养中小学教师的信息意识;多措并举,提升中小学教师的信息应用能力;营造氛围,提高中小学教师信息素养的实践环境等来培养中小学教师信息素养。①

马欣研、朱益明和薛峰借鉴了国内外教师信息素养理论与实践研究成果,从构成要素、分析维度、发展阶段、实现路径四方面构建教师信息素养分析框架,并基于该分析框架,通过问卷与访谈等方法,对我国东、中、西部10省、自治区、直辖市的500多位中小学教师展开调研,考察他们信息素养发展的整体状况及各维度信息素养发展水平,提出以学生发展为视角构建教师信息素养分析框架、一体化的教师信息素养培养培训体系,以及关注影响教师专业成长各因素等策略。②也有研究者提到培养农村教师的信息素养,应转变他们的观念,提高他们对具备信息素养重要性的认识;应营造良好的氛围,调动农村教师提升自己信息素养的自觉性与主动性;应加强和完善对农村教师的培训。③

从教师信息素养现状调查中我们可以发现的问题是:很多教师,基本的信息素养已经不再是主要的技术应用障碍,而是怎样将已经掌握了的基本技术操作应用到教学实践中去。这涉及信息化的教学设计,特别是信息化的教学实施,更是教师技术整合的薄弱环节,也是教师信息化专业发展项目所需要着重解决的问题。④

鉴于目前我国信息素养教育研究高校与中小学孤立发展的现状,我们应吸取国外的成功经验,在理论上明确信息素养教育的内涵与战略意义,在信息素养教育理论研究与教学实践中,必须将高校和中小学信息素养教育进行衔接,以高校为中心整合中小学的研究资源,规划对信息素养教育标准

---

① 余玲.教育信息化背景下中小学教师信息素养及其培养[J].教学与管理,2019(18):68-71.
② 马欣研,朱益明,薛峰.教师信息素养分析框架构建与应用研究[J].开放教育研究,2019(3):92-102.
③ 康慕云,姜健.浅谈农村教师信息素养的形成与培养[J].教育探索,2010(10):87-88.
④ 顾小清,祝智庭,庞艳霞.教师的信息化专业发展:现状与问题[J].电化教育研究,2004(1):12-18.

实施与评价标准的研究制定，加强信息和信息技术在各个层次的学习与应用，强调信息素养与个人发展及与社会发展的关系。开展全民信息素养教育,培养创新人才。①

（二）小学教师的信息化领导力培养仍需重点关注

教师信息化领导力是学校信息化领导力的一个重要组成部分，是指教师在教育信息化背景下,自觉运用信息化思想和技能,通过教育教学、教学管理、教师专业发展、促进学校信息文化等活动来影响学生、同事和校长以便促进学校信息化教育教学发展和推进教育信息化进程的能力和过程。由信息技术能力、信息化教学领导力、信息化专业发展领导力及学校信息化文化领导力四个方面构成。这四个构成部分之间相互支持、相互影响,通过在信息化教学活动、信息化专业发展活动、学校信息化环境规划和建设活动中发挥作用来促进学校信息化发展,推动教育信息化的进程。②

培养教师的信息化领导力具有非常重要的价值。从国家层面来看,培养教师的信息化领导力是践行教师引领型发展战略的需要;从组织层面来看,培养教师的信息化领导力是促进师生与学校协同发展的需要；从个人层面来看,培养教师的信息化领导力是强化教师自主发展内动力的需要。③

教师信息化领导力是校长信息化领导力的重要补充,是文化生态取向下教师专业常态化发展的最新路径。李运福聚焦小学教师,通过解释结构方程模型和回归分析等方法，对群体动力学视域下教师信息化领导行为的影响因素进行了尝试性探究。研究结果显示:学校组织文化对小学教师信息化领导行为具有显著性影响,知识分享动机对小学教师信息化领导行为具有微弱的正向影响;组织文化中"愿景与使命""协作与参与"对"参与学校变革""推动家校融合""参与产品研发"具有显著的正向预测效应,且"协作与参与""认识与实践"对"优化课堂教学""引领教师发展"具有显著的正向预

---

① 沈逸.中外信息素养教育之比较[J].外国中小学教育,2009(12):55–58.

② 孙祯祥,张玉茹.教师信息化领导力的概念、内涵与理论模型[J].现代远程教育研究,2015(1):39–45.

③ 李运福,王斐.教师信息化领导力:内涵与价值分析[J].基础教育,2016(4):50–57.

测效应;促进教师知识分享的"保健因素"对"引领教师发展""参与学校变革""参与产品研发"具有显著的正向预测效应,"激励因素"主要通过影响学校组织文化对小学教师信息化领导行为产生间接影响。研究者从优化学校组织文化、健全教师激励机制两个层面对小学教师信息化领导行为的优化提出了相应建议。①

李运福由此建立出小学教师信息化领导力模型。他将小学教师信息化领导活动的影响对象划分为学生、教师(同事)、学校管理者、学生家长、各级各类教育政策(决策者)及教育信息化产品的研发和设计者(机构),对应的实践范畴及内涵分别为:课堂教学,主要指教师在教学活动中合理有效应用信息技术优化课堂教学或转变学生学习方式,提升学生学习效果的过程;教师发展,主要指教师结合自身优势,采用合适方式促进同行专业素养不断提升的过程;学校变革,主要指教师充分发挥自身专业优势,通过合适途径为信息时代学校深层次变革贡献智慧,推动学校变革与发展的过程;家校融合,主要指围绕学生发展需求,教师通过合适的方式与家长保持有效互动与沟通,形成家校共育合力的过程;政策实施,主要指教师通过合适的途径,主动或被动地参与政策的制定、宣传或解读及指导并反馈政策实施效果的过程;产品研发,主要指教师发挥自身专业优势,与信息化产业(机构)合作,参与信息化产品(资源)的设计和开发,促进"产—教—研"深度融合,同时推动教育信息化产品(资源)供给侧改革和深度应用的过程。最后,课堂教学既包括信息化领导者自身的课堂教学,同时也包括领导者通过引领教师发展、参与学校变革、参与产品研发等实践活动引发的"追随者"的课堂教学改革。②从该模型出发设计促进教师信息化领导力的方案。

但由于具体实施过程中存在学校领导放权难、忽略思想培育,教师信息化技术使用能力弱、对信息化领导力认识不足、制度管理不完善不规范等情况,严重阻碍了教师信息化领导力的提升。因此,也有学者提出可以通过建

① 李运福.群体动力学视域下教师信息化领导行为优化策略研究[J].基础教育,2020(4):27–35.
② 李运福.小学教师信息化领导力模型构建与应用[J].中国电化教育,2020(2):94–101.

立校长—教师教学共管制度、监督—反馈制度来规范制度管理,加强思想培育与技术培训指导,以及建立学习共同体、开展创设活动、实施信息外联等多种措施并行策略来全面提高教师信息化领导力。①

在"互联网+"时代,人们对教师有效应用信息技术变革传统课堂教学、提升教学质量充满期待。而校长作为信息化教学变革的引领者,其领导力是影响教师有效应用信息技术的关键要素。为探究校长信息化领导力对教师信息技术应用行为的影响,国内外众多学者开展了大量实证研究,但研究结论尚存争议,有待进一步考证。段春雨采用元分析方法,以近15年间发表的42篇实证研究文献为基础,审视与分析校长信息化领导力对教师信息技术应用行为的影响效果,并对相关调节变量的效应差异进行了探究。研究表明:校长信息化领导力对教师信息技术应用行为具有较弱的正向影响,技术伦理、人际沟通与设施供给影响作用较大,专业发展与愿景领导影响作用适中,教学评估影响效果最小;校长信息化领导力对教学效能与技术整合度影响较大,对应用态度和应用技能影响较小;校长信息化领导力影响效应在性别、教龄、学段上都具有显著差异,就性别而言,对男教师影响略高于女教师,就教龄而言,对熟手教师负向影响更大,就学段而言,对大学和小学教师影响较明显,对中学及混合教师影响适中,对幼儿教师影响最弱。②基于此,对于校长信息化领导力的探讨也愈加丰富。

(三)媒体技术推动下的校长信息化领导力变革③

技术的发展使人们对学校的信息化变革充满期待,作为学校中的关键人物,校长要扮演怎样的角色才有助于推动学校的信息化变革呢? 为了回答这个问题,闫寒冰、郑东芳等以信息化变革非常成功的G中学郑校长为研究对象,尝试从信息化领导力与变革领导力两个方面的关键要素构建研究框架,通过对包含校长、三位教师、一位IT公司总经理及一位教育技术专家在

---

① 王小锋.提升教师信息化领导力的价值与策略[J].教育理论与实践,2018(32):28-30.
② 段春雨.校长信息化领导力对教师信息技术应用行为的影响研究——基于42篇实证研究文献的元分析[J].中国远程教育,2020(10):23-33+76-77.
③ 赵磊磊,梁茜,李玥泓.国外教育信息化领导力研究:主题、趋势及启示——基于Web of Science文献关键词的可视化分析[J].中国远程教育,2018(10):16-23.

内的六位参与者的访谈、观察等方法,探究学校信息化变革中的校长角色,寻找其成功策略。研究表明,采用由发展愿景、环境政策、师资发展等九要素组成的研究框架,对于校长扮演好信息化变革中的角色具有指导意义;明确愿景和发展路径、采用成熟的平台与资源、掌握专业话语权、建立透明的奖励机制等都是推进信息化变革的重要策略。①

在教育信息化背景下,校长领导实践需要何种领导能力,亟须予以关注与深思。信息化领导力的提出为校长的专业发展及领导实践提供了新的思路与契机。校长的信息化领导力本质上属于技术能力与领导能力二维融合的产物,其主要涉及信息技术能力、信息化规划能力、信息化管理能力及信息化评估能力四个方面。②校长信息化领导力是影响学校教育信息化建设的重要因素,如何提升校长的信息化领导力也成为学者们关注的重点。学者们从不同角度出发提出了相应策略,以下是一些具有代表性的观点。

教育信息化从 1.0 时代向 2.0 时代的转段升级,对校长的信息化领导力提出全新要求。针对如何更好地提升教育信息化 2.0 时代校长信息化领导力问题,雷励华、张子石、金义富分析了教育信息化 2.0 时代教育信息化发展战略转向与校长信息化领导力内涵演变,构建教育信息化 2.0 时代校长信息化领导力内涵结构,认为校长信息化领导力具体表现在顶层设计、环境建设、应用推进、人才发展与绩效评估等方面。在此基础上,从转化学习理论视角对校长信息化领导力提升过程进行分析,提出指向转化学习的校长信息化领导力提升模式。另外,以广东省培项目"中小学校长信息化领导力提升专项"为例,详细分析该模式实践的过程、成效与不足。③

王永军则从分析校长领导学校信息化创新发展的行为入手,提出框架结构;结合迭代式中小学校长的半结构调查,完成框架的构建。其内容主要包含:创新发展规划者、系统转型推动者、变革教学引领者、主动学习示范者

①　闫寒冰,郑东芳,肖玉敏,苗冬玲.信息化变革中校长角色的个案研究[J].电化教育研究,2020(5):112-118.

②　赵磊磊.校长信息化领导力:概念、生成及培养[J].现代远距离教育,2017(3):19-24.

③　雷励华,张子石,金义富.教育信息化 2.0 时代校长信息化领导力内涵演变与提升模式[J].电化教育研究,2021(2):40-46.

4个维度与20个基本要点。其特色在于：以教育4.0时代学生关键素养的发展为价值诉求，以教育4.0时代信息技术与教学创新整合为核心主线，突出校长赋权意识和功能，将变革能力作为校长信息化领导力的关键成分。①

杨鑫、解月光等基于国内外教育学和管理学领域关于校长信息化领导力的研究成果，运用德尔菲法建构"信息化教学领导力模型"。该模型由信息化教学前瞻力、感召力、影响力、决断力、控制力、信息素养6个领导力要素，定义学校信息化教学使命、管理与评价信息化教学、创设信息化教学积极氛围3个领导过程及9个具体领导行为所构成。并指出这3个领导过程在学校信息化教学领导及管理实践中互为前提、相互依存、共同发展，呈现出三角螺旋动态上升发展的趋势。尽管构成校长信息化教学领导力的6个要素是相互融合、彼此贯通的有机统一体，但其在不同领导过程中发挥的作用有主次和差异之分。②

赵磊磊参考心理资本与信息化领导力的相关量表，基于校长心理资本、校长信息化领导力的概念解读，设计校长心理资本与校长信息化领导力的评价指标，以中小学校长为调研对象，开展问卷调研，利用SEM（结构方程模型）分析法进行数据分析，探究校长心理资本的四种结构成分（即自我效能、乐观、希望及坚韧性）与校长信息化领导力的关系。研究发现：自我效能对其乐观、希望、坚韧性均有直接的正向作用效应；乐观对其希望、坚韧性具有直接的正向作用效应；希望对坚韧性具有直接的正向作用效应；乐观、坚韧性对校长的信息化领导力均具有直接的正向作用效应；在校长心理资本的不同结构成分中，乐观对校长信息化领导力的影响效应最大。基于研究结果，有针对性地提出指向信息化领导力培养的心理资本开发建议：将乐观作为校长信息化领导力培养的动力支持；以自我效能为校长信息化领导力培养

① 王永军.面向教育4.0的创新发展：中小学校长信息化领导力框架之构建[J].远程教育杂志，2020(6)：41-49.
② 杨鑫，解月光，赵可云，修颖.校长信息化教学领导力模型构建及发展途径[J].现代远程教育研究，2018(4)：34-40+48.

的信念支撑;以希望与坚韧性为校长信息化领导力培养的关键枢纽。①

　　近年来,国家层面在不断建设信息化资源,提供信息化服务,但乡村学校的应用仍然不充分。因此有学者提出要发挥好乡村学校校长信息化领导力。校长要成为学校信息化发展远景的规划者、信息化组织实施的践行者及信息化变革的引领者。乡村学校校长信息化领导力的有效发挥,可以稳步推进乡村学校信息化的发展,促进乡村教师信息化教学水平的整体提升。②

　　赵磊磊基于技术接受的视角,利用结构方程模型分析法探究农村校长信息化教学领导力影响因素的作用机制。提出农村校长信息化教学领导力的提升路径:一是感知有用性和行为意向属于信息化教学领导力提升的直接抓手;二是使用态度属于信息化教学领导力提升的连接桥梁;三是感知易用性属于信息化教学领导力提升的基础支撑。③

　　通过梳理中、美两国教育信息化领导力标准和提升项目,对比分析两国标准的适用对象、主要任务及具体内容,可以发现中、美两国在中小学领导体制上存在差异,导致美国的标准适用对象更广,而我国的标准任务更加明晰;对比分析两国提升项目的课程结构、评价方式、保障措施及认证方式,可以发现美国 STLI/STL 项目的课程内容范围更广,授课方式能满足学习者个性化的需求,而我国"提升项目"的内容针对性更强,但在认证方式和保障措施方面还有较大的进步空间。因此,我国在提升校长信息化领导力方面,更应着眼于创新培训模式、规范课程实施、保障认证机制。④

　　网络社会背景之下,要促进教与学的发展,师生信息素养的提升无疑是一个重要的发力点。但伴随着教育信息化深入发展,"互联网+教育"构成的周遭语境将对师生构成的教学关系体产生新的影响。在"互联网+教育"的推

　　① 赵磊磊.心理资本视角下校长信息化领导力的培养研究——基于 SEM 的实证分析[J].教师教育研究,2017(5):45-51.
　　② 李华,王继平.深度贫困地区教育信息化要解决"适应性"问题[J].人民教育,2020(23):51-54.
　　③ 赵磊磊. 农村校长信息化教学领导力的影响因素及提升路径——基于技术接受视角的实证研究[J].湖南师范大学教育科学学报,2018(5):25-32.
　　④ 杨金勇,尉小荣,吴安,刘亚娟,吴砥.中美两国中小学校长信息化领导力比较研究[J].电化教育研究,2018(5):122-128.

动下,教与学场域界限逐渐弥合,教师的知识权威被显著消解,学生的文化反哺能力显著提升,师生关系开始转向为学伴关系。个性化学习服务支持破解了长期困扰班级授课制中个体个性发展的局限,使标准化和模式化的工业化生产师生关系转向了农业化生态培育关系。海量级学习资源供给使师生之间增添了信息导游关系的师生特征。在全球化的互动参与学习中,师生之间从知识习得共同体转向了文化共生体关系。"互联网+"时代的师生关系需要构建人工智能驱动的虚实融合智慧学伴关系体系,创建面向个性化学习的智适应学习生态系统,建立"优资源、优推送、优协作"的信源寻径导游机制,创设协作学习活动驱动的公共关系文化共生语境。①

随着人工智能技术广泛运用于教育,我们也要认识到技术化话语霸权会严重忽视教师角色的重要性,对师生关系产生显著的负面效应。从马丁·布伯的"我—它"关系和"我—你"关系来看,人工智能时代师生关系的本质应该是"我—你"关系,而非"我—它"关系。未来人工智能的发展并不会完全取代人类教师,教师仍将在课堂教学及师生关系中扮演重要角色。②

本章小结

"小学教育信息化研究"一章,涉及的内容较为庞杂。文献梳理的过程也是与这些学者对话的过程。时常会被这些精彩的研究探索所折服,也深感近20年来学者们在小学教育领域探讨教育信息化的不易。

现代教育技术的变革牵动着教育的发展,技术与教育的结合更为紧密,技术的升级推动全球进入全新的发展阶段,信息技术与网络改变着人们的生活方式,教育从内容到形式都出现重大变化。2023年,以ChatGTP为代表的人工智能正以前所未有的力量深刻影响着教育发展,促进学习效果提升,推动教育模式革新。其强大的自然语言处理能力和对话交互特性,被许多教育者和研究者看作是改变小学课堂教学方式和方法的新工具。本章通过对

① 李海峰,王炜."互联网+"时代的师生关系构建探析[J].中国教育学刊,2018(7):81-87.
② 苏令银.论人工智能时代的师生关系[J].开放教育研究,2018(2):23-30.

近 20 年的相关文献资料进行整理分析,发现学者们对于小学教育信息化的关注点集中于教育信息化的概念界定、小学的教育信息化国内外比较研究、信息化环境下小学的学习方式变革与教学模式创新、小学的教学资源建设与信息化学习环境、网络社会背景下小学的师生信息素养五方面。①其中既有对我国教育信息化发展历程的回顾,又有对国外教育信息化亮点的概览;既有对于信息化环境下小学的教学资源建设的介绍,又有关于信息技术带来的教与学变革的思考;既有对支撑小学教育信息化的技术的梳理,又显现出对处于信息化环境中的"人"的关注。学者们从各自的研究视角出发,向我们呈现了关于"小学教育信息化"的不同思考,我们也能从中捕捉到小学教育信息化未来研究的信号。我们正在从对"物"的关注走向对于"人"的关注,进一步明晰作为教育主体的师生在小学的教育信息化发展进程中需要扮演的角色。信息化手段在小学段的应用,最终目的是指向小学生的发展。但如何凸显小学生的独特性,构建符合小学段的教育信息化路径,仍是值得我们进一步探讨的问题。此外,在具体实施过程中,如何使信息化成为促进我国小学教育均衡发展与质量提升的有效手段也成为我们需要关注的重点。

推荐阅读

1.陈敏,周驰,王欢,吴砥.中小学教师信息素养指数研究——基于东部 X 省教师信息素养调查分析[J].电化教育研究,2020(4):116-121+128.

2.丁兴富.远程教育学基本概念与研究对象之我见[J].开放教育研究,2005(1):32-41.

3.段春雨.校长信息化领导力对教师信息技术应用行为的影响研究——基于 42 篇实证研究文献的元分析[J].中国远程教育,2020(10):23-33+76-77.

4.樊敏生,武法提,王瑜.基于电子书包的混合学习模式研究[J].中国电化教育,2017(10):109-117.

5.顾小清,胡梦华.电子书包的学习作用发生了吗?——基于国内外 39 篇

---

① 对于这部分划分参考了熊才平和汪学均两位学者的《教育技术:研究热点及其思考》一文.

论文的元分析[J].电化教育研究,2018(5):19-25.

6.顾小清,祝智庭,庞艳霞.教师的信息化专业发展:现状与问题[J].电化教育研究,2004(1):12-18.

7.何克抗.关于MOOCs的"热追捧"与"冷思考"[J].北京大学教育评论,2015(3):110-129+191.

8.何克抗.教育信息化是实现义务教育优质、均衡发展的必由之路[J].现代远程教育研究,2011(4):16-21.

9.何克抗.智慧教室+课堂教学结构变革——实现教育信息化宏伟目标的根本途径[J].教育研究,2015(11):76-81+90.

10.贺平,郑娟,王济军.电子书包应用现状与未来研究趋势[J].中国电化教育,2013(12):52-56+60.

11.胡铁生."微课":区域教育信息资源发展的新趋势[J].电化教育研究,2011(10):61-65.

12.黄荣怀.智慧教育的三重境界:从环境、模式到体制[J].现代远程教育研究,2014(6):3-11.

13.黄荣怀,杜静.面向新一代学习者的教育教学创新路径探究[J].中国教育学刊,2017(9):29-33.

14.黄荣怀,胡永斌,杨俊锋,肖广德.智慧教室的概念及特征[J].开放教育研究,2012(2):22-27.

15.李玲,殷新,朱海雪.信息技术隐性课程对中学生信息素养的影响——基于倾向得分匹配法的实证分析[J].中国电化教育,2018(2):100-106.

16.李青,任一姝.我国基础教育信息化研究现状与发展路径——基于1999—2015年CSSCI索引文献的可视化分析[J]:中国电化教育,2016(9):16-23.

17.李祎,王伟,钟绍春,付玉卿,冯凡.智慧课堂中的智慧生成策略研究[J].电化教育研究,2017(1):108-114.

18.李运福.群体动力学视域下教师信息化领导行为优化策略研究[J].基础教育,2020(4):27-35.

19.刘晓琳,胡永斌,黄荣怀等.全球视野下美国 K-12 混合与在线教育的现状与未来——与 K-12 在线教育国际联盟副主席艾雷森·鲍威尔博士的学术对话[J].现代远程教育研究,2015(1):3-11.

20.马相春,钟绍春,徐姐,高政,迟立祥.基于电子书包教学系统的翻转课堂教学模式实践研究[J].电化教育研究,2017(6):111-115.

21.马欣研,朱益明,薛峰.教师信息素养分析框架构建与应用研究[J].开放教育研究,2019(3):92-102.

22.苏小兵,管珏琪,钱冬明,祝智庭.微课概念辨析及其教学应用研究[J].中国电化教育,2014(7):94-99.

23.孙立会,李芒.日本小学教师 ICT 活用指导力研究及启示——基于日本文部科学省《小学学习指导纲要说明》的统计分析[J].中国电化教育,2013(4):70-74+118.

24.孙祯祥,张玉茹.教师信息化领导力的概念、内涵与理论模型[J].现代远程教育研究,2015(1):39-4.

25.唐烨伟,樊雅琴,庞敬文,钟绍春,王伟.基于内容分析法的微课研究综述[J].中国电化教育,2015(4):74-80.

26.唐烨伟,庞敬文,钟绍春,王伟.信息技术环境下智慧课堂构建方法及案例研究[J].中国电化教育,2014(11):23-29+34.

27.汪基德,冯永华."农远工程"的发展对我国基础教育信息化的启示[J].教育研究,2012(2):65-73.

28.王国华,俞树煜,黄慧芳,胡艳.中国远程教育研究的可视化分析——核心文献、热点、前沿与趋势[J].远程教育杂志,2015(1):57-65.

29.王国辉,朱宁波.日本中小学教师 ICT 应用指导能力的现状及主要提升措施[J].全球教育展望,2015(6):66-77.

30.魏雪峰,李逢庆,钟靓茹.2015 年度国际教育信息化发展动态及趋势分析[J].中国电化教育,2016(4):120-127.

31.吴砥,许林,朱莎,杨宗凯.信息时代的中小学生信息素养评价研究[J].中国电化教育,2018(8):54-59.

32.吴砥,余丽芹,饶景阳,周驰,陈敏.大规模长周期在线教学对师生信息素养的挑战与提升策略[J].电化教育研究,2020(5):12–17+26.

33.熊才平,汪学均.教育技术:研究热点及其思考[J].教育研究,2015(8):98–108.

34.闫寒冰,郑东芳,肖玉敏,苗冬玲.信息化变革中校长角色的个案研究[J].电化教育研究,2020(5):112–118.

35.杨现民,余胜泉.智慧教育体系架构与关键支撑技术[J].中国电化教育,2015(1):77–84+130.

36.余胜泉,李晓庆.电子书包对教育的核心价值是什么(下)[J].人民教育,2014(5):35–39.

37.曾明星,周清平,蔡国民,王晓波,陈生萍,黄云,董坚峰.基于MOOC的翻转课堂教学模式研究[J].中国电化教育,2015(4):102–108.

38.张济洲,黄书光.隐蔽的再生产:教育公平的影响机制——基于城乡不同阶层学生互联网使用偏好的实证研究[J].中国电化教育,2018(11):18–23+132.

39.张亚珍,张宝辉,韩云霞.国内外智慧教室研究评论及展望[J].开放教育研究,2014(1):81–91.

40.张永波.智慧教育伦理观的建构机理研究[J].中国电化教育,2020(3):49–55+92.

41.赵磊磊,梁茜,李玥泓.国外教育信息化领导力研究:主题、趋势及启示——基于Web of Science文献关键词的可视化分析[J].中国远程教育,2018(10):16–23.

42.祝智庭,管珏琪,邱慧娴.翻转课堂国内应用实践与反思[J].电化教育研究,2015(6):66–72.

43.祝智庭,郁晓华.电子书包系统及其功能建模[J].电化教育研究,2011(4):24–27+34.